Karl Marten Barfuß, Hartmut Müller, Daniel Tilgner (Hg.)

Die Geschichte
der Freien Hansestadt Bremen
von 1945 bis 2005

Band 1: von 1945 bis 1969

EDITION TEMMEN

INHALT

INHALT

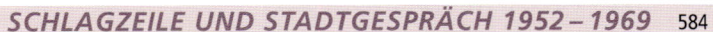

VORWORT

Die Beschäftigung mit der Geschichte der Stadt Bremen reicht viele Jahrhunderte bis ins Mittelalter zurück. Schon immer gehörte es zu den elementaren Bedürfnissen des Menschen, von den Vorfahren, dem eigenen Lebensraum sowie dem historischen Geschehen zu hören und sich daran zu erinnern. So entstanden Sagen, Legenden, Viten und mit den Chroniken schließlich verlässlich darstellende Geschichtsschreibung. »Insgemein aber ist es mit der Gedächtniß des Menschen so beschaffen, daß dasjenige, so geschehen, gelesen und gehöret, bald von einem wieder vergessen und aus dem Sinn gelassen wird«, bemerkt Peter Koster 1685 zu Recht im Vorwort seiner Chronik der Kaiserlichen Freien Reichs- und Hansestadt Bremen. In Bremen setzte so um 1400 mit der Stadtchronik von Gert Rinesberch und Herbort Schene die lokale bürgerliche Geschichtsschreibung ein. Fortgesetzt wurde sie 1583 durch die Chronik von Johann Renner und schließlich 1685/1700 durch die Chronik Peter Kosters. »Wie nutz und nötig aber die Geschichte seines Vaterlandes zu wissen einem jeden seyn, solches ist ohn mein Erinnern zur genüge am Tage, dann was hilft es, daß mancher von den assirischen, persischen, griechischen und römischen Geschichten viel, hergegen von seinem Vaterlande und Vorfahren nichts oder gar weniges zu erzehlen weiß, daß wenigen unsere auch nur vor 100 und etlichen Jahren geschehene Sachen bekannt seyn, ja daß auch dasselbe, was etwan bey unsern Lebzeiten passiret, entweder gantz oder zum Teil vergessen worden«, mahnte Peter Koster im Ausgang des 17. Jahrhunderts. Eine Reihe bedeutender Chronisten sorgte in Bremen dafür, dass es zu diesem großen Vergessen nicht kam: Hermann von Post (1693-1762), Johann Philipp Cassel (1707-1783), Bürgermeister Christian Abraham Heineken (1752-1818) und Christian Roller (1745-1818).

Den Durchbruch zur wissenschaftlichen Beschäftigung mit der Stadtgeschichte jedoch verdankt Bremen dem Historiker und Archivar Wilhelm von Bippen und seiner zwischen 1892 und 1904 erschienenen dreibändigen Geschichte der Stadt Bremen. »Der Wunsch ging dahin, ein Werk zu besitzen, das den kritischen und ästhetischen Anforderungen der Gegenwart entspreche und deshalb geeignet sei, das ohne Zweifel weit verbreitete Interesse an der vaterländischen Vergangenheit zu befriedigen«, bemerkt von Bippen 1892 im Vorwort seines ersten Bandes. Heute greift der an der Geschichte Bremens Interessierte auf Herbert Schwarzwälders von 1975 bis 1985 erschienene und 1995 nochmals ergänzte »Geschichte der Freien Hansestadt Bremen« zurück oder auf Konrad Elmshäusers 2007 erschienene »Geschichte Bremens«, die jedoch durch ihren schmalen Gesamtumfang der Nachkriegsgeschichte nur wenige Seiten widmen kann.

Herbert Schwarzwälders Werk schließt – abgesehen von einigen Ausblicken – mit dem Ende des Zweiten Weltkriegs am 8. Mai 1945 ab. Seitdem sind über 60 Jahre vergangen. Heute ist in Bremen eine junge Generation herangewachsen, für die die ersten Jahre nach Kriegsende und selbst die Ereignisse und Entwicklungen der sechziger und siebziger Jahre des vergangenen Jahrhunderts bereits Geschichte sind. Aber auch bei vielen älteren Bremern und Bremerinnen, die die Zeit des Wiederaufbaus nach 1945 bewusst miterlebt und mitgestaltet haben, sind Erinnerungen verblasst, Zusammenhänge verloren gegangen.

Das von Peter Koster beklagte Vergessen der Menschen hat im Medienzeitalter der schnelllebigen Nachrichten eher noch zugenommen. Zwar sind in den vergangenen Jahrzehnten zahlreiche Einzeluntersuchungen zur Geschichte der Stadt Bremen entstanden, doch fehlte es lange an einer Gesamtschau, um die Entwicklung der Stadt in ihren vielen politischen, wirtschaftlichen und gesellschaftlichen Facetten gesichert nachvollziehen und verstehen zu können.

Die Voraussetzungen hierzu sind heute indes besser denn je. Öffentliche und private Quellen liegen in einer bisher nie da gewesenen Fülle zugänglich vor. Zeitzeugen können befragt werden. Nach Jahrzehnten mitunter heftigen Streits um die Aufarbeitung der

Geschichte des Nationalsozialismus in Bremen und diesbezüglicher Kontinuitäten oder Brüche in der Nachkriegszeit, ist heute eine kritische Distanz entstanden, die auch hier ein offenes Umgehen mit der Vergangenheit zulässt. Eine Position, der sich Herausgeber wie Autoren gleichermaßen verpflichtet sehen.

Ein Gemeinschaftswerk

Die vorliegende Geschichte Bremens seit 1945 ist ein Gemeinschaftswerk zahlreicher Autoren und Autorinnen. Insofern brechen die Herausgeber bewusst mit der alten Tradition bremischer Geschichtsschreibung. Auch wenn 1685 ein Peter Koster noch glaubte, »zu keines Menschen Nachteil, Schimpft und Schaden, sondern die nackte Wahrheit zu schreiben«, so war bereits er letztlich genauso mit der Aufgabe einer alleinigen Autorenschaft überfordert wie später die wissenschaftlichen Autoren des 19. und 20. Jahrhunderts.

Die Entscheidung zum Gemeinschaftswerk ist somit ein konsequenter Schritt voran, eine Entscheidung, Fachkompetenzen zu suchen, zu nutzen, zu bündeln. Ob dieser Schritt angesichts der Vielzahl fachlich ausgewiesener Autoren und Autorinnen gelungen ist, mag der Leser freundlich entscheiden.

Zum Konzept

Das Fehlen einer Gesamtdarstellung der jüngeren Geschichte nach 1945 war in den vergangenen Jahrzehnten in Bremen immer mehr als Defizit verstanden worden. Da hatten auch die »Bremischen Chroniken« nicht geholfen, die Historische Gesellschaft und Staatsarchiv Bremen für die Zeit von 1945 bis 1986 in mehrjährigen Abständen als Tageschroniken herausgegeben hatten. Um diesem Missstand abzuhelfen, kamen Ende 2004 auf Anregung des Bremer Verlegers Horst Temmen die Herausgeber zusammen, um über die Idee, die Konzeption und die Realisierungschancen einer bremischen Nachkriegsgeschichte zu beraten. Die Initiatoren ließen sich dabei von der Absicht

leiten, für eine breite Öffentlichkeit ein wissenschaftlich fundiertes und gleichwohl gut verständliches Buch unter Berücksichtigung moderner Seh- und Lesegewohnheiten herauszugeben, d.h. reich bebildert und übersichtlich gestaltet, um Zugänge zu den verschiedenen Inhalten und Aspekten bremischer Nachkriegsgeschichte leicht zu ermöglichen.

Aufgeteilt werden sollte das Werk in die – farblich voneinander abgesetzten – Bereiche Politik (und Justiz), Wirtschaft, Gesellschaft, Kultur, Stadtentwicklung und Architektur, ergänzt von einer Auswahl einiger thematisch nicht gebundener Ereignisse. Die Herausgeber kamen überein, die bremische Nachkriegsgeschichte der besseren Zugänglichkeit wegen horizontal, das heißt, einzelnen Zeitabschnitten folgend, und nicht vertikal, nach Entwicklungssträngen, zu gliedern. Im Interesse der flüssigen Lesbarkeit wurde auf die Einarbeitung von Fußnoten verzichtet, stattdessen soll am Ende des letzten Textbandes eine Gesamtübersicht der hauptsächlich verwendeten Literatur und Quellen erfolgen.

Um der gewachsenen Bedeutung der Statistik für die Geschichte der modernen Stadtentwicklung auf der einen Seite gerecht zu werden und den Text des Werkes andererseits von allzu vielen Tabellen und Statistiken zu entlasten, wird der bremischen Nachkriegsgeschichte ein bereits in Bearbeitung befindlicher eigenständiger Statistikband an die Seite gestellt. Ergänzend sollten Film- und Tondokumente über eine DVD das Buchprojekt begleiten.

Die vorliegende Nachkriegsgeschichte Bremens versteht sich in erster Linie als Geschichte der Stadt Bremen als Teil des Bundeslandes Freie Hansestadt Bremen. Die Besonderheiten des Zweistädtestaates bringen es jedoch mit sich, dass kommunale und föderale Entwicklungen und Entscheidungen in Bremen nicht immer deutlich von einander zu trennen sind. Bremische Politik ist oftmals auch Landespolitik, die Bremerhaven mit einbezieht. Hierauf ist im vorliegenden Werk sowohl in den Textbänden wie im Statistikband deutlich Rücksicht und Bezug genommen worden.

VORWORT

Der vorliegende erste Band des auf die Zeit von 1945 bis 2005 angelegten Gesamtwerkes umfasst den Zeitraum von 1945 bis 1969/1970. Es sind die ersten Nachkriegsjahre unter amerikanischer Besatzung mit dem Wiedererstehen des Landes Bremen bis zur Gründung der Bundesrepublik Deutschland, die Zeit des »Wirtschaftswunders« und des Wiederaufbaus in den 1950er Jahren, die Phase der »Normalisierung« des wirtschaftlichen und gesellschaftlichen Lebens in den 1960er Jahren, d.h. im Wesentlichen der Zeitraum, den man in Bremen unter der »Ära Kaisen« versteht, sowie die kurze Amtszeit seines Nachfolgers Willy Dehnkamp. Der Band endet mit den ersten Umbrüchen der späten 1960er Jahre unter der Regierung Hans Koschnicks: der 68er-Bewegung, der Gründung der Universität Bremen, der für Bremen so folgeträchtigen Großen Finanzreform sowie dem Ende der sozial-liberalen Koalition im Bremer Rathaus.

Die Herausgabe einer mehrbändigen Bremer Nachkriegsgeschichte ist nicht nur eine wissenschaftliche, sondern für den Verleger auch eine finanzielle Herausforderung. Soll das Werk - wie beabsichtigt - einen möglichst breiten Leserkreis erreichen, muss es zugleich im Buchhandel bezahlbar wie in der Produktion zumindest teilweise kostendeckend geplant und organisiert werden. Die Finanzierung des in der Entstehung auf mehrere Jahre angelegten Geschichtswerks erwies sich von Anfang an, trotz der Bereitschaft vieler Autoren, ehrenamtlich zu arbeiten, als schwierig. Das große Interesse, auf das das Projekt jedoch gleichzeitig in Bremen stieß, öffnete schließlich die Türen von Spendern - Privatpersonen, Stiftungen und Unternehmen -, die zur finanziellen Absicherung des Projekts beitrugen und grünes Licht für den Verleger, die Herausgeber und die Autoren gaben. Als besonders hilfreich erwies sich dabei die Gesellschaft für Bremer Nachkriegsgeschichte e.V., die die Entstehung des Werks engagiert und sachkundig redaktionell begleitete.

Die Herausgeber

Die Ende des Jahres 2005 zur Förderung des Projekts gegründete Gesellschaft für Bremer Nachkriegsgeschichte e.V. (GBN) dankt all denen, die zur Entstehung des ersten Bandes beigetragen haben. Dies gilt vor allem den Autorinnen und Autoren sowie dem Staatsarchiv Bremen und der Bibliothek und dem Archiv der Handelskammer Bremen mit ihrer Kompetenz und ihren reichen Beständen. Besonders wertvoll war auch die Zusammenarbeit mit der Bildsammlung des Landesinstituts für Schule.

Zu den ständigen und geduldigen Helferinnen und Helfern bei der Text- und Bildrecherche gehörten in erster Linie Holger Bischoff, Ursula Borucki, Joachim Kötzle, Sabine Peege, Marion Schleuder, Michael Schnelle und Melitta Thomas. Ihnen allen ist zu danken, ebenso Dr. Daniel Tilgner und Yvonne Kölling für die Realisierung des ersten Bandes und die Übernahme der Redaktion/Bildredaktion sowie dem Team der Edition Temmen für die gute Zusammenarbeit.

Wie sich dies Buch in die lange Tradition der bremischen Geschichtsschreibung einreiht, so haben auch viele Bremer Stiftungen, Stifter und Unternehmen im Sinne des traditionellen Bremer Mäzenatentums gehandelt. Nur ihre Begeisterung und großzügige Unterstützung haben die Aufnahme des Projekts ermöglicht:

BREBAU GmbH
Conrad Naber-Stiftung
Handelskammer Bremen
Inkasso Seghorn GmbH
Karin und Uwe Hollweg-Stiftung
Nicolaus H. Schilling-Stiftung
Dr. Ludwig Roselius
Gerda und Rolf Schopf
Dr. Hinrich Lüder Stoll
Waldemar Koch Stiftung

Ihnen allen und auch den oben nicht genannten Mitarbeiterinnen und Mitarbeitern, Helferinnen und Helfern, Spenderinnen und Spendern sei ganz herzlich gedankt.

Der Vorstand der GBN
Rolf Sauerbier
Bärbel Kern
Dr. Christoph Schottes

POLITIK / JUSTIZ 1945 – 1951/55

Karl-Ludwig Sommer

Die ersten Nachkriegsjahre

Bremen und die Gründung der Bundesrepublik

Wahlen und parteipolitische Entwicklungen

Auseinandersetzung mit der NS-Vergangenheit

Hans Wrobel

Neuaufbau im Justizwesen unter Senator Spitta

Verfahren wegen NS-Verbrechen

Die vier Besatzungszonen nach dem Zweiten Weltkrieg

Die ersten Nachkriegsjahre

Der Neubeginn des politischen Lebens in Bremen

Der Wiederaufbau der deutschen Zivilverwaltung nach der Eroberung der Stadt Bremen Ende April 1945 (Bremen-Nord wurde Anfang Mai 1945 kampflos besetzt) begann mit zwei klaren Fehlentscheidungen der Sieger: Am 26. April 1945 wurde zunächst der bisherige bremische Polizeipräsident Johannes Schroers zum Regierenden Bürgermeister ernannt, allerdings nur vier Tage später wegen seiner Zugehörigkeit zur SS mit dem hohen Rang eines Brigadeführers wieder abgesetzt und festgenommen. Die zweite Personalentscheidung fiel jedoch kaum besser aus, denn als sein Nachfolger wurde am 2. Mai 1945 nicht etwa ein ausgewiesener NS-Gegner, sondern mit Erich Vagts der langjährige Fraktionsvorsitzende der Deutschnationalen Volkspartei in der Bremischen Bürgerschaft berufen. Er war als Frei-

maurer zwar nicht in die NSDAP aufgenommen worden, hatte aber von Mai bis September 1933 als Gesundheitssenator und anschließend als Vertreter Bremens beim Reich nicht unbedeutende Positionen im nationalsozialistischen Herrschaftsapparat innegehabt. Einer Anweisung der Militärregierung entsprechend benannte er für die Spitzenämter der neuen bremischen Verwaltung eine Reihe »unpolitischer Fachleute«, die jedoch während der NS-Zeit bereits in ähnlicher Funktion tätig gewesen waren. Da die meisten zudem der NSDAP angehört hatten, wurden auch sie nur wenig später wieder entlassen. Vagts selbst blieb allerdings auch dann noch im Amt, als die Militärregierung Anfang Juni 1945 den ersten bremischen Nachkriegssenat ernannte, dem nun, abgesehen von ihm selbst, nur »unbelastete« Männer angehörten. Erst am 1. August 1945 setzte ihn die Militärregierung angesichts zunehmender Kritik vor allem aus Kreisen der Bremer Arbeiterschaft an seiner Person und seiner Amtsführung ab und ernannte den

Linke Seite: Blick von der Werderstraße auf die Memorial Bridge, die Hilfsbrücke neben der Baustelle zur Wiederherstellung der Lüderitzbrücke, später Große Weserbrücke. Foto 12. Februar 1946

Die ersten Nachkriegsjahre

Luftaufnahme der zerstörten Bremer Innenstadt am 9. Juli 1945

Sozialdemokraten Wilhelm Kaisen zu seinem Nachfolger. Kaisen nahm wieder die hergebrachte Amtsbezeichnung »Bürgermeister und Präsident des Senats« an und blieb – bei sechs Bürgerschaftswahlen durch das Votum der Wähler bestätigt – bis zum Sommer 1965 im Amt.

Die Wiederherstellung des Stadtstaates Bremen in der »Enclave Bremen«

Noch ehe die alliierten Truppen Ende März 1945 vom Niederrhein aus ihren Vorstoß nach Nordwestdeutschland begannen, war bereits eine Entscheidung gefallen, die für die Entwicklung Bremens nach Ende des Krieges von wegweisender Bedeutung war: In den Verhandlungen der Alliierten über die Abgrenzung ihrer jeweiligen Besatzungszonen in Deutschland nach Ende des Krieges hatte sich die US-amerikanische Regierung im Herbst 1944 darauf festgelegt, den Nachschub für ihre in Deutschland stationierten Besatzungstruppen über die bremischen Häfen abzuwickeln. Mit der britischen Regierung verständigte sie sich darauf, einen eigentlich zum britischen Besatzungsgebiet gehörenden Gebietsstreifen als »Enclave Bremen« US-amerikanischer Kontrolle zu unterstellen. Er umfasste das ehemalige Land Bremen – also die Stadt Bremen, das zugehörige Landgebiet sowie die bremischen Hafenanlagen und die angrenzenden Stadtteile an der Wesermündung in Bremerhaven – sowie die beiderseits der Unterweser angrenzenden Landkreise Wesermarsch und Osterholz und die Stadt und den Landkreis Wesermünde.

Diese Enklave, deren Erweiterung oder Verkleinerung bis zur Konstituierung des

Die Wiederherstellung des Stadtstaates

Landes Bremen in seiner bis heute bestehenden Ausdehnung Anfang 1947 immer wieder zur Diskussion stand, wurde zunächst nicht als Teil des amerikanischen Besatzungsgebietes in Deutschland betrachtet. Die amerikanische Militärregierung für Bremen, die unmittelbar nach Ende der Kampfhandlungen im Bereich der Stadt Bremen am 27. April 1945 die politische Kontrolle in dem bis dahin besetzten Teil der Enklave übernahm, war vielmehr gehalten, sich bei der Ausübung der Hoheitsgewalt an den Richtlinien zu orientieren, die die britische Militärregierung für ihr Besatzungsgebiet erlassen hatte.

In der Praxis führte diese im Detail in keiner Weise ausgearbeitete Absprache zu andauernden Komplikationen: Die britische Militärregierung war im Verein mit dem von ihr zum Chef der deutschen Zivilverwaltung in der ehemals preußischen Provinz Hannover ernannten SPD-Politiker Hinrich Wilhelm Kopf bestrebt, Bremen in das Land Niedersachsen einzugliedern, das Anfang November 1946 als Zusammenschluss der ehemals selbstständigen Länder Braunschweig, Oldenburg und Schaumburg-Lippe mit der Provinz Hannover gebildet wurde. Dagegen begriff Kopfs Parteifreund Kaisen – wie alle übrigen in den ersten Nachkriegsjahren in Bremen maßgeblichen Politiker – die Einrichtung der »Enclave Bremen« als Chance, die staatsrechtliche Eigenständigkeit Bremens wiederherzustellen, die es nach der nationalsozialistischen Machtübernahme als Folge der vom NS-Regime erlassenen Gesetze zur »Gleichschaltung der Länder mit dem Reich« (Frühjahr 1933) und über den »Neuaufbau des Reiches« (Januar 1934) verloren hatte.

Entsprechend den auch für die anderen deutschen Länder geltenden Regelungen war damals die Bürgerschaft zunächst als gesetzgebende Körperschaft entmachtet und später aufgelöst worden, der Senat zu einer der Reichsregierung nachgeordneten Verwaltungsinstanz herabgestuft und die Ernennung und Entlassung der Senatoren, der Landesbeamten und der Richter einem »Reichsstatthalter« übertragen worden. Dabei wurde mit dem NS-Gauleiter Carl Röver Anfang Mai 1933 ausgerechnet ein Oldenburger zum Reichsstatthalter für Bremen und Oldenburg ernannt, sodass Bremen in den Jahren der nationalsozialistischen

Der Bremer Marktplatz,
Mitte 1946

13

Die ersten Nachkriegsjahre

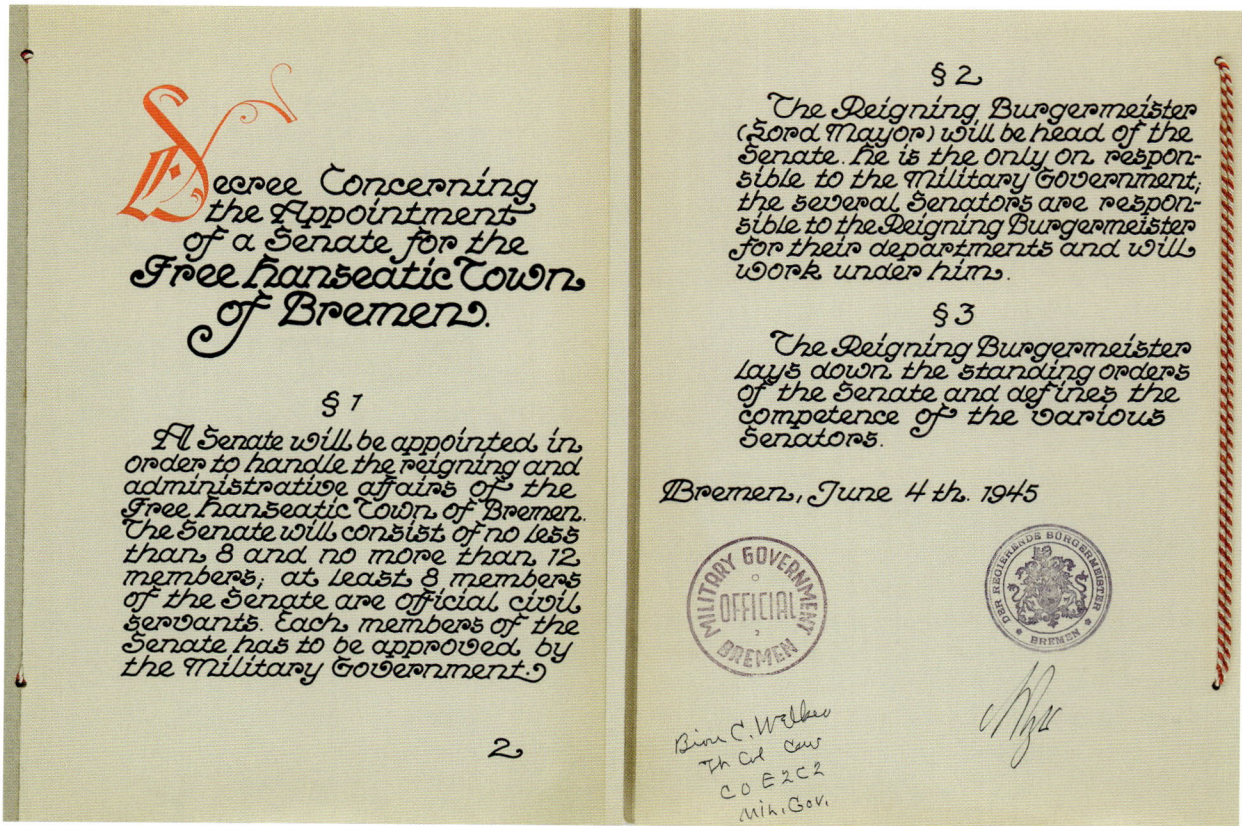

Decree Concerning the Appointment of a Senate for the Free Hanseatic Town of Bremen.

§ 1

A Senate will be appointed in order to handle the reigning and administrative affairs of the Free Hanseatic Town of Bremen. The Senate will consist of no less than 8 and no more than 12 members; at least 8 members of the Senate are official civil servants. Each members of the Senate has to be approved by the Military Government.

2

§ 2

The Reigning Burgermeister (Lord Mayor) will be head of the Senate. He is the only on responsible to the Military Government; the several Senators are responsible to the Reigning Burgermeister for their departments and will work under him.

§ 3

The Reigning Burgermeister lays down the standing orders of the Senate and defines the competence of the various Senators.

Bremen, June 4th. 1945

Bion C. Welker
Lt Col CAC
C O E2C2
Mili.Gov.

Einsetzungsurkunde des ersten Bremer Senats von 1945, unterzeichnet von Bion C. Welker und Erich Vagts

Herrschaft letztlich von Oldenburg aus regiert worden war.

Die Ernennung des ersten Nachkriegssenats bedeutete einen ersten Schritt hin zu der von Bremen aus angestrebten Wiedergewinnung der staatsrechtlichen Eigenständigkeit. Er war allerdings von begrenzter Tragweite, weil sich die Handlungsmöglichkeiten dieses Senats zunächst im Wesentlichen darin erschöpften, kommunale Angelegenheiten in der im Laufe des Krieges zu mehr als 50 Prozent zerstörten Stadt Bremen zu regeln, und alle von den Senatoren für erforderlich gehaltenen Anordnungen und Maßnahmen der Zustimmung der ihnen jeweils als »Berater« zugeordneten Fachoffiziere der Militärregierung bedurften. Zudem hatte sich Erich Vagts bei der Militärregierung mit Erfolg dafür eingesetzt, nicht nur an der Amtsbezeichnung »Regierender Bürgermeister« festzuhalten, die erst von den Nationalsozialisten in Bremen eingeführt worden war, sondern ihn auch mit weitgehenden Weisungsbefugnissen gegenüber den übrigen Senatoren auszustatten. Demgegenüber stellte Wilhelm Kaisen mit seiner Entscheidung, als »Bürgermeister und Präsident des Senats« zu amtieren und zum Kollegialprinzip und zur Ressortverantwortlichkeit der Senatoren zurückzukehren, augenfällig klar, dass er die Tätigkeit des Senats und der deutschen Zivilverwaltung im Nachkriegsbremen in der Kontinuität der durch die nationalsozialistische Machtübernahme unterbrochenen demokratischen Entwicklung während der Weimarer Republik sah.

Für Kaisen selbst hatte dies zwar einerseits zur Folge, dass er damit rechnen musste, für etwaige Fehlentscheidungen oder Versäumnisse seiner Senatskollegen geradestehen zu müssen, weil er nach Auffassung der Militärregierung Dienstvorgesetzter der Senatoren war und damit die alleinige Verantwortung für die gesamte Verwaltungstätigkeit zu tragen hatte. Aber andererseits erhielt dadurch seine Forderung größeres Gewicht, dass das »ständige Hineinregieren« der amerikanischen Offiziere in die Aufgaben der deutschen Verwaltung aufhören müsse, die er zur Bedingung für seine Ernennung zum Nachfolger von Erich Vagts gemacht hatte. An der grundsätzlichen Konstellation, dass nur solche Entscheidungen des Senats und seiner Mitglieder wirksam werden konnten, die die Zustimmung der Militärregierung fanden, änderte sich vorerst allerdings nichts.

Umstrittene Zuständigkeiten

Das Personal der Militärregierung war im Februar und März 1945 in einem Ausbildungslager der US-Streitkräfte nahe Troyes in der Champagne für den Einsatz in Bremen geschult worden, sah sich vor Ort jedoch Schwierigkeiten gegenüber, auf die man offenkundig nur unzureichend vorbereitet war. Sie ergaben sich zunächst einmal daraus, dass eine amerikanische Militärregierung in einem eigentlich zur britischen Besatzungszone gehörenden Gebiet die Hoheitsgewalt ausübte und dabei mit den britischen Besatzungsrichtlinien konform gehen sollte. Diese stimmten zwar in der Gesamttendenz mit den entsprechenden amerikanischen Direktiven überein, wichen aber doch in vielen einzelnen Bestimmungen zum Teil deutlich von ihnen ab, insbesondere in Bezug auf wirtschaftliche Belange, die Etablierung demokratischer Strukturen und die Verfahrensregeln für die »Entnazifizierung«.

Damit waren Meinungsverschiedenheiten mit der britischen Militärregierung oder ihren nachgeordneten Stäben vorprogrammiert, die vor allem deshalb schwer wogen, weil man in Bremen auf ein gutes Einvernehmen mit den entsprechenden Stellen in der die »Enclave Bremen« umgebenden britischen Zone angewiesen war. Und dies galt gerade mit Blick auf die Sicherstellung einer Grundversorgung der Bevölkerung mit Nahrungsmitteln, Brennstoffen und Energie, die in der ersten Zeit nach Ende des Krieges besonders schwierig war und zugleich einen hohen politisch-psychologischen Stellenwert hatte.

Zusätzliche Komplikationen ergaben sich daraus, dass die überkommenen Strukturen der deutschen Zivilverwaltung im Bereich der Enklave erhalten blieben, sodass die behördeninternen Abläufe der Amtsstellen im Landkreis Wesermarsch weiterhin auf die übergeordneten Instanzen in der Landeshauptstadt Oldenburg

Markt auf dem Liebfrauenkirchhof am 29. Juni 1945

ausgerichtet waren, während für das Personal der Ämter in den Landkreisen Osterholz und Wesermünde und in der Stadt Wesermünde nach wie vor die Bezirksregierung in Stade und die Provinzialregierung in Hannover die vorgesetzten Dienststellen blieben. Angesichts des bürokratischen Aufwands und der ganz praktischen tagtäglichen Probleme, die sich aufgrund dieser Konstellation ergaben, gelangten nicht nur die Militärregierung und der Bremer Senat, sondern auch eine vom Oberkommando der US-Streitkräfte in Europa nach Bremen entsandte Kommission bereits im Sommer 1945 zu dem Schluss, dass die Zuständigkeiten im Bereich der Enklave eindeutig geregelt werden müssten.

Dafür boten sich vor allem zwei Alternativen an: Zerschlagung der bestehenden deutschen Verwaltungsstrukturen in der Enklave und Neuordnung in Übereinstimmung mit dem Zuständigkeitsbereich der amerikanischen Militärregierung oder aber Anpassung des Zuständigkeitsbereichs der Militärregierung an die bestehenden deutschen Verwaltungsstrukturen. Im Senat wurde auch ein sehr viel weiter

gehender Vorschlag von Wilhelm Wortmann (s. S. 245) diskutiert, der Überlegungen aus Kreisen der Handelskammer und der bremischen Finanzverwaltung aufgriff. Er sah vor, die Enklave durch Angliederung der Stadt und des Landkreises Delmenhorst sowie der Landkreise Grafschaft Hoya und Verden zu einem in der Verwaltung auf das Zentrum Bremen zugeschnittenen »Wirtschaftsraum Unterweser« auszugestalten. Doch dieser Vorschlag blieb vorerst unberücksichtigt.

Im Herbst 1945 begannen dann amerikanisch-britische Gespräche über die Reorganisation der Enklave, die in einem Abkommen mündeten, demzufolge die Landkreise Wesermarsch, Wesermünde und Osterholz mit Wirkung vom 10. Dezember 1945 an aus der Enklave ausgegliedert und der Kontrolle der britischen Militärregierung unterstellt waren. Der Zuständigkeitsbereich der amerikanischen Militärregierung erstreckte sich fortan nur noch auf das ehemalige Land Bremen und die Stadt Wesermünde, deren endgültiger besatzungsrechtlicher Status zu einem späteren Zeitpunkt festgelegt werden sollte.

Für Bremen bedeutete dieses Abkommen einen weiteren, jetzt auch substanziellen Schritt hin zur Wiedererlangung der staatsrechtlichen Eigenständigkeit, die aber Ende 1945 noch keineswegs als gesichert gelten konnte. Die amerikanische Militärregierung war nämlich weiterhin gehalten, sich bei der Ausübung der Hoheitsgewalt auch in der jetzt deutlich verkleinerten Enklave an britischen Besatzungsdirektiven zu orientieren. Und die britische Militärregierung für die ehemalige preußische Provinz Hannover hatte in ihrer Anweisung für die Umsetzung des Abkommens zwar eingeräumt, dass das ehemalige Land Bremen wieder »ein autonomer Stadtstaat« sein werde, zugleich aber ausdrücklich festgehalten, dass dieser denselben Status wie die Länder Braunschweig und Oldenburg haben würde, die den britischen Planungen zufolge im Land Niedersachsen aufgehen sollten.

Im Gegensatz zu den Differenzen mit der britischen Militärregierung und den

Wilhelm Wortmanns Vorschlag zur Erweiterung der Enklave, 1945

Contrescarpe 22/23. Sitz der amerikanischen Militärregierung bis zum Umzug …

Problemen mit der deutschen Zivilverwaltung in den nicht zum ehemaligen Land Bremen gehörenden Gebieten der Enklave gestaltete sich die Zusammenarbeit der amerikanischen Militärregierung mit dem Bremer Senat abgesehen von einigen Anlaufschwierigkeiten weitgehend reibungslos. Die Militärregierung, die zunächst an der Contrescarpe 22/23 (heute Amtssitz des Innensenators) und seit Frühjahr 1946 im »Haus des Reichs« am Richtweg (heute Amtssitz des Finanzsenators) residierte, war unterhalb der Führungsebene in Fachreferate (»Branches«) gegliedert, deren Zuständigkeitsbereiche sich fast vollständig mit

… ins Haus des Reichs im Jahr 1946, zuvor Sitz des amerikanischen Port Command

dem Zuschnitt der Senatsressorts deckten. Auf dieser Grundlage entwickelten sich zwischen den meisten Referatsleitern der Militärregierung und den jeweiligen Senatoren kollegiale Arbeitsbeziehungen, in denen das beiderseitige Interesse an der Bewältigung der Vielzahl drängender Probleme im kriegszerstörten Bremen die schwierige Grundkonstellation Sieger/Besiegte bzw. Besatzer/Besetzte und damit einhergehende Ressentiments zunehmend überlagerte.

Diese Entwicklung wurde dadurch begünstigt, dass in Bremen in den ersten Monaten nach Kriegsende mit »Bremen Port Command« eine zweite amerikanische Militärbehörde bestand, die im Unterschied zur Militärregierung nicht in die Kommandostrukturen der für die militärische Sicherheit der Enklave zuständigen 29. Infanteriedivision der 7. US-Armee eingebunden war, sondern direkt zur Stabsstelle gehörte, über die der Nachschub für die US-Truppen in ganz Europa abgewickelt wurde. Das Bremer Hafenkommando war in eigener Kompetenz für die Instandsetzung der Häfen an der Unterweser, den Umschlag der über diese Häfen hereinkommenden Nachschubgüter und deren Weiterleitung in das amerikanische Besatzungsgebiet in Süddeutschland und Berlin einschließlich der Regelung des dafür erforderlichen Bahnverkehrs zuständig. Daher stand es vor allem hinsichtlich der Anforderung und des Einsatzes von Arbeitskräften, der Bereitstellung von Materialien für die Instandsetzung der Hafenanlagen und der zugehörigen Infrastruktur sowie der Sicherstellung ausreichender Transportkapazitäten in direkter Konkurrenz zur Bremer Militärregierung. Dabei befand sich das Hafenkommando in der stärkeren Position, weil die Gewährleistung des Nachschubs unter militärischen Gesichtspunkten höchste Priorität hatte.

Der Bremer Senat, dem es vorrangig um die Herstellung erträglicher Lebensverhältnisse für die Zivilbevölkerung ging, wurde in diesen internen Auseinandersetzungen der amerikanischen Militärbehörden letztlich zum Verbündeten der Militärregierung, die in Zusammenhang mit der Reorganisation der Enklave Ende 1945/Anfang 1946 sogar kurzzeitig dem Kommandeur von »Bremen Port Command« unterstellt wurde. Mitte April 1946 wurde schließlich mit der Einrichtung des »Office of Military Government for Bremen Enclave (US)«, das der Berliner Zentrale der amerikanischen Militärregierung in Deutschland direkt untergeordnet war, die Bremer Militärregierung endgültig als oberste amerikanische Instanz in der »Enclave Bremen« etabliert.

»Meinen Offizieren muss gehorcht werden«

An der Spitze der Militärregierung stand zunächst Oberstleutnant Bion C. Welker, der kurz nach Antritt seines Dienstes in Bremen zum Oberst befördert wurde, im Juli 1945 allerdings ein erstes dienstliches Untersuchungsverfahren über sich ergehen lassen musste und gut ein Jahr später wegen dienstlicher und außerdienstlicher Verfehlungen abgelöst wurde. Welker, im Zivilberuf Journalist, hatte eine sehr schlechte Meinung von den Deutschen, die er noch im Sommer 1946, also über ein Jahr nach seinem Amtsantritt in Bremen, in einem internen Bericht als Menschen charakterisierte, die »schmeichlerisch sein können und seit Jahrhunderten erfahren und geschickt darin sind, zu intrigieren, falsches Spiel zu treiben und zu betrügen«. Seine eigene Tätigkeit und die der Militärregierung in Bremen insgesamt begriff er weniger als eine politische Aufgabe, sondern vor allem als eine nach dem militärischen Prinzip von Befehl und Gehorsam zu regelnde Angelegenheit, wie er in seiner Ansprache anlässlich der Ernennung des ersten Bremer Nachkriegssenats am 6. Juni 1945 deutlich machte: »Eine strenge Durchführung aller Verkündungen, Verordnungen und sonstigen Anweisungen der Militärregierung wird Ihnen zur Pflicht gemacht. Zur Zeit besteht keine höhere Regierung als die Militärregierung. Meinen Offizieren muss dem gemäß gehorcht werden.«

Empfang für General Lucius D. Clay (in Uniform), Militärgouverneur der amerikanischen Besatzungszone in Deutschland, im Ratskeller 1947. Rechts neben ihm Thomas F. Dunn

In Erich Vagts, der Englisch sprach, über langjährige Verwaltungserfahrung verfügte und zudem aus seinem autoritären Amtsverständnis kein Hehl machte, sah Welker daher einen geeigneten »Partner«. Die Zusammenarbeit mit Wilhelm Kaisen blieb hingegen beiderseits distanziert, zumal Kaisen davon überzeugt war, dass die Deutschen die nach Ende des Krieges vordringlich anstehenden Alltagsprobleme in eigener Regie bewältigen könnten, wenn sie dafür von den Siegermächten politische und vor allem materielle Unterstützung erhielten. Dagegen bestand zwischen Kaisen und Thomas F. Dunn, der nach der Ablösung Welkers von Dezember 1946 bis November 1948 als Direktor der Bremer Militärregierung amtierte, ein von gegenseitigem persönlichen Respekt geprägtes Vertrauensverhältnis.

In der gleichen Weise gestalteten sich die Arbeitsbeziehungen zwischen Kaisen und Dunns Nachfolger Charles R. Jeffs, der bereits seit März 1947 als dessen Stellvertreter fungierte. Nach Gründung der Bundesrepublik und der damit einhergehenden Neuregelung der Rechtsbeziehungen zu den drei westlichen Siegermächten durch das Besatzungsstatut war Jeffs bis zum Frühjahr 1952 als Landeskommissar oberster Repräsentant der amerikanischen Besatzungsmacht in Bremen. Für den Amerikaner wurde Bremen sogar zur zweiten Heimat, in der er sich nach Beendigung seiner Tätigkeit als Landeskommissar als Repräsentant einer amerikanischen Firma niederließ und bis zu seinem Tod im Oktober 1959 ansässig blieb.

Besondere Wertschätzung genoss Wilhelm Kaisen schließlich bei dem deutschstämmigen amerikanischen Geschichtsprofessor Walter L. Dorn, einem international renommierten Experten für die Geschichte Preußens in der Zeit der Aufklärung, der seit 1941 als Deutschlandexperte für den amerikanischen Geheimdienst arbeitete und im Frühsommer 1945 der Bremer Militärregierung als Sonderbeauftragter für Angelegenheiten der deutschen Zivilverwaltung zugeordnet war. Dorn hatte unmittelbar nach seiner Ankunft in Bremen Anfang Mai 1945 damit begonnen, führende Bremer Politiker der Weimarer Zeit zu Gesprächen über die Bildung eines Senats aufzusuchen,

Die ersten Nachkriegsjahre

wobei es auch zu jenem bis heute legendären ersten Treffen mit Wilhelm Kaisen gekommen war, als dieser gerade seinen Acker in Borgfeld pflügte.

In Verbindung mit zwei Namenslisten, die politische Repräsentanten des Bremer Bürgertums sowie ehemalige Funktionsträger der Bremer SPD der Militärregierung zugeleitet hatten, bildeten Dorns Gespräche die Grundlage für die Ernennung des ersten Nachkriegssenats, dessen Mitglieder fast alle bereits während der Weimarer Republik in führenden politischen Positionen in Bremen tätig gewesen waren: Theodor Spitta (Justiz und Verfassung) und Hermann Apelt (Wirtschaft, Häfen und Verkehr) hatten seit 1919 bis zur nationalsozialistischen Machtübernahme als Senatoren mit nahezu identischem Ressortzuschnitt amtiert. Wilhelm Kaisen (Wohlfahrtswesen) war von 1928 bis Anfang 1933 ebenfalls als Senator für das ihm jetzt erneut übertragene Ressort zuständig gewesen, während Emil Theil (Bauwesen) und Christian Paulmann (Schulen und Erziehung) zwar noch nicht über Senatserfahrungen verfügten, aber Ende der 1920er/Anfang der 1930er Jahre als Vorsitzender der SPD-Bürgerschaftsfraktion bzw. als deren Bildungsexperte und Mitbegründer der bremischen Versuchsschulen wie Kaisen zur damaligen Führungsriege der Bremer SPD gezählt hatten. »Neulinge« in der bremischen Politik waren Wilhelm Nolting-Hauff (Finanzen), dem 1934 als »Halbjuden« die weitere Berufsausübung als Rechtsanwalt unmöglich gemacht worden war, der anschließend als Syndikus dem Vorstand der Kaffee HAG AG angehört hatte und im Oktober 1944 in das berüchtigte Arbeitserziehungslager in Farge verschleppt worden war, sowie Hermann Wolters (Ernährung und Arbeitseinsatz), der damals als erster Mann der Kommunisten in Bremen galt. Er hatte Anfang der 1930er Jahre als Jugendsekretär in der kommunistischen Gewerkschaftsbewegung gearbeitet, war nach der Machtübernahme wegen »Hochverrats« zu einer zehnjährigen Zuchthausstrafe verurteilt worden und hatte nach der Haftentlas-

sung im Herbst 1944 maßgeblich am Aufbau einer antifaschistischen Sammlungsbewegung mitgewirkt, die bis zur Besetzung Bremens im Untergrund agierte und sich Anfang Mai 1945 formell als »Kampfgemeinschaft gegen den Faschismus« (KGF) konstituierte.

Der Direktor der Militärregierung für die Enklave Bremen, Thomas F. Dunn, 1947

Gegen die Ernennung von Wolters bestanden besonders bei dem damals amtierenden »Regierenden Bürgermeister« Vagts und den bürgerlichen Senatoren große Vorbehalte. Dorn hatte sich darüber jedoch mit dem Argument hinweggesetzt, dass es gerade deshalb erforderlich sei, Repräsentanten der kurz nach ihrer formellen Konstituierung bereits mehrere

Der im Juni 1945 einge-
setzte Senat mit Vertretern
der Militärregierung im
Bremer Rathaus: von links
sitzend Christian Paulmann,
Emil Theil, Wilhelm Kaisen,
Theodor Spitta, Erich Vagts
und Hermann Apelt, hinter
ihm stehend Wilhelm
Nolting-Hauff

Tausend Mitglieder zählenden KGF in den
Neuaufbau der deutschen Zivilverwaltung einzubinden, weil es den Deutschen in der ersten
Zeit nach der Besetzung eigentlich verboten
war, sich ohne ausdrückliche Genehmigung
der Militärregierung politisch zu betätigen.
Nach der Amtsenthebung von Erich Vagts
ernannte die Militärregierung Anfang August
1945 mit Adolf Ehlers einen zweiten führenden
Vertreter der KGF zum Senator, dem als Nachfolger des zum Bürgermeister und Präsidenten
des Senats aufgerückten Wilhelm Kaisen das
Ressort »Wohlfahrtswesen« übertragen wurde.

Politische Strömungen und Gruppierungen in der Arbeiterschaft

Mit der KGF hatte sich unter dem Eindruck
der nationalsozialistischen Herrschaft und ihrer katastrophalen Folgen eine Gruppierung
formiert, wie sie sich ähnlich auch andernorts
in Deutschland kurz vor oder nach der Besetzung durch die Siegermächte zumeist als
»Antifa[schistische]-Ausschüsse« zusammenge-

funden hatten. Von ihnen unterschied sich die
KGF vor allem dadurch, dass sie zum Zeitpunkt ihrer formellen Konstituierung bereits
organisatorisch gut strukturiert war und infolgedessen in den ersten Wochen und Monaten
nach der Besetzung eine nicht unerhebliche
Rolle beim Wiederbeginn des politischen Lebens in Bremen spielen konnte.

Bei ihren Mitgliedern handelte es sich
ganz überwiegend um ehemalige Mitglieder
und Anhänger der SPD und der KPD sowie
der kleinen sozialistischen Splittergruppen,
die sich in der Endphase der Weimarer Republik nicht zuletzt aus Enttäuschung darüber
von den beiden großen Arbeiterparteien
abgespalten hatten, dass diese sich nicht gemeinsam dem Aufstieg und schließlich der
Machtübernahme der Nationalsozialisten
entgegengestellt, sondern sich gegenseitig politisch bekämpft hatten. Außerdem gehörten in
aller Regel auch einige NS-Gegner aus bürgerlichen Kreisen diesen »Antifa-Ausschüssen« an
und hatten des Öfteren sogar nominell führende Positionen inne, weil viele britische und vor
allem amerikanische Besatzungsoffiziere poli-

Die ersten Nachkriegsjahre

tischen Aktivitäten, die ihrer Meinung nach sozialistisch inspiriert schienen, misstrauisch bis ablehnend gegenüberstanden, auch wenn diese eine eindeutig antifaschistische Ausrichtung hatten.

In Bremen wurde der parteilose Studienrat Alfred Nawrath, der 1933 wegen dienstlicher Vorkommnisse in den voraufgegangenen Jahren und aus politischen Gründen aus dem Staatsdienst entlassen worden war, auf ausdrücklichen Wunsch der Militärregierung in den Vorstand der KGF berufen und firmierte sogar als deren »Präsident«, ohne jedoch nennenswerten Einfluss auf die Tätigkeit der KGF nehmen zu können. Deren Kurs wurde vielmehr von früheren Mitgliedern der sozialistischen Splittergruppen geprägt, die es als ihre große Aufgabe betrachteten, die Spaltung der Arbeiterbewegung in ein »reformistisches« (sozialdemokratisches) und ein »revolutionäres« (kommunistisches) Lager durch die Schaffung einer sozialistischen Einheitspartei und einer entsprechenden gewerkschaftlichen Organisation zu überwinden.

Die vordringlichen Anliegen der KGF waren Gegenstand eines »Sofortprogramms«, das bereits vor der Besetzung Bremens konzipiert worden war und in einer überarbeiteten Fassung am 6. Mai 1945 in der ersten Ausgabe des KGF-Organs »Der Aufbau« veröffentlicht wurde. Das per Hand im Umdruckverfahren ver-

Adolf Ehlers
* 21.1.1888, Bremen
† 20.5.1978, Bremen

Der gelernte kaufmännische Angestellte arbeitete während der NS-Zeit als Brenner und Schweißer. 1919 trat er in die KPD ein und war von 1923 bis 1927 Mitglied der Bürgerschaft. Nach seinem Ausschluss aus der KPD gehörte er 1930 zu den Gründern der SAP in Bremen, leitete von 1933 bis 1945 deren örtliche Untergrundabteilung und war nach Ende des Zweiten Weltkriegs führendes Mitglied der »Kampfgemeinschaft gegen den Faschismus«. 1945 trat Ehlers erneut der KPD bei, wechselte aber im April 1946 zur SPD. Von 1945 bis 1948 amtierte er als Senator für Wohlfahrts- und Gesundheitswesen, anschließend bis 1963 als Innensenator, und gehörte 1948/49 als einziges Bremer Mitglied dem Parlamentarischen Rat an. Als designierter Nachfolger Kaisens wurde er 1959 zum Bürgermeister und Stellvertreter des Präsidenten des Senats gewählt, musste 1963 jedoch seine politische Laufbahn aus gesundheitlichen Gründen beenden.

Handschriftlicher Passierschein für Adolf Ehlers, ausgestellt am 28. April 1945

Wenige Tage nach Kriegs-
ende hatte sich die KGF
organisiert und ihre Zeitschrift »Der Aufbau«
gedruckt und verteilt

DER AUFBAU

Nr.1 – Bremen, 6. Mai 1945

ORGAN DER KAMPFGEMEINSCHAFT GEGEN DEN FASCHISMUS

Antifaschisten!

Zwölf Jahre Schrecken, zwölf Jahre der Unmenschlichkeit, der Entrechtung und Erniedrigung, der Verfolgung und der blutigsten Willkür liegen hinter uns.

In Nacht und Grauen war Deutschland verstrickt, wie ein lastender Alp lag die Hitlerherrschaft auf allen, die noch menschlich fühlten, die noch freiheitlich empfinden, die noch selbständig denken konnten.

Kein aufrechter Gedanke durfte gedacht, kein ehrliches Wort konnte gesprochen werden, ohne daß man vor dem Schurken, dem Denunzianten, dem feigen Angeber zittern musste. In alle Bezirke des persönlichen Lebens, in Heim und Familie drang die Hitler-Tyrannei, jedes Gefühl für Persönlichkeit und Menschenwürde erwürgend und vernichtend.

Ungeheuer ist die Zahl der Opfer, die dieses fluchbeladene System gefordert hat. Nirgends war ein Menschenleben so wenig wert wie im Reiche Hitlers. Die Besten und Aufrechtesten fielen durch Henkershand, wurden in Zuchthäusern und Konzentrationslägern zu Tode gequält.

Millionen von Männern und Jünglingen, von Gatten und Söhnen, von Vätern und Brüdern starben auf dem Schlachtfeld, geopfert dem wahnwitzigen Weltherrschaftstraum des Nationalsozialismus. Und in der Heimat ließen Hunderttausende ihr Leben in den Feuersbrünsten der Bombennächte, wurden zerschmettert im Krachen und Bersten zusammenstürzender Häuser.

Der deutsche Name wurde mit Fluch und Schande beladen durch die grauenhaften, unmenschlichen Taten, die das Hitlertum in der ganzen Welt verübte und verüben ließ.

Die unvermeidliche Niederlage dieses Systems hat sich nun vollendet. Die Macht des Nationalsozialismus ist zerbrochen, die Hitlerpartei liegt zerschlagen am Boden.

Zum ersten Male nach zwölf Jahren der Entrechtung können wir wieder frei atmen, dürfen wir uns wieder als Menschen fühlen, brauchen wir nicht vor der blutigen Willkür brauner Mordbanditen zu zittern.

Mit Wehmut und Trauer gedenken wir der Toten! Ihr Sterben soll uns Gelöbnis sein, eine Welt zu bauen, die eine Wiederkehr dieses Wahnsinns unmöglich macht, in der für preußischen Militarismus und für nationalsozialistische Weltherrschaftspläne und Ueberheblichkeit kein Raum mehr ist.

vielfältigte Blatt erschien in unregelmäßiger Folge insgesamt elf Mal. Kernpunkte dieses Sofortprogramms waren Forderungen nach Ausschaltung aller aktiven Parteigänger und kompromittierten Mitläufer des NS-Regimes im Staatsapparat, in der öffentlichen Verwal-

Die ersten Nachkriegsjahre

Das 1945 gedruckte »Sofortprogramm« der KPD Bremen

tung und im Wirtschaftsleben, nach umgehender Wiederherstellung der städtischen Versorgungs- und Nahverkehrseinrichtungen und nach Erfassung, Beschlagnahme und gerechter Zuteilung von Wohnraum, Nahrungsmitteln und Kleidung zur Gewährleistung einer den gegebenen Umständen angemessenen Versorgung der Bevölkerung.

Zudem enthielt das Sofortprogramm eine Reihe von Vorschlägen zur wirtschaftlichen Neuordnung, die sich allerdings auf Maßnahmen zu einer umfassenden Demokratisierung der betrieblichen Strukturen unter angemessener Beteiligung der Arbeiter und Angestellten beschränkten. Die Forderung nach einer grundlegenden Umgestaltung der kapitalistischen Wirtschaftsordnung, die damals nicht nur in der Arbeiterbewegung erhoben wurde, blieb dagegen unerwähnt, um eine andernfalls abzusehende Konfrontation mit der Militärregierung zu vermeiden. Walter Dorn und andere Besatzungsoffiziere hatten in ersten Gesprächen mit der Führung der KGF deren aus Sicht der Amerikaner zu stark sozialistische Ausrichtung kritisiert.

Im Gegensatz zu der Entwicklung in vielen anderen Städten, wo die Antifa-Ausschüsse von den örtlichen Militärbehörden unter Berufung auf das in allen Besatzungszonen zunächst geltende Verbot eigenständiger politischer Betätigung aufgelöst wurden, kam es in Bremen nur zu vereinzelten Sanktionen. So untersagte die Militärregierung eine von der KGF in Eigenregie begonnene Aktion zur Beschlagnahme von Wohnungen stadtbekannter NS-Aktivisten, verbot die Durchführung von Versammlungen mit mehr als sechs Teilnehmern und schloss das Büro der KGF im ehemals von der nationalsozialistischen Deutschen Arbeitsfront genutzten Gebäude (Am Wall 179/180). Die KGF selbst wurde jedoch nicht aufgelöst, sondern erhielt de facto einen halblegalen Status und konnte sogar Personen ihres Vertrauens in einigen Führungspositionen der neuen bremischen Verwaltung etablieren.

Außerdem hatte sie maßgeblichen Anteil an der Entlassung des »Regierenden Bürger-

WIE BAUEN WIR DEUTSCHLAND WIEDER AUF?

SOFORTPROGRAMM DER KPD BREMEN

meisters«, indem sie öffentlich und mit Erfolg gegen eine von Vagts Mitte Juni 1945 ohne Abstimmung mit den anderen Senatoren erlassene Verordnung Protest einlegte, die die sofortige Beendigung von »Arbeitverhältnisse(n) aller Art ohne Einhaltung gesetzlicher, tariflicher oder vertraglicher Kündigungsfristen und ohne Rücksicht auf bestehende Kündigungsschutzbestimmungen« erlaubte. Die KGF bezeichnete dies durchaus zutreffend als einen Versuch, »die Lasten des Krieges einseitig auf die Schultern der wirtschaftlich Schwachen abzuwälzen«. Sie warf Vagts in diesem Zusammenhang vor, »dass vieles unterlassen wird, um den Nationalsozialismus wirklich zu liquidieren«, und begann wenig später, Unterschriften für seine Ablösung zu sammeln. Vagts beschwerte sich zwar bei Oberst Welker über »Treibereien gegen Personen in der bremischen Verwaltung, u.a. auch gegen meine Person, die selbst niemals Nazis gewesen sind, wie das z.B. für mich zutrifft«, und ließ Welker wenig später ein ausführliches »Dossier« über die KGF zugehen, in dem er deren Tätigkeit als ernste Gefahr für die Interessen Bremens und der USA denunzierte und anregte, die KGF zu verbieten. Angesichts des öffentlichen Drucks, den die KGF mit ihrer Unterschriftenaktion erzeugte, und des auch unter den Senatoren wachsenden Unmuts über das selbstherrliche Auftreten des »Regierenden Bürgermeisters« war es Welker jedoch nicht länger möglich, Vagts im Amt zu halten, zumal Walter Dorn ihn für »vollständig unfähig« hielt.

Die von der KGF gehegten Hoffnungen, die zwischen Sozialdemokraten und Kommunisten bestehenden Differenzen eingedenk der gemeinsamen Erfahrung politischer Verfolgung und politischen Widerstands in den Jahren der nationalsozialistischen Herrschaft überwinden zu können, erfüllten sich allerdings nicht, obwohl sie einer in den ersten Wochen und Monaten nach Ende des Krieges in der Arbeiterschaft weit verbreiteten Erwartungshaltung entsprachen. Bereits unmittelbar nach Kriegsende hatten ehemalige Funktionsträger der SPD und der KPD wie überall in Deutschland so auch in Bremen damit begonnen, informelle Führungsgremien zu bilden und ehemalige Parteimitglieder zu neuerlichem politischen Engagement zu ermuntern.

Diese Vorbereitungen für eine Wiedergründung der beiden Parteien liefen parallel zu den Aktivitäten der KGF und verstießen eigentlich in gleicher Weise gegen das von den Besatzungsmächten verhängte Verbot eigenständiger politischer Betätigung, wurden aber von der Militärregierung geduldet, nachdem mit den drei Sozialdemokraten Kaisen, Paulmann und Theil sowie den beiden Kommunisten Wolters und Ehlers bereits führende Repräsentanten beider Richtungen in den Senat berufen worden waren.

Als Ende September 1945 die Bildung politischer Parteien in der britischen Besatzungszone genehmigt wurde, verfügten die SPD und die KPD in Bremen daher bereits über ein organisatorisches Grundgerüst und einen, im Vergleich zu der Zeit vor 1933 allerdings noch kleinen Mitgliederstamm. Mit der formellen Zulassung durch die Militärregierung, die gut zwei Wochen später erfolgte,

wurde der faktisch bereits bestehende Zustand offiziell anerkannt.

Nicht zuletzt mit Blick auf die Stimmung an der Basis hatten Sozialdemokraten und Kommunisten zuvor zwar erklärt, dass auch sie die Bildung einer Einheitspartei anstrebten. Aber über den Weg dahin herrschten voneinander abweichende Vorstellungen: In der Bremer SPD wurde ein Zusammenschluss der beiderseits noch im Aufbau befindlichen örtlichen Parteigliederungen für möglich gehalten, die Bremer Kommunisten wollten hingegen entsprechend der Linie, die das unmittelbar nach Kriegsende in Berlin gebildete Zentralkomitee der KPD vorgegeben hatte, zunächst den

Oskar Schulze, 1. Vorsitzender der Bremer Gewerkschaften und Bürgerschaftsmitglied (SPD), spricht auf der 1. Mai-Kundgebung vor dem zerstörten Parkhaus 1946

Die ersten Nachkriegsjahre

PUBLIC POLITICAL MEETINGS IN BREMEN AND WESERMÜNDE

	S.P.D.	K.P.D.	BREMEN DEMOCRATIC PARTY	NIEDERS. LANDESP.	CHRISTIAN DEMOCRATIC UNION	MISCELLANEOUS
1945/46		7	—	—	—	—
OCTOBER	16	15	—	—	1	—
NOVEMBER	26	15	—	—	—	2
DECEMBER	27	38	1	—	—	4
JANUARY	39	40	4	—	—	2
FEBRUARY	45	44	2	—	1	1
MARCH	64	32	1	—	—	6
APRIL	33	51	3	—	10	—
MAY	38	78	5	—	27	3
JUNE	49	114	20	—	32	—
JULY	70	121	18	—	2	—
AUGUST	64	115	—	—	4	—
OCTOBER	88	45	—	6	—	—
NOVEMBER	25	50	3	—	—	—
DECEMBER	39					

Übersicht der politischen Versammlungen in der Enklave Bremen von Oktober 1945 bis Dezember 1946. Eine von vielen farbig gestalteten Statistiken im Jahresbericht der Militärregierung (Functional history of Military Gouvernment in Bremen)

Ende Oktober 1945 organisierten sie aus Anlass ihrer Lizensierung eine gemeinsame Großkundgebung vor der Terrasse des Parkhauses (heute Parkhotel) im Bürgerpark, bei der allerdings deutlich wurde, dass sich die Positionen zur Bildung einer Einheitspartei aufgrund von Entwicklungen, die zwischenzeitlich außerhalb Bremens eingetreten waren, nicht nur grundlegend gewandelt, sondern auch weiter voneinander entfernt hatten: Gestützt auf die von der sowjetischen Besatzungsmacht forcierte Etablierung der KPD als Führungspartei in der Ostzone befürworteten die Bremer Kommunisten jetzt die umgehende Verschmelzung der beiden Arbeiterparteien, während die Bremer Sozialdemokraten nur noch ganz allgemein einer einheitlichen Haltung der Arbeiterschaft zu den drängenden Gegenwartsfragen das Wort redeten.

Dies entsprach nicht nur den »Politischen Richtlinien« für den Wiederaufbau der SPD, in denen der spätere Parteivorsitzende Kurt Schumacher Ende August 1945 einen Zusammenschluss mit der KPD kategorisch ausgeschlossen hatte, weil deren politische Arbeit von der sowjetischen Besatzungsmacht gesteuert würde. Es spiegelte auch eine an der Parteibasis um sich greifende Stimmung wider, die den Kommunisten des Öfteren unaufrichtiges Verhalten in der Frage der Einheitspartei vorwarf. Die Gegensätze, die das Verhältnis von Sozialdemokraten und Kommunisten während der Weimarer Republik bestimmt und in den letzten Jahren vor der Machtübernahme zunehmend vergiftet hatten, brachen erneut auf und traten in den folgenden Monaten immer deutlicher zutage, als die Sozialdemokraten in der sowjetischen Besatzungszone in zunehmendem Maße unter Druck gesetzt wurden, sich mit den Kommunisten in einer kommunistisch dominierten Einheitspartei zusammenzuschließen.

In der KGF sah man unter diesen Vorzeichen keine Möglichkeit mehr, als eigenständige Gruppierung auf die Bildung einer sozialistischen Einheitspartei hinzuwirken, zumal die meisten KGF-Mitglieder ja zugleich der SPD oder der KPD angehörten. Mitte Dezember 1945 beschloss die zweite Bezirkskonferenz der

Aufbau ihrer Parteiorganisation zum Abschluss bringen und erst dann mit den Sozialdemokraten über die Modalitäten einer Vereinigung sprechen.

Mit einem von den Bremer Bezirksleitungen der SPD und der KPD Mitte August 1945 geschlossenen »Einheits-Aktions-Vertrag«, der u.a. die Einsetzung paritätisch besetzter Ausschüsse und gemeinsame Sitzungen lokaler Gremien vorsah, wurde zunächst einmal ein für beide Parteien akzeptabler Kompromiss gefunden.

Bürgerliche Parteien

KGF, die Organisation aufzulösen; im Januar 1946 erschien die letzte Ausgabe des »Aufbau« mit einer Bilanz des Wirkens der KGF und einem eindringlichen Appell, in der SPD oder der KPD weiterhin für die Ziele der KGF einzutreten.

Die Voraussetzungen dafür schienen nicht einmal schlecht, weil das Verhältnis zwischen Sozialdemokraten und Kommunisten in Bremen bis in die 1950er Jahre hinein vergleichsweise sachlich und im persönlichen Umgang oft freundschaftlich blieb. In mehreren Stadtteilen und auf betrieblicher Ebene arbeiteten Mitglieder beider Parteien oft eng zusammen, und selbst in der Bürgerschaft kam es mehrfach zu Abstimmungen, bei denen Beschlussvorlagen mit den Stimmen der SPD- und der KPD-Fraktion gegen das Votum der übrigen Abgeordneten durchgesetzt wurden. Ein Zusammenschluss mit der KPD kam aber für die Bremer Sozialdemokraten nach der im Frühjahr 1946 in der sowjetischen Zone von der Besatzungsmacht erzwungenen Vereinigung der SPD mit der KPD zur SED nicht mehr infrage; die beiden »KGF-Senatoren« Wolters und Ehlers traten wenig später aus der KPD aus und in die SPD ein.

Bürgerliche Parteien

Auch im Bremer Bürgertum hatten kurz nach der Besetzung Bremens Bestrebungen zur Formierung einer politischen Interessenvertretung eingesetzt, die allerdings längere Zeit vergleichsweise unverbindlich blieben und erst Ende Oktober 1945 zu einem greifbaren Ergebnis führten. Ausgehend von der bereits Mitte Mai 1945 in der Handelskammer diskutierten Überlegung, dass ein »Gegengewicht« zur KGF und den darin als tonangebend angesehenen Kommunisten erforderlich sei, fand auch hier die Idee, eine Einheitspartei zu bilden, durchaus Anklang. Praktische Schritte zu deren Umsetzung blieben jedoch zunächst aus. Bei den meisten der ehemals führenden Mitglieder einer der bürgerlichen Parteien der Weimarer

Zeit herrschte nämlich erhebliche Unsicherheit darüber, wie die Militärregierung auf eine solche Parteigründung reagieren würde, weil sie sich fast alle nach der Machtübernahme in der einen oder anderen Weise mit dem NS-Regime arrangiert hatten und nicht wenige von ihnen sogar der NSDAP oder zumindest einer der ihr angeschlossenen Organisationen beigetreten waren. Außerdem gab es – anders als bei den beiden Arbeiterparteien – keine im Untergrund oder im Exil über die Jahre der nationalsozialistischen Herrschaft hinweg aufrechterhaltenen organisatorischen Strukturen, an die man beim Neuaufbau hätte anknüpfen können, und auch nur relativ wenige ehemalige Mitglieder, die wieder aktiviert werden konnten. Denn die bürgerlichen Parteien waren in Bremen wie fast überall in Deutschland »Honoratiorenvereinigungen« gewesen, und die katholische Zentrumspartei war im überwiegend protestantischen Bremen von der Mitgliederzahl her schwach und politisch unbedeutend geblieben.

Unter diesen Vorzeichen bildeten sich im Laufe des Sommers 1945 vier informelle Zirkel heraus, von denen die stärkste und politisch wichtigste Gruppe sich um ehemals führende Repräsentanten der Deutschen Volkspartei

Vom Schütting, dem traditionsreichen Sitz der Bremer Kaufmannschaft, blieben nur die Umfassungsmauern erhalten. Foto vor Beginn der Wiederherstellung

Die ersten Nachkriegsjahre

Erlaubnis zur Gründung der CDU vom 26. Juni 1946

Christlich-Sozialen Volksdienst kritisch gegenüberstanden.

Obwohl zwischen diesen Zirkeln erhebliche Meinungsunterschiede bestanden, verständigten sich die führenden Mitglieder der liberalen Gruppe, des katholischen Kreises und der unabhängigen christlichen Strömung darauf, gemeinsam die Bremer Demokratische Volkspartei (BDV) zu gründen. Sie wurde Ende Oktober 1945 von der Militärregierung zugelassen und verstand sich als bürgerliche Sammlungsbewegung, die den ja bereits gut organisierten Arbeiterparteien Paroli bieten und das erneute Entstehen vieler Splitterparteien im bürgerlichen Lager, wie es für die Parteienlandschaft der Weimarer Republik charakteristisch gewesen war, verhindern wollte. Der evangelische Kreis, der bei der Gründung der BDV abseits geblieben war, wurde wenig später zur Keimzelle des Bremer Landesverbandes der CDU. Dieser formierte sich im Anschluss an die Ende Januar 1946 erfolgte Konstituierung eines überregionalen Führungsgremiums der CDU für die britische Zone, nachdem ein Mitte Februar auf einer Versammlung der BDV gestellter Antrag, die Partei möge sich der CDU anschließen, nicht die erforderliche Mehrheit gefunden hatte.

Gründung von CDU, DP und FDP

und der Deutschen Demokratischen Partei – unter ihnen die beiden Senatoren Theodor Spitta und Hermann Apelt – scharte und sich als Interessenvertretung der Bremer Kaufmannschaft sah. Außerdem formierten sich ein katholischer Kreis um Angehörige der katholischen Arbeiterbewegung und ehemalige Mitglieder der Zentrumspartei, ein evangelischer Kreis in der Tradition des Christlich-Sozialen Volksdienstes und schließlich eine unabhängige christliche Strömung aus Politikern, die sowohl der Zentrumspartei wegen ihrer konfessionell einseitigen Orientierung als auch dem aus ihrer Sicht zu konservativen

An der Gründung der CDU in Bremen beteiligten sich Mitte Juni 1946 dann auch einige der Politiker, die 1945 als Angehörige des katholischen oder des unabhängig christlichen Kreises zu den Gründungsmitgliedern der BDV gehört hatten und jetzt austraten, um sich der neuen überkonfessionell-christlichen Partei anzuschließen. Die Bremer CDU schaffte es zwar binnen weniger Monate, von der Mitgliederzahl her in etwa mit der BDV gleichzuziehen, benötigte aber gut 20 Jahre, um in dem Maße Einfluss auf die bremische Politik nehmen zu können, wie es den »altgedienten« Liberalen in der BDV seit den ersten Nachkriegsmonaten möglich gewesen war.

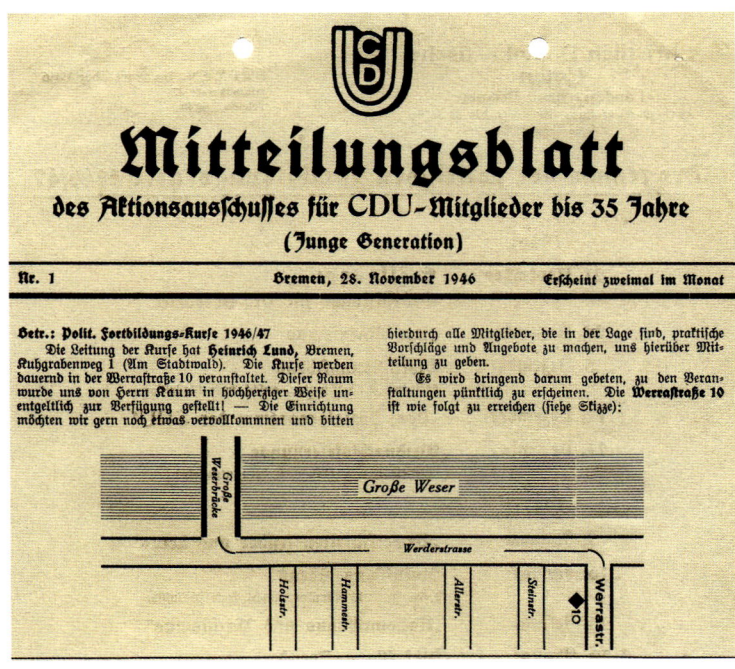

Das Haus Vorwärts in der Sandstraße, Gründungsort der Bremer CDU.

Rechts: Einladung der »Jungen Generation« zu einer Fortbildung in der Bremer CDU-Zentrale in die Werrastraße 10, 1946

Parallel zur Gründung der CDU wurden in Bremen im Sommer 1946 noch zwei weitere bürgerliche Parteien gegründet. Dies war zum einen die Niedersächsische Landespartei, deren Mitglieder und Anhänger vor allem aus bäuerlichen Kreisen im nach Kriegsende eingemeindeten früheren bremischen Landgebiet kamen. Sie sah sich mit ihrer konservativ-nationalistischen Programmatik in der Nachfolge der antipreußischen, dem letzten hannoverschen Herrscherhaus der Welfen verpflichteten Deutsch-Hannoverschen Partei, änderte 1947 ihren Namen in Deutsche Partei (DP) und spielte in den 1950er Jahren nicht nur in Bremen und Niedersachsen, sondern auch in der Bundespolitik als Partner in den von Konrad Adenauer geführten Bundesregierungen eine nicht unbedeutende Rolle.

Zum Zweiten kam es als Abspaltung von der BDV zur Gründung einer Bremer FDP, bei der es sich allerdings weniger um eine politische Partei mit einer eigenständigen Programmatik, sondern eher um eine von den beiden führenden Persönlichkeiten initiierte parteiähnliche Unternehmung handelte, die in Bremen zumeist nur als »Hollmann-Grabau-Gruppe« in Erinnerung ist. Das gemeinsame Motiv für die Abspaltung der in ihren sonstigen politischen Ansichten sehr heterogenen Protagonisten dieser Gruppe bestand darin, dass sich die BDV aus ihrer Sicht zu stark auf die Wahrnehmung der Interessen der großen Bremer Handelshäuser festgelegt hatte. Sie wurde jedoch Ende der 1940er Jahre vor allem deshalb beachtet, weil sich die liberalen Parteigruppierungen, die in den drei Westzonen unter verschiedenen Namen gegründet worden waren, im Dezember 1948 überregional zur FDP zusammenschlossen und es der BDV als Bremer Landesorganisation dieser Partei verwehrt war, den Parteinamen anzunehmen, weil dieser bereits an die Hollmann-Grabau-Gruppe vergeben war, die ihrerseits seit Beginn des Jahres 1949 ihren Namen FDP um den Zusatz »Landesverband Bremen« erweiterte. Erst nach der Rückkehr der Hollmann-Grabau-Gruppe zur BDV im Sommer 1951 gab es in Bremen nur noch eine liberale Partei, die zunächst noch als FDP(BDV) firmierte und den Namenszusatz nach der Bürgerschaftswahl 1951 schließlich aufgab.

Die ersten Nachkriegsjahre

Die Erneuerung der Bürgerschaft

Nach der Ernennung des Senats Anfang Juni 1945 und der Genehmigung der Militärregierung zur Wiedergründung oder Neubildung politischer Parteien im Herbst des Jahres markierte das Zusammentreten der ersten Nachkriegsbürgerschaft im Frühjahr 1946 den letzten entscheidenden Schritt auf dem Weg zum demokratischen Neubeginn in Bremen. Von einer Umsetzung demokratischer Grundprinzipien in die politische Praxis konnte in diesem Zusammenhang allerdings kaum die Rede sein; denn im Unterschied zu den Gegebenheiten in der amerikanischen Besatzungszone, wo im Januar des Jahres Wahlen zu den Stadt- und Gemeinderäten stattgefunden hatten, handelte es sich bei den drei Frauen und 57 Männern, die sich am Nachmittag des 17. April 1946 im Schwurgerichtssaal des Gerichtsgebäudes an der Domsheide zur ersten Bürgerschaftssitzung nach Ende des Krieges versammelten, nicht um gewählte Volksvertreter. Sie waren vielmehr von der Militärregierung ernannt worden, und zwar auf Vorschlag von Bürgermeister Wilhelm Kaisen, der zuvor

auf Anordnung der Militärregierung bei den Parteien, bei der Handelskammer, bei den Gewerkschaften und bei der Kreisbauernschaft entsprechende Personalvorschläge eingeholt hatte. Er selbst übernahm zusätzlich zu seinem Amt als Bürgermeister und Präsident des Senats auch das Amt des Bürgerschaftspräsidenten und übte damit die Spitzenpositionen der Exekutive und der Legislative in Personalunion aus – »auf Wunsch der Militärregierung«, wie Kaisen in seiner Grundsatzrede zur Eröffnung dieser ersten Nachkriegsbürgerschaft erklärte.

Die Abgeordneten der Bürgerschaft, zu denen abweichend von hergebrachter bremischer Gepflogenheit auch alle Mitglieder des Senats gehörten, nahmen an dieser Missachtung des Prinzips der Gewaltenteilung ebenso wenig Anstoß wie an der Tatsache, dass ihnen einige traditionell der Bürgerschaft zustehende Kompetenzen vorenthalten blieben – insbesondere das Recht, den Senat zu wählen und über den Haushalt zu beschließen. In Übereinstimmung mit Kaisen und dem Senat hielten sie es für vordringlich, Bremen eine neue Verfassung zu geben, hatten sich bei

Eröffnungssitzung der ersten, noch nicht gewählten, sondern eingesetzten Bremer Bürgerschaft …

Die Erneuerung der Bürgerschaft

diesem Vorhaben jedoch mit präzisen Vorgaben der britischen Militärregierung auseinanderzusetzen. Diese sahen eine Übernahme der klaren Trennung von Verwaltung und Regierung nach dem Vorbild der britischen Kommunalverfassung vor, was mit dem für die bremische Verfassungstradition charakteristischen Gedanken der Selbstverwaltung sowie der besonderen Stellung des Senats schwerlich zu vereinbaren war.

Unter diesen Vorzeichen verabschiedete die Bürgerschaft Anfang Juli 1946 einen maßgeblich von Theodor Spitta ausgearbeiteten Verfassungsentwurf, der den Vorgaben der britischen Militärregierung zwar weitgehend Rechnung trug, von ihr aber dennoch nicht genehmigt wurde. Daher gab es noch keine neue bremische Verfassung, als am 13. Oktober 1946 die ersten Bürgerschaftswahlen nach Ende des Krieges stattfanden und die im Frühjahr »ernannte« Bürgerschaft durch das erste gewählte bremische Nachkriegsparlament abgelöst wurde.

Neben grundsätzlichen Schwierigkeiten, unter Besatzungsherrschaft eine demokratische Ordnung neu aufzubauen, war das gänzliche Fehlen von Wahlen beim politischen Neubeginn in Bremen wesentlich auf die nach wie vor unklare besatzungsrechtliche Lage in der Enklave und die daraus resultierende Ungewissheit über den zukünftigen staatsrechtlichen Status der Freien Hansestadt Bremen zurückzuführen.

Die Bürgerschaft war jetzt zwar eine demokratisch legitimierte Volksvertretung, die auf ihrer konstituierenden Sitzung am 30. Oktober 1946 den SPD-Politiker August Hagedorn zum Bürgerschaftspräsidenten und vier Wochen später auch den Senat wählte, dessen bisherige Mitglieder fast durchweg in ihren Ämtern bestätigt wurden. In Bezug auf die von allen damals führenden Bremer Politikern angestrebte Wiederherstellung der staatlichen Eigenständigkeit Bremens und auch hinsichtlich der Verabschiedung einer neuen bremischen Verfassung konnte jedoch auch die gewählte Bürgerschaft vorerst keine nennenswerten Fortschritte erzielen, da in beiden Punkten zwischen der amerikanischen und der britischen Militärregierung in Deutschland bzw. den Regierungen in Washington und London erhebliche Meinungsunterschiede bestanden.

… im Schwurgerichtssaal im Gerichtsgebäude an der Domsheide. Am Tisch sitzend Bürgermeister Kaisen, der zugleich das Amt des Bürgerschaftspräsidenten innehatte

Die ersten Nachkriegsjahre

Die Konstituierung des selbstständigen Landes Bremen

Mit dem amerikanisch-britischen Enklaveabkommen vom Dezember 1945 war zwar ein erheblicher Teil der alltäglichen Probleme in der »Enclave Bremen« bereinigt worden, mit denen sich die Bremer Militärregierung und der Senat zuvor auseinanderzusetzen hatten. Die Frage, welchen Status die ehemals reichsunmittelbare Freie Hansestadt Bremen in Zukunft haben würde, war jedoch ebenso wenig geklärt wie die Frage, welche Besatzungsmacht die für die bremische Verwaltung und die Bremer Politiker in letzter Instanz gültigen Entscheidungen treffen konnte.

Der Präsident des Senats, Bürgermeister Wilhelm Kaisen in seinem Amtszimmer

Die Briten betrachteten Bremen als Teil ihres Besatzungsgebietes und bezogen es ganz selbstverständlich in ihre Planungen zur Bildung des Landes Niedersachsen ein, das aus der ehemals preußischen Provinz Hannover und den ehemals selbstständigen Ländern Braunschweig, Oldenburg, Schaumburg-Lippe und eben Bremen bestehen sollte. Die Einrichtung der »Enclave Bremen« und die Übertragung der Hoheitsgewalt auf die amerikanische Militärregierung war aus britischer Sicht nur eine vorübergehende Maßnahme, um dem Verlangen der Amerikaner Rechnung zu tragen, den Hafenumschlag und die Weiterleitung des Nachschubs für ihre Besatzungstruppen in eigener Regie abwickeln zu können.

Bereits zu Jahresbeginn 1946 hatte das Koordinierungsgremium der deutschen Zivilverwaltungen im Bereich des künftigen Landes Niedersachsen, der »Gebietsrat Hannover«, beschlossen, dass die Bremer Reichsmittelbehörden, deren Geschäftsbereiche jeweils auch angrenzende hannoversche Gebiete einschlossen, der Kontrolle und Weisungsbefugnis der entsprechenden Behörden in Hannover unterstellt werden sollten. Das galt für das Landesarbeitsamt, das Landesernährungsamt, das Landwirtschaftsamt und die Oberfinanzdirektion. Die britische Militärregierung billigte den Beschluss, ohne dies mit den Amerikanern abzusprechen. Die Umsetzung konnte der Senat zwar mit Rückendeckung durch die Bremer Militärregierung verhindern. Aber kurz darauf gab die britische Militärregierung eine erneut nicht mit den Amerikanern abgesprochene Anweisung, dass die über die Bremer Oberfinanzdirektion eingezogenen Reichssteuern und Rundfunkgebühren direkt nach Hannover zu überweisen seien und die Rücküberweisung der Beträge, die zur Deckung der Besatzungskosten in Bremen erforderlich waren, monatlich in Hannover beantragt werden müsste. Diese Anweisung wurde von der Bremer Militärregierung jedoch schlicht ignoriert, nachdem der Leiter ihres Referats für Staatsfinanzen durchaus zutreffend darauf hingewiesen hatte, dass andernfalls »someone in Hannover« entscheiden könne, wie viel Geld in Bremen gebraucht würde und wofür es ausgegeben werden sollte. Und die britischen Vorgaben für die neue bremische Verfassung liefen im Kern darauf hinaus, dass diese eben nur eine Kommunalverfassung, nicht aber eine Landesverfassung sein dürfe.

Für die Amerikaner war die Frage der von Bremen angestrebten Wiedergewinnung des Status als reichsunmittelbare Freie Hansestadt zunächst nur von nachrangiger Bedeutung. Ihr vorrangiges Interesse bestand darin, den reibungslosen Ablauf des Nachschubs für die eigenen Truppen zu gewährleisten, und zwar unabhängig davon, ob Bremen eigentlich zum britischen Besatzungsgebiet gehörte oder vollständig amerikanischer Kontrolle unterstellt würde. Die anhaltenden Querelen bei der Verwaltung der Enklave führten dann allerdings bei der amerikanischen Militärregierung zu der Einsicht, dass eine endgültige Entscheidung darüber getroffen werden musste, welche Besatzungsmacht in Bremen verbindlich das Sagen habe.

Nachdem der Leiter des Referats für Regierungsangelegenheiten bei der Bremer Militärregierung Mitte Juni 1946 während einer Besprechung in Hannover offiziell davon Kenntnis erhalten hatte, dass Bremen den britischen Planungen zufolge in das Land Niedersachsen eingegliedert werden sollte, verfasste er ein ausführliches Memorandum zum künftigen Status der »Enclave Bremen«. Darin sprach er sich dafür aus, das ehemalige Land Bremen und eventuell noch einige der unmittelbar angrenzenden Gebiete als selbstständiges Land zu konstituieren und in die amerikanische Besatzungszone einzugliedern. Dieser Vorschlag lag nicht nur auf der Linie der inzwischen von fast allen leitenden Mitarbeitern der Bremer Militärregierung eingenommenen Position, sondern entsprach auch der Haltung des amerikanischen Militärgouverneurs Lucius D. Clay. Dieser hatte kurz zuvor in einem internen Vermerk mit Blick auf die britischen »Alleingänge« in Bremen verdrossen notiert »May be we need another ›Boston Tea Party‹«, und

damit auf einen Vorfall Bezug genommen, der Ende des 18. Jahrhunderts einen entscheidenden Impuls zur Loslösung der britischen Kolonien in Nordamerika vom Mutterland und der anschließenden Gründung der USA gegeben hatte.

Blick über den Marktplatz, der als Parkplatz der Militärregierung dient, auf das Rathaus. Viele Fensterscheiben sind noch nicht erneuert worden

Ende Juli 1946 erklärte der Senat in Reaktion auf die kurz zuvor vollzogene Gründung des Landes Nordrhein-Westfalen und die bevorstehende Bildung des Landes Niedersachsen in einer Eingabe an die Bremer Militärregierung eine Klärung der besatzungsrechtlichen Zuständigkeiten in der Enklave für dringend erforderlich und sprach sich zugleich für eine Eingliederung Bremens in die amerikanische Besatzungszone aus. Daraufhin beauftragte Clay einen leitenden Mitarbeiter seines Stabes, ein entsprechendes Gutachten zu erstellen.

Die ersten Nachkriegsjahre

Wilhelm Kaisen im Gespräch mit General Lucius D. Clay

Dies lag Ende September 1946 vor und kam zu dem Schluss, dass die vollständige Übernahme der besatzungsrechtlichen Verantwortung durch die Amerikaner im unmittelbaren und langfristigen Interesse der USA liege.

Anfang Oktober 1946 erklärte dann der Direktor der Bremer Militärregierung anlässlich der zweiten Bremer Interzonenkonferenz, dass Bremen als reichsunmittelbare Hansestadt erhalten bleiben werde. Ende des Monats billigten Clay und der britische Militärgouverneur Robertson eine von leitenden Mitarbeitern ihrer Stäbe ausgehandelte Empfehlung, der zufolge ein eigenständiges, ausschließlich amerikanischer Besatzungshoheit unterstelltes Land Bremen gebildet werden sollte.

Das ehemalige Land Bremen – also die Stadt Bremen mit dem zugehörigen Landgebiet und dem stadtbremischen Hafenareal an der

Wesermündung in Bremerhaven – blieb dementsprechend ausgespart, als am 1. November 1946 das Land Niedersachsen gegründet wurde. Stattdessen wurde die »Freie Hansestadt Bremen« mit der Proklamation Nr. 3 der amerikanischen Militärregierung in Deutschland, die am 27. Januar 1947 veröffentlicht wurde, rückwirkend vom 1. Januar des Jahres an als selbstständiges Land im amerikanischen Besatzungsgebiet konstituiert. Noch zuvor war die Stadt Wesermünde, die 1924 durch den Zusammenschluss der an das »alte« Bremerhaven angrenzenden Gemeinden Lehe und Geestemünde entstanden war, aufgrund einer zum 31. Dezember 1946 in Kraft tretenden Anweisung der britischen Militärregierung aus dem eben erst gegründeten Land Niedersachsen ausgegliedert und dem zum damaligen Zeitpunkt noch gar nicht bestehenden »neuen« Land Bremen zugeordnet worden.

Bremen zwischen den Ansprüchen von USA, Briten und Niedersachsen

Obwohl die Entscheidungen über die Zukunft der Enklave und den Status Bremens von den beiden beteiligten Besatzungsmächten in eigener Kompetenz getroffen wurden, hatten deutsche Politiker maßgeblich an deren Zustandekommen mitgewirkt. In Bremen war es vor allem Wilhelm Kaisen, der nicht nur gegenüber der Bremer Militärregierung, sondern auch bei Gesprächen mit General Clay und anderen hochrangigen Mitarbeitern der amerikanischen Militärregierung in Deutschland immer wieder darauf drängte, den früheren Status Bremens als reichsunmittelbare Freie Hansestadt wiederherzustellen und dieses »neue« Land Bremen dem amerikanischen Besatzungsgebiet zuzuordnen. Neben Hinweisen auf die mannigfachen Komplikationen als Folge der »doppelten« Besatzungsherrschaft in der Enklave bediente er sich dabei besonders des bis heute in Diskussionen um die bremische Selbstständigkeit aktuellen Arguments, dass Bremen als einer der beiden großen

MILITARY GOVERNMENT—GERMANY
UNITED STATES AREA OF CONTROL

Proclamation No. 3

To the German people in the United States Area of Control, including the Bremen Enclave:

WHEREAS an agreement has been reached between the United States and British Military Government of Germany whereby the areas embraced on 8 May 1945 by Stadt Bremen, Land Gebiet Bremen and Stadtkreis Wesermuende, including Bremerhaven, will for purposes of military government be under the exclusive control of the Commanding General, United States Forces, European Theater, and Military Governor for Germany (U.S.),

NOW, THEREFORE, I, General Joseph T. McNarney, Commanding General, United States Forces, European Theater, and Military Governor for Germany (U.S.), do hereby proclaim as follows:

ARTICLE I

There is hereby constituted the following administrative area, which will henceforth be referred to as a State and which will have a State Government:

BREMEN—comprising the Stadt Bremen, Land Gebiet Bremen and Stadtkreis Wesermuende, including Bremerhaven.

ARTICLE II

All United States Military Government legislation as published in the Military Government Gazette, Germany, United States Zone, or as heretofore or hereinafter enacted by Office of Military Government for Germany (U.S.) or by Office of Military Government for Bremen (U.S.) is hereby declared effective in and for the new State of Bremen, and all existing British Military Government enactments therein are hereby repealed; provided, however, that criminal offenses committed under British Military Government legislation prior to the date hereof shall continue to be punishable under such legislation, and that rights and liabilities that have accrued under British Military Government legislation shall be continued in force and effect.

ARTICLE III

Subject to the authority of Military Government and pending the adoption of a new constitution for the State of Bremen, the existing German government of the Stadt Bremen is hereby recognized as the State Government for the State of Bremen as defined in Article I.

JOSEPH T. McNARNEY
General, U. S. Army
Commanding General,
United States Forces,
European Theater, and
Military Governor for
Germany (U.S.)

Dated: 21 January 1947

MILITÄRREGIERUNG — DEUTSCHLAND
AMERIKANISCHES KONTROLLGEBIET

Proklamation Nr. 3

An die deutsche Bevölkerung im amerikanischen Kontrollgebiet, einschließlich der Bremer Enklave:

Ein Übereinkommen ist zwischen der amerikanischen und der britischen Militärregierung getroffen worden, wonach die Gebiete, welche am 8. Mai 1945 die Stadt Bremen, das Landgebiet Bremen und den Stadtkreis Wesermünde, einschließlich Bremerhaven, umfaßten, zum Zwecke der Militärverwaltung der ausschließlichen Kontrolle des Kommandierenden Generals der amerikanischen Streitkräfte in Europa und Militärgouverneurs (U.S.) für Deutschland unterstehen sollen.

Im Hinblick auf dieses Übereinkommen erlasse ich, General Joseph T. McNarney, Kommandierender General der amerikanischen Streitkräfte in Europa und Militärgouverneur (U.S.) für Deutschland, die folgende Proklamation:

ARTIKEL I

Hiermit wird das folgende, von nun an als Land bezeichnete und unter einer Landesregierung stehende Verwaltungsgebiet gebildet:

BREMEN — bestehend aus der Stadt Bremen, dem Landgebiet Bremen und dem Stadtkreis Wesermünde, einschließlich Bremerhaven.

ARTIKEL II

Sämtliche gesetzlichen Vorschriften der amerikanischen Militärregierung, die im Amtsblatt der Militärregierung, Deutschland, Amerikanische Zone, veröffentlicht oder die von dem Amt der Militärregierung für Deutschland (U.S.) oder dem Amt der Militärregierung für Bremen (U.S.) erlassen wurden oder in Zukunft erlassen werden, gelten im Lande Bremen und für sein Gebiet; sämtliche von der britischen Militärregierung für dieses Gebiet erlassenen gesetzlichen Vorschriften werden hiermit aufgehoben, jedoch mit der Maßgabe, daß Handlungen, die auf Grund von gesetzlichen Vorschriften der britischen Militärregierung strafbar waren und vor dem Erlaß dieser Proklamation begangen wurden, weiterhin gemäß diesen Vorschriften strafbar bleiben und ferner, daß auf Grund der gesetzlichen Vorschriften der britischen Militärregierung erwachsene Rechte und Verbindlichkeiten in Kraft und Wirkung bleiben.

ARTIKEL III

Unbeschadet der Machtbefugnisse der Militärregierung wird hiermit, bis zur Annahme einer neuen Verfassung für das Land Bremen, die gegenwärtige deutsche Regierung der Stadt Bremen als die Landesregierung des gemäß Artikel I gebildeten Landes Bremen anerkannt.

JOSEPH T. McNARNEY
General, Armee der
Vereinigten Staaten,
Kommandierender General
der amerikanischen Streitkräfte in Europa und
Militärgouverneur (U.S.)
für Deutschland

21. Januar 1947.

Mit der Proklamation Nr. 3 der Militärregierung wurde das Land Bremen am 21. Januar 1947 neu begründet

deutschen Überseehäfen und -handelsplätze treuhänderisch für ganz Deutschland eine besondere Aufgabe wahrnehme, die es nur unter der Voraussetzung staatlicher Eigenständigkeit angemessen erfüllen könne.

Dieses Argument erschien Kaisen gegenüber den Amerikanern besonders eingängig, nicht nur wegen der herausragenden Bedeutung der bremischen Häfen für den Nachschub ihrer in Deutschland stationierten Besatzungstruppen, sondern auch, weil zwischen Bremen und den USA historisch begründete besondere, maßgeblich durch Schifffahrt und Handel bestimmte Beziehungen bestanden: Bereits kurz nach der Unabhängigkeitserklärung der Vereinigten Staaten und dem Ende des anschließenden Unabhängigkeitskrieges erlebte der bremisch-amerikanische Handel eine erste Blüte, die mit der Einrichtung eines US-amerikanischen Konsulats in Bremen im Jahre 1796 auch politisch Früchte trug. Im September 1830 war es ein amerikanischer Schoner, der als erstes Schiff in dem gerade erst fertiggestellten neuen Hafen in Bremer-

Die ersten Nachkriegsjahre

Ein amerikanischer Frachter löscht Mehl bei Schuppen 13 im Überseehafen, 1946

Die »Adrian Victory« bringt Güter zur Versorgung der amerikanischen Besatzungsmacht nach Bremen. Überseehafen, Schuppen 14, 1946

Nach Ende des Ersten Weltkriegs wurden die vorübergehend unterbrochenen Verbindungen mit der Einfuhr amerikanischer Hilfslieferungen über die bremischen Häfen und der bereits 1919 erfolgten Wiederaufnahme des Baumwollhandels neu geknüpft. Die Schnelldampfer des Norddeutschen Lloyd, die im Linienverkehr zwischen Bremerhaven und den USA pendelten, wurden in den 1920er Jahren zu prestigeträchtigen Symbolen der besonderen bremisch-amerikanischen Beziehungen. Es war insofern naheliegend, dieses »historische Kapital« zu nutzen. Und die Amerikaner reagierten entsprechend. Wiederholt wiesen leitende Mitarbeiter der Bremer Militärregierung darauf hin, dass das Ansehen der USA schweren Schaden nehmen würde, wenn sie einer Eingliederung Bremens in das Land Niedersachsen und dem damit einhergehenden Ende der bremischen Selbstständigkeit zustimmen würden.

Mit Blick auf die sich immer deutlicher abzeichnende Entscheidung zur Konstituierung eines selbstständigen Landes Bremen als Teil der amerikanischen Besatzungszone fragte die Militärregierung Anfang Oktober 1946 beim Senat an, »ob Bremen als Land weitere Gebiete wünsche«. Dieser antwortete zunächst diplomatisch, dass Bremen keine Gebietserweiterungen fordere, aber auch keine Einwände erheben werde, wenn die Militärregierung entsprechende Entscheidungen treffe.

Knapp einen Monat später legte der Senat dann ein von Justizsenator Spitta verfasstes ausführliches Gutachten zur Ausgestaltung der bremischen Selbstständigkeit vor, in dem zwar einleitend festgestellt wurde, dass Bremen keinen Wert auf die Angliederung »umfangreicher vorwiegend landwirtschaftlicher Gebiete« lege, weil dadurch der historisch gewachsene »eigenartige Charakter Bremens« als Hafen- und Handelsstadt »gefährdet und teilweise verloren gehen« würde. Eine Erweiterung des bremischen Staatsgebietes wurde aber dennoch als gerechtfertigt bezeichnet, weil die angrenzenden Regionen des niedersächsischen Umlandes und deren Einwohner sowohl in

haven festmachte; 1847 wurde zwischen Bremerhaven und New York die erste transatlantische Postdampferlinie eingerichtet. Bis zu einem Fünftel der Auswanderer, die seit den 1830er Jahren bis zum Vorabend des Ersten Weltkriegs aus Deutschland oder Mittel- und Osteuropa kommend in die USA übersiedelten, begannen ihre Schiffspassage von Bremen und Bremerhaven aus, und seit den 1870er Jahren entwickelte sich Bremen bis zum Beginn des 20. Jahrhunderts zum wichtigsten europäischen Umschlagplatz für amerikanische Baumwolle.

wirtschaftlicher Hinsicht als auch in Bezug auf die Nutzung kultureller Angebote weitgehend auf Bremen ausgerichtet seien. Unter dieser Prämisse regte der Senat an, die südlich und südwestlich an Bremen angrenzenden Gemeinden Achim, Bierden und Uphusen sowie Stuhr-Brinkum, Syke-Leeste, Barrien, Kirchweye und Dreye, die Stadt Delmenhorst und die Gemeinde Lemwerder sowie die an Bremen-Nord angrenzenden Teile des Kreises Osterholz und die Kreisstadt Osterholz-Scharmbeck in das Land Bremen einzugliedern. Diese Gebietsforderungen entsprachen in der Tendenz dem auf Überlegungen der Bremer Handelskammer und der Oberfinanzdirektion zurückgehenden Vorschlag, den Wilhelm Wortmann gut ein Jahr zuvor anlässlich der Diskussion um die Reorganisation der »Enclave Bremen« ausgearbeitet hatte. Sie waren allerdings weniger raumgreifend und nach Meinung Spittas »für das große Land Niedersachsen belanglos«, während sie »für Bremen und die in Frage kommenden Ortschaften vorteilhaft« wären.

Außerdem wurden in dem Gutachten noch einmal ausführlich die Gründe dargelegt, die aus Sicht des Senats für die Eingliederung Wesermündes in das Land Bremen sprachen, bei der es sich dem Gutachten zufolge jedoch nicht um eine bremische Forderung, sondern um eine von der Militärregierung bereits getroffene Entscheidung handelte. Diese wurde vom Senat ausdrücklich gutgeheißen, weil sie den ökonomischen und sozialen Gegebenheiten in dem an die bremischen Hafenanlagen an der Wesermündung angrenzenden Gebiet und dem Wunsch der dortigen Einwohnerschaft Rechnung trage.

Der »rote Welfe« Hinrich Wilhelm Kopf, damals Chef der deutschen Zivilverwaltung für die Provinz Hannover und anschließend erster Ministerpräsident des Landes Niedersachen, hatte sich entschieden dagegengestemmt und damit den bremisch-hannoverschen Rivalitäten um Hoheitsrechte und wirtschaftlichen Einfluss im Unterweserraum das vorerst letzte Kapitel hinzugefügt. Aber er hatte sich nicht

durchsetzen können, weil die britische Militärregierung erklärte, dass britische Besatzungsinteressen von einem Anschluss Wesermündes an das Land Bremen »nicht berührt« würden und »allein und grundsätzlich die Auffassung der Wesermünder Bevölkerung ausschlaggebend« sei. Diese und die von ihr gewählten Stadtverordneten befürworteten mit großer Mehrheit den Anschluss an das Land Bremen, wie der Wesermünder Magistrat die amerikanische Militärregierung in einer Mitte Dezember 1946 übermittelten Denkschrift wissen ließ. Am 7. Februar 1947 wurde die Eingliederung mit einem Festakt der Wesermünder Stadtverordnetenversammlung bei gleichzeitiger

Vorschlag zur Erweiterung des Gebietes der amerikanischen Enklave Bremen in der britischen Besatzungszone

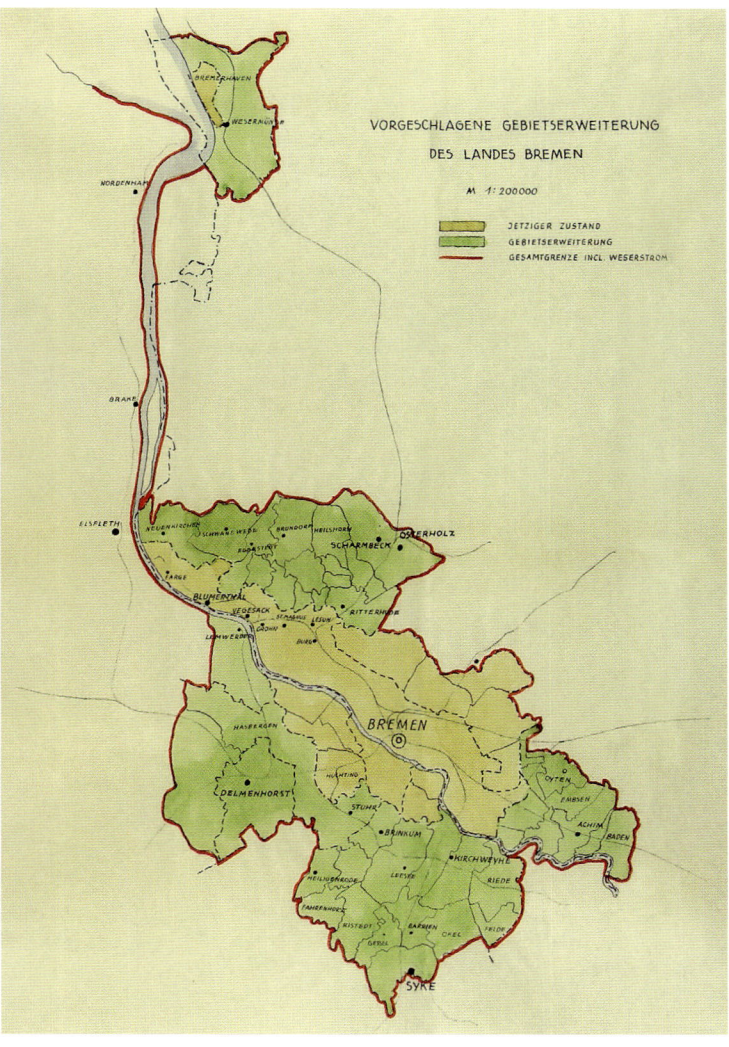

Die ersten Nachkriegsjahre

Der künftige Ministerpräsident des Landes Niedersachsen, Hinrich Wilhelm Kopf, im Gespräch mit seinem bayerischen Kollegen Wilhelm Hoegner in Bremen, Oktober 1946

genden Jahrzehnten ein mit unterschiedlicher Intensität diskutiertes Thema bremischer – und niedersächsischer – Politik.

Der Weg zur Verfassung

Nach der Konstituierung als selbstständiges Land im amerikanischen Besatzungsgebiet und dem Anschluss Bremerhavens hatte die bis dato von der britischen Militärregierung blockierte Verabschiedung einer neuen Verfassung für die Freie Hansestadt Bremen höchste Priorität. Abweichend von dem in den anderen Ländern ihrer Besatzungszone praktizierten Verfahren verzichteten die Amerikaner darauf, Wahlen für eine verfassunggebende Landesversammlung anzuberaumen. Stattdessen folgten sie einem von der Bürgerschaft gebilligten Vorschlag des Senats, die amtierende Bürgerschaft, die ja erst wenige Monate zuvor gewählt worden war, über die neue bremische Verfassung beraten und beschließen zu lassen. Sie bestanden allerdings darauf, dass die von der Bürgerschaft verabschiedete Verfassung in einem Volksentscheid gebilligt werden müsse, wie er auch in den anderen Ländern der amerikanischen Besatzungszone stattgefunden

Umbenennung der Stadt in »Bremerhaven« feierlich vollzogen. Der Anschluss Bremerhavens blieb allerdings die einzige wesentliche Gebietserweiterung der zum 1. Januar 1947 als selbstständiges Land im amerikanischen Besatzungsgebiet konstituierten Freien Hansestadt Bremen. Die im Gutachten des Senats als »gerechtfertigt« bezeichnete Eingliederung des heutigen »Speckgürtels« in das Land Bremen kam nicht zustande und blieb in den nachfol-

Festakt in der Aula des Geestemünder Realgymnasiums aus Anlass der Eingliederung Bremerhavens (mit Wesermünde) in das Land Bremen am 7. Februar 1947

hatte. Die Beteiligung der Bevölkerung Bremerhavens an den Verfassungsberatungen und allen anderen landespolitischen Entscheidungen wurde in der bis heute beibehaltenen Weise sichergestellt, dass die Mitgliederzahl der in ihrer Eigenschaft als Landesparlament tagenden Bremischen Bürgerschaft um 20 Bremerhavener Abgeordnete aufgestockt wurde. Diese wurden 1947 von der dortigen Stadtverordnetenversammlung durch einen ohne Gegenstimmen gefassten Beschluss delegiert und werden seither nach den für das ganze Land Bremen geltenden Bestimmungen gewählt.

Anfang April 1947 nahm eine eigens eingerichtete Verfassungsdeputation die Arbeit auf, der 15, von den fünf damals in der Bürgerschaft vertretenen Parteien (SPD, CDU, BDV, KPD, FDP) entsprechend ihrem jeweiligen Mandatsanteil benannte Bürgerschaftsabgeordnete sowie die Senatoren Ehlers und Spitta angehörten. Gegenstand ihrer Beratungen waren ein von Spitta im Auftrag des Senats ausgearbeiteter Verfassungsentwurf, der an die ebenfalls von Spitta entworfene Bremer Verfassung von 1920 anknüpfte, ein Entwurf der KPD, der weitgehend einem von der SED konzipierten Entwurf für eine neue deutsche Verfassung folgte, und zwei wenig später vorgelegte Verfassungsentwürfe der Bremer CDU und der Bremer SPD.

Alle vier Entwürfe stimmten in Bezug auf den staatsrechtlichen Status der Freien Hansestadt Bremen als selbstständiges Land in einem künftigen deutschen Gesamtstaat überein. In den Regelungen über den Aufbau und die Aufgaben des Staates unterschieden sie sich nur unwesentlich, vor allem in den Fragen, ob nur Mitglieder der Bürgerschaft in den Senat gewählt werden dürften und ob ein in den Senat gewählter Abgeordneter sein Bürgerschaftsmandat niederlegen müsse. Sie wurde nach längerer Diskussion in einem eigens eingerichteten Unterausschuss der Deputation entsprechend der im Senatsentwurf vorgesehenen Regelung entschieden, dass auch nicht der Bürgerschaft angehörende Personen in den Senat gewählt werden können und Senatoren nicht gleichzei-

Theodor Spitta

* 5.1.1873, Bremen
† 24.1.1969, Bremen

Nach Jurastudium und Promotion ließ sich Spitta 1899 als Rechtsanwalt und Notar in Bremen nieder. 1905 wurde er erstmals in die Bürgerschaft und 1911 in den Senat gewählt, dem er mit einer kurzen Unterbrechung bis 1933 als Justizsenator angehörte, mehrere Jahre auch in der Funktion des stellvertretenden Präsidenten des Senats mit dem Titel »Bürgermeister«. 1919 war Spitta in die DDP eingetreten und hatte als Mitglied der Bremischen Nationalversammlung die Verfassung der Freien Hansestadt Bremen von 1920 ausgearbeitet. 1945 wurde Spitta in den ersten ernannten Nachkriegssenat in das Ressort »Justiz und Verfassung« berufen und erarbeitete den Entwurf auch der neuen Landesverfassung von 1947. Nach der Ernennung Kaisens zum Präsidenten des Senats amtierte er wiederum als dessen Stellvertreter und Bürgermeister. Er war Mitbegründer der BDV und eine der herausragenden liberalen Bremer Persönlichkeiten. Im Herbst 1955 schied er aus Altersgründen aus dem Senat und der aktiven Politik aus. Auch als Senator a.D. ging Spitta fast täglich ins Rathaus, wo er in einem für ihn freigehaltenen Arbeitszimmer einen Kommentar zur bremischen Landesverfassung verfasste, juristische Expertisen für den Senat ausarbeitete und an seinen Lebenserinnerungen schrieb.

tig ein Bürgerschaftsmandat innehaben dürfen. Die Regelung war im April 1928 anlässlich der damaligen Bildung eines bürgerlich-sozialdemokratischen Koalitionsvertrags erstmalig festgelegt worden und besteht noch heute.

Die ersten Nachkriegsjahre

Thomas Dunn, Bürgermeister Spitta und Schulsenator Paulmann, von links, besuchen die Versammlung der Lehrerinnen und Lehrer an Bremer Grundschulen im »Liberty-Theater« am Ostertorsteinweg am 8. September 1945

Der erste Bremer Schultag nach Kriegsende am 10. September 1945

Erhebliche Abweichungen gab es jedoch bei den die Wirtschaftsordnung und das Schulwesen betreffenden Bestimmungen. Hier kam der SPD-Entwurf, der sich an der Ende 1946 durch eine Volksabstimmung gebilligten Verfassung des Landes Hessen orientierte, dem KPD-Entwurf recht nahe. Er sah eine grundlegende Neuordnung des Wirtschaftslebens im Sinne des Ende der 1920er Jahre entwickelten Modells einer »Wirtschaftsdemokratie« vor, das auf den Ausgleich des für die kapitalistische Produktionsweise charakteristischen Ungleichgewichts von Kapital und Arbeit abzielte. So sollten »die Großindustrie und die ehemaligen Konzernbetriebe, die Großunternehmen des Schiffbaus, des Hafenumschlags, der privaten

August Hagedorn
* 2.8.1888, Bremen,
† 24.12.1969, Bremen

Nach einer kaufmännischen Lehre arbeitete Hagedorn 1906 als Schreiber bei der AOK in Bremen. 1910 trat er in die SPD ein und schloss sich 1917 der USPD an; 1918/19 fungierte er als Finanzkommissar der Bremer Räteregierung. Im März 1919 wurde er in die Bremer Nationalversammlung, im Juni 1920 in die Bürgerschaft gewählt, in der er, seit der Auflösung der USPD wieder Mitglied der SPD, bis 1933 Sprecher der Finanzdeputation war. Nach seiner Entlassung bei der AOK aus politischen Gründen und dreiwöchiger »Schutzhaft« im Frühjahr 1933 arbeitete er als selbstständiger Steuerberater, wurde Ende 1945 wieder bei der Bremer AOK eingestellt und amtierte von 1948 bis 1954 als deren Direktor. Im April 1946 wurde er in die ernannte Bürgerschaft berufen und zum Vorsitzenden der SPD-Fraktion, nach der Bürgerschaftswahl im Herbst 1946 dann zum Präsidenten der Bürgerschaft gewählt. Dieses Amt hatte er ohne Unterbrechung inne, bis er im Oktober 1966 aus Altersgründen zurücktrat und auch sein Bürgerschaftsmandat niederlegte. In Anerkennung seines politischen Wirkens für Bremen wurde Hagedorn zum Ehrenbürger Bremens ernannt.

Kreditinstitute, der Energie- und Gasversorgung sowie die Großbetriebe der Ernährungswirtschaft und des allgemeinen öffentlichen Verkehrs« in Gemeineigentum überführt und die gleichberechtigte Mitwirkung von Vertretern der Belegschaft »in allen wirtschaftlichen, sozialen und personellen Fragen des Betriebes« gewährleistet werden. Dagegen gab es in den

Entwürfen des Senats und der CDU lediglich »Kann-Bestimmungen« zur Sozialisierung, und eine Ausweitung der Mitbestimmung auf wirtschaftliche Fragen sowie eine gleichberechtigte Mitsprache der Arbeitnehmer bei Unternehmensentscheidungen wurde von den bürgerlichen Parteien und ihren Vertretern in der Verfassungsdeputation strikt abgelehnt.

In Bezug auf das Schulwesen ging der SPD-Entwurf von der weltlichen Einheitsschule als Regelschule aus, in der kein konfessioneller Religionsunterricht, wohl aber ein »bekenntnismäßig nicht gebundener« Unterricht in biblischer Geschichte erteilt werden könnte. Außerdem sollten die Schulen grundsätzlich staatliche Einrichtungen sein; Privatschulen dürften nur im Ausnahmefall und nicht als Ersatz für öffentliche Schulen zugelassen werden. Dem Senatsentwurf zufolge sollte ebenfalls die staatliche Gemeinschaftsschule die Regelschule sein, neben der es aber auch öffentliche Bekenntnisschulen geben sollte. Der CDU-Entwurf sah hingegen ein gleichberechtigtes Nebeneinander von Gemeinschafts- und Bekenntnisschulen im Grundschulbereich vor und wollte es den Eltern freistellen, in welchem dieser Schultypen sie ihre Kinder unterrichten lassen wollten. Zudem sollten protestantischer und katholischer Religionsunterricht auch an den staatlichen Schulen ordentliches Lehrfach sein und Privatschulen auch als Ersatz für öffentliche Schulen genehmigt werden können.

Die Beratungen der Verfassungsdeputation geschahen unter Zeitdruck, weil die Militärregierung eine zunächst noch kürzer bemessene, dann aber bis zum 1. August 1947 verlängerte Frist für die Vorlage eines von der Deputation verabschiedeten Verfassungsentwurfs in der Bürgerschaft gesetzt hatte. Dennoch wurden die Schulfrage und die Regelungen zur Sozialisierung und zur Mitbestimmung in der Deputation bis zum Schluss kontrovers diskutiert. Auf Drängen von Wilhelm Kaisen, der die Option für eine Neuauflage des »Bündnisses von Kaufleuten und Arbeiterschaft« von 1928 offenhalten wollte, akzeptierten die Sozialdemokraten in der Verfassungsdeputati-

on schließlich eine »Kann-Bestimmung« zur Sozialisierung, setzten allerdings zusammen mit den KPD-Vertretern durch, dass die erweiterte betriebliche Mitbestimmung in dem der Bürgerschaft vorgelegten Verfassungsentwurf festgeschrieben wurde. Dieselbe Konstellation ergab sich in der Schulfrage, weil die Vertreter der CDU mit Rücksicht auf entsprechende Forderungen der katholischen Kirche und ihre katholischen Mitglieder und Wähler zu keinem Kompromiss bereit waren. In der Schlussabstimmung der Deputation stimmten sie dann zusammen mit den Vertretern der BDV gegen den der Bürgerschaft zugeleiteten

Plakat des DGB zum lang diskutierten Artikel 47 der neuen Bremer Landesverfassung

KPD-Plakat im Vorfeld der Abstimmung zur Bremer Landesverfassung 1947

unterrichten zu lassen und dass das Recht zur Einrichtung von Privatschulen in der Verfassung garantiert werden müsse.

Obwohl Justizsenator Spitta die Abgeordneten zu Beginn der Beratungen mit eindringlichen Worten ermahnt hatte, geschlossen für die neue bremische Verfassung zu stimmen, wurde diese nach der ersten Lesung nur mit den Stimmen der SPD und der FDP angenommen. CDU und BDV verweigerten die Zustimmung wie nun auch die KPD, der die Zugeständnisse der Sozialdemokraten zu weit gingen.

Nach der zweiten, abschließenden Lesung des Entwurfs der neuen bremischen Verfassung in der Bürgerschaft hielten dann nur noch die Abgeordneten der KPD an ihrem ablehnenden Votum fest, während alle anderen der Endfassung des Entwurfs zustimmten. Zuvor war der in erster Lesung mit knapper Mehrheit verabschiedete Text der amerikanischen Militärregierung für Deutschland zur Genehmigung vorgelegt worden. Diese hatte angeregt, die Regelungen zur Mitbestimmung und zum Schulwesen mit Rücksicht auf die Haltung der CDU und der BDV zu entschärfen. Auf Drängen von

Entwurf, der nur mit den Stimmen der Sozialdemokraten und Kommunisten bei Stimmenthaltung der FDP-Vertreter angenommen wurde.

Als die Bürgerschaft am 31. Juli und 1. August 1947 den Verfassungsentwurf in erster Lesung debattierte, brachen die Gegensätze erneut auf. Die Sozialdemokraten erklärten sich zwar bereit, die paritätische Mitbestimmung der Arbeitnehmer zunächst nur für soziale Unternehmensentscheidungen festzuschreiben und die Bevölkerung über die Ausweitung auf personelle und wirtschaftliche Fragen in einem Sondervotum entscheiden zu lassen. Dies könnte zusammen mit der ohnehin anstehenden Volksabstimmung über die Gesamtverfassung durchgeführt werden. Aber dieses Entgegenkommen reichte nicht aus, um CDU und BDV zum Einlenken zu bewegen. Sie lehnten die vorgesehene institutionalisierte Beteiligung der Gewerkschaften an der betrieblichen Mitbestimmung weiterhin ab und beharrten zudem darauf, dass Eltern die Wahl haben müssten, ihr Kind in einer Gemeinschafts- oder einer Bekenntnisschule

Die SPD wirbt für ein »Ja« in der Abstimmung zur Bremer Verfassung

Der Weg zur Verfassung

Wilhelm Kaisen erklärten sich die Bremer Sozialdemokraten daraufhin mit zwei Ergänzungen des Verfassungstextes einverstanden: Zum einen wurde die Mitbestimmungsregelung um einen Zusatz erweitert, dass etwaige gesamtstaatliche Vorschriften zur betrieblichen Mitbestimmung Vorrang vor den entsprechenden bremischen Bestimmungen hätten. Zum anderen wurde in der Schulfrage bestimmt, dass die Einrichtung von Privatschulen möglich sei und dass der an öffentlichen Schulen zu erteilende Unterricht in biblischer Geschichte zwar überkonfessionell, aber »auf allgemeiner christlicher Grundlage« erteilt werden solle.

Der demgemäß überarbeitete Verfassungsentwurf wurde am 15. September 1947 von der Bürgerschaft mit großer Mehrheit verabschiedet und beim anschließenden Volksentscheid, der am 12. Oktober 1947 zusammen mit der zweiten Bürgerschaftswahl nach Ende des Krieges stattfand, zur Abstimmung gestellt. Mit einem ebenfalls klaren Votum von 72,5 Prozent der abgegebenen Stimmen wurde der Entwurf als neue Verfassung für das Land Bremen in Kraft gesetzt, und zwar einschließlich der Regelungen über die erweiterte betriebliche Mitbestimmung, die bei dem gleichzeitig durchgeführten Sondervolksentscheid mit der knappen Mehrheit von 52,3 Prozent der abgegebenen Stimmen angenommen wurden.

Das Ergebnis der beiden Abstimmungen konnte kaum überraschen, nachdem die SPD dazu aufgerufen hatte, beide Male mit »Ja« zu stimmen, während die bürgerlichen Parteien für ein »Ja« zur Verfassung und ein »Nein« zur erweiterten Mitbestimmung geworben und die KPD ihre Mitglieder und Anhänger aufgefordert hatte, gegen die Verfassung, aber für die Mitbestimmungsregelungen zu stimmen. Bemerkenswert war vielmehr die geringe Beteiligung von wenig mehr als zwei Drittel der Stimmberechtigten. Sie lag damit deutlich niedriger als die Wahlbeteiligung von mehr als 80 Prozent bei der ersten Bürgerschaftswahl im Herbst 1946. Zudem waren gut acht Prozent der bei beiden Volksentscheiden abgegebenen Stimmen ungültig.

Hans Hackmack, der Herausgeber des »Weser-Kurier«, hielt den Bremern zornig vor, sie hätten »Politik im Stil bockiger Kinder« gemacht und sich ihrer staatsbürgerlichen Verantwortung entzogen, weil sie enttäuscht darüber waren, dass die von vielen als Folge der Eingliederung Bremens in die amerikanische Besatzungszone erhoffte durchgreifende Verbesserung ihrer Lebensumstände ausgeblieben war. Für die Rechtsgültigkeit des Verfassungsreferendums war dies allerdings ohne Bedeutung – mit der Verkündung im Bremischen Gesetzblatt wurde die »Landesverfassung der Freien Hansestadt Bremen« am 21. Oktober 1947 in Kraft gesetzt und damit die seit Kriegsende angestrebte Wiederherstellung eines selbstständigen Landes Bremen erfolgreich zum Abschluss gebracht.

Mit der Veröffentlichung im Gesetzblatt der Freien Hansestadt Bremen trat am 21. Oktober 1947 die neue Landesverfassung in Kraft

Bremen und die Gründung der Bundesrepublik

Bremen und die Gründung der Bundesrepublik

Die Interzonenkonferenzen

Parallel zu den Bemühungen um die Wiedererlangung der staatlichen Eigenständigkeit Bremens verfolgte der Senat und darin besonders Wilhelm Kaisen ein weiteres Ziel: Es galt, möglichst rasch die Bildung zonenübergreifender deutscher politischer Instanzen auf den Weg zu bringen, die gemeinsame deutsche Interessen gegenüber den Militärregierungen und dem Alliierten Kontrollrat vertreten und wesentliche Funktionen der von den Siegermächten aufgelösten Reichsbehörden wahrnehmen könnten. Für den Senat hatte diese Frage einen ganz besonderen Stellenwert, weil das aus bremischer Sicht zentrale Argument für die staatliche Selbstständigkeit, die treuhänderische Wahrnehmung der besonderen Aufgaben als Hafen- und Handelsstadt für ganz Deutschland, hinfällig wurde, wenn es kein »ganzes« Deutschland gab, für das Bremen treuhänderisch tätig sein konnte. Zugleich war die bremische Wirtschaft in hohem Maße von guten Verbindungen zum Hinterland abhängig, die jedoch als Folge der Aufteilung Deutschlands in vier zunächst weitgehend voneinander abge-

schottete Besatzungszonen stark beeinträchtigt oder völlig unterbrochen waren.

Der Senat war geradezu prädestiniert, die Initiative zur Bildung zonenübergreifender deutscher Instanzen zu ergreifen, weil Bremen im Unterschied zu allen übrigen Ländern und Provinzen der vier Zonen als Folge der ungeklärten besatzungsrechtlichen Zuständigkeiten in der Enklave Bremen sowohl im Zonenbeirat des britischen Besatzungsgebietes als auch im Länderrat der amerikanischen Besatzungszone (dort allerdings nur mit dem Status eines nicht stimmberechtigten Beobachters) vertreten war. Dies hatte zur Folge, dass Kaisen im Zonenbeirat wie im Länderrat wiederholt aus erster Hand über die im jeweils anderen Gremium gerade diskutierten Fragen Bericht erstattete und somit als Mittler und verschiedentlich auch Vermittler zwischen seinen Amtskollegen aus der britischen und der amerikanischen Zone fungierte.

Die Grundüberlegung, von der sich der Senat bei seiner Initiative leiten ließ, hatte Kaisen in einer Anfang Januar 1946 im »Weser-Kurier« veröffentlichten Vorschau auf die wichtigsten politischen Aufgaben des neuen Jahres skizziert. Demnach hatte das deutsche Volk »noch auf lange Jahre« mit der Besatzungsherrschaft zu rechnen und könnte nur »durch sein Verhalten zur Lösung der Reichsfragen beitragen, aber keinen direkten Einfluss darauf« nehmen, weil »Deutschland als besiegtes Land vor der Hand das Selbstbestimmungsrecht verloren hat«. Dies könne allerdings nicht bedeuten, »jetzt resigniert in den Winkel zu kriechen und auf ein Wunder zu warten, das uns das Verlorene wiederbringt, sondern wir müssen uns selber helfen, wenn es besser werden soll«.

In diesem Sinne lud der Senat die Chefs der Provinzialverwaltungen und provisorischen Landesregierungen in der britischen Zone und die Ministerpräsidenten der Länder des amerikanischen Besatzungsgebietes zu einer Konferenz nach Bremen ein, die am 28. Februar und 1. März 1946 im gerade neu eingerichteten Gästehaus des Senats an der

Bild zum Bericht des »Weser-Kurier« zur ersten Interzonenkonferenz in Bremen am 28. Februar/ 1. März (2. März) 1946

Das Bild zeigt unter den Teilnehmern der Sitzung im Senatssaal des Bremer Rathauses Bürgermeister P e t e r s e n, Hamburg, Oberpräsident Dr. A m e l u n x e n, Westfalen, Oberpräsident Dr. S t e l z e r, Schleswig-Holstein.

Die Interzonenkonferenzen

Parkallee stattfand. Bei dieser Zusammenkunft wurde u.a. der Vorschlag erörtert, auch in der britischen Zone einen Länderrat nach dem Vorbild der US-Zone einzurichten und anschließend einen gemeinsamen »Nord-Süd-Rat« zu bilden. Das wurde allerdings von der britischen Militärregierung kategorisch abgelehnt, sodass die Konferenz zwar ohne ein konkretes Ergebnis endete, aber dennoch den Ausgangspunkt für eine engere Abstimmung zwischen den deutschen Zivilverwaltungen in der britischen und in der amerikanischen Besatzungszone markierte.

Obwohl an dieser ersten »Interzonenkonferenz« nur Vertreter aus den beiden Zonen teilgenommen hatten, die Anfang 1947 zur Bi-Zone verschmolzen wurden, stand die Bremer Initiative zur Schaffung zonenübergreifender deutscher Instanzen noch nicht unter den Vorzeichen des Ost-West-Gegensatzes, der sich damals ohnehin erst in Ansätzen abzeichnete. Sie hatte vielmehr eine klare gesamtdeutsche Ausrichtung. Zwei Wochen nach der Konferenz empfing Kaisen den Oberbürgermeister der Stadt Leipzig und dessen Stellvertreter zu einem Meinungsaustausch über die politische und wirtschaftliche Situation in der sowjetischen Besatzungszone, und Ende Juli 1946

reiste er in Begleitung von Außenhandelssenator Harmssen zu einem offiziellen Besuch nach Thüringen, bei dem es zwar vorrangig um Wirtschaftsfragen ging, aber auch die Chancen für ein Treffen aller deutschen Regierungschefs ausgelotet wurden.

Kurz nach seiner Rückkehr lud Kaisen im Namen seiner Amtskollegen aus der britischen und der amerikanischen Zone die Ministerpräsidenten aus allen vier Besatzungszonen zu einer zweiten Interzonenkonferenz nach Bremen ein. Diese Konferenz fand Anfang Oktober 1946 im Festsaal des Rathauses statt und erhielt dadurch eine zum Zeitpunkt der Einladung nicht abzusehende Aktualität, dass der amerikanische Außenminister James Byrnes Anfang September des Jahres in einer programmatischen Rede in Stuttgart eine grundlegende Neuorientierung der amerikanischen Besatzungspolitik angekündigt hatte, wie sie mit der Bildung der Bi-Zone praktisch umgesetzt wurde. Zugleich trug Byrnes Rede allerdings entscheidend dazu bei, dass letztendlich nur eine zweite Zwei-Zonen-Konferenz zustande kam, weil die sowjetische und die französische Militärregierung den Chefs ihrer Zonen die Teilnahme untersagten. Dennoch tagte man auf Vorschlag Kaisens so, »als ob

Wilhelm Kaisen (ganz rechts) auf der Tagung des Länderrates der amerikanischen Zone im Januar 1947

Bremen und die Gründung der Bundesrepublik

**Zweite Bremer Interzonen-
konferenz im Oktober 1946**

alle vier Zonen zugegen wären«, ließ symbolisch zwei Stühle am Konferenztisch frei und verabschiedete »Vorschläge für die Bildung eines vorläufigen Deutschen Länderrats und eines vorläufigen Deutschen Volksrats« sowie einen Appell an die Besatzungsmächte, den freien Warenverkehr zwischen allen vier Zonen zu ermöglichen. Die Militärregierungen nahmen die Ergebnisse zur Kenntnis, ohne darauf zu reagieren. Zumindest aus Bremer Sicht war daher das wichtigste Ergebnis der Konferenz die Erklärung, dass die Freie Hansestadt Bremen wieder ein selbstständiger Stadtstaat sein werde, die der Direktor der Bremer Militärregierung vor den versammelten Konferenzteilnehmern abgegeben hatte.

Bei der Münchner Ministerpräsidentenkonferenz Anfang Juni 1947 versuchte Kaisen dann ein letztes Mal, das von ihm und dem Bremer Senat favorisierte Konzept zur Schaffung gesamtdeutscher Instanzen der Verwirklichung näherzubringen. Im Unterschied zu den beiden Bremer Interzonenkonferenzen waren dieses Mal tatsächlich die Regierungschefs aus allen vier Besatzungszonen angereist, zum Teil allerdings nur mit sehr eingeschränktem Verhandlungsmandat ausgestattet. Die Ministerpräsidenten aus der sowjetischen Besatzungszone wollten auf Weisung ihrer Militärregierung die Bildung gesamtdeutscher politischer Institutionen als erstes und wich-

tigstes Thema des Treffens behandelt sehen, die französische Militärregierung hatte hingegen ihren Ministerpräsidenten die Teilnahme an der Münchner Konferenz nur unter der Bedingung gestattet, dass über eine engere wirtschaftliche Zusammenarbeit der Zonen verhandelt würde und die Frage der Schaffung gesamtdeutscher politischer Instanzen ausgeklammert bliebe. Dieser Vorgabe war die federführende bayerische Landesregierung in Abstimmung mit den übrigen Länderregierungen des amerikanischen und des britischen Besatzungsgebiets bei der Festlegung der Tagesordnung gefolgt, weil ihnen sehr an einer engeren Anbindung der französischen Zone an die Bi-Zone gelegen war. Die ostdeutschen Regierungschefs und vor allem die sowjetische Militärregierung betrachteten dies jedoch als kalkulierten Affront. Kaisen bemühte sich bis zuletzt, seine westdeutschen Amtskollegen zu Konzessionen in Bezug auf die Tagesordnung und die ostdeutschen Ministerpräsidenten zur Teilnahme an den Gesprächen zu bewegen. Er konnte jedoch nicht verhindern, dass diese noch vor Beginn der Konferenz wieder aus München abreisten.

Nachdem sich die Außenminister der vier Besatzungsmächte auf keiner der vier seit dem Herbst 1945 bis zum Frühjahr 1947 abgehaltenen Konferenzen darüber hatten verständigen können, wie die auf der Potsdamer Konferenz getroffene Vereinbarung, Deutschland trotz der Aufteilung in Besatzungszonen als politische und wirtschaftliche Einheit zu behandeln, in die Praxis umzusetzen sei, war nun auch die maßgeblich vom Bremer Senat ausgegangene deutsche Initiative zur Überwindung der Zonengrenzen gescheitert. Ausschlaggebend dafür waren die Gegensätze und wachsenden Spannungen, die sich zwischen der Sowjetunion und den USA als Führungsmächten der sich seit Kriegsende formierenden weltpolitischen Blocksysteme aufbauten. Sie kamen in dem von Winston Churchill geprägten Begriff des »Eisernen Vorhangs« zwischen Ost und West sowie der Truman-Doktrin und dem Marshallplan auf der einen und der Gründung des Kommunistischen Informationsbüros und der Zwei-Lager-Theorie auf der anderen Seite zum Ausdruck und schlugen auf Deutschland durch. Dies veranlasste Kaisen und den Senat zu einer grundlegenden Kurskorrektur in der Frage der Schaffung zonenübergreifender deutscher Instanzen, nachdem die fünfte Außenministerkonferenz der Besatzungsmächte über Deutschland, die Ende 1947 in London stattfand, ohne Ergebnis und anders als die voraufgegangenen vier auch ohne Terminvereinbarung für ein Folgetreffen abgebrochen worden war.

Kaisen zwischen Adenauer und Schumacher

Den Bezugsrahmen für den neuen Bremer Kurs bildete die Entwicklung, die Anfang 1947 mit dem Zusammenschluss der amerikanischen und der britischen Zone eingeleitet worden war: Die Reorganisation der bizonalen Verwaltung Ende Mai 1947, das Zusammentreten des bizonalen Wirtschaftsrats Ende Juni 1947 in Frankfurt und dessen Umgestaltung durch die Einrichtung eines Länderrats als zweite Kammer und eines Verwaltungsrats als Exekutivorgan Anfang Februar 1948 führte zur Ausbildung zonenübergreifender quasi-staatlicher Strukturen, in die die Länder der französischen Besatzungszone gemäß einer Anfang März 1948 von den drei Westmächten getroffenen Vereinbarung über kurz oder lang eingegliedert werden sollten.

Zwar lief diese Entwicklung offenkundig auf die Konstituierung eines westdeutschen Staates unter Ausschluss der sowjetischen Besatzungszone zu und führte dort zu entsprechenden Gegenreaktionen wie der Einrichtung der Deutschen Wirtschaftskommission im Juni 1947 und der Ende des Jahres von der SED initiierten Kampagne, einen (gesamt)deutschen »Volkskongress für Einheit und gerechten Frieden« einzuberufen. Aber sie erschien dem Bremer Senat jetzt als einzig erfolgversprechender Weg, um die wirtschaftlichen Grundlagen der gerade wiedererlangten bremischen Selbstständigkeit

langfristig sicherzustellen und zugleich Bestrebungen der Sowjetunion zu vereiteln, dauerhaft Einfluss auf die politische und wirtschaftliche Entwicklung auch in den drei Westzonen nehmen zu können. Vorwürfe der Bremer KPD, die angeblich mit der Volkskongress-Kampagne eröffneten Chancen zur Bildung eines alle vier Besatzungszonen umfassenden deutschen Staates auszuschlagen, wies Kaisen Mitte März 1948 in der Bürgerschaft entschieden zurück: »Wir würden hier in Bremen erleben, dass Schiff auf Schiff vollbeladen mit Reparationen nach dem Osten ausläuft und leer zurückkommt, wohingegen es jetzt umgekehrt ist. Jetzt kommen die Schiffe mit Gütern vollbeladen hierher und fahren leer aus.«

In dieser Replik spielte Kaisen zum einen auf die sowjetische Forderung an, nicht nur aus der östlichen, sondern auch aus den drei westlichen Besatzungszonen Reparationen aus der laufenden Produktion zu erhalten, und zum anderen darauf, dass die Westzonen in den Marshallplan, das von der amerikanischen Regierung konzipierte und vorfinanzierte Programm zur Ankurbelung des Wiederauf-

Werbeplakat für den 1948–52 umgesetzten Marshallplan (European Recovery Program, ERP) zum wirtschaftlichen Wiederaufbau Europas, 1950

Bremen und die Gründung der Bundesrepublik

Wilhelm Kaisen mit dem Rheinland-Pfälzischen Staatssekretär Hanns Haberer (CDU) während der Konferenz der Ministerpräsidenten der drei Westzonen am 8./9. Juni 1948 auf dem Aussichtspunkt Rittersturz bei Koblenz

baus im kriegszerstörten Europa, einbezogen worden waren. Mitte April wurde in Paris die OEEC (Organization for European Economic Cooperation) als Koordinierungsstelle für die praktische Umsetzung des Marshallplans eingerichtet. Ihr gehörten die Westzonen neben 15 europäischen Staaten als gleichrangige Mitglieder an, wurden allerdings nicht durch deutsche Repräsentanten, sondern durch Beauftragte der drei Militärregierungen vertreten. Dies nahm Kaisen zum Anlass, bei einem wenig später stattfindenden Treffen der Ministerpräsidenten der Länder der Bi-Zone mit den Militärgouverneuren Clay und Robertson das »Kernproblem« anzusprechen, das ihn und seine Kollegen seinen Worten zufolge »unausgesetzt« beschäftigte: Die Deutschen müssten in die Lage versetzt werden, »selbst mit dem Ausland in Verbindung zu treten«, und er wäre bereit, »einen Plan zu entwickeln, der in ganz bestimmten Umrissen eine Konstitution staatsrechtlicher Art für Westdeutschland in sich trägt«.

Kaisen war dabei durchaus klar, dass mit der Gründung eines westdeutschen Staates »der Bruch mit dem Osten als einmal gegebene Tatsache anerkannt werde«. Jedoch waren er und die anderen westdeutschen Ministerpräsidenten offenbar bereit, dies in Kauf zu nehmen, um die Chance für eine deutlich

spürbare Verbesserung der Lebensbedingungen in den drei westlichen Besatzungszonen zu nutzen, die sich durch den Marshallplan bot.

Kaisens Vorstoß wurde von seinen Amtskollegen und auch von General Clay und dessen engsten Mitarbeitern sehr positiv aufgenommen, während er beim SPD-Vorsitzenden Kurt Schumacher und den meisten Mitgliedern des SPD-Vorstands auf starke Vorbehalte stieß. Sie lehnten die Bildung eines westdeutschen Staates nicht grundsätzlich ab, hielten jedoch in erster Linie die Parteiführungen oder allenfalls den Wirtschaftsrat, nicht aber die Ministerpräsidenten der Länder für zuständig, mit den Besatzungsmächten Vereinbarungen über einen zukünftigen deutschen Staat zu treffen.

Dennoch setzte sich Kaisen energisch dafür ein, die Gründung der Bundesrepublik unverzüglich in die Wege zu leiten, als die Ministerpräsidenten im Sommer 1948 von den Westmächten dazu aufgefordert wurden: Am 1. Juli 1948 überreichten die drei Militärgouverneure den Ministerpräsidenten der Länder der Westzonen die »Frankfurter Dokumente«, mit denen sie ermächtigt wurden, binnen drei Monaten einen Parlamentarischen Rat einzuberufen, dessen Mitglieder von den Landtagen gewählt werden und eine Verfassung für eine »Regierungsform des föderalistischen Typs« ausarbeiten sollten. Außerdem wurden die Ministerpräsidenten beauftragt, bis zum Zusammentreten des Parlamentarischen Rats Vorschläge für eine Länderneugliederung vorzulegen, und im letzten der drei Dokumente formell davon in Kenntnis gesetzt, welche staatlichen Kompetenzen sich die drei westlichen Besatzungsmächte weiterhin selbst vorbehalten oder dem westdeutschen Staat nur in eingeschränktem Umfang zubilligen wollten.

Die Reaktion der Ministerpräsidenten auf die Frankfurter Dokumente war geteilt. Unabhängig von ihrer Parteizugehörigkeit überwogen bei einigen die Bedenken, dass mit der Gründung eines westdeutschen Staates die Spaltung Deutschlands als endgültig anerkannt würde, nachdem die Sowjetunion die Ende Juni 1948 in den drei Westzonen durchgeführte Währungsreform mit einer eigenen Währungsreform in ihrer Zone und der Sperrung der Zufahrtswege nach West-Berlin beantwortet hatte. Die anderen bewerteten die Dokumente trotz einiger Einwände im Detail grundsätzlich positiv, weil sie gerade in Anbetracht des Ost-West-Gegensatzes, der sich mit der Berliner Blockade und der Einrichtung der »Luftbrücke« dramatisch zugespitzt hatte, eine rasche politische und vor allem wirtschaftliche Konsolidierung in Westdeutschland für dringend geboten hielten, um dem aus ihrer Sicht wachsenden Druck »aus dem Osten« erfolgreich widerstehen zu können.

Kaisen gehörte zu dieser zweiten Gruppe und trug bei den zwei Konferenzen in Koblenz und im Jagdschloss Niederwald bei Rüdesheim, auf denen die Ministerpräsidenten ihre Stellungnahme zu den Frankfurter Dokumenten abstimmten, sowie bei den jeweils im Anschluss daran mit den Militärgouverneuren geführten Verhandlungen mehrfach entscheidend dazu bei, die festgefahrenen Gespräche wieder in Gang zu bringen. So setzte er sich mit Erfolg dafür ein, das vom Parlamentarischen Rat auszuarbeitende Regelwerk nicht als »Verfassung«, sondern als »Grundgesetz« zu bezeichnen, da fast alle westdeutschen Politiker mit Ausnahme der Kommunisten die Gründung eines westdeutschen Staates und dessen Verfassung nur als »Provisorium« betrachteten, das möglichst schnell durch die Konstituierung eines gesamtdeutschen Staates mit einer neuen Verfassung abgelöst werden sollte. Und in der abschließenden Verhandlungsrunde der Ministerpräsidenten mit den Militärgouverneuren sorgte Kaisen für den entscheidenden Durchbruch, indem er Letztere davon überzeugte, die Vorbereitungen für die Einberufung des Parlamentarischen Rats ohne vorherige Rücksprache mit den Regierungen in Paris, London und Washington anlaufen zu lassen, obwohl die Ministerpräsidenten darauf beharrten, dass die Landtage über das Inkrafttreten des Grundgesetzes abstimmen

sollten, weil eine Volksabstimmung, wie sie in den Frankfurter Dokumenten vorgesehen war, dem »Provisorium« zu viel Gewicht verleihen würde.

Mitte August 1948 stimmte die Bremische Bürgerschaft nach einem ausführlichen Bericht Kaisens über die Verhandlungen der Ministerpräsidenten mit den Militärgouverneuren dem Gesetz über die Einberufung des Parlamentarischen Rats zu. Sie wählte Innensenator Adolf Ehlers zum Vertreter Bremens in diesem Gremium, das unter der Leitung seines Präsidenten Konrad Adenauer vom 1. September 1948 bis zum 8. Mai 1949 in Bonn im Gebäude der Pädagogischen Akademie, dem späteren Bundeshaus, tagte. Ehlers sah seine Aufgabe nicht zuletzt darin, spezifisch bremische Belange in den Verfassungsberatungen zur Geltung zu bringen, und gehörte dem Ausschuss für Zuständigkeitsfragen an, in dem die Abgrenzung der Kompetenzen zwischen dem Bund und den Ländern erörtert wurde.

Eine wesentliche Grundlage der Beratungen in diesem wie auch in den anderen elf Fachausschüssen des Parlamentarischen Rats bildeten die Arbeitsergebnisse des »Herrenchiemseer Konvents«, einer von den Ministerpräsidenten der Länder eingesetzten, vom 10. bis zum 23. August 1948 auf Schloss Herrenchiemsee versammelten Expertenkommission,

Adolf Ehlers, der Vertreter Bremens im Parlamentarischen Rat. Das Gremium konstituierte sich am 1. September 1948

Bremen und die Gründung der Bundesrepublik

23. Mai 1949: Adolf Ehlers unterzeichnet in Bonn das Grundgesetz. Kurz darauf wurde auch am Bremer Rathaus wieder die schwarz-rot-goldene Fahne aufgezogen

in der Bremen durch Justizsenator Theodor Spitta vertreten war. Spitta hatte sich dort dafür eingesetzt, dass Hafenfragen im Unterschied zu diesbezüglichen Vorstellungen der Besatzungsmächte eine Länderangelegenheit bleiben sollten, und Ehlers erreichte, dass dies ins Grundgesetz übernommen wurde. Außerdem erwirkte er gemeinsam mit den Hamburger Vertretern die Aufnahme einer Bestimmung über die Einheitlichkeit der Handelsflotte (Art. 27 GG) und setzte sich mit Nachdruck dafür ein, die demokratische Kontrolle der Polizei im Grundgesetz festzuschreiben.

Am deutlichsten kam die Mitwirkung Bremens an der Ausarbeitung des Grundgesetzes schließlich in der »Bremer Klausel« zum Religionsunterricht an öffentlichen Schulen zum Ausdruck: Die Vorschrift der bremischen Landesverfassung, dass er als überkonfessioneller Unterricht in biblischer Geschichte auf allgemein christlicher Grundlage erteilt werden sollte, widersprach zwar der vom zuständigen Fachausschuss vorgeschlagenen und in abgewandelter Form auch im Grundgesetz veran-

kerten Regelung, dass der Religionsunterricht an öffentlichen Schulen als ordentliches Lehrfach »in Übereinstimmung mit den Grundsätzen der Religionsgemeinschaften« (Art. 7 Abs. 3 GG) erteilt wird. Auf Initiative von Ehlers, der sich dabei auf einen Mitte Januar 1949 gefassten Beschluss des Senats berufen konnte, wurde aber eigens eine Durchführungsbestimmung in das Grundgesetz aufgenommen (Art. 141 GG), mit der die bremische Vorschrift für rechtswirksam erklärt und der ansonsten geltende Grundsatz, dass Bundesrecht Landesrecht bricht (Art. 31 GG), für diesen speziellen Fall außer Kraft gesetzt wurde.

Am 20. Mai 1949 stimmte die Bremische Bürgerschaft über die Ratifizierung des Grundgesetzes ab, das am 8. Mai vom Parlamentarischen Rat beschlossen und am 12. Mai von den drei westlichen Militärgouverneuren genehmigt worden war. Die Anwesenheit aller Senatoren in der Bürgerschaft dokumentierte den außergewöhnlichen politischen Rang dieser Abstimmung. Deren Ergebnis stand allerdings nie infrage, obwohl auch die Sprecher der Senatsfraktionen Kritik an einzelnen Bestimmungen und nicht zuletzt am Verfahren übten, nachdem die Militärgouverneure mehrfach in die Beratungen des Parlamentarischen Rats eingegriffen und Anfang März 1949 sogar gedroht hatten, dem Grundgesetz die Zustimmung zu verweigern. Gegen die Stimmen der KPD- und der DP-Abgeordneten stimmte die Bremische Bürgerschaft dem Grundgesetz mit großer Mehrheit zu, wenngleich es »wohl keinen im Hause in allen seinen Teilen befriedigt«, wie Bürgerschaftspräsident Hagedorn in seinem Schlusswort ausführte. Wie in Bremen wurde das Grundgesetz am selben Tag auch von der Hamburgerischen Bürgerschaft und den Landtagen der anderen westdeutschen Länder ratifiziert. Eine Ausnahme machte nur der bayerische Landtag, der dem Grundgesetz die Zustimmung verweigerte, allerdings zugleich eine formelle Erklärung verabschiedete, dass es dennoch auch in Bayern als rechtsverbindlich anerkannt werde.

Am 23. Mai 1949 wurde das Grundgesetz in der letzten Sitzung des Parlamentarischen Rats von dessen Mitgliedern mit Ausnahme der Vertreter der KPD sowie von den Ministerpräsidenten und den Landtags- bzw. Bürgerschaftspräsidenten der westdeutschen Länder unterzeichnet und feierlich verkündet; am Bremer Rathaus wurde aus diesem Anlass zum ersten Mal seit der nationalsozialistischen Machtübernahme wieder die schwarz-rot-goldene Fahne aufgezogen.

Wahlen und parteipolitische Entwicklungen

Bürgerschaftswahl 1946

Die Einwohner Bremens hatten 16 Jahre nach der Wahl Ende November 1930, bei der die Nationalsozialisten mit rund einem Viertel der abgegebenen Stimmen als zweitstärkste politische Gruppierung in die Bürgerschaft einzogen, bei der Bürgerschaftswahl am 13. Oktober 1946 erstmals wieder Gelegenheit, über die

parteipolitische und auch die personelle Zusammensetzung der Bürgerschaft abzustimmen. Im Unterschied zu den Bürgerschaftswahlen während der Weimarer Republik und auch zu allen nachfolgenden Bürgerschaftswahlen fand diese Wahl nicht nach den Grundsätzen der Verhältniswahl, sondern auf Weisung der britischen Militärregierung nach einem stark personenbezogenen Verfahren statt, das sich am britischen Mehrheitswahlrecht orientierte, allerdings durch Elemente der Verhältniswahl abgewandelt war. Das Verfahren war sehr kompliziert und für die Bevölkerung kaum zu durchschauen: In den insgesamt 16 Stimmbezirken waren je nach deren Einwohnerzahl drei, vier oder fünf Abgeordnete direkt zu wählen und die Wähler konnten jeweils ebenso viele Stimmen abgegeben. Dennoch beteiligten sich 85,2 Prozent der Stimmberechtigten an dieser Wahl – ein bei keiner der nachfolgenden Bürgerschaftswahlen wieder erreichter Wert.

Von den insgesamt 80 Mandaten entfielen 66 auf die drei Senatsparteien SPD (51), BDV (12) und KPD (3), die auch weiterhin den Senat in kaum veränderter personeller Zusammensetzung stellten: Neben sieben Sozialdemokraten, unter ihnen selbstverständlich Wilhelm Kaisen sowie die beiden von der KPD zur SPD übergetretenen »KGF-Senatoren«

Bezirksdelegiertenkonferenz der KPD am 18./19. Mai 1946 in der Bremer Sporthalle auf der Bürgerweide

Plakat der BDV zur Bürgerschaftswahl 1946

Wahlen und Parteien

Politische Veranstaltung des Deutsch-Amerikanischen Informationsbüros im Waller Decla-Kino am 19. Mai 1946. Kurt Schumacher spricht über »Deutschland und Europa«

Wilhelm Harmssen wurde Ende November 1946 mit Käthe Popall (KPD) zum ersten Mal in der Geschichte Bremens eine Frau in den Senat gewählt.

Bürgerschaftwahl 1947

An der nächsten Bürgerschaftswahl Mitte Oktober 1947, die zusammen mit der Volksabstimmung über die neue bremische Verfassung und dem Sondervolksentscheid über die darin vorgesehene erweiterte betriebliche Mitbestimmung stattfand, beteiligten sich nur 67,8 Prozent der Stimmberechtigten, obwohl die Parteien einen – gemessen an den Zeitumständen – sehr aufwendigen Wahlkampf geführt hatten; ein Beobachter vermerkte sichtlich befremdet, trotz der großen Papierknappheit seien »ganze Wände mit Plakaten tapeziert« und auch Flugzettel »in großen Mengen verteilt« worden. Eine zutreffende, allerdings

Adolf Ehlers und Hermann Wolters, den beiden BDV-Mitgliedern Theodor Spitta und Hermann Apelt und den beiden unabhängigen, allerdings der BDV nahestehenden Senatoren Wilhelm Nolting-Hauff und Gustav

Der Bremer Senat am 6. Januar 1948. Von links nach rechts: Hermann Mester (SPD), Hermann Apelt (BDV), Christian Paulmann (SPD), Wilhelm Kaisen (SPD), Willy Ewert (SPD), Adolf Ehlers (SPD), Theodor Spitta (BDV), Wilhelm Nolting-Hauff (FDP), Käthe Popall (KPD), Alexander Lifschütz, Emil Theil (SPD).
Auf dem Bild fehlen Gustav Harmssen (BDV) und Hermann Wolters (SPD)

nicht hinreichende Erklärung für die geringe Wahlbeteiligung war sicherlich jene »Trotzreaktion«, die der Herausgeber des »Weser-Kurier« mit Blick auf das Verfassungsreferendum diagnostizierte. Hinzu kam, dass dieses Mal auf Anordnung der Militärregierung noch weit mehr Bremer als ein Jahr zuvor als ehemalige NSDAP-Mitglieder nicht wahlberechtigt waren, sodass auch für viele von dieser Regelung nicht Betroffene von einer wirklich »freien« Wahl wohl keine Rede sein konnte. Eine von allen Parteien gemeinsam getragene Eingabe an die Militärregierung, nur denjenigen das Stimmrecht zu verweigern, die der NSDAP vor der nationalsozialistischen Machtübernahme aus Überzeugung beigetreten waren, nicht aber auch denen, die dies später »unter dem Druck der Verhältnisse« getan hätten, war erfolglos geblieben.

Als Ergebnis dieser Wahl verschoben sich die Kräfteverhältnisse in der Bürgerschaft sowohl zwischen den Arbeiterparteien (SPD und KPD) und den bürgerlichen Parteien als auch innerhalb der beiden Lager erheblich: Die Sozialdemokraten, die durch das im Oktober 1946 geltende modifizierte Mehrheitswahlrecht begünstigt worden waren, stellten zwar weiterhin die mit Abstand stärkste Fraktion. Sie büßten aber ihre bisherige absolute Mehrheit der Mandate ein, während die Kommunisten nicht zuletzt aufgrund des Votums der Bremerhavener Wähler, die erstmals direkt auf die Sitzverteilung in der Bremischen Bürgerschaft Einfluss nehmen konnten, sechs Sitze hinzugewannen. Die CDU legte sogar um acht Mandate zu und konnte damit ihre Position als stärkste Gruppierung im bürgerlichen Lager ausbauen. Diese war ihr im Februar 1947 als Folge des Eintritts der Bremerhavener Bürgerschaftsmitglieder nach der Konstituierung des Landes Bremen zugefallen, da die BDV zwar ebenfalls, aber nur vier Sitze hinzugewann.

Obwohl die bisherigen Senatsparteien sowohl in der Gesamtbürgerschaft mit 69 von 100 Sitzen, als auch in der Stadtbürgerschaft mit 59 von 80 Sitzen weiterhin über eine

komfortable Mehrheit verfügten, waren die Sozialdemokraten bemüht, die CDU, die sich als eigentliche Siegerin der Bürgerschaftswahl sah, in die Senatskoalition einzubinden. Diese erklärte sich in Absprache mit der BDV dazu allerdings nur unter der Bedingung bereit, dass die Kommunisten an der neuen Senatskoalition nicht mehr beteiligt würden, was die Sozialdemokraten angesichts der wachsenden Spannungen zwischen Ost und West und des vom SPD-Vorsitzenden Kurt Schumacher für die Partei vorgegebenen strikten Abgrenzungskurses gegenüber der KPD akzeptierten. Dennoch zogen sich die Koalitionsverhandlungen fast drei Monate lang hin und endeten schließlich mit der Wahl eines nur von der SPD und der BDV getragenen Senats, weil sich

Neu-Eintragung
von Wahlberechtigten
Streichung
von Nichtwahlberechtigten
für die Wahl am 12. Okt. 1947

Für den bevorstehenden Volksentscheid über die bremische Verfassung, den Sondervolksentscheid über das Mitbestimmungsrecht der Betriebsräte und die Neuwahl zur Bürgerschaft am 12. Okt. 1947 ist zur Vervollständigung der Wählerlisten eine Nachregistrierung von Wahlberechtigten erforderlich, deren Namen im Wahlregister der Bürgerschaftswahl vom 13. Okt. 1946 nicht verzeichnet sind.
Gleichzeitig mit dieser Registrierung ist eine Streichung von Nichtwahlberechtigten verbunden.

Zwei Monate vor der Wahl am 12. Oktober 1947 informiert der Bremer Landeswahlleiter per Aushang, wer wahlberechtigt ist – und wer nicht

Wahlen und Parteien

Ruinen in der Schillerstraße
im Bremer Wahlkampf 1947

Parteienwerbung von CDU,
KPD und SPD an einer Trüm-
merwand, 1947

die Christdemokraten als derart schwierige und sprunghafte Verhandlungspartner zeigten, dass die Drei-Parteien-Gespräche Mitte November 1947 abgebrochen wurden und sich die Sozialdemokraten anschließend allein mit der BDV über die Bildung der Senatskoalition verständigten. Dem neuen Senat, den die Bürgerschaft Ende Januar 1948 schließlich wählte,

gehörten mit Ausnahme von Käthe Popall alle bisherigen Senatoren und zwei neue Gesichter an: sieben Sozialdemokraten, fünf BDV-Mitglieder und zwei Unabhängige.

Neben der Senatskoalition formierte sich während dieser Wahlperiode noch eine zweite, informelle Koalition der Bürgerschaftsfraktionen der SPD und der KPD, die wiederholt die »linke« Mandatsmehrheit in der Bürgerschaft nutzten, um spezifische Anliegen der Arbeiterschaft gegen das Votum der Abgeordneten der bürgerlichen Parteien und damit auch eines Partners der Senatskoalition durchzusetzen. So wurde zum Beispiel nach mehreren kontroversen Bürgerschaftsdebatten Ende Dezember 1948 mit den Stimmen der SPD und der KPD ein Ausführungsgesetz zu der durch den Sondervolksentscheid bestätigten Vorschrift der Landesverfassung über die erweiterte betriebliche Mitbestimmung beschlossen. Das Inkrafttreten wurde allerdings von der Militärregierung ausgesetzt und mit der Verabschiedung des bundesweit geltenden Betriebsverfassungsgesetzes Anfang der 1950er Jahre endgültig hinfällig. Bereits im Februar 1948 hatte die »Bürgerschaftskoalition« gegen das Votum der bürgerlichen Parteien beschlossen, dass durch ihr Verhalten während der NS-Zeit belastete Beamte nicht wieder in den bremischen Staatsdienst eingestellt werden sollten, und sich wenig später dagegen gewandt, Juristen, die der NSDAP angehört hatten, als Rechtsbeistände in Entnazifizierungsverfahren zuzulassen. Und im Frühjahr 1949 erhielt das von Schulsenator Paulmann in der Bürgerschaft eingebrachte Schulreformgesetz, das eine sechsjährige Grundschulzeit vor dem Wechsel auf eine weiterführende Schule vorsah, nur deshalb die erforderliche Mehrheit, weil die KPD-Abgeordneten gemeinsam mit

und allseits geachtete Senior im Senat, beklagte sich mehrfach darüber, dass die beiden den Senat tragenden Parteien nicht besser zusammenarbeiteten und es eigentlich nicht vorkommen dürfe, dass Sozialdemokraten und Kommunisten in der Bürgerschaft gemeinsam Beschlüsse gegen das Votum der bürgerlichen Parteien durchsetzten.

Auch Wilhelm Kaisen nahm an den Seitensprüngen der SPD-Fraktion Anstoß, weil er den Senat als das eigentliche Entscheidungszentrum bremischer Politik betrachtete und die Aufgabe der SPD-Bürgerschaftsfraktion vor allem darin sah, den Senat insgesamt und die Position der sozialdemokratischen Mitglie-

Der neue, Ende Januar 1948 gewählte Senat im Bremer Rathaus

den Sozialdemokraten dafür stimmten. Ein erheblicher Teil der BDV-Fraktion verweigerte dem Gesetz dagegen die Zustimmung, weil »theoretisch begabte Kinder« dann angeblich nicht lange genug an einem Gymnasium unterrichtet werden könnten.

Die Aktionen der Bürgerschaftskoalition erregten vor allem bei dem kleineren und in erster Linie davon betroffenen Partner der Senatskoalition einigen Unmut. Theodor Spitta, der »große alte Mann« der Bremer Liberalen

der im Senatskollegium zu unterstützen, nicht aber sie zu korrigieren oder gar eigene politische Initiative zu entwickeln. Er konnte sie jedoch nicht daran hindern und sah am Ende darüber hinweg, weil der Bestand der Senatskoalition dadurch nicht gefährdet wurde. In Anbetracht der Mehrheitsverhältnisse in der Bürgerschaft gab es für die Bremer Liberalen nämlich keine Alternative zur Zusammenarbeit mit der SPD, wenn sie weiterhin im Senat vertreten sein wollten.

Auslegung der Wählerlisten

25. bis 31. Juli 1949

Gemäß den §§ 1 und 2 des Wahlgesetzes und gemäß der Verordnung zur Durchführung der Wahl zum ersten Bundestag vom 21. Juni 1949 ist

wahlberechtigt: Wer am Wahltag

1. deutscher Staatsangehöriger ist,

2. das einundzwanzigste Lebensjahr vollendet hat

3. und seit mindestens drei Monaten vor dem Wahltag seinen Wohnsitz oder in Ermangelung eines anderen Wohnsitzes seinen Aufenthalt im Bundesgebiet hat.

Wahlberechtigt sind auch, wenn die Voraussetzung zu Ziffer 1 nicht vorliegt, alle diejenigen Personen deutscher Volkszugehörigkeit, welche am 1. Januar 1945 ihren dauernden Wohnsitz innerhalb der Grenzen des Deutschen Reiches nach dem Stand vom 1. März 1938 hatten oder die außerhalb dieser Grenzen beheimatet waren und von dort geflüchtet oder ausgewiesen oder aus Kriegsgefangenschaft entlassen sind, in ihre Heimat nicht zurückkehren können und ihren ständigen Aufenthalt im Bundesgebiet genommen haben.

nicht wahlberechtigt:

1. Wer entmündigt ist oder unter vorläufiger Vormundschaft oder wegen geistigen Gebrechens unter Pflegschaft steht.

2. wer durch Richterspruch die bürgerlichen Ehrenrechte rechtskräftig verloren hat.

3. wer in einem Spruchkammerverfahren in die Gruppe I (Hauptschuldige) oder II (Belastete) eingestuft ist. In Gruppe III (Minderbelastete) Eingestufte sind nicht wahlberechtigt, sofern ihnen das Wahlrecht in einem Spruchkammerbescheid ausdrücklich abgesprochen worden ist.

4. Wer von der Militärregierung wegen seiner Verbindung mit dem Nationalsozialismus verhaftet oder von einer Beschäftigung oder einer einflußreichen Stellung im öffentlichen oder privaten Leben entlassen, suspendiert oder ausgeschlossen wurde, falls seine rechtskräftige Eingruppierung im Entnazifizierungsverfahren am Wahltage noch nicht vorliegt.

5. Die Wahlberechtigung ruht für Personen, die wegen Geisteskrankheit oder Geistesschwäche in einer Heil- oder Pflegeanstalt untergebracht sind oder sich in Pflegschaft befinden.

Da die Wahlämter Bremen und Bremerhaven in den Tagen vom 11. bis 24. Juli 1949 Wahlbenachrichtigungskarten versenden, brauchen nur diejenigen Wahlberechtigten, die bis zum 24. Juli 1949 keine Benachrichtigungskarte erhalten haben, in die Wählerlisten Einsicht zu nehmen. Alle Personen, die eine Wahlbenachrichtigungskarte erhalten haben, sind unter allen Umständen in der Wählerliste verzeichnet, da der Name und die Anschrift auf den Benachrichtigungskarten als Durchschlag der Wählerlisten hergestellt sind.

Wer also bis zum Sonntag, den 24. Juli 1949, keine Benachrichtigungskarte erhalten hat, soll unbedingt von der Einsichtnahme in die Wählerlisten Gebrauch machen, um mit Hilfe der Wahlämter festzustellen, aus welchem Grunde die Benachrichtigung nicht erreicht hat. Es liegt dies im Interesse jedes Einwohners des Landes Bremen, da die Wahlkartei auch gleichzeitig die Grundlage bildet für den Versand der Lohnsteuerkarten und die Herstellung des Bremer Adreßbuches. Aus diesem Grunde ist der Weg zu den Wahlämtern für alle Personen, welche eine Benachrichtigung nicht zugestellt wird, außerordentlich wichtig.

Das Bremische Wahlamt, Bremen, Domshof 26, und das Wahlamt Bremerhaven, Bremerhaven-L., Stadthaus, Block II, sind vom 25. bis 30. Juli 1949 von 8 bis 19 Uhr und am Sonntag, dem 31. Juli 1949, von 10 bis 17 Uhr durchgehend geöffnet.

Auch können in den Tagen vom 25. bis 31. Juli 1949 bei den stadtbremischen Ortsämtern Anträge auf nachträgliche Eintragung gestellt werden, welche durch das Bremische Wahlamt schriftlich erledigt werden.

Einsprüche gegen die Wählerlisten sind bis zum Ablauf der Auslegungsfrist bei den Kreiswahlleitern schriftlich einzureichen, für die Stadt Bremen in Bremen, Domshof 26, und für die Stadt Bremerhaven in Bremerhaven-L., Stadthaus.

Bremen, den 18. Juli 1949.

Der Landeswahlleiter

Neider

Der Aushang des Landeswahlleiters erläutert die Kriterien der Berechtigung zur Teilnahme an der Wahl zum ersten Bundestag 1949

Rechts: CDU-Fraktionsvorsitzender Ernst Müller-Hermann, 1951

Auswirkungen der Bundestagswahl 1949

Als Folge des Ergebnisses der ersten Bundestagswahl im August 1949 veränderte sich diese Konstellation nachhaltig: Bei einer Wahlbeteiligung von knapp 82 Prozent, die damit klar über dem bundesweiten Wert lag, blieb die SPD zwar die stärkste Partei im Land Bremen und stellte mit Siegfried Bärsch, Heinz Meyer und Bernhard Lohmüller auch die in den drei Bremer Wahlkreisen direkt gewählten Bundestagsabgeordneten. Im Vergleich mit der Bürgerschaftswahl im Herbst 1947 ging ihr Stimmenanteil aber erneut deutlich zurück, während die KPD ihr Ergebnis von 1947 nur knapp

verfehlte. Im bürgerlichen Lager wurde die DP, die 1947 landesweit noch an der Fünfprozenthürde gescheitert war und nur wegen ihres Ergebnisses in Bremerhaven drei Sitze in der Bürgerschaft erhalten hatte, die stärkste Gruppierung. CDU und BDV mussten dagegen erhebliche Einbußen hinnehmen, die allerdings geringer ausfielen als das Minus der SPD und keine wesentliche Veränderung des Kräfteverhältnisses zwischen den beiden bürgerlichen Parteien bedeuteten.

Ausschlaggebend für das Votum der Bremer Wähler war ohne Frage die überregionale politische Entwicklung. Sie war vor allem durch die Verschärfung des Ost-West-Gegensatzes seit Beginn der Berliner Blockade und eine vor diesem Hintergrund zunehmende Polarisierung zwischen den bürgerlichen Parteien auf der einen und den beiden Arbeiterparteien auf der anderen Seite sowie zugleich auch zwischen der SPD und der KPD geprägt. Landespolitische Faktoren und Themen waren von absolut nachrangiger Bedeutung und hatten auch im voraufgegangenen Wahlkampf weder in der Plakatwerbung noch bei den großen Wahlkundgebungen, die fast durchweg

von auswärtigen Spitzenpolitikern bestritten wurden, eine nennenswerte Rolle gespielt. Dennoch hatte das Ergebnis dieser ersten Bundestagswahl eine explizit landespolitische Dimension, weil der damalige Vorsitzende der CDU-Bürgerschaftsfraktion und spätere langjährige Bundestagsabgeordnete Ernst Müller-Hermann eine Woche nach der Wahl eine Beteiligung der CDU an der Bremer Senatskoalition forderte. Er begründete diese Forderung vor allem damit, dass die amtierende Senatskoalition dem Bundestagswahlergebnis zufolge nicht mehr das Vertrauen der Mehrheit der Bremer Wähler genieße, und bediente sich damit genau des Arguments, mit dem die Nationalsozialisten nach der Reichstagswahl im März 1933 den von ihnen erzwungenen Rücktritt des damaligen Bremer Senats gerechtfertigt hatten. Trotzdem

schienen die BDV und selbst Wilhelm Kaisen zunächst bereit, auf diese Forderung einzugehen: Auf Einladung des BDV-Landesvorstands trafen sich Anfang Oktober 1949 Vertreter der beiden bürgerlichen Parteien zu Gesprächen über eine Umbildung des Senats; parallel dazu führte Kaisen Gespräche mit führenden Bremer CDU-Politikern, die mit der Berufung des parteilosen, allerdings der CDU nahestehenden Rechtsanwalts Karl Carstens zum Beauftragten der Freien Hansestadt Bremen beim Bund ein erstes konkretes Ergebnis zeitigten. Ende des Monats sprach sich der Vorsitzende der BDV-Bürgerschaftsfraktion jedoch klar gegen eine Umbildung des Senats aus, woraufhin die CDU weitere Gespräche für »gegenstandslos« erklärte und das Thema bis zum Ende der laufenden Wahlperiode der Bürgerschaft von der politischen Tagesordnung verschwand.

Bremer Wahlkampf 1951. Die Plakatflächen auf den Holzwänden am Bahnhofsvorplatz waren genau zugeteilt

Wahlen und Parteien

POLITIK

Kurt Schumacher spricht auf einer SPD-Kundgebung vor der Bürgerschaftswahl 1951 in der Sporthalle. Wilhelm Kaisen erschien nicht

Bürgerschaftswahl 1951

Ungeachtet dessen, dass es sich um eine vorrangig landespolitische Angelegenheit handelte, wurde die Bürgerschaftswahl im Herbst 1951 wieder in erheblichem Ausmaß durch die überregionale politische Entwicklung beeinflusst. Als Folge der weiteren Verschärfung des Ost-West-Gegensatzes durch den Koreakrieg und der dadurch in weiten Kreisen der westdeutschen Bevölkerung bestärkten Ängste, dass die Bundesrepublik wie Südkorea zum Ziel eines Angriffs »aus dem Osten« werden könne, geriet die KPD auch in Bremen zunehmend ins politische Abseits, zumal dies durch administrative Maßnahmen nachhaltig gefördert wurde: Ein Mitte September 1950 veröffentlichter Erlass der Bundesregierung über »die politische Betätigung von Angehörigen des öffentlichen Dienstes gegen die demokratische Grundordnung« erlaubte die Entlassung von Mitgliedern und Anhängern der KPD aus dem Staatsdienst allein aufgrund ihrer politischen Überzeugung. Darauf Bezug nehmend wurden auch in Bremen Behörden und kommunale Betriebe von Kommunisten »gesäubert«. Bereits kurz zuvor waren im Senat Richtlinien »zur Einschränkung des kommunistischen Einflusses« erörtert worden, deren erstes konkretes Ergebnis darin bestand, dass

sich Ausschüsse der Bürgerschaft, denen Abgeordnete der KPD angehörten, selbst auflösten und sich anschließend ohne Mitglieder der KPD neu konstituierten. Außerdem wurden der KPD-Bürgerschaftsabgeordnete Willy Meyer-Buer aus dem Aufsichtsrat der Bremer Stadtwerke abberufen und im Frühjahr 1951 die Maßnahmen, die von der Bundesregierung zur Durchsetzung des Verbots der maßgeblich von der KPD getragenen Kampagne für eine »Volksbefragung gegen die Remilitarisierung« angeordnet worden waren, trotz massiver rechtlicher Bedenken auch in Bremen prompt durchgeführt.

Die Sozialdemokraten, denen damals aus bürgerlichen Kreisen ohnehin vorgeworfen wurde, dass sie »die Geschäfte Moskaus« betrieben, sahen sich unter verstärktem Druck zur demonstrativen Abgrenzung gegenüber den Kommunisten. Carl Stockhinger, der Vorsitzende der SPD-Bürgerschaftsfraktion, nannte es Anfang Oktober 1950 einen »ehrenvollen Auftrag«, in der Bürgerschaft eine interfraktionelle Erklärung von BDV, CDU und SPD zu den »Terrorwahlen in der Ostzone« einzubringen, und Wilhelm Kaisen wies wenig später eine Beschwerde der KPD ab, als einzige der in der Bürgerschaft vertretenen Parteien nicht zu einem Senatsempfang aus Anlass des Besuchs des französischen Hochkommissars in Bremen eingeladen worden zu sein. Als Begründung gab er an, dass »Veranstaltungen, die den Kontakt zwischen Bremen und seiner Umwelt verbessern wollen, bei Anwesenheit von Vertretern der KPD zwecklos werden«. Die sozialdemokratischen Bürgerschaftsabgeordneten waren allerdings weiterhin bereit, im Einzelfall ihnen wichtige politische Entscheidungen zusammen mit den KPD-Abgeordneten gegen das Votum der bürgerlichen Parteien durchzusetzen. Sie lehnten außerdem Anträge auf Aufhebung der parlamentarischen Immunität von KPD-Abgeordneten regelmäßig ab, wenn diese wegen politischer Äußerungen strafrechtlich belangt werden sollten.

Daneben wirkten sich auch die unmittelbar nach Gründung der Bundesrepublik einsetzenden Bemühungen, sie auf vertraglich abgesicherter Grundlage in das westliche Bündnissystem einzugliedern, ganz unmittelbar in der bremischen Politik aus. Wie seine beiden sozialdemokratischen Amtskollegen Max Brauer in Hamburg und Ernst Reuter in Berlin hielt Wilhelm Kaisen nämlich den von der Regierung Adenauer verfolgten Kurs, mit der schrittweisen Westintegration der Bundesrepublik die Aufhebung der im Besatzungsstatut festgelegten Einschränkungen ihrer Souveränität zu erreichen, für grundsätzlich richtig. Der SPD-Vorsitzende Kurt Schumacher lehnte das jedoch strikt ab und verpflichtete den Parteivorstand, die Bundestagsfraktion und die regionalen Parteigliederungen auf die Einhaltung seiner Position. Kaisen stellte sich insofern offen gegen die »Parteilinie«, als er sich im Frühjahr 1951 nach der Rückkehr von einem einwöchigen offiziellen Besuch in Frankreich sowohl im Senat als auch in der Bürgerschaft dafür aussprach, in Durchführung eines vom französischen Außenminister Robert Schuman entwickelten Plans eine Europäische Gemeinschaft für Kohle und Stahl unter Beteiligung der Bundesrepublik zu gründen. Das trug ihm eine öffentliche Rüge des Parteivorstands ein, die ihn allerdings nicht hinderte, seine Auffassung auch auf einer im Juli 1951 eigens anberaumten Mitgliederversammlung der Bremer SPD zum Schuman-Plan zu vertreten und ausführlich zu begründen, während der stellvertretende SPD-Vorsitzende Erich Ollenhauer die Position des Parteivorstands erläuterte. Diese wurde abschließend zwar in einer »mit überwältigender Mehrheit« angenommenen Resolution gebilligt, aber Kaisens Position als unbestrittene Nummer 1 der Bremer SPD blieb davon unberührt. Er hatte Kurt Schumachers Position zur Eingliederung Westdeutschlands in das westliche Bündnissystem bereits in den zurückliegenden Jahren wiederholt auch öffentlich kritisiert und war deshalb auf dem Hamburger Parteitag der SPD Ende Mai 1950 als einziger der damals vier sozialdemokratischen Länderregierungschefs nicht wieder in den Parteivorstand gewählt worden.

Nach ihrer Reise durch 26 Staaten der USA erreichte die »Freiheitsglocke« am 20. Oktober 1950 Bremerhaven. Am nächsten Tag wurde sie im Schöneberger Rathaus aufgehängt

Für die Bremer Sozialdemokraten bedeutete der offenkundige Dissens zwischen der Parteibasis und ihrem Spitzenkandidaten in einer Frage, in der der Senat durch sein Votum im Bundesrat unmittelbar an der bundespolitischen Entscheidungsfindung beteiligt war, allerdings alles andere als einen glücklichen Auftakt für die heiße Phase des Bürgerschaftswahlkampfs.

Die überregionale Entwicklung wirkte sich schließlich deshalb so stark auf die Bürgerschaftswahl 1951 aus, weil es in den zentralen Fragen bremischer Politik keine grundlegenden Meinungsverschiedenheiten gab. Die im Senat bereits kurz nach Ende des Krieges getroffene Entscheidung, der Wiederherstellung

Wahlen und Parteien

der traditionell durch Häfen, Handel und Schiffbau und seit den 1920er Jahren zusätzlich durch die Autoindustrie und den Flugzeugbau geprägten wirtschaftlichen Struktur Bremens absoluten Vorrang einzuräumen, wurde abgesehen von Differenzen in Detailfragen von allen in der Bürgerschaft vertretenen Parteien für richtig gehalten. Bremen habe »ein ganz besonderes politisches Klima«, das »durch ein Zurücktreten der reinen Parteipolitik« zugunsten von »Auseinandersetzungen über die sachlichen Probleme des Gemeinwesens« gekennzeichnet sei, hatte ein Schweizer Journalist im Herbst 1950 in einem Porträt des kleinsten Bundeslandes festgestellt. Neben der »großen« Politik waren es insofern vor allem parteiinterne Probleme und Querelen, die in der Zeit vor der Bürgerschaftswahl 1951 landespolitisch Aufsehen erregten.

Anfang des Jahres waren zunächst die seit längerer Zeit andauernden innerparteilichen Auseinandersetzungen in der KPD auch in Bremen offen zutage getreten, als ehemalige Mitglieder der Partei ankündigten, im Unterweserraum eine Unabhängige Arbeiterpartei Deutschlands zu gründen. Wenig später war auf einem Landesparteitag der Bremer KPD der amtierende und zur Wiederwahl angetretene Landesvorstand nicht bestätigt, sondern auf Weisung des Bundesvorstands durch eine komplett neue Vorstandsriege abgelöst worden. Anfang April 1951 wurde dann noch der Vorsitzende der KPD-Bürgerschaftsfraktion zum Rücktritt gezwungen, weil die Fraktion dem Entwurf des Landeshaushalts für 1951 zugestimmt hatte, und wenige Wochen vor der Wahl sogar aus der Partei ausgeschlossen.

Bei den Sozialdemokraten sorgte im Frühjahr 1951 die »Schulspeisungs-Affäre« für Schlagzeilen, in deren Verlauf der damalige Schulsenator und spätere SPD-Landesvorsitzende Christian Paulmann dem nie aufgeklärten Vorwurf ausgesetzt war, er selbst und ein leitender Mitarbeiter der Schulbehörde hätten für die öffentliche Schulspeisung bestimmte Lebensmittel privat zweckentfremdet. Ende Mai schied Paulmann aus dem Senat aus,

noch ehe ein von der Bürgerschaft eingesetzter parlamentarischer Untersuchungsausschuss seine Tätigkeit abgeschlossen hatte. Außerdem musste die SPD Ende Juni 1951 in der Bürgerschaft eine herbe Abstimmungsniederlage hinnehmen, weil alle anderen Fraktionen geschlossen gegen eine Vorlage der SPD-Fraktion stimmten, bei der Bürgerschaftswahl ein Wahlverfahren anzuwenden, das Elemente des Mehrheits- und des Verhältniswahlrechts kombiniere, denn es hätte die SPD als stärkste Partei eindeutig bevorzugt. Stattdessen billigten sie einen von der BDV(FDP) eingebrachten Entwurf, aufgrund dessen für die Wahl im Oktober ein reines Verhältniswahlrecht festgelegt wurde.

Der BDV gelang es im Wahljahr endlich, das aus ihrer Sicht leidige Problem mit der Hollmann-Grabau-Gruppe wegen des Namens FDP und der Bezeichnung als Bremer Landesverband der bundesweit organisierten FDP zu lösen. Im Januar 1951 schlossen sich zunächst die beiden Bremerhavener FDP-Bürgerschaftsabgeordneten der BDV an, die daraufhin ihren Namen in BDV(FDP) änderte und Anfang Februar vom FDP-Bundesvorstand offiziell als Bremer Landesorganisation der Partei anerkannt wurde. Ende Juli 1951 wurde dann nach mehrtägigen Verhandlungen die Fusion von BDV(FDP) und FDP in Bremen beschlossen; die Partei trat unter dem Namen FDP(BDV) zur Bürgerschaftswahl an und gab nach der Wahl den Namenszusatz BDV endgültig auf. Vor der Fusion hatten allerdings auch die Bremer Liberalen noch mit innerparteilichen Querelen Aufsehen erregt: Auf dem ersten Landesparteitag der BDV(FDP) Mitte März 1951 kam es zu einer Kampfabstimmung um den Parteivorsitz, bei der sich Hans A. F. Meineke, amtierender Senator für das Gesundheits- und Wohnungswesen und Repräsentant des linken (Senats-)Flügels der Bremer Liberalen, gegen den bisherigen BDV-Landesvorsitzenden und Exponenten des rechten Parteiflügels Kurt Entholt durchsetzte. Meinekes Erklärung, dass sich die Partei nicht an einer nur von den bürgerlichen Parteien gebildeten Senatskoalition

CDU-Plakat zur Bürgerschaftswahl 1951

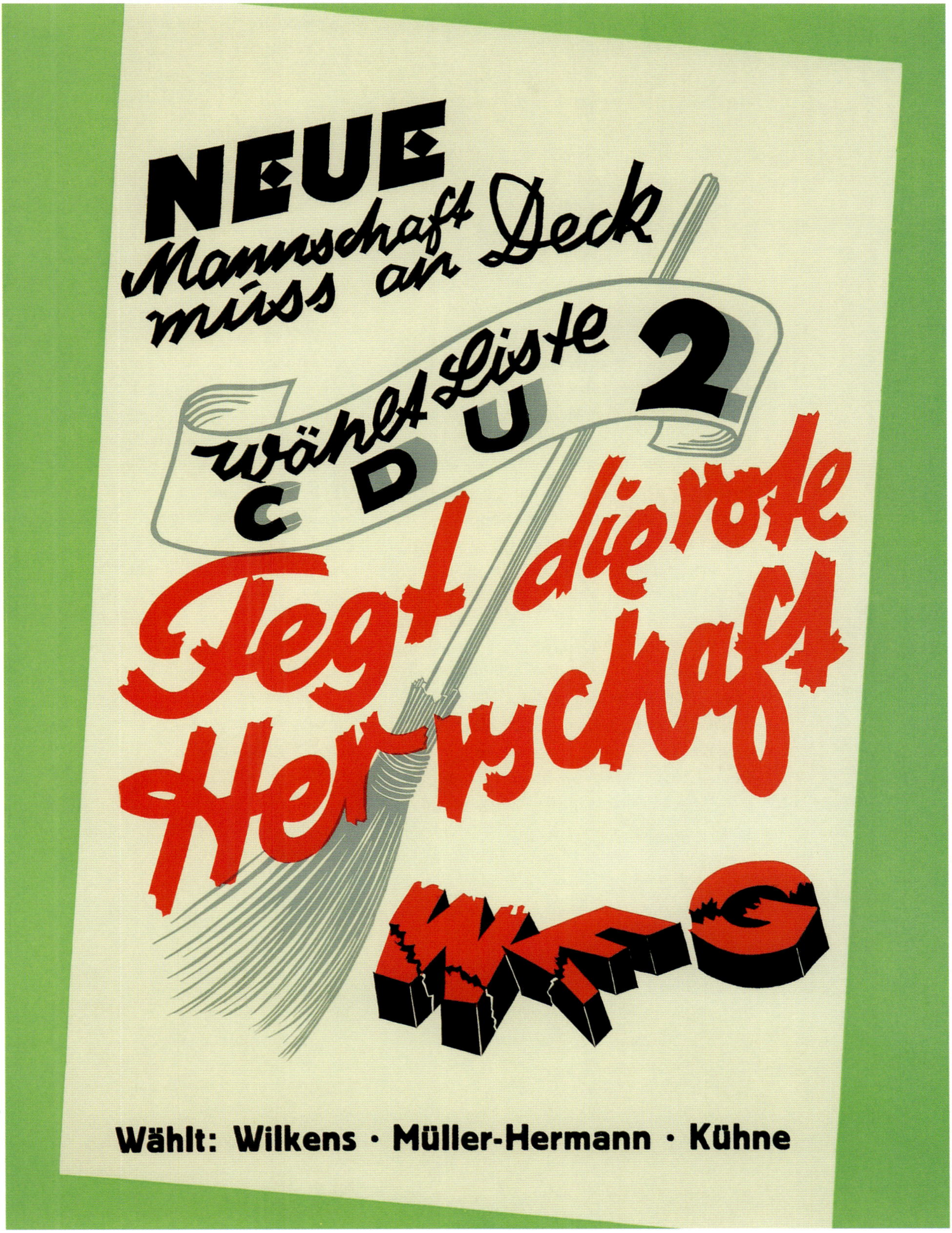
NEUE
Mannschaft muss an Deck
wählt Liste 2
CDU
Fegt die rote Herrschaft
WFG
Wählt: Wilkens · Müller-Hermann · Kühne

Wahlen und Parteien

beteiligen werde, zog dann nur eine Woche später einen Misstrauensantrag gegen den neuen Parteivorsitzenden nach sich. Meineke trat daraufhin zugunsten von Hermann Wenhold zurück, der bereits in den 1920er Jahren als Senator amtiert und auch dem ersten von der Militärregierung ernannten Nachkriegssenat angehört hatte. Er wurde Anfang April 1951 auf einer außerordentlichen Mitgliederversammlung zwar mit großer Mehrheit gewählt, konnte aber den innerparteilichen Richtungsstreit bei den Bremer Liberalen nur oberflächlich beilegen. Dieser flackerte während des Wahlkampfes immer wieder auf und ebbte erst Mitte der 1950er Jahre nach zwischenzeitlich heftigen innerparteilichen Auseinandersetzungen allmählich ab.

Als Folge des Mangels an kontroversen landespolitischen Themen war der eigentliche Wahlkampf durch die Übernahme des bundespolitisch vorgegebenen Konfrontationsmusters gekennzeichnet: Auf der einen Seite machten die drei Bonner Regierungsparteien CDU, DP und FDP mit nahezu identischen Parolen gegen die »marxistische Mehrheit« in der Bürgerschaft Front und warnten vor »der roten Flut«. Dabei hielten sich CDU und FDP mit Kritik untereinander zurück, während sich die DP unter Führung von Herbert Schneider, der im August 1951 vom Bundesvorstand der Partei anstelle von Heinrich Lauts als Landesvorsitzender in Bremen eingesetzt wurde, als einzige bürgerliche Oppositionspartei in Bremen profilierte. Sie warf den beiden anderen Parteien vor, es sei ihnen wichtiger, nach der Wahl in einem von der SPD geführten Senat mitarbeiten zu können, als gemeinsam mit der DP alle Kräfte zur Abwehr der »sozialistischen Bedrohung« zu mobilisieren. Die offensichtlichen Anklänge an Warnungen vor der »bolschewistischen Gefahr«, mit denen hochrangige Amtsträger der katholischen und der evangelischen Kirche und bürgerliche Politiker Anfang der 1930er Jahre der Machtübernahme der Nationalsozialisten den Weg bereitet hatten, waren durchaus beabsichtigt. Sie entsprangen einer damals im bürgerlich-konservativen

Lager weit verbreiteten Geisteshaltung, in der »der Osten« als das Böse schlechthin und »die Kommunisten« als existentielle Bedrohung für den Fortbestand der christlich-abendländischen Kultur gesehen wurden, weil sie auf die Zerstörung der westlichen Gesellschaftsordnung hinarbeiteten und bei dieser »Wühlarbeit« von den Sozialdemokraten wissentlich oder unbeabsichtigt unterstützt würden.

Auf der anderen Seite war die in Bonn als Opposition von der Teilhabe an der politischen Macht ausgeschlossene SPD bemüht, ihre als Regierungspartei beim Wiederaufbau Bremens erbrachten Leistungen herauszustellen und sich deutlich von der KPD zu distanzieren. Diese wiederum forderte die »wahren Sozialisten« unter den Sozialdemokraten auf, gemeinsam für die Verwirklichung der »sozialistischen Alternative« zu kämpfen, und spielte in ihrer Plakatwerbung sehr vordergründig und des Öfteren ausgesprochen plump auf antiamerikanische Ressentiments bei den Wählern an.

Für die Wahl am 7. Oktober 1951 in Bremen wurde allgemein ein Rechtsruck erwartet,

Der Bund der Heimatvertriebenen und Entrechteten (BHE) lädt zur Wahlkampfveranstaltung in die Sporthalle auf der Bürgerweide

Der Bremer Senat nach der Wahl 1951

da der Ost-West-Gegensatz inzwischen zum Kalten Krieg eskaliert war, der das innenpolitische Klima in Westdeutschland nachhaltig prägte, und die deutliche Verbesserung der wirtschaftlichen Lage der Bundesrepublik, die im Zeichen des »Korea-Booms« einsetzte, verbreitet der Regierung Adenauer zugute gehalten wurde. Er trat tatsächlich ein, allerdings erheblich anders, als es insbesondere die CDU und die FDP erhofft hatten. Sie ereichten zwar ihr Wahlziel, die »marxistische Mehrheit« in der Bürgerschaft zu brechen, weil SPD und KPD gemeinsam nur noch über 47 der insgesamt 100 Mandate verfügten. Aber sie mussten dennoch eine herbe Niederlage einstecken, weil auf die FDP nur noch zwölf gegenüber 17 zuvor von der BDV und der FDP gehaltenen Sitze entfielen und die CDU sogar fast zwei Drittel ihrer bisher 24 Mandate einbüßte. Dagegen konnte die DP die Zahl ihrer Mandate um mehr als das Fünffache auf jetzt 16 steigern, blieb allerdings vom Stimmenanteil her deutlich hinter ihrem Ergebnis bei der Bundestagswahl zurück. Außerdem zogen zwei Abgeordnete der »Flüchtlingspartei« BHE (Bund der Heimatvertriebenen und Entrechteten, s. S. 157), deren Bremer Landesverband sich Anfang Februar des Jahres konstituiert hatte,

und vier Abgeordnete einer Wählergemeinschaft der Fliegergeschädigten (WdF) in die neue Bürgerschaft ein, was dem bundesweiten Trend einer kurzen Blütezeit bürgerlicher Splitterparteien Anfang der 1950er Jahre entsprach. Der eigentliche Gewinner dieser Wahl war jedoch die Sozialistische Reichspartei (SRP), die sich ganz unverhohlen als Sammlungsbewegung ehemaliger NS-Aktivisten präsentierte, sodass der Senat den Vorstandsmitgliedern und einigen weiteren auswärtigen Parteigrößen Anfang September 1951 öffentliche Auftritte im Land Bremen untersagte. Die SRP war erstmals zur Landtagswahl in Niedersachsen im Mai 1951 angetreten, hatte dort auf Anhieb elf Prozent der Stimmen erhalten und stellte jetzt in Bremen bei einem Stimmenanteil von fast acht Prozent in der neuen Bürgerschaft nur einen Abgeordneten weniger als die CDU.

Trotz des überraschenden Ausgangs der Wahl kam es anders als vier Jahre zuvor relativ zügig und ohne größere Komplikationen zur Bildung einer neuen Senatskoalition. Obwohl die beiden amtierenden Senatsparteien einige Sitze in der Bürgerschaft eingebüßt hatten, verfügten sie nach wie vor über die absolute Mehrheit der Mandate. SPD und FDP nahmen Gespräche über die Fortsetzung der

Auseinandersetzung mit der NS-Vergangenheit

Koalition auf, bei denen die Liberalen allerdings darauf bestanden, auch die CDU an der Senatskoalition zu beteiligen.

Die SPD-Bürgerschaftsfraktion war damit zunächst nicht einverstanden, lenkte aber schnell ein, nachdem die DP vorgeschlagen hatte, einen von allen »nicht marxistischen« Parteien einschließlich der SRP getragenen »Fachsenat« zu bilden. Anfang November 1951 begannen die Koalitionsverhandlungen von SPD, FDP und CDU und Ende des Monats wählte die Bürgerschaft den neuen Senat, dem sieben Sozialdemokraten, drei FPD-Politiker und zwei CDU-Mitglieder sowie der damals noch parteilose Finanzsenator Wilhelm

Nolting-Hauff angehörten, der im Laufe der Wahlperiode in die FDP eintrat. Neun Mitglieder des Senatskollegiums hatten bereits dem vorherigen Senat angehört; neu hinzu kamen für das Wohlfahrtsressort Johannes Degener, seit der ersten Bürgerschaftswahl bis zum August 1949 Vorsitzender der CDU-Bürgerschaftsfraktion und anschließend Bundestagsabgeordneter, für das Ressort Ernährung und Landwirtschaft der Präses der Handelskammer Martin Heinrich Wilkens (s. S. 98), der Anfang April 1951 als Nachfolger des verstorbenen Emil Rex das Amt des CDU-Landesvorsitzenden übernommen hatte, sowie die beiden SPD-Politiker Willy Dehnkamp und Annemarie Mevissen. Dehnkamp, der erste Mann der Sozialdemokraten in Bremen-Nord, übernahm das Bildungsressort, das nach dem Rücktritt seines Amtsvorgängers im Zuge der »Schulspeisungs-Affäre« bis zur Bürgerschaftswahl kommissarisch vom Präsidenten des Senats verwaltet worden war, während Annemarie Mevissen vor allem »aus optischen Gründen«, wie sie in ihren Lebenserinnerungen pointiert formulierte, zur Senatorin für das Jugendwesen gewählt wurde und kein eigenes Ressort erhielt, sondern Empfehlungen zu Jugendfragen für den Senat ausarbeiten sollte und das Jugendamt sowie die Abteilung Jugendfürsorge leitete, die dem Gesundheits- bzw. dem Wohlfahrtsressort zugeordnet waren.

Auseinandersetzung mit der NS-Vergangenheit

Neben der Wiedergewinnung der staatsrechtlichen Selbstständigkeit und dem Neuaufbau demokratischer Strukturen stellte die Auseinandersetzung mit der nationalsozialistischen Vergangenheit in Bremen wie überall in Deutschland eine der vordringlichen politischen Aufgaben der ersten Nachkriegsjahre dar. Dies galt vor allem für die Entnazifizierung, die von den Siegermächten zu einem wesentlichen Ziel ihrer Besatzungsherrschaft erklärt worden war und auch in ersten Verlaut-

Anhänger der verbotenen NSDAP müssen die zuvor von ihnen selbst beschmierten Straßenschilder reinigen

barungen aller in Bremen zugelassenen Parteien als unumgänglich bezeichnet wurde. Die Auflösung der NSDAP und aller anderen nationalsozialistischen Organisationen bereitete dabei ebenso wenig Schwierigkeiten wie die Entfernung nationalsozialistischer Symbole und Straßennamen, die in Bremen aufgrund einer bereits 14 Tage nach der Besetzung herausgegebenen Anordnung in der Weise erfolgte, dass alle seit der Machtübernahme aus politischen Gründen umbenannten Straßen und Plätze neue Namen erhielten. Nicht ganz so einfach war es, den Gebrauch einiger von den Nationalsozialisten eingeführter Bezeichnungen wie etwa »Betriebsführer« für den Chef einer Firma oder Dienststelle und »Gefolgschaft« für deren Mitarbeiter zu unterbinden, die selbst im amtlichen Schriftverkehr zum Teil noch bis Ende der 1940er Jahre benutzt wurden.

Als mit Abstand am schwierigsten erwies es sich, dafür Sorge zu tragen, dass ehemalige NS-Aktivisten und Funktionsträger des NS-Regimes aus verantwortlichen Positionen in der Politik, in der Wirtschaft und im öffentlichen Leben entfernt und ferngehalten würden.

Denn in Bezug darauf, wie dieser Teil der Abrechnung mit der nationalsozialistischen Vergangenheit praktisch zu bewerkstelligen sei, bestand ein grundsätzlicher Dissens: Nach Meinung der meisten bürgerlichen Politiker handelte es sich dabei um eine Aufgabe der Justiz, während Sozialdemokraten und Kommunisten dies als eine vorrangig politische und dementsprechend nicht juristisch, sondern mit politischen Mitteln zu lösende Aufgabe begriffen.

Diese Meinungsunterschiede waren zunächst ohne Belang, weil die Militärregierung die ersten entsprechenden Maßnahmen ohne Einschaltung deutscher Stellen anordnete und lediglich informell mit der KGF zusammenarbeitete, deren Mitglieder über detaillierte Orts- und Personenkenntnisse verfügten, an denen es dem Personal der Militärregierung verständlicherweise mangelte. Bereits in den ersten zwei Monaten nach der Besetzung wurden mehr als 1000 ehemalige Nationalsozialisten festgenommen und die Mehrzahl von ihnen zunächst im Gebäude der Lettow-Vorbeck-Schule hinter dem Haupbahnhof

Auseinandersetzung mit der NS-Vergangenheit

»Weser-Kurier« vom
10. Mai 1947

(heute Hermann-Böse-Gymnasium), später in zwei Bunkern an der Parkallee und nach vorübergehender Verlegung nach Süddeutschland schließlich im »Lager Riespott« auf dem Gelände der Norddeutschen Hütte (der späteren Klöckner-Hütte) interniert, das während des Krieges für ausländische Zwangsarbeiter errichtet worden war.

Wenig später begann eine groß angelegte »Säuberung« der bremischen Verwaltung, in deren Verlauf bis Ende März 1946 knapp 3400 Beamte und Angestellte, fast 40 Prozent der am 1. April 1945 beschäftigten Mitarbeiter, entlassen wurden. Außerdem wurden auch in größeren Industrie- und Gewerbebetrieben, im Handel und bei Banken und Versicherungen auf Anordnung der Militärregierung knapp 15.000 Nationalsozialisten aus Führungspositionen entfernt und durften anschließend

allenfalls mit »einfachen Arbeiten« weiter beschäftigt werden.

Obwohl sich die Bremer Politiker damals noch weitgehend einig waren, dass eine gründliche Entnazifizierung »das Grundprinzip der demokratischen Erneuerung« sei, wie der SPD-Abgeordnete Walter Rother-Romberg im Frühjahr 1946 in der Bürgerschaft feststellte, stießen die ersten Entnazifizierungsmaßnahmen bei ihnen auf zunehmende Kritik. Sie entzündete sich vor allem daran, dass die Amerikaner die Mitgliedschaft in der NSDAP zum entscheidenden Kriterium ihrer Entlassungsanordnungen machten und damit aus deutscher Sicht viel zu »schematisch« vorgingen. Viele, die der Partei nach der Machtübernahme beigetreten waren, hätten dies nicht aus Überzeugung getan, sondern nur deshalb, um sich selbst und ihre Angehörigen vor politisch motivierten Nachstellungen und beruflichen Nachteilen zu schützen, während andere, die der Partei nicht angehört hatten, dennoch Stützen oder Nutznießer des Regimes gewesen seien. Die Entscheidung, ob jemand entlassen werden müsse oder nicht, könne in aller Regel nur nach Prüfung des Einzelfalles getroffen werden. Außerdem kritisierten vor allem Sozialdemokraten und Kommunisten, dass die Entnazifizierung der Privatwirtschaft viel zu »lasch« gehandhabt werde, weil ehemalige Führungskräfte ihre Entlassung dadurch unterliefen, dass sie Treuhänder einsetzten, die den »alten« Chef zwar nominell nur als einfachen Angestellten wieder einstellten, ihn aber faktisch sowohl in Bezug auf seine Befugnisse als auch hinsichtlich seines Gehalts in seiner früheren Position beließen.

Die Kritik zeigte Wirkung: Ende September 1945 wurden für die Privatwirtschaft und für die Verwaltung zwei jeweils mit vier Deutschen besetzte Ausschüsse eingerichtet, bei denen Betroffene die Überprüfung ihrer von der Militärregierung verfügten Entlassung beantragen konnten. Diese Aufgabe übernahm ein halbes Jahr später ein »Hauptausschuss zur Befreiung von Nationalsozialismus und Militarismus«, den die kurz zuvor von der Militärregierung ernannte erste Nachkriegsbürgerschaft Ende Mai 1946 wählte. Er richtete eine Reihe ihm nachgeordneter Prüfungsausschüsse für einzelne Betriebe, Wirtschaftsbranchen und Verwaltungszweige ein und fungierte als zentrale Entnazifizierungsinstanz in Bremen. Die Militärregierung zog sich aus dem »Tagesgeschäft« zurück und beschränkte sich auf die Überprüfung der vom Hauptausschuss getroffenen Entscheidungen.

Damit lag die Verantwortung für die Entnazifizierung weitgehend in deutschen Händen, und die Differenzen zwischen den bürgerlichen Parteien auf der einen und den beiden Arbeiterparteien auf der anderen Seite brachen nun offen auf. In der Bürgerschaft war es bereits anlässlich der Wahl des Hauptausschusses zu einer heftigen Debatte gekommen, in der die bürgerlichen Parteien die Einführung eines rechtsförmigen Verfahrens forderten, bei dem die Prüfungsausschüsse mit Richtern besetzt werden müssten und es den zu Überprüfenden erlaubt sein sollte, sich durch einen Rechtsanwalt vertreten zu lassen. Dagegen lehnten Sozialdemokraten und Kommunisten die Beteiligung von Richtern und Rechtsanwälten strikt ab, weil die Justiz während der Weimarer Republik wesentlich zur Aushöhlung der demokratischen Ordnung beigetragen und sich die große Mehrheit der Richter und Rechtsanwälte dem NS-Regime als willfährige Erfüllungsgehilfen zur Verfügung gestellt hätte, sodass von ihnen schwerlich eine dem Ziel der Reinigung vom Nationalsozialismus förderliche Mitwirkung bei der Entnazifizierung zu erwarten sei.

Dass diese Einschätzung keineswegs unbegründet war, zeigte sich Anfang Mai 1947. Eine Kammer des Bremer Landgerichts unter Vorsitz eines Richters, der 1937 der NSDAP beigetreten war und später als »Heimatkriegsgerichtsrat« fungiert hatte, verurteilte in dem ersten Prozess wegen der Ermordung jüdischer Mitbürger in der Pogromnacht vom 9. auf den 10. November 1938 zwei ehemalige SA-Männer zu lediglich sechs bzw. acht Jahren Zuchthaus, weil sie ja nur einen Befehl ausgeführt hätten (s. S. 87). Dieses Urteil wurde nicht nur in der Presse und im Rundfunk als »skandalös milde« kritisiert und in einer gemeinsamen Entschließung der beiden Arbeiterparteien und der Gewerkschaften sowie in einer Erklärung der Bremer Betriebsräte scharf verurteilt, sondern löste auch öffentliche Proteste aus: Eine Woche nach der Urteilsverkündung legten etwa 50.000 Arbeiter und Angestellte Bremer Betriebe aus Protest gegen das Urteil für fünf Minuten die Arbeit nieder; am Nachmittag desselben Tages versammelten sich mehrere Tausend Menschen zu einer Protestkundgebung auf dem Domshof. Auf diese Proteste reagierten dann die bürgerlichen Parteien ihrerseits mit Protest und warfen die aus ihrer Sicht »viel wichtigere Frage« auf, »ob die öffentliche Meinung das Recht hat, auf

Meldebogen zur Entnazifizierung in der überarbeiteten Fassung von 1947

Auseinandersetzung mit der NS-Vergangenheit

ein richterliches Urteil Einfluss auszuüben« (CDU), bzw. ob »ein unabhängiges, nur dem Gesetz unterworfenes Gericht der politisch beeinflussten Willensrichtung breiter Bevölkerungskreise nachgeben« dürfe (BDV). Damit war das Konfliktmuster vorgegeben, das die politische Diskussion um die Entnazifizierung in Bremen bis zu deren Abschluss Anfang der 1950er Jahre prägte, wobei immer wieder die NS-Vergangenheit der an einschlägigen Strafprozessen und am Entnazifizierungsverfahren beteiligten Juristen eine wesentliche Rolle spielte.

Mit dem »Gesetz zur Befreiung von Nationalsozialismus und Militarismus«, das am 9. Mai 1947, zwei Jahre nach Kriegsende und zufällig genau einen Tag nach den öffentlichen Protesten gegen das Urteil im ersten Bremer NS-Prozess in Kraft trat, erhielt die Entnazifizierung in Bremen eine neue Rechtsgrundlage. In Übernahme der Vorschriften, die in den drei süddeutschen Ländern der US-Zone bereits seit dem Frühjahr 1946 galten, waren jetzt Einzelfallprüfungen unter Abwägung aller individuell zu berücksichtigenden Umstände durchzuführen, und zwar auch für alle diejenigen, die aufgrund der bisherigen Regelung bereits interniert oder entlassen worden waren. Grundlage für diese Einzelfallprüfungen war ein »Meldebogen«, in dem detailliert über die Mitgliedschaft in der NSDAP, ihr angeschlossenen Organisationen und sonstigen Vereinen und Berufsverbänden sowie über die berufliche Tätigkeit und die Einkommensverhältnisse in den Jahren seit der Machtübernahme Auskunft zu geben war. Dieser Meldebogen musste von allen über 18 Jahre alten Einwohnern Bremens und Bremerhavens ausgefüllt und beim zuständigen Ortsamt oder dem örtlichen Polizeirevier abgegeben werden; wer dies nicht tat, wurde bei der Zuteilung der ja nach wie vor rationierten Lebensmittel und bei der Arbeitsvermittlung nicht mehr berücksichtigt. Anhand seines Meldebogens wurde dann jeder von einer der insgesamt zwölf eigens gebildeten Spruchkammern entweder mit einem schriftlich erteilten Bescheid oder nach einer Anhörung vor der Kammer einer von sechs Kategorien zugeordnet. Für den Fall, dass er als »Mitläufer«, »Minderbelasteter«, »Belasteter« oder »Hauptschuldiger« eingestuft worden war, wurde er mit einer Sühnemaßnahme belegt, die von einer Geldbuße über politische Sanktionen wie etwa die Aberkennung des Wahlrechts und berufliche Einschränkungen bis hin zur Internierung und der Einweisung in ein Arbeitslager reichen konnte. Als »entlastet« galten diejenigen, die trotz formeller Mitgliedschaft in der Partei oder einer anderen NS-Organisation Widerstand geleistet

Zur Ermittlung persönlicher Verstrickungen Einzelner im NS-Staat kam 1947 die Idee auf, »sämtliche Negative der Photogeschäfte im Lande Bremen« zu beschlagnahmen, um so an Beweismaterial (Uniformen, Aktivitäten in NS-Organisationen) zu gelangen. Die CDU warnt vor »neuen Gestapomethoden«

Senatoren für die politische Befreiung

hatten und deshalb Nachteile hinnehmen mussten. Mehr als 70 Prozent aller im Zuge der Entnazifizierung überprüften Personen wurden bereits anhand ihrer Meldebögen als »nicht betroffen« eingestuft.

Um die fast 400.000 Meldebögen zu bearbeiten und die nach Aussortierung der »nicht Betroffenen« einzuleitenden Spruchkammer-

verfahren in einem vertretbaren Zeitraum durchführen zu können, wurde ein eigenes Ressort des »Senators für die politische Befreiung« eingerichtet, das zunächst der Sozialdemokrat Friedrich Aevermann übernahm, der bereits als erster Vorsitzender des im Frühjahr 1946 von der Bürgerschaft gewählten »Hauptausschusses« amtiert hatte. Er hatte erhebliche Schwierigkeiten, die Besetzung der Spruchkammern mit einem juristisch geschulten Vorsitzenden, einem öffentlichen Kläger und zwei bis vier Beisitzern sicherzustellen, weil die Bremer Juristen eine Mitarbeit bei der Entnazifizierung fast geschlossen verweigerten und sich auch erst nach einem Anfang Juni 1947 im »Weser-Kurier« veröffentlichten Aufruf des

Senators eine ausreichende Zahl politisch unbelasteter Bewerber für die Tätigkeit als Beisitzer in einer der Spruchkammern meldete.

Ausschlaggebend dafür war, dass die ohnehin nie sonderlich populäre Entnazifizierung in weiten Kreisen der Bevölkerung aus unterschiedlichen Gründen weiter in Misskredit geraten war. Einerseits erschien sie vielen, die auf eine gründliche politische Säuberung gehofft hatten, zunehmend als Verfahren zur Reinwaschung ehemaliger Nationalsozialisten. Dabei war der Senat mit schlechtem Beispiel vorangegangen, weil er wiederholt versucht hatte, die Entlassung belasteter Beamter zu verhindern bzw. die Wiedereinstellung bereits entlassener Mitarbeiter durchzusetzen mit dem letztendlich vorgeschobenen Argument, dass der Zusammenbruch der Verwaltung drohe. Andererseits wurde die Entnazifizierung vor allem in bürgerlichen Kreisen häufig als »Siegerjustiz« abqualifiziert und das beim Befreiungssenator und in den Spruchkammern tätige Personal als »Handlanger der Besatzer« denunziert. Die DP versuchte bereits im Bürgerschaftswahlkampf 1947 aus dieser Stimmung Kapital zu schlagen und verstieg sich später sogar zu der Behauptung, die Entnazifizierung sei »schlimmer als Nazi-Methoden«.

Nach anhaltender Kritik an der Arbeit seines Ressorts und der Spruchkammern, die sowohl in der bürgerschaftlichen Deputation für die politische Befreiung als auch von der »Denazification Division« der Bremer Militärregierung geübt wurde, trat Aevermann Anfang November 1947 zurück. Sein Nachfolger wurde der parteilose Bremer Rechtsanwalt Alexander Lifschütz, dem die Nationalsozialisten nach der Machtübernahme wegen »nicht arischer« Herkunft die Zulassung als Anwalt entzogen hatten. Er war daraufhin nach Amsterdam ins Exil gegangen und nach Ende des Krieges wieder nach Bremen zurückgekehrt, hielt allerdings das Anwaltsbüro, das er in Amsterdam aufgebaut hatte, auch während seiner Amtszeit als Befreiungssenator aufrecht. Lifschütz sah in der Entnazifizierung keine originär politische, sondern eine »psychologische« und »soziologi-

Alexander Lifschütz, Senator für Entnazifizierung, 1947

Auseinandersetzung mit der NS-Vergangenheit

sche« Aufgabe mit politischer Bedeutung, bei der es weniger um eine »Säuberung«, sondern vor allem um die »Läuterung« ehemaliger Nationalsozialisten gehe.

Seine Berufung in den Senat weckte in der Öffentlichkeit hohe Erwartungen an einen Kurswechsel in der Entnazifizierung mit »revolutionären« Neuerungen, jedoch sah sich Lifschütz sehr schnell ähnlichen Schwierigkeiten gegenüber wie sein Amtsvorgänger. Unter den Vorzeichen der weltpolitischen Blockbildung, die sich im Laufe des Jahres 1947 immer deutlicher abzeichnete, wollte sich die amerikanische Militärregierung für Deutschland des aus ihrer Sicht zunehmend »leidigen« Themas möglichst schnell entledigen und setzte den 1. Juli 1948 als Termin für den Abschluss der Entnazifizierung in Bremen fest. Diese Frist ließ sich angesichts fortdauernder organisatorischer Probleme im Ressort für die politische Befreiung und der nach wie vor schleppenden Abwicklung der Spruchkammerentscheidungen jedoch unmöglich einhalten, obwohl Ende März 1948 ein »Schnellverfahren« eingeführt wurde, um wenigstens den größten Teil der noch nicht entschiedenen Fälle abarbeiten zu können.

Damit verstärkte sich die ohnehin für die Arbeit der Bremer Spruchkammern charakteristische Tendenz, bei der Einstufung Belasteter vergleichsweise nachsichtig zu verfahren. Die Entnazifizierung verkam zur »Mohrenwäsche«, bei der die Betroffenen ohne Ansehen ihrer tatsächlichen Verstrickung in die nationalsozialistische Gewaltherrschaft als »erfolgreich entnazifiziert« zu ehrbaren Mitbürgern erklärt wurden. Dabei profitierten gerade die formal am stärksten belasteten Personen von dieser Entwicklung. Die Spruchkammern hatten sich nämlich zunächst bevorzugt mit »leichten« Fällen befasst, um Erfahrungen für die im Anschluss daran anstehende Einstufung der »großen Nazis« zu sammeln, die dann jedoch unter grundlegend veränderten politischen Bedingungen häufig zur Farce wurden.

Mit dem »Gesetz zum Abschluss der politischen Befreiung«, das die Bürgerschaft Ende März 1950 verabschiedete und das Mitte Mai

des Jahres in Kraft trat, wurde die Entnazifizierung in Bremen formal und mit Ausnahme einiger besonders heikler Fälle auch faktisch beendet. Bereits Ende Dezember 1949 war Alexander Lifschütz aus dem Senat ausgeschieden; das von ihm geleitete Ressort wurde in ein der Senatskanzlei zugeordnetes »Amt für politische Befreiung« umgewandelt und 1953 aufgelöst. In einem Abschlussbericht, den er anlässlich seines Rücktritts dem Senat vorlegte, zog Lifschütz das Fazit, dass die Durchführung der Entnazifizierung in Bremen »jedenfalls kein blutiges Ergebnis« gehabt habe: 95 Prozent der Überprüften waren sofort anhand ihrer Meldebögen oder aufgrund von zwei Ende 1948 erlassenen Amnestieregelungen als »nicht betroffen« eingestuft worden, knapp 15.000 Personen als »Mitläufer«, 640 bzw. 155 als »Minderbelastete« oder »Belastete« sowie ganze 13 Personen als »Hauptschuldige«.

Vordergründig bestätigt diese Bilanz die bis heute in Bremen gerne kolportierte Selbstsicht, dass die Stadt »kein gutes Pflaster für die Nationalsozialisten« gewesen sei. Faktisch belegt sie jedoch eher das Scheitern der Entnazifizierung, das Joseph P. Napoli, der Leiter der »Denazification Division« der Bremer Militärregierung, bereits Mitte Mai 1949 in einer aufsehenerregenden Pressekonferenz anlässlich seiner Rückkehr in die USA beklagt hatte. Sein Vorwurf, der Senat habe sich gar nicht bemüht, unter den vielen politisch unbelasteten Bremern nach geeigneten Ersatzkräften für belastete und deshalb eigentlich zu entlassende Mitarbeiter der bremischen Verwaltung zu suchen, wurde vom Senat zwar empört zurückgewiesen. Er war aber durchaus berechtigt, wie eine interne Aufstellung des damals noch amtierenden Befreiungssenators belegt, die dieser allerdings mit Rücksicht auf seine Amtskollegen und insbesondere auf Bürgermeister Kaisen, der sich von Napoli persönlich angegriffen fühlte, nicht veröffentlichte. Die Säuberung war demnach bei der Polizei am konsequentesten durchgeführt worden, während insbesondere im Schuldienst und bei der Justiz viele als »Mitläufer« oder

»Minderbelastete« eingestufte Beamte im Dienst blieben. Allerdings war dies nicht allein darauf zurückzuführen, dass der Senat unter der Vorgabe, die Funktionsfähigkeit der Verwaltung zu erhalten, den »bequemeren« Weg gegangen sei und am eingearbeiteten Personal festgehalten habe, wie Napoli kritisiert hatte, sondern vor allem auch darauf, dass sich die politischen Rahmenbedingungen in den vier Jahren seit Kriegsende grundlegend verändert hatten. Unter den Vorzeichen des damals beginnenden Kalten Krieges zwischen Ost und West wurde die Frage »Wie hältst du es mit den Kommunisten?« in Bremen wie überall in Westdeutschland wichtiger als die Frage »Wie hast du es mit den Nazis gehalten?«.

Ein zweites, im Grunde direkt mit der Entnazifizierung zusammenhängendes Problem, dem die Bremer Militärregierung und der Senat allerdings weit weniger Aufmerksamkeit schenkten, war die Sorge für die Opfer der nationalsozialistischen Gewaltherrschaft. Nachdem bereits Mitte Mai 1945 eine dem Wohlfahrtsressort zugeordnete Betreuungsstelle für KL-Entlassene (KL war als Abkürzung für »Konzentrationslager« zunächst geläufiger

als KZ) eingerichtet worden war, betrachteten die meisten Bremer Politiker und auch die Militärregierung die Betreuung der NS-Opfer weniger als eine vorrangige moralische Verpflichtung, sondern vor allem als ein fürsorgerisches Problem.

Da in der ersten Nachkriegszeit noch keine Emigranten nach Bremen zurückgekehrt waren, galten als NS-Opfer eigentlich nur diejenigen, die aus einem Arbeitslager oder einem Konzentrationslager entkommen oder befreit worden waren. Sie konnten bei der KL-Betreuungsstelle die Ausstellung eines Ausweises beantragen, der als Nachweis dafür diente, dass sie bei der Zuweisung von Lebensmitteln und Wohnraum Anspruch auf bevorzugte Behandlung hatten. Diese Sonderstellung erregte bei vielen derjenigen, die sich nach der Machtübernahme mit den »neuen Verhältnissen« abgefunden und nach eigener Überzeugung weiterhin ein »ganz normales« Leben geführt hatten, einigen Unmut und führte verschiedentlich sogar zu lautstarken Protesten bei der Ausgabe von Lebensmitteln, weil sich hartnäckig das Vorurteil hielt, dass »die anderen« doch wohl irgendetwas »ausge-

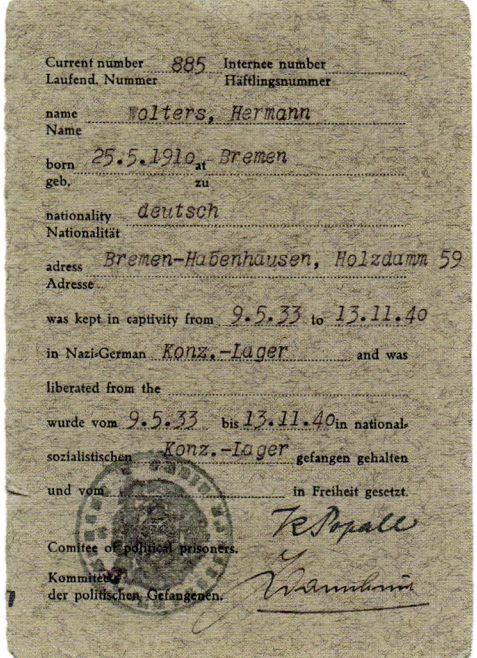

Wer von den Nationalsozialisten aus politischen Gründen in KZ-Haft gezwungen wurde, sollte nach dem Krieg Sonderleistungen genießen dürfen. Nachweiskarte für Hermann Wolters

Auseinandersetzung mit der NS-Vergangenheit

fressen« haben müssten, denn sonst wären sie ja nicht ins Lager gekommen.

Zusätzliche Komplikationen ergaben sich daraus, dass die Betreuungsstelle nur bei den politisch Verfolgten selbst prüfte, ob der Antrag auf Ausstellung des Ausweises und die damit verbundenen Vergünstigungen begründet waren, während die Anträge von rassisch Verfolgten der Mitte August 1945 wieder gegründeten Jüdischen Gemeinde Bremens zur Prüfung zugeleitet wurden. Dies führte bei einer ganzen Reihe der Betroffenen zu heftigen Protesten, weil sie keinerlei Verbindungen zum Judentum hatten und erst durch die nationalsozialistische Rassegesetzgebung als »nicht arisch« stigmatisiert und verfolgt worden waren. Sie lehnten es strikt ab, sich von der Jüdischen Gemeinde und vor allem von deren Vorsitzendem Carl Katz als Verfolgte anerkennen und betreuen zu lassen, und gründeten eine »Gemeinschaft der durch die Nürnberger Gesetze Betroffenen«, die nicht zuletzt deshalb vom Senat anerkannt wurde, weil Finanzsenator Nolting-Hauff diesem Personenkreis angehörte.

Von 1947 an konnten NS-Opfer außerdem eine Haftentschädigung beantragen, die je nach der Dauer der Inhaftierung in unterschiedlicher Höhe, grundsätzlich jedoch nur in einer sehr bescheidenen Größenordnung gewährt wurde, und zusätzlich Darlehen für die Beschaffung von Hausrat, Kleidung und Einrichtungsgegenständen in Anspruch nehmen. Die dafür erforderlichen Geldmittel wurden aus einem Sonderfonds aufgebracht, der aufgrund eines Ende Oktober 1947 erlassenen Gesetzes eingerichtet und zu einem guten Teil mit den Beträgen ausgestattet wurde, die im Zuge der Entnazifizierung als »Sühneleistungen« anfielen.

Ende 1948/Anfang 1949 wurde schließlich der Weg zu einer zumindest finanziellen Wiedergutmachung des den Verfolgten in den Jahren der nationalsozialistischen Herrschaft zugefügten Unrechts beschritten: Anfang November 1948 wurde beim Landgericht Bremen eine Wiedergutmachungskammer eingerichtet, die für Verfahren zur Rückerstattung von den

Nationalsozialisten konfiszierter Grundstücke, Immobilien und persönlicher Vermögenswerte zuständig war. Ende Februar 1949 wurde aufgrund eines vom Länderrat des amerikanischen Besatzungsgebietes beschlossenen Gesetzes aus bremischen Haushaltmitteln ein Betrag von fünf Millionen D-Mark bereitgestellt, um allen in der NS-Zeit aus politischen, religiösen oder rassischen Gründen verfolgten Einwohnern Bremens sofort eine Entschädigung auszuzahlen.

Seit Anfang der 1950er Jahre war dann das aus der ehemaligen KL-Betreuungsstelle hervorgegangene, dem Ressort des Arbeitssenators zugeordnete Landesamt für Wiedergutmachung für die Wiedergutmachungsverfahren zuständig, die auf der Grundlage bundesweit einheitlicher Regelungen durchgeführt wurden. Diese waren allerdings mit einer Vielzahl bürokratischer Hürden gespickt und muteten den Betroffenen nicht selten entwürdigende Prozeduren zu, sodass die Wiedergutmachung bereits zeitgenössisch von Betroffenen als »Wiederwutmachung« bezeichnet wurde und in neueren wissenschaftlichen Untersuchungen pointiert als »zweite Verfolgung« oder als »Kleinkrieg gegen die Opfer« charakterisiert wird.

Da es sich bei fast allen die Wiedergutmachung betreffenden Regelungen nicht um originär bremische Vorschriften handelte, fiel es dem Senat leicht, sich weitgehend auf die Position eines nicht direkt Beteiligten zurückzuziehen, zumal es sich in Bremen offenkundig nicht um eine tagespolitisch gewichtige Frage handelte: Ende Oktober 1945 waren bei der KL-Betreuungsstelle rund 1200 Betroffene registriert, während in Hamburg zum selben Zeitpunkt 10.000 Personen als NS-Opfer betreut wurden. Dem Senat erschienen eher symbolische Handlungen ausreichend, um öffentlich zu dokumentieren, dass man sich der historischen Verantwortung stellte, die sich in Bremen wie in ganz Deutschland aus der nationalsozialistischen Gewaltherrschaft ergab. Mitte Januar 1946 fand im ehemaligen Kaisertheater am Ostertorsteinweg, das von der Militärregierung beschlagnahmt und in

»Liberty-Theater« umbenannt worden war, eine erste Gedenkveranstaltung für die Opfer des Faschismus mit Ansprachen von Bürgermeister Kaisen und Senator Wolters statt. Im September 1947 wurde eine Gedenkwoche für die Opfer des Nationalsozialismus ausgerichtet, als deren Abschluss und Höhepunkt auf dem Osterholzer Friedhof im Beisein aller Senatsmitglieder und des Direktors der Militärregierung der Grundstein der »Begräbnisstätte für deutsche Soldaten und ehemalige KZ-Häftlinge« gelegt wurde.

Für eigene Initiativen zur Unterstützung der NS-Opfer sah der Senat dagegen keinen Anlass: Nachdem in der Zeit von Juli bis Dezember 1945 mehr als 100 Wohnungen ehemals führender Nationalsozialisten beschlagnahmt worden waren, um darin NS-Verfolgte mit ihren Familien unterzubringen, wurden in den folgenden eineinhalb Jahren nur noch 80 Wohnungen zu diesem Zweck freigemacht. Und im Frühjahr 1947 lehnte Wohlfahrtssenator Ehlers einen Antrag der Jüdischen Gemeinde, 100 zumeist ältere rassisch Verfolgte trotz der damals für Bremen geltenden Zuzugssperre in Bremer Altenheimen aufzunehmen, mit der Begründung ab, dass »die jüdischen Bürger in der Frage des Zuzugs genau den gleichen Bedingungen unterliegen wie alle anderen auch«.

Dies lag genau auf der Linie einer damals nicht nur in Bremen, sondern überall in Deutschland verbreiteten Einstellung, dass eigentlich alle Deutschen mit Ausnahme einiger weniger Unbelehrbarer Opfer der Nationalsozialisten seien und mit dem verlorenen Krieg und dem durch ihn verursachten menschlichen Leid und den materiellen Zerstörungen bereits genug »bezahlt« hätten, sodass es eigentlich keinen Grund gebe, NS-Verfolgte bevorzugt zu behandeln. Diese »Unfähigkeit zu trauern« stand auch in Bremen über lange Jahre einer unvoreingenommenen, selbstkritischen Auseinandersetzung mit der nationalsozialistischen Gewaltherrschaft im Wege, bis in den späten 1960er Jahren immer mehr junge Leute begannen, ihren Eltern und Großeltern bohrende Fragen nach der »unbewältigten Vergangenheit« zu stellen.

Grundsteinlegung der Begräbnisstätte für deutsche Soldaten und ehemalige KZ-Häftlinge auf dem Osterholzer Friedhof 1947

Neuaufbau im Justizwesen

Bremer Rechtsanwälte beim Festakt zur Wiedereröffnung der bremischen Gerichte. In der ersten Reihe Rechtsanwalt Heino Bollinger (2. von links), der zugleich Leiter der Staatsanwaltschaft war

Neuaufbau im Justizwesen unter Senator Spitta

Die Proklamation Nr. 1 des Alliierten Oberbefehlshabers bestimmte unter anderem: In den besetzten deutschen Gebieten werden die Gerichte geschlossen. Mit dem offiziellen Beginn der Besetzung am 27. April 1945, 18 Uhr, war es amtlich: Bremens Justiz, die bis zum Einmarsch der Briten funktioniert hatte, stand still.

Nach den Vorstellungen der Alliierten sollten die deutschen Gerichte sehr bald wieder tätig werden – aber nur auf Anweisung der Militärregierung und auf neuer rechtlicher Basis. Das Besatzungsrecht schaffte Grundprinzipien der eben noch herrschenden völkischen Rechtsauffassungen ab und hob nationalsozialistisch gefärbte Gesetze auf. Dem Volksgerichtshof und den Sondergerichten wurde »die Gerichtsbarkeit entzogen«. Ohne Genehmigung der Militärregierung durfte niemand als Richter, Staatsanwalt, Anwalt oder Notar tätig werden. Dem Senat, den die US-Militärregierung am 4. Juni 1945 berief, gehörte mit Theodor Spitta ein Senator für Justiz und Verfassung an, der die Reorganisation der Rechtspflege in Bremen leiten sollte. Spitta war bereits von 1911 bis 1933 Mitglied des Senats gewesen (s. S. 39). Er übernahm auch das Amt des (zweiten) Bürgermeisters und war Wilhelm Kaisen in einem engen Vertrauensverhältnis verbunden.

Die Gerichte werden wieder geöffnet

Am 27. Juni 1945 übergab die Militärregierung in einem feierlichen Akt im Schwurgerichtssaal des Landgerichts dem Regierenden Bürgermeister Vagts und dem Justizsenator Spitta die Verwaltung des Rechtswesens. Am gleichen Tag erließ der Regierende Bürgermeister auf Anordnung der Militärregierung eine »Verordnung betreffend die Wiedereröffnung der Gerichte im Staatsgebiet der Freien Hansestadt Bremen«. Das Amtsgericht Bremen nahm seine Arbeit wieder auf. Das Amtsgericht Bremen-Blumenthal funktionierte wieder vom 14. Juli 1945 an.

Berufsrichter und Staatsanwälte waren mit zwei Ausnahmen nicht dabei. An ihre Stelle waren 36 Rechtsanwälte getreten, die ein von

Vor den Flaggen der USA und Großbritanniens spricht der Regierende Bürgermeister Erich Vagts im Schwurgerichtssaal des Landgerichts zu den anwesenden Juristen, Fotos vom 27. Juni 1945

der Militärregierung eingesetzter Ausschuss bremischer Rechtsanwälte für ein Justizamt vorgeschlagen hatte. Die Militärregierung war der Auffassung, Anwälte hätten sich weniger kompromittiert als Richter und Staatsanwälte. Rechtsanwälte übernahmen auch Leitungsaufgaben: Rechtsanwalt Diedrich Lahusen wurde Präsident des Landgerichts, Rechtsanwalt Heino Bollinger leitete die Staatsanwaltschaft. Er war 1933 als Syndikus der Gewerbekammer entlassen worden. Ihre Ämter in der Justiz übten die Rechtsanwälte neben ihrer anwaltlichen Tätigkeit aus. Die Leitung des Amtsgerichts übernahm Amtsgerichtsdirektor Reinhard Appel. Er war 1933 als Senatssyndikus abgesetzt worden; bis 1945 war er Richter am Amtsgericht Bremen gewesen.

Ehemalige Richter und Staatsanwälte mussten ein »Bestätigungsverfahren« durchlaufen. Ende 1945 wurden erste von der Militärregierung »bestätigte« Richter und Staatsanwälte wieder in Bremens Justiz tätig. Wer die Bestätigung nicht erhielt, wurde entlassen.

Leiter der Strafanstalt Oslebshausen wurde am 1. September 1945 der 70 Jahre alte Sozialdemokrat Emil Sonnemann. Er war seit 1919 Direktor der Landesstrafanstalt gewesen und im März 1933 von den Nationalsozialisten entlassen worden. Nun versah er das Amt bis 1947.

Die Rückkehr nach 1933 entlassener Rechtsanwälte

Bremische Rechtsanwälte, die nach 1933 von den Nationalsozialisten um ihre Existenz gebracht worden waren, hatten keinen besonderen Einfluss auf die Reorganisation der Rechtspflege nach 1945. Im April 1933 hatten die Nationalsozialisten jüdischen und politisch missliebigen Anwälten und Notaren per Gesetz die Zulassung zu ihren Berufen entzogen. In Bremen waren sieben Rechtsanwälte von dieser Unrechtsmaßnahme betroffen, von denen die meisten emigrierten. Im Oktober 1946 kehrte Alexander Lifschütz nach Bremen zurück; er hatte die Verfolgung in Amsterdam überlebt und wurde mit Genehmigung der Militärregierung wieder als Rechtsanwalt und Notar tätig. Von November 1947 bis Dezember 1949 trug er als Senator für politische Befreiung die

Der Rechtsanwalt und Notar Diedrich Lahusen, ab 1945 Präsident des Landgerichts Bremen

Neuaufbau im Justizwesen

Verantwortung für die Entnazifizierung in Bremen und war von 1956 bis 1969 Präsident des Staatsgerichtshofs.

Wilhelm Nolting-Hauff war ebenfalls aus rassischen Gründen 1933 die Zulassung zur Anwaltschaft entzogen worden und Ende 1944 wurde er im Zuge einer gegen »Halbjuden« gerichteten Aktion im Arbeitserziehungslager Bremen-Farge inhaftiert. Nolting-Hauff wurde im ersten Bremer Nachkriegssenat Senator für Finanzen und blieb es bis 1963 (s. S. 364).

Justizalltag 1945

Die Zeitumstände stellten an die Straf- und Zivilgerichte hohe Anforderungen. Auch der Arbeitsanfall war beträchtlich. Schon in der ersten Woche hatten die Strafgerichte 63 Fälle zu verhandeln – meistens Übertretung des Ausgehverbots, Plünderung oder unerlaubter Waffenbesitz. Letzteres wog besonders schwer bei Schusswaffen: Zwei Angeklagte wurden deswegen zu drei und fünf Jahren Gefängnis verurteilt.

Die Strafgerichte mussten sich auf Befehl der Militärregierung zusätzlich mit der Überprüfung der Urteile des Sondergerichts Bremen befassen. Das Sondergericht hatte von 1940 bis zur Besetzung Bremens funktioniert und sich wie die anderen Sondergerichte der NS-Justiz als »Kriegsgericht der inneren Front« verstanden. Die hier tätigen Staatsanwälte und Richter waren mit ihren Mitteln gegen alle jene Deutschen und Ausländer vorgegangen, die durch ihr Tun oder Lassen den »Beitrag der Heimatfront zum Endsieg« zu gefährden drohten. Soweit die Urteile noch nicht vollstreckt waren, wurde geprüft, ob die Strafe wegen der Anwendung nationalsozialistischer Grundsätze überhöht oder ungerecht war; in diesem Fall war das Urteil zu korrigieren. Bis November 1945 kamen so rund 200 Verurteilte frei. Überhaupt leerten sich Bremens Strafanstalten, da nach der Besetzung Justizgefangene aus alliierten Staaten freigelassen wurden. Am 15. Mai 1945 wurden noch 1275 Gefangene gezählt, am 15. Oktober 1945 nur mehr 626.

Nachdem im Jahr 1947 die in der übrigen amerikanischen Zone geltenden Gesetze zur Wiedergutmachung nationalsozialistischen

Verhandlung im Schwurgerichtssaal vor einem deutschen Gericht...

Unrechts in der Strafrechtspflege auch in Bremen in Kraft getreten waren, konnten über die Sondergerichtsurteile hinaus auch weitere Urteile korrigiert werden, die auf nationalsozialistischem Unrecht beruhten oder deren Vollstreckung bei Kriegsende schon erledigt war.

Neben den bremischen Gerichten waren Militärgerichte tätig. Ihnen war die Rechtsprechung in bestimmten Bereichen und gegen Militärs und Angehörige fremder Staaten vorbehalten. So wurden die Polen, die am 20. November 1945 den Hof Flothmeier im Niederblockland überfallen und zwölf Menschen ermordet hatten, von einem amerikanischen Militärgericht verurteilt – vier zum Tode, vier zu lebenslänglicher Haft, einer zu 40 Jahren Gefängnis (s. S. 286). Das Gericht tagte im Schwurgerichtssaal des Landgerichts. Die Kriegsverbrechen, die Deutsche im »Arbeitserziehungslager Bremen-Farge« an ausländischen Gefangenen begangen hatten, wurden 1947 von einem britischen Militärgericht in Hamburg verhandelt; sieben Angeklagte wurden zu Freiheitsstrafen verurteilt, sechs wurden freigesprochen.

Gerichtsverfassungsrechtliche Turbulenzen in der Enklave Bremen

Die amerikanische Enklave Bremen umfasste oldenburgische und preußische Gebiete und die dort belegenen Amtsgerichte, die zu den Bezirken der Oberlandesgerichte Oldenburg und Celle gehörten. Diese Amtsgerichte wurden teils von der Militärregierung, teils auf deren Weisung von Justizsenator Spitta wieder eröffnet. Am 4. September 1945 ordnete die Militärregierung die gerichtsverfassungsrechtlichen Verhältnisse in der Enklave so: Dem Landgericht Bremen wurden die bremischen Amtsgerichte Bremen und Blumenthal und die nicht-bremischen Amtsgerichte in Osterholz, Lilienthal, Brake und Elsfleth zugeordnet. Zugleich befahl die Militärregierung die Errichtung eines Landgerichts Wesermünde, dem sie die Amtsgerichte in Wesermünde, Dorum, Hagen und Nordenham zuwies. Justizsenator Spitta eröffnete dieses Landgericht am 1. September 1945. Dessen Leitung übernahm der aus Breslau zugezogene Rechtsanwalt Georg Heimann-Trosien.

Mit der Bildung der Enklave Bremen war die seit 1879 bestehende Zuordnung des

Neuaufbau im Justizwesen

Landgerichts Bremen zum Hanseatischen Oberlandesgericht in Hamburg unterbrochen: Hamburg lag in der britischen Besatzungszone. Überlegungen der Militärregierung, ein Oberlandesgericht in Bremen zu errichten, blieben ohne Folgen.

Die bremische Justiz unter britischer Verantwortung

Mit der Verkleinerung der Enklave im Dezember 1945 kehrten die oldenburgischen und preußischen Amtsgerichte zu ihren angestammten Land- und Oberlandesgerichten zurück. Die britische und die amerikanische Militärregierung kamen überein, mit Wirkung vom 5. Februar 1946 das Landgericht Bremen mit den Amtsgerichten Bremen und Blumenthal wieder dem Hanseatischen Oberlandesgericht in Hamburg zuzuordnen. Allerdings behielten sich die Amerikaner die Entnazifizierung der Richter vor. Das Landgericht Wesermünde wurde zum 15. März 1946 aufgehoben und das Amtsgericht Wesermünde kam zum Bezirk des Landgerichts Bremen mit der Folge, dass die zu dessen Bezirk gehörenden preußischen Gebiete gerichtsverfassungsrechtlich zu Bremen gehörten.

Für Senator Spitta bedeutete diese neue Zuordnung der bremischen Justiz einen Verlust von Aufgaben und Bedeutung. Denn von nun an war die britische Militärregierung für die bremische Justiz zuständig. Die Amerikaner stützten sich bei der Reorganisation der Rechtspflege in den von ihnen proklamierten Ländern Bayern, Hessen und Württemberg-Baden auf deutsche Justizminister und in der Enklave Bremen auf den Justizsenator. Anders die Briten: Sie stützten sich auf die Präsidenten der Oberlandesgerichte. Damit lag die Verantwortung für die bremische Rechtspflege beim Präsidenten des Hanseatischen Oberlandesgerichts in Hamburg, Wilhelm Kiesselbach, der gebürtiger Bremer und ein Vetter Spittas war. Kiesselbach hatte das Recht, Gesetze und Verordnungen für die Rechtspflege zu erlassen:

Die amerikanische Enklave in der britischen Besatzungszone vor ...

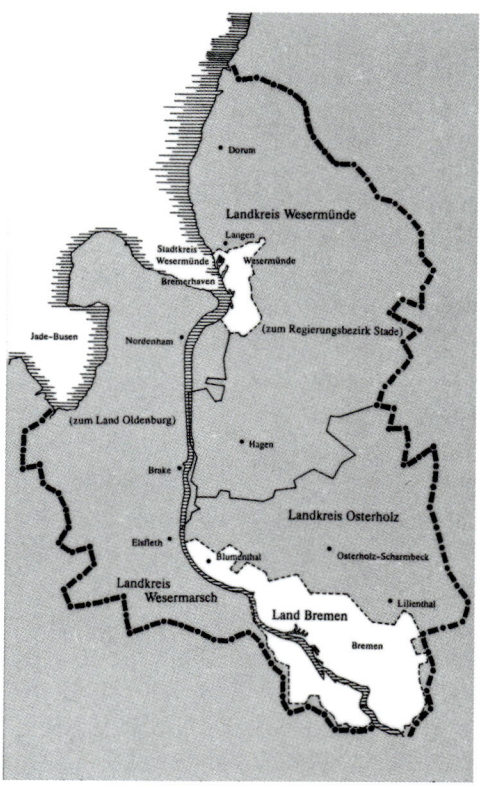

... und nach dem 10. Dezember 1945

Wilhelm Kiesselbach, Präsident des Hanseatischen Oberlandesgerichts in Hamburg

Mit der Aufnahme von Wesermünde in den bremischen Staatsverband wurde dessen bisher preußisch gewesenes Amtsgericht zum bremischen Amtsgericht Bremerhaven. Allerdings wurde sein Bezirk verkleinert. Er umfasste nur noch die Gebiete, die zum Land Bremen gekommen waren. Die niedersächsisch bleibenden Teile bildeten den Bezirk des neu gegründeten Amtsgerichts Langen.

Die Landesverfassung: Basis für eine neue Rechtspflege

Nach der Proklamation des Landes Bremen wuchs Theodor Spitta in seiner Eigenschaft als Verfassungssenator eine wichtige Funktion zu. Schon die Verfassung von 1920 hatte er geprägt. Jetzt, 1947, wurde er der maßgebliche Vertreter des Senats in der Verfassungsdeputation.

Auf die Entstehung der Artikel über die Rechtspflege hatte er allerdings weniger Einfluss. Hier schlugen sich eher die Vorschläge aus dem Entwurf der SPD nieder, der an die Neuerungen der modernsten deutschen Landesverfassung der Nachkriegszeit in Hessen

Sein Wirken als Gesetzgeber im Justizbereich hat im bremischen Gesetzblatt in der Zeit der Zuordnung des Landgerichts Bremen zu Hamburg deutliche Spuren hinterlassen. Allerdings blieb Spitta mit Billigung der Briten Justizsenator in Bremen.

Die bremische Justiz wieder unter amerikanischer Verantwortung

Am 29. Oktober 1946 kamen Briten und Amerikaner überein, die Enklave Bremen der US-Zone zuzuordnen und beschlossen, das Landgericht Bremen wieder aus dem Bezirk des Hanseatischen Oberlandesgerichts herauszulösen. Offiziell ging die Verwaltung der Justiz am 1. April 1947 auf Bremen über. Justizsenator Spitta wurde wieder verantwortlich für die bremische Justiz. Das Einführungsgesetz zur Strafrechtspflegeordnung 1946 vom 27. Juni 1947, das die in den übrigen Ländern der US-Zone bereits geltende Strafgerichtsverfassung und Strafprozessordnung in Bremen in Kraft setzte, trägt folgerichtig seine Unterschrift.

Verfassungsentwurf der SPD Bremen für das Land Bremen

SPD

Deckblatt des gehefteten Verfassungsentwurfs der Bremer SPD

Neuaufbau im Justizwesen

JUSTIZ

anknüpfte. Die Verfasser des SPD-Entwurfs Wilhelm Schmid, Annemarie und Werner Mevissen sowie Hans Warninghoff wollten die Rechtspflege in bewusster Abkehr vom eben durchlebten NS-Regime im Sinn der Demokratie organisieren. Sie wollten die Abkehr von einer Justiz, die sich nach 1918 von der Republik ferngehalten und sogar ihren Untergang befördert hatte und die nach 1933 eine Stütze des nationalsozialistischen Staates gewesen war. Die Reformer strebten ein neues Bild vom Richter an: Demokrat auf dem Richterstuhl sollte er sein. Nie wieder sollten Richter im Schutz ihrer Unabhängigkeit gegen den demokratischen Staat arbeiten und gesetzliches Unrecht zur Grundlage ihrer Urteile machen können.

So garantierte die bremische Verfassung den Richtern einerseits die Unabhängigkeit. Aber andererseits band sie die Rechtsprechung an die Gebote der Sittlichkeit und Menschlichkeit. Rechtsprechung war im Geist der Menschenrechte und der sozialen Gerechtigkeit auszuüben. Die bremische Tradition, Richter zu wählen, wurde beibehalten, aber aktualisiert: Der Richterwahlausschuss bekam die Vorgabe, nur solche Personen zu wählen, die nach ihrer Persönlichkeit und ihrer bisherigen juristischen Tätigkeit die Gewähr dafür boten,

ihr Richteramt im Geist der Menschenrechte und der sozialen Gerechtigkeit auszuüben. Erfüllte ein Richter nach seiner Berufung auf Lebenszeit diese Bedingungen nicht, so konnte er mittels Richteranklage vom Staatsgerichtshof aus seinem Amt entfernt werden. Gleiches galt für Richter, die vorsätzlich ihre Pflicht verletzten, das Recht zu finden, wenn dies zum Schutz der Verfassung gegen Missbrauch der richterlichen Gewalt erforderlich erschien.

Art. 139 der Landesverfassung errichtete den Staatsgerichtshof. Damit bekam Bremen zum ersten Mal in seiner Geschichte einen eigenen Verfassungsgerichtshof, der als Verfassungsorgan gleichrangig neben Bürgerschaft und Senat steht. Zu seinem Mitglied kann nur gewählt werden, wer die »Gewähr dafür bietet, dass er sich jederzeit für die demokratische Staatsform im Sinne der Landesverfassung der Freien Hansestadt Bremen einsetzen wird«. Am 10. November 1949 wurden seine von der Bürgerschaft gewählten Mitglieder in gemeinsamer Versammlung von Senat und Bürgerschaft in der Oberen Rathaushalle vereidigt. Zu ihrem Präsidenten wählten die Richter Professor Rudolph Laun. Damit war, in den Worten des Oberlandesgerichtspräsidenten Stutzer, der »Schluss-Stein im neuen demokratischen Staatsaufbau Bremens« gesetzt.

Vereidigung der Mitglieder des Staatsgerichtshofs Bremen, 24. April 1952

Die Realität der neuen Rechtspflege: Die neue Justiz ist personell die alte

Das neue Bild vom Richter als Demokraten auf dem Richterstuhl blieb in Bremen damals jedoch ein Ideal. Es fehlten Juristen, die es mit Leben erfüllten. Die in die Justizämter berufenen Rechtsanwälte waren so wenig Träger einer kritischen Auseinandersetzung mit der Rolle der Justiz seit 1918 und 1933 und einer darauf fußenden geistigen Erneuerung wie Richter und Staatsanwälte. In Bremen stellte sich die personelle Kontinuität des Justizpersonals ein, die für die Entwicklung in den westlichen Besatzungszonen kennzeichnend ist und die einer selbstkritischen Auseinandersetzung der Justizjuristen mit ihrer jüngsten Vergangenheit den Boden entzog.

Die westlichen Militärregierungen lehnten zunächst die Wiederverwendung einstiger Berufsrichter und Staatsanwälte ab, relativierten diese Haltung jedoch bald und gaben sie schließlich ganz auf. Als Senator Spitta am 25. September 1946 sechs Richter vereidigte, waren 17 von 49 Planstellen mit Ehemaligen besetzt. Der Senat berief sogar Richter und Staatsanwälte, die von 1940 bis 1945 am Sondergericht Bremen an Todesurteilen mitgewirkt hatten. Schon im Dezember 1945 hatten zwei dieser Richter nach der Bestätigung durch die Militärregierung ihren Dienst wieder aufgenommen. Die Mitwirkung am Sondergericht stand der weiteren Karriere nicht im Wege: Der ab 1950 amtierende Leiter der Staatsanwaltschaft bei dem Landgericht war als Staatsanwalt beim Sondergericht tätig gewesen – ebenso wie der im April 1953 in sein Amt eingeführte Präsident des Verwaltungsgerichtshofs. Ein ehemaliger Sonderrichter amtierte als ständiger Vertreter des Präsidenten des Landgerichts. Erich Zander, Staatsanwalt und Richter am Sondergericht war seit 1946 wieder Staatsanwalt und wurde später Landgerichtsdirektor. Er engagierte sich politisch in der CDU und wurde 1955 Justizsenator.

Lediglich besonders exponiert gewesene bremische Juristen kehrten nicht wieder: Der ehemalige Präsident des Landgerichts – er war in der NS-Bewegung stark engagiert gewesen – wurde im Juni 1945 aus dem Amt entlassen und blieb bis 1947 in Internierungshaft und wurde auch zum Räumen von Trümmern eingesetzt. Der ständige Vorsitzende des Sondergerichts wurde zunächst weiter beschäftigt, versah aber kein Richteramt, sondern bildete Referendare aus und kümmerte sich um die Gerichtsbücherei. Auf Anordnung der amerikanischen Denazifizierungs-Kommission wurde er im Juli 1946 entlassen. Keine Chance auf Wiedereinstellung hatten ein Richter des Sondergerichts, der 1944 mit einer besonders auffälligen Publikation über Richter

des Dritten Reiches hervorgetreten war, oder der ehemalige Leiter der Anklagebehörde des Sondergerichts. Einige der belasteten Juristen wechselten zeitweise den Beruf oder wurden später pensioniert. Einer trat in die bremische Innenverwaltung ein, einer wurde Rechtsanwalt, zwei fanden Aufnahme im Justizdienst anderer Länder.

Das »neue« Justizpersonal rekrutierte sich in Bremen wie in den anderen Ländern der westlichen Besatzungszonen auch aus Juristen, die aus den östlichen Gebieten Deutschlands oder aus der sowjetischen Besatzungszone zugezogen waren. Ehemalige Kriegsrichter strebten nach einer Stellung in der westdeutschen Justiz. So kamen am Amtsgericht Bremen unter: ein gewesener Oberfeldrichter, ein Richter des Sondergerichts Bromberg und ein früherer Staatsanwalt, der im »Generalgouvernement« bei einer »Deutschen Staatsanwaltschaft« gewirkt hatte. In Bremerhaven judizierte ein Richter, der beim Sondergericht Elbing tätig gewesen war. Aus Berlin kamen drei einstige Staatsanwälte, die bald Erste Staatsanwälte wurden. Noch 1959 wurde ein früherer Hilfsstaatsanwalt des Volksgerichtshofes in Bremen als Staatsanwalt angestellt. Am 1947 errichteten Oberlandesgericht waren zu Beginn der 1950er Jahre ein ehemaliger Kriegsgerichtsrat, ein einstiger Richter des Berliner Kammergerichts und ein früherer Richter des Oberlandesgerichts Naumburg tätig; allein vier seiner »neuen« Richter waren bis 1945 am Oberlandesgericht Danzig aktiv gewesen.

Apologetisches Selbstverständnis: Die Justiz als Opfer des NS-Staates

Die wieder zugelassenen Richter und Staatsanwälte waren durchweg zu einer kritischen Auseinandersetzung mit ihrer Vergangenheit nicht bereit – in Bremen so wenig wie andernorts in den Ländern der westlichen Zonen. Sie hingen der seit 1945 völlig herrschenden Meinung an, die Justiz sei eines der Opfer des Nationalsozialismus gewesen, getäuscht, miss-

Neuaufbau im Justizwesen

braucht und mehrheitlich bestrebt, Schlimmeres zu verhüten, und nur hier und da mochten Einzelne die Pflicht versäumt haben, dem Rechte zu dienen. Hitler, so war ihr Konsens, habe die Justiz wegen ihrer bekannten Distanz zum Nationalsozialismus geradezu gehasst. Sie meinten, ihre Pflicht getan zu haben. Ehemalige Richter des Sondergerichts Bremen legten der Militärregierung in einem Bericht vom August 1945 dar, das Gericht habe seine »Aufgabe, während des Krieges auf dem ihm über-

vor einem amerikanischen Militärtribunal in Nürnberg geführten »Juristenprozesses« gegen führende und weniger führende Juristen des Dritten Reiches. Unter den Verurteilten war auch der einstige Präsident des Hanseatischen Oberlandesgerichts in Hamburg, Kurt Rothenberger. Das Gericht verhängte Freiheitsstrafen und arbeitete in seinem Urteil den Beitrag der Justiz zum NS-System deutlich heraus. Die deutsche juristische Fachwelt blieb bei ihren Meinungen über ihr Tun und Lassen vor 1945.

Amerikanische Armeefahrzeuge auf der Domsheide vor dem Gerichtshaus. Unter der oberen Fensterreihe sind gut die zehn hellen Felder zu erkennen, in denen bis 1936 die zehn Gebote zu lesen waren. Im September 1945 wurden sie wieder freigelegt

tragenen Arbeitsgebiete für Ordnung zu sorgen und das schwere Verbrechertum nieder zu halten, nach Möglichkeit zu erfüllen gesucht«. Die Meinungen bremischer Verfassungsschöpfer über die Rolle der Justiz nach 1918 und nach 1933 teilten sie nicht. Sie blieben wie ihre Kollegen in den westlichen Besatzungszonen unbeeindruckt von den Ergebnissen des 1947

Der bremische Senat wiederum unternahm keine Anstrengungen, auf einen Bewusstseinswandel unter Bremens Justizjuristen hinzuwirken.

Kurz: Die Vorgaben für eine neue Rechtspflege haben das Selbstverständnis der Justizjuristen nicht geprägt. Die Rechtspflegeartikel der bremischen Landesverfassung gerieten in

Vergessenheit. Hinzu kam, dass der Parlamentarische Rat den justizkritischen Impetus der Verfassungen von Hessen und Bremen 1949 nur noch rudimentär in das Grundgesetz übernahm und einige hessische und bremische Neuerungen sogar entschärfte. Schon der vom Verfassungskonvent von Herrenchiemsee 1948 erarbeitete Entwurf für eine westdeutsche Verfassung hatte Richterwahl oder Richteranklage nicht mehr vorgesehen – obwohl Senator Spitta Mitglied des Konvents gewesen war.

Die Gründung des Hanseatischen Oberlandesgerichts in Bremen 1947

Mit der Proklamation der Freien Hansestadt Bremen als Land der US-Zone war der Zuordnung des Landgerichtsbezirks Bremen zum Hanseatischen Oberlandesgericht in Hamburg in der britischen Zone endgültig der Boden entzogen. Gleichwohl wollten bremische Justizjuristen, Rechtsanwälte und Vertreter der Handelskammer an die Tradition des gemeinsamen Oberlandesgerichts der Hansestädte anknüpfen und Senator Spitta unterstützte dies. Anders die Militärregierung: Nach ihrer Meinung konnte ein Gericht in einem Land der US-Zone nicht einem Obergericht in der britischen Zone zugeordnet werden. So errichtete Bremen am 30. Mai 1947 mit der Abneigung ausdrückenden Formel »gemäß Anweisung und Ermächtigung der Militärregierung« ein eigenes Oberlandesgericht unter dem Namen »Hanseatisches Oberlandesgericht in Bremen«. Am 15. Juli 1947 wurde es im Schwurgerichtssaal feierlich eröffnet. Es gab einen Zivil- und einen Strafsenat. Erster Präsident wurde Rechtsanwalt Hellmuth Stutzer. Keiner der sechs Richter der Erstbesetzung hatte richterliche Erfahrungen an einem Oberlandesgericht gesammelt, was Kritiker befürchten ließ, solche Richter könnten der Rechtsprechung des Gerichts nicht das erforderliche hohe Niveau verschaffen und man sollte sich doch besser an Hamburg anschließen. Erster Generalstaatsanwalt wurde Rechtsanwalt Heino

Hellmuth Stutzer

* 23.1.1890, Berlin
† 17.11.1961, Bremen

Nach vier Jahren Militärdienst während des Ersten Weltkriegs wurde Stutzer 1918 Referendar in Bremen. Seit 1923 war er Rechtsanwalt und später Notar, auch Syndikus des Vereins der Bremer Spediteure. 1945 wurde er zum Richter des Amtsgerichts berufen – neben seiner Tätigkeit als Rechtsanwalt und Notar. 1947 beauftragte der Senat ihn zunächst kommissarisch mit den Aufgaben eines Präsidenten des Hanseatischen Oberlandesgerichts, formell zum Präsidenten ernannt wurde er am 1. November 1947. Von 1949 bis 1955 war Stutzer kraft Amtes Mitglied und kraft Wahl stellvertretender Präsident des Staatsgerichtshofs der Freien Hansestadt Bremen. Ende Januar 1955 trat er in den Ruhestand.

Bollinger, der seit 1945 die Staatsanwaltschaft bei dem Landgericht geleitet hatte und diese Funktion beibehielt.

Mit der Errichtung eines Oberlandesgerichts in Bremen war auch der Wunsch der bremischen Rechtsanwälte hinfällig, sich weiterhin in der beim Hanseatischen Oberlandesgericht in Hamburg gebildeten Rechtsanwaltskammer zu organisieren. Seit 1950 bilden die im Bezirk des Oberlandesgerichts in Bremen zugelassenen Rechtsanwälte die Hanseatische Rechtsanwaltskammer in Bremen. Die Reichsnotarordnung hatte die Notare des Oberlandesgerichtsbezirks in einer Notarkammer zusammengeschlossen. Mit der Gründung des Hanseatischen Oberlandesgerichts in Bremen bildeten die bremischen Notare auf der Basis der Reichsnotarordnung die Bremer Notarkammer.

Neuaufbau im Justizwesen

Die Trennung von Hamburg wirkte sich auch auf die Ausbildung des Nachwuchses aus. Seit 1879 hatten bremische Rechtsreferendare die Große Juristische Staatsprüfung bei dem gemeinsamen Prüfungsamt der drei Hansestädte Hamburg, Bremen und Lübeck abgelegt, das beim Hanseatischen Oberlandesgericht in Hamburg errichtet war. Dem war jetzt der Boden entzogen. Aber die Tradition wirkte weiter. Das Land Schleswig-Holstein und die beiden verbliebenen Freien Hansestädte Hamburg und Bremen einigten sich Anfang 1950 auf die Errichtung eines Gemeinsamen Prüfungsamtes in Hamburg und die Prüfungsordnung für die Große Juristische Staatsprüfung. Das Gemeinsame Prüfungsamt besteht bis heute.

Verhandlungen mit Hamburg über ein gemeinsames Oberlandesgericht

Die Idee eines gemeinsam mit Hamburg getragenen Hanseatischen Oberlandesgerichts blieb freilich noch lange virulent. Am 27. Oktober 1953 stimmte der Senat sogar dem von Senator Spitta vorgelegten Entwurf eines entsprechenden Staatsvertrags mit Hamburg zu. Spitta hatte bei seinen Verhandlungen mit Hamburg die Unterstützung der Fachwelt Bremens. Einzig die Richter des Oberlandesgerichts widerzig die Richter des Oberlandesgerichts wider-

Hof und Gebäude der Strafanstalt Oslebshausen, um 1955

sprachen – vor allem dem Argument, das Gericht sei zu klein und werde auf Dauer den Standard der Rechtsprechung der anderen Oberlandesgerichte nicht erreichen. Damit tat man den Richtern in der Tat Unrecht. Denn längst waren Männer mit obergerichtlicher Erfahrung berufen worden, allen voran vier Danziger Richter und unter diesen wiederum der 1951 nach Bremen gezogene Kurt Bode, der als Danzigs bester Jurist gegolten hatte und dort ab 1938 Vizepräsident des Oberlandesgerichts und seit 1942 Generalstaatsanwalt gewesen war.

Doch deren Einwände halfen nichts. Die vakante Stelle des Präsidenten wurde 1955 mit Blick auf die kommende Fusion mit Hamburg nicht mehr besetzt. Allerdings war es Theodor Spitta nicht vergönnt, das Vorhaben bis zu seinem Ausscheiden aus dem Senat am 27. Dezember 1955 zu Ende zu bringen.

Der Strafvollzug

Der Strafvollzug war seit der als »Verreichlichung der Justiz« bezeichneten Übertragung der Rechtspflege auf das Reich im Jahr 1935 Angelegenheit des Reiches gewesen. Mit dem Beginn der Besatzungsherrschaft war Strafvollzug wieder Angelegenheit Bremens. Praktisch bedeutete dies, dass in Bremen verurteilte Straftäter ihre Strafen nicht mehr wie bisher in Anstalten außerhalb Bremens verbüßen konnten. Kooperation im Strafvollzug über die Landesgrenze hinweg blieb gleichwohl erwünscht und wurde in der ersten Nachkriegszeit auch noch in geringem Umfang praktiziert. Später wurde die Kooperation auf neue Grundlagen gestellt. Im Mai 1952 schlossen Hamburg und Bremen eine rückwirkend zum 1. April 1951 in Kraft gesetzte Verwaltungsvereinbarung zum Strafvollzug. Sie verfolgte ein doppeltes Ziel: Die Anstalten beider Länder sollten besser ausgenutzt und die Kosten vermindert werden. Zudem beschwor die Vereinbarung den »fortschrittlichen Strafvollzug«, eine Voraussetzung sei eine »möglichst weitgehende Trennung der

Harry Rohwer-Kahlmann

* 13.9.1908, Halle/Saale
† 27.9.1992, Bremen

Rohwer-Kahlmann wurde 1950 Justitiar und Referent beim Senator für Arbeit und Wohlfahrt. Von 1954 bis 1973 hatte er das Amt des Präsidenten des Landessozialgerichts Bremen inne. Durch seine umfangreiche wissenschaftliche Tätigkeit und Mitarbeit an der Gesetzgebung des Bundes zur Fortentwicklung des Sozialrechts wurde Rohwer-Kahlmann überregional bekannt. 1956 gründete er die »Zeitschrift für Sozialreform«. Er engagierte sich auch in der Lehre und wurde 1969 von der Universität Kiel zum Honorarprofessor ernannt. Von 1969 bis 1979 war er Präsident des Staatsgerichtshofs der Freien Hansestadt Bremen.

Contrescarpe 8b/c, in den 1950er Jahren Sitz des Sozialgerichts und des Oberlandesgerichts

Gefangenen nach Vollzugsarten, Vorleben, Alter und Geschlecht«. Zuchthausstrafen und Sicherungsverwahrung für Verurteilte beiderlei Geschlechts sowie Gefängnisstrafen über drei Monate Dauer an Frauen, die von bremischen Gerichten verhängt waren, sollten in Hamburg vollzogen werden. Dafür sollte Bremen die von hamburgischen Gerichten verhängten Strafen von zwei Jahren und darüber gegen männliche »nicht gestrauchelte Gefangene« vollziehen. Bremen sollte das Zentralkrankenhaus der Gefängnisbehörde in Hamburg nutzen können. Die so begründete »Vollzugsgemeinschaft« bestand bis 1988.

Auch auf anderen Feldern suchte Bremen die Kooperation mit den Nachbarn. 1950 wies ein Staatsvertrag mit Hamburg und Schleswig-Holstein Patentstreitsachen dem Landgericht Hamburg zu. Seit 1955 war die niedersächsische Sozialgerichtsbarkeit für gewisse mit dem Bergbau in Zusammenhang stehende Knapp-

schafts- und Unfallversicherungssachen aus Bremen zuständig.

Die Fachgerichtsbarkeiten

Unmittelbar vor der Zuordnung der bremischen Justiz zum britischen Verantwortungsbereich hatte das bremische Gesetz über die Verwaltungsgerichtsbarkeit vom 1. Februar 1946 ein Verwaltungsgericht errichtet. Das Oberverwaltungsgericht wurde nach dem Ende der Zuständigkeit Kiesselbachs durch Gesetz vom 5. August 1947 ins Leben gerufen. Im November 1945 war Reinhard Appel Präsident des Verwaltungsgerichts geworden und wurde im Oktober 1947 Präsident des Verwaltungsgerichtshofs. Die Arbeitsgerichtsbarkeit war bereits 1946 durch das Kontrollratsgesetz Nr. 21 am 30. März 1946 aus der ordentlichen Gerichtsbarkeit herausgelöst worden. Die Ar-

Neuaufbau im Justizwesen

Sitz des Verwaltungs- und Oberverwaltungsgerichts am Altenwall 6

beitsgerichte in Bremen und Wesermünde und das Landesarbeitsgericht Bremen hatten am 20. August 1946 ihre Tätigkeit begonnen. Das Gesetz über die Arbeitsgerichtsbarkeit vom 18. Dezember 1953 stellte die Tätigkeit dieser Gerichte auf eine bremische Rechtsgrundlage. Erster Präsident des Landesarbeitsgerichts wurde Hans Galperin. Die Errichtung der übrigen seit 1949 im Grundgesetz vorgegebenen Fachgerichtsbarkeiten ließ auf sich warten: Seit dem 1. Januar 1954 hat das Land Bremen ein Sozialgericht und ein Landessozialgericht mit Harry Rohwer-Kahlmann als erstem Präsidenten. Das Finanzgericht nahm seine Arbeit am 1. April 1948 wieder auf. Erst zehn Jahre später, am 1. Januar 1958 stellte das bremische Gesetz über die Finanzgerichtsbarkeit vom 21. Dezember 1957 das Finanzgericht auf eine neue ge-

Hans Galperin

* 15.12.1900, Bachmut/Kirgisien

† 19.12.1994, Bremen

Nach dem Studium in München und Göttingen wurde Galperin 1923 Referendar in Bremen, 1926 Rechtsanwalt und bis 1930 Hilfsrichter am Landgericht. Von 1939 bis 1945 war er Soldat, bevor er 1945 wieder als Hilfsrichter an das Landgericht Bremen zurückkehrte und 1946 zum Richter am Landesarbeitsgericht gewählt wurde. Von 1953 an war er dessen Präsident. Als Honorarprofessor an der Hochschule in Wilhelmshaven lehrte er nach deren Vereinigung mit der Universität Göttingen dort. Galperin war ein anerkannter Richter und Kenner und Lehrer des Arbeitsrechts. Er trat mit zahlreichen Publikationen hervor. 1953 wurde er zum Richter des Bundesarbeitsgerichts gewählt, entschied sich aber dafür, in Bremen zu bleiben. 1965 ging er in den Ruhestand.

setzliche Grundlage und machte es zu einem unabhängigen Gericht. Erster Präsident wurde Regierungsdirektor Hans Timm. Damit war der Aufbau der Fachgerichte abgeschlossen. Diese Fachgerichte unterstanden nicht der Aufsicht des Justizsenators, sondern waren den jeweiligen Fachressorts zugeordnet.

Einschränkungen der Rechtspflege fallen

Der Wiederbeginn war angesichts der Verhältnisse der Jahre bis 1949 schwierig gewesen. Aber es ging voran. Nach und nach fielen die Beschränkungen, die in den Jahren des Krieges verfügt worden waren. Die Rechtsmittel der Revision und Berufung wurden wieder etabliert, die Beschränkungen bei der Besetzung der Richterbänke fielen, in den Schwurgerichten und Schöffengerichten wirkten seit 1948 wieder Laienrichter mit. Die Strafjustiz schritt den ganzen Kreis des Strafgesetzbuchs aus. Sie hat bis zur Abschaffung der Todesstrafe in Artikel 102 des Grundgesetzes im Mai 1949 in Mordsachen auch Todesurteile gefällt. Keines davon wurde vollstreckt.

Gleichwohl hat der Justizsenator 1948 die Frage geprüft, ob Bremen einen Scharfrichter bestellen sollte. Hessen hatte vorgeschlagen, die Länder der US-Zone sollten wie Niedersachsen und Nordrhein-Westfalen den Scharfrichter Hehr aus Hannover – er hatte bis 1945 zahllose Todesurteile vollstreckt – beauftragen und sich die Kosten teilen. Der Justizsenator war geneigt, so vorzugehen, wenn auch der Generalstaatsanwalt darauf verwies, in Bremen hätten in den letzten 100 Jahren lediglich zwei Hinrichtungen stattgefunden. Auf das Land wären jährlich Kosten von 300 Mark zugekommen, zahlbar in zwei Raten an die Gerichtskasse Hannover. Abgeschlossen wurde die Vereinbarung nicht: Die Alliierten hatten Bremen für den Fall der Fälle Hilfe angeboten und außerdem meinte man beim Justizsenator, die Frage der Bestellung von Scharfrichtern werde nach der absehbaren Gründung des westdeutschen Staatenbundes neu geregelt werden. So kam es. Das Grundgesetz für die Bundesrepublik Deutschland vom 23. Mai 1949 schaffte die Todesstrafe ab.

Verfahren wegen NS-Verbrechen

Bremens Justiz hatte sich mit Straftaten aus der NS-Zeit zu beschäftigen. Eine Statistik der rechtskräftig abgeschlossenen Verfahren weist aus: In der Zeit vom 8. Mai 1945 bis 1. Januar 1964 wurden in Bremen deswegen 113 Personen angeklagt. 62 Personen wurden verurteilt, 34 Angeklagte freigesprochen, in 13 Fällen wurde das Verfahren durch gerichtliche Entscheidung eingestellt und in drei Fällen lehnte das Gericht die Eröffnung des Hauptverfahrens bzw. die Anordnung der Hauptverhandlung ab. Acht Personen kamen in den Genuss einer Amnestie und in einem Fall wurde das Verfahren auf andere Weise erledigt. Vier Angeklagte wurden wegen Mordes verurteilt und acht wegen Totschlags, 50 wegen sonstiger strafbarer Handlungen. Einmal wurde lebenslange Zuchthausstrafe verhängt und 61 Mal zeitige Freiheitsstrafe.

Einer Zusammenstellung der Generalstaatsanwaltschaft aus dem Jahr 1965 lassen sich Einzelheiten zu diesen Verfahren entnehmen. Wegen Verbrechen an politischen Gegnern nach der »Machtergreifung« 1933 verurteilte das Landgericht im November 1948 vier Männer zu Zuchthausstrafen zwischen fünf und zwölf Jahren; sie hatten sich bei schweren Ausschreitungen gegen politische Gegner in Bremerhaven der Aussageerpressung und Körperverletzung im Amt schuldig gemacht. 1951 mussten sich der frühere SS-Sturmbannführer und bremische Staatsrat Otto Löblich und 13 weitere Angeklagte wegen Misshandlung von Häftlingen im »Schutzhaftlager Missler« verantworten. Das Verfahren gegen Löblich wurde wegen Verjährung eingestellt. Fünf Angeklagte wurden freigesprochen, vier Verfahren wurden nach dem Straffreiheitsgesetz 1949 eingestellt, neun Angeklagte wurden verurteilt. Gegen Otto Löblich wurde 1952 weiter unter anderem wegen der Tötung des Reichsbannermitglieds Johannes Lücke am 1. März 1933 in Walle verhandelt. Das Urteil: Sechs Jahre Zuchthaus wegen gemeinschaftlich begangenen Totschlags und versuchten Totschlags in zwei Fällen sowie wegen schweren Landfriedensbruchs. Eine Revision Löblichs verwarf der Bundesgerichtshof. Der Senat lehnte drei Gnadengesuche ab. Am 27. Dezember 1954 wurde Löblich nach Verbüßung von zwei Dritteln der Strafe wegen guter Führung entlassen.

Wegen Aussageerpressung verurteilte das Landgericht im April 1950 einen früheren Gestapo-Mann zu fünf Jahren Zuchthaus.

Aus den Verfahren, die im Zusammenhang mit der Pogromnacht vom 9. November 1938 geführt wurden, ragt der Prozess gegen die Brüder Behring wegen Mordes an Heinrich Rosenblum heraus. Der Staatsanwalt forderte lebenslänglich Zuchthaus wegen Mordes. Das Gericht erkannte auf sechs und acht Jahre Zuchthaus – wegen Totschlags. Die Angeklagten hätten nicht aus Überlegung getötet, vielmehr habe der Tötungsbefehl bei ihnen eine innere Erstarrung und Versteinerung hervorgerufen. Das Urteil löste einen Proteststurm aus. Man verlangte die Absetzung der Richter und kritisierte, ein ehemaliger Kriegsgerichts-

Verfahren wegen NS-Verbrechen

rat habe den Vorsitz geführt, wie einer seiner Beisitzer sei er Parteigenosse gewesen und das Gericht habe zugunsten der Gesinnungsfreunde geurteilt. Die Militärregierung sprach von einem Fehlurteil. Der Senat wollte dem Protest der bremischen Bevölkerung gegen das Urteil nicht entgegentreten. Die Bürgerschaft ersuchte am 8. Mai 1947 den Senat einstimmig, sofort in eine Prüfung und Umgestaltung des gesamten Justizwesens einzutreten, damit die Rechtsprechung sich im Sinne der neu entstehenden Republik bewege und die allgemein anerkannten Menschenrechte zur Geltung kommen. Der Abgeordnete Hollmann (FDP) zog in der Debatte die Linie zu den damals laufenden Beratungen über die neue Landesverfassung und verlangte, »dass endlich dieses ewig in der Rückständigkeit beharrende Justizwesen einer Reform unterzogen wird [...]. Es hat gar keinen Sinn, uns über eine Verfassung zu unterhalten, wenn das reaktionäre Instrument der Vergangenheit, nämlich die Justiz, nicht endlich in ein fortschrittliches verwandelt wird.« Am 9. Mai 1947 äußerte sich der Protest in einer Kundgebung auf dem Domshof gegen das Urteil und in einer fünfminütigen Verkehrs- und Arbeitsruhe, an der sich 50.000 Menschen beteiligten.

Das Oberlandesgericht hob das Urteil auf Revision der Staatsanwaltschaft am 18. September 1947 auf. Die neue Verhandlung fand vor dem Schwurgericht statt, an dem jetzt wieder Laienrichter als Geschworene mitwirkten. Am 16. September 1948 wurden die Brüder zu acht und zwölf Jahren Zuchthaus verurteilt – wieder wegen Totschlags, da Mordmerkmale nicht vorlägen: Heimtücke sei zu verneinen, denn die Täter hätten den Tötungsbefehl für das Opfer unmerklich ausführen wollen, und grausam sei die Tat nicht gewesen, weil die verwendete Pistole zur Tötung geeignet gewesen sei und den Tod tatsächlich sogleich herbeigeführt habe. Diesmal blieb der Protest aus. Der Senat begnadigte die Brüder 1951.

In einem zweiten Verfahren ging es um die Morde an dem Ehepaar Goldberg und an Leopold Sinasohn. Das Landgericht verurteilte am 11. Februar 1948 den Hauptangeklagten Köster zu lebenslangem Zuchthaus, in acht Fällen verhängte es Strafen zwischen zwei Jah-

Angeklagte im Strafprozess wegen Mordes am Ehepaar Goldberg während der Pogromnacht des 9. November 1938 vor dem Landgericht Bremen. Ganz rechts in der Bank der Hauptangeklagte Fritz Köster ...

ren und sechs Monaten Gefängnis und 15 Jahren Zuchthaus. In zehn Fällen sprach es überwiegend mangels Beweises frei. Das Oberlandesgericht hob drei Urteile im Strafmaß auf. In der neuen Verhandlung erkannte das Landgericht am 9. Mai 1949 auf 15 Jahre Zuchthaus gegen Köster und zehn Jahre und vier Jahre gegen zwei Mitangeklagte.

Im März 1948 verurteilte das Landgericht zwei Angeklagte wegen der Brandstiftung in der Synagoge in Bremerhaven und wegen Plünderung jüdischer Geschäfte zu Zuchthausstrafen von fünf Jahren und sechs Jahren vier Monaten. Im Mai 1949 mussten sich der einstige Obersturmbannführer Ernst Röschmann und der ehemalige Bürgermeister von Aumund, Heinrich Hillmann, wegen ihrer Beteiligung an der Brandstiftung vom 10. November 1938 in der Synagoge von Aumund verantworten. Das Schwurgericht sprach sie frei, Rechtsmittel der Staatsanwaltschaft blieben erfolglos.

Acht Ermittlungsverfahren wegen Euthanasie-Verbrechen stellte die Staatsanwaltschaft 1948 ein, da ein Schuldnachweis nicht zu erbringen war. Eingestellt wurde 1946 ein Verfahren gegen einen Denunzianten. Seit 1949 lief ein Ermittlungsverfahren gegen zwei Deutsche, die beschuldigt waren, im Barackenlager der Firma Focke-Wulf an der Neuenlander Straße einen ukrainischen Häftling getötet zu haben; das Gericht setzte sie 1952 »außer Verfolgung«. 1950 wurde ein Angeklagter wegen Totschlags zu sechs Jahren Zuchthaus verurteilt, der in der Endphase des Krieges einen deutschen Soldaten ohne Urteil hatte erschießen lassen; zwei Mitangeklagte wurden freigesprochen oder amnestiert. Wegen seiner Beteiligung an der Ermordung von Juden im Bereich des Kommandos der Sicherheitspolizei in Lemberg im Jahr 1941 wurde Fritz Hildebrand im Mai 1953 wegen Beihilfe zum Mord in vier Fällen und wegen Totschlags in einem Fall zu acht Jahren Zuchthaus verurteilt. Im November des gleichen Jahres verurteilte das Landgericht drei Angeklagte wegen Mordes, versuchten Mordes und Totschlags, begangen an jüdischen Häftlingen in dem Lager Golleschau (einem Nebenlager des Konzentrationslagers Auschwitz) zu Strafen zwischen lebenslangem und sechs Jahren Zuchthaus.

... weitere Angeklagte sitzen auf der Bank gegenüber. Fotos der Verhandlung, Februar 1948

WIRTSCHAFT 1945 – 1950

Karl Marten Barfuß

Die frühen Nachkriegsjahre

Weichenstellungen des Aufschwungs

Entwicklung in der Industrie

Entwicklung im Außenhandel

Die frühen Nachkriegsjahre

1945: »Stunde null«?

Als eine »Gespensterstadt, bevölkert von Gestalten aus dem Schattenreich« beschrieb Wilhelm Kaisen im Rückblick das Bild Bremens direkt nach dem Krieg: Der größte Teil der Wohnungen war zerstört, die Produktion ihrer Ressourcen beraubt, die Verkehrswege zerbombt, die Menschen von Hunger und Krankheit gezeichnet und demoralisiert. Viele sahen sich um das Werk von Generationen gebracht und glaubten, dass, wenn er überhaupt möglich wäre, der Wiederaufbau Jahrzehnte dauern würde. Und doch: Bereits zehn Jahre nach Kriegsende hatten wirtschaftliche Leistungsfähigkeit und Lebensstandard den Vorkriegsstand überschritten. Was waren die Ursachen und Voraussetzungen dieses »Wirtschaftswunders«? Ist sein Beginn erst mit dem Jahr 1948 anzusetzen, in dem mit Währungsreform, Marshallplan und neuen wirtschaftspolitischen Weichenstellungen eine grundsätzliche Neuorientierung erfolgte? Basierte der Aufschwung auch auf darüber hinausgehenden tieferen Ursachen, die nationalsozialistische Diktatur und Krieg überdauert hatten und in der sozialen und kulturellen Tradition Deutschlands wurzelten? Hatte die Kriegswirtschaft gar selbst ihren Anteil am Aufschwung nach dem Krieg? Die neuere Wirtschaftsgeschichte gelangt zu Einschätzungen, die das Argument der »Stunde null« widerlegen, indem sie langfristige Entwicklungslinien und deren Rahmenbedingungen in den Mittelpunkt rückt. Was für Deutschland gilt, hat in spezifischer Weise auch Gültigkeit für die wirtschaftliche Entwicklung Bremens.

Demontagen und Reparationen in Bremen

Bei den Siegermächten bestand Einigkeit darin, dass Deutschland für die Kosten und Folgen des Krieges aufkommen sollte. Standen unter dem Eindruck der deutschen Verbrechen anfänglich Pläne im Vordergrund, die auf eine weitgehende Deindustrialisierung Deutschlands hinausliefen (»Morgenthau-Plan«), wurden diese Absichten bereits im Potsdamer Abkommen vom 2. August 1945 teilweise revidiert. Der hierauf beruhende erste »Industrieplan« des Kontrollrats ließ Deutschland insgesamt eine Kapazität von etwa 70 bis 75 Prozent des Vorkriegsstandes von 1936 und legte für eine Reihe wichtiger Wirtschaftszweige Produktionshöchstmengen fest. 1947 wurde der erste Industrieplan durch einen neuen Plan ersetzt, der die Auflagen des Vorgängerplans lockerte und vor allem eine Revision der Demontagelisten bewirkte. Der Grund dafür waren negative Erfahrungen mit den Demontagen (u.a. wachsende Proteste in Deutschland, vor allem der Belegschaften der betroffenen Betriebe, und unverhältnismäßiger Aufwand bei den Demontagearbeiten und dem Transport der demontierten Güter, die ihren Zielort häufig nur als Schrott erreichten) sowie die Bemühungen um Reintegration Deutschlands in die Weltwirtschaft vor dem Hintergrund des beginnenden Kalten Krieges.

Bremen war mit seinen rüstungslastigen Betrieben im Bereich des Schiff-, Fahrzeug- und Flugzeugbaus von den Demontagen besonders schwer betroffen. Auf der endgültigen Demontageliste von 1947 standen sieben bedeutende

Unbenutzbar, unbefahrbar – Blick vom Weserbahnhof in Richtung Stadtmitte im August 1945. Links die Stephanikirche

Linke Seite:
Blick über die Bahnhofsvorstadt und die 1949 in Betrieb genommene Trümmerverwertungsanlage. Darüber die Ruine der St. Michaelis-Kirche

Die frühen Nachkriegsjahre

Das durch Bombentreffer havarierte Dock V der A.G. »Weser« mit einem auf die Seite geschlagenen U-Boot vom Typ XXI im Jahr 1945

bremische Betriebe: Focke-Wulf Flugzeugbau GmbH (Flugzeug-Fahrgestelle), Weser-Flugzeugbau GmbH, Werk Farge (Flugzeugteile), Theodor Klatte, Huchting (Flugzeugbau), Carl F. Borgward, Auto- und Motorenwerke (Teilefabrik für Torpedos), Norddeutsche Hütte AG (Werke zur Gewinnung von Koks, Roheisen, Ferro-Nickel usw.), Dampf-Kraftwerk Hastedt und Deutsche Schiff- und Maschinenbau AG, Werk A.G. »Weser« (Schiffswerft). Die ursprünglich vorgesehene Demontage einiger weiterer Betriebe wurde aufgegeben, nicht zuletzt wegen des hohen Zerstörungsgrades und des geschickten und beharrlichen Widerstands der Beschäftigten sowie des Senats und ihrer Eingaben bei der Militärregierung.

Die für Bremen härteste Maßnahme war zweifellos die Demontage der A.G. »Weser«. Hier hatten bislang Tausende Bremer ihren Lebensunterhalt verdient. Die Bewohner der Stadt fühlten sich dem Unternehmen nicht nur aufgrund seiner wirtschaftlichen Bedeutung, sondern auch wegen aufsehenerregender

Neubauten wie des Schnelldampfers »Bremen« (1927–29) verbunden und identifizierten sich mit seiner Entwicklung. Das Demontagegut wurde zum größten Teil der Sowjetunion zugesprochen. Weder der Hinweis an die Sowjetunion auf die traditionell sozialistische Gesinnung der Belegschaft noch das Argument an die Adresse der USA, der Erhalt der Werft und ihrer Docks diene der Vermeidung der Weserversandung und damit dem Eigeninteresse der Amerikaner und ihrer Schifffahrtslinien, konnte die Alliierten umstimmen. Bereits im Oktober 1945 wurde ungeachtet wieder angelaufener ziviler Produktion der vollständige Abbruch der Werft angeordnet. Insgesamt wurden 3600 Maschinen an die Sowjetunion geliefert; ausgenommen blieben die Gebäude sowie Maschinen mit einem Zerstörungsgrad von mehr als 25 Prozent, ein Großteil der Werkzeuge und das noch in den Magazinen vorhandene Material. Etwa 1500 Arbeiter mussten die Werftanlagen zerlegen und in Kisten verpacken, wobei die Sowjetunion als

Helling V der A.G. »Weser« nach der zweiten Sprengung am 4. März 1948. Kurz darauf begutachten Mitglieder der sowjetischen Demontage-Kommission das Gelände

Reparationsgläubigerin auf eine Beschleunigung der Demontagearbeiten durch Verlängerung der Wochenarbeitszeit drängte. Als im Dezember 1946 der letzte russische Dampfer mit Bremer Reparationsgütern auslief, hinterließ er eine zutiefst deprimierte Belegschaft. Mit der Demontage hatten die Beschäftigten faktisch ihre eigenen Arbeitsplätze vernichten müssen. Wut und Enttäuschung erreichten im März 1948 mit der spektakulären Sprengung der Hochhelling, auf deren Demontage die Sowjetunion wegen des hohen Aufwands zwar verzichtet, auf deren vollständiger Zerstörung sie jedoch bestanden hatte, ihren Höhepunkt. Wenige Wochen nach der Währungsreform im Juni 1948 waren Demontagen, Sprengungen und Aufräumarbeiten abgeschlossen.

Die andere bremische Großwerft, der ebenfalls im Rüstungsgeschäft aktive Bremer Vulkan, blieb von der Demontage ebenso verschont wie die kleineren bremischen Schiffbaubetriebe. Die Gründe dafür lassen sich nicht mehr im Detail rekonstruieren. Vermutungen stützen sich darauf, dass sich die Werft mehrheitlich in ausländischem Besitz befand und die USA die Absicht hatten, den Vulkan mit der Reparatur von Lokomotiven zur Wiederherstellung des Eisenbahnverkehrs zu betrauen.

In den Flugzeugbauunternehmen hatten die Beschäftigten gleich nach Kriegsende bis zur Bekanntgabe der endgültigen Demontageliste begonnen, mithilfe geretteter und wiederhergestellter Produktionsanlagen Alltagsgegenstände zu produzieren und Reparaturen auszuführen. Wie andernorts wehrten sie sich bei Focke-Wulf und Weser-Flug gegen die anstehende Demontage, die nur unter dem Schutz militärischer Sicherung durchgeführt werden konnte und im Juni 1948 abgeschlossen war. Auch der 1937 in Huchting entstandene Zulieferbetrieb der Flugzeugindustrie, der Metallbetrieb Theodor Klatte, war während des Krieges unzerstört geblieben und nahm sofort nach Kriegsende die Produktion ziviler Gebrauchsgüter auf, doch 1948 wurden

93

Die frühen Nachkriegsjahre

die Anlagen zugunsten Belgiens vollständig demontiert.

In den Borgward-Werken, der »dritten Säule« der bremischen Rüstungswirtschaft, wurde hingegen lediglich eine Spezialwerkstatt für die Herstellung von Torpedos demontiert. Die Produktionsanlagen zur Herstellung von Kraftfahrzeugen in Hastedt und Sebaldsbrück waren zu 75 Prozent zerstört, sodass es dort kaum etwas zu demontieren gab. Gleich nach Kriegsende begannen 400 Arbeiter mit den Aufräumarbeiten. Durch Nutzung unzerstörter und Reparaturen beschädigter Maschinen gelang ihnen bald der Aufbau von Produktionsanlagen für Lastkraftwagen, die dringend für Trümmerräumung und Wiederaufbau benötigt wurden.

Bei der teilweise zerstörten Norddeutschen Hütte fielen die Hochöfen sowie die Anlagen zur Erzeugung des besonders von der Rüstungsindustrie benötigten Ferro-Vanadiums und Nickel-Flusseisens der Demontage zum Opfer. Dagegen blieben neben der Zementfabrik auch die Kokerei und das Kraftwerk des Betriebs durch Interventionen des Senats bei der Militärregierung entgegen den ursprünglichen Reparationsplänen erhalten. Sie spielten für die Versorgung der Stadt mit Baustoffen, Strom und Gas eine zentrale Rolle.

Das letzte Demontageprojekt, das Kraftwerk Hastedt mit einem Zerstörungsgrad von

25 Prozent, war bereits 1945 für den Abbau vorgesehen; ihm wurden in großem Umfang Maschinen und Kessel entnommen. Die für Griechenland bestimmte Turbinenanlage wurde zwar ausgebaut und im Europahafen gelagert, dort allerdings nie abgeholt, sodass sie 1948 nach dem offiziellen Verzicht Griechenlands remontiert werden konnte. Ausbau, Lagerung und Wiedereinbau der Kraftwerksanlage sind bezeichnend für die mangelnde Planung und Strukturierung vieler Demontageprojekte.

Am 20. Mai 1949 leistete Bremen seine letzte Reparationslieferung aus Demontagen. Damit hatte das Land als erstes der amerikanischen Besatzungszone das Reparationsprogramm mit annähernd 54.000 Tonnen an Maschinen und Werkzeugen erfüllt. Weitere große Einbußen entstanden der bremischen Wirtschaft durch die Ablieferung ihrer Handelsflotte als Reparationsgut, durch Zerstörung, Schwund und Konfiszierung von Lagerbeständen des Handels sowie durch den Verlust von Auslandsvermögen und Devisenguthaben. Insgesamt gesehen erlitt die bremische Wirtschaft durch Demontagen und Reparationen weit überdurchschnittliche Einbußen und Verluste, was ihr einerseits den Produktionsneubeginn erschwerte, andererseits jedoch beim Wiederaufbau die Chance zu Modernisierungsmaßnahmen verschaffte.

Erste Produktionstätigkeit in Bremen. Bei Borgward werden 1946 wieder Lkw gebaut

Das Produktionspotenzial

Obwohl Deutschland im Jahr 1945 einem riesigen Trümmerfeld glich und das Produktionspotenzial weitgehend zerstört schien, waren Bedingungen gegeben, die den Neuanfang erleichterten. So besaß das noch brauchbare Anlagevermögen infolge der gigantischen Rüstungsinvestitionen seit den 1930er Jahren ein vergleichsweise geringes Durchschnittsalter. Außerdem war die Kapitalintensität bzw. die technische Ausstattung der verbliebenen Arbeitsplätze relativ hoch. Trotz Zerstörungen und Demontagen waren ganze Fabrikan-

lagen und wertvolle Maschinen erhalten geblieben, viele davon durch findiges Umgehen
der Vorschriften der Besatzungsmacht. So
konnten beschädigte Maschinen ausgeschlach-
tet und die Teile mit dem Know-how der Beschäftigten zum Bau neuer Anlagen und zur
Reparatur noch brauchbarer Maschinen genutzt werden, um damit dringend benötigte
Gebrauchsgegenstände, wie zum Beispiel
Kochherde, Öfen, Bettgestelle oder Kochge-
schirr, zu produzieren.

Weil indes Instandsetzung und Neubau
von Anlagen und Fabrikgebäuden oft viel
Zeit beanspruchten, lief die Produktion der
Gebrauchsgüter zunächst nur schleppend
an. Vorrang hatten zunächst die (als »Ehrendienst« zu erledigende) Trümmerbeseitigung, ebenso die gefahrvolle Bomben- und
Minenräumung sowie Reparaturen in den
Häfen, von Brücken, Straßen- und Eisenbahnverbindungen, Krankenhäusern und anderen
wichtigen öffentlichen Einrichtungen. Hinzu
kam die Instandsetzung beschädigter Wohnungen. In der Regierungserklärung Wilhelm
Kaisens vom 28. November 1946 hieß es
dementsprechend: »Wir können [...], wenn wir
die Voraussetzung für die Wiederbelebung der
Wirtschaft schaffen wollen, nur so vorgehen,
dass wir zuvörderst die heimische Bauindustrie
fördern. Erst dann, wenn diese angelaufen ist
zu größerer Produktion, lässt sich für andere
Gewerbegruppen mit Erfolg eine Erweiterung
erwarten.«

Besonders gravierend war der Mangel an
Arbeitskräften, vor allem an Facharbeitern.
Viele Männer waren gefallen, andere befanden
sich noch in Kriegsgefangenschaft, waren als
Kriegsversehrte erwerbsunfähig oder nur eingeschränkt einsetzbar. So erwiesen sich 1946 bei
einer Zählung von Arbeitslosen in Vegesack
nur fünf Prozent als voll einsatzfähig, während
60 Prozent als beschränkt arbeitsfähig und
35 Prozent als erwerbsunfähig galten. Daher
wurde die gefahrvolle und beschwerliche
Trümmerbeseitigung großenteils von »Trümmerfrauen« geleistet. Erst im Herbst 1956 gab
es im Land Bremen wieder so viele männliche

Neubeginn mit Provisorien.
Die zerstörte Kaiserbrücke
ist nur über einen schmalen
Hängesteg passierbar

Arbeitnehmer wie 1939, obgleich im selben
Zeitraum die Einwohnerzahl um 13 Prozent
zugenommen hatte.

Zusätzlich erschwert wurde die Situation
durch Entkräftung, Mangelernährung und
Seuchenerkrankungen sowie durch die teils
überlangen und kräfteraubenden Anfahrts-
wege zur Arbeit. Die Handelskammer beklagte
in diesem Zusammenhang hohe Fehlzeiten in
den Betrieben (rund 20 Prozent), zu denen
auch das »Organisieren« von Nahrungsmitteln
während der Arbeitszeit beigetragen hat. Hinzu
kam, dass vor der Währungsreform infolge der
Warenknappheit und der geringen Kaufkraft
des Geldes jeglicher Leistungsanreiz fehlte.

Behelfsbauten für Ge-
schäfte an der Obernstraße
vor der Ruine der Ansgariikirche. Rechts das zerstörte
alte Finanzamt

Die frühen Nachkriegsjahre

WIRTSCHAFT

Sicherungsarbeiten an der Ruine des Gewerbehauses im Sommer 1946

Preise für Obst, Gemüse, Eier und Geflügel

Am 16. September wurden die folgenden niedrigsten Preise (für ½ kg bzw. Stück) ermittelt. Anmerkung + gegenüber der letzten Notierung gestiegen, – gegenüber der letzten Notierung gesunken.

	Wochen-markt D-Pf ab	Laden-geschäfte D-Pf ab
Obst		
Äpfel, inländische	45 +	28 –
Birnen	50 +	48 +
Zwetschen	70 +	64 +
Pflaumen	70	58 +
Brombeeren	75 –	80
Kronsbeeren	95	95
Weintrauben	120	120 –
Pfirsiche	120 +	150 –
Gemüse		
Rotkohl	25	24
Weißkohl	6	4
Wirsingkohl	15	10 –
Zwiebeln, inländische	25 +	20
Schalotten	35	35 +
Palbohnen	120	90 +
Grüne Bohnen	40	35 –
Salatgurken, je ½ kg	60 +	50 +
Aalgurken, je ½ kg	25 +	20 –
Einlegegurken, je ½ kg	45 +	40 +
Tomaten, inländische	60 –	55 +
Kohlrabi, über 7 cm	10 +	10 –
Möhren, o. Laub je ½ kg	7 +	8 +
Möhren, m. Laub, 20 St.	30 +	15 +
Salat, über 250 g	10 –	10
Spinat	25 +	18 +
Steckrüben	8	7 +
Sellerie, je Knolle	25 +	20 +
Porree, je ½ kg	30 +	15 +
Rote Bete		8
Rosenkohl	70 –	70
Blumenkohl	100 +	—
Eier	—	—
Geflügel		
Enten, je ½ kg	—	500

Nützliche Verbraucherinformationen in Zeiten knappen Geldes: Übersicht zur aktuellen Preisentwicklung bei Lebensmitteln aus dem »Weser-Kurier«, 18. September 1948

Zur Abhilfe wurden Schwer- und Schwerstarbeiter bei der Zuteilung von Nahrungsmitteln bevorzugt.

Als wesentlicher Engpass für die Wiederbelebung der Produktion erwies sich auch die Beschaffung von Rohstoffen. Die westdeutschen Produktionsgebiete waren durch die Teilung Deutschlands von ihren Rohstoffen aus den Gebieten östlich von Oder und Neiße und in der Sowjetisch Besetzten Zone (SBZ) abgeschnitten, und in Bremen wirkten darüber hinaus die Enklavegrenzen bis 1947 faktisch wie ein Zollzaun gegenüber dem engsten Umland. Die meisten Rohstoffvorräte waren während des Krieges verbraucht worden und die Lager zumeist leer. Die verbliebenen Rohstoffe (Kohle, Holz, Schrott) mussten auf Befehl der Besatzungsmächte großenteils als »verdeckte Reparationen« zu Niedrigpreisen an das Ausland geliefert werden. Für den Rohstoffimport mangelte es an Devisen, die zudem einer strikten Bewirtschaftung unterlagen.

Zur Überwindung des Rohstoffmangels wurden, der Not gehorchend, alle möglichen Ersatzstoffe genutzt bzw. Surrogate (wie z.B. der Muckefuck als Kaffeeersatz aus heimischen Rohstoffen) entwickelt; außerdem wurden Rohstoffe wiederverwertet und Anreizsysteme zu sparsamem Umgang entwickelt. Die staatlich angeordnete Rohstoffbewirtschaftung unterliefen die Betriebe vielfach durch Tauschhandel und Kompensationsgeschäfte. Gleichwohl sorgten Rohstoffengpässe oft für Produktionsunterbrechungen, wobei sich die häufigen »Stromsperren« infolge akuten Kohlenmangels besonders nachteilig auswirkten.

Bei alledem kann es nicht verwundern, dass die industrielle Produktion in Bremen bis Ende 1947 nur 30 bis 40 Prozent des Vorkriegsstandes erreichte. Wilhelm Kaisen ermutigte angesichts dieser Situation die bremische Bevölkerung mit seiner realistischen Einschätzung: »Gewiss – unsere Wirtschaftskapazität ist auf ein Drittel reduziert, die Arbeiter sind unterernährt und ermüdet. Aber der Wille zur produktiven Arbeit lebt in ihnen, die Fähigkeit zur Organisation und technischen Entfaltung ist da.«

Die institutionellen Voraussetzungen des wirtschaftlichen Wiederaufbaus waren durch NS-Diktatur und Krieg kaum beeinträchtigt. Zwar waren Gebäude und Ausrüstungen größtenteils zerstört, Erfahrungen, Kenntnisse und Organisationsstrukturen waren jedoch weiterhin vorhanden und wurden zur entscheidenden Voraussetzung des Wiederaufbaus. Das Wissen der Fachkräfte hatte in den vorausgegangenen zwölf Jahren durch gezielte Ausbildungskampagnen im Dienste der Aufrüstung in manchen Bereichen sogar noch an Qualität gewonnen und verbreitete sich überdies durch den Zustrom von Flüchtlingen und Vertriebenen. Dabei ließen menschliches Leid, Zerstörung und drohende Versorgungskatastrophen Vergangenheitsbewältigung und Schuldgefühle hinter den Blick nach vorn zurücktreten. Zusätzlich gefördert durch die Zuspitzung des Kalten Krieges wurden fast alle, die direkt oder indirekt an der NS-Herrschaft und ihren Untaten mitgewirkt hatten, sei es in Wirtschaft, Verwaltung, Justiz oder Bildung, in den Wiederaufbau einbezogen.

Die Handelskammer Bremen formulierte in einer Stellungnahme 1946 einen entsprechenden Freibrief für die örtliche Unternehmerschaft: Ein NSDAP-Beitritt von Unternehmern aus Überzeugung sei in Bremen verhältnismäßig selten gewesen, und ein Beitritt aus »Nachahmungstrieb« sei noch seltener vorgekommen, weil dies dem »Volkscharakter« in Bremen nicht entspreche. In der Mehrzahl der Fälle seien Unternehmer aus wirtschaftlichen Gründen eingetreten: 1. auf Druck der nationalsozialistischen Deutschen Arbeitsfront, 2. wegen des Ausbildungswesens, an dem sich nur NSDAP-Mitglieder beteiligen konnten, 3. zur Sicherung des Einflusses auf die Rüstungswirtschaft und ihrer Aufträge, 4. zur Einflussnahme auf die Wirtschaftslenkung und 5. zur Übernahme von traditionellen Ehrenämtern, die an die Parteimitgliedschaft gebunden waren. Die Zahl derjenigen, die bereits vor 1933 »aus innerer Überzeugung oder idealistischer Überschätzung« der »ethischen Werte« des Nationalsozialismus der NSDAP beigetreten seien,

Die Handelskammer Bremen

Die traditionsreiche Handelskammer Bremen vertritt als Selbstverwaltungskörperschaft der Kaufmannschaft die wirtschaftlichen Interessen ihrer Mitglieder in der Stadt Bremen und versteht sich als »Rathaus der Wirtschaft«. Sie setzt sich für den Erfolg Bremens und seiner Unternehmen ein, wirkt »für die Wahrung und Sitte des ehrbaren Kaufmanns« (§ 3 der Satzung), nimmt die ihr vom Gesetzgeber übertragenen besonderen Aufgaben (vor allem im Bereich der beruflichen Aus- und Weiterbildung) wahr und bietet der Wirtschaft ein breites Spektrum von Dienstleistungen an. Sitz der Handelskammer Bremen ist das 1537/38 erbaute Haus Schütting am Markt. Es brannte 1944 bei einem schweren Luftangriff weitgehend aus; der durch Spenden bremischer Kaufleute finanzierte Wiederaufbau wurde bereits 1946 in Angriff genommen und 1951 abgeschlossen.

Die Sprecher bzw. Repräsentanten der bremischen Kaufleute (»Elterleute«, »Schaffer«) gaben sich bereits 1451 eine erste Satzung, in der neben Aufgaben und Organisation der Gemeinschaft vor allem ihre Stellung gegenüber dem Rat der Stadt präzisiert wurde. Mit der neuen bremischen Verfassung von 1849 nahm die Standesorganisation den Namen Handelskammer Bremen an. Zugleich wurde für die wachsende Zahl von Handwerkern, Fabriken und sonstigen Gewerbetreibenden eine Gewerbekammer gegründet. Als die bremischen Industriebetriebe, die bis dahin zwischen Gewerbe- und Handelskammer wählen konnten, 1934 der Handelskammer zugeordnet wurden, erfolgte die Umbenennung in Industrie- und Handelskammer. 1943 schließlich ging die selbstverwaltete Standesorganisation in der vom NS-Staat kontrollierten Gauwirtschaftskammer Weser-Ems auf.

Die Handelskammer kehrte nach dem Krieg zu ihrem alten Namen zurück und nahm die staatsfreie Selbstverwaltung wieder auf. Mit dem 1956 vom Bundestag beschlossenen Kammerrecht wurde der öffentlich-rechtliche Status der Pflichtmitgliedschaft verankert und 1958 durch ein Landesgesetz ergänzt. Die Mitgliederzahl von 1200 (1949) vervielfachte sich daraufhin.

»Haus Schütting« nach seiner Wiederherstellung zu Beginn der 1950er Jahre. Die Nebengebäude fehlen noch, im Hintergrund der Chor der Martinikirche

Martin Heinrich Wilkens

* 26.9.1888, Bremen
† 3.6.1966, Bremen

Nach dem Abschluss einer Lehre zum Silberschmied studierte Martin Wilkens Sprachen in der Schweiz und gründete 1912 eine Silberwarenfabrik in Bologna. Von 1917 an leitete er den seit 1811 bestehenden Bremer Familienbetrieb M. H. Wilkens & Söhne und erwarb 1921 die Bremer Silberwarenfabrik. Auf Vorschlag von Hermann Apelt ernannte die amerikanische Militärregierung Wilkens bereits im Juni 1945 zum ersten Präses der Handelskammer. Beide waren sich als Mitglieder der DDP seit der Weimarer Zeit verbunden und politisch unbelastet. Bei den ersten freien Wahlen 1949 bestätigte das Plenum der Kammer Wilkens in seinem Amt. Als Präses appellierte er an die Verantwortung des »ehrbaren Kaufmanns«. Wilkens war Mitglied der Bürgerschaft, seit 1947 als Vertreter der CDU, deren Landesvorsitz er vorübergehend innehatte, und 1951 wurde er für kurze Zeit Senator für Ernährung und Landwirtschaft; seine Aufwandsentschädigung stellte er der Bremer Volkshilfe zur Verfügung.

Unternehmer zum ersten Nachkriegspräses der Handelskammer ernannt, der zehn Jahre lang engagiert für die Kammer gewirkt und mit seiner persönlichen Integrität der bremischen Unternehmerschaft zu neuem Ansehen verholfen hat.

Insgesamt gesehen lenkten in Politik und Wirtschaft charismatische, politisch unbelastete Persönlichkeiten von jenen ab, die das NS-Regime direkt oder indirekt unterstützt hatten. In ihrem Fahrwasser wurden in fast allen gesellschaftlichen Bereichen und in bemerkenswert kurzer Zeit auch jene rehabilitiert, die als belastet galten, auf deren Wissen und Erfahrungen ein rascher Wiederaufbau jedoch angewiesen war.

Zuzug und Wohnen im zerstörten Bremen

Als britische Truppen am 25./26. April in Bremen einrückten, befand sich die Stadt »in einem Zustand, der bei vielen Engländern den Eindruck weckte, sie könne am alten Ort nicht wieder aufgebaut werden«. Insgesamt waren 50.000 Wohnungen bzw. 42 Prozent des Bestandes von 1939 durch die Bombardierungen dem Erdboden gleichgemacht, darüber hinaus waren 15.500 bzw. 15 Prozent der Wohnungen schwer und 14.500 leicht beschädigt; lediglich knapp 40.000 Wohnungen wiesen keine Kriegsschäden auf. Die Menschen lebten infolge dessen auf engstem Raum zusammengepfercht. Mehr als 30.000 Personen fanden zunächst nur in ungesunden Kellerräumen zwischen den Ruinen oder in Parzellenhäuschen und anderen Notquartieren, darunter den erbärmlichen Baracken ausländischer Zwangsarbeiter und Kriegsgefangener, eine Unterkunft. Beschädigte Dächer, zerbrochene Fensterscheiben und zerstörte Versorgungsleitungen erschwerten die Wohnbedingungen auch in den noch bewohnbaren Häusern. Die Wohnungsknappheit wurde zudem durch Beschlagnahme vergrößert, da die Besatzungsmacht einen Teil der unbeschädigt gebliebenen Häuser für eigene Zwecke nutzte.

sei in Bremen vergleichsweise gering geblieben, und spätere Beitritte erklärten sich aus einer »weit verbreiteten Psychose« und dem besagten wachsenden wirtschaftlichen Druck, vor allem seit 1937. Die Handelskammer empfahl, dass »nur diejenigen aus ihren Stellungen entfernt werden, die sich nachweisbar Verstöße haben zuschulden kommen lassen, oder durch einen eingewurzelten Hang zur faschistischen Weltanschauung die Demokratie gefährden würden«.

Mit Martin Heinrich Wilkens wurde bereits im Juni 1945 ein politisch unbelasteter

Zuzug und Wohnen im zerstörten Bremen

Blick vom Dach des früheren Kaufhauses von Julius Bamberger auf die zerstörte Stephanikirche

In der Stadt Bremen, die 1939 insgesamt 445.000 Einwohner gezählt hatte, lebten Mitte 1945 noch rund 289.000 Menschen und damit etwa 35 Prozent weniger als vor dem Krieg. Tausende von Männern waren im Krieg gefallen, viele ehemalige Soldaten blieben zunächst noch in Gefangenschaft oder galten als vermisst. Außerdem hatten Bombardierungen, besonders im Bremer Westen, die zivile Bevölkerung dezimiert. Zum Schutz gegen Bombardierungen waren zahlreiche Familien und vor allem Kinder evakuiert worden. Schließlich trug auch die sinkende Geburtenrate während der Kriegsjahre weiter zur Bevölkerungsabnahme bei.

Die Bevölkerungssituation kehrte sich jedoch schon bald nach Kriegsende um: Vor allem die alteingesessene, vorübergehend evakuierte Bevölkerung strömte, zusammen mit heimkehrenden Kriegsgefangenen, in die Stadt zurück. Dazu kamen Flüchtlinge und Vertriebene aus den ehemaligen deutschen Ostgebieten. Es lag auf der Hand, dass angesichts der somit eskalierenden Wohnungsnot eine strikte behördliche Wohnungsbewirtschaftung verordnet wurde und Räumlichkeiten nicht ohne vorherige Zustimmung des Wohnungsamts vermietet werden duften. Ergänzend erließ der Regierende Bürgermeister Vagts bereits am 2. Juli 1945 eine Zuzugssperre. Die Militärregierung verordnete darüber hinaus im Dezember 1945 ein Wohnungswechselverbot, das ab Mai 1946 zwei Ausnahmen zuließ: Wehrmachtsangehörige, die bei ihrer Einberufung in Bremen heimatberechtigt waren, und Angehörige von Mangelberufen, die für den Wiederaufbau dringend benötigt wurden.

Ungeachtet des Zuzugsverbotes stieg die Einwohnerzahl der Stadt schnell wieder an, und zwar auf 385.000 im Oktober 1946, davon 54 Prozent Frauen, und 394.000 im Jahr 1947. Mit 417.000 Einwohnern hatte die Stadt bereits im Juli 1948 wieder 94 Prozent des Vorkriegsstandes erreicht. Zwecks Linderung der Wohnungsnot wurde der Wohnungsbau bevorzugt mit Rohstoffen und Arbeitskräften ausgestattet, wobei zunächst der Reparatur beschädigter Wohnungen Vorrang gegenüber dem Neubau eingeräumt wurde, weil dadurch mit geringerem Aufwand mehr Wohnraum bereitgestellt werden konnte.

Die schnelle Bevölkerungszunahme hatte drei Quellen: wachsende Geburtenraten, die heimliche Zuwanderung (z.B. durch das Unterlaufen der sehr unpopulären Regelung, dass Ehemänner nicht zu ihren in Bremen lebenden Frauen, Ehefrauen aber sehr wohl zu ihren in Bremen lebenden Männern ziehen durften) und die legalen Ausnahmen von der Zuzugssperre. In der Stadt willkommen waren Inhaber von Mangelberufen wie Bauhandwerker und Eisenbahner, deren Kenntnisse und Fähigkeiten für den Wiederaufbau und den Betrieb wichtiger Anlagen sowie für den Hafen- und Wohnungsbau benötigt wurden. Im Laufe der Zeit wurde die Liste der Mangelberufe

Die frühen Nachkriegsjahre

erweitert, die Kriterien für Antragsteller allerdings an einen Berufsabschluss, ein Höchstalter und eine zeitliche Mindestverpflichtung zur Arbeitsaufnahme gebunden. Vorher hatte man vergeblich versucht, den Arbeitskräftebedarf in Mangelbereichen durch Anwerbung von Flüchtlingen aus den Nachbargemeinden zu decken. Infolge des zunehmenden Arbeitskräftemangels, der wachsenden Zahl der Ausnahmegenehmigungen und der allmählichen Linderung der Wohnungsnot wurde die Zuzugssperre 1950 aufgehoben.

Versorgungssituation und Schwarzmarkt

Neben der Wohnungsnot machte den Menschen bis zum Sommer 1947 vor allem die Ernährungssituation zu schaffen, denn die eigene Landwirtschaft erzielte zunächst nur geringe Erträge, und die Bizone war von den alten agrarischen Überschussgebieten im Osten des Reichs abgetrennt. Bremen war als amerikanische Enklave anfänglich sogar vom (britisch besetzten) Umland weitgehend abgeschnitten.

Lebensmittel waren bewirtschaftet und nur gegen Marken erhältlich. Das behördliche Zuteilungssystem orientierte sich am Bedarf und gewährte für körperlich besonders schwere Arbeit im Interesse der Sicherung der Arbeitsleistung besondere Zulagen. Neben Lebensmitteln wurden auch andere Konsumgüter wie Heizmaterial, Kleidung und Genussmittel rationiert und gegen Bezugsscheine, für die bei den Behörden ein begründeter Antrag gestellt werden musste, abgegeben. Mit den zugeteilten Waren entwickelte sich ein reger Tauschhandel bis hin zu verdeckt organisierten Tauschringen, da Art und Mengen der Zuteilung nur teilweise den individuellen Bedürfnissen der Haushalte entsprachen.

Im Januar 1946 galten 70 Prozent aller Bremer Schulkinder als unterernährt. Zwei Monate später wurde in Bremen die monatliche Brotration für den Normalverbraucher von zehn Kilogramm um die Hälfte gekürzt. Auf dem Höhepunkt der Ernährungskrise im Winter 1946/47 betrugen die von den Ernährungsämtern zugeteilten Tagesrationen 950 Kalorien und damit weniger als die Hälfte der Normalration. Noch im August 1948 lag das Versorgungsniveau weit unter dem Normalniveau.

Mehr und mehr Güter flossen zudem in den Schwarzmarkt und in illegale Tauschak-

Der Bremer Schwarzmarkt fand an wechselnden Plätzen im Bereich des Hauptbahnhofs statt

Versorgungssituation und Schwarzmarkt

tionen, wo knappe Produkte enorme Preise erzielten. Ein besonders spektakulärer Fall war der eines Bremer Schuhwarenhändlers, der zum Erlass eines bremischen »Enthortungsgesetzes« veranlasste und den örtlichen Handel verpflichtete, den Behörden regelmäßig seine Lagerbestände zu melden. Der Schuhwarenhändler Meyer in der Pieperstraße hatte in den Jahren zwischen 1945 und 1948 insgesamt 3500 Paar hochwertiger Schuhe beiseitegeschafft und damit der Verteilung entzogen. Während in Bremen Tausende von Kindern nicht über festes Schuhwerk verfügten, brachten Schuhe auf dem Schwarzmarkt mit bis zu 1500 Reichsmark ein Vielfaches der im Rahmen der Bewirtschaftung festgesetzten Preise. Im Handel mit anderen knappen Produkten kam es zu ähnlichen Fällen.

Weil der Schwarzmarkt die Güter einer bedarfsgerechten Bewirtschaftung entzog und den Schwarzhändlern immense Profite verschaffte, wurden entsprechende Geschäfte streng geahndet. Bremen galt mit seinem Schwarzmarktareal an wechselnden Plätzen in der näheren Umgebung des Hauptbahnhofs, vor allem auf dem Trümmergrundstück der Badeanstalt am Breitenweg, infolge des Umschlags von US-Importen in den bremischen Häfen als Zentrum des illegalen Handels im norddeutschen Raum. Amerikanische Zigaretten spielten dabei eine besondere Rolle und entwickelten sich zu einem allgemein akzeptierten Tauschmittel und Wertmaßstab (»Zigarettenwährung«). Störten Schwarzmarkt und Ringtauschaktivitäten einerseits die offizielle Bewirtschaftung, so ermöglichten sie andererseits die Befriedigung mancher sonst unerfüllt gebliebener Bedürfnisse. Als Alternative zum Schwarzmarkt mit seinen horrenden Preisen wurden mancherorts Tauschzentralen zugelassen, in denen legal Ware gegen Ware getauscht werden durfte.

Dank der US-Hilfslieferungen gelang es, die Ernährungssituation in Westdeutschland allmählich zu verbessern. Die GARIOA-Lieferungen (Government and Relief in Occupied Areas) waren ebenso wie die 1948 anlaufenden

Schwarzhändler am Breitenweg, 1948

Marshallplan-Lieferungen staatliche Maßnahmen; hinzu kamen mit CARE (Cooperative for American Remittances to Europe) und CRALOG (Council of Relief Agencies Licensed for Operation in Germany) umfangreiche humanitäre Hilfen nichtstaatlicher Organisationen. Während die staatlichen Hilfen darauf angelegt waren, im Interesse der politischen Stabilität Hunger und Seuchen zu vermeiden, folgten die privaten Lieferungen, auch aus Schweden und der Schweiz, rein humanitären Zielen. Bis Dezember 1947 wurden annähernd 19 Millionen »Liebesgabenpakete« in den bremischen Häfen gelöscht, von denen fast 370.000 für bremische Empfänger bestimmt waren. Die Verteilung der Hilfslieferungen ließ sich zwar, wie die Bewirtschaftung, prinzipiell von Bedarfsgerechtigkeit und Bedürftigkeit leiten. Faktisch erfolgte sie aber oft nach dem Prinzip guter Beziehungen zu den örtlichen Verteilungsstellen, und bei CARE kam es auf vorhandene verwandtschaftliche Bindungen und Kontakte in die USA an.

Die amerikanischen Nahrungsmitteleinfuhren bestanden zumeist aus Getreide, gelegentlich auch von geringerer Qualität (vor allem Hafer und Mais aus alten, mehrjährigen Lagerbeständen), was den damaligen Direktor

Die frühen Nachkriegsjahre

der deutschen Verwaltung für Wirtschaft, Johannes Semler, dazu veranlasste, in einer Rede kritisch von »Hühnerfutter« zu sprechen. Auch wenn diese Kritik überspitzt war, relativiert sie andererseits die Euphorie, mit der Wilhelm Kaisen die US-Lieferungen lobte. Nachdem sich auch in Bremen die ersten Massenerkrankungen mit Hungerödemen und Lungenseuche auszubreiten begannen und Kinder die Mülleimer nach Essbarem durchsuchten, entspannte sich am Ende des harten Winters 1946/47 die Versorgungslage. Ein amerikanisches Lebensmittelschiff nach dem anderen traf in den bremischen Häfen ein, was

Bürgermeister Kaisen nimmt Care-Pakete als Weihnachtsgeschenke der Militärregierung in Empfang. Neben ihm Thomas F. Dunn, seit 1. Dezember 1946 stellvertretender Direktor der Militärregierung

dazu führte, dass nicht nur in Bremen, sondern überall in den deutschen Städten die Versorgungslager aufgefüllt werden konnten. Die Hungerwellen nahmen im Laufe des Jahres 1947 erkennbar ab; die Ernährungskrise war gebannt, auch weil das westdeutsche Ernteergebnis besser als erwartet ausfiel und die Schäden durch den Schwarzhandel abnahmen.

Die Notzeiten führten zu einem beängstigenden Anstieg von Raub, Diebstählen und Einbrüchen, wobei auch Mord, Totschlag und Plünderungen ganzer Gehöfte vorkamen. Das Berauben von Kohlezügen war an der Tagesordnung (»Kohlenklau«), und viele Straßenbäume wurden heimlich zum Heizen gefällt. Zur Linderung der Not trugen auch das illegale »Abzweigen« von Gütern aus US-Hilfslieferungen in den bremischen Häfen sowie der intensive Gemüseanbau in den umfangreichen Kleingartenkolonien der Stadt bei. Außerdem fuhr die Stadtbevölkerung in überfüllten Eisenbahnwaggons ins Umland, um dort Nahrungsmittel einzutauschen (»Hamstern«). Die Relationen dabei waren aus heutiger Sicht grotesk, wenn für ein paar Kilo Kartoffeln oder andere Überlebensrationen kostbare Teppiche oder wertvoller Schmuck hingegeben werden mussten. Sie haben manchen Landwirt wohlhabend gemacht und stellten, ebenso wie der schwarze Markt, das staatliche Interesse an einem Mindestmaß an Verteilungsgerechtigkeit auf den Kopf. Überhaupt führten Zwangsbewirtschaftung und die einfallsreichen Methoden ihrer Umgehung zur Benachteiligung und Demoralisierung derjenigen, die keine geeigneten Sachwerte zum Kompensieren besaßen oder sich durch Skrupel von »krummen Geschäften« abhalten ließen. So wurde die Kluft zwischen Arm und Reich immer größer.

Militärregierung, Verwaltung und karitative Organisationen versuchten dieser Entwicklung durch kollektive Hilfsaktionen entgegenzuwirken. Dazu gehörten Schulspeisungen (aus amerikanischen Ressourcen), die Einrichtung von »Volksküchen« (in denen bis zu 19.000 Menschen notdürftig versorgt wurden), Versorgung von Schulkindern mit festem Schuhwerk, Bereitstellung von insgesamt 19 Wärmehallen für Bewohner unbeheizter Wohnungen sowie die Beschaffung von Torfbaggern und das Anpachten von Mooren zur Gewinnung von Brenntorf für die frierende Bevölkerung. Außerdem wurden Sammlungen organisiert, um besonders bedürftige Bevölkerungsgruppen mit dem Nötigsten zu versorgen (Babywäsche; Hausrat für Vertriebene, Flüchtlinge und Ausgebombte usw). Schließlich wurden zahlreiche Maßnahmen zur Materialeinsparung ergriffen, darunter die behördliche Anordnung, zur Einsparung von Holz bei Feuerbestattungen nur den unteren Teil des Sarges zu verbrennen und den oberen Teil nach ausreichender Desinfektion erneut zu verwenden.

Verglichen mit der Versorgungssituation anderer deutscher Großstädte war die Lage in Bremen ungeachtet aller Not noch vergleichsweise günstig. Das dünn besiedelte, überwiegend agrarische Umland der Stadt erleichterte das »Hamstern« von Lebensmitteln, Hafenarbeitern gelang es gelegentlich, Lebensmittel aus US-Hilfslieferungen abzuzweigen, und besonders häufig profitierten Kinder von der Großzügigkeit vieler US-Soldaten. Hinzu kam, dass viele ins Umland ausgelagerte Bestände des bremischen Großhandels Krieg und Beschlagnahme überstanden hatten und in die Versorgung der Stadt einflossen und dass die Stadt gelegentlich Sonderzuweisungen von Fisch aus den nahe gelegenen Fischereihäfen an Weser und Nordsee erhielt.

Produktion, Arbeitsmarkt und erste Erholung

Nachdem 1945/46 alle verfügbaren Arbeitskräfte zur Trümmerbeseitigung, für Reparaturen und die Produktion lebenswichtiger Waren benötigt wurden und die Produktion höherwertiger Güter nur schwer in Gang kam, ließ sich nach dem klirrend kalten »Hungerwinter« im Sommer 1947 eine erste Erholung beobachten. Mittlerweile waren die Produktionskapazitäten

Verteilstelle von »Liebesgaben« des CRALOG-Programms, 1947

im Rahmen des Möglichen wieder hergestellt; die Zuzugssperre war gelockert oder wurde unterlaufen, sodass dem Arbeitsmarkt mit der verstärkten Aufnahme von Flüchtlingen, Vertriebenen und dem wachsenden Zustrom aus der Sowjetisch Besetzten Zone (SBZ) vermehrt qualifizierte Arbeitskräfte zur Verfügung stan-

Fischverkauf an der Schlachte, direkt von Bord, 1948

Die frühen Nachkriegsjahre

den. Auch Rohstoffe waren wieder, wenn auch in begrenztem Umfang, vorhanden; mit dem Marshallplan wurden 1948 weitere Engpässe beseitigt.

Langsam verbesserte sich auch die Versorgung mit Elektrizität. Nachdem im April 1945 das Kraftwerk in Hastedt durch einen gezielten Bombenangriff teilweise zerstört worden war und es anschließend noch brauchbare Teile durch Demontage verloren hatte, erteilte im April 1946 die Militärregierung die Genehmigung zum Wiederaufbau. Zwischenzeitlich wurde die Stadt mehr schlecht als recht, mit häufigen »Stromsperren« wegen Kohlemangels, durch das kleine Heizkraftwerk Bismarckstraße und die werkseigenen Erzeugungsanlagen der Norddeutschen Hütte sowie der A.G. »Weser« versorgt. Bei Kohleknappheit sprang zudem das Kraftwerk Weserwehr ein,

Aufräumarbeiten beim Kraftwerk Hastedt. Foto aus den Akten der Militärregierung, 1945

wenn die Weser ausreichend Wasser führte und kein Eisgang die Turbinen gefährdete. Nachdem sukzessive mehrere Dampfturbinen ans Netz gegangen waren, erreichte das Kraftwerk Hastedt bereits im Jahr 1949 wieder seine Vorkriegsleistung.

Der wirtschaftliche Wiederaufbau erfolgte zunächst im Zeichen der Zwangswirtschaft. Die »Kommandowirtschaft« sah zwar keine Verstaatlichung von Produktionsmitteln vor, unterwarf die Produktion aber strengen Bewirtschaftungsregeln. Zur Aufnahme der Produktionstätigkeit benötigten die Unternehmen ein »Permit«, das auch Produktionsmenge und -dauer festlegte; das Permit-Verfahren wurde später durch ein Lizenzverfahren für neu errichtete Betriebe ergänzt. Solange auch Preise und Löhne eingefroren waren, besaßen die Unternehmen kaum Entscheidungsautonomie, andererseits konnten sie bis zur Währungsreform und dem Übergang zur Marktwirtschaft angesichts des Nachfrageüberhangs weitgehend risikolose Gewinne erzielen. Die Zuständigkeit der Bewirtschaftung ging schrittweise von der Militärregierung auf lokale Wirtschaftsbehörden über, wobei sich die Militärregierung jedoch ein Vetorecht vorbehielt.

Die Rohstoffbewirtschaftung überlebte zunächst auch die Währungsreform, sie wurde allerdings mit zunehmender Verfügbarkeit von Devisen und der Wiederbelebung der deutschen Rohstoffgewinnung (vor allem Eisen, Kohle, Stahl) schrittweise gelockert, wobei als erste die Erzeugnisse aus der Bewirtschaftung herausgenommen wurden, bei denen eine ausreichende Versorgung der Verbraucher gewährleistet war.

Im Rahmen der Bewirtschaftung hatten die Wiederherstellung der Infrastruktur und die Sicherstellung der Grundversorgung Priorität. Einer besonders rigiden Bewirtschaftung waren Nahrungsmittel und andere existenznotwendige Verbrauchs- und Gebrauchsgüter unterworfen. Krankenhäuser und andere öffentliche Einrichtungen wurden bevorzugt beliefert, auch mit Materialen zur baulichen Instandsetzung, beispielsweise durch Beschlagnahme von Flachglas zur Reparatur zerstörter Fenster. Ehemalige Rüstungsbetriebe wurden angewiesen, u.a. Rodungsmaschinen für die Versorgung der Bevölkerung mit Heizmaterial herzustellen.

Die bremische Landwirtschaft konnte anfänglich zur Verbesserung der Versorgungssituation der Bevölkerung nur wenig beitragen: Durch Kriegseinwirkungen waren mehr als 15 Prozent aller Betriebsgebäude völlig und 60 Prozent teilweise zerstört; dazu kamen 24.000 große Bombentrichter auf der Nutzfläche. Außerdem litt die Landwirtschaft unter einem akuten Mangel an Düngemitteln und Saatgut. Vor allem fehlten auch hier die Arbeitskräfte, weshalb mehr als 10.000 Kilometer bremische Entwässerungsgräben nicht instand gehalten werden konnten. Folge war ein enormer Rückgang der Produktionsleistung: Die Erträge sanken beispielsweise bei Getreide von 20,3 dz/ha (1938) auf 9,7 dz/ha (1947), ähnlich bei Kartoffeln. Bereits ab Mitte der 1950er Jahre überstieg die Produktion dann jedoch die Erträge von 1938, obwohl die Produktionsfläche infolge von Industrieansiedlungen sowie der Erschließung neuer Wohngebiete und Verkehrsflächen kleiner wurde.

In Handwerk und Handel nahmen viele einheimische Betriebe direkt nach Kriegsende ihre Geschäfte wieder auf. Neugründungen blieben zunächst die Ausnahme. Zwischen 1945 und 1949 verdoppelte sich die Zahl der im Handwerk Beschäftigten. Handwerk und Baubetriebe waren zu dieser Zeit der wichtigste Motor des Arbeitsmarktes: Sie führten dringend notwendige Reparaturen in Versorgungsbetrieben, Industrie und privaten Haushalten durch, richteten die ersten Notwohnungen her und versorgten die Bevölkerung mit Grundnahrungsmitteln sowie mit warmer Kleidung, vielfach durch Umarbeitung von Uniformen. Baubetriebe reparierten darüber hinaus das Kanalnetz zur Vermeidung von Seuchengefahr und begannen mit dem Wiederaufbau der Häfen.

Das benötigte Baumaterial wurde zunächst vor allem im Rahmen der sorgfältig geplanten Enttrümmerung gewonnen, und zwar durch Wieder- und Weiterverwertung vor allem von Ziegelsteinen, aber auch von Eisenträgern, Öfen, Heizkörpern und Installationsmaterial aus zerstörten Gebäuden. Den nötigen Zement

Die Handwerkskammer Bremen

Die Handwerkskammer Bremen nimmt die Interessen des Handwerks im Land Bremen mit seinen Mitarbeitern und Betrieben wahr; sie führt die Handwerksrolle, wirkt maßgeblich an der beruflichen Aus- und Weiterbildung ihrer Mitglieder mit, bietet ihnen Dienstleistungen (vor allem Beratung) an und berät die örtliche Politik. Die Handwerkskammer ging aus der 1849 gegründeten Gewerbekammer als Vertretung der bremischen Handwerker, Fabriken und sonstigen Gewerbetreibenden hervor. Konnten die bremischen Industriebetriebe anfänglich selbst entscheiden, ob sie der Gewerbekammer oder der Handelskammer angehören wollten, wurden sie in der NS-Zeit endgültig der Handelskammer zugewiesen. Wie die Handelskammer wurde auch die Handwerkskammer 1942 in die Gauwirtschaftskammer Weser-Ems eingegliedert.

Sitz der Handwerkskammer ist das »Gewerbehaus«, das ehemalige Krameramtshaus der Wandschneider. Es wurde 1944 weitgehend zerstört und 1951 wieder aufgebaut. Die Handwerkskammer entstand erst 1947 neu, nachdem zuvor das Handwerk durch eine Abteilung der Handelskammer vertreten wurde. Die Kammermitgliedschaft war, gemäß dem von der US-Militärregierung eingeführten Prinzip der Gewerbefreiheit, zunächst freiwillig. Erst die Handwerksordnung von 1953 führte die Pflichtmitgliedschaft und den großen Befähigungsnachweis (»Meister«) als Voraussetzung für die Gründung eines eigenen Handwerksbetriebes wieder ein. Als bedeutende Qualifizierungseinrichtung des Handwerks wurde 1964 die Gewerbeförderungsanstalt (GFA) am Doventorsteinweg errichtet.

Das wiederaufgebaute Gewerbehaus Ende der 1960er Jahre

lieferte das nicht demontierte Zementwerk der Norddeutschen Hütte, den Bedarf an Fliesen bzw. »Grohner Platten« deckte vor allem die Actiengesellschaft Norddeutsche Steingutfabrik Grohn, nachdem sie wieder über das erforderliche Brennmaterial zur Herstellung von Platten verfügte. Darüber hinaus nutzte die Bauwirtschaft Ziegelmehl aus der Trümmerverwertung.

Als die US-Militärregierung im Dezember 1948 in ihrer Besatzungszone im Gefolge der Währungsreform die Einführung der vollständigen Gewerbefreiheit (»Amerikanische Direktive«) anordnete, kam es in Bremen in Handwerk und Handel rasch zu einer Welle von Unternehmensneugründungen, darunter bis März 1950 allein rund 2500 Einzelhandelsgeschäfte. Neben der Aufhebung der Warenbewirtschaftung und gefördert durch den vergleichsweise geringen Kapitalbedarf war es vor allem die seit der Währungsreform wachsende Arbeitslosigkeit, die viele Menschen nach dem Strohhalm einer kleingewerblichen Existenz greifen ließ.

Auch große Einzelhandelsgeschäfte eröffneten neu, wenn auch mit Provisorien. So nahm im Januar 1946 das Deutsche Familienkaufhaus (Defaka) im Kellergeschoss seines ausgebrannten Geschäftshauses an der Ecke Hutfilterstraße/Am Brill den Verkauf in bescheidenem Umfang wieder auf. Und Karstadt konnte bereits im Herbst 1945 dank guter Beziehungen zur US-Militärregierung mit dem Vertrieb von Überschussware aus den USA beginnen. Die Verkaufsetagen des imposanten Gebäudes des Unternehmens an der Obernstraße waren zwar weitgehend zerstört und nach Kriegsende zudem alle Ausweichlager geplündert worden. Auch die Beschaffung neuer Waren erwies sich zunächst als beschwerlich, weil es immer wieder zu Engpässen und Konflikten mit Konkurrenten bei der Warenzuteilung kam. Doch bereits Mitte März 1947 konnte das Erdgeschoss mit einer erheblich vergrößerten Verkaufsfläche neu eröffnet werden. Und mit der Währungsreform und der Preisfreigabe kam ab Juni 1948 neuer Schwung in alle Bereiche, die Verkaufsfläche wurde weiter ausgebaut und der Personalstand erhöht (1949: 652 und 1952: 1071 Mitarbeiter). Bereits 1949 fand die erste Modenschau nach dem Krieg statt.

Die industrielle Entwicklung in Bremen konnte mit der von Handwerk und Handel zunächst nicht Schritt halten. Sie litt länger unter Demontagen, Produktionsverboten, Kapitalknappheit und nachteiligen Prioritäten im System der Bewirtschaftung.

Hermann Apelt

* 10.7.1876, Weimar
† 11.11.1960, Bremen

Der promovierte Rechtsanwalt Hermann Apelt wurde 1906 Syndikus der Handelskammer und 1917 Mitglied des Senats (Häfen und Eisenbahnen). Die Nationalsozialisten zwangen ihn 1933 zum Rücktritt, doch bereits im Juni 1945 wurde er von der Militärregierung erneut in den Senat berufen. Dort stellte der Freidemokrat bis zum Ende seiner Amtszeit 1955 seine Kenntnisse, seine rhetorische Überzeugungskraft, seinen scharfen analytischen Verstand und sein vertrauensvolles Verhältnis besonders zu den Vertretern der US-Militärregierung und zu Wilhelm Kaisen in den Dienst des zügigen Wiederaufbaus der bremischen Häfen. Apelt vertrat Bremens hafenpolitische Interessen in Deutschland und Europa mit großem Geschick. Er engagierte sich darüber hinaus in der Carl-Schurz-Gesellschaft und dem Kunstverein, dessen 1. Vorsitzender er sowohl in der Weimarer Zeit als auch nach dem Krieg war. Hermann Apelt war eine der großen Galionsfiguren der bremischen Nachkriegspolitik mit einer weit über Bremen hinausreichenden Ausstrahlung.

Hoch über dem Europahafen. Die brauchbaren Kräne werden 1945 demontiert und im Überseehafen neu eingebaut

Häfen und Schifffahrt

Im Mai 1945 lagen große Teile der Häfen in Schutt und Asche. 88 Prozent der Schuppen und Speicher, 56 Prozent der Brücken und schwimmenden Ladeanlagen, 34 Prozent der Hafenbahngleise und 65 Prozent der Krane waren zerstört. Aber mit 80 Prozent der Kajen war ein zentraler Baustein der technischen Hafenstruktur erhalten geblieben. Ein »Lähmungsprogramm« für die deutsche Küste hatte in den letzten Kriegstagen ihre Sprengung vorgesehen, die aber durch geschicktes und mutiges Handeln Einzelner umgangen werden konnte. Dennoch war der Hafen im Mai durch 230 in den Becken und der Weser liegende Wracks und die Verminung durch die deutsche Kriegsmarine unbenutzbar. Bereits vorher hatte das Autarkiestreben der nationalsozialistischen Wirtschaftspolitik der stark außenhandelsorientierten bremischen Wirtschaft geschadet, darüber hinaus gab es nach der deutschen Besetzung der Niederlande Pläne, den deutschen Seeverkehr unter Ausschaltung kleinerer Nordseehäfen auf Hamburg und Rotterdam zu konzentrieren, mit starker Unterstützung sowohl der hamburgischen als auch der rheinischen Wirtschaft. Insofern hat das Ende der NS-Herrschaft dazu beigetragen, Bremens Überleben als bedeutende Hafen- und Handelsstadt zu sichern.

Der Wiederaufbau wurde entscheidend dadurch erleichtert, dass die USA die bremischen Häfen für ihren militärischen Nachschub (Bremerhaven) und ihre Hilfslieferungen (Bremen) nutzten. Anfänglich lag folglich die alleinige Zuständigkeit für die Häfen bei der US-Militärregierung. Im Laufe der Zeit wurden im Zuge der »Entmilitarisierung« der Häfen mehr und mehr Kompetenzen auf die bremischen Behörden zurückübertragen. Wilhelm Kaisen, der Hafensenator Hermann Apelt und der kenntnisreiche Hafenbauexperte Arnold Agatz leiteten schon bald mit der Minenräumung und Wrackbeseitigung erste Schritte zur Instandsetzung des Hafens ein. Die Leitung der Hafenbehörden lag auf bremischer Seite bei Persönlichkeiten, die dort bereits vor 1945 führende Positionen innehatten und deren Erfahrungen als unver-

Die frühen Nachkriegsjahre

1947 begann die Wiederherstellung der Getreideanlage

Unten: Schute unter einem der Heberrohre

zichtbar für Wiederaufbau und Umgestaltung galten.

Die herausragende Bedeutung der Häfen für Bremen spiegelt sich in der Prioritätensetzung bei der Planung des Wiederaufbaus. So wurden bis zur Währungsreform mit 42 Milli-

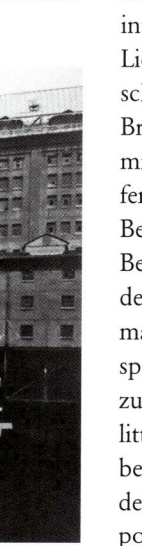

onen Reichsmark ebenso viele Mittel für die Häfen aufgewendet wie bis dahin – ungeachtet der extremen Wohnungsnot – für den gesamten öffentlichen und privaten Wohnungsbau. Auf Druck der Besatzungsmacht erhielt der Hafen bevorzugt Material. Die Amerikaner intervenierten gelegentlich sogar direkt bei Lieferfirmen und veranlassten die süddeutschen Länder, eigene Materialkontingente auf Bremen zu übertragen, um ihre Belieferung mit Nahrungsmitteln über die dortigen Häfen abzuwickeln. Zugleich sorgten Bremens Behörden durch Tauschaktionen für einen Bedarfsausgleich. So sagte das Hafenbauamt dem Wohnungsressort zum Beispiel Baumaterialien zu, unter der Bedingung, dafür speziell Wohnungen für Hafenbedienstete zu erhalten. Denn neben Materialengpässen litt der Wiederaufbau unter chronischem Arbeitskräftemangel. Dieser sollte auf Initiative der Amerikaner zunächst durch ehemalige polnische Zwangsarbeiter behoben werden. Später kamen bis zu 1000 entlassene deutsche Kriegsgefangene sowie, ungeachtet der Schwere der Arbeit, Frauen zum Einsatz. Weitere Arbeitskräfte wurden mehr oder minder zwangsweise im Rahmen des »Volkseinsatzes« und der »Notstandsarbeiten« rekrutiert. Arbeitsverweigerung wurde mit Haftstrafen geahndet.

Die Wiederaufbauarbeiten konzentrierten sich in der Stadt Bremen zunächst auf den im Vergleich zum Europahafen weniger zerstörten Überseehafen. Krane, Schuppen und Gleisanlagen wurden aus brauchbaren Teilen zerstörter Anlagen wiederhergestellt. Mit einer vorausschauenden Planung im Interesse neuer Verkehre ging man von vornherein dazu über, die Verladeanlagen zu modernisieren und den Verkehrsträgern zusätzliche Flächen bereitzustellen. Besonders dringlich war die Wiederherstellung der zu 50 Prozent zerstörten Getreideanlage, der für die Lebensmittelversorgung der Westzonen große Bedeutung zukam. 1950 wieder voll in Betrieb genommen, war sie die modernste und leistungsfähigste Anlage in ganz Europa. Im völlig zerstörten Europahafen beschränkte sich der

Wiederaufbau zunächst auf Wrackbeseitigung, Aufräumarbeit und die Schaffung von Freilagerplätzen. Die Ausrüstung mit modernisierten Umschlagsanlagen und neuen Speichern wurde erst 1950 in Angriff genommen, als der Verkehr im Überseehafen aus allen Nähten platzte. Bereits um die Jahreswende 1945/46 war es dort zu ersten »Verstopfungen« gekommen, als gleichzeitig acht Liberty-Schiffe der United States Lines mit rund 60.000 Tonnen Ladung eintrafen, wobei das Löschen eines Schiffes durchschnittlich vier bis sechs Tage in Anspruch nahm.

Bei ihren hafenpolitischen Aktivitäten kam es den bremischen Behörden darauf an, die Attraktivität der Häfen im wachsenden Hafenwettbewerb nicht nur durch zügigen Umschlag und Verkürzung der Schiffsliegezeiten zu erhöhen, sondern vor allem auch durch Sicherheit und Schutz des Hafens vor Beraubung und Diebstählen. Diese Delikte gefährdeten die Versorgung des Hinterlands mit lebenswichtigen Importgütern und schadeten darüber hinaus dem Ruf des Hafens. Entsprechend groß war die Präsenz der Polizei vor Ort; außerdem wurde ein »Hafengericht« als Sondergericht eingesetzt, das entsprechende Straftaten streng ahndete. Hafenarbeiter, die des Diebstahls überführt wurden, verloren ihre Arbeitserlaubnis. Besonders Hamburg, das sich in der frühen Nachkriegszeit infolge der Bevorzugung Bremens bei den US-Lieferungen und durch den Verlust seines eigenen Hinterlandes infolge der deutschen Teilung

Kontrolle von Hafenarbeitern am Zollzaun

benachteiligt fühlte, nutzte jede Gelegenheit, Bremen durch gezielte Kampagnen in Rundfunk und Presse zu diskreditieren. So wurde der Stadt vorgeworfen, sie trage durch Probleme bei der Schiffsabfertigung in den bremischen Häfen zur Verschlechterung der ohnehin dramatischen Versorgungslage im Binnenland bei. Höhepunkt war im Frühjahr 1948 die Löschung einer Ladung Datteln im Bremer Überseehafen. Die hamburgischen Medien berichteten ausführlich von angeblich umfangreich stattgefundenen Diebstählen: Bremen sei förmlich übersät mit gestohlenen Früchten. In Hamburg könne dergleichen nicht vorkommen; und die Hamburger seien ihrer Polizei zu einem »Datteldank« (so die »Hamburger Freie Presse« im Jargon eines Boulevardblattes) verpflichtet.

Ohne die Entscheidung der USA, Bremen zum militärischen Nachschubhafen und Einfuhrhafen für ihre Hilfslieferungen zu machen, hätte sich die Hafenwirtschaft nicht so schnell erholen können. Der bremische Eigenhandel war, wie der deutsche Außenhandel insgesamt, als Kunde des Hafens bis zur Währungsreform, abgesehen von Baumwoll- und Wollimporteuren, weitgehend bedeutungslos, und eine eigene Handelsflotte existierte faktisch nicht mehr. Die Häfen waren zu Speditionsdrehscheiben

Die britische »Turkestan« bringt im Auftrag der JEIA eine Ladung Datteln aus dem Iran nach Bremen, Januar 1946

für die US-Lieferungen geworden, geprägt durch amerikanische Liberty-Schiffe und andere internationale Flaggen.

1946 betrug der Anteil der Hilfslieferungen am eingehenden Verkehr der stadtbremischen Häfen 81 Prozent. Als sie 1947 ausliefen, wurde Bremen zum Haupteinfuhrhafen für die deutschen Marshallplan-Lieferungen. Die Bevorzugung Bremens ging zulasten Hamburgs und der Rhein-Schelde-Häfen, die im eigenen Interesse mehrfach – vergeblich – bei den zuständigen US-Stellen intervenierten. So konnte sich Bremen, bezogen auf das Wachstum seines Hafenumschlags, bis 1948 vor die Konkurrenzhäfen an Elbe, Rhein und Schelde setzen. Lag der Gesamtumschlag der bremischen Häfen 1938 bei 8,9 Millionen Tonnen, so hatte er 1946 bereits wieder vier Millionen erreicht und näherte sich 1948 mit 6,1 Millionen Tonnen langsam dem Vorkriegsstand. Damit hatte Bremen den Hafenumschlag anfänglich weit schneller steigern können als Rotterdam und Hamburg, die 1947 erst 29 bzw. 23 Prozent des Standes von 1938 erreicht hatten. Allerdings gelang das in Bremen im Wesentlichen durch Massengut und nicht durch traditionelles Stückgut. Mit dem Auslaufen der amerikanischen Hilfslieferungen und der 1948 beginnenden Normalisierung des Außenhandels fielen die bremischen Häfen wieder hinter die anderen Nordseehäfen zurück.

Mit einiger Verzögerung kam auch die bremische Handelsflotte wieder in Fahrt. 1945 waren ihr von ursprünglich 1,4 Millionen BRT (1939) nur noch 154 Einheiten mit 370.000 BRT geblieben. Hiervon mussten bis auf 25 kleine und veraltete Fahrzeuge mit gut 16.000 BRT Raumgehalt alle auf das Reparationskonto der Siegermächte abgeliefert werden. Insgesamt war die den Bremer Reedern verbliebene Tonnage auf gerade einmal zwei Prozent des Vorkriegsschiffsraums geschrumpft. Die einst so stolze und Identität stiftende bremische Handelsflotte, zu der weltbekannte Reedereien wie der Norddeutsche Lloyd und die DDG »Hansa« gehörten, war in die Bedeutungslosigkeit herabgesunken. Infolgedessen waren nach dem Krieg die überseeischen Im- und Exporte, darunter die Hilfslieferungen der USA, zunächst auf die Dienste fremder Flaggen angewiesen und trugen damit zur Passivierung der deutschen Devisenbilanz bei.

Bereits kurz nach Kriegsende nahmen zumindest die für Bremen lebenswichtigen Liniendienste ihren Betrieb wieder auf, als erste Reederei 1946 die United States Lines. Wenig später folgten mit relativ kleinen Schiffseinheiten erste bremische Reedereien. Das Entwicklungspotenzial von Liniendiensten blieb allerdings so lange beschränkt, wie der deut-

Hermann Christian Helms

* 20.9.1898 Bremen,
† 23.2.1983 München

Hermann Christian Helms trat nach der Lehre im Bremer Tabakhandel und längerer Auslandstätigkeit 1922 in leitende Funktion bei der traditionsreichen Deutschen Dampfschifffahrtsgesellschaft »Hansa« ein, der sein Vater vorstand. 1929 wurde er Vorstandsmitglied, 1940 übernahm er bis 1969 den Vorsitz, und wechselte dann in den Aufsichtsrat. Helms ließ sich von Kriegszerstörungen und Ablieferungen nicht entmutigen und baute mit großer Schaffenskraft das Unternehmen wieder auf. Anfang der 1960er Jahre galt die DDG »Hansa« mit 56 Schiffen als größte deutsche Schifffahrtsgesellschaft. Seine letzten Lebensjahre waren überschattet durch den Konkurs seines Unternehmens (1980) im Zuge der Krise der deutschen Seeschifffahrt. Helms war Präses der Handelskammer und zeitweise Vorstand des Bremer Kunstvereins; er engagierte sich im Reitsport und sehr intensiv als Vorsitzender für die Deutsche Gesellschaft zur Rettung Schiffbrüchiger.

sche Export am Boden lag und es deshalb den ausgehenden Verkehren an Ladungsangebot mangelte. Dies änderte sich mit der anziehenden Konjunktur: Bis April 1949 entstanden 40 Liniendienste, und bis Oktober 1953 steigerte sich deren Zahl mit wachsendem Anteil deutscher Reedereien weiter bis auf 193. Ähnlich entwickelte sich das Feld der Spediteure und Schiffsmakler: Gab es 1946 nur zwei ausländische Schiffsmakler in Bremen, wurden bereits 1947 deutsche Makler und Spediteure wieder voll zum Geschäft zugelassen. Die Bremer Lagerhausgesellschaft (BLG), auf deren Umschlagseinrichtungen, Kenntnisse und Mitarbeiter die Amerikaner angewiesen waren, hatte bereits im Mai 1945 eine Sondergenehmigung für das Betreten des Hafengebiets und im Herbst 1945 ihre offizielle Wiederzulassung zum Betrieb erhalten.

Weichenstellungen des wirtschaftlichen Aufschwungs

Die Währungsreform von 1948

Infolge der faktisch auf Geldschöpfung gegründeten Rüstungsfinanzierung durch die NS-Diktatur war der Reichsmarkumlauf bereits vor 1945 weit über das Güterangebot hinausgeschossen. Die dadurch drohende Inflation wurde ab 1939 durch einen allgemeinen Lohn- und Preisstopp verhindert, der auch nach dem Krieg zunächst beibehalten wurde. Der exorbitante Geldüberhang floss in schwarze und graue Märkte mit der Folge stark aufgeblähter Preise für besonders begehrte Waren. Auf den illegalen Märkten wurden zwar nur ein Zehntel der Waren, aber vier Fünftel des umlaufenden Geldes umgeschlagen. Das System der Zwangsbewirtschaftung erwies sich zunehmend als ungerecht, förderte kriminelle Energien und war insgesamt nicht geeignet, die knappen Ressourcen der Volkswirtschaft bedarfsgerecht zu nutzen.

Die Siegermächte, besonders die Amerikaner, erkannten, dass unter diesen Bedingungen eine wirtschaftliche Erholung in Deutschland nicht möglich war und Deutschland von ausländischen Hilfslieferungen abhängig bleiben würde. Dies hätte zugleich die im Zuge des beginnenden Kalten Krieges mit der Sowjetunion eingeleitete Westbindung der drei Westzonen gefährdet. So wurde in amerikanischer Regie unter strengster Geheimhaltung die Währungsreform vorbereitet und am 20. Juni 1948 durch den Umtausch von alter Reichsmark gegen die neue Deutsche Mark (D-Mark) verwirklicht. Die neuen Banknoten waren zuvor über die bremischen Häfen nach Deutschland geliefert worden, zur Tarnung hatte man als Bestimmungsort Barcelona angegeben. Ungeachtet der äußerst geheimen Vorbereitung hatte sich bereits im Vorfeld die Erwartung dieses für unausweichlich gehaltenen Währungsschnitts gesteigert. Mit der von Woche zu Woche steigenden Verunsicherung und Nervosität aufseiten der Warenbesitzer begann überall die

Die »D-Mark« auf dem Weg in eine der Ausgabestellen, in denen das neue Geld am 20. Juni 1948 erstmals abgeholt werden konnte

Weichenstellungen des Aufschwungs

Zwei Bremerinnen informieren sich darüber, wo das neue Geld zu bekommen ist

Berücksichtigung zahlreicher Ausnahmen von dieser generellen Umtauschrelation belief sich das Gesamtumtauschverhältnis von Geldvermögen in Reichsmark zu D-Mark auf effektiv 100 : 6,5. Insgesamt wurden somit 93,5 Prozent der alten Reichsmarkgeldbestände aus dem Verkehr gezogen.

Gleichzeitig wurde die Liquiditätsausstattung von Wirtschaft und Staat dadurch gesichert, dass Unternehmen, öffentliche Kassen, Bahn und Post eine Erstausstattung in gesetzlich vorgeschriebener Höhe erhielten; so bemaß sich zum Beispiel der Geschäftsbetrag für private Arbeitgeber auf 60 D-Mark je Beschäftigten. Insgesamt gelangten im Laufe der ersten Woche nach dem Stichtag bereits vier bis fünf Milliarden D-Mark in Umlauf.

Vorbereitung und Organisation der Währungsumstellung gelten bis heute als administrative und logistische Meisterleistung. In Bremen wurden am 20. Juni 1948 zur Verteilung des Kopfgelds an die Bevölkerung 658 Ausgabestellen eingerichtet, und zwar in der Regel bei den Ernährungsämtern, denen auch die Abgabe der Lebensmittelkarten oblag. Die Umstellung der Bankkonten erfolgte durch die Kreditinstitute. Der Barumtausch verlief Pressemeldungen zufolge reibungslos. Am Montag nach der Bargeldausgabe bot sich nach Aussage eines Zeitzeugen ein unvergessliches Bild: »Ein Strom von Käufern und Schaulustigen beherrschte die Bahnhofstraße, die Obernstraße und das Ostertorviertel [...]. Man konnte es noch nicht fassen, dass die Schaufenster plötzlich zum Kauf einluden, dass Nahrungsmittel, Bedarfsartikel angeboten wurden, fast ein Bild wie in den sagenhaften ›Friedenszeiten‹.« Bäckerläden boten frische Brötchen, Weißbrot und Erdbeertorte an, und selbst ausländische Genussmittel erschienen wieder auf dem Markt. Ermöglicht wurde dieser »Schaufenstereffekt« vor allem durch die Auflösung zurückbehaltener Warenbestände und rasche Produktionssteigerungen durch den Zugriff auf gehortete Rohstoffe. Die D-Mark hatte ihre erste Bewährungsprobe auch in Bremen erfolgreich bestanden.

Hortung. Den Verbrauchern blieb in Geschäften und vor Schaufensterauslagen zunehmend der Blick ins Leere und auf dem Schwarzmarkt eskalierte der Preisanstieg.

Das der Währungsreform zugrunde liegende Währungsgesetz sah den Umtausch von Reichsmark in die neue D-Mark im Verhältnis 1:1 vor, allerdings galt diese Regelung nur für ein »Kopfgeld« von zunächst 40 D-Mark, das wenig später auf 60 D-Mark aufgestockt wurde. Die Umrechnung von Bankguthaben erfolgte zum Kurs von 10:1, ebenso der Umtausch von Reichsmark-Bargeldbeständen, die über das bereits eingetauschte Kopfgeld hinausgingen. Auch Schulden bzw. Verbindlichkeiten wurden (bis auf Hypothekarschulden) im Verhältnis 10:1 umgestellt. Die Staatsschuld wurde ganz gestrichen. Unter

Banken

Die Währungsreform war auch die erste große Bewährungsprobe der Bremer Landeszentralbank (LZB). Im März 1947 war sie vom Senat eingesetzt worden, nachdem die Militärregierung bereits im Juli 1945 die nicht-staatlichen Kreditinstitute wieder zum Geschäft zugelassen hatte und auch die Reichsbankhauptstelle den Geld- und Überweisungsverkehr wieder aufnehmen konnte. Die Landeszentralbank war im Bankenrat vertreten. Ihre wichtigsten Aufgaben waren die Durchführung der Beschlüsse des Bankenrats, die Versorgung der Kreditinstitute mit Liquidität und die Pflege des Bankenzahlungsverkehrs (Clearing). 1948 wurde die Bremer LZB Teil der kurz zuvor als Zentralbank der amerikanischen und der britischen Besatzungszone gegründeten »Bank deutscher Länder«. 1957 schließlich wurde die Landeszentralbank zu einer Hauptverwaltung der zur Deutschen Bundesbank umgewandelten Bank deutscher Länder.

Im Rahmen der Währungsreform übernahm die Bremer LZB wesentliche organisatorische Aufgaben, nachdem ihr Verwaltungsrat erst zwei Tage vor der Reform, am 18. Juni 1948, unter strengster Geheimhaltung zu einer Sondersitzung zur Regelung der technischen Erfordernisse einberufen worden war.

Zu den Aufgaben der LZB gehörten auch die Bereitstellung kurzfristiger Kassenkredite an die öffentlichen Verwaltungen sowie die Kurspflege öffentlicher Anleihen an der 1949 wiedereröffneten Bremer Wertpapierbörse. Dort wurden neben Anleihen u.a. auch Aktien regionaler Unternehmen gehandelt und letzteren dadurch die Kapitalbeschaffung erleichtert. Die Bremer Wertpapierbörse stand in der Nachfolge der im 17. Jahrhundert aus dem Waren- und Wechselgeschäft hervorgegangenen Bremer Effektenbörse, die 1934 auf Betreiben der Nationalsozialisten schließen musste.

Nach der Währungsreform gelangten auch die privaten Geschäftsbanken allmählich zu neuer Blüte. Angesichts des stabilen Geldes lohnte die Bildung von Spareinlagen wieder, wenn auch anfänglich mit niedrigen Sparquoten; die Unternehmen nahmen kurz- und langfristige Kredite auf; und der bargeldlose Zahlungsverkehr nahm zu. An der Belebung hatten sowohl heimische Kreditinstitute als auch die Ableger der Großbanken teil, letztere

Ein besonderer Moment im Bild festgehalten: 40 D-Mark werden ausgezahlt, 20. Juni 1948

Die Landeszentralbank Am Wall 121

Weichenstellungen des Aufschwungs

anfänglich sogar mit gewachsener Autonomie, weil die Militärregierung die Großbanken wegen ihrer Verstrickung in das NS-Regime 1947 in mehr oder minder selbstständige regionale Institute zerschlagen hatte. Die Bremer Filiale der Deutschen Bank firmierte vorübergehend als »Diskonto-Bank Bremen« und die Filiale der Commerzbank als »Bremer Handelsbank«. Die Bremer Bank konnte als Tochter der Dresdner Bank ihren traditionellen Namen beibehalten.

Größtes bremisches Kreditinstitut war, in der Rechtsform eines eingetragenen Vereins, bereits vor dem Krieg die »Sparkasse in Bremen«. Stark in der Region verankert, wickelte sie nicht nur ihr operatives Geschäft in Bremen ab, im Gegensatz zu den Großbanken fielen, unter ausdrücklicher Berücksichtigung lokaler Interessen, auch die strategischen Entscheidungen einschließlich der Gewinnverwendung vor Ort. Mit knapp 100 Mitarbeitern wurden die Geschäfte 1945 in noch halb zerstörten Gebäuden wieder aufgenommen und 1946 der Verwaltungsrat aus mehreren hundert Bürgern aller sozialen Schichten neu gebildet. In den kalten Nachkriegswintern war ein Teil der Mitarbeiter damit beschäftigt, im Moor bei zwei Torfwerken Torf zu stechen, um die Geschäftsräume notdürftig beheizen zu können. Bis Mitte 1948 ruhte die eigentliche Geschäftstätigkeit weitgehend, bis die Währungsreform die Sparkasse, wie alle Kreditinstitute, mit besonderen Herausforderungen bei der Kontenumstellung und anderen Aufgaben konfrontierte. Andererseits setzte die Reform das Startzeichen für eine geordnete wirtschaftliche Entwicklung und das Aufblühen des Einlagen- und Kreditgeschäfts. Als gemeinnützige Institution nahm sie bald auch ihre kulturellen und sozialen Aktivitäten wieder auf. Diese begannen bereits vor der Währungsreform mit der Abwicklung der amerikanischen Care-Paket-Aktion in Bremen. Viele öffentliche Einrichtungen Bremens, der Wiederaufbau zahlreicher historischer Gebäude, Schullandheime und soziale Initiativen wären ohne die frühe engagierte Unterstützung der Sparkasse mit ihrer ausgeprägten Verwurzelung in der Region nicht denkbar.

20-Mark-Schein. Zur Verwendung in Deutschland nach Ende des Krieges ließ das amerikanische Militär bereits im Jahr 1944 Papiergeld drucken

»Eine halbe Deutsche Mark«, ausgegeben ab Juni 1948

Fünf-D-Mark-Schein der Bank deutscher Länder vom 9. Dezember 1948

Übergang zur sozialen Marktwirtschaft

Ursache des nach 1948 einsetzenden Aufschwungs war nicht nur die neue Währung, sondern auch die Zug um Zug eingeleiteten liberalen Wirtschaftsreformen durch den damaligen »Direktor der Verwaltung für Wirtschaft der Bizone« (und späteren Bundeswirtschaftsminister) Ludwig Erhard. Sie fanden mit Wirkung vom 24. Juni 1948, nur wenige Tage nach der Währungsreform, ihren Niederschlag in dem »Gesetz über die Leitsätze für die Bewirtschaftung und Preispolitik nach der Geldreform«, das gegen den Widerstand der

Übergang zur sozialen Marktwirtschaft

Sozialdemokraten im Wirtschaftsrat, dem »Parlament« der Bizone, durchgesetzt wurde. Die SPD sah in dem Gesetz einen ersten Schritt hin zu »liberalwirtschaftlichen, privatkapitalistischen Verhältnissen«, obwohl sie nicht grundsätzlich gegen eine Aufhebung der bisherigen Form der Bewirtschaftung war. In Bremen verfolgten die Sozialdemokraten eine Symbiose von Demokratie und Sozialismus, um eine Neuauflage der für den NS-Staat charakteristischen Verquickung von Großkapital und Politik zu verhindern. Wilhelm Kaisen wiederum hielt nicht viel von den langatmigen programmatischen Debatten, er mahnte vielmehr schnelle, pragmatische Lösungen an und konnte sich mit marktwirtschaftlichen Konzepten mehr anfreunden als seine Partei. Handelskammer und Wirtschaftsverbände unterstützten mehrheitlich Erhards Bemühungen und die von ihm gesetzten Ziele.

Erhard stellte mit dem »Leitsätzegesetz« die bisherigen Prioritäten beim Wiederaufbau auf den Kopf, indem er primär auf die belebende Wirkung des Konsumgütersektors setzte. Zuvor hatten Wiederaufbau und Erweiterung der Produktionskapazitäten Vorrang vor der Verbrauchsgüterindustrie. Nunmehr sollte nicht länger eine Zentralverwaltung darüber entscheiden, was produziert wurde, sondern die Nachfrage und entsprechende Preissignale. Dementsprechend wurden die Konsumgüter aus der Preisbindung entlassen und die Preisbildung dem freien Spiel der (Markt-)Kräfte übertragen, in der Erwartung, dass sich die Produzenten an den Verbraucherwünschen orientierten. Allerdings wurden nicht sofort sämtliche Preise freigegeben; in wesentlichen Bereichen der Ernährungswirtschaft sowie bei Erdöl, Benzin, Dünger und den Erzeugnissen der Eisen schaffenden Industrie blieb die Preisbindung vorläufig ebenso bestehen wie bei Mieten, Pachten und Verkehrstarifen. Die staatliche Bewirtschaftung von Butter und Milch wurde erst 1950 aufgehoben und auch der Lohnstopp blieb bis November 1948 in Kraft. Bei den preisgebundenen Waren hielt sich noch eine Zeit lang ein begrenzter

Zwei Bremer Mädchen beim Milchtrinken. Das Bild stammt aus einer amerikanischen Filmsequenz, aufgenommen in der Neustadt kurz nach Kriegsende 1945

Schwarzmarkt, wenn auch ohne die vor der Reform übliche Preistreiberei.

Erste Erfahrungen führten in Bremen zu einer breiten Zustimmung zu den Reformen, vor allem in der Wirtschaft. Für die Unternehmen, insbesondere die Hersteller von Konsumgütern, ergaben sich neue Absatzchancen und Produktionsanreize. Auch die Arbeiterschaft war von den Reformen zunächst angetan, weil sie schnell zur Entspannung der Versorgungslage beitrugen, und Bürgermeister Kaisen begleitete die Umstellung mit Wohlwollen.

Indes zeigten sich bald erste Probleme. Diese waren aufgrund der Umstellung von jahrelanger Zwangsbewirtschaftung auf marktwirtschaftliche Bedingungen ebenso unvermeidlich wie dadurch, dass es für den Umfang der Geldversorgung mit D-Mark keine verlässlichen Maßstäbe gab. Weder waren die gehorteten Warenbestände genau bekannt noch das Produktionspotenzial, mit dem die Wirtschaft 1948 den Neubeginn antrat. Und so stellte sich bereits in der zweiten Hälfte des Jahres 1948 heraus, dass das Geldmengenwachstum im Verhältnis zum Güterangebot zu groß war und es bei Waren ohne Preisbindung zu einem starken Preisanstieg kam. Der Index

Weichenstellungen des Aufschwungs

der Lebenshaltungskosten und die industriellen Preise erhöhten sich im zweiten Halbjahr 1948 um 14 Prozent, Grundstoffe verteuerten sich sogar um 21 Prozent. Erschwert wurde die Lage dadurch, dass in dieser Zeit die Marshallplan-Lieferungen verzögert und in »enttäuschendem Umfang« auf den Markt kamen und der Außenhandel stagnierte. Die unerwartete Entwicklung drohte das Vertrauen in die neue Währung zu erschüttern und die soziale Balance zu gefährden. Tatsächlich kam es im November 1948 zu einem eintägigen Generalstreik gegen Preistreiberei. In Bremen demonstrierten bereits am Vortag des Generalstreiks 30.000 Menschen gegen »Preiswucher« und »wirtschaftliche Ungerechtigkeit« von Währungsreform und Leitsätzegesetz, weil Sachvermögen und Eigentumsverhältnisse ebenso unangetastet blieben wie die enormen Gewinne, die nach der Währungsreform durch die Enthortung von Lagerbeständen erzielt wurden. In gewerkschaftlichen Verlautbarungen hieß es dazu, die Währungsreform habe sich als »Fata Morgana für die Arbeit-

nehmer« erwiesen. Die Handelskammer warnte indes davor, das Erreichte durch überzogene Preisforderungen und unsoziales Verhalten zu verspielen. Die Preisbildungsstelle Bremen kündigte an, gegen alle »Preissünder« rücksichtslos vorzugehen.

Eine Lösung zeichnete sich im November 1948 durch die Aufhebung des Lohnstopps ab, die schon bald die Löhne kräftig steigen ließ, und zwar im Durchschnitt um 14 Prozent bis 1949. Dadurch wurden die Preissteigerungen mehr oder minder kompensiert, sodass sich die Realeinkommen stabilisierten, wenn auch noch auf niedrigem Niveau. Schätzungen zufolge lag der durchschnittliche Lebensstandard etwa ein Viertel unter dem des Jahres 1939. Zugleich zeigte bis Ende 1948 die von der Bank deutscher Länder eingeleitete restriktive Geldpolitik Wirkung. Der Preisauftrieb kehrte sich um, 1950 erreichten die Verbraucherpreise einen Rekordtiefstand. Für die westdeutsche Wirtschaft begann übergangslos eine 15-monatige deflationistische Phase mit zuweilen depressiver Grundstimmung.

Das Produktionswachstum schwächte sich, vor allem infolge des weiterhin anhaltenden Rohstoffmangels, erheblich ab. Dies führte zusammen mit dem Anstieg der Erwerbspersonen durch den anhaltenden Strom von Kriegsheimkehrern, Flüchtlingen und Vertriebenen und den sich seit der Währungsreform wieder rechnenden Rationalisierungsmaßnahmen der Unternehmen zu einem sprunghaften Anstieg der Arbeitslosigkeit. Die Zahl der Arbeitslosen stieg in Westdeutschland im Jahr 1949 von 500.000 auf fast zwei Millionen. In Bremen erhöhte sich Arbeitslosenzahl von gut 6000 im Juni 1948 auf weit über 20.000 im Jahre 1950. Erst mit Ausbruch des Koreakriegs im Juni 1950 sollte sich das Blatt wenden und die anziehende Nachfrage schließlich in das »Wirtschaftswunder« münden.

Der Aufschwung wurde begleitet und gefördert durch großzügige steuerliche Regelungen für Unternehmen. Sie trugen indes zu auffälligen Schieflagen bei der Vermögens-

Foto im »Weser-Kurier« zum Bericht über die Demonstrationen gegen »Preiswucher« und die Kundgebung auf dem Domshof, 11. November 1948

Etwa 30 000 Bremer demonstrierten am Dienstag auf dem Domshof gegen Preiswucher und wirtschaftliche Ungleichheit. Auf der Kundgebung, die ohne jede Störung verlief, sprach Hans B ö h m , Mitglied des Bundesvorstandes des DGB (rechts oben im Bild) über die Forderungen der Gewerkschaften. Fotos: Cuppers Stockhaus.

verteilung bei. Bereits die Währungsreform hatte die Besitzer von Sachwerten (Produktivvermögen, Immobilien), aber auch die Geldschuldner einseitig begünstigt. Dagegen hatten die Besitzer von Geldforderungen (Sparguthaben, Anleihen, Lebensversicherungen) ihr Vermögen weitgehend eingebüßt.

Besonders betroffen waren darüber hinaus Flüchtlinge und Vertriebene: Sie hatten in der Regel ihr gesamtes Hab und Gut verloren und standen buchstäblich vor dem Nichts, ähnlich erging es manchen Einheimischen durch die Zerstörung ihrer Häuser. Zur Abhilfe sollte ein Lastenausgleich Notstände beheben und offenkundige Schieflagen korrigieren. Erste Maßnahmen wurden bereits 1948 bzw. als »Soforthilfe« 1949 eingeleitet und das gesamte Maßnahmenbündel mit dem Lastenausgleichsgesetz (LAG-Gesetz) 1952 auf eine gesetzliche Grundlage gestellt. Die für den Lastenausgleich erforderlichen Finanzmittel sollten durch die Eigentümer von Sachvermögen und die Reichsmarkschuldner aufgebracht werden. Gleichwohl kam es nicht zu einer nennenswerten Korrektur der Vermögensverteilung, weil der Gesetzgeber auf eine unmittelbare Beteiligung der Geschädigten am vorhandenen Produktivvermögen verzichtete und die Gelder stattdessen als soziale Transferleistungen ausgezahlt wurden. Daher erwies sich der Lastenausgleich in erster Linie als sozialpolitische Maßnahme zur Stärkung der Massenkaufkraft und zur Ankurbelung der Konjunktur.

Da in Bremen anfänglich der Anteil von Flüchtlingen an der Gesamtbevölkerung insgesamt relativ gering blieb, gab es im Land weniger LAG-Begünstigte als in anderen Regionen. Indes galt auch für die Hansestadt, dass mit dem im Jahr 1951 einsetzenden Wirtschaftsaufschwung, der die Arbeitslosigkeit reduzierte und die Einkommen rasch steigen ließ, das Problem der Verteilungsgerechtigkeit im öffentlichen Bewusstsein in den Hintergrund rückte. Dieser Boom hat in der Folge auch maßgeblich dazu beigetragen, Flüchtlinge und

Hochbetrieb im Bremer Arbeitsamt

Vertriebene erfolgreich in die westdeutsche Gesellschaft zu integrieren und den sozialen Frieden zu sichern.

Der Marshallplan

Eine wichtige Rolle für den wirtschaftlichen Wiederaufbau Westdeutschlands spielte der Marshallplan. Das von dem damaligen amerikanischen Außenminister George C. Marshall in seiner berühmten Rede am 5. Juni 1947 an der Harvard-Universität als »Kampfprogramm gegen Hunger, Armut, Verzweiflung und Chaos« angekündigte Hilfs- und Wiederaufbauprogramm (European Recovery Programme, ERP) war vor dem Hintergrund des beginnenden Kalten Krieges ausdrücklich darauf abgestellt, die Westintegration Deutschlands im Kontext des europäischen Wiederaufbaus zu fördern und zum Gelingen der eingeleiteten Wirtschaftsreformen beizutragen. Als Schaltstelle für die Umsetzung des Marshallplans wurde die Economic Cooperation Administration (ECA) errichtet. Die Marshallplan-Lieferungen traten an die Stelle der bisherigen staatlichen Nahrungsmittelhilfslieferungen aus dem GARIOA-Program, rein humanitäre Lieferungen der USA in Regie von CARE und CRALOG liefen zunächst weiter.

Weichenstellungen des Aufschwungs

Europa soll angekurbelt werden. Plakat für den Marshallplan

Mehr noch als zur unmittelbaren wirtschaftlichen Erholung hat der Marshallplan zur Schaffung zukunftsträchtiger Rahmenbedingungen für die westdeutsche Wirtschaft und zur internationalen Rehabilitation der Bundesrepublik beigetragen. Im Vergleich dazu waren die realen Leistungen eher bescheiden. Die Marshallplan-Lieferungen haben die politisch Verantwortlichen in Westdeutschland in ihren ursprünglichen Erwartungen sogar auf ganzer Linie enttäuscht; als Initialzündung des Aufschwungs seien sie viel zu spät gekommen, klagte auch die Bremer Handelskammer. Mit anderen Worten: Ohne die gleichzeitig vorgenommenen Wirtschaftsreformen, das Wissen und die Leistungsmotivation von Unternehmen und Arbeitnehmern wären die Wirkungen des Marshallplans mehr oder minder verpufft.

Rückwirkungen auf die bremische Handelsflotte

Bremen hat vom Marshallplan weit überdurchschnittlich profitiert. Wie bereits bei den GARIOA-Lieferungen wurde Bremen auch zum Haupteinfuhrhafen der deutschen Marshallplan-Lieferungen. Zusammen mit dem militärischen Nachschub (in Bremerhaven) sorgten sie für einen beschleunigten Wiederaufbau der Hafenanlagen und für überdurchschnittliche Umschlagsteigerungen mit positiven Beschäftigungswirkungen.

Der Gesamtumfang der westdeutschen Lieferungen aus dem Marshallplan lag mit insgesamt 1560 Millionen D-Mark in etwa auf dem Niveau der GARIOA-Lieferungen mit 1620 Millionen D-Mark. Die Art der Leistungen unterschied sich indes erheblich: Die Marshallplan-Hilfen bestanden vor allem aus industriellen Rohstoffen sowie, wenn auch in geringerem Umfang, aus Investitionsgütern und erleichterten damit die Ankurbelung der westdeutschen Produktion. Als »Hilfe zur Selbsthilfe« zeigte das Programm rasch Wirkung, der Anteil der Auslandshilfe an den westdeutschen Gesamteinfuhren sank von 37 Prozent im vierten Quartal 1949 auf drei Prozent im Jahr 1952.

Außerdem förderten Marshallplan und Kalter Krieg bei den westlichen Alliierten die Überzeugung, dass ein wirtschaftlich erstarkendes und in den Weltmarkt integriertes Westdeutschland im Interesse der Aktivierung seiner Devisenbilanz auf eine eigene Handelsflotte und eigenen Schiffbau angewiesen war. Nach und nach wurden, wie beim Schiffbau, auch der Handelsschifffahrt schrittweise Erleichterungen zugestanden, beginnend mit der Genehmigung des Betriebs einiger Küstenmotorschiffe mit begrenzter Größe und Geschwindigkeit für die Schifffahrt entlang

Rückwirkungen auf die bremische Handelsflotte

der deutschen Küste, wenig später auch für die europäische Küste. Als erste bremische Reederei nahm die traditionell auf Küstenschifffahrt spezialisierte »DDG Neptun« ihre Tätigkeit wieder auf. Ihr waren nur kleine, alte Dampfer geblieben, doch bereits 1948 konnte sie erste Liniendienste nach Skandinavien wieder aufnehmen. Wenig später richtete auch die »Hansa« wieder Liniendienste ein und begann ab 1949 mit dem Neuaufbau ihrer Flotte, zunächst mit kleinsten Motorschiffen (»Iran«, »Irak«), ab 1950 auch mit größeren Frachtern für die Trampschifffahrt. Anfang der 1950er Jahre waren dann nach Aufhebung weiterer Restriktionen endgültig die rechtlichen Grundlagen für den Wiederaufbau der Handelsflotte gelegt. Die wirtschaftlichen Bedingungen blieben indes noch längere Zeit schwierig.

Die deutschen Reeder hatten praktisch ihr gesamtes Anlagevermögen verloren, und die verbliebenen flüssigen Mittel wurden durch die Währungsreform auf einen Bruchteil zusammengestrichen. Die Finanzierung neu angeschaffter Schiffe erfolgte aus Mangel an Eigenkapital im Wesentlichen durch teures Fremdkapital, und bei der Preisgestaltung hatten die Reeder gegenüber den verhandlungsstarken Werften anstelle von Festpreisen Gleitklauseln hinzunehmen, die den Werften nachträgliche Preiserhöhungen während der Bauzeit des Schiffes erlaubten. Zudem litt die terminliche Verlässlichkeit der Schiffsablieferungen unter häufigen Materialengpässen der Werften.

Gleichwohl wurde ab 1950, gefördert durch staatliche Hilfsprogramme, der Wiederaufbau der bremischen Flotte gezielt in Angriff genommen. Zunächst wurden vor allem gebrauchte oder beschädigte Schiffe aus dem Ausland erworben, bis mit der völligen Aufhebung der Schiffbaurestriktionen im Frühjahr 1951 auch neue Schiffe in Dienst gestellt wurden, wobei der größte Teil der Bauaufträge bei bremischen Werften platziert wurde. So gelang es, die Zahl der Schiffe bis Herbst 1952 auf 138 mit einem Raumgehalt von 280.000 BRT zu vervielfachen. Der bremische Anteil an der gesamten deutschen Handelsflotte näherte sich mit 22,5 Prozent wieder dem Vorkriegs-

Die »Iran« der DDG »Hansa« in Kopenhagen 1951. Das Schiff entstand durch Umbau eines zuvor antriebslosen Leichterfahrzeugs

Entwicklung in der Industrie

Neubau »Antares« im Auftrag der Argo-Reederei auf der Helling des Bremer Vulkans in Vegesack im Jahr 1950

stand (von 32 Prozent) an. Zug um Zug mit der wirtschaftlichen Erholung kehrte der Hafen zu seinen traditionellen Funktionen und dem gewohnten Bild zurück.

Allerdings vermochte die anfängliche Privilegierung der bremischen Häfen durch Hilfslieferungen und Marshallplan nicht die Faktoren zu kompensieren, die zwischen 1949 und 1951 für einen ersten negativen Abkoppelungstrend der bremischen Wirtschaft gegenüber dem Bund verantwortlich waren.

Entwicklung in der Industrie

In ihrem ersten Nachkriegsbericht stellte die Handelskammer 1947 fest, dass der »eigentliche Kern der bremischen Industrie in seinen Grundzügen erhalten geblieben« sei und

Krieg und Zerstörung keinen »Strukturwandel größeren Stils« ausgelöst hätten. Dabei blieb wegen der umfangreichen Demontagen, der mehr oder minder langen Produktionsbeschränkungen von Schlüsselindustrien und der Rohstoffabhängigkeit die bremische Entwicklung zunächst hinter dem Bundestrend zurück, mit der Folge einer langsameren Entlastung des Arbeitsmarktes. Nachdem durch Währungsreform und Übergang zur Marktwirtschaft die Voraussetzungen für einen Neuanfang geschaffen und verbliebene Produktionsverbote und -beschränkungen aufgehoben waren, sorgte seit der zweiten Jahreshälfte 1950 der Korea-Boom für einen bis dahin kaum für möglich gehaltenen Aufschwung. Hatte anfänglich in erster Linie die Rohstoffversorgung das Produktionsvolumen begrenzt, so wurde nach einem vorübergehenden Anstieg der Arbeitslosigkeit im Gefolge der Währungsreform auf rund 20.000 (1950) seit Beginn der 1950er Jahre immer mehr der Arbeitskräftemangel zum limitierenden Faktor.

Industrie allgemein

In den bremischen Industriebetrieben lag der Beschäftigtenstand noch Ende 1947 bei lediglich 43 Prozent des Standes von 1939. Danach entwickelten sich zwischen 1947 und 1950 die einzelnen Industriezweige, wie die nachfolgende Tabelle zeigt, in unterschiedlichem Tempo.

Auffallend ist der rasche Wiederaufstieg des Fahrzeugbaus. Autorisiert durch eine bereits im Juli 1945 erteilte Produktionslizenz der Militärregierung begann das Unternehmen Borgward mit dem Bau von dringend benötigten Lastkraftwagen, wobei ihm von Beginn an ein Teil seiner erfahrenen Stammbelegschaft wieder zur Verfügung stand. Im Schiffbau hingegen behalfen sich die Werftbetriebe bis zur unbeschränkten Wiederzulassung (1951) mit schiffbaufremder Fertigung, mit Reparaturen und der Produktion kleinerer Schiffe wie Fischdampfern. Dagegen nahm die Entwicklung im Maschinenbau, in Gießereien, im Stahl- und Eisenbau schnell einen positiven Verlauf. Viele Unternehmen waren bis Kriegsende auf Zulieferungen zum Schiffbau spezialisiert, sie konnten sich aber auch wegen der hohen fertigungstechnischen Elastizität der ihnen verbliebenen Anlagen auf dringend erforderliche Reparaturen, auf den Wiederaufbau von Gebäuden sowie auf ein breites, konsumorientiertes Produktionsprogramm umstellen, darunter Kochherde, Brennhexen, Kochtöpfe und Feuerzeuge.

Auch die bremische Textilindustrie (Wolle, Jute, Tauwerk) konnte sich relativ früh erholen, vor allem durch bevorzugte Belieferung mit Rohstoffen aus Marshallplan-Mitteln. Außerdem entstand eine Vielzahl kleinerer Betriebe im Bekleidungsbereich (Strickereien, Wirkereien etc.). Die Lebensmittel- und Genussmittelindustrie, darunter Kaffeeröstereien,

Erwerbstätigkeit in Bremer Industriebranchen 1947 und 1950 nach dem Handelskammerbericht 1950 (Erwerbstätige in Prozent von 1939)		
	1947	1950
Industrie insgesamt	43	70
Fahrzeugbau	37	142
Schiffbau	18	21
Maschinenbau, Gießereien, Stahl- und Eisenbau	81	128
Textilindustrie	68	118
Genussmittel	48	92
Lebensmittel	53	73
Elektro, Feinmechanik	82	78
Bekleidung	64	98

Tabakverarbeitung und Reismühlen, legte dagegen erst dann deutlich zu, als die Devisenbewirtschaftung gelockert war und die benötigten Rohstoffe wieder in ausreichender Menge zur Verfügung standen. Margarineindustrie und Ölmühlen mussten ihren Betrieb vorübergehend ganz einstellen.

Im bremischen Flugzeugbau (Weser-Flug und Focke-Wulf) waren 1944 noch annähernd 35.000 Arbeitskräfte beschäftigt, darunter mehrheitlich ausländische Zwangsarbeiter. Das bis 1955 geltende Produktionsverbot ließ den Bau von Flugzeugen 1945 zunächst auf null sinken. In unzerstörten oder reparierten

Ankunft des ersten Tabakimports am 15. Dezember 1948 im Bremer Überseehafen

Entwicklung in der Industrie

Werkhallen ließen sich an verschiedenen Standorten neu gegründete Betriebe nieder, wie die »Norddeutsche Mende-Rundfunk GmbH« und die Spinnereimaschinenfabrik »Frisia«, die Textilmaschinen reparierte und auch Prothesen herstellte. Der Flugzeugbau selbst wagte bald einen Neuanfang mit dem Bau von Segelflugzeugen. Auf dem früheren Focke-Wulf-Gelände in Hastedt nahm 1945 die Hansa-Waggonbau GmbH zunächst mit Reparaturen, dann mit dem Bau von Eisenbahnwaggons ihren Betrieb auf.

Interimslösungen im Schiffbau

Kein Zweig der bremischen Industrie hat die Stadt, ihr Selbstverständnis, ihre soziale Struktur und ihr Erscheinungsbild, über lange Zeit so geprägt wie der Schiffbau mit seinen gewaltigen Anlagen, den weithin sichtbaren Helgen, seinen Docks und Kränen. Die Öffentlichkeit nahm lebhaften Anteil an den Stapelläufen der großen Neubauten, und Schiffstaufen lockten Prominenz in die Stadt und verliehen ihr entsprechenden Glanz. Ganze Stadtteile wurden von der Werftindustrie und ihren Zulieferern geprägt und entwickelten mit Vereinsleben und besonderen Einrichtungen entsprechende Traditionen. Der Schiffbau gab bis zu 16.000 Menschen in der Stadt Beschäftigung, er war Nährboden der Arbeiterbewegung und ihrer Organisationen, und von seinem Wohlergehen hingen zu einem wesentlichen Teil auch die Staatsfinanzen ab.

Während des Krieges waren die bremischen Werften im Wesentlichen mit dem Bau von Kriegsschiffen und anderen Rüstungsgütern beschäftigt. Besonders die A.G. »Weser« war als Rüstungsschmiede hervorgetreten. Das Unternehmen hatte sich auf den Bau von Unterseebooten spezialisiert und zeitweise nahezu 20.000 Menschen beschäftigt, darunter zahlreiche Zwangsarbeiter, Kriegsgefangene und (seit 1944) auch Häftlinge aus dem KZ Neuengamme. Bombenangriffe fügten der A.G. »Weser« erhebliche Schäden zu, die 1945 im Rahmen einer Bestandsaufnahme auf 40 Prozent bei den Gebäuden und 25 Prozent bei den Maschinen geschätzt wurden. Höhere Maschinenschäden konnten durch rechtzeitige Auslagerung von Anlagen vermieden werden. Das Bremen Port Command gelangte 1945 zu der Einschätzung: »It has been badly bombed, but still is very usefull.« Umso mehr traf die Werft der Demontagebeschluss der Alliierten, der bis 1948 weitgehend umgesetzt wurde.

Hauptaktionär der seit 1926 als Deschimag A.G. »Weser« firmierenden Werft war (seit 1941) die Firma Friedrich Krupp, Essen, die durch Rüstungsproduktion und Zwangsarbeit als politisch besonders belastet galt. Da der A.G. »Weser« anfangs jegliche Produktionsaufnahme verweigert wurde, kam es im Sommer 1946 zu der von der Militärregierung tolerierten Gründung einer Auffanggesellschaft durch bremische Kaufleute und die Norddeutsche Kreditbank, der »Bremer Maschinenbau und Dockbetrieb GmbH« (Bremer Dock). Die Großwerft verpachtete die ihr verbliebenen Maschinen zusammen mit den benötigten Gebäuden und Betriebsanlagen an die neue Gesellschaft, die das Reparatur- und Fabrikationsgeschäft der Großwerft fortsetzte und deren Stammbelegschaft übernahm. Im Mai 1948 ging die »Bremer Dock« nach langen Auseinandersetzungen wieder in der A.G. »Weser« auf, der noch im selben Jahr die Durchführung von Schiffsreparaturen und der Maschinenbau genehmigt wurden.

Zwischenzeitlich hatte der Krupp-Konzern einen Vorstoß unternommen, seine Beteiligung an der A.G. »Weser« an den Bremer Senat zu veräußern – eine Absicht, die von linken Kräften in der SPD als Chance des erhofften Systemwechsels zum Sozialismus begriffen wurde. Die entsprechenden Verhandlungen zwischen dem Senat und Krupp scheiterten jedoch, nachdem sich ein Ende der alliierten Schiffbaurestriktionen, verbunden mit einem weltweiten Nachfrageboom bei Schiffen, abzeichnete. Krupp bekannte sich wieder zu seiner Bremer Beteiligung und stockte sie 1955 auf über 80 Prozent auf.

Die zweite Bremer Großwerft, der Bremer Vulkan in Vegesack, blieb von Bombenschäden und Demontagen weitgehend verschont; ein schwerer Luftangriff hatte zwar mehr als 100 Todesopfer gefordert, aber kaum materielle Zerstörungen angerichtet. Auch die kleineren bremischen Schiffbaubetriebe verzeichneten keine größeren Zerstörungen. Zu den Kriegsschäden deutscher Werften insgesamt stellte der Bremer Senator Gustav Wilhelm Harmssen einige Jahre nach Kriegsende fest: »Die deutschen Werften haben durch Kriegshandlungen zum Teil stark gelitten. Doch sind die Schäden keineswegs so schwer gewesen, dass sie nicht in relativ kurzer Zeit und im vollen Umfang hätten beseitigt werden können.«

Einer frühen Belebung des Schiffbaus standen indes nicht nur Zerstörungen, Demontagen sowie Material- und Fachkräftemangel im Wege; hinzu traten vorübergehend harte Produktionsbeschränkungen im Rahmen der Demilitarisierungsstrategie des Potsdamer Abkommens, die erst vor dem Hintergrund des sich verschärfenden Kalten Kriegs und des Marshallplans nach und nach gelockert wurden. Neben strategischen Interessen spielte dabei die Devisenfrage eine zentrale Rolle: Um seine Devisenlücke zu schließen, war Westdeutschland auf eine eigene Handelsflotte und eigenen Schiffbau angewiesen. Aus deutscher Sicht sprachen darüber hinaus besonders Arbeitsplätze, Erhalt qualifizierter Stammbelegschaften, Sicherung von technischem Wissen und die Bedeutung des Schiffbaus für andere Wirtschaftszweige für eine zügige Wiederbelebung. Dabei wusste sich der Bremer Senat mit den süd- und westdeutschen Ländern einig, denn hier hatten die meisten großen Zulieferer der Werften (mit einem Wertschöpfungsanteil

Entwicklung in der Industrie

von rund zwei Dritteln am gesamten Produktionswert eines Schiffes) ihren Sitz.

Besondere Verdienste für die Wiederbelebung des bremischen und deutschen Schiffbaus erwarb sich Bürgermeister Kaisen, indem er alle sich bietenden Gelegenheiten nutzte, um bei der Militärregierung und der Bundesregierung zugunsten des Schiffbaus zu intervenieren, und zwar sowohl im Sinne einer Lockerung der Schiffbaubeschränkungen als auch mit dem Ziel einer bevorzugten Belieferung der Werften mit Rohmaterialien. Dabei kam Kaisen sein gutes, vertrauensvolles Verhältnis zur amerikanischen Besatzungsmacht zugute. Höhepunkt war seine USA-Reise im Jahre 1950 (s. S. 298); deren Bedeutung für den Schiffbau bleibt allerdings umstritten, weil die Zeichen der Zeit ohnehin für eine Aufweichung der Restriktionen sprachen.

Unmittelbar nach Kriegsende begannen die Werften zunächst mit dem Reparaturbetrieb für alliierte und sonstige ausländische Frachtschiffe sowie für deutsche Fischdampfer, Binnenschiffe, Minenräumboote, Fähren, Rettungsboote und Schwimmkräne. Insgesamt wurden von den Werften in der Unterweserenklave zwischen 1945 und 1947 mehr als 5000 Schiffe repariert. Bei den inländischen Schiffen handelte es sich ausnahmslos um Einheiten, die für die Räumung von Wasserstraßen und die Versorgung der inländischen Bevölkerung benötigt wurden. Der Neubau beschränkte sich zunächst auf Binnenschiffe für den Transport amerikanischer Getreidelieferungen nach Süddeutschland. Ab Ende 1947 wurde im Interesse der Nahrungsmittelversorgung auch der Neubau von Fischdampfern wieder zugelassen.

Neben den verbliebenen Schiffbauarbeiten sicherte schiffbaufremde Fertigung den Werften das Überleben, von Haushaltsgerät bis hin zu Maschinen und der Reparatur von Lokomotiven. Dabei blieb der Produktionsumfang relativ gering, denn die Arbeitsproduktivität litt noch lange unter Mangelernährung und Entkräftung der Belegschaften und wiederholten Engpässen bei der Materialbelieferung, insbesondere mit Kohle, Stahl und Eisen.

Mit dem Washingtoner Abkommen vom 13. April 1949 kam es zu einem ersten Durchbruch: Es erlaubte in beschränktem Umfang die Wiederaufnahme des Seeschiffbaus mit Küstenfahrzeugen, Frachtern und Tankern bis zu 7200 BRT und zwölf Knoten maximaler Fahrtgeschwindigkeit. Wenig später, am 22. November 1949, genehmigte das Erste Petersberger Abkommen auch den Bau von Schiffen für ausländische Rechnung, allerdings im Interesse der ausländischen Konkurrenz unter vorläufiger Beibehaltung der vorgenannten Größen- und Geschwindigkeitsbeschränkungen. Die erforderlichen Investitionen im Schiffbau konnten zu einem erheblichen Teil aus dem ERP-Fond des Marshallplans fianziert werden.

Loco-Quote

Die Loco-Quote misst im Grundsatz den Anteil der Güter am Gesamtumschlagsvolumen eines Hafens, der im Hafenwirtschaftsraum produziert oder weiterbearbeitet bzw. umfangreich logistisch behandelt wird. Die Loco-Quote ist somit eine Kennzahl für die wirtschaftliche Verflechtung der im Hafen umgeschlagenen Güter mit der örtlichen Wirtschaft. Eine hohe Loco-Quote macht das Anlaufen eines Hafens für die Seeverkehrswirtschaft attraktiv, begünstigt den Einsatz großer Transporteinheiten und stellt ein für den Hafen relativ sicheres Ladungsaufkommen dar. Die Hafenbindung ist bei Massengut stärker als bei Containern und Stückgut, sofern es im Hafenwirtschaftsraum z.B. in Kraftwerken (Kohle) oder Rohstoff verarbeitenden Betrieben (Eisenerz) weiter verarbeitet wird. Ziel der regionalen Wirtschaftspolitik ist es in der Regel, durch Ansiedelung und Förderung entsprechender Unternehmen die Loco-Quote zu erhöhen.

Auf »Werbetour« für Bremen und für Deutschland in den USA: Bürgermeister Kaisen in Begleitung des Bremer Landesbeauftragten in Bonn, Karl Carstens (ganz links), auf Hafenrundfahrt in New Orleans

Entwicklung im Außenhandel

In der Vergangenheit waren die den Überseehandel treibenden hanseatischen Kaufleute in der Regel in Personalunion auch Schiffseigner und Auftraggeber des Schiffbaus. Ihre Geschäfte betrieben sie als Eigenhandel auf eigene Rechnung und Risiko. Sie verfügten über genauere Kenntnisse der Auslandsmärkte als die Inlandswirtschaft, besaßen oft eigene Niederlassungen im Ausland und hervorragende Verbindungen zu ihren überseeischen Partnern. Eigene Vorratslager garantierten prompte Lieferung, Gütekontrollen sorgten für einwandfreie Qualität der Warenströme, zudem besorgten die Kaufleute den überseeischen Transport und nahmen in Zusammenarbeit mit dem ortsansässigen Bankgewerbe den Kunden die Finanzierung sowie die Absicherung gegen Wechselkursschwankungen ab. Darüber hinaus gründeten sie Banken und große Industrie-

betriebe zur Weiterverarbeitung ihrer Importprodukte wie Wolle, Jute, Getreide, Tabak, Kakao, Holz oder Kaffee, die den Häfen eine von auswärtigen Kunden weitgehend unabhängige hohe Loco-Quote sicherten.

Bereits Ende des 19. Jahrhunderts hatte sich der bremische Außenhandel mehr und mehr auf den Import konzentriert, weil der Ausfuhrhandel durch den wachsenden Direktexport der inländischen Produzenten zurückgedrängt worden war. Der Zweite Weltkrieg entzog dem hanseatischen Außenhandel dann jegliche Grundlagen, nachdem ihm bereits das Autarkiestreben des NS-Staates geschadet hatte. Mit dem Krieg hatten die Handelshäuser ihre Auslandsniederlassungen verloren, und 1945 galt das allgemeine Außenhandelsverbot der Alliierten. Im- und Export lagen ausschließlich in Händen der Besatzungsmächte; es war keiner deutschen Firma gestattet, selbstständig im Ausland einzukaufen oder

Entwicklung im Außenhandel

zu verkaufen. In der Bizone wurde das Außenhandelsmonopol der Joint Export-Import Agency (JEIA) übertragen. Sie entwickelte sich zu einem wichtigen Partner der bremischen Handelshäuser. Erst mit dem Petersberger Abkommen erhielt (West)-Deutschland im November 1949 endgültig das Recht zurück, Verhandlungen über Handels- und Zahlungsabkommen selbst zu führen.

Hauptproblem des Importhandels blieb zunächst der Devisenmangel, denn Einfuhren mussten in US-Währung beglichen werden. Zur Erzielung von Deviseneinnahmen bedurfte es eines florierenden Exports, an den

wegen zerstörter industrieller Kapazitäten, Demontagen, Produktionsverboten und protektionistischer Beschränkungen nicht zu denken war. Die wenigen im Export erwirtschafteten ausländischen Zahlungsmittel mussten abgeliefert werden, und Gutschriften erfolgten in mehr oder minder wertloser Reichsmark. Die Importeure erhielten die Devisen nach zentral festgelegten Prioritäten. Belastend wirkte sich auch die Teilung Europas mit dem Wegfall wichtiger Märkte in Ostdeutschland und Osteuropa aus.

Die Währungsreform erleichterte die Bedingungen für den Außenhandel daher erheblich, wie auch die zeitgleich einsetzenden Dollar-Hilfen aus dem Marshallplan und die alsbald beginnende Integration Westdeutschlands in die neu gegründeten internationalen Institutionen und Vereinbarungen, darunter das Abkommen von Bretton Woods von 1944 zur Stabilisierung der Wechselkurse sowie das Allgemeine Zoll- und Handelsabkommen (GATT) von 1948, das den Abbau von Zöllen und anderen Handelsbarrieren einleitete und den Protektionismus der Zwischenkriegszeit beendete. Als Anfang der 1950er Jahre Ausfuhrüberschüsse erwirtschaftet werden konnten, war die wichtigste Voraussetzung für die schrittweise Abschaffung der Devisenbewirtschaftung gegeben.

Baumwolle

Der Handel mit den Traditionsgütern Baumwolle und Wolle leitete den Neubeginn der hanseatischen Hafenwirtschaft ein. Bei der Baumwolle war der Hintergrund vor allem das Interesse der einflussreichen US-Farmer an der Wiederbelebung ihrer vor dem Kriege umfangreichen Ausfuhren nach Deutschland, das die frühe Blüte der deutschen Textilwirtschaft und deren bevorzugte Versorgung mit knappen Devisen begünstigte. Bereits im Herbst 1945 nahm die Bremer Baumwollwirtschaft direkte Gespräche mit Vertretern der US-Militärbehörde auf, mit dem Ergebnis, dass bereits Anfang

Ziehen einer Baumwollprobe im Bremer Überseehafen um 1950

1946 erste Baumwolllieferungen (aus amerikanischen Armeebeständen) akquiriert werden konnten. Wichtige Voraussetzung war neben der bevorzugten Devisenzuteilung die Wiederzulassung deutscher Firmen zum internationalen Kabel- und Telefonverkehr. In engem Kontakt mit den »Cotton States« gelang es den Baumwollhändlern bereits 1947, ein von der JEIA unabhängiges Ausfuhrkontor für Baumwoll- und Textilgeschäfte zu gründen. Es vertrat die interessierten westdeutschen Textilbetriebe bei Verhandlungen mit amerikanischen Geschäftspartnern und ebnete den Weg für direkte Kontakte mit dem Ausland. Als Gegenstück wurde zugleich ein Einfuhrkontor gegründet, dessen Wirksamkeit allerdings erst 1948 einsetzte.

1947 führte die Bremer Baumwollbörse erstmals nach dem Krieg wieder offizielle Qualitätsarbitragen durch, bei denen durch neutrale Klassierer die Qualität der Ware festgestellt und über den etwaigen Minderwert der gelieferten Baumwolle entschieden wird. Auch die Schiedsgerichtsverfahren wurden wieder eingeführt, mit denen Kontraktstreitigkeiten unter Vermeidung des oft langwierigen ordentlichen Rechtswegs für beide Kontraktparteien auch international verbindlich entschieden werden können. Für sämtliche JEIA-Käufe galten bereits 1947 wieder die »Bedingungen der Bremer Baumwollbörse«; sie sind bis heute das »Grundgesetz« des internationalen Baumwollhandels und als solche wesentlicher Bestandteil der im In- und Ausland geschlossenen Baumwollkontrakte geblieben.

Die bevorzugte Belieferung des Bremer Baumwollhandels mit Rohware erwies sich indes bei der Währungsreform als Problem: Die bereits vor Juni 1948 gebildeten hohen Lagervorräte waren großenteils mit Reichsmark-Krediten finanziert worden. Diese wurden durch den Währungsschnitt kräftig abgewertet und sicherten den Unternehmen entsprechend hohe Gewinne. Infolgedessen kam es vorübergehend zu Kontroversen mit der JEIA und der Militärregierung. Später wurden den Unternehmen diese (Schein-)Gewinne durch das Kreditgewinn-Abgabe-Gesetz wieder abgeschöpft, was in einigen kleineren Unternehmen zu Liquiditätsproblemen führte.

1950 umfasste der Kreis der Baumwollfirmen am Platz Bremen bereits wieder 38 Händler und Kommissionäre, Makler und 26 CIF-Agenten (die vor Ort für ausländische Exporteure tätig sind) sowie 16 Spediteure und fünf Kontrolleure.

Wolle

Wie beim Baumwollhandel kam es auch im Wollhandel zu einer raschen Belebung, u.a. weil Großbritannien an der Ausfuhr von Rohwolle aus dem Commonwealth interessiert war und die deutsche Wollverarbeitung dadurch schnell wieder in Gang kam. So wurde ein »Woll-Einfuhr-Kontor« in Bremen gegründet, dem die JEIA gewisse Freiräume einräumte, vor allem direkte Verhandlungen mit ausländischen Partnern und die Durchsetzung von Qualitätsstandards für Wolleinfuhren.

Ein großer Teil der in den bremischen Häfen umgeschlagenen Rohwolle wurde von der Bremer Wollkämmerei (BWK) weiterverarbeitet. 1883 von sieben Bremer Wollimporteuren im damals preußischen Blumenthal gegründet, hatte sich das Unternehmen schnell zu einem der weltweit bedeutendsten Rohwollverarbeitungen entwickelt. Ihre Produktionsanlagen waren weitgehend unversehrt geblieben, und schon bald konnte die BWK die Belieferung in- und ausländischer Spinnereien mit fertigen Kammzügen wieder aufnehmen. Auch die Norddeutsche Wollkämmerei und Kammgarnspinnerei (Nordwolle), in den 1920er Jahren eines der größten Textilimperien Europas mit Sitz in Bremen, konnte in ihren Fabrikanlagen in Delmenhorst bereits im Juni 1945 die Produktion wieder aufnehmen. Wie der BWK wurde der Nordwolle der schnelle Neustart durch den Zugriff auf heimische Wollvorräte und den begünstigten Wollimport erleichtert.

Bei der Bremer Jute-Spinnerei und -Weberei hingegen verzögerte sich der Neuanfang.

Entwicklung im Außenhandel

Der Hamburger Motorsegler »Achim Griese« macht am 14. Oktober 1949 im Holz- und Fabrikenhafen fest. Er bringt finnisches Tannenschnittholz, geeignet für Wohnungsbau, Fußböden und Fenster

Ihr großes Bremer Werk war 1944 weitgehend zerstört worden (nachdem dort während des Krieges Flachs und Papiergarne verarbeitet worden waren), und sie stellte nach Kriegsende zunächst Strohsäcke für Bergwerke her.

Wein

Der traditionsreiche bremische Weinimport kam nach 1945 infolge Devisenmangels und fehlender Nachfrage nur schleppend in Gang. Der Krieg hatte eine Reihe von Handelshäusern wie J.H. Bachmann, Eggers & Franke, Joh. Eggers & Sohn, Ludwig von Kapff, H. Menke, Reidemeister & Ulrichs und A. Segnitz & Co. durch Zerstörungen um Vorräte, Lagerräume und Büros gebracht; über diese Verluste hinaus hatten sie bedeutende Absatzmärkte im Osten eingebüßt. Aber bereits 1946 erteilte die Militärregierung eine Lizenz für eine Betriebsgemeinschaft bremischer Weinhandelsfirmen und erlaubte den Unternehmen 1947 auch die Herstellung von Spirituosen. 1949 wurden

erste Einfuhrkontingente genehmigt und die entsprechenden Devisen zugeteilt. Die Zahl der Weinimporteure stieg auf rund 30 Firmen an.

Holz

Zu den die Hafenlandschaft mit speziellen Umschlagsanlagen, mit Lagerhallen, Freilagern und Verarbeitungsbetrieben besonders prägenden Traditionsgütern Bremens gehört das Holz. Import, Handel und Verarbeitung blicken auf eine lange Tradition zurück, die durch die günstige Lage Bremens als südlichstem deutschen Nordseehafen, seinem Anschluss an das Binnenwasser- und Eisenbahnnetz mit entsprechender Kundennähe und den weltweiten Verbindungen seiner Handelshäuser, Makler und Agenten begründet wurde.

Der Bremer Holzhandel – auf eigene Rechnung handelnde Importeure, daneben auf fremde Rechnung tätig werdende Makler – war 1945 zunächst von allen Bezugsquellen abgeschnitten. Holz wurde nicht importiert, sondern auf Betreiben der Alliierten aus Deutschland zwangsexportiert. Das verbleibende Holz wurde für besonders dringliche Vorhaben des Wiederaufbaus verwendet.

Im Vordergrund der Holzverarbeitung standen deshalb einheimische Hölzer, besonders Eiche und Buche. Die ersten Importe erfolgten in Regie der JEIA, die u.a. dem Bremer Unternehmen Hinrich Feldmeyer (HIF) erste Einfuhrkontingente für skandinavisches Schnittholz genehmigte. Sie wurden für Bau und Ausrüstung von Fischloggern verwendet, die im Interesse der Versorgung der Bevölkerung seit 1947 vom Schiffbauverbot der Alliierten ausgenommen waren und beim Bremer Vulkan gebaut wurden. Feldmeyer hatte zuvor den Neuaufbau buchstäblich aus dem Nichts mit der Fertigung von Bohnenstangen aus heimischem Holz für den Gemüseanbau begonnen.

Mit der Aussicht auf verbesserte Importchancen wurde 1947 in Bremen der Verein deutscher Holzeinfuhrhäuser e.V. zur Durchsetzung gemeinsamer Interessen gegründet. Der Importhandel nahm dann zunächst die Einfuhr von nordischem Schnittholz wieder auf, das in den großen Hobelwerken wie Steinbrügge und Berninghausen und Louis Krages zu Brettern, Hobeldielen, Leisten und anderen Produkten (Tischler- und Möbelware) verarbeitet und an Einzel- und Großhändler sowie Weiterverarbeiter veräußert wurde.

Erste Traubenauktion im Fruchthof, 1950

Früchte

Der Zweite Weltkrieg hatte beim bremischen Fruchthandel zu einem dramatischen Verlust von Lager- und Bürokapazität geführt, und auch der zentrale »Fruchthof« mit seinen Lager- und Auktionsräumen am Breitenweg war zerstört. Die Einfuhren blieben zunächst äußerst begrenzt und wurden durch die JEIA lizensiert. Bis Ende der 1940er Jahre hatten die Bremer Fruchthandelsunternehmen im System der Bewirtschaftung bloße Verteilerfunktionen. Die Währungsreform von 1948 führte dann, nach vorübergehender Beibehaltung der Bewirtschaftung, rasch zu einer Belebung des

Wertvolle Kühlware: Banenbüschel für den Verkauf auf dem Großmarkt

Entwicklung im Außenhandel

Geschäfts. Am 25. März 1949 wurden erstmalig wieder Apfelsinen aus Spanien und im November 1949 nach zehnjähriger Unterbrechung die ersten Bananen gelöscht. Im Januar 1950 fand in Bremen die erste Fruchtauktion nach Kriegsende statt. Die Einfuhren nahmen schnell zu und drückten auf die – mittlerweile freigegebenen – Endverbraucherpreise. Bedingt durch vorübergehende Zahlungsbilanzdefizite und Devisenprobleme kam es 1950/51 allerdings zu erneuten temporären Einfuhrbeschränkungen und Preiskontrollen.

Bier aus Bremen

Auf eine lange Tradition kann auch die Bierproduktion in Bremen zurückblicken. Aus einem längeren Prozess der Verdrängung kleinerer Braustätten und von Verschmelzungen mit anderen lokalen Brauereien (Haake, Hemelin-

ger) ist die 1826 gegründete Großbrauerei Beck & Co. hervorgegangen. Sie hatte bereits 1939 ihren erfolgreichen Bierexport einstellen müssen, aber Lieferungen an die Wehrmacht und an Reedereien hatten ihr das Überleben während des Krieges gesichert, in dessen Verlauf große Teile der Produktionsanlagen und der Kühlung beschädigt wurden. Als schließlich auch das Maschinenhaus vollständig zerstört wurde, kam es zur Einstellung der Produktion. Da dem Unternehmen seitens der Militärregierung jahrelang die Lizenz zur Wiederaufnahme des Brauereibetriebs verweigert wurde, war die Belegschaft bis zur Währungsreform mit Aufräumarbeiten und der Herstellung alkoholfreier Getränke beschäftigt. Erst nach Aufhebung des Sudverbots (1948) wurde erstmals wieder Bier gebraut und bereits im Dezember desselben Jahres durch Lieferungen nach Bangkok der traditionelle Export wieder aufgenommen. Mit der Marke Beck's wurde der Auslands-

Beck's Bier in der Auslieferung für Gaststätten in Bremen und Umgebung …

… und bereit für den Export per Schiff im Überseehafen

markt und seit 1949 auch der Inlandsmarkt beliefert; mit den Marken Haake-Beck und Hemelinger bediente das Unternehmen den regionalen Markt.

Resümee

Neubeginn und Wiederaufbau der weitgehend zerstörten Stadt Bremen stützten sich vor allem auf das vorhandene Wissen und die Erfahrungen der Überlebenden, erhalten gebliebene Strukturen, Auslandsverbindungen und Rechtstraditionen sowie Produktionsmittel, die unzerstört geblieben waren oder wieder in Gang gesetzt werden konnten. Insofern verbietet es sich von einer »Stunde null« zu sprechen; Deutschland und Bremen begannen nicht auf dem Niveau und unter den Bedingungen der »Dritten Welt«. Hinzu kamen der Überlebenswille der einheimischen und der zugewanderten Bevölkerung sowie charismatische Persönlichkeiten wie Wilhelm Kaisen, die die Bevölkerung durch ihr eigenes Vorbild ermutigten. Der NS-Terror und die Schrecken des Krieges wurden

mehr oder minder verdrängt und politisch belastete Personen im Interesse des Wiederaufbaus faktisch rehabilitiert. Nachdem sich bereits zwei Jahre nach Kriegsende und Phasen existenzbedrohender Not die Zeichen wirtschaftlicher Belebung mehrten und ein Jahr danach (1948) mit Währungsreform, marktwirtschaftlicher Neuorientierung und Marshallplan die Grundlagen für einen dauerhaften Aufschwung gelegt waren, ebnete der Korea-Boom endgültig den Weg für das »Wirtschaftswunder«.

Bremen hatte an dieser Entwicklung in unterschiedlicher Weise teil: Einerseits profitierte das Land früh von der Nutzung seiner Häfen für US-Hilfslieferungen und den militärischen Nachschub der USA; die Häfen erlebten deshalb einen rascheren Neubeginn als die Konkurrenzhäfen; und auch die Versorgungslage der Bevölkerung war vermutlich besser als in anderen Regionen. Andererseits litt Bremen als Industriestandort stärker und länger unter Demontagen, Produktionsverboten und Rohstoffengpässen als andere Städte, sodass der eigentliche Aufschwung mit entsprechender Verzögerung begann.

GESELLSCHAFT 1945 – 1951

Kriegsende in Bremen

Befreiung oder Niederlage? Die meisten Bremer und Bremerinnen haben darüber nicht nachgedacht, als britische Truppen am 25. April 1945 ihre Stadt besetzten. Sie waren froh, dass sie noch am Leben waren und aus den stickigen Bunkern herauskommen konnten, in denen sie – zumeist Frauen, Kinder, alte Männer – die letzten Tage und Nächte hatten verbringen müssen. Befreit fühlten sich dagegen die vielen Tausend Zwangsarbeiter und Kriegsgefangenen, die aus den verschiedenen Lagern den einrückenden Briten jubelnd entgegenströmten, und die aktiven Gegner der Naziherrschaft, die sich in der »Kampfgemeinschaft gegen den Faschismus« zusammengefunden hatten. Erleichterung darüber, dass die Sirenen nicht mehr heulten, Verzweiflung darüber, dass eine Welt zusammengebrochen war, bedrücktes Fragen: Was wird nun?, aber auch Hoffnung auf eine bessere Zukunft und Entschlossenheit zum Wiederaufbau, also Aufatmen und Angst, beides haben die Menschen in Bremen bei Kriegsende empfunden. Der englische Korrespondent der »News of World« berichtete am 29. April 1945 seinen Lesern geradezu fassungslos von einer Atmosphäre geisterhafter Ruhe und völliger Gleichgültigkeit der Menschen, die in Gruppen auf den Straßen standen, sich unterhielten und dabei den Einmarsch der »Feinde« beobachteten. Die Einnahme Bremens habe sich ganz anders abgespielt als die anderer deutscher Städte: »Niemand zeigte auch nur das geringste Anzeichen eines Gefühls.« Der britische Berichterstatter war unsicher, ob er diese Haltung für arrogant oder für den Ausdruck von Apathie halten sollte. Die Gefühle, die sie den Engländern nicht gezeigt haben mögen, werden in Briefen und Tagebüchern von Bremern und Bremerinnen deutlich: »Nun ist der Traum von einem Sieg aus und vorbei; das deutsche Volk wird untergehen und nie wieder hochkommen, ja, aber warum sollen wir es denn immer sein, die verlieren?« An einer anderen Stelle heißt es: »Es war der 25. April, als für mich eine Welt zusammenbrach. Der Tag, an dem die Englän-

der die Bremer Neustadt einnahmen. Wir hatten nahezu sechs Kriegsjahre hinter uns gebracht und nun lag alles in Trümmern, trotz der ungeheuren Schwierigkeiten, die wir durchgestanden hatten.« Nur Trauern und Klagen, gar keine Reflexion? Die gab es auch, wenn auch vielleicht in geringerem Maße – und Scham, aber auch Mut, neu anzufangen.

Zwei britische Soldaten kontrollieren einen Radfahrer in der Doventorstraße. Foto vom 26. April 1945

Linke Seite: Trümmerräumung in einer Bremer Wohnstraße

Überschrift und Beginn eines Berichtes zur Einnahme Bremens in der britischen Zeitung »News of the World« vom 29. April 1945

BREMEN'S ALMOST INHUMAN CALM

AIR RAID SHELTERS HAD 20 FEET OF CONCRETE

From HARRY J. DITTON,
"News of the World" War Correspondent on the Western Front

BREMEN, Saturday.—Bremen was, and is, different from all the other German cities we have captured. Its death agony was more convulsive. It was determined to resist its fate, and in consequence it may well have been set back 100 years as a commercial, economic and maritime centre.

Twenty-four hours before the city fell it became a seething cauldron of flame and smoke—as it had been off and on for three years or more as a result of our bombings—and shells and mortars added to its destruction.

Alltag im besetzten Bremen

Alltag im besetzten Bremen

Als eine der ersten Maßnahmen verfügte die Besatzungsmacht eine strenge Ausgangssperre, anfangs durften sogar nur Frauen zum Wasserholen die Häuser verlassen. Auf Anschlagtafeln gegenüber dem Polizeihaus in der Ostertorstraße, mit Lautsprecherwagen oder auch durch Polizisten, die auf Fahrrädern durch die Stadt fuhren und Bekanntmachungen ausriefen wie zum Beispiel die Aufhebung des Verdunklungsgebots, wurde die Bevölkerung über die Anordnungen der Militärregierung informiert. Dass eine neue Zeit angebrochen war, wurde unter anderem an folgenden beiden Verfügungen augenfällig: Behördenmitarbeiter durften ab sofort nicht mehr den »Deutschen Gruß« verwenden, und sie hatten eine Stunde vor Dienstbeginn am verbindlichen Englischunterricht teilzunehmen.

Der »Weser-Bote«, eine von den Amerikanern seit dem 23. Juni für die Bremer Zivilbevölkerung herausgegebene Wochenzeitung, erschien sonnabends und teilte das Nötigste mit. Eine eigene deutsche Presse konnte erst erscheinen, als die Amerikaner mit dem Sozialdemokraten Hans Hackmack einen politisch unbelasteten, professionell ausgewiesenen Lizenzträger gefunden hatten. Am 19. September 1945 erschien unter ihm als Herausgeber und Chefredakteur zum ersten Mal der »Weser-Kurier« (s. S. 223).

Ein Übertreten der Sperrzeit, d.h. des Verbots, zwischen 22.15 und sechs Uhr morgens die Wohnung zu verlassen, konnte anfänglich mit bis zu 14 Tagen Haft bestraft werden. Die Sperre wurde nach und nach verkürzt, dauerte im April 1947 nur noch von Mitternacht bis halb fünf Uhr morgens und wurde am 1. März 1948 ganz aufgehoben. Noch wesentlich kürzer war das »Fraternisierungsverbot« in Kraft, das den Militärangehörigen jeglichen Kontakt, selbst einen Handschlag, mit Deutschen untersagte. Dieses Verbot galt nur bis Oktober 1945. Einzelne Besatzungssoldaten hatten sich schon vorher darüber hinweggesetzt und hungernden Bremer Kindern Lebensmittel und Süßigkeiten geschenkt, besonders häufig vor der »Glocke«, wo die Amerikaner ein Versorgungszentrum für die eigenen Soldaten eingerichtet hatten, und in der Großen Hundestraße, heute Pelzerstraße, vor dem teilzerstörten Verwaltungsgebäude des Norddeutschen Lloyd, wo es einen amerikanischen Supermarkt gab. Offenbar wurde das Treiben der Militärregierung bald zu bunt, mit der Polizeiverordnung vom 30. Oktober 1945 verbot sie, »Angehörige der Besatzungstruppen anzubetteln oder sich zum Geschlechtsverkehr anzubieten oder sie sonst wie in entwürdigender Weise zu belästigen«.

Die Einwohner Bremens erwarteten und erfuhren das Besatzungsregime je nach persönlicher Situation unterschiedlich, Erwachsene anders als Kinder, Frauen anders als Männer. Besonders Männer, die als aktive Nazis aufgetreten waren, befürchteten Vergeltungsmaßnahmen. Die allgemeine Unsicherheit trug zu der hohen Zahl der Selbstmorde bei. In den 30 Tagen vom 21. April bis zum 20. Mai nahmen sich allein im Bezirk des Standesamts Bremen-Mitte 29 Personen das Leben, überwiegend Männer. Frauen hatten Angst vor Vergewaltigung, waren ihnen doch die »Feinde«, gleich welcher Nation, von der Nazi-Propaganda als

Neustädter Kinder belagern einen britischen Jeep

raubende und schändende Ungeheuer dargestellt worden. Die Bremerinnen sahen in der Regel ihre Feindbilder nicht bestätigt, sie waren geradezu überrascht, wie wenig aggressiv ihnen die fremden Soldaten im Allgemeinen begegneten. Das galt insbesondere im Hinblick auf schwarze GIs. »Als dann die Neger kamen, da gingen Schauermärchen um. Und da war es nun so, daß man als Frau die ersten paar Tage 'n bißchen Angst hatte. Aber da war gar nichts.« Eine junge Frau, die von der Gröpelinger Heerstraße zu Fuß nach Hause in die Feldstraße musste, Straßenbahnen fuhren noch nicht, ließ sich von einem amerikanischen Jeep mitnehmen, in dem ein schwarzer und ein weißer Soldat saßen. »Wenn der Weiße dabei ist, kann dir ja sowieso nichts passieren«, habe sie gedacht. »Aber es passierte auch nichts, als der Weiße ausgestiegen war.«

Angst vor Vergewaltigung war auch deswegen unbegründet, weil Prostitution in den Nachkriegsjahren weit verbreitet war. Wegen der damit verbundenen Ansteckungsgefahr versuchte die Militärregierung dagegen anzugehen. Auf ihre Anweisung hin nahm die Polizei monatlich ziemlich wahllos Hunderte von Frauen und Mädchen – nicht nur bei Übertretung der Ausgangssperre – fest, auch wenn sie einen festen Wohnsitz nachweisen konnten. Sie wurden im Domshofsbunker und in der Ostertorwache eingesperrt und am nächsten Morgen zwangsweise auf Geschlechtskrankheiten untersucht. Der »Weser-Kurier« warnte am 6. Juli 1946: »Frauen und Mädchen! Geht nie am Tage ohne ausreichenden Ausweis [...] auf die Straße! Überschreitet auf keinen Fall die Sperrstunde am Abend! Ihr setzt Euch sonst der Gefahr aus, der Sittenpolizei zugeführt zu werden.« Natürlich kam es bei dieser Vorgehensweise häufig zu unbegründeten Verhaftungen, und auch nur der geringste Teil der festgenommenen Frauen war krank. Sie stammten zum Teil gar nicht aus Bremen, denn die US-Army mit ihren gut gefüllten Vorratslagern und ihren spendablen jungen Soldaten übte auch Anziehungskraft auf die Bewohnerinnen des Umlandes aus. Leere Speisekammern und

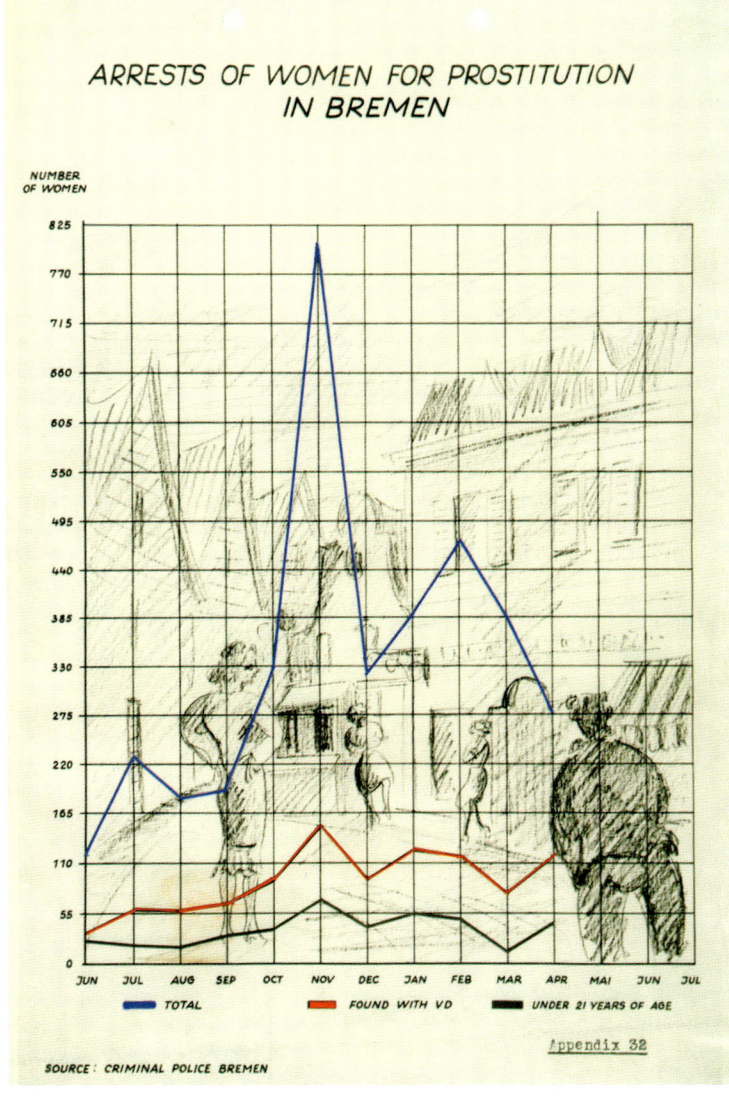

hungernde Kinder zu Hause drängten moralische Skrupel in den Hintergrund.

Ein ganz schwieriges Kapitel in den Beziehungen der Bevölkerung zu den Amerikanern waren die zahlreichen Wohnungsbeschlagnahmungen, die sich angesichts 62 Prozent zerstörten Wohnraums besonders problematisch auswirken mussten. Hiervon waren in erster Linie die gutbürgerlichen Villen in Schwachhausen betroffen, in denen die Bomben relativ wenig Schaden angerichtet hatten. In der Neustadt und im Westen munkelte man scherzhaft bzw. neidisch, das sei eine bewusste Entscheidung

Illustriertes Diagramm der Verhaftungen von Frauen wegen Prostitution aus den Akten der Militärregierung

Alltag im besetzten Bremen

Die Militärregierung richtete die Untere Rathaushalle als »Beer Hall« für amerikanische Soldaten ein. Foto Herbst 1945

der Alliierten gewesen, nach dem Motto: »Schwachhausen woll'n wir schonen, da woll'n wir selber wohnen.« Aber auch im Bremer Westen, dem klassischen Arbeiterviertel, kam es zu Wohnungsbeschlagnahmungen, so im »Gröpelinger Gewerkschaftsblock« an der Gröpelinger Heerstraße, einer Anlage der gewerkschaftseigenen Gewoba aus den 1920er Jahren, was besonders bei antifaschistisch eingestellten Arbeitern Wut und Kränkung auslöste. Panik brach in den Familien aus, wenn die amerikanischen »town majors«, die für die Requirierung von Räumen für Besatzungszwecke zuständig waren, langsam durch die Wohnstraßen gingen und die Häuser in Augenschein nahmen. Bis Anfang Juli 1945 waren 1400 Wohnungen beschlagnahmt. Einige Besitzer versuchten davonzukommen, indem sie nachgemalte amerikanische »off limits«-Schilder, mit denen bestimmte Gebäude von einer Beschlagnahmung ausgenommen waren, in ihre Vorgärten stellten. Daraufhin wurden solche Schilder nicht mehr benutzt und entsprechende Gebäude nur noch listenmäßig erfasst. Gärten beschlagnahmter Häuser durften von den Besitzern für Gemüseanbau genutzt werden, das Betreten der Gebäude selbst blieb jedoch untersagt. Bis Januar 1947 waren die meisten der mehr als 4000 beschlagnahmten

Wohnungen und Gebäude zurückgegeben, aber noch 1951 hatte ein deutsch-amerikanischer Ausschuss in diesem Zusammenhang Härtefälle zu bearbeiten.

Auch andere unangenehme Vorkommnisse gaben zu Klagen Anlass. In Vegesack kam es 1946 wegen Übergriffen einiger Besatzungsangehöriger zu erheblichen Spannungen zwischen der US-Army und der Bevölkerung, wie der Jahresbericht 1945/46 der Militärregierung vermerkt; so würden die Buchstaben USA hier gelegentlich mit »Uhren stehlen sie auch« aufgelöst.

Auf dem Stadtwerder beklagten sich 1947 Kleingärtner darüber, dass amerikanische Soldaten die Parzellenbuden für Liebesabenteuer missbrauchten und dabei ihren deutschen Freundinnen gestohlene Blumen und Früchte zum Geschenk machten. Auch war vielen Bremern ein Ärgernis, dass das altehrwürdige Rathaus als Vergnügungsstätte der Amerikaner – Bierausschank für die Mannschaften in der unteren Halle, Offizierskasino im Ratskeller – wenig würdevollen Zwecken zu dienen hatte. Der Ratskeller wurde erst im Oktober 1948 für das deutsche Publikum wieder freigegeben. Aus seinen Gewölben sollen die Amerikaner in den ersten Tagen nach der Besetzung ca. 400.000 Flachen Wein abtransportiert haben.

Doch insgesamt fanden die Bremer, sie hätten es mit »ihren« Besatzern vergleichsweise gut getroffen, daher wollten sie lieber endgültig Teil der amerikanischen und nicht der britischen Besatzungszone werden, zum einen, weil dort die Versorgung etwas besser war, und zum anderen, weil sie nicht dem neu gegründeten britisch besetzten Land Niedersachsen zugeschlagen werden wollten. Die Amerikaner fanden Gesten, mit denen sie sich breite Sympathien erwarben. Dazu gehörte auch die von ihnen am Nachmittag des 23. Dezember 1945, dem Tag vor dem ersten Friedens-Heiligabend, angeregte Friedens- und Weihnachtsfeier auf dem Marktplatz, in deren Rahmen Deutsche und Amerikaner gemeinsam »Stille Nacht« sangen. Die Kooperation zwischen der Militärbehörde und der neuen bremischen Verwaltungsspitze verlief weitgehend reibungslos, sie wurde in einem amerikanischen Bericht vom September 1947 sogar als »in jeder Beziehung exzellent« bezeichnet. Auch auf privater Ebene entspannte sich das Verhältnis zwischen den »Feinden« und der Bevölkerung. Im Lauf der Jahre entwickelten sich Freundschaften, und im Verhältnis der Geschlechter gab es nicht nur käufliche Liebe, sondern auch echte Zuneigung, die 1947 in 116 und 1948 sogar in 234 Fällen zum Traualtar führte. Der Direktor der Militärregierung, Captain Charles Jeffs, wie auch der für Entnazifizierung zuständige Offizier Joseph Napoli und der Jugendoffizier Edward T. Ladd heirateten Bremerinnen.

Es hing eng mit der Person Wilhelm Kaisens zusammen, dessen nüchterne, pragmatische Art den Amerikanern imponierte, dass die Zusammenarbeit zwischen Rathaus und amerikanischer Militärregierung so gut funktionierte. Mit dem 20 Jahre jüngeren »Hitzkopf« Hermann Wolters, Senator für Arbeit und Wirtschaft, der gelegentlich wie ein Volkstribun agierte, hatten die Amerikaner dagegen ihre Schwierigkeiten. Er provozierte sie damit, dass er die Militärregierung öffentlich als »Kolonialverwaltung« bezeichnete, sie für die katastrophale Ernährungslage verantwortlich machte und das gar mit Kriegsverbrechen gleichsetzte. Solche Töne kamen bei der hungernden Bevölkerung gut an.

70 Prozent der Schulkinder waren im Januar 1946 unterernährt. Kaisen musste seinen Mitbürgern und Mitbürgerinnen immer wieder vor Augen führen, dass Hunger und ungeheizte Wohnungen nicht Folgen der Okkupation waren, sondern Konsequenz des von den Deutschen begonnenen Krieges. Die Ambivalenz in der Stimmungslage der Bevölkerung wird daran deutlich, dass zwar Gerüchte kursierten, die Amerikaner horteten die Lebensmittel für einen bevorstehenden Krieg gegen Russland oder wollten das deutsche Volk durch Hunger ausrotten, auf der anderen Seite aber Bremer Familien amerikanische Care-Pakete empfingen, Schüler und Schülerinnen

an der von der Besatzungsmacht organisierten Schulspeisung teilnahmen, Kinder im Tageserholungsheim Lankenau mit amerikanischen Lebensmitteln versorgt wurden und Mütter mit ihren Kindern zu Weihnachtsbescherungen der Amerikaner in die Sporthalle auf der Bürgerweide strömten.

Bremer und Besatzer feiern gemeinsam Weihnachten. Amerikanische und britische Militärs mit Wilhelm Kaisen auf dem Rathausbalkon am Nachmittag des 23. Dezember 1945. Ansprachen werden gehalten, auf dem Marktplatz spielt ein Blasorchester Weihnachtslieder

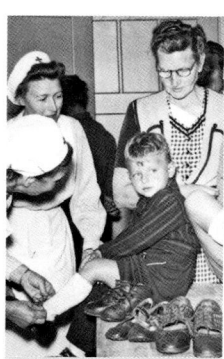

Zuteilung gesammelter Schuhe an Bremer Kinder durch das Rote Kreuz

12. September 1945
Erhebung des Bremer Wohnungsamts: Rund 62.000 Personen leben in gesundheitsschädigenden und völlig unzureichenden Wohnungen

12. Januar 1946
Reihenuntersuchungen ergeben, dass 70 Prozent der in Bremen lebenden Kinder unterernährt sind

8. Februar 1946
Im Gebiet der Freien Hansestadt Bremen sind die Haushaltsvorstände und die Inhaber gewerblicher und sonstiger Betriebe verpflichtet, die bei ihnen anfallenden Küchen- und Nahrungsmittelabfälle dem Ernährungsamt zur Verfügung zu stellen

5. April 1946
In Bremen nehmen ca. 90.000 Personen an öffentlichen Speisungen teil

29. Juni 1946
Kürzlich verteiltes Pferde- bzw. Freibankfleisch in Büchsen ist nicht lagerfähig und muss daher sofort verbraucht werden

21. Juli 1946
Gegenüber der Einfahrt des Überseehafens sind am linken Weserufer täglich viele Männer, Frauen und Kinder dabei, aus aufgeschlämmtem Sand Kohle zu bergen

23. Oktober 1946
Aufruf an die Bevölkerung, besonders an die Jugend, Eicheln zu sammeln zur Verarbeitung in der Lebensmittelindustrie

9. Januar 1947
Eröffnung von 19 Wärmehallen

11. Januar 1947
Der Schulunterricht wird wegen Kohlemangels bis auf Weiteres ausgesetzt

3. Februar 1947
An diesem Tage werden im Bremer Eisenbahngebiet etwa 5000 Zentner Kohle entwendet. Die Diebstähle an Kohle haben einen erschreckenden Umfang angenommen, beteiligt sind Männer, Frauen und Kinder aus allen Ständen und Berufen

10. Februar 1947
Versammlung einer größeren Anzahl von Frauen vor dem Rathaus, »die ihre Absicht in dem Sprechchor ›Gebt uns Kohlen!‹« unüberhörbar vortragen

13. Februar 1947
Hausbrandkohle wird verteilt: Haushalte bis zu drei Personen erhalten 50 Pfund Briketts oder 35 Pfund Kohlen, vier und mehr Personen 100 Pfund Briketts oder 65 Pfund Kohlen

24. Februar 1947
Erste Bohnenkaffeezuteilung seit der Kapitulation: Alle Verbraucher über sechs Jahre erhalten 75 Gramm gemahlenen Röstkaffee

25. Februar 1947
Im neuen Gesetz zur Erfassung von Hausrat heißt es wie folgt: »Ist eine durch die Wohnungsbehörde zugewiesene Person ohne ihr Verschulden nicht im Besitz der zum Wohnen notwendigen Gegenstände […] und kann sie sich diese laut Bescheinigung des zuständigen Wirtschaftsamtes nicht beschaffen, so hat der von der Zuweisung Betroffene in seinem Besitz befindliche Gegenstände dem Zugewiesenen auf Zeit gegen Entgelt zum Gebrauch zu überlassen.«

28. April 1947
An verkehrsreichen Punkten der Stadt wird auf Anordnung der Militärregierung von Rote-Kreuz-Helferinnen eine allgemeine

Körpergewichtsprüfung der Bevölkerung durchgeführt

5. August 1947
Die Militärregierung hat das Gebiet des Landes Bremen zum »Brennpunkt des Wohnungsbedarfs« erklärt

5. Dezember 1947
Wegen der Klagen über Diebstähle von Tannenbäumen ist das Betreten des Stadtwaldes bis zum 26. Dezember verboten

9. Dezember 1947
Von 53.000 in Bremen die Schule besuchenden Kindern erhielten rund 22.000, die über kein Paar tragfähiger Lederschuhe verfügen, einen Bezugsschein für ein Paar Lederschuhe

13. Januar 1948
In Zukunft soll es jährlich zwei Vollbesohlungen (Sohlen und Absätze) und zwei Absätze auf eine »Schuhbesohlkarte« geben

10. Januar 1948
Seit Wochen können Verbraucher, die zuvor keine Möglichkeit zur Einkellerung von Winterkartoffeln hatten, auf die aufgerufenen Abschnitte der Kartoffelkarte keine Ware beziehen, weil die für Bremen noch zustehenden Lieferungen ausgeblieben sind

20. Januar 1948
Da in sämtlichen Abendklassen der Staatlichen Kunstschule die Glühbirnen gestohlen wurden, findet bis zu ihrer Wiederbeschaffung Unterricht nicht statt

31. Januar 1948
Die Durchführung einer Nachmittagspostzustellung muss weiter daran scheitern, dass für die Zusteller kein ausreichendes

Schuhwerk zu beschaffen ist. Einige laufen ihre Touren in Hausschuhen

1. März 1948
Für die Bi-Zone ergibt sich für die 112. Zuteilungsperiode ein Tageskaloriensatz von nur 1181 Kalorien für erwachsene Normalverbraucher

6. März 1948
Wegen des Mangels an Glühbirnen in der mit 460 Kindern vollkommen überbelegten Kinderklinik der Städtischen Krankenanstalten ist es nicht möglich, die Kinder während der Nacht zu versorgen

1. April 1948
Ab heute wird die Lebensmittelration auf 1560 Kalorien erhöht

1. Mai 1948
Alle Beschäftigten (Männer und Frauen), die das 18. Lebensjahr vollendet haben […] und in Bremen wohnen, erhalten eine Sonderzuteilung von zehn Stück US-Zigaretten

24. Juni 1948
Eine hemmungslose Kauflust hat sich in den ersten Tagen der Geldreform überall in der Stadt bemerkbar gemacht. Kaufwütige wie schaulustige Bremer beleben nahezu »friedensmäßig« besonders die Obernstraße, die Bahnhofstraße und das Ostertorviertel

1. Juli 1948
Obst, Gemüse, Süßwasserfische, Bienenhonig, Geflügel und Eier unterliegen fortan nicht mehr der Bewirtschaftung

12. Juli 1948
Das öffentliche Schuhtauschen ist an der Liebfrauenkirche an den wochenmarktfreien Tagen von 9 bis 13 Uhr bis auf Widerruf erlaubt

Aus der Not entstanden: Mit Henkeln, Standfuß und Lochbohrungen versehen, wurde aus dem Stahlhelm ein Topf zum Gemüsewaschen

Besatzungsmacht und Jugend

Besatzungsmacht und Jugend

Rahmenbedingungen

Die von den Alliierten geplante »Umerziehung« (re-education) der Deutschen richtete ihr Hauptaugenmerk naturgemäß auf »die Jugend«. In einer Art pädagogischem Langzeitprogramm sollten sich möglichst viele – zumal junge – Deutsche im Wege des alltäglichen learning by doing die grundlegenden Selbstverständlichkeiten einer demokratischen Alltagskultur insbesondere in Hinblick auf Diskussions- und Entscheidungsprozesse aneignen, die ihnen bis dahin völlig unvertraut waren.

Am Stichtag 31. Juli 1946 lebten laut Statistik in der Enklave Bremen 23.060 Kinder im Alter von sechs bis neun Jahren sowie 36.328 Jugendliche im Alter von zehn bis 18 Jahren, zusammen 59.388 oder 15 Prozent der Gesamtbevölkerung, insgesamt eine Personengruppe, die zwar an der Entstehung von Diktatur und Krieg nicht beteiligt gewesen war, aber die Folgen des Zusammenbruchs in voller Härte zu spüren bekam. Wohnungslosigkeit, soziale Entwurzelung und familiare Desintegration bestimmten in den ersten Nachkriegsjahren die Lage eines großen Teils der Jugendlichen, wodurch sich »ein überwältigendes Gefühl der Hoffnungslosigkeit« und bei vielen tiefe Sinn-

krisen einstellten, die zugleich »die trostlosen ökonomischen Aussichten und den allgemein konstatierten Mangel an akzeptierten sozialen Normen und Werten widerspiegelte«.

Bevor also »re-education« beginnen konnte, mussten zunächst die physischen und psychischen Voraussetzungen für »education« geschaffen werden. Damit stand es in Bremen besonders schlecht. Gemäß einer Befragung aller 51.000 Schulkinder zwischen sechs und 20 Jahren im Sommer 1947 waren 31,4 Prozent der Schüler ausgebombt, 7,7 Prozent Flüchtlingskinder, 18 Prozent lebten in Notwohnungen, 8,8 Prozent in Einzimmerwohnungen. 41,6 Prozent der Kinder hatten kein eigenes Bett, 29,2 Prozent schliefen nicht allein im Bett, und für 42,7 Prozent aller Schulkinder stand nur ein Elternteil zur Erziehung und Versorgung zur Verfügung. Eine Reihenuntersuchung von 1946 zeigte, dass nur 20 Prozent der Kinder in »gutem Ernährungszustand« waren und zum gleichen Anteil ein »nicht genügend« konstatiert werden musste. Die Schulspeisung, die im März 1946 begann, war für viele die einzige warme Mahlzeit am Tag. Den Gymnasiasten, die meist aus »besseren« Wohnvierteln kamen, ging es durchweg weniger schlecht als dem Durchschnitt, natürlich auch dort mit Ausnahme der Flüchtlingskinder.

Die erste Phase (1945/46) der amerikanischen Jugendpolitik war bestimmt durch militärisches Sicherheitsdenken, glaubte man doch, die deutsche Jugend sei durch das NS-System derart verhetzt und fanatisiert, dass von einer Art jugendlicher Partisanenbewegung konkrete Gefahren ausgehen könnten, wie die »Werwolf«-Propaganda der Nazis suggeriert hatte. Konsequenterweise war es ihr Bestreben, möglichst viele Jugendliche in kleinen, von Erwachsenen geleiteten und leicht kontrollierbaren Gruppierungen zu »organisieren«. Ab 1946 wurden die ersten Jugendorganisationen durch die Militärregierung zugelassen, zunächst solche, die sich an Erwachsenenorganisationen wie Kirchen, Gewerkschaften oder Sportvereine anlehnten. Sie hatten strikt unpolitisch zu agieren, demokratisch

Viele ausgebombte Bremer Familien lebten auf Trümmergrundstücken in selbst hergerichteten Notunterkünften

strukturiert zu sein und sich auf die lokale Ebene zu beschränken. Gegen das Verbot (partei-)politischer Betätigung verstießen nach Auffassung von OMGBRE (Office of Military Gouvernment Bremen) die der SPD nahestehende »Sozialistische Arbeiterjugend« (im Juni 1947 in »Die Falken« umbenannt) und die FDJ; beide wurden verboten bzw. nicht zugelassen. Max Jahn, Leiter des Amtes für Jugend und Sport beim Senator für Schulen und Erziehung, der die Arbeiterjugendverbände unterstützt und gefördert hatte, wurde kurzerhand entlassen.

Amerikanische Initiativen

Die Amerikaner erkannten rasch, dass ihre jugendpolitischen Vorstellungen nur in gemeinsamer Verantwortung (»Joint Responsibility«) von Militärregierung, deutschen Behörden und Armeestellen zu verwirklichen seien. In Bremen stationierte US-Einheiten konnten aufgrund ihrer materiellen und personellen Ressourcen eine Vorreiterrolle bei der Bereitstellung von Freizeitangeboten für deutsche Jugendliche spielen. Schon im Dezember 1945 gab es in der Enklave 17 »German Youth Clubs«, wo vor allem für männliche Jugendliche zwischen zehn und 18 Jahren Sport, Diskussionsrunden, Tanzabende und Bastelkurse angeboten wurden. Erst Ende April 1946 rief die US-Armee ihr »German Youth Activity«-Programm (GYA) offiziell ins Leben. Bekanntester und größter Club wurde der im August 1946 vom US-Sergeanten Patrick Moriarty initiierte »Bremen Boys Club« (BBC), der sein Domizil in dem beschlagnahmten großen Haus Slevogtstraße 17 hatte; es war ausgestattet mit Bibliothek und Theaterraum, einem Zeichensaal und Räumen für Tischtennis oder Versammlungen auch anderer Gruppen, wie zum Beispiel ab 1948 des »Wandervogels«. Der BBC besaß eine eigene Big-Band und gab – wie andere Clubs auch – eine eigene Zeitschrift »Die Brücke« heraus. Die Clubs standen durchaus in der Kritik; so bezeichnete Senator Wolters die amerikani-

Wiegen eines Kindes im Tageserholungsheim Lankenau, Mitte 1946

schen Jugendgruppen einmal abfällig als »Schokoladen-Klubs«, und es war eine gängige Befürchtung, die Jugendlichen würden dort »amerikanisiert«. Auch wenn die Clubs nur einen kleinen Teil der Bremer Jugend erreichten, attraktiv waren sie allemal. Inmitten großer materieller Not lockten sie zum Monatsbeitrag von einer Reichsmark mit hellen und im Winter gut beheizten Clubräumen, mit Coca Cola, Kaugummi, Sport und Musik. Da es nur wenige weibliche Armeeangehörige gab, die als Betreuerinnen für Mädchengruppen infrage kamen, waren nur etwa fünf Prozent der Mitglieder der amerikanischen Clubs Mädchen, und unter den im April 1947 existierenden und von Armeeangehörigen unterstützten 56 Jugendgruppen gab es nur einen »Bremen Girls Club«.

Im November 1946 stellte die Militärregierung den inzwischen vorhandenen Bremer Jugendorganisationen zwei Baracken auf der Bürgerweide als »Heim« zur Verfügung. Auch

Besatzungsmacht und Jugend

Von den Amerikanern eingeführt: Bremer Kinder beim Seifenkistenrennen in Vegesack, Foto Mitte 1946

entstanden von der Armee gesponserte und betreute GYA-Heime, die allen Jugendlichen offen standen, und im März 1949 gab es bereits neun solcher Freizeiteinrichtungen in beschlagnahmten Gebäuden: Slevogtstraße 11 und 17, Händelstraße 17, Hemmstraße 228, Meierei Bürgerpark, Berckstraße in Horn, Grasberger Straße in Gröpelingen, Buntentorsteinweg 310 und Weserstraße 82 in Vegesack. Da in den folgenden Jahren stadteigene Jugendheim-Neubauten entstanden und der GYA-Etat ab Beginn der 1950er Jahre kontinuierlich zurückgefahren wurde, konnten die

»Offene Tür« für Kinder in einer von zwei Baracken auf der Bürgerweide, Foto 1948

GYA-Heime nach und nach der Stadt übergeben bzw. den Privateigentümern zurückgegeben und geschlossen werden. Das letzte GYA-Heim in der Vahr schloss nach neun Jahren Ende April 1955. Die Arbeit dieser Heime und der diversen »Clubs« war erfolgreich. Die dort praktizierte Einübung in eine demokratische Alltagskultur blieb keine Phrase, das zeigt sich auch daran, dass der erste »Präsident« und Ratsvorsitzende des »Bremer Jugendtages«, der 21-jährige Arno Kosmale, Vertreter der amerikanischen »Clubs« war. Der »Jugendtag« sollte als eine Art Parlament der bremischen (organisierten) Jugend fungieren und hatte sich auf Anregung des Leiters der OMGBRE-Jugendabteilung, Edward T. Ladd, bereits im Juni 1947 konstituiert. Der Zivilist Ladd zeichnete sich durch Tatkraft und Fantasie aus und begegnete den Vertretern der so heterogenen Jugendorganisationen mit ungewöhnlicher Liberalität und Offenheit. Als zuständiger »officer« der Militärregierung genehmigte er eine eigene »Verfassung« des Jugendtages, die im Dezember 1947 in Kraft trat. 1949 ging der »Jugendtag« im Landesjugendring auf.

Die Jugendorganisationen

Schon im Laufe des Jahres 1946 kam es schrittweise zur Lockerung der jugendpolitischen Restriktionen der amerikanischen und britischen Militärregierungen. Deren Neuausrichtung weg von einer »harten« Kontrollpolitik hin zu einer »weichen«, mehr aktivierenden Phase führte zu der Zulassung auch politisch aktiver und »freier« Gruppierungen. Die Jugendamnestie vom 2. Juli 1946, die alle nach dem 1. Januar 1919 Geborenen von den Entnazifizierungsprozeduren befreite, stellte in diesem Prozess einen wichtigen Meilenstein dar. Mit ihr wurde auch einer großen Zahl von in »HJ«, »BDM«, »Jungvolk« oder »Jungmädeln« aktiven jugendlichen »Führern« und »Führerinnen« ermöglicht, wieder Jugendleiterfunktionen wahrzunehmen. Im Übrigen stiegen Zahl und Mitglieder der lizenzierten Jugendorganisationen sprunghaft an. 1946 gab es 20 Organisationen mit 11.000 Mitgliedern, ein Jahr später bereits 124 Organisationen mit 40.000 Mitgliedern. Von ihnen gehörten 50 Prozent zu Jugendabteilungen der Sportvereine, 16,5 Prozent zur Gewerkschaftsjugend, 9,8 Prozent zu kirchlichen Gruppen und 18,8 Prozent zu »anderen«. 45 Gruppen hatten weniger als 100 Mitglieder.

Im Großen und Ganzen stellte sich das breite Spektrum der Jugendverbände und -organisationen wieder so her, wie es in den Jahren vor 1933 existiert hatte. Von den bis in die Zeit vor dem Ersten Weltkrieg zurückreichenden »Traditionsverbänden« waren 1947 u.a. wieder vertreten der »CVJM« (gegründet 1834 als »Bremer Jünglingsverein«) mit 1400, die »Sozialistische Jugend Deutschlands – Die Falken« (1922 als »Sozialistische Arbeiterjugend« SAJ gegründet, in Nachfolge der »Jungen Garde« von 1912 und der »Freien Sozialistischen Jugend« von 1919) mit 86 Mitgliedern und eine Jugendgruppe der »Naturfreunde« (1912).

Wieder entstanden waren auch Gruppen, die in der Tradition der bürgerlichen Jugendbewegung von vor 1933 standen und sich scharf von den »Ami-Clubs« und den partei-politischen Gruppierungen absetzten. Die Amerikaner und ebenso die sozialdemokratischen Jugendpolitiker hatten ihnen lange mit Misstrauen und Skepsis gegenübergestanden, galten sie ihnen doch als Erben und Fortsetzer der bündischen Jugend der Weimarer Republik, als romantisch introvertiert oder in elitärer Arroganz von allen gesellschaftlichen Strömungen isoliert. Ihre Organisatoren und intellektuellen Wortführer waren Oberschüler und Studenten. Sie arbeiteten nicht nur aktiv im »Jugendtag« mit, auch das spätere berufliche – vor allem als Lehrer oder Hochschullehrer im pädagogischen Bereich – und öffentliche Wirken vieler ihrer Mitglieder zeugt von großem Engagement. In erster Linie sind zu nennen der Ortsring Bremen des »Wandervogel – Bund deutscher Jugend« und die »Deutsche Jungenschaft Bremen«, in der unter anderem der spätere niedersächsische Ministerpräsident Ernst Albrecht

Präambel der Verfassung des Bremer Jugendtages von 1947

»Die organisierte bremische Jugend will Verständigung, Toleranz und gegenseitige Achtung. Sie lehnt den Angriffskrieg als letztes Mittel der Politik ab. In der Schaffung einer einigen deutschen Republik erblicken die bremischen Jugendorganisationen die Voraussetzung für die Mitarbeit der deutschen Jugend an einem dauerhaften Frieden. Die bremischen Jugendorganisationen erstreben eine fortschrittliche Selbsterziehung zu wertvollen Mitgliedern der menschlichen Gesellschaft unter Beachtung der notwendigen Freiheit des einzelnen. Zur Lösung gemeinsamer Aufgaben bilden die bremischen Jugendorganisationen den Bremer Jugendtag und geben sich nachstehende Verfassung.«

Die Seifenkistenrennen wurden zu Großereignissen. Alle Erlöse aus Eintritts- und Startgeldern kamen den Bremer Jugendheimen zugute, Plakat 1951

»Wandervögel« mit Gepäck, Gitarre und Bremer »Speckflagge« am Fähranleger bei der Jugendherberge Blumenthal im Januar 1948

Mitglied war. 1950 gehörten außer diesen beiden zum »Arbeitskreis freier Jugendgruppen in Bremen« noch der »Bremer Schlüssel« (eine reine Mädchengruppe), der »Bund Deutscher Pfadfinder«, der »Deutsche Jugendbund«, die »Freischar« und die »Shawanos«. Mit Ausnahme der Pfadfinder haben sich alle diese jugendbewegt-bündischen Gruppierungen gegen Ende der 1950er Jahre in Bremen aufgelöst.

Aufbruch und Ankunft

Besatzungsmacht und Displaced Persons

Ende April 1945 fahren britische Panzer in Bremen ein und werden von befreiten Zwangsarbeitern freudig begrüßt

Bei der Besetzung Bremens fanden die britischen Truppen Zehntausende von Zwangsarbeitern und Kriegsgefangenen vor, die die Straßen bevölkerten und die Befreier jubelnd begrüßten. Sich um diese Menschen zu kümmern, sie zu versorgen und möglichst schnell und geordnet in ihre jeweiligen Heimatländer zurückzuführen, war eine der Hauptaufgaben der Besatzungsmächte. Zwischen Mai und August 1945 mussten ca. 40.000 versorgt werden. Ihre Bezeichnung als »Displaced Persons« (DPs) wurde 1944 vom Alliierten Oberkommando eingeführt und auf »Zivilpersonen« angewandt, »die sich aus Kriegsfolgegründen außerhalb ihres Staates befinden; die zwar zurückkehren oder eine neue Heimat finden wollen, dies aber ohne Hilfestellung nicht zu leisten vermögen«. In der Praxis fielen darunter zwangsweise zur Arbeit nach Deutschland Verschleppte, Osteuropäer und Angehörige anderer Nationen, die in den ersten Kriegsjahren freiwillig zur Arbeitsaufnahme nach Deutschland gekommen waren, ehemalige Kriegsgefangene und Konzentrationslagerhäftlinge. Die Militärregierung legte Wert darauf, diese Menschen, die größtenteils unter elenden Bedingungen – das betraf besonders Männer und Frauen aus Russland und Polen – in Bremer Industriebetrieben hauptsächlich in der Rüstungsindustrie hatten arbeiten müssen, aus Sicherheitsgründen und um die Ausbreitung von Krankheiten zu verhindern, in Sammelpunkten zu konzentrieren. Aus Mangel an anderen Unterkünften wurden dabei zum Teil dieselben Lager benutzt, in denen die jetzt Befreiten als Zwangsarbeiter gelebt hatten. Untergebracht wurden die DPs im Lager Tirpitz am Schwarzen Weg in Gröpelingen, vorher »Fremdarbeiterlager« der Deschimag, und in den Lagern Blumenthal und Grambker Mühle; neu kam als Sammellager, hauptsächlich für Polen, ein größerer Häuserblock an der Hamburger Straße/Ecke Kirchbachstraße hinzu, der von den dort lebenden Deutschen geräumt werden musste. Ab Herbst 1945 übernahm die Flüchtlingsorganisation der UNO, UNRRA, unter Oberaufsicht der Militärregierung die Betreuung und Verwaltung der Lager. Die DPs wurden bei der Versorgung bevorzugt behandelt; so stand ihnen eine höhere Kalorienmenge zu als den

Deutschen, was zu Neidgefühlen führte. Mit Kleidung und Decken wurden sie aus städtischen Lagerbeständen versorgt.

Der organisierte Rücktransport auf Militärlastwagen in die Heimatländer begann bereits wenige Tage nach der Befreiung, einige Gruppen machten sich auch zu Fuß auf den Weg. Bis zum Herbst waren ca. 10.000 Westeuropäer (darunter Franzosen, Holländer, Belgier und Italiener) repatriiert worden; im September folgten Russen, häufig gegen ihren Willen, weil ehemalige Zwangsarbeiter in ihrer Heimat oft als Kollaborateure verfolgt wurden, und Polen. Ab Oktober 1945 befanden sich noch knapp 9000 ehemalige Zwangsarbeiter in den Bremer Lagern, was angesichts der schwierigen Versorgungslage problematisch genug war. Unter ihnen waren viele Polen und Ukrainer, die eine Rückführung verweigerten, sei es weil sie nicht im kommunistischen Herrschaftsgebiet leben wollten, sei es weil sie keine familiären Bindungen mehr hatten und eine sichere Versorgung durch die Alliierten in Westdeutschland einer völlig unsicheren Zukunft vorzogen; vor allem aber hofften viele auf die Möglichkeit, nach Übersee auszuwandern.

Je weiter die Zeit voranschritt, desto unangenehmer wurde die Situation für alle Beteiligten. Die Befreier wurden notgedrungen immer mehr zu Kontrolleuren, die zum Beispiel die mitunter chaotischen Zustände in den Lagern monierten und entsprechende Forderungen aussprachen oder auch Bewegungsmöglichkeiten einschränkten. Das stieß bei den durch jahrelanges Lagerleben, Demütigungen und Entbehrungen teilweise demoralisierten Menschen auf völliges Unverständnis.

In den zeitgenössischen Berichten und im kollektiven Gedächtnis der Deutschen nimmt die Kriminalität der befreiten Zwangsarbeiter einen großen Platz ein. Zwar herrschten in den ersten Tagen chaotische Zustände und es kam zu wilden Plünderungen, im Übrigen auch durch Bremer und Bremerinnen, und es gab auch später zahlreiche Übergriffe. Aber entgegen der subjektiven Wahrnehmung der Bevölkerung war die Kriminalitätsrate der

Hof im »Lager Tirpitz« am Schwarzen Weg in Gröpelingen. In der Kaserne sind polnische Displaced Persons untergebracht

DPs nicht höher als bei den Einheimischen. Da keinerlei Kommunikation zwischen den beiden Bevölkerungsgruppen existierte, kam schnell ein Feindbild von den raubenden und plündernden »Ausländern« auf. Die Displaced Persons standen unter dem Generalverdacht, kriminell zu sein. Diese Einstellung diente offensichtlich auch dazu, von dem Aufkommen eigener Schuldgefühle abzulenken. Als besonders gefährlich galten die Polen, wobei alte Vorurteile und die besondere Diskriminierung der »Ostarbeiter« durch die Nazis eine Rolle gespielt haben. Von solchen Bildern war auch

Englischunterricht im Tirpitz-Lager, Fotos 1946

Polnische »Displaced Persons« in den zu ihrer Unterbringung beschlagnahmten Häusern Ecke Oberhofer/Altenburger Straße. Auf dem Bürgersteig liegt ein schwarz geschlachtetes Schwein

Mit dem Transparent »Amerikanisches Konzentrationslager« protestieren die Bewohner gegen die Militärregierung. Undatierte Fotos aus den Akten der Militärregierung, 1946/47

schen Besatzer waren psychologisch in einer Zwickmühle; einerseits machten sich manche Offiziere Vorwürfe, nicht energisch genug durchgegriffen zu haben, andererseits wollten sie ihren Kredit als Befreier nicht verspielen und sich in ihrer Handlungsweise von den »Nazi-Deutschen« deutlich unterscheiden. Welche Spannungen auch zwischen Amerikanern und polnischen DPs herrschten, macht ein Vorfall deutlich, der sich Ende 1945 in der Wohnanlage in der Hamburger Straße abspielte. Eine amerikanische Streife hatte entdeckt, dass dort Schwarzschlachtungen, ein typisches Delikt der Zeit, vorgenommen worden waren. Es kam zu tumultartigen Szenen: Etwa 200 Polen versuchten, den Jeep des amerikanischen Offiziers umzustürzen, verlangten die Auslieferung des deutschen Polizisten, der sich in Begleitung der Amerikaner befand, und befreiten fünf bereits festgenommene Landsleute. Als die Amerikaner mit Verstärkung zurückkamen, wehten schwarze Fahnen vor dem Eingang, und auf einem großen Schild war zu lesen »Amerikanisches Konzentrationslager für Polen«.

die bremische Polizei nicht frei. Tatsächlich bildeten sich unter den Displaced Persons organisiert arbeitende Banden, deren Vorgehen anfangs dadurch erleichtert worden war, dass die Amerikaner in Ermangelung anderer Möglichkeiten die zerlumpten Elendsgestalten zunächst mit nicht mehr benötigten Uniformteilen eingekleidet hatten. Das habe eine größere Hemmungslosigkeit bei kriminellen Übergriffen und geringeren Widerstand bei der deutschen Bevölkerung zur Folge, wie sich die Amerikaner selbst vorwarfen. Nachdem die Uniformteile umgefärbt waren, ging die Raubkriminalität zurück. Die amerikani-

Die Amerikaner wollten auf keinen Fall bei der bremischen Bevölkerung den Verdacht aufkommen lassen, sie behandelten die DPs bei der Ahndung von Straftaten milder. Polnischen Straftätern wurde bedeutet, sie genössen zwar als Polen den Schutz der Militärregierung, diese dulde aber nicht, dass sie in Deutschland straffällig würden. Als im November 1945 mehrere Polen einen Hof im Niederblockland überfallen und zwölf Menschen getötet hatten, musste bei der Exekution von vier zum Tode verurteilten Beteiligten auf dem ehemaligen Schießplatz in der Nähe des Flughafens auf Anordnung der Militärregierung ein Vertreter des »Weser-Kurier« als Zeuge dabei sein, damit die Bremer auch aus deutschem Munde erführen, dass die Amerikaner das Urteil tatsächlich vollstreckten (s. S. 286).

Da das eigentliche Ziel der alliierten Militärregierungen, alle DPs in ihre Ursprungsländer zurückzuführen, nicht erreicht worden war, übernahm 1947 die IRO (International

Refugee Organisation) die »Restabwicklung«. Alle oder jedenfalls möglichst viele der noch in den drei Westzonen verbliebenen DPs sollten im Rahmen eines Resettlement-Programms in verschiedenen überseeischen Ländern angesiedelt werden, um dort eine neue Existenz aufbauen zu können. Die Übersiedlung und Verschiffung in die USA sollte über Bremen bzw. Bremerhaven abgewickelt werden. Aus allen Teilen des westlichen Deutschland strömten ehemalige Zwangsarbeiter nach Bremen, die bereits eine mehrstufige harte Ausleseprozedur hinter sich hatten, in der ihre gesundheitliche und politische Eignung für das »gelobte Land« festgestellt worden war.

Sie wurden zum Teil im Tirpitz-Lager, das nach gründlicher Überholung zum Auswanderer-Durchgangslager erklärt wurde, untergebracht. Das größte Übergangslager für auswandernde Displaced Persons wurde 1948 in Bremen-Grohn in der ehemaligen Flakkaserne, die in den zurückliegenden drei Jahren von der US-Army genutzt worden war, eingerichtet. Der Bremer Senat war zunächst nicht sehr glücklich über diese Entscheidung, hatte er doch bereits Pläne zur Errichtung einer Universität auf diesem Gelände nach Freigabe durch die Amerikaner entworfen (s. S. 174). Auch bestanden Bedenken der Grohner Bevölkerung, von Bürgermeister Kaisen gegenüber der Militärregierung artikuliert, im Hinblick auf mögliche Unannehmlichkeiten und Gefahren, die von der großen Zahl ständig wechselnder ausländischer Auswanderer ausgehen könnten. Das Lager hatte eine Aufnahmekapazität von 5000 Personen und war damit das größte IRO-Verschiffungslager in Europa.

Unter den in Deutschland verbliebenen DPs waren viele Ukrainer, Tschechen, Polen, Balten, darunter auch Juden, die den Holocaust überlebt hatten. Auf dem Gelände befanden sich zahlreiche Gemeinschaftseinrichtungen, unter anderem eine Krankenstation, eine Schule, in der Sprachen der Aufnahmeländer wie Englisch und Spanisch unterrichtet wurden, und eine Kirche, die vermutlich von

Ankunft eines Flüchtlingszuges auf dem Neustädter Bahnhof 1945

allen vertretenen Religionsgemeinschaften genutzt wurde. Diverse internationale Wohlfahrtsorganisationen richteten Beratungsstellen ein.

Die DPs selbst organisierten kulturelle Angebote wie Lesungen oder Musikabende; denn der Aufenthalt bis zum Termin der Einschiffung in Bremerhaven dauerte oft Wochen, gelegentlich Monate. Die Bewohner konnten sich frei bewegen, besuchten die Bremer Innenstadt oder vertrieben sich die Zeit in den Straßen rund um das Lager. Dort hatte sich im Laufe der Zeit ein buntes Markttreiben entwickelt, das von den deutschen Nachbarn mit gemischten Gefühlen beobachtet wurde; man sprach vom »Grohner Budenzauber«. In kleinen Buden wurden einheimische Spezialitäten der verschiedenen Volksgruppen angeboten, die offenbar in der Gemeinschaftsküche zu wenig berücksichtigt wurden. »Da gab es Paprika und Knoblauch; das roch so schön fremdländisch; wir Kinder fanden das herrlich«, erinnert sich eine ehemalige Anwohnerin. Dort habe sie auch zum ersten Mal Juden mit Schläfenlocken gesehen. Die in den benachbarten Straßen wohnenden Bremer Familien stellten ihrerseits kleine Verkaufsstände in ihre Vorgärten, wo alles Mögliche an Hausrat und Wäsche reißenden

Aufbruch und Ankunft

Abfertigung von Auswanderern im Überseehafen. Undatiertes Foto, aufgenommen vor Schuppen 17

Absatz bei den Menschen fand, die sich auf ihre Auswanderung vorbereiteten und selbst nur sehr wenig besaßen.

Insgesamt wurde zwischen 1946 und 1952, als die International Refugee Organisation ihre Arbeit einstellte, eine halbe Million Displaced Persons durch die Bremer Lager – neben Grohn die Auswandererlager Lesum und Tirpitz in Gröpelingen – geschleust, die über Bremerhaven nach Übersee auswandern wollten. Für einige hatte sich die Hoffnung, nach den zahllosen Überprüfungen nun über alle Voraussetzungen zur Auswanderung zu verfügen, jedoch nicht erfüllt. Widersprüchlichkeiten in den Papieren oder plötzlich auftretende

Zweifel bei neuerlichen Gesundheitschecks konnten zu Verzögerungen führen oder gar das Ende der Reise bedeuten. Belegt ist, dass ausgewählten amerikanischen Unternehmern die Möglichkeit gewährt wurde, das Lager Grohn zu betreten, um sich nach geeigneten Arbeitskräften umzusehen, für die sie die Kosten für die Überfahrt vorzustrecken hatten. Eine damals als Dolmetscherin fungierende Bremerin erinnert sich, wie sie einmal einen Farmer aus Kansas durch das Lager begleitet habe; er fand eine körperlich gesunde Familie, in der es einen Schlosser und einen Melker gab, bestens geeignet für seine Zwecke. Die Assoziation »Sklavenmarkt« liegt nicht fern.

Einige DPs – von der IRO als »hard core« bezeichnet – blieben und gingen nach der Gründung der Bundesrepublik Deutschland und dem damit einhergehenden Ende des Besatzungsregimes in den Verantwortungsbereich der deutschen Wohlfahrtsbehörden über. Es gab auch Fälle von ehemaligen Zwangsarbeitern, die mehr oder weniger freiwillig in Bremen blieben, unter ihnen Franzosen und Holländer, die inzwischen deutsche Frauen geheiratet hatten und deswegen nicht so ohne Weiteres von ihren Heimatländern wieder aufgenommen wurden.

Die Rückkehr politisch und rassisch Verfolgter

Am 28. Mai 1945 trafen auf dem Domshof zwei Autobusse mit bremischen Häftlingen aus dem Konzentrationslager Buchenwald ein, das sich noch vor Eintreffen der Roten Armee selbst befreit hatte. Ein ehemaliger Redakteur der »Arbeiter-Zeitung«, von 1924 bis 1933 Organ der KPD (Bezirk-Nordwest), hielt eine Ansprache. Vertreter der Stadt waren nicht erschienen. Zur unmittelbaren Versorgung der Ankommenden und anderer aus den Lagern Zurückkehrenden wurden zunächst in Eigeninitiative von Betroffenen, d.h. von ehemals politisch Verfolgten, »KL-Betreuungsstellen« eingerichtet (KL war während der NS-Zeit die

Die Rückkehr politisch und rassisch Verfolgter

offizielle Abkürzung für Konzentrationslager). Hatten sie keine Bleibe mehr, wurden ehemalige politisch Verfolgte vorzugsweise in Wohnungen aktiver Nationalsozialisten eingewiesen. Sie erhielten außerdem Hilfe bei der medizinischen Versorgung, bei der Beschaffung von Lebensmitteln und Kohlen. Eine aktive Rolle spielte hier die »Kampfgemeinschaft gegen den Faschismus«, die sich am 3. Mai offiziell konstituiert hatte, aber schon seit 1944 heimlich vorbereitet worden war (s. S. 21). Ihr Auftreten erschien der amerikanischen Besatzungsmacht bald als zu eigenmächtig, sodass sie die »wilden« Wohnungsbeschlagnahmungen unterband und mit Richtlinien Grundlagen dafür schuf, dass ehemals führende Nationalsozialisten aus ihren Wohnungen ausgewiesen werden konnten. Das geschah bis zum 1. Juli 1947 in 185 Fällen.

Für die ehemaligen Lagerhäftlinge musste rasch Kleidung besorgt werden. Auf Anweisung der Militärregierung gingen Polizisten in die Häuser und forderten die Bewohner auf, pro Haus eine vollständige Bekleidung für einen Mann und eine Frau zur Verfügung zu stellen. Um den aus den Konzentrationslagern Entlassenen und ihren Familienangehörigen das Leben etwas zu erleichtern, sollten sie bei Behörden und in Geschäften bevorzugt abgefertigt und bedient werden. Doch diese Vergünstigung stieß bei der bremischen Bevölkerung durchaus nicht nur auf Verständnis. Im Gegenteil, es kam zu unschönen Szenen, gar zu Handgreiflichkeiten vor den Geschäften, vor denen die Menschen Schlange standen. Ehefrauen ehemaliger KZ-Häftlinge, die den Ausweis ihrer Männer vorwiesen, wurden von anderen Frauen beschimpft, zurückgerissen oder gar verprügelt. Hingegen hatten viele Mitleid mit den vielfach sehr jungen Bremer Mädchen und Frauen, die die Engländer ziemlich wahllos in Bremen zusammensuchten, um sie in das befreite ehemalige Kriegsgefangenen- und KZ-Auffanglager Sandbostel bei Bremervörde zu transportieren, wo sie die Baracken reinigen und die kranken und sterbenden Insassen pflegen mussten.

Um in der Bevölkerung das Wissen über die Zustände in den befreiten Konzentrationslagern zu verbreiten, verpflichtete die britische Militärverwaltung im Mai 1945 rund 400 junge Bremerinnen zu mehrwöchigen Pflege- und Säuberungsdiensten im Lager Sandbostel

Das Ausmaß der Gräuel in den Vernichtungslagern mochten sich die Bremer ebenso wenig wie andere Deutsche vergegenwärtigen. Ob diejenigen, die im März 1946 den KZ-Dokumentarfilm »Die Todesmühlen« sahen, der in der Zeit vom 15. bis 21. März sieben Mal täglich in den Kammerlichtspielen am Ostertorsteinweg lief, oder die im Januar 1947 in den ehemaligen Gepäckhallen des Norddeutschen Lloyd an der Gustav-Deetjen-Allee die von der KL-Betreuungsstelle gezeigte Ausstellung »Kampf und Opfer« besuchten, weiter so dachten? Auch wenn die nicht betroffenen Bremer mit dem täglichen Überlebenskampf zu tun hatten, etwas mehr Mitgefühl und Einsicht hätten die bis kurz zuvor drangsalierten und gequälten Menschen sicherlich verdient gehabt. Von den Nazis Verfolgte waren mit Recht voller Bitterkeit über manche Reaktionen. Eine von ihnen, die kommunistische Politikerin Käthe Popall, die wegen ihrer Widerstandstätigkeit zehn Jahre Zuchthaus und Lager hatte durchleiden müssen, beklagte im Mai 1948 während einer Bürgerschaftsdebatte die weitgehend abweisende Haltung der

Aufbruch und Ankunft

Im September 1945 beschlagnahmte die amerikanische Militärregierung eine große Villa am Osterdeich 17 und stellte sie der Israelitischen Gemeinde zur Verfügung

»ferner Zigeuner und sonstige«, zusammen ca. 1200 Personen, betreut werden. Im Mai 1945 waren etwa 90 aus Bremen und Umgebung stammende Juden zurückgekehrt, die im Lager Theresienstadt befreit worden waren. Zu ihnen gehörte Carl Katz, der zum Vorsitzenden der Israelitischen Gemeinde gewählt wurde, die sich im August neu gründete. Im September beschlagnahmte die Militärregierung die große Villa Osterdeich 17, die der Gemeinde bis 1952 als Synagoge und Gemeindezentrum diente. Anschließend war bis 1961 das ehemalige jüdische Altersheim in der Gröpelinger Heerstraße 147 Sitz der Gemeinde. Dass die Unterstützung der überlebenden Bremer Juden, die ja am meisten unter den Nazis gelitten hatten, nicht von besonderer Sensibilität geprägt war, zeigt die Tatsache, dass es offenbar keine Gleichbehandlung der NS-Verfolgten gab. Die Juden fühlten sich jedenfalls von der Zentralbetreuungsstelle, die für alle vom Faschismus Verfolgten zuständig war, gegenüber der Gruppe der politisch Verfolgten benachteiligt. Erst auf die Beschwerde von Carl Katz hin bewirkte das Wirtschaftsamt »eine gleichmäßige Betreuung der politisch und rassisch Verfolgten«. Wohlfahrtssenator Ehlers behauptete sogar, der Vorsitzende der jüdischen Gemeinde habe versucht, Sondervergünstigungen herauszuholen. Es ist nicht verwunderlich, dass es in Extremsituationen wie in der von allgemeiner Not geprägten Nachkriegszeit zu derartigen Rivalitäten zwischen Opfergruppen kommen konnte. Die Juden sollten keine Ausnahmestellung genießen, das schien allgemeiner Konsens zu sein. Auch nicht, als 1947 die Gemeinde den Antrag stellte, 100 überlebenden älteren Juden den Zuzug nach Bremen zu gestatten, damit man sie in Altersheimen unterbringen könne. Jüdische Bürger unterlägen in Fragen des Zuzugs den gleichen Bedingungen wie alle anderen Bürger auch, war die ablehnende Reaktion der Wohlfahrtsbehörde. Dabei existierten genügend Beispiele, wie das Zuzugsverbot aufgeweicht werden konnte; Familienzusammenführung und Nachweis von handwerklichen Fähigkeiten

bremischen Bevölkerung. Die aus den Konzentrationslager Entlassenen seien in Bremen nicht so empfangen worden wie die Widerstandskämpfer beispielsweise in Holland und in Skandinavien, die Bevölkerung habe sich zu wenig um sie gekümmert, und viele hätten ihren Schilderungen über die Erlebnisse in den Konzentrationslagern keinen Glauben geschenkt. Aufgrund einer amerikanischen Proklamation wurde zwar in Bremen im Oktober 1947 ein Gesetz zur Bildung eines Sonderfonds für Wiedergutmachung verabschiedet, tatsächlich aber gingen viele Betroffene leer aus, da es ihnen unmöglich war, die verlangten detaillierten Nachweise über erlittenes Unrecht zu erbringen.

Am 30. Oktober 1945 mussten in Bremen 840 ehemalige politische Häftlinge, 230 Juden,

zählten als offizielle Ausnahmegründe, ältere gebrechliche Juden waren jedoch nicht von Nutzen für die Hansestadt.

Doch es gab auch positive Signale. Der Senat und die Bremer Volkshilfe gewährten finanzielle Unterstützung. Ein Aufruf von Kirchen und Senat, anlässlich des ersten Gedenktages der Judenpogrome des Jahres 1938, Geld für den Wiederaufbau einer Synagoge zu stiften, hatte eine positive Resonanz. Rund 20.000 Reichsmark kamen zusammen. Allerdings hatte der Kirchenausschuss dafür plädiert, statt Synagoge lieber von Gotteshaus zu sprechen; das Wort Synagoge habe durch die Nazizeit einen problematischen Klang. Die Rückerstattung geraubten jüdischen Eigentums, Rückgängigmachung der »Arisierungen«, Wiedergutmachung für die Zerstörung der drei Synagogen in Bremen-Stadt, Bremen-Aumund und Bremerhaven – all das war und ist ein wundes Kapitel, ein langwieriger und komplizierter Prozess. 1951/52 einigten sich die Israelitische Gemeinde und die Freie Hansestadt Bremen auf eine Globalabfindung im Umfang von 500.000 D-Mark, beantragt hatte die Gemeinde mehr als das Doppelte.

Eine Frage, die sich allen überlebenden Juden stellte, lautete: »Bleiben oder Auswandern?« Vielfach wanderte die jüngere Generation aus, wie beispielsweise die Tochter von Carl Katz, die in Bremen nicht »frei atmen zu können« glaubte und auch von dem Betteln um »Persilscheine« angewidert war, während die Älteren den Schritt ins völlig Unbekannte scheuten und blieben. Das Lager Tirpitz am Schwarzen Weg in Gröpelingen wurde zum Transitlager für jüdische Auswanderer – nicht nur aus Bremen – in die USA eingerichtet. Von den über 200 Mitgliedern, die die jüdische Gemeinde Ende des Jahres 1945 zählte, waren bereits Ende 1946 mehr als die Hälfte ausgewandert. Zu neuen Mitgliedern zu gelangen, war wegen der Zuzugssperre nach Bremen schwierig. Während der NS-Diktatur lebten in Bremen 3733 Personen, die wegen ihrer Zugehörigkeit zur jüdischen Glaubensgemeinschaft oder weil sie nach den Kriterien der Nationalsozialisten als jüdisch galten, registriert und verfolgt wurden. Knapp 800 wurden ermordet, die meisten in Minsk. 2156 überlebten – in der Regel, weil sie rechtzeitig ausgewandert oder untergetaucht waren. Wie hoch der Anteil derjenigen war, die 1945 nach Bremen zurückkehrten, ist noch nicht erforscht.

Heimkehrer

Eine weitere Gruppe von Rückkehrern waren die entlassenen deutschen Kriegsgefangenen, im damaligen Sprachgebrauch: die Heimkehrer. Nur auf sie wurde dieser Begriff angewendet. Ende Juni 1945 kehrten täglich etwa 200 entlassene deutsche Kriegsgefangene in ihre Heimatstädte Bremen und Bremerhaven zurück. In den Betreuungsstellen im Flüchtlingsamt in der früheren Gepäckhalle des Norddeutschen Lloyd in der Gustav-Deetjen-Allee 2 und in den Graf-Spree-Baracken am Halmerweg in Gröpelingen wurden sie registriert, mit Lebensmitteln und Lebensmittelkarten versorgt und – soweit dort zur Ausgabe vorhanden – mit Zivilkleidung ausgestattet. Das war sehr wichtig, denn wer mehr als 72 Sunden nach der Entlassung aus den Aufnahmelagern noch in einer Wehrmachtsuniform angetroffen

Wieder in Bremen. Heimkehrer treffen auf dem Hauptbahnhof ein

Aufbruch und Ankunft

Heimkehrer auf dem Haupt-
bahnhof und in der
Betreuungsstelle in der
Gustav-Deetjen-Allee, 1946

Ankunft von Spätheimkeh-
rern aus sowjetischer
Kriegsgefangenschaft, or-
ganisiert vom 1950 gegründeten Bremer Landesver-
band der Heimkehrer

wurde, musste laut Anordnung der Militärbehörde mit einer Festnahme rechnen.

Die Heimkehrer konnten umgehend für
Zwecke der Militärregierung eingesetzt werden, ohne Rücksicht auf ihre zivile Stellung.
Im Laufe der Jahre 1945 und 1946 kehrten insgesamt 26.568 Kriegsgefangene nach Bremen
zurück, unter denen allerdings auch solche

waren, die früher nicht in Bremen gewohnt
hatten. Diese stammten überwiegend aus den
ehemaligen deutschen Ostgebieten, waren
aber nach Bremen entlassen worden, um dort
in Mangelberufen zu arbeiten. Am 3. März
1946 fand in allen Gemeinden der Bremischen
Evangelischen Kirche ein »Heimkehrersonn-
tag« mit Bittgottesdiensten für die Entlassung
der noch Gefangenen statt. Nach der im Januar 1947 durchgeführten Registrierung aller
weiterhin in Kriegsgefangenschaft befindlichen Personen im bremischen Staatsgebiet waren im Februar des Jahres noch 8513 Bremer
in verschiedenen Ländern in Gefangenschaft,
7400 galten als vermisst; im September 1948
warteten noch rund 6000 Bremer auf ihre
Entlassung. Zum dritten Nachkriegsweih-
nachten schickte Bürgermeister Kaisen an alle
Bremer, die sich noch in Kriegsgefangenschaft
befanden, einen persönlichen Weihnachtsgruß
– eine Geste, die viele nie vergaßen.

Der Umgang mit der Heimkehrer- bzw.
Kriegsgefangenenfrage wurde auch zu einem
Politikum. Im März 1949 führte die Bremer
SPD in der Sporthalle auf der Bürgerweide

eine öffentliche Heimkehrerversammlung unter dem provozierenden Titel »Rußland – das Paradies der Kriegsgefangenen?« durch. Redner waren Karl Grobe, ein ehemaliger Sozialdemokrat, der 1931 in Bremen die Linksabspaltung SAP mitbegründet hatte, und Willy Dehnkamp, SPD. Beide waren Russland-Heimkehrer. Karl Grobe hatte als Mitglied einer antifaschistischen Aktivgruppe in einem russischen Lager andere Erfahrungen als die meisten ehemaligen Gefangenen gemacht. Er galt als Verharmloser und erhielt massenweise Drohungen von Heimkehrern und ihren Verbänden. Trotz der eigenen abweichenden Erfahrungen stellte Dehnkamp Grobes Ausführungen nicht infrage. Der Senat beschloss kurz darauf, die Versorgung der Heimkehrer zu verbessern und gewährte überdies die Zahlung eines Überbrückungsgeldes in Höhe von 50 D-Mark.

Die Bremische Bürgerschaft appellierte ihrerseits mehrfach an alle infrage kommenden Mächte, die verbliebenen Kriegsgefangenen freizulassen. Der im März 1950 gegründete Landesverband der Heimkehrer, Kriegsgefangenen- und Vermisstenangehörigen führte im Mai des Jahres eine Protestkundgebung in der »Glocke« gegen Festhalten deutscher Kriegsgefangener in Russland durch. Schweigemärsche und Gedenkminuten sowie »Tage der Treue« wurden veranstaltet.

Erst Mitte der 1950er Jahre trafen die letzten Kriegsgefangenen aus der Sowjetunion in Bremen ein. Die Spätheimkehrer wurden mit Senatsempfängen im Rathaus begrüßt. Wie viele nicht zurückkehrten, ist nicht bekannt.

Flüchtlinge

Bremen war zwar aufgrund der schweren Schäden durch Bombenangriffe im Prinzip von der Verpflichtung ausgenommen, Flüchtlingstransporte auf Dauer aufzunehmen. Dennoch musste die Stadt mit dem Problem der täglich hereinströmenden Menschen umgehen. Nach Verhängung der Zuzugssperre am 2. Juli 1945

wurden sie in der durch Senatsbeschluss vom 12. Juli 1945 errichteten Flüchtlingsbetreuungsstelle untergebracht. Sie befand sich zunächst in der ehemaligen Wehrmachtsbetreuungsstelle hinter dem Hauptbahnhof, etwas später in den ehemaligen Gepäckhallen des Norddeutschen Lloyd, in denen zuvor eine Betreuungsstelle für KZ-Entlassene untergebracht war. Sie war 24 Stunden am Tag geöffnet und musste durchschnittlich mehr als 100 Personen Übernachtungsmöglichkeiten bieten, für die Mitte Juli 1945 nur 66 Betten und 100 Decken zur Verfügung standen. Die Kapazitäten wurden allmählich ausgeweitet auf 113 Betten für Frauen und 134 für Männer. Die Ankömmlinge wurden registriert, desinfiziert und mit einer warmen Mahlzeit versorgt. Die drei Fürsorgerinnen hatten alle Hände voll zu tun; eigentlich durften die Flüchtlinge nur drei Nächte bleiben, manche blieben aber bis zu vier Wochen und wurden dann meist ins niedersächsische Umland weitergeschickt. Am 19. Dezember 1945 meldete der »Weser-Kurier«, das Flüchtlingsamt habe die 10.000. Karteikarte ausgefüllt, da aber auf einer Karte gegebenenfalls die ganze Familie eingetragen wurde, waren also tatsächlich noch viel mehr Menschen durchgeschleust worden. Es war eine »zusammengewirbelte Menschenmasse, die da durchzog«; nicht alle waren nach her-

Die Betreuungstelle des Bremer Flüchtlingsamtes in der Gustav-Deetjen-Allee

Aufbruch und Ankunft

Plakate und Aushänge weisen die auf dem Hauptbahnhof Ankommenden auf die »Zuzugssperre« hin

es nur, wenn ein Ehepartner schon aufgenommen war und für Menschen mit Mangelberufen. Welche darunterfielen wurde durch die Bedürfnisse der Besatzungsmacht und der allmählich wieder in Gang kommenden bremischen Wirtschaft definiert.

Der Begriff Flüchtling bezog sich nicht auf einen einheitlichen Personenkreis, sondern umfasste in den ersten Nachkriegsjahren sehr verschiedene Gruppen, unter anderem auch Wehrmachtsentlassene. Bei der dritten statistischen Erhebung im Februar 1948 wurden nur solche Personen dazu gezählt, die aus den ehemaligen deutschen Ostprovinzen oder von außerhalb der Reichsgrenzen (Stand 1. März 1938) geflüchtet oder ausgewiesen waren. Demnach lebten zu dieser Zeit 22.047 Flüchtlinge in Bremen, von denen fast 16.000 aus Ostpreußen, Schlesien und Ostpommern stammten. Als »Zugewanderte« wurden Personen bezeichnet, die aus der Sowjetisch Besetzten Zone (SBZ) gekommen waren; deren Zahl betrug zu dieser Zeit rund 7000.

Erste Informationen über die soziale Lage der bremischen Flüchtlingsbevölkerung wurden aus einer Untersuchung gewonnen, die im Sommer 1947 auf Initiative der Militärregierung vorgenommen wurde und in der es um die »Erhebung über die wirtschaftlichen, sozialen, familiären Verhältnisse der Schulkinder« ging. Die Untersuchung offenbarte insgesamt ein starkes soziales Gefälle zwischen den Familien der Einheimischen und denen der Flüchtlinge. Die Schüler und Schülerinnen aus Flüchtlingsfamilien waren hinsichtlich Wohnung, Ernährung und Bekleidung um durchschnittlich 50 Prozent schlechter gestellt als die bremischen Schulkinder.

Eine Zusammenstellung der erlernten Berufe hatte bei der ersten Zählung im Januar 1946, ausgehend von ca. 16.000 »eigentlichen Flüchtlingen« sowohl bei den Männern als auch den Frauen ein Übergewicht an kaufmännischen, Büro- und Verwaltungsberufen ergeben, gefolgt bei den Männern von Metallwerkern und zugehörigen Berufen. Bei den Vertriebenen und Ausgewiesenen

kömmlichen Maßstäben ehrlich. Kleinere oder größere Betrügereien, Bestechungen oder Urkundenfälschungen, mit denen sich manche Menschen Lebensmittelkarten erschlichen, waren keine Seltenheit. Es wurde darüber Klage geführt, dass sich unter den Flüchtlingen auch Unberechtigte versteckten wie heimatlose wandernde Jugendliche oder Obdachlose, die eine Schlafstatt für die Nacht suchten. Der Leiter des Flüchtlingsamts sprach von »asozialen Elementen«, die eine schärfere Kontrolle erforderlich machten. Bremen bemühte sich, die Flüchtlinge in die Nachbarkreise oder in Sammellager wie das in Uelzen weiterzuleiten. Legale Möglichkeiten, in Bremen zu bleiben, gab

ergab die Zählung aus dem Jahr 1948 einen Frauenüberschuss, bei den »Zugewanderten« aus der SBZ einen Männerüberschuss; alle waren mehrheitlich im erwerbsfähigen Alter. Die konfessionelle Aufteilung der Hansestadt änderte sich insofern, als durch den Zuzug von Schlesiern die katholische Minderheit in Bremen nicht unerheblich verstärkt wurde.

Es war zwar der theoretische Anspruch des Wohlfahrtsamts, dem das Flüchtlingsamt mit der Flüchtlingsbetreuungsstelle unterstellt war, dass die »Neubürger« sich gleichberechtigt mit den Einheimischen fühlen sollten, das konnte aber in der Praxis nicht erfüllt werden. Die Flüchtlinge mussten vielfach die bittere Erfahrung machen, dass sie als Bürger zweiter Klasse galten. Sie wurden als Eindringlinge und Konkurrenten um den ohnehin knappen Wohnraum empfunden. Die ungewohnten Dialekte und die zum Teil anderen Lebensgewohnheiten begünstigten bestehende Ressentiments und Vorbehalte und führten nicht selten zu Ablehnung und Ausgrenzung.

Die Unterbringung der in Bremen verbliebenen Flüchtlinge war eines der größten Probleme. Sie mussten zum Teil jahrelang in über die Stadt verstreuten Barackenlagern und Notunterkünften leben – wie übrigens viele ausgebombte Bremer Familien auch. Zwei der größten Flüchtlingslager waren das Lager Riespott auf dem Gelände der heutigen Stahlwerke Bremen, das bis Kriegsende als Außenlager des KZ Neuengamme ein Zwangsarbeiterlager der Norddeutschen Hütte gewesen war, und das Lager Lemwerder, in dem zuvor Zwangsarbeiter der Firma Deschimag untergebracht waren. Die Zustände besonders in hygienischer Hinsicht waren dort katastrophal und menschenunwürdig; im Lager Riespott befanden sich zum Beispiel die Toiletten ohne Türen im Freien, eine Trinkwasseranlage gab es nicht, die Dächer waren undicht. Die im Lager Riespott lebenden Familien, in der Mehrzahl aus Danzig, beschwerten sich mehrfach bei den Behörden, stießen jedoch auf wenig Verständnis. Anfang November 1947 musste das Lager schließlich auf Anordnung der

Militärregierung geschlossen werden; es wurde »entwest«, das heißt von Ungeziefer gereinigt und als Internierungslager für ehemalige führende Nationalsozialisten hergerichtet. Die Danziger Flüchtlingsfamilien wurden in den ehemaligen Kasernen am Niedersachsendamm einquartiert, wo es zunächst weder Heizung noch Kochgelegenheiten gab und durch die Überbelegung Spannungen aufkamen. Mit der Einweisung in diese Unterkunft erhielten die Danziger Zuzugsgenehmigung, was bei ihnen auf eine ambivalente Resonanz stieß, befürchteten sie doch durch die Einbürgerung in Bremen ihr Recht auf Rückkehr nach Danzig zu verlieren.

Möglichkeiten der Flüchtlingsbevölkerung, in Eigeninitiative ihre Interessen nach außen zu vertreten, gab es nicht. Die Versuche des gebürtigen Königsbergers Ernst Müller, später Müller-Hermann, im Februar 1946 eine »Deutsche Flüchtlings- und Kriegsgeschädigten Partei« zu gründen oder im April 1946 wenigstens eine »Notgemeinschaft der Flüchtlinge«, scheiterten an der Militärregierung. Diese wollte unter allen Umständen ein organisiertes Auftreten von Minoritäten aus Furcht vor politischer Unruhe oder gar Radikalisierung verhindern. Ebenso wie die deutsche Verwaltung befürwortete die Militärregierung eine gesellschaftliche Integration der Flüchtlinge durch Mitarbeit in

Ende April 1946 sollte in Bremen eine »Notgemeinschaft der Flüchtlinge« gegründet werden. Ankündigungsplakat

Notgemeinschaft der Flüchtlinge

Am Sonntag, 28. April 1946, 17.15 Uhr

Gründungsversammlung

in der

Staatlichen Kunsthochschule

Am Wandrahm 23

Ecke Kleine Helle — Nähe Stadtamt und Feuerwehr

Dr. Bruno Nick   Ernst Müller

den bereits bestehenden politischen Parteien, Verbänden und Organisationen.

1948 entstand die Flüchtlingsbau- und Siedlungsgenossenschaft »Selbsthilfe«, vom Wohnungsamt zunächst mit Argwohn betrachtet. 1950 konnte sie durch Erwerb von Bundesbesitz in Hemelingen als Erbbaugelände das erste Wohnungsbauvorhaben für Flüchtlinge in Angriff nehmen. Weitere Flüchtlingsorganisationen, die 1949/50 entstanden, waren der »Verband der heimatvertriebenen Wirtschaft« und das »Ostdeutsche Handwerk«.

Eine andere Organisation, die weniger materielle Interessen vertrat als vielmehr eine Art moralische Unterstützung leisten wollte, war der 1949 gegründete Turn- und Sportverein »Frisch Auf«, der den Bremern zeigen wollte, »dass die Flüchtlinge auch vollwertige Menschen sind, die etwas leisten können«, wie es in einem Schreiben des Vereins heißt. Denn Bemühungen, sich in bestehende Vereine zu integrieren, hatten vielfach zu frustrierenden Erfahrungen geführt. Nach Gründung der Bundesrepublik konnte sich Bremen trotz Weiterbestands der Zuzugssperre nicht mehr gegen weiteren Zustrom von Flüchtlingen abschotten. Als Folge zweier Verordnungen aus den Jahren 1949 und 1951 über die gerechtere Verteilung der Vertriebenen und Flüchtlinge auf die einzelnen Bundesländer entfiel auf Bremen eine Quote von zunächst 2000 und zwei Jahre später von noch einmal 4000 Personen, tatsächlich kamen mehr. Insgesamt stieg der Anteil zwischen 1946 und 1950 in der Stadt Bremen von 5,3 Prozent auf 8,6 Prozent, absolut von 20.600 auf 38.101. Der Senat wehrte sich 1950 unter Hinweis auf den nach wie vor bestehenden katastrophalen Wohnungsmangel und den Mangel an Arbeitsplätzen gegen weiteren Zuzug und warnte vor erheblichen sozialen Verwerfungen. 1949 gab es in Bremen, hauptsächlich in Bremen-Nord, 14 Wohnlager, in deren Mehrzahl Flüchtlinge lebten, insgesamt 2855 Personen. Trotz dieser Notlage stieg die Zahl der Flüchtlingsbevölkerung in den folgenden Jahren weiter – auch

deshalb, weil sich viele in der Hafenstadt Bremen günstige Arbeitsmöglichkeiten erhofften. Doch bis Anfang der 1950er Jahre erfüllte sich diese Hoffnung selten, denn wie überall in Westdeutschland stieg auch in Bremen in den ersten Jahren nach der Währungsreform die Arbeitslosigkeit; besonders stark davon betroffen waren Flüchtlinge. Auch als sich die Arbeitsmarktsituation mit dem Beginn des »Wirtschaftswunders« verbesserte, blieb die Wohnungsnot lange als Problem bestehen. Die »Interessengemeinschaft der Flüchtlinge und Vertriebenen« artikulierte zwischen 1949 und 1952 lautstark ihre Kritik an der angeblich unzureichenden Hilfe durch die Bremer Behörden in mehreren Großkundgebungen. Im Laufe der 1950er Jahre entspannte sich die Situation, als die Bau- und Siedlungsgenossenschaft mithilfe von Lastenausgleichs-, Landes- und Umsiedlermitteln zahlreiche Wohnungen erstellen konnte. Dadurch dass Wohnblocks und Wohnhäuser für diesen Personenkreis in verschiedenen Teilen der Stadt entstanden, außer in Hemelingen noch in Kattenesch, in der Neustadt, im Steintorviertel, in Schwachhausen und in Oberneuland, bestand nicht die Gefahr der Entstehung eines Flüchtlings-Ghettos.

Am ehesten mochte dies in den ländlichen Stadtrandgebieten drohen, wo in Osterholz, in Farge und in Borgfeld Nebenerwerbssiedlungen für vertriebene Landwirte entstanden, ermöglicht durch Mittel nach dem Flüchtlingssiedlungsgesetz von 1958 und flankiert von der wohlwollenden Unterstützung Bürgermeister Kaisens, der mithalf, die ablehnende Haltung der einheimischen Bauern zu überwinden. Auch in den großen Wohnungsbauvorhaben, die Bremen im Zuge des sozialen Wohnungsbaus ab 1957 in Angriff nahm, fanden viele Flüchtlinge eine neue Heimat.

Der Erwerb von Eigenheimen und Land, den der Agrarausschuss des Bundes der Vertriebenen in Bremen heftig vorantrieb, widersprach eigentlich dem Anspruch auf Rückkehr in die alte Heimat, den derselbe Verband gleichzeitig erhob. Die offizielle Verbandspolitik löste diesen Widerspruch dadurch auf, dass gesagt wurde, solange dieses Ziel nicht erreicht werden könne, sei eine möglichst umfassende Integration anzustreben. In einem Rückblick anlässlich des zehnjährigen Bestehens des Vertriebenenverbandes im Lande Bremen im Juni 1958 wird der Rückkehrwille der übergroßen Mehrheit der Betroffenen trotz vielfach erfolgter Eingliederung betont und gleichzeitig über die unter den Einheimischen verbreitete »Lethargie gegenüber dem Schicksal Ostdeutschlands« geklagt: »Unsere gemeinsamen Feinde sind die Unfreiheit des Ostens und die spießbürgerliche Sattheit des Westens.« Man werde die ostdeutschen Gebiete noch einmal bitter nötig haben, denn das Wirtschaftswunder werde nicht ewig anhalten. Abgesehen von diesen allgemeinen Vorwürfen wird die gute und verständnisvolle Zusammenarbeit mit den senatorischen Behörden hervorgehoben, ganz anders als zehn Jahre zuvor, als der Verband die bremische Flüchtlingspolitik scharf kritisiert hatte. Nicht weiter verwunderlich, hatte sich doch die wirtschaftliche Lage entscheidend verändert und damit die Einstellung des Senats gegenüber seinen Neubürgern. Waren sie in den ersten Nachkriegsjahren aus Sicht der Politiker noch »unerwünschter Ballast«, den man möglichst wieder loswerden wollte, so waren sie Ende der 1950er Jahre, obgleich sich ihre Zahl in dieser Zeit - auch infolge einer überdurchschnittlich hohen Geburtenrate – verdreifacht hatte, als dringend benötigte Arbeitskräfte willkommen. Auch aufseiten der Flüchtlinge und Vertriebenen veränderte sich die Einstellung. Dies zeigte sich darin, dass immer mehr in die Baugenossenschaft eintraten und damit ihren Willen zum »Wurzelnschlagen« manifestierten. Zur atmosphärischen Verbesserung zwischen Einheimischen und Zugezogenen trug sicher nicht zuletzt das ständige Bemühen Wilhelm Kaisens bei, der seit 1950 jedes Jahr auf dem »Tag der Heimat« sprach und von beiden Seiten Einsicht und Verständnis für die Lage der jeweils anderen einforderte. Infolge der um 1960 fast erreichten Vollbeschäftigung, der großen Fortschritte im Wohnungsbau und der damit verbundenen

Verbesserung der sozialen Situation der Flüchtlinge war eine eigenständige parteipolitische Interessenvertretung nicht mehr nötig. Bei den Bürgerschaftswahlen 1959 erhielt denn auch der BHE (Bund der Heimatvertriebenen und Entrechteten) nur noch 1,9 Prozent der Stimmen. Die Abgeordneten der Bremischen Bürgerschaft mit Vertriebenen- oder Flüchtlingshintergrund verstanden sich nicht als Interessenvertreter. Zwar gab es ein weit verzweigtes Netz von Flüchtlingsorganisationen, mit eigenen Frauen- und Jugendgruppen, Chören und Theaterzirkeln, die entstanden waren, weil sich die Vertriebenen von der bremischen Bevölkerung anfangs zurückgestoßen fühlten und sich deshalb »einigelten«, aber

Blick vom Balkon des Rathauses auf das Deutsche Haus und die im Juli 1955 angebrachte Inschrift

Wiederaufbau der Polizei

daraus entwickelte sich auf Dauer kein eigenständiges Flüchtlingsmilieu. Mit dem Heranwachsen einer neuen Generation verloren diese Gruppen allmählich an Bedeutung. Die Älteren allerdings fanden es schwer, neue Kontakte zu schließen, und erinnerten sich auch noch nach Jahrzehnten an erlittene Demütigungen. Mit »Ostdeutschen Wochen« und Ausstellungen »Der deutsche Osten«, mit Vorträgen der Landsmannschaften im »Deutschen Haus« am Markt versuchte man, die Erinnerung an das kulturelle Erbe der ehemals deutschen Gebiete östlich der Oder-Neiße-Linie wachzuhalten – mit abnehmender Resonanz.

Unter den Vertriebenen organisierten sich diejenigen gesondert, die bis 1961 die DDR verließen, im Dezember 1952 gründeten sie

den »Bund der Sowjetzonenflüchtlinge«. Bis der Bezug einer Wohnung möglich wurde, lebten sie vorwiegend in gesonderten Lagern. Für Anfang 1955 wird ihre Zahl mit 701 Personen angegeben, die u.a. in Baracken an der Vahrer Straße, im Lager Holthorster Weg in Lesum und im Roseliushaus im Ichon-Park in Oberneuland mehr hausten als lebten. Wie die Zustände dort 1954 noch aussahen, machen die Konflikte deutlich, die daraus entstanden, dass die dort neu eingezogenen Trennwände zwischen den Räumen für die einzelnen Familien aus Kostengründen nicht bis zur Decke hochgezogen waren.

Eine Sonderstellung nahm das Lager in der ehemaligen Kaserne an der Vahrer Straße ein, wo ein Übergangslager für SBZ-Flüchtlinge eingerichtet war, die für Nordrhein-Westfalen bestimmt waren. Während man in Bremen ursprünglich auf 800 Personen eingestellt gewesen war, lebte hier Ende 1954 die doppelte Anzahl. Auch aufgrund dieser Zusammenballung von Menschen und der zögerlichen Abnahme durch das Bestimmungsland kam es hier vielfach zu Beschwerden der Lagerbewohner, die auch die Bremische Bürgerschaft beschäftigten. Ein besonderes Problem stellte die Betreuung der vielen alleinstehenden Jugendlichen innerhalb der SBZ-Zuwanderer dar. Es muss hier im Lager besonders unruhige, wohl auch politisch besonders radikalisierte Gruppierungen gegeben haben, denn 1954 verhinderten Lagerbewohner unter Androhung von Gewalt den in der »Glocke« geplanten Auftritt einer Rostocker Studentengruppe mit folkloristischen Darbietungen. Das Lager wurde erst 1959 aufgelöst.

Die Streifen der Military Police wurden von Mitgliedern der Bremer Polizei in dunkelblau gefärbten Uniformen begleitet, Foto 1945

Der demokratische (Wieder-) Aufbau der Bremer Polizei

Als in den Morgenstunden des 26. April 1945 britisches Militär das Polizeihaus betrat, begann auch für die Bremer Polizei eine neue Zeit. Sie stand selbstverständlich unter der Generalanklage, als Organisation dem verbrecherischen

NS-Staat gedient zu haben, und musste deshalb »entmachtet« werden. Alle im Polizeihaus anwesenden Polizisten hatten ihre Waffen abzugeben und anschließend mit dem Polizeipräsidenten Schroers zum Bahnhofsplatz zu marschieren, wo sie ein britischer Offizier über das bevorstehende Kriegsende informierte. Zurück im Polizeihaus mussten sie die Räume an die britische Militärmacht übergeben. Danach wurden sie in Internierungshaft genommen; ein Teil von ihnen wurde kurzzeitig im Weser-Stadion interniert. Die Gestapo-Beamten hatten sich zum großen Teil schon vor der Besetzung davongemacht.

Die Ordnungsgewalt übernahm erst britische, dann amerikanische Militärpolizei, die aber sehr bald feststellen musste, dass sie wegen der Verständigungsschwierigkeiten und der ablehnenden Haltung der bremischen Bevölkerung nicht auf die Dienste der deutschen Schutzpolizei verzichten konnte. Wenige Tage nach der Besetzung versahen deshalb bremische Polizisten schon wieder ihren Dienst, allerdings unbewaffnet und unter Aufsicht der Militärregierung. Damit sie sich auch rein äußerlich von der nationalsozialistischen Zeit unterschieden, verlangte die Militärregierung, die Uniformen in das traditionelle Dunkelblau umzufärben, das aktuelle Graugrün unterscheide sich zu wenig von der Wehrmachtsuniform. Außerdem sollten die Polizisten eine Armbinde mit der Aufschrift »Police« tragen.

Ihre Aufgaben bestanden hauptsächlich in der Überwachung der Einhaltung der Sperrzeit und in der Bekämpfung von Diebstahl und Schwarzmarkthandel. Überfälle auf Kohlentransporte und Nachschubzüge der Alliierten waren an der Tagesordnung. In öffentlichen und privaten Parks wurden von der Bevölkerung massenweise Bäume gefällt, um Feuerholz für den Kochherd zu beschaffen, denn Gas und Strom gab es zunächst kaum, und zur Bevorratung für den Heizofenbetrieb im Winter. Die Militärbehörde erließ ein Verbot, nachts den Bürgerpark zu betreten, das aber wegen mangelnder Kontrollmöglichkeit gleich wieder außer Kraft gesetzt wurde. Ge-

Festnahme eines Schwarzhändlers während einer Razzia am Hauptbahnhof, 1948

genüber all diesen Vorgängen war die Polizei weitgehend machtlos. Ende Juni 1945 wurden ihr insgesamt zwar 60 Pistolen anvertraut, vollständig bewaffnet war die Bremer Polizei aber erst wieder ab September 1949. Auch der Umgang mit den befreiten ausländischen Zwangsarbeitern und Kriegsgefangenen, die ihre aufgrund der jahrelangen schlechten Behandlung aufgestaute Aggressivität teilweise in strafbaren Handlungen auslebten, stellte eine schwierige Aufgabe dar. Die Betreuung und Kontrolle dieser Personengruppe hatte sich ohnehin weitgehend die Besatzungsmacht vorbehalten. Das anfängliche Misstrauen der Amerikaner gegenüber der deutschen Polizei ließ allmählich nach, nachdem sie sich davon überzeugt hatten, dass die Bremer Polizisten ihren Dienst ordnungsgemäß versahen, sodass sich die ständige Begleitung durch

Wiederaufbau der Polizei

Eine der ersten uniformierten Bremer Polizistinnen, zusammen mit den Chefs für öffentliche Sicherheit in Bremen und bei der Berliner Zentrale der amerikanischen Militärregierungsstelle (OMGUS), 1946

Militärpolizei allmählich erübrigte. Die MP stellte nur noch die Fahrer in den der Polizei zur Verfügung gestellten Jeeps. Nach und nach requirierten die Amerikaner eigene Einsatzfahrzeuge für die deutsche Polizei.

Ein vordringlicher Aspekt beim Aufbau eines demokratischen Polizeiwesens war selbstverständlich die Entlassung ehemals aktiver Nationalsozialisten und die allgemeine Umerziehung der Beamten. Von den am 1. April 1945 beschäftigten 1260 Polizeibeamten wurden bis Februar 1948 insgesamt 852 Beamte aus politischen Gründen entlassen, davon wurden 197 wieder eingestellt. Nach Einschätzung von Franz Noch, von 1947 bis 1949 stellvertretender und 1949 bis 1951 Polizeidirektor bzw. Polizeipräsident, war die Entnazifizierung bei der Polizei besonders ri-

goros vorgenommen worden. Noch selbst war als Sozialdemokrat 1933 aus dem Polizeidienst entlassen worden. Im April 1948 waren nach vielen Neueinstellungen 2473 Personen bei der Polizei beschäftigt, einschließlich Verwaltung und Kriminalpolizei, von denen immer noch 16 Prozent von dem Gesetz zur Befreiung von Nationalsozialismus und Militarismus vom 9. Mai 1947 betroffen, also politisch belastet waren. Entlassen wurde nicht nur wegen NS-Aktivität in der Vergangenheit, sondern auch wegen Straffälligkeit in der Gegenwart; auch Polizisten machten sich in der materiellen Not dieser Jahre solcher Delikte wie Diebstahl, Bestechung und Korruption schuldig. Im Jahre 1947 sollen es rund 1000 Fälle gewesen sein.

Dringend gesucht wurde politisch unbelasteter Nachwuchs, möglichst mit praktischer Berufserfahrung. Die einstellende Behörde bevorzugte Interessenten, die während des Krieges bei der Marine gedient hatten, und zwar, weil hier der Verdacht auf Beteiligung an nationalsozialistischen Verbrechen am wenigsten zu vermuten war. Tatsächlich war der Beruf eines Polizisten in der Nachkriegszeit für manchen Bremer, auch für solche, die sich geschworen hatten, nie wieder eine Uniform anzuziehen, und eigentlich ganz andere Berufswünsche hatten, durchaus attraktiv. Eine feste Anstellung und die Aussicht, bei der Zuteilung von Lebensmittelkarten in die Kategorie »Schwerstarbeiter« eingestuft zu werden, was gegenüber der einfachen Lebensmittelkarte fast eine Verdoppelung der Rationen bedeutete, waren verlockend. Nach Bescheinigung der Unbedenklichkeit in politischer Hinsicht und Bestehen eines Eingangstests zogen die für geeignet Gehaltenen für ein Vierteljahr nach Lesum. Dort war in einigen Baracken, ehemaligen Unterkünften für die Besatzungen von Flakbatterien, eine provisorische Polizeischule eingerichtet worden. Hier wurden die jungen Männer in einem Kurzlehrgang zu Polizisten ausgebildet. Neben notwendigen und sinnvollen Ausbildungsanteilen, so erinnert sich einer der damals Beteiligten, gab es auch Exerzieren mit »Vorbeigehen in gerader Haltung« an einem Vorgesetzten mit »Händen stramm an der Hosennaht«, was die angehenden Polizisten eigentlich nicht aufs Neue wollten. Als sich einmal ein amerikanischer Jeep näherte, sei diese Art von Drill sofort abgebrochen worden; sie entsprach mit Sicherheit nicht den amerikanischen Vorstellungen von einer neuen zivilen Polizei. Vielen ehemaligen Berufssoldaten, die es gewohnt waren, Befehle zu erteilen, fiel es schwer, sich in ihren neuen Status zu finden. Der Schulbetrieb in Lesum wurde bis Dezember 1949 aufrechterhalten; in den vier Jahren wurden insgesamt fast 1000 Lehrgangsteilnehmer ausgebildet. Im Polizeihaus am Wall wurden bis 1953 Lehrgänge für gehobenere Positionen im Polizeidienst durchgeführt. Am 1. Oktober 1952 wurde die Landespolizeischule am Niedersachsendamm in Huckelriede eröffnet.

Nach bestandener Prüfung und ausgestattet mit der neuen, wesentlich ziviler geschnittenen blauen Polizeiuniform, der achteckigen blauen Mütze nach amerikanischem Vorbild und einer weißen Binde am linken Arm mit der Aufschrift »MG Police«, nahmen 1946 die Absolventen des Lehrgangs ihren Dienst in den verschiedenen Polizeirevieren der Stadt auf. Tagsüber war es relativ ruhig, da es außer amerikanischen Militärfahrzeugen kaum motorisierten Verkehr gab, dafür war nachts umso mehr los – trotz Ausgangssperre. Schwarzhändler und »Organisierer« von Lebensmitteln transportierten Güter verschiedenster Art auf Fahrrädern und Handkarren; von den Weiden am Stadtrand wurde Vieh gestohlen und geschlachtet. Die Polizei kontrollierte »alles, was sich auf Straßen und Wegen bewegte«, konnte aber nur wenig ausrichten.

Besondere polizeiliche Aufmerksamkeit war im Hafen erforderlich. Denn hier wurden die Schiffe entladen, die die für den Nachschub der amerikanischen Truppen und die Versorgung der bremischen Bevölkerung benötigten Güter brachten. Zum Löschen der Ladung gehörte Handarbeit, und die Versuchung, ein paar Bohnen aus einem Sack Kaffee herausrieseln zu lassen oder eine Kiste

Dienstbesprechung der Polizistinnen mit der Leiterin der weiblichen Polizei

mit Zigaretten abzuzweigen, war groß. Nicht nur deutsche Arbeiter bedienten sich, auch Amerikaner schafften begehrte Güter beiseite, die sie auf dem Schwarzmarkt absetzten. Es kam zu Spannungen, weil sich Angehörige amerikanischer Schiffsbesatzungen nicht von deutschen Polizisten kontrollieren lassen wollten. Die deutschen Beamten des Hafenreviers wurden von amerikanischer Armee und amerikanischer Militärpolizei unterstützt. An allen

Foto aus einer Serie gestellter Aufnahmen vom Einsatz der weiblichen Polizei im Schnoor, 1946

Schiffen, Schuppen und Waggons mit »interessanter« Ladung mussten Posten stehen.

Als auffällige Neuerung wurde im Bremer Polizeidienst nach 1945 die uniformierte weibliche Polizei eingeführt. Aufgrund eines Erlasses der Militärregierung wurden im Sommer 1946 Bewerberinnen im Alter von 25 bis 35 Jahren gesucht, die von einem weiblichen amerikanischen Major in einem Einstellungsgespräch auf ihre Eignung hin geprüft wurden. Nach einer halbjährigen Vorbereitungszeit konnten die wenigen, die ausgewählt worden waren, den Streifendienst antreten. Die Polizistinnen sollten sich besonders um bettelnde, häufig elternlose Kinder und vor allem um junge entwurzelte Frauen kümmern, unter ihnen viele ehemalige Wehrmachtshelferinnen, viele von außerhalb, die auf der Suche nach irgendeiner Art von Lebensunterhalt durch die Stadt zogen. Die weibliche Polizei sollte diese »Herumtreiberinnen« oder »Streunerinnen« einsammeln und vorläufig einsperren, denn Mädchen und junge Frauen ohne festen Wohnsitz wurden für potenzielle Prostituierte gehalten. Anfang der 1950er Jahre wurde die weibliche Schutzpolizei als eigenständige Einheit aufgelöst und der weiblichen Kriminalpolizei zugeordnet, die im Übrigen noch von den Nationalsozialisten eingerichtet worden war.

1952 wurde in Bremen vor dem Hintergrund des Kalten Krieges wie in allen Bundesländern die kasernierte Bereitschaftspolizei zum Schutz der inneren Sicherheit aufgebaut. Sie bezog nach dem Umbau der ehemaligen Hindenburgkaserne am Niedersachsendamm in Huckelriede Quartier. Von den 1669 Bewerbern – die Arbeitslosigkeit war zu der Zeit hoch – wurden 127 Männer eingestellt. Einer der ersten Einsätze der Bereitschaftspolizei bestand in der Unterstützung der Schutzpolizei bei deren Einsatz anlässlich eines Großfeuerwerks der Bremer Volkshilfe am Osterdeich. Die anfänglich paramilitärisch ausgerichtete Ausbildung, an der vor allem die seit 1963 in Bremen (11. Landesbezirk) vertretene Gewerkschaft der Polizei Kritik übte, erhielt allmählich einen zivileren Charakter.

Colonel Harold H. Crabill, ab 1946 auf amerikanischer Seite für das Bremer Bildungswesen zuständig

Bildung und Wissenschaft

Re-education und Reform in der Amtszeit von Senator Paulmann

Wesentliches Element des Bildungbereichs war bei Kriegsende das Allgemeinbildende Schulwesen mit zugehörigen Einrichtungen wie etwa Jugendschriftenstelle, Bildstelle (seit 1933 Kreisbildstelle und Hamburg unterstellt) und solchen der Lehrerausbildung: ein Studienseminar für Referendare und die 1941 eingerichtete Lehrerinnenbildungsanstalt. Hinzu kamen Berufsschulen und der höheren Schule entsprechende Fachschulen, wie etwa die Bau- und Ingenieurschule der Hansestadt Bremen für technische und Ingenieursberufe (bis 1942 das »Technikum«), die Seefahrtsschule oder die »Nordische Musikschule«, die sofort im Mai 1945 in »Bremer Musikschule« umbenannt wurde. Einzige – ausbildende, nicht forschende – Hochschule war die 1934 aus der bisherigen Kunstgewerbeschule entwickelte »Nordische Kunsthochschule«; sie wurde im Mai 1945 geschlossen.

Den Wissenschaftsbereich bildeten im Wesentlichen das Staatsarchiv, die Staatsbibliothek und die Museen mit ihren reichen, von wissenschaftlichen Mitarbeitern betreuten

Beständen. Als Schaltstellen zwischen Forschung und interessierter Öffentlichkeit standen ihnen traditionell die sämtlich im 19. Jahrhundert gegründeten wissenschaftlichen Vereine und Fachgesellschaften zur Seite, so die Historische Gesellschaft, der Naturwissenschaftliche Verein und die Geographische Gesellschaft. Die wissenschaftlichen Leiter von Abteilungen der Institutionen waren zumeist auch führende Mitglieder dieser Vereine, sodass eine enge Zusammenarbeit möglich war. Die Vereine gaben Jahrbücher heraus, teils auch Veröffentlichungsreihen, sie boten Vorträge und Exkursionen an, und einige verfügten über Spezialbibliotheken. Nach ihrer Zusammenfassung unter dem Dach der Bremer Wissenschaftlichen Gesellschaft im Jahr 1924 wurden sie 1941 unter der neuen Bezeichnung »Wittheit zu Bremen« als wissenschaftliches Amt der Hansestadt zwar verstaatlicht, konnten aber dennoch relativ selbstständig weiter agieren. Präsident der Wittheit war bis zu seiner Entlassung 1945 der Direktor der Staatsbibliothek Hinrich Knittermeyer, ihm folgte Hermann Entholt.

Weil sie zunächst in der Sicherung des täglichen Lebens keine Rolle spielten, blieben Bildung und Wissenschaft monatelang unbeachtet, bis zunächst im Schulbereich der vollständige Neuanfang begann: Gebäude und Material, Personen, Inhalte und Organisationsstrukturen mussten hergerichtet, beschafft, verworfen oder ersetzt werden. Seit Kriegsende bestimmte die Militärregierung das Geschehen; alle höheren Verwaltungsbeamten wurden entlassen. Zum Senator für Schulen und Erziehung wurde am 6. Juni 1945 Christian Paulmann eingesetzt. Ihm aufseiten der Militärregierung weisunggebend und aufsichtsführend zugeordnet war zunächst der Leiter der Zivilverwaltung Captain Edwin W. Bard und ab Mai 1946 dessen Nachfolger Colonel Harold H. Crabill. Als die Erziehungsabteilung von der Zivilverwaltung abgetrennt wurde, erhielt Crabill deren Leitung und damit für den Wiederaufbau und die Entwicklung des Bremer Bildungswesens eine zentrale Position.

Christian Paulmann

* 2.2.1897, Hannover
† 11.7.1970, Bremen

Paulmann besuchte seit 1911 das Lehrerseminar in Bremen. Nach seinem Kriegseinsatz als Soldat 1916–18 war er 1919–33 Lehrer im bremischen Schuldienst und gehörte 1921 zu den Begründern der ersten Bremer Versuchsschule. 1920–33 betätigte sich Paulmann im Vorstand des Bremischen Lehrervereins. 1922 wurde er Mitglied der SPD und 1931 der Bürgerschaftsfraktion seiner Partei. Von den Nationalsozialisten 1933 aus dem Schuldienst entlassen, begann für Paulmann ein Leben als Mitinhaber einer Utbremer Kohlenhandlung. 1945 erfolgte seine Ernennung zum Senator für Schulen und Erziehung in den ersten Bremer Nachkriegssenat. Im Mai 1951 trat er aus dem Senat wegen ungeklärter Vorwürfe im Rahmen der »Schulspeisung« aus. 1955 wurde Paulmann erneut Mitglied der SPD-Bürgerschaftsfraktion und blieb bis 1962 SPD-Landesvorsitzender.

Im August 1945 erfolgte die Wiederangliederung der Behörden für Kunst und Wissenschaft sowie Leibesübungen: Es entstanden nun die vier in der Geschäftsverteilung 1948 niedergelegten Abteilungen Allgemeinbildende Schulen, Berufs- und Fachschulen, Kunst und Wissenschaft sowie Leibesübungen und Jugendpflege. Die neue Verwaltung musste die bisherigen zentralistischen Hierarchiestrukturen beseitigen und zugleich unbelastete Personen für die entscheidenden Posten finden. Sie griff dabei vorzugsweise auf 1933 zurückgestufte oder entlassene Lehrkräfte zurück. Neben Senator Paulmann gehörten dazu die Oberschulräte Johanna Lürßen (Höhere Schulen), Wilhelm Blanke (Volksschulen), Bernhard Roßmann (Berufs- und Fachschulen), die

Arbeitseinsatz statt Unterricht: Schulklassen und Lehrer helfen beim Verfüllen von Bombentrichtern. Foto vom Waller Friedhof, August 1945

hatte sich in Bremen erst ab 1938 entwickelt), Volksschulen, welche die große Mehrheit bildeten, Sonderschulen für körperliche oder Lern-Behinderungen sowie Berufs- und Fachschulen. Fliegerbomben hatten von den 151 Schulgebäuden 45 total zerstört und 78 beschädigt (davon 36 zu mehr als 75 Prozent, sodass sie nicht wieder aufgebaut wurden); nur 28 Gebäude in den Rand- und Landgebieten blieben unbeschädigt. Auch deswegen war zunächst kein Unterricht möglich, und Lehrkräfte und ältere Schulkinder wurden zu Aufräum- und Herrichtungsarbeiten eingesetzt. Die Wiederaufnahme des Schulunterrichts vorzubereiten, bedeutete aber vor allem Austausch von Personen (nur 13 Schulleiter behielten ihr Amt; das angestammte Kollegium, soweit es sich wieder fand, blieb zunächst) und Lehrinhalten, denen Lehr- und Lernmittel entsprechen mussten. Einen besonderen Akt der Entideologisierung stellte am 2. August 1945 die Rückgabe des ursprünglichen Namens an sechs im Februar 1938 nach deutschen bzw. Bremer »Helden« umbenannte Schulen dar.

Schulräte, mehrere Schulleiter sowie der zum Leiter der Behörde für Kunst und Wissenschaft ernannte und zum Oberregierungsrat beförderte Alfred Nawrath.

Bestandsaufnahme und Wiederbeginn des Schulunterrichts

Das öffentliche Schulwesen Bremens bestand 1945 aus den Höheren Schulen (Deutsche Oberschulen für Jungen und Mädchen, ein humanistisches Gymnasium und Realschulen), einigen Mittelschulen (das mittlere Schulwesen

Die Wiedereröffnung in notdürftig hergerichteten Räumen erfolgte nach Schularten gestaffelt: Am 10. September 1945 zuerst die Grundschulen, d. h. die vier ersten Klassen der Volksschulen, nach einer Feierstunde im Liberty-Theater (ehemals das Kino Kaisertheater am Ostertorsteinweg) am 8. September: »Der heutige Tag ist [...] für das bremische Schulwesen von einer tiefen Bedeutung [...] weil von heute an ein neuer Abschnitt in der Geschichte des bremischen Schulwesens beginnen soll. Es ist der tiefe Sinn dieser Stunde, daß wir vor einem neuen Anfang stehen«, so Paulmann in seinem bewegten Begrüßungswort vor den Reden von Vertretern der Militärregierung und von Bürgermeister Kaisen. Am 3. Dezember folgten die Höheren und Mittel-Schulen sowie die Volksschuloberstufen und zwischen dem 25. Februar und dem 15. März 1946 die Berufs- und Fachschulen. Hinsichtlich der Lernmittel griff man mit einer gewissen Ausrichtung an amerikanischen Vorgaben auf Inhalte und Material vor der NS-Zeit zurück oder änderte

Wilhelm Kaisen bei der Ansprache an die Bremer Grundschullehrkräfte, zwei Tage bevor der Schulbetrieb am 10. September 1945 wieder begann

falls möglich das Vorhandene ab. So etwa die erst 1942 eingeführte Fibel von Gansberg, die wegen geringer Zahl entsprechender Inhalte relativ rasch entnazifiziert und entmilitarisiert werden konnte und daher bald nach Wiedereröffnung der Schulen zur Verfügung stand. Für die Lerninhalte, d.h. die Erstellung eines vorläufigen Lehrplans, arbeitete die Schulbehörde mit der Arbeitsgemeinschaft bremischer Lehrer und Lehrerinnen als beratender Organisation zusammen, die sich unter der Leitung von Klaus Böttcher gebildet hatte und Keimzelle des Vereins Bremer Lehrer und Lehrerinnen (VBLL) werden sollte.

Bei Kriegsende waren etwa 1200 Schulkinder noch nicht wieder aus der Kinderlandverschickung nach Sachsen und dem Salzburger Land zurück, Gebiete, die nun zur Sowjetisch Besetzten Zone bzw. (wieder) zu Österreich gehörten. Aufgrund der Verkehrsverhältnisse und anderer Bestimmungen konnte die Rückführung aus dem Salzburger Raum erst im September 1945 erfolgen, 150 Kinder aus Sachsen kamen sogar erst am 27. März 1946 zurück. Sie alle waren durch Wegfall der früheren Dienststellen ohne Versorgung geblieben und hatten trotz größten Einsatzes der bei ihnen verbliebenen Lehrkräfte oder der Pflegefamilien oft schlimme Hungerzeiten durchlitten.

Zeitgleich mit Wiederbeginn der Schulen setzte aufgrund der jetzt greifenden Entnazifizierungsanordnungen die massenhafte Entlassung der einfachen Lehrkräfte ein. Die gesetzliche Grundlage dafür wurde allerdings erst am 3. März 1946 durch das Gesetz zur Befreiung von Nationalismus und Militarismus geschaffen. In drei Entlassungswellen traf es zunächst 984 Lehrkräfte (von insgesamt 1646). Nach Anhörungs- und Einstufungsverfahren, deren formale Grundlage ein Schreiben der Denazification Branch vom 23. Januar 1946 in acht Punkten festlegte, wurde allmählich der Großteil wieder eingestellt (519 bis 1948; etliche hatten inzwischen das Pensionsalter erreicht). Bei den Entlassungen waren auch Denunzierungen und bei den Berufungsverfahren Gefälligkeitszeugnisse, die »Persilschei-

ne«, mit im Spiel. Die Amerikaner stellten sich die Aufgabe einer Erziehungsmission im wörtlichen Sinne. Fortbildungslehrgänge mit dem Erziehungszweck »Demokratie« begannen in Bremen für entlassene Lehrkräfte bis 35 Jahre (nach Genehmigung durch die Militärregierung am 13. März 1946) im August 1946; ihr Kernstück war eine intensive Landheimwoche in Huchting. In den Schulbüchereien, die 1933 von »bolschewistischem und pazifistischem Schrifttum gesäubert« worden waren, wurden bereits am 26. Juni 1945 Bücher mit nationalsozialistischen oder militaristischen Inhalten aussortiert, bevor überhaupt Grundvoraussetzungen des Unterrichts, wie etwa der bloße Schulraum, gesichert waren.

Der Mangel an Lehrkräften erforderte bis zu ihrer allmählichen Wiedereinsetzung den bis an äußerste Grenzen gehenden Einsatz der verbliebenen: Mehrfache Klassenlehrerschaft, Riesenklassen und bis zu drei Unterrichtsschichten am Tag wurden zur Norm. Parallel zur Welle der Entlassungen liefen daher bereits Maßnahmen einer Personalbeschaffung durch Ausbildung. Das Studienseminar für die Referendarausbildung nahm unter Leitung von Erwin Lebek am 8. Februar 1946 die Arbeit wieder auf. Ausbildung für die Volksschule war besonders dringlich, weil dieser etwa 650 Lehrkräfte fehlten. Dazu wurde mit Erlaubnis

Alle Bremer Grundschullehrerinnen und -lehrer waren am 8. September ins »Liberty-Theater« am Ostertorsteinweg geladen

Bildung und Wissenschaft

Unterricht im Dachstuhl der Schule Oslebshausen im Winter 1946/47

der Militärregierung und mit Beschluss vom 11. September das Pädagogische Seminar eingerichtet, um, wie es zunächst hieß, »Männern«, die wegen ihres Alters über 24 Jahre nicht mehr in die allgemeine Volksschullehrerausbildung passten, eine Kurzausbildung von etwa zwei Semestern zu ermöglichen. Tatsächlich nahmen nicht wenige junge Frauen daran teil, weil die Schülerinnen der am 23. November 1945 wegen nationalsozialistischer Erziehungsgrundsätze aufgehobenen Lehrerinnenbildungsanstalt auf Anweisung jetzt das Pädagogische Seminar besuchen mussten. Zur Eröffnung am 1. Dezember 1945 hielt Paulmann vor den Studierenden eine Rede ganz im Sinne (und in der Wortwahl) des engagierten, auf Gegenwart und Zukunft gerichteten Versuchsschullehrers, der er einmal war: »Die Schule braucht in der Gegenwart Menschen, die aus der Schule eine Stätte sozialer Hingebung werden lassen, und wo wir diese Menschen finden, die hierzu bereit sind, werden wir ihnen den Weg ebnen und alles tun, was in unserer Kraft steht. Dieser Schritt, den wir heute machen, um aus der Not der Zeit für das Problem des Lehrermangels eine Lösung

zu finden, ist ein Schritt in das neue Land.« Die Lehrgänge begannen am 3. Dezember im Gebäude der Hilfsschule an der Vegesacker Straße, ab April 1946 standen sie unter der Leitung von Klaus Böttcher. Ebenfalls am 3. Dezember begannen die »Vorsemesterlehrgänge«, durch die Schülerinnen und Schüler, die aufgrund des Krieges keinen höheren Schulabschluss oder nur ein unzureichendes Notabitur hatten, die volle Hochschulreife erlangen konnten. Beide Einrichtungen galten ausdrücklich auch als solche der Umerziehung und Demokratievermittlung.

Die räumliche Lage beim Wiederbeginn der Schulen war nach wie vor desolat: »Die Schulen [seien] ganz oder teilweise zerstört, keine Fenster, schlecht schließende Türen [...]«, musste Paulmann noch im Dezember 1945 feststellen. Die Volksschulen verfügten nur noch über 251 von ehemals 1150 Klassenräumen, die höheren Schulen über 50 von 400, die Berufs- und Fachschulen über 151 von 580. Zwar wurden binnen eines Jahres 274 Klassenräume für Volksschulen, 80 für höhere und 36 für Berufs- und Fachschulen wieder hergerichtet, dennoch bezeichnete

Bestandsaufnahme und Wiederbeginn des Schulunterrichts

Senator Paulmann in seiner bilanzierenden Rede vor der Bürgerschaft am 14. November 1946 (»Fragen der Schule und der Erziehung«, das Bremer Gegenstück zum Bericht über die US-Erziehungsmission durch George F. Zook vom 20. September 1946) den Mangel an Räumen als nahezu gleich bedeutsam für die zu geringe Unterrichtsstundenzahl wie den an Lehrkräften: Allein in der Volksschule konnten zu diesem Zeitpunkt 10.260 Stunden nicht erteilt werden.

Der allen Ressorts beigeordnete Beirat war beim Senator für Bildung fast ausschließlich für den Schulsektor und die pädagogische Neuerung tätig. Er bestand überwiegend aus von den Nationalsozialisten diskriminierten Reformpädagogen (zu denen allerdings auch vom NS-Regime nicht abgelehnte Lehrkräfte zählten wie etwa Hinrich Wulff und Wilhelm Berger). Sie überzeugten die Militärregierung von ihrem Willen und ihrer Fähigkeit zur Demokratisierung und lieferten Lehrplanentwürfe; zum Beispiel unter Leitung von Klaus Böttcher einen Plan für die Oberstufe der Volksschulen, den die Militärregierung bereits im September 1945 genehmigte. Der englischkundige Berger fungierte als »Verbindungsmann« zur Militärregierung und vermittelte ab Mai 1946 die »Pädagogischen Dienstagabende«, eine Zusammenkunft von Vertretern der Schulbehörde, einigen ihrer »Vertrauenspersonen« und der Erziehungsabteilung (Education Division) der Militärregierung, wobei Letztere die Einladende war – in diesen Notzeiten eine willkommene Sache.

Während sich die Zahl der Lehrkräfte verminderte, vergrößerte sich die der Schüler, insbesondere durch den Zuzug von Flüchtlingen. Unter diesen Umständen konnten die Schulen nur in geringem Maße auf die Folgen von Traumatisierungen eingehen, unter denen spätheimkehrende Verschickte und Flüchtlingskinder ebenso wie in Bremen gebliebene »Bunkerkinder« litten; im Vordergrund stand die Bewältigung der materiellen Not. Im Winter 1945/46 führte die Kombination aus Raummangel, Lehrkräftemangel und Kohlenmangel zu einer katastrophalen Schulsituation, zu Unterrichtsausfall und »Hausaufgabenunterricht«. Dieser bestand aus wöchentlich

Fehlende Räume und Lehrermangel führten zu überfüllten Klassen

Bildung und Wissenschaft

45 Bremer Schulen wurden im Zweiten Weltkrieg vollkommen zerstört. Die Ruine der Realschule am Doventor, seit 1937 »Olbers-Schule«, an der Contrescarpe 174, um 1947

erbrachte. Ihr folgte im August des Jahres eine weitere zur Bildung des Grundbestandes einer Jugendbücherei. Im Juni 1947 wurden die Volksbüchereien durch Senatsbeschluss in ein selbstständiges staatliches Institut umgewandelt. Auch die Bildstelle nahm früh ihre Arbeit wieder auf. Bei ihrer »Säuberung« 1945 gaben nur zehn Prozent des Materials, das größtenteils erhalten geblieben war, Grund zu Beanstandung. Viele Schulprojektoren waren zerstört oder beschädigt worden, und man begann sofort, für Ersatz zu sorgen. Selbstständig wurde die Bildstelle allerdings erst 1949 wieder, nun unter dem Namen Landesbildstelle. Der seit 1867 in der Berufsausbildung von Frauen vielfältig wirkende Frauen-Erwerbs- und Ausbildungsverein, dessen Schulen 1933/34 in den allgemeinen Berufsschulen aufgegangen waren, bot im August 1946 wieder verschiedene hauswirtschaftliche Kurse an.

zweimal verteilten Hausaufgaben und verlief durch den Mangel an Lernmaterial, Papier und Schreibzeug keineswegs reibungslos. Noch im September 1946 wurden Schiefertafeln als »rare Artikel« gemeldet.

Der alles überlagernde Mangel an Nahrung wurde schließlich für die Jugend gelindert, als zur Zusatzernährung für die Schulkinder die Schulspeisung einsetzte, allerdings nicht, wie von Paulmann gefordert, ab August 1945, sondern erst ab 25. März 1946, als ein schlimmer »Hungerwinter« bereits zu Ende ging. Die erste englische Schulspeisung bestand aus einfacher Hülsenfrucht- und Milchsuppenkost. Die von Juni 1947 bis Juli 1950 dauernde amerikanische Speisung (Hoover-Plan) war abwechslungsreicher und nahrhafter. Bis zu ihrer endgültigen Einstellung im Juli 1951 wurde die Schulspeisung von deutschen Stellen fortgeführt (zur »Schulspeisungsaffäre« s. S. 60).

Mit nur einem einzigen Lesezimmer begann die wieder von der Staatsbibliothek abgetrennte und seit dem 10. September 1945 unter Leitung von Werner Mevissen stehende Volksbücherei im Mai 1946 in ihrer Hauptstelle die Arbeit auf. Sie gehörte damit zu einer der ersten nichtschulischen Bildungsstätten, die wieder öffneten. Zum Ersatz verlorener Bestände wurde im Juli 1946 eine »Büchersammlung« durchgeführt, die 5392 Stück

Alte Pläne und neue Initiativen im Schulwesen

Der Lebens- und Arbeitshintergrund blieb von Not geprägt. Wie der voraufgegangene war der Winter 1946/47 außerordentlich streng und brachte von Januar bis März 1947 wieder die bereits aus der Kriegszeit bekannten »Kohleferien«. Gleichzeitig aber begann für das Bremer Schulwesen eine Phase der Veränderung, Entwicklung, Erneuerung, in der entscheidende Weichen für die Zukunft gestellt wurden. Unschätzbar war die weitgehend freie Hand, welche die Zuständigen durch das Vertrauen der Militärregierung erhielten. Arbeits- und Planungsgebiete waren innere wie äußere, sie reichten von einer Schulreform bis zu Neubauten für das Schulwesen und die berufsbegleitende Bildung.

Im Schulbereich angestrebte Reformen waren auf politisch-administrative Voraussetzungen angewiesen, etwa die Deputationsbildung nach der Landesverfassung im Oktober 1947 oder, mit Senatsbeschluss vom 30. Dezember 1947, die (seit 1935 erste) neue »Dienstanweisung

Alte Pläne und neue Initiativen im Schulwesen

für die an den allgemein bildenden bremischen Schulen beschäftigten Leiter(innen) und Lehrer(innen)«. Sie revidierte die 1933 vorgenommenen Änderungen hinsichtlich des Dienstvorgesetzten oder der kollegialen Schulverwaltung. Inhaltliche Konzepte entstanden in enger Kooperation der Behörde mit dem im Juli 1946 gegründeten VBLL. Die leitenden Personen in Behörde wie VBLL entstammten den reformorientierten Lehrerkreisen der 1920er Jahre, und sie griffen auf Pläne und Errungenschaften dieser Zeit zurück. Nun bestand die Aussicht, den Reformunterricht der damaligen Versuchsschulen durch Übertragung auf das gesamte Schulsystem allgemein zu verwirklichen, zumal amerikanische Vorgaben damit weitgehend konform gingen. Getragen wurde die Bremer Schulreform dieser Jahre daher fast ausschließlich von Lehrkräften, die aus der Volksschule hervorgegangen waren.

Die erarbeiteten schulplanerischen Vorstellungen wurden offengelegt – etwa 1947 durch die Denkschrift »Die Schulreform«, mit der die Arbeitskreise programmatisch hervortraten und damit nicht nur auf amerikanische Forderungen (etwa das Fernschreiben General Clays vom 8. Januar 1947) reagierten – und fanden bereits Eingang in den Abschnitt »Erziehung und Unterricht« des zweiten Hauptteils der Landesverfassung vom 21. Oktober 1947, insbesondere in den Bekenntnissen zur Toleranz, Religionsfreiheit, Gemeinschaft in sozialer Gerechtigkeit, aber auch in der Schulgeld-, Lehr- und Lernmittelfreiheit und Begabtenförderung. Unter dem Generalmotto »Bildung für alle« zielten die Vorschläge auf eine differenzierte Einheitsschule mit sechsjähriger Grundschule als Gemeinschaftsschule und vier möglichen Zweigen von Volksoberschulen, darunter auch ein humanistischer.

Insbesondere die geplante Einführung der sechsjährigen Grundschule löste ab Frühjahr 1948 eine bewegte öffentliche Diskussion in Elternversammlungen, Schulkollegien und den Medien aus, und eine lehrerinterne Abstimmung dazu endete im März mit einer Niederlage der Befürworter. Dennoch wurde sie

verwirklicht mit einem Großteil der Reformvorhaben, beispielsweise ein Fach Biblische Geschichte statt Religion zu schaffen (laut Bremer Landesverfassung von 1947 allerdings »auf allgemein christlicher Grundlage«), eine Forderung, die später als »Bremer Klausel« in Art. 141 des Bonner Grundgesetzes übernommen wurde (s. S. 50). Und nach dem Gesetz über die Unentgeltlichkeit des Schulunterrichts an öffentlichen Schulen vom 4. Mai 1948 (dem Art. 31 der Landesverfassung angefügt) schrieb das Gesetz über das Schulwesen der

Neben dem Ranzen gehörte auch ein Henkeltopf zur Schulausrüstung, Foto 1947

Unten: Pause und Essensausgabe der Bremer »Schulspeisung«

Briefkopf des VBLL, dem Ortsverein der Gewerkschaft Erziehung und Wissenschaft

Lehrer-Berufsverbände und die Gewerkschaft Erziehung und Wissenschaft

Eine Gruppe von etwa 20 linkssozialistisch und sozialdemokratisch orientierten ehemaligen Reformpädagogen, die zum Teil 1933 entlassen worden waren, gründete am 12. Juli 1946 den »Verein Bremer Lehrer und Lehrerinnen« (VBLL). Ihr Ziel war es, Ideen für die Neugestaltung des Bremer Schulwesens zu entwickeln und durchzusetzen, gewerkschaftsähnliche Aufgaben zu übernehmen, Lehrerfortbildungen anzubieten und die politischen Organe kritisch zu begleiten und zu beraten. Sie sahen sich in der Tradition des 1936 zwangsweise im NS-Lehrerbund aufgegangenen Bremischen Lehrervereins und wollten einen einheitlichen Verein für alle an Lehre und Erziehung Beteiligten ins Leben rufen. Zum ersten Vorsitzenden wurde Paul Goosmann gewählt.

Die überregionale Organisierung begann 1947 mit der Gründung des »Allgemeinen Deutschen Lehrer- und Lehrerinnenverbandes in der britischen Zone« (ADLLV), der im Oktober 1949 unter dem Namen »Gewerkschaft Erziehung und Wissenschaft« (GEW) Mitglied des DGB wurde. Am 19. April 1950 erfolgte die Gründung des Landesverbandes Bremen der GEW, dessen Ortsverband seitdem der VBLL ist.

Das schulpolitische Ziel des VBLL war die Einheitsschule: »Um den verhängnisvollen Geist standesmäßiger Abkapselung in Zukunft zu unterbinden, muß die demokratische Einheitsschule die für alle Kinder gemeinsame Staatsschule sein. Unabhängig von Besitz, Glaube oder Rasse gewährleistet sie allen Kindern und Jugendlichen die gleiche Möglichkeit, ihren Kräften und Begabungsrichtungen gemäß zur Bildung zu gelangen« (Resolution 1947). Ausgehend von diesen Ideen, entwarf der VBLL ein Schulmodell, das im »Schulreform«-Gesetz vom 4. April 1949 weitgehend seinen Niederschlag fand. Auch Lehrpläne für Grund- und Volksoberschule wurden von VBLL-Mitgliedern entwickelt und von der Bildungsbehörde übernommen. Außerdem setzte sich der VBLL in den ersten Nachkriegsjahren für Besoldungserhöhungen und für eine Linderung der materiellen Not der Lehrkräfte ein.

Der 1901 gegründete und bis 1945 ebenfalls vom NS-Lehrerbund geschluckte Bremer Philologenverein bildete seit 1947 zunächst eine Sektion im VBLL, ging aber nicht den Weg in die GEW mit, sondern formierte sich 1951 wieder als Berufsverband der Lehrkräfte an höheren Schulen.

Freien Hansestadt Bremen vom 4. April 1949 die gegliederte Einheitsschule als Grundprinzip des Schulwesens fest. Bedeutend wurden bald die demokratischen Instrumente der Eltern- und Schülervertretungen, die vor 1933 nur in geringem Maße verwirklicht worden waren und die nun § 5 des neuen Schulgesetzes als »Mitwirkung im Schulwesen« fest einband. Der Zentralelternbeirat tagte erstmals am 14. Dezember 1949; bereits im Frühjahr 1949 bildeten die Schülerräte der Bremer Oberschulen einen Arbeitskreis, dem sich die der Volksschuloberstufen im Dezember 1949 anschlossen.

Nach dem Grundsatz der Duldsamkeit (Art. 33 BLV) sollten an allen Schulen freiere Formen des Unterrichts eingeführt werden, etwa durch Vermeiden von Frontalunterricht, eine Absicht, die auch die späteren Schulneubauten mit einer offenen Architektur unterstützen sollten. Gefördert wurde auch der außerschulische Unterricht, und die starke Wiederbelebung der Schullandheimarbeit (sehr betrieben von Wilhelm Berger) diente – abgesehen von deren Erholungswert – auch diesem Ziel. Im neuen Unterrichtsfach Gemeinschaftskunde lebte die vormalige Staatsbürgerkunde wieder auf, und es fußte auf gesellschaftlichen Intentionen, die viel später einmal soziale Kompetenz heißen sollten.

Ebenfalls unter dem Aspekt verstärkter sozialer Aufmerksamkeit ist auch die Einrichtung einer Beratungsstelle für Erziehungsschwierigkeit (seit 1950 Erziehungsberatungsstelle) im Februar 1948 zu sehen, doch sie war vor allem aufgrund der Nachkriegssituation und der genannten nicht aufgearbeiteten kindlichen Traumata erforderlich geworden.

Letzte Wiedereinstellungen von Lehrkräften, sofern sie inzwischen noch nicht das Pensionsalter erreicht hatten, erfolgten im Jahre 1948. Voraussetzung war die Teilnahme an Pädagogischen Lehrgängen in Huchting, die von den Versuchsschullehrkräften Magdalene Meyer und Reinhold Meuer geleitet wurden. Bis 1949 nahmen etwa 650 Personen daran teil. 193 Berufungsverfahren von Lehrern waren negativ entschieden worden; Teilnehmer an den Gewalttaten der Pogromnacht vom 9. November 1938 wurden in einem späteren Verfahren verurteilt. In der Person ihres Direktors, Thomas F. Dunn, intervenierte die Militärregierung allerdings weiterhin in Personalangelegenheiten und beschwerte sich beispielsweise im Februar 1948 über die Festeinstellung von Gegnern der Schulreform, »die von der Militärregierung verlangt und von Ihrem [i.e. Paulmanns] Büro geplant wird«. Auf der anderen Seite förderten die Amerikaner erste Fortbildungsreisen in die USA und nach Schweden, Kontakte, die den Erfahrungshorizont der Lehrkräfte fruchtbar erweiterten.

Von weitreichender Bedeutung war die Gründung der »Arbeitsgemeinschaft für Schul-, Lehr- und Fachbücher Bremer Schulen« (später »Arbeitsgemeinschaft Bremer Schule e.V.«), die bis 1950 unter Leitung von Hermann Rumpf und dann von Wilhelm Berger Lehrbücher im weitesten Sinne herausgab und Bremen in der Lernmittelentwicklung überregional Achtung verschaffen sollte. Neue Impulse brachte die Wiederaufnahme des Schulfunks mit der ersten Sendung von Radio Bremen am 6. Dezember 1948; die Landesbildstelle stellte den Schulen dafür nach und nach Rundfunkgeräte

Bremer Kinder im Schullandheim, besucht von einem amerikanischen Fotografen, undatierte Aufnahme aus den Akten der Militärregierung

zur Verfügung. Mit der Ausstellung »Unser Schulhaus« im Dezember 1948 und Januar 1949 kündigte sich der Neubeginn im Schulbau an. Hier fand der rührige Wilhelm Berger ein weiteres Aufgabenfeld.

Die Kunstschule hatte als Staatliche Kunstschule – Meisterschule für das gestaltende Handwerk unter der Leitung von Willy Menz bereits im Mai 1946 ihre Arbeit aufgenommen. Die Wiedereröffnung der Musikschule Bremen in der Gothaer Straße folgte am 4. Oktober 1948. Hier fanden Musiklehrer, die bisher sehr unsicher von Privatunterricht – im besten Fall bei »den Amis« – gelebt hatten, eine gesicherte Wirkungsstätte. Mit der Freien Waldorfschule Bremen begann am 9. Mai 1949 wieder eine Privatschule den Unterricht, vorerst mit zwei Klassen und untergebracht in der Volksschule am Holzhafen. Die offizielle Genehmigung erfolgte allerdings erst im Juli 1951, erteilt an den »Waldorfschulverein zur Förderung der Pädagogik Rudolf Steiners«.

Die Besatzungsmacht hatte ganz im Sinne ihrer Erziehungsmission mit dem »Amerika-Haus«, das am 3. April 1947 als US Information Center gegründet und im Juli 1948 in der Contrescarpe Nr. 19 eröffnet worden war, eine wichtige politische und kulturelle Wirkungs- und Bildungsstätte geschaffen, die Literatur, Zeitschriften, Noten und Schallplatten bereithielt und bald auch mit Veranstaltungen und

Das im Juli 1948 eröffnete US Information Center, »Amerika-Haus«, an der Contrescarpe 19

Bildung und Wissenschaft

Grete Henry, geb. Hermann

* 2.3.1901, Bremen
† 15.4.1984, Bremen

Die Kaufmannstochter aus der Neustadt besuchte das Neue Gymnasium am Barkhof (Abitur 1920), anschließend das Oberlyzeum Kippenberg und studierte 1921–25 Mathematik, Physik und Philosophie an der Universität Göttingen (1926 Staatsexamen/Promotion). Nach Tätigkeit als Assistentin des Philosophen Leonard Nelson, der 1926 den »Internationalen Sozialistischen Kampfbund« initiierte, beteiligte sich Grete Hermann journalistisch im ISK und an dem Versuch zum Aufbau einer einheitlichen sozialistischen Front gegen den Nationalsozialismus. Ab 1933 unterrichtete sie zeitweise an einem privaten Landschulheim und erforschte die philosophischen Grundlagen der Quantenmechanik. 1937 emigrierte sie nach England, heiratete und wurde britische Staatsbürgerin. Ab 1946 leitete Henry die Pädagogische Hochschule in Bremen (ab 1950 als Stellvertreterin) und schuf neben ihrer politischen und gewerkschaftlichen Arbeit ein breites publizistisches Werk.

Ausstellungen hervortrat. Die große Zahl der Besucher (fast 490.000 im ersten Jahr) erklärte sich aus dem grundsätzlichen Fehlen vergleichbarer Einrichtungen, aber auch aus dem großen Nachholbedarf infolge der weitgehenden kulturellen Isolierung in der NS- und vor allem der Kriegszeit.

Der Neuaufbau der Volkshochschule, seit 1919 Stätte der Erwachsenenbildung und 1935 durch das Kreisschulungsamt ersetzt, wurde von der Militärregierung sehr unterstützt, und im Oktober 1946 fand die feierliche Eröffnung mit dem Leiter Friedrich Peimann statt. Bereits im Juli war eine Jugendvolkshochschule unter Hans Warninghoff gegründet worden, der mit einem Arbeitskreis die Arbeitsgrundlagen der Volkshochschule allgemein neu erarbeitet hatte. Von den Fachschulen führten einige zur Hochschulreife; mit Eröffnung einer Abendoberschule für Erwachsene unter Leitung von Walter Mittag am 16. Oktober 1947, dem späteren Abendgymnasium, begann nun die Möglichkeit eines »zweiten Bildungsweges« für eine Generation,

der die Kriegs- und Nachkriegsjahre eine höhere Schulbildung verwehrt hatten.

Von entscheidender Bedeutung für die Lehrerbildung in Bremen war die Gründung einer Pädagogischen Hochschule (PH) zur Ausbildung der Lehrkräfte an Volksschulen. Mit ihr hatte Bremen wieder eine Hochschule, konzipiert nicht als Forschungs-, sondern als höhere Fachlehranstalt. Die kommissarische Leitung bis zum 8. April 1950 übernahm Grete Henry, und die Lehre begann mit zunächst auf vier Semester ausgelegten Kursen im Oktober 1947 im Gebäude der Hilfsschule an der Vegesacker Straße. Der dortige Vorläufer, das Pädagogische Seminar, beendete am 15. Dezember 1947 seine Arbeit, und mehrere seiner Lehrkräfte wechselten als Dozenten zur PH, darunter Paul Goosmann und Hinrich Wulff. Seit der Wiedereinrichtung des zur Philosophischen Fakultät der Universität Hamburg gehörenden Pädagogischen Instituts im September 1947 (sechssemestriges Vollstudium) entstand mit der »Hamburger Ausbildung« eine Alternative, doch blieben die Bremer Landeskinder ganz überwiegend an »der PH«, deren Ausbildungsqualität ehemalige Teilnehmer noch lange rühmten.

Entsprechend dieser Höherqualifizierung der Volksschullehrerausbildung wurde am 19. September 1947 eine neue, die »Zweite Lehrerprüfung« betreffende Prüfungsordnung für das Lehramt an Volksschulen erlassen und ein Prüfungsamt errichtet, das sich aus drei Vertretern der Schulbehörde, zwei der Hochschule und einem der Berufsorganisation der Lehrerinnen und Lehrer (VBLL) zusammensetzte.

Wissenschaft

Zuständig für den Wissenschaftssektor war im engeren Sinne die Abteilung für Kunst und Wissenschaft beim Senator für Schulen und Erziehung; deren Leitung hatte bis März 1946 Alfred Nawrath inne. Sie blieb darauf bis zum Januar 1950 ohne Leiter, vewaltet von Hermann Faltus, damals wissenschaftlicher Assistent. Obgleich im Schatten des drängenden Schulproblems stehend, nahmen verschiedene Einrichtungen des wissenschaftlichen Bereichs dennoch rasch wieder ihre Arbeit auf.

Das 1938 zu einem »städtischen« erklärte Staatsarchiv erhielt die alte Bezeichnung zurück und wurde am 3. August 1945 wieder dem Senator für Schulen und Erziehung unterstellt. Da sein Leiter, Friedrich Prüser, in britische Kriegsgefangenschaft geraten war, übernahm am 11. Mai 1945 der 74-jährige Hermann Entholt kommissarisch die Leitung. Das Archiv fand Unterkunft im Gebäude des Gewerbeaufsichtsamts (in dem heute das Ortsamt Bremen-Mitte untergebracht ist) und im dahinterliegenden Hochbunker am Dobben, sein bisheriges Gebäude An der Tiefer war zerstört. Das Provisorium im Bunker sollte mehr als 20 Jahre dauern. Aus 28 verschiedenen Orten konnten ausgelagerte Bestände bald zurückgeholt werden; der nach Bernburg ausgelagerte Teil, darunter das mittelalterliche Urkundenarchiv, war von dort zunächst in die Sowjetunion verschleppt worden und galt als verschollen.

Die Ernennung zum kommissarischen Leiter der Staatsbibliothek erhielt nach der Entlassung von Hinrich Knittermeyer im September 1945 am 15. Dezember 1945 ebenfalls Hermann Entholt, und bereits am 7. Februar 1946 war wenigstens die in den Bunker an der Roonstraße ausgelagerte Bremensien-Abteilung wieder benutzbar. Das Gebäude am Breitenweg war durch Bombentreffer und einen Dachstuhlbrand schwer beschädigt, allerdings blieben die Magazinräume erhalten. Am Bestand waren hohe Verluste entstanden, teils durch Beschlagnahme der Militärregierung, teils durch die Verschleppung nach Bernburg ausgelagerter Bestände durch die Sowjetarmee (ca. 100.000 Titel). Anderes Auslagerungsgut hatte zurückgeholt werden können, zum Beispiel aus dem Schloss Wernigerode kurz vor der russischen Besetzung. Seit dem 29. Mai 1948 war der Bestand der Staatsbibliothek im alten Gebäude wieder für das Publikum verfügbar; im Dezember des Jahres erhielt sie eine namhafte Bücherspende aus der Schweiz.

Das Focke-Museum und das wieder mit seinem ursprünglichen Namen bezeichnete Museum für Natur-, Völker- und Handelskunde (1935 bis 1945 »Deutsches Kolonial- und Übersee-Museum«; im Folgenden vorgreifend »Übersee-Museum«) blieben noch für längere Zeit geschlossen. Das Gebäude des Focke-Museums an der Großenstraße war zerstört, das des Übersee-Museums schwer beschädigt. Das Focke-Museum zeigte ab 24. August 1947 in einigen Räumen von Haus Riensberg wieder einen Teil seiner ansonsten in Bunkermagazinen lagernden Objekte, räumlich allerdings auf 60 Quadratmeter eingeschränkt, da es sich das Gebäude noch bis 1950 mit acht dort untergebrachten Familien (auch der des Museumsdirektors Ernst Grohne) teilen musste. Am 22. Januar 1946 wurde Alfred Nawrath Direktor des Übersee-Museums; dies Amt legte er aber bereits im Mai 1947 nieder. Der Wiederaufbau von Gebäude und Sammlungen des Museums begann 1947 unter der kommissarischen Leitung von Herbert Abel, und man nutzte die Situation nicht nur zur Tilgung des Kolonialgedankens der NS-Zeit, wie die Revision des Namens signalisierte, sondern auch für neue Konzepte in Richtung einer geografischen,

Bibliothekarin mit Bremensien im Magazin der Staatsbibliothek am Breitenweg, 1949

Bildung und Wissenschaft

Hermann Entholt (1870–1963) war 1914–36 Leiter des Staatsarchivs und 1912–50 Vorsitzender der Historischen Gesellschaft. Er verfasste zahlreiche Arbeiten zur Stadtgeschichte und führte u.a. die Herausgabe des Bremischen Urkundenbuchs fort. Politisch unbelastet, kehrte Entholt 1945 aus dem Ruhestand bis 1949 ins Staatsarchiv zurück und leitete bis 1950/54 zudem die Staatsbibliothek und die Wittheit

Friedrich Walburg (1890–1967) war Direktor der Oberschule für Jungen an der Hermann-Böse-Straße und engagierter Bremer Vorgeschichtsforscher

d.h. erd- und länderkundlichen Betonung. Nach dem Aquarium (1948) öffnete 1949 als Erstes die Abteilung Südsee und Ostasien.

Die Wittheit zu Bremen wurde am 13. Juli 1946 als Wissenschaftliches Amt neu errichtet, und der Senat berief auch hier Hermann Entholt zum Präsidenten. Am 9. Oktober fand die Eröffnungssitzung statt, und zwar zugleich als »Smidtsitzung«, die jährlich im November stattfand und zu der später noch eine »Olberssitzung« im Mai hinzutrat. Die Tätigkeit einzelner wissenschaftlicher Vereine begann zögernd. Die Historische Gesellschaft, dem Staatsarchiv eng verbunden, bot ab Februar 1946 vereinzelte Vorträge, die regelmäßige Vortragtätigkeit begann 1948. Im Jahr 1947 kam wieder ein Jahrbuch heraus, das erste seit 1944, dem allerdings die beiden nächsten erst in großem Abstand (1950 und 1955) folgen konnten. Die Schriftenreihen der in enger Kooperation mit dem Übersee-Museum stehenden Geographischen Gesellschaft und des Naturwissenschaftlichen Vereins, »Deutsche geographische Blätter« und »Abhandlungen des Naturwissenschaftlichen Vereins zu Bremen«, erschienen wieder ab 1949 und 1948.

Eine Voraussetzung zur Finanzierung eigener Forschungsinstitute war der Beitritt Bremens zu einem Staatsabkommen mit Bayern, Hessen und Württemberg-Baden am 2. März 1948. Das Land Bremen erhielt 1947 erste Forschungsinstitute durch Übernahme des Instituts für Seefischerei in Geestemünde als Institut für Meeresforschung in Bremerhaven und der Moor-Versuchsstation, beide bisher preußisch, Letztere allerdings unter niedersächsischer Rechtsträgerschaft.

Zwei Jahre lang und in Fortsetzung der Vorsemesterlehrgänge wurden von Mai 1947 bis September 1949 fünf Semester lang die Bremer Hochschulkurse angeboten. Sie sollten Abiturienten durch Verbreiterung des Allgemeinwissens auf ein Hochschulstudium vorbereiten, nicht zuletzt aber die Zeit bis zur Aufhebung der Aufnahmebeschränkungen der Universitäten sinnvoll überbrücken. Die Leitung hatte Friedrich Walburg, Direktor der Oberschule

für Jungen an der Hermann-Böse-Straße. Ein akademischer Berufsverband entstand wieder am 31. Januar 1948 mit dem Bund Bremischer Akademikerinnen als Sektion des 1926 gegründeten Deutschen Akademikerinnenbundes.

Getragen von der Idee, dass das Land Bremen auch eine eigene Landesuniversität haben solle, wurden gleichzeitig Pläne zur Gründung einer Universität verfolgt. Die Landesverfassung vom 21. Oktober 1947 hielt diese Möglichkeit als staatliche Einrichtung ausdrücklich offen, auch wenn in dem entsprechenden Artikel 34 der allgemeine Begriff Hochschulen verwendet wird. Pläne für eine Universität hatten schon vorher bestanden, und zwar in der Absicht, eine »Internationale Universität« mit intensiven Kontakten zum Ausland zu gründen. Als Standort war die große Kaserne in Grohn vorgesehen, in deren Gebäuden 52 Jahre später tatsächlich eine internationale Universität eröffnet werden sollte. Im Juli 1947 musste allerdings der räumliche Teil des Planes (und damit seine unmittelbare Verwirklichung) aufgegeben werden, da die Kaserne für Displaced Persons benötigt wurde und sonstige Gebäude nicht zur Verfügung standen. An dem Gesamtplan aber hielt man fest und beriet das Vorhaben inhaltlich weiter, zeitweilig unter Hinzuziehung von Peter Petersen aus Jena und Fritz Karsen aus Berlin. Das Einsetzen einer Senatskommission im Oktober 1947 unterstreicht die Ernsthaftigkeit der Planung, und am 16. Dezember 1948 konnte ein Gesetz über die Errichtung einer Internationalen Universität in Bremen beschlossen werden, nachdem zur Beförderung der Sache in bewährter hanseatischer Manier zuvor eine Gesellschaft der Freunde der Internationalen Universität Bremen gegründet worden war. Ausdrücklich war trotz Ausbildung zur Volluniversität ein Schwerpunkt auf den sozialwissenschaftlichen Bereich vorgesehen. Doch bereits im Oktober 1949 gab der vom Senat mit der Vorbereitung beauftragte Professor Erich Obst aus Hannover seinen Auftrag zurück, weil er angesichts der fehlenden Räume und Finanzmittel keine Möglichkeit einer Verwirklichung sah. Die Pläne ruhten nun für zehn Jahre.

Gesundheits- und Wohlfahrtswesen

Das Gesundheitswesen

Das staatliche Gesundheitswesen hatte sich in Bremen aus dem Gesundheitsrat und der Gesundheitspolizeikommission entwickelt und war somit bereits als eine Mischform aus Fachleuten und Politikern tradiert: Den jeweiligen Senatoren stand für Beschlüsse ein Beirat von Ärzten und Apothekern zur Seite, die Gesundheitspolizei setzte das Beschlossene durch. Erst nach 1900 begann die Entwicklung zur staatlichen Behörde; sie war 1928 mit dem Landesgesundheitsamt unter einem Mediziner als Präsidenten erreicht. Nach kurzer Auflösung 1933 bestand es seit 1934 wieder als Staatliches, ab 1940 als Hauptgesundheitsamt, mit Nebenstellen in Vegesack und Hemelingen sowie dem Hafengesundheitsamt in Bremerhaven, und es war dem Senator für innere Verwaltung unterstellt.

Aufgaben des Gesundheitswesens bewegen sich traditionell auf zwei Feldern, dem eher allgemeinen und vorbeugenden Bereich Gesundheitsschutz – heute Public Health, früher als Volksgesundheit oder Öffentliche Gesundheitspflege bezeichnet – und dem Bereich medizinischer Maßnahmen und zugehöriger Einrichtungen. In beiden Fällen führte die staatliche Behörde die Aufsicht, beriet und betrieb zumeist die entsprechenden Dienststellen oder Einrichtungen mit ihrem Personal. 1945 fiel in die Zuständigkeit des Gesundheitswesens: alles Medizinische (Ärzte, auch in amtlicher Funktion, Zahnärzte, Krankenhäuser, Pflegepersonal, Hebammen, Apotheken, Arzneimittel sowie Präventionsmaßnahmen wie Ansteckungsvorsorge und Impfungen), Fürsorge und Beratung (Mütter und Säuglinge, Schulgesundheitspflege, Behinderte, chronisch Kranke), Erholungs-, Bade-, Rettungs- und Bestattungswesen, Veterinärwesen und Schlachthof sowie der gesamte städtische Hygiene- und Sanitärbereich.

Das Gesundheitswesen war nach Kriegsende zunächst durch den Regierenden Bürgermeister Erich Vagts mitverwaltet, dann dem Wohlfahrtsressort zugeordnet worden. Dem entsprach die Verbindung von Gesundheits- und Wohlfahrtswesen in der Public Health & Welfare Branch, der kleinsten Abteilung der Bremer Militärregierung. Führende und einflussreichste Persönlichkeit in der Gesundheitsverwaltung wurde bis zu seinem Ausscheiden Ende des Jahres 1947 zunächst der 1934 von den Nationalsozialisten in den Ruhestand versetzte ehemalige Leiter des Landesgesundheitsamtes Carl Stade. Stade galt nicht nur bei den Amerikaner als fachlich tüchtiger, unpolitischer Beamter. Dennoch war er nicht unumstritten, stand in dem Ruf, sehr autoritär zu sein, und zog auch für seine pragmatische Personalpolitik hinsichtlich politisch belasteter Mitarbeiter die Kritik auf sich. Schon im Mai 1945 waren leitende Beamte des Gesundheitswesens, darunter der Leiter des Hauptgesundheitsamtes, Hellmut Wex, der Leiter der Abteilung »Erb- und Rassenpflege«, Otto Rogal, und der Leiter der Bremer Nervenklinik, Walther Kaldewey, von der amerikanischen Militärregierung entlassen worden.

Nach einer Aufstellung vom 31. März 1946 zählte das Ressort des Senators für Gesundheitswesen insgesamt 50 beamtete und 125 angestellte »politische Abgänge«. Der Bremer

Carl Stade, von 1945 bis 1947 Leiter der Gesundheitsverwaltung

Blick über die Schubertstraße auf das St. Joseph-Stift, das der Militärregierung als »115th Evacuation Hospital« diente

Gesundheits- und Wohlfahrtswesen

Entnazifizierungsbehörde nach galten 67 Prozent der Bremer Ärzte als politisch belastet. Da sie jedoch für die Versorgung der Bevölkerung unverzichtbar waren, konnten viele der Belasteten mittels Ausnahmegenehmigungen weiterarbeiten und wurden, sofern sie nicht parteipolitisch besonders belastet waren, in der Regel nur als »Mitläufer« eingestuft. Die Entnazifizierung selbst kritisierte Stade als Störung des Betriebsablaufs und Hemmnis auf dem Wege zur raschen Normalisierung der »Gesundheitsverhältnisse«.

Positiv dagegen heben sich einige Wiedereinstellungen ab, so die des 1933 entlassenen Leiters der Kinderklinik, Rudolf Hess, am 24. Mai 1945, und des Direktors der Allgemeinen Ortskrankenkasse, Friedrich Klenke, am 1. August 1945.

Am 1. August 1946 übernahm Käthe Popall (KPD) als Nachrückerin und »nicht vollamtliche« Senatorin das Gesundheitswesen als erste Frau im Bremer Senat. Bei den Ärzten, besonders aber bei Stade, stieß sie als Fachunerfahrene, Kommunistin und Frau

weitgehend auf Ablehnung und Widerstand. Stade selbst intrigierte mehrfach und trotz massiver Kritik Bürgermeister Kaisens im Senat bei den Amerikanern gegen sie. Schließlich übertrug Kaisen am 9. Dezember 1946 das Gesundheitswesen an Wohlfahrtssenator Adolf Ehlers, unter dem – weiterhin als Senatorin – Käthe Popall die Leitung des Wohlfahrtsamtes übernahm. Ehlers blieb Gesundheitssenator, bis er mit der Senatswahl vom 22. Januar 1948 ins Innenressort wechselte. Sein bisheriges Doppelressort wurde wieder geteilt, und Hans A. F. Meineke (BDV) fungierte nun als Senator für das Gesundheitswesen bis zum 29. November 1951. Stade blieb bis zur Pensionierung Ende 1947 im Amt, sein Nachfolger wurde ab 1. Januar 1948 der Obermedizinalrat Paul Geissler.

Neben enger Kooperation mit dem Wohlfahrtsressort, die immer wieder zu gemeinsamer Unterstellung unter einen Senator führen sollte, war der staatliche Gesundheitsbereich traditionell mit nichtstaatlichen Vereinigungen oder Stiftungen verzahnt und nutzte deren

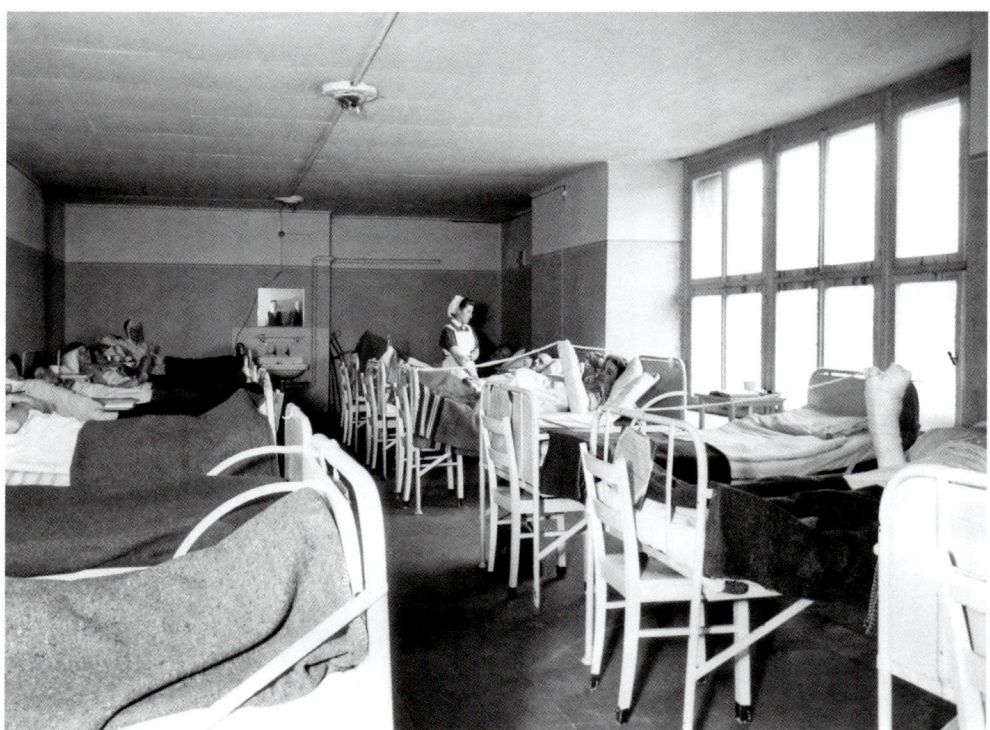

Krankenzimmer im umgebauten Bunker an der St. Jürgen-Straße, 1948

Einrichtungen, zum Beispiel Krankenhäuser oder Erholungsheime. Darunter ist nicht zuletzt das Rote Kreuz zu nennen, das am 6. Dezember 1945 einen Bremer Landesverein gründete. Zusätzlich spielten verschiedene Berufsverbände (der Ärzte, Hebammen, Apotheker, des Pflegepersonals etc.) eine größere Rolle sowie Versicherungen und Kassen, und Vertreter der Verbände und Versicherungen bildeten mit Personen der Behörde den Beirat dieses Ressorts.

Besonders wichtig war für das Gesundheitsressort nach Kriegsende die sofortige Bestandsaufnahme des verfügbaren Personals und der nicht zerstörten Einrichtungen. Die Personallage war wie in allen Bereichen problematisch, und die Krankenhäuser sollten noch auf lange Sicht überbelegt und auf Auslagerungen in Behelfskliniken, auch Hilfskrankenhäuser genannt, angewiesen sein. Erst nach der Währungsreform setzte Bautätigkeit ein, etwa mit dem Ausbau des Lloydheimes zum Krankenhaus der Diakonissenanstalt im Bremer Westen. Auch viele Apotheken konnten wegen Zerstörung ihrer Gebäude noch lange nur behelfsmäßig arbeiten; Neueröffnungen erfolgten erst nach 1950.

Die Bestandsaufnahme des allgemeinen Gesundheitszustandes der Bremer Bevölkerung folgte und fiel sehr bedenklich aus: Neben den chronisch Kranken fanden sich Kriegsfolgeleiden (wie Verletzungen und Behinderungen) in großer Zahl, ansteckende Krankheiten (darunter stark zunehmend Geschlechtskrankheiten) und vor allem Mangelkrankheiten. Hinzu kamen gravierende hygienische Probleme, etwa durch fehlendes sauberes Trinkwasser (Straßenbrunnen mussten Abhilfe schaffen), die vielen nur ungenügend vergrabenen letzten Kriegsopfer (Umbettungen wurden erst ab Dezember 1945 vorgenommen) sowie Läuse-, Wanzen- und Rattenplagen, sodass Ungezieferbekämpfung (»Entlausung«) und Desinfektion eine große Rolle spielten. Die ansteckenden Krankheiten versuchte man durch Aufklärung und gesundheitspolizeiliche Maßnahmen niederzuhalten.

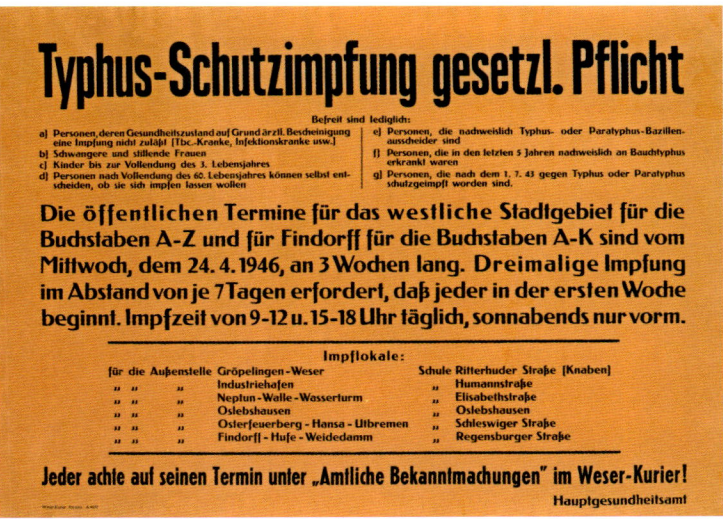

Typhus-Schutzimpfung gesetzl. Pflicht

Befreit sind lediglich:

a) Personen, deren Gesundheitszustand auf Grund ärztl. Bescheinigung eine Impfung nicht zuläßt [Tbc.-Kranke, Infektionskranke usw.].
b) Schwangere und stillende Frauen
c) Kinder bis zur Vollendung des 3. Lebensjahres
d) Personen nach Vollendung des 60. Lebensjahres können selbst entscheiden, ob sie sich impfen lassen wollen

e) Personen, die nachweislich Typhus- oder Paratyphus-Bazillen-ausscheider sind
f) Personen, die in den letzten 5 Jahren nachweislich an Bauchtyphus erkrankt waren
g) Personen, die nach dem 1. 7. 43 gegen Typhus oder Paratyphus schutzgeimpft worden sind.

Die öffentlichen Termine für das westliche Stadtgebiet für die Buchstaben A-Z und für Findorff für die Buchstaben A-K sind vom Mittwoch, dem 24. 4. 1946, an 3 Wochen lang. Dreimalige Impfung im Abstand von je 7 Tagen erfordert, daß jeder in der ersten Woche beginnt. Impfzeit von 9-12 u. 15-18 Uhr täglich, sonnabends nur vorm.

Impflokale:

für die Außenstelle Gröpelingen - Weser	Schule Ritterhuder Straße [Knaben]
Industriehafen	Humannstraße
Neptun - Walle - Wasserturm	Elisabethstraße
Oslebshausen	Oslebshausen
Osterfeuerberg - Hansa - Ulbremen	Schleswiger Straße
Findorff - Hufe - Weidedamm	Regensburger Straße

Jeder achte auf seinen Termin unter „Amtliche Bekanntmachungen" im Weser-Kurier!

Hauptgesundheitsamt

Aushang des Hauptgesundheitsamtes zur Bekanntgabe der Zeiten und Orte für die Typhus-Schutzimpfung im April 1946

Am 31. Januar 1946 meldete die Städtische Krankenanstalt für die Zeit vom 15. Dezember 1945 bis zum 15. Januar 1946 für die Innere Medizin an Infektionskrankheiten: 194 Diphtheriefälle (davon elf verstorben), 17 Scharlachfälle und 46 Typhusfälle (davon acht verstorben); man habe Diphtherie- und Scharlachserum benutzt, keine Impfungen; Tuberkulosefälle seien gleich weiterverwiesen worden, man könne hier nur beraten, da es keine speziellen Heilmittel gegen Tuberkulose gäbe. Die gemeldete Serum-Behandlung wird medizinisch indiziert gewesen sein, denn das Impfwesen gehörte zu den ersten wieder funktionierenden Arbeitsgebieten des Gesundheitsamtes, und bereits Mitte September 1945 wurde die erste Diphtherie- und im März 1946 eine Typhus-Schutzimpfung durchgeführt. Dagegen gab es erst ab dem Jahr 1949 ausreichend viele Röntgengeräte zum Erkennen der weit verbreiteten Tuberkulose, um die Durchführung des im März 1948 erlassenen Gesetzes über Röntgen-Reihenuntersuchungen zu erleichtern. Im gleichen Jahr begann ein Ausbau des Tuberkulose-Krankenhauses Holdheim in Rockwinkel. Eine bleibende Bedrohung durch die Krankheit bezeugt die am 30. September 1949 erfolgte Gründung des Bremischen Landesverbandes zur Bekämpfung der Tuberkulose.

Gesundheits- und Wohlfahrtswesen

Amerikanische Aufstellung und Kalorienberechnung der täglichen Lebensmittelration für die deutsche Bevölkerung

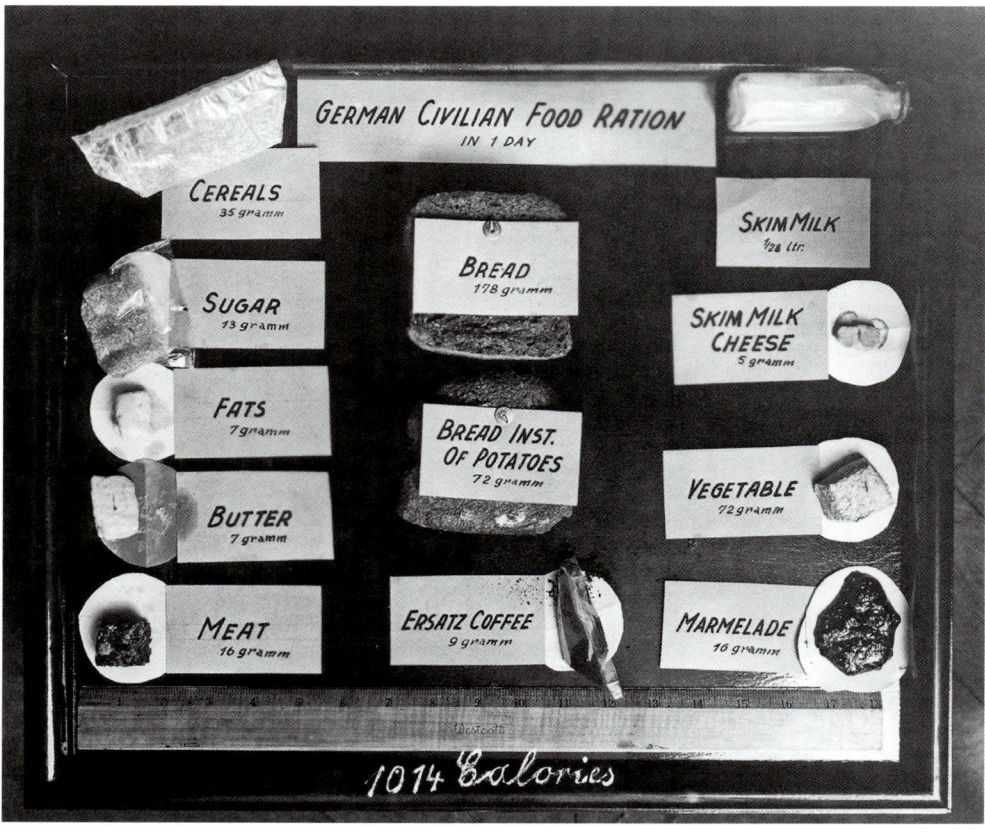

Vorgaben und Anforderungen der Militärregierung an das Gesundheitsamt zentrierten sich auf außerordentlich detaillierte Berichte, die monatlich an den Public Health Officer, Captain A. Nelson M.C., auf Englisch und in doppelter Ausfertigung einzureichen waren. Sie sind nur für die Zeit Januar bis Juli 1946 erhalten, stellen aber sowohl hinsichtlich der Liste der gewünschten Einzelmeldungen als auch der Angaben der zuliefernden Stellen wichtige Dokumente dar. Im ersten Bericht vom 31. Januar 1946 beurteilen die Vertreter der Ärzteschaft die Ernährungs- und Gesundheitslage folgendermaßen: »Die stärkste Unterernährung zeigt sich bei den Kindern vom 8.–11. Lebensjahr. Wenn trotzdem die Unterernährung der Kinder nicht ein noch schlimmeres Ausmass angenommen hat, so ist das lediglich dem Umstand zu verdanken, dass die Eltern, insbesondere die Mütter, auf einen Teil ihrer Lebensmittel zugunsten ihrer Kinder verzichten. Der dadurch hervorgerufene Schaden bei den Erwachsenen ist um so beträchtlicher, als er noch verschlimmert wird durch die völlig unzureichende Kleidung, mangelnde Kohlenzuteilung und schlechte Wohnverhältnisse. Hungeroedeme und Erschöpfungszustände sind nicht selten, auch die in erheblichem Umfange auftretenden infektiösen und parasitären Hautkrankheiten sind als Mangelkrankheiten, insbesondere durch Vitaminmangel, anzusehen. Bei alten Leuten macht sich besonders der Fettmangel ungünstig bemerkbar.«

Den Mangelkrankheiten galt die Ernährungsfürsorge, die wegen fehlender Substanz zunächst wenig bewirkte, und die Erholungsfürsorge, die für Kinder bereits im Mai 1946 wieder einsetzte. Im Bereich der Ernährung (Ernährungsamt), vor allem aber dem der Erholung bestand enge Kooperation mit dem Wohlfahrtswesen, zumal dieses über das Jugendamt die meisten Erholungseinrichtungen betrieb. Wie in mehreren Bereichen musste auch hier strukturell und finanziell eine Entflechtung mit der ehemaligen Parteiorganisation NS-Volkswohlfahrt vorgenommen werden, die sich viele der Einrichtungen angeeignet hatte, über die das Jugendamt bis 1933 hatte verfügen können. 1946 konnten aber bereits 3875 Kinder verschickt werden, und für das Jahr 1947 plante man 7000 Aussendungen. Dem Gesundheitsressort fiel in erster Linie die amtsärztliche Untersuchung und Auswahl der Kinder zu, während sich Wohlfahrtswesen und Bremer Volkshilfe die finanziellen Lasten teilten und die Nahrungsmittel durch amerikanische und schwedische »Liebesgaben« vermehrt wurden.

Ebenfalls enge Zusammenarbeit mit dem Wohlfahrtswesen erforderten Prostitution und Geschlechtskrankheiten, beide besonders verbreitet unter den entwurzelten jugendlichen »Wanderern«. Ende 1945 wurden innerhalb von vier Wochen 114 Erkrankungen festgestellt. Zur Behandlung der Gonorrhö (»Tripper«) wurden Sulfonamide verwendet, mit denen eine Heilungschance von 60 bis 70 Prozent erreicht werden konnte. Im Januar 1946 kam dafür erstmals Penicillin aus den USA zum Einsatz, ein Zeichen, wie gravierend die Militärregierung das Problem einschätzte. Am 25. November 1948 wurde ein Gesetz zur Bekämpfung der Geschlechtskrankheiten erlassen. In weiterem Zusammenhang hierzu ist auch die Zustimmung der Bürgerschaft im März 1948 zum Beschluss des Senats zu sehen, er wolle sein Recht der Begnadigung bei Verfahren wegen Abtreibungen so weit wie möglich auslegen: Die Erweiterung des § 218 StGB zur Schwangerschaftsunterbrechung um die soziale Indikation zeichnete sich bereits ab.

Eine besondere Herausforderung war für das Gesundheitswesen neben den klassischen Aufgaben und den Kriegsfolgeerscheinungen 1948 die deutschlandweite Kinderlähmungsepidemie. Nach einer ersten Epidemie im Jahre 1936 war es bis dahin in Bremen stets nur zu vereinzelten Fällen in den Sommermonaten

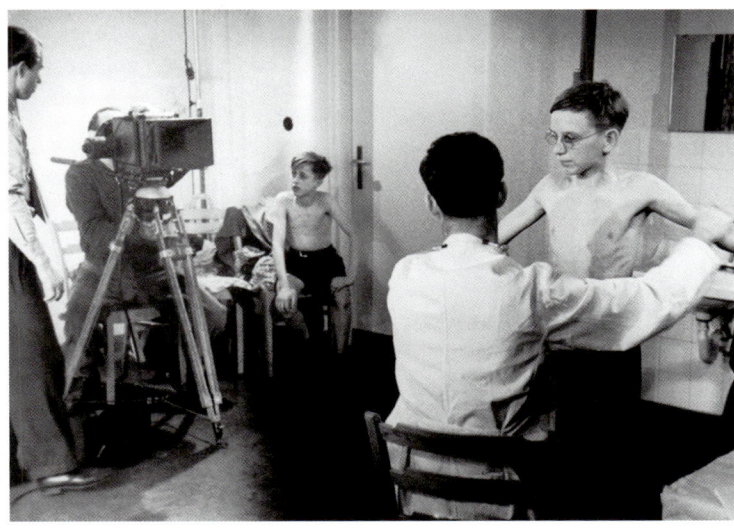

Reihenuntersuchung von Schulkindern, 1946

gekommen. Vor allem aufgrund von Vorsorgemaßnahmen wie Schulschließungen und Badeverbot in der Weser zählte man auch 1948 in Bremen nur 16, in Bremerhaven 42 Erkrankungsfälle. Penicillin stand noch immer nur in beschränktem Umfang zur Verfügung, die Versorgung besserte sich erst ab Juni 1949; dagegen erhielt die Kinderklinik am 30. Oktober 1948 die erste »Eiserne Lunge«.

Die epidemische Ausbreitung grippaler Infekte im Februar 1949, mit etwa 60 Erkrankungen täglich, verlief zwar glimpflich, war aber ein Indiz für die Abwehrschwäche der Bevölkerung.

Blick in das Büro der Ortskrankenkasse, Außenstelle Hemelingen, 1949

Gesundheits- und Wohlfahrtswesen

Das Wohlfahrtswesen

Traditionell bestand in Bremen der Bereich Wohlfahrt/Fürsorge/Soziales aus einer Mischung von staatlichen Stellen und privaten Initiativen. Bereits die kommunal-kirchliche Armenpflege wurde von Stiftungen unterstützt und im 19. Jahrhundert nur durch Entstehen einer Vielzahl privat-bürgerlicher Vereine mit engen Zweckausrichtungen zu einem umfassenden Sozialsystem aufgefächert. Nur ein Teil der Vereine überstand den Ersten Weltkrieg oder die Inflation; amtliche Stellen ersetzten sie notdürftig. Die Notzeit nach dem Zweiten Weltkrieg aktivierte erneut nicht amtliche Ver-einigungen, sodass die jetzt besonders dringlichen Aufgaben staatlicher Wohlfahrt wieder von zahlreichen Hilfsorganisationen mitgetragen wurden.

Überdies bestehen stets Überschneidungen der Bereiche Wohlfahrt und Gesundheit, und entsprechend vertrat ab 1951 für einige Legislaturperioden ein Senator beide Ressorts. Zwischen 1933 und 1945 war Wohlfahrt mit Arbeit und Technik zusammengelegt gewesen, gegen Ende der NS-Zeit dem Senator für die innere Verwaltung zugeordnet. Viele Aufgabenbereiche hatte sich die Partei-Organisation NS-Volkswohlfahrt (NSV) angeeignet; 1945 galt es daher, wieder sämtliche Fürsorgeaufgaben für Bedürftige, Alte, Kinder und Jugendliche, Gesundheits- und sozial Gefährdete zu übernehmen. Dem diente die bereits im Juni 1945 durch die Militärbehörden erfolgende Rückunterstellung aller früheren Einrichtungen, Aufgaben und Aufsichtskompetenzen (etwa über Kindergärten), und das war strukturell und personell zusätzlich ein Prozess, der die Arbeitslast des Ressorts deutlich erhöhte.

Auch einige in der NSV aufgegangene private wohltätige Vereinigungen formierten sich 1945 neu. Sie schlossen sich bereits am 4. August unter dem Dachverband der »Bremer Volkshilfe« zusammen, darunter etwa der seit 1804 bestehende Verein zum Wohlthun und die konfessionellen Einrichtungen, die nominell hatten weiterbestehen können (mit Ausnahme der israelitischen, die jedoch ebenfalls im August ihre Tätigkeit wieder aufnahm). Die Geschäftsführung der Volkshilfe übernahm am 11. August Carsten Karkmeyer, und auch die 1933 entlassene Agnes Heineken war hier noch einige Jahre lang tätig. Die Volkshilfe führte nun die jeweiligen Sammlungen (Geld, Kleidung, Hausrat, Spielzeug) zentral durch, insbesondere setzte sie die »Winterarbeit« fort. Am 27. August 1945 erfolgte die Neugründung der Arbeiterwohlfahrt (AWO), zunächst als Arbeiterhilfswerk, 1952 wieder mit dem alten Namen, und zuerst geleitet von zwei Frauen, Anna Prill und der mit Adolf Ehlers verheirateten Ella Ehlers, die beide bereits vor

Notdürftig hergerichteter Wohnraum

Das Wohlfahrtswesen

1933 politisch und fürsorgerisch tätig gewesen waren, Erstere in der SPD und der ursprünglichen AWO, Letztere (noch) in der Roten Hilfe der KPD.

Die Erfordernisse des Krieges hatten im Ressort eine Ämterstruktur geschaffen, die sich mit einigen Schwerpunktverlagerungen und Zusatzeinrichtungen in die Nachkriegssituation übernehmen ließ. Bei Ernennung des Senats durch die Militärregierung am 6. Juni 1945 erhielt Wilhelm Kaisen das Wohlfahrtsressort, das er bereits bis 1933 innegehabt hatte; als er am 1. August in das Amt des Bürgermeisters wechselte, wurde am 17. August 1945 Adolf Ehlers (noch als KPD-Mitglied) zum Senator für das Wohlfahrtswesen ernannt und im November 1946 (als SPD-Mitglied) von der gewählten Bürgerschaft dazu erwählt. Am 9. Dezember übernahm er auch das Ressort Gesundheitswesen. Gleichzeitig wurde ihm die bisherige Senatorin für Gesundheit, Käthe Popall, jetzt Senatorin ohne Geschäftsbereich, als Leiterin des Wohlfahrtsamtes beigeordnet; ihr Einsatz galt bis zum Ende ihrer Amtszeit mit der Bürgerschaftswahl am 22. Januar 1948 besonders der gefährdeten weiblichen Jugend. Sie verwies bereits während der kurzen Phase als Gesundheitssenatorin vor der Bürgerschaft u.a. auf die Folgen polizeilicher Maßnahmen: »In Bremen kommen die aufgegriffenen Mädchen und Frauen in das Gefangenenhaus am Ostertor. In diesem Hause [...] steht ihnen nur ein unzureichender Kellerraum zur Verfügung [...] für 20 und mehr junge Mädchen und Frauen [...] Auch die primitivsten hygienischen Einrichtungen fehlen dort. [...] Ein großer Teil von ihnen ist geschlechtskrank, ein weiterer Teil durch Ungeziefer und Krätze verseucht.«

Als sichtbare Demokratisierungsmaßnahme nach der zentralistischen Weisungsstruktur der NS-Zeit mussten in den Ressorts Beiräte »zur Unterstützung der Verwaltung« gebildet werden, beim Senator für das Wohlfahrtswesen angesichts der vielgestaltigen Notlagen vielleicht der wichtigste. Entsprechend dieser Anordnung (»Bestellung von Beiräten in der

Verwaltung« vom 3. September 1945) schlug Theodor Spitta am 5. September 1945 folgende Zusammensetzung des Beirats vor und berief sich dabei auf eine Regelung im Verwaltungsgesetz von 1928: Ihm angehören sollten der Senator, die Leiter der drei Hauptämter Wohlfahrtsamt, Jugendamt, Hauptfürsorgestelle, drei Vertreter Freier Wohlfahrtsverbände sowie ein Pädagoge, ein Arzt und je ein Vertreter der Arbeiter-, Angestellten- und Handelskammer. Nahezu unverändert blieb diese Verteilung über mehrere Jahre bestehen. Die Mitglieder des Beirats und sieben weitere (u.a.

Die Fürsorgerberichte in den Akten des Gesundheitsamtes bieten tiefen Einblick in die Not vieler Bremer Familien. Bericht der Fürsorgerin Ruyter, Oktober 1946

Kindertagesstätte »Offene Tür« des Arbeiterhilfswerks auf der Bürgerweide, 1948

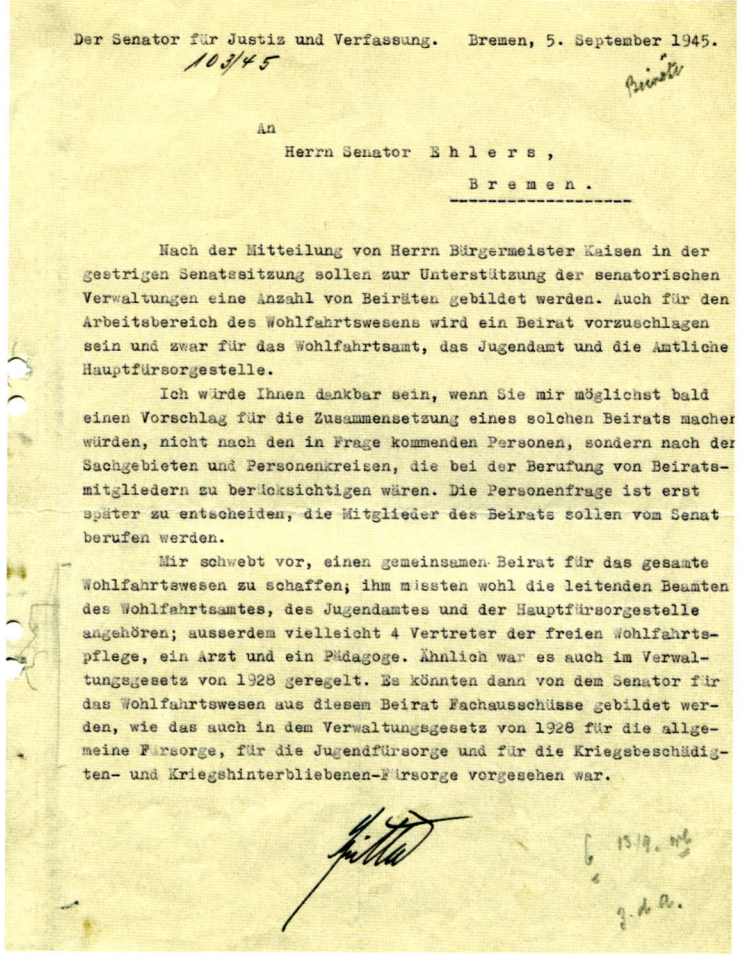

Der Senator für Justiz und Verfassung.   Bremen, 5. September 1945.

10 3/45

An

Herrn Senator E h l e r s ,

B r e m e n .

Nach der Mitteilung von Herrn Bürgermeister Kaisen in der
gestrigen Senatssitzung sollen zur Unterstützung der senatorischen
Verwaltungen eine Anzahl von Beiräten gebildet werden. Auch für den
Arbeitsbereich des Wohlfahrtswesens wird ein Beirat vorzuschlagen
sein und zwar für das Wohlfahrtsamt, das Jugendamt und die Amtliche
Hauptfürsorgestelle.

Ich würde Ihnen dankbar sein, wenn Sie mir möglichst bald
einen Vorschlag für die Zusammensetzung eines solchen Beirats machen
würden, nicht nach den in Frage kommenden Personen, sondern nach der
Sachgebieten und Personenkreisen, die bei der Berufung von Beirats-
mitgliedern zu berücksichtigen wären. Die Personenfrage ist erst
später zu entscheiden, die Mitglieder des Beirats sollen vom Senat
berufen werden.

Mir schwebt vor, einen gemeinsamen Beirat für das gesamte
Wohlfahrtswesen zu schaffen; ihm müssten wohl die leitenden Beamten
des Wohlfahrtsamtes, des Jugendamtes und der Hauptfürsorgestelle
angehören; ausserdem vielleicht 4 Vertreter der freien Wohlfahrts-
pflege, ein Arzt und ein Pädagoge. Ähnlich war es auch im Verwaltungsgesetz von 1928 geregelt. Es könnten dann von dem Senator für
das Wohlfahrtswesen aus diesem Beirat Fachausschüsse gebildet werden, wie das auch in dem Verwaltungsgesetz von 1928 für die allgemeine Fürsorge, für die Jugendfürsorge und für die Kriegsbeschädig-
ten- und Kriegshinterbliebenen-Fürsorge vorgesehen war.

Senator Spitta bittet Senator Ehlers um Vorschläge zur Besetzung der neuen Beiräte im Wohlfahrtswesen, September 1945

ein Jugendrichter, eine Kriegshinterbliebene, ein Kriegsbeschädigter) standen zur Verfügung, um die Fachausschüsse Allgemeine Fürsorge, Jugendfürsorge und Kriegsbeschädigte/Kriegshinterbliebene zu bilden. Als Mitglied dieses Personenkreises begann Annemarie Mevissen 1945 ihre sozialpolitische Laufbahn; und in den Protokollen der nächsten Jahre finden sich die Namen Anna Stiegler, Maria Krüger und Ernst Müller-Hermann. Die Mitarbeit nicht amtlicher Personen an den vielfältigen Aufgaben war unbedingt erforderlich, da das amtliche Personal stark reduziert war, weil viele noch in Gefangenschaft waren, und das Amt durch Abgänge, Abordnungen und politisch motivierte Entlassungen bis Anfang 1946 weitere 250 Personen verlor. Zu den immer

wieder genannten Desideraten gehörten daher in dieser Zeit die Ausbildung, Einstellung oder Abordnung von Personal.

Die Gewichtungsverlagerungen in den bisherigen Wohlfahrtsaufgaben erforderten es einerseits, innerhalb des Bereichs Allgemeine Fürsorge ganz neue Amtsstellen zu schaffen, u.a. für Wehrmachtentlassene, Gefangene, Vermisste, Kriegsbeschädigte, Hinterbliebene und vor allem für Flüchtlinge. Der Arbeitsumfang lässt sich nur erahnen, etwa aus der Zahl von Flüchtlingen (22.000 bis Februar 1946, 42.000 bis August 1947). Andererseits erhielten bisherige Stellen größere oder Sonderaufgaben, wie etwa die Strafentlassenenfürsorge: »Eine besondere Aufgabe fällt dem Wohlfahrtsamt durch die Betreuung der aus den Konzentrationslagern, Strafanstalten und Arbeitslägern befreiten, aus politischen, religiösen und rassischen Gründen dort inhaftiert gewesenen Häftlinge zu. Im Gegensatz zu anderen Städten haben sich in Bremen sofort die staatlichen Organe der Betreuung angenommen.« Für diese im März 1946 etwa 1200 Personen standen Finanzmittel aus privater Hand für ein Versorgungs- und Erholungsprogramm zur Verfügung; Kriminelle oder »asoziale Elemente« aus der Gruppe der Haftentlassenen blieben davon ausgeschlossen. Stark ausgeweitet wurden aufgrund zunehmender Betreuungsfälle die Obdachlosenfürsorge und die Tuberkulosefürsorge, die zwischen Juli 1945 und Januar 1946 insgesamt 237 neue Fälle zu betreuen hatten, sowie die Gefährdetenfürsorge u.a. durch Wiedereinrichtung des Pflegeamtes für Prostituierte – letztere erfolgte, wie auch die Tbc-Fürsorge, in Kooperation mit dem Gesundheitsamt.

Der Schwerpunkt der allgemeinen Fürsorge lag bei dem Ernährungsamt und dem Wohnungsamt, deren Zuteilungsmöglichkeiten wegen fehlender Bestände allerdings gering blieben. Wegen einer zunächst liberalen Aufnahmepolitik war Bremen das Ziel besonders vieler Flüchtlinge, bis schließlich die Zuzugssperre verhängt wurde. Trotzdem blieben sie die bei Weitem größte von der Wohlfahrt

Das Wohlfahrtswesen

betreute Gruppe. Wegen der vielen und vielfältigen Aufgaben wurde bereits Anfang 1946 ein eigenes Flüchtlingsamt eingerichtet und ihm ein Hilfsausschuss angegliedert, der bis 1951 tätig blieb. Die nächstkleinere Gruppe, die der Kriegsversehrten, erforderte ebenfalls eine besonders enge Kooperation mit dem Gesundheitsamt und eine neue Abteilung, die auch mit der Durchführung der Verordnung über die Beschäftigung Schwerbeschädigter vom 7. Dezember 1945, mit Sonderaufgaben für Kriegsblinde und Hirnverletzte, betraut wurde.

Diese Kooperation war auch für das Jugendamt unerlässlich, zumal in Bremen die »Familienfürsorge« bestand, d.h. eine Fürsorgerin zuständig war für Gesundheits-, Jugend- und Wirtschaftsfürsorge. Die Fürsorgerinnen gehörten organisatorisch zwar zum Landesgesundheitsamt, ihren Außendienst versahen sie jedoch für Wohlfahrts- und Jugendamt mit. Das Schwergewicht ihrer Arbeit lag zunächst bei der Gesundheit (Tuberkulose, Säuglinge, Schulgesundheit, Seuchenbekämpfung), die beiden anderen Bereiche wuchsen jedoch enorm, sodass 1946 Wohlfahrts- und Jugendamt dazu übergingen, eigene Fürsorgerinnen anzustellen, insbesondere für die Gefährdetenfürsorge. Am wichtigsten für das Jugendamt war aber ein Zusammenwirken mit den beiden anderen Hauptstellen innerhalb des Ressorts, Wohlfahrtsamt und Hauptfürsorgestelle, da jetzt besonders viele bedürftige, kranke, obdachlose, gefährdete oder straffällige Kinder und Jugendliche zu betreuen waren. Von den zahlreichen »jugendlichen Wanderern« waren ein Drittel Mädchen, von denen etwa 80 Prozent geschlechtskrank waren. Nachdem 1945 für bedürftige Kinder in erster Linie durch Heimunterbringung gesorgt worden war, begannen 1946 die Tageserholung (z.B. im Licht- und Luftbad Lankenau) und die Erholungsverschickung wieder ihre Arbeit, hinzu kamen bereits für den Winter 1946/47 sechswöchige Kurverschickungen in zwölf Heime, 1500 durch das Jugendamt und 750 durch die freien Wohlfahrtsverbände.

Tischlerlehrling bei der Arbeit. Der 15-jährige Junge erlitt einen Unfall beim Spielen mit Munition und lebt mit einer Armprothese

Eine weitere Aufgabe des Wohlfahrtsressorts war die Aufsicht über die Sozialversicherung, und es wird (etwa im Bericht über das Jahr 1947) mit deutlichem Stolz herausgestellt, dass »der Zusammenbruch« 1945 zu keiner nennenswerten Stockung etwa der Rentenauszahlung geführt habe; allerdings konnten die Ansprüche der Kriegsversehrten erst im Laufe des Jahres 1946 korrekt errechnet werden. Zusätzlich ergab sich eine Reihe von Sonderaufgaben, zumal durch jahreszeitliche oder wirtschaftliche

Mit vollem Gepäck ins Tageserholungsheim Lankenau. Foto am Tag der Eröffnung am 22. Juli 1946

Gesundheits- und Wohlfahrtswesen

Kindererholung im Zeltlager Horstedter Sand (Arbeiterhilfswerk 1947) und in Lankenau (Arbeiterwohlfahrt 1948). Auf dem oberen Bild links stehend die spätere Senatorin Annemarie Mevissen

Ihre Unterstützung bestand zunächst aus der raschen Freigabe des beschlagnahmten Vermögens der NSV, wodurch das Wohlfahrtsamt operationsfähig wurde. Zur weihnachtlichen Verteilung an Kindergärten und -heime, Krankenhäuser und Altersheime spendeten die Besatzungstruppen 1945 vier Tonnen Lebensmittel und Süßigkeiten und wiederholten dies einige Jahre lang.

Am 25. März 1946 begann die durch ausländische Hilfsorganisationen ermöglichte Schulspeisung. Seit dem 1. Juni 1946 waren auch Geschenksendungen in das amerikanische Besatzungsgebiet erlaubt, und im Juli erreichten die ersten Hilfslieferungen durch CRALOG und CARE Bremerhaven. Sie waren von besonderer Bedeutung für die Ernährungshilfe, die bislang sehr notdürftig etwa durch die »Volksbespeisungen« (im April 1946 für 90.000 Personen) durchgeführt worden war; nun war – nicht zuletzt mithilfe von Trockenmilch – zumindest die Ernährung der Kinder gesichert. Ab August 1946 wurden Care-Pakete ohne individuelle Adressaten von der Volkshilfe verteilt; in den ersten sechs Wochen erhielt Bremen bereits 2000 Care-Pakete. Der Nahrungsgewinnung galt auch die Freigabe unbebauter Grundstücke und städtischer Flächen für den Gemüseanbau im März 1946, in Privatgärten wurde sogar Tabak angebaut. Ein Beitrag zur Ernährungshilfe von privater Seite war ferner die Wiedereinrichtung von Ottilie-Hoffmann-Häusern, in denen es günstige Speisen und alkoholfreie Getränke gab, bereits im Dezember 1945. Dennoch verbesserte sich die Lage nur sehr langsam.

Die Versorgung in den Nachkriegsjahren blieb lange eine »Verteilung des Mangels«, daher und um eine gewisse Gerechtigkeit zu gewährleisten, blieben auch Rationierung und Zuteilung über »Karten« aller Art bis nach der Währungsreform bestehen. Allerdings brachte das Jahr 1948 für eine ganze Reihe von Lebensmitteln das Ende der Bewirtschaftung, sodass bereits ab Februar 1949 zahlreiche Außenstellen des Ernährungsamtes schlossen, die zur Verteilung der Lebensmittelkarten

Gegebenheiten, etwa die Hilfsmaßnahmen in den harten Wintern, besonders 1946/47, bestehend aus Nahrung und Kleidung, aber auch öffentlichen Speisungen und Wärmehallen als Ausgleich der Folgen des Brennstoffmangels und der aufgrund dessen vorgenommenen Energieabschaltungen (Gassperre, Stromsperre). Erst im Oktober 1948, als die Haushalte wieder uneingeschränkt Kochgelegenheit hatten, wurden die »Volksküchen« aufgelöst.

Die Militärregierung wünschte 1946 zunächst monatliche statistische, dann wöchentliche allgemeine Berichte des Wohlfahrtsressorts.

nicht mehr benötigt wurden. Die Rationierung der Grundnahrungsmittel und vor allem von Fleisch blieb jedoch bestehen und wurde (bis auf Zucker) erst zum 1. März 1950 ganz aufgehoben. Völlig ungenügend war die Versorgung mit Kohle, und der Brennstoffmangel trieb einerseits die frierende Bevölkerung zum »Kohlenklau« (insbesondere von den teils extra langsam fahrenden Zügen im Verlauf des Bahndamms parallel zur Bismarckstraße), andererseits führte er täglich zu Abschaltungen der Energieversorgung. Das Jahr 1948 brachte auch hier erste Erleichterungen, doch sowohl Engpässe der Brennstoffversorgung wie partielle Abschaltungen blieben bis ins Jahr 1951 bestehen. Die Währungsreform bewirkte manchen Aufschwung, im Wohlfahrtsbereich entstanden allerdings auch Nachteile: Die Unterstützungsempfänger nahmen im August um fast die Hälfte auf 25.900 Personen zu, die Teilnehmerzahl an der Schulspeisung stieg im September 1948 signifikant von 37.000 auf 40.000, und die Volkshilfe verlor ihr Vermögen; allerdings ergab ihre Haussammlung im Dezember des Jahres einen fast ebenso hohen Betrag in D-Mark wie zuvor in Reichsmark.

Noch immer lebten ausgebombte Bremer in Behelfswohnungen und Flüchtlinge und Heimatvertriebene unter hygienisch problematischen Verhältnissen in Lagern. Der Flüchtlingsausschuss beim Senator für Wohlfahrt setzte daher seine Tätigkeit bis 1951 fort. Auch wenn schubweise in den vergangenen Jahren etwa 30.000 Kriegsgefangene zurückgekehrt waren, zählte man im September 1948 immer noch 3995 Gefangene, dazu über 7000 als vermisst Gemeldete. Deswegen richtete die Bürgerschaft am 7. Oktober erneut einen Appell an die Siegermächte, die Entlassungen zu beschleunigen, den Wilhelm Kaisen im Februar 1949 auf der Ministerpräsidentenkonferenz in Hamburg eindringlich wiederholte. Eine erneute Zählung im Februar 1950 ergab 703 noch kriegsgefangene und 6978 als vermisst gemeldete Bremer.

Am 13. Mai 1948 übernahm der bisherige Oberbürgermeister von Bremerhaven, Gerhard van Heukelum (SPD), von dem im Januar in seinem Amt bestätigten Adolf Ehlers den Wohlfahrtsbereich und von dem aus gesundheitlichen Gründen zurückgetretenen Senator Willy Ewert den Bereich Arbeit und Sozialversicherung. Als Senator für Arbeit und Wohlfahrt vereinigte van Heukelum beide Bereiche bis November 1951 in einer Hand. Damit wurde auch auf die zunehmende Bedeutung der Beschäftigungsfrage reagiert. Die Zahl der Arbeitslosen nahm stetig zu, was seit Juni 1948 zu regelmäßigen Meldungen und am 15. August 1949 zum Erlass einer Verordnung über die Arbeitslosenfürsorge führte.

Mädchenklasse bei der Schulspeisung

Wo es möglich war, wurden freie Flächen zu Gemüseanbau genutzt, wie hier beim »Elefanten« in der Grünanlage zwischen Blumenthalstraße und Gustav-Deetjen-Allee

Neuanfang in den Verbänden

Neuanfang in den Verbänden

Gewerkschaften

Die ersten Vorstöße zur Wiedergründung der Gewerkschaften gingen in Bremen von der »Kampfgemeinschaft gegen den Faschismus« aus und parallel dazu von den Betriebsausschüssen, die sich spontan in großen Betrieben wie den Atlas-Werken, der A.G. »Weser« und Carl F. W. Borgward gebildet hatten. Mehrere Eingaben bei der Besatzungsmacht, die Gründung freier Gewerkschaften zuzulassen, verliefen in den ersten Monaten nach der Besetzung jedoch ergebnislos. Führende Gewerkschaftsfunktionäre der Weimarer Zeit versuchten die zögerliche Haltung der Militärregierung mit dem Hinweis aufzubrechen, Gewerkschaften könnten die wegen Lohnabbaus und zu langsamer Entnazifizierung der Unternehmensleitungen herrschende Missstimmung unter der Arbeiterschaft auffangen und damit soziale Unruhen verhindern. Andere mahnten, Arbeiter und Angestellte könnten ihre Lebensinteressen nur in breiten demokratisch aufgebauten Organisationen vertreten, das tarif- und gesetzlose Cha-

os müsse ein Ende haben. Nicht nur die abwartende Haltung der Besatzungsmacht stellte ein Problem dar, sondern auch die unterschiedlichen Vorstellungen von einer künftigen Gewerkschaftsstruktur, die in den verschiedenen Gruppen der Gewerkschaftsbewegung herrschten. Da gab es diejenigen, eher bei der KGF und bei der KPD einzuordnen, die eine starke Einheitsgewerkschaft anstrebten, in der die Industrieverbände nur Untergliederungen sein sollten, daneben einen anderen Flügel, eher vertreten von sozialdemokratisch orientierten ehemaligen Funktionären, die das Industrieverbandsprinzip, also mehr oder weniger autonome Einzelgewerkschaften, bevorzugten. Der Richtungsstreit wurde schließlich durch die Intervention der amerikanischen Militärregierung gegen den Gedanken der Einheitsgewerkschaft entschieden, denn diese fürchtete darin einen zu großen politischen Einfluss der Kommunisten.

Während also noch Eingaben geschrieben wurden und Verhandlungen stattfanden, ergriffen die Betriebsausschüsse die Initiative. Die Militärregierung tolerierte sie, auch weil sie mit den anfänglich sich noch sehr bedeckt

Festumzug zum 1. Mai 1946 durch den Herdentorsteinweg

Der Maiumzug 1947 auf dem Weg durch die Humboldtstraße

haltenden Unternehmensleitungen gut kooperierten. Johann Reiners, der Vorsitzende des Betriebsausschusses der Atlas-Werke, und Kollegen in anderen Betrieben sammelten Aufnahmeanträge und Beiträge für den Deutschen Metallarbeiterverband (DMV),

lange bevor die offizielle Genehmigung zur Gründung erteilt wurde. Am 22. September 1945 endlich konnte Oskar Schulze, vor 1933 langjähriger Erster Bevollmächtigter des DMV in Bremen, im »Weser-Kurier« vermelden: »Gewerkschaften kommen.« Er kündigte zehn

Neuanfang in den Verbänden

Richtfest auf dem Dach des Gewerkschaftshauses an der Weide. Links neben der Fahne Bausenator Emil Theil

Einzelgewerkschaften an, deren Genehmigung wegen des umständlichen Zulassungsverfahrens durch die Militärregierung teilweise erst Ende Oktober erfolgte. Die Auflagen waren sehr restriktiv: keine politische Betätigung, insbesondere nicht gegen die Besatzungsmacht, keine Einflussnahme auf Löhne und Arbeitszeit. Die Alliierten hatten nämlich den schon von den Nationalsozialisten verhängten Lohnstopp übernommen. Zwischen November 1945 und Januar 1946 hielten die neu gegründeten Verbände ihre ersten Mitgliederversammlungen ab. Die erste Vertreterversammlung der Metaller mit 300 Delegierten fand am 28. April 1946 im Restaurant »Zum Roland« am Markt statt. Der Sozialdemokrat Oskar Schulze wurde zum Vorsitzenden gewählt – wenig später auch zum Bremer DGB-Vorsitzenden –, der Kommunist Hermann Prüser zu seinem Stellvertreter. Auch der Kassierer, Johann Reiners, war Mitglied der KPD. Die Spannungen zwischen Sozialdemokraten und Kommunisten, die ihren heftigsten Ausdruck bei den Betriebsratswahlen fanden, absorbierten bis weit in die 1950er Jahre in der Gewerkschaftsarbeit viel Kraft, besonders innerhalb der Bremer IG Metall, obgleich die Hälfte der Gewerkschaftsmitglieder parteipolitisch gar nicht engagiert war.

Die Mitgliederzahlen der Gewerkschaften stiegen wie überall in den Nachkriegsjahren auch in Bremen rasch an. Sehr bald waren Zahlen erreicht, die denen von vor 1933 entsprachen. Ende Januar 1947 waren gut 52.000 Beschäftigte in Bremen gewerkschaftlich organisiert. Den stärksten Verband stellten Handel und Transport mit 17.700 Mitgliedern, woraus wenig später durch Zusammenschluss mit den Gewerkschaftern aus dem öffentlichen Dienst die ÖTV wurde, gefolgt von den Metallarbeitern (14.600 Mitglieder). Die Gewerkschaften Holz, Bau, Nahrung und Genuß sowie Chemie, Papier, Keramik gründeten sich in der zweiten Hälfte des Jahres 1946, ebenso der Vorläufer der GEW.

Ende Juni 1947 bezogen alle Gewerkschaften Büros im Tivoli-Haus am Bahnhofsplatz, einem ehemaligen Tanzlokal, das 1958 durch einen Neubau ersetzt wurde. Auch heute noch befindet sich hier das Domizil des DGB, inzwischen erweitert um das benachbarte Gebäude des ehemaligen UT-Kinos.

Gewerkschaftsarbeit war in der ersten Nachkriegszeit zu einem großen Teil Überlebensarbeit. Betriebsräte und Gewerkschaften kümmerten sich um elementare materielle

Hafenarbeiterstreik 1951. Der Agitator auf dem Sockel des Wilhadi-Brunnens wird von der Polizei bedrängt

Mai-Kundgebung 1953 der Gewerkschaften. Bürgermeister Kaisen spricht von der Terrasse des Parkhauses am Hollersee

Bedürfnisse der Belegschaftsmitglieder. Sie organisierten zum Beispiel Kompensationsgeschäfte wie Zement gegen Lebensmittel oder verteilten aus US-Armeebeständen günstig erworbene Posten von Kleidung unter den Kollegen und Kolleginnen.

Mit der Währungsreform vom Juni 1948 waren zwar die Läden wieder voller Waren, aber die auch schon vorher freigegebenen Preise stiegen jetzt so gewaltig an, dass es zu Unruhen kam. Der DGB rief als Protest gegen die Teuerung am 12. November des Jahres zu einem 24-stündigen Generalstreik in der Bi-Zone auf, an dem sich die Bremer Gewerkschaften mit Massendemonstrationen mit 25.000 bis 30.000 Teilnehmern beteiligten. Die amerikanische Militärregierung in Bremen vertraute dem Einfluss der gemäßigten Gewerkschaftsführer, besonders Oskar Schulze, sodass sie keine Ausweitung der Streikbewegung befürchten musste. Nach Aufhebung des Lohnstopps im selben Monat kam es endlich zu einer Freigabe der Tarifpolitik, dem ureigensten Betätigungsfeld der Gewerkschaften.

Im Oktober 1951 akzeptierten die Hafenarbeiter, die mit einem Organisationsgrad von mehr als 90 Prozent eine der stärksten Säulen der ÖTV bildeten, in einer Urabstimmung mehrheitlich das von der Gewerkschaft mit dem Hafenbetriebsverein ausgehandelte Lohnabkommen. Am 22. Oktober verlangte jedoch eine im Überseehafen arbeitende Gruppe spontan die Wiederaufnahme der Verhandlungen und trat unterstützt von der KPD in einen dreitägigen wilden Streik. Von diesem Arbeitskampf distanzierte sich die ÖTV sofort, sicherte aber, um eine rasche Wiederaufnahme der Arbeit zu erreichen, den Streikenden Ersatz für den während des Streiks ausgefallenen Lohn zu. Am zweiten Tag weitete sich der Streik auf den gesamten Hafenbereich aus, und es kam zu Ausschreitungen auch in der Innenstadt. Am 25. Oktober wurde der Streik abgebrochen. Zuvor hatte Kaisen massiv damit gedroht, staatliche Gewalt einzusetzen, und die Arbeiter gemahnt, nicht ohne gültige Gewerkschaftsbeschlüsse in den Ausstand zu treten.

Neuanfang in den Verbänden

Familienprogramm der Gewerkschaft für die Angehörigen der streikenden Werftarbeiter 1953

Zwei Jahre später war der Kampfeswille der in der IG Metall organisierten Werftarbeiter, besonders bei der traditionell arbeitskämpferisch eingestellten Belegschaft der A.G. »Weser«, stark genug, um einen sechswöchigen Streik vom 25. April bis 9. Juni 1953 zwar mit geringerem als erhofften, aber doch mit Erfolg durchzustehen. Es ging der IG Metall in erster Linie darum, das »Lohndiktat der wirtschaftlich und politisch wieder erstarkten Werftindustrie« zu brechen. Die Entlassung der von den Unternehmern am Vorabend des 1. Mai verfügten Aussperrung von 14.000 Werftarbeitern konnte rückgängig gemacht werden. Ein Novum bei diesem Streik war eine gut organisierte kulturelle Betreuung, mit der die Gewerkschaft auch die Familien der Streikenden einbeziehen wollte. Der Streik von 1953 blieb für die nächsten 21 Jahre, bis 1974, der letzte von der IG Metall organisierte Streik auf den Bremer Werften.

Arbeitnehmerkammern

Neben den Gewerkschaften entstanden wieder die Arbeitnehmerkammern als weitere Interessenvertretungen der abhängig Beschäftigten, wenn auch auf völlig anderer rechtlicher Grundlage und mit anders akzentuiertem Auftrag. Im Gegensatz zur Handelskammer waren Angestellten- und Arbeiterkammer 1936 von den Nationalsozialisten aufgelöst worden. Mit Genehmigung der Militärregierung wurde im Juli 1945 durch Bürgermeister Vagts eine Verordnung zur Wiederherstellung beider Kammern durch Wieder-Inkraftsetzung der alten Kammergesetze erlassen. Die vorgeschlagenen Mitglieder der Arbeiterkammer wurden vom Präsidenten des Senats, Bürgermeister Kaisen, Anfang August ernannt, die der Angestelltenkammer im September. Wahlen konnten erst einige Jahre später stattfinden. Die Aufgabe und das Recht der jeweiligen Arbeitnehmerkammer war und ist es, bei allen wirtschaftlichen und sozialen Angelegenheiten, die Angestellte bzw. Arbeiter im Lande Bremen betreffen, gehört und beratend oder gutachterlich tätig zu werden. Beide Kammern verstanden sich als Ergänzung zu den Gewerkschaften, waren aber anders als diese öffentlich-rechtliche Einrichtungen und keine Kampforganisationen, ihr Handeln musste im Einklang mit dem Allgemeinwohl stehen. Die Rechtsaufsicht hatte das Senatsressort für Wirtschaft. War die Mitgliedschaft in den ersten Nachkriegsjahren aufgrund einer Bestimmung der Militärregierung von 1948 freiwillig, so wurde durch das Gesetz über die Arbeitnehmerkammern aus dem Jahr 1956 die Pflichtzugehörigkeit – analog zu Handels- und Handwerkskammer – wieder eingeführt. Die ursprüngliche Absicht, durch dieses Gesetz die beiden Kammern zusammenzuführen, scheiterte am Widerstand der Angestellten. Die Fusion von Angestellten- und Arbeiterkammer zur Arbeitnehmerkammer kam erst viel später, im Jahr 2001, zustande.

Arbeitgeberverbände

Bei der Rekonstruktion der Arbeitgeberverbände in Bremen leistete die Handelskammer (s. S. 97) erhebliche Starthilfe. Sie hatte im Gegensatz zu den Interessenvertretungen von Unternehmern und Arbeitnehmern die NS-Zeit überlebt, war voll funktionsfähig und anerkannt und wies zudem einen hohen Grad an personeller Kontinuität auf. Es herrschte auch außerhalb Bremens allgemeiner Konsens darüber, dass in Ermangelung anderer funktionsfähiger Institutionen die Industrie- und Handelskammern helfen im Sinne der Unternehmerschaft agieren und Aufgaben übernehmen sollten, die gemeinhin Sache von Arbeitgeberverbänden waren. Das äußerte sich in der Hansestadt zum Beispiel darin, dass in der Handelskammer zusammen mit führenden Bremer Unternehmern der Entwurf für die Verordnung ausgearbeitet wurde, mit der der Regierende Bürgermeister Vagts am 15. Juni 1945 die Kündigung von Arbeitsverhältnissen zum 30. Juni ohne Einhaltung gesetzlicher und tariflicher Kündigungsfristen und eine Wiedereinstellung zu niedrigeren Löhnen und Gehältern ermöglichte. Vagts hatte dazu die Genehmigung des amerikanischen Militärgouverneurs von Bremen, Colonel Welker, erhalten. Grund waren fehlende Aufträge besonders in den Betrieben, die bis dato Rüstungsgüter produziert hatten. An Vorgehen und Inhalt gab es scharfe Kritik von der »Kampfgemeinschaft gegen den Faschismus« und den ihr nahestehenden Betriebsausschüssen – Gewerkschaften waren ja

Auszug aus der Amtlichen Mitteilung zur Wiederherstellung der Arbeiter- und der Angestelltenkammer, Juli 1945

Neuanfang in den Verbänden

Carl Julius Brabant (Vorstandsvorsitzender der Jute-Spinnerei und Weberei Bremen) bei der Grundsteinlegung des »Industriehauses«, Schillerstraße 10, Sitz der Arbeitgeberverbände, am 24. November 1953

noch nicht zugelassen –, die sich in keiner Weise einbezogen sahen. Auch durch Druck der Senatoren Kaisen und Wolters wurden diese Verordnung und ihre Folgen im Januar 1946 rückgängig gemacht.

Seit dem Frühsommer 1945 bemühte sich die Handelskammer, bei der Militärregierung die Wiederzulassung von Arbeitgeberverbänden zu erlangen. Zunächst vergeblich. Deshalb richtete die Kammer Ende Juni Ausschüsse ein, die in der Funktion eines Arbeitgeberverbandes sofort zur Stelle sein sollten, wenn die Gewerkschaften ihre Zulassung erhielten, womit die Kammer offenbar in Kürze rechnete. Bürgermeister Wilhelm Kaisen unterstützte – auch gegenüber den Amerikanern – intensiv die Forderung nach Wiederzulassung von Arbeitgeberverbänden. Er soll sogar zusammen mit Oskar Schulze, dem späteren Gewerkschaftsvorsitzenden, im Sommer 1945 den langjährigen Arbeitgeberfunktionär und für die künftige Position eines Geschäftsführers insgeheim vorbestimmten Georg Daseking aufgesucht haben, um seine Kooperation beim Wiederaufbau der Arbeitgeberverbände anzubieten. In einer Rede aus Anlass des 25-jährigen Jubiläums der Vereinigung der Arbeitgeberverbände im Lande Bremen im Jahre 1971 wird Kaisen als Mitbegründer der Arbeitgeberverbände nach dem Zweiten Weltkrieg bezeichnet. Hier fand das bei späteren Senatsbildungen von Wilhelm Kaisen stets propagierte »Bündnis von Kaufmannschaft und Arbeiterschaft« bereits seinen Ausdruck, wobei er unter Kaufleuten auch die Bremer Industriellen verstand. Aber auch den Gewerkschaftern musste daran gelegen sein, bei zukünftigen Verhandlungen mit der Unternehmensseite einen organisierten Ansprechpartner zu haben.

Erst am 26. November 1946 fand die Gründungsversammlung des Allgemeinen Arbeitgeberverbandes Bremen unter Beteiligung von 97 Firmen statt. Am 29. November 1946 wurde der Verband endgültig von der amerikanischen Militärregierung zugelassen. Zum Vorsitzenden wurde Franz Stickan, Direktor der Dampfschifffahrtsgesellschaft »Neptun«,

von der Militärregierung eingesetzt. Gegen den ursprünglich von den Unternehmern gewünschten Kandidaten hatten die Amerikaner Vorbehalte geäußert. Geschäftsführer wurde wie geplant Georg Daseking. Die Arbeitgeber hatten also tatsächlich ein Jahr länger auf die Zulassung ihrer Interessenvertretung warten müssen als die Gewerkschaften. Vermutlich hing das Zögern der Militärregierung damit zusammen, dass die Unternehmerschaft insgesamt wesentlich stärker in das NS-Regime involviert gewesen war als die Arbeiterschaft.

Ein Thema, das beide Verbände im folgenden Jahr heftig beschäftigte und in dem sie naturgemäß diametral entgegengesetzte Positionen einnahmen, war der Artikel 47 der bremischen Landesverfassung. Darin ging es um die gleichberechtigte Mitbestimmung der Betriebsräte neben personellen und sozialen auch in wirtschaftlichen Fragen.

Im Frühjahr 1950 wurde als Dachverband der einzelnen wiedererstandenen Arbeitgeberverbände wie denen der Metallindustrie, der

Holz verarbeitenden und der chemischen Industrie die »Vereinigung der Arbeitgeberverbände im Lande Bremen« gegründet, der später andere Industrieverbände beitraten. Vorsitzender wurde Carl F.W. Borgward, Stellvertreter Franz Stickan und der Reeder und Werftbesitzer Bertram Rickmers. Hauptgeschäftsführer wurde auch hier Georg Daseking. Borgward war als ehemaliger Wehrwirtschaftsführer zunächst von den Amerikanern interniert worden, konnte aber ab 1948 wieder als Chef seines Unternehmens agieren. Der allgemeine Arbeitgeberverband wurde Mitglied der Vereinigung der Arbeitgeberverbände; im Gegensatz zu den anderen Einzelmitgliedern schließt er grundsätzlich keine Tarifverträge ab.

Den größten Einzelverband innerhalb der Vereinigung stellte und stellt der Arbeitgeberverband der Metallindustrie e.V. dar, gegründet im April 1950, heutige Bezeichnung »Metall Unterweser. Verband der Metall- und Elektroindustrie e.V.«. Sein erster Vorsitzender war Robert Kabelac, Vorstandsvorsitzender des Bremer Vulkan, einer der beiden Bremer Großwerften. Obgleich auch er Wehrwirtschaftsführer gewesen war, musste er nicht in ein Internierungslager. 1953 wurde er von Wilhelm Raffelsieper aus dem Vorstand der anderen Bremer Großwerft, der A.G. »Weser«, abgelöst. Neben Borgward waren die Werften in den 1950er Jahren die größten und bedeutendsten Metall verarbeitenden Betriebe Bremens. Ihre gewerblichen Belegschaftsmitglieder waren zum größten Teil in der IG Metall organisiert.

Das Selbstverständnis von Unternehmerverbänden wird in einer Broschüre des »Arbeitgeberverbandes der Metallindustrie im Unterwesergebiet« aus späteren Jahren wie folgt dargestellt: »Die Organisationen der Arbeitgeber entstanden als Reaktion auf das organisierte, solidarische Handeln der Arbeitnehmer innerhalb der Gewerkschaften und auch als Gegengewicht zu den ständig gewachsenen und wachsenden Mitspracheforderungen des Staates im Wirtschafts- und Sozialbereich. Denn in unserer pluralistischen Gesellschaft müssen auch die Unternehmer ihre Interessen wirkungsvoll vertreten können. Und dafür sorgt der Arbeitgeberverband.« Eine erste Gelegenheit, seine Interessen wirkungsvoll zu vertreten, bekam der Verband drei Jahre nach seiner Gründung im Zusammenhang mit dem sechswöchigen Werftarbeiterstreik im Sommer 1953.

Sitz der Arbeitgeberverbände wurde 1952 das »Industriehaus« in der Schillerstraße, bis heute Zentrum der bremischen Arbeitgeberverbände.

Bund der Vertriebenen

In den Jahren 1947/48 änderte sich die restriktive Einstellung der Militärregierung zu separaten Flüchtlingsorganisationen. Am 30. Juli 1948 wurde in einer von 2000 Menschen besuchten Versammlung in der Sporthalle auf der Bürgerweide die »Interessengemeinschaft der Flüchtlinge und Ausgewiesenen im Lande Bremen« (IG) gegründet. Sie warf der bremischen Flüchtlingspolitik einen grundsätzlich falschen Ansatz vor. Diese habe bei der angestrebten Eingliederung der Vertriebenen nur die Interessen des Landes Bremen gesehen und darüber die legitimen eigenständigen Belange dieser Großgruppe von Menschen vernachlässigt. Die IG bezeichnete sich als überparteilich und überkonfessionell und verfolgte vorwiegend sozialpolitische Interessen, vordringlich die Versorgung mit Wohnraum. Aus der Interessengemeinschaft wurde im Juni 1948 der »Landesverband der vertriebenen Deutschen«, nachdem der Direktor der Militärregierung Dunn nach verschiedentlichen Vorsprachen erklärt hatte, dass regional begrenzte Zusammenschlüsse von Flüchtlingen in Orts- und Kreisvereinen vom Kontrollrat genehmigt und also auch in Bremen zugelassen seien. Der Landesverband verstand sich als »Zusammenschluß deutscher Menschen aller östlichen Vertreibungsgebiete«, also von Angehörigen der deutschen Volksgruppen Osteuropas, Ostmitteleuropas und Südosteuropas sowie der ehemaligen preußischen Provinzen Pommern,

Neuanfang in den Verbänden

Die erste Ausgabe des in Bremen verlegten »Flüchtlings-Kurier« erschien Ende September 1948

Brandenburg, Schlesien, Ost- und Westpreußen, »die um ihres Deutschtums willen von Haus und Hof getrieben, die Heimat verlassen mussten«. Er verstand sich als »Kampfverband«, der das »missachtete Recht auf die Heimat erkämpfen« sollte. 1951 erfolgte der bundesweite Zusammenschluss aller Landesverbände zum »Bund der vertriebenen Deutschen«.

Zeitgleich mit dem Landesverband entstanden 1948 in Bremen auch die verschiedenen Landsmannschaften, die das kulturelle Erbe ihrer verschiedenen Herkunftsgebiete pflegen wollten wie der Bund der Danziger, die Landsmannschaften Schlesien, Ostpreußen, Pommern und die Sudetendeutsche Landsmannschaft. Sie agierten zunächst separat, schlossen sich aber 1958 mit dem Landesverband zu einer gemeinsamen Organisation zusammen.

Nach einem Einbruch bedingt durch eine Welle der Enttäuschung nach der ersten Bundestagswahl stieg die Mitgliederzahl im Lande Bremen Anfang 1951 auf 8000. Der Verband organisierte seine Arbeit sehr effizient. So

wurde das Stadtgebiet in Bezirke und Distrikte untergliedert; in diversen Ausschüssen wurden unterschiedliche Problemfelder bearbeitet: Agrarausschuss, Bauausschuss, Wohnungsausschuss und Referat »für die 131er« – darin ging es um die Wiedereinstellung der wegen NS-Belastung entlassenen Beamten. Der Landesverband unterhielt neben der zentralen Geschäftsstelle in Bremen Geschäftsstellen in Bremerhaven, Vegesack und Blumenthal. Es fanden Schulungen für Distriktsleiter statt, damit sie die zahlreichen Rat suchenden Mitglieder in den komplizierten juristischen Angelegenheiten im Zusammenhang mit Lastenausgleich, Soforthilfe und ähnlichen Fragen besser beraten konnten. In der Distriktsarbeit sollte durch Betreuer die Verbundenheit unter den über die ganze Stadt verstreut lebenden Flüchtlingen und Vertriebenen, die ja aus ganz verschiedenen Gebieten stammten, gepflegt und bewahrt werden, unter anderem durch das von den Betreuern kostenlos an die Mitglieder verteilte Mitteilungsblatt »Heimat«. Viele gingen noch davon aus, nicht dauerhaft in Bremen zu bleiben, und wollten sich somit noch nicht intensiv in die Mehrheitsgesellschaft integrieren. In den ersten Jahren mussten Kleidung und Hausrat für die meist mittellosen Menschen gesammelt werden. Mithilfe eines aus Spenden und Sammlungen gespeisten Sozialfonds konnten Weihnachts- und Konfirmationsbeihilfen gewährt werden. Bei dieser sozialfürsorgerischen Tätigkeit bewährte sich besonders die Frauengruppe des Verbandes. Darüber hinaus gab es eine Baugenossenschaft und seit 1948 eine Erwerbs- und Wirtschaftsgenossenschaft, um preiswerte Einkaufsmöglichkeiten zu schaffen, die bis 1951 eine Verkaufsstelle neben der Geschäftsstelle an der Contrescarpe unterhielt. Doch die Wohnungsfrage blieb – wie bei der einheimischen Bevölkerung auch – bis weit in die 1950er Jahre ein drängendes Problem.

Der »Bremer Frauenausschuß«

Im März 1946 erschien unter der Überschrift »Wir rufen euch Frauen!« im »Weser-Kurier« ein Artikel, der die Gründung eines Frauenausschusses bekannt gab. Aktive Frauen, die sich zusammengeschlossen hatten, »um am Wiederaufbau ihrer Vaterstadt tatkräftig mitzuwirken«, appellierten an ihre Geschlechtsgenossinnen, sich einzumischen. Wie in vielen anderen Großstädten, wo sich ähnliche Ausschüsse bildeten, wollten diese Aktivistinnen der ersten Stunde mithelfen, die Not des Nachkriegsalltags zu lindern, aber darüber hinaus Frauen zur aktiven Mitarbeit im öffentlichen Leben motivieren. Das hier vermittelte Frauenbild war einerseits traditionell, indem es auf die helfende und sorgende Seite des weiblichen Wesens abhob, andererseits modern, indem es die Existenzberechtigung reiner Männerdomänen bestritt und die volle Gleichberechtigung der Geschlechter einforderte. Die Gründerinnen waren partei- und verbandspolitisch erfahrene Frauen, die alle schon vor 1933 aktiv gewesen waren und sich in keiner Weise mit dem Nationalsozialismus gemein gemacht hatten. Es waren: die Gewerkschafterin Irmgard Enderle, die Sozialdemokratin Anna Stiegler, die Kom-

munistin Käthe Popall, die vor 1933 und nach 1945 in liberalen Parteien organisierten Frauen Agnes Heineken und Elisabeth Lürßen und die aus der Ottilie-Hoffmann-Bewegung – Deutscher Frauenbund für alkoholfreie Kultur – stammende Anna-Klara Fischer. Zwei von ihnen, Anna Stiegler und Käthe Popall, waren im Widerstand aktiv gewesen und hatten dafür zehn Jahre Zuchthaus und Konzentrationslager erdulden müssen. Der »Bremer Frauenausschuß« (BFA) verstand sich als Zusammenschluss der Frauengruppen der folgenden Organisationen: SPD, KPD, BDV (Bremer Demokratische Volkspartei, später FDP), Gewerkschaften, Verband für alkoholfreie Kultur, Arbeiterhilfswerk (später Arbeiterwohlfahrt), Caritasverband, Israelitische Gemeinde und Internationale Frauenliga für Frieden und Freiheit. Er umfasste also ein durchaus breites Spektrum.

Der Frauenausschuss wandte sich mit zahlreichen Eingaben an die bremischen Behörden

Aufruf des Bremer Frauenausschusses im »Weser-Kurier« vom 16. März 1946

Neuanfang in den Verbänden

Anna-Klara Fischer spricht während einer öffentlichen Versammlung des Bremer Frauenausschusses im Bremer Rathaus

Anna Stiegler
* 21.4.1881, Penzlin
† 23.6.1963, Bremen

Die Tochter einer Landarbeiterfamilie aus Mecklenburg ging nach dem Besuch der Volksschule »inStellung« und bekam über ihre späteren Ehemänner Kontakt zur SPD, deren Mitglied sie 1905 wurde. 1919 – inzwischen in Bremen lebend und Mitglied der weiter links stehenden USPD – gehörte sie zu den 18 ersten Bremerinnen, die mit dem neuen Frauenwahlrecht in ein Parlament eingezogen waren. Sie engagierte sich bis 1933 als Abgeordnete besonders für sozial- und bildungspolitische Fragen. In der NS-Zeit organisierte sie Unterstützungsaktionen für die Familien politischer Gefangener und hielt getarnte politische Versammlungen ab. 1935 wurde sie wegen »Vorbereitung zum Hochverrat« zu fünf Jahren Zuchthaus verurteilt und kam anschließend bis kurz vor Kriegsende in das KZ Ravensbrück. Von 1946 bis kurz vor ihrem Tod war sie Mitglied der Bremischen Bürgerschaft, wo sie sich als Sozialpolitikerin und Vertreterin von Fraueninteressen, zum Beispiel als Vorkämpferin für die Liberalisierung des § 218, einen Namen machte. In den späten 1950er Jahren engagierte sie sich stark in der von der SPD und anderen Gruppen initiierten Bewegung »Kampf dem Atomtod«. Sie wirkte bis ins hohe Alter an führender Stelle im von ihr mitgegründeten Frauenausschuss. Nach ihrem Tod 1963 wurde ein offizieller Staatsakt im Rathaus für Anna Stiegler abgehalten.

und an die Militärregierung, um die Not der Nachkriegszeit, unter der besonders die Frauen, die sich für das Überleben der Familien verantwortlich fühlten, zu leiden hatten, ein wenig zu lindern. In regelmäßigen Sprechstunden bemühte man sich, den zahlreichen Rat und Unterstützung suchenden Bremerinnen hilfreich zur Seite zu stehen. Der BFA konnte dabei einen kleinen Raum im Rathaus nutzen, der von Bürgermeister Kaisen persönlich zur Verfügung gestellt worden war. Kaisen bewunderte sehr die Tatkraft und das Durchhaltevermögen der Frauen, besonders ihre Art, über Parteigrenzen hinweg nach praktischen Lösungen zu suchen, dies sei ein Verhalten, das er bei Männern oft vermisse.

Der BFA organisierte verschiedene Arbeitskreise wie Ernährung und Hauswirtschaft, Wohnungsfragen, Schule und Erziehung, Gesundheit und Hygiene, Wohlfahrt. Über die reine Daseinsbewältigung hinaus betrieb der Arbeitskreis für staatsbürgerliche Erziehung die Verbesserung der politischen Bildung der Frauen, um sie zu motivieren und dafür auszubilden, in politischen Gremien mitzuwirken. Die Frauen des BFA kämpften für ein Verbot des Eintauschens von Brotmarken gegen Bier, für eine Verbesserung der Transportmöglichkeiten, um Gemüse von den Bauern schnell in die Stadt zu bekommen, und gegen eine nochmalige Kürzung der Lebensmittelrationen, da die Unterernährung die Ausbreitung von Infektionskrankheiten besonders bei Kindern fördere. Der Arbeitskreis »Wohlfahrt« kümmerte sich um »gefährdete Mädchen« und sorgte dafür, dass junge Frauen, die mit Verdacht auf Geschlechtskrankheit verhaftet worden waren, anständig behandelt wurden. Als mit dem Wohnungsbau begonnen wurde, mischte sich der BFA ein, um zum Beispiel zu erreichen, dass Arbeitserleichterungen für die Hausfrauen Bestandteil der Küchenplanung werden sollten. Der Frauenausschuss erreichte auch, dass zu Anfang der 1950er Jahre in Schwachhausen ein »Frauenwohnheim« gebaut wurde, in dem alleinstehende, berufstätige Frauen zu günstigen Bedingungen eine kleine Wohnung erhalten konnten, denn sie hatten es besonders schwer, bei der Versorgung mit der knappen Ware Wohnraum berücksichtigt zu werden.

Im September 1949 übernahm der BFA die ideelle Trägerschaft und teilweise Gestaltung einer großen Ausstellung auf der Bürgerweide, die den Namen »Die Welt der Frau« trug und eine Vorläuferin der späteren »HaFa« (Hauswirtschaft und Familie) war. Die Ausstellungsfirma war an den Frauenausschuss herangetreten, weil sie sich auf diesem Weg einen Zugang zu Kaisen und damit zu Finanzhilfen des Senats versprach. Die Frauen ließen sich diese Dienstleistung mit Beteiligung am Verkaufserlös der Ausstellung bezahlen. Überdies wurde ihnen ein Stand zur Verfügung gestellt, in dem sie über die Ziele ihrer Arbeit informierten. Außerdem hatte der BFA maßgeblichen Anteil an der Gründung der »Bremer Mütterschule zur Pflege der Familie«, die auf Initiative des Leiters der Kinderklinik der Städtischen Krankenanstalten, Rudolf Hess, zurückging. Durch eine bessere Mütterschulung sollte die Säuglingssterblichkeit verringert werden. Da nach Ansicht der aktiven Ausschuss-Frauen ein neues partnerschaftliches Verhältnis zwischen den Eltern nötig war, bemühten sie sich, auch Väter in die Kurse über Säuglingspflege und Ernährung einzubeziehen. Folgerichtig benannte sich die Mütterschule 1954 in »Haus der Familie« um.

Die im Bremer Frauenausschuss aktiven, politisch interessierten Frauen stellten bezogen auf die Gesamtheit der weiblichen

Bevölkerung Bremens eine Minderheit dar. In den Medien dieser Jahre - Tagespresse, Parteipresse, Radio Bremen - finden sich zahlreiche Klagen über das angeblich mangelnde Interesse der Frauen an Politik und ebenso viele Aufrufe, diese Haltung zu ändern. Der Bremer Frauenausschuss führte zahlreiche öffentliche

Helene Kaisen (ganz links), Anna Stiegler (dritte von rechts) und Anna-Klara Fischer (ganz rechts) mit internationalem Besuch aus England, Frankreich und den USA

Der Planet in guten Händen: Plakat zur Ausstellung »Die Welt der Frau«, 1949

Religiöse Gemeinschaften

Veranstaltungen durch, die brennende politische Fragen behandelten und dabei eine große thematische Bandbreite aufwiesen – von der Abtreibungsproblematik bis zur Atombewaffnung, vom Ladenschlussgesetz bis zur Wiederbewaffnung.

Religiöse Gemeinschaften

Die Bremische Evangelische Kirche und die Katholische Kirche standen im Frühjahr 1945 gleich vor mehreren enormen Herausforderungen, die sich in beiden Volkskirchen ähnelten: Am dringendsten waren der Wiederaufbau zerstörter Kirchen und Gemeindebauten, die Integration von Flüchtlingen sowie die personelle und administrative Reorganisation der Leitungen und der Gemeindearbeit nach den Jahren der nationalsozialistischen Repression und Gleichschaltung.

Ende Mai 1945 schuf die amerikanische Militärregierung eine für religiöse Angelegenheiten zuständige Stelle, den »Religion and Fine Arts Officer«. Allerdings wollten die Amerikaner den Bremer Christen bei der Reorganisation ihrer Kirchen möglichst freie Hand lassen, da man hier eine »Kraft der Erneuerung« sah. Außerdem unterstützte das Militär mit Baumaterial und Arbeitseinsätzen die erste notdürftige Instandsetzung von Kirchenräumen und verteilte aus den USA gespendete Bibeln.

Blick durch das Mittelschiff der St. Martini-Kirche, 1948

Evangelische Kirche

1934 waren die Verfassung der Bremischen Evangelischen Kirche (BEK) von 1920 und ihre wichtigsten Organe durch den Kirchenpräsidenten und NSDAP-Senator Otto Heider außer Kraft gesetzt worden. Der kurz darauf als Landesbischof eingesetzte Domprediger Heinz Weidemann agierte die kommenden Jahre mit fast unumschränkter Machtfülle in seinem Amt und mit voller Unterstützung der NS-Führung in Staat und Partei. Die innerkirchliche Situation war seit 1933/34 durch den Konflikt zwischen der regimetreuen und nationalreligiösen Glaubensbewegung »Deutsche Christen« und der durch den orthodoxen Protestantismus sich definierenden Opposition der »Bekennenden Kirche« gekennzeichnet, den »Kirchenkampf«.

Bei Kriegsende gab es nun keine handlungsfähige und legitimierte Leitung der Bremischen Landeskirche mehr, deshalb wurde der Senat tätig. Am 15. Juni 1945 berief der Regierende Bürgermeister Erich Vagts einen vorläufigen Kirchenausschuss (VKA), erklärte alle kirchlichen Verordnungen seit 1934 für unwirksam und die Verfassung der Bremer

Evangelischen Kirche (BEK) von 1920 wieder für rechtmäßig (»Rechtshilfeakt des Senats«). Dem VKA gehörten neun Personen an, je drei Pastoren, Juristen und Kaufleute. Sie sollten die verschiedenen Strömungen innerhalb der BEK repräsentieren. Neuer Schriftführer wurde Pastor Erich Urban aus der Friedensgemeinde, Rechtsanwalt Richard Ahlers der erste Präsident. Hauptaufgabe des VKA war die Neukonstituierung der BEK im Sinne der alten Verfassung und die Vorbereitung des ersten Kirchentages, der in etwa die Funktion eines Parlaments der BEK hat. Jede Gemeinde der Landeskirche entsendet Delegierte (Theologen und Laien) zum zweimal jährlich tagenden Kirchentag. Zu seinen Aufgaben gehören zum Beispiel die Wahl des Kirchenausschusses und die Verabschiedung des Haushalts.

Reorganisation der BEK

Der VKA lud zum ersten Kirchentag der BEK am 9. Oktober 1946 ein. Es ging um die zukünftige Verfassung der bremischen Kirche und speziell um die im Artikel 1 der Kirchenverfassung von 1920 verankerte liberale Tradition der »Glaubens-, Gewissens- und Lehrfreiheit der Gemeinden«. In den Gemeinden hatten Neuwahlen der Kirchenvorstände und Kirchentagsdelegierten stattgefunden, in der Folge gab es keine mit Kirchenämtern betrauten Deutsch-Christen mehr. Auch die Militärregierung hatte bereits Absetzungen wegen NSDAP-, SS- oder SA-Zugehörigkeit verfügt.

Drei Positionen zur zukünftigen Kirchenverfassung waren auf dem Kirchentag vertreten:

Die Gemeinden, die sich im Kirchenkampf während der NS-Diktatur klar der »Bekennenden Kirche« zugerechnet hatten, wie etwa St. Stephani, plädierten aufgrund der trennenden Erfahrungen des Kirchenkampfes für eine Aufgabe der liberalen Verfassung zugunsten einer klaren Bindung aller Gemeinden an das gemeinsame reformatorische Bekenntnis und an die »Barmer Erklärung«. Die »Barmer

Bericht über den ersten Kirchentag der Bremer Evangelischen Kirche in der »Einkehr«, 1946

Erklärung« war der wichtigste Ausdruck für theologisch fundierten Widerstand gegen den Nationalsozialismus und die NS-treuen Deutschen Christen. Sie wurde in sechs Thesen vornehmlich von Karl Barth formuliert und auf der »Bekenntnissynode« im Mai 1934 verabschiedet.

Den orthodoxen, glaubenskonservativen, »positiven Gemeinden« kam eine solche Bekenntnisbindung prinzipiell entgegen, aber sie wollten zwischen den verschiedenen Strömungen innerhalb der BEK »keine neuen Gräben aufreißen«. Deshalb unterstützte letztendlich die Mehrzahl der »positiven Gemeinden« die dritte Gruppe, die »liberalen Gemeinden« (vor allem St. Remberti und St. Martini), die eine uneingeschränkte Wiedereinsetzung der freiheitlichen Verfassung von 1920 wünschten.

Dies geschah dann auch nach langer Debatte mit einer Dreiviertelmehrheit und der neuen, wichtigen Verfassungspräambel: »Die unantastbare Grundlage der Bremischen Evangelischen Kirche ist das Evangelium von Jesus

Religiöse Gemeinschaften

Christus, wie es uns in der Heiligen Schrift bezeugt und in den Bekenntnissen der Reformation neu ans Licht getreten ist.«

Außerdem wurde noch ein neuer, regulärer Kirchenausschuss gewählt. Der Kirchenausschuss ist das repräsentative Leitungsgremium der BEK. Er wird vom Kirchentag gewählt, besteht aus elf Mitgliedern, darunter der Schriftführer (ein Theologe), der Präsident (ein Jurist) und der Schatzmeister.

Der Streit zwischen »Liberalen« und »Bekenntnisgemeinden« über die Reichweite der Präambel bzw. des Art. 1, Abs. 2 der Verfassung, in dem die »Glaubens-, Gewissens- und Lehrfreiheit der Gemeinden« verbrieft ist – ein bundesweit in der Evangelischen Kirche Deutschlands (EKD) einmaliger Passus in Sachen Gemeindeautonomie –, gefährdete bzw. verzögerte in der Folge die Aufnahme der BEK als Landeskirche in die EKD. Erst nach langen Verhandlungen und einem Beschluss im Jahre 1952, dass die »Glaubens-, Gewissens- und Lehrfreiheit nicht die Freiheit von der Bindung an das Evangelium, sondern nur Freiheit von der Kirchenleitung« meine, konnte die Aufnahme als Gliedkirche in die EKD erfolgen. Die liberale Kirchenverfassung fand auch in der Bremer Landesverfassung ihren Niederschlag: Im Art. 32 wird an öffentlichen Schulen »ein bekenntnismäßig nicht gebundener Unterricht in Biblischer Geschichte auf allgemein christlicher Grundlage« festgeschrieben. Diese überkonfessionelle Konzeption widerspricht eigentlich dem Art. 7 des Grundgesezes, wird aber durch dessen Art. 141 als Ausnahmebestand besonders geschützt.

Entnazifizierung

Während der NS-Zeit hatte der ehemalige Domprediger Heinz Weidemann, Mitglied der NSDAP, die BEK im Sinne des Regimes autoritär geführt und gleichgeschaltet. Seit 1934 amtierte er als Landesbischof. Vor allem wegen privater Verfehlungen und finanzieller Unregelmäßigkeiten gab es gegen ihn mehrere

Gerichtsverfahren, die 1944 mit einer Verurteilung wegen Meineids und versuchter Nötigung endeten. Weidemann wurde zu zweieinhalb Jahren Gefängnis verurteilt, die er in Hamburg absaß. Im November 1945 erkannte der Vorläufige Kirchenausschuss Weidemann »alle Rechte des geistlichen Standes und sämtliche Ansprüche aus dem kirchlichen Dienst« ab. Mehrmals versuchte Weidemann, auch nach seiner Freilassung, gegen diesen Beschluss vorzugehen, allerdings vergeblich. Im November 1949 wurde Weidemann dann von einer Bremer Spruchkammer in Abwesenheit als nach den Entnazifizierungskriterien »Hauptschuldiger« zu vier Jahren Arbeitslager verurteilt, doch 1952 begnadigt und nun als »Mitläufer« eingestuft.

Insgesamt ging die Bremische Evangelische Kirche mit Pastoren, die Mitglied in nationalsozialistischen Organisationen oder bei den Deutschen Christen gewesen waren, sehr zurückhaltend um – und setzte sich damit in Gegensatz zum Bestreben der US-Militärverwaltung und ihrem Wunsch nach »Selbstreinigung«. Der VKA setzte im September 1945 einen eigenen Prüfungsausschuss zur Klärung der NS-Vergangenheit von Pastoren ein, erklärte aber gleichzeitig, dass für die Kirche das formale Kriterium einer Mitgliedschaft etwa in der NSDAP allein (wie von der Militärverwaltung gefordert) nicht ausreichend für etwaige Sanktionen sei, sondern der Einzelfall betrachtet werden müsse und die heutige Einstellung des Betreffenden. Außerdem dürfe nur die Kirche selbst über die Tätigkeit oder Suspendierung von Pastoren entscheiden und keine andere Institution. Dagegen verlangte die Militärverwaltung die zügige Verhandlung der Fälle der 20 Pastoren (von insgesamt 60), die in ihren Augen belastet waren. Doch die Kirche verzögerte und wiegelte ab. Schließlich setzte die Militärregierung im Juli 1946 Kirchenpräsident Ahlers ab und verlangte die sofortige Suspendierung dreier Pastoren. Bis Januar 1947 folgten nun Sanktionen der Kirchenleitung gegen 20 Pastoren. Doch ab Mai 1947 wurde die Entnazifizierung von den

Die Notkirche der St. Ansgarii-Gemeinde an der Schwachhauser Heerstraße/ Ecke Hollerallee, um 1950

Besatzungsbehörden an die deutschen Spruchkammern abgegeben, in deren Verfahren nur einer dieser 20 Pastoren als »Mitläufer« bezeichnet wurde, alle anderen galten als rehabilitiert. Elf von ihnen kehrten in den Dienst der BEK zurück, die anderen wechselten in den Ruhestand oder in eine andere Landeskirche.

Kirchenbau und Gemeindearbeit

Bei Kriegsende lebten in Bremen etwa 374.000 evangelische Christen, für die 60 Pastoren zuständig waren, die personelle Lage war also sehr angespannt. Alle aus dem Osten geflohenen oder vertriebenen Geistlichen, die nach Bremen kamen, wurden deshalb dringend für den kirchlichen Dienst benötigt. Für die Integration der Flüchtlinge und Vertriebenen waren diese »Ostpfarrer« eine große Hilfe. Doch ihre Stellung innerhalb der BEK blieb bis in die 1950er Jahre zwiespältig, denn sie galten nur als »kommissarische Verwalter« und wurden bis 1950 schlechter bezahlt als ihre Kollegen. Im

Jahr 1955 waren ganze 40 Prozent der Bremer Pastoren »Ostpfarrer«.

Nach einem Bericht der Militärregierung waren zu Kriegsende von 42 bremischen Kirchen zehn vollständig und sechs teilweise zerstört, 23 außen und drei innen unzerstört. Aber vor allem die Häuser der traditionsreichen Innenstadtgemeinden St. Petri-Dom, St. Martini, St. Ansgarii und St. Stephani waren schwer oder völlig zerstört. Die Türme der Innenstadtkirchen waren bis auf die abgetragene St. Ansgarii-Ruine erst Mitte der 1960er Jahre wieder komplett instand gesetzt.

Wegen des vorrangigen Neubaus von Wohnungen verzögerte sich der Wiederaufbau der Kirchen. Viele Gemeinden griffen zur Selbsthilfe, mehrmals wurden zuerst »Notkirchen« aus Holz-Fertigteilen errichtet (der erste war der aus Mitteln des Lutherischen Weltbundes gestiftete Bau von St. Andreas in Bremen Gröpelingen). Sechs Gemeinden errichteten Neubauten an anderer Stelle, die neue Rembertikirche und die Ansgariikirche wurden sogar weit entfernt von ihrem ursprünglichen Standort gebaut.

Charlotte Schulz vollzieht in der Friedenskirche als erste Pastorin Bremens eine Trauung, 1949

Trotz vieler zerstörter Bauten, Pastorenmangels und Versorgungsproblemen begann wieder ein Gemeindeleben. Das Bedürfnis der Menschen nach Seelsorge und christlicher Botschaft war durch die traumatischen und existenziellen Erfahrungen in Krieg und Nachkriegszeit groß. Das zeigte sich auch bei dem Weihnachtsgottesdienst 1945, zu dem allein im noch beschädigten St. Petri-Dom fast 5000 Menschen zusammenkamen.

Der Alltag auch des kirchlichen Lebens war geprägt durch die vielgestaltige Not in der Nachkriegszeit, die eine Herausforderung und ureigene Aufgabe der Kirchen wurde. Kirchliche und freie Wohlfahrtsverbände schlossen sich bereits im August 1945 zur Bremer Volkshilfe zusammen, um schnell und direkt zu helfen. Auch besonderen Aufgaben wandten sich die Gemeinden bald zu. Viele Pastoren beklagten eine »Verwahrlosung von Jugendlichen« – wie auch der Bericht des Senats vom 5. November 1946. So beschloss der dritte Kirchentag der BEK einen Landesjugendpfarrer sowie einen Krankenhausseelsorger zu berufen. Der neue Landesjugendpfarrer

organisierte gleich im Sommer 1947 zusammen mit dem amerikanischen Jugendoffizier ein großes Zeltlager für 900 Jugendliche.

Im gleichen Jahr gründeten Studenten der Pädagogischen Hochschule in Bremen die erste evangelische Studentengemeinde. Ebenfalls im Sommer 1947 wurde die Evangelische Vertriebenenhilfe Bremen gegründet, die Flüchtlinge mit Spenden und Hilfsgütern unterstützte, Beratungen anbot und sich um die Integration in das neue Lebensumfeld kümmerte.

Ein weiteres wichtiges Datum für die Nachkriegsgeschichte der BEK war die erste Ordination einer Pastorin: Am 18. Mai 1947 wurde Charlotte Schulz Pastorin der Friedensgemeinde, erst 15 Jahre später folgte die erste Amtsschwester.

Seit 1946 erschien wieder eine Bremer Kirchenzeitung unter dem Titel »Einkehr«, die sich bis in die 1960er Jahre als betont unpolitisches Blatt auf Innerkirchliches und Besinnliches beschränkte. Im Jahr 1949 berief die BEK einen Rundfunkbeauftragten, der in Zusammenarbeit mit dem Kirchenfunkredakteur von Radio Bremen die Programmgestaltung des Kirchenfunks übernahm. Bereits seit 1946 übertrug Radio Bremen Gottesdienste, später auch Morgenandachten und kirchliche Musik, die Programmaufsicht lag jedoch bis 1949 bei der Militärregierung. Das Amt des Kirchenfunkbeauftragten ging dann 1955 im neu gegründeten »Amt für Öffentlichkeitsdienst« der BEK auf.

Auch die vielfältigen Träger des Diakonischen Werkes/Innere Mission nahmen wieder ihre karitative und soziale Arbeit auf. Eine Einrichtung sei hier besonders erwähnt, da ihre Gründung direkt mit der Situation nach dem Zweiten Weltkrieg zu tun hatte: Auf Anregung eines Arztes der US-Army entstand auf dem Gelände eines für die deutsche Luftwaffe geplanten »Fliegerhorstes« (Bremen-Lesum) ab 1947 die diakonische Einrichtung »Friedehorst«, die sich anfangs vor allem der beruflichen Rehabilitation von Kriegsversehrten widmete.

Katholische Kirche

Die katholischen Christen standen im Frühjahr 1945 vor denselben Herausforderungen wie die evangelischen: zerstörte Kirchen, Priestermangel, Aufnahme von Flüchtlingen, Not der Bevölkerung. Doch die katholische Gemeinde wuchs schneller: 1933 stellte sie 6,5 Prozent der Gesamtbevölkerung (das waren 24.122 Gemeindemitglieder), 1950 waren es bereits 8,9 Prozent (entsprach 49.721 Menschen), da viele der aus dem Osten Geflohenen katholischen Glaubens waren; ihre Integration blieb lange eine der wichtigsten Aufgaben für die katholischen Gemeinden in Bremen. Im Prinzip sind alle Neugründungen und Neubauten katholischer Gemeinden im Nachkriegs-Bremen auf diesen Umstand zurückzuführen.

Einen Kirchenkampf wie in der Evangelischen Kirche mit den entsprechenden Verwerfungen und Fraktionierungen in der Nachkriegszeit hatte es in der katholischen Diaspora Bremens nicht gegeben.

Kirchenrechtlich bildeten die katholischen Gemeinden der Stadt Bremen südlich der Lesum das Dekanat Bremen im Bistum Osnabrück. Die Gemeinden in Bremen-Nord gehörten bis 1959 zum Dekanat Verden im Bistum Hildesheim, bis 1969 bildeten sie dann ein Dekanat zusammen mit Bremerhaven. Es gab kirchenrechtlich nur eine katholische Gemeinde in Bremen, die jeweiligen Pfarreien waren nicht selbstständig.

Völlig zerstört waren zu Kriegsende die Kirchen und Gemeindegebäude von St. Marien in Walle und St. Elisabeth in Hastedt. Bis zur Einweihung von Nachfolgebauten fanden hier Seelsorge und Gottesdienste unter sehr schwierigen Bedingungen statt. Bremens katholische Hauptkirche (und ihre älteste), die frühere Klosterkirche St. Johann im Schnoor, und benachbarte Gebäude der katholischen Gemeinde waren bei mehreren Bombenangriffen schwer bzw. völlig zerstört worden. Der Dachstuhl von St. Johann war abgebrannt, die Fenster zerstört, die Außenfassade durch Artil-leriebeschuss stark angegriffen. Außerdem verfaulten die aus Birkenholz bestehenden Gründungspfähle unter der Kirche und gefährdeten das Mauerwerk. Die Grundsanierung der Kirche begann 1946 und war 1952 abgeschlossen. Der Dechant und Pastor primarius von St. Johann, Monsignore Friedrich Hardinghaus, der die Katholische Kirche während der Zeit des Nationalsozialismus geleitet hatte, verstarb am 13. Oktober 1946. Ihm folgte Heinrich Ohrmann im Amt.

Auch andere Einrichtungen der Katholischen Kirche nahmen nach dem Krieg Schritt für Schritt wieder ihre Tätigkeit auf. Wichtig waren dabei vor allem die Dienste der Caritas

Blick durch die Langewieren auf die Westfront der zerstörten St. Johannis-Kirche, Sommer 1945

Religiöse Gemeinschaften

Heinrich Ohrmann

* 23.7.1885, Neuenhaus
† 6.1.1966, Bremen

Der Neubeginn der katholischen Gemeinde in Bremen nach 1945 wurde maßgeblich von Propst Heinrich Ohrmann geprägt. 1913 in Osnabrück zum Priester geweiht, war er 1919 als Vikar zur Gemeinde St. Johann nach Bremen gekommen und dort später als Kaplan tätig gewesen. 1947 wurde er Nachfolger des verstorbenen Monsignore Friedrich Hardinghaus als Pastor primarius und Dechant an St. Johann. Anlässlich seines 40-jährigen Priesterjubiläums wurde St. Johann 1953 zur Propsteikirche erhoben und Ohrmann zum Propst. 1961 ging er in den Ruhestand und lebte bis zu seinem Tod 1966 als Ehrendechant in Bremen.

(Altenheime, Beratungsstellen) oder auch das Krankenhaus St. Joseph-Stift, das im Krieg beschädigt worden war. Auch das von den Nationalsozialisten verbotene und aufgelöste katholische Vereins- und Verbandsleben regte sich wieder, ebenso wie die katholische Publizistik und Bildungsarbeit. Seit 1950 arbeiten in Bremen (Bistum Osnabrück) auch wieder katholische Privatschulen. Das Bistum Hildesheim versuchte für Bremen-Nord auch öffentliche Konfessionsschulen durchzusetzen und politisch und juristisch gegen die »Bremer Klausel« vorzugehen, die im Grundgesetz die in der Landesverfassung vorgesehene Überkonfessionalität des Religionsunterrichts bestätigte. (s. S. 50). Im Sommer 1947 protestierten sogar über 5000 Bremer Katholiken auf einer Großkundgebung gegen die geplante Landesverfassung und insbesondere gegen die Schulklausel. Doch der Versuch der Katholischen Kirche, die

Klausel per Klage auszuhebeln, blieb nach höchstrichterlichem Spruch erfolglos.

Im Frühsommer 1946 fand erstmals wieder nach dem Krieg eine Fronleichnamsprozession im Bürgerpark statt. Seit 1962 war der Jesuitenorden in Bremen wieder mit einer kleinen Residenz an der Kirchbachstraße mit fünf Patres vertreten. Dies geschah auf Wunsch des Osnabrücker Bischofs und katholischer Laien aus Bremen. Den Jesuiten oblag u.a. Studentenseelsorge, Religionsunterricht sowie Krankenhaus- und Priesterseelsorge.

Insgesamt waren die 1950er und frühen 1960er Jahre für die katholischen Gemeinden vor allem durch einen weiteren, stetigen Gemeindeaufbau gekennzeichnet.

Jüdische Gemeinde

Nach neuesten Forschungen überlebten 2156 Bremer Juden die Shoa, die Hälfte davon konnte wegen rechtzeitiger Auswanderung der Verfolgung entkommen. Fast 800 waren in Arbeits- und Vernichtungslagern ermordet worden. Der letzte Obmann der Israelitischen Gemeinde, der von den Nationalsozialisten eingesetzte Karl Bruck, der formal nie der Gemeinde angehörte, holte unmittelbar nach Kriegsende aus dem KZ Theresienstadt zwölf Überlebende zurück nach Bremen. In dieses KZ waren Deportationen aus Bremen im Juli 1942 und im Februar 1945 gegangen, ein weiterer geplanter Transport im März 1945 hatte Bremen nicht mehr verlassen. Wahrscheinlich bezog sich die Zahl von zwölf Überlebenden allein auf die Deportation von 1942, denn nach Recherchen der Israelitischen Gemeinde von 1948 hatten den letzten Transport vom Februar 1945 weitere 86 (von 87) Menschen überlebt. Auch aus anderen Konzentratrionslagern kamen nun ursprünglich aus dem Osten stammende Juden nach Bremen, etwa eine größere Gruppe aus dem Lager Bergen-Belsen.

Die erste »Volks- und Berufszählung« im Oktober 1946 ergab 127 Gemeindemitglieder im Land Bremen (Stadt Bremen 107) und 106 für 1950 (Stadt Bremen 96). Der Zahlenunterschied beruht vor allem auf verstärkter Auswanderung nach Palästina in der Nachkriegszeit.

Aus Theresienstadt kehrte auch Carl Katz mit seiner Familie zurück. Er hatte vor seiner Deportation als Leiter der Bremer Zweigstelle der Reichsvereinigung der Juden in Deutschland amtiert. Am 16. August 1945 gründete er die neue Israelitische Gemeinde und wurde zu ihrem Vorsitzenden gewählt, ein Amt, das Katz bis zu seinem Tode 1972 innehatte. Sein Stellvertreter wurde Max Plaut. Die US-Militärbehörden hatten das Wohnhaus Osterdeich Nr. 17 beschlagnahmt und stellten es den Bremer Juden für ihre neue Gemeinde zur Verfügung. Darin richtete die Israelitische Gemeinde einen Saal als Synagogenraum her. Hierher kamen auch die jüdischen Soldaten der US-Armee. Im Haus befand sich ferner das Büro des »American Jewish Joint Distribution Committee«. Die Israelitische Gemeinde war ab 1948 ein eingetragener Verein, 1952 folgte die Anerkennung als Körperschaft des öffentlichen Rechts.

Früher in die USA emigrierte Bremer Juden gründeten Hilfsorganisationen (so etwa in Ashbury Park im Staat New Jersey, wo der letzte bremische Rabbiner Felix Aber inzwischen lebte), sammelten Geld und schickten Kleidung, Medikamente und Lebensmittel an die Gemeinde.

Der zuvor unbeschädigte Jüdische Friedhof in Hastedt war beim letzten Bombenangriff auf Bremen am 20. April 1945 schwer getroffen worden. Amerikanische Soldaten leisteten erste Aufräumarbeiten, ab Herbst 1945 kümmerte sich das Gartenbauamt um den Friedhof und ließ dort eine Kolonne ehemaliger Nationalsozialisten arbeiten.

Wiedergutmachung

Bereits im November 1945 wurde ein Spendenaufruf im »Weser-Kurier« für die Israelitische Gemeinde veröffentlicht, er war formu-

liert im Namen des Senats, der Bremischen Evangelischen Kirche, der Handelskammer, der Bremer Volkshilfe und der Arbeiter- und der Angestelltenkammer. Die Sammlung erbrachte 21.700 Reichsmark. 1947 trat in der amerikanischen Zone ein »Rückerstattungsgesetz« in Kraft, dass 1949 durch das »Entschädigungsgesetz« abgelöst wurde, das »zur Wiedergutmachung des nationalsozialistischen Unrechts« dienen sollte. Im Januar 1952 schlossen der Senat und die Israelitische Gemeinde einen Vertrag ab, der eine Pauschalabfindung von Ansprüchen im Sinne dieser

Gottesdienst in der Synagoge am Osterdeich. Auf dem Bild oben der Gemeindevorsitzende Carl Katz (erste Reihe, Dritter von rechts)

Darunter: Gemeindemitglieder und amerikanische Soldaten mit Gebetsschal

Religiöse Gemeinschaften

Blick über den jüdischen Friedhof in Hastedt. Foto um 1950

Carl Katz

* 14.9.1899, Osterholz-Scharmbeck

† 12.2.1972, Bremen

Katz war wie sein Vater als Altwaren-Händler tätig. 1941 wurde er Erster Vorsitzender der Israelitischen Gemeinde sowie Leiter der Bremer Zweigstelle der Reichsvereinigung der Juden in Deutschland. Mit seiner Frau und seiner Tochter wurde Katz im Juli 1942 in das KZ Theresienstadt deportiert. In der dortigen Selbstverwaltung war er als Block- und Gebäudeältester aktiv. Die Familie überlebte und kehrte nach Bremen zurück. Katz gründete im August 1945 die neue Israelitische Gemeinde und wurde zum Ersten Vorsitzenden gewählt. 1960 erhielt er für seine Verdienste für die jüdischen Menschen unter dem Nationalsozialismus und den Wiederaufbau der Gemeinde das Bundesverdienstkreuz erster Klasse.

Gesetze von 500.000 D-Mark vorsah. Bereits Ende 1951 hatten sich Vertreter des Bremer Senats mit der »Jewish Restitution Successor Organisation« (JRSO) auf eine Übernahme »herrenlosen jüdischen Eigentums« (ausgeschlossen davon waren religiöse Einrichtungen und Gegenstände) gegen eine Zahlung von 1,75 Millionen D-Mark geeinigt. Dieses Geld floss in den Aufbau des Staates Israel.

Im Juli 1949 erklärte sich der Bremer Senat dazu bereit, die Instandsetzung und künftige Unterhaltung des jüdischen Friedhofs von der Stadt übernehmen zu lassen.

Freikirchen

Auch eine Reihe christlicher Freikirchen bestanden seit 1945 wieder in Bremen.

Die aus der Täuferbewegung hervorgegangenen Mennoniten sind seit 1947 mit einer kleinen Gemeinde in Bremen aktiv. Baptisten waren seit Mitte des 19. Jahrhunderts in Bremen ansässig, die Bremer Gemeinde spielte sogar in der Frühzeit dieser Kirche eine tragende Rolle für deren Ausbreitung. 1955 baute die erste Bremer Baptistengemeinde (die Kreuzgemeinde) eine neue Kirche und ein neues Gemeindezentrum in der Hohenlohestraße. Auch für die Methodisten besitzt Bremen eine historische Bedeutung, da die Mission in Deutschland ab Mitte des 19. Jahrhunderts von hier ausgegangen war. Die methodistische Kirche an der Bürgermeister-Smidt-Straße war bei Kriegsende völlig zerstört, ein Neubau entstand im Jahr 1950 an der Schwachhauser Heerstraße (Erlöserkirche), ein weiterer vier Jahre später in Vegesack. Auch aus dem Methodismus hervorgegangene Gruppen wie die Heilsarmee waren und sind in Bremen aktiv.

Ein weiterer Zweig der Freikirchen sind die Pfingstgemeinden, die nach 1945 in Bremen mit zwei Gemeinden vertreten waren. Die (Siebenten-Tags-)Adventisten und die aus ihnen historisch hervorgegangenen Zeugen Jehovas waren mit Gemeinden in Bremen auch nach 1945 wieder tätig. Die Adventisten eröffneten 1960 am Osterdeich eine neue Kirche und ihr Gemeindezentrum. Die Zeugen Jehovas gehörten wegen ihrer Verweigerung des Kriegsdienstes zu den von den Nationalsozialisten am radikalsten verfolgten religiösen Gruppen.

Die Neuapostoliker, eine in Deutschland entstandene Freikirche, hatte sich hingegen mit dem NS-Regime arrangiert. Sie gehörte in der Nachkriegszeit zu den mitgliederstärksten evangelischen Freikirchen, 1952 wurde sie als Körperschaft des öffentlichen Rechts anerkannt.

Zwei Gemeinschaften, die nicht im engeren Sinne zu den Freikirchen gerechnet werden, waren mit kleineren Zirkeln schon vor der NS-Zeit in Bremen vertreten und nahmen ihre Arbeit auch bald nach Kriegsende wieder auf: die Mormonen, die seit 1960 ein eigenes Gemeindezentrum in Bremen-Schwachhausen betreiben, und die Christliche Wissenschaft.

Auch die 1922 aus der Evangelischen Kirche unter dem starken Einfluss der Anthroposophie hervorgegangene Christengemeinschaft, die von den Nationalsozialisten verboten worden war, wurde bald nach Kriegsende wieder aktiv und gründete in einem Wohnhaus Am Dobben ihr Gemeindezentrum.

Der Vorstand und Geschäftsstellenmitarbeiter des Landessportbundes. Am Tisch sitzend von links nach rechts: Fritz Piaskowski, Oskar Drees und Alfred Riess, Vorsitzender von Werder Bremen

Sportverbände

Sportliche Aktivitäten nahmen im Rahmen der Re-education-Politik der amerikanischen Besatzungsmacht einen wichtigen Platz ein. Besonders in der Arbeit mit Jugendlichen erhoffte sich der auch für den Sport zuständige amerikanische Jugendoffizier Harold H. Crabill positive Erziehungseffekte – vor allem durch Mannschaftsspiele. Diese seien geeignet, demokratische Werte wie Toleranz, Fairness und Rücksicht zu fördern. Es sollte also keinesfalls nur um körperliche Ertüchtigung gehen, und jede Anstrengung sollte unternommen werden, um Anklänge an Militärisches zu vermeiden, also kein Drill, kein Marschieren, keine uniformähnliche Bekleidung und keine paramilitärischen Spiele, wie sie bei den Nationalsozialisten in der Hitler-Jugend zur Entwicklung von Kampfgeist bei Jugendlichen stets dazugehört hatten. Bestimmte Sportarten wie Fechten, Segelfliegen oder Fallschirmspringen waren wegen ihrer angeblichen Nähe zum Militär sogar bis 1948/49 verboten, lange nachdem Sportvereine wieder zugelassen waren. Spielmannszüge wurden sogar erst seit 1950 wieder erlaubt.

Aufgrund der alliierten Beschlüsse, die NSDAP und alle ihr zugeordneten Organisationen, also auch den Nationalsozialistischen

Sportverbände

Reichsbund für Leibesübungen, aufzulösen, wurden 1945 zunächst alle bremischen Sportvereine verboten. Ihre Wiederzulassung hing davon ab, ob das Führungspersonal politisch unbelastet bzw. abgelöst worden war und ob die Vereinsarbeit frei von politischer Tendenz war.

Noch während des Verbots der Vereine wurden bis Ende 1945 stadtteilorientierte, sportartenübergreifende und sozial gemischte »Sportgemeinschaften« mit jeweils drei politisch unverdächtigen Obleuten genehmigt. Im Laufe des Jahres 1946 wurden jedoch auch die alten Traditionsvereine unter ihren alten Namen wieder zugelassen. Das widersprach eigentlich den Vorstellungen der neuen Führungselite von einem Neuaufbau des Bremer Sports und auch der ursprünglichen Linie der Besatzungsmacht. Der von Bildungssenator Paulmann ernannte Bremer Sportbeauftragte und Leiter des Amtes für Leibesübungen und Jugendpflege, Max Jahn, war vor 1933 an führender Stelle im Arbeitersport aktiv und in der Bremischen Bürgerschaft als SPD-Abgeordneter u.a. für Sportangelegenheiten zuständig gewesen. Er favorisierte die Idee eines Einheitsverbandes mit verschiedenen Fachabteilungen. Doch das Beharren der alten Vereine auf ihrer Selbstständigkeit verhinderte dies, und stattdessen wurde die Gründung eines Dachverbandes als Vereinigung der nun wieder zugelassenen Vereine angestrebt. Dabei war von vornherein klar, dass die bis 1933 bestehende Trennung in Arbeitersport und bürgerlichen Sport, die sich in den 1920er Jahren unversöhnlich gegenübergestanden hatten, nicht wieder entstehen sollte. Nicht allein auf die Besatzungsmächte ist dieses Ziel zurückzuführen, vielmehr setzte sich nach heftigen Diskussionen auch in den Organisationen der Arbeiterbewegung, allen voran der SPD, die Linie durch, die ein Ende der alten Grabenkämpfe wollte und daher – jedenfalls mehrheitlich – die Wiederentstehung des Arbeitersports ablehnte. Hinzu kam, dass durch die von den Nationalsozialisten erzwungene Fusion der ehemaligen »marxistischen« Vereine mit bürgerlichen Vereinen ohnehin eine ge-

Oskar Drees
* 2.5.1889, Burhave
† 28.6.1968, Bremen

Nach dem Besuch des Bremer Lehrerbildungsseminars nahm Drees 1911 eine Tätigkeit als Sportlehrer in Habenhausen auf und wurde kurz darauf 2. Vorsitzender des Bremer Turnlehrervereins. Nach dem Ersten Weltkrieg engagierte er sich im Arbeitersport, 1923 trat er der SPD bei. Drees wirkte bis 1933 auch im Bundesvorstand des Arbeiter-Turn- und -Sportbundes (ATSB) mit. Im März 1933 aus dem Staatsdienst entlassen, überstand er die NS-Zeit durch Vermittlung von Werftdirektor Stapelfeldt als Nachkalkulator auf der A.G. »Weser«; sportlich durfte er sich nicht betätigen. Ab September 1945 Schulleiter an der Habenhausener Schule, wurde er 1950 zum Landesturnrat befördert. Am 6. Juli 1946 erfolgte Drees' Wahl zum Ersten Vorsitzenden des »Bremer Sportverbandes«, später Landessportbund Bremen. 1966 schied Oskar Drees aus Altersgründen aus seinem Amt aus, blieb aber bis zu seinem Tod zwei Jahre später Ehrenvorsitzender des Landessportbundes.

wisse Aufweichung des eigenständigen Profils stattgefunden hatte. Am 6. Juli 1946 wurde im Verein »Vorwärts« in der Sandstraße der »Bremer Sportverband« gegründet. Ein Jahr später, nach Gründung des Landes Bremen, wurde er zum Landessportbund Bremen.

Erster Vorsitzender wurde der Bremer Sportlehrer Oskar Drees, der bis 1933 Mitglied des Bundesvorstandes des Arbeiter-Turn-und -Sportbundes gewesen war. Er war ein großer Verfechter des Einheitsgedankens im Sport. Auf dem ersten Verbandstag am 23. März 1947 in der Aula der Oberschule Kaiser-Friedrich-Straße, heute Hermann-Böse-Gymnasium, betonte er, der Sport habe 1945 nicht wieder dort anfangen dürfen, wo er 1933 stand: »Wir können keine Rücksicht nehmen auf Tradition und althergebrachte Entwicklungen. Es galt, vollkommen neu anzufangen, nachdem der Nationalsozialismus es verstanden hatte, [... den Sport] ausschließlich für seine Zwecke zu mißbrauchen.« Wie Ludwig Jahn hatte auch Drees das Ziel, der Sport solle zu einer »einzigen freien demokratischen Volksbewegung« werden und müsse zu einer »großen einheitlichen Organisation zusammenwachsen«. So hoffte er die auch in manchen Bremer Vereinen offenbar noch vorhandenen Relikte nationalsozialistischen Gedankenguts wirksam bekämpfen zu können.

Angestrebt wurde also eine Neuorganisation des Sports. Dabei war der Anteil ehemaliger Arbeitersportler generell recht hoch, da in diesen Kreisen weniger politisch belastete Persönlichkeiten zu finden waren als in dem bürgerlichen Gegenstück zum ATSB, der Deutschen Turnerschaft (DT). In Bremen wurden alle entscheidenden Positionen von ehemaligen ATSBlern besetzt, und damit war eine enge Verflechtung mit der Bremer SPD, der stärksten politischen Kraft im Nachkriegsbremen, gegeben. Einer der wichtigen Arbeitersportler war Fritz Piaskowski aus Bremen-Nord, Werkmeister auf dem Bremer Vulkan, Sozialdemokrat, Gewerkschafter, vor 1933 ATSB-Funktionär, ab 1947 Mitglied im Vorstand des Landessportbundes Bremen als Vertreter des Kreissportbundes Bremen-Nord.

Von politischer Indifferenz konnte also nicht die Rede sein, von politischer Neutralität nur insofern, als die führenden Männer des Landessportbundes nicht als SPD-Mitglieder in ihrem Amt agierten, sondern sich dem Gedanken des Einheitssports verpflichtet fühlten. In welcher Tradition sie standen, wurde aber unter anderem daran deutlich, dass sie wie der alte Arbeitersport den Akzent eher auf den Breitensport und nicht auf das Erzielen von Spitzenleistungen legten und dass sie wie eh und je Betriebs- und Behördensportvereine

ablehnten, weil diese tendenziell unsolidarisch und zu stark mit den Interessen der jeweiligen Arbeitgeber verwoben seien – so die Argumentation der alten Arbeitersportbewegung.

Jeder Anflug von Exklusivität war dem Gedanken des Einheitssports fremd, niemand sollte ausgeschlossen werden. Folgerichtig mahnte Oskar Drees denn auch auf dem ersten Verbandstag, sich um gesellschaftlich ausgegrenzte Gruppen wie Flüchtlinge und Kriegsversehrte zu bemühen und sie in die sportliche Gemeinschaft einzubeziehen. Das blieb jedoch Wunschdenken. Beide Gruppen organisierten sich in gesonderten Vereinen – Flüchtlinge und Vertriebene, weil sie sich von der einheimischen Bremer Bevölkerung im Vereinsleben nicht akzeptiert fühlten, und Versehrte, weil es ihnen in der Gemeinschaft mit »Leidensgenossen« leichter fiel, Selbstbewusstsein und Lebensfreude wiederzugewinnen. Die Aufnahme von selbstständigen Flüchtlingsvereinen lehnte der Landessportbund 1950 ab.

Ein großes Problem war der Mangel an Sportplätzen. Von 84 Bremer Sportstätten hatten nur sechs den Krieg überstanden. Das Stadion – von 1935 bis 1945 »Bremer Kampfbahn« – hatte die amerikanische Besatzungsbehörde gleich im Mai 1945 für den eigenen Sportbetrieb beschlagnahmt und ihm den Namen »Ike-Stadium«, nach dem Spitznamen von General Dwight D. Eisenhower, gegeben. Deutsch-amerikanische sportliche Begegnungen wurden hier durchaus ermöglicht, sahen die Amerikaner doch hierin eine Chance zur positiv-demokratischen Beeinflussung von Bremer Jugendlichen. So gab es zum Beispiel im Januar 1946 bereits ein Fußballtreffen zwischen dem SV Werder und einer amerikanischen Armeeauswahl, bei der die Werderaner mit 7:1 siegten. Auf Ersuchen des Senats wurden größere Sportveranstaltungen bremischer Vereine mehr und mehr zugelassen. Schließlich wurde das Stadion wieder ganz freigegeben und 1947 mit einem Fußballspiel Werder gegen VfL Osnabrück als »Weser-Stadion« wiedereröffnet.

Trotz hoher weiblicher Mitgliederzahlen in den Bremer Vereinen waren Frauen in den Gremien und auf Verbandstagen völlig unterrepräsentiert. Im Vorstand des Landessportbundes wurde 1948 die Position einer Frauenvertreterin geschaffen, die erst ein Jahr später besetzt wurde. Leitende Funktionen im Bremer Sport sollten noch auf lange Sicht von Männern dominiert bleiben. Ab Mitte der 1950er Jahre gab es im LSB einen Frauenausschuss, der erste frauenspezifische Seminare und Fachtagungen durchführte. Im Juni 1950 vertrat ein Sportarzt im offiziellen Organ des LSB, dem »Bremer Sport«, die Position, dass »die große physiologische Aufgabe der Frau die Erhaltung der Art, die Schwangerschaft« sei und vom Frauensport daher bestimmte Kraft erfordernde Sportarten auszuschließen seien; eine Meinung, die auch in den folgenden Jahren noch weit verbreitet war. Die männerbündische Welt des Sports erlebte die

Senatorin für das Jugendwesen, Annemarie Mevissen, sehr deutlich, als sie 1958 zusätzlich das Sportressort übernahm. Damit verbunden war der Vorsitz der Sportdeputation, in der nur männliche Abgeordnete und Deputierte saßen, die alle trinkfest waren und gern Skat spielten und deswegen die »Doornkaat-Deputation« genannt wurde. »Als ich zum ersten Mal in die Deputation kam, sah ich lauter lange Gesichter«, schreibt Annemarie Mevissen in ihren Erinnerungen. Sie habe ihr vollstes Verständnis darüber zum Ausdruck gebracht und den Herren versprochen, sie sofort nach der offiziellen Sitzung zu verlassen, »damit Sie ungestört Ihren bisherigen Gewohnheiten nachgehen können«. Es entwickelte sich dann aber ein gutes Verhältnis zwischen Frau Sportsenatorin und den wackeren Herren Sportdeputierten.

Senatorin Annemarie Mevissen in Aktion bei der Einweihung des ersten Sportplatzes in der Neuen Vahr im Mai 1964

Die schnellste deutsche Läuferin kommt aus Bremen: Marga Petersen im Juli 1947 bei der Bremer Sportwoche im Weser-Stadion

Doch es war eine Frau, die in den Nachkriegsjahren bedeutende sportliche Erfolge für Bremen errang. Die Werder-Athletin und mehrfache deutsche Meisterin über 100 Meter, Marga Petersen, war lange »die schnellste Frau Deutschlands«. Als im Jahr 1947 der Titel das erste Mal vergeben werden sollte, wählten Sportjournalisten aus allen vier alliierten Besatzungszonen Marga Petersen zur »Sportlerin des Jahres«.

Seit Ende der 1950er Jahre, verstärkt in den 1960er und besonders intensiviert in den 1970er Jahren wurde im Landessportbund Bremen die schon seit Beginn vorhandene Idee des Breitensports systematisch ausgebaut und in einem gesonderten Referat »Breiten- und Freizeitsport« konzeptionell weiterentwickelt. Unter dem Oberbegriff »Zweiter Weg des Sports« wurden Programme geschaffen wie »Sport für alle«, Seniorensport, stadtteilorientierte Programme (»Huchtinger Modell«) und Ferienprogramme für Kinder und Jugendliche, die den Sport über die Vereinsgrenzen hinweg zum lebendigen Bestandteil des Lebens in Bremen machten.

Sportereignisse

Marga Petersen: Nur Zentimeter vor Gold

Die Ersten, die im Bremer Sport nach 1945 wieder überregionale Erfolge errangen, waren die Leichtathleten. Vor allem dem Vorsitzenden Carl Huhn und seinem Nachfolger Richard Oßenkop war es zu verdanken, dass sich beim SV Werder eine Abteilung mit überragenden Athleten entwickelte. Das sportliche Aushängeschild, Marga Petersen, holte sich schon 1946 ihren ersten deutschen Meistertitel über 100 Meter, verteidigte ihn bis 1949 und wurde 1951 zum fünften Mal schnellste Läuferin auf der Distanz.

Ihren weltweiten Erfolg erzielte die »Bremer Hausfrau mit den schnellen Beinen« als Schlussläuferin der deutschen 4 x 100-Meter-Staffel bei den olympischen Spielen 1952 in Helsinki, den ersten, an denen deutsche Athleten wieder teilnahmen. Nur Zentimeter fehlten zum Gold, zeitgleich mit den USA wurde die deutsche Staffel mit Ulla Knab, Maria Sander, Helga Klein und eben Marga Petersen in 45,9 Sekunden Zweite.

Sportereignisse (bis 1955)

Die »Texas-Elf« von Werder Bremen (stehend) empfängt am 23. Dezember 1956 die Mannschaft von Honved Budapest im Weser-Stadion – und verliert 1:4. Von links die stehenden Werderspieler: Konopka, Wilmowius, Hagenacker, Heyse, Cajkowski, Schütz, Dammers, Preuße, Ackerschott. Hockend in den dunklen Trikots Ebert und Ilic

Insgesamt holte Marga Petersen ein halbes Dutzend Meistertitel nach Bremen, doch sie war nicht die Einzige. Werders Frauenstaffel war in Deutschland fünf Jahre lang konkurrenzlos, hinzu kamen Männer wie Karl Kluge (Mittelstrecke) und Kurt Bonah (Hürden), die als Meister nach Bremen zurückkehrten. Und natürlich Lena Stumpf, die ein ganz besonderes Schicksal meisterte. Von 1944 bis 1946 saß sie – an beiden Beinen nach einer schweren Diphtherie gelähmt – im Rollstuhl. Nach Genesung und Wiederaufnahme des Trainings im Jahr 1949 kam die Ostfriesin nach Bremen und wurde am 24. Juli mit der damaligen Weltrekord-Punktzahl von 447 Punkten deutsche Meisterin im Fünfkampf. Dafür wählten sie die deutschen Sportjournalisten zur »Sportlerin des Jahres«.

Ronald Krüger vom Club zur Vahr wurde 1955 deutscher Meister im Weitsprung mit 7,55 Meter, was vor allem deswegen bemerkenswert war, weil sein Verein – vor allem dem Golf, Hockey und Tennis verschrieben – weder eine Leichtathletik-Abteilung unterhielt noch überhaupt eine Laufbahn besaß. Doch

Krüger besaß einen exzellenten Trainer: Georg Richter, der 1936 Lutz Long zur olympischen Silbermedaille hinter dem legendären Jesse Owens verholfen hatte, war nach dem Krieg beim Club zur Vahr gelandet und hatte dort, obwohl nur auf Rasen trainiert wurde, offenbar genau das passende Aufbauprogramm für Ronald Krüger gefunden.

Werders »Texas-Elf«

Und wie war es in den ersten Nachkriegsjahren um die Fußballer des SV Werder bestellt? Kurz gesagt: ordentlich, aber nicht überragend. Werder in den ersten Jahren der damaligen Oberliga Nord – das war eine Mannschaft, die zwar stets oben mitspielte, aber nur selten auch ganz oben stand. In der Regel wurde der Hamburger SV norddeutscher Meister und Werder Zweiter, weil die Elf von der Weser zwar den HSV oft besiegte, aber gegen Concordia Hamburg, VfB Lübeck oder Sparta Nordhorn leichtfertig Punkte verschenkte. Die Fachwelt war sich jedenfalls in den Jahren zwischen 1950 und 1960

Stadionpflege Mitte der 1950er Jahre. Der Rasen wird gemäht und die Aschenbahn des Weser-Stadions erneuert. Blick in Richtung Ostkurve. Im Hintergrund ist der Jürgenshof zu erkennen

einig: Die Bremer spielten zwar den schöneren, aber der HSV den erfolgreicheren Fußball.

Es war die Zeit, in der man von Werder fast nur von der »Texas-Elf« sprach. »Texas« hieß damals die bekannteste Zigarettenmarke des Tabakwarenherstellers Martin Brinkmann. Dessen Chef, Wolfgang Ritter, wiederum war ein begeisterter Werder-Fan und nutzte die Möglichkeiten seiner großen Firma, prominente Fußballer nach Bremen zu holen und sie mit Jobs zu versorgen. Die Schalker Otto Tibulski, Hugo Scharmann und Herbert Burdenski waren die prominentesten, tatsächlich bestanden drei Viertel der damaligen Stamm-Elf aus Spielern, die aus der Fremde an die Weser geholt wurden und die sich fast alle hier niederließen.

Es war die Zeit, in der Fußball – auch durch den Gewinn der Weltmeisterschaft 1954 beeinflusst – in Deutschland zum Volkssssport wurde. Werder als nahezu ständiger Nord-Zweiter spielte damit in jeder Endrunde um die deutsche Meisterschaft mit, an der die Besten der damals noch fünf deutschen Oberligen teilnahmen. Das Weser-Stadion war bei den Schlagerspielen gegen Schalke 04, 1. FC Köln, 1. FC Nürnberg

oder Eintracht Frankfurt durchweg ausverkauft, mehr als 30.000 Zuschauer drängelten sich auf den vorwiegend aus Stehplätzen bestehenden Rängen. Es gab Achtungserfolge für die Grün-Weißen, bis in das Finale der deutschen Fußball-Meisterschaft schafften sie es jedoch nie.

Radrennen im Weser-Stadion

Die Anfänge des Bremer Radsports nach 1945 hatten mehrere Schauplätze. Etwa Findorff, in dem das Straßenrennen »Rund ums Kasseler Eck« stattfand. Oder die Straßen um den Bürgerpark, in denen man bei Rundstreckenrennen bescheidenen Preisen nachjagte. Am meisten los war jedoch im Weser-Stadion, das in den ersten beiden Jahrzehnten nach dem Krieg noch über eine Aschenbahn verfügte. Dort trafen sich die besten norddeutschen Radfahrer zu den beliebten Aschenbahnrennen, teilweise vor mehr als 10.000 Zuschauern. »Es war höllisch schwer, man musste in den Kurven verdammt aufpassen«, erinnert sich Kurt Klug, der selbst etliche Male mitfuhr.

Sportereignisse (bis 1955)

Heinz Joachim Manchen, Helmut Heinhold und Steuermann Helmut Noll. Die drei Vegesacker gewannen bei den Olympischen Spielen 1952 die Silbermedaille

Doch vorne waren andere: Willi Röper zum Beispiel, später sportlicher Leiter des Sechstagerennens, oder der spurtstarke Felix Nicato oder Fritz Gayk, der auch deutscher Meister im 10-Kilometer-Bahnrennen war. Meist ging es um das »Goldene Beitsch-Rad«, gestiftet von einem großen Bremer Fahrradhändler dieses Namens. Doch die Motorisierung nahm zu, die Stadt war nicht mehr bereit, Straßen im Innenstadtbereich für Radrennen einen halben Tag lang zu sperren. Im Weser-Stadion musste die Asche einer Tartanbahn weichen, es wurde still um den Bremer Radsport.

Ruder-Silber nach Vegesack

Rudern hat in Bremen eine große Tradition. Schon ab 1860 brachten junge Bremer Kaufleute den Sport aus England mit an die Weser und kümmerten sich in den folgenden Jahrzehnten um die Verbreitung dieses Sports. Noch heute liegen die im Zweiten Weltkrieg zerstörten und von den Mitgliedern wieder aufgebauten Club- und Bootshäuser der drei Vereine BRC Hansa von 1880, Bremer Ruder-Club von 1882 und des Post SV gutnachbarschaftlich nebeneinander. Schon 1952 in Helsinki ruderten die Vegesacker Heinz-Joachim Manchen und Helmut Heinhold mit Steuermann Helmut Noll im gesteuerten Zweier zur olympischen Silbermedaille; es war so etwas wie ein Aufbruchsignal für den Bremer Rudersport. Hanseaten von der Weser mischten auf allen großen deutschen Regatten mit, und auf der Weser war die alljähr-

Festlicher Empfang für die Vegesacker Silbermedaillengewinner. Foto vom 29. Juli 1952

Im Krieg zerstört und von den Mitgliedern in Eigenarbeit wieder aufgebaut: Das Clubhaus des BRC Hansa auf dem Stadtwerder am 5. September 1948, dem Tag der Einweihung

liche große Bremer Ruder-Regatta ein großes sportliches wie auch gesellschaftliches Ereignis.

Bremen, die Turnspiel-Hochburg

Bei aller Beliebtheit des Turnens in Bremen haben die Bremer Turner im Leistungssport keine große Rolle gespielt, sieht man einmal davon ab, dass die Hastedterin Hilde Koop 1952 in der deutschen Damen-Riege stand, die bei Olympia in Helsinki immerhin Platz vier belegte. Doch es gibt eine Sparte im Bremer Turnverband, die bereits in den Nachkriegsjahren erfolgreich war: die Turnspieler mit den Disziplinen Faustball, Korbball, Prellball und Schlagball.

Schon bei den deutschen Turnspiel-Meisterschaften im Weser-Stadion 1951 wurden die Hemelinger Frauen Faustball-Meister. Die Männer des ATSV Habenhausen machten es ihnen fünf Jahre später nach – vor allem dank des überragenden Handballers Hinrich Schwenker, der sich auch im Faustball auskannte. Die Damen des Turnvereins der Bahnhofsvorstadt (TvdB) schafften gar mehr als ein Dutzend deutsche Titel im Korbball, wobei allerdings zu bedenken ist: Korbball ist in Deutschland keine Massensportart. Ebenso wenig wie Schlagball, dessen Hochburg in Arbergen lag. Zwölfmal trug sich der TV Arbergen seit Kriegsende in die deutsche Meisterliste ein, sein härtester Konkurrent kam aus der unmittelbaren Nachbarschaft: Auch in Mahndorf war Schlagball in den Nachkriegsjahren Volksssport.

Nach dem Zweiten Weltkrieg feierten Bremer Turnspieler viele Erfolge. Das Foto zeigt den neuen Faustballmeister ATSV Habenhausen 1956. In der Mitte Hinni Schwenker, Bremens bester Handballer

KULTUR 1945 – 1951

Lutz Liffers

Neuanfänge 1945

Die freie Presse

Verlorene Buchbestände

Bach, Brahms und Honegger

Alte Heimat – Neue Welt

Bildende Kunst

Hunger nach Theater

Rundfunk und Film in Bremen

Neuanfänge 1945

Pathos und Improvisation

Am 10. Mai 1933 brannten Bücher auf dem traditionellen Treffpunkt der Bremer Arbeiterbewegung an der Nordstraße in Walle. Wie überall in Deutschland inszenierten die Nationalsozialisten die Verbrennung der Werke von Brecht, Brod, Döblin, Feuchtwanger, Kästner, Ossietzky, Remarque, Heinrich und Klaus Mann, Seghers, Tucholsky, Toller, Stefan und Arnold Zweig und vieler anderer verfemter deutscher Autoren.

Die Bücherverbrennungen wurden zum Symbol der nationalsozialistischen Kulturpolitik, die die kreativsten Kulturschaffenden ins Exil oder in den Tod trieb, sozialistisch, libertär oder experimentell orientierte Kunst verfolgte und eine staatlich kontrollierte affirmative Kulturproduktion etablierte.

Als die britische Armee zwölf Jahre später Bremen besetzte, war die Stadt nicht nur baulich ein Trümmerfeld, sondern auch kulturell eine Wüste. Viele Künstler, die den Krieg überlebt hatten, beschworen die neue Freiheit der Kunst, einige kehrten aus dem Exil zurück oder wagten sich nach langen Jahren des Versteckens und der Verfolgung wieder in die Öffentlichkeit – aber es sollte noch viele Jahre dauern, bis Bremen Anschluss an internationale Entwicklungen und zu einer zeitgemäßen Kultur fand.

Vorerst herrschte bei aller emsigen organisatorischen Aufbauarbeit künstlerische Ratlosigkeit. Was war noch oder schon erlaubt? Welche Formen, Themen – kurz, welche Kultur war nun die »gültige«?

Zunächst wagte man sich nur vereinzelt an die brennenden Themen der Zeit: Der Abwurf der ersten Atombombe, die Nachrichten von NS-Vernichtungslagern und der sich abzeichnende Kalte Krieg – das alles spielte bei den Malern, Theaterleuten, Museumsdirektoren der »ersten Stunde« noch kaum eine Rolle.

Im August 1946 fasste der Bremer Senat einen Grundsatzbeschluss, der »der Einrichtung von Kulturstätten, insbesondere zur geistigen Förderung der Jugend«, hohe Priorität zuerkannte. Kulturpolitik sollte vornehmlich der Erziehung dienen, und so war es nur konsequent, dass die Kultur vom jeweiligen »Senator für das Bildungswesen« politisch verwaltet wurde.

Erster Senator für das Bildungswesen wurde 1945 bis 1951 Christian Paulmann (s. S. 163), der sich 1921 als Mitbegründer der Versuchsschule an der Schleswiger Straße einen Namen gemacht hatte. Im Aufbau des Bildungswesens, der Schulen, Bibliotheken und Volkshochschulen, sah er seine wichtigste Aufgabe, galt doch

Linke Seite: Das ausgebombte Paula-Becker-Modersohn-Haus in der Böttcherstraße um 1947. Bernhard Hoetgers »Madonna« hat den Krieg überstanden

Eine »Brema« als Bauschmuck wird zur Lagerung auf dem Bauhof von einem Trümmerhaus abmontiert

Neuanfänge 1945

die »Erziehung der Jugend« als Pfand auf eine demokratische Erneuerung der Gesellschaft.

Anlässlich der Eröffnung der Jugendvolkshochschule im Oktober 1946 skizzierte deren Leiter Hans Warninghoff die emanzipatorische Haltung seines Projektes, die sich klar von der Re-education der Militärverwaltung abgrenzte: »Die Gründung der Bremer Jugendvolkshochschule erfolgte nicht in der Absicht, ›umzuschulen‹ oder eine neue ›Weltanschauung‹ zu verkünden, sondern um den am meisten Betrogenen und Geschädigten, der Jugend, einen Weg zu weisen zu einer Neuordnung der Begriffe und zur Klarheit über die Notwendigkeit dessen, was von jedem einzelnen getan werden sollte zum Aufbau gerechter und vernünftiger Zustände innerhalb unseres Volkes und zwischen den Völkern. Die Volkshochschule wollte und will Jedem Gelegenheit geben, sein Wissen zu erweitern, sich selbst zu prüfen und sich dann verantwortlich zu entscheiden.«

Der Aufbau der Museen, Theater und Kunstsammlungen dagegen wurde seltener von einem solch klaren Bekenntnis zur konzeptionellen Neuorientierung begleitet. Stattdessen standen bauliche Maßnahmen und die Rettung der Bestände im Vordergrund. Im Übrigen wurden mit viel Pathos die humanistischen Werte des Landes der Dichter und Denker beschworen, viel war von »Schicksal« und der »dunklen Zeit« die Rede, die nun überwunden sei.

So finden sich in diesen ersten Jahren nach dem Ende des Krieges weihevolle Reden neben vorsichtigem Experiment, improvisierte Orte in Trümmerlandschaften neben ersten Ansätzen für eine Neustrukturierung der städtischen Kultur, bittere Not der Kulturschaffenden neben betriebsamer Aufbauarbeit, erste Thematisierung des Nachkriegsalltags neben der Sehnsucht nach unterhaltender Ablenkung.

Als im Juni 1945 der Kantor Richard Liesche eine Bach-Motette im zerstörten, aber voll besetzten Dom aufführte, schien es vollständig offen, wie und wohin sich die Bremer Kultur in den kommenden Jahren entwickeln würde. Doch eines wurde in diesem denkwürdigen Konzert deutlich: Die Bremer sehnten sich nach Kultur, schien dort doch der geeignete Ort für Trauer und Verzweiflung, aber ebenso auch für Ablenkung und Unterhaltung jenseits des bitteren Trümmeralltags zu sein.

Am 7. Juni 1945 wurde im stark beschädigten Nordschiff des Bremer Doms erstmals wieder eine Motette aufgeführt. Reproduktion der handschriftlich verfassten Ankündigung

Jeeps, Jazz und Kaugummi

Ohne Zweifel kamen wichtige Impulse für eine neue Kultur von den Besatzungstruppen. Der den traditionell denkenden Bremern so fremde »way of life« der Nordamerikaner übte vor allem auf junge Leute einen tiefen Eindruck aus. Der im Nationalsozialismus verfemte Jazz und Swing und die scheinbare Leichtigkeit des Seins der jungen Männer aus Nordamerika, die für viele Bremer erste Begegnung mit Schwarzen, aber auch der technische, wissenschaftliche und soziale Vorsprung der Amerikaner ließen aufmerksame Bremer ahnen, welch kulturelle und soziale Defizite im befreiten Bremen und in ganz Deutschland herrschten.

In der traditionsreichen, im Krieg unzerstört gebliebenen Glocke richtete die amerikanische Militärverwaltung ihr kulturelles Hauptquartier ein: Das »At Ease« diente als Club und Treffpunkt der GIs, ein Streicher des bremischen Staatsorchesters spielte allabendlich für eine warme Mahlzeit auf, und an die Wände hatten die Soldaten Pin-up-Girls gehängt.

Swing, Jazz, Blues, amerikanische Kinofilme und Theaterstücke wurden gespielt, im Restaurant gab es Burger und Doughnuts. Nebenbei diente die Glocke auch als Post-Exchange-Stelle, in der die Soldaten ihren Briefverkehr abwickelten. 1947 wurde auch Deutschen der Zugang zu dem Club erlaubt und damit das erste von Deutschen und Amerikanern gemeinsam genutzte Kulturzentrum in der US-besetzten Zone eröffnet.

Wie wichtig der Militärverwaltung die Popularisierung der amerikanischen Kultur war, zeigt die Eröffnung des United States Information Center in den Räumen des Graphischen Kabinetts der Bremer Kunsthalle 1947. Anfänglich standen den Bremern hier 4000 Bände, Illustrierte und Zeitschriften zu nahezu allen Themen des modernen amerikanischen Lebens zur Verfügung, im ersten Jahr kamen 490.000 Besucher. Amerika avancierte nicht zuletzt durch solche kulturelle PR-Arbeit zum »Traumland« auch in den Augen vieler Bremer, von denen viele den Siegern anfäng-

Tanz im »At Ease-Club« in der Glocke. Anschließend wählten die GIs aus den anwesenden Damen die »Queen of the Prom«. Foto vom 26. Juni 1946

lich skeptisch oder sogar feindlich gesonnen gewesen waren. Im Juli 1948 zog das Center mit seinen ständig wachsenden Beständen als »Amerika-Haus« in das Gebäude Contrescarpe 19 um und stand später von 1950 bis 1965 der Bevölkerung in der Glocke zur Verfügung.

Mit Harold H. Crabill als Direktor der Education Division und Frederic Mellinger als Chef des Theatre and Music Control Branch waren seitens der Militärverwaltung zwei kompetente und engagierte Kulturverantwortliche für Bremen bestellt, zu denen Kulturpolitiker und Kulturschaffende bald enge und teils freundschaftliche Beziehungen pflegten.

Als Musiklehrerin für amerikanische Armeeangehörige erhielt Anneliese Wissmann Zutritt zum »At Ease« und konnte mit ihrem Honorar die Familie ernähren

U.S. ARMY GUARD

HOUSE PASS № 84

AMERICAN RED CROSS AT EASE CLUB

PLEASE PERMIT Anneliese Wissmann
ADDRESS am Fesenfeld 96

TO ENTER GLOCKE BUILDING AS Teacher OF
ARC "AT EASE" Club Profession

Catherine Curtis
Director

Neuanfänge 1945

Anknüpfen an Weimar

Die bürgerliche Kultur der Hansestadt knüpfte bald nach dem Kriegsende an ihre von den Nationalsozialisten aufgelösten oder gleichgeschalteten Organisationen der Weimarer Republik an. In den Jahren 1946/47 wurden u.a. die Wittheit zu Bremen, die Union von 1801, der Club zu Bremen, die Theatervereinigung Bremen-Nord und die Goethegesellschaft – die schon 1947 eine überregional beachtete »Goethewoche« veranstaltete – neu gegründet. 1948/49 folgten der Bremer-Volksbühnen-Bund, die Deutsch-Italienische Gesellschaft Bremen, die Deutsch-Französische Gesellschaft Bremen und die Philosophische Gesellschaft.

Die wissenschaftlichen Gesellschaften nahmen ihre Veranstaltungsreihen wieder auf, beispielsweise mit Vorträgen über »Grundprobleme der Shakespeare-Forschung« oder den »Ursprung organischen Lebens« (s. S. 163).

Sehr bald entstand auch wieder ein vielfältiges kulturelles Vereinsleben, das zur Basis einer lebendigen Laienkulturszene wurde, wie beispielsweise die zahlreichen neu gegründeten Chöre, die 1948 mit einer »Liedwoche« Publikum gewannen, der im Juni 1949 gegründete »Bremer Filmclub e.V.« und der zwei Monate später gegründete »Landesverband Bremer Tonkünstler und Musiklehrer«.

Widersprüchliches Erbe der Arbeiterkultur

Auch die Arbeiterbewegung suchte an die Weimarer Zeit anzuknüpfen. Die Nationalsozialisten hatten nicht nur die großen politischen Organisationen der Arbeiterbewegung zerschlagen, sondern auch systematisch deren Kultur- und Freizeitorganisationen zerstört oder für die eigene Sache eingespannt – wussten sie doch um die große Bedeutung der Solidarstrukturen, die in diesen Vereinen den Rückhalt für den lange andauernden Widerstand der Arbeiter gegen das NS-Regime bildeten. Diese Verfolgung und Einhegung der Arbeiterkultur war nicht ohne Spuren geblieben: Nie wieder entstand ein derart politisches Kulturleben in den Vorstädten, wie es bis in die 1930er Jahre existiert hatte. Agitprop-Theater, Arbeitergesangvereine und Arbeiterblasorchester (die klassischen Bläser waren sozialdemokratisch, während die Schalmeien der KPD vorbehalten waren), Arbeitersportvereine, Debattierclubs, Orchester, Literatur- und Vortragsabende, Volkstänze und Plakatkunst – diese vielfältige Arbeiterkulturszene war getragen

Eigenwerbung der Bremer Volksbühne. 1948 als Bremer Volksbühnenbund gegründet, organisierte der gewerkschaftsnahe Verein den Besuch kultureller Veranstaltungen

Widersprüchliches Erbe der Arbeiterkultur

von dem Willen, eine neue sozialistische, antibürgerliche Kultur zu schaffen.

Nach 1945 waren die Arbeiter vom Krieg, von Zerstörung und Hunger am härtesten betroffen. Erst in den 1950er Jahren begannen die Gewerkschaften wieder mit dem Aufbau einer gewerkschaftlichen Kulturarbeit mit Laienspielgruppen, Vorträgen, Laientheater und sogar einem eigenen IG-Metall-Orchester. Musik spielte traditionell eine besondere Rolle: In der Wandervogel- und Arbeitermusikbewegung waren Gitarre, Akkordeon, Bandoneon, Mundharmonika, Chromonica und Mandoline weit verbreitet gewesen, sodass nach dem Krieg wieder zahlreiche Laienensembles für Kinder, Jugendliche und Erwachsene an diese Traditionen anknüpften. Einer dieser Aktivisten war Heinz Burchard, der schon 1925 das Mandolinenorchester »Stolzenfels« gegründet hatte.

In der Tradition des Widerstands und der Exilanten sahen sich diejenigen Teile der Arbeiterschaft, die mit politischer Bildungs- und Aufklärungsarbeit die Zeit des Nationalsozialismus aufarbeiten wollten. Davon zeugte beispielsweise die Ausstellung »Kampf und Opfer«, die über den Widerstand gegen die NS-Diktatur und über die Konzentrationslager informierte. Während der knapp zwei Wochen im Januar 1947 kamen über 60.000 Bremerinnen und Bremer in den Lloydbahnhof, um die Ausstellung zu sehen. Der »Weser-Kurier« berichtete in der Ausgabe vom 25. Januar, wie den Bremern und auswärtigen Besuchern »anhand von Beweisstücken in Film, Wort und Bild die nazistischen Greueltaten in den Konzentrationslagern vor Augen geführt [wurden]. Wie kein anderes Dokument hat diese Ausstellung dazu beigetragen, die Unbelehrbaren allmählich zu bekehren und die Überzeugung der anderen zu bestärken.« Die Eröffnung durch Josef Wanschura von der »KL-Betreuungsstelle« wurde von mehreren Vertretern der Militärregierung und Senatorin Käthe Popall begleitet, die als KPD-Mitglied von 1937 bis 1945 in verschiedenen Lagern interniert gewesen war und sich nach ihrer Befreiung der Bremer »Kampfgemeinschaft gegen den Faschismus« (KGF) angeschlossen hatte (s. S. 21).

Doch die Arbeiterkultur der Nachkriegszeit stand schon ganz im Zeichen der Sozialpartnerschaft und einer historisch einmaligen Partizipation der westdeutschen Arbeiterschaft am gesellschaftlichen Reichtum. Diejenigen, die eine radikale Alternative zur »sozialen Marktwirtschaft« suchten, gerieten zunehmend ins Abseits. Das traditionelle Arbeitermilieu erodierte zusehends und verlor an Bedeutung als Alternative zur bürgerlichen Kultur.

Plakat des »ER-RI«, das sein Programm »Sterne leuchten für Dich« 1946 am Geeren darbot

Die freie Presse

Die freie Presse

Die erste freie Zeitung nach Kriegsende war »Der Aufbau«, das Organ der KGF, die ohne sich an das vollständige Publikationsverbot der Besatzungsmacht zu halten, zunächst in einer Auflage von 300 Exemplaren erschien. Bremen war damit die erste Stadt in Deutschland, die – von der Militärverwaltung nicht erlaubt, aber stillschweigend geduldet – über ein freies Presseorgan verfügte. »Der Aufbau« war vor allem die Stimme des Widerstands, die Zeitung derjenigen, die in den Kriegsjahren mit vielfältigen kleinen oder großen Widerstandsaktionen gegen die nationalsozialistische Herrschaft gekämpft hatten und sich schon einige Monate vor der Befreiung Bremens zur KGF zusammengefunden hatten.

Am 6. Mai erschien die erste Ausgabe, gedruckt mit Wachsmatrizen auf der Rückseite unbenutzter Briefbögen der Deutschen Arbeitsfront. Gerichtet war »Der Aufbau« vor allem an die Arbeiterschaft, von der sich die KGF den entscheidenden Beitrag zum Aufbau einer demokratischen und sozialistischen

Hans Hackmack
* 11.4.1900, Hamburg
† 28.5.1970, Bremen

Als junger Mann absolvierte Hackmack eine Lehre als Kaufmann in Hamburg, war in der USPD tätig und wurde von Alfred Faust als Redakteur in die linkssozialistische »Bremer Arbeiterzeitung« geholt. 1922 wurde er Redakteur der »Bremer Volkszeitung« und spezialisierte sich auf Lokales und Kultur. Hackmack beschäftigte sich intensiv mit dem Worpsweder Künstler Heinrich Vogeler. Nach der Enteignung der »Bremer Volkszeitung« geriet er mit seiner Familie in wirtschaftliche Not, 1935 wurde er wegen politischer Tätigkeit verhaftet, kam ins Lager Esterwegen, später ins KZ Oranienburg und am Ende des Krieges zum Zwangsdienst in die Organisation Todt. 1945 kehrte er nach Bremen zurück, schloss sich der »Kampfgemeinschaft gegen den Faschismus« an und erhielt noch im gleichen Jahr die Lizenz zur Herausgabe des »Weser-Kurier«, dessen Chefredaktion er bis 1960 angehörte.

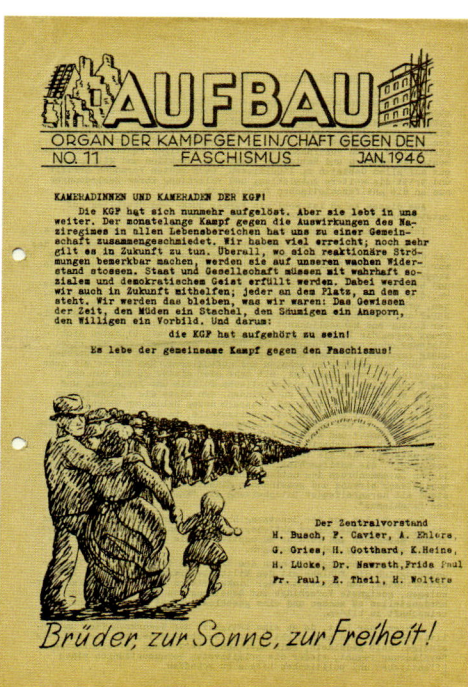

Die letzte Ausgabe des »Aufbau«, Januar 1946

Gesellschaft erhoffte. »Die Köpfe Millionen Deutscher sind noch vernebelt, vermufft, das normale Denken funktioniert bei ihnen nicht mehr«, konstatierte der spätere Herausgeber des »Weser-Kurier« Hans Hackmack in einem Leitartikel für den »Aufbau«.

Die Zeitung informierte über alltägliche Fragen des Nachkriegsalltags – insbesondere der Wohnungsnot –, widmete sich aber auch grundsätzlichen Fragen nach den Ursachen des Faschismus, dem Schicksal der politisch und religiös Verfolgten, den Verbrechen des faschistischen Deutschlands und den Zielen zum Aufbau einer neuen Gesellschaft. Als Organ der KGF trug »Der Aufbau« maßgeblich

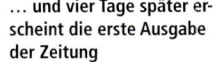

15. September 1945: Hans Hackmack (abgewandt) erhält die Lizenz für den »Weser-Kurier« …

… und vier Tage später erscheint die erste Ausgabe der Zeitung

dazu bei, die Front gegen den deutschnationalen Regierenden Bürgermeisters Vagts und damit den Druck auf die Militärverwaltung zu erhöhen, ihn schließlich abzusetzen.

Die späteren Ausgaben erschienen in einer Auflage von 1000 Exemplaren, wurden begierig weitergereicht und hingen an zahlreichen schwarzen Brettern in den Betrieben, sodass eine weitaus größere Leserzahl erreicht werden konnte. Im Januar 1946 erschien die letzte von elf Ausgaben – das antifaschistische Bündnis zerfiel in die beiden Lager SPD und KPD.

Am 23. Juni 1945 erschien erstmals der »Weser-Bote«, eine Wochenzeitung der 12. amerikanischen Heeresgruppe für die deutsche Zivilbevölkerung. Insgesamt erschienen in Bremen 13 Ausgaben, die in der traditionsreichen Druckerei Schünemann hergestellt wurden.

Der ehemalige Redakteur der sozialdemokratischen »Bremer Volkszeitung« Hans Hackmack erhielt die erste Lizenz zur Herausgabe einer Zeitung in Bremen. Am 19. September 1945 erschien erstmals der »Weser-Kurier«, der sich ausdrücklich nicht als Zeitung einer politischen Richtung verstand. Neben Hackmack waren auch der Kommunist Franz Cavier, der spätere Pressechef Adenauers Felix von Eckhardt und der spätere Herausgeber der »Frankfurter Allgemeinen Zeitung« Jürgen Tern Mitglieder der Chefredaktion. Dem li-

beralen Bürgermeister Theodor Spitta schien eine solche parteiunabhängige Presse zunächst seltsam zu sein: »Merkwürdiger Plan einer überparteilichen antifaschistischen Zeitung in Bremen; vier oder fünf Redakteure: ein Zentrumsmann, ein Demokrat, ein Sozialdemokrat, ein Kommunist.« Die von tiefem Antifaschismus geprägte Zeitung hatte vor allem mit Papierknappheit zu kämpfen. Zunächst erschien sie zweimal wöchentlich, dann dreiund ab Oktober 1948 viermal. Zur Verfügung standen oftmals nur vier Seiten, ab April 1947 meist sechs Seiten. Mit einer Auflage von 150.000 Exemplaren konnten nur »Lesege-

223

Verlorene Buchbestände

meinschaften« beliefert werden. »Gerade in der Stadt«, schrieb der Verlag im Februar 1947, »ist es leicht, die Zeitung von Hand zu Hand weiterzureichen, so dass auf diese Weise jeder Bremer durch den ›Weser-Kurier‹ von den Geschehnissen Kenntnis erhalten kann. Es ist selbstverständlich, dass in einer vorbildlichen Lesegemeinschaft abwechselnd auch jeder einmal als Letzter die Zeitung bekommt und behalten kann.«

Am 27. Oktober 1947 erschien erstmals die »Nordsee-Zeitung« in Bremerhaven, deren Bremer Lokalausgabe ebenfalls in der Schünemannschen Druckerei hergestellt wurde. Neben den parteiübergreifenden Zeitungen entstanden auch wieder verschiedene Parteiblätter,

wie die »Tribüne« (KPD), »Der freie Hanseat« (FDP) und die »Bremer Volkszeitung« (SPD).

Der Schünemann-Verlag selbst erhielt vorerst keine Lizenz für eine neue Zeitung. Erst nach der Währungsreform erschien am 19. September 1949 die erste Nachkriegsausgabe der von Schünemann herausgegebenen »Bremer Nachrichten«, die aber nie wieder an ihre einstige Monopolstellung anschließen konnten.

Verlorene Buchbestände

Dem Bibliothekswesen kam bei dem »Neubeginn« nach 1945 eine symbolische Bedeutung zu. Der Aufbau von Volksbüchereien war für die Arbeiterbewegung der 1920er Jahre Ausdruck von Bildungswillen und kultureller Emanzipation gewesen. 1933 war deshalb die Arbeiter-Zentralbibliothek im Volkshaus mit ihren 25.000 Bänden geplündert und der Bibliothek der Nationalsozialistischen Volkswohlfahrt einverleibt worden. 1936 war mit Kurd Schulz ein überzeugter Parteigänger der NSDAP Direktor der als Abteilung der Staatsbibliothek gleichgeschalteten Volksbücherei geworden. Schulz sah die Volksbücherei »als ein Instrument nationalsozialistischer Willensbildung und Schulung« und unterzog die Bestände einer »radikalen Säuberung«. Insgesamt wurde bis 1936 die Hälfte aller Bücher vernichtet oder aussortiert. Aufgestockt wurden die Bestände durch Bibliotheken jüdischer Flüchtlinge, die von der Gestapo beschlagnahmt und meistbietend versteigert worden waren.

Nach Kriegsende verblieb Schulz zunächst im Amt. Seiner Entlassung kam er im Herbst 1945 durch Kündigung zuvor. Sechs Jahre später wurde er Leiter der Bibliothek der evangelischen Kirche und gab fortan die Kirchenzeitung »Einkehr« heraus.

Im Herbst 1945 wurde Werner Mevissen Leiter der Volksbücherei. Mevissens Bestandsaufnahme war ernüchternd. Das 1940 bezogene Hauptgebäude in einer ehemaligen Schule am Breitenweg war zerstört, keine der

Die Volksbücherei Gröpelingen nach einem Bombenangriff. Erst 1948 konnten alle früheren Zweigstellen wieder eröffnet werden

noch erhaltenen Zweigstellen war intakt, die Bestände waren durch Bomben und »Säuberung« auf einen kümmerlichen Rest zusammengeschmolzen. Mevissen sortierte beim Neuaufbau der Bestände nationalsozialistische Literatur aus. Gegen seinen Willen wurden die inkriminierten Bücher unter Verschluss gehalten. Mevissen hätte stattdessen lieber eine Studienbibliothek eingerichtet: »Diese Leute müssen in der Gewissheit leben, dass man ihnen zu jeder Stunde ihr geschriebenes Wort vorhalten kann.«

Der Büchermangel stellte in den ersten Nachkriegsjahren das größte Problem dar: Filialen mussten geschlossen und Leser zeitweise abgewiesen werden. »Der Buchverschleiß durch die übergroße Beanspruchung und die geringe Aussicht auf Wiederauffüllung des Bestandes machten diese Maßnahmen notwendig«, meldete der »Weser-Kurier« am 11. Dezember 1946. Hilfe suchend wandte sich Mevissen im Sommer 1947 an die Militärregierung, die gebeten wurde, nach dem Vorbild der Briten vermehrt deutschsprachige Bücher nach Bremen zu importieren. Eine Büchersammlung in privaten Bremer Haushalten – sie erbrachte knapp 4000 gebrauchte Bände (viele davon wurden als nationalsozialistische Bücher aussortiert) – und die langsam in Gang kommende nationale Buchproduktion ermöglichten es am 1. November 1947 erstmals wieder neue Leser aufzunehmen.

Im Gröpelinger Bezirk eröffnete noch im Herbst 1947 eine neue Volksbücherei, in der zum ersten Mal das Leseangebot mit Kursen der Volkshochschule kombiniert wurde. Vom neuen Leiter der kombinierten Lese- und Bildungsinstitution Erwin Ackerknecht, einem in der Weimarer Zeit ausgewiesenen Reformbibliothekar, versprach sich Mevissen eine Pilotfunktion: »Er wäre der geeignete Mann, diese Dinge zunächst einmal in Oslebshausen in die Wege zu leiten, damit wir Erfahrungen sammeln können, um später in anderen Vororten Ähnliches zu versuchen.«

Von Anfang an verfolgte Mevissen das Ziel einer flächendeckenden Versorgung der Stadt

Werner Mevissen
* 16.4.1911, Aachen
† 4.1.1978, Bremen

Der Sohn eines Holzhändlers absolvierte gegen den Willen der Eltern die höhere Schule, machte Abitur und besuchte die Buchhändlerschule in Leipzig. Dort lernte er seine Frau und spätere Bremer Bürgermeisterin Annemarie Mevissen kennen. Im Herbst 1945 wurde er Direktor der Bremer Volksbücherei und baute sie zu einer leistungsstarken, modernen öffentlichen Bibliothek mit zahlreichen Außenstellen in der gesamten Stadt und vielen Jugend- und Schulbibliotheken aus, getreu seinem Motto: »Jedem Bremer sein Buch!«

mit Filialen und konnte dabei auf die schon von Kurd Schulz in der NS-Zeit geschaffenen Strukturen zurückgreifen. Innerhalb von drei Jahren gelang es Mevissen, alle während des Krieges aufgegebenen Filialen wieder in Betrieb zu nehmen. 1947 wurde die Volksbücherei von der Staatsbibliothek getrennt und als eigenständige Institution fortgeführt. Die Leitung der Staatsbibliothek hatte 1945 Hermann Entholt übernommen, ebenso die des Staatsarchivs (s. S. 173).

Das Verlagswesen Bremens hatte schon vor 1933 keine besondere überregionale Bedeutung. Wie Kassel, Konstanz, Würzburg und Wuppertal beherbergte auch Bremen nach 1945 nur eine unterdurchschnittliche Anzahl von Verlagen (ca. 0,8 Prozent), während in Hamburg, Stuttgart und München insgesamt mehr als 25 Prozent der westdeutschen Verlage beheimatet waren.

Der Verlag Carl Schünemann (gegründet 1817) startete seine Nachkriegsproduktion mit bewährten Bremensien und norddeutschen

Bach, Brahms und Honegger

Richard Liesche kam 1930 als Leiter des Domchors und Organist nach Bremen und lehrte an der 1948 gegründeten Musikschule

Rechts: Ankündigungsplakat der Philharmonischen Gesellschaft, 1948

Philharmonische Gesellschaft Bremen

Mittwoch, 10. und Donnerstag, 11. März 1948
19 Uhr, im großen Saal der „Glocke"

9. Philharmonisches Konzert

Gastdirigent: Franz Konwitschny
Solist: Eduard Wißmann, Flöte
Das Philharmonische Staatsorchester

3 45 Prese   Mit Genehmigung der Militärregierung   Wenden!

Autoren wie Alma Rogge, Karl Lerbs und Rudolf Alexander Schröder. 1955 übernahm der Verlag die ambitionierte Sammlung Dietrich und stieg damit in die Produktion wissenschaftlicher Literatur ein.

Der 1923 gegründete Verlag Walter Dorn widmete sich schöngeistiger und wissenschaftlicher Literatur und setzte diese Tradition mit großen wirtschaftlichen Schwierigkeiten auch nach 1945 fort, u.a. gab er von 1957 bis 1965 die Jahrbücher der Wittheit heraus.

Schließlich überdauerte auch der 1921 von Ludwig Roselius sen. mitbegründete Angelsachsen-Verlag den Krieg und widmete sich bildender Kunst und Architektur.

Bach, Brahms und Honegger

Eine besondere Rolle im Musikleben der unmittelbaren Nachkriegszeit nahm die Musik am Bremer Dom mit ihrem Kirchenmusikdirektor Richard Liesche ein. Liesche hatte bei Karl Straube Orgel und bei Max Reger Komposition studiert und war 1930 als Kirchenmu-

sikdirektor nach Bremen gekommen. Während der Zeit des Nationalsozialismus verweigerte er den Beitritt zur Partei – ein bemerkenswerter Vorgang, war doch der Dompastor Heinz Weidemann Wortführer der »Deutschen Christen« und von 1934 bis 1942 von den Nationalsozialisten durchgesetzter Landesbischof. Aus Protest gegen den nicht konformen Liesche verzeichnet die Domchorchronik einige Austritte im Tenor und Bass des Domchores.

Im Juni 1945 führte Richard Liesche im zerstörten, aber voll besetzten Dom die Bach-Motette »Jesu meine Freude« auf, weniger ein musikalisches, als ein emotionales Ereignis für die von Hunger und Zukunftsangst gepeinigten Bremer. In den ersten Nachkriegsjahren baute der Kantor den Domchor systematisch auf und führte ihn zu einer musikalischen Qualität, die den Chor der Philharmonie zeitweise in den Schatten stellte.

Neben dieser Arbeit widmete sich Liesche intensiv der Aufführungspraxis alter Musik. Insbesondere die Musik Bachs war sein Thema, der er sich in »Stilaufführungen« widmete. Schon 1939 hatte er den Neubau der »Bach-

Orgel« mit einer damals ungewöhnlichen Barockdisposition durchgesetzt, auf der – im Gegensatz zur romantisch disponierten Sauer-Orgel (1894), Bachmusik authentischer aufgeführt werden konnte. Nach dem Krieg erwarb er für den Dom ein vermutlich 1711 gebautes Silbermann-Positiv aus dem sächsischen Etzdorf, von dem nach der deutschen Wiedervereinigung 1989 das Silbermannmuseum bei Dresden eine Kopie herstellte. Im September 1947 leitete Liesche das erste gesamtdeutsche »Bachfest«, aus dem ab 1950 die alljährliche »Bremer Bach Woche« hervorging.

Turbulent waren die Anfänge der Philharmonischen Gesellschaft. Während des Krieges hatten die Nationalsozialisten den damaligen Generalmusikdirektor der Philharmonischen Gesellschaft Helmuth Schnackenburg aus dem Amt gedrängt und den Operndirektor und Leiter der Nordischen Musikschule Fritz Rieger als Generalmusikdirektor eingesetzt. Rieger erhielt unmittelbar nach Kriegsende von der Militärverwaltung die Lizenz, Hauskonzerte in einem Privathaus an der König-Albert-Straße abzuhalten. Die KGF erwirkte allerdings wenig später die Entlassung Riegers.

Am 4. Juni 1945 kehrte Schnackenburg aus der Kriegsgefangenschaft in Cham/Bayern zurück und meldete seine Ansprüche auf »Wiedereinsetzung in seine frühere Stellung in Bremen« an. Am 20. Juli teilte die Militärregierung mit, dass sie Helmuth Schnackenburg als Leiter des Philharmonischen Staatsorchesters ansehe. Am 24. September fand das erste Nachkriegskonzert in den Decla-Lichtspielen in Walle statt und am 29. September das erste »Bremen Port Command«-Konzert in der Glocke.

Im März 1946 gab sich die Philharmonische Gesellschaft eine demokratische Satzung und wählte einen neuen Vorsitzenden. Schnackenburg wurde verantwortlicher Leiter des Philharmonischen Staatsorchesters und vom Senat zum Generalmusikdirektor ernannt, also mit der Leitung des Orchesters und der musikalischen Oberleitung der Bremer Oper GmbH betraut. Der Name des Orchesters war uneindeutig: Es firmierte zeitweise unter »Das

Orchester der Hansestadt Bremen«, »Das Orchester der Freien Hansestadt Bremen«, »Bremen Philharmonic Orchestra« oder auch als »Bremer Staatsorchester«. In den 1950er Jahren setzte sich die Bezeichnung »Philharmonisches Staatsorchester« durch, während der entsprechende Haushaltstitel »Orchester der Freien und Hansestadt Bremen« hieß.

Der bei Musikern und Publikum beliebte Schnackenburg stand – wie schon vor dem Krieg – künstlerisch immer wieder in der Kritik. Eine 1947 eigens eingesetzte Kommission riet zwar wegen der schwierigen wirtschaftlichen Lage der Stadt von einer Neubesetzung

Die Musikschule Bremen kündigt den Beginn ihres Wintersemesters an

Alte Heimat – Neue Welt

ab, forderte aber dazu auf, »die Bevölkerung mit anderen Dirigenten vertraut zu machen«.

Schnackenburgs Verdienst besteht in einer umfangreichen Erstaufführungspraxis, die dem Bremer Publikum Werke wie Hindemiths »Nobilissima Visione« (1945), »Metamorphosen« (1947), Orffs »Carmina Burana« (1949) und später auch Honeggers »Totentanz« (1957), Prokofjews »Peter und der Wolf« (1957) oder Henzes »Neapolitanische Lieder« (1961) vorstellte. 1999 gestaltete die Bildhauerin Elisabeth Wischeropp eine Büste von Schnackenburg für die Glocke.

Die 1944 geschlossene Nordische Musikschule wurde 1948 als Musikschule Bremen e.V. in Trägerschaft der Stadt und der Philharmonischen Gesellschaft neu gegründet. Die Leitung übernahm zunächst Hermann Grevesmühl, ab September 1951 dann Helmuth Schnackenburg. Neben Kirchenmusikdirektor Richard Liesche lehrte auch Käthe van Tricht auf der Musikschule. Käthe van Tricht (1909 – 1997), Tochter eines niederländischen Musikers, war 1933 als erste Organistin Deutschlands an den Bremer Dom berufen

Das »Franzosentor« auf dem Grundstück des zerstörten Focke-Museums an der Großenstraße

worden und begann in den 1950er Jahren eine international erfolgreiche Karriere als Konzertorganistin. Sie spielte zahlreiche Schallplatten im Bremer Dom ein und wandte sich besonders der »symphonischen« französischen Orgelmusik zu.

Alte Heimat – Neue Welt

Die Museen in Bremen hatten oft nicht nur den Verlust ihrer Häuser zu beklagen, sondern auch Teile ihrer Bestände verloren. Am schwersten hatte es das Bremer Heimatmuseum, das Focke-Museum, getroffen: Das Gebäude im Schatten der Stephanikirche war vollkommen zerstört, die Bestände allerdings durch Auslagerung, die Direktor Ernst Grohne schon 1939 in die Wege geleitet hatte, vor der Vernichtung gerettet. Schon 1924 war Grohne Direktor des damaligen Gewerbemuseums geworden und hatte 1933 auch das Amt des Denkmalpflegers in Bremen übernommen. Nach der Besetzung Bremens wurde sein Privathaus in der Friedrich-Mißler-Straße beschlagnahmt und Grohne in das Gut Riensberg ausquartiert. Von dort betrieb er emsig die Umsiedlung des Heimatmuseums bzw. der geretteten Bestände ins Gut Riensberg. Trotz erheblicher senatorischer Bedenken gegen den Standort setzte sich Grohne durch und konnte 1953 die erste Teilausstellung im Gutshaus der Öffentlichkeit zugänglich machen.

Auch das Deutsche Kolonial- und Überseemuseum am Bahnhof war stark beschädigt worden. Unter dem ehemaligen und nun erneut verwendeten Namen »Museum für Natur-, Völker- und Handelskunde« wurden – nach der Entlassung des Direktors, des NSDAP-Mitglieds Carl-Friedrich Roewer (Mai 1945) und seines Nachfolgers Farenholtz (September 1945) – unter dem kommissarischen Leiter Herbert Abel vorerst nur bauliche Maßnahmen zur Wiederherstellung des Museums durchgeführt. Eine inhaltlich-konzeptionelle Neuorientierung durch den schon seit 1935 im Dienste des Kolonialmuseums stehenden

Das Übersee-Museum wird seit 1948 schrittweise wieder dem Publikum zugänglich gemacht. Foto um 1950

Abel ließ auf sich warten. Der kommissarische Leiter setzte auf die Wiederherstellung des populären Aquariums und des angrenzenden Terrariums im Keller des Gebäudes, in dem Fische, Krokodile, Schlangen und bis 1963 sogar Affen zu sehen waren. Die Anlage wurde im Sommer 1948 eröffnet und lockte in den ersten vier Wochen 10.000 Besucher in das Museum.

Die von Abel in seinen Erinnerungen 1970 noch als »vorbildlich gestaltet« gelobte Abteilung »Stammesgeschichte und Rassen der Menschen«, die 1934 auf »Anregung« der Behörden errichtet worden war, wurde bei einem Bombenangriff 1941 weitgehend zerstört, wie auch weite Teile der Schausammlung in den beiden Lichthöfen. »Über die Jahre 1934 bis 1939 ausführlicher zu sprechen«, schreibt Abel in einem Essay 1969, »erübrigt sich, denn dies ist nur eine kurze Epoche gewesen«.

Im März 1946 wurde Abel suspendiert, um dann Ende 1948 bis Ende 1950 erneut kommissarisch eingesetzt zu werden. Zwischenzeitlich übernahmen Alfred Nawrath und ab Juni 1947 Ferdinand Pax, ein bekannter Zoologe aus Breslau, die Museumsleitung.

Als 1949 große Teile des Gebäudes wieder dem Publikum zugänglich gemacht werden konnten, lobte Bürgermeister Kaisen das Haus als Bildungsinstitution, »könne sich die Jugend doch hier orientieren in der weiten Welt, die den Deutschen so lange verschlossen gewesen sei«. Selbst Kaisen als Vertreter der Sozialdemokratie mit ihrer großen antikolonialen Tradition verlor kein Wort über die erst mit dem Kriegsende aufgegebenen Pläne, mit einem »Deutschen Kolonialmuseum« am Bremer Bahnhof die Geschichte der ehemaligen Kolonien in den Dienst einer nationalistischen Geschichtsschreibung zu stellen.

Bildende Kunst

Bildende Kunst

Die Kunsthalle am östlichen Ende der Wallanlagen war im Krieg nicht nur stark beschädigt worden, sondern hatte einen großen Teil ihrer Sammlung verloren: 1937 hatten die Nationalsozialisten 18 Gemälde und 120 Handzeichnungen, Aquarelle und Druckgrafiken als »entartete Kunst« beschlagnahmt. 1942 verbrannte nach Einschlag einer Brandbombe u.a. auch Emanuel Leutzes »Washingtons Übergang über den Delaware«. Schließlich ging im Mai 1945 eine von vier ausgelagerten Sammlungen beim Vorrücken der Roten Armee vorerst verloren. Die 50 Gemälde, 1715 Zeichnungen und ca. 3000 Druckgrafiken auf Schloss Karnzow in Brandenburg wurden von Rotarmisten und der deutschen Bevölkerung geplündert. Der sowjetische Offizier Viktor Baldin erkannte den unschätzbaren Wert der Blätter und versuchte einen Teil der Sammlung zu retten. 1948 übergab er zwei Gemälde und 362 Zeichnungen dem staatlichen »Forschungs- und Wissenschaftsmuseum für Architektur A.V. Schtschusev« in Russland. Die Rückgabe der Baldin-Sammlung wird allerdings bis heute durch das russische Parlament blockiert.

Nach Kriegsende übernahm zunächst Rudolf Alexander Schröder die kommissarische Leitung der Kunsthalle und kümmerte sich als Erstes um die Wiederherstellung des Gebäudes. Im November 1948 konnten die ersten zehn Räume im Obergeschoss wiedereröffnet werden.

Im Mai 1946 wurde Willy Menz (1890–1969) neuer Leiter der aus der Nordischen Kunsthochschule hervorgegangenen Staatlichen Kunstschule/Meisterschule für das gestaltende Handwerk. 1934 hatten der Worpsweder Maler Fritz Mackensen und der Heimatschutzarchitekt Eduard Scotland die Leitung der damals neu gegründeten nationalsozialistischen Kunsthochschule übernommen. Menz, der durch seine Malereien im legendären Ozeandampfer »Bremen« sehr populär war, hatte einen Lehrauftrag, wurde aber schon 1934 entlassen und lebte von verschiedenen Auftragsarbeiten. Nach den schweren Bombenangriffen ab 1942 fertigte er Zeichnungen vom zerstörten Bremen.

1945, nachdem die vehementesten Vertreter nationalsozialistischer Kunst, wie beispielsweise der Erbauer des Kriegsehrenmals auf der Altmannshöhe, Ernst Gorsemann, entlassen waren, schien Menz der geeignete Kandidat für einen Neuanfang zu sein.

In der Ausbildung der ersten Studenten blieb der Kontakt mit europäischen und außereuropäischen Entwicklungen der bildenden Künste zunächst rudimentär. Einzig über das Amerika-Haus fand eine zaghafte Auseinandersetzung mit Tendenzen und Positionen in Nordamerika statt. Stattdessen beschäftigten sich Dozenten und die anfangs ca. 300 Studierenden mit der Rekonstruktion und Restauration des untergegangenen Bremens wie etwa bei der Herstellung von Schmuckteilen für das Gewerbe- und Essighaus oder das Rathaus.

Im März 1952 trat Menz nach Konflikten mit der Schulbehörde zurück. Kurz zuvor hatte Bremens Kulturdezernent Eberhard Lutze betont, auch in der Kunstschule müsse der »selbstlose Dienst am Werk« das künstlerische Schaffen bestimmen – das war auch schon Anfang der 1950er Jahre kein besonders innovatives Konzept für die Ausbildung von Künstlern. Von der »zweiten Revolution der Moderne«, die sich beispielsweise mit art autre, art brut oder art informel anschickte, die Grenzen und den gesellschaftlichen Kontext künstlerischer Produktion neu abzustecken, war in Bremens Kunstschule noch nicht viel zu hören.

Die freie Künstlerszene wandte sich zunächst vornehmlich Landschaften, Porträts und Stillleben zu und dokumentierte damit die starke Unsicherheit vieler Künstler. Anders als nach dem Ersten Weltkrieg entluden sich die Erfahrungen des Krieges nicht in einem kompromisslosen Bruch mit allem Tradierten. Stattdessen herrschte neben drängender materieller Armut auch eine künstlerische Sprachlosigkeit oder zumindest ein Zögern und Zaudern, sich inmitten einer materiell und moralisch zerstörten Gesellschaft zu

Dicht gedrängtes Programm im Amerika-Haus: Plakat zu den Veranstaltungen im Oktober 1952

positionieren. Vorsichtig wurden neue formale Wege beschritten, meist aber vertraute Pfade gesucht. Die zerstörte Stadt wurde nur von wenigen »Ruinenmalern« thematisiert, viele sahen darin wie der Berliner Künstler Hann Trier keine »Wirklichkeit, sondern Ergebnisse von alter, falscher Politik«. Für einige blieben die Ruinen pittoreske Kulisse, andere, wie der Bremer Maler Christian Arnold mit seinem Aquarell »Um Stephani«, konfrontierten den Betrachter schonungslos mit der entmutigenden Heimatlosigkeit nach dem Krieg.

Auch Maler wie Richard Oelze, Franz Radziwill, Irmelin Scheidt und G. A. Schreiber

Bildende Kunst

Willy Menz leitete ab 1946 die neu gegründete Staatliche Kunstschule/Meisterschule für das gestaltende Handwerk am Wandrahm

thematisierten in einer neuen Formensprache die Folgen des Krieges, das Grauen und die Trauer. Während in vielen Großstädten die abstrakte Kunst mit ihrer radikalen Absage an religiöse, ethische und moralische Aussagen einen mächtigen Sog entfaltete, blieben viele Künstler in Bremen zunächst weitgehend der gegenständlichen Malerei verpflichtet.

Am 8. November 1945 gründete sich um Willy Menz der Bremer Künstlerbund (BKB) neu. Hinter Menz versammelte sich mit Künstlern wie dem Maler Alfred Lichtenford (1902–1986), Fritz Cobet (1885–1963), Hermann Fitger (1891–1986) und Hans Laubner (1884–1968) eine etablierte Künstlergeneration, die sich während der NS-Zeit in keinen erkennbaren Widerspruch zum herrschenden System gesetzt hatte und die sich nach 1945 anschickte, ihre vertrauten Traditionen fortzusetzen. Sie proklamierten die »Freiheit der Kunst« und orientierten sich an Klassik, Klassizismus oder Romantik.

Der Künstlerbund verstand sich deshalb auch nicht als Forum zur Diskussion künstlerischer Positionen, sondern diente vor allem

der Linderung der materiellen Not der Maler und beschäftigte sich vornehmlich mit Kohlebeschaffung, Auftragslage und dem Kampf gegen illegalen Kunsthandel in Zigarrengeschäften.

Im Dezember 1951 richtete der Bremer Künstlerbund erstmals eine Verkaufsausstellung in der Kunsthalle aus. Günter Busch, seit 1950 Direktor der Kunsthalle, rechtfertigte zwar die Notwendigkeit einer solchen Verkaufsausstellung, hielt aber offensichtlich wenig von der künstlerischen Qualität der Bremer Produktion, was ihm den Zorn der konservativen Malerelite einbrachte.

In der zerstörten Böttcherstraße begannen durch das Engagement der Familie Roselius die Wiederaufbauarbeiten. Während das Paula-Becker-Modersohn-Haus und das Roselius-Haus vollkommen zerstört waren, konnten die jeweiligen Sammlungen durch rechtzeitige Auslagerungen zum großen Teil gerettet werden. Bis 1954 wurde die Straße detailliert im Vorkriegszustand wiederhergestellt. Nur das von Bernhard Hoetger gestaltete überdimensionale Odin-Kreuz an der Fassade des Haus Atlantis wurde durch eine verspielte, teils figürliche Ornamentik von Max Säume und Günther Hafemann ersetzt.

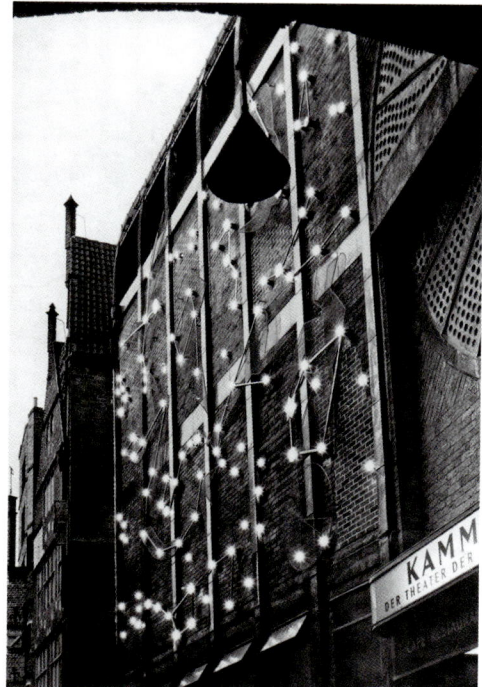

Blick in die von Kaffee HAG und der Familie Roselius bis 1954 wiederaufgebaute Böttcherstraße. An der neu gestalteten Fassade des Haus Atlantis leuchten auf Knopfdruck auszuwählende Sternbilder. Foto vom 2. Juni 1954, dem 80. Geburtstag des Böttcherstraßen-Erbauers Ludwig Roselius

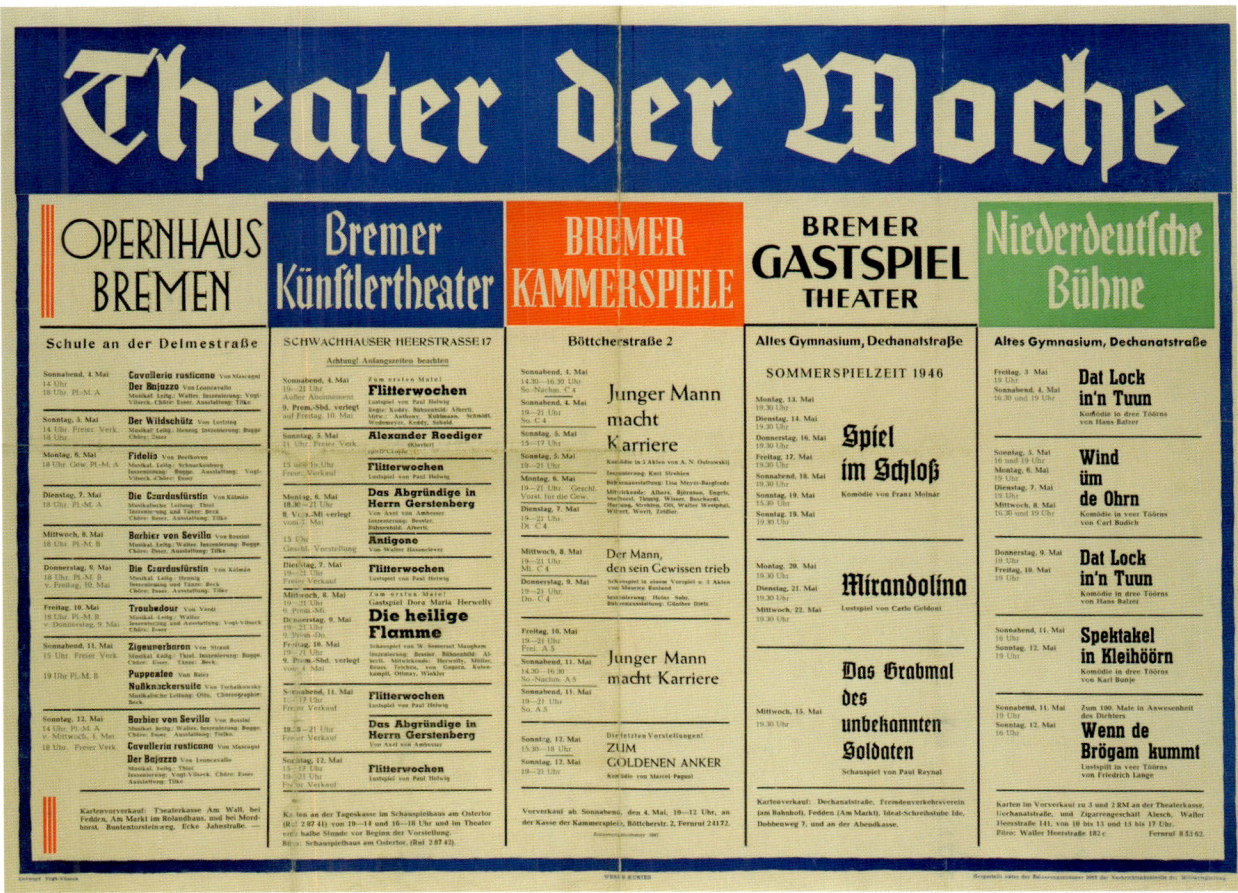

Hunger nach Theater

Schon die Zeitgenossen registrierten mit Ver- und Bewunderung den großen Elan, mit dem Kulturschaffende und Künstler inmitten der zerstörten Stadt darangingen, Spielstätten notdürftig herzurichten und Orchester und Schauspielensembles aufzubauen.

Allen voran organisierten sich frühere Mitglieder des Schauspielhauses wenige Wochen nach der Befreiung Bremens durch britische Truppen in der »Arbeitsgemeinschaft Bremer Bühnenkünstler«, um so schnell wie möglich die Voraussetzungen für einen Theaterbetrieb zu schaffen.

Viele Künstler waren dabei von der nackten Not getrieben: In den mehr als 170 Luftangriffen auf Bremen waren die meisten kulturellen Einrichtungen zerstört worden.

Am 6. Oktober 1944 war das 1913 von August Abbehusen und Otto Blendermann errichtete Schauspielhaus am Goetheplatz vollständig ausgebrannt – in derselben Nacht wurde auch das Opernhaus am Wall zerstört.

Wenn auch in vielen zeitgenössischen Reden und Ansprachen mit großem Pathos Freiheit und Neubeginn beschworen wurden, so blieb doch meist unklar, was genau das Nachkriegstheater auszeichnen solle. Explizite ästhetische Positionen oder kulturpolitische Programme finden sich kaum. Am klarsten waren die kulturpolitischen Vorstellungen der Militärverwaltung, die im Theater eine moralische und politische Erziehungsanstalt sah und mit ihrem Theaterbeauftragten Frederic Mellinger einen hochkarätigen und erfahrenen Theatermann nach Bremen entsandt hatte – der seine eigenen und durchaus fachlich

Hunger nach Theater

Frederic Mellinger

* 15.11.1890, Berlin
† 29.8.1970, Bad Wiessee

Frederic Mellinger war ein hervorragender Kenner des deutschen Theaters der Weimarer Jahre. 1919 war er Mitbegründer der »Tribüne«, einem politisch-expressionistischen Experimentaltheater, 1921 gründete er die Münchner Schaubühne, arbeitete in den 1920er Jahren im Propyläen- und im Ullstein-Verlag und emigrierte 1933 nach London. Als »supervising officer for theatres« wurde Mellinger ein wichtiger Förderer des Wiederaufbaus der Bremer Theater. Im März 1948 inszenierte er Thornton Wilders »Unsere kleine Stadt« und schrieb das Stück »Satanische Symphonie«, das allerdings in Deutschland keinen Erfolg hatte. In den 1950er Jahren arbeitete Mellinger an Theatern in Berlin, Bremen und im Ruhrgebiet.

Zeitgenössische Kollage mit Szenenfotos. Oben, rechts und unten: Frederic Mellinger

und pseudogeistigen Lehren und Parolen füllten unser Leben gewaltsam aus. Das alles verschwand spukhaft. Und nun ist die Leere. Irgendwo muss der Vereinsamte sich finden und sammeln können! Irgendwo muss die zerstörte Seele ein Heim finden und eine Stätte der Heilung. Das Theater? Jawohl, das Theater. Das neue Theater wächst aus [...] den Kratern und Feuersbrünsten des Krieges; aus den Schreien verzweifelter Menschen nach dem Warum! [...] Es wird aus dem zerbrochenen Jahrhundert entstehen.«

Doch ein solch neues zeitgenössisches Theater, das die Zeit des Nationalsozialismus befragte und die Gegenwart thematisierte, konnte in Bremen allenfalls ansatzweise verwirklicht werden. Zunächst fehlten schlicht die Stoffe. Die Schubladen der in die »innere Emigration« gegangenen Autoren waren meist leer. Nur wenige deutsche Dramatiker setzten sich mit aktuellen gesellschaftlichen Fragestellungen auseinander – wie beispielsweise der in Westdeutschland lange diskreditierte Bertolt Brecht (»Mutter Courage«), Carl Zuckmayer (»Des Teufels General«), Günther Weisenborn (»Die Illegalen«) und Wolfang Borchert (»Draußen vor der Tür«). Texte ausländischer Dramatiker und exilierter Deutscher waren trotz der Bemühungen der Besatzungsmächte zunächst kaum zu bekommen.

Auch die materiellen Bedingungen der Theaterproduktion waren geradezu dramatisch. Die Schauspieler litten unter Mangelerkrankungen und Erschöpfung, immer wieder erlebte das Publikum Zusammenbrüche auf offener Szene.

Auch das Publikum fror, und viele hungerten nicht nur nach Kunst: Als bei der Aufführung von »Onkel Harry« von Thomas Job eine Buttercremetorte gezeigt wurde, ging »bei deren Auftreten ein hörbares Wogen der Ergriffenheit durchs Parkett«.

Nicht nur die materielle Situation machte es dem »neuen Theater« schwer. Dem Publikum stand der Sinn eher nach leichter Unterhaltung und wohltuend feierlicher Klassik, während das »Zeitstück«, wie der Bremer Journalist und

ambitionierten Vorstellungen von Theaterkunst hatte.

Die KGF formulierte im September 1945 ein ungewöhnliches Plädoyer für ein zeitgenössisches Theater: »Fluten von politischen

Kulturbeamte Hermann Faltus 1954 bemerkte, »mit seinem überwiegend depressiven Inhalt [...] es Schauspielern wie Betrachtern oftmals schwer [macht], den richtigen Standpunkt zu gewinnen«.

Vom ersten Tag nach Wiedereröffnung in improvisierten Räumen und Hallen an spielten die Bühnen im zerstörten Bremen vor meist ausverkauften Rängen. Über Zuschauermangel konnte sich kein Theater beklagen, im Gegenteil. An manchen Bühnen gab es zeitweise zwei Vorstellungen täglich. Der Hunger nach Kultur war enorm groß und der nach Unterhaltung ebenso – und beides kostete nicht viel.

Das Bremer Kulturleben wurde von den Besatzungsmächten intensiv gefördert, zugleich aber auch umfassend reglementiert. »Belastete Stücke« wurden verboten, Klassiker konnten weiterhin gespielt werden. Darüber hinaus mühten sich die Militärverwaltungen, Stücke aus dem eigenen Sprachraum zu importieren. Die USA hatten 60 Stücke für ihre Zone übersetzen lassen – allerdings immer bemüht, kritische Stoffe oder Stücke von progressiven Amerikanern zu behindern. Arthur Miller und Clifford Odets wurden allerdings in Bremen gespielt. Auf dem französischen Kanon standen 98 Werke (Jean Paul Sartre, Jean Anouilh und Albert Camus waren die meistgespielten Autoren), und aus Großbritannien kamen 15 Stücke. Spielten für die Alliierten vor allem politische Gründe der Umerziehung und die zunehmende Systemkonkurrenz zur Sowjetunion eine entscheidende Rolle für ihre Kulturpolitik, so bedeutete der Import internationaler Literatur nach Deutschland gleichzeitig das Ende des Provinzialismus der Nazizeit.

Das Schauspielhaus am Goetheplatz von der Contrescarpe aus gesehen, November 1948

Hunger nach Theater

Im stark beschädigten Parkhaus etablierte Amandus Völk sein »Parkhaus-Operetten-Theater«. Von 1946 bis 1949 fanden in dem nur 290 Plätze fassenden Saal regelmäßig Aufführungen statt. Koloriertes Programmblatt für »Drei arme kleine Mädels«

Theater auf improvisierten Bühnen

Schon wenige Monate nach Kriegsende eröffnete in der Concordia-Gaststätte das erste Nachkriegstheater seinen Spielbetrieb. Das Bremer Künstlertheater, von dem ehemaligen Mitglied der Bremer Bühne Willy A. Kleinau und dem Kaufmann Franz Kruse als GbR gegründet, eröffnete am 19. September mit einer szenischen Lesung von Goethes »Stella«. Mit »Nathan der Weise« begann, wie an vielen deutschen Bühnen, am 16. November 1945 die erste Spielzeit, in deren Spielplan Schwänke und Lustspiele u.a. von Louis Verneuil, Paul Ernst oder Brandon Thomas dominierten. Erst zum Ende der Spielzeit und später unter dem neuen Leiter Erich Keddy (Kleinau war auf Betreiben der Militärregierung entlassen worden) wagte sich das Künstlertheater an Stücke wie Walter Hasenclevers Antikriegsdrama »Antigone« von 1917 oder das

1944 geschriebene »Die fremde Stadt« des britischen Dramatikers John B. Priestley.

Auch die Ende 1945 gegründeten Bremer Kammerspiele suchten einen Weg zwischen deutscher Klassik, leichter Unterhaltung und zeitgenössischem Theater, das einen prominenten Platz im Spielplan erhielt. Walter Koch (Dramaturg) und Heinz Suhr (Spielleiter) eröffneten die Spielzeit am 21. Februar 1946 im notdürftig hergerichteten Saal des ausgebrannten Haus Atlantis in der Böttcherstraße mit Lessings »Emilia Galotti«. Noch in der ersten Spielzeit wurde Heinz Suhr verhaftet, weil er im Entnazifizierungsverfahren seine Mitgliedschaft in NSDAP, SA und Reichsfilmkammer verschwiegen hatte. Bernd Wilfert übernahm die Leitung, und in der Spielzeit 1947/48 wurde dann Erich-Fritz Brücklmeier Intendant.

Neben viel leichter Kost war dem Spielplan das Bemühen um aktuelles und kritisches

Theater anzumerken: Gespielt wurden 1945/ 46 u.a. Clifford Odets, Georg Kaiser und Erna Weissenborn.

Allerdings stand das Bremer Publikum den Ausflügen ins zeitgenössische Drama nicht immer wohlwollend gegenüber. Die Bearbeitung des antiken Eurydike-Stoffes durch den französischen Dramatiker Jean Anouilh, in der Eurydike zum Symbol der französischen Résistance gegen die deutschen Besatzer wird, quittierte das Publikum mit Pfiffen. Auch die Inszenierung von Jean Cocteaus »Doppeladler« 1946 war umstritten. Während die überregionale Presse, eigens nach Bremen gereist, die Inszenierung als »herausragendes Theaterereignis der Saison« feierte, urteilte der »Weser-Kurier«: »Zu viel wesenloses Theater«, und die »Nordsee-Zeitung« wusste zu berichten, »dass der Eindruck allein durchaus ungespalten sei, nämlich negativ«.

Trotz dieser ernüchternden Resonanz wagten sich die verschiedenen Regisseure immer wieder an zeitgenössische Stücke wie das vom Publikum abgelehnte »The Adding Machine« von Elmer Rice, Jean Paul Sartres umstrittene »Schmutzige Hände«, Wolfang Borcherts erfolgreiches »Draußen vor der Tür« oder Jean Giraudoux' »Amphitryon 38«. Die Inszenierung von Thornton Wilders »Unsere kleine Stadt« mit außergewöhnlich sparsamer Bühne im März 1948 wurde reserviert aufgenommen. Regisseur war der Leiter der Theaterkontrolle der amerikanischen Militärverwaltung Frederic Mellinger. Auch mit einem eigenen Stück, der »Satanischen Symphonie«, stieß Mellinger beim Bremer Publikum und der Bremer Presse auf schroffe Ablehnung.

Die Spielstätte der Niederdeutschen Bühne im Ballhaus Lehmkuhl an der Waller Heerstraße war bei dem Bombenangriff am 6. Oktober 1944 zerstört worden. Unmittelbar nach Kriegsende wurde mit Friedrich Langes »Allns verdreit« der Spielbetrieb wieder aufgenommen. Als Theaterraum diente die Schule an der Dechanatstraße, die gemeinsam mit dem Gastspieltheater genutzt wurde, einem Theaterbetrieb, der später im Künstlertheater aufging.

Im Juli 1946 eröffnete die Niederdeutsche Bühne einen neuen Spielbetrieb im Bürgerpark. In einem nachgebildeten niederdeutschen Dorf spielte man »De Deerns ut'n Dorpkroog«, das Publikum dankte »durch zufriedenes Schmunzeln und laute Lachsalven«.

Schon im April 1946 legte Ernst Waldau den Grundstein für einen Theaterneubau an der Waller Heerstraße. Waldau, der 1928 den »Gröpelinger Theaterverein« gegründet hatte, aus dem die Niederdeutsche Bühne hervorging, konnte das schlichte Zweckgebäude am 29. November 1947 eröffnen.

Am 31. August 1944 wurde die Oper im 1843 gebauten Theater am Wall auf Anweisung der Reichsregierung geschlossen. »Ludwig van Beethoven sprach das letzte Wort im Opernhaus. [...] Inmitten der zerstörten Straßen Bremens erhob sich das tragische Pathos tiefsten Ernsts mit der Musik des ›Fidelio‹, Beethovens einziger Oper. Treue bis zum äußersten, rettender Sieg nach tiefstem Leid. Unser eigenes Schicksal stieg aus dem Orchester, um den gespannt Lauschenden eine letzte Feier zu bereiten«, schrieb anschließend die »Bremer Zeitung«.

Drei Jahre später, im November 1947, wurde der große Saal der Glocke der Bremer Oper GmbH zur Nutzung übergeben und damit eine professionelle Spielstätte für das Musiktheater geschaffen. Symbolträchtig wurde die Spielzeit mit Beethovens »Fidelio« eröffnet, und was drei Jahre zuvor den »rettenden Sieg nach tiefstem Leid« verkündete, wurde nun vom Komponisten und Musikkritiker Ludwig Roselius zum »Triumph der Freiheitsidee« erhoben: »Selten werden die Hörer die schicksalhafte Symbolik der unsterblichen Oper, die magische Gewalt der Gefangenenszenen, den Triumph der Freiheitsidee in ihrer über das Geschick des Einzelnen hinauswachsenden, weittragenden Bedeutung so bewusst und erschüttert wie gerade jetzt empfunden haben.«

Schon 1945 hatte der ehemalige Opern-Oberspielleiter Philipp Kraus damit begonnen, mit einem kleinen Ensemble in notdürftig wieder hergerichteten privaten und öffentlichen

Rundfunk und Film in Bremen

Räumen Konzertabende durchzuführen und Teile aus Opern aufzuführen. In einer umgebauten Turnhalle an der Delmestraße wurde bis zum Einzug in die Glocke täglich (mitunter zweimal) Oper auf die Bühne gebracht – vor ausverkauftem Haus.

Rundfunk und Film in Bremen

Die neuen Medien Film und Rundfunk waren im Nationalsozialismus zu effektiven und modernen Instrumenten der Propaganda und der populären Unterhaltung ausgebaut worden. Auch in der Nachkriegszeit spielten die neuen Medien bei den Alliierten eine zentrale Rolle in der Schlacht um die öffentliche Meinung. Auf Initiative der Militärverwaltung und des Senats begannen deshalb unmittelbar nach Kriegsende die Vorbereitungen für einen Wiederaufbau des Bremer Rundfunksenders. Als am 23. Dezember 1945 Radio Bremen erstmals nach dem Krieg mit einem zweistündigen Programm »on air« ging, war allerdings die Zukunft des kleinen Senders mehr als ungewiss.

Zunächst wurde zwei Stunden täglich gesendet, ab Februar 1946 vier und ab 1947 acht Stunden. Zu Gehör kamen Schallplatten von Zuhörern, Jazz- und amerikanische Tanzmusik, Verlautbarungen der Militärbehörden, die »Gesprochene Zeitung« in Zusammenarbeit mit dem »Weser-Kurier«, Weltnachrichten und »Die Stimme Amerikas«. Besonders beliebt waren die zahlreichen Reportagen aus dem Alltagsleben im zerstörten Bremen: Schwarzmarkt, Lebensmittelversorgung, CARE-Pakete und der erste Nachkriegsfreimarkt 1946 lieferten die Themen.

»Kennen Sie das schöne Spiel auf dem Rasen?«, leitete Reporter Hans Hellhoff eine Reportage über »Trümmerfrauen« ein und fuhr fort: »Ich glaube Medizinball nennt man das. In langer Kette stehen leicht bekleidete sportliche Mädchen auf dem grünen Rasen und werfen sich mit fröhlichem Juchhu den Ball zu. Um die Wette, durch die Kette fliegt aber nicht der Ball, sondern der Stein. Ein Mauerstein.«

Die Amerikaner hatten großes Interesse, Radio Bremen neben dem mächtigen, von den Briten kontrollierten Nordwestdeutschen Rundfunk (NWDR) zu erhalten. Allerdings musste der Senat von der Militärregierung zu einem entsprechenden Rundfunkgesetz gedrängt werden, das 1949 den Weg für einen unter deutscher Verwaltung stehenden Sender frei machte. Während der NWDR erklärte, Radio Bremen habe keine Existenzberechtigung, kämpfte der erste Nachkriegsintendant Walter Geerdes darum, einen Teil der Rundfunkgebühren aus dem Sendegebiet des NWDR nach Bremen umzulenken. Zusätzlich schlug er dem Senat vor, »gegen Entgelt« Sendezeiten zu bestücken. Eine Idee, die die Militärverwaltung nicht akzeptieren konnte, hatte diese doch eine gänzlich andere Vorstellung von der Freiheit der Medien als die nach Autonomie strebenden deutschen Politiker, die den »Rundfunk als Staatsbesitz aus der Konkursmasse des Dritten Reiches« retten wollten, wie der Intendant des Süddeutschen Rundfunks Hans Bausch rückblickend erinnerte. Schließlich setzten sich die Besatzungsmächte durch und damit die Rechtsform der »Anstalt des öffentlichen Rechts«, die den Rundfunk der direkten staatlichen Kontrolle entziehen sollte.

Am 5. April 1949 wurde Radio Bremen der deutschen Verwaltung übergeben, und am 1. Juli 1950 konnte das neue Funkhaus an der Heinrich-Hertz-Straße bezogen werden, dessen Bau die amerikanische Verwaltung durch einen als »Spende des amerikanischen Volkes« deklarierten Zuschuss von einer Million D-Mark ermöglichte. Mit eigens produzierten Hörspielen, aus dem Bremer Dom übertragenen Aufführungen, Einspielungen des Rundfunkchors unter der Leitung von Ernst Meißner, des Bremischen Staatsorchesters und des Orchesters des Opernhauses leistete Radio Bremen einen wichtigen Beitrag zum kulturellen Leben.

Besonders beliebt war der Sender in Bremen wegen seiner lokalen Berichterstattung. Bürgermeister Kaisen bemerkte mit Genugtuung, »dass [der Sender] überall gehört und mehr gelobt wird, als ich erwartet habe. Der

Linke Seite: Der Haupteingang des neuen Funkhauses von Radio Bremen, Juli 1950

Rundfunk und Film in Bremen

Radio Bremens erster Intendant: Walter Geerdes

Sender in Hamburg gilt als zu weitschweifend, während der Bremer Sender nach meinen Beobachtungen die richtige Ebene herausgefunden zu haben scheint«.

Um die strukturelle Finanzschwäche des Senders zu kompensieren, diente sich Geerdes der Adenauerregierung zum Missfallen seiner ARD-Kollegen mit einem – in Bremen noch gar nicht vorhandenen – Kurzwellensender an. Adenauer plante einen Staatsfunk gegen den Widerstand der Besatzungsmächte und suchte dafür einen geeigneten Sender. Bürgermeister Kaisen unterstützte die Pläne von Geerdes, stand er doch wie Adenauer einem staatsfernen Rundfunk skeptisch gegenüber. Er sah »die Unabhängigkeit einer Regierung gefährdet, wenn die Leitung des Rundfunks allein darüber bestimmt, ob sie [die Regierung] im Rundfunk zu Wort kommen darf oder nicht«. So stießen sich auch weder Intendant noch Öffentlichkeit an einem Sendeformat mit Hörerfragen, in dem in der Senatskanzlei vorformulierte Scheinfragen beantwortet wurden, um Informationen des Senats zu verbreiten.

Erziehung oder Unterhaltung?

Dem Kino maßen die USA einen hohen Stellenwert als Instrument der Re-education bei. Doch herrschte keineswegs Einigkeit über die Ziele und Strategien der »Umerziehung« der Deutschen. So wurden noch im Sommer 1945 der in Prag geborene und in Deutschland aufgewachsene Regisseur Hans Burger und der aus Österreich stammende amerikanische Drehbuchautor, Regisseur und Produzent Billy Wilder beauftragt, einen Aufklärungsfilm über die deutschen Vernichtungs- und Konzentrationslager zu drehen. Burger konzipierte einen mehrstündigen Film, in dem es um die politischen Hintergründe des Lager- und Vernichtungssystems ging. Realisiert wurde schließlich eine auf wenige dokumentarische Bilder zusammengekürzte Fassung, die unter dem Titel »Die Todesmühlen« im April 1946 eine Woche lang in allen Kinos

des amerikanischen Sektors in Berlin gezeigt wurde. In dieser Woche verzeichneten die Kinos 40 Prozent weniger Zuschauer. Im Sommer 1946 und Frühjahr 1947 wurde der Film anschließend gelegentlich in den amerikanischen Besatzungszonen gezeigt und noch im gleichen Jahr endgültig aus dem Verkehr gezogen.

»Werden die Deutschen Woche für Woche ins Kino kommen, um den schuldbewussten Schüler zu spielen?«, fragte Billy Wilder in einer Denkschrift im August 1945. Wilder kritisierte den aufklärenden Gestus der Re-education im Kino, bei der die Zuschauer »apathisch vor sich hindösen und erst wieder aufwachen, wenn Rita Hayworth auf der Leinwand erscheint«. Wilders Kritik kann stellvertretend für die Linie stehen, die sich nur ein Jahr nach der Besetzung Deutschlands bei den US-Amerikanern durchsetzte. Schon ab Sommer 1946 wurde in allen Wochenschauen und anderen amerikanischen Filmen auf Schuldzuweisungen an die deutsche Bevölkerung verzichtet. Zur gleichen Zeit gewannen unterhaltende Storys immer größeres Gewicht, wie auch die anlaufende deutsche Filmproduktion sich vornehmlich der leichten Unterhaltung widmete. Produktionen wie »In jenen Tagen« von Helmut Käutner oder »Und über uns der Himmel« von Josef von Baky gehörten zu den wenigen Ausnahmen, die Faschismus und Nachkriegszeit thematisierten. Während beispielsweise in Italien mit neorealistischen Filmen wie »Rom offene Stadt« eine neue Phase der Filmgeschichte eingeleitet wurde, hielt in den deutschen Kinos die Ästhetik und Programmatik der alten UFA wieder munter Einkehr.

Schon in den 1920er Jahren war das Kino in Bremen, wie in allen anderen Großstädten des Reichs, ein populäres Freizeitvergnügen geworden. 1938 gab es in Bremen 32 Kinos mit knapp 20.000 Plätzen. Viele der traditionsreichen großen Häuser waren spätestens in den 1930er Jahren Teil des UFA-Konzerns geworden und firmierten als sogenannte Propagandahäuser der Reichsfilmkammer.

Am 15. September 1945 meldete der »Weser-Bote« die Neueröffnung der Kammerlichtspiele am Ostertorsteinweg und des Decla-Kinos in der Gröpelinger Heerstraße. Ebenfalls im Herbst 1945 erhielten das Central-Theater (Oslebshauser Heerstraße), Buntentor-Lichtspiele (Buntentorsteinweg), Luers-Tivoli in Hemelingen und die Rali-Lichtspiele (Oberneulander Heerstraße) eine Lizenz zur Wiederaufnahme des Spielbetriebs. Sechs Jahre nach Kriegsende hatten wieder 35 Kinos in Bremen ihren Betrieb aufgenommen.

Ende der Ambivalenz

Als die amerikanische Militärverwaltung begann, das kulturelle Leben Bremens wieder aufzubauen, stieß sie allerorten auf Kulturschaffende, die mit großer Energie Spielstätten improvisierten, Instrumente und Kunstsammlungen retteten, Vereine und Gesellschaften gründeten, Noten und Literatur organisierten, eine freie Presse aufbauten. Doch hinter dieser enormen Betriebsamkeit verbarg sich auch eine große Unsicherheit: An welches kulturelle Erbe wollte man anknüpfen? Was war noch spiel-, mal-, musizierbar? Manche verfolgte die düstere Gewissheit, dass die Museen, Orchester, Theater und Kinos wichtige Stützen des Nationalsozialismus gewesen waren, andere waren einfach nur erleichtert, dass der Krieg mit all seinen Einschränkungen für das kulturelle Leben endlich beendet war.

Programmatisch führten die ersten Nachkriegsjahre zunächst ins Offene. Die Orientierung an den scheinbar unbelasteten Klassikern der Malerei, Literatur und Musik war ebenso zu finden wie der Versuch, eine zeitgemäße Kulturpraxis zu etablieren, in der relevante Fragen und Themen der Gegenwart ihren Platz haben sollten, oder die Bemühungen der amerikanischen Militärverwaltung, das kulturelle Leben für die Re-education der Bremer in die Pflicht zu nehmen.

Das Publikum suchte in den Museen, Theatern und Kinos all das, was in diesen ersten Trümmerjahren kaum zu haben war: Trost, Orientierung, Normalität, Mitleid und vor allem Unterhaltung. Alles war kaputt, nichts funktionierte mehr: Das war auch eine großartige Gestaltungsmöglichkeit für Kulturschaffende und für das Publikum, das war eine Bühne, auf der noch keine etablierte Kulisse stand und die Akteure sich erst noch einfinden mussten. Doch bald zeichneten sich die Konturen einer neuen Nachkriegskultur ab, und die kulturelle Ambivalenz wich einer klaren Linie. Bis zur Währungsreform am 20. Juni 1948 mangelte es den meisten Deutschen an allem – lediglich Kultur und Unterhaltung waren täglich preiswert zu haben. Mit der Währungsreform drehte sich das Verhältnis um: Die Schaufenster hatten sich über Nacht mit Waren gefüllt, und die Theater standen leer. Spätestens zum Ende der Spielzeit 1948/49 meldeten alle Bremer Bühnen Konkurs an – symptomatisch für den kulturellen Bruch der Währungsreform. Als die Theater wieder eröffnet wurden, begann eine neue bundesdeutsche Ära, die von wirtschaftlichem Wachstum und Warenkonsum geprägt wurde. Kultur wurde Bestandteil dieser Warengesellschaft ebenso wie Motor kritischer Reflexion der Gegenwart.

Stadtentwicklung und Architektur
1945–1954

Detlef Kniemeyer,

Eberhard Syring

Große Planungen

Wiederaufbau und Neugestaltung

Wohnungsbau

Arbeitsstätten

Verkehrsplanung

Grünplanung

Bildung, Kultur und Freizeit

Innenstadt

Große Planungen

Bremen wird »Aufbaustadt«

In den meisten deutschen Städten wurden städtebauliche Planungen Anfang 1940 aufgrund des Krieges eingestellt. Nur für »Aufbaustädte« konnten für die Zeit nach dem Krieg Pläne erstellt werden. Da Bremen nicht Gauhauptstadt war – im Grundsatz Voraussetzung für die Erklärung zur Aufbaustadt – wurden in der Hansestadt Bemühungen um eine Ausnahmegenehmigung angestellt. Die Stadt begründete einen entsprechenden Antrag unter anderem damit, dass »das auf den Markt zusammenlaufende Straßennetz zu steigenden, nach dem Kriege vollends unerträglichen Verkehrsschwierigkeiten führt und dazu die vom Führer unter dem 28. September [1939] angeordneten Eingemeindungen nach Bremen notwendigerweise schnellste Lösungen weiterer städtebaulicher Fragen erforderlich machen.«

Die in einem Gespräch beim Generalinspektor Albert Speer vorgelegten, von Gerd Offenberg, seit 1932 Leiter des »Amtes für Stadtbauwesen«, erarbeiteten Umgestaltungspläne wurden als Voraussetzung für die Weiterbearbeitung von Stadtplanung und Neugestaltung anerkannt. Speer gab Offenberg mit auf den Weg, 60 bis 70 Meter breite Straßen seien für Bremen angemessen. Ende 1940 wurde Bremen von Hitler in den Kreis der »Aufbaustädte« aufgenommen.

Die Speer vorgelegte »Große Planung« Offenbergs sah eine neue breite Ringstraße um die Altstadt vor. Sie führte von einer geplanten Ostbrücke im Bereich der Mozartstraße weiter am Bahnhofsplatz und am Kopf des Europahafens vorbei und schloss an eine neue Westbrücke an. Im Zuge des Durchbruchs zur Ostbrücke waren ein Opernhaus mit Festplatz, ein Gaugebäude, ein axialer Promenadenplatz und auf der Neustadtseite ein Aufmarschplatz mit Parteiforum vorgesehen. Neben der Planung für die Ringstraße stand die Umgestaltung der Innenstadt, die noch nicht zerstört war, im Mittelpunkt von Offenbergs Überlegungen, insbesondere eine mit erheblichen Eingriffen verbundene Umgestaltung ihres östlichen Teils. Sowohl die Kritik an der »unbremischen Art« dieser Eingriffe als auch der Krieg verhinderten eine Umsetzung. Offenberg verließ Bremen 1942.

Aufgrund des hohen Zerstörungsgrads wurde Bremen durch ein Schreiben von Speer am 25. Februar 1944 zur »Wiederaufbaustadt« erklärt. Damit konnte die Bauverwaltung die städtebaulichen Planungsarbeiten intensivieren.

Bremen kaum wiederzuerkennen: Fotografie des zerstörten Modells vom Durchbruch durch das Ostertorviertel aus dem Jahr 1941. Im Vordergrund das Gaugebäude, mit Opernhaus und Festplatz, links auf dem Stadtwerder das »Parteiforum« mit »Aufmarschplatz«. Planung Gerd Offenberg

Linke Seite: Bremens Stadtzentrum 1953, Im Vordergrund der Turm des Lloydgebäudes und die Ruine von St. Ansgarii

Große Planungen

STADTENTWICKLUNG UND ARCHITEKTUR

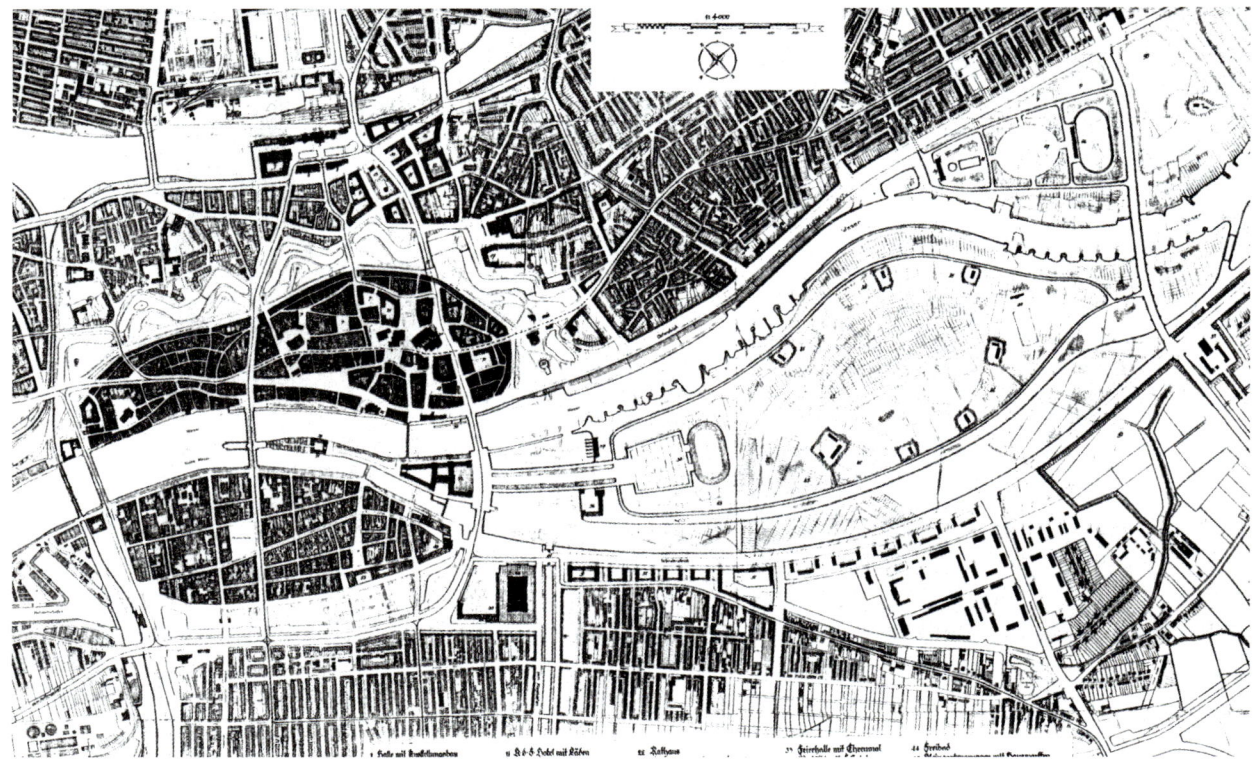

Die Planung Wilhelm Wortmanns von 1944 zeigt den Durchbruch durch die Innenstadt und den Bau monumentaler Einrichtungen auf dem Stadtwerder ganz im Stil der NS-Ideologie

Unter Leitung von Oberbaurat Wilhelm Wortmann begannen die Planungen für den Wiederaufbau der zerstörten Stadt. Im Herbst 1944 wurden von ihm Pläne für die Innenstadt und den Stadtwerder vorgelegt. Sie zeigten – im Gegensatz zu den bisherigen Innenstadtplanungen – eine Hauptverkehrsachse zwischen Bahnhof und Neustadt durch die Altstadt östlich des Domes. Die geplanten monumentalen Neubauten auf dem Stadtwerder wie Feierhalle, Aufmarschplatz und Parteiforum wurden von dieser Schneise erschlossen und sollten »der wiedergewonnenen Volksgemeinschaft« baulich Ausdruck verleihen.

In einer weiteren Planung, dem »Raumordnungsplan Bremen«, entwarf Wortmann Leitbilder zukünftiger Stadtentwicklung. In den beigefügten schriftlichen Ausführungen vertrat er die Überzeugung, dass die künftige Stadt nicht die historische Stadt zum Vorbild haben dürfe. An ihre Stelle solle die »Stadtlandschaft« oder die »Landschaftsstadt« treten. Mit diesen Stichworten verband sich die For-

derung nach einer wieder mit der Landschaft verbundenen und von ihr durchdrungenen »aufgelockerten« Stadt. »Siedlungszellen« als kleinste städtebauliche Einheiten hatten in diesem Modell die Funktion, ein überschaubares Wohnumfeld in lebendiger Beziehung zur Landschaft herzustellen. Aber auch eine politische Funktion war mit den Zellen intendiert: Als »Ortsgruppe« stellte die Zelle die kleinste Einheit der »Volksgemeinschaft« dar. Schließlich bildeten die Erfahrungen mit den verheerenden Folgen des Luftkriegs in dicht besiedelten Stadtquartieren gute Argumente für eine städtebauliche »Auflockerung«.

Wortmann stand mit seiner Auffassung nicht allein. Stadtfeindlichkeit oder zumindest Aversion gegenüber der modernen Großstadt, wie sie sich seit der Industrialisierung herausgebildet hatte, kennzeichneten damalige Planungsvorstellungen ganz allgemein. In diesem Punkt gab es zwischen Planungen, die von nationalsozialistischen Idealen geprägt waren, und den Stadtvorstellungen der Moderne, wie sie etwa die internationale Architektenvereinigung CIAM (Congrès Internationaux d`Architecture Moderne) mit der »Charta von Athen« 1933 vorlegte, durchaus Übereinstimmungen. Auf ihrem vierten Kongress, der als Kreuzfahrt zwischen Marseille und Athen stattfand, hatte sich der CIAM mit der »funktionellen Stadt« beschäftigt. Die Ergebnisse dieser Tagung sind 1943 von dem Architekten Le Corbusier überarbeitet und unter dem Titel »La Charte d'Athènes« anonym veröffentlicht worden. Eine zentrale Idee des Textes betrifft die Entmischung der Städte und ihre Neuordnung in die vier Hauptfunktionen Wohnen, Arbeit, Freizeit und Verkehr.

Da die vorhandenen, eng bebauten Wohngebiete Bremens nicht dem Bild einer aufgelockerten Stadt entsprachen, sollten in Wortmanns Raumordnungsplan etwa 120.000

Menschen umgesiedelt werden. Für den Verkehr stellte der Plan ein Netz übergeordneter Straßen dar. Dabei griff Wortmann mit dem Gedanken an einen Durchbruch zwischen Schwachhauser Ring und Utbremer Ring und der Weiterführung der Stader Straße über die Weser bis nach Brinkum die alte Idee des »Schröderrings« von 1852 wieder auf. Auch der im Innenstadtplan gezeigte »Schnoordurchbruch« wurde wieder diskutiert.

Kriegsschäden

Im Stadtgebiet wurden durch 181 Luftangriffe 61 Prozent aller Wohngebäude zerstört, Hafen- und Industrieanlagen unbrauchbar oder stark beschädigt. Betroffen von den schweren Luftangriffen waren insbesondere die Altstadt, das Stephaniviertel, Neustadt, Westliche Vorstadt, Nördliche oder Utbremer Vorstadt (seit 1951 Findorff), Bahnhofsvorstadt, östliche Vorstadt, Hastedt und sämtliche Hafenanlagen.

Vor allem zwei Luftangriffe hatten im Stadtbild nachhaltig Spuren hinterlassen: In der Nacht vom 18. auf den 19. August 1944 wurde die Westliche Vorstadt, deren Bebauuung damals noch unmittelbar bis an die Hafenanlagen heranreichte, bis zur Linie Columbusstraße–Bremerhavener Straße–Grenzstraße im Norden fast vollständig zerstört; bei einem Luftangriff am 6. Oktober 1944 die westliche Altstadt.

Bremen gehörte damit zu den vier am stärksten durch Bomben zerstörten Städten. Zwei Drittel des Wohnraums und die Hälfte der Arbeitsplätze waren vernichtet. Die Versorgung mit Strom, Gas und Wasser funktionierte nicht mehr, viele Straßen waren durch Trümmer unpassierbar, und mit Ausnahme des Weserwehrs waren alle Flussübergänge zerstört. Der Betrieb der Straßenbahn ruhte vollständig seit der Zerstörung des städtischen Kraftwerkes am 22. April 1945. Von 564 Straßenbahnwagen waren nur noch 47 betriebsfähig. Von den 150 allgemeinen und berufsbildenden Schulen erlitten 48 einen Totalschaden, nur 30 Schulen blieben unversehrt.

Wilhelm Wortmann

* 15.3.1897, Bremen
† 26.10.1995, Hannover

Wortmann studierte Architektur in München und Dresden. Ab 1928 arbeitete er im Stadtplanungsamt Bremen und war vorübergehend als freischaffender Architekt tätig. 1933 wurde er Fördermitglied der SA und der SS, 1937 Mitglied der NSDAP. 1934–1945 war er Baurat, später Baudirektor in der Bauverwaltung Bremen und nebenamtlich Leiter der Landesplanungsgemeinschaft Oldenburg-Bremen. Im August 1945 wurde Wortmann wegen seiner NSDAP-Zugehörigkeit aus dem Amt des Baudirektors entlassen. Doch als Berater der Wiederaufbaugemeinschaften hatte er weiterhin wesentlichen Einfluss auf die Entwicklung der Stadt. Er bekam 1956 eine Professur für Städtebau, Wohnungswesen und Landesplanung an der TH in Hannover, deren Rektor er 1960 wurde.

Wiederaufbau und Neugestaltung

Trümmerlandschaft im Stephaniviertel

Die Einwohnerzahl sank von 445.000 im Jahr 1939 auf 289.000 im Jahr 1945. Von den vor dem Krieg vorhandenen 115.000 Wohnungen waren ca. 65.000 zerstört oder unbewohnbar. 4100 Wohnungen wurden zudem von der Militärregierung für die amerikanische Verwaltung und das amerikanische Militär beschlagnahmt. Von den 431 unter Denkmalschutz stehenden Gebäuden waren 232 zerstört und 130 beschädigt. Unter den zerstörten Bauwerken befanden sich etliche hervorragende Exponate der Weserrenaissance wie das Essighaus oder das Neue Kornhaus. Auch im charakteristischen Stadtbild hatten die Bombenangriffe große Schäden hinterlassen. Die reizvolle Flussansicht mit den zahlreichen Giebelhäusern etwa gab es nicht mehr.

In den stadtbremischen Häfen war seit 1944 der Schiffsverkehr nicht mehr möglich, der Umschlag von Waren wurde gänzlich eingestellt. Die Schuppen waren durch Luftangriffe zu 83 Prozent, die Speicher zu 23 Prozent zerstört.

Wiederaufbau und Neugestaltung

Bautätigkeit mit knappen Mitteln

Der Wiederaufbau und die Neugestaltung der Stadt kam zunächst nur schleppend in Gang. Aufgrund der umfassenden städtebaulichen Neuordnung waren etliche der zerstörten Gebiete mit einer Bausperre belegt. Aber auch dort, wo gebaut werden konnte, ging es zum Teil nur in kleinen Schritten oder gar nicht voran. Baustoffe und Materialien waren knapp und wurden bis 1948 vorwiegend für den Ausbau des Hafens, für öffentliche Gebäude oder für den Straßen- und Brückenbau verwandt.

Eine Möglichkeit, schnell an brauchbares Baumaterial zu kommen, bot die Wiederverwertung der Trümmer. Schätzungen zufolge betrug das Volumen der in der Hansestadt anfallenden Trümmer etwa sieben Millionen Kubikmeter. Um die Beschaffung von Baustoffen aus den zerstörten Bauten für einen geregelten

Verordnung über Baustoffe und Bauteile sowie Maschinen und Einrichtungen in beschädigten oder zerstörten Gebäuden

»Alle Baustoffe und Bauteile sowie Maschinen und Einrichtungen in beschädigten oder zerstörten Gebäuden, die unbenutzbar geworden sind, sind durch Verordnung des Landwirtschaftsamtes Weser-Ems vom 20.12.1944 beschlagnahmt. Die Verwertung der Baustoffe muss jetzt im Interesse eines unverzüglichen Wiederaufbaues beschleunigt und im großen Ausmaß erfolgen. Die Baustoffe werden der Bauwirtschaft wieder zugeführt.

Die Grundstückseigentümer erhalten in den zusammenhängenden Schadensgebieten ihre Grundstücke kostenlos abgeräumt, so daß die Grundstücke in absehbarer Zeit ohne weiteres wieder bebaut werden können. Auch in den übrigen Fällen überwiegt das allgemeine öffentliche Interesse bei weitem das Interesse des einzelnen. Mit Rücksicht hierauf kann in allen Fällen ein Entgelt für die Baustoffe nicht bezahlt werden […].

Es wird bei dieser Gelegenheit darauf hingewiesen, daß Maßnahmen erwogen werden, durch die ein gerechter Ausgleich zwischen den Eigentümern nicht oder nur leicht zerstörter Gebäude und den Eigentümern ganz oder schwer zerstörter Gebäude erzielt wird.

Bremen, 23.11.1945
Der Präsident des Senats:
Kaisen, Bürgermeister«

Die »Volksräumaktion« erfolgte in den Jahren 1946 und 1947. Auf Initiative der Stadtverwaltung beteiligten sich über 60.000 Bremerinnen und Bremer, darunter Betriebsabordnungen, Verwaltungskräfte und Politiker, unentgeltlich an Aufräumungsarbeiten. Diesen »Ehrendienst für die Stadt Bremen« hatten die Männer mit sechs Arbeitstagen, die Frauen mit zwölf halben Arbeitstagen zu leisten. Neben einer Demonstration für den Aufbauwillen der Bremer Bevölkerung zeigte die Aktion auch handfeste Ergebnisse: Etwa 40 Millionen wiederverwendbare Mauersteine wurden gewonnen.

Bei der Volksräumaktion leisten Frauen »Ehrendienst für die Stadt Bremen«

Die Trümmerverwertungsanlage an der Olbersstraße. Im Vordergrund Lore und Lok der Trümmerbahn

Aufbau zu lenken, erließ der Senat Ende 1945 eine Verordnung zur Beschlagnahme aller Baustoffe und Bauteile.

Der gleichsam »schöpferische« Umgang mit den Resten der zerstörten Bausubstanz schlug sich in Bremen in zwei nennenswerten Projekten nieder: der »Volksräumaktion« und der »Trümmerverwertungsanlage«.

Wiederaufbau und Neugestaltung

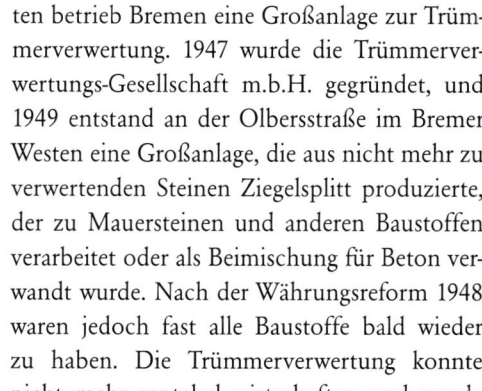

Gleise der Trümmerbahn in der Neustadt

Notstandsarbeiter bei der Aufspülung des Hafenerweiterungsgeländes an der Nordstraße

Doch die Räumung der zerstörten Grundstücke war eine langwierige Angelegenheit. Bis Herbst 1949 konnte erst ein Viertel der Gesamttrümmermenge beseitigt werden. Ungesicherte Ruinen drohten einzustürzen und mussten häufig kurzfristig gesprengt werden. Historisch wertvolle Bausubstanz ging so verloren. Oft beschränkte man sich bei den Ruinen baugeschichtlich bedeutsamer Objekte auf die Rettung einzelner Schmuckteile, die zum Teil in Neubauten Wiederverwendung fanden. In Einzelfällen wurden ganze Fassaden abgetragen – zum späteren Neuaufbau meist an einem anderen Ort.

Als eine von wenigen deutschen Großstädten betrieb Bremen eine Großanlage zur Trümmerverwertung. 1947 wurde die Trümmerverwertungs-Gesellschaft m.b.H. gegründet, und 1949 entstand an der Olbersstraße im Bremer Westen eine Großanlage, die aus nicht mehr zu verwertenden Steinen Ziegelsplitt produzierte, der zu Mauersteinen und anderen Baustoffen verarbeitet oder als Beimischung für Beton verwandt wurde. Nach der Währungsreform 1948 waren jedoch fast alle Baustoffe bald wieder zu haben. Die Trümmerverwertung konnte nicht mehr rentabel wirtschaften und wurde aufgegeben. Das Angebot an Baustoffen war inzwischen größer als die Nachfrage.

Wegen der schwierigen Gesamtsituation konnte ein zügiger Aufbau der Stadt in den ersten Jahren nach dem Krieg nicht durchge-

STADTENTWICKLUNG UND ARCHITEKTUR

führt werden. Damit dieser überhaupt in Gang kam, wurden Prioritäten gesetzt. Trotz der großen Probleme in der Wohnraumbeschaffung für die Bevölkerung hatten zunächst die Wiederherstellung der städtischen Infrastruktur sowie der wirtschaftlichen Grundlage, für die in Bremen die Häfen eine entscheidende Rolle spielten, Vorrang. In Bürgermeister Wilhelm Kaisens Diktum »Erst der Hafen, dann die Stadt« fand man diese Politik auf den Punkt gebracht.

Natürlich war der rasche Wiederaufbau der stadtbremischen Häfen auch der Tatsache geschuldet, dass die amerikanische Besatzungsmacht Bremen zur zentralen Nachschubbasis für Europa erkoren hatte und dass von dieser Seite eine entsprechende Unterstützung – etwa in Fragen der Materialbeschaffung – erfolgte. Doch Kaisen dachte darüber hinaus: Nur ein wirtschaftlich gesunder Hafen, so argumentierte der Bürgermeister, stelle die Basis der Selbstständigkeit Bremens dar. Bei der Gründung der Bundesrepublik 1949 habe Bremen, ebenso wie Hamburg, den Länderstatus erhalten, weil die beiden Städte durch und von ihren Häfen lebten und aufgrund ihres Status durch eigene Steuermittel Erhalt, Modernisierung und Ausbau dieser Anlagen angemessen betreiben könnten: »Ohne die Häfen also ist die staatliche Selbständigkeit überhaupt nicht sinnvoll.«

Kaisens Prioritätensetzung hatte aber auch einen arbeitsmarktpolitischen Hintergrund. Mit dem raschen Aufbau der Häfen war auch die Hoffnung auf einen Abbau der hohen Arbeitslosigkeit verbunden, die in den ersten zehn Nachkriegsjahren eine nicht geringe sozialpolitische Belastung darstellte. Im Vergleich zu anderen Großstädten besaß Bremen eine überdurchschnittlich hohe Arbeitslosenquote.

Um den von Arbeitslosigkeit betroffenen Menschen eine Perspektive zu bieten, hatte der Bremer Senat in Zusammenarbeit mit der Bundesanstalt für Arbeitslosenvermittlung und Arbeitslosenversicherung und dem Bremer Arbeitsamt ein Programm der »werteschaffenden Arbeitslosenfürsorge« entwickelt. Langfristig arbeitslose Fürsorgeempfänger erhielten ein- bis zweimal jährlich die Aufforderung, für einen Zeitraum von zehn Wochen gegen entsprechende Entlohnung Arbeit zu leisten.

Die Straßen sind frei, aber noch prägt Zerstörung das Bild. Blick über das Muggenburgviertel und den Kopf des Europahafens in Richtung Walle, Februar 1949

Wiederaufbau und Neugestaltung

STADTENTWICKLUNG UND ARCHITEKTUR

Franz Rosenberg

* 1.8.1911, Ratkovic (Kroatien)
† 9.7.1994, Bremen

Rosenberg studierte Architektur in München und Berlin und war 1938–1945 Architekt bei den Reichswerken Berlin/Salzgitter. 1945–1949 arbeitete er im Stadtplanungsamt Braunschweig. 1949 wurde Rosenberg Referent für Wiederaufbau beim Senator für das Bauwesen Bremen, 1955 leitender Oberbaudirektor der Bauverwaltung und 1964 Senatsbaudirektor. Er hat es verstanden, den Wiederaufbau und die Stadterweiterung zwischen 1949 und 1970 als Vermittler der auf die Stadtplanung einwirkenden Kräfte zu gestalten. Rosenbergs Arbeit war von der Vorstellung geprägt, eine Brücke aus der Vergangenheit in die Zukunft zu bauen.

Diese auch »Notstandsarbeiter« genannten Arbeitskräfte wurden vor allem für gemeinnützige infrastrukturelle Aufgaben eingesetzt, wie Straßenbau, Aufschließung von Wohn- und Industriegelände, Ausbau von Versorgungseinrichtungen und Freizeitanlagen, wie zum Beispiel des Werdersees. Der Sinn des Beschäftigungsprogramms zeigte sich aber in keinem anderen Bereich so deutlich wie beim Hafenausbau. Durch die Aufschließung des Geländes um die Hafenbecken und durch die zahlreichen Maßnahmen zur Modernisierung der Anlagen wurden die Voraussetzungen für einen wirtschaftlichen Aufschwung und damit einhergehend für Vollbeschäftigung geschaffen. Ende der 1950er Jahre, als der Aufschwung der stadtbremischen Häfen seinen Höhepunkt erreicht hatte, waren 39 Prozent der Arbeitsplätze in der Hansestadt direkt oder indirekt an die Häfen gebunden.

So imposant die Aufbauleistungen im Bereich der Häfen auch dastanden – eine allgemeine Frustration in Bezug auf die Wohnraumfrage, die im Laufe der Jahre durch ein rasches Bevölkerungswachstum noch zunahm, war im Alltag kaum zu überhören und lieferte politischen Zündstoff.

Die ersten Gesamtplanungen

Als Anfang Juni 1945 von der Militärregierung Senatoren eingesetzt wurden, erhielt Emil Theil (SPD) das Bauressort. Die personelle Besetzung der Bauverwaltung war neu aufzubauen. Bedienstete, die einer nationalsozialistischen Organisation angehörten, wurden entlassen. Der Senat hatte am 31. Juli 1945 den Vertreter der Bauverwaltung, Baudirektor Wilhelm Wortmann, und weitere Oberbeamte aufgrund ihrer Mitgliedschaft in der NSDAP,

Emil Theil

* 23.7.1892, Leipzig
† 27.12.1968, Bremen

Theil machte zunächst eine Ausbildung zum Metallhandwerker. Ab 1920 war er Geschäftsführer des Metallarbeiterverbandes Bremen, bevor er 1927 Sekretär der Konsumgenossenschaft »Vorwärts« in Bremen wurde. Als SPD-Vertreter war er von 1921 bis 1933 Mitglied der Bremischen Bürgerschaft. Unter den Nationalsozialisten musste er mehrere Jahre in Schutzhaft und im Konzentrationslager verbringen. Von 1945 bis 1955 war Theil Senator für das Bauwesen. Auch während seiner erneuten Mitgliedschaft in der Bremischen Bürgerschaft von 1955 bis 1967 trat er für seine Überzeugung ein, die Politik müsse zu jeder Zeit zuerst sozialen Aufgaben dienen.

der SA oder SS entlassen. Die Bauverwaltung stellte zugleich den Architekten Klaus-Dietrich Tippel ein. Im Dezember 1947 erfolgte seine Beförderung zum Oberbaurat mit der Amtsbezeichnung »Baudirektor«. Dieses Amt übernahm 1952 sein Nachfolger Franz Rosenberg, der 1949 in das Referat Wiederaufbau des Bausenators eingetreten war.

Den Wiederaufbau und die Modernisierung der Häfen leitete der Wasser- und Hafenbauingenieur Arnold Agatz seit 1945 auf Wunsch der amerikanischen Besatzungsmacht. Ab 1947 setzte er diese Tätigkeit als Präsident der Hafenbauverwaltung bis Ende 1953 fort. Zum Gartenbaudirektor wurde 1949 Erich Ahlers ernannt, der das Gartenbauamt seit 1947 kommissarisch leitete.

In der ersten Sitzung des Senats am 3. August 1945 erklärte Emil Theil: »Die zerstörten Stadtteile sind völlig neu zu gestalten, um die nötige Auflockerung zu erreichen, die Straßen zu verbessern und den für die Grünanlagen und Plätze erforderlichen Raum zu gewinnen. Die Flächenaufteilung der Gebiete soll nach dem Grundsatz der Trennung der einzelnen Funktionen der Arbeit, des Wohnens, des Verkehrs, der Erholung, der Kultur und der Verwaltung erfolgen.«

Diesem Gedanken lag eine Mischung aus den Leitbildern der Moderne mit Vorstellungen zugrunde, wie sie die nationalsozialistische Städtebauideologie, etwa unter Wortmann, entwickelt hatte. Die Ablehnung der überkommenen Stadt war der gemeinsame Nenner. Der Neuaufbau des völlig zerstörten Bremer Westens kann als Beispiel für die Realisierung dieser Denkweise angesehen werden. Die rigorose Neuordnung der bestehenden Stadtviertel, wie von Wortmann 1944 vorgeschlagen, wurde in den Aufbauplanungen nicht ernsthaft verfolgt. Bei den Stadterweiterungen der folgenden Jahrzehnte ist jedoch eine Kontinuität des Leitbildes von der Landschaftsstadt der NS-Zeit und der gegliederten Stadt der 1930er Jahre festzustellen.

Ende 1945 wurden aufgrund des fehlenden Personals in der Bauverwaltung die ersten Bebauungspläne und planerischen Arbeiten vergeben. Im November 1945 erarbeitete die Bauverwaltung einen Verkehrslinienplan für die gesamte Stadt, der als Steuerungsinstrument zukünftiger Stadtplanung diente. Fast unverändert verabschiedete ihn die Bremische Bürgerschaft im Mai 1949. Die Planung der Stadt für den Neuaufbau fand dabei Unterstützung durch den privaten »Bremer Ausschuss für Bauforschung« unter Wilhelm Wortmann, der von 1945 bis 1948 Planungsvorschläge erarbeitete. Seit 1947 gab es eine »Arbeitsgemeinschaft für Stadtplanung«, die als Kooperation zwischen Bauverwaltung und Privatarchitekten

Oben der Blick aus der Bahnhofstraße über den Breitenweg in Richtung Hauptbahnhof kurz nach Kriegsende, unten genau in der Gegenrichtung vom Bahnhofsvorplatz in Richtung Stadtmitte aus gesehen

Wiederaufbau und Neugestaltung

STADTENTWICKLUNG UND ARCHITEKTUR

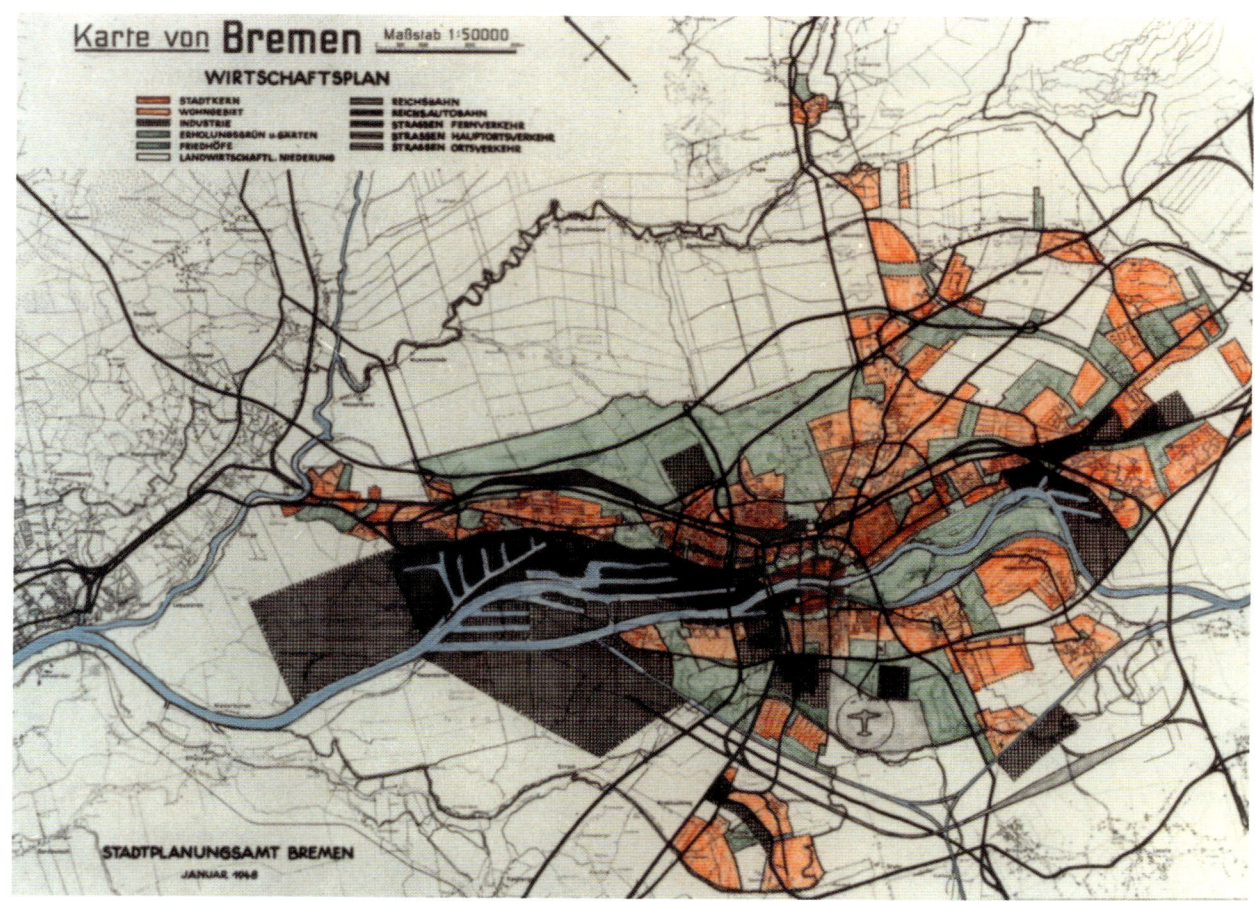

Der Wirtschaftsplan aus dem Jahr 1948 mit der Entwicklung des Werderlands als Gewerbegebiet und Niedervielands als Hafenerweiterung. Besonders ehrgeizig war die südliche Verlegung der Weser zur Erweiterung der stadtbremischen Hafenanlagen um drei Becken

Planungen für die Innenstadt betrieb. In keiner anderen deutschen Stadt spielte die Initiativkraft privater Anliegergemeinschaften eine solch entscheidende Rolle für die Gesamtplanung wie in Bremen. Das galt für die Innenstadt wie für die umliegenden Stadtteile. Oft standen ihnen Privatarchitekten beratend zur Seite – in der Innenstadt firmierten sie als »Gebietsarchitekten«. Zusammengefasst wurden die Einzelinitiativen seit 1948 in der »Aufbaugemeinschaft Bremen«.

In fast allen Initiativen im Umfeld der Aufbaugemeinschaft spielte der aus politischen Gründen entlassene ehemalige Baudirektor Wortmann als fachlicher Berater eine prägende Rolle. Ein Zusammenhang zwischen politischer Orientierung und städtebaulich-architektonischer Haltung wurde bestritten. Solchen Argumenten kam die bereits erwähnte

partielle Deckungsgleichheit großstadtfeindlicher Einstellungen nationalsozialistischer und moderner Planer entgegen. Das Idealbild der »Stadtlandschaft« galt als politisch neutral.

Nach dem Zweiten Weltkrieg wollte Bremen in der Landesplanung an die im 19. Jahrhundert begonnene Zusammenarbeit mit dem Umland anknüpfen. Im Jahr 1930 war dazu folgender Vertrag geschlossen worden: »Die Preußische Staatsregierung und der Senat der Freien Hansestadt Bremen haben den Wunsch, das Wirtschaftsgebiet an der Unterweser einheitlich zu erschließen und in verständnisvoller Gemeinschaftsarbeit nach einheitlichen Gesichtspunkten zu entfalten, zur Förderung des Handels- und des Weltverkehrs jeden den Belangen der gesamten deutschen Wirtschaft schädlichen Wettbewerb zu vermeiden und Verwaltungsunzuträglichkeiten zu beseitigen.

STADTENTWICKLUNG UND ARCHITEKTUR

Sie sind der übereinstimmenden Auffassung, daß dieses einheitliche Wirtschaftsgebiet unter Anerkennung der besonderen Stellung Bremens so zu verwalten ist, daß sich tunlichst Nachteile aus der verschiedenen Landeshoheit nicht ergeben. Sie erklären ihre Bereitschaft, die hierzu erforderlichen Maßnahmen in gemeinsamer Arbeit so zu treffen, als ob Landesgrenzen nicht vorhanden wären.«

Diese Übereinkunft hatte in der Zeit nach 1933 mit der Zuordnung Bremens zum Gau Weser-Ems ihre Bedeutung verloren, allerdings wurden 1939 die im Staatsvertrag genannten preußischen Gebietsteile Hemelingen, Blumenthal, Aumund, Grohn und Schönebeck nach Bremen eingemeindet.

Im Oktober 1948 schlug Bremen dem Land Niedersachsen die Gründung einer »Arbeitsgemeinschaft für Landesplanung Bremen-Niedersachsen« vor. Niedersachsen wandte sich jedoch gegen eine solche Arbeitsgemeinschaft, insbesondere wegen der Kosten für eine gemeinsame Geschäftsstelle. Es wurde vereinbart, die beide Seiten berührenden Probleme in regelmäßigen Zusammenkünften zu erörtern. Bei dieser Willenserklärung blieb es zunächst. Erst im April 1963 befassten sich die Regierungen von Niedersachsen und Bremen wieder mit einer Institutionalisierung der gemeinsamen Landesplanung, mit dem Ziel, Fragen der Raumordnung und Landesplanung abzustimmen.

Als Vorläufer eines Flächennutzungsplans stellte der Wirtschaftsplan vom Januar 1948 die Grundzüge der zukünftigen Stadtentwicklung dar. Eingegangen wurde in diesem Planwerk auf den Stadtkern, die Wohngebiete, die Industriegebiete, das Erholungsgrün und die Kleingärten, Friedhöfe, landwirtschaftliche Flächen sowie auf die Reichsbahn, Reichsautobahn und auf die Aufgliederung der

Entwurf Flächennutzungsplan 1952. Die gewerbliche Entwicklung im Werderland und im Niedervieland, die Wohnungsbauflächen in Obervieland und auch die Weserverlegung sind nicht mehr dargestellt

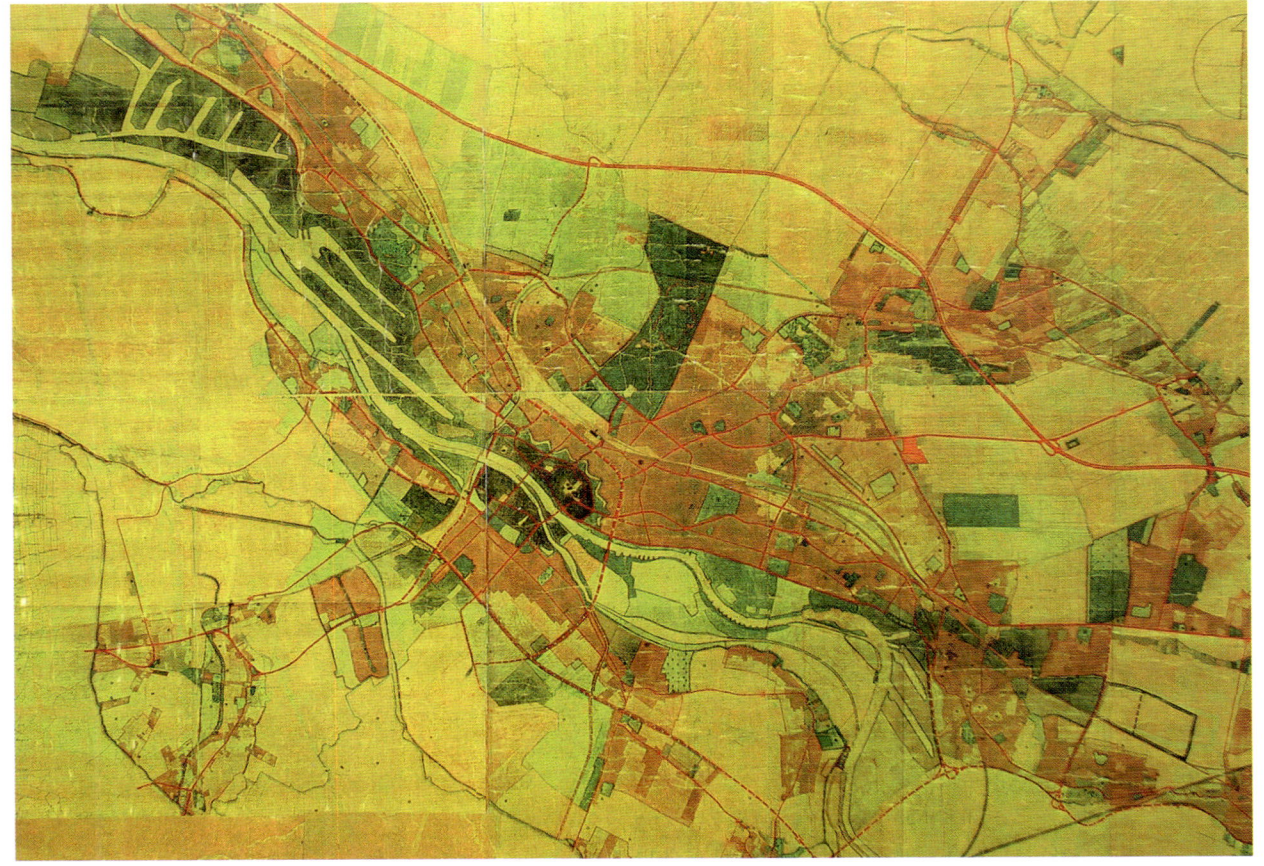

Wohnungsbau

innerstädtischen Straßen in Straßen für Fern-, Hauptorts- und Ortsverkehr.

Der Wirtschaftsplan sah neben einer Südverlegung der Weser auch die weitere Entwicklung der Häfen, der Gewerbeflächen im Niedervieland und im Werderland und der Wohnbauflächen in Obervieland und Osterholz vor. Ferner legte er die Grundlinien der Verkehrsplanung fest. Aufbauend auf diesem Wirtschaftsplan und dem Hauptverkehrslinienplan aus dem Jahr

Die Kleinsiedlung »Am Stackkamp« in Hemelingen

1949 erarbeitete die Bauverwaltung 1952 den Flächennutzungs- und Wirtschaftsplan 1950/51, der allerdings nicht beschlossen wurde. Dieser Plan ging von einer Flächenbereitstellung für maximal 600.000 Einwohner aus.

Wohnungsbau

In der ersten Sitzung des Senats am 3. August 1945 hatte Bausenator Emil Theil angekündigt, die zerstörten Stadtteile völlig neu, nach modernen städtebaulichen Erkenntnissen aufzubauen. Diese Festlegung dominierte den Siedlungsbau bis Mitte der 1960er Jahre.

Durch Rückwanderung und Flüchtlingsstrom verschlechterte sich die Wohnungsversorgung von Monat zu Monat. Die Einwohnerzahl stieg von 290.000 im Mai 1945

auf 417.000 im Juli 1948. Die Bautätigkeit im größeren Umfang beschränkte sich bis zur Währungsreform 1948 im Wesentlichen auf die Wiederinstandsetzung von Wohngebäuden. Insgesamt konnten auf diese Weise 6000 Wohnungen geschaffen werden. Als vorteilhafter Bautyp für die Notsituation erwies sich das »Bremer Haus«. Durch seine offene Struktur und die Vielzahl meist kleiner Zimmer ermöglichte es ein Zusammenwohnen mehrerer Parteien auf engem Raum.

Um den Wohnungssuchenden Wohnraum anzubieten, wurde 1945 der Bau von festen Wohnlauben in den Kleingartengebieten erlaubt (Kaisen-Verordnung). Aufgrund dieses ordnungspolitischen Aktes konnten in den Jahren 1945 bis 1948 insgesamt 2700 Wohnungen geschaffen werden. Doch die Zahl der bewohnten Gartenhäuser war größer. Seit Beginn des Krieges sollen ohne Baugenehmigung ungefähr 12.000 Behelfsheime entstanden sein. Ende 1953 schätzte man die Zahl der Bewohner in den Parzellengebieten am Rande der Stadt auf 48.000 bis 50.000. Aus städtebaulicher Sicht war dieser Zustand äußerst bedenklich: Ohne Straßen, Schulen, ÖPNV-Anbindung, Einkaufsmöglichkeiten und geprägt von problematischen hygienischen Verhältnissen, entsprachen diese Wohngegenden im Grünen wider Willen noch weniger als die beengten Gründerzeit-Viertel modernen Wohnvorstellungen.

Sehr zum Missmut der Behörden dienten die unübersichtlichen Strukturen am Stadtrand zudem als Anlaufpunkte für illegale Zuwanderer. Baudirektor Tippel bemerkte dazu 1951: »Diese Gebiete haben ihre Pflichten getan; sie ihrer eigentlichen Bestimmung als Kleingärten zurückzugeben, wird eine der Pflichten der wiederaufgebauten Stadt sein.« Und ganz im typischen, etwas pathetisch gehaltenen Ton seiner Zeit fügte der Baubeamte hinzu: »Hoffen wir, daß bis dahin ernste Schäden für Gesundheit und Moral des Stadtorganismus von dort nicht ihren Ausgang nehmen!«

Die Bauverwaltung ging zunächst bei der Planung für die Nachkriegszeit von 445.000

Einwohnern aus, der Einwohnerzahl des Jahres 1939. Ein Wachstum Bremens wurde nicht prognostiziert. 1948 schätzten Planer und Politiker für ein Wiederaufbauprogramm mit der Neuerstellung von jährlich 3000 Wohnungen eine Laufzeit von 20 Jahren, um die 60.000 zerstörten Wohnungen zu ersetzen. Bei weiterem Bevölkerungszuwachs sollte die Zahl gesteigert werden.

Die Entwicklung verlief anders als angenommen: schneller, was die Produktion von Wohnungen betraf, schneller aber auch bezüglich des Anwachsens der Einwohnerzahl. Nach der Währungsreform und dem Ende der Bewirtschaftung der Baustoffe war der Wohnungsbau nunmehr abhängig von der wirtschaftlichen Entwicklung, den Eigenmitteln der Bürger und der Gewährung von Krediten. Der Senat reagierte mit einem Wohnungsbauprogramm, das die Bremische Bürgerschaft im Februar 1949 beschloss. In dem Programm wurde vorgeschlagen, staatliche Wohnungsbauvorhaben durchzuführen und Bauvorhaben der Wohnungswirtschaft und von Privatpersonen mit erheblichen Mitteln zu unterstützen. Die Aufteilung der Fördermittel erfolgte zu je einem Drittel für den privaten, den gemeinnützigen und den staatlichen Wohnungsbau.

Durch dieses Programm unterstützt entstanden 1949 bereits 4000 Wohnungen. Zu den durchgeführten Bauprojekten gehörten die Vollendung einer 1945 begonnenen, wegen Materialknappheit unterbrochenen »Gärtnerhofsiedlung« an der Franz-Schütte-Allee, die Kleinsiedlung »Am Stackkamp« in Hemelingen (in beiden Fällen war das Wohnungsbauamt Bauherr), Bauvorhaben von Anwohnergemeinschaften, etwa an der Grenzstraße im Bremer Westen (Architekt: Heribert Nadolle) und am Alten Postweg in Hastedt (Architekten: Rudi Richter und Willi Kläner), sowie Wohnanlagen von gemeinnützigen Wohnungsbaugesellschaften wie dem Eisenbahn-Spar- und Bauverein oder der Gemeinnützigen Wohnungsbaugesellschaft (Gewoba). In ihren Ausmaßen waren die ersten Wohnungsbauten – verglichen mit

der späteren Entwicklung – eher bescheiden dimensioniert; architektonisch standen sie dem Heimatstil der 1930er Jahre näher als dem Neuen Bauen.

Bis 1955 waren über 60.000 neue Wohnungen fertiggestellt. Der Verlust durch die zerstörten Wohnungen war somit ausgeglichen. Die Einwohnerzahl wuchs jedoch von 417.000 im Jahr 1948 auf 507.000 im Jahr 1955 und überschritt die Marke von 1939. Somit stieg auch die Zahl der Wohnungssuchenden: von 12.400 im Jahr 1950 auf 26.300 im Jahr 1955.

Erste Wohnungsbauprojekte entstanden bereits, bevor ab 1953 mit dem großflächigen Aufbau des Bremer Westens Wohnungsbau

»Wohnen auf Parzelle« – Kaisenhäuser Anfang der 1950er Jahre in der Waller Feldmark. Oben am Rotkehlchen- und darunter am Zaunkönigweg

Wohnungsbau

in ganz großem Maßstab, gewissermaßen als Städtebau betrieben wurde. An vielen Stellen der Stadt gab es kleinere bemerkenswerte Bauvorhaben. Diese Wohnbauten waren häufig für ganz bestimmte Nutzergruppen vorgesehen. Die besonderen Bedürfnisse, die mit solchen Bauten befriedigt werden sollten, resultierten nicht selten aus den Zeitumständen.

Eine 1951 fertiggestellte Wohnhausgruppe an der Duckwitzstraße mit 78 mit Soforthilfemitteln finanzierten Wohnungen war ausschließlich für Heimatvertriebene und Umsiedler bestimmt (Planung: Wohnungsbauamt). Der damaligen Notsituation entsprechend, wiesen die Wohnungen mit 33

Die »Radiostadt« an der Heinrich-Hertz-Straße mit den Bauten von Radio Bremen auf dem Torso eines Lazarettbaus aus dem Jahre 1938

Die Wohnanlage für Alleinstehende in der Kohlmannstraße von Max Säume und Günther Hafemann

bis 65 Quadratmetern nur knapp bemessene Grundflächen auf, dafür aber einen modernen Ausstattungsstandard. Und jede Wohnung verfügte über einen Balkon. Auch äußerlich zeigte diese Anlage erstmals in Bremen eine eindeutig moderne Formensprache.

Die Beamten-Baugesellschaft errichtete 1950 an der Kurfürstenallee eine Wohnanlage speziell für solche städtischen Beamten, die zuvor auswärts wohnten und durch Trennungszulagen und andere Entschädigungen den Staatshaushalt belasteten. An der angrenzenden Heinrich-Hertz-Straße wurden wenig später auf einem auch von Radio Bremen genutzten Lazarett-Torso von 1938 weitere 134 Wohnungen errichtet. Ergänzt durch Bauaktivitäten in den angrenzenden Straßen, entstand so ein »Radiostadt« genanntes neues Viertel für 1300 Bewohner.

1953 wurde an der Kohlmannstraße in Horn von der Gewoba mit dem Bau einer Wohnanlage speziell für Alleinstehende, für die es damals auf dem Wohnungsmarkt kaum Angebote gab, begonnen. Die auf einem parkartigen Grundstück von den Architekten Max Säume und Günther Hafemann geschaffene moderne Gebäudegruppe ist ein gelungenes Beispiel für das Ideal einer aufgelockerten Bauweise.

Nach der Entscheidung der Bremischen Bürgerschaft über den Generalverkehrslinienplan Ende 1949 und nach der Entscheidung, den zerstörten Teil zwischen Europahafen und Nordstraße als Hafenerweiterungsfläche vorzusehen, schrieb die Bauverwaltung 1950 zur Neugestaltung der Westlichen Vorstadt einen städtebaulichen Wettbewerb aus. In diesem Gebiet wohnten vor dem Zweiten Weltkrieg 33.000 Menschen. Aus der größten Trümmerwüste der Stadt sollte ein völlig neuer Stadtteil für nur noch 20.000 bis 24.000 Menschen werden. Allein schon in diesen Bewohnerzahlen wird das Konzept der geringen Verdichtung bzw. Auflockerung deutlich.

Entsprechend den damaligen Leitbildern war der Grundgedanke der Wettbewerbs-Ausschreibung eine durchgrünte, in Höhe und

Wohnungsbaugesellschaften

Beim Wiederaufbau und der Neugestaltung Bremens spielten die Wohnungsbaugesellschaften eine tragende Rolle. Die erfolgreichste Bremer Wohnungsbaugesellschaft der 1950er Jahre war die 1924 von Gewerkschaften gegründete Gewoba (Gemeinnützige Wohnungsbaugesellschaft mbH). Mit ihrer modernen Architektur prägte sie u.a. Teile des Bremer Westens und die Neue Vahr. 1967 übernahm sie den Namen der Hamburger »Neuen Heimat«, die schon lange mehr als die Hälfte der Gesellschaftsanteile besaß. Sie war an weiteren Großsiedlungen wie Blockdiek beteiligt, und der neue Teilbereich »Neue Heimat Städtebau« übernahm auch den Bau von Schulen und Kliniken. Nach dem Skandal um den Hamburger Konzern nahm die Gewoba 1986 wieder ihren alten Namen an.

Bautafel der Gewoba im Bremer Westen Mitte der 1950er Jahre

Den wichtigsten Gegenpart zu der modernen Position der Gewoba bildete die 1950 von der Aufbaugemeinschaft gegründete Bremer Treuhandgesellschaft für den Wohnungsbau. Sie war ebenfalls am Neubau des Bremer Westens beteiligt, und ihr Prestigeobjekt wurde das neue Stephaniviertel. Mit zahlreichen Reihenhauszeilen knüpfte sie an die Tradition des Bremer Hauses an. In den 1960er Jahren expandierte die Treuhand, zu der auch die Nordbremische Gesellschaft für Wohnungsbau gehörte, und baute Großanlagen wie die »Grohner Düne«. In den 1970er Jahren führte dieser Expansionskurs zur Auflösung, als die Tochter H.+T. Bau Company mit einem ehrgeizigen Bauvorhaben in Algerien in Konkurs ging.

Die dritte Partnerin im Wiederaufbau des Bremer Westens war die Bremer Schoß Betreuungsgesellschaft für den privaten Wohnungsbau mbH, die auch im Werderviertel und der westlichen Bahnhofsvorstadt baute. Sie entstand 1951 auf Betreiben des Haus- und Grundbesitzervereins und des Bauwirtschaftsvereins.

Außerdem hat sich in den Wiederaufbaujahren die Bremische Bau- und Siedlungsgesellschaft mbH (Brebau) mit zahlreichen Bauten u.a. in Kattenturm und Schwachhausen und der markanten Wohnanlage an der Falkenstraße hervorgetan. In den 1960er Jahren kooperierte sie mit der Bremer Schoß und dem Gemeinnützigen Bremer Bauverein und übernahm in der Folge deren technische und kaufmännische Leitung.

1951 stimmte der Senat der Gründung einer Bremischen Gesellschaft zur Förderung des Wohnungsbaus mbH zu.

Neben dem Bau von Sozialwohnungen verwaltete sie ab 1953 den städtischen Wohnungsbaubesitz. 1973 wurde sie in »Bremische Gesellschaft für Stadterneuerung, Stadtentwicklung und Wohnungsbau mbH« umbenannt und offizieller Sanierungsträger der Stadt.

Zu den kleineren Gesellschaften gehörten die Bremer Beamten-Baugesellschaft (BBG) und der Eisenbahn Spar- und Bauverein (ESPABau) mit ihrer berufsspezifischen Klientel und langen Tradition, die GeWoSie (Gemeinnützige Wohnungsbau- und Siedlungsgenossenschaft Bremen-Nord) und die Bremer Bau-Union. Sie war eine Gründung des Architekten Theodor Siegfried Morschel, der zugleich ein Architekturbüro und die »Bremer Hochbau GmbH« betrieb, deren Projekte neben dem Herdentorviertel (Siemens- und Tivoli-Hochhaus) vor allem in Huchting und am Leher Feld lagen.

Richtfesteinladung der Bremer Treuhand, Mai 1955

Wohnungsbau

Wohnungszuschnitt differenzierte Wohnstadt. Die Straßen sollten nach Verkehrsstraßen, Sammelstraßen, Wohnstraßen und Wohnwegen gegliedert werden, und an einem durchgehenden Grünzug, dem Rückgrat des neuen Stadtteils, waren die öffentlichen Einrichtungen wie Schulen, Kirchen, Spiel- und Sportplätze vorgesehen.

Zur Teilnahme an diesem Wettbewerb wurden sechs Architekturbüros eingeladen. Den ersten Preis erhielten die Architekten Säume und Hafemann. Ihr Entwurf bildete die Grundlage der weiteren städtebaulichen Planung. In den folgenden öffentlichen Diskussionen erregte die vorgeschlagene Zeilenbauweise starken Unwillen. Sie wurde als etwas empfunden, das mit Kollektiveigentum, Mietshaus oder Enteignung verbunden schien.

Viele bevorzugten eine stärkere Anlehnung an die alte Bebauungsstruktur. Doch die Blockbebauung der Westlichen Vorstadt und der hier vorherrschende Typus des Bremer Hauses (das sich im Arbeiterviertel meist als ein verkapptes Mietshaus erwiesen hatte) standen im Kontrast zum neuen städtebaulichen Ideal einer gegliederten und aufgelockerten Stadt, in der grundsätzlich jede Wohnung und jeder Gartenraum Licht, Luft und Sonne in ausreichendem Maße erhalten sollte.

Der Bebauungsplan wurde 1951 beschlossen und bildete die rechtliche Grundlage für die Realisierung des »Neuen Bremer Westens«. Die Umsetzung der Planung durch Umlegung der großen Anzahl von Grundstücken zu erreichen, stieß auf erheblichen Widerstand. Daher beschlossen Senat und Bürgerschaft, drei Baugesellschaften bestimmte Gebiete zuzuweisen, in denen sie innerhalb eines Vierteljahres entweder gegen Geld oder Ersatzgrundstücke die Flächen freihändig erwerben sollten. Bei den Gesellschaften handelte es sich um die Gewoba, die Bremer Treuhandgesellschaft für Wohnungsbau mbH und die Bremer Schoß Betreuungsgesellschaft für den privaten Wohnungsbau mbH.

Nach Ablauf der Frist waren 1600 von insgesamt 3000 der Grundstücke erworben. Da die Umgestaltung des Stadtviertels allein durch freihändigen Erwerb der Flächen und durch eine Umlegung nicht erreicht werden konnte, verlieh die Bürgerschaft nach heftiger politischer Kontroverse (s. S. 332) 1953 den Baugesellschaften für die Wohngebiete und der Stadtgemeinde für die Gewerbegebiete das Enteignungsrecht. Erst die Enteignung von Grundstücken ermöglichte es, das ehrgeizige Ziel, in kurzer Zeit einen modernen Stadtteil zu schaffen, zu erreichen. Der Grundbesitz wurde völlig neu geordnet. Aber auch der Einsatz von Kommunaldarlehen in beträchtlicher Höhe stellte eine wichtige Voraussetzung für den Start des Großbauvorhabens dar.

52 Prozent der Gebäude des neuen Stadtviertels waren Ein- und Zweifamilienhäuser, 43 Prozent Mehrfamilienhäuser mit drei und

Minibalkone mit Blick über den Hafen – Bremens erstes Wohnhochhaus an der Hansestraße/Schifferstraße

Gebäudebestand Bremer
Westen im Jahr 1939

Plan für den »Neuen
Bremer Westen«

Wohnungsbau

Erster Spatenstich für die ECA-Siedlung im Bremer Westen am 31. März 1952

vier Geschossen, fünf Prozent mit sieben und mehr Geschossen.

Das erste Hochhaus Bremens wurde als neues Wahrzeichen der Westlichen Vorstadt an der Hansestraße 1955 fertiggestellt. Der Entwurf stammte von den Architekten Säume und Hafemann, die fortan als die »Hausarchitekten« der Gewoba galten. Der moderne Charakter des neuen Bremer Westens betraf vor allem das von der Gewoba betreute Teilgebiet, das am zentralen Grünzug lag. Die Teilgebiete der Bremer Treuhand und der Bremer Schoß zeichneten sich durch ein Überwiegen von Reihenhausbebauung und traditioneller »geschlossener Bauweise« aus. Mit einem Hochhaus am Wartburgplatz von Bernhard Wessel setzte aber auch die Treuhand einen markanten städtebaulichen Akzent.

Noch vor dem Startschuss zur Gesamtbebauung entstand 1952 nördlich der späteren Wartburgstraße und östlich der St.-Magnus-Straße die »ECA Siedlung«. Die ECA (Economic Cooperation Administration) war eine amerikanische Institution für Hilfs- und Kreditprogramme zur Förderung des Wiederaufbaus. Bremen beteiligte sich erfolgreich an der Ausschreibung zur Aufnahme in das ECA-Programm. Nach den ECA-Richtlinien wurden die Reihenhäuser als Eigentumsmaßnahme gefördert, wenn die künftigen Bewohner »werkätig in der Exportindustrie, in der Landwirtschaft oder in der Hafenwirtschaft beschäftigt« waren. Den städtebaulichen Wettbewerb für die Umsetzung des Wohnungsbaus mit 100 Mietwohnungen und 200 Reihenhäusern gewann das Büro Prof. Hebebrandt-Schlempp-Marschall aus Frankfurt. Bauträger war die

Blick über die ECA-Siedlung. Im Hintergrund der neue Speicher I und der 1964 abgebrochene Turm der Wilhadikirche

abend, 6. Februar 1954   WESER-KURIER   Nr. 31 S

Der Turm der St.-Marien-Kirche ist wiederaufgebaut. Von seiner obersten Plattform bietet sich ein origineller Blick auf die ECA-Bauten im Westen

Foto zu einem Bericht des »Weser-Kurier« über die ECA-Siedlung

Frankfurter Gemeinnützige Wohnungs- und Siedlungsbau-Gesellschaft m.b.H. (Gewobag).

Als der Neue Bremer Westen 1955 weitgehend vollendet war, löste der Kompromiss in der Gesamtkonzeption mit dem Nebeneinander von traditionellen und modernen Architekturauffassungen Kritik aus. So schrieb die »Bremer Volkszeitung« am 22. Oktober 1955: »Die Besichtigung des Westens ergab [...], daß die Schnittpunkte verschiedener Architekturen weniger hart in Erscheinung treten sollten. Flachdächer und Giebeldächer mögen gleichermaßen ihre Berechtigung und Anhänger haben. Wo sich beide mischen, ist der Eindruck durchaus nicht erfreulich. In der Nähe der Hansestraße gibt es für das unerträgliche Durcheinander von Flach- und Giebeldächern einige handfeste Beispiele. Die Folgerung drängt sich auf: man kann für ein großes Wohnungsbauprojekt nicht völlig verschieden orientierte Bauträger bzw. Architekten einsetzen. Sollte es bei großen Bauvorhaben in der Zukunft – und das ist wahrscheinlich – zu gemeinsamem Einsatz verschiedener Bauträger kommen, wird in Fragen der städtebaulichen Anlage und der Einzelarchitektur eine gemeinsame Marschroute die Voraussetzung sein müssen.«

Dieser Forderung wurde insoweit entsprochen, als sich die architektonisch eher der Moderne zugewandte Gewoba in der Folge mehr auf Stadterweiterungsgebiete konzentrierte, während die architektonisch eher konservativ orientierten Bremer Treuhand und Bremer Schoß vermehrt in den innenstadtnahen Aufbaugebieten tätig wurden. Das Stephani-Quartier und die Bebauung der Vahr können hierfür als exemplarisch gelten.

Das Stephaniviertel war bis zur Zerstörung 1944 eines der lebendigsten Quartiere der Stadt. Packhäuser an der Weser, Wohnen und Gewerbe auf engstem Raum, Läden und Gaststätten an der Faulenstraße kennzeichneten den Charakter. Die Straßenführung und die Grundstückszuschnitte des zwischen Stadtzentrum und Hafen gelegenen Viertels stammten aus dem Mittelalter. Die Diskussion über städtebauliche Grundsatzfragen wie Zeilenbauweise, Wohnwegerschließung, Grünflächen, die bei der Planung des Bremer Westens noch geführt worden war, wiederholte sich 1954 bei der Planung des Stephaniviertels nicht.

Ein Wiederaufbau der Packhäuser hätte sich nicht in ein modernes städtebauliches Konzept eingefügt, das eine Mischnutzung

Wohnungsbau

Blick auf das Stephani-
viertel zu Beginn …

… und am Ende der 1950er
Jahre

Der Westen der Gartenstadt
Vahr wurde von Ernst May
mit Säume und Hafemann,
der Osten von Wilhelm
Wortmann und Friedrich
Heuer geplant

ablehnte und eine Öffnung zur Weser anstrebte. Den von der Bremer Treuhand als Trägergesellschaft ausgeschriebenen Ideenwettbewerb gewannen die in der Bauverwaltung tätigen Architekten Ludwig Almstadt, Hans Eilers und Karl Nielsen. Bei der städtebaulichen und architektonischen Gestaltung wurde bewusst angestrebt, das Gebiet deutlich gegen seine Umgebung abzugrenzen und so zu entwickeln, dass sich ein »geschlossener Organismus« herausbilde. Vorbild war die 1951 ausgeführte Bebauung »rund um die Kreuzkirche« in Hannover. Die aus dem Entwurf der Preisträger entwickelten Bebauungspläne wurden im Mai 1955 beschlossen und bildeten die Grundlage für die Enteignung bisher nicht erworbener Grundstücke. Die Realisierung begann 1956.

Das Ideal der Geschlossenheit fand auch im einheitlichen Material von Backstein und grauen Dachpfannen Ausdruck. Im Kernbereich überwog eine Reihenhausbebauung (Architekten: Bernhard Wessel und Carsten Schröck), an den Rändern drei- und viergeschossige Mehrfamilienwohnhäuser mit Eigentumswohnungen (Architekt: Bernhard Wessel). Eine später gebaute Schule (Hochbauamt) und ein Seemannsheim (Architekten: Rudi Richter und Willi Kläner) belebten als öffentliche Gebäude das Viertel. Fußwege und ein hoher Anteil öffentlicher Grünflächen waren weitere Charakteristika. Die im Krieg stark beschädigte St. Stephani-Kirche, der Mittelpunkt der Quartiers, wurde in den Jahren 1948 bis 1965 von den Architekten Arthur und Henning Bothe in mehreren Schritten wiederhergestellt.

Von 1955 bis 1959 entstand als erste Stadterweiterung nach dem Krieg die Gartenstadt Vahr. Geplant wurde diese Wohnstadt 1954 von Ernst May als Idealstadt »Grünstadt An der Vahr«. Als Frankfurter Stadtbaurat hatte May in den 1920er Jahren bekannte Siedlungen geschaffen und galt als einer der führenden Köpfe des Neuen Bauens. Er emigrierte während der Jahre der Nazi-Herrschaft nach Kenia. Nach seiner Rückkehr wurde May 1954 Leiter der Planungsabteilung der Neuen Heimat Hamburg und entwarf unter anderem die Siedlung Grünhöfe in Bremerhaven.

Nachdem die Neue Heimat der Gewoba beim Wiederaufbau der Westlichen Vorstadt als Kreditvermittlerin zur Seite stand, war das Engagement Mays wohl als Fingerzeig in die Richtung eines modernen Städtebaus gedacht, der ja in der Westlichen Vorstadt nicht immer überzeugte. Auf Anregung von Richard Boljahn (s. S. 315) wurden schließlich auch die »Hausarchitekten« Säume und Hafemann mit in das Projekt einbezogen.

Der Maßstab für die Stellung der Baukörper der nun »Gartenstadt Vahr« genannten Siedlung war die optimale Belichtung, Belüftung und Besonnung. Das Straßennetz bewegt sich in »organischen« Linienführungen neben den Baukörpern. Die offenen, gemeinschaftlich zu nutzenden Freiräume sollten ein Gegenbild zu der engen historischen Stadt entwerfen. Wie bereits beim Aufbau des Bremer Westens wurden die Wohnblöcke in ihrer Höhe gestaffelt – mit einem Wohnhochhaus als optischem Mittelpunkt des Quartiers. Die Grundrisse sollten möglichst große Vielfalt aufweisen.

Ein ganz in sich geschlossenes modernes Viertel wurde die Gartenstadt Vahr schließlich doch nicht: Die östliche Erweiterung in den Jahren 1956 bis 1962 entwickelten Wilhelm Wortmann und Friedrich Heuer für die Bremer Treuhand. Die dem »Heimatstil« nahestehenden Architekten griffen zwar die Idee der grünen Stadt auf, verfolgten aber keine der sonstigen städtebaulichen Zielsetzungen von May. Der östliche Teil ist geprägt durch Reihenhäuser. Gebaut wurden insgesamt 2266 Mietwohnungen, 1638 Eigentumswohnungen und Eigentumsreihenhäuser.

Arbeitsstätten

Nach ersten Aufräumarbeiten im Jahr 1945 diente der Hafen zunächst als Nachschubhafen für die amerikanische Armee. Die Flächen an den Kajen wurden vom Schutt, die Wasserflächen von 230 Wracks befreit und entmint, Straßen und Gleise notdürftig hergestellt. Der planmäßige Wiederaufbau der Getreideanlage, der Rolandmühle und der Südseite des Über-

Richtfest für 2042 Wohnungen in der Gartenstadt Vahr am 15. September 1955

seehafens begann Mitte 1946. Bis auf den Europahafen waren das Eisenbahnnetz sowie die Straßen sämtlicher Häfen 1951 wiederhergestellt.

Die 1949/50 verfolgte Konzeption für die Entwicklung des Hafens ging davon aus, dass zukünftig Flächen für den Landverkehr und zusätzliches Hafengewerbe in erheblichem Umfang erforderlich seien. Um diese Ziele zu erreichen, wurde planungsrechtlich das Wohnen im Bereich zwischen Europahafen, Weser, Stephaniviertel ausgeschlossen. Die Stadt erwarb bzw. enteignete Grundstücke, die bis zur Kriegszerstörung zum großen Teil dem Wohnen gedient hatten. In der Senatsvorlage zur Enteignung hieß es: »Die Zerstörung der angrenzenden Stadtgebiete durch die Kriegsereignisse gibt nunmehr die Möglichkeit, die Wiederaufbauplanung der Häfen der neuzeitlichen Verkehrsentwicklung anzupassen und für das Hafengebiet und das unmittelbar angrenzende Hafenerweiterungsgebiet breite Verkehrs- und Ladestraßen mit dazugehörigen

Arbeitsstätten

Nach dem Kriegsverlust aller Leitungspläne in den Häfen verfolgen Arbeiter mit elektrischen Suchgeräten den Verlauf der alten Stromkabel. Foto aus dem Überseehafen, 1950

der Sand aus dem Hafenbecken auf das nahe gelegene Areal aufgespült und das Bodenniveau um durchschnittlich zweieinhalb Meter angehoben. Im Zuge der Instandsetzung und Modernisierung der Häfen entstanden auch schon um 1950 bemerkenswerte Neubauten: auf der Landzunge zwischen Holz- und Überseehafen ein modernes Kühlhaus der Bremer Kühl- und Lagerhaus-Gesellschaft (Architekt: Georg Grünig, 1949); am Rande des Europahafens der Neubau des Speichers I, eine sechsgeschossige, 220 Meter lange mit Ziegeln ausgefachte Stahlbetonkonstruktion (Architekten: Säume und Hafemann); an der innenstadtnahen Seite des ausgedehnten Bremer Hafenreviers der Stückgutschuppen Weserbahnhof, ein 105 Meter breites und 229 Meter langes Bauwerk, in einer weit gespannten modernen Stahlkonstruktion erstellt. Auf dem Hafengelände entstanden zur gleichen Zeit erste privatwirtschaftliche Bauwerke, so 1951 das Weinlager der Firma Reidemeister & Ulrichs (Architekten: Wortmann und Schott) und im selben Jahr die Kaffeegroßrösterei Eduscho-Siedentopf (Architekt: Arthur Bothe).

Die Anlagen des Automobilproduzenten Borgward in Hastedt und Sebaldsbrück (1936 erbaut) waren 1945 zu 80 Prozent zerstört. Obwohl die Massenautomobilisierung noch nicht eingesetzt hatte, war der Bedarf an Kraftfahrzeugen in den Jahren des Aufbaus groß. Deshalb konnten in kurzer Zeit zunächst das Hauptwerk in Sebaldsbrück und kurz darauf die Goliath-Werke in Hastedt instand gesetzt und zum Teil erweitert werden.

Wie schon bei den Vorkriegsbauten kam Hausarchitekt Rudolf Lodders aus Hamburg zum Zuge. Dessen sachlich-funktionale, gleichwohl formal abwechslungsreiche Industrie-Architektur verschaffte dem Konzern ein markantes bauliches Erscheinungsbild – fast im Sinne eines heutigen Corporate Design. Anfang der 1950er Jahre errichtete Borgward für sein Erfolgsmodell, den Lloyd-Kleinwagen, einen neuen Produktionsstandort auf einem Gelände in der Neustadt. Auch die hier entstandenen Neubauten stammten von Rudolf Lodders.

Parkplätzen vorzusehen und ein besonderes Speicherviertel zu schaffen.«

Die Aufbereitung des Erweiterungsgeländes an der Nordstraße und der Ausbau des Europahafens, der um einen Meter vertieft werden sollte, konnten sinnvoll miteinander verknüpft werden. Über Rohrleitungen wurde

Der Neubau der Kaffeegroßrösterei Eduscho-Sieden-
topf am Korffsdeich, Architekt Arthur Bothe

Die Norddeutsche Hütte am Hüttenhafen der Industrie- und Handelshäfen wurde während des Krieges stark zerstört und nach Kriegsende noch teilweise demontiert. Der Verkauf der Hütte an die Klöckner-Werke und die Bereitschaft Bremens, für den Betrieb ca. 1000 Hektar westlich der alten Hütte zur Verfügung zu stellen, führten 1954 zur Entscheidung der Klöckner-Werke, ein Hütten- und Stahlwerk, die »Hütte am Meer«, zu errichten. Die notwendigen Grundstücke in Grambke und Mittelsbüren wurden 1954/55 für die Industrieansiedlung teils erworben, teils enteignet. Bereits 1955 begann die Erschließung des Geländes, und zwei Jahre später verließen die ersten Stahlproduktionen das Werk. Parallel zur neuen Industrieanlage entstand ab 1955 an der Weser eine Seeschiffsliegestelle mit einer Länge von 1400 Metern, um das Anlanden von Rohstoffen zu ermöglichen. Bremen verfolgte mit der Förderung der Ansiedlung das Ziel, die Grundstoff- und Produktionsgüterindustrie zu stärken.

Verkehrsplanung

Die Planungen zur Neugestaltung begannen in Bremen, wie in fast allen Großstädten, mit den Überlegungen zum zukünftigen Verkehrsnetz. Bereits im November 1945 lag ein Verkehrslinienplan für die Neugestaltung vor. In der Erläuterung heißt es zu Beginn: »Wenn wir dabei mit dem Fragenkomplex Verkehr beginnen, so geschieht das ganz bewusst – nicht etwa weil wir Verkehrsfanatiker sind oder weil wir ihm eine unverdiente Bedeutung beimessen – sondern [...] aus der klaren Erkenntnis heraus, daß der Organismus einer Stadt nur gesund sein kann, wenn das System ihrer Straßen in Ordnung ist [...]. Heute lässt sich die Planung fast ganz ohne schmerzliche Eingriffe durchführen, da der Bombenkrieg – so verheerend und grausam er gewesen ist – die notwendigen Schneisen geschlagen hat, und es wäre unverantwortlich und sträflich kurzsichtig, sie, dies Glück im Unglück verkennend, wieder zu verbauen. Der Zerstörungs-

Verkehrsplanung

Überlastete Zufahrt zum Stadtzentrum. Blick von der Großen Weserbrücke in die Wachtstraße

Entwurf des Verkehrslinienplans aus dem Jahr 1948, Ausschnitt Innenstadt

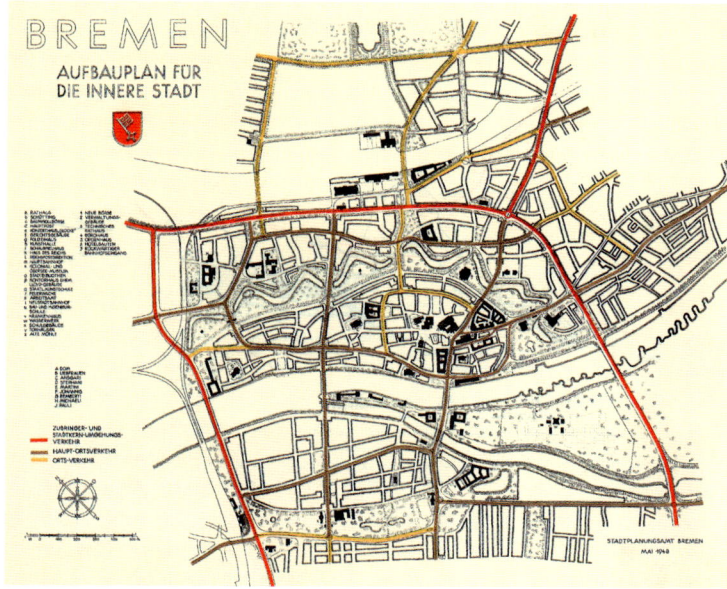

grad Bremens ist so erheblich, daß wir nicht so etwas wie ›Altstadtsanierung‹ betreiben können, sondern daß wir die ungeheuerliche Aufgabe einer Neugestaltung zu bewältigen haben.«

Am 14. Dezember 1945 führte der Senator für das Bauwesen im Senat aus:

»Der Verkehr muss, entsprechend den modernen Erfordernissen, auf großen Durchgangsverkehrsstraßen durch die Stadt geleitet werden.« Vorgeschlagen wurde ein System von Tangentialstraßen mit einem Tangentenring zur Entlastung der Innenstadt und einem inneren Ring zur Erschließung der Altstadt. Zusätzlich zu den bestehenden Verbindungen sollten beide Ringe mit einer Durchquerung der Wallanlagen verknüpft werden.

Um die formulierten Ziele umzusetzen, vertrat die Bauverwaltung die Auffassung, »daß nicht zu umgehen sei, eine gewisse Bausperre über die zerstörten Stadtteile zu verhängen«. Eine entsprechende Verordnung des Senats vom September 1945 lautete:

»Im Interesse eines geregelten Wiederaufbaues unserer Stadt ist es dringend erforderlich, bestimmte Umgestaltungsgebiete festzulegen, in denen bis auf weiteres untersagt werden:

1. Neubauten, Umbauten und Ausbauten sowie die Errichtung von Kraftfahrzeughallen;

2. die Errichtung, wesentliche Erweiterung und Umgestaltung gewerblicher Anlagen und Betriebe.«

Nach dem Entwurf des Hauptverkehrslinienplans sollte das Stadtgebiet vom Durchgangsverkehr freigehalten werden. Für den Durchgangsverkehr waren vorgesehen: der Ausbau der Autobahnen, insbesondere die »Blocklandstrecke«, ein Tangentenring, Autobahnanschlüsse sowie die Verbindung zwischen Hemelingen und der Neustadt. Im Kernbereich der Stadt sollten der innere Straßenring mit dem Martinistraßendurchbruch und eine Straßenverbindung zwischen der Altstadt und Ostertor über die Bischofsnadel geschaffen werden. Der Verkehrslinienplan wurde im Mai 1949 mit Ausnahme der Durchquerung der Wallanlagen von der Bremischen Bürgerschaft beschlossen. Auch dieser Plan zeigt eine große Kontinuität zu den vor 1945 erstellten Planungen.

Die Bürgerschaft fasste zur Verkehrsplanung unter anderem folgende für die Zukunft bedeutsame Beschlüsse:

1. Verbreiterung der Knochenhauer-, Papen- und Pieperstraße zur »Westumgehung« des Marktes.

2. Ausbau des Straßenzuges Schüsselkorb-Vio-

STADTENTWICKLUNG UND ARCHITEKTUR

Links: Die beiden Behelfsbrücken um 1946.
Die Memorial Bridge (vorn)
ersetzte die Große Weser-
brücke, die Truman Bridge
ersetzte die Kaiserbrücke

Rechts: Die Große Weser-
brücke ist wiederherge-
stellt. Im Hintergrund die an
der Stelle der Kaiserbrücke
1952 eingeweihte Bürger-
meister-Smidt-Brücke

lenstraße–Balgebrückstraße–Große Weserbrücke als »Ostumgehung« des Marktes.

3. Ausbau und Durchbruch des Breitenwegs
zur Straße Auf den Häfen und Fortführung
durch das Ostertorviertel mit einer »Ostbrücke« im Bereich der Mittelstraße.

4. Gerade Weiterführung des Herdentorsteinwegs zum Breitenweg zur Verbesserung der
nördlichen Hauptzufahrt zur Innenstadt.

5. Verbreiterung der Faulenstraße und Verlängerung über den Brill zur Martinistraße.

6. Ausbau der Hafenrandstraße und eines neu-
en Straßenzugs von Walle nach Grambke entlang dem Güterbahnhof im Westen.

Da mit dem Verkehrslinienplan meist
mittel- bis langfristige Planungsziele formuliert waren, konnte in der ersten Aufbauphase
noch wenig davon im Stadtraum verwirklicht
werden. Einige Maßnahmen aber dennoch:
So wurde im Oktober 1953 nach vierjähriger
Bauzeit die im Tangentenviereck als Südtangente fungierende Neuenlander Straße in ihrer
vollen Ausdehnung von 3,5 km Länge für den
Verkehr freigegeben. Ebenso wurde die Trasse
der Ostumgehung des Marktes vorbereitet
und zum Teil verwirklicht. Die Neubebauung
der Nordseite des Domshofs, die 1951 mit
dem Gebäude der Deutschen Schiffahrtsbank begann (Architekten: Walter Görig und
Friedrich Schumacher), musste aufgrund der
Trassenführung um ca. zehn Meter nach Norden verschoben werden. Das einzig erhaltene
historische Gebäude in diesem Bereich, das
Caesarsche Haus aus dem 17. Jahrhundert,
ragte in die neue Straßenflucht und wurde

trotz Protesten aus der Bevölkerung nach einem Bürgerschaftsbeschluss von 1951 im Jahr
1956 abgebrochen.

Brücken stellten im Verkehrslinienplan
wichtige Elemente dar. Nach Kriegsende 1945
waren sämtliche Brücken zerstört. Die sofort
eingeleiteten Maßnahmen zu ihrer notdürfti-
gen Instandsetzung, unterstützt durch zwei
provisorische Brücken der amerikanischen
Besatzungsmacht, erlitten im März 1947 einen
herben Rückschlag, als durch Eisgang sämtliche Bremer Brücken erneut zerstört wurden
(s. S. 287).

Im November 1947 war die Große Weserbrücke in Verlängerung der Wachtstraße
wiederhergestellt. 1948 wurde anstelle der 1944
zerstörten Adolf-Hitler-Brücke die Stephanibrücke fertiggestellt. Beide Bauwerke konnten
aber nur als Zwischenlösungen betrachtet werden. Das erste besaß nur eine Fahrbahnbreite

Die Bürgermeister-Smidt-
Brücke. Blick von der Neustadtseite zum Brill

Grünplanung

Die Illustration warb für das Ideal der »Stadtlandschaft« am Beispiel des »Utbremer Grüns« im neuen Bremer Westen

von knapp neun Metern inklusive zweier Straßenbahngleise. Kein Wunder, dass es hier häufig zu Staus und Wartezeiten kam. Und die Stephanibrücke, die vor allem den hafenbezogenen Verkehr auf sich ziehen sollte, hatte gar nur eine sieben Meter breite Fahrbahn. Beide Brücken wurden 1960 bzw. 1967 durch Neubauten ersetzt.

Die erste leistungsfähige moderne Brücke entstand 1952 mit der Bürgermeister-Smidt-Brücke. Sie ersetzte die frühere Kaiserbrücke und besaß 18 Meter Fahrbahnbreite. Das nach dem Prinzip eines stählernen Durchlaufträgers konstruierte Brückentragwerk stammte von der Gutehoffnunghütte aus Oberhausen. Die Bremer Architekten Fritz Brandt und Friedrich Schumacher waren für die architektonischen Details und die städtebauliche Einbindung des Bauwerks zuständig.

Die ersten Untersuchungen über eine Unterpflasterbahn begannen 1951 mit der Fragestellung, ob eine unterirdische Straßenbahnführung im Innenstadtbereich technisch und mit vertretbarem Aufwand möglich sei. Favorisiert wurden die in Ost-West-Richtung verlaufenden Straßenbahnlinien zwischen Ostertor und Doventor. Die technische Durchführbarkeit bestätigte ein Gutachten

des Unternehmens Philipp Holzmann, jedoch folgten aufgrund kontroverser Diskussionen keine politischen Beschlüsse.

Grünplanung

Im Wesentlichen war das öffentliche Grün bis 1945 in Bremen durch in sich geschlossene Parks, Kleingartenanlagen und Friedhöfe geprägt. Mit dem nach 1945 verfolgten Grundsatz der Trennung der Funktionen Arbeit, Wohnen, Kultur, Verkehr und Erholung verband sich die Leitidee, unabhängig vom Straßensystem netzartige Grünverbindungen zu schaffen und die vorhandenen Grünanlagen so weit wie möglich miteinander zu verknüpfen. Das Stadtgebiet sollte von einem »grünen Netz« von den landwirtschaftlichen Flächen außerhalb der Stadt bis zum Bahnhofsplatz und zur City überzogen werden. Als erster Baustein dieses Konzeptes wurde der Grünzug im Bremer Westen in einer Länge von 2,3 Kilometern angelegt. Er war mit Sitz- und Spielanlagen versehen und erhielt im Laufe der Jahre eine Länge von neun Kilometern. Die Wege in den neuen Kleingartenanlagen wurden in das öffentliche Grün einbezogen, um neben der Erschließung der Kleingärten für jedermann zugängliche Erholungsangebote anzubieten und attraktive Verbindungen zwischen unterschiedlichen Zielen herzustellen.

Neben der entscheidenden Erholungsfunktion, die der Grünplanung im städtebaulichen Konzept der »Auflockerung« zukam, war ein

Der Anteil von staatlichen Arbeitsprogrammen am Aufbau Bremens wurde in einem Heft der vom Bausenator herausgegebenen Reihe »Die Neugestaltung Bremens« ausführlich dokumentiert

DIE NEUGESTALTUNG BREMENS

ARBEITSLOSE HELFEN BAUEN

wichtiger Ausgangspunkt für die gesamtstädtische Grünplanung zudem die topografische Lage Bremens: die Längsausdehnung, die Prägung der Stadt durch den Verlauf des Flusses und die selbst im Zentrum erlebbare Nähe zur offenen Landschaft. Im Heft 4 der vom Bausenator herausgegebenen Schriftenreihe »Die Neugestaltung Bremens« ist 1952 das Gesamtgrünkonzept eindrucksvoll dargestellt worden: »Unser langgestrecktes Bremen trägt wegen der Unmöglichkeit, in die Breite zu wachsen, die große Gefahr in sich, zu einem ungegliederten Stadtgebilde zu verschmelzen«, so die Einschätzung von Gartenbaudirektor Erich Ahlers.

Aus dieser Überlegung heraus entstand das Konzept eines »dritten Grüngürtels« (neben Wallanlagen und Bürgerpark), der entlang Bremens natürlicher Lebensader, der Weser, verlaufen sollte. Man war sich darüber im Klaren, dass ein solches Konzept einen langen Atem brauchte und eine Strategie der kleinen Schritte verfolgen musste. Doch es galt, die Flusslandschaft, die bislang wirtschaftlichen Präferenzen unterlag, zu einer neuen Freizeit- und Erholungslandschaft aufzuwerten.

Der erste Schritt sollte eine durchgehende Promenade vom Weserwehr in Hastedt bis zum Stephaniviertel sein. Durch in den Fluss gefallene Trümmer hatte sich entlang der gesamten Innenstadt erstmals ein durchgehender Fußweg direkt am Wasser herausgebildet – auch an den Stellen, wo vor dem Krieg Speicher zum Be- und Entladen der Kähne unmittelbar an den Fluss stießen. Doch gleich hinter der Eisenbahnbrücke brach der Fußweg entlang dem Ufer abrupt ab: Die Häfen und die anliegenden Industriebetriebe lagen von der übrigen Stadt mehr oder weniger abgeschottet, landschaftsgestalterische Eingriffe erübrigten sich hier.

Daraus ergab sich ein besonderer Nachteil für die westlichen Industriestadtteile Walle und Gröpelingen, die nicht nur zur Weser, sondern auch in die andere Richtung, zum Blockland hin, durch eine breite Bahntrasse

und die Autobahn von ihrem natürlichen landschaftlichen Umraum abgeschnitten waren. Zur Kompensation wurde für den Wiederaufbau der Westlichen Vorstadt zwingend der Grünzug eingeplant, der später einmal die Wallanlagen mit dem Waller Park verbinden sollte. Diese Verbindung ist zwar nicht lückenlos ausgeführt worden, dafür wurde der Grünzug über den Waller Park hinaus zunächst bis Oslebshausen, später bis zur Lesum fortgeführt.

Ein Teil des Gesamtkonzeptes Grüngürtel Weser – allerdings die zweifellos umfassendste Maßnahme – war das Großprojekt Werdersee. Bereits Ende der 1930er Jahre hatte Baudirektor Offenberg in »Die große Planung« einen weitläufigen See mit einer Regattastrecke geplant. Die Anlage des Sees zwischen dem Deichschart und Habenhausen erfolgte dann Mitte der 1950er Jahre als Teil der Flutrinne, die Hochwasser aus dem oberen Lauf der Weser ableiten sollte. Auf diesem Weg wurde die Ochtumniederung, die vorher als Hochwasserabführung diente, von jeglicher Überschwemmung freigehalten. Der Werdersee wurde 1950 als Erholungsgebiet unter dem Schlagwort »vom Stadtkern in die Landschaft« mit Erholungswiesen, Kleingärten, Badestrand, Rodelberg und Baumgruppen nach Plänen

Der Werdersee war die bedeutendste Leistung der Grünplanung in den 1950er Jahren. Luftaufnahme um 1965

Grünplanung

Oben: Der neue Botanische Garten im Rhododendronpark

Unten: Betreten gestattet – Ruhepause in den Wallanlagen

des Landschaftsarchitekten Wilhelm Hübotter konzipiert. Bei Baubeginn kam es zu erheblichen Konflikten mit Bewohnern der in der Flutrinne oder auf den erweiterten Sport- und Spielflächen zum Teil illegal entstandenen Gartenparzellen – die in Anbetracht der Wohnsituation gute Argumente auf ihrer Seite hatten.

Das gesamtstädtische Interesse setzte sich hier bis auf wenige Abstriche durch – nicht zuletzt aus Gründen des Katastrophenschutzes. Mit dem Aushubboden des künstlich geschaffenen Werdersees wurde zugleich die Grundlage für ein zweites gesamtstädtisches Projekt geschaffen: die Neuanlage eines Großfriedhofes auf der linken Weserseite. Der als »Hainfriedhof mit parkartigem Charakter« angelegte neue Huckelrieder Friedhof am Südufer des Sees konnte mit dem Aushub um sechs Meter aufgehöht werden. Das Strandbad am Werdersee wurde 1961 fertiggestellt. Die parkgestalterische Landschaftsplanung der das Wasser begleitenden Flächen mit großzügig gestalteten Wiesenflächen und Baumgruppen entsprach den Vorstellungen der »neuen« Grünplanung nach 1945.

In Ergänzung zum von 1936 bis 1943 angelegten Rhododendronpark entstand in den Jahren zwischen 1949 und 1952 der Botanische Garten. Die Anlage mit Steinmauern, leicht geschwungenen Wegen und Schmuckhofbereichen von Erich Ahlers modifizierte den strenger gehaltenen ursprünglichen Entwurf aus dem Jahr 1936 vom damaligen Gartenbaudirektor Richard Homann. Der seit Beginn des Jahrhunderts am Osterdeich gelegene Botanische Garten sollte bereits in den 1930er Jahren dem Rhododendronpark eingegliedert werden.

Durch die Bombenangriffe hatten auch die Wallanlagen erhebliche Zerstörungen erlitten. Zwei in den Anlagen befindliche Bauwerke wurden stark beschädigt. Während die Ruine des Stadttheaters (gebaut 1843) am Bischofstor noch einige Zeit als Lager genutzt wurde, war das Focke-Museum in dem ehemaligen Armenhaus an der Großenstraße (gebaut 1702) total zerstört. Im Jahr 1951 entstand dort der Focke-Garten, in dessen Gestaltung die Grundmauern und diverse andere Bauteile des historischen Gebäudes einbezogen wurden. Einen weiteren modernen gartengestalterischen Akzent setzte das Gartenbauamt in den Neustadtwallanlagen mit der Neugestaltung des Hohentorsplatzes am Neustädter Bahnhof.

Bildung, Kultur und Freizeit

Auch in der Versorgung der Stadt mit Kultur-, Bildungs- und Freizeiteinrichtungen hatte der Krieg Lücken hinterlassen. Doch über die Wiederherstellung einer Infrastruktur hinaus spielte gerade in diesem Bereich die demokratische Neuorientierung der Gesellschaft eine wichtige Rolle für die architektonische Konzeption und Formgebung der Neubauten sowie für ihre städtebauliche Einbindung. In Bremen war zudem der kulturelle Einfluss der amerikanischen Besatzungsmacht ein nicht zu unterschätzender Faktor.

Besonders augenfällig wurde dieser Wandel beim Bremer Schulbau. Schon in den 1920er Jahren gab es in der Hansestadt Ansätze zu einer Reformpädagogik, die sich baulich (z.B. bei der Volksschule an der Delmestraße) an moderne Schulbaukonzepte anlehnten, wie sie etwa in Zentren des Neuen Bauens in Berlin oder Frankfurt zu finden waren. Die Planer des Hochbauamtes, die für die ersten Nachkriegsschulbauten in Bremen verantwortlich waren, lehnten die baulich gedrängten »kasernenartigen« Schulen der Jahrhundertwende ebenso entschieden ab wie die Schulbaukonzepte des Nationalsozialismus. Der Schulbau der Nachkriegszeit war geleitet von dem Ideal einer demokratischen Gesellschaft und der »Ausbildung des ganzen Menschen in seiner individuellen Eigenart und Einführung in das Gemeinschaftsleben« (Oberbaurat Werner Commichau).

Den Kontrast zu den Jahren der Diktatur kann man gut nachvollziehen, wenn man den nicht ausgeführten Entwurf für die Volksschule in Grolland von Gerd Offenberg mit der 1951 an gleichem Ort gebauten Grundschule vergleicht. In Offenbergs U-förmiger, streng symmetrischen Anlage, deren offene Seite durch zwei Turnhallen verengt werden sollte, vermittelte der Schulhof Anklänge an einen Kasernenhof. Dagegen öffnete sich der vom Hochbauamt realisierte Bau großzügig und auf vielfältige Weise zum Außenraum. Die Klassentrakte mit jeweils fünf Klasseneinheiten

Der Schulbau an der Lothringer Straße war Bremens erste Pavillonschule. Isometrie des zweigeschossigen Sechserpavillons

lagen an drei offenen Galerien, die kammartig an einen Hauptflur anschlossen, an welchem die Fach- und anderen Funktionsräume angeordnet waren. Jede Klasse in der eingeschossigen Anlage hatte einen optimalen Bezug zum Freiraum. Die Klassenräume selbst besaßen einen fast quadratischen Grundriss und loses Gestühl – Frontalunterricht sollte vermieden werden. Durch die Anordnung am offenen Gang konnte auch die Forderung einer Querlüftung der Klassenräume erfüllt werden, die sich in den 1950er Jahren zu einem Standard im Schulbau entwickelte.

Nach ähnlichen Prinzipien wurden nach der Währungsreform auch die Schulen in Ha-

Foto von der Grundschule an der Lothringer Straße kurz nach der Fertigstellung

Bildung, Kultur und Freizeit

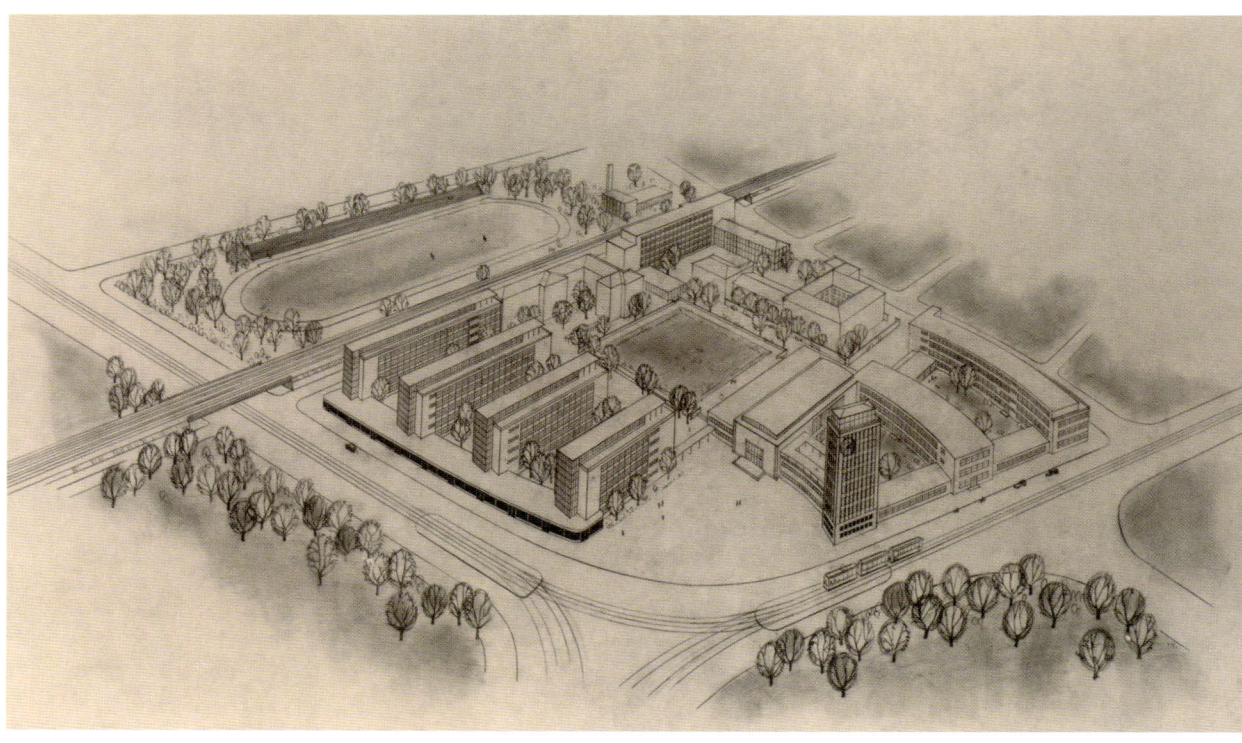

Die Gesamtplanung des neuen Berufsbildungszentrum im Doventorsviertel …

… und Foto vom ausgeführten Teil kurz vor der Fertigstellung

benhausen, am Baumschulenweg in Schwachhausen, am Stackkamp in Hemelingen und am Pulverberg in Oslebshausen gebaut. In eher zentralen Lagen konnte aus Platzgründen das Prinzip der Eingeschossigkeit nicht immer umgesetzt werden. Gleichwohl wurden bei Neubauten wie der Schule an der Lothringer Straße (Hochbauamt, Architekt: Oberbaurat Werner Commichau) und an der Brokstraße (Architekt: Bernhard Wessel) die Prinzipien modernen Schulbaus fortgeführt. Ab 1952 integrierte die Baubehörde auch vermehrt freie Architekten (teils über Wettbewerbe) in das Schulbauprogramm. Die Grundschule an der Parsevalstraße von dem Architekten Hans Budde ist ein frühes Beispiel dafür.

Das ehrgeizige Bremer Schulbauprogramm sorgte bundesweit bei Kommunalpolitikern und Architekten für große Aufmerksamkeit. Es war eng verknüpft mit dem 1949 in der Bürgerschaft beschlossenen »Gesetz über das Schulwesen«. Aber auch die demografische Entwicklung – Anfang der 1950er Jahre wurden die geburtenstarken Nachkriegsjahrgänge eingeschult – zwang zum Handeln. Die Architekten der Baubehörde und der dem Neuen Bauen aufgeschlossene Oberschulrat Wilhelm Berger holten sich auf Auslandsexkursionen in Skandinavien, den Niederlanden und den USA wertvolle Anregungen.

STADTENTWICKLUNG UND ARCHITEKTUR

Dabei stellten vor allem die Grundschulen einen unverzichtbaren Bestandteil der städtebaulichen Konzeption der Nachkriegszeit dar, die von dem Ideal einer Aufgliederung der Stadt in »Nachbarschaften« ausging. Eine Nachbarschaft war durch eine Größe von etwa 2000 bis 3000 Wohneinheiten (5000 bis 10.000 Einwohner) definiert – eine Größe, die den Bau einer Grundschule erforderte und den Kindern einen fußläufigen Schulweg ermöglichte. Die Schule selbst sollte ein Mittelpunkt der Nachbarschaft sein. Aula und Bibliothek dienten auch dem Gemeinschaftsleben im Quartier und der Weiterbildung.

Da der Bau neuer Wohnsiedlungen in Stadterweiterungsgebieten erst voll in der zweiten Hälfte der 1950er Jahre einsetzte, stand die Hauptphase des Bremer Schulbauprogramms noch bevor. Gleichwohl wurden bis 1955 bereits 13 Schulneubauten errichtet. Zu den spektakulärsten zählt ohne Frage das Berufsbildungszentrum am Doventor (Hochbauamt, Architekt Hans Krajewski), von dem zwischen 1952 und 1954 der erste Bauabschnitt realisiert wurde. Der geplante Komplex sollte die gesamte berufliche Bildung und Weiterbildung

an einem Ort konzentrieren. Das Projekt erhielt eine finanzielle Unterstützung von zwei Millionen D-Mark aus dem McCloy-Fonds der amerikanischen Besatzungsmacht.

Von geringfügigen Erweiterungen abgesehen, wurde aber nur die erste Baustufe realisiert: vier »Blöcke«, die die gewerbliche, die hauswirtschaftliche, die kaufmännische Berufsschule und die Handelsschule aufnahmen. Die großzügigen Stahlbetonskelettbauten zeichneten sich architektonisch durch markante gläserne Treppenhäuser an der Wallseite und durch kühn vorspringende »Flugdächer« über den Staffelgeschossen aus. Die Anlage galt lange Zeit als eine »Visitenkarte« des modernen Bremer Schulbaus.

Neben den Neuerungen im Schulbau waren Vorschulerziehung und Jugendarbeit ebenfalls Schwerpunktthemen der Aufbaujahre. Wie beim Schulbau verbanden sich auch bei der Planung von Kindertagesstätten und Jugendfreizeitheimen pädagogische und architektonische Konzepte mit Vorstellungen von einer Demokratisierung der Gesellschaft, in welcher Individuum und Gemeinschaft zu einem Gleichgewicht finden sollten. Auch auf

Die Kindertagesstätte am Waller Park öffnet sich großzügig zur Parklandschaft

diesem Aufgabenfeld hatte das Hochbauamt in den frühen 1950er Jahren Maßstäbe gesetzt. Besonders hervorzuheben sind hier zwei Entwürfe von Oberbaurat Hans Krajewski: ein 1951 geschaffenes, in den Waller Park eingefügtes Kindertagesheim und ein in der Nähe, an der Waller Heerstraße gelegenes Jugendfreizeitheim, das 1953 eingeweiht wurde. Beide Bauten stellen Prototypen einer in den (Stadt-)Landschaftsraum integrierten Architektur dar.

Für die traditionellen Kultureinrichtungen, die Theater, Museen, Konzertsäle und Bibliotheken, waren in der frühen Aufbauphase kostspielige Neubauten nicht möglich. Von Totalschäden abgesehen (Focke-Museum, Stadttheater Am Wall) ging es zunächst um Instandsetzung, zum Teil begleitet von provisorischen räumlichen Zwischenlösungen. Pläne für ein neues Schauspielhaus Am Wall scheiterten ebenso wie der Plan, die Zentralstelle der Volksbüchereien (die spätere Stadtbibliothek) in der wieder aufgebauten Stadtwaage zu etablieren.

Das völlig zerstörte Focke-Museum an der Großenstraße hatte seine wichtigsten Exponate rechtzeitig ausgelagert. Sie befanden sich in

Blick auf Haus Riensberg nach Einzug des Focke-Museums. Im Vordergrund die »Terra« aus dem Vier-Elemente-Zyklus von Giovanni Antonio Cybei, 18. Jahrhundert

verschiedenen Depots. An einen Wiederaufbau des Museums am selben Ort war nicht zu denken, weil am westlichen Rand der Innenstadt eine leistungsfähige Erschließungsstraße (Westtangente) gebaut werden sollte. 1947 gelang es dem damaligen Museumsleiter Ernst Grohne, mit dem Herrenhaus von Gut Riensberg – einige Kilometer vom Stadtzentrum entfernt – eine Behelfsunterkunft zu finden, in der ab 1953 ungefähr ein Zehntel der Magazinbestände ausgestellt werden konnten.

Zunächst stand außer Frage, dass der dringend notwendige Neubau – den provisorisch in Bunkern eingelagerten Exponaten drohte der Verfall – einen Standort im Stadtzentrum finden sollte. Favorisiert wurde der Teerhof. Dort kam aber die städtebauliche Entwicklung nur schleppend in Gang, sodass sich schon bald Stimmen mehrten, die dafür plädierten, den behelfsmäßigen zum festen Standort auszubauen. Dafür bot das unmittelbar angrenzende 30.000 Quadratmeter große Gelände Auf dem Pferdekamp, das der Senat 1954 erworben hatte, beste Voraussetzungen.

1955 fiel die endgültige Entscheidung für ein »Museum im Park«, so die vom neuen Direktor Werner Kloos geprägte Formel. Die Wahl für den peripheren Standort war außer von dem pragmatischen Gesichtspunkt, dass der Neubau hier schneller zu realisieren sei, auch von inhaltlichen, die Form des neuen Museums betreffenden Fragen geleitet. Kloos verfolgte die Idee eines Museums als »Gebrauchsgegenstand« – womit gemeint war: weg vom »gelegentlichen sonntäglichen Tribut an die Allgemeinbildung«, hin zu einem Haus, in dem sich der normale Bürger »selbst als Besitzer und Gastgeber betrachten [könne], wenn Verwandte und Freunde von außerhalb kommen«. Es ging um Vermeidung von Monumentalität und äußerer Repräsentation. Dafür böte eine flache, in enger Beziehung zur umgebenden Natur stehende Anlage die beste Voraussetzung, so Kloos, der hierin auch eine Analogie zum modernen Wohnen erkannte. Diesem Anliegen entsprach das parkartige Gelände mit seinem alten Baumbestand in

STADTENTWICKLUNG UND ARCHITEKTUR

idealer Weise. Im Januar 1957 wurde ein Bauwettbewerb ausgeschrieben.

Eine Kulturinstitution ganz neuen Zu-
schnitts entstand 1945 mit der Etablierung
des Senders Radio Bremen durch die amerikanische Besatzungsmacht. Nach Standort-
zwischenlösungen in von der Armee beschlagnahmten Gebäuden fand der Sender, nachdem
er 1949 in deutsche Verwaltung übergeben
wurde, auf dem Torso eines Lazarettbaus
von 1938 in der Nähe der Franz-Schütte-Allee
eine feste Bleibe. Drei Architekten waren am
Aufbau der Rundfunkanstalt beteiligt: Der
erste Bauabschnitt, das mit amerikanischer
Finanzhilfe 1950 fertiggestellte Funkhaus,
stammte von Herbert Anker. Den Eingangs-
bau, den Verwaltungstrakt und den in den
Gesamtkomplex integrierten Wohnungsbau
hatte Rolf Störmer entworfen. Eine besondere
architektonische und akustische Leistung stellt
der 1952 eröffnete Sendesaal von Hans Storm
(Akustiker: Walter Kuhl) dar.

Ähnlich wie sich Radio Bremen eher der
Breitenkultur zuwandte, stand seit den 1920er
Jahren die Idee des Baus einer Stadthalle als
Multifunktionshalle für populäre Veranstal-
tungen zur Diskussion. Die Resultate eines

1928 entschiedenen Bauwettbewerbs für den
Standort Bürgerweide (Sieger war der Bremer
Architekt Carl Rothermund) galten unter den
veränderten inhaltlichen und städtebaulichen
Ansprüchen der Nachkriegszeit nicht mehr
als angemessen. So lobte der Bausenator 1955
zunächst einen städtebaulichen Ideenwettbewerb aus, dem 1957 ein architektonischer
Realisierungswettbewerb folgte. Beim städtebaulichen Ideenwettbewerb wurden zwei erste
Preise vergeben. Einen erhielt Roland Rainer
aus Wien, der zwei Jahre später auch den
Realisierungswettbewerb für sich entscheiden
konnte. Prägnanter und in seiner Haltung
radikaler war aber der Entwurf des Berliner
Architekten Hans Scharoun (ein gebürtiger
Bremer), der sein architektonisches Konzept
mit der Idee der Stadtlandschaft verflocht:
Der Hallenbau sollte sich organisch in eine
Erweiterungsfläche des Bürgerparks einfügen,
womit Scharoun die Idee verband, Bürgerpark
und Wallanlagen durch einen Grünzug miteinander zu verknüpfen.

Der Kirchenbau erlebte in den 1950er
und 1960er Jahren einen ungewöhnlichen
Aufschwung. Zu keinem anderen Zeitpunkt
sind so viele Neubauten entstanden. Die Ursache dafür liegt zunächst in den zahlreichen
Kirchenruinen, die der Krieg hinterlassen hatte
und auf deren aufwendige Instandsetzung –
gerade bei Bauwerken aus dem 19. Jahrhundert – man oft zugunsten von Neubauten verzichtete. Zum Zweiten begünstigte, vor allem
ab Mitte der 1950er Jahre, das städtebauliche
Konzept der gegliederten und aufgelockerten
Stadt mit seinen Nachbarschaftseinheiten die
Etablierung neuer Kirchengemeinden und damit Kirchenneubauten. Für den Aufschwung
des Gemeindelebens mag zudem die Tatsache
gelten, dass sich viele Menschen nach den Erfahrungen mit Naziherrschaft und Krieg nach
spiritueller Geborgenheit sehnten.

Die ersten Kirchenneubauten, die um 1950
entstanden, waren architektonisch in der Regel
einem norddeutschen Regionalismus verpflichtet, der bei Bauten von Eberhard Gildemeister
(Neue St. Remberti-Kirche 1951, Erlöserkirche

Bei den Badeanstalten ist vor allem das 1952 eröffnete Zentralbad am Richtweg von Kurt Haering zu erwähnen, das seinerzeit als eines der modernsten Hallenbäder in Europa galt. Das Zentralbad war aber nicht nur Sport- und Freizeitstätte, sondern in einer Zeit, in der zahlreiche Wohnungen noch nicht über ein eigenes Bad verfügten, als kommunale Hygieneeinrichtung auch von hoher sozialer Bedeutung.

Die Verbesserung der touristischen Infrastruktur war das Anliegen des Verkehrsvereins, der auf seiner Jahreshauptversammlung 1953 feststellte, dass Bremen traditionell auch eine Fremdenverkehrstadt sei. An diese Tradition galt es anzuschließen. Obwohl viele historische Bauwerke zerstört waren und die unverwechselbare Stadtsilhouette an der Weserseite nicht mehr existierte, war man davon überzeugt, dass im Zentrum der Stadt, um den Marktplatz herum, noch ein attraktiver mittelalterlich geprägter Kern auswärtige Besucher in die Stadt leiten werde, die sich darüber hinaus gern auch als moderne Stadt präsen-

Die neue St. Marien-Kirche am Waller Grünzug war der erste Neubau einer katholischen Kirche. Das 1954 geweihte Gotteshaus entstand am Platz des im Krieg zerstörten Vorgängerbaus

1950) ausgesprochen individualistische Züge annehmen konnte, bei Bauten von Friedrich Schumacher (Notkirche in Gröpelingen 1949 nach einem von Otto Bartning entwickelten System, Martin-Luther-Kirche in Findorff 1954/61) zu Schlichtheit und bei Fritz Brandt (St. Markus am Arster Damm 1955 und die Neue Wilhadikirche im Bremer Westen 1955) zu romantisierend-barocker Überladenheit einzelner Details tendierte. Eine dezidiert moderne Formensprache trat im bremischen Kirchenbau erst ab Mitte der 1950er Jahre in Erscheinung.

Auch neue Sportstätten wurden gebaut. Um 1950 entstand in der Pauliner Marsch rund um das Weser-Stadion der erste größere zusammenhängende Sportpark mit unterschiedlichen Angeboten inklusive Spielfeldern, Tennisplätzen und Seglerhafen. Er war das Kernstück des neu gestalteten Weser-Freiraums, der sich vom Weserwehr bis zur Innenstadt erstrecken sollte. Auf dem linken Weserufer wurde der Sportpark Rablinghausen fertiggestellt, während sich die Werderseeanlage im Aufbau befand.

Bremen modern:
Das Wetterschutzdach des Zentralen Omnibusbahnhofs und das Columbushotel am Bahnhofsplatz

Ein filigranes Bauwerk:
Der Hapag-Lloyd-Pavillon
im »Kastanienwäldchen«
am Herdentor

tierte. Bremen als traditionsbewusste und zugleich moderne Stadt darzustellen, machte den Kern einer touristischen Marketingstrategie aus, die sich Anfang der 1950er Jahre herausschälte und bis in die frühen 1970er Jahre verfestigte.

Zum prägenden Ort für die Präsentation des modernen Bremens entwickelte sich der Bahnhofsplatz, dort, wo der mit der Bahn anreisende Tourist seinen ersten Eindruck von der Stadt gewann. Die Funktion eines »Aushängeschildes« übernahm dabei vor allem ein modernes Bauwerk: das 1952 fertiggestellte elegante Columbushotel (Architekten: Heribert Nadolle und Ernst Zinsser nach Plänen von J. W. Ostwald). Der ebenfalls 1952 eröffnete Zentrale Omnibusbahnhof (ZOB) von dem jungen Architekten Carsten Schröck mit einer atemberaubend grazilen Bedachung und der 1954 eingeweihte Pavillon des Verkehrsvereins selbst, ebenfalls von Schröck, komplettierten diesen ersten Eindruck, wie auch der 1951 geschaffene Hapag-Lloyd-Pavillon der Architektin Lore Krajewski am Herdentor.

Innenstadt

Ab 1945 bildeten sich eine Reihe von privaten Initiativen zum Wiederaufbau und führten zu Anlieger- bzw. Wiederaufbaugemeinschaften in den zerstörten Stadtteilen. Besondere Bedeutung durch eine Art Vorreiterfunktion erlangte hierbei die Wiederaufbaugemeinschaft Sögestraße. Als Initiator und unermüdlicher Aktivist führte Gerhard Iversen bereits im Mai 1945 die Anlieger der traditionsreichen Geschäftsstraße zu einer Interessengemeinschaft zusammen. Dem Beispiel folgend entstanden nach und nach im Bereich der Innenstadt die Wiederaufbaugemeinschaften Ansgaritor, Obernstraße, Langenstraße-Schlachte-Martinistraße, Bischofsnadel-Buchtstraße, Tiefer, Bahnhofsvorstadt und Stephanitor-Doventor.

Diese Interessengruppen gründeten 1947 den Verein »Wiederaufbaugemeinschaft Stadtmitte«. Zu den Aufgaben des Vereins gehörten die grundsätzlichen Verhandlungen mit der Stadt über die Planung, Grundstücksumlegung, Materialbeschaffung und Finanzierung.

Entfestigung von zwei Denkmalen. Das Reiterstandbild Bismarcks am Dom und der Roland kommen nach sechs Jahren wieder zum Vorschein

Von jeder Aufbaugemeinschaft wurde ein »Gebietsarchitekt« benannt. Die Gebietsarchitekten bildeten einen »Planungs- und Aufbauausschuss«, der von Wilhelm Wortmann geleitet und beraten wurde. Ab 1948 dehnte sich die Initiative einer koordinierten Interessenvertretung der Grundeigentümer auf die anderen betroffenen Stadtteile aus und erhielt den Namen »Aufbaugemeinschaft Bremen«.

In der Innenstadt waren die Bahnhofsvorstadt, das Stephaniviertel und die Weserfront der Altstadt fast völlig zerstört. Die Planung für die innere Stadt wurde 1948 im Grundsatz festgelegt: Das Stephaniviertel und der Schnoor sollten dem Wohnen dienen, Packhäuser nicht wieder aufgebaut, die Blockinnenhöfe entkernt werden. Der Neuordnung des Verkehrs in der Altstadt hatte sich die Gestaltung der Innenstadt unterzuordnen. Vorrang erhielt der Autoverkehr. Von gravierender Bedeutung für das Stadtbild war die Planung des »Martinidurchbruchs« von der Tiefer zum Brill als Entlastung des historischen Kerns und der Obernstraße als wichtiger Geschäftsstraße sowie der innere Altstadtring (Ost- und Westumgehung des Marktes). Damit sollte neben

einer Entlastung des Kerns eine rückwärtige Verkehrserschließung der Geschäfte erreicht werden.

Vor allem die Bereiche Marktplatz, Unser Lieben Frauen Kirchhof, Böttcherstraße, Wall, Schlachte galten als erhaltenswert im Sinne des Denkmalschutzes. Die »Traditionsinseln« Marktplatz und Liebfrauenkirchhof sollten Backsteinwände in handwerksgerechter Ausführung erhalten. Für die Platzwände von »Unser Lieben Frauen Kirchhof« wurden im September 1948 grundsätzliche Richtlinien erlassen. In der Mitteilung des Senats vom 10. September 1948 heißt es:

»Im Bild der Bremer Altstadt nimmt der Platz um die Liebfrauenkirche eine städtebaulich hervorragende Stellung ein. Er steht unter erhöhtem Denkmalschutz. Die Zerstörungen des Krieges haben die kulturell und historisch wichtigen Platzwände, die Westseite des Alten Rathauses, die Bürgerstuben und vor allem auch die Kirche selbst nur wenig betroffen. Es ist als besondere Fügung zu bezeichnen, dass an dieser Stelle die Möglichkeit besteht, nicht nur den früheren Zustand im wesentlichen zu erhalten, sondern durch eine bessere Gestaltung eine einheitliche Wirkung zu erzielen. Die Richtlinien und die Ausführungsvorschläge verfolgen das Ziel, den Platz an Unser Lieben Frauen Kirchhof in Maßstab und Gestaltung mit den vorhandenen historischen Bauwerken neu erstehen zu lassen, ohne etwa nachahmend zu wirken.«

Sowohl für den Wall als auch für die Weserfronten wurden Satzungen zum Schutz des Ortsbildes und über die Baugestaltung in Anlehnung an Hamburgs Alstersatzung entworfen. Die Widerstände gegen die Regelungen waren allerdings so erheblich, dass nach langen Diskussionen 1959 nur eine Satzung zur Begrenzung von Werbeflächen im Bereich der Wallanlagen beschlossen wurde.

Für die offizielle Denkmalpflege war es ein erheblicher Nachteil, dass sie zunächst dem Bausenator untergeordnet war, wo aufgrund einer vor allem verkehrsplanerisch ausgerichteten Modernisierung des Stadtzentrums dem Erhalt denkmalwürdiger Objekte und Ensembles keine hohe Priorität eingeräumt wurde. Man beschränkte sich auf den Erhalt einiger Objekte höchster Bedeutung. Selbst in denkmalpflegerischen Fachkreisen waren Plädoyers für einen »schöpferischen Umgang mit dem Denkmal« nicht selten zu vernehmen. In diesem Zusammenhang galten eine Translokation historisch wertvoller Fassaden oder der Einbau von historischen »Fundstücken« in Neubauten als unbedenklich.

Die von Gerhard Iversen initiierte Wiederaufbaugemeinschaft bildete Anfang 1946 eine Kommission, die Fragen des Wiederaufbaus der Sögestraße mit der Stadtgemeinde verhandeln sollte. Gebietsarchitekt Kurt Haering legte im Auftrag der Gemeinschaft im Juli

Blick vom Teerhof über die Weser im Sommer 1945

1946 für die Gestaltung des Wiederaufbaus und die Erschließung Planungen vor. Die Sögestraße sollte nach diesen Plänen für den Fahrverkehr gesperrt werden und der Lieferverkehr rückwärtig über den Katharinenklosterhof und eine neue Straße (Carl-Ronning-Straße) erfolgen.

Eine heftige öffentliche Diskussion über »süddeutsches Schleppdach oder bremisches Giebelhaus« entbrannte 1949 bei dem Wiederaufbau des »Ronning-Hauses« mit einem Giebel (Architekt: Heinz Logemann). In dem Gestaltungsplan für die Sögestraße waren nur Satteldächer vorgesehen. Entgegen dem eingereichten und genehmigten Bauantrag ließ der Bauherr hinter einer Holzverschalung einen

Giebel errichten. Nach einer Befragung der Bevölkerung, die sich mit 98 Prozent für den Giebel aussprach, entschied Senator Theil, den Schwarzbau zu genehmigen.

Unter Beteiligung verschiedener Architekten (Friedrich Schumacher, Kurt Haering, Rolf Störmer, Erik Schott, Herbert Anker und andere) waren bis Mitte der 1950er Jahre die meisten Grundstücke an der Geschäftsstraße wieder bebaut – in traditionsorientierter, als »bremisch« definierter Bauweise. Der Wunsch nach einer Fußgängerstraße realisierte sich allerdings erst um 1970. Eine bremisch-traditionalistisch orientierte Architektursprache beherrschte insgesamt den Wiederaufbau der Innenstadt in den frühen 1950er Jahren. Mo-

Der Streit um den Giebel des Ronning-Hauses. Karikatur in den »Bremer Nachrichten«

Gerhard Iversen

* 19.08.1917, Hamburg
† 23.06.1982, Bremen

Iversen war ausgebildeter Zimmermann und ab 1933 in der Bekennenden Kirche aktiv. Nachdem er seit 1942 als kaufmännischer Angestellter in Bremen gearbeitet hatte, gründete er 1945 die »Aufbaugemeinschaft Sögestraße«, initiierte weitere Aufbaugemeinschaften in den Stadtteilen und wurde 1948 Vorsitzender der »Aufbaugemeinschaft Bremen«. 1949 war er Mitbegründer der »Bremer Treuhandgesellschaft für Wohnungsbau« und gab von 1946 bis 1982 die Zeitschrift »Der Aufbau« heraus. Er war für die CDU Mitglied der Bürgerschaft (1958–59 und 1967–75) und der Baudeputation (1959–82). Gerhard Iversen hat mit seinem Wirken und mit seinen Schriften die Stadtentwicklung, die Verkehrsplanung und die Regionalplanung über Jahrzehnte beeinflusst.

derne Architektur fand hier erst in der zweiten Hälfte des Jahrzehnts statt.

Neben dem Marktplatz waren Teile der Obernstraße und der Schlachte sowie der Straßenzug Am Wall/Altenwall Schwerpunkte der traditionalistischen Architektur. Als typische Bauwerke dieser Richtung können das Gebäude des Frauenerwerbsvereins von Bernhard Wessel (1951), das Geschäftshaus Gollücke & Rothfos an der Schlachte von Arthur Bothe (1950), die Deutsche Schiffahrtsbank am Domshof von Friedrich Schumacher und Walter Görig (1953) und das Geschäftshaus am Altenwall von Erik Schott (1951) angesehen werden. Kein Wunder, dass das in Sichtweite dieser Festung traditionalistischen

Streitobjekt – das 1949 fertiggestellte Ronning-Haus in der Sögestraße

Architektonisch eher ein Bau der 1930er Jahre: Das 1950/51 nach Entwurf von Heinz Logemann errichtete Geschäftshaus der Allianz-Versicherung am Herdentor

Modern filigran dagegen der vom Büro Skidmore, Owing und Merril entworfene Bau für das Amerikanische Generalkonsulat an der Kohlhökerstraße

Bauens 1954 an der Contrescarpe fertiggestellte amerikanische Generalkonsulat von Skidmore, Owings & Merrill wie eine Provokation gewirkt haben muss – zum Ärger der einen, zur Freude der anderen Fraktion eines Architekturdisputs zwischen Modernisten und Traditionalisten,

der das erste Nachkriegsjahrzehnt in der Hansestadt prägte.

Im Rahmen dieser Auseinandersetzung galt der Marktplatz als besonders sensibler Ort. 1951 schrieb die Handelskammer zusammen mit der Bauverwaltung für die Bebauung

die städtebauliche Gestaltung der östlichen Seite des Marktplatzes als auch die Bebauungsmöglichkeiten klären. Die Nutzung des Grundstücks für ein Haus der Bürgerschaft wurde zwar bereits erwogen, war zu diesem Zeitpunkt aber noch nicht entschieden.

Am Wettbewerb beteiligten sich 128 Architekten aus ganz Deutschland. Ein erster Preis wurde nicht vergeben, dafür zwei zweite Preise an den Berliner Architekten Kurt Dübbers und an Aladar Rimner aus Salzgitter. Die Ergebnisse stießen auf großes Interesse in der Bevölkerung, 20.000 Bürger besuchten 1952 die öffentliche Ausstellung aller eingereichten Arbeiten. So engagiert die Bremer Bevölkerung die Entwürfe auch diskutierte – die Fachpresse bewertete das Niveau der Vorschläge als eher mittelmäßig und vermisste namhafte Vertreter einer modernen Architektursprache unter den Teilnehmern. Mit der weiteren Bearbeitung der Festlegung der räumlichen Kanten wurde Kurt Dübbers beauftragt. Auf dieser Basis schrieb die Handelskammer 1954 einen Wettbewerb für ein Gebäude an der Marktstraße aus, das 1956 von Bernhard Wessel, dem Preisträger, errichtet wurde.

Der Marktplatz 1945 …

des Grundstücks der Börse, die im Krieg stark zerstört wurde, einen Ideenwettbewerb ohne verbindliches Bauprogramm aus. Die Handelskammer, als Eigentümerin des Grundstücks, beabsichtigte nicht, die Börse wieder aufzubauen. Der Wettbewerb sollte sowohl

… und sieben Jahre später im Modell des Wettbewerbs zur Neugestaltung der Ostseite 1952. Die Jury tagt: Bausenator Emil Theil (Mitte) und Jury-Vorsitzender Paul Bonatz (mit Fliege)

SCHLAGZEILEN 1945 – 1951

Sylvelin Wissmann

Explosion im Polizeihaus

Bürgerparkdirektor verweigert Abholzung

Zehnfacher Mord im Niederblockland

Wesereis- und Brückenkatastrophe

Erdstoß in Lesum

Zusammenstoß im Bremer Hauptbahnhof

Todesurteil für Doppelmörder Bodo Fries

Sommerschnee über Bremen

Paketbombenattentate

SCHLAGZEILE UND STADTGESPRÄCH

4. Juni 1945: Explosion im Polizeihaus

Um elf Uhr am 4. Juni 1945 erfolgten zwei gewaltige Sprengstoffexplosionen im Innenhof des Polizeihauses am Wall. Seit Kriegsende war die ehemalige Luftschutzpolizei damit befasst, Waffen, Granaten, Panzerfäuste und Munition einzusammeln, um sie im Polizeihaus zu lagern. Rasch wurde klar: Das Unglück war durch Unachtsamkeit beim Verladen ausgelöst worden und nicht durch einen Anschlag von deutscher Seite, wie kurz nach Kriegsende bei solchen Vorfällen schnell vermutet wurde.

Vier amerikanische Soldaten und 41 Deutsche fanden bei dem Unglück den Tod, 31 weitere Deutsche erlitten zum Teil schwere Verletzungen. Der Innenhof des Polizeihauses wurde vollständig zerstört, und durch den Druck der Explosion wurden Teile des Daches abgedeckt. Auch die Räume der Kriminaltechnik waren verwüstet, doch den schwersten materiellen Verlust stellte die Zerstörung des ebenfalls im Gebäude des Polizeihauses untergebrachten Kriminalmuseums dar. Hier waren zahlreiche historische Stücke aus der Bremer Justiz- und Kriminalgeschichte gesammelt und ausgestellt worden, darunter sämtliche Relikte der Giftmörderin Gesche Gottfried.

Eine Schilderung der Folgen der Explosion fand auch Eingang ins Werk des erfolgreichen amerikanischen Autors Mario Puzo (»Der Pate«, 1969), der als Soldat nach Kriegsende in Bremen stationiert war. Sein erster, 1955 unter dem Titel »The Dark Arena« erschienener Roman spielt in Bremen. Puzo schildert darin die Folgen des Unglücks: »Der große Innenhof war jetzt ein Berg von Trümmern. Gleich den Masten versunkener Schiffe in seichtem Wasser ragten die Oberteile verschiedener Gefährte, Jeeps und Lastwagen hervor. Die Explosion hatte die Innenmauern bis zu einer Höhe von drei Stockwerken weggerissen.«

Bei der Munitionsexplosion im Innenhof des Polizeihauses kamen am 4. Juni 1945 45 Menschen ums Leben. Foto aus den Akten der Militärregierung, Sommer 1945

25. September 1945: Bürgerparkdirektor verweigert Abholzung

Infolge des bedrohlichen Kohlemangels nach dem Krieg nutzen die Menschen alle sich bietenden Gelegenheiten, um an Brennholz zu gelangen. Als die Besatzungsmacht im Mai 1945 in den Wallanlagen Bäume fällte, um Platz für Fernsprechleitungen zu schaffen, waren diese in kürzester Zeit von der Bevölkerung klein gesägt und abtransportiert.

Ab September 1945 bestimmte die Militärregierung im Sinne eines geregelten Verfahrens den Holzeinschlag zur Versorgung der Bremer Bevölkerung in Wäldern hannoverscher Nachbargebiete. Parallel dazu wurden die Abholzungen von Bürgerpark und Stadtwald angeordnet. Doch der seit 1919 amtierende Bürgerparkdirektor Hugo Riggers protestierte umgehend und kündigte Widerstand gegen die Pläne der amerikanischen Verwaltung an. Selbst der Hinweis, dass bei fortgesetzter Befehlsverweigerung die Todesstrafe drohe, brachte Riggers nicht von seinem Protest ab. In einer dramatischen Verhandlung am 25. September 1945 zeigte sich der Vertreter der Militärregierung von der Zivilcourage des Parkdirektors beeindruckt und lenkte schließlich ein. »Der erste Deutsche, der mir imponiert hat«, sagte er damals öffentlich. Man fand einen Kompromiss: Riggers war bereit, 6000 Festmeter Holz aus Stadtwald und Bürgerpark zur Verfügung zu stellen, und konnte dafür im Gegenzug bestimmen, welche Bäume gefällt werden sollten. Damit hatte der Bürgerparkdirektor durch sein mutiges Verhalten einen Kahlschlag von Bürgerpark und Stadtwald verhindert und beide der Bremer Bevölkerung erhalten.

Neben »frohwüchsigen«, also rasch nachwachsenden Baumsorten, wurden bald auch die Ulmen an den Heerstraßen zum Fällen freigegeben. Sie waren ohnehin vom Pilzbefall der Ulmenkrankheit betroffen. Auch im folgenden Jahr war Bremen noch auf Holzeinschlag innerhalb und außerhalb der Stadt angewiesen, und 150.000 Raummeter wurden gefällt.

Parkdirektor Hugo Riggers (1884–1968) verhinderte 1945 erfolgreich die Abholzung von Bürgerpark und Stadtwald

20./21. November 1945: Zehnfacher Mord im Niederblockland

»Grauenerregende Raubmorde – Zwölf Menschen mit Maschinenpistolen niedergestreckt« – lautete die Überschrift des »Weser-Kuriers« vom 24. November 1945. Zwei Raubüberfälle hatten sich in der Nacht zum 21. November ereignet: In einem Haus nahe der Kirche von Grambke schossen Räuber zwei Personen nieder, und im Niederblockland wurden bis auf eine Person alle Angehörigen einer Familie ausgelöscht. Auf der dortigen Hofstelle Flothmeier waren die Eheleute, ihre ausgebombten Kinder und Enkel, Dienstmädchen, Knecht und eine Besucherin anwesend. Damit niemand die Tat bezeugen könne, schossen die Männer auf alle Anwesenden. Nur der Schwiegersohn, Wilhelm Hamelmann, der sich tot stellte, überlebte und konnte schließlich Hilfe holen, die jedoch zu spät kam.

Die Täter waren befreite Polen, die als ehemalige Zwangsarbeiter auf Rache sannen. Durch umherziehende Banden von »DPs« (Displaced Persons) waren besonders die weit auseinander gelegenen Höfe des Blocklandes gefährdet, und der »Weser-Kurier« forderte die Militärregierung zu effektiverem Schutz auf. Gleichzeitig betonte die Zeitung, der während

des Krieges auf dem Hof Flothmeier beschäftigte Serbe sei »anständig und menschenwürdig« behandelt worden: »noch jetzt schreibt er Briefe nach Niederblockland, wo es ihm einst gut ging.« Der Bericht erschien zwei Tage nach der Tat und in derselben Ausgabe bereits die Meldung »Acht Täter festgenommen«: »Die Polen sind von dem Überlebenden, der sich im Krankenhaus befindet, einwandfrei als Täter wiedererkannt worden.«

Am 1. Dezember wurden die Opfer beigesetzt, gut zwei Monate später begann die Gerichtsverhandlung, und am 1. März 1946 verkündete das Militärgericht sein Urteil: Viermal Todesstrafe, dreimal lebenslänglich Kerker, einmal 40 Jahre Gefängnis. Mit dem Urteil machte die alliierte Militärjustiz deutlich, dass sie selbst dann keine Verstöße gegen geltendes Recht duldete, wenn die Täter Opfer des NS-Terrors gewesen waren. Am 13. Juli 1946 wurden die vier Todesurteile auf dem ehemaligen Schießplatz beim Flughafen durch Erschießen vollstreckt. Am 9. September 1946 wurde nochmals in der Sache verhandelt, und zwar gegen den bisher flüchtigen neunten Täter, der – auch auf Wunsch Wilhelm Hamelmanns – statt zum Tode zu lebenslangem Kerker verurteilt wurde.

Gegen vier der nach den Morden auf dem Hof Flothmeier gefassten Täter sprach das Obere Militärgericht der amerikanischen Besatzungsmacht Todesurteile aus. Foto vom Prozess am 27. Februar 1946

16. bis 18. März 1947: Wesereis- und Brückenkatastrophe

Die beiden ersten Nachkriegswinter waren ungewöhnlich hart. Bereits im Januar 1946 waren die teils noch im Bau befindlichen Behelfsbrücken durch Eisgang und im Februar dann durch Hochwasser bedroht worden.

Die Kältewelle des folgenden Winters begann Mitte Dezember 1946. Im Januar führten Temperaturschwankungen eine erste kritische Lage herbei; ab Ende des Monats hielt sich strenge Kälte. Die Weser fror zu, und für die Unterweser meldete das Wetteramt mit 21 Tagen den längsten Eisstand seit 60 Jahren. Um die Schifffahrt ab Bremen weserabwärts aufrechtzuerhalten, wurden Eisbrecher eingesetzt. Für die Ober- und Mittelweser bestand wegen extrem niedrigen Wasserstands noch keine Hochwassergefahr, doch führte man oberhalb der Bremer Kaiserbrücke sicherheitshalber Eissprengungen durch. Wegen der in Tauperioden aufgetürmten Eismassen blieben sie jedoch erfolglos. Am 26. Februar war mit minus 19 Grad Celsius die niedrigste Temperatur des Winters erreicht. Am 8. März setzte Tauwetter ein, und am 12. März kam es zu einer ersten, noch gefahrlosen Flutwelle, am 15. März folgte eine zweite.

Drei Tage darauf erlebte Bremen dann die »größte Eiskatastrophe seit undenklichen Zeiten«. Nur weil bereits in der Nacht die tiefer liegenden Gebiete evakuiert worden waren, kamen keine Menschen zu Schaden. Das Wasser stieg am Vormittag des 18. März oberhalb des Weserwehrs in rasender Geschwindigkeit um zwei Meter innerhalb 30 Minuten und überflutete die Habenhauser Deiche. Die Flutwelle türmte das Eis vor sich auf, und die Katastrophe nahm Schlag auf Schlag ihren Lauf:
»10:30 Uhr: Die Memorial-Brücke bricht,
15:30 Uhr: Ein treibendes Tankschiff zerstört die Wehrbrücke,
17:24 Uhr: Eisberg rammt die Truman-Brücke,
19:15–19:40 Uhr: Die Hubtürme der Baustelle der Kaiserbrücke stürzen ein,
20:20 Uhr: Der Schlussakt – die Eisenbahnbrücke bricht!«

Alle Verkehrsverbindungen zur Neustadt waren abgerissen, auch sämtliche Gas-, Wasser-, Strom- und Telefonleitungen brachen. Neben der Versorgung der Hochwassergeschädigten umfassten die ersten Maßnahmen zur »Heilung der Schäden« die Errichtung von Pontonbrücken und den Bau einer Notkonstruktion an der Stelle der Eisenbahnbrücke. Holzbrücken sollten nach dieser Erfahrung nicht wieder errichtet werden. Die neue Große Weserbrücke wurde am 29. November des Jahres in Betrieb genommen, und am 31. Dezember 1947 erfolgte mit der Einweihung der »Westbrücke« zugleich deren Umbennung in »Stephanibrücke«.

Eissprengungen vor der Kaiserbrücke in Höhe Stavendamm am 24. Februar 1947

Unten: Nach plötzlich einsetzendem Tauwetter wurden sämtliche Bremer Weserübergänge durch treibende Eismassen und losgerissene Schiffe und Kähne zerstört. Blick vom Stadtwerder auf die Ruine der Baustelle der Großen Weserbrücke nach der Katastrophe vom 18. März 1947

2. September 1948: Erdstoß in Lesum

Der zweimal wöchentlich erscheinende »Weser-Kurier« brachte am Sonnabend, den 4. September 1948 unter der Überschrift »Kleines Erdbeben in Lesum« einen kurzen Bericht:

»Ein kleines Erdbeben ereignete sich am Donnerstagfrüh in Lesum. Durch einen spürbaren Erdstoß wurden fünf Häuser der Straßen ›Am Halm‹ und ›Am Moor‹ bewegt und leicht beschädigt. Alle Häuser wiesen Risse in den Wänden und kleine Schäden an Dächern und Decken auf. Dieselbe Erdbewegung führte auch in der Schule am Ihlpohl zu geringen Beschädigungen. Keines der Häuser brauchte jedoch von seinen Bewohnern verlassen zu werden. Das örtliche Beben wird auf einen unbedeutenden unterirdischen Einsturz zurückgeführt, wie er bei uns äußerst selten zu beobachten ist. Das Lesumer Bauamt hat die Risse in den betroffenen Straßen mit Gipsbän-dern ausgefüllt, um weitere Erdbewegungen kontrollieren zu können.«

Das Ereignis hing ursächlich mit dem besonderen Untergrund von Lesum zusammen. Lesum liegt auf Ablagerungen der Eiszeiten, der »Vegesacker Geest«. Darunter ragt der »Salzstock Lesum« aus dem Zechstein auf, der wie eine Beule die darüberliegenden Schichten Trias, Jura, Kreide, Tertiär bis zum Quartär durchbrochen hat. Das »Dach« des Salzstocks hat einen Gipshut, unter dem durch auslaugendes Grundwasser Hohlräume entstehen. Wenn diese einbrechen, kommt es zu einem Erdstoß. Es handelt sich dabei nicht um ein tektonisches, sondern um ein Einsturz-Beben. Zahlreiche runde Hohlformen (»Erdfälle«) in der Geestoberfläche des Gebietes Lesum-Ihlpohl-Ritterhude zeigen, dass der Erdstoß 1948 weder der erste war und noch der letzte sein wird. In neuerer Zeit nutzt man Kavernen im Salzstock zur sicheren Lagerung von Flüssigkeiten, vor allem von Rohöl.

10. September 1948: Zusammenstoß im Bremer Hauptbahnhof

»Das erste schwerere Eisenbahnunglück im Stadtgebiet von Bremen seit dem Frühjahr 1940 ereignete sich am gestrigen Vormittag auf dem Bahnsteig 2 des Bremer Hauptbahnhofes«, so der »Weser-Kurier« vom 11. September 1948.

Ursache des Unfalls war menschliches Versagen. Ein Stellwerkbediensteter hatte versehentlich eine Rangierlok auf Gleis 6 geleitet und zugleich dem planmäßig um 9.45 Uhr einlaufenden Personenzug Hannover-Bremerhaven freie Fahrt auf dasselbe Gleis gegeben.

Der Führer der Rangierlok konnte im allerletzten Moment verständigt werden, der des Personenzuges nicht mehr. Diesem versperrte bei der Einfahrt durch die Kurve überdies ein auf Gleis 7 haltender Personenzug nach Osnabrück die Sicht, sodass der Lokführer, obgleich er »mit aller Macht« bremste, den Zusammenstoß mit der Rangierlok nicht mehr verhindern konnte.

»Durch das Unglück wurden sieben Personen, von denen sich noch fünf im Krankenhaus befinden, schwer, und zehn weitere leicht verletzt.« Beide Lokomotiven und der Packwagen hinter der Lokomotive des Personenzuges entgleisten, erlitten aber nur geringe Beschädigungen. Doch das »erste Abteil des Passagierwagens, der hinter dem Packwagen des Personenzuges gekoppelt war, wurde durch den Rückstoß stark zusammengedrückt«. Nach Austausch des zerstörten Wagens und der Lokomotive konnte der Zug mit nur »45 Minuten Verspätung um 10.45 Uhr seine Weiterfahrt antreten«.

Todesurteil für Doppelmörder Bodo Fries

12. April 1949: Todesurteil für Doppelmörder Bodo Fries

»Wo ist dieser Junge?«, lautete der Titel einer kleinen Suchmeldung mit Bild im »Weser-Kurier« vom 5. Dezember 1945. »Wolfgang Windrath, 9 Jahre alt, ist seit dem 20. Okt. verschwunden. Alle Spuren deuten auf ein Sittlichkeitsverbrechen hin. Wer hat W. W. in Begleitung eines Mannes jüngeren bis mittleren Alters, mit vorne stark gelichtetem, dunklem Haare, gesehen, der der mutmaßliche Entführer ist? Jeder helfe der Polizei!« Mitte April 1946 wurden Teile der Leiche des Jungen gefunden.

Eine Vermisstenmeldung am 24. Juni 1947 betraf den zwölfjährigen Ernst Sprenger. In Verdacht geriet jetzt der 36-jährige Bodo Fries, der mal als Rangierer, mal als Steward bezeichnet wurde. Er beteuerte, nichts mit dem Verschwinden des Jungen zu tun zu haben. Doch am 4. Juli fand man die Leiche des Jungen bei Ottersberg, und in der Folge wurden Fries die Morde an beiden Kindern nachgewiesen.

Erst während der Gerichtsverhandlung im April 1949 erfuhr die Öffentlichkeit von den Einzelheiten: Fries war häufig von Kindern umgeben gewesen, so auch am 20. Oktober 1945 beim Holzsammeln im Stadtwald. Von einem »Drang« überfallen, tötete er den kleinen Windrath etwas abseits mit einem Holzstück, verscharrte ihn vorläufig und brachte später die Leiche an den Fundort. Ernst Sprenger nahm er auf eine angebliche Hamsterfahrt mit und tötete ihn. Da dessen Leiche in kein Fuchsloch passte, zerstückelte er sie mit einer Axt und kam auf die Idee, Teile als gehamstertes Fleisch seiner Familie mitzubringen, die es auch verzehrte.

Das Gericht sprach für beide Taten die Todesstrafe aus. Es war das letzte in Bremen gefällte Todesurteil und wurde, ebenso wie die kurz zuvor ausgesprochene Todesstrafe gegen Günther Haase, der im Dezember 1947 in einem Jugendheim auf der Bürgerweide die Schülerin Lotte Stabenow ermordet hatte, nicht mehr vollstreckt.

Der zweifache Kindermörder und Kannibale Bodo Fries wird am 12. April 1949 durch das Schwurgericht Bremen zum Tode verurteilt

Mitte der 1950er Jahre gab es auch in der Bremer Innenstadt noch viele Trümmergrundstücke. Blick aus der Baumwollbörse auf die Domsheide Ecke Markt-/Balgebrückstraße

28. Juli 1950: Sommerschnee über Bremen

In den »Bremer Nachrichten« vom 28. Juli 1950 erschien unter dem Titel »Nicht nur im Sommer, wenn es schneit ...« folgender Bericht: »Die Bremer Butscher haben endlich einen Grund, das Lied vom Tannenbaum umzudrehen: Es schneit jetzt wirklich im Sommer; wenn es auch kein richtiger Schnee ist, der in der Mittagshitze durch Bremens Straßen segelt. Millionen von weißfusseligen Samen des Weidenrösleins stei-

gen täglich aus den rotblühenden Trümmergebieten des Westens und der Neustadt empor und werden vom Wind durch die ganze Stadt getragen.« Weiter heißt es, die Parzellisten fürchten um ihre Gärten. Weil jedoch dies »Unkraut« sich kaum auf normalem Gartenland ansiedelt, nimmt das zuständige Gartenbauamt es nicht so ernst wie etwa Franzosenkraut oder Distel und sieht keinen Handlungsbedarf. »Im Gegenteil – es freut sich, daß den Schuttbergen etwas von ihrer Öde genommen ist.« Das schmalblättrige Weidenröschen siedelt gern auf Schutt und ähnlichen wasserdurchlässigen, stickstofffreichen Freiflächen. Das bescherte ihm nach dem Krieg den Beinamen »Trümmerblume«. Fünf Jahre nach Kriegsende gab es noch immer viele Trümmergrundstücke und ganze Trümmergebiete. Die »Enttrümmerung« Bremens dauerte noch lange an. So wurde erst im August des Jahres 1950 gemeldet, dass die Trümmerbeseitigung zwischen Obern- und Langenstraße nun beginnen werde. Am 25. Mai 1954 wurde ein ähnliches Phänomen wie der Weidenröschen-Schnee gemeldet: Blattlausschwärme legten einen grauen Schleier über Bremen. Auch diese Plage hatte ihren Anfang in den Trümmergebieten genommen.

29. November 1951: Paketbombenattentate

Am 30. November 1951 beherrschten spektakuläre Ereignisse des Vortages die Titelseiten der Bremer Presse: »Drei Sprengstoffattentate in Bremen und Umgebung. Dr. A. Wolfard heimtückisch ermordet« Die Taten wurden durch Sprengsätze verübt, die in kurzen Rollen versteckt waren und als Postpakete mit der Aufschrift »Nur vom Empfänger zu öffnen« versandt worden waren. Einen der drei Empfänger traf es tödlich. Adolf Wolfard war kurz zuvor bei den »Bremer Nachrichten« zum Chefredakteur befördert worden. Er starb, als er am 29. November das Paket öffnete und die Bombe detonierte. Wolfards Arbeitszimmer wurde völlig zerstört, seine Sekretärin Helga Emminghaus und der Feuilletonredakteur Werner Wien erlitten schwere Verletzungen.

Am selben Tag explodierte eine Paketbombe im Postamt Eystrup. Margarete Grüneklee, eine 18-jährige Angestellte der Marmeladenfabrik Göbber, die für ihren Chef, Carl Mayntz, die Post abholte, kam auf die gleiche Art wie Wolfard ums Leben. Weitere Personen wurden leicht verletzt, die Schalterhalle stark zerstört. Das an den Marmeladenfabrikanten adressierte Paket war vorzeitig explodiert. Ebenfalls am 29. November traf bei dem Futtermittelfabrikanten Anton Höing in Verden ein drittes Paket dieser Art ein, dessen batteriegetriebener Mechanismus jedoch versagte.

Sofort lief eine Großfahndung an. Da die Pakete an verschiedenen Orten aufgegeben worden waren, schloss die Polizei die Möglichkeit mehrerer Täter zunächst nicht aus. Gründliche Vernehmungen von Postangestellten und Post-kunden in Bremen und Verden ergaben so viele Informationen, dass ein Steckbrief mit Phantombild erstellt werden konnte. Am 5. Dezember startete »schlagartig« eine bundesweite Großfahndung, an der sich alle »westeuropäischen Staaten, die sich nach dem Kriege wieder der Internationalen Polizeiorganisation (Interpol) angeschlossen haben, und die Kriminalpolizei der Ostzone« beteiligten.

320 Spuren wurden verfolgt, und bereits am 12. Dezember war ein Verdächtiger gefasst und geständig. Es handelte sich um den 22-jährigen Cedric Erich von Halacz, vorbestraft, »arbeitsscheu und zur Hochstapelei neigend«. Er lebte bei Pflegeeltern bei Nienburg, und aus Nienburg waren auch auf das Phantombild hin mehrere Hinweise auf ihn gekommen, auch der, dass sein Pflegevater im Kriege Sprengmeister gewesen sei und Sprengstoff zurückbehalten habe. Der Chefredakteur der Nienburger Zeitung »Die Harke« meldete seinen Verdacht direkt bei den »Bremer Nachrichten«. Beweise wurden gefunden, von Halacz' Alibi brach zusammen und schließlich gestand er die Taten.

Von Halacz hatte weder Komplizen noch einen politischen oder terroristischen Hintergrund. Die Morde sollten ein Drohpotenzial für geplante Erpressungen bei den Familien der Opfer aufbauen. Die beiden Unternehmer waren von Halacz als vermögend bekannt, Adolf Wolfard hatte er fälschlicherweise für den Verleger der »Bremer Nachrichten« gehalten.

Am 25. April 1952 fällte das Gericht in Verden das Urteil »lebenslänglich«. Nach Entfernung eines Gehirntumors wurde von Halacz im September 1974 begnadigt.

POLITIK / JUSTIZ 1952/56 – 1969

Die Ära Kaisen und ihr Nachspiel

Die politische Entwicklung in Bremen folgte seit Anfang der 1950er bis gegen Ende der 1960er Jahre grundsätzlich dem für die Bundesrepublik insgesamt charakteristischen Trend. Sie wies allerdings in Bezug auf die parteipolitischen Konstellationen, die sich in diesem Zeitraum herausbildeten, eine signifikante Abweichung auf. Unter den Vorzeichen des Wirtschaftswunders, das auch den meisten »kleinen Leuten« eine deutliche Verbesserung ihrer alltäglichen Lebensumstände bescherte, und der weitgehenden Wiederherstellung der überkommenen gesellschaftlichen Strukturen schrumpfte das zunächst noch relativ breit gefächerte Spektrum parteipolitischer Gruppierungen zu einem Drei-Parteien-System zusammen, in dem sich bis Ende des Jahrzehnts eine Partei als dominante Regierungspartei etablierte. Auf Bundesebene war dies die CDU/CSU, die bei der Bundestagswahl im September 1957 die absolute Mehrheit der Mandate im Bundestag erhielt, während es in Bremen die SPD war, die bereits seit der Bürgerschaftswahl im Oktober 1955 über die absolute Mehrheit der Sitze in der Bürgerschaft verfügte und vier Jahre später sogar fast zwei Drittel der Bürgerschaftsabgeordneten stellte.

Entscheidend geprägt wurde diese Entwicklung jeweils durch den Mann an der Spitze, den Regierungschef, sodass mit Blick auf die Bundesrepublik für die Zeit seit Anfang der 1950er bis Anfang der 1960er Jahre vielfach von der »Ära Adenauer« und mit Blick auf Bremen entsprechend von der »Ära Kaisen« die Rede ist. Beide hatten Ende der 1950er Jahre den Höhepunkt ihrer politischen Laufbahn erreicht. Die ersten Vorboten einer krisenhaften wirtschaftlichen Entwicklung, die sich seit Anfang der 1960er Jahre immer deutlicher abzeichnete, sowie die gleichzeitig zutage tretenden Anzeichen eines tief greifenden gesellschaftlichen Wandels markierten für beide den Anfang vom Ende ihrer bis dahin

nahezu unangefochtenen Ausnahmestellung. Der Abschied vom Regierungsamt vollzog sich dann in beiden Fällen als ein eher quälender Prozess; die jeweiligen Nachfolger agierten glücklos und blieben auch nur kurz im Amt, bis sich dann Ende der 1960er Jahre die Grundlinien der politischen Entwicklung auf Bundesebene und in Bremen deutlicher voneinander entfernten: Während in Bonn die CDU/CSU nach dem Zwischenspiel der Großen Koalition durch den »Machtwechsel« zur sozial-liberalen Koalition als Regierungspartei abgelöst wurde, konnte die SPD in Bremen ihre Position als dominante Regierungspartei in den 1970er Jahren behaupten und ausbauen.

Bürgermeister Wilhelm Kaisen und Karl Carstens während ihrer USA-Reise 1950 in New York

Linke Seite: Bürgerschaftssitzung im Festsaal des Rathauses am 15. Juni 1966

Die Ära Kaisen und ihr Nachspiel

Bremen und die Bundesrepublik

Die Beziehungen Bremens zum Bund wurden in den 1950er Jahren maßgeblich durch die persönliche Überzeugung Wilhelm Kaisens und der meisten Senatoren bestimmt, dass dem kleinsten Bundesland ganz besonders an einem guten Einvernehmen mit den übergeordneten politischen Instanzen und vor allem der Bundesregierung gelegen sein müsse, zumal es als Hafen- und Handelsplatz für den Bund insgesamt wichtige Aufgaben erfülle, dadurch aber auch finanziell stark belastet würde. Die Ernennung des der CDU naheste-

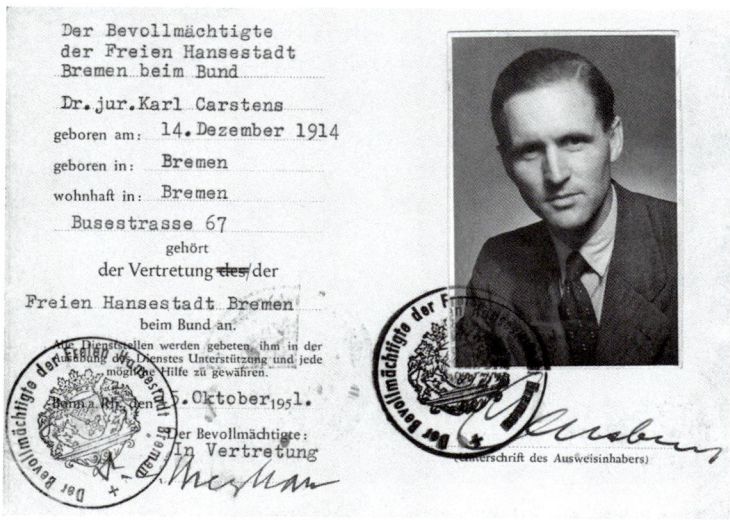

Dienstausweis für Karl Carstens, Bremens Bevollmächtigter beim Bund von 1949 bis 1954

henden Juristen Karl Carstens zum ersten Beauftragten der Freien Hansestadt Bremen beim Bund war daher auch als Signal an Bundeskanzler Adenauer und die von ihm geführte Bundesregierung zu verstehen. Diese Botschaft fiel im Sommer 1954, als Carstens aus dem bremischen Staatsdienst ausschied und in den diplomatischen Dienst wechselte, sogar noch deutlicher aus: Auf Initiative Kaisens wurde Heinrich Barth, der damalige Landesvorsitzende der CDU in Bremen, zum Beauftragten Bremens beim Bund berufen, obwohl führende Bremer Sozialdemokraten heftige Kritik an dieser Personalentscheidung übten, weil sie in

Barth den »größten Scharfmacher gegen die SPD« in Bremen sahen. Den wohl wichtigsten Teil seiner Aufgaben in Bonn, die Pflege guter Kontakte zur Bundesregierung, erledigte Barth allerdings offenkundig zur beiderseitigen Zufriedenheit: Bereits im April 1955 wurde er, anders als sein Amtsvorgänger, vom Senat zum bremischen Staatsrat ernannt. Und im Sommer 1960 quittierte Barth den bremischen Staatsdienst, um als persönlicher Referent von Adenauer ins Kanzleramt zu wechseln.

Ein erstes positives Resultat der Bemühungen um ein gutes Verhältnis zum Bund ergab sich hinsichtlich der bremischen Staatsfinanzen. Als Folge der Konstituierung der Bundesrepublik hatte sich die ohnehin angespannte Haushaltslage der Freien Hansestadt Bremen weiter verschlechtert, denn die Einsparungen, die aus der Übernahme bislang vom Land Bremen wahrgenommener und aus dem Landeshaushalt finanzierter Aufgaben durch den Bund resultierten, standen aus bremischer Sicht in keinem Verhältnis zu dem jetzt an den Bund abzuführenden Teil des Steueraufkommens.

Als Sofortmaßnahme waren deshalb in dem Nachtragshaushalt, der für das Haushaltsjahr 1949/50 erforderlich wurde, fast 20 Prozent der im ursprünglichen Haushaltsansatz vorgesehenen Planstellen des Öffentlichen Dienstes gesperrt worden. Bei der Vorlage des Haushaltsplans für das nachfolgende Rechnungsjahr forderte Finanzsenator Nolting-Hauff (s. S. 364) die Zuweisung von Bundesmitteln für den Wiederaufbau von Häfen und Schifffahrt, schließlich handele es sich dabei um nationale Aufgaben, die unmöglich vom kleinsten Bundesland allein finanziert werden könnten. Er wies dabei darauf hin, dass Bremen im Rahmen des horizontalen Länderfinanzausgleichs 100 Millionen D-Mark zugunsten anderer Bundesländer abführe. Im Herbst 1950 stellte Bürgermeister Kaisen in einem der Bürgerschaft erstatteten Bericht zur Lage der Werftindustrie in Bremen fest, es gebe wohl »kein Land, dessen finanzielle Lage eine ähnlich trostlose ist wie die unsere«.

Auch anlässlich eines Treffens der Senate von Hamburg und Bremen, bei dem Anfang 1951 die beiderseitigen Finanzprobleme erörtert wurden, erklärte er, »dass Bremen, wenn es seine Finanzlage betrachtet, vom Bund verlangen muss, den Ländern nicht Aufgaben zuzuweisen, die dem Bund vorbehalten sind«.

Abhilfe sollte die »Hanseatenklausel« bringen. So wurde die Einigung genannt, die 1950 für das erste Finanzausgleichsgesetz zustande gekommen war. Danach durften die beiden Hansestädte ungeachtet ihrer Stellung als selbstständige Stadtstaaten finanziell nicht schlechter ausgestattet sein als Städte vergleichbarer Größe und Wirtschaftskraft in den anderen Bundesländern. So trug der Bund der von Hamburg unterstützten bremischen Forderung grundsätzlich Rechnung. Allerdings führte dies nicht zu einer dauerhaften Konsolidierung des bremischen Haushalts, obwohl Bremen Ende der 1950er Jahre eine weitere Besserstellung bei der Steuerverteilung zugestanden wurde, als sich das Anfang der 1950er Jahre neu geschaffene Gefüge der öffentlichen Finanzen in

der Bundesrepublik allmählich normalisierte. Bremen blieb jedoch »Geberland« für den Länderfinanzausgleich und erhielt erst Ende der 1960er Jahre den Status eines »Nehmerlandes«, wobei die Zuschüsse, die daraufhin der bremischen Staatskasse zuflossen, die bisherigen Verluste bei der originären Steuerverteilung deutlich überstiegen. Aber auch dies führte nicht zu einer durchgreifenden Sanierung der bremischen Staatsfinanzen, deren Lage sich heute noch weit dramatischer darstellt als in den 1950er und 1960er Jahren.

Eine zweite Frage, bei der sich die Bemühungen um ein gutes Verhältnis zum Bund offenbar auszahlten, war der Erhalt der Selbstständigkeit Bremens. In Ausführung des ihnen im Sommer 1948 in den Frankfurter Dokumenten erteilten Auftrags, Vorschläge für eine Neugliederung des Bundesgebietes vorzulegen, hatten sich die Ministerpräsidenten der Länder nur darauf verständigt, die drei Länder Baden, (Nord-)Württemberg-Baden und (Süd-)Württemberg-Hohenzollern zu einem »Südweststaat« zu vereinigen. Der Gedanke, einen

Die Bremer Landesvertretung in Bonn. Blick vom Rhein auf die Villa an der Schaumburg-Lippe-Straße 9

Die Ära Kaisen und ihr Nachspiel

Wilhelm Kaisen während seiner Weihnachtsansprache am 23. Dezember 1945 auf dem Balkon des Rathauses

Wilhelm Kaisen
* 22.5.1887, Hamburg
† 19.12.1979, Bremen

Kaisen, zunächst Hilfsarbeiter und anschließend Stukkateur, trat 1905 in die SPD und 1907 in die Gewerkschaft ein. Nach dem Besuch der SPD-Parteischule in Berlin im Winter 1913/14 begann er als Journalist für sozialdemokratische Zeitungen zu schreiben. Nach Ende des Ersten Weltkriegs, den er als Soldat erlebte, arbeitete Kaisen als politischer Redakteur bei der »Bremer Volkszeitung«, war von 1921 bis 1928 Mitglied der Bürgerschaft und von 1928 bis 1933 Senator für das Wohl-

fahrtswesen. Nach mehrwöchiger Haft im Frühjahr 1933 zog er auf eine Siedlerstelle in Borgfeld und arbeitete dort bis Ende des Zweiten Weltkriegs als Landwirt. Am 6. Juni 1945 wurde er von der US-Militärregierung in den ersten Nachkriegssenat berufen und Anfang August 1945 zum Bürgermeister und Präsidenten des Senats ernannt. Dieses Amt übte er anschließend ohne Unterbrechung bis zu seinem Rücktritt aus Altersgründen am 17. Juli 1965 aus. Von 1946 bis 1950 gehörte Kaisen dem Vorstand der SPD an, von November 1959 bis Dezember 1965 war er Vorsitzender ihres Parteirats. Anlässlich seines Rücktritts als Präsident des Senats wurde ihm das bremische Ehrenbürgerrecht und die Ehrenmedaille in Gold verliehen, die Stadt Bremerhaven ernannte ihn ebenfalls zum Ehrenbürger. Am 1. Januar 1980 erhielt die Große Weserbrücke den Namen Wilhelm-Kaisen-Brücke.

»Nordwest-Staat« unter Einschluss der beiden Stadtstaaten Bremen und Hamburg zu bilden, der bereits bei den Beratungen über eine Reichsreform Anfang der 1930er Jahre in Erwägung gezogen worden war, war insofern auch nach Gründung der Bundesrepublik virulent geblieben und in Zusammenhang mit der Bildung des Landes Baden-Württemberg im Frühjahr 1952 von verschiedenen Seiten erneut zur Diskussion gestellt worden. Dies ließ in Bremen durchaus begründete Befürchtungen aufkommen, dass die gerade erst wiedererlangte staatliche Eigenständigkeit angesichts der angespannten Haushaltslage ernstlich gefährdet sei, zumal die Bundesregierung einen Ausschuss unter Vorsitz des ehemaligen Reichskanzlers Hans Luther einsetzte, der Vorschläge für eine regionale Neugliederung des Bundesgebietes ausarbeiten sollte.

Der Senat bemühte sich daraufhin um eine Zusage der Bundesregierung, dass Bremen selbstständig bleiben werde, und hatte damit Erfolg: Noch ehe der Luther-Ausschuss seine Arbeit beendet hatte, kam Bundeskanzler Adenauer im Februar 1954, als er eine Einladung zum Schaffermahl mit einem offiziellen Besuch in Bremen verband, einer Bitte des Präsidenten des Senats nach und sprach sich ausdrücklich für den Erhalt der Selbstständigkeit der Freien Hansestadt Bremen aus. Gut ein Jahr später äußerte sich Luther während eines Aufenthalts in Bremen in der gleichen Weise, und damit war diese Frage bis zum erneuten Aufleben der Diskussion um eine Neugliederung des Bundesgebietes Ende der 1960er Jahre eindeutig beantwortet. Die Warnung, dass die Selbstständigkeit Bremens durch eine bestimmte Maßnahme, die Politik des Senats oder Vorschläge einer Partei oder eines Politikers gefährdet werde, gehörte allerdings auch in den 1950er und 1960er Jahren zum Standardrepertoire bremischer und auswärtiger Politiker.

Den Bemühungen des Senats um ein gutes Verhältnis zur Bundesregierung war es ohne Frage förderlich, dass Wilhelm Kaisen den außenpolitischen Kurs der Regierung Adenauer für grundsätzlich richtig hielt und nicht nur parteiintern, sondern immer wieder auch öffentlich Kritik an der Haltung des SPD-Vorsitzenden Kurt Schumacher und der maßgeblich von ihm vorgegebenen Parteilinie übte. Kaisen war davon überzeugt, dass die Deutschen die Situation politischer Ohnmacht und wirtschaftlicher Not, in der sie sich nach Ende des Zweiten Weltkrieges befanden, nur in enger Anlehnung an die USA als der politischen und wirtschaftlichen Führungsmacht des »freien Westens« überwinden könnten. Wie Adenauer hielt er es deshalb für erforderlich, dass sich die Bundesrepublik aktiv an den von den USA selbst ausgegangenen oder mit ihrer Zustimmung von ihren europäischen

Bündnispartnern auf den Weg gebrachten Initiativen zur Einigung Europas beteiligen müsse, statt auf der Forderung zu bestehen, dass die Bundesrepublik dabei von vornherein als gleichberechtigter Partner behandelt werden müsste, wie es Schumacher tat. Daher hatte Kaisen bereits den Beitritt der Bundesrepublik zum Europarat im Frühjahr 1950 befürwortet und sich anschließend auch für den Schuman-Plan ausgesprochen, der im Frühjahr 1951 mit der Unterzeichnung des Vertrages über die Gründung einer Europäischen Gemeinschaft für Kohle und Stahl konkretisiert und zwei Jahre später in die Praxis umgesetzt wurde. Selbst der seit Herbst 1950 diskutierten Aufstellung westdeutscher Militäreinheiten für eine gemeinsame (west)europäische Armee stimmte er grundsätzlich zu, obwohl die Bundesrepublik in der geplanten Europäischen Verteidigungsgemeinschaft (EVG), die nach einem ablehnenden Votum der französischen Nationalversammlung im August 1954 allerdings nicht zustande kam, nur ein Partner minderen Rechts gewesen wäre.

Bundeskanzler Konrad Adenauer trifft am 12. Februar 1954 in Bremen ein, um als Ehrengast an der Schaffermahlzeit teilzunehmen

Die Ära Kaisen und ihr Nachspiel

Bei den drei westlichen Besatzungsmächten trug Kaisens von der sozialdemokratischen Parteilinie abweichende Haltung ihm selbst und der durch ihn repräsentierten Freien Hansestadt Bremen Respekt und Anerkennung ein. Neben entsprechenden Äußerungen führender Vertreter der Westmächte in der Bundesrepublik kam dies darin zum Ausdruck, dass Kaisen bereits im Frühjahr 1950 auf Einladung der Regierung in Washington zu einem sechswöchigen Aufenthalt in die USA reiste, im Frühjahr 1951 auf Einladung des französischen Hochkommissars in Deutschland einen einwöchigen Besuch in Frankreich absolvierte und nach einem ersten Besuch im Herbst 1949 im Herbst 1953 eine zweite, von der britischen Regierung arrangierte einwöchige Reise durch Großbritannien unternehmen konnte. Auf diesen Auslandsreisen kam es nicht nur zu vielen offiziellen und informellen Begegnungen, bei denen zumeist die damals aus bremischer Sicht besonders dringlichen Hafen- und Schifffahrtsfragen im Mittelpunkt standen, sondern Kaisen legte auch großen Wert darauf, bei seinen Gesprächen in den Gastländern verbreitete Vorurteile über Deutschland und die Deutschen abzubauen. In dieser selbst gewählten Rolle eines Botschafters des neuen, demokratischen Deutschland beeindruckte er seine Gastgeber, wie die Ernennung zum Ehrenbürger der Stadt New Orleans während des USA-Aufenthaltes und die Verleihung der Ehrenmedaille der Vereinigung der französischen Bürgermeister bei seinem Besuch in Frankreich zeigten – so wenige Jahre nach Ende des Zweiten Weltkriegs durchaus nicht alltägliche Ehrungen für einen deutschen Politiker.

Zugleich warfen Kaisens Auslandsreisen auch ganz handfeste Erträge für Bremen ab: Kurz nach seiner Rückkehr aus den USA wurden die bis dahin für den deutschen Schiffbau insgesamt und damit auch für die Bremer Werften bestehenden Beschränkungen bei Schiffsneubauten gelockert. Diese Entscheidung war zwar nicht unmittelbar, wie viele deutsche Zeitungen damals meldeten, auf Kaisens Gespräche mit dem amerikanischen

Außenminister und anderen Regierungsvertretern zurückzuführen, sie wurde dadurch jedoch sicherlich beschleunigt. Bei dem Besuch in Frankreich sowie zwei offiziellen Reisen nach Belgien im Frühsommer 1951 und 1954 knüpfte Kaisen erste Kontakte zu politischen Repräsentanten und Wirtschaftsvertretern der Hafenstädte Le Havre, Rouen und Antwerpen, aus denen sich in den folgenden Jahren ein kontinuierlicher, allerdings nicht fest institutio-

nalisierter Meinungsaustausch bremischer Stellen mit entsprechenden Partnern in diesen drei Städten entwickelte. Der »Spiegel« kolportierte im Frühjahr 1952 sogar, der Bundeskanzler trage sich mit dem Gedanken, dem Präsidenten des Bremer Senats das Amt des Außenministers der Bundesrepublik Deutschland anzubieten. Nachdem dies ein Jahr zuvor nach einer Revision des Besatzungsstatuts eingerichtet worden war, hatte Adenauer es zunächst selbst übernommen.

In seiner eigenen Partei blieb Wilhelm Kaisen auch nach dem Tod Kurt Schumachers und der Übernahme des Parteivorsitzes durch Erich Ollenhauer ein Außenseiter, zumal er nicht mehr auf die Unterstützung seiner Mitstreiter in der »Bürgermeister-Fraktion« der SPD zählen konnte, nachdem Ernst Reuter im September 1953 gestorben war und Max Brauer nach der Niederlage der SPD bei der

Hamburger Bürgerschaftswahl im November 1953 das Amt des Ersten Bürgermeisters der Hansestadt abgeben musste. Kaisens Position als erster Mann der SPD in Bremen wurde davon allerdings nicht berührt, weil er sorgfältig darauf achtete, es nicht zum endgültigen Bruch mit dem Parteivorstand kommen zu lassen.

Dies war vor allem für die Stimmführung Bremens bei den im Bundesrat anstehenden Abstimmungen über die Westverträge von Bedeutung, weil dort das Bremer Votum aufgrund der Anfang der 1950er Jahre sehr knappen und schwankenden Mehrheitsverhältnisse in der Länderkammer unter Umständen entscheidend sein konnte. Bei der Abstimmung über den Beitritt der Bundesrepublik zum Europarat und der ersten Beschlussfassung zum Schuman-Plan hatte Bremen zwar zugestimmt. Aber diese Voten waren im Senat in Abwesenheit Kaisens beschlossen worden und auch nur deshalb zustande gekommen, weil Kaisens Stellvertreter Theodor Spitta vom Recht des Stichentscheids Gebrauch machte, das dem Präsidenten des Senats bei Stimmengleichheit im Senatskollegium zusteht. Bei allen nachfol-

genden Abstimmungen des Bundesrats über die Westverträge stimmte Bremen den entsprechenden Ratifizierungsgesetzen nicht zu und hielt sich damit an die vom SPD-Vorstand für die sozialdemokratisch regierten Bundesländer vorgegebene Linie, lehnte die Verträge als solche allerdings nicht ab, sondern machte verfassungs- und verfahrensrechtliche Bedenken für das Bremer Votum geltend. Auf diese Weise konnte Kaisen »Parteidisziplin« üben, ohne offen gegen seine persönliche Überzeugung zu handeln, und zugleich einen Konflikt in der Bremer Senatskoalition wegen einer nicht direkt bremische Angelegenheiten betreffenden Frage vermeiden. Denn im Senat war es wegen der Bremer Stimmführung im Bundesrat jeweils zu längeren Diskussionen gekommen, bei denen es in letzter Konsequenz vor allem darum gegangen war, eine Entscheidung zu treffen, die alle Senatoren trotz fortbestehender Meinungsverschiedenheiten in der Einschätzung der Westverträge vertreten konnten.

Auch in der öffentlichen politischen Diskussion in Bremen nahmen die Themen »Westintegration« und »Wiederbewaffnung«

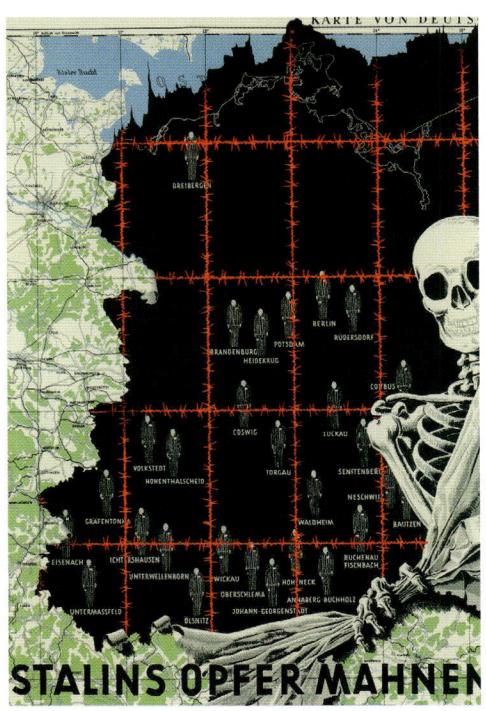

Mahnende und warnende Meinungsmache von links und rechts. Flugzettel zur Volksbefragung der KPD und antikommunistisches Plakat

Die Ära Kaisen und ihr Nachspiel

Öffentliche Warnung

Auf Anweisung von Ulbricht und Grotewohl wird versucht, im Bundesgebiet eine Volksbefragung gegen Remilitarisierung und für baldigen Abschluß eines Friedensvertrages durchzuführen.

Träger dieser Aktion sind Ausschüsse und Agenten, die ohne Ausnahme vom kommunistischen Politbüro der SED gesteuert und finanziert werden.

Nicht im Bundesgebiet, sondern in der Sowjetzone sind Remilitarisierung und Rüstungsproduktion in vollem Gange.

Baldiger Abschluß eines Friedensvertrages ist für jeden Deutschen eine selbstverständliche Forderung. Der Friedensvertrag muß jedoch mit einer von allen Deutschen frei gewählten Volksvertretung und Regierung abgeschlossen werden.

Einzig und allein die Kommunisten verhindern gesamtdeutsche freie Wahlen. Sie wollen nur einen kommunistischen Friedensvertrag und ein kommunistisches Deutschland. Dafür soll unsere Friedenssehnsucht mißbraucht werden.

Wer sich an der kommunistischen Volksbefragung beteiligt, gefährdet den Frieden und stellt sich in den Dienst des Bolschewismus.

Der Bundesminister
für gesamtdeutsche Fragen

Anfang der 1950er Jahre breiten Raum ein. Im Frühjahr 1951 hatte zunächst eine nominell unabhängige und überparteiliche, faktisch jedoch von der KPD initiierte und maßgeblich getragene Kampagne für eine »Volksbefragung gegen die Remilitarisierung und für den Abschluss eines Friedensvertrages im Jahre 1951« Aufsehen erregt. Trotz eines Ende April 1951 von der Bundesregierung verfügten Verbots und entsprechender polizeilicher Maßnahmen lief sie bis zum Sommer 1952 weiter.

Obwohl die Wiederbewaffnung damaligen Umfragen zufolge in der westdeutschen Bevölkerung mehrheitlich abgelehnt wurde, fand die Kampagne, die von den anderen Parteien und in den Bremer Zeitungen mit Ausnahme des KPD-Organs als eine vom SED-Regime in der »Zone« gesteuerte Aktion scharf verurteilt wurde, bei den Bremern kaum Zustimmung. Sie hatte jedoch erhebliche Auswirkungen auf das politische Klima in der Stadt, weil sie der ohnehin vorherrschenden antikommunistischen Grundstimmung weiteren Auftrieb gab. Auch in Bremen formierten sich obskur anmutende Gruppierungen unter bezeichnenden Namen wie »Aktionskomitee gegen die Fünfte Kolonne« oder »Informationsbüro zur Bekämpfung des Stalinismus«. Sie verteilten Flugblätter, auf denen Personen, die angeblich mit der KPD oder dem SED-Regime sympathisierten, mit vollem Namen und genauer Adresse aufgeführt waren und dazu aufgerufen wurde, Nachbarn und Kollegen vor diesen »subversiven Elementen« zu warnen und weitere Verdächtige zu denunzieren, damit sie ebenfalls auf diesen schwarzen Listen aufgeführt werden könnten.

Zugleich lenkte das negative Aufsehen, das die Volksbefragungskampagne in der Öffentlichkeit erregte, davon ab, dass sich die Bundesregierung damals zum einen intensiv um die Freilassung ehemals hochrangiger Wehrmachtsoffiziere bemühte, die von den Besatzungsmächten als Kriegsverbrecher verurteilt worden waren, und zum anderen das seit Kriegsende bestehende Verbot aufhob, Vereinigungen ehemaliger Wehrmachtssoldaten zu bilden und bei offiziellen Anlässen vom NS-Regime verliehene Kriegsauszeichnungen zu tragen.

Unter diesen Vorzeichen wurden auch Stellungnahmen und verschiedene Aktivitäten entschiedener Rüstungsgegner, die sich ohne jeden Zusammenhang mit der Kampagne aufgrund ihrer antimilitaristischen Grundhaltung, aus religiösen Motiven oder mit explizit politischen Argumenten öffentlich gegen die Wiederbewaffnung aussprachen, häufig als »staatsgefährdend« diffamiert. Dies betraf auch die St. Stephani-Gemeinde und ihren Pastor Gustav Greiffenhagen, die in einem »Wort zur gegenwärtigen Lage« im November 1950 »jede Remilitarisierung und Kriegsrüstung« als friedensgefährdend und unvereinbar mit dem christlichen Liebesgebot verurteilt hatten (s. S. 493). Im September 1951 richtete die Gemeinde einen Appell an Bürgerschaft und Senat, in dem es nach einer eindringlichen Warnung vor der »Anfälligkeit für den Militarismus« abschließend hieß: »Wir bitten, es mit allen Mitteln zu verhindern, dass alle, die die offizielle Politik, insonderheit die Fragen um die Remilitarisierung, die Gründung von politisch ausgerichteten Soldatenbünden und die Bemühungen um Orden und Ehrenzeichen nicht billigen, zu Dummköpfen, Verrätern oder

Kommunisten erklärt werden, um sie so zum Schweigen zu bringen.«

Streit um den Generalvertrag

Nach Abschluss der Verhandlungen über die EVG-Verträge und den damit zusammenhängenden »Generalvertrag« über die zukünftige Regelung der Rechtsbeziehungen der Bundesrepublik zu den drei Westmächten verschärfte sich der Ton der Auseinandersetzungen um die Wiederbewaffnung auch zwischen den beiden Lagern der Senatskoalition. Ende Mai 1952 kam es in der Bürgerschaft zu einer ersten heftigen Kontroverse, weil ein Antrag der KPD-Fraktion, dass die Bürgerschaft gegen die Unterzeichnung des Generalvertrages protestiere, nicht verworfen wurde, wie das bei ähnlichen Anträgen der KPD sonst durchweg der Fall war, sondern in namentlicher Abstimmung mit den Stimmen der SPD-Abgeordneten gegen das Votum der CDU- und der FDP-Fraktion gebilligt wurde.

Den Bundestagswahlkampf im Herbst 1953, in dem die Westverträge eines der zentralen Themen waren, führten die Bonner Regierungsparteien fast wie einen Glaubenskrieg um letzte Werte, sodass ein Außenstehender schwerlich auf den Gedanken gekommen wäre, dass CDU und FDP im Rathaus gemeinsam mit der SPD die politische Verantwortung für die Stadt und das Land Bremen trugen. Anfang Februar 1955 kam es in Zusammenhang mit der »Paulskirchen-Aktion« schließlich zu einem handfesten Koalitionskrach. Der eigentliche Anlass war ein von der SPD-Fraktion kurzfristig durchgesetzter Beschluss der Bürgerschaft zur Unterstützung des »Deutschen Manifests« gegen die Wiederbewaffnung, das kurz zuvor auf einer von SPD und den Gewerkschaften mitgetragenen Großkundgebung in der Frankfurter Paulskirche verabschiedet worden war. In der Diskussion blieb dies allerdings ausgeklammert. Weil beiden Seiten nicht zuletzt mit Blick auf die im Herbst des Jahres anstehende Bürgerschaftswahl daran gelegen war, die Koalition nicht wegen einer auf Bundesebene zu

treffenden Entscheidung scheitern zu lassen, stritten sich die Koalitionspartner stattdessen um Stilfragen: CDU und FDP erhoben den Vorwurf, dass der SPD-Fraktionsvorsitzende Richard Boljahn parlamentarische Gepflogenheiten missachtet und Bürgerschaftspräsident Hagedorn dies nicht als Verstoß gegen die Geschäftsordnung der Bürgerschaft unterbunden habe.

Unter diesen Vorzeichen wurde die Wiederbewaffnung im Bürgerschaftswahlkampf fast vollständig ausgeklammert, zumal die Diskussion dieses Themas eine inhaltlich neue

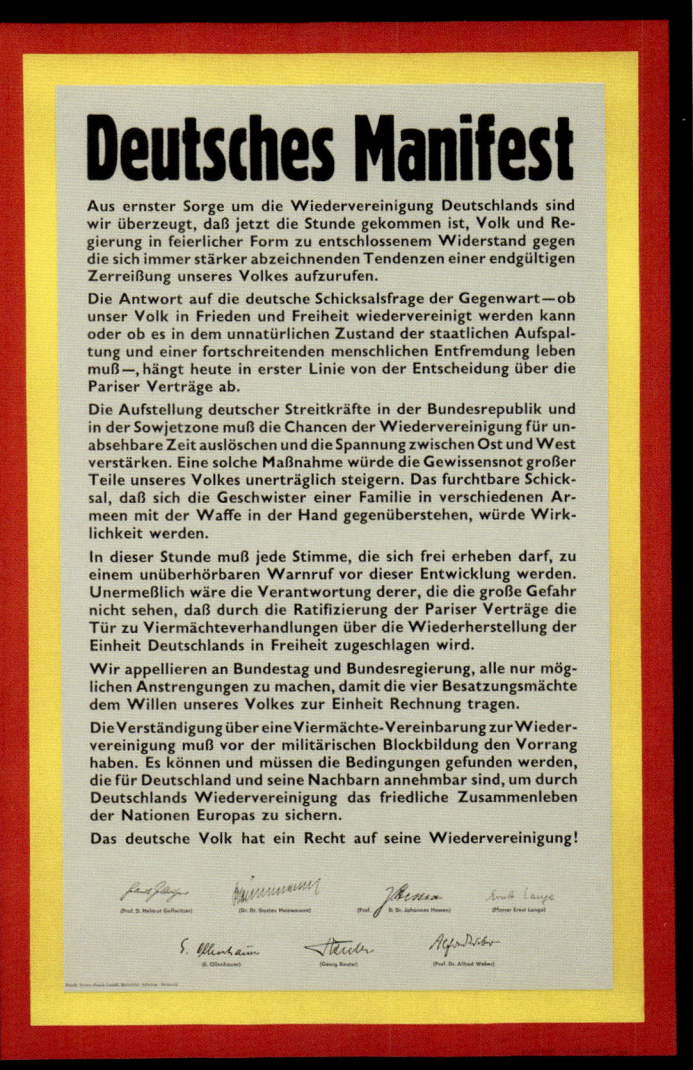

Plakat mit dem Text des von Sozialdemokraten und Gewerkschaftern im Kampf gegen die Wiederbewaffnung 1955 mitinitiierten »Deutschen Manifests«

Die Ära Kaisen und ihr Nachspiel

Eine Maschine der Lufthansa auf dem Flughafen Bremen. Mit den Pariser Verträgen war der Bundesrepublik 1955 die staatliche Souveränität und damit auch die Lufthoheit zuerkannt worden, 1957 begann der Lufthansa-Linienverkehr

Ausrichtung erhalten hatte. Mit der Ratifizierung der Pariser Verträge über den Beitritt der Bundesrepublik zur NATO, der Anfang Mai 1955 erfolgte, waren Fakten geschaffen, die auch von der SPD nicht mehr infrage gestellt wurden. Jetzt standen die verfassungsrechtlichen Grundlagen für den Aufbau der Bundeswehr im Vordergrund, an deren Ausarbeitung die Sozialdemokraten beteiligt werden mussten, weil nur mit ihrer Zustimmung die für Grundgesetzänderungen erforderliche Zweidrittelmehrheit im Bundestag und im Bundesrat zu erreichen war. Allerdings blieben bei nicht wenigen SPD-Mitgliedern starke oder grundsätzliche Vorbehalte gegen die Wiederbewaffnung, aufgrund derer sich der im Wahlkreis Bremen-Nord/Bremerhaven direkt in den Bundestag gewählte Abgeordnete Philipp Wehr und 17 weitere Mitglieder der SPD-Bundestagsfraktion veranlasst sahen, den »Wehrergänzungen« zum Grundgesetz die Zustimmung zu verweigern.

Im Senat wurde dagegen einvernehmlich beschlossen, den Grundgesetzänderungen im Bundesrat zuzustimmen, obwohl auch unter den Senatoren zunehmend Skepsis aufgekommen war. Sie resultierte zum einen daraus, dass die für Aufbau und Unterhalt der Bundeswehr erforderlichen Mittel letztendlich nur zu Lasten des finanzpolitischen

Spielraums der Bundesländer aufgebracht werden konnten, wie Finanzsenator Nolting-Hauff immer wieder zu bedenken gab. Zum Zweiten bezweifelte auch Wilhelm Kaisen, der die Eingliederung der Bundesrepublik in das westliche Bündnissystem nach wie vor für grundsätzlich richtig hielt, dass diese Politik der einzig Erfolg versprechende und zugleich schnellste Weg zur Wiedervereinigung Deutschlands sei. Er war nicht wie Konrad Adenauer überzeugt, dass der »freie Westen« dadurch in die Lage versetzt würde, die Sowjetunion durch wirtschaftlichen Druck und die Demonstration militärischer Stärke zur »Herausgabe der Zone« zu veranlassen. Hinzu kam, dass die FDP im Februar 1956 aus der Regierung Adenauer ausgeschieden war, sodass nun zwei der drei Bremer Senatsparteien bundespolitisch zur Opposition zählten und im Senat das bis dahin bei außenpolitischen Fragen zumeist geschlossene »bürgerliche Lager« auseinanderbrach.

»Kampf dem Atomtod«

Die neue Konstellation zwischen den Parteien der Bremer Senatskoalition führte im Frühjahr 1958 zu einem offenen Konflikt mit der Bundesregierung, als die Diskussion um die Wiederbewaffnung mit der »Kampf dem Atomtod«-Kampagne einen letzten Höhepunkt erreichte. Den Ausgangspunkt dafür bildeten die von der Bundesregierung erhobene Forderung, dass die Bundeswehr mit Atomwaffen ausgerüstet werden müsse, und der im Herbst 1957 vom polnischen Außenminister vorgelegte »Rapacki-Plan« für eine atomwaffenfreie Zone in Mitteleuropa, die das Gebiet der Bundesrepublik, der DDR, Polens und der Tschechoslowakei umfassen sollte. Dieser Plan stieß in den westdeutschen Zeitungen und in der Öffentlichkeit ganz überwiegend auf positive Resonanz, wurde von der Bundesregierung jedoch als »sowjetisches Störmanöver« bezeichnet, das darauf abziele, den Aufbau der Bundeswehr zu ver-

Wohlstand gewählt und ... **Atombombe** erhalten

Volksbefragung!

zögern und einen Keil zwischen die Bundesrepublik und ihre Verbündeten zu treiben, die ohnehin mit größter Zurückhaltung auf die Forderung nach Atomwaffen für die Bundeswehr reagierten.

Gegen die Stimmen der CDU setzten daraufhin die beiden anderen Koalitionsfraktionen Mitte Dezember 1957 einen Beschluss der Bürgerschaft durch, mit dem der Senat aufgefordert wurde, sich bei der Bundesregierung und im Bundesrat für die Aufnahme von Verhandlungen über den Rapacki-Plan einzusetzen. Der Senat zeigte sich jedoch nicht bereit, dieser Aufforderung nachzukommen, sondern beschloss ohne Aussprache in der Sache, der Bundesregierung lediglich von dem Beschluss der Bürgerschaft Mitteilung zu machen und den Bundesrat »aus dem Gesichtspunkt der Höflichkeit« bei der nächsten turnusgemäß anstehenden Sitzung seines auswärtigen Ausschusses darüber zu informieren. Dies veranlasste die SPD- und die FDP-Bürgerschaftsabgeordneten im Frühjahr 1958 zu einer zweiten Initiative in Sachen »Atomwaffen«, die dann nicht nur in Bremen, sondern auch in Bonn hohe politische Wellen schlug: Da es die Bundesregierung strikt ablehnte, sich an etwaigen Verhandlungen über den Rapacki-Plan zu beteiligen, und zugleich die Einrichtung neuer Abschussvorrichtungen für US-amerikanische Atomraketen in der Bundesrepublik ausdrücklich befürwortete, wurde Ende März 1958 auf der Grundlage eines von

40 prominenten Politikern, Künstlern und Schriftstellern veröffentlichten Aufrufs die »Kampf dem Atomtod«-Kampagne gestartet, in deren Verlauf im ganzen Bundesgebiet Protestkundgebungen stattfanden, an denen sich wiederholt mehrere Zehntausend Menschen beteiligten.

In Bremen kündigten die SPD-Bürgerschaftsfraktion und der FDP-Landesvorstand Anfang April 1958 an, eine Volksbefragung über Atomwaffen im Land Bremen durchzuführen, verständigten sich anschließend auf einen gemeinsamen Gesetzentwurf für eine solche Befragung und brachten diesen Ende des Monats in der Bürgerschaft ein. Die Veranstaltungen des DGB zum »Tag der

Wohnungen statt Atom-
waffen: Pferdefuhrwerk im
DGB-Demonstrationszug
zum 1. Mai 1958

Kundgebung in der »Kampf
dem Atomtod«-Kampagne
am 13. Mai 1958

mit erneut mehr als 25.000 Teilnehmern statt, auf der sich auch Bürgermeister Kaisen gegen jede Atomrüstung aussprach.

Gesetz zur Volksbefragung scheitert

Obwohl er inhaltlich mit der Zielsetzung der Kampagne übereinstimmte, hatte Kaisen allerdings darauf geachtet, dass der Senat mit Rücksicht auf den dritten Koalitionspartner und vor allem mit Blick auf die Beziehungen zur Bundesregierung Distanz zu der Volksbefragungsinitiative hielt. Denn der Bundeskanzler hatte den Senat bereits Mitte April davon in Kenntnis gesetzt, dass die Bundesregierung Volksbefragungen über Atomwaffen in einem Bundesland oder in einer Kommune für grundgesetzwidrig halte und das Bundesverfassungsgericht anrufen werde, weil auch in Hamburg, dort allerdings unter Federführung des Senats, und in einer Reihe hessischer Gemeinden die Durchführung solcher Volksbefragungen beschlossen worden war. Der Senat schlug deshalb vor, die Verkündung des bremischen Volksbefragungsgesetzes aufzuschieben, bis das Bundesverfassungsgericht über die von der Bundesregierung bereits eingereichte Klage gegen das Hamburger Gesetz entschieden habe, was die Vorsitzenden der SPD- und der FDP-Bürgerschaftsfraktion jedoch ablehnten. Außerdem holte er bei Theodor Spitta, der mit Ablauf der voraufgegangenen Wahlperiode der Bürgerschaft im Herbst 1955 aus dem Senat ausgeschieden war, ein Rechtsgutachten ein und setzte das bremische Volksbefragungsgesetz dann doch Ende Mai 1958 unverzüglich in Kraft, weil es dem Gutachten zufolge »weder nach Landesrecht noch nach Bundesrecht verfassungsrechtlich zu beanstanden« war. Das Bundesverfassungsgericht sah dies allerdings anders und erklärte sowohl das Bremer als auch das Hamburger Volksbefragungsgesetz Ende August 1958 für verfassungswidrig und damit nichtig, nachdem es die Durchführung der Befragungen bereits Ende Mai (Hamburg) bzw. Anfang Juni (Bremen) mit einstweiligen

Arbeit« am 1. Mai standen ganz im Zeichen der »Kampf dem Atomtod«-Kampagne; der traditionelle Maiumzug mit mehr als 80.000 Teilnehmern und vielen fantasievoll gestalteten Wagen zum Thema »Atomwaffen« endete in einer von über 25.000 Menschen besuchten Abschlusskundgebung auf dem Domshof. Eine Woche später wurde das »Gesetz betr. die Volksbefragung über Atomwaffen« von der Bürgerschaft beschlossen, und eine weitere Woche später fand auf dem Domshof eine zweite »Kampf dem Atomtod«-Kundgebung

Felix von Eckhardt begleitet
als Leiter des Presse- und
Informationsamtes Bundes-
kanzler Adenauer bei einem
Besuch in Bremen

stand im Gegensatz zu der vom CDU-Bundes-vorstand und vor allem von Konrad Adenauer persönlich vertretenen Auffassung, dass der Eindruck unvereinbarer Gegensätze zwischen der Union und der SPD nicht dadurch abge-mildert werden sollte, dass Christdemokraten und Sozialdemokraten auf Landesebene verantwortlich zusammenarbeiteten. Es war symptomatisch, dass weder einer der vier zwischen 1950 und 1960 amtierenden Landes-vorsitzenden der Bremer CDU oder einer der Vorsitzenden ihrer Bürgerschaftsfraktion noch einer der damaligen Bremer CDU-Bundestags-abgeordneten über nennenswerten bundes-politischen Einfluss verfügte. Der ehemalige Chefredakteur des »Weser-Kurier« Felix von Eckhardt, der 1952 von Adenauer als Regie-rungssprecher nach Bonn geholt worden war und bis 1962 zum engsten Beraterkreis des Bundeskanzlers gehörte, nahm in der Bremer CDU keine führende Position ein.

In der SPD kam es zu einer gleichartigen Entwicklung mit umgekehrten Vorzeichen. Seit der Abwahl Kaisens aus dem Parteivor-stand im Frühjahr 1950 waren die Bremer So-zialdemokraten auf Bundesebene nicht mehr in den Führungskreisen der Partei vertreten; die bundespolitischen Ausflüge der Bürger-schaftsfraktion anlässlich der Unterzeichnung

Anordnungen bis zur Entscheidung in der Hauptsache ausgesetzt hatte. Damit wurde der »Kampf dem Atomtod«-Kampagne auch in den beiden Hansestädten endgültig der Boden entzogen, nachdem die SPD und der DGB ihre zunächst umfangreiche organisatorische und finanzielle Unterstützung bereits nach dem Erlass der einstweiligen Anordnungen weitge-hend eingestellt hatten.

In den Beziehungen Bremens zum Bund markierten die Auseinandersetzungen um die Volksbefragung in mehrfacher Hinsicht einen Wendepunkt. Die Bremer Christdemokraten gerieten in der Bundespartei noch weiter ins Abseits, weil Bürgermeister Jules Eberhard Noltenius, damals Landesvorsitzender der CDU, Senator für Häfen, Schifffahrt und Verkehr und Stellvertreter des Präsidenten des Senats, von vornherein klargestellt hatte, dass der Bestand der Bremer Koalition, in der es in landespolitischen Angelegenheiten keine grundlegenden Differenzen gebe, durch die Meinungsverschiedenheiten in einer bundes-politischen Frage nicht gefährdet sei. Dies

Bundesratspräsident
Wilhelm Kaisen nach einer
Sitzung in Bonn

Die Ära Kaisen und ihr Nachspiel

Blick in den voll besetzten Überseehafen Anfang der 1950er Jahre.

Rechts: Autoverladung an der Kühlhauskaje

Staatsrat Fritz Richter, Bremens Bevollmächtigter beim Bund von 1961 bis 1971

des Generalvertrages und der Paulskirchen-Aktion hatte der SPD-Vorstand beim ersten Mal mit Befremden zur Kenntnis genommen und beim zweiten Mal öffentlich als »eine wenig glückliche Aktion« kritisiert.

Als Folge der »Kampf dem Atomtod«-Kampagne, in deren Verlauf nicht nur die Bürgerschaftsfraktion, sondern – wenngleich eher unfreiwillig – auch Bürgermeister Kaisen als Vorkämpfer der sozialdemokratischen Opposition in der Auseinandersetzung mit der Bundesregierung aufgetreten waren, wurden Bremen und der Bremer Senat nun im SPD-Vorstand als Musterbeispiel erfolgreicher sozialdemokratischer Regierungstätigkeit entdeckt: Das neue SPD-Grundsatzprogramm, das im Herbst 1959 auf dem Godesberger Parteitag verabschiedet wurde, enthielt wirtschafts- und gesellschaftspolitische Leitbilder und Zielvorgaben, die weitgehend mit Eckpunkten des vom Senat bereits seit Ende der 1940er Jahre verfolgten politischen Kurses übereinstimmten. Und Wilhelm Kaisen wurde innerparteilich rehabilitiert, indem er im Herbst 1959 zum Vorsitzenden des ein Jahr zuvor neu geschaffenen SPD-Parteirats berufen und im

November 1960 erneut in den Parteivorstand gewählt wurde.

Außerdem sahen Kaisen und die von der SPD und der FDP gestellten Senatoren seit dem Verfahren vor dem Bundesverfassungsgericht keine Veranlassung mehr, auf besonders gute Beziehungen des Senats zur Bundesregierung bedacht zu sein, nachdem die bremische Selbstständigkeit nicht mehr zur Diskussion stand und der wirtschaftliche Wiederaufbau in Bremen, insbesondere der Häfen, der Werftindustrie und der Handelsflotte, im Wesentlichen abgeschlossen war. Dies kam auch darin zum Ausdruck, dass das 1951 vereinbarte und 1955 erneuerte Bremer Regierungsbündnis von SPD, FDP und CDU nach der Bürgerschaftswahl im Herbst 1959 nicht fortgesetzt wurde und die CDU aus der Senatskoalition ausschied.

Auch bei der Berufung eines neuen bremischen Beauftragten beim Bund Anfang Januar 1961 spielten – anders als bei den beiden voraufgegangenen Entscheidungen für die Besetzung dieses Postens im Herbst 1949 und im Frühjahr 1955 – taktische Rücksichtnahmen auf die parteipolitische Zusammensetzung der

Bundesregierung keine Rolle mehr. Mit Senatsdirektor Fritz Richter wurde ein hochrangiger Verwaltungsbeamter ernannt, der zuvor als Behördenleiter des von dem Sozialdemokraten Karl Eggers geführten Ressorts für Wirtschaft und Außenhandel fungiert hatte. Die Kehrseite des neuen Selbstbewusstseins im Verhältnis zur Bundesregierung wurde allerdings nur wenig später deutlich, als diese Ende des Monats eine Bitte des Senats ablehnte, sich finanziell an den Bemühungen zur Abwendung des drohenden Konkurses der Borgward-Gruppe zu beteiligen, in deren Bremer Werken mehr als 20.000 Mitarbeiter beschäftigt waren.

Neue Themen zwischen Bonn und Bremen

In den 1960er Jahren waren es dann vor allem bestimmte bremische Ereignisse und Vorgänge im Rahmen bundesweiter politischer Entwicklungen, die im Verhältnis Bremens zum Bund eine besondere Bedeutung erlangten. Dies galt für die Diskussion um die Verjährung nationalsozialistischer Gewaltverbrechen, die in Zusammenhang mit dem Ende 1963 in Frankfurt eröffneten Auschwitz-Prozess besonderen politischen Stellenwert erhielt, weil vor allem im Ausland kritisiert wurde, dass viele der an derartigen Verbrechen beteiligten Täter in Deutschland voraussichtlich straffrei ausgehen würden (s. S. 350).

Die spezifisch bremische Dimension dieser Diskussion wurde anlässlich des Hildebrand-Prozesses 1966/67 deutlich, der nicht nur in Bremen, sondern auch überregional Aufsehen erregte. In dem bis dahin und bis heute umfangreichsten vom Landgericht Bremen durchgeführten »Judenmordprozess« – so der in den zeitgenössischen Zeitungen zumeist benutzte Ausdruck – wurde der Bremer Fritz Hildebrand wegen mehrfachen Mordes und Beihilfe zum Mord an jüdischen Zwangsarbeitern in Galizien zu einer lebenslangen Zuchthausstrafe verurteilt. Der Prozess stieß nicht nur wegen des außergewöhnlichen Aufwands, sondern auch deshalb auf großes öffentliches Interes-

se, weil Hildebrand bereits im Frühjahr 1953 wegen mehrfachen Mordes und Beihilfe zum Mord, alle begangen in Galizien, vor Gericht gestanden hatte und zu acht Jahren Haft verurteilt worden war. Bereits im Dezember 1955 war Hildebrand jedoch wieder freigekommen, weil die zweieinhalbjährige Untersuchungshaft auf die Strafe angerechnet wurde und der Präsident des Senats einem Gnadengesuch stattgegeben hatte.

Dieser im Vergleich zur zweiten Verurteilung bemerkenswert nachsichtige Umgang mit Hildebrand entsprach einer damals in Bremen wie in der Bundesrepublik insgesamt verbreiteten, auf dem rechten Flügel des Parteienspektrums und bei vielen Richtern und Staatsanwälten besonders ausgeprägten Einstellung, dass nationalsozialistische Gewaltverbrechen anders beurteilt und geahndet werden müssten als kriminelle Gewalttaten. Sie hielt sich bis in die 1960er Jahre hinein und kam exemplarisch im Fall des damaligen Leiters des Bremer Landesausgleichsamtes zum Ausdruck, der im Mai 1960 vorläufig festgenommen wurde, weil er 1941 an Massenerschießungen im Raum Lemberg beteiligt war. Er wurde zwar sofort vom Dienst suspendiert und im Frühjahr 1962 vorzeitig pensioniert, es kam aber nicht zu einem Prozess. Der Oberstaatsanwalt legte zunächst Beschwerde dagegen ein, dass kein Hauptverfahren eröffnet wurde. Er zog sie jedoch Ende Juni 1961 wieder zurück, weil nicht zu widerlegen sei, dass der Beschuldigte die Exekution von 20 Zivilisten für eine »völkerrechtlich zulässige Repressalie« gehalten habe. Noch im Sommer 1965 lehnte es der Senat ab, einer Aufforderung des Jüdischen Kongresses der USA zu entsprechen und Oberlandesgerichtspräsident Arndt von seinem Posten als Vorsitzender des Wiedergutmachungssenats beim Hanseatischen Oberlandesgericht in Bremen abzuberufen, weil Arndt seit 1933 Mitglied der SS gewesen sei. Dabei zog sich der Senat auf das formal zutreffende Argument zurück, dass er dafür gar nicht zuständig sei, erklärte die Forderung jedoch zugleich für unberechtigt, weil sie sich allein auf die Tatsache

Die Ära Kaisen und ihr Nachspiel

Schüler und Studenten blockieren während der »Deutsch-amerikanischen Freundschaftswoche« im Mai 1968 die Straßenbahnschienen auf dem Domshof

der Zugehörigkeit Arndts zur SS stütze und »offenkundige Beweise für NS-Gegnerschaft« außer Acht geblieben seien.

Die Begleitumstände des zweiten Prozesses gegen Hildebrand und seine Verurteilung machten deutlich, dass Mitte der 1960er Jahre ein tief greifender Wandel in der Auseinandersetzung mit der »unbewältigten Vergangenheit« und der mit dieser Hypothek belasteten Gegenwart in Gang gekommen war. Er führte auch in Bremen dazu, dass sich eine überwiegend außerhalb der etablierten politischen Strukturen organisierte und handelnde Protestbewegung formierte. Ihre ersten Aktionen richteten sich gegen den Vietnamkrieg, den die USA mit dem Argument führten, den »freien Westen« gegen ein weiteres Vordringen des Kommunismus zu verteidigen, sich dabei jedoch wegen der beständigen Ausweitung von Luftangriffen

auf Nordvietnam und die Grenzgebiete der benachbarten Staaten Kambodscha und Laos sowie der von beiden Seiten äußerst brutalen, auf die Zivilbevölkerung keinerlei Rücksicht nehmenden Kriegführung in Südvietnam zunehmend moralisch diskreditierten.

Politisierung der Jugend

Ende November 1965 fand die erste größere Vietnam-Kundgebung in Bremen statt, die in Anbetracht der speziellen bremisch-amerikanischen Beziehungen, die sich als Folge der besatzungsrechtlichen Gegebenheiten nach Ende des Zweiten Weltkriegs entwickelt hatten, als erste nicht von der KPD organisierte antiamerikanische Demonstration eine besondere Qualität hatte. In der Folgezeit wurde das amerikanische Generalkonsulat am Präsident Kennedy-Platz zum bevorzugten Ziel der Vietnam-Demonstrationen, die jedoch in der Regel friedlich verliefen, sodass die zum Schutz des Konsulats aufmarschierte Polizei nicht einzugreifen hatte. Mitte Februar 1968 organisierten die Bremer Jungsozialisten einen Autokonvoi zu einer Großkundgebung gegen den Vietnamkrieg in Berlin, der in Bremen erhebliches Aufsehen erregte, weil die Teilnehmer die Transitstrecke durch die DDR ohne die ansonsten üblichen scharfen Kontrollen passieren konnten und auf einem auf der Titelseite der überregionalen Tageszeitung »Die Welt« veröffentlichten Foto des Demonstrationszuges viele junge Bremer Sozialdemokraten in den vorderen Reihen zu erkennen waren. Ende März des Jahres verabschiedete der Kirchentag der Bremischen Evangelischen Kirche eine Entschließung, in der die Einstellung der amerikanischen Bombenangriffe auf Nordvietnam gefordert wurde; Mitte April wurden in den Bremer Kirchen Flugblätter gegen den Vietnamkrieg verteilt. Anfang Mai 1968 erreichten die Proteste gegen den Vietnamkrieg in Bremen schließlich ihren Höhepunkt: Anlässlich der vom Verband der deutsch-amerikanischen Klubs in Deutschland ausgerichteten »Deutsch-amerikanischen Freundschaftswoche« kam es bereits am Vorabend der Eröffnung zu einer großen Demonstration auf dem Marktplatz. Die Auftaktveranstaltung in Anwesenheit des amerikanischen Botschafters in der Bundesrepublik begleiteten dann lautstarke Protestaktionen rund um das Rathaus, die erst abebbten, als der Botschafter eine Abordnung der Demonstranten zu einem Gespräch empfing.

Der offenkundige Widerspruch, dass für eine »gute Sache« ein »schmutziger Krieg« geführt wurde, bewirkte in Verbindung mit

Hintergrund der amerikakritischen Demonstrationen ist der Protest gegen den Vietnamkrieg

Die Ära Kaisen und ihr Nachspiel

der Erfahrung, dass viele Eltern und Lehrer Gesprächen über ihre Erlebnisse und Erfahrungen in der NS-Zeit möglichst aus dem Wege gingen, eine tiefgreifende Politisierung vieler junger Leute. Ihnen bot sich mit den Vietnam-Demonstrationen ein erstes Ventil für ihr wachsendes Unbehagen darüber, dass aus ihrer Sicht überfällige Veränderungen der bestehenden politischen und gesellschaftlichen Verhältnisse unter den Vorzeichen des Ost-West-Konflikts blockiert schienen. In ihrer Forderung nach einer durchgreifenden Demokratisierung vor allem des Bildungswesens sahen sie sich durch Verlautbarungen und Ak-

Union und SPD zu einem ihrer vorrangigen Vorhaben erklärt hatte, auch in Bremen zum zweiten Bezugspunkt der örtlichen Protestbewegung. Im Unterschied zu den Aktionen gegen den Vietnamkrieg, an denen bereits viele Mitglieder der Gewerkschaften aus eigenem Antrieb teilgenommen hatten, unterstützten jetzt der DGB und die Einzelgewerkschaften als Organisationen die Proteste, weil sie eine Einschränkung ihrer Handlungsmöglichkeiten

Gegen die Notstandsgesetzgebung hungerstreikende Demonstranten auf den Domtreppen und DGB-Aufruf zum Domshof-Sternmarsch im Mai 1968

tionen führender Vertreter des Sozialistischen Deutschen Studentenbundes bestärkt, die mit spektakulären Aktionen gegen den »Muff von tausend Jahren« an den Universitäten aufbegehrten und gemeinsam mit ihnen nahestehenden Professoren und Linksintellektuellen einem radikalen Umbau der bestehenden, einseitig auf »die Verwertungsinteressen des Kapitals« zugeschnittenen Wirtschaftsordnung und der Überwindung der daraus erwachsenden »repressiven« gesellschaftlichen Verhältnisse das Wort redeten. Unter diesen Vorzeichen wurden die Notstandsgesetze, deren Verabschiedung die Anfang Dezember 1966 in Bonn gebildete Große Koalition von

und ihres Einflusses in Wirtschaft, Politik und Gesellschaft nicht nur in Zeiten des Notstands befürchteten. Nachdem das DGB-Ortskartell Mitte Februar 1968 in der Stadthalle eine erste Großkundgebung gegen die Notstandsgesetze veranstaltet hatte, organisierten die Bremer Jungsozialisten Mitte Mai des Jahres die Teilnahme einer Bremer Abordnung an einem Sternmarsch zu einer zentralen Demonstration in Bonn. Wenige Tage später traten die Studenten der Pädagogischen Hochschule in einen eintägigen Vorlesungsstreik, und Ende des Monats protestierten vier junge Bremer mit einem zweitägigen Hungerstreik auf den Domtreppen gegen die Notstandsgesetze.

Auf einem außerordentlichen Landesparteitag der Bremer SPD am 25. Mai 1968 wurde nach einer langen, äußerst kontrovers geführten Debatte ein Antrag abgelehnt, die drei Bremer SPD-Bundestagsabgeordneten und die Bremer Vertreter im Bundesrat zu verpflichten, bei der bevorstehenden Schlussabstimmung gegen die Notstandsgesetze zu stimmen. Aber dies hinderte viele, vor allem jüngere Partei- und Gewerkschaftmitglieder nicht, sich weiterhin an außerparlamentarischen Protesten gegen die Gesetze zu beteiligen: Drei Tage nach dem SPD-Parteitag folgten mehr als 5000 Bremerinnen und Bremer einem Aufruf des DGB zu einer Anti-Notstandskundgebung auf dem Domshof; am darauffolgenden Tag besetzten Schüler das Gymnasium an der Hamburger Straße und organisierten an vielen anderen Schulen Demonstrationen gegen oder Diskussionen über die Notstandsgesetze. Auf einer Ende Mai 1968 in Bremen durchgeführten Bundesjugendkonferenz der Deutschen Postgewerkschaft setzten sich die Delegierten sogar dafür ein, offenen Widerstand gegen die Notstandsgesetze zu leisten, jedoch blieb diese auch in anderen gewerkschaftlichen Kreisen erhobene Forderung ohne Folgen. Der Senat schließlich zeigte sich von den Protesten gegen die Notstandsgesetze kaum beeindruckt und beschloss Mitte Juni 1968, bei der abschließenden Beratung im Bundesrat eine Reihe von Änderungen zu beantragen, aber auch dann nicht gegen die Notstandsgesetze zu stimmen, wenn diese Anträge abgelehnt würden.

Die Aktivisten der Protestbewegung trafen sich bevorzugt in dem Szenelokal »Lila Eule«, das Ende Dezember 1959 als Jazz-Club in der Innenstadt eröffnet und Anfang 1965 in die Bernhardstraße im Steintor-Viertel verlegt worden war (s. S. 479). Die »Lila Eule« wurde in der zweiten Hälfte der 1960er Jahre sozusagen zum Hauptquartier der außerparlamentarischen Opposition in Bremen, in dem Aktionen geplant wurden und fast alle für die

Rudi Dutschke, der charismatische Vordenker der Westberliner Studentenbewegung, wird auf dem Bremer Flughafen von den Bremer Aktivisten Olaf Dinné (links) und Peter Schulze in Empfang genommen

Bremer APO bedeutsamen Informations- und Diskussionsveranstaltungen stattfanden. Ende November 1967 hielt dort Rudi Dutschke, der theoretische Kopf und charismatische Anführer der Studentenbewegung in Westberlin, einen bis heute in Bremen legendären Vortrag, der die damals noch bestehende sozialdemokratische »Bremer Bürgerzeitung« zu dem Kommentar veranlasste, durch Bremen sei »ein Hauch von Revolution« gegangen.

Mittelbar zog Dutschkes Auftritt in der »Lila Eule« weit über die APO und die Kommentare in den örtlichen Zeitungen hinausreichende Folgen nach sich, als Dutschke vier Wochen später versuchte, während eines Weihnachtsgottesdienstes in der Berliner Kaiser-Wilhelm-Gedächtniskirche eine Diskussion über den Krieg in Vietnam zu erzwingen und von Gottesdienstbesuchern mit Schlägen am Reden gehindert und aus der Kirche gedrängt worden war. 31 evangelische Pastoren aus Bremen und Umgebung schickten daraufhin am 26. Dezember ein offenes Telegramm an den Gemeinderat der Kirche, in dem sie ihrer Bestürzung über den Vorfall Ausdruck gaben und sich dafür aussprachen, auch in der Kirche provokanten Diskussionen nicht auszuweichen oder sie sogar mit Gewalt zu verhindern.

Die Ära Kaisen und ihr Nachspiel

Dieses »Pastorentelegramm« provozierte heftige Reaktionen in der Bremischen Evangelischen Kirche sowie vor allem bei der Bremer CDU und war Ende Januar Gegenstand einer öffentlichen Diskussionsveranstaltung im Theater am Goetheplatz, bei der die Pastoren und der Kirchenausschuss ihre jeweilige Handlungsweise und die dahinterstehenden Motive klarstellten und die Kontroverse anschließend für beigelegt erklärten.

Ein Anfang April 1968 auf Dutschke verübter Anschlag, den er mit sehr schweren Verletzungen überlebte, führte dann in der ganzen Bundesrepublik zu den »Osterunruhen«, bei denen es in Bremen allerdings nicht zu gewalttätigen Ausschreitungen kam wie in Westberlin und vielen anderen westdeutschen Groß- und Universitätsstädten. Bei einer Protestkundgebung mehrerer Hundert Jugendlicher und junger Erwachsener vor dem Rathaus konnte auch der Präsident des Senats, Bürgermeister Hans Koschnick, eine Ansprache an die Demonstranten halten, in der er den Anschlag auf Dutschke verurteilte. Drei Tage später wurde die Auslieferung der »Bild-Zeitung« in Bremen verhindert, die nicht nur in Kreisen der Protestbewegung als »geistiger Urheber« des Attentats auf Dutschke galt, weil

sie die Aktionen der Studentenbewegung von Anfang an als kommunistisch gesteuerten Umsturzversuch denunziert und unmittelbar vor dem Anschlag auf Dutschke dazu aufgefordert hatte, mit dem »roten Gesindel« ein für alle Mal aufzuräumen.

Diese »Bild-Blockade« war allerdings die letzte spektakuläre Aktion der APO in Bremen. Die Gründung einer Bremer Ortsgruppe des SDS Ende Mai 1968 blieb ohne nennenswerte Resonanz, da es in Bremen damals noch keine Universität gab und die Studenten der Pädagogischen Hochschule und der anderen Fachhochschulen in Bremen weit weniger Bereitschaft zeigten, sich politisch zu engagieren, als viele ihrer Kommilitonen an den Universitäten. Mit der Verabschiedung der Notstandsgesetze und dem Fiasko des amerikanischen Engagements in Vietnam, das sich seit Anfang des Jahres 1968 immer deutlicher abzeichnete, waren zudem die bis dahin zentralen Anlässe für die außerparlamentarischen Proteste abhandengekommen. Der Einmarsch von Truppen des Warschauer Paktes in die Tschechoslowakei im August 1968 gab schließlich den letzten Anstoß zum Ende der außerparlamentarischen Protestbewegung in Bremen: Nach zwei Tagen und Nächten kontroverser, mit persönlichen Angriffen durchsetzter Diskussionen ihrer führenden Aktivisten in der »Lila Eule« zerfiel sie in zwei Gruppierungen. Die eine erklärte das militärische Vorgehen gegen die im Frühjahr des Jahres installierte neue Regierung der Tschechoslowakei als notwendige Maßnahme gegen konterrevolutionäre Bestrebungen für gerechtfertigt. Die andere interpretierte die gewaltsame Unterdrückung des mit dem weltweit beachteten »Prager Frühling« unternommenen Versuchs, einen »Sozialismus mit menschlichem Antlitz« zu verwirklichen, als Bankrotterklärung des real existierenden Sozialismus sowjetischer Prägung und nahm am 23. August 1968 in großer Zahl an einer von den etablierten politischen Kräften organisierten Protestkundgebung auf dem Marktplatz teil.

Hans Koschnick und Richard Boljahn sprechen am 23. August 1968 zu 4000 gegen den sowjetischen Einmarsch in die Tschechoslowakei protestierenden Demonstranten

Wahlen und parteipolitische Entwicklungen

Mit der Bildung der von der SPD, der CDU und der FDP getragenen Senatskoalition war nach der Bürgerschaftswahl 1951 eine Entscheidung gefallen, die die bremische Politik in den 1950er Jahren nachhaltig prägte. Als »Bündnis von Kaufleuten und Arbeiterschaft« wurde diese Koalition vor allem von Wilhelm Kaisen zum Idealtypus einer über den Niederungen der Parteipolitik stehenden, allein dem »allgemeinen Besten« verpflichteten Regierungsführung in Bremen stilisiert: »Wir wollen, dass die Funktionsträger des privaten und öffentlichen Lebens auch hier an dieser Stelle zusammenwirken, dass sie dort in gegenseitiger Aussprache feststellen: wo ist das Richtige, was muss getan werden zum Wohle der Gesamtheit«, erklärte er im Januar 1956 in der Bürgerschaft, nachdem sich die drei Koalitionspartner nach der Bürgerschaftswahl im Oktober 1955 über die Fortsetzung der Zusammenarbeit im Senat verständigt hatten.

Allerdings waren es im Herbst 1951 weniger hehre staatspolitische Motive, sondern vor allem parteipolitische Zweckmäßigkeitserwägungen gewesen, die den Ausschlag für die erstmalige Bildung der Ganz Großen Koalition gegeben hatten: Die Freien Demokraten hatten bei der Bürgerschaftswahl erhebliche Einbußen hinnehmen müssen und waren daher daran interessiert, den bürgerlichen Einfluss und damit auch ihre eigene Position im Senat durch die Einbindung einer weiteren bürgerlichen Partei in die Koalition zu stärken. Die CDU hatte bei der Wahl sogar noch schlechter abgeschnitten als die FDP und nahm die Gelegenheit, die Arbeit des Senats verantwortlich mitgestalten zu können, gern wahr, zumal ihr die DP den Rang als stärkste Fraktion des bürgerlich-konservativen Lagers in der Bürgerschaft abgelaufen hatte. Die Sozialdemokraten schließlich konnten sich der Forderung ihres bisherigen Regierungspartners nach Erweiterung der Koalition schon deshalb nicht entziehen, weil an eine institutionalisierte Zusammenarbeit mit der KPD unter den Vorzeichen des Kalten Krieges und des strikten Abgrenzungskurses der SPD gegenüber den Kommunisten ohnehin nicht mehr zu denken war und zudem die zuvor zumindest rechnerisch gegebene »linke Mehrheit« der Arbeiterparteien in der Bürgerschaft nicht mehr bestand.

Die parteipolitischen Kräfteverhältnisse in der Bürgerschaft, die durch die Wahl im Oktober 1951 zustande gekommen waren und zur Bildung der Ganz Großen Koalition geführt hatten, veränderten sich im Herbst 1952 grundlegend, weil das Bundesverfassungsgericht die SRP als verfassungsfeindlich verbot und zugleich alle von Mitgliedern der Partei gehaltenen Mandate in Landes- und Kommunalparlamenten für erloschen erklärte. Dadurch verringerte sich die Zahl der Bürgerschaftsabgeordneten auf 92. Die DP forderte in der Erwartung, viele ehemalige SRP-Wähler zu sich herüberziehen zu können, Neuwahlen für die Bürgerschaft, zumindest aber die Wiederbesetzung der acht ehemaligen SRP-Sitze proportional zur Fraktionsstärke, konnte sich damit jedoch nicht durchsetzen. Die Senatsparteien beschlossen stattdessen im April 1953, die reduzierte Mandatszahl bis zum Ablauf der Legislaturperiode im Herbst 1955 beizubehalten, wobei die bürgerlichen Koalitionspartner sogar in Kauf nahmen, dass SPD und KPD zusammen rechnerisch nun wieder über eine knappe absolute Mehrheit verfügten. Aus Sicht der CDU war dies augenscheinlich das kleinere Übel als eine weitere Stärkung der DP, während es für die FDP wohl eine eher kleine Sorge im Vergleich zu dem damals seit gut zwei Jahren andauernden innerparteilichen Richtungsstreit war.

Innerparteiliche Konflikte

Die Auseinandersetzungen in der FDP hatten sich im Frühjahr 1952 deutlich verschärft, nachdem sich um Albert Bote, den früheren Vorsitzenden der BDV(FDP)-Fraktion, ein etwa

30 Parteimitglieder zählender »liberaler Kreis« formiert hatte. Sie sahen ihre Aufgabe darin, ehemals von der BDV vertretene Positionen in der Parteiarbeit zur Geltung zu bringen, weil der Bremer Landesverband der FDP mit der Streichung des Zusatzes »BDV« nach der Bürgerschaftswahl im Oktober 1951 nicht nur eine reine Namensangleichung an die Bundespartei vorgenommen, sondern sich auch inhaltlich den im Bundesvorstand und in der Bundestagsfraktion dominierenden Positionen des rechten Parteiflügels angenähert hätte. Der Anfang 1953 vom FDP-Landesvorstand veranlasste Ausschluss fünf führender Mitglieder des liberalen Kreises aus der Partei zog dann Proteste aus der Mitgliedschaft, die Gründung ei-

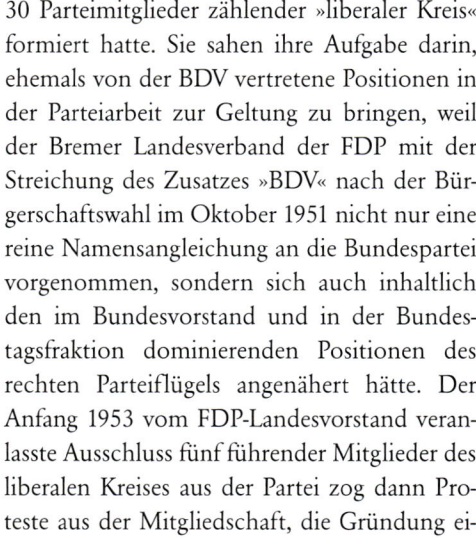

Albert Bote, Fraktionsvorsitzender der BDV in der Bremer Bürgerschaft und Kopf des liberalen Kreises

nes ins Vereinsregister eingetragenen »Liberalen Kreises (Bremer Liberale Vereinigung)« durch die Bremer Jungdemokraten und weitere innerparteiliche Auseinandersetzungen nach sich. Sie flauten erst nach der Bundestagswahl im Herbst 1953 ab und wurden Anfang Januar 1955 mit der Rücknahme des Parteiausschlusses endgültig beigelegt.

Auch in der Bremer CDU gab es Anfang der 1950er Jahre einige Turbulenzen, weil die Spitzenpositionen im Landesverband und in der Bürgerschaftsfraktion mehrfach neu besetzt werden mussten. In der SPD sorgten derweil Vorwürfe für Unruhe, dass mehrere Funktionsträger der mittleren Führungsebene zu enge Kontakte mit KPD-Mitgliedern pflegten. Sie hatten allerdings keine Auswirkungen auf die Bemühungen der Bremer SPD-Führung, die Position als stärkste politische Kraft in Bremen durch einen Aus- und Umbau der Parteiorganisation langfristig abzusichern. Anfang April 1952 wurde zunächst ein Sekretariat der Bürgerschaftsfraktion eingerichtet, um die Abgeordneten »zu zwingen, an den verschiedenen kommunalen Problemen zu arbeiten«, wie es der Fraktionsvorsitzende Richard Boljahn unmissverständlich auf den Punkt brachte.

Im darauffolgenden Frühjahr wurden dann die SPD-Kreisvereine Bremen, Vegesack-Blumenthal und Bremerhaven, die bis dahin direkt dem SPD-Bezirk »Hamburg/Nordwest« zugeordnet waren, in einem Unterbezirk Bremen zusammengefasst, der allerdings nach wie vor eine Untergliederung des Bezirks Hamburg/Nordwest bildete und nicht direkt der Bonner Parteizentrale nachgeordnet war. Zum Vorsitzenden dieser neuen Bremer Landesorganisation wurde der ehemalige Schulsenator Christian Paulmann gewählt, der allerdings seit seinem Austritt aus dem Senat wegen der »Schulspeisungs-Affäre« (s. S. 60) nicht mehr zum engsten Führungszirkel der Bremer SPD gehörte und auch in seinem neuen Amt keine politischen Akzente setzen konnte.

Als starker Mann bei den Bremer Sozialdemokraten etablierte sich stattdessen Richard Boljahn, der als Vorsitzender des DGB-Orts-

Richard Boljahn

* 29.11.1912, Bremen
† 19.10.1992, Bremen

Boljahn, als Kind eines Werftarbeiters in ärmlichen Verhältnissen im Bremer Westen aufgewachsen, schloss sich 1927 der Sozialistischen Arbeiterjugend und der Gewerkschaftsjugend an und trat 1930 in die SPD ein. 1935 wurde er aus politischen Gründen zu zwei Jahren Haft verurteilt. Nach Kriegsende leitete er zunächst ein Heim für elternlose Jugendliche, bis er Anfang Juni 1946 hauptamtlicher Sekretär des Bremer DGB-Ortsausschusses wurde, dessen Vorsitz er 1952 übernahm. Im Herbst 1946 war er erstmals in die Bürgerschaft gewählt worden, deren SPD-Fraktion ihn im April 1951 zu ihrem Vorsitzenden wählte. Seit 1953 fungierte er zudem als Aufsichtsratsvorsitzender der gewerkschaftseigenen Gewoba und war in der »Ära Kaisen« die treibende Kraft des sozialen Wohnungsbaus in Bremen. Die Ämterfülle und der daraus resultierende politische Einfluss trugen ihm den Spitznamen »König Richard« ein. Angesichts wachsender innerparteilicher Kritik musste Boljahn Anfang 1968 zunächst den Fraktionsvorsitz abgeben und legte im Sommer 1969 im Zuge der »Baulandaffäre« alle politischen Ämter und Aufsichtsratsmandate nieder. 1971 stellte er dann auch sein Amt als DGB-Kreisvorsitzender zur Verfügung und schied schließlich mit Ablauf der Wahlperiode im Herbst des Jahres aus der Bürgerschaft aus.

ausschusses und Aufsichtsratsvorsitzender der gewerkschaftseigenen Wohnungsbaugesellschaft Gewoba eine starke Hausmacht hinter sich hatte. Als Chef der mit Abstand größten Fraktion in der Bürgerschaft und in der Senats-

koalition hatte er die nach dem Präsidenten des Senats wohl bedeutendste politische Position inne und verfügte nach Meinung der anderen Parteien, der meisten Bremer Journalisten und auch seiner innerparteilichen Kritiker letztendlich sogar über mehr politischen Einfluss in Bremen als Wilhelm Kaisen, worauf der Boljahn zugeeignete Spitzname »König Richard« unverhohlen anspielte.

Bündnis von Kaufleuten und Arbeiterschaft

Die Ganz Große Koalition stellte insofern für Wilhelm Kaisen eine geradezu ideale Konstellation dar, weil die Stellung des Senats als das eigentliche Entscheidungszentrum bremischer Politik und nicht zuletzt seine eigene Position als Präsident dieses Senats gestärkt wurden. Mit dem Argument, auf die Koalitionspartner Rücksicht nehmen zu müssen, konnten er und seine Senatskollegen ihren jeweiligen Bürgerschaftsfraktionen ein ums andere Mal Konzessionen abverlangen, wenn Entscheidungen zur Debatte standen, bei denen Meinungsverschiedenheiten zwischen den Senatsparteien bestanden. In bremischen Angelegenheiten war dies nur selten der Fall, denn sowohl die politischen Interessenvertreter der »Kaufleute« und Unternehmer als auch die Repräsentanten der »Arbeiterschaft« in der Senatskoalition unterstützten die Prioritätensetzung des Senats, der Wiederherstellung der traditionellen wirtschaftlichen Struktur und Leistungsfähigkeit Bremens Vorrang vor größeren Investitionen zur Verbesserung der kommunalen Infrastruktur einzuräumen.

Daher waren es vor allem bundespolitische Fragen, an denen sich besonders in Wahlkampfzeiten Kontroversen zwischen den Senatsparteien entzündeten. Sie wurden dann zwar öffentlich und mehrfach auch in der Bürgerschaft in aller Schärfe ausgetragen, führten aber in aller Regel nicht zu einer ernsthaften Belastung der Senatskoalition. Die Senatoren und die Führungsgremien der Bremer Landesorganisationen von SPD, CDU und FDP

Wahlen und Parteien

waren darin einig, die Zusammenarbeit im Senat nicht daran scheitern zu lassen, dass man in nicht in eigener Kompetenz zu entscheidenden Fragen unterschiedlicher Auffassung war. Hinzu kam, dass sich zwischen Kaisen und Boljahn nach Beilegung einiger anfänglicher Unstimmigkeiten eine nahezu perfekte Arbeitsteilung einspielte: Während Kaisen in der Öffentlichkeit zumeist als gleichsam überparteilicher erster Mann und Landesvater der Freien Hansestadt Bremen wahrgenommen wurde, der sich eigentlich nur im Wahlkampf als sozialdemokratischer Chef einer mehrheitlich von Sozialdemokraten gebildeten und getragenen Landesregierung präsentierte, übernahm Boljahn bereitwillig die Rolle eines Volkstribuns der Bremer Arbeitnehmer, der in der Bürgerschaft wortgewaltig für die ange-

messene Berücksichtigung ihrer besonderen Belange eintrat. Dies war eine wesentliche Voraussetzung dafür, dass die Bremer SPD in den 1950er Jahren ihr Wählerpotenzial in der Sozialdemokratie traditionell eher fernstehenden Bevölkerungskreisen beträchtlich ausbauen konnte, ohne ihre Stammwählerschaft zu verprellen.

Bundestagswahlen 1953

Bei der Bundestagswahl im Herbst 1953 kam diese Entwicklung noch nicht deutlich zum Ausdruck. Die Sozialdemokraten steigerten ihren Stimmenanteil im Vergleich zur voraufgegangenen Bundestagswahl im Herbst 1949 zwar um 4,6 Prozentpunkte, erzielten das bundesweit beste Landesergebnis für die SPD und stellten mit Hermann Hansing, Siegfried Bärsch und Philipp Wehr auch die in den drei Bremer Wahlkreisen direkt gewählten Bundestagsabgeordneten. Aber die CDU konnte im Vergleich zu 1949 einen fast doppelt so hohen Zuwachs verbuchen, übertraf damit ihren Stimmenanteil bei der Bürgerschaftswahl im Herbst 1951 um nahezu das Dreifache und brachte mit Ernst Müller-Hermann und Karl Krammig zwei ihrer Bremer Direktkandidaten über die Landesliste in den Bundestag. Dagegen musste die FDP mit Verlusten von 5,4 und 4,3 Prozentpunkten im Vergleich zu 1949 und 1951 eine herbe Niederlage einstecken, während die DP ihre starke Position in Bremen in etwa behaupten konnte. Herbert Schneider, der Vorsitzende des Landesverbands und der Bürgerschaftsfraktion und seit 1952 auch Generalsekretär der Bundespartei, erhielt als Erstplatzierter der DP-Landesliste das sechste Bundestagsmandat, das Bremen aufgrund der über dem Bundesdurchschnitt liegenden Wahlbeteiligung zustand. Alle anderen Parteien blieben unter der Fünfprozentmarke, wobei die KPD mit einem Stimmenanteil von 3,9 Prozent ebenfalls das beste Landesergebnis erzielte, das deutlich über dem bundesweiten Durchschnittswert von 2,2 Prozent lag, und

SPD-Feuerwerk und Illumination des Porträts von August Bebel vor der Bundestagswahl 1953

auf die rechtsextreme DRP immerhin drei Prozent der in Bremen abgegebenen Stimmen entfielen.

Eine Forderung nach Neuwahlen in Bremen, wie sie die CDU nach der Bundestagswahl 1949 erhoben hatte, ließ sich aus diesem Wahlergebnis kaum herleiten, zumal der Wahlkampf ganz im Zeichen der persönlichen Konkurrenz zwischen dem amtierenden Bundeskanzler Konrad Adenauer und dem sozialdemokratischen Kanzlerkandidaten Erich Ollenhauer sowie der zwischen den Regierungsparteien und der Opposition in Bonn geführten Grundsatzdebatte über die Westintegration und die soziale Marktwirtschaft gestanden hatte. Dennoch hatte auch diese Bundestagswahl unmittelbar landespolitische Auswirkungen, weil die Bremer Christdemokraten eine Umbildung des Senats unter Berücksichtigung des im Bundestagswahlergebnis zum Ausdruck gekommenen Kräfteverhältnisses zwischen den beiden bürgerlichen Partnern der Senatskoalition forderten, nachdem bei der Bürgerschaftswahl in Hamburg Anfang November 1953 die Landesorganisationen der Bonner Regierungsparteien gemeinsam als »Hanseatenblock« angetreten waren und die zuvor mit absoluter Mehrheit regierenden Sozialdemokraten geschlagen hatten.

Die Forderung der Bremer CDU nach Neuwahlen blieb zwar unerfüllt, weil sie sich mit der FDP nicht über eine Neuverteilung der sechs von den bürgerlichen Parteien gehaltenen Senatssitze verständigen konnte und die Sozialdemokraten zudem eine Umbildung des Senats strikt ablehnten. Aber mit Blick auf die im Herbst 1955 anstehende Bürgerschaftswahl erschien auch in Bremen die Bildung eines Bürgerblocks als eine durchaus mögliche Alternative, für die sich insbesondere die DP einsetzte, die aber auch bei der CDU offenkundig ernsthaft in Erwägung gezogen wurde. Ihr Landesvorsitzender Heinrich Barth forderte jedenfalls auf einem Landesparteitag Anfang Mai 1954, die SPD müsse sich entscheiden, »ob sie sich durch Richard Boljahn oder durch Bürgermeister Kaisen repräsentieren lassen

wolle«, und verband dies mit der rhetorischen Frage, ob ein Ausscheiden der CDU aus dem Senat nicht »als Gebot der Selbstachtung« angesehen werden müsse.

Bürgerschaftswahlen 1955

Nach der Berufung Barths zum Beauftragten Bremens beim Bund und seinem damit verbundenen Ausscheiden aus der Bremer Landespolitik erklärte der neue CDU-Landesvorsitzende Jules Eberhard Noltenius zwar Mitte September 1954, dass seine Partei die bestehende Senatskoalition fortsetzen wolle, solange »die SPD keinen Anlass gebe, andere Wege zu beschreiten«, und sprach sich zugleich gegen einen bürgerlichen Wahlblock für die kommende

Wahlen und Parteien

Bürgerschaftswahl aus. Aber das Thema »Bürgerblock« blieb dennoch auf der Tagesordnung, weil die CDU, die FDP und die DP im Frühjahr 1955 vereinbarten, »sich im Wahlkampf nicht gegenseitig zu befehden« und einen gemeinsamen Ausschuss zur Überwachung des Wahlkampfes bildeten, den sie »offensiv und mit offenem Visier gegen die SPD« führen wollten. Sie stellten sogar Vorüberlegungen für die Bildung eines rein bürgerlichen Senats an, die bis zur Vorformulierung eines Entwurfs für ein Regierungsprogramm gingen. Die Bremer Wähler waren jedoch anderer Meinung und verhalfen der SPD bei der Bürgerschaftswahl Anfang Oktober 1955 zur absoluten Mehrheit der Mandate, während die drei bürgerlichen Parteien ihr vorrangiges Wahlziel, »die sozialistische Mehrheit zu brechen«, klar verfehlten, weil auch die KPD die Fünfprozenthürde gerade noch überwinden konnte und vier Sitze in der neuen Bürgerschaft erhielt. Allerdings konnte die CDU den Einbruch, den sie bei der voraufgegangenen Bürgerschaftswahl erlitten hatte, nahezu wieder wettmachen und sich als stärkste Kraft des bürgerlichen Lagers etablieren, weil die DP ihr Ergebnis von 1951 nur geringfügig übertraf. Klarer Verlierer dieser Wahl waren die Freien Demokraten, die zwar etwas besser abschnitten als bei der Bundestagswahl 1953, im Vergleich zur Bürgerschaftswahl 1951 aber weiter abrutschten und nicht einmal zehn Prozent der abgegebenen Stimmen mehr erhielten.

Trotz der fast ausschließlich gegen die SPD gerichteten, verschiedentlich ausgesprochen aggressiven Wahlkampfführung von CDU und FDP, ihrer Absprachen mit der DP und der erstmals gegebenen Möglichkeit einer sozialdemokratischen Alleinregierung nahmen die drei Senatsparteien umgehend Verhandlungen über eine Fortführung der Koalition auf. Sie wurden zügig und im Vergleich zu 1951 nahezu geräuschlos abgeschlossen, da zu den wesentlichen landes- und kommunalpolitischen Themen keine grundlegenden Meinungsverschiedenheiten bestanden und es insofern vor allem um die

Jules Eberhard Noltenius

* 16.6.1908, Bremen
† 7.8.1976, Bremen

Nach seiner Promotion im Jahre 1937 arbeitete Noltenius zunächst als Rechtsanwalt in Bremen, anschließend beim Senator für Wirtschaft und wechselte dann als wissenschaftliche Hilfskraft zur Handelskammer, die ihn 1943 zum Symdikus bestellte und 1951 zum Ersten Syndikus ernannte. Er war seit 1948 Mitglied der CDU, wurde im September 1954 zum Landesvorsitzenden und ein Jahr später als Spitzenkandidat der Partei in die Bürgerschaft gewählt. In dem im Dezember 1955 gebildeten Senat leitete er als Bürgermeister und Stellvertreter des Präsidenten des Senats das Ressort »Häfen, Schiffahrt und Verkehr«. Nach dem Ausscheiden der CDU aus der Senatskoalition im Anschluss an die Bürgerschaftswahl im Herbst 1959 gehörte Noltenius noch bis 1971 der Bürgerschaft an; als Landesvorsitzender der Bremer CDU war er bereits im Oktober 1968 aufgrund eines vom damaligen Landesvorsitzenden der Jungen Union Bernd Neumann lancierten innerparteilichen Coups abgewählt worden.

Verteilung und den Zuschnitt der Senatsressorts ging.

Dem neuen Senat, der Mitte Dezember 1955 von der Bürgerschaft gewählt wurde, gehörten sieben Sozialdemokraten und fünf bürgerliche Senatoren an, wobei dem Kräfteverhältnis zwischen den beiden bürgerlichen Koalitionspartnern in der Weise Rechnung getragen wurde, dass die Freien Demokraten einen ihrer bislang drei Senatssitze abgaben, während die CDU weiterhin drei Senatoren stellte, von denen einer zugleich als Stellvertreter des Präsidenten des Senats fungierte. Die personelle Zusammensetzung änderte sich allerdings erheblich, weil Theodor Spitta und Hermann Apelt (beide FDP) aus Altersgründen ausschieden und das zuvor von Helmuth Yström (CDU) geleitete Ressort »Wohnungswesen, Ernährung und Landwirtschaft« aufgelöst wurde, dessen Hauptabteilungen den Ressorts »Bauwesen« und »Wirtschaft« zugeordnet wurden. Außerdem musste Bausenator Theil (SPD) sein Amt zu seiner eigenen Überraschung an den Haushaltsexperten der SPD-Bürgerschaftsfraktion Alfred Balcke abgeben, während die Position von Jugendsenatorin Mevissen dadurch aufgewertet wurde, dass die bislang lediglich von ihr geleiteten Fachabteilungen des Wohlfahrts- und des Gesundheitsressorts zu einem eigenen Senatsressort zusammengefasst wurden. Für die FDP gehörten die beiden amtierenden Senatoren Helmken (Außenhandel) und Nolting-Hauff (Finanzen) weiterhin dem Senat an; die CDU war wie bisher durch Senator Degener (Wohlfahrts- und Gesundheitswesen) sowie die neuen Senatsmitglieder Erich Zander (Justiz und Verfassung) und ihren Landesvorsitzenden Noltenius (Häfen, Schifffahrt und Verkehr) vertreten, der auch die Position des stellvertretenden Präsidenten des Senats übernahm und dementsprechend den Titel »Bürgermeister« führte.

Neue Konstellation in Senat und Bürgerschaft

Im Laufe der Wahlperiode veränderten sich als Folge außerbremischer Entwicklungen sowohl die Mandatsverteilung in der Bürgerschaft als auch die Konstellation innerhalb der Senatskoalition. Nach dem Verbot der KPD, das Mitte August 1956 vom Bundesverfassungsgericht aufgrund eines bereits im November 1951 gestellten Antrages der Bundesregierung ausgesprochen wurde, schloss die Polizei auch in Bremen die Büros der Partei und ihr angeschlossener Organisationen und nahm Durchsuchungen bei führenden Funktionsträgern

vor. Bürgermeister Kaisen, Innensenator Ehlers und weitere führende Bremer Sozialdemokraten kritisierten das Verbot, dessen rechtlich einwandfreies Zustandekommen sie ausdrücklich betonten, allerdings als politisch verfehlt, weil es die KPD, die »in der Öffentlichkeit schon fast verschwunden« sei, erneut interessant machen würde.

Tatsächlich waren die vier KPD-Abgeordneten in der Bremischen Bürgerschaft damals die mit Abstand stärkste parlamentarische Vertretung der Partei in der Bundesrepublik, die außerdem noch zwei Abgeordnete im nie-

Fackelzug von Demonstranten gegen die KPD-Prozesse durch den Bremer Westen 1955

dersächsischen Landtag stellte, ansonsten aber weder im Bundestag noch in einem der anderen westdeutschen Landesparlamente mehr vertreten war. Daher hatte sich das Bundesverfassungsgericht – anders als beim Verbot der SRP im Herbst 1952 – auch nicht dazu geäußert, ob die Mandate der KPD-Abgeordneten mit dem Verbot der Partei hinfällig würden, was nun in der Bürgerschaft und auch innerhalb der Senatskoalition kontrovers diskutiert wurde. Auf der Grundlage eines Gutachtens des Bremischen Staatsgerichtshofes erklärte der Vorstand der Bürgerschaft schließlich Ende Januar 1957 die Landtagsmandate der vier ehemaligen KPD-Abgeordneten für erloschen und hob zugleich ihre parlamentarische

Wahlen und Parteien

Kurt Entholt, 1952/53 Fraktionsvorsitzender der Bremer FDP

Immunität auf, beließ ihnen aber die Mandate in der Stadtbürgerschaft, die sie bis zum Ende der Wahlperiode im Herbst 1959 als parlamentarische Gruppe unter dem Namen »Unabhängige Sozialisten« wahrnahmen.

Bereits im Frühjahr 1956 hatte die Spaltung der FDP auf Bundesebene in Bremen weitreichende Konsequenzen nach sich gezogen. Nachdem 16 FDP-Bundestagsabgeordnete, unter ihnen die vier Bundesminister, aus der Bundestagsfraktion ausgetreten waren und eine Arbeitsgemeinschaft Freier Demokraten gebildet hatten, beschloss der FDP-Bundesvorstand, aus der Regierung Adenauer auszuscheiden, und schloss die Abweichler aus der Partei aus, die daraufhin die Gründung einer Freien Volkspartei (FVP) in die Wege leitete. Da sich der Bremer FDP-Landesvorstand hinter die Entscheidung des Bundesvorstands stellte, traten die Exponenten des rechten Flügels der Bremer FDP unter Führung des ehemaligen Landes- und Fraktionsvorsitzenden Kurt Entholt aus der Partei aus und gründeten Anfang Mai des Jahres – knapp zwei Monate vor

der bundesweiten Konstituierung der Partei – einen Bremer Landesverband der FVP. Er konnte jedoch ebenso wenig wie die Partei insgesamt eigenständiges politisches Profil gewinnen und schloss sich der bundesweiten Entwicklung entsprechend Anfang 1957 mit der DP zusammen. Von erheblich größerer politischer Tragweite als diese kurzlebige Parteigründung war jedoch, dass sich durch den Wechsel der FDP in die Opposition auf Bundesebene die Affinitäten in der Bremer Senatskoalition verschoben. Das bis dato zumeist geschlossene Auftreten der bürgerlichen Koalitionspartner gegenüber den Sozialdemokraten im Falle koalitionsinterner Meinungsverschiedenheiten war ja nicht zuletzt darauf zurückzuführen, dass CDU und FDP im Bund als Regierungsparteien der sozialdemokratischen Opposition gegenüberstanden.

In der Bremer Senatskoalition ergab sich jetzt eine neue Zwei-zu-eins-Konstellation. Sie war über die funktionalen Gegebenheiten auf Bundesebene hinaus auch inhaltlich unterfüttert, weil die FDP bereits vor der Spaltung der Partei unter Führung ihres damaligen Partei-

Parteienwerbung auf dem Bahnhofsvorplatz vor der Bundestagswahl am 15. September 1957

und Fraktionsvorsitzenden Thomas Dehler vor allem in außen- und sicherheitspolitischen Fragen eine zunehmend kritische Haltung gegenüber der Politik Konrad Adenauers eingenommen hatte. Allerdings ermöglichte die aufkommende Distanz zwischen der CDU und der FDP auch eine alternative Zwei-zu-eins-Gruppierung in der Senatskoalition. Dies zeigte sich im Sommer 1956, als eine Senatsvorlage für ein Gesetz über die Schaffung von Arbeitnehmerkammern in Bremen in der Bürgerschaft mit den Stimmen der SPD, der CDU und der KPD – ein für die bremische Politik einmaliger Schulterschluss – gegen die Stimmen der FDP und der DP verabschiedet wurde.

Bundestagswahl 1957

Das Ausscheiden der FDP aus der Bonner Regierungskoalition wirkte sich auch auf den Bundestagswahlkampf im Sommer 1957 aus, der im Unterschied zu allen vorausgegangenen Wahlkämpfen der 1950er Jahre nicht mehr in der Weise geführt wurde, dass die Sozialdemokraten einer geschlossenen Front der bürgerlichen Parteien gegenüberstanden. Das Ergebnis der Wahl im September entsprach allerdings der für Bremen in den 1950er Jahren charakteristischen Entwicklung: Die SPD konnte ihren Stimmenanteil im Vergleich zur Bundestagswahl 1953 deutlich steigern, erreichte annähernd ihr Resultat bei der letzten Bürgerschaftswahl und erzielte in Bremen erneut ihr bundesweit bestes Landesergebnis. Die CDU legte gegenüber 1953 ebenfalls zu und schnitt deutlich besser ab als bei der Bürgerschaftswahl 1955, während die FDP sowohl im Vergleich zur Bundestagswahl 1953 als auch vor allem gegenüber ihrem relativ besseren Ergebnis bei der Bürgerschaftswahl 1955 weiter abrutschte und die Fünfprozenthürde nur knapp überwand. Auch die DP musste im Vergleich zu 1955, vor allem aber zur Bundestagswahl 1953 weitere Einbußen hinnehmen, erzielte mit einem Stimmenanteil von 13,8 Prozent aber dennoch ein herausragendes Ergebnis, weil sie bundesweit deutlich unter der Fünfpro-

zentmarke blieb. Dennoch war sie mit 17 Abgeordneten im neuen Bundestag vertreten, weil die CDU in mehreren ihrer sicheren Wahlkreise im nordöstlich an Bremen angrenzenden Elbe-Weser-Dreieck keine Direktkandidaten nominiert und dazu aufgerufen hatte, mit der Erststimme die Kandidaten der DP zu wählen. Die Direktmandate in den drei Bremer Wahlkreisen gingen erneut an die bereits 1953 gewählten und wieder angetretenen sozialdemokratischen Abgeordneten Siegfried Bärsch, Hermann Hansing und Philipp Wehr; bei den Listenmandaten gab es mit Ernst Müller-Hermann und Karl Krammig für die CDU sowie Herbert Schneider für die DP ebenfalls keine Veränderungen.

Bürgerschaftswahl 1959

Der Trend, der sich in diesem Wahlergebnis abzeichnete, setzte sich bei der Bürgerschaftswahl im Oktober 1959 fort, bei der es sich

weniger um eine Abstimmung über konkurrierende Politikangebote der zur Wahl angetretenen Parteien, sondern vor allem um ein Plebiszit über Wilhelm Kaisen und seine Amtsführung als Präsident des Senats handelte. Die Sozialdemokraten hatten ihren Wahlkampf

Links der Hafen, rechts die Stadt. Bürgermeister Kaisen zwischen zwei Luftaufnahmen von Bremens Wiederaufbausymbolen A.G. »Weser« und dem Massenwohnungsbau in der Vahr, Foto der »Multivisionswand« zur Bürgerschaftswahl 1959 auf dem Bahnhofsvorplatz

Wahlen und Parteien

Bundeswirtschaftsminister
Ludwig Erhard auf dem
Bremer Flughafen im
Oktober 1959

ganz auf seine Person und seine Leistung beim Wiederaufbau Bremens abgestellt, der zum damaligen Zeitpunkt mit wenigen Ausnahmen erfolgreich abgeschlossen war. Zusätzlich präsentierten sie einen »Bremen-Plan«, in dem konkrete Zielvorgaben und längerfristige Perspektiven für die weitere wirtschaftliche Entwicklung und den Ausbau der Stadt und des Landes Bremen zusammengestellt waren. Die beiden anderen Parteien der Senatskoalition hatten dem wenig entgegenzusetzen, weil ihre Vorstellungen weitgehend dem Bremen-Plan entsprachen und sie zudem bereits im Frühjahr signalisiert hatten, dass sie zu einer Fortsetzung der Koalition nach der Bürgerschaftswahl bereit seien.

Das Wahlergebnis war daher ein persönlicher Triumph Kaisens: Mit einem Stimmenanteil von fast 55 Prozent übertraf die SPD ihr bereits hervorragendes Ergebnis von 1955 noch einmal um mehr als sieben Prozentpunkte und erhielt nahezu zwei Drittel der Bürgerschaftsmandate. Die CDU musste im Vergleich zur vorherigen Bürgerschaftswahl mäßige Verluste hinnehmen und zwei Sitze abgeben, im Vergleich zur Bundestagswahl 1957 hatte sich ihr Stimmenanteil allerdings mehr als halbiert. Die FDP hatte im Vergleich zu 1955 einen leichten Rückgang zu verzeichnen, erzielte jedoch ein besseres Ergebnis als bei

Der 1959 neu gewählte
Senat im Gobelinzimmer im
Bremer Rathaus

der Bundestagswahl, während die DP zwar schlechter abschnitt als 1955 und 1957, von der Mandatszahl her aber noch einmal mit der CDU gleichziehen konnte. Alle anderen Parteien verfehlten die Fünfprozentmarke, aber der Stimmenanteil von fast vier Prozent für die DRP zeigte, dass es in Bremen offenkundig ein nicht unerhebliches rechtsextremes Wählerpotenzial gab.

Obwohl sich die bisherigen Senatsparteien in der Sache weitgehend einig waren, scheiterten die Anfang November 1959 aufgenommenen Verhandlungen über eine Neuauflage der Ganz Großen Koalition, weil die CDU darauf bestand, dass ihr deutlich höherer Stimmen- und Mandatsanteil im Vergleich zur FDP auch in der Zusammensetzung des Senats zum Ausdruck kommen müsse. Dies lehnten die SPD und die FDP jedoch ab und verständigten sich stattdessen untereinander über ein Regierungsprogramm und die Ressortverteilung im neuen Senat, der drei Tage vor Weihnachten von der Bürgerschaft gewählt wurde. Neben Wilhelm Kaisen gehörten ihm sechs Sozialdemokraten und drei Freie Demokraten an; das Amt des Stellvertreters des Präsidenten des Senats übernahm abweichend von der bisherigen Praxis mit Innensenator Adolf Ehlers ebenfalls ein SPD-Politiker, der damit zugleich als erster Anwärter auf die Nachfolge Wilhelm Kaisens galt.

Wie schon 1951 wurde mit dieser Senatsbildung erneut eine entscheidende politische Weichenstellung vorgenommen. Ihr Stellenwert wurde dadurch unterstrichen, dass der FDP-Landesvorsitzende Georg Borttscheller, der seit Januar 1954 auch den Vorsitz der Bürgerschaftsfraktion innehatte und bei den Bürgerschaftswahlen 1955 und 1959 als Spitzenkandidat der Partei angetreten war, aus der Bürgerschaft ausschied und in den Senat eintrat. Damit machte er deutlich, dass sich die Bremer Liberalen auf eine weitere längerfristige Zusammenarbeit mit den Sozialdemokraten im Senat einstellten, die tatsächlich bis Anfang der 1970er Jahre Bestand hatte.

Bundestagswahl 1961

Eine wesentliche Voraussetzung dafür war, dass die Ergebnisse der Bundestags- und Bürgerschaftswahlen in den 1960er Jahre keine Ansatzpunkte für eine grundlegende Veränderung der parteipolitischen Konstellation in Bremen gaben, obwohl die FDP auf Bundesebene im Herbst 1961 erneut in die Bonner Regierungskoalition eintrat und nach der Bildung der Großen Koalition in Bonn Ende 1966 wieder mit der Oppositionsrolle vorliebnehmen musste, sodass sie fast über die gesamten 1960er Jahre hinweg auf Bundesebene nicht mit der SPD in einem Boot saß. Bei der Bundestagswahl Mitte September 1961, die ganz im Zeichen des Duells zwischen dem »greisen« Kanzler Konrad Adenauer und seinem von der SPD als Kanzlerkandidat nominierten »jugendlichen« Herausforderer Willy Brandt sowie unter dem Eindruck des gut einen Monat zuvor begonnenen Baus der Berliner Mauer stand, erzielte die SPD in Bremen mit einem Stimmenanteil von nahezu 50 Prozent erneut das bundesweit beste Landesergebnis, während die CDU zwar deutlich besser abschnitt als bei der Bürgerschaftswahl 1959, im Vergleich zur Bundestagswahl 1957 jedoch Einbußen in Höhe

von drei Prozentpunkten hinnehmen musste. Dagegen konnte die FDP ihren Stimmenanteil im Vergleich zu 1957 nahezu verdreifachen und gegenüber der Bürgerschaftswahl 1959 mehr als verdoppeln, sodass sich für sie die Fortsetzung der Senatskoalition mit der SPD auszuzahlen schien. Die Direktmandate in den drei Bremer Wahlkreisen gingen erneut an die SPD, die neben Hermann Hansing mit Hans Stefan Seifriz und Werner Lenz zwei neue Kandidaten nominiert hatte; die auf Bremen entfallenden Listenmandate erhielten Ernst Müller-Hermann (CDU) und Karl Löbe (FDP).

Willy Brandt wirbt im Bundestagswahlkampf 1961 um Bremer Stimmen für die SPD

Unten: Der entscheidende Moment. Sonntagmorgen 1961 im Wahllokal in der Schule an der Delmestraße

Wahlen und Parteien

Bürgerschaftswahl 1963

Die darauffolgende Bürgerschaftswahl Ende September 1963 fand für die Sozialdemokraten unter erschwerten Bedingungen statt, weil Innensenator Ehlers, der eigentlich die Nachfolge von Wilhelm Kaisen als Präsident des Senats antreten sollte und Ende Oktober 1962 als Spitzenkandidat der SPD nominiert worden war, Mitte Februar 1963 aus gesundheitlichen Gründen auf die Kandidatur verzichten musste und seine politische Laufbahn mit Ablauf der Wahlperiode beendete. Bei der Mitte März 1963 getroffenen Entscheidung, den Wahl-

kampf noch einmal mit Wilhelm Kaisen als erstem Mann zu führen und zugleich mit Willy Dehnkamp einen Nachfolger zu nominieren, der Kaisen im Laufe der Wahlperiode ablösen sollte, handelte es sich also offenkundig um eine Notlösung. Dies wurde auch im Wahlkampf deutlich, weil Kaisen nicht mehr – wie 1959 – als Spitzenkandidat in den Vordergrund gestellt wurde, sondern nur noch und häufig nahezu beiläufig als Garant für die Kontinuität sozialdemokratischer Regierungspolitik in Bremen präsentiert wurde. Dennoch erhielt die SPD bei dieser Bürgerschaftswahl wiederum eine klare absolute Mehrheit der Stimmen, musste allerdings vier Sitze abgeben, weil die Wahlbeteiligung schlechter war als 1959 und der Stimmenanteil der Parteien, die an der Fünfprozenthürde scheiterten, zusammengenommen nur knapp drei Prozent betrug. Die CDU schnitt bei dieser Wahl erstmals besser ab als bei der voraufgegangenen Bundestagswahl und konnte ihren Stimmen- und Mandatsanteil im Vergleich zur Bürgerschaftswahl 1959 nahezu verdoppeln, während die Freien Demokraten einen herben Rückschlag im Vergleich zur Bundestagswahl 1961 zu verkraften hatten, sich gegenüber 1959 jedoch leicht verbesserten. Damit sprach aus ihrer Sicht nichts dagegen, das Angebot der SPD zur Fortsetzung der bisherigen Koalition anzunehmen.

Ende November 1963 wählte die Bürgerschaft den neuen Senat, in dem es nur zwei personelle Veränderungen gab, nachdem Finanzsenator Nolting-Hauff bereits im April 1962 zurückgetreten und durch Johann Diedrich Noltenius ersetzt worden war: Als Nach-

folger des auf eigenen Wunsch ausscheidenden Bausenators Alfred Balcke trat sein bisheriger Stellvertreter Wilhelm Blase in den Senat ein; neuer Innensenator wurde Hans Koschnick, der sein Amt als bis dahin jüngster Minister seit Gründung der Bundesrepublik antrat. Außerdem wählte der neue Senat in seiner ersten Sitzung Bildungssenator Willy Dehnkamp als designierten Nachfolger von Wilhelm Kaisen zum Bürgermeister und Stellvertreter des Präsidenten des Senats.

Kaisen tritt ab

Trotz ihres hervorragenden Wahlergebnisses und der »programmgemäß« verlaufenen Regierungsbildung setzten in der SPD direkt nach der Bürgerschaftswahl 1963 heftige innerparteiliche Turbulenzen ein. Der Anlass dafür war, dass Wilhelm Kaisen am Tag nach der Wahl auf die Frage eines Journalisten, wann er denn zurücktreten werde, geantwortet hatte: »Ich bin soeben erst wieder auf vier Jahre gewählt worden.« Diese Äußerung erregte öffentlich und vor allem parteiintern großes Aufsehen, weil in den Führungsgremien der Bremer SPD bereits seit der Bürgerschaftswahl 1959 immer wieder über einen geeigneten Termin für den Rücktritt Kaisens diskutiert worden war und er selbst seine Reaktivierung als Spitzenkandidat nach dem Ausfall von Adolf Ehlers zunächst aus gesundheitlichen Gründen abgelehnt hatte. Am 15. März 1964 forderte Richard Boljahn auf dem ersten Landesparteitag der SPD nach der Wahl Kaisen unumwunden auf, »rechtzeitig« auf sein Amt zu verzichten, damit seinem designierten Nachfolger Dehnkamp ausreichend Zeit bleibe, sich bis zur nächsten Bürgerschaftswahl in die Amtsgeschäfte einzuarbeiten. Diese rüde Attacke wurde nicht nur in den Bremer Tageszeitungen als »Geschmacklosigkeit« verurteilt, sondern schürte auch den bei vielen Bremer Sozialdemokraten ohnehin wachsenden Unmut über Boljahns Ämterhäufung und die Art, wie er sich der damit einhergehenden Machtfülle gegenüber anderen und

verschiedentlich auch zur Erlangung persönlicher Vorteile bediente.

Wilhelm Kaisen gab zwei Tage später auf einer kurzfristig angesetzten Pressekonferenz bekannt, dass er Mitte Juli 1965, nach genau 25-jähriger Zugehörigkeit zum Senat einschließlich der Jahre als Wohlfahrtssenator vor der nationalsozialistischen Machtübernahme und fast 20-jähriger ununterbrochener Amtszeit als Präsident des Senats, zurücktreten werde, machte aber zugleich seinem Unmut über

17. März 1964. Bürgermeister Wilhelm Kaisen gibt seinen Rücktritt vom Amt des Präsidenten des Senats für Juli 1965 bekannt

Boljahns Vorgehen Luft, das »leider die erforderliche Achtung vor dem Senat und seinem Präsidenten hätte vermissen lassen«. Anschließend flauten die Turbulenzen in der Bremer SPD vorübergehend ab, nachdem Boljahn im Sommer 1964 in einem von ihm angestrengten Verfahren gegen das Politmagazin »Zeitung«, in dem ihm Amtsmissbrauch und persönliche Bereicherung unterstellt worden war, in letzter Instanz vor dem Bremer Oberlandesgericht recht bekommen hatte. Sie lebten jedoch nach der Bundestagswahl 1965 wieder auf und kulminierten schließlich in der Entmachtung Boljahns nach der Bürgerschaftswahl 1967.

Wie im Frühjahr 1964 angekündigt, beendete Wilhelm Kaisen am 17. Juli 1965 seine aktive politische Laufbahn und übergab das Amt des Präsidenten des Senats an Willy Dehnkamp; den dadurch frei gewordenen Posten des Senators für das Bildungswesen übernahm Moritz Thape, der im März 1962

Wahlen und Parteien

Der »kommende Mann« der Bremer Sozialdemokratie: Ende November 1963 übernimmt Hans Koschnick von Adolf Ehlers (Mitte) das Amt des Innensenators, Franz Löbert gratuliert

zum Landesvorsitzenden der Bremer SPD gewählt worden war, nachdem sein Amtsvorgänger Christian Paulmann auf eine Wiederwahl verzichtet hatte. Zum Bürgermeister und Stellvertreter des Präsidenten des Senats wurde Innensenator Koschnick gewählt, der sich bereits als Bürgerschaftsabgeordneter in den 1950er Jahren und vor allem seit seinem Eintritt in den Senat nach der Bürgerschaftswahl 1963 als der »kommende Mann« der Bremer Sozialdemokraten profiliert hatte.

Im Vergleich mit den Ehrungen zur Verabschiedung Wilhelm Kaisens, dem am Tag seines Rücktritts mit der Verleihung der Ehrenbürgerwürde eine in Bremen nur sehr selten vergebene, außergewöhnliche Auszeichnung zuteilwurde, erregte die Umbildung des Senats kaum öffentliche Aufmerksamkeit. Sie hatte auch keinen Einfluss auf die Bundestagswahl im September 1965, bei der sich der seit Anfang der 1960er Jahre anhaltende Aufwärtstrend der CDU fortsetzte, indem sie ihr Ergebnis im Vergleich zur Bundestagswahl 1961 um sieben Prozentpunkte und im Vergleich zur Bürgerschaftswahl 1963 um mehr als fünf Prozentpunkte steigern konnte. Dagegen schnitt die SPD im Vergleich zu den Wahlen 1961 und 1963 etwas bzw. deutlich schlechter ab, erzielte jedoch mit einem Stimmenanteil

von 48,5 Prozent zum dritten Mal in Folge das bundesweit beste Landesergebnis und stellte erneut die drei in Bremen direkt gewählten Bundestagsabgeordneten. Die FDP blieb zwar klar hinter ihrem Spitzenergebnis von 1961 zurück, verbesserte sich aber gegenüber der Bürgerschaftswahl 1963 deutlich, sodass es für sie keinen Anlass gab, die Zusammenarbeit mit der SPD in der Senatskoalition zu überdenken. Das bedeutsamste Ereignis dieser Wahl war insofern wohl der direkte Wettstreit zwischen Bundeskanzler Ludwig Erhard, der Konrad Adenauer Mitte Oktober 1963 als Regierungschef abgelöst hatte, und dem SPD-Kanzlerkandidaten Willy Brandt, die gut eine Woche vor der Wahl bei zwei unmittelbar aufeinanderfolgenden Kundgebungen auf dem Domshof vor über 10.000 Zuhörern auftraten.

Bürgerschaftswahl 1967

Am 1. Oktober 1967 fand dann die erste Bürgerschaftswahl in Bremen seit Kriegsende ohne den SPD-Spitzenkandidaten Wilhelm Kaisen statt. Dies wirkte sich ebenso auf das Wahlergebnis aus wie die gesellschaftlichen Umbruchstendenzen, die in den Studentenprotesten und den Demonstrationen gegen den Vietnam-Krieg zum Ausdruck kamen, und vor allem die krisenhafte wirtschaftliche Entwicklung der Jahre 1966 und 1967, die in der Bevölkerung weithin als Ende des Wirtschaftswunders gedeutet wurde. Die SPD büßte bei Verlusten in Höhe von fast neun Prozentpunkten im Vergleich zur Bürgerschaftswahl 1963 die absolute Mehrheit ein und stellte nur noch 50 der insgesamt 100 Bürgerschaftsabgeordneten, so dass sie erstmals seit 1951 wieder auf einen Koalitionspartner zur Bildung des neuen Senats angewiesen war. Obwohl sie im Bund seit Dezember 1966 mit der Union in der Großen Koalition zusammenarbeitete, konnte dies nach Lage der Dinge in Bremen eigentlich nur die FDP sein, die gegenüber 1963 um gut zwei Prozentpunkte zulegte. Ein Bündnis mit der

CDU, die sich im Vergleich zu 1963 nur geringfügig verbesserte, hätte ein offenes Eingeständnis der Niederlage bedeutet und wäre auch öffentlich nur schwer zu vermitteln gewesen, weil die Parteien der bisherigen Senatskoalition gemeinsam ja weiterhin über eine stabile Mehrheit verfügten. Außerdem zog auch die rechtsextreme NPD in die neue Bürgerschaft ein, die mit einem Stimmenanteil von fast neun Prozent acht Mandate erhielt, während die links von der SPD stehende Deutsche Friedensunion (DFU) die Fünfprozenthürde knapp verfehlte.

Neben den Verschiebungen der Kräfteverhältnisse zwischen den drei etablierten Parteien war die Um- und Neuformierung von Gruppierungen an beiden Rändern des Parteienspektrums ein wesentliches Merkmal der parteipolitischen Entwicklung in den 1960er Jahren, die in dieser Hinsicht in Bremen etwas anders verlief als im Bund insgesamt. Am rechten Rand betraf dies vor allem die DP, die ungeachtet ihres noch deutlich über zehn Prozent liegenden Ergebnisses bei der Bürgerschaftswahl 1959 vom Sog des Zerfalls der Partei auf Bundesebene erfasst wurde. Anfang Mai 1961 schloss sich der Bremer DP-Landesverband der bundesweiten Entwicklung entsprechend mit dem Landesverband der nur noch als Splittergruppe bestehenden ehemaligen »Flüchtlingspartei« BHE zur Gesamtdeutschen Partei (GDP) zusammen, woraufhin zwei Bürgerschaftsabgeordnete die unter dem neuen Namen firmierende Fraktion verließen und sich im Herbst des Jahres der FDP anschlossen. Anfang 1962 kam es dann zu heftigen Auseinandersetzungen zwischen dem GDP-Bundesvorstand auf der einen sowie dem Bremer Landesverband und der Bürgerschaftsfraktion auf der anderen Seite, in deren Verlauf der Fraktionsvorsitzende Herbert Schneider und weitere acht GDP-Bürgerschaftsabgeordnete im März des Jahres aus der Partei austraten, von denen einer sein Mandat niederlegte, je einer zur SPD und zur FDP wechselte und die fünf anderen der CDU beitraten, während Schneider seine politische Laufbahn in der niedersächsischen CDU fortsetzte.

Anfang September 1962 sagte sich der Bremer GDP-Landesverband von der Bundespartei los, nahm den Namen »Deutsche Partei des Landes Bremen« an und wählte den ehemaligen Vorsitzenden des CDU-Kreisverbands Vegesack-Lesum Fritz Thielen zum neuen Vorsitzenden. Er war im Frühjahr 1958 aus der CDU ausgeschlossen worden, nachdem er versucht hatte, einen vom Bremer Landesverband unabhängigen CDU-Kreisverband

Wahlplakate auf dem Bahnhofsvorplatz 1967

Bremen-Vegesack zu gründen, und hatte sich im Sommer 1959 zusammen mit zwei bis dahin der CDU-Fraktion angehörenden Abgeordneten der DP angeschlossen. Ohne sein Amt als DP-Vorsitzender aufzugeben gehörte Thielen dann zu den treibenden Kräften der Gründung der NPD und wurde auf deren Gründungsparteitag im Dezember 1964 zum Vorsitzenden gewählt, trat jedoch im Mai 1967 nach einem erbitterten Machtkampf mit seinem Stellvertreter von Thadden aus der NPD wieder aus und gründete die Nationale Volkspartei, die allerdings politisch bedeutungslos blieb. Dagegen trat die NPD, deren Bremer Landesverband im Februar 1965 gegründet worden war, bereits bei der Bundestagswahl

327

Wahlen und Parteien

Monatelang in den Schlagzeilen: Hermann Gautier wurde 1966 wegen »illegaler kommunistischer Bestrebungen« zu acht Monaten Freiheitsstrafe verurteilt

im Herbst des Jahres 1965 mit einem Stimmenanteil von knapp drei Prozent in den drei Bremer Wahlkreisen das Erbe der DRP an und schaffte im Herbst 1967 dann den Sprung in die Bürgerschaft.

Am linken Rand des Parteienspektrums schlossen sich ehemalige Mitglieder der KPD und »linke« Sozialdemokraten, die in Zusammenhang mit der im Godesberger Programm festgeschriebenen Neuausrichtung der SPD aus der Partei ausgeschlossen oder von sich aus ausgetreten waren, im Dezember 1960 in der DFU zusammen, nachdem es den Unabhängigen Sozialisten nicht gelungen war, bei der Bürgerschaftswahl 1959 als »Wählergemeinschaft gegen atomare Rüstung« die Fünfprozenthürde zu überwinden.

Die Gründung der DFU wurde in Bremen öffentlich kaum wahrgenommen, was den Protagonisten wohl auch recht gewesen sein dürfte. Unter den Vorzeichen des Kalten Krieges zwischen Ost und West, der Anfang der 1960er Jahre mit dem Bau der Berliner Mauer und der Kuba-Krise seinen Höhepunkt erreichte, galten sozialistisch oder kommunis-

tisch inspirierte politische Aktivitäten in der Bundesrepublik nämlich weithin als Verrat am »Freien Westen«, sodass den Mitgliedern und Anhängern der DFU nicht nur in Wahlkampfzeiten geraten wurde, doch »nach drüben« [in die DDR] zu gehen, und das Parteikürzel auch in Bremen verbreitet mit »Die Freunde Ulbrichts« übersetzt wurde. Dennoch schnitt die DFU bei der Bundestagswahl 1961 etwas besser ab als die Wählergemeinschaft bei der voraufgegangenen Bürgerschaftswahl und lag mit einem Stimmenanteil von drei Prozent in Bremen deutlich über dem Bundesdurchschnitt, fiel allerdings bei der Bürgerschaftswahl im Herbst 1963 wieder auf den Stand von 1959 zurück.

Erheblich mehr öffentliche Aufmerksamkeit als die Parteiaktivitäten erregten damals Strafverfahren gegen die ehemals führenden Bremer KPD-Mitglieder Willy Meyer-Buer und Hermann Gautier, die Ende Mai 1963 bzw. Ende Juli 1966 wegen Unterstützung illegaler kommunistischer Bestrebungen und kommunistischer Unterwanderung der DFU jeweils zu acht Monaten Gefängnis verurteilt

Der Senat mit Präsident Hans Koschnick bei der Vereidigung im November 1967

wurden, wobei die Strafe für Meyer-Buer für fünf Jahre auf Bewährung ausgesetzt wurde, während sie für Gautier durch die vorherige Untersuchungshaft als verbüßt galt. Vor der Bürgerschaftswahl 1967 musste die DFU erst das Bremer Verwaltungsgericht anrufen, damit auch sie – wie die anderen Parteien – Wahlplakate aufstellen und öffentliche Wahlkundgebungen abhalten konnte, verschwand jedoch trotz ihres vergleichsweise guten Wahlergebnisses wenig später von der Bildfläche, weil sich die meisten ihrer Mitglieder und Anhänger der neu gegründeten Deutschen Kommunistischen Partei (DKP) anschlossen, deren Bremer Landesausschuss sich Anfang Oktober 1968 konstituierte.

Mit der Bildung der Senatskoalition und der Wahl des Senats nach der Bürgerschaftswahl 1967 wurde die dritte richtungweisende politische Weichenstellung in Bremen während der 1950er und 1960er Jahre vorgenommen, die den Übergang von der »Ära Kaisen« zur »Ära Koschnick« markierte. Gut eine Woche nach der Wahl beschloss der Landesausschuss der SPD, Hans Koschnick anstelle von Willy Dehnkamp für das Amt des Präsidenten des Senats vorzuschlagen, woraufhin Dehnkamp am 10. Oktober 1967, noch vor Beginn der Verhandlungen über die Fortsetzung der bisherigen Senatskoalition, die Amtsgeschäfte niederlegte und auch darauf verzichtete, das ihm nach dem Austritt aus dem Senat eigentlich zustehende Bürgerschaftsmandat wahrzunehmen. Anfang November waren die Koalitionsverhandlungen abgeschlossen, und Ende des Monats wurde der neue Senat gewählt, dem außer Dehnkamp alle bisherigen Senatoren sowie als einziger Neuling der SPD-Politiker Franz Löbert angehörten, der anstelle des zum Präsidenten des Senats aufgerückten Hans Koschnick das Innenressort übernahm. Dieser neue Senat wählte auf seiner ersten Sitzung mit Jugendsenatorin Annemarie Mevissen zum ersten Mal in der Geschichte Bremens eine Frau zur Bürgermeisterin und Stellvertreterin des Präsidenten des Senats.

Ein Denkmal wackelt. Stimmungsmache gegen den allmächtigen Richard Boljahn

Aufstand gegen »König Richard«

Zusammen mit der Nominierung Koschnicks hatte der Landesausschuss der SPD außerdem empfohlen, den Einfluss des Vorsitzenden der Bürgerschaftsfraktion einzuschränken, und die Fraktion folgte dieser Empfehlung zumindest im Grundsatz, indem sie Richard Boljahn zwar in seinem Amt bestätigte, aber auch zwei mit ihm gleichberechtigte stellvertretende Fraktionsvorsitzende wählte. Dies war das Signal zum innerparteilichen Aufstand gegen »König Richard«, den die Jungsozialisten bereits im Oktober 1965 mit der Forderung nach seinem sofortigen Rücktritt vom Fraktionsvorsitz noch erfolglos geprobt hatten, weil die Fraktion Boljahn einstimmig das Vertrauen ausge-

Wahlen und Parteien

sprochen hatte. Jetzt folgte der Entscheidung der Bürgerschafsfraktion eine turbulente Delegiertenversammlung des SPD-Ortsvereins Bremen, auf der nach heftiger Kritik an Boljahn eine weitere Beschneidung seines Einflusses gefordert wurde. Dies erfolgte Ende Januar 1968, indem Boljahn nicht mehr in den Ortsvereinsvorstand gewählt und ihm zugleich die erneute Kandidatur für den Landesvorstand verwehrt wurde, nachdem er in seiner Eigenschaft als DGB-Kreisvorsitzender gefordert hatte, auf eine Erhöhung der Gebühren für die Müllabfuhr und die Abwasserbeseitigung zu verzichten, obwohl diese Gebührenerhöhung Bestandteil der kurz zuvor von ihm selbst mit ausgehandelten und unterschriebenen Koalitionsvereinbarung war. Da auch die Landesvorstände der beiden Koalitionsparteien eine Überprüfung seiner Doppelfunktion als Vorsitzender der SPD-Bürgerschaftsfraktion und des DGB-Kreisausschusses forderten, verzichtete »König Richard« auf den Fraktionsvorsitz, konnte seine innerparteiliche Machtposition jedoch zunächst noch weitgehend aufrechterhalten, bis er im Sommer 1969 im Zuge der »Baulandaffäre« gestürzt wurde.

Die Entmachtung Boljahns war nicht zuletzt darauf zurückzuführen, dass das Aufbegehren vieler junger Leute gegen aus ihrer Sicht autoritäre und verkrustete gesellschaftlich-politische Strukturen auch in die Parteiorganisationen getragen wurde. Innerhalb der etablierten Parteien wurden die »Erbhöfe« führender Politiker und ihnen aus unterschiedlichen Gründen verpflichteter »Seilschaften« infrage gestellt. Diese Entwicklung wurde in der Bremer SPD dadurch begünstigt, dass sich in Zusammenhang mit einer erneuten Parteireform, bei der eine in drei Unterbezirke gegliederte, jetzt direkt der Bonner Parteizentrale zugeordnete SPD-Landesorganisation geschaffen wurde, mehrere interne Diskussionskreise bildeten, in denen die Jungsozialisten als Repräsentanten der »unruhigen Jugend« zunehmenden Einfluss gewannen. Demgegenüber war die Unruhe unter der jungen Generation in der Bremer CDU, in der es ebenfalls zu einer

Georg Borttscheller

* 5.7.1896, Frankenthal
† 27.8.1973, Bremen

1927 trat der promovierte Volkswirt Borttscheller in die Redaktion der »Weser-Zeitung« ein, in der er zunächst als Wirtschaftsredakteur und von 1929 bis 1933 als Chefredakteur arbeitete. Nach der nationalsozialistischen Machtübernahme wechselte er als Geschäftsführer zum Verkehrsverein Bremen. Nach Ende des Zweiten Weltkriegs war er erst als wissenschaftlicher Mitarbeiter beim Senator für Häfen, Schifffahrt und Verkehr und dann als Geschäftsführer der Bremer Wirtschaftsförderungsgesellschaft tätig. Als Mitglied der FDP wurde er im Oktober 1951 erstmals in die Bürgerschaft gewählt, von 1952 bis 1968 amtierte er als Landesvorsitzender der Freien Demokraten in Bremen und von 1954 bis Ende 1959 zugleich als Vorsitzender ihrer Bürgerschaftsfraktion. Ende 1959 trat er in den Senat ein, dem er bis zum Ausscheiden der FDP aus der Senatskoalition im Juni 1971 als Chef des Ressorts »Häfen, Schifffahrt und Verkehr« angehörte. In der Amtszeit von »Container-Schorse« wurden mit dem Bau der Häfen am linken Weserufer und dem Ausbau der Stromkaje in Bremerhaven für die bremische Wirtschaft wesentliche Verkehrsprojekte realisiert. Seit der Bürgerschaftswahl 1971 bis zu seinem Tod gehörte Borttscheller erneut der Bremischen Bürgerschaft an.

Revolte der Parteijugend gegen die etablierte Führungsriege kam, weniger ein auslösendes Moment, sondern vor allem ein willkommener Anlass für den damaligen Landesvorsitzenden der Jungen Union Bernd Neumann, persönliche Ambitionen durchzusetzen. Er war maßgeblich daran beteiligt, dass es auf einem außerordentlichen Landesparteitag Ende Oktober 1968 zu einer Kampfabstimmung um den Parteivorsitz kam, bei der Jules Eberhard Noltenius, der seit 1954 amtierende und zur Wiederwahl angetretene Landesvorsitzende, seinem von der Jungen Union unterstützten Gegenkandidaten, dem langjährigen Bundestagsabgeordneten Ernst Müller-Hermann, unterlag. Mit diesem Coup startete der damals 26 Jahre alte Neumann seine Parteikarriere, in deren Verlauf er fünf Jahre später zum Vorsitzenden der CDU-Bürgerschaftsfraktion gewählt wurde und weitere sechs Jahre später auch das Amt des Landesvorsitzenden der Bremer CDU übernahm, das er ohne Unterbrechungen über viele Jahre innehaben sollte.

Im Unterschied dazu kam es in der Bremer FDP zunächst nur zu einem »Generationswechsel«, weil ihr seit 1952 amtierender Landesvorsitzender Georg Borttscheller im Frühjahr 1968 auf eine erneute Kandidatur für dieses Amt verzichtete und vom damaligen Justizsenator Ulrich Graf abgelöst wurde. Der innerparteiliche Generationenkonflikt brach allerdings im Frühjahr 1969 umso heftiger auf, als der FDP-Landesverband beschloss, alle Verbindungen zu der im Landesverband der Deutschen Jungdemokraten organisierten Parteijugend abzubrechen, die Jungdemokraten aus der Partei ausschloss und stattdessen die zwischenzeitlich gegründeten »Liberalen Jungdemokraten« als neue Jugendorganisation der Bremer FDP anerkannte.

Themen bremischer Politik

Wie in fast allen deutschen Großstädten war auch in Bremen der Wiederaufbau ein besonderes, vorrangiges Thema der örtlichen Politik. Die bereits kurz nach Ende des Krieges vom Senat getroffene Entscheidung, der Wiederingangsetzung der Häfen und der zugehörigen Gewerbe- und Industriezweige höchste Priorität einzuräumen, die seit alters her das wirtschaftliche Fundament der bremischen Selbstständigkeit bildeten, wurde in den 1950er und 1960er Jahren mit den Bemühungen um die Aufhebung der Schiffbaubeschränkungen und den Wiederaufbau einer deutschen Handelsflotte, der Ansiedlung der Klöckner-Hütte sowie dem Bau des Neustädter Hafens auf dem linken Weserufer und dem Ausbau der Hafenanlagen und der Stromkaje in Bremerhaven konsequent fortgeschrieben.

Anders als diese Projekte, die sowohl innerhalb der Senatskoalition, als auch zwischen den Koalitionsparteien und der Opposition unumstritten waren, entwickelte sich der Wohnungsbau Anfang der 1950er Jahre zu einer auch koalitionsintern kontrovers diskutierten Frage. Da zwei Drittel des Wohnungsbestandes von 1939 während des Krieges total zerstört oder stark beschädigt worden waren und bis 1953 nur etwa 60 Prozent dieser Verluste durch Instandsetzungen, Neubauten und die Nutzung von behelfsmäßig zu Wohnungen hergerichteten Baulichkeiten in den Parzellengebieten ausgeglichen werden konnten, herrschte in Bremen akuter Wohnraummangel. Denn die Einwohnerzahl hatte bereits 1950 wieder den

Blick auf die Baustelle in der Gartenstadt Vahr im September 1956

Themen bremischer Politik

Besichtigungstour zu den Ergebnissen Bremer Baupolitik: Mitglieder des Bundestagsausschusses für das Bauwesen besuchen im November 1963 die Neue Vahr

Europas größter und effektivster Siedlungsbau fand in Bremen statt. Blick vom Aalto-Hochhaus über die Vahr, links das Heizkraftwerk für den neuen Wohnstadtteil

Vorkriegsstand von 450.000 erreicht und stieg in den folgenden zehn Jahren vor allem durch den Zuzug von Heimatvertriebenen und Flüchtlingen um weitere 100.000 an. Die Notwendigkeit, Abhilfe zu schaffen, war insofern offensichtlich. Umstritten war jedoch, ob dies in den betroffenen Wohnvierteln durch den Neubau kleinerer, an der früheren Bebauung und Straßenführung orientierter Wohneinheiten im Stile des typischen »Bremer Hauses« erfolgen sollte oder eine großflächige Neugestaltung mit mehrgeschossigen Blocks des sozialen Wohnungsbaus vorzuziehen sei, bei

der zugleich eine dem damals hoch im Kurs stehenden Konzept der »autogerechten Stadt« Rechnung tragende Verkehrslinienführung vorgenommen werden könnte.

Dieser Disput, in dem sich die »Bremer Aufbaugemeinschaft«, eine von Hausbesitzern, Geschäftsleuten und Architekten unter Führung des ehemaligen Baudirektors Wortmann gebildete private Vereinigung, und das sozialdemokratisch geführte Bauressort mit dem von auswärts nach Bremen geholten neuen Baudirektor Klaus Tippel als wichtigste Kontrahenten gegenüberstanden, wurde zunächst vor allem in der Presse ausgetragen. Er eskalierte, als die Bürgerschaft über den Wiederaufbau der westlichen Vorstadt entschied, die bei einem schweren Bombenangriff in der Nacht vom 18. auf den 19. August 1944 fast vollständig in Trümmer gelegt worden war.

Der Senat hatte aufgrund einer von Richard Boljahn vermittelten Kreditzusage vorgeschlagen, der gewerkschaftlichen Wohnungsbaugesellschaft Gewoba die Bauträgerschaft für das gesamte Gebiet zu übertragen. Doch davon abweichend beschloss die Bürgerschaft Anfang Februar 1953, auch zwei private

Wohnungsbaugesellschaften mit dem Wiederaufbau von Teilbereichen der westlichen Vorstadt zu beauftragen, nachdem diese auf Initiative der CDU und der DP ebenfalls Kreditzusagen in erheblichem Umfang gegeben hatten. Bei der Beratung einer anschließend vom Bauressort ausgearbeiteten Senatsvorlage, in der umfangreiche Enteignungen zur Ermöglichung eines großflächigen Wiederaufbaus vorgesehen waren, verließen Anfang Juni des Jahres die Abgeordneten von CDU, FDP, DP und WdF vor der Abstimmung unter Protest den Sitzungssaal. Sie konnten damit jedoch nicht verhindern, dass die Vorlage mit den Stimmen der SPD, der KPD und der BHE von der Bürgerschaft gebilligt wurde. Dies führte zu einem heftigen, auch öffentlich ausgetragenen Krach in der Senatskoalition, der Wilhelm Kaisen sogar veranlasste, der SPD-Bürgerschaftsfraktion die Ablösung ihres Vorsitzenden Boljahn nahezulegen, letztendlich jedoch folgenlos blieb, weil die Fraktion Kaisens Anregung nicht aufgriff.

Auch nach Beginn der Baumaßnahmen in der westlichen Vorstadt sorgte der Wohnungsbau in Bremen in den 1950er Jahren für Schlagzeilen. Mit dem Bau der »Gartenstadt Vahr« auf einem ehemaligen Parzellengelände am östlichen Stadtrand und der Trabantenstadt »Neue Vahr« in der daran angrenzenden Feldmark verwirklichte die Gewoba zwei Projekte, die damals bundesweit als wegweisend für den modernen sozialen Wohnungsbau galten. Eine wesentliche Voraussetzung für den Bau der Neuen Vahr war das im Frühjahr 1956 von der Bürgerschaft beschlossene »Gesetz zur Behebung der Wohnungsnot im Lande Bremen«, aufgrund dessen über einen Zeitraum von vier Jahren der Neubau von jährlich 10.000 Wohnungen mit Landesmitteln gefördert wurde, von denen 70 Prozent in den sozialen Wohnungsbau flossen und die restlichen 30 Prozent für den Bau von Eigenheimen und Eigentumswohnungen zur Verfügung standen. Damit wurden in Bremen deutlich andere Schwerpunkte gesetzt als in dem zur gleichen Zeit vom Bundestag beschlosse-

Dauerthema in den Bremer Zeitungen: Mit zunehmender Bauzeit wachsen neben den markanten »Hörnern« der Stadthalle auch die Kosten unaufhaltsam in die Höhe

nen Zweiten Wohnungsbauförderungsgesetz, durch das vor allem der Bau privat genutzter Eigenheime begünstigt wurde. Nutznießer der Bremer Regelung, die mit dem Ende Juni 1961 von der Bürgerschaft beschlossenen »Zweiten Gesetz zur Behebung der Wohnungsnot im Lande Bremen« fortgeschrieben wurde, war vor allem die Gewoba, die schon in der zweiten Hälfte der 1950er Jahre in Bremen mehr als doppelt so viele Sozialwohnungen baute wie alle anderen in Bremen tätigen Bauträger zusammen (s. S. 257).

Debatten um Stadthalle und Parlament

Neben dem Wohnungsbau verursachte der Bau von zwei repräsentativen öffentlichen Gebäuden in der Ära Kaisen besondere Probleme. Das eine war die Stadthalle, deren Bau im Frühjahr 1952 aufgrund eines Antrags der SPD-Fraktion erstmals in der Bürgerschaft diskutiert und in den folgenden Jahren zu einem besonderen Anliegen ihres Vorsitzenden Boljahn wurde (s. S. 572). Es dauerte allerdings fast zehn Jahre, bis auf der Bürgerweide die Erdarbeiten für den Bau der Stadthalle begann-

Themen bremischer Politik

POLITIK

Links: Die Neubebauung des Börsengrundstücks geht alle an. Ein Modell im Schaukasten auf dem Marktplatz informiert unmittelbar am Ort des künftigen Baugeschehens

Rechts: Richtfest für das »Haus der Bürgerschaft«, 5. Juni 1964

Festsitzung der Bürgerschaft aus Anlass der Eröffnung des neuen Bremer Parlamentsgebäudes am 9. September 1966

nen, nachdem zwischenzeitlich sowohl der Senat als auch der Bund der Steuerzahler erhebliche Bedenken gegen die geplante Größe und die damit verbundenen finanziellen Belastungen geltend gemacht hatten. Dem Richtfest Ende Dezember 1963 blieben nicht nur Vertreter der CDU, sondern auch der FDP aus Protest fern, weil die tatsächlichen Baukosten den ursprünglich veranschlagten Betrag um mehr als das Doppelte überstiegen, woraufhin der Senat Anfang Januar 1964 den Rechnungshof mit der Überprüfung des Stadthallenbaus beauftragte. Dessen Kritik, dass abweichend von der »allgemein üblichen Verfahrensweise« die Mittel ohne eine seriöse Gesamtkostenrechnung anhand baureifer Pläne lediglich aufgrund bloßer Schätzungen bewilligt worden seien, machte der Senat sich zwar zu eigen,

konnte damit aber nicht verhindern, dass die CDU-Bürgerschaftsfraktion die Einsetzung eines parlamentarischen Untersuchungsausschusses beantragte. Dieser Antrag, dem sich die FDP-Fraktion anschloss, wurde Anfang September 1964 nach einer mehrstündigen Bürgerschaftsdebatte allerdings von der SPD-Fraktion mit ihrer absoluten Mehrheit abgelehnt. Dennoch nahmen – anders als beim Richtfest – führende Mitglieder der beiden Parteien am 31. Oktober 1964 an der feierlichen Eröffnung der Stadthalle teil, in der Anfang Januar 1965 mit dem Sechstagerennen der Bahnradfahrer die erste Großveranstaltung stattfand (s. S. 504).

Das andere war das Haus der Bürgerschaft, bei dessen Bau nicht die Finanzierung, sondern ästhetische und städtebauliche Erwägungen zum Stein des Anstoßes wurden. Nach einer dem Senat Anfang Februar 1954 bekannt gemachten Absichtserklärung der Bürgerschaft, »in den nächsten Jahren« ein Parlamentsgebäude zu errichten, dauerte es erneut fast zehn Jahre, ehe auf dem Grundstück des im Krieg zerstörten Börsengebäudes an der Ostseite des Marktplatzes die Arbeiten für das Fundament des Hauses der Bürgerschaft begannen.

Die Entscheidung für diesen Standort war Anfang Oktober 1957 nach langwierigen Verhandlungen mit der Handelskammer als Grundstückseigentümerin gefallen und trug wesentlich dazu bei, dass sich Anfang der 1960er Jahre eine erregte öffentliche Debatte um das Haus der Bürgerschaft entwickelte.

Dabei sprachen sich eine Gruppe von 18 Bremer Architekten, der Bremer Baudenkmalpfleger und vor allem die Bremische Gesellschaft Lüder von Bentheim gegen den Entwurf für ein modernes Parlamentsgebäude aus, der Anfang Mai 1959 bei einem Architektenwettbewerb der Bürgerschaft zusammen mit zwei weiteren Entwürfen den ersten Preis erhalten hatte (s. S. 580). Sie befürwortete stattdessen den Bau von Giebelhäusern im Stil der auf der gegenüberliegenden Seite des Marktplatzes restaurierten historischen Bebauung und schlug vor, das Parlamentsgebäude auf dem Gelände an der Herrlichkeit am linken Weserufer zu errichten. Zur Stützung ihrer Position führte die Gesellschaft im Sommer 1961 zunächst eine eigene Umfrage durch und ließ im Herbst des Jahres sowie im September 1963 zwei weitere Umfragen durch renommierte Meinungsforschungsinstitute durchführen, bei denen sich jeweils eine klare Mehrheit der Befragten für eine »historische« Bebauung der Ostseite des Marktplatzes aussprach. Die Bürgerschaft hielt jedoch daran fest, den von ihr favorisierten, seit dem Architektenwettbewerb mehrfach überarbeiteten Entwurf von Prof. Wassili Luckhardt (Berlin) zur Ausführung zu bringen, obwohl die Gesellschaft Lüder von Bentheim im September 1963 sogar einen Volksentscheid über das geplante Haus der Bürgerschaft forderte. Anfang Juni 1964 wurde das Richtfest für das Haus der Bürgerschaft gefeiert, das schließlich Anfang September 1966 in Anwesenheit des Präsidenten des Bundesrates in Vertretung des Bundespräsidenten und der Präsidenten aller westdeutschen Länderparlamente seiner Bestimmung übergeben wurde.

Schulpolitik

Ein weiteres besonderes Problemfeld in der ersten Hälfte der 1950er Jahre war die Schulpolitik. Hier hatte man in Bremen mit der in der Landesverfassung verankerten und im Grundgesetz ausdrücklich anerkannten Regelung über den nicht konfessionsgebundenen Religionsunterricht an öffentlichen Schulen nicht nur eine bundesweit einmalige Neuerung eingeführt, sondern auch in das 1949 verabschiedete Schulgesetz Bestimmungen aufgenommen, die sich an pädagogischen Konzepten der Versuchsschulbewegung in den Jahren der Weimarer Republik orientierten. Dazu gehörte unter anderem die Vorgabe, dass Mädchen und Jungen möglichst gemeinsam unterrichtet werden sollten. Dieser Gedanke kam damals fast einem revolutionären Ansinnen gleich und wurde von Teilen der Lehrerschaft sowie besonders in Kreisen des konservativen Bildungsbürgertums entschieden abgelehnt. Dennoch war die Koedukation bereits Mitte der 1950er

Helle Klassenzimmer, loses Gestühl und die Lehrkräfte inmitten der Kinder. Foto aus der Grundschule an der Gottfried-Menken-Straße im April 1959

Jahre im Grundschulbereich die Regel und wurde anschließend auch in den weiterführenden Schulzweigen zumindest insoweit übernommen, dass alle Schulen grundsätzlich Kindern beiderlei Geschlechts offenstanden, wenngleich es im Ermessen der Schulleitungen lag, gesonderte Klassen für Jungen und Mädchen zu bilden.

Dagegen blieb ein zweites wichtiges Reformvorhaben, die Einführung einer sechsjährigen, gemeinsamen Grundschulzeit aller Kinder vor dem Wechsel auf eine weiterführende

Themen bremischer Politik

Schule und die Abschaffung der Sonderstellung der Gymnasien im höheren Schulwesen, in den Ansätzen stecken (s. S. 464). Nach einer im Februar 1954 von den Ministerpräsidenten der Länder getroffenen Vereinbarung über eine weitgehende Vereinheitlichung des Schulwesens wurde die bisherige Sonderregelung über den Wechsel an eine höhere Schule nach vier Grundschuljahren bereits im Sommer 1955 für Kinder »mit früh erkennbarer theoretischer Begabung« zum Normalfall. Im Sommer 1957 gab Bremen schließlich als letztes Bundesland die sechsjährige Grundschule auf.

Während bei der Schulreform innerhalb der Senatskoalition Differenzen zwischen der SPD-Fraktion und den sozialdemokratischen Senatoren auf der einen und den Fraktionen und Senatoren der beiden bürgerlichen Koalitionspartner auf der anderen Seite bestanden, kam es wegen des bremischen Personalvertretungsgesetzes zu einer Machtprobe zwischen dem Senat und der SPD-Bürgerschaftsfraktion, bei der es weniger um die Sache als vielmehr ums Prinzip ging. Umstritten war lediglich eine Bestimmung des insgesamt mehr als 70 Paragraphen umfassenden, im Sommer 1956 vom Senat in die Bürgerschaft eingebrachten Gesetzentwurfs, deren Änderung die SPD-Fraktion forderte und mit ihrer absoluten Mehrheit auch durchsetzte, während die beiden anderen Senatsparteien die ursprüngliche Fassung zwar befürworteten, sich aber in der Bürgerschaft nicht sonderlich für deren Erhalt einsetzten. Gegen das in der abgeänderten Fassung beschlossene Gesetz legte der Senat Einspruch ein, den die Bürgerschaft Ende November 1957 mit den Stimmen der Abgeordneten der SPD und der Unabhängigen Sozialisten zurückwies, obwohl Wilhelm Kaisen, der in seiner gesamten Amtszeit als Präsident des Senats nur sehr selten in der Bürgerschaft sprach, diesen Einspruch persönlich begründet und in diesem Zusammenhang sogar mit Rücktritt gedroht hatte. Daraufhin verkündete der Senat das Personalvertretungsgesetz zwar Anfang Dezember, beschloss aber zugleich, das Bundesverfassungsgericht anzurufen, und

machte mit der Einreichung einer Klage in Karlsruhe Anfang März 1958 deutlich, dass er nicht gewillt war, sich einem »Diktat« der SPD-Fraktion zu unterwerfen. Ende April 1959 entschied das Gericht, dass die umstrittene Bestimmung in der von der SPD-Fraktion durchgesetzten Fassung zum Teil verfassungswidrig und insoweit nichtig sei.

Damit ging die Machtprobe zwischen dem Senat und der SPD-Fraktion letztendlich unentschieden aus, die beide Seiten ohnehin nicht mehr sonderlich wichtig nahmen: Weder der Senat als Antragsteller noch die Bürgerschaft als Antragsgegnerin hielten es für nötig, einen Vertreter zur Verkündung der Entscheidung nach Karlsruhe zu entsenden, und der Senat und die SPD-Fraktion erklärten anschließend übereinstimmend, dass das Gesetz nun eben den Vorgaben des Verfassungsgerichts entsprechend geändert werden müsse.

Finanzpolitik

Ein Thema, das in den 1950er und 1960er Jahren den Senat im Grunde andauernd und mindestens einmal pro Jahr auch die Bürgerschaft beschäftigte, in der Öffentlichkeit allerdings weithin nicht als drängendes Problem begriffen wurde, war die chronisch angespannte Finanzlage der Freien Hansestadt Bremen. Der Hinweis auf die eingeschränkten finanziellen Handlungsmöglichkeiten des Landes und der Kommune war ein fester Bestandteil der Reden, mit denen Finanzsenator Nolting-Hauff in seiner bis zum Frühjahr 1962 dauernden Amtszeit die jährlichen Haushaltsberatungen der Bürgerschaft eröffnete. Auch Bürgermeister Kaisen beklagte ausdrücklich das wachsende Ungleichgewicht bei der Verteilung des Steueraufkommens zwischen dem Bund auf der einen und den Ländern und Kommunen auf der anderen Seite, als er im Dezember 1951 und 1955 jeweils nach der Vereidigung des Senats in der Bürgerschaft das Regierungsprogramm für die kommenden vier Jahre skizzierte.

Seit 1953 enthielten die Haushaltsgesetze für das Land und die Stadt Bremen regelmäßig die Bestimmung, dass der Senat im Einvernehmen mit der Finanzdeputation ermächtigt sei, Maßnahmen zur Senkung der Personal- und Sachausgaben zu ergreifen und dabei insbesondere frei werdende Stellen im Öffentlichen Dienst vorübergehend zu sperren oder gänzlich zu streichen. Unbeeindruckt von Protesten der Betroffenen beschloss die Bürgerschaft Anfang April 1954 auf Vorschlag der Finanzdeputation, die Pflichtstundenzahl der Lehrkräfte an den bremischen Schulen um wöchentlich eine Stunde anzuheben, um die ansonsten erforderliche Einrichtung von mehr als 70 neuen Stellen und die damit verbundenen Ausgaben zu vermeiden. Und im Zuge der Haushaltsberatungen im Frühjahr 1958 forderten die Bürgerschaftsfraktionen der SPD und der FDP den

Senat auf, im Bundesrat eine Neugestaltung des Finanzausgleichs zwischen dem Bund und den Ländern mit dem Ziel einer Umverteilung zugunsten der Landeshaushalte in Höhe von rund vier Milliarden D-Mark zu beantragen.

Für das Haushaltsjahr 1950/51 war das Gesamtvolumen der Haushalte des Landes und der Stadt Bremen im Vergleich zum voraufgegangenen Haushaltsjahr als Folge des Übergangs bislang von den Ländern wahrgenommener Aufgaben auf den Bund um nahezu 25 Prozent zurückgegangen. Doch in den folgenden zehn Jahren wuchs es kontinuierlich, aber mit einer Steigerungsrate von durchschnittlich 50 Millionen D-Mark vergleichsweise mäßig an. Dies war vor allem darauf zurückzuführen, dass sowohl der Bürgermeister als auch der Finanzsenator eine eher konservative finanzpolitische Grundauffassung vertraten, der zufolge

Blick von Süden auf das Herdentorviertel Ende der 1950er Jahre. In der Mitte die Finanzbehörde im Haus des Reichs, unten das 1950–52 errichtete Zentralbad. Ein Teil der Schillerstraße ist bereits wieder bebaut

Themen bremischer Politik

die staatlichen Ausgaben nicht höher liegen sollten als die der Öffentlichen Hand aus Steuern, Abgaben und sonstigen Quellen voraussichtlich zufließenden Einnahmen, wobei die Auflage staatlicher Anleihen zur Finanzierung außergewöhnlicher Aufgaben allerdings nicht grundsätzlich ausgeschlossen war. Trotz dieses restriktiven finanzpolitischen Kurses und der beständigen Klagen über die eingeschränkten finanziellen Handlungsmöglichkeiten Bremens konnte Finanzsenator Nolting-Hauff bei der Vorlage des Haushaltsentwurfs in der Bürgerschaft im Frühjahr 1959 jedoch eine durchaus beeindruckende Bilanz ziehen: 23 Prozent der Staatsausgaben seit der Währungsreform im Sommer 1948 waren für den Wiederaufbau bereitgestellt worden. Jeweils mehr als ein Viertel des Gesamtbetrages in Höhe von 1,2 Milliarden D-Mark waren für die Behebung der Kriegsschäden an der kommunalen Infrastruktur (Straßen, Brücken, Versorgungsleitungen und Abwasserkanalnetz) eingesetzt sowie als Kapitalhilfen für den Wohnungsbau zur Verfügung gestellt worden. Weitere knapp 300 Millionen D-Mark hatten die Instandsetzung

und der Ausbau der Häfen verschlungen, und die bremische Wirtschaft hatte Zuschüsse und Darlehen in Höhe von immerhin 81 Millionen D-Mark erhalten. Die Renovierung, Modernisierung und den Neubau von Schulen hatte sich Bremen 72 Millionen D-Mark kosten lassen, für Einrichtungen des Gesundheitsdienstes einschließlich der Krankenhäuser waren 22 Millionen D-Mark und für sonstige öffentliche Einrichtungen und staatlichen Grunderwerb 51 Millionen D-Mark ausgegeben worden.

Das Jahr 1960 war dann für die bremischen Staatsfinanzen in zweierlei Hinsicht von besonderer Bedeutung. Zum einen wurde das Haushaltsjahr, das bislang am 1. April eines Jahres begann und am 31. März des folgenden Jahres endete, durch eine auf Vorschlag des Senats von der Bürgerschaft einstimmig verabschiedete Änderung der Landesverfassung mit dem Kalenderjahr zur Deckung gebracht und damit der bundesweit üblichen Regelung angeglichen. Zum Zweiten überstieg das Gesamtvolumen der im Dezember des Jahres von der Bürgerschaft beschlossenen Haushalte des Landes und der Stadt Bremen für das Jahr 1961

Wilhelm Kaisen, links neben Kurt Kiesinger (Baden-Württemberg), auf der Pressekonferenz zum Abschluss der Finanzverhandlungen zwischen Bund und Ländern am 5. April 1964

bei einer Steigerung um fast 200 Millionen D-Mark gegenüber dem Vorjahr erstmals die Marke von einer Milliarde D-Mark.

Dies war allerdings kein Indiz dafür, dass sich die chronisch angespannte Finanzlage der Freien Hansestadt Bremen wesentlich gebessert hätte, und bedeutete keine Änderung des restriktiven finanzpolitischen Kurses des Senats, an dem auch Nolting-Hauffs Nachfolger Johann Diedrich Noltenius festhielt. Nach wie vor bildeten die für das jeweils kommende Jahr zu erwartenden Einnahmen die entscheidende Bezugsgröße für die vom Senat vorgeschlagenen und in der Finanzdeputation abgestimmten Haushaltsentwürfe, was unter anderem dazu führte, dass deren Gesamtvolumen in den Jahren 1965 und 1966 wegen der damaligen Rezession um fast 200 bzw. knapp 100 Millionen D-Mark unter dem Budget des Jahres 1964 lag. Allerdings mehrten sich damals nicht nur in der SPD-Bürgerschaftsfraktion die Stimmen, die gerade wegen der krisenhaften Wirtschaftsentwicklung eine aktive, antizyklische Finanzpolitik des Senats forderten. Noltenius sah sich daher genötigt, seine Entscheidung, zu Beginn des Jahres 1966 aus gesundheitlichen Gründen aus dem Senat auszuscheiden, gegen Vorhaltungen der Opposition zu verteidigen, dass grundlegende Differenzen mit der SPD über die Haushaltspolitik der eigentliche Grund für seinen Rücktritt seien.

Bereits kurz nach dem Amtsantritt von Noltenius' Nachfolger Rolf Speckmann, dem bisherigen stellvertretenden Vorsitzenden der FDP-Bürgerschaftsfraktion, wurde mit der Auflage einer Staatsanleihe in Höhe von 50 Millionen D-Mark zur Finanzierung von Hafenbau, Grunderwerb und Wirtschaftsförderung dann aber doch ein erstes Zeichen für einen haushaltspolitischen Kurswechsel gesetzt. Er wurde in der Amtszeit des im November 1967 gewählten Senats mit Hans Koschnick an der Spitze, dem Speckmann weiterhin als Finanzsenator angehörte, endgültig vollzogen, indem in größerem Umfang Kredite zur Finanzierung staatlicher und zur Absicherung privater Investitionen in Bremen aufgenommen wurden.

Empfang der Länderfinanzminister in Bremen. Bundesfinanzminister Franz Josef Strauß (links), Senator Speckmann und der Bundesminister für wissenschaftliche Forschung Gerhard Stoltenberg (mit Hut) auf dem Weg ins Rathaus im Mai 1967

Damit sollten Impulse für eine nachhaltige Belebung der Wirtschaftstätigkeit gegeben werden, die nicht zuletzt deshalb erforderlich schienen, weil Bremen nicht mehr – wie in den 1950er Jahren – zu den wirtschaftlich leistungsfähigsten Regionen in der Bundesrepublik zählte, sondern seit Ende der 1960er Jahre Haushaltszuschüsse aus dem horizontalen Länderfinanzausgleich erhielt, für den es zuvor Beiträge abgeführt hatte.

Der wohl augenfälligste Ausdruck dieses neuen Kurses war die Verabschiedung des ersten »Doppelhaushalts« in der Geschichte Bremens im Dezember 1969, der für die Jahre 1970 und 1971 eine weitere Steigerung der Staatsausgaben um mehr als 300 Millionen D-Mark gegenüber dem Haushalt des Jahres 1969 vorsah, der seinerseits bereits knapp 200 Millionen D-Mark über dem Niveau des Vorjahres gelegen hatte. Die zugrunde liegende Annahme, dass die als Folge dieser Politik erwarteten höheren Steuereinnahmen zur Konsolidierung des Haushalts genutzt werden könnten, erwies sich allerdings als unzutreffend. Stattdessen wurde die Kreditfinanzierung von Teilen des Haushalts zu einem selbstverständlichen Instrument bremischer Finanzpolitik, und der für diese Kredite zu leistende Schuldendienst trug zur weiteren Verschärfung der ohnehin angespannten Finanzlage Bremens bei.

Themen bremischer Politik

Der Präsident des Senats, Hans Koschnick, spricht während der Bürgerschaftssitzung aus Anlass der Jugenddemonstrationen, 22. Januar 1968

Unruhiger Start für Hans Koschnick

Zu Beginn des Jahres 1968 setzten die »Straßenbahnunruhen« den letzten Schlusspunkt hinter die Ära Kaisen, die heutzutage vielen Bremern als eine vom Wiederaufbau und allmählich wachsendem Wohlstand breiter Bevölkerungskreise geprägte, vergleichsweise harmonische Zeit in zweifellos verklärter Erinnerung ist. Ausgelöst wurden die Unruhen durch eine im Herbst 1967 von der Bremer Straßenbahn AG angekündigte und Anfang Januar 1968 von der zuständigen Deputation und dem Senat gebilligte Erhöhung der Tarife für den öffentlichen Personennahverkehr. Sie trat Mitte des Monats in Kraft. Seit Ende der 1950er Jahre hatte die Bremer Straßenbahn AG die Fahrpreise für Straßenbahnen und Busse in Bremen in zweijährigem Turnus insgesamt fünf Mal erhöht, ohne dass die Reaktionen über verbale Unmutsäußerungen der Betroffenen hinausgegangen waren. Die erneute Anhebung der Tarife zog nun jedoch Protestdemonstrationen vor allem von Schülern und Auszubildenden nach sich, deren preisbegünstigte Fahrkarten ebenfalls teurer geworden waren (s. S. 481).

Nach ersten Blockaden von Straßenbahnen und Bussen in der Innenstadt, gegen die die Polizei zunächst nur zögernd und ohne Gewaltanwendung eingeschritten war, eskalierten die

Proteste in den folgenden Tagen zu regelrechten Straßenschlachten, bei denen die Polizei Wasserwerfer einsetzte und rücksichtslos vom Schlagstock Gebrauch machte, nachdem Polizeipräsident von Bock und Polach das in Bremen bis heute legendäre Kommando »Draufhauen, draufhauen, nachsetzen!« gegeben hatte. Dennoch gelang es der Polizei nicht, die Demonstrationen aufzulösen, die auch nach dem Höhepunkt der gewaltsamen Auseinandersetzungen am vierten Tag andauerten, nun allerdings friedlich verliefen, weil Bahnen und Busse den Verkehr in der Innenstadt ab 16.00 Uhr einstellten und die Polizei nicht mehr gegen die Demonstranten vorging. Diese waren mit ihren Aktionen zwar bei vielen derjenigen, die unmittelbar von den Blockaden bzw. dem Ausfall der Bahnen und Busse betroffen waren, auf wenig Verständnis gestoßen. Sie wurden aber in ihrer Forderung nach Rücknahme der Tariferhöhungen nicht nur vom Arbeitskreis Bremer Schülerringe, der Dachorganisation der traditionellen Schülervertretungen an den Bremer Schulen, und einem Ende 1967 gegründeten, vor allem von Schülern der gymnasialen Oberstufen getragenen Unabhängigen Schülerbund unterstützt, sondern unter anderem auch vom Betriebsrat der Klöckner-Hütte, der sich im Namen der Belegschaft mit den Demonstranten solidarisch erklärte.

Unruhiger Start für Hans Koschnick

Obwohl Vertreter beider Schülerorganisationen bereits im Dezember 1967 angekündigt hatten, dass viele Schüler die Fahrpreiserhöhungen wohl nicht tatenlos hinnehmen würden, wurden sowohl die Leitung der Bremer Straßenbahn AG als auch die politisch Verantwortlichen und die Polizeiführung von den Protestaktionen und deren durch das gewaltsame Vorgehen der Polizei hervorgerufene Eskalation offenbar vollkommen überrascht. Erst fünf Tage nach Beginn der Proteste und der am Abend des vierten Protesttages getroffenen Entscheidung, auf weitere Polizeieinsätze gegen die Demonstrationen zu verzichten, zeigten sich Mitglieder des Senats und der Bürgerschaft bereit, direkt mit den Demonstranten über deren Forderungen zu sprechen.

Besonderen Eindruck machte dabei Annemarie Mevissen, Jugendsenatorin und stellvertretende Präsidentin des Senats, die, auf einer Streusandkiste der Straßenbahn stehend, auf dem Domshof mit den Demonstranten diskutierte. Sie sei »der einzige Mann im Senat« wurde damals vor allem in Anspielung auf das Verhalten von Hans Koschnick kolportiert, der gerade sechs Wochen als Bürgermeister und Präsident des Senats im Amt war. Er war zu einer Konferenz nach Düsseldorf gereist, obwohl die Protestaktionen bereits begonnen hatten, und brach diese Reise trotz der Verschärfung der Lage in Bremen nicht vorzeitig ab, sondern kehrte erst »programmgemäß« zurück, als der Höhepunkt der Unruhen bereits überschritten war. Die Bürgerschaft kam zu einer Sondersitzung zusammen, auf der Möglichkeiten zum Ausgleich der Mindereinnahmen erörtert wurden, die bei der Bremer Straßenbahn im Fall der Rücknahme der Tariferhöhung zu erwarten waren. Koschnick stellte dann den Demonstranten in Aussicht, dass eine Entscheidung darüber im Zuge der Anfang Februar anstehenden Haushaltsberatungen der Bürgerschaft fallen werde, woraufhin der Vorsitzende des Klöckner-Betriebsrates ankündigte, die Belegschaft der Stahlwerke werde geschlossen zu einer Protestkundgebung auf dem Domshof erscheinen, wenn die Fahrpreiserhöhungen nicht

Polizeipräsident Erich von Bock und Polach vor dem parlamentarischen Untersuchungsausschuss. Mit der achten Sitzung endeten die Zeugenvernehmungen am 28. März 1968

binnen zwei Tagen zurückgenommen würden. Kurz vor Ablauf dieser Frist sagte Koschnick schließlich zu, zumindest die Vorzugskarten für Schüler, Studenten, Auszubildende und sozial Schwache von der Tariferhöhung auszunehmen, woraufhin sich die auch an diesem zehnten Tag der Straßenbahnunruhen auf dem Domshof stattfindende Demonstration auflöste und anschließend keine weiteren Protestaktionen mehr stattfanden.

In der Sondersitzung zwei Tage zuvor hatte die Bürgerschaft außerdem beschlossen, einen parlamentarischen Untersuchungsausschuss zu den Straßenbahnunruhen einzusetzen, der Anfang September 1968 seinen Abschlussbericht vorlegte. Er enthielt zum Teil deutliche Kritik am Verhalten des Polizeipräsidenten und auch des Senats nach Beginn der Protestaktionen, Vorschläge zur Reform der Ausbildung der Bereitschaftspolizei und des Demonstrationsrechts sowie nicht zuletzt an die Verwaltung und den Senat gerichtete Empfehlungen, zukünftig engeren Kontakt zu den Bürgern zu halten. Als Bürgermeister und Präsident des Senats hatte Hans Koschnick also keinen besonders vielversprechenden Start, der aber dennoch den Auftakt für eine neue politische Ära in Bremen bildete: die »Ära Koschnick«.

Konsolidierung und Anfechtung

Brahmsstraße 23/25. Das Landesarbeitsgericht liegt mitten in einem Schwachhauser Wohnviertel

Konsolidierung und Anfechtung

In der Mitte der 1950er Jahre waren auch in der Justiz die meisten Schwierigkeiten der unmittelbaren Nachkriegszeit überwunden, die neuen gesetzlichen Grundlagen geschaffen und bereits seit einigen Jahren praktiziert. Die Richter und Anwälte konnten sich auf den Justizalltag konzentrieren, und es wurden weiter Verfahren wegen Verbrechen aus der Zeit des Nationalsozialismus geführt. Doch der Umgang mit diesen Verbrechen blieb auch in den späten 1950er und in den 1960er Jahren ein wichtiges justizpolitisches Thema.

Die Frage des gemeinsamen Hanseatischen Oberlandesgerichts

Das Hanseatische Oberlandesgericht an der Söge-/Ecke Knochenhauerstraße, Fotos 1969

In dem 1955 gebildeten Bremer Senat löste Erich Zander (CDU) den langjährigen Justizsenator Theodor Spitta ab. Er erklärte die Errichtung eines gemeinsamen Oberlandesgerichts mit Hamburg zu seiner wichtigsten politischen Aufgabe. Er scheiterte damit jedoch an der SPD-Fraktion und deren Vorsitzenden Richard Boljahn. Die Fraktion lehnte am 22. Mai 1956 den Entwurf des Staatsvertrags mit 49 zu drei Stimmen ab. Boljahns Argument: Wenn Bremen auf Dauer ein Land bleiben wolle, brauche es eine voll ausgebaute eigene Gerichtsbarkeit. Solche Überlegungen waren nicht abwegig, gebot doch Art. 29 des Grundgesetzes die Neugliederung des Bundesgebietes. 1955 hatte eine von der Bundesregierung eingesetzte Kommission unter dem Vorsitz des früheren Reichskanzlers Luther Vorschläge für eine solche Neugliederung gemacht. Bremen erfüllte nach dem Bericht sämtliche Anforderungen, die an ein eigenständiges Bundesland zu stellen waren. Die Fähigkeit, die Rechtspflege umfassend mit eigenen Kräften sicherzustellen, rechnete für Boljahn zu diesen Anforderungen.

Mit der Abstimmung vom 22. Mai 1956 kam der Plan des gemeinsamen Oberlandes-

gerichts dauerhaft zu den Akten. Senator Zander sah darin zwar einen »ausgesprochenen Rückschritt«, musste die Entscheidung aber akzeptieren. Auf seinen Vorschlag hin wurde die vakante Stelle des Präsidenten

Die Zentrale Stelle zur Aufklärung nationalsozialistischer Verbrechen

1956 mit Karl Arndt besetzt. Arndt, 1941 in Berlin zum Kammergerichtsrat ernannt, war 1949 Richter und 1951 Senatspräsident am Oberlandesgericht Bremen geworden. Er sollte bis zum Jahr 1969 als Präsident amtieren. Zum Vizepräsidenten schlug Senator Zander im Oktober 1957 Kurt Bode vor, einen der Richter, die bis 1945 in Danzig gewirkt hatten; von 1942 bis 1945 war er dort Generalstaatsanwalt gewesen. Ungeachtet der sehr herausgehobenen Position, welche die 35 Generalstaatsanwälte im Deutschen Reich in der NS-Strafjustiz innegehabt hatten, war Bode 1951 von Senator Theodor Spitta zunächst als Staatsanwalt angestellt und sodann zum Oberlandesgerichtsrat ernannt worden. 1955 wurde er Vorsitzender eines Zivilsenats. Bode galt in Bremen als hochverdienter Richter, ging 1960 in den Ruhestand und nahm seinen Wohnsitz an der Ostsee. Das Oberlandesgericht bezog 1958 das Gebäude Sögestraße 62–64.

Eine weitere Veränderung, die Zander in seiner Amtszeit vornahm, war die Vergrößerung des Bezirks des Amtsgerichts Bremerhaven, dem nun auch das bis dahin dem Amtsgericht Bremen zugehörende stadtbremische Überseehafengebiet zugeordnet wurde. Außerdem wurde die Kooperation mit den Nachbarländern weiter ausgebaut: 1958 schlossen Bremen, Niedersachsen, Hamburg und Schleswig-Holstein ein Abkommen über die örtliche Zuständigkeit der Binnenschifffahrtsgerichte Bremen, Hamburg und Emden sowie des Schifffahrtsobergerichts Hamburg auf dem Gebiet des Schifffahrtsrechts.

Die Zentrale Stelle zur Aufklärung nationalsozialistischer Verbrechen

In die Amtszeit von Senator Zander fiel die Einrichtung der Zentralen Stelle der Landesjustizverwaltungen zur Aufklärung nationalsozialistischer Verbrechen in Ludwigsburg im Jahr 1958. Ihre Entstehung verdankte sie der bitteren Einsicht, dass entgegen allen Annahmen keine Rede davon sein konnte, die nationalsozialistischen Verbrechen seien durch alliierte und deutsche Gerichte im Wesentlichen aufgeklärt, hinreichend geahndet oder jedenfalls seien die Staatsanwaltschaften allen Untaten auf der Spur. Die Justizminister der Länder kamen im Herbst 1958 überein, eine zentrale Stelle zu gründen, die sich gezielt mit Verbrechen befassen sollte, für die in der Bundesrepublik ein Gerichtsstand des Tatorts nicht gegeben war; sie hatten vorwiegend Verbrechen in Konzentrationslagern und die Verbrechen der Einsatzkommandos im Osten gegen Zivilpersonen im Blick. Auf Vorschlag Zanders billigte

Erich Zander
* 7.9.1906, Elsfleth
† 12.3.1985, Raubling

Zander wurde 1937 zum Staatsanwalt ernannt. Er trat nach 1940 regelmäßig am Sondergericht auf, war 1944 nach seiner Ernennung zum Landgerichtsrat dort auch als Richter tätig und wirkte an Todesurteilen mit. Schon 1946 ließ die Militärregierung ihn wieder als Staatsanwalt zu. 1955 schied er als Landgerichtsdirektor und Vorsitzender einer Kammer für Handelssachen aus dem aktiven Justizdienst aus und wurde in den Senat gewählt. Vom 28.12.1955 bis zum 21.12.1959 amtierte er als Senator für Justiz und Verfassung und leitete zugleich das Ressort für kirchliche Angelegenheiten. Im Rechtsausschuss des Deutschen Bundesrates führte er den Vorsitz. Nach seinem Ausscheiden aus dem Senat wurde er Rechtsanwalt und Notar, blieb aber in der Politik. Von 1959 bis 1971 gehörte er der CDU-Bürgerschaftsfraktion an und war von 1963 bis 1971, in der 6. und 7. Wahlperiode, deren Vizepräsident.

Die Amtszeit von Senator Graf

der Senat die Verwaltungsvereinbarung zur Errichtung der Zentralstelle am 2. Dezember 1958. Im Dezember 1964, schon unter der Verantwortung von Senator Graf erweiterten die Länder deren Zuständigkeit: Sie war jetzt auch für Straftaten zuständig, die im Inland begangen worden waren.

Die Amtszeit von Senator Graf

Neubauten für die Justiz

Auf Erich Zander folgte im Dezember 1959 Justizsenator Ulrich Graf (FDP). Unter Senator

Graf bekam das Amtsgericht ein eigenes Haus an der Ostertorstraße. Die Grundsteinlegung des neuen Gebäudes war am 16. Dezember 1960, und am 29. Oktober 1962 wurde der erste Abschnitt eingeweiht. Der Neubau war dringend notwendig, denn nach 1945 waren das Landgericht und das Amtsgericht und auch das Oberlandesgericht ebenso im Gerichtshaus untergebracht gewesen wie die Staatsanwaltschaft und der Generalstaatsanwalt und nicht zu vergessen: der Staatsgerichtshof. Der Auszug des Oberlandesgerichts und des Generalstaatsanwalts hatten der Raumnot nicht abgeholfen. Der Neubau erschien der Architekturkritik allerdings nicht nur als gelungen.

Am 7. September 1965 legte Senator Graf den Grundstein für eine Jugendstrafanstalt im Blockland. Er förderte die seit Langem erwogenen Pläne zur Schaffung einer eigenständigen bremischen Jugendstrafanstalt mit bedeutendem Engagement. Schon im Jahr 1948 hatte es den Versuch gegeben, in der Strafanstalt Oslebshausen einen vom Erwachsenenvollzug separierten Jugendstrafvollzug einzurichten. Doch das war wegen der baulichen Rahmenbedingungen nicht zufriedenstellend gelungen; es fehlte an Möglichkeiten, eine Berufsausbildung in angemessener Form zu organisieren. Außerdem hätten dort den Jugendlichen nur wenig Freizeitangebote gemacht werden können. Die für 300 jugendliche Gefangene konzipierte neue Anstalt Blockland sollte daher Abhilfe bringen. Sie zeichnete sich durch eine aufgelockerte und weitläufige Bauweise aus. Ein »Festes Haus« diente dem geschlossenen Vollzug, in anderen Häusern kamen Gefangene in den Genuss von Lockerungen. Es gab mehrere Werkstätten für die Berufsausbildung und großzügige Sportanlagen. Für ein Gefängnis war besonders das Fehlen hoher Mauern bemerkenswert. Das Areal war lediglich durch einen mit Wasser gefüllten Umfassungsgraben mit angrenzender Dornenhecke gesichert. Eingeweiht wurde das neue Jugendgefängnis am 2. November 1968.

Funktionale Architektur für das Amtsgericht Bremen an der Ostertorstraße 25–29

Unten: Das Modell der Jugendstrafanstalt im Blockland zeigt eine fortschrittliche Planung mit Freiflächen und Sportanlagen

Rechtsbereinigung und Kooperation mit den Nachbarländern

Am 3. März 1964 beschloss der Senat die Einbringung des Entwurfs eines »Bremischen Rechtsbereinigungsgesetzes« in die Bürgerschaft. Darin waren auf rund 2300 Seiten alle diejenigen Landes- und (bremischen) Ortsgesetze und Verordnungen enthalten, die als noch gültig angesehen wurden. Das Bremische Rechtsbereinigungsgesetz vom 12. Mai 1964 bildete die Grundlage einer vom Senator für Justiz und Verfassung herausgegebenen Gesetzessammlung, die durch Ergänzungslieferungen stets auf dem aktuellen Stand der Gesetzgebung gehalten worden ist.

Auch Senator Graf führte die Kooperation mit den Nachbarländern weiter. Die Vereinbarung mit Niedersachsen, Hamburg und Schleswig-Holstein auf dem Gebiet des Schifffahrtsrechts wurde modifiziert. Seit 1970 ist für bestimmte Staatsschutzstrafsachen das Hanseatische Oberlandesgericht in Hamburg zuständig.

Unbewältigte Vergangenheit

Vorwürfe aus der DDR

Auf dem Feld der Rechtspolitik musste Senator Graf in Bremen die Folgen dessen bewältigen, was in der westdeutschen Justiz als »Braunbuchkampagne« heftig bekämpft worden ist: Stellen der – damals immer »sogenannten« – DDR und der Tschechoslowakei legten in seit 1957 erscheinenden Publikationen unter Berufung auf Justizakten dar, dass in der Bundesrepublik sehr viele Juristen wieder aktiv waren, die sich in der NS-Justiz vor allem durch ihre Mitwirkung an Todesurteilen kompromittiert hatten. Die DDR sprach von »Nazi-Blutrichtern« im Dienste des »Adenauer-Regimes«.

Die Justiz der jungen Bundesrepublik wurde durch diese Vorwürfe in ihren Grundfesten erschüttert. Kritiker sahen Zusammen-

Ulrich Graf

* 17.12.1912, Nakel
† 4.4.2006, Worpswede

Ulrich Graf war nach Jurastudium, Promotion und erster beruflicher Tätigkeit von 1939 bis 1945 Soldat. Nach Kriegsende kam er nach Bremen und war zunächst in der Handwerkskammer tätig, deren Hauptgeschäftsführer er am 1.10.1947 wurde. Im Jahr 1951 trat er in die FDP ein und war von 1951 bis 1959 Mitglied der Bürgerschaft. Nach Bildung der Koalition von SPD und FDP wurde Ulrich Graf am 21.12. 1959 in den Senat gewählt. Er blieb Senator für Justiz und Verfassung sowie Senator für kirchliche Angelegenheiten bis zum Auseinanderbrechen der Senatskoalition im Juni 1971. Anschließend war Graf wieder Mitglied der bremischen Bürgerschaft bis 1975. Außerdem war er von 1968 bis 1974 Landesvorsitzender der FDP.

Der Präsident der bremischen Bürgerschaft, August Hagedorn, und Gustav Heinemann nach der Vereidigung der Mitglieder des Staatsgerichtshofs am 18. März 1964. Heinemann gehörte dem Gericht bis März 1967 an

hänge zwischen der personellen Kontinuität nach 1945 und der fast einhelligen Weigerung der Justizjuristen, sich anders als lediglich apologetisch mit ihrer Vergangenheit zu befassen und ihre Aufgaben in der Demokratie des Grundgesetzes zu reflektieren. Sie sahen darin eine Parallele zur Justiz von Weimar, in der Distanz zur Verfassung und zur demokratischen Republik bewusst gepflegt worden war. Die weithin als nicht angemessen empfundene Verfolgung und Ahndung von NS-Verbrechen erschien manchem als Beweis dafür, dass eine Krähe der anderen doch kein Auge aushacke; dass die politische Strafjustiz gegen das linke politische Spektrum der Bundesrepublik ungleich härter vorging, bestärkte diese Kritik nur noch. Kurz: Die Justiz der Bundesrepublik war in eine schwere Vertrauenskrise geraten. Die Justizminister des Bundes und der Länder sahen sich veranlasst, den Vorwürfen ernsthaft nachzugehen, das erreichbare Material heranzuziehen und die je nach Lage des Falles gebotenen Konsequenzen zu ziehen.

Die »Braunbuchkampagne« der DDR zwingt die westdeutsche Justiz, sich mit ihrer unbewältigten Vergangenheit aueinanderzusetzen

Vorwürfe gegen bremische Richter und Staatsanwälte

In den Veröffentlichungen waren auch bremische Juristen genannt worden. Doch Justizsenator Graf, der in einer Bürgerschaftssitzung im Mai 1960 erklärte, er sehe die »Autorität und Glaubwürdigkeit unserer Rechtsprechung« in Gefahr, fand nach Prüfung keinen Grund, gegen einzelne Juristen vorzugehen.

Jene Richter, die in der Publikation ohne konkrete Beschuldigungen lediglich mit ihrer früheren und ihrer jetzigen Funktion in der bremischen Justiz aufgeführt waren, wurden gar nicht erst zur Stellungnahme aufgefordert. Auf diese Weise entgingen zwei einstige Kriegsrichter und ein Sonderrichter weiteren Nachforschungen. Einer der beiden Kriegsrichter war seit 1958 als Amtsgerichtsrat pensioniert. Der andere, Werner Mey, Kriegsrichter von 1936 bis 1945, war 1951 Richter in Bremen geworden und 1955 zum Oberlandesgericht gekommen. 1960 war er auf Vorschlag von Senator Graf zum Senatspräsidenten ernannt worden. Der Richter führte den Strafsenat, sodass das oberste bremische Strafgericht wie zur Bestätigung der Stimmen aus der DDR von einem Richter geleitet wurde, der viele Jahre in der Kriegsgerichtsbarkeit des Dritten Reiches tätig gewesen war. 1969 wurde er Vizepräsident des Oberlandesgerichts.

Ermittlungen gegen einen Ersten Staatsanwalt, der als Staatsanwalt auch beim Sondergericht Berlin tätig gewesen sein sollte, kamen nach Grafs Auffassung nicht in Betracht, nachdem der Staatsanwalt erklärt hatte, an Todesurteilen habe er nicht mitgewirkt. Seine beiden Kollegen (sie waren ebenfalls am Sondergericht Berlin tätig gewesen, waren in Bremen wieder angestellt worden und zu Ersten Staatsanwälten avanciert) hatten zwar an Todesurteilen mitgewirkt, die Prüfung der Akten endete aber mit den Worten: »Ergebnis: Keine Bedenken.« Der einst am Sondergericht Elbing aktiv gewesene Landgerichtsdirektor in Bremerhaven blieb mangels näher konkretisierter Vorwürfe gleichfalls unbehelligt.

Keine Bedenken wegen Mitwirkung an Todesurteilen

Einem erst 1959 in Bremen als Staatsanwalt angestellten ehemaligen Hilfsstaatsanwalt des Volksgerichtshofes wurde zugute gehalten, anlässlich seiner Einstellung seien die Verhältnisse eingehend geprüft worden; Bedenken gegen seine Wiederverwendung seien von keiner Seite erhoben worden. Der Amtsrichter, der im »Generalgouvernement« bei einer »Deutschen Staatsanwaltschaft« aktiv gewesen war, kam in den Publikationen nicht vor und wurde trotz seiner objektiv auffälligen Funktion nicht weiter überprüft. Der seit Februar 1960 pensionierte Vizepräsident des Hanseatischen Oberlandesgerichts, Kurt Bode, war in der Publikation beschuldigt worden, als Generalstaatsanwalt von Danzig im Jahr 1944 gegen drei Polen die Todesstrafe beantragt zu haben – die Verurteilten sollten einer polnischen Widerstandsgruppe drei Pistolen geliefert haben. Senator Graf stellte bei seiner Untersuchung jedoch fest: »Die Beschuldigung ist nicht schlüssig. Weitere Ermittlungen sind daher nicht erforderlich.«

Ein Richter beantragt Versetzung in den Ruhestand

Ein beim Amtsgericht Bremen als Amtsgerichtsrat tätiger ehemaliger Richter des (nach dem Überfall auf Polen im September 1939 errichteten) Sondergerichts Bromberg verteidigte sich gegen den Vorwurf, er habe dort an Todesurteilen mitgewirkt, wie folgt: Diese Verfahren hätten aus Anlass des »Bromberger Blutsonntages« stattgefunden, bei denen Tausende Deutsche von Polen ermordet worden seien. Die Verfahren seien nach der Strafprozessordnung durchgeführt worden. Die Polen hätten zum Teil sogar polnische Verteidiger gehabt. Freisprüche seien nicht selten gewesen. Der Justizsenator beauftragte den Generalstaatsanwalt, die Verfahrensakten oder andere Unterlagen heranzuziehen. Dazu bestand sehr wohl Anlass, denn die »richterliche« Abarbeitung des in der NS-Propaganda als polnische Gräueltaten an Deutschen groß herausgestellten »Blutsonntages« durch das Sondergericht Bromberg kann als frühes Beispiel der Ausübung juristisch verbrämten Terrors in Polen bezeichnet werden. Gerade mit den im Osten aktiven Sondergerichten hatte sich das Reichsjustizministerium um den Nachweis bemüht, dass die »Ostrechtswahrer« mit ihren justiziellen Mitteln ihren Beitrag zum »Volkstumskampf« im Osten ebenso wirksam leisten konnten wie die Polizei. Das kann in Bremens Justizverwaltung nicht unbekannt gewesen sein. Ob es zu der Einsicht geführt hat, der betroffene Richter könne jedenfalls aus moralischen Gründen nicht mehr tragbar sein, ist nicht dokumentiert.

Der Richter kam mit dem Erreichen des 62. Lebensjahres im April 1960 um seine Pensionierung ein und ging in den Ruhestand, kurz bevor der hessische Justizminister im April 1961 seinem bremischen Kollegen zwei Todesurteile des Sondergerichts Bromberg gegen Polen zuleitete, an denen der Richter mitgewirkt hatte. Die Urteile wurden zu den Akten verfügt.

Keine Bedenken wegen Mitwirkung an Todesurteilen

Im Zuge der Untersuchung aufgrund der Veröffentlichung aus der DDR hat Justizsenator Graf auch Feststellungen zu Richtern und Staatsanwälten getroffen, die vor 1945 am Sondergericht Bremen an Todesurteilen mitgewirkt hatten und wieder in den bremischen Justizdienst übernommen worden waren. Ein Landgerichtsdirektor war seit 1955 pensioniert, hier kam eine Überprüfung »nicht in Betracht«. Ein zum Leiter der Staatsanwaltschaft und Oberstaatsanwalt aufgestiegener ehemaliger Staatsanwalt hatte zwar ebenso wie der frühere Landgerichtsdirektor und ehemalige Justizsenator Erich Zander am Sondergericht an Todesurteilen mitgewirkt. In beiden Fällen kam der jetzige Senator jedoch zum gleichen Ergebnis: »Seine Mitwirkung bei Todesurteilen ist geprüft worden. Bedenken haben sich nicht ergeben.«

Erstes Gebot: Rechtsstaat

Justizsenator Graf entkräftete Vorwürfe gegen Bremer Richter

Von 143 Richtern und Staatsanwälten, die an den ordentlichen Gerichten der Justizverwaltung Bremens tätig sind, seien durch Veröffentlichung in Mitteldeutschland sieben beschuldigt worden, vor dem Zusammenbruch bis 1945 als Angehörige des Volksgerichtshofes, der Sonder-, Kriegs- oder ordentlicher Gerichte für Todesurteile verantwortlich zu sein, die nur aus betont nationalsozialistischer Haltung heraus erklärbar und moralisch nicht zu rechtfertigen seien, erklärte gestern der Senator für Justiz und Verfassung der Freien Hansestadt Bremen, Dr. Ulrich Graf, vor der Bürgerschaft im Rathaus.

Senator Dr. Graf

Graf, der in einer längeren Erklärung die Anfrage der Regierungskoalition vom 11. März an den Senat, wie die Vorwürfe gegen bremische Richter und Staatsanwälte behandelt werden sollten, beantwortete, stellte fest, daß nach dem augenblicklichen Stand der Überprüfungen sechs von den sieben Fällen als unbedenklich angesehen werden müßten. Nur in einem Falle habe man noch keine endgültige Klarheit gewinnen können.

Der Senator wandte sich in seiner Erklärung vor der Bürgerschaft energisch gegen die von dem Pankower „Ausschuß für deutsche Einheit" mehrfach publizierte Auffassung, daß in der Bundesrepublik Richter und Staatsanwälte, die sich vor und während des Krieges als Vollstrecker nationalsozialistischen Unrechts exponiert hatten, vorbehaltlos übernommen worden seien. Die Forderung nach „Säuberung der Justiz" habe den Eindruck erweckt, als hätten sogar die Schuldigen des Dritten Reiches in ganz besonderem Maße Unterschlupf und Wirkungsmöglichkeit gefunden.

„Bürgermeister Dr. Dr. Spitta hatte beim Wiederaufbau der Justiz im Lande Bremen größte Schwierigkeiten, die Richterstellen zu besetzen. Damals wurde jeder einzelne, bevor man sich entschloß, ihn im Dienst zu belassen oder wiedereinzustellen, einer genauen Prüfung unterzogen", sagte Graf. Zusätzlich sei jede Einstellung von der Besatzungsmacht kontrolliert worden. Wenn man trotzdem die Möglichkeit nicht abstreiten könne, daß Fehler möglich gewesen seien, weil nicht alles Material zur Verfügung gestanden habe, so müsse man bei der Frage nach den rechtlichen Handhaben gegen Richter und Staatsanwälte, die im Dritten Reich tätig waren, bedenken, daß nur die bewußte und absichtlich falsche Anwendung der geltenden Gesetze als ein Unrecht angesehen werden könne.

Bei der Überprüfung des Materials, das sowohl von dem Generalstaatsanwalt der „DDR" als auch von der Tschechoslowakei

veröffentlicht worden sei und das in seiner Tendenz ganz offensichtlich die Untergrabung des Rechtsbewußtseins in der Bundesrepublik betreibe, sei man in Bremen zu dem Ergebnis gekommen, daß in einem einzigen Falle ein Richter zwar keine Rechtsbeugung begangen habe, aber moralisch gesehen für die Justiz in einem Rechtsstaate nicht mehr tragbar erscheine. „Was sich bei flüchtiger Betrachtung des übermittelten Materials schon vermuten ließ, bestätigte sich bei näherer Prüfung rasch: der Personenkreis, der durch die erwähnten Schriften unter die Anklage ‚nationalsozialistischer Exzesse' gestellt wurde, war übertrieben weit ausgedehnt", erklärte Graf. In einem Falle habe sich sogar ergeben, daß der betreffende Bremer Jurist, der vorübergehend als Staatsanwalt beim Volksgericht in Berlin tätig war, durch seine Weigerung, in einem Strafverfahren gegen einen Juden die gewünschte Todesstrafe zu beantragen, starken dienstlichen Schwierigkeiten ausgesetzt worden war.

Senator Dr. Graf, der durch sein Plädoyer vor der Bürgerschaft der propagandistischen Absicht der Pankower Machthaber glaubhaft und mit den großen Ernst sachlicher Überlegungen den Boden entzog, wies darauf hin, daß alle Todesurteile der Bremer Sondergerichte, deren Anzahl im Vergleich zu den anderen Sondergerichten verhältnismäßig klein war, geprüft worden seien.

Niemals dürfe vergessen werden, daß Freiheit und Rechtsstaat sich gegenseitig bedingten und dort, wo der Rechtsstaat gefährdet sei, auch die Freiheit in Gefahr gerate. Graf fügte hinzu, daß die bremische Landesregierung alles tue, um mit rechtsstaatlichen Mitteln da einzugreifen, wo es das Gewicht der Vorwürfe erheische. Das zu erklären, sei notwendig, weil Veranlassung zu der Annahme bestünde, daß in absehbarer Zeit weiteres Material von Pankow veröffentlicht werden könne.

„Die unheilvolle Entwicklung, die in Deutschland im Jahre 1933 begonnen hat und im Zusammenbruch 1945 ihren konsequenten Abschluß fand, hat das Rechtsbewußtsein in unserem Volke zutiefst erschüttert", erklärte Dr. Graf abschließend. „Die Wiederherstellung dieses Vertrauens nach Beseitigung der Gewaltherrschaft und Neuerrichtung demokratischer und rechtsstaatlicher Verhältnisse muß ernsthaftes Anliegen aller demokratischer Parteien sein."

Der Justizsenator musste sich der Öffentlichkeit gegenüber erklären und zu den Vorwürfen gegen sieben Bremer Justizjuristen Stellung nehmen. Artikel des »Weser-Kurier«, 5. Mai 1960

Senator Graf vor der Bürgerschaft am 4. Mai 1960 zu den Vorwürfen aus der DDR

Senator Graf hielt den Senat über die Bemühungen der Justizminister und -senatoren und seine eigenen Untersuchungen unterrichtet. Mehrheitlich war auch der Senat der Meinung, dass die Untersuchung unumgänglich sei. Im Februar 1960 legte das Gremium dem Senator Graf nahe, er möge der Bürgerschaft empfehlen, eine Anfrage über die Behandlung der Vorwürfe gegen Richter und Staatsanwälte wegen ihres Verhaltens in der nationalsozialisti-

schen Zeit anzunehmen und diese dann beantworten.

Am 4. Mai 1960 beantwortete Senator Graf vor der Bürgerschaft für den Senat eine Anfrage zum Thema »Vorwürfe gegen bremische Richter und Staatsanwälte«. Er verwies auf die strengen Maßstäbe der Entnazifizierung, wie sie die amerikanische Militärregierung angelegt habe, und auf das verantwortungsbewusste Handeln von Senator Spitta bei der Prüfung der Bewerber. Man habe das vorgelegte Material auf Fehler bei der Einstellung in Bremen untersucht. Mit negativem Ergebnis: In einer Reihe von Fällen würden konkrete Vorwürfe nicht erhoben, und allein die Zugehörigkeit zu einem Sondergericht, einem Kriegsgericht oder dem Volksgerichtshof könne nicht als Beschuldigung gewertet werden. Im Fall eines bremischen Staatsanwalts habe sich ergeben, dass der Betreffende sich als Ankläger am Volksgerichtshof geweigert habe, gegen einen Juden die gewünschte Todesstrafe zu beantragen. Dies habe ihm dienstliche Schwierigkeiten eingetragen, denen er sich durch Meldung zur Wehrmacht entzogen habe. Solche Männer könne er nicht als diskreditiert ansehen. Auch die Todesurteile des Sondergerichts Bremen seien »einer Durchsicht unterzogen und ausgewertet worden«.

Zu den Vorwürfen gegen den pensionierten Vizepräsidenten des Oberlandesgerichts Bode wegen dreier Todesurteile gegen polnische Widerstandskämpfer sagte er, ein solcher Richterspruch sei keinesfalls Ausdruck »nationalsozialistischer Geisteshaltung«, sondern ein Urteil, wie es zu allen Zeiten in Krieg führenden Ländern üblich gewesen ist«. Von Bremens 143 Staatsanwälten und Richtern der ordentlichen Gerichtsbarkeit sollten »sieben, also knapp fünf Prozent« angeblich politisch nicht tragbar sein. Nach seiner Prüfung seien sechs davon »unbedenklich«.

Schließlich beklagte er, dass die »Schlagworte und Phrasen mancherorts ihren Eindruck nicht verfehlt haben« – leider auch nicht in Kreisen mancher westlicher Demokratien. Er schloss mit der Klage über die »unheilvolle Entwicklung« von 1933 bis 1945, die »das Rechtsbewusstsein tief erschüttert« habe; weiten Kreisen der Bevölkerung sei der Glaube an das Recht als die Basis des menschlichen Zusammenlebens und das Vertrauen in den wirksamen Schutz ihrer Rechte genommen. Er folgerte: »Die Wiederherstellung dieses Vertrauens nach Beseitigung der Gewaltherrschaft und der Neuerrichtung demokratischer und rechtsstaatlicher Verhältnisse in der Bundesrepublik muss ernstes Anliegen aller demokratischen Parteien sein. Dieser sorgsam zu pflegende Prozess ist sicherlich von der Propaganda von der anderen Seite des Eisernen Vorhangs nachteilig beeinflusst worden. Um dieser Beeinträchtigung zu begegnen, hat sich der Senat zu der von mir dargelegten konsequenten, aber betont rechtsstaatlichen Haltung bekannt.« Ihm dankte »Starker Beifall im ganzen Hause«. Eine Aussprache über diese Antwort des Senats wünschte die Bürgerschaft nicht.

Das Verfahren gegen den früheren Vizepräsidenten des Oberlandesgerichts

Allerdings waren dann doch Ermittlungen zu führen – von der Staatsanwaltschaft Bremen und ausgerechnet gegen den pensionierten Vizepräsidenten des Oberlandesgerichts Kurt Bode. Es ging um den Vorwurf des Mordes. Bode war 1960 von Hinterbliebenen eines polnischen Postbeamten angezeigt worden, den Bode 1939 zum Tode verurteilt hatte. Im Zuge des deutschen Überfalls auf Danzig am 1. September 1939 hatten polnische Postbeamte die Polnische Post in Danzig gegen die Angriffe deutscher Polizisten mit Waffen verteidigt. 38 dieser Polen wurden gefangen genommen und vor einem deutschen Feldkriegsgericht wegen Freischärlerei angeklagt. Sie hätten, ohne Kombattanten zu sein, auf reguläres deutsches Militär geschossen. Vorsitzender des Feldgerichts war Kurt Bode. Es fällte 38 Todesurteile, die vollstreckt wurden.

Die Staatsanwaltschaft Bremen stellte das Verfahren ohne weitere Ermittlungen ein; Bode wurde nicht vernommen. Nach einer Beschwerde des Anwalts des Hinterbliebenen nahm die Staatsanwaltschaft die Ermittlungen zunächst wieder auf und vernahm auch Bode, stellte sie im November 1961 jedoch erneut mit der Begründung ein, die polnischen Postbeamten, selbst nicht Kombattanten, hätten die Waffen gegen reguläre deutsche Truppen geführt. Das sei Freischärlerei gewesen. Die Ermittlungen führte einer jener Ersten Staatsanwälte, die früher am Landgericht Berlin gewirkt hatten und gegen den in der Publikation des Ausschusses für deutsche Einheit Vorwürfe erhoben worden waren. Die Einstellung billigte sein Vorgesetzter, der vor 1945 als Staatsanwalt am Sondergericht Bremen aufgetreten war. Diesmal wurde keine Beschwerde mehr eingelegt. Gleichwohl: Das Justizverbrechen um die Post von Danzig und die Rolle Bodes wurden später eingehend untersucht und die Ergebnisse publiziert.

Das Deutsche Richtergesetz 1961: Versuch eines Neubeginns

Die Justizminister des Bundes und der Länder erkannten, dass die Vorwürfe aus der DDR nicht durch Untersuchungen oder gar Gegenpolemik und auch nicht durch den Hinweis aus der Welt zu schaffen waren, die Betroffenen seien aus strafrechtsdogmatischen Gründen nicht wegen Rechtsbeugung und Tötungsdelikten zu belangen oder könnten wegen ihrer verfassungsrechtlich garantierten Unabsetzbarkeit nicht aus dem Richteramt entfernt werden. Sie suchten nach Wegen, nicht mehr tragbare Richter und Staatsanwälte aus dem Amt zu nehmen, um dadurch das Ansehen der Justiz im Übrigen zu wahren.

Um 1960 war der Auftrag des Grundgesetzes, die Rechtsverhältnisse der Richter im Bund und in den Ländern durch ein Deutsches Richtergesetz zu regeln, noch nicht erfüllt. Ein Entwurf war seit Jahren in Arbeit.

Unbewältigte Vergangenheit

Die Idee kam auf, das zu erlassende Gesetz zum Symbol eines personellen Neuanfangs zu machen: Es sollte versucht werden, bis zu seinem Inkrafttreten belastete Juristen aus dem Amt zu entfernen. Es gab Versuche – etwa vorgetragen von Hessens Justizminister Georg August Zinn –, durch eine Änderung des Grundgesetzes belastete Richter ungeachtet ihrer verfassungsrechtlich garantierten Unabsetzbarkeit in den Ruhestand versetzen zu können. Das ging anderen Ministern und Senatoren zu weit. Auch Bremens Justizsenator Graf hielt sich sehr zurück. Die Auffassung von Bürgermeister Kaisen, er halte es für die »beste Lösung, wenn alle Richter, die in der nationalsozialistischen Zeit als Richter tätig gewesen waren, heute nicht wieder in diesem Amt sein dürften«, prägte Bremens Haltung in dieser Frage jetzt so wenig wie in den 15 Jahren zuvor. Der Senat unterstützte die Lösung, die in § 116 des Deutschen Richtergesetzes geltendes Recht geworden ist. Diese Vorschrift trat schon am 15. September 1961 und damit vor den übrigen Vorschriften des Richtergesetzes in Kraft. Sie erlaubte es Richtern und Staatsanwälten, die zwischen dem 1. September 1939 und dem 8. Mai 1945 in der Strafjustiz tätig gewesen waren, bis zum Tag des Inkrafttretens des Richtergesetzes am 1. Juli 1962 ohne Angabe von Gründen in den Ruhestand zu treten. Bremische Juristen haben davon keinen Gebrauch gemacht.

Die Debatte um die Verjährung von NS-Verbrechen

Anfang 1960 kam die Frage der Verjährung von Verbrechen aus der Zeit des Dritten Reiches auf die Tagesordnung der Rechtspolitik. Am 9. Mai diesen Jahres lief die 15 Jahre umfassende Verjährungsfrist für Verbrechen des Totschlags und der Beihilfe zum Mord ab; der Bundestag hatte einen Antrag der SPD-Fraktion abgelehnt, den Eintritt der Verjährung hinauszuschieben. Von nun an wurde darüber diskutiert, was mit Mordtaten aus der Zeit des Dritten Reiches werden sollte.

Damals verjährten Mordtaten nach 20 Jahren. Das hätte bedeutet, dass mit Ablauf des 8. Mai 1965 Verjährung eingetreten wäre. Nicht wenige sahen darin kein größeres Problem. Sie meinten, die meisten Verbrechen seien geahndet, jedenfalls die Täter seien – nicht zuletzt dank der Arbeit der Zentralstelle in Ludwigsburg – bekannt, und in solchen Fällen könne die Verjährung unterbrochen werden. Die Bundesregierung und der Bundestag erließen im November und Dezember 1964 einen an alle Staaten gerichteten Aufruf zur Bekanntgabe nationalsozialistischer Gewalttaten; der Bundestag bat die Bundesregierung um einen Bericht über den Stand der Verfolgung nationalsozialistischer Verbrechen, der im Februar 1965 vorlag. Dieser Bericht ergab zwar, dass es seit 1945 durchaus erhebliche Anstrengungen gegeben hatte. Aber deutlich wurde auch dies: Nicht auszuschließen war, »dass noch unbekannte Taten von Bedeutung oder unbekannte Täter in maßgebenden Stellungen nach dem 8. Mai 1965 noch bekannt werden«. Wie darauf reagiert werden sollte, war heftig umstritten.

Eine Meinung hielt es aus verfassungsrechtlichen Gründen für unzulässig, die Verjährungsfristen rückwirkend aufzuheben oder zu verlängern. Andere verwiesen darauf, man werde mit rechtlichen Hinweisen dieser Art der singulären Dimension der NS-Verbrechen nicht gerecht; die Wirkung im Ausland, besonders in den von Deutschland besetzt gewesenen Staaten, werde verheerend sein, nicht auszuschließen sei, dass Staaten des Ostblocks nach eingetretener Verjährung bisher zurückgehaltenes Material über deutsche Verbrechen präsentieren würden in der Absicht, der Bundesrepublik zu schaden, und niemand könne es verantworten, dass nach dem 8. Mai 1965 unentdeckt gebliebene Täter sich offen ihrer Taten rühmen könnten. Es gab verschiedene Vorschläge: generelle Aufhebung der Verjährung für Mordtaten, Verlängerung der Frist oder Verlegung des Zeitpunkts, zu dem der Lauf der Verjährungsfrist begonnen hatte.

Weitere Verfolgung von NS-Verbrechen in Bremen

Im bremischen Senat spiegelten sich die Konflikte wider. Justizsenator Graf sprach sich, vom Generalstaatsanwalt unterstützt, gegen eine Verlängerung aus. Er machte verfassungsrechtliche Gründe geltend und war der Meinung, die Straftaten seien im Wesentlichen abgeurteilt oder jedenfalls bekannt; es genüge, die Verjährungsfrist durch geeignete Schritte der Staatsanwaltschaft zu unterbrechen. Die Senatsmehrheit, Bürgermeister Kaisen voran, war anderer Meinung: Sie sprach sich grundsätzlich für eine Verlängerung aus. Allerdings wollte der Senat sich nicht auf einen der Lösungsvorschläge festlegen. Der Bundestag sollte die Entscheidung treffen, der Bundesrat nur über diese abstimmen, aber keinen eigenen Vorschlag machen. Der Bundestag änderte zwar die Dauer der Verjährungsfrist nicht, ließ aber für deren Berechnung die Zeit vom 8. Mai 1945 bis zum 31. Dezember 1949 außer Ansatz. Der Bundesrat stellte keinen Antrag auf Anrufung des Vermittlungsausschusses. So wurde die Regelung Gesetz.

Dauerhaft war diese Lösung freilich nicht. Als die Verjährungsfrist fünf Jahre später erneut abzulaufen drohte, wurde die Verjährungsfrist 1969 für Taten, die mit lebenslanger Freiheitsstrafe bedroht sind, auf 30 Jahre festgelegt; für deren Berechnung blieb die Zeit vom 8. Mai 1945 bis zum 31. Dezember 1949 weiter außer Ansatz. Bremen trug dies im Bundesrat mit.

Weitere Verfolgung von NS-Verbrechen in Bremen

Auch unter Senator Graf wurden in Bremen Ermittlungen und Gerichtsverfahren wegen Straftaten aus der Zeit des Dritten Reiches fortgesetzt oder neu eingeleitet. Neben dem Verfahren gegen den pensionierten Vizepräsidenten des Oberlandesgerichts Bode gab es weitere Verfahren: Zwei Verfahren gegen Deutsche, die im Arbeitserziehungslager Bremen-Farge ausländische Häftlinge getötet haben sollten, wurden 1962 eingestellt. Im gleichen Jahr eingestellt wurde ein Verfahren wegen

Das »Ehrenmal« der »Begräbnisstätte für deutsche Soldaten und ehemalige KZ-Häftlinge« auf dem Osterholzer Friedhof. Die freistehende Platte aus Oberkirchner Sandstein von Paul Halbhuber wurde 1951 aufgestellt

Denunziation. Andere Verfahren befassten sich mit den Mordtaten von Einsatzgruppen in Russland und Polen. In einem Fall lehnte das Gericht die Eröffnung der Voruntersuchung ab, weil der Beschuldigte schon 1948 von einem amerikanischen Militärtribunal zu 20 Jahren Gefängnis verurteilt worden war. In zwei anderen Fällen lehnte das Gericht entweder die Eröffnung der Voruntersuchung aus anderen Gründen ab oder setzte »außer Verfolgung«; zwei weitere Verfahren stellte die Staatsanwaltschaft 1960 ein. Ermittlungen gegen Angehörige von Polizeieinheiten in Warschau, Białystok, Krakau und in den Reichsgauen Danzig-Westpreußen und Wartheland wurden Anfang der 1960er Jahre teils wegen Verjährung, teils deswegen eingestellt, weil die Taten nicht nachzuweisen oder die Verdächtigen abwesend oder verstorben waren. Zwei Ermittlungsverfahren gegen Mitglieder der Einsatzgruppe B und C endeten 1960 mit der Einstellung. 1960 leitete die Staatsanwaltschaft ein Verfahren gegen den Leiter des bremischen Landesausgleichsamtes ein. Ihm wurde zur Last gelegt, als Mitglied der Einsatzgruppe C an Mordtaten beteiligt gewesen zu sein. Ihn setzte das Gericht im März 1961 außer Verfolgung: Ihm sei nicht zu widerlegen, dass er die Exekution von 20 Polen und Juden in Lemberg im Jahr 1941 für eine völkerrechtlich zu-

Unbewältigte Vergangenheit

lässige Repressalie gehalten habe. Weitere Ermittlungen gegen 20 einstige Mitglieder des Kommandos der Sicherheitspolizei Lemberg wegen der Ermordung von Juden führten in zwei Fällen zur Anklage. Am 22. Juni 1966 begann vor dem Schwurgericht der Prozess gegen den ehemaligen SS-Obersturmführer Fritz Hildebrand, der schon im Mai 1953 in anderer Sache wegen Beihilfe zum Mord in vier Fällen und Totschlag in einem Fall zu acht Jahren Zuchthaus verurteilt worden war (s. S. 307). Am 12. Mai 1967 wurde Hildebrand zu lebenslänglichem Zuchthaus verurteilt. Am 14. März 1967 verurteilte das Schwurgericht den ehemaligen SS-Mann Phillip Mensinger wegen achtfachen Mordes an Juden zu lebenslänglich Zuchthaus.

Mehrere Verfahren betrafen Verbrechen an der Zivilbevölkerung in Griechenland. Wegen Vorgängen auf der griechischen Insel Kreta ermittelte die Staatsanwaltschaft gegen fünf Angeschuldigte, die vom Landgericht 1962 außer Verfolgung gesetzt wurden. 25 weitere Verfahren wegen der Tötung von Zivilisten in Griechenland, 1957 eingeleitet, wurden in den 1960er Jahren eingestellt. 1964 leitete die Staatsanwaltschaft ein Ermittlungsverfahren ein gegen den ehemaligen Befehlshaber der Sicherheitspolizei in Athen und dessen Untergebenen – einen Polizisten aus Bremen – wegen ihrer Mitwirkung an der Deportation von fast 3500 griechischen Juden nach Auschwitz

im Jahr 1944. Der einstige Befehlshaber war wegen seiner Mitwirkung am Judenmord vom amerikanischen Militärtribunal in Nürnberg im »Einsatzgruppenprozess« zum Tode verurteilt, dann begnadigt und schließlich 1953 aus dem Kriegsverbrechergefängnis Landsberg entlassen worden. Die Ermittlungen zogen sich hin. Im August 1970 beantragte die Staatsanwaltschaft beim Landgericht, die beiden Angeschuldigten »außer Verfolgung zu setzen«. Zwar hätten sie genau gewusst, was sie taten. Aber: Die Haupttäter der Deportationen seien »in erster Linie Hitler, Himmler und Eichmann«. Sie seien Mörder – nicht aber die Angeschuldigten, denn bei ihnen lägen die Mordmerkmale nicht vor, weil sie nicht gewusst hätten, wie in Auschwitz die Juden getötet wurden. Es liege allenfalls Beihilfe vor und die sei nach einem Gesetz von 1968 verjährt. Der Generalstaatsanwalt hielt dies in seinem Bericht an den Senator für »vertretbar«. Von dort kam kein Widerspruch. Das Landgericht setzte die Angeschuldigten am 29. Januar 1971 »außer Verfolgung«.

Ein weiteres Verfahren betraf die Tötung holländischer Zivilisten. Es wurde 1960 eingestellt, weil der Beschuldigte bereits in Holland zu 14 Jahren Gefängnis verurteilt worden war. Zwei weitere 1969 und 1962 eingestellte Verfahren hatten Judenmorde in Polen und Russland zum Gegenstand. Eingestellt wurde ein 1959 eingeleitetes Verfahren gegen den ehemaligen Leiter der Strafanstalt Oslebshausen, der beschuldigt war, Strafgefangene in Vernichtungslager geschickt zu haben. Die Vorwürfe aus zwei Verfahren gegen einen Vollzugsbediensteten, der in Norwegen während des Krieges als Leiter eines Straflagers Häftlinge getötet haben sollte, bestätigten sich nach den Ermittlungsakten nicht; die Verfahren wurden 1960 und 1962 eingestellt. Auch das Verfahren gegen einen Kriminalbeamten, der als Sachbearbeiter bei der Ermordung von »Zigeunern« mitgewirkt haben sollte, wurde 1962 eingestellt, weil der Verdacht sich nicht erhärten ließ. Weitere Verfahren, in denen es um die Tötung von Verwundeten ging und um

Aufmacher zum Bericht des »Weser-Kurier« zur Festnahme des Leiters des Bremer Landesausgleichsamtes vom 5. Mai 1960

Oberregierungsrat Hermann Lumm in Haft

Schwere Vorwürfe gegen Bremer Amtsleiter

Er soll 1941 bei Lemberg an Exekutionen teilgenommen haben

Der 47jährige Leiter des Landesausgleichsamtes in Bremen, Oberregierungsrat Hermann Lumm, wurde am Dienstagabend von Beamten des bayerischen Landeskriminalamtes, die auf Anweisung der Staatsanwaltschaft Aschaffenburg handelten, vorläufig festgenommen. Wie die bremische Justizverwaltung gestern mitteilte, wird Lumm zur Last gelegt, sich 1941 an Exekutionen im Raume Lemberg beteiligt zu haben. Lumm wurde gestern unter Bewachung nach Aschaffenburg gebracht und dort am Abend dem Ermittlungsrichter vorgeführt, der inzwischen den endgültigen Haftbefehl erlassen hat.

den Vorwurf, ein Beisitzer eines Kriegsgerichts habe ein nicht zu rechtfertigendes Todesurteil mit gefällt, wurden ebenfalls eingestellt.

Straßenbahnunruhen und APO

Die Straßenbahnunruhen im Januar 1968

Die Straßenbahnunruhen im Januar 1968 riefen auch die Justiz auf den Plan. Sie führte Verfahren gegen Demonstranten und Polizisten. Weil sie gegen einige Demonstranten Anklagen im beschleunigten Verfahren erhob, setzte sie sich der Kritik aus: Der Bericht des Untersuchungsausschusses der Bürgerschaft vom 22. August 1968 äußerte Zweifel an der Zweckmäßigkeit solcher Verfahren »bei politischen Massendemonstrationen«, weil sie aufreizend und provokativ wirkten »und in den Verdacht von Standgerichten« gerieten. Im Übrigen konzedierte der Bericht der Staatsanwaltschaft, sie sei nach dem Legalitätsprinzip zum Einschreiten verpflichtet gewesen. Justizsenator Graf sah keinen Anlass, irgendwelche Maßnahmen zu beanstanden. Die Straßenbahnverfahren richteten sich gegen 178 Beschuldigte, davon 53 Erwachsene, 69 Heranwachsende und 66 Jugendliche. Die Verfahren gegen 96 Beschuldigte wurden eingestellt. Zum 15. November 1968 waren 74 Verfahren abgeschlossen, es hatte 18 Freisprüche und 14 Verurteilungen gegeben. Neben 19 Erwachsenen und 26 Heranwachsenden kamen 29 Jugendliche vor Gericht. Fünf Erwachsene wurden freigesprochen, es gab eine Gefängnisstrafe und acht Geldstrafen. Elf Heranwachsende wurden freigesprochen, es wurden eine Jugendstrafe (unter Einziehung einer früheren Verurteilung) und drei Geldstrafen ausgesprochen; im Übrigen kamen die Mittel des Jugendstrafrechts zur Anwendung. Zwei Jugendliche wurden freigesprochen. Jugendstrafe wurde nicht verhängt; in weiteren Fällen wurden die im Jugendstrafrecht üblichen Zuchtmittel angewandt oder Verfahren nach Ermahnungen mit und ohne Auflage eingestellt.

Polizisten mit Wasserwerfer beim Einsatz während der Straßenbahnunruhen im Januar 1968

Bremens Justiz und die außerparlamentarische Opposition

Als Senator Graf am 28. Februar 1969 den neuen Präsidenten des Oberlandesgerichts Walther Richter in sein Amt einführte, sah er Anlass, mahnende Worte zu sprechen: Die Rede war von »Angriffen von Gruppen der APO (Außerparlamentarische Opposition) gegen die Justiz«. Dahinter erkannte er das Bestreben, die Dritte Gewalt zu stören, weil diese die Freiheit und Unabhängigkeit des Individuums garantiere. »Gegen derartige Versuche muss sich die Justiz energisch zur Wehr setzen.« Zu solchen Mahnungen mochte er aus seiner Sicht durchaus Anlass haben. Denn angesichts mancher Urteile gegen Oppositionelle war die Justiz in der Bundesrepublik in schwere Kritik geraten. Und manches Gericht hatte erfahren, dass nicht alle Angeklagten die gängigen Formen des Strafprozesses gelten lassen wollten: Fritz Teufels unsterbliches Wort, mit dem er auf Anweisung des Vorsitzenden von der Angeklagtenbank geruhte, sich zu erheben – »Wenn's denn der Wahrheitsfindung dient« –, markiert einen Moment, in dem das bis dahin Unerhörte in

Straßenbahnunruhen und APO

Die Redaktion des »a« wusste die Justiz in Wort und Bild zu provozieren

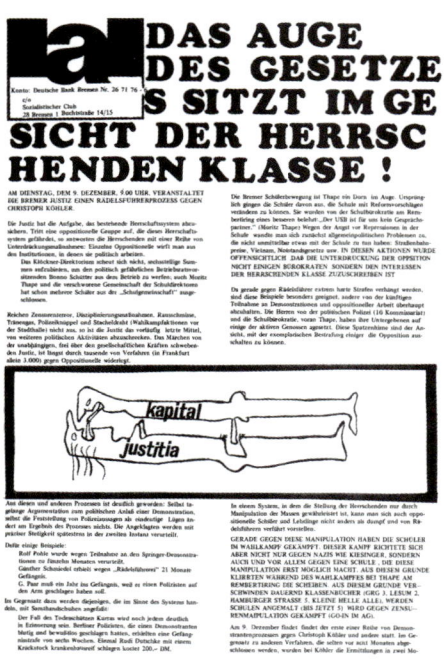

einem deutschen Gerichtssaal Ereignis geworden war.

Mit ähnlichen Formen respektlosen Umgangs Jugendlicher mit der Justiz hatten es auch Bremens Gerichte zu tun. Im März 1968 publizierten drei Schüler des Wirtschaftsgymnasiums ein Flugblatt, das sie mit einer Zeichnung des damals als äußerst unzüchtig geltenden Aubrey Beardsley schmückten (s. S. 486). Sie verteilten ihr Werk vor den Schulen und in der Innenstadt. Das hatte Folgen. Die Schüler wurden vom Unterricht suspendiert. Die Polizei beschlagnahmte das Faltblatt, die Staatsanwaltschaft klagte wegen Verbreitung unzüchtiger Schriften an. Am 1. Oktober 1968 endete der Prozess gegen die drei »unter tumultartigen Umständen mit geringen Geldstrafen, aber zusätzlich mehrtägiger Haft wegen ungebührlichen Benehmens vor Gericht«.

In jener Zeit der Unruhen um 1968 erkannten linke Gruppierungen auch in Bremen in der Justiz ein Instrument der herrschenden Klasse zur Unterdrückung kritischer Jugendlicher. In der Tat hatte Bremens Justiz auf Vorfälle während diverser Demonstrationen im

Bundestagswahlkampf 1969 mit Strafverfahren gegen zumeist jugendliche Demonstranten reagiert. Bremische Schüler wähnten sich ausweislich eines vom Sozialistischen Club verbreiteten Flugblatts vom Dezember 1969 in einem Kampf gegen die Manipulation der Massen durch die Herrschenden. Mittel dieses Kampfes waren ihnen nicht nur die Demonstrationen im Bundestagswahlkampf 1969, bei denen sie sich »gegen Nazis wie Kiesinger« gewandt hatten. Sie wollten mehr: Sie kämpften »auch und vor allem gegen eine Schule, die diese Manipulationen erst möglich macht«. Bei einer Demonstration vor der Bildungsbehörde hatten Schüler Scheiben eingeworfen. Die Staatsanwaltschaft sah darin Landfriedensbruch und klagte einen der Schüler zusätzlich wegen Rädelsführerschaft an. Die Hauptverhandlung vor dem Jugendschöffengericht war für den 9. Dezember 1969 terminiert. An diesem Tag demonstrierten, vom Sozialistischen Club aufgerufen, rund 500 Oberschüler vor dem Gerichtsgebäude; sie wollten die »Richtermarionetten zum Purzeln« bringen. Der Angeklagte wurde von

Der Polizeieinsatz während der Schülerproteste anlässlich der Jugendgerichtsverhandlung gegen einen der angeklagten Schüler

Gesinnungsfreunden »entführt«. Es gab Krawall vor der Bürgerschaft, Personen wurden verletzt. Senat und Bürgerschaft verurteilten die Aktionen. Der Angeklagte wurde verhaftet. Als der Prozess am 12. Dezember 1969 begann, demonstrierten wieder Schüler, es gab Zusammenstöße mit der Polizei, der Verkehr wurde zeitweise lahmgelegt, Verletzte und erheblicher Sachschaden waren zu beklagen. Tags darauf riefen die Basisgruppen zu einem Generalstreik auf. 400 Schüler zogen zu einer Demonstration vor das Gerichtsgebäude. Am 17. Dezember 1969 fiel das Urteil: sechs Monate Jugendstrafe ohne Bewährung wegen schweren Landfriedensbruchs.

Die Justiz tat sich schwer mit solchen Erfahrungen. Sie sah aufgeputschte Gymnasiasten am Werk, die sich zusammenrotteten, Gewalttätigkeiten gegenüber Personen und Sachen begingen, der salus publica erheblich schadeten, die Gelegenheit der Demonstration zum Schulschwänzen und Krachmachen nutzten und die verfassungsmäßige demokratische Ordnung in Gestalt der Dritten Gewalt offen verhöhnten und missachteten. Dass Bildungs-

senator Moritz Thape erklärte, das Demonstrationsrecht gelte auch für Schüler, stieß unter Juristen auf Unverständnis. Jugendliche nahmen dieses Recht auf ihre Weise weiterhin und zum Missvergnügen der Justiz in Anspruch. Als ein zu Jugendarrest Verurteilter im Januar 1970 die Jugendarrestanstalt Bremen-Lesum bezog, begleiteten ihn etwa 20 Freunde, lachten die Beamten beim Öffnen der Pforte aus und sangen die Internationale. In den folgenden Tagen erschienen wieder Jugendliche, wollten den Arrestanten besuchen und warfen, als nicht geöffnet wurde, Knallkörper über die Mauer. Sie zogen die Internationale singend um die Anstalt und forderten die Freilassung des Arrestanten. Schließlich entwendeten sie das Türschild »Jugendarrestanstalt«.

Die Verwaltung sah sich in ernster Lage: Keinesfalls, so schrieb die Leitung der Arrestanstalt dem Justizsenator, könne der Staat es sich gefallen lassen, dass man seine Einrichtungen beschädige und zerstöre und dass der Jugendarrest durch zunehmenden Terror gefährdet, wenn nicht illusorisch gemacht werde.

WIRTSCHAFT 1951 – 1969

Karl Marten Barfuß

Wirtschaftspolitik und Finanzpolitik

Bevölkerung, Sozialprodukt und Arbeitsmarkt im Wirtschaftsaufschwung

Häfen und Verkehre im Boom

Groß- und Außenhandel und nachgelagerte Industrien

Strukturwandel im Einzelhandel

Entwicklung in der Industrie

Autos aus Bremen

Weitere Branchen, Betriebe und Produkte

Banken, Versicherungen, Wertpapierbörse

Wirtschaftspolitik und Finanzpolitik

Wirtschaftspolitik

In den ersten Nachkriegsjahren hatte sich die private und geschäftliche Tätigkeit der meisten Menschen vor allem darum gedreht, das Überleben zu organisieren. Mit ordnender und sanktionierender Hand waren Militärregierung und Behörden mit der Verwaltung des Mangels beschäftigt, so lange die Marktkräfte noch nicht wieder funktionierten. Dies änderte sich mit dem Beginn des »Wirtschaftswunders«, Staatseingriffe nahmen angesichts des sich selbst tragenden Aufschwungs und des raschen Rückgangs der Arbeitslosigkeit nunmehr stetig ab. In den Vordergrund rückten angesichts zunehmender Schieflagen bei der Einkommensverteilung sozialpolitische Maßnahmen (wie die Einführung der dynamischen Rente 1957, sozialer Wohnungsbau usw.), die sich aus den hohen Zuwächsen des Bruttoinlandsprodukts nahezu problemlos finanzieren ließen.

Angesichts der wirtschaftlichen Dynamik der 1950er und 1960er Jahre kann es nicht verwundern, wenn nicht nur der Konjunkturpolitik, sondern auch einer regionalen Strukturpolitik keine größere Bedeutung beigemessen wurde. Bremen schwamm auf der Woge des allgemeinen wirtschaftlichen Erfolgs mit; temporäre Abweichungen bei Wachstumsraten oder Arbeitslosigkeit gegenüber dem Bund oder anderen Bundesländern lösten keinen nennenswerten Handlungsbedarf aus. Auch ordnungspolitische Experimente schienen vor diesem Hintergrund überflüssig, wenn nicht gar schädlich, und rieben sich an dem pragmatischen Wirtschaftskurs des Senats. Zwar war sich die Bremer Landesregierung bewusst, dass die Standortattraktivität Bremens, auch angesichts seiner geografischen Randlage, gesichert und gestärkt werden musste; es gab jedoch noch keine längerfristig angelegten Planungen. Das änderte sich auch mit dem Borgward-Konkurs von 1961 nicht grundlegend, ungeachtet der hektischen Aktivitäten

Hermann Wolters
* 25.5.1910, Bremen
† 24.10.1974, Bremen

Der gelernte Im- und Exportkaufmann Wolters trat als junger Mann der KPD bei. 1933 wurde Wolters von den Nationalsozialisten wegen »Hochverrats« zu siebeneinhalb Jahren Haft verurteilt. 1940 aus der Haft entlassen, wurde er Arbeiter in den Borgward-Werken. Wolters gehörte zu den Mitbegründern der KGF und wurde 1945 Senator, zunächst für Ernährung und Arbeitseinsatz, 1946 dann für Wirtschaft und Sport. 1946 wechselte er von der KPD in die SPD. Als Initiator der »Bremer Volksaktion« zur Trümmerräumung und durch seine mitreißenden Reden gewann Wolters an Profil und Popularität. Lange Zeit galt er als Kaisens Kronprinz. Er setzte sich für den freien Wettbewerb ein und wurde nach seinem Ausscheiden aus dem Senat 1958 Vorsitzender der »Selbständigen in der SPD« und war als Bevollmächtigter der Holzhandlung Hermann D. Krages tätig. Den Bremern ist Wolters auch durch glamouröse, vor allem auf bürgerliche Kreise peinlich wirkende Auftritte in Erinnerung geblieben. Da seine Art zu sehr in Widerspruch zum konservativen Habitus der politischen Eliten geriet, drängte ihn seine Partei 1958 zum Rücktritt.

der öffentlichen Hand, da die Beschäftigten schnell in anderen Branchen unterkamen. Noch 1975 kam eine Untersuchung des »Bremer Ausschusses für Wirtschaftsforschung« zur Industriekonjunktur des Landes Bremen zu dem scheinbar beruhigenden Ergebnis, dass »die bremische Industrie im Zeitraum von 1963 bis 1972 einen positiven Struktureffekt aufwies, d.h. dass in Bremen ein

Linke Seite: Bau neuer Getreideschuppen bei der Getreideanlage, 1955/56

Kurz nach Kriegsende fotografierte Karl Edmund Schmidt die Trümmerbeseitigung in der Oberstraße

der Vermittlung eines größeren Grundstücks keinerlei Hilfestellungen leisten wollten.

Die relativ einseitige Ausrichtung der bremischen Wirtschaftspolitik auf industrielle Großbetriebe hatte mit deren herausragender Bedeutung in Bremen zu tun, die vor allem in der späten, nachholenden Industrialisierung der Stadt sowie dem starken Gewicht der Rüstungsindustrie in der NS-Zeit angelegt war. Sie verschaffte sowohl den Kapitaleignern als auch den Arbeitnehmervertretungen, die sich auf einen hohen gewerkschaftlichen Organisationsgrad in den Betrieben stützen konnten, erheblichen politischen Einfluss. Zahlreiche Senatoren kamen aus dem Gewerkschaftsapparat, waren durch enge Bindungen zu Großbetrieben geprägt und ließen sich von deren Interessen leiten. Große Unternehmen verhießen den Arbeitnehmern im Zeichen des Aufschwungs Arbeitsplatzsicherheit, Teilhabe am wirtschaftlichen Wachstum durch überdurchschnittlich steigende Löhne, Mitbestimmung und gute soziale Leistungen. Angesichts der großbetrieblichen Dominanz verwundert es nicht, dass die bremischen Traditionsbranchen und mittelständische Unternehmen in der öffentlichen Wahrnehmung und wirtschaftspolitischen Rangordnung mehr und mehr zurückfielen.

Neben der Industrieansiedlung waren die Häfen und die Wahrnehmung der Hafeninteressen wesentlicher Schwerpunkt bremischer Wirtschaftspolitik. Die Landesregierung wurde sofort nach dem Krieg gegenüber der Militärregierung, dem Bund und (später) den Organen der Europäischen Wirtschaftsgemeinschaft (EWG) stets dann aktiv, wenn es galt, die bremischen Hafeninteressen durchzusetzen, wie zum Beispiel bei der Ladungslenkung, der Einflussnahme auf die Tarifgestaltung der Hinterlandverkehre (besonders der Eisenbahntarife) und der Anbindung Bremens an das Straßenverkehrsnetz. Darüber hinaus unterstützte sie bremische Betriebe seit Mitte der 1950er Jahre auch bei der Beteiligung an Aufträgen der Bundeswehr. Vor allem aber stellte sie der Wirtschaft die notwendige Infra-

gegenüber der Gesamtindustrie des Bundes überproportionaler Teil der Nettoproduktion in konjunkturell stabilen Zweigen hergestellt wurde«.

Die wichtigsten Maßnahmen der Bremer Wirtschaftsförderung waren die Bereitstellung und Erschließung von Gewerbeflächen für großräumige Industrieansiedlungen, mit der Klöckner-Hütte als Höhepunkt. Wie der im Industrieofenbau erfolgreiche mittelständische Unternehmer Conrad Naber erfahren musste, fanden dagegen kleinere Unternehmen weniger Beachtung: Naber verlagerte seine Produktion 1954 von Bremen ins niedersächsische Umland, weil die bremischen Behörden bei

struktur zur Verfügung, wobei indes die hierfür zuständigen Ressorts zunehmend Mühe hatten, entsprechende Investitionen gegenüber wachsenden konkurrierenden Ansprüchen anderer Senatsressorts zu verteidigen.

Zu den »klassischen« Förderinstrumenten des Staates gehörten Landesbürgschaften zur Erleichterung der Kapitalbeschaffung von Unternehmen, Rückbürgschaften des Landes gegenüber den gemeinnützigen Kreditgarantiegemeinschaften des Mittelstands, Vermittlungen bei der Bereitstellung von ERP-Krediten, direkte Zinszuschüsse an den Schiffbau, besonders für den Exportschiffbau, Gründungen von Beteiligungsgarantiegemeinschaften zur Verbesserung der Eigenkapitalausstattung mittelständischer Betriebe sowie spezielle Bürgschaften des Landes bei der Finanzierung von Investitionen vor allem im Bereich des

Die Schuttberge sind geräumt, aber nur wenig Geschäftsleben regt sich

Zu Beginn der 1950er Jahre ist die Obernstraße wieder Bremens Hauptgeschäfts- und Einkaufsstraße. Nur das Gebäude in der Bildmitte zeigt weiterhin die Spuren des Krieges

Wirtschaftspolitik und Finanzpolitik

1955 startete Bremens Großbaustelle an der Weser: Blick über die Klöckner-Baustelle

Wirtschaftsstruktur und Strukturkrisen

Die Wirtschaftsstruktur einer Region beschreibt, in welchen Sektoren der Wirtschaft das Bruttoinlandsprodukt (BIP) bzw. die Bruttowertschöpfung erwirtschaftet wird. Üblicherweise unterscheidet man erstens das produzierende Gewerbe, zweitens Handel und Verkehr sowie drittens Dienstleistungen (einschließlich der Leistungen des Staates). Regionale Strukturkrisen entstehen insbesondere dann, wenn prägende Wirtschaftsbranchen infolge konkurrierender Produkte, technischen Fortschritts, veränderter Käuferpräferenzen oder überlegener Auslandskonkurrenz einen starken Verlust von Arbeitsplätzen erleiden und sich, gefördert durch die Gewährung staatlicher Erhaltungssubventionen, nicht rechtzeitig anpassen. Typisch für Bremen sind die Krisen im Schiffbau, der Unterhaltungselektronik und der Fischwirtschaft. Durch das Festhalten an altindustriellen Strukturen hat Bremen im Unterschied zu anderen Städten relativ spät Anschluss an die Expansion der »Dienstleistungsgesellschaft« gefunden.

Wohnungsbaus, der Energieversorgung, des Schiffbaus und des Flugzeugbaus.

Bis Ende 1969 haben Land und Stadtgemeinde Bremen Bürgschaften in Höhe von insgesamt gut 2,5 Milliarden D-Mark übernommen, von denen mit 26 Millionen D-Mark lediglich gut ein Prozent in Anspruch genommen wurde. Dieser Betrag konnte durch Einnahmen aus Garantieprovisionen und Bürgschaftsgebühren mehr als kompensiert werden, sodass dem Land aus seinen Bürgschaftsverpflichtungen keine Verluste entstanden. Der Nutzen der Bürgschaften zeigte sich u.a. darin, dass im Schiffbau 1971 mit einem Bürgschaftsvolumen von nur 25 Millionen D-Mark für nachrangige Kredite insgesamt ein (Schiffs-)Neubauwert von 150 Millionen D-Mark finanziert werden konnte.

Mit ihrer Feststellung, das Ziel bremischer Wirtschaftspolitik sei die »Ausbreitung der industriellen Basis«, demonstrierte die Landesregierung noch 1971 den traditionalistischen, auf Erhaltung und Erweiterung bestehender Strukturen angelegten Charakter ihrer Wirtschaftspolitik. Der Grund: Bremen verließ sich, ungeachtet erster Zeichen einer aufziehenden Strukturkrise, auf einen starken, über dem Bundesdurchschnitt liegenden Aufschwung, der den Blick für ein rechtzeitiges Umsteuern versperrte. Zwar verschaffte das »Stabilitäts- und Wachstumsgesetz« (1967) dem Staat auf dem Gebiet der Wirtschaftsstrukturverbesserung zusätzliche Möglichkeiten, u.a. durch Gewährung von Investitionszuschüssen, aber es sollte noch bis 1972 dauern, dass das Land Bremen ein »Erstes Wirtschaftsstrukturprogramm« vorlegte. Jedoch war auch dieses »Programm« noch primär darauf angelegt, die bestehende Wirtschaftsstruktur zu stabilisieren.

Öffentliche Finanzen

Bremens politische Handlungsspielräume werden bestimmt durch die Ausstattung des Landes mit angemessenen finanziellen Ressourcen.

Wesentlicher Kern der öffentlichen Aufgaben und wichtige Legitimation der Eigenstaatlichkeit des Landes sind Bau und Unterhaltung der Häfen und damit die Wahrnehmung der maritimen Interessen des Gesamtstaats und seines Außenhandels.

Bis zur Währungsreform und der anschließenden Gründung der Bundesrepublik musste das Land Bremen sämtliche Kriegsfolge- und Soziallasten, darunter auch den Wiederaufbau seiner Häfen, allein tragen. Hierfür stand ihm das gesamte im Lande anfallende Steueraufkommen (Verbrauchssteuern, Zölle sowie die Steuern auf Einkommen und Vermögen seiner Bürger) zur Verfügung. Ab 1948/49 gingen Verbrauchssteuern, Zölle und die Umsatzsteuer an die damalige Verwaltung für Finanzen des Vereinigten Wirtschaftsgebiets und ab 1949 auf den Bund über. Nach Gründung der Bundesrepublik wurde 1950 die Verteilung bzw. Zerlegung der Steuern auf Bund, Länder und Gemeinden neu geregelt, nach Maßgabe neu definierter Aufgaben der Gebietskörperschaften. Infolgedessen fielen die Bremen verbleibenden Steuereinnahmen weit hinter das frühere Steueraufkommen zurück und das Land verlor etwa drei Viertel der insgesamt in seinen Grenzen gezahlten Steuern an den Bund sowie an andere Länder. Mit der neuen Finanzverfassung von 1950 wurde auch ein (horizontaler) Länderfinanzausgleich (LFA) eingeführt, der darauf angelegt war, die Unterschiede in der Finanzkraft der einzelnen Bundesländer angemessen auszugleichen.

In den Jahren des »Wirtschaftswunders« nahm infolge der Steuerprogression das gesamte Steueraufkommen in der Regel stärker zu als das nominale Bruttoinlandsprodukt. Die Politik nutzte dieses Füllhorn zur Verbreiterung des öffentlichen Leistungsspektrums. Bremen lag dabei in seiner Einnahmenentwicklung gelegentlich über und dann wieder unter dem Bundesdurchschnitt. Vorteilhaft wirkten sich bis 1969 dabei die zunehmenden Pendlerströme aus Niedersachsen aus, da deren Lohnsteuern dem Land Bremen verblieben.

Ungeachtet der insgesamt positiven Einnahmesituation nahm die Landesregierung bereits 1953 eine erste Anleihe am Kapitalmarkt auf, um damit die hohen öffentlichen Investitionen in den Häfen und anderen Bereichen der Infrastruktur zu finanzieren. Die jeweilige Neuverschuldung blieb indes hinter dem Investitionsvolumen zurück. Auf drohende Ausgabenexplosion und entsprechende Verschuldungsrisiken reagierte die Landesregierung mit Haushaltskürzungen und Einsparungen. Während sich zwischen 1950 und 1964 das nominale Bruttoinlandsprodukt (BIP) von 1748 Millionen D-Mark

Sechs Länder sollen zahlen

Ein komplizierter, aber durchdachter Finanzausgleich

Bremen und Hamburg müssen je 14 Prozent ihrer Einnahmen abgeben. Ausschnitt aus dem »Handelsblatt« vom 13. Oktober 1950

Wirtschaftspolitik und Finanzpolitik

(1950) auf 6837 Millionen D-Mark (1964) annähernd vervierfachte, kam es bei den am Kapitalmarkt aufgenommen Schulden des Landes im gleichen Zeitraum mit einem Anstieg von 457 D-Mark pro Einwohner (1950) auf 913 D-Mark (1964) lediglich zu einer Verdoppelung. Bis 1969 blieb die Zunahme der Pro-Kopf-Verschuldung Bremens weit hinter der des Bundes sowie der anderen Länder und Kommunen zurück.

Bremer Wirtschaft in Woltmershausen und am Weserufer: Im Vordergrund die Martin Brinkmann AG, darüber die Holzhandlung Hinrich Feldmeyer. Links daneben die Neptun-Werft und am gegenüberliegenden Weserufer die Helgen der Atlas-Werke AG

Einen wesentlichen Einschnitt sollte die Große Finanzreform von 1969 bedeuten, die am 1. Januar 1970 in Kraft trat. Mit einer veränderten Aufteilung staatlicher Aufgaben auf Bund und Länder wurden sowohl die vertikale (zwischen dem Bund und Ländern) als auch die horizontale Steuerzerlegung (zwischen den Bundesländern) neu festgelegt. Durch Ergänzungszuweisungen des Bundes sollten darüber hinaus

leistungsschwache Länder zusätzliche Unterstützung durch den Bund erfahren. Schließlich wurde auch der innerbremische Finanzausgleich neu geregelt, und zwar zugunsten von Bremerhaven. Das Land Bremen hatte der Reform in der Erwartung zugestimmt, dass »die Neuregelung [...] im Ergebnis dazu [führt], dass die erheblichen Verluste Bremens an originärem Steueraufkommen durch die Finanzreform wieder durch ähnlich hohe Zuweisungen von den anderen Ländern im LFA ausgeglichen werden«, so der Finanzbericht von 1971.

Die Neuregelung des LFA sollte sich aber tatsächlich, wie die künftige Entwicklung seit den 1970er Jahren zeigte, für die bremischen Finanzen als äußerst nachteilig erweisen, weil von nun an vor allem die Lohnsteuer der in Bremen tätigen Pendler aus dem niedersächsischen Umland gemäß dem nunmehr geltenden Wohnsitzprinzip an Niedersachsen abgeführt werden musste. 1970 betrug der Pendlersaldo bereits 73.000 bzw. 24 Prozent aller Erwerbstätigen, bei gleichzeitig 14.000 Auspendlern. Die Hansestadt verlor dadurch bereits im ersten Jahr nach Inkrafttreten des neuen LFA 28 Prozent ihres Lohnsteueraufkommens. Die neue, Bremen begünstigende Einwohnerwertung zur Berücksichtigung der spezifischen Großstadtlasten konnte diesen Verlust nicht wettmachen.

Bereits seit 1950 konnten die Hansestädte Hamburg und Bremen »Seehafenlasten« von ihren Steuereinnahmen absetzen und damit ihre Position im Länderfinanzausgleich verbessern. Mit der »Hafenlastenabgeltung« erhielten sie einen partiellen Ausgleich für die umfangreichen Ausgaben für Bau und Unterhaltung ihrer Seehäfen, die zwar aus den eigenen Etats bestritten werden, aber, ähnlich dem Bundesautobahnnetz, der gesamten Volkswirtschaft und ihrem Außenhandel zugutekommen. Der größere Teil der Hafenlasten wird allerdings von den Hansestädten selbst getragen, weil ihre Wirtschaft unmittelbar von den Wachstumsimpulsen und Beschäftigungsvorteilen der Häfen profitiert. Die Hafenlastenabgeltung setzte 1950 mit rund 13 Millionen D-Mark für

Bremen ein; sie wurde mehrfach pauschal erhöht. Zum Zeitpunkt der Großen Finanzreform betrug sie (seit 1958) 25 Millionen D-Mark jährlich.

Von 1950 bis 1959 war Bremen im LFA gebendes Land, begünstigt durch eine vorteilhafte Steuerzerlegung, seine überdurchschnittliche Finanzkraft und eine vergleichsweise moderate Entwicklung des Finanzbedarfs. Der von Bremen und Hamburg zu zahlende Ausgleichsbetrag wurde dabei durch die »Hanseatenklausel« gemindert. Zwischen 1960 und 1964 blieb die Position Bremens als Folge seiner durch die Borgward-Krise geschwächten Finanzkraft neutral. Zwischen 1965 und 1966 geriet Bremen sogar vorübergehend in eine Nehmer-Position. Von 1967 bis 1969 fand das Land dann zur Geber-Position zurück, weil die gesamtwirtschaftliche Rezession Bremen weitgehend verschont hatte und das Land seine Steuereinnahmen überdurchschnittlich steigern konnte. Erst ab 1970 geriet der Stadtstaat, bedingt durch die Große Finanzreform von 1969 und die zunehmende Bevölkerungs- und Unternehmensabwanderung, dauerhaft in eine Nehmer-Position.

Die Ausgabenpolitik des Senats blieb in Verantwortung des legendären ersten Nachkriegsfinanzsenators Wilhelm Nolting-Hauff (1945–62), sowie seiner Nachfolger Johann Dietrich Noltenius (bis 1966) und Rolf Speckmann (bis 1971) im Spannungsfeld von investiven Ausgaben zur Stärkung der Wirtschaft und konsumtiven Ausgaben besonders für Soziales, Bildung und Gesundheit in den 1950er und 1960er Jahren im Grundsatz konservativ.

Das gesamte finanzielle Wiederaufbauvolumen wurde für den Zeitraum von 1948 bis 1959 mit 1,2 Milliarden D-Mark beziffert, davon entfielen 30 Prozent auf den sozialen Wohnungsbau, 28 Prozent auf die Beseitigung von Kriegsschäden und den Bau von Verkehrswegen, 24 Prozent auf die Häfen, acht Prozent auf den Bau von Schulen und Krankenhäusern und der Rest auf Grunderwerb und Wirtschaftsförderungsmaßnahmen. Eine genauere Analyse der Staatsausgaben

Wiegen von Tabak im Europahafen im Juni 1960

lässt indes bereits in diesem Zeitraum einen kräftig steigenden Anteil der Personalausgaben an den Gesamtausgaben erkennen. Der Anteil der Sachinvestitionen nahm dementsprechend ab. Weil gleichzeitig der Anteil des Schuldendienstes von 3,9 Prozent auf 6,5 Prozent anstieg, wurde seitens des Finanzsenators Noltenius sogar in den 1960er Jahren erwogen, eine Schuldendienstgrenze zur Limitierung der Neuverschuldung einzuführen, obwohl der größte Teil der öffentlichen Investitionen in Bremen durch Steuern sowie durch Entnahmen aus der Rücklage und nur ein geringerer Teil durch Kredite finanziert wurde; die Verfassungskonformität des Haushalts war somit nicht gefährdet.

Wirtschaftspolitik und Finanzpolitik

Zwischen 1963 und 1975 entfiel der Hauptteil der Ausgabensteigerungen (von 263 Prozent) auf das personalintensive Hochschulwesen

Wilhelm Nolting-Hauff

* 22.4.1902, Naumburg/Saale

† 16.10.1986, Bremen

Der Rechtsanwalt Wilhelm Nolting-Hauff wurde 1934 als »Halbjude« aus der Rechtsanwaltskammer ausgeschlossen und war danach Syndikus von Kaffee HAG. Seit 1944 in Lagerhaft, kam er nach 1945 nach Bremen zurück und wurde von der Militärregierung als Finanzsenator berufen. 1951 trat er in die FDP ein und als einer der letzten »Halbsenatoren« blieb er neben seinem Senatorenamt gleichzeitig Vorstandsmitglied der Kaffee HAG AG. Nolting-Hauff gelang es gemeinsam mit seinem Hamburger Kollegen, die »Hanseatenklausel« im Länderfinanzausgleich festzuschreiben, und indem er Staatsbürgschaften bei der Kreditaufnahme einführte, trug er dazu bei, Bremen an die Spitze des sozialen Wohnungsbaus in Deutschland zu bringen. Nolting-Hauff galt als konservativer Finanzpolitiker und wusste dabei Wilhelm Kaisen an seiner Seite. Es war wesentlich sein Verdienst, dass Bremen bei der Zunahme der Pro-Kopf-Verschuldung hinter dem Bundesdurchschnitt zurückblieb. Er wirkte zudem an der Vorbereitung des Bundesbankgesetzes mit und regte früh die Gründung einer Bremer Universität unter Beteiligung der Arbeitnehmerschaft an. Ferner verfasste er zahlreiche Dramen sowie eine Chronik seiner Lagerhaft. Nach seinem Ausscheiden aus dem Senat 1962 blieb Nolting-Hauff im Vorstand der Kaffee HAG AG und wechselte später in den Aufsichtsrat.

(mit 1088 Prozent), auf das Schulwesen (mit 394 Prozent) und die soziale Sicherung (mit 413 Prozent). Für den Anstieg der Personalkosten waren sowohl Personalaufstockungen und die Gründung der Universität als auch großzügige Stellenanhebungen und expansive Lohn- und Gehaltsrunden im öffentlichen Dienst verantwortlich. Die Zahl der Vollzeitbeschäftigten im öffentlichen Dienst des Landes Bremen stieg um 48 Prozent von 24.116 (1960) auf 35.804 (1974); daran waren das Schul- und Hochschulwesen mit 56 Prozent, die Krankenanstalten mit 71 Prozent und die politische Führung und zentrale Verwaltung mit annähernd 50 Prozent überdurchschnittlich beteiligt. Der Anteil der Ausgaben für Wohnungswesen und für Häfen am Gesamtetat nahm dementsprechend ab. Die Bruttoausgaben für Sozialhilfe und Hilfe in besonderen Lebenslagen erhöhten sich zwischen 1963 und 1974 bei weitgehend konstanter Zahl von Hilfeempfängern um das 4,5-Fache.

Die Ausgabeprioritäten änderten sich nach der Aufbauperiode zwischen den 1950er und frühen 1960er Jahren entscheidend. Mit der Universität, dem Ausbau der Schulen und wachsenden sozialen Leistungen war die Landesregierung Verpflichtungen eingegangen, die sich in Zeiten einer rezessiven wirtschaftlichen Entwicklung und der beginnenden Strukturkrise mit stagnierenden oder rückläufigen Steuereinnahmen nicht ohne Weiteres rückgängig machen ließen.

Zudem zogen sich der Bund und die anderen Bundesländer aus den Finanzierungszusagen für die Universität zurück, sodass Bremen seine Universität schließlich weitestgehend aus Landesmitteln finanzieren musste. Der enorme Ausgabenanstieg trieb, in Verbindung mit den Auswirkungen der Großen Finanzreform von 1969 und der zunehmenden Umlandabwanderung, das Land von 1970 an in eine überdurchschnittlich steigende Staatsverschuldung, die fortan mit ihren steigenden Zinslasten die Handlungsspielräume der Politik maßgeblich mit beeinflussen sollte.

Bevölkerung, Sozialprodukt und Arbeitsmarkt im Wirtschaftsaufschwung

Bevölkerungsentwicklung und Erwerbspersonen

Bereits 1950 erreichte die Bevölkerungszahl der Stadt Bremen mit 445.000 fast wieder ihren Vorkriegsstand und stieg danach bis 1960 kontinuierlich auf 563.000 an, d.h. um ein Viertel innerhalb nur eines Jahrzehnts. In der Folgezeit flachte der Zuwachs ab; die Bevölkerungszahl erreichte 1971 mit 595.000 Einwohnern ihren Höhepunkt, um von da an wieder zu sinken. Bereits seit Ende der 1960er Jahre verlor Bremen durch zunehmende Umlandabwanderungen Einwohner an Niedersachsen, die anfänglich noch durch Wanderungsgewinne aus anderen Teilen des Bundesgebiets kompensiert werden konnten und von 1972 an in dauerhafte und strukturelle Wanderungsdefizite mündeten.

Der Bevölkerungszuwachs der Stadt Bremen speiste sich in den 1950er Jahren im Wesentlichen aus Wanderungsgewinnen, die sich im Durchschnitt auf annähernd 12.000 Personen pro Jahr beliefen. Im Vergleich dazu blieben die jährlichen Geburtenüberschüsse mit rund 1300 eher bescheiden. Sie nahmen aber in den 1960er Jahren deutlich zu, als die geburtenstarken Jahrgänge der 1930er und frühen 1940er Jahrgänge Familien gründeten. Bremen war damals, nicht zuletzt aufgrund seines beispielgebenden Sozialen Wohnungsbaus, eine der kinderreichsten Städte in Deutschland. Eine Trendwende wurde in den späten 1960er Jahren durch den »Pillenknick« und ein verändertes generatives Verhalten eingeleitet, mit der Folge, dass Bremen, wie andere Städte auch, seit 1970 Geburtendefizite bzw. Sterbeüberschüsse verzeichnete.

Die Wanderungsgewinne der 1950er Jahre resultierten in erster Linie aus dem Zuzug von Vertriebenen und Flüchtlingen aus den Gebieten östlich von Oder und Neiße, die 1959 mit rund 84.000 Personen einen Anteil von 15 Prozent in der Gesamtbevölkerung der Stadt Bremen stellten. Ein großer Teil von ihnen kam auf dem Umweg über andere Bundesländer (vor allem aus ländlichen Räumen, die anfänglich besonders viele Flüchtlinge und Vertriebene aufgenommen hatten) nach Bremen. Hinzu kamen rund 44.000 Zugewanderte aus der sowjetischen Besatzungszone (bzw. der späteren DDR) und aus Berlin, die in der Regel auf dem direkten Wege nach Bremen gelangt waren; ihr Anteil an der Gesamtbevölkerung der Stadt Bremen belief sich 1959 auf rund acht Prozent. Insgesamt betrug der Anteil der Zuwanderer aus dem »Osten« und der DDR annähernd ein Viertel.

Die Zuwanderer brachten nicht nur ihre physische Arbeitskraft mit, sie verfügten darüber hinaus über begehrte Qualifikationen und waren motiviert, buchstäblich aus dem Nichts den sozialen Aufstieg zu schaffen und den Lebensstandard zu verbessern. Als Empfänger staatlicher Transferleistungen kurbelten

Erwerbstätige (mit Einpendlern), Arbeitslose und Arbeitslosenquote in Bremen 1950 bis 1969

Jahr	Erwerbstätige	Arbeitslose[1]	Arbeitslosen-quote
	Anzahl		%
1950	266 000	21 700	10,1
1960	356 500	3 400	1,1
1961	363 400	5 500	1,8
1962	365 300	3 000	1,0
1963	366 300	2 500	0,8
1964	368 300	2 000	0,7
1965	367 300	1 600	0,6
1966	364 400	2 300	0,8
1967	349 700	6 400	2,4
1968	349 700	4 400	1,6
1969	352 600	2 400	0,8

[1] Jahresdurchschnittswerte, z.T. Stichtagswerte zum 30. September (gerundet)

Im Wirtschaftsaufschwung

Arbeiterinnen im Hemelinger Werk der Norddeutschen Mende-Rundfunk AG, Anfang der 1950er Jahre

sie, zusammen mit ihren Erwerbseinkommen, Nachfrage und Produktion an. Die enorme Vergrößerung des Arbeitskräftepotenzials hatte zudem zur Folge, dass sich die Löhne in den 1950er Jahren eher moderat entwickelten und den Unternehmen steigende Gewinne mit verstärkter Investitionstätigkeit sicherten. Ohne den Beitrag von Flüchtlingen, Heimatvertriebenen und DDR-Zuwanderern wäre das »Wirtschaftswunder«, auch in Bremen, nicht gelungen; den Betroffenen selbst erleichterte der Aufschwung die Integration und zugleich wurde der Verlust der Heimat erträglicher.

Das starke Wirtschaftswachstum der 1950er Jahre setzte ein erhöhtes Potenzial an Erwerbstätigen voraus, das sich aus der Bevölkerungszunahme der Stadt speiste. Hinzu kamen Einpendler aus Niedersachsen, deren Zahl sich zwischen 1955 und 1963 auf einem Niveau von durchschnittlich 45.000 Personen bewegte. Die Gesamtbeschäftigtenzahl bzw. die Zahl der besetzten Arbeitsplätze in der Stadt Bremen stieg zwischen 1950 (201.000) und 1961 (315.813) um 57 Prozent, um von da an bis zum Ende des Jahrzehnts auf hohem Niveau zu stagnieren (1970: 315.585).

Im Land Bremen zeigte sich eine analoge Entwicklung, wenn auch mit einer durchge-

hend überdurchschnittlichen Arbeitslosenquote in Bremerhaven.

Bruttoinlandsprodukt und Arbeitsmarkt

1949 zeichnete die Handelskammer Bremen, beeindruckt vom wirtschaftspolitischen Kurswechsel, ein insgesamt freundliches Bild: »Die Währungsreform hat die Grundlage für ein neues wirtschaftliches Schaffen gelegt. Die großen Vorzüge der sozialen Marktwirtschaft sind überall sichtbar geworden. Der Alpdruck der Zwangswirtschaft ist gewichen. Der Wiederaufbau hat begonnen.« Wenn gleichwohl das bremische Wirtschaftswachstum anfänglich hinter dem Bundesdurchschnitt zurückblieb, lag das vor allem am überdurchschnittlichen Zerstörungsgrad, den Demontagen, den Produktionsbeschränkungen und dem eingeschränkten Außenhandel. Hinzu kam, dass Bremen wie auch Hamburg nicht als »Flüchtlingsländer« galten und deshalb nicht in die entsprechenden Schwerpunktprogramme des Bundes aufgenommen wurden. Außerdem musste Bremen durch die Änderung der Steuerverteilung zwischen Bund und Ländern vom 1. April 1950 an die bisher einbehaltenen Verbrauchssteuern an den Bund abliefern und verlor damit in beträchtlichem Umfang Landesmittel für eigene Wiederaufbauleistungen.

Die Zahl der Arbeitslosen im Lande Bremen stieg 1951 auf 12,3 Prozent und lag damit über dem Bundesdurchschnitt. Erst nachdem im Frühjahr 1951 sämtliche Fesseln für Schiffbau und Schifffahrt gefallen waren, der Außenhandel sich erholt und der Koreakrieg einen gesamtwirtschaftlichen Boom ausgelöst hatte, nahmen Wachstum und Beschäftigung einen positiveren Verlauf. Das reale Bruttoinlandsprodukt (BIP) wuchs im Lande Bremen von nun an überdurchschnittlich (1955 sogar um 16,9 Prozent), und die Arbeitslosenquote fiel bis 1955 auf Bundesniveau. Nach einem vorübergehenden Anstieg durch den Borgward-Konkurs (1961) erreichte sie 1965 ihren Tiefpunkt mit 0,6 Prozent. Auch die Einkommensentwicklung hielt in Bremen mit dem Bundesdurchschnitt Schritt.

Von 1950 bis 1961 stieg die Zahl der Beschäftigten in der Stadt Bremen mit 57 Prozent weit stärker als im Bundesdurchschnitt, der bei 35 Prozent lag. Bremen profilierte sich in den 1950er Jahren vor allem durch die enorme Expansion seiner Industrie und den Wohnungsbau als westdeutsche »Boomtown«. Die Produktion von Autos, Schiffen, Stahl, Nahrungsmitteln, Rundfunkgeräten oder Textilerzeugnissen brach alle Rekorde. Wenn gleichwohl die bremische Arbeitslosenquote bis 1955 leicht über dem Niveau des Bundes blieb, ergab sich dies vor allem aus der Magnetwirkung der Stadt für Zuwanderer und Umlandpendler. Die Borgward-Krise von 1960/61 blieb zwar für den lokalen Arbeitsmarkt eher eine Episode, sie drückte jedoch vorübergehend das bremische BIP-Wachstum deutlich unter den Bundesdurchschnitt und ließ die Arbeitslosenquote im Lande Bremen vorübergehend wieder auf 1,8 Prozent (1961) ansteigen. Eine zusätzliche Beeinträchtigung ihres Wachstums erfuhr die bremische Wirtschaft 1961 durch die erste Aufwertung der D-Mark, die die Exportwirtschaft erheblich belastete.

1962 erholte sich die bremische Wirtschaft wieder. Insgesamt gesehen blieb die Zunahme des realen bremischen BIP jedoch in den 1960er Jahren (mit 35 Prozent) deutlich hinter dem Bundesdurchschnitt (mit 47 Prozent) zurück. Es mehrten sich erste Hinweise auf zunehmende Strukturschwächen. Zwar wuchs die Zahl der Arbeitslosen nicht, allerdings nahm die Zahl der Erwerbstätigen in der Stadt Bremen in den 1960er Jahren nicht mehr zu und verharrte bis 1970 auf dem hohem Niveau von 1961. Außerdem zogen von 1966 an mehr Menschen aus der Stadt Bremen in die Nachbargemeinden als umgekehrt; entsprechend wuchs der Anteil der Einpendler aus der niedersächsischen Nachbarschaft an der Gesamtzahl der in Bremen beschäftigten Bevölkerung. Solange indes Vollbeschäftigung herrschte, waren Zuwanderer und Einpendler

willkommen, zumal der Arbeitskräftemangel durch wachsende Überalterung und Frühinvalidität, längere Schul- und Ausbildungszeiten, den Rückgang des Rentenalters, Arbeitszeitverkürzungen, die geburtenschwachen Jahrgänge der Kriegsjahre, den Auf- und Ausbau der Bundeswehr und das Versiegen der Zuwanderung aus der DDR seit dem Berliner Mauerbau (1961) verschärft wurde. So verzeichnete das Arbeitsamt Bremen 1963 bei 7680 offenen Stellen lediglich 2839 Arbeitslose. Von den Erwerbslosen galt nur ein Drittel als erwerbsfähig. Die angespannte Lage am Arbeitsmarkt hielt auch 1965 an. Die Handelskammer plädierte deshalb nicht nur für die verstärkte Anwerbung ausländischer Arbeitskräfte, sondern auch für die Aktivierung nicht berufstätiger Frauen und Rentner für den Arbeitsmarkt. Darüber hinaus forderte sie ihre Mitglieder wiederholt auf, alle erdenklichen Rationalisierungschancen zu nutzen, um die Arbeitsproduktivität zu erhöhen und dadurch die starken

BIP, Bruttowertschöpfung, Nettowertschöpfung, Arbeitsproduktivität

Das Bruttoinlandsprodukt (BIP) ist der wertmäßige Ausdruck für die Menge aller Waren und Dienstleistungen (einschließlich der des Staates), die in einer Volkswirtschaft oder einer Region innerhalb einer bestimmten Periode produziert werden. Bereinigt man die Zuwachsrate des nominalen, in aktuellen Marktpreisen ermittelten BIP um die Inflationsrate, gelangt man zur Zuwachsrate des realen BIP. Infolge der hohen Quote der Einpendler fließt ein erheblicher Teil der mit dem bremischen BIP erwirtschafteten Einkommen ins Umland ab. Bezieht man die Leistung eines Unternehmens auf dessen Beschäftigtenzahl, gelangt man zur Arbeitsproduktivität als einem entscheidenden Indikator für die betriebliche Effizienz und die Konkurrenzfähigkeit.

Lohnerhöhungen und Arbeitszeitverkürzungen aufzufangen, die die Gewerkschaften im Zeichen der Vollbeschäftigung durchsetzen konnten. Die Gewerkschaften ihrerseits sahen in den dadurch ausgelösten »Freisetzungen« so lange keinen Grund zur Beunruhigung, wie die wirtschaftliche Dynamik für schnelle Wiedereingliederung sorgte und die Arbeitnehmer durch entsprechende Lohnerhöhungen am Anstieg der Produktivität teilhatten.

In den 1960er Jahren zeichnete sich ein erster bedeutender Strukturwandel ab: Während die Zahl der Beschäftigten im produzierenden Gewerbe sank, nahm (bei konstanter Beschäftigung in Handel und Verkehr) der Dienstleistungssektor immer mehr Erwerbstätige auf, wenn auch verhaltener als in den dynamischen Regionen im Süden und im Westen der Bundesrepublik. Innerhalb der Industrie erfuhr vor allem der Fahrzeugbau ei-

Montage eines Verstellpropellers der Atlas-Werke, September 1965

nen Einbruch (Borgward-Konkurs); aber auch im Schiffbau sank die Zahl der Beschäftigten, während Maschinenbau sowie Nahrungs- und Genussmittel zulegen konnten. Ein großer Teil des Arbeitsplatzabbaus in der Industrie erfolgte durch Rationalisierungsmaßnahmen. Darüber hinaus wanderten zunehmend bremische Unternehmen, angelockt vor allem durch Steuervorteile und preiswerte Grundstücke, ins niedersächsische Umland ab.

In der zweiten Hälfte des Jahres 1966 schwächte sich die Konjunktur vorübergehend ab und ging 1967 in die erste Rezession der Nachkriegsgeschichte über. Gründe waren stark gestiegene Löhne (zwischen 1963 und 1966 nahmen die Bruttostundenverdienste in Westdeutschland um 29 Prozent zu), die zusammen mit einer zunehmend restriktiven Geldpolitik und steigenden Zinsen zu einer Einschränkung der Investitionsgüternachfrage führten. In der Stadt Bremen stieg die Zahl der Arbeitslosen zum Jahreswechsel 1966/67 auf 3600 und überschritt nach langer Zeit erstmals wieder die Zahl der offenen Stellen. Sie erreichte im Mai 1967 mit 6400 ihren Höhepunkt, um bis Ende Juni wieder auf 4200 abzusinken. Insgesamt war jedoch die bremische Wirtschaft von der Rezession weit weniger betroffen als der Bund. Das reale BIP nahm in Bremen um 2,2 Prozent zu, während es im gesamten Bundesgebiet um 0,3 Prozent (absolut) zurückging, weil der überdurchschnittliche Exportanteil der bremischen Wirtschaft vom Rückgang der Inlandsnachfrage unberührt blieb. Massenentlassungen und Kurzarbeit wurden weitgehend vermieden und lediglich zuvor eingestellte ausländische Arbeitskräfte entlassen. Allerdings schwächten sich die Lohnzuwächse zwischen 1966 und 1968 infolge des Wirtschaftsabschwungs erkennbar ab.

In ihrem Bericht für das Jahr 1968 konstatierte die Handelskammer befriedigt: »Es ist bemerkenswert, wie rasch die deutsche Wirtschaft die anfangs so gefürchtete Rezession des Jahres 1967 überstanden hat. Die Zeit wurde zur Anpassung und Rationalisierung genutzt, sodass die Leistungsfähigkeit der Wirtschaft sich im ganzen erhöht hat.« Zur Überwindung der Krise hatte auch der Paradigmenwechsel in der bundesdeutschen Wirtschaftspolitik beigetragen. Beeinflusst durch die Lehren des britischen Ökonomen John Maynard Keynes und gestützt auf das Stabilitätsgesetz von 1967 kurbelte der seit 1966 amtierende Bundeswirtschaftsminister Karl Schiller die Konjunktur durch nachfragebelebende Budgetdefizite (Steuersenkungen, erhöhte Staatsausgaben) an. Die Exportüberschüsse nahmen wieder zu, und infolgedessen sank die Arbeitslosenquote im Bund wie in Bremen bereits 1968 erneut unter ein Prozent, und die Gewerkschaften nutzten die zurückgewonnene Vollbeschäftigung ab 1969 angesichts zunehmender Inflation abermals zur Durchsetzung kräftiger Lohnerhöhungen.

Seit den späten 1950er Jahren wurden zunehmend »Gastarbeiter« nach Bremen angeworben. Gleisbauarbeiten bei der Bremer Straßenbahn im Juni 1967

Anwerbung und Beschäftigung ausländischer Arbeitskräfte

Seit Ende der 1950er Jahre kam es zunächst in Süd- und Westdeutschland, später auch in Bremen, zu einer neuen Form der Zuwanderung, die in der Folgezeit für die künftige wirtschaftliche, kulturelle und soziale Entwicklung der Stadt wesentliche Akzente setzen sollte: die gezielte Anwerbung von Arbeitskräften aus dem Ausland. Zwar hatte es bereits vor dem Ersten Weltkrieg eine massenhafte Anwerbung ausländischer bzw. nicht-deutschstämmiger Arbeitskräfte durch die bremische Industrie gegeben, ohne die die Textilwirtschaft (Bremer Woll-Kämmerei und die Juteindustrie), Schiffbau und Bauwirtschaft kaum zu ihrer frühen Blüte gelangt wären; aber die Erinnerung daran war durch Rückwanderung, Integration der Verbliebenen und die Ereignisse des Krieges mehr oder minder verblasst. 1956 wurden in Bremen nur 747 Ausländer erfasst, die einzeln nach Bremen gekommen oder als ehemalige ausländische Kriegsgefangene und Zwangsarbeiter in der Stadt geblieben waren.

Als in den späten 1950er Jahren der Arbeitskräftemangel wuchs und diese Entwicklung das Wirtschaftswachstum zu limitieren drohte, begannen erste Anwerbungen im Ausland. 1959 notierte die Bremer Handelskammer in ihrem Jahresbericht: »Zum ersten Mal wurden ausländische Arbeitskräfte, und zwar Italiener, in geschlossenen Gruppen, wenn auch zunächst nur in kleinerem Umfang, eingesetzt.« Im Jahr darauf kamen weitere 800 Männer nach Bremen, vor allem wiederum aus Italien. Als mit dem Bau der Berliner Mauer am 13. August 1961 der Zustrom von Arbeitskräften aus der DDR versiegte, stieg der Zustrom von Gastarbeitern deutlich an. Zum Zeitpunkt des Mauerbaus lag die Zahl der ausländischen Erwerbstätigen bei rund 2300 bzw. 0,7 Prozent der Gesamtbeschäftigtenzahl, im Jahr 1965 waren es bereits 2,1 Prozent und 1972 schließlich 6,0 Prozent bzw. 16.000 ausländische Erwerbstätige in der Stadt Bremen. Im Vergleich zu anderen Städten wie Stuttgart (23,6 Prozent) oder Frankfurt (21,2 Prozent) war der bremische Ausländeranteil indes zunächst auffallend niedrig, weil Bremens Wirtschaftswachstum in den 1960er Jahren

»Erfahrungen mit den Italienern«

Im Herbst 1959 kam es aufgrund von Arbeitskräftemangel zu massiven Verzögerungen bei der Löschung und Ladung von Seeschiffen im Hafen. Umschlagfirmen, Handelskammer und das Arbeitsamt suchten daraufhin nach geeigneten Sofortmaßnahmen zur Beschaffung von Arbeitern. Es wurde verstärkt im Bremer Umland geworben, und viele Firmen stellten Bürokräfte für die Hafenarbeit ab. Ferner wurde erwogen, mit »Fremdarbeitern« ausländische Arbeitskräfte zu gewinnen. Mit dem abgebildeten Schreiben erbat der Syndicus der Handelskammer Auskunft zu den Erfahrungen der Bremer Woll-Kämmerei (BWK) mit ihren aus Italien stammenden Arbeitern.

Die Personaldirektion der BWK übermittelte der Kammer die gewünschten Informationen telefonisch. In den Akten des Archivs der Handelskammer Bremen findet sich das hier gekürzt wiedergegebene Gesprächsprotokoll vom 8. Dezember:

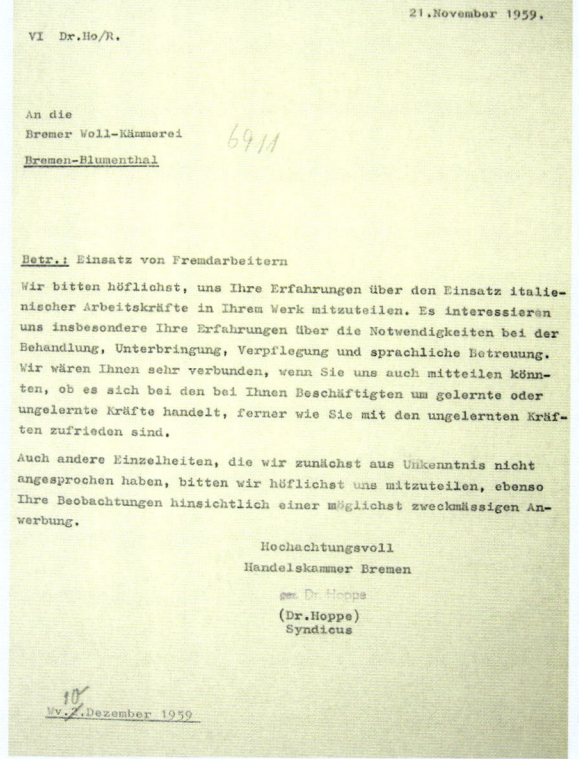

Vermerk betr. Fremdarbeiter bei der BWK

»Herr Peters teilte fernmündlich mit, daß dort 450 Italiener beschäftigt seien. Man habe sie im Juni 1959 angeworben über das Arbeitsamt Vegesack und das Landesarbeitsamt und dann terminlich nach Wunsch über die Vermittlungsstelle VERONA abgerufen. Der Antransport sei in geschlossenen Zügen erfolgt. Man müsse in der Regel das nehmen, was sich gerade in VERONA an Italienern zur Verfügung gestellt hat. Es sei also möglich, ein Sammelsurium zu bekommen. Daher sei eine entsprechende Abstimmung nach landschaftlicher Herkunft notwendig.

Die Beschäftigung erfolge als ungelernte Arbeiter. [...] Die Unterbringung erfolge geschlossen im Ledigenheim. Die Verpflegung komme aus der Werkküche. Dort sei unter Leitung einer der mitgekommenen Italienerinnen eine besondere Abteilung gebildet worden, die die italienischen Mahlzeiten herstelle und in getrennten Speiseräumen verabfolge. [...] Die Assimilierung im Betrieb sei ziemlich glatt vonstatten gegangen: Schwierigkeiten mit den deutschen Frauen in den Betrieben hätten sich nicht ergeben.

Zu Anfang bestanden gewisse Schwierigkeiten, weil die Italiener lange arbeitslos gewesen sind. Ferner seien ihnen die Begriffe Ordnung und Sauberkeit ziemlich unbekannt gewesen. Es seien ständige Kontrollen und Anleitungen erfolgt. [...]

Die Unterbringung sei in Zwei- und Vierbettzimmern erfolgt. Man habe die Italiener nach Dörfern bzw. Provinzen verteilt. Ein Italiener sei je Provinz als Vertrauensmann eingesetzt worden. Man sei auf Grund von häufigen Aussprachen zu einer guten Zusammenarbeit gekommen. [...] Die Eignung zur Arbeit an den Maschinen sei gering gewesen. Man habe sie daher überwiegend auf andere Arbeitsplätze versetzt. Immerhin seien die Leute willig und wollten auch Geld verdienen. [...] Nach der italienischen Arbeitsauffassung sei jede Beschäftigung nur ein gewisses Übergangsstadium und man betätige sich möglicherweise nur wenige Monate (3–4). Vom Urlaub, der wie alles andere völlig nach deutschen Gesetzen gewährt werde, seien alle zurückgekommen. [...] Klagen über das Verhalten in der Öffentlichkeit der Italiener seien nicht gekommen.«

unterdurchschnittlich blieb und zugleich die hiesige Wirtschaft länger als in anderen Ballungszentren Arbeitskräfte aus ihrem agrarischen Umland anzog. Die Gewerkschaften begleiteten die Anwerbung grundsätzlich positiv, solange sie einheimischen Arbeitskräften den Aufstieg in den Betriebshierarchien erleichterte und die Arbeitslosigkeit niedrig blieb.

Die »Gastarbeiter« kamen anfänglich allein, ihre Familien blieben im Heimatland. Sie wurden überwiegend in Heimen und anderen Massenquartieren untergebracht und als Un- oder Angelernte primär in Großbetrieben beschäftigt. Ihre Löhne waren zwar tariflich abgesichert, lagen aber am unteren Ende der Lohnskala. Gefördert durch den enormen Exportboom vor allem bei Massenprodukten wurde die Ausländeranwerbung, vorübergehend unterbrochen durch die Rezession von 1966/67, verstärkt fortgesetzt. Erst als sich Anfang der 1970er Jahre die wirtschaftlichen Krisensymptome mehrten, wurde im November 1973 der Ausländerrekrutierung mit dem »Anwerbestopp« ein Ende gesetzt. Danach holten mehr und mehr Ausländer Familienangehörige nach. Lebten 1965 bereits 9354 Ausländer in Bremen (in der Mehrheit Italiener und Griechen), setzte sich ab 1966 die türkische Bevölkerungsgruppe an die Spitze; die zweite Stelle nahmen ab 1970 Immigranten aus (dem damaligen) Jugoslawien ein. Zugleich begannen Ausländer aus der Europäischen Wirtschaftsgemeinschaft in ihre Herkunftsländer zurückzukehren, weil sich das Wohlstandsgefälle zwischen den Mitgliedsstaaten verringerte. Von 1965 bis 1974 verdreifachte sich gleichwohl die ausländische Bevölkerung auf rund 32.000. Branchenschwerpunkte der Ausländerbeschäftigung waren Schiffbau, Nahrungs- und Genussmittel (insbesondere die Fischverarbeitung in Bremerhaven), Häfen, Baugewerbe sowie Straßen- und Luftfahrzeugbau und Gastronomie. Besonders hoch war die Ausländerbeschäftigung in der bremischen Textilindustrie: Hier waren 1970 ein Drittel der gut 3300 Beschäftigten ausländischer Herkunft.

Ursprünglich als Puffer für den westdeutschen Arbeitsmarkt gedacht (so verloren während des Einbruchs 1966/67 rund 2000 ausländische Arbeitskräfte in Bremen vorübergehend ihren Arbeitsplatz), bekamen die ausländischen Arbeitskräfte die in den 1970er Jahren hereinbrechende Wirtschaftskrise und den sich abzeichnenden Strukturwandel besonders stark zu spüren. Im Verlaufe von EU-Erweiterungen, mit wachsender globaler Konkurrenz und massiven D-Mark-Aufwertungen wurde mehr und mehr an- und ungelernte Arbeit in Länder mit niedrigeren Löhnen verlagert; außerdem fingen die Unternehmen den wachsenden Kostendruck durch gezielte Rationalisierungsmaßnahmen ab. Opfer waren vor allem nicht ausreichend qualifizierte Ausländer, die, gefördert durch Rückkehrprämien, entweder zurückwanderten oder arbeitslos wurden.

Häfen und Verkehre im Boom

Bedeutung von Häfen und Handelsschifffahrt für Bremen

Die maritime Wirtschaft ist seit Jahrhunderten wesentliches Element der bremischen Wirtschaft. Handel, Schifffahrt und hafenbezogene Dienstleistungen tragen als komplexe Einheit maßgeblich zur Wertschöpfung der Hansestadt bei; sie sichern Arbeitsplätze, erwirtschaften Steuereinnahmen, prägen das Selbstverständnis und die Außendarstellung der Stadt. Hinzu kommen weitere Wirtschaftssektoren, die an den Hafen gebunden sind und die Hafenabhängigkeit der bremischen Wirtschaft bestimmen, wie der Schiffbau und seine Zulieferer sowie die Verarbeiter von Rohstoffen, die über die Häfen angeliefert werden. In einer Studie des Bremer Ausschusses für Wirtschaftsforschung wird für 1950 die Zahl der unmittelbar »hafengebundenen« Arbeitsplätze mit 38.000 und die Zahl der »hafenbegünstigten« Arbeitsplätze im Lande Bremen mit rund 31.000 angegeben; 1959 zählte eine weitere Studie sogar 125.000 »hafenorientierte« Arbeitsplätze. Diese ausgeprägte Hafenabhängigkeit dient

Häfen und Verkehre im Boom

Die »Gänge« gehen an Bord. Schichtbeginn im Überseehafen 1957

Unten: Blick über die Häfen. Rechts das Wendebecken vor dem Überseehafen, links A.G. »Weser« und GVA

gesamtwirtschaftliche Verpflichtungen übertragen werden, dienen diese Aufgaben außerdem als wichtiges Argument zur Behauptung der stadtstaatlichen Selbstständigkeit.

Wie der Wiederaufbau der Häfen besaß in den 1950er und 1960er Jahren auch die Förderung der deutschen Handelsschifffahrt hohen Rang. Eine eigene Handelsflotte trug dazu bei, die Devisenknappheit zu verringern; sie vergab Aufträge an inländische Werften und verbesserte die Auslastung der nationalen Häfen, mit positiven Rückwirkungen für Wirtschaftswachstum und Beschäftigung. Sie sicherte darüber hinaus die Unabhängigkeit des Landes von ausländischen Flotten und verschaffte mit der eigenen Flagge dem Land auf den Weltmeeren wieder internationale Geltung.

Waren die bremischen Häfen in den späten 1940er Jahren noch weitgehend geprägt durch internationale Flaggen, insbesondere durch amerikanische Liberty-Schiffe, änderte sich das Bild im Laufe der 1950er Jahre rasch. Gestützt auf staatliche Wiederaufbauprogramme, erlebte die deutsche Schifffahrt einen bemerkenswerten Aufschwung; sie hatte teil an der Dynamik des Welthandels, der zwischen 1950 und 1973 das globale Ladungsaufkommen (mit jährlich 7,2 Prozent) weit stärker als das Weltsozialprodukt (mit jahresdurchschnittlich 4,7 Prozent) expandieren ließ. Weil die Bundesrepublik mit ihrem Außenhandel schnell Anschluss an den Weltmarkt fand und der Güterversand vorzugsweise auf dem Seeweg erfolgte, litten die bremischen Häfen bereits nach kurzer Zeit unter Engpässen und Verstopfungen.

Doch schon bald zeigte sich, dass jene Faktoren, die Wiederaufbau und Wachstum der deutschen Handelsflotte und der Häfen begünstigt hatten, auch von anderen Ländern erkannt und in Anspruch genommen wurden. Besonders zwischen den nahe gelegenen Nordseehäfen (der »Antwerp-Hamburg-Range«, zu denen die bremischen Häfen gehören) verstärkte sich in den 1950er Jahren der Wettbewerb um das inländische Ladungsaufkommen.

traditionell zur Rechtfertigung der erheblichen staatlichen Investitionen in die Hafeninfrastruktur und bürdet dem bremischen Staatshaushalt hohe Lasten auf. Weil Bremen mit Bau und Unterhaltung der Häfen besondere

Blick von Südosten über den Übersee- und den Holz- und Fabrikenhafen Mitte der 1950er Jahre

Die Steigerung der Hafenattraktivität wurde mehr und mehr zu einer Frage des Überlebens, besonders für Speditionshäfen wie Bremen mit rückläufigem Eigenhandel und geringer Loco-Quote (s. S. 124).

Will ein Hafen seine Anpassung an die Bedingungen neuer Verkehre, an technologische Fortschritte und rechtliche Auflagen sichern und im internationalen Hafenwettbewerb bestehen, macht dies erhebliche Investitionen in Ausbau und Modernisierung sowie in die Optimierung der Hinterlandsanbindungen erforderlich. Bremen ist dabei wegen seiner Randlage zu den großen europäischen Ballungszentren mit besonderen Anstrengungen konfrontiert. Konsequent bemühten sich deshalb Politik und maritime Wirtschaft gemeinsam, die Voraussetzungen für eine Entwicklung des Hafens vom Umschlags- und Lagereibetrieb zu einem Dienstleistungszentrum zu schaffen, das vor Ort Problemlösungen für komplexe Transportketten, spezifische Distributionsaufgaben und Produktionsleistungen anbietet. Diese Entwicklung verlief nicht ohne Fehleinschätzungen und gelegentliche Rückschläge, begleitet von einem permanenten Ringen um die Bereitstellung ausreichender Mittel im bremischen Staatshaushalt.

Entwicklungstrends bei Schifffahrt und Handelsflotte

In den 1950er Jahren stützte sich der schnelle Aufschwung der deutschen Handelsflotte auf den Korea-Boom, den steilen Anstieg des deutschen Exports und staatliche Förderprogramme mit Wiederaufbaudarlehen, steuerlichen Vergünstigungen für Kapitalanlagen in der Schifffahrt sowie (seit 1956) mit Zinsbeihilfen, Bundesbürgschaften und weiteren Steuervorteilen.

Der Bestand an in Bremen beheimateten Handelsschiffen stieg von 256 Schiffen mit 338.000 BRT (1953) auf 413 Schiffe mit 1.249.000 BRT (1960). Bis 1970 verharrte der Schiffsbestand auf diesem Niveau, während gleichzeitig die Gesamttonnage aufgrund der gestiegenen Schiffsgrößen noch einmal um fast 40 Prozent auf 1.734.000 BRT zunahm, um danach deutlich abzufallen. Insgesamt gesehen konnte die bremische Handelsflotte ihre Vorkriegsbedeutung allerdings nicht wieder erlangen. Zwar hatte sie im Hinblick auf die Tonnage bereits 1959 ihren Vorkriegsstand wieder erreicht; mit einem Anteil von 27 Prozent an der gesamten deutschen Handelsflotte blieb sie jedoch hinter ihrer Vorkriegsbedeu-

Häfen und Verkehre im Boom

tung zurück. Der Blick in die Statistik offenbart darüber hinaus, dass die gesamte deutsche Schifffahrt in den 1960er Jahren ihren Zenit überschritten hatte: Bei den Schiffsankünften in Bremen begann die Anzahl deutscher Schiffe zu stagnieren, nachdem sie im zurückliegenden Jahrzehnt noch um 163 Prozent zugelegt hatte. In den 1950er und 1960er Jahren waren Billigflaggen und Schiffe der Staatshandelsländer in den bremischen Häfen kaum vertreten; Schiffe unter liberianischer, polnischer und sowjetischer Flagge stellten noch 1970 lediglich fünf Prozent der Schiffsankünfte in Bremen. Eine ähnliche Entwicklung wie die Handelsflotte erfuhr die traditionsreiche bremische Passagierschifffahrt mit Bremerhaven als Heimathafen. Sie erreichte

1956 mit 204.000 Fahrgästen einen Höhepunkt, doch danach ging die Zahl der Passagiere u.a. durch rückläufige Auswanderung sowie durch das Vordringen des Flugverkehrs, der 1958 den Schiffsverkehr auf der Nordatlantikroute erstmals übertraf, auf einen Tiefpunkt von 106.000 (1969) zurück. Der Rückgang der Fahrgastzahlen, drastisch gestiegene Heuer- und Treibstoffkosten sowie die D-Mark-Aufwertung von 1969 minderten die Erträge der deutschen Reeder; folglich wurden Liner-Dienste eingestellt, Schiffe verkauft oder nur noch für Kreuzfahrten genutzt. Die seit 1970 wieder zunehmenden Fahrgastzahlen entfielen größtenteils auf das von nun an wachsende Kreuzfahrtgeschäft unter Beteiligung internationaler Reedereien.

Mit Fässern belegter Lagerplatz am Kopf des Europahafens, 1951

Hafenumschlag im Zeichen veränderter Verkehre

Im Wirtschaftsaufschwung zwischen 1950 und 1960 nahm das Ladungsaufkommen in den bremischen Häfen von 5.984.000 Tonnen (1950) auf 15.137.000 Tonnen (1960), d.h. um 153 Prozent zu, wobei während des gesamten Jahrzehnts der Anteil der stadtbremischen Häfen bei rund 90 Prozent und der Bremerhavener Anteil bei rund zehn Prozent verharrten. Von 1960 bis 1970 stieg der Umschlag um weitere 54 Prozent; dabei erhöhte sich der Anteil Bremerhavens auf 33 Prozent, weil sich der 1966 in Bremen einsetzende Containerverkehr mehr und mehr nach Bremerhaven verlagerte. Ab 1971 überrundeten die Häfen in Bremerhaven die stadtbremischen Häfen im Containerumschlag.

Als vorteilhaft erwies sich der hohe und tendenziell steigende Stückgutanteil (von mehr als 50 Prozent) am Gesamtumschlag der bremischen Häfen. In ihm spiegelte sich die Expansion des deutschen Exports ebenso wie die auf einen rationellen Stückgutumschlag spezialisierte Infrastruktur der bremischen Häfen wider. Das Stückgut sicher, pro Tonne gerechnet, deutlich mehr Arbeitsplätze und eine wesentlich höhere lokale Wertschöpfung (Einkommen, Steuern und Abgaben) als der in anderen Häfen vorherrschende Massengutumschlag. Mit der Konzentration seiner Hafeninvestitionen auf den Stückgutumschlag erteilte Bremen dem »Tonnenfetischismus« (so eine Senatsverlautbarung) eine klare Absage. Die Investitionen zahlten sich aus: Mehr als die Hälfte des gesamten deutschen Stückgutaufkommens wurde in den bremischen Häfen umgeschlagen, und Bremen verzeichnete Anfang der 1970er Jahre vorübergehend

Blick vom Hafenhochhaus Ende Februar 1963 in Richtung Stadt

Güterverkehr über die Bremischen Häfen (Ankunft und Abgang) in 1000 Tonnen 1950 bis 1975

	Stadt Bremen		Stadt Bremerhaven		Land Bremen	
	In 1000 Tonnen	Anteil	in 1000 Tonnen	Anteil	In 1000 Tonnen	Stückgutanteil
1950	5499	92 %	485	8 %	5984	
1955	10767	90 %	1255	10 %	12021	49 %
1960	13395	88 %	1742	12 %	15137	55 %
1965	12655	72 %	4839	28 %	17494	53 %
1970	15665	67 %	7719	33 %	23384	50 %
1975	13864	63 %	8128	37 %	21992	57 %

Quelle: Freie Hansestadt Bremen, Stat. Landesamt: Bremen im statistischen Zeitvergleich 1950 bis 1976, S. 15 ff.

Häfen und Verkehre im Boom

Inbetriebnahme der Vieh-verladeanlage 1963 im Industriehafen

unter Einhaltung eines festen Fahrplans vorgegebene Lade- und Löschhäfen anlaufen. 1956 betrug die Zahl der Liniendienste in Bremen bereits wieder 202, wobei sich der Anteil deutscher Reedereien daran zu diesem Zeitpunkt auf rund zwei Fünftel belief. Bis 1971 stiegen die Liniendienste auf 314 an. Die Beförderung von Massengut blieb Domäne der ungebundenen Trampschifffahrt, die besonders für die Rohstoffimporte der heimischen Industrie große Bedeutung besaß.

Im Wettbewerb der Antwerp-Hamburg-Range konnten die bremischen Häfen ihre Position aus den frühen Nachkriegsjahren allerdings nicht behaupten. Mit dem Auslaufen der amerikanischen Hilfs- und Marshallplan-Lieferungen fielen die bremischen Häfen in ihrer Expansion wieder hinter Rotterdam, Antwerpen und Hamburg zurück. An die Stelle der bisherigen, Bremen begünstigenden Verkehrslenkung traten neue Seehafentarife der Eisenbahn und andere Wettbewerbsfaktoren, die auf eine betriebswirtschaftlich orientierte Hafenwahl durch Reeder und Verlader hinwirkten und den bisherigen Vorrang Bremens revidierten. Zugleich verringerte sich der Anteil Bremerhavens am Gesamtumschlag der bremischen Häfen von 25 Prozent (1946) auf zehn Prozent (in den Jahren von 1950 bis 1960), weil der über Bremerhaven (Bremerhaven Port of Embarcation) laufende militärische Nachschub der Amerikaner nachließ.

die größten Zuwachsraten aller deutschen Seehäfen.

Zug um Zug mit dem stark expandierenden Umschlag von Stückgut etablierten sich in Bremen wieder zahlreiche Liniendienste ausländischer und deutscher Reedereien, die

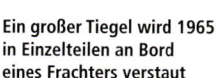

Ein großer Tiegel wird 1965 in Einzelteilen an Bord eines Frachters verstaut

Rechts: Eine Rolltreppe wartet 1966 im Europahafen auf ihre Verladung

So waren es vor allem die Häfen in der Stadt Bremen, die vom Aufschwung der frühen Jahre profitierten.

Betrug in den Jahren von 1960 bis 1966 der Umschlagszuwachs in den bremischen Häfen 14 Prozent, so verzeichnete Hamburg im gleichen Zeitraum 22 Prozent, Amsterdam 30 Prozent, Rotterdam 56 Prozent und Antwerpen sogar 57 Prozent. Ein Grund dafür war die ungünstige Randlage Bremens weitab von den Hauptwirtschaftszentren, die sich durch die europäische Integration noch verstärkte; die Handelskammer trat deshalb wiederholt mit der Forderung an den Senat heran, mehr für die Gewerbeansiedlung zu tun, um die Loco-Quote der bremischen Häfen zu erhöhen. Sie forderte außerdem, die Kostenvorteile der »Westhäfen« im grenzüberschreitenden Straßengüterverkehr (vor allem wegen der geringeren Steuerlast der niederländischen Spediteure) im Sinne einer Harmonisierung der Wettbewerbsbedingungen in Europa zu beseitigen.

Schifffahrtsgesellschaften und andere Seehafenbetriebe

Die bekannteste Bremer Schifffahrtsgesellschaft, der traditionsreiche Norddeutsche Lloyd (NDL), ließ ab 1950 zunächst zwei andere Reedereien (Roland und Orlanda) als Bauträger und Käufer von Frachtern auftreten, die dann vom NDL gechartert wurden. Dahinter stand die Befürchtung einer Beschlagnahme neuer Schiffe wegen ungeklärter Auslandsverbindlichkeiten des Unternehmens. 1958 erloschen beide Reedereien durch Verschmelzung mit dem Lloyd. Beim Wiederaufbau seines Liniennetzes orientierte sich der NDL sowohl an seinen vor dem Krieg bedienten Routen als auch an Neuorientierungen des deutschen Außenhandels. So wurde bereits 1950 die älteste Lloyd-Route nach New York mit gecharterten Schiffen wiedereröffnet und nach und nach das Liniennetz erweitert, wobei fast alle Dienste von vornherein in Gemeinschaft mit

der Hamburg-Amerika-Linie (Hapag) betrieben wurden. Durch das ständig steigende Ladungsaufkommen der Gemeinschaftsdienste konnten die Abfahrten im Laufe der Zeit verdichtet und die Konkurrenzfähigkeit beider Reedereien verbessert werden. Der NDL war mittlerweile auch den Schifffahrtskonferenzen

Die »Gripsholm« kurz vor der Abfahrt von der Columbuskaje, Anfang der 1950er Jahre

Unten: Die neue »Bremen« fährt am 23. Mai 1958 von der Ausrüstungskaje des Bremer Vulkan zur Columbuskaje nach Bremerhaven

Häfen und Verkehre im Boom

Der Liniendienst der Schwergutreederei DDG »Hansa« Mitte der 1960er Jahre

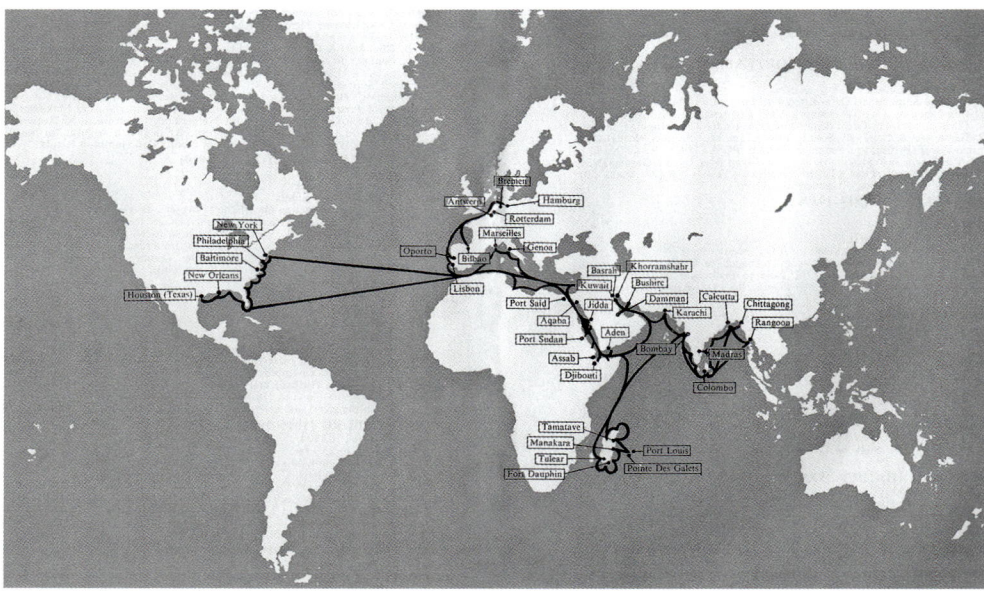

(Linien-Kartellen) beigetreten und baute seine Organisation durch eigene Frachtkontore im Binnenland aus. Den Anfang bei den Nachkriegsneubauten machte 1951 der Motorfrachter »Rheinstein« (2692 BRT), der eine Klasse von sechs Schiffen anführte. 1953/54 folgten sieben Turbinenfrachter der »Weserstein«-Klasse und 1954/55 drei große Kombischiffe (kombinierte Fracht- und Passagierschiffe) der »Schwabenstein«-Klasse. Nach weiteren Neubauten umfasste die Flotte des Lloyd 1960 bereits wieder 45 Frachtschiffe. Hinzu kamen eine reedereieigene Schlepperflotte sowie die (allerdings bereits 1960 wieder aufgegebene) Beteiligung an der Seebäderschifffahrt. Die meisten Lloydschiffe baute der Bremer Vulkan. Besondere Erwartungen verbanden sich 1954 mit der Wiederaufnahme der traditionellen Passagierschifffahrt durch die Indienststellung der »MS Gripsholm« (ab 1955 unter dem Namen »Berlin«). 1959 folgte die (fünfte) »Bremen« als neues Flaggschiff des NDL; der Liner entstand aus dem aufwendigen Umbau eines zerbeulten französischen Passagierschiffs (TS »Pasteur«) beim Bremer Vulkan und konnte bis zu 1200 Passagiere befördern. Schließlich erwarb der Lloyd 1966 aus Schweden als Ersatz für die abgängige »Berlin« die »Kungsholm«,

die als »Europa« bald erfolgreich im Kreuzfahrtgeschäft eingesetzt wurde, nachdem die Passagierschifffahrt der Konkurrenz des Flugverkehrs nicht mehr standhalten konnte. Die »Bremen« wurde 1972 an einen griechischen Reeder verkauft.

1967 stieg der Lloyd in Kooperation mit der Hapag in das von nun an Schifffahrt und Häfen revolutionierende Containergeschäft ein. Gemeinsam gaben beide Reedereien erstmalig vier Containerschiffe bei Vulkan und bei Blohm + Voss (Hamburg) in Auftrag. 1968 eröffnete der NDL mit der »Weser Express« (mit einer Kapazität von 736 TEU) den ersten Vollcontainerdienst über den Atlantik. 1969 sah sich der NDL mit 49 Seeschiffen auf dem Höhepunkt der Nachkriegsentwicklung; ihm gehörten zudem ein Stauereibetrieb in Bremen, ein technischer Betrieb, eine Werft in Bremerhaven (insbesondere für Reparaturen), eine Reisebüroorganisation und eine Beteiligung am Bremer »Überseehotel«. Das Unternehmen beschäftigte insgesamt 6200 Mitarbeiter. Der mit dem Einstieg in das Containergeschäft verbundene enorme Kapitalbedarf für neue Schiffe und Ausrüstungen überstieg jedoch die Finanzkraft des Lloyd, sodass die ohnehin bestehenden Kooperationen mit der Hapag 1970 in die Fusion beider Reedereien mündeten, mit doppeltem Firmensitz in Hamburg und Bremen und der gleichmäßigen Aufteilung der Unternehmensaktivitäten auf beide Standorte. In Bremen wurde dieser betriebswirtschaftlich sinnvolle Schritt von Anfang an mit Skepsis begleitet. Tatsächlich ging im Laufe der folgenden Jahre eine starke Sogwirkung von Hamburg aus, die zur Verlagerung von immer mehr Betriebseinheiten in die Stadt an der Elbe führte – eine Entwicklungsdynamik, die sich in anderen Branchen und Unternehmen mit nachteiligen Folgen für Bremen fortsetzen sollte.

Die DDG »Hansa« nahm 1951 mit drei Schiffen den Liniendienst zum Persischen Golf wieder auf; außerdem wurden weitere alte Verbindungen reaktiviert. 1956 war die »Hansa«-Flotte wieder auf 44 Schiffe angewachsen, und 1960, nach Übernahme der Atlas-Levante-Linie, galt die Reederei mit 56 Schiffen als die größte der Bundesrepublik. Ab 1965 kam die Bereederung von Off-Shore-Versorgungsschiffen hinzu; außerdem wurde der Schwergutverkehr forciert und es erfolgte der Einstieg ins Containergeschäft. Bei alledem gab es immer wieder Rückschläge, vor allem durch das Preisdumping von Billigflaggen und Staatshandelsländern, politische Spannungen in Zielgebieten, Aufwertungen der D-Mark sowie stark steigende Personal- und Energiekosten, die man durch Rationalisierungsmaßnahmen auszugleichen suchte. Darüber hinaus verursachte die Sperrung des Suezkanals (von 1967 bis 1975) erhebliche Mehrkosten infolge des langen Umwegs. Aber erst 1972 flaggte die »Hansa« aus wirtschaftlichen Gründen ihr erstes Schiff, den Versorger »Rembertiturm«, aus, nachdem sich die Reederei zuvor stets mit großem Nachdruck für die deutsche Flagge eingesetzt hatte. Weitere Schiffe folgten und verschwanden aus dem Bremer Schiffsregister.

Wie die DG »Argo«, die 1962 über insgesamt 38 Schiffe verfügte, konnte auch die DG »Neptun« in den 1950er Jahren ihr Fahrtnetz erweitern. In Zusammenarbeit mit der Hamburger Reederei Rob. M. Sloman beteiligte

Blick über das Woltmershauser Weserufer, um 1955. In der Mitte das Gelände der Neptun-Werft

sie sich an neuen Linienverkehren nach West- und Nordafrika. Später begann die »Neptun« als erste deutsche Reederei verflüssigte und gekühlte Gase in speziellen Tankschiffen zu transportieren. 1974 mündete die langjährige Zusammenarbeit mit der Hamburger Reederei in die Fusion beider Gesellschaften zur Sloman-Neptun Schifffahrts-Aktiengesellschaft mit Sitz in Bremen.

Auch das Netzwerk von Schiffsmaklern (als Agenten in- und ausländischer Reedereien, Vermittlern von Schiffsraum und Ladung und Sachwaltern aller Angelegenheiten, die Schiff und Besatzung im Hafen betreffen), Seehafenspediteuren (als Befrachtern, die für in- und ausländische Kunden Transporte organisieren, dabei kleine Sendungen zu Sammelladungen bündeln und logistische Zusatzleistungen anbieten), Fuhrunternehmen, Transportversicherungen, Lagereien, Stauereien, Ladungskontrolleuren, Binnenschiffsreedereien und anderen Betrieben lebte wieder auf. Für diese Unternehmungen zählen in erster Linie Umfang und Art des Umschlags im Hafen, nicht das Schiffsregister. So blieb das Vordringen internationaler Flaggen für sie ohne größere Rückwirkungen. Gleichwohl mussten auch sie sich mit Beginn des Containerzeitalters Mitte

Häfen und Verkehre im Boom

der 1960er Jahre neuen Herausforderungen stellen. Im Rahmen dieser Entwicklung konnten bedeutende und traditionsreiche Speditionen wie J.H. Bachmann, Röhlig, J.A.C. Stute GmbH, Lexau Scharbau, Kühne & Nagel, B. Vollers und die auf Frucht spezialisierte Heuer-Gruppe sowie alt eingesessene Schiffsmakler wie Hermann Dauelsberg oder Gebr. Specht ihre Vorkriegserfahrungen und -verbindungen nutzen und zu neuer Blüte gelangen. Neue Unternehmen traten hinzu.

Bereits 1950 beschäftigte das bremische Speditionsgewerbe wieder 2360 Personen, 1960 war die Zahl der Seehafenspeditionen auf etwa 200 Firmen mit rund 5000 Beschäftigten angewachsen. Insgesamt verzeichnete die Beschäftigtenzahl im Bereich »Verkehr und Nachrichtenübermittlung« zwischen 1950 und 1961 in der Stadt Bremen nahezu eine Verdoppelung (von 26.700 auf 50.500), um bis 1970 wieder leicht abzufallen (auf 47.000). In Bremerhaven hingegen stagnierte die Beschäftigtenzahl zwischen 1950 und 1970 bei rund 5000. Diese Entwicklung macht deutlich, dass ungeachtet der Verlagerung des Containerumschlags nach Bremerhaven die Stadt Bremen als Ort der Entladung und Beladung der Container, Besichtigung der Waren, ihrer Behandlung und Kommissionierung (Zusammenstellung von Waren nach vorgegebenen Aufträgen) und weiterer arbeitsintensiver Dienstleistungen zunächst noch wesentliches Zentrum der Hafenwirtschaft blieb. Die Häfen in Bremerhaven erfüllten primär Umschlagsfunktionen, wobei »Ströme von Containern [...] über Lastwagen oder Flussschiff täglich von Bremerhaven nach Bremen« (Karl Löbe) liefen. In der Folgezeit wanderten indes mehr und mehr solcher Dienstleistungen von Bremen nach Bremerhaven ab.

Hafenpolitik und Hafenentwicklung

Bereits Anfang der 1950er Jahre stießen die verfügbaren Hafenkapazitäten aufgrund des ungeahnten Umschlagszuwachses an die Grenze ihrer Leistungsfähigkeit. Der Hafenausbau hatte mit dem Umschlag nicht Schritt halten können, sodass schon 1953 in Spitzenzeiten bis zu 16 einlaufende Schiffe in Ermangelung ausreichender Liegeplätze nicht abgefertigt werden konnten. Bremen musste um seinen Ruf als schneller Hafen und seine Konkurrenzfähigkeit fürchten, und der Senat erklärte den weiteren Hafenausbau zur »Lebensfrage Bremens«. Da sich die Situation weiter verschärfte, wurde 1959 die Entscheidung über die Errichtung eines neuen Hafens auf dem linken Weserufer, dem Neustädter Hafen, getroffen. Der erste Spatenstich erfolgte am 28. November 1960, und am 5. Februar 1964 lief das erste Schiff, der Lloyd-Dampfer »Riederstein«, in das neue Hafenbecken ein, auf dessen Kajen es zu diesem Zeitpunkt weder Schuppen noch Gerät gab. 1965 schließlich war der Neustädter Hafen mit sämtlichen Anlagen betriebsbereit.

Die Entscheidung zugunsten eines neuen Hafens auf der linken Weserseite folgte, wie zuvor schon die großen Investitionen in den Wiederaufbau des völlig zerstörten Europahafens mit neuen Speichern und Schuppen

Senator Borttscheller hält die Ansprache bei der Feier zum Durchstich des Beckens des Neustädter Hafens am 3. Dezember 1963

Hafenpremiere am 5. Februar 1964: Mit der »Riederstein« läuft das erste Schiff in den Neustädter Hafen ein

und in den Bau des Mittelsbürener Hafens (im Zusammenhang mit der Ansiedlung der Klöckner-Hütte), im Wesentlichen stadtbremischen Interessen. Im Nachhinein erwies sich die damalige Priorität zulasten Bremerhavens

als fragwürdig; mit Blick auf den anhaltenden Umschlagszuwachs und die Herausforderungen neuer Schiffsgenerationen, insbesondere der Schiffsgrößenentwicklung, wäre ein früherer Ausbau Bremerhavens ratsam gewesen, doch eine Revision erfolgte erst in den späten 1960er Jahren mit der zunehmenden Containerisierung.

Während sich Hamburg zunächst noch abwartend zeigte, erkannte Bremen frühzeitig die Chancen der Containerisierung und traf weitsichtige Entscheidungen. Schon im Jahr 1965 wurde mit der amerikanischen Reederei Sea-Land, einem Pionier des Containertransports, eine Vereinbarung über die Bereitstellung von Flächen für den Umschlag der Sea-Land-Container im Überseehafen getroffen. Und bereits am 6. Mai 1966 machte das erste Vollcontainerschiff, die »Fairland«, im Überseehafen fest. Als bei der »Fairland« ein Container abrutschte und die Fahrerkabine einer nagelneuen Zugmaschine der Bremer Lagerhausgesellschaft zertrümmerte, schien dieser Unfall wie Wasser auf die Mühlen der Skeptiker, die es auch in Bremen gab und die vor allem den hohen Investitionsaufwand fürchteten.

Grundsteinlegung für den Bau der ersten beiden Schuppen im Neustädter Hafen im Juli 1965

Häfen und Verkehre im Boom

WIRTSCHAFT

Die neue Containerverlade-
anlage an der Westseite des
Neustädter Hafens, Juli
1967

Am 1. Oktober 1966 wurde im Neustädter Hafen die erste Containerbrücke mit einer Tragfähigkeit von 25 Tonnen in Betrieb genommen und die Containerdienste dorthin verlegt. Zuvor waren die Container mit schiffseigenem Ladegeschirr gelöscht worden. Das Neue an dem von dem Amerikaner Malcolm P. Mc Lean in den 1930er Jahren entwickelten Container war seine Normierung, die es erlaubt, ihn mit den verschiedensten Transportmitteln (Seeschiff, Binnenschiff, Eisenbahn, Lkw) zu befördern und umzuschlagen. Dabei wird der Wechselbehälter am Ursprungsort der Ware beladen und erst am Bestimmungsort entladen. Dadurch reduzieren sich die Hafenliegezeiten auf weniger als einen Tag, während im konventionellen Verkehr Liegezeiten von bis zu einer Woche nicht unüblich waren. In Container wurde nach und nach alles Stückgut (Säcke, Kisten, Paletten, Fässer, Maschinen usw.) aufgenommen, das Standardgrößen von 20 und 40 Fuß nicht überschreitet. Seit den 1960er Jahren setzte sich schließlich auch der »Ro/Ro-Verkehr« (Roll on/Roll off) durch, für

den Bremen bereits 1967 eine spezielle Brücke im Überseehafen anlegte; dabei fahren die Landfahrzeuge (Lkw, Eisenbahn) mit eigener Kraft über Hafenrampen und eine Bug- oder Heckladerampe auf das Schiff.

Nachdem sich der Container-Umschlag innerhalb eines Jahres verdreifacht hatte, wurde in einen neuen Containerterminal in Bremerhaven investiert und 1971 der erste Liegeplatz an der dortigen Stromkaje in Betrieb genommen. Bremerhaven bot mit seiner Lage an der Nordsee, seinem großen Flächenreservoir und vor allem der größeren Wassertiefe bessere Voraussetzungen als Bremen und der neue Containerhafen ersparte den Reedereien überdies die kostenträchtige Revierfahrt auf der Unterweser. Gleichwohl wurden auch in den stadtbremischen Häfen die Containerabfertigungsmöglichkeiten für kleine und mittlere Schiffe weiter verbessert und ausgebaut. 1970 betrug der gesamte Containerumschlag bereits rund 121.000 TEU (Twenty-foot-Equivalent-Unit ist das internationale Maß für Standardcontainer), von denen knapp die Hälfte auf

Bremerhaven entfiel. Bis 1975 stieg der Anteil Bremerhavens bei insgesamt 251.000 TEU Containern auf 84 Prozent an.

In Hamburg wurde erst Anfang 1968 die erste Containerbrücke in Betrieb genommen und im Mai 1968 das erste Vollcontainerschiff abgefertigt. Dem naheliegenden Bremer Vorschlag, Bremerhaven zum einzigen deutschen Containerterminal für beide Häfen auszubauen und gemeinsam durch beide Hansestädte zu betreiben, hatte Hamburg zuvor eine Absage erteilt.

Der Container revolutionierte das Hafenbild weit mehr als der Übergang von Segelschiff zum Dampfer. Anstelle von Schuppen und Speichern wurden von nun an weitläufige Stellflächen benötigt. Und statt traditioneller Transportfahrzeuge und Verladeeinrichtungen kamen auf dem Containerterminal im Lauf der Zeit riesige Containerbrücken und Van Carrier (Portalhubwagen) zum Einsatz. Ganze Berufsgruppen mit Tausenden von Arbeitsplätzen verschwanden aus dem Hafen. Allein zwischen 1969 und 1971 nahm die Zahl der Arbeitskräfte der Hafengruppe Bremen bei einem zehnprozentigen Umschlagszuwachs um gut sieben Prozent auf 7200 Personen ab.

Das Löschen und Entladen der Schiffe erfolgte nicht länger durch die »Schauerleute« bzw. durch Hafenarbeiter, die in »Gangs« oder Gruppen zusammengearbeitet hatten, häufig nur für eine Schicht engagiert worden waren und mit Kränen und Sackkarren zentnerschwere Säcke, Fässer, Kisten und anderes Stückgut verladen hatten. Schon in den 1950er Jahren hatte der Einsatz von Gabelstaplern in Verbindung mit der Nutzung von Paletten, die mit den aufgepackten Gütern durch Kräne in das Innere des Schiffes verbracht werden konnten, dazu geführt, dass ein einziger Mann das bewegen konnte, was bis dahin mehrere Männer per Hand hatten schleppen müssen. Die Leistung eines Hafenarbeiters beim konventionellen Stückgutumschlag hatte sich dadurch pro Schicht von acht auf 25 Tonnen verdreifacht; gleichzeitig nahm das Gefahrenpotenzial der Hafenarbeit ab.

Auch technische Hilfsmittel wie Flurfördergeräte, Förderbänder, Elektrokarren oder Saugheber waren schon länger in Gebrauch. Doch mit dem Container entfielen nun die beim traditionellen Stückguttransport oft mehrfach anfallenden, arbeits- und zeitintensiven Umstauvorgänge. Damit veränderten sich die bisherigen Aufgaben der Stapel- und Schuppenarbeiter, der Kajenarbeiter, der Tallymänner und Küper bei der Ladungskontrolle an der Kaje oder im Schuppen, die feststellten, ob die tatsächliche Ladung mit den Ladungspapieren übereinstimmte, und der Stauer, die für die fachgerechte Lagerung der Ladung im Laderaum oder an Deck des Schiffes gesorgt

Der Gabelstapler hat Sack- und Elektrokarre verdrängt. Papierumschlag auf der Rampe von Schuppen 18 B im Überseehafen

Häfen und Verkehre im Boom

Alles noch in Handarbeit: Verladung von VW Käfer und Karmann-Ghia wie klassisches Stückgut per Kran zu Anfang der 1950er Jahre

hatten, um das gefährliche Verrutschen von Ladung zu verhindern.

Darüber hinaus ließen stark verkürzte Schiffsliegezeiten den vergleichsweise kleinen Besatzungen der Containerschiffe kaum mehr Zeit für einen Landgang, sodass auch Bars, Kneipen und kleine Geschäfte allmählich aus den hafennahen Gebieten verschwanden. Kurz, die tatsächliche oder vermeintliche Romantik von Schifffahrt und Häfen wich einer Industrialisierung des Gütertransports und -umschlags, die die gesamte Hafenwirtschaft neuen Gesetzen unterwarf.

Von entscheidender Bedeutung für Umschlag und Lagerung in den Häfen des Landes blieb die Bremer Lagerhausgesellschaft (BLG), deren Geschäftsfelder seit Beginn des Containerzeitalters den traditionellen Rahmen zu sprengen begannen. Als Betriebsgesellschaft wurden der BLG nach dem Krieg zunächst wieder die Bewirtschaftung der Anlagen für den Stückgutumschlag, den Getreideumschlag

und den Passagierverkehr sowie das Lagereigeschäft in den (als Zollausland vom übrigen Hafengebiet getrennten) Freihäfen in Bremen und (seit 1953) auch der Betrieb der Häfen in Bremerhaven übertragen. Ausgenommen blieben die Industriehäfen und der Holz- und Fabrikenhafen. Die Häfen selbst mit ihren Kajen wurden vom bremischen Staat gebaut und unterhalten, ebenso Schuppen, Speicher, Lager- und Verkehrsflächen, Betriebsgebäude und Kranbahnfundamente; die beweglichen Betriebseinrichtungen und mechanischen Arbeitsgeräte wurden hingegen von der BLG gestellt. Eine Änderung der traditionellen Arbeitsteilung vollzog sich erstmalig bei der Ausstattung des Neustädter Hafens, wo die BLG die neuen Schuppen selbst baute und finanzierte.

Als besonders weitsichtig erwiesen sich die Investitionen der BLG in spezielle Umschlagseinrichtungen im Rahmen der Ein- und Ausfuhr von Kraftfahrzeugen. Zwar verlagerte Volkswagen ab 1964 den Exportumschlag von Bremen nach Emden, wo ein neues VW-Werk entstand, doch mittelständische Spediteure wie die 1959 gegründete Bremerhavener Firmengruppe von Egon H. Harms sorgten dafür, dass sich die bremischen Häfen (mit der Schwerpunktverlagerung nach Bremerhaven), gleichauf mit dem belgischen Zeebrugge, zum bedeutendsten Automobilumschlagsplatz Europas entwickeln konnten. Ursprung der Harms-Aktivitäten waren Exporte von Borgward-Automobilen nach Skandinavien, die Verschiffung von Privatwagen von US-Armeeangehörigen und der Import britischer Pkw. Die 1960 in Betrieb genommene stadtbremische Automobil-Umschlagsanlage im Industrie- und Handelshafen bewältigte zwischen 1960 und Ende 1968 einen Umschlag von etwa 1.750.000 Wagen.

Um die Handelsverkehre über Bremen zu lenken, war bereits 1949 die Bremische Hafenvertretung (BHV) in Trägerschaft der bremischen Seehafenverkehrswirtschaft und des Landes Bremen entstanden. Sie vertritt die maritimen Interessen Bremens überregional und akquiriert Ladung. Der Sicherung von Hafeninteressen dienen auch die »Werbereisen« von Senatsvertretern in hafenpolitisch interessante Zielgebiete sowie gesellschaftliche Ereignisse, zu denen Repräsentanten der maritimen Wirtschaft aus allen Teilen der Welt nach Bremen geladen werden (Schaffermahl, Eiswette).

Hinterlandverkehre

Leistungsfähige Straßen, Eisenbahnverbindungen und Binnenwasserstraßen sind in Verbindung mit einer entsprechenden Tarifgestaltung der Verkehrsträger eine wesentliche Bedingung dafür, dass die Güterströme des Hinterlands über die Häfen der Hansestadt gelenkt werden. Aus diesem Grunde haben sich Senat und maritime Wirtschaft seit Kriegsende intensiv darum bemüht, die Hinterlandverkehre zugunsten der bremischen Häfen zu beeinflussen, sei es durch eigene Investitionen in die Verbesserung der Infra-

struktur oder durch Interventionen und Lobbyarbeit bei den zuständigen Stellen wie Bund oder EWG.

Betrachtet man das Transportaufkommen im bremischen Hinterlandverkehr, fällt die dominierende Rolle der Eisenbahn für die bremischen Häfen auf. Der Eisenbahntransport im Wagenladungsverkehr erreichte 1950 im Lande Bremen 4.329.000 Tonnen und legte im Boom bis 1960 um 212 Prozent zu. Bis 1970 kam es zu einem weiteren Anstieg auf 21.580.000 Tonnen; danach ging das Ladungsaufkommen bis 1975 zurück. Auch das Binnenschiff konnte das Ladungsaufkommen von 3.112.000 Tonnen (1950) auf 7.377.000 Tonnen (1960) erheblich steigern. In den 1960er Jahren kam es dann zu einer Stagnation und bis 1975 zu einem Rückgang. Der (erst später statistisch erfasste) Fernverkehr durch deutsche Lkw von und nach Bremen verzeichnete 1960 ein Ladungsaufkommen von 4.075.000 Tonnen, um danach auf 5.426.000 (1970) und 6.763.000 Tonnen (1975) anzusteigen. Der Lkw-Transport konnte sich im Laufe der Zeit weiter durchsetzen, ohne indes die für Bremen typische Dominanz der Eisenbahn zu brechen. Mitte der 1970er Jahre zeigte sich, dass sowohl das Gesamtladungsaufkommen des Hinterlands wie der Seetransport stark von der Rezession der Weltwirtschaft erfasst wurden.

Schiffsrumpfteile werden von Focke-Wulf zu Abeking & Rasmussen nach Lemwerder transportiert. Der Inhaber der beauftragten Spedition, Adolf Mailand, überwacht die Durchfahrt durch das »Nadelöhr« in der Hindenburgstraße in Lesum

Häfen und Verkehre im Boom

Der Bremer Flughafen

Zwar lässt sich die Bedeutung des Bremer Flughafens nicht mit der des Hafens vergleichen, gleichwohl ist er unverzichtbarer Bestandteil der Wirtschaftsstruktur und ergänzt die logistischen Funktionen des Hafens, indem er zum Beispiel den schnellen Austausch von Schiffsbesatzungen im Ausland ebenso ermöglicht wie die notwendige Mobilität des Personals global operierender Handelshäuser und Dienstleistungsunternehmen. Für die Seehafenspediteure eröffnet er zudem die Möglichkeit kurzfristiger Transporte in alle Teile der Welt. Überdies ist er ein wichtiger Standortfaktor für die in Bremen ansässige Luft- und Raumfahrtindustrie und Anlaufpunkt für den zunehmenden Massentourismus.

In dieser Erkenntnis hat das Land in der Vergangenheit umfangreiche Mittel in die Modernisierung und Erweiterung seines sehr stadtnah gelegenen Flughafens investiert. Der schwer zerstörte Flughafen wurde zunächst von der amerikanischen Luftwaffe genutzt und erst 1949 der Zivilverwaltung zurückgegeben. Gebäude und Flugfeld waren von den Amerikanern nur notdürftig instand gesetzt

Blick über den Bremer Flughafen im Neuenlander Feld. Im Hintergrund der Woltmershauser Gasometer

worden, sodass der eigentliche Wiederaufbau erst nach der Rückgabe begann. Die Start- und Landebahn wurde verlängert und gleichzeitig funktechnische Anlagen für Schlechtwetterlandungen und eine Nachtflugbefeuerung installiert. Als erste Fluglinie eröffnete 1949 die skandinavische SAS einen planmäßigen Flugverkehr auf innereuropäischen Strecken. Hinzu kamen Transportdienste für heimkehrende US-Soldaten und ihre Familien. Bereits 1949 gab es darüber hinaus 15 planmäßige New York-Abflüge mit insgesamt rund 1000 Passagieren. Ab 1950 begann der Berlinverkehr. Nachdem die Bundesrepublik 1955 die Lufthoheit wiedererlangte, nahm auch die Lufthansa ihren Flugverkehr wieder auf, wobei Bremen allerdings erst Anfang 1957 an das Streckennetz der Lufthansa angeschlossen wurde. Die Zahl der Passagiere am Flughafen Bremen stieg von 5000 (1950) über 58.000 (1960) und 439.000 (1970) auf schließlich 542.000 (1975) an. Einen enormen Aufschwung erlebte auch die Luftfracht. Im Unterschied zu den anderen Verkehrsträgern wurden per Flugzeug vor allem eilbedürftige, hochwertige und damit relativ transportkostenunempfindliche Güter versendet. Das Luftfrachtaufkommen stieg in Bremen von 175 Tonnen (1950) weit überdurchschnittlich auf 1551 (1960), 2670 (1970) und 3665 Tonnen (1975) an.

Von besonderer Bedeutung war 1956 die Gründung der Verkehrsfliegerschule der Lufthansa in Bremen. Die große Zahl der damit verbundenen Flugzeugbewegungen (1960 weit über 100.000) mit hoher Lärmentwicklung veranlasste die Lufthansa bereits in den 1960er Jahren zur Verlegung der Schulflüge auf weniger belastete Plätze; in Bremen verblieben Grundausbildung und Weiterschulung.

1957 wurde die Bremen Flughafen GmbH als stadteigene Gesellschaft gegründet. Ähnlich den Häfen blieben Landebahn und das umliegende Gelände im Eigentum der Stadt, während die Hallen, Feuerwehrgebäude und das Vorfeld in das Eigentum der neuen Gesellschaft übergingen. Als sich Anfang der 1960er Jahre mit der Zunahme des Flugverkehrs der

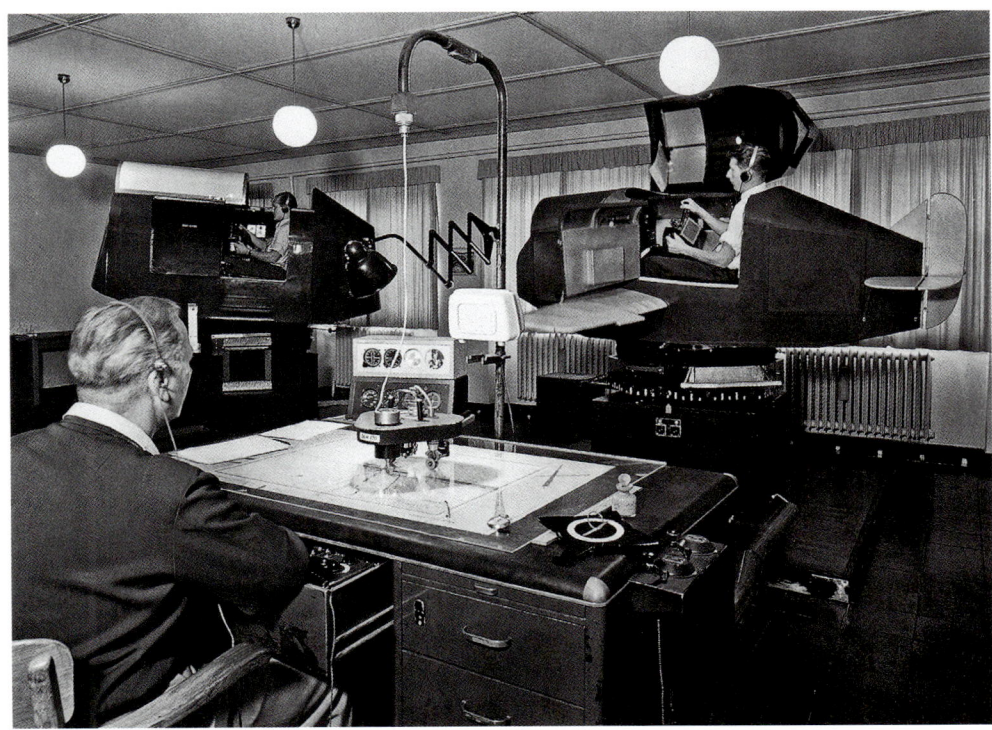

Lärm lautstarker Jets unerträglich steigerte und damit die Anwohnerproteste gegen geplante Erweiterungen zunahmen, wurde erwogen, den stadtnahen Flughafen zugunsten eines gemeinsamen niedersächsisch-bremischen Projekts auf niedersächsischem Gebiet aufzugeben. Diese Pläne wurden jedoch wieder zu den Akten gelegt, weil der Länderegoismus obsiegte und Hannover schließlich den Ausbau seines eigenen Flughafens in Langenhagen favorisierte. 1973 entschied sich der Senat endgültig dafür, den Flugverkehr auf Kurz- und Mittelstreckenflüge auf dem Neuenlander Feld zu begrenzen. Damit konnte auch auf eine Verlängerung der vorhandenen Startbahn verzichtet werden. Der Senat begründete den Verzicht auf den Ausbau des Neuenlander Feldes und auf dessen Nutzung für den Interkontinentalverkehr damit, dass Bremen durch Autobahn und Eisenbahn optimal mit anderen interkontinentalen Flughäfen verbunden sei. Allerdings war die bremische Politik auch mehr und mehr unter den Druck von Umweltschutz- und Bürgerinitiativen geraten.

Groß- und Außenhandel und nachgelagerte Industrien

Außenhandel im Wandel

Ab 1948 brachten die Dollar-Hilfen aus dem Marshallplan dem Außenhandel erste Entlastungen, ebenso wie die Strategie der Westalliierten, Westdeutschland wirtschaftlich zu stärken und in die europäische Wirtschaftszusammenarbeit mit einzubeziehen. Die bundesdeutsche Mitgliedschaft in der EZU (Europäische Zahlungsunion), die 1950 für Westeuropa ins Leben gerufen wurde und zur schrittweisen Abschaffung der Devisenbewirtschaftung und bis 1958 zur freien Konvertibilität der D-Mark führte, verschaffte dem deutschen Außenhandel erhebliche Vorteile. Die Bestrebungen zur wirtschaftlichen Integration Europas wurden 1957 gekrönt durch die Römischen Verträge mit der Schaffung eines Gemeinsamen Marktes (EWG), auf deren Grundlage nach und nach die Handelsbarrieren zwischen den Mitgliedsstaaten eingerissen wurden, allerdings mit

Groß- und Außenhandel

Drei Schiffe der schwedischen Reederei Wallenius in den zum Wendebecken des Überseehafens gelegenen Docks der A.G. »Weser«

Die bremischen Handelshäuser konnten von der Erholung und Konsolidierung des deutschen Außenhandels zunächst profitieren. Doch geriet besonders der Importhandel bereits in den 1960er Jahren durch den wachsenden Direktimport inländischer Kunden ebenso unter Druck wie durch den beginnenden Niedergang deutscher Industriezweige. Die Textilindustrie wanderte, veranlasst durch stark steigende Lohnkosten, D-Mark-Aufwertungen und entwicklungspolitische Initiativen, ins Ausland ab, darunter auch in die Erzeugerländer der Rohstoffe. Hinzu kamen nachteilige Auswirkungen des EWG-Protektionismus auf den Außenhandel. Die überlebenden Handelshäuser, aber auch Neugründungen, sicherten im Export und Import ihre Existenz vor allem durch erfolgreiche Aktivitäten in Marktnischen und durch Zusatzleistungen. Unter der rückläufigen Bedeutung des Eigenhandels litt auch die Hafenwirtschaft: Die bremischen Häfen verloren wichtige ortsansässige Kunden, die Loco-Quote fiel zurück und mehr und mehr Güter wurden für auswärtige Rechnung umgeschlagen. Bremen drohte zu einem reinen Speditionshafen zu werden, der sich im rauhen Wind des internationalen Hafenwettbewerbs um auswärtige Kunden zu behaupten hat.

zunehmender Abschottung besonders des EWG-Agrarsektors gegenüber Drittländern zum Nachteil des hanseatischen Außenhandels. Wie sehr die junge Bundesrepublik von der Liberalisierung profitierte, zeigt sich darin, dass ihr Anteil am Weltexport innerhalb von nur zehn Jahren von 3,6 Prozent (1950) auf 8,9 Prozent (1960) anwuchs.

Güterverkehr über die Bremischen Häfen (Ankunft und Abgang) 1950 bis 1975

	1950		1960		1970		1974	
	in 1000 Tonnen	in Mio. D-Mark	in 1000 Tonnen	in Mio. D-Mark	in 1000 Tonnen	in Mio. D-Mark	in 1000 Tonnen	in Mio. D-Mark
Baumwolle	191	690	276	683	207	439	179	661
Wolle u. a. Tierhaare	76	528	82	444	85	360	45	350
Flachs, Hanf, Jute, Hartfasern	36	49	100	105	106	77	58	74
Kaffee	8	45	69	292	137	596	163	663
Rohtabak	36	134	51	298	70	363	81	410
Wein	12	9	26	13	38	24	24	27
Getreide	531	181	968	260	596	158	730	293
Rundholz	7	2	323	79	417	130	322	155
Schnittholz	98	29	224	92	394	197	288	213
Furnier, Sperrholz	7	7	33	21	81	78	110	138
Südfrüchte	27	23	188	106	305	185	291	188

Baumwolle

Der bereits in den ersten Nachkriegsjahren wieder aufgenommene Baumwollhandel blieb auch in den frühen 1950er Jahren von großer Bedeutung für Bremen. Im September 1955 richtete die Bremer Baumwollbörse ein eigenes Baumwoll-Labor ein, das schnell internationale Anerkennung erwarb und ab 1957 als einziges Labor des Kontinents die Testwerte der internationalen Baumwoll-Test-Standards mit festlegte. 1969 erfolgte schließlich zur Durchführung von Forschungsvorhaben die Gründung des Faserinstituts Bremen e.V., das dem Labor der Börse eine noch größere Außenwirkung verschaffte. In das Faserinstitut wurden später das Labor der Bremer Baumwollbörse und das ebenfalls in der Börse ansässige Woll-Labor e.V. integriert. Sämtliche Initiativen und Institutionen des bremischen Baumwollhandels wären nicht denkbar gewesen ohne den Rückgriff auf die Erfahrungen und Verbindungen aus der Vorkriegszeit und die herausragende Bedeutung, die die deutsche Textilwirtschaft in den frühen Nachkriegsjahren auszeichnete.

Die enorme Preis-Hausse von Rohbaumwolle während des Koreakrieges bereitete allerdings Probleme. Der Baumwollhandel wich auf außeramerikanische Länder aus, die den Preisanstieg zu einer Ausweitung ihrer Produktion nutzten. 1952 erhielt der deutsche Baumwollhandel durch die Wiederzulassung zu Baumwolltermingeschäften an den Terminbörsen in New York und New Orleans die Möglichkeit, sich gegen Preisschwankungen abzusichern. Einen Höhepunkt brachte das Jahr 1956, als in Anwesenheit des damaligen Wirtschaftsministers Ludwig Erhard in Bremen die Wiedereröffnung einer eigenen deutschen Baumwollterminbörse vollzogen wurde. Die mit ihr langfristig verbundenen Erwartungen erfüllten sich jedoch nicht, und sie stellte bereits 1971 ihren Betrieb ein.

1956/57 verzeichnete der Verband der deutschen Baumwollspinnereien 192 Unternehmen mit einer Kapazität von 6,2 Millionen Spindeln. Verarbeitet wurden inzwischen

312.000 Tonnen, die fast einem Fünftel des westeuropäischen Baumwolleinsatzes entsprachen. Die Brutto-Einfuhren der Bundesrepublik gipfelten 1957 in rund 372.000 Tonnen. An diesem absoluten Höchststand nach dem Kriege war Bremen zu 75 Prozent beteiligt;

Bundeswirtschaftsminister Ludwig Erhard läutet die Glocke und eröffnet damit am 26. Oktober 1956 die Bremer Baumwolltermin-börse

Eine Hieve Baumwollballen schwebt aus dem Schiffsrumpf auf die Kaje im Überseehafen, 1965

Groß- und Außenhandel

Nach dem Wiegen wird dem Baumwollballen im Schuppen eine Probe entnommen, 1962

hinzu kamen die Transitverladungen für Empfänger in Österreich und der Schweiz. Bis Mitte der 1960er Jahre verarbeiteten die deutschen Spinnereien jahresdurchschnittlich ca. 304.000 Tonnen; die Nettoeinfuhren bewegten sich in dieser Zeit in vergleichbarer Größenordnung, ebenfalls der hohe Anteil Bremens mit weit über 70 Prozent.

Vergleicht man indes die Baumwollverarbeitung in Deutschland mit anderen Branchen, zeigt sich, dass ihr Wachstum selbst in den »goldenen fünfziger Jahren« nicht mit der gesamtwirtschaftlichen Dynamik Schritt hielt. Die Zunahme des Baumwollverbrauchs erreichte nur gut 40 Prozent des Wachstums des Bruttoinlandsprodukts, wenn auch mit starken Schwankungen. Denn die Dynamik der Inlandsnachfrage nach Textilerzeugnissen blieb infolge zunehmender Marktsättigung

schon bald hinter anderen Produkten zurück. Weiterhin setzten sich neue textile Rohstoffe, vor allem Chemiefasern, durch. Darüber hinaus führte die Liberalisierung des Außenhandels durch Zollabbau und Reduktion von Einfuhrkontingenten zu verstärkten Bekleidungsimporten. Und schließlich führten ab 1961 die D-Mark-Aufwertungen zu erheblichen Marktanteilsverlusten der deutschen Textilindustrie zugunsten vor allem von Italien, der Niederlande und Frankreich. 1962/63 mussten bereits insgesamt 15 Baumwollspinner und -weber ihre Betriebe entweder schließen oder auf andere Produktionszweige umstellen. Die bremischen Baumwollimporte gingen dementsprechend bereits in den 1960er Jahren von 300.000 auf 250.000 Tonnen zurück.

Die Krise der Textilwirtschaft schlug unmittelbar auf die einst so vitale bremische

Baumwollwirtschaft durch: Gab es im Jahre 1950 noch 83 Einfuhrhändler, Vertreter und Makler in der Hansestadt, ging die Zahl der Unternehmen nach und nach drastisch zurück, bis schließlich nur ein gutes halbes Dutzend übrig blieb (darunter Albrecht Müller-Pearce & Co., Fürst, Papenburg & Co., Otto Stadtlander GmbH und Reinhart GmbH). Die verbliebenen Händler gingen dazu über, Rohbaumwolle vermehrt im Ursprungsland aufzukaufen und diese ohne den Umweg über Bremen direkt an den Abnehmer weiterzuveräußern.

Damit änderte sich auch der Aufgabenbereich der Bremer Baumwollspediteure, die lange das Bild der Häfen mitgeprägt hatten. Ihre Hauptaufgaben bestanden im Empfang der Baumwollpartien bei der Schiffsankunft in den bremischen sowie in anderen europäischen Häfen, in der Bemusterung, Verwiegung, Schadenskontrolle, Klassierung, Einlagerung und im Versand an die Spinnereien. Mit dem Rückgang des Baumwollumschlags und der Umstellung des Baumwolltransports auf Container, in denen fortan die Ballen verstaut wurden, entfielen im Laufe der Zeit

Probenkasten der Bremer Baumwollbörse mit der Übersicht von Qualitäten aus den wichtigsten Anbauländern (Nord- und Südamerika, Afrika und Griechenland)

viele hafenspezifische Tätigkeiten wie die des Küpers, der Proben zog und die einzelnen Ballen verwog, und des mit der Qualitätskontrolle betrauten Klassierers. Denn die Container werden erst in der Spinnerei geleert, wodurch auch in Bremen Schuppen- und Speicherkapazitäten überflüssig wurden. Gleichwohl konnte sich Bremen seine Bedeutung für den internationalen Baumwollhandel dadurch sichern, dass sich die hiesige Baumwollwirtschaft durch Dienstleistungen rund um die Baumwolle, vor allem in Forschung und Qualitätssicherung und -bestimmung, neue Wachstumsfelder erschloss.

Wolle und Jute

Der Bremer Wollhandel sicherte seine Bedeutung vor allem durch ein breites Sortiment und den hohen Qualitätsstandard der hier gehandelten Wolle, zu dem auch das Faserinstitut in der Bremer Baumwollbörse mit seiner Qualitätsarbitrage beitrug. Zwischen 1950 und 1971 konnte der Wollimport über die bremischen Häfen von 76.000 Tonnen auf 100.000 Tonnen gesteigert werden. Im gleichen Zeitraum nahm die Einfuhr von Jute, Flachs, Hanf und Hart-

Mitarbeiter der Firma Kühne & Nagel klassieren im Probenzimmer der Bremer Baumwollbörse

Groß- und Außenhandel

Die Norddeutsche Wollkäm-
merei in Bremen-Blumen-
thal von der Weser aus gesehen, vor 1949

fasern, die als Rohstoff in der Industrie vielfältige Verwendung fanden, sogar um das Dreifache zu, fiel aber dann bis Mitte der 1970er
Jahre wieder stark ab.

Seither erging es dem Wollimport ähnlich
wie dem Baumwollhandel: Er litt unter dem
Vordringen synthetischer Fasern ebenso wie
unter der sinkenden Wettbewerbsfähigkeit
der deutschen Wollindustrie, die ihren Markt
zunehmend an ausländische Konkurrenten
verlor. Außerdem kam es zu Standortverlage-
rungen in Billiglohnländer. Dementsprechend
nahm auch die hafenwirtschaftliche Bedeutung der Wolle ab, zumal sie mehr und mehr
in Containern verschifft wurde. Von den in
den 1950er Jahren noch etwa 30 Unternehmen
des bremischen Wollhandels musste der Großteil aufgeben. Einige Händler erschlossen sich
rechtzeitig neue, zukunftsträchtige Märkte; so
handelt heute einer der einst größten deutschen Wollimporteure, das über 200 Jahre alte
Handelshaus W. A. Fritze, weltweit mit Papier,
speziell mit Lebensmittelverpackungspapieren,
besonderen Kartonsorten und Wellpappenroh-
papieren. Auch die traditionsreiche Wollfirma
Stucken & Co nahm nach dem Kriege ihre
Geschäfte wieder auf. Um die Wollversorgung
des Mutterhauses zu sichern, erfolgte 1950 die
Gründung eines Unternehmens in Südafrika,
das sich von einem Ein-Mann-Betrieb zum
größten südafrikanischen Wollexporteur und
-verarbeiter entwickelte. Im Zuge des sich in
den 1960er Jahren verschärfenden interna-

tionalen Wettbewerbs spezialisierte sich das
Unternehmen zusätzlich auf den Import von
Tierhaaren (als Rohstoff für die Teppichindus-
trie und für Einlagestoffe), auf den Import von
Menschenhaaren für Perücken und schließlich
auf den Handel hochwertiger feiner Fasern wie
Kaschmir, Kamelhaar, Angora, Mohair und
Alpaca sowie auf ein begrenztes Sortiment an
pflanzlichen Fasern.

Die Bremer Woll-Kämmerei (BWK) musste
sich nach 1945 neue Absatzmärkte erschließen,
weil der »Eiserne Vorhang« zum Verlust von
70 bis 80 Prozent ihres Vorkriegsabsatzmarktes
geführt hatte. Die Produktionsanlagen, die
während des Krieges unter Zweckentfremdung
gelitten hatten, wurden nach der Währungsreform rasch modernisiert und erlaubten
große Produktions- und Absatzsteigerungen.
Zug um Zug nahm die Beschäftigtenzahl bis
auf einen Höchststand von 4950 (1957) zu.
Das Unternehmen zahlte seinen Aktionären
Dividenden zwischen vier und zehn Prozent.
Mit zunehmender Verknappung von Arbeitskräften, steigenden Löhnen und wachsender
internationaler Konkurrenz begann die BWK
– wie auch die Nordwolle – seit 1959 Teile der

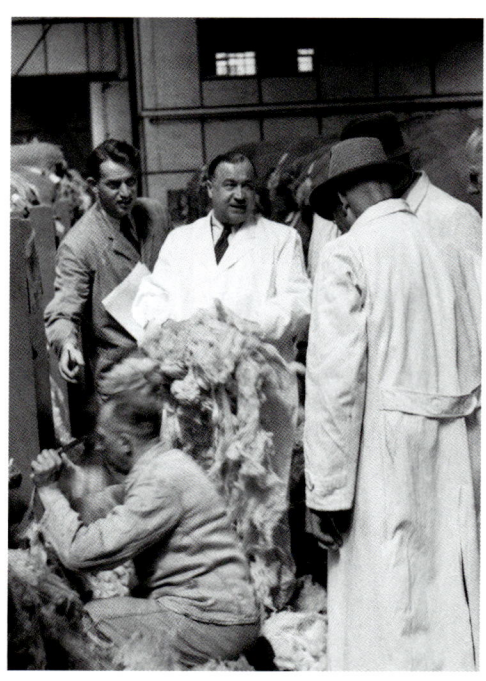

Wollauktion in Bremen-
Nord, 1950

Stammbelegschaft durch gezielt angeworbene, vergleichsweise niedrig entlohnte »Gastarbeiter« zu ergänzen. Zwischen 1955 und 1965 nahmen gleichwohl die Personalkosten der BWK drastisch zu. Zusätzlich zum Lohnanstieg verteuerte sich der Energieverbrauch erheblich, und gleichzeitig begannen ab 1961 die Aufwertungen der D-Mark die internationale Konkurrenzfähigkeit des Unternehmens zu belasten. Infolgedessen revidierte das Unternehmen seine Investitionspolitik und ging mit verstärkter Automatisierung von der bisher eher arbeitsintensiven zu kapitalintensiver Produktion über, mit der Folge enormer Rationalisierungssprünge und Produktivitätsfortschritte. Während das Unternehmen in den 1950er Jahren noch mit einem Investitionsvolumen von 32 Millionen D-Mark ausgekommen war, stieg dieses in den 1960er Jahren auf 87 Millionen D-Mark. Durch neue, hochrationelle Produktionsanlagen wurde u.a. die Handsortierung der Wolle (in der bis dahin bis zu 800 Arbeitskräfte beschäftigt waren) überflüssig; darüber hinaus wurden die Wollverkämmung und die Rohwollwäsche weitestgehend automatisiert und die Produktion von der Kammzugherstellung auf Kammzugveredelung umgestellt. Zugleich erweiterte die BWK infolge des Vordringens von Synthetics ihr Produktionsprogramm um die Chemiefaserverarbeitung, um wenig später auch diesen Produktionszweig weitestgehend zu automatisieren.

Insgesamt konnte die Produktion der BWK seit Ende der 1950er Jahre bei sinkender Beschäftigtenzahl erheblich gesteigert werden. Die Mitabeiterzahl fiel von knapp 5000 (1957) auf rund 1900 (1971) zurück und nach einer vollständigen Neuanlage der Rohwollwäsche und Rohwollverarbeitung 1972 schließlich sogar auf rund 1000 (1975). Der personelle Aderlass betraf in erster Linie Un- und Angelernte und damit zu einem großen Teil ausländische Arbeitskräfte.

Die Bremer Jute-Spinnerei und -Weberei spezialisierte sich nach Überwindung des Devisenmangels und der dadurch ermöglichten Wiederaufnahme der Juteeinfuhr u.a. auf die Herstellung von Jutebreitgeweben für Teppichböden, um so die »Einrichtungswelle« zu nutzen. Die wachsende Verarbeitung von Jute in den Erzeugerländern und rückläufige Aufträge zwangen 1959 zur Zusammenlegung von Produktion und Verwaltung am Standort Delmenhorst und einer Produktionsausweitung auf Folien, synthetische Gewebe und Textiltapeten.

Kaffee, Tee und Kakao aus Bremen

Weil bis zur Währungsreform für den regulären Import kaum Devisen zur Verfügung standen, blieb Bohnenkaffee zunächst äußerst knapp. Er entwickelte sich deshalb zu einem besonders begehrten und entsprechend teuren Objekt des Schwarzmarkts und war für breite

Küper und Lehrling beim Ziehen von Kaffeeproben

Kaffee HAG
wieder in Friedens-Qualität

ECHTER BOHNEN KAFFEE
COFFEINFREIER KAFFEE
KAFFEE HAG
GARANTIERT COFFEINFREI

Kaffee-HAG-Plakat von 1950. Vor Wiederaufnahme der Herstellung hatten viele Genussmittelfirmen Ersatzprodukte angeboten

1966 kaufte Jacobs das 3000. Auslieferungsfahrzeug, die »Jacobs-Hummel«. Mehr als 100 fuhren für eine Firmenveranstaltung in der Stadthalle auf die Bürgerweide

Kreise der Bevölkerung unerschwinglich. Als Kaffeeersatzmischung wurden alle möglichen heimischen Rohstoffe, darunter Zichorien, Zuckerrübenschnitzel, Gerste und Roggen zu »Muckefuck« verarbeitet. Mit der Verfügbarkeit über Devisen kam der Kaffeeimport bereits 1948 kurz nach der Währungsreform wieder in Gang. Schrittweise wurden die auf dem Kaffee lastenden Verbrauchssteuern von ursprünglich 30 D-Mark bis auf drei D-Mark 1953 gesenkt, vor allem als Reaktion auf die schädigenden Wirkungen des Kaffeeschmuggels. Damit wurde der Grundstein für die positive Konsumentwicklung gelegt. Die Kaffee-

wirtschaft profitierte zudem von der hohen Einkommenselastizität ihres Produkts, dessen Konsum als Prestigeobjekt des Wirtschaftswunders sehr viel schneller zunahm als die privaten Einkommen. Erst Mitte der 1960er Jahre begann der deutsche Kaffeemarkt bei rund fünf Kilogramm Jahresverbrauch pro Kopf zu stagnieren. Das in den bremischen Häfen umgeschlagene Importvolumen stieg im Laufe der Zeit von 8000 Tonnen (1950) über 69.000 Tonnen (1960) auf 176.000 Tonnen (1972).

Die breit strukturierte Bremer Kaffeewirtschaft profitierte vom Kaffee-Boom außerordentlich. 1955 weist das Bremer Adressbuch bereits wieder 56 Kaffeeimportfirmen, Rohkaffeemakler und -agenten aus, dazu 61 Großhändler, 103 Röstereien und 171 Versender. Bremen entwickelte sich noch vor Hamburg zum größten deutschen Kaffeeplatz. Während das Gros der Kleinröster ihren Kaffee beim bremischen Importhandel einkaufte, bevorzugten die größeren Röster den Direktimport. Letztere entwickelten zugleich neue Vertriebswege mit innovativen Marketing-Strategien und rationalisierten ihre Produktionsprozesse mit hohem Kapitaleinsatz. Diesem Trend fielen bald die meisten mittelständischen Betriebe zum Opfer, sodass die Zahl der Kaffee-Firmen ungeachtet des expandierenden Verbrauchs stark zurückging. So sank die Zahl der bremischen Kaffeeimporteure bis 1970 auf 31. Stärker noch brach der Kaffeeversand ein: Die Zahl der in der Regel kleingewerblichen Kaffeeversender ging von 150 (1950) auf einen Bruchteil davon in den 1970er Jahren zurück. Die überlebenden Unternehmen wichen in

Marktnischen und spezialisierte Vertriebswege (darunter die spezielle Belieferung von Großverbrauchern und Gastronomie) aus. Andere Firmen wurden von Großröstern aufgekauft. In den 1960er Jahren teilten sich schließlich fünf Großröster 65 Prozent des deutschen Marktes.

Von den verbliebenen bremischen Röstereien erlangten Eduscho, Jacobs, Kaffee HAG und Melitta/Ronning den höchsten Bekanntheitsgrad. Eduscho verdankte seine Expansion vor allem dem Vertrieb über eigene Filialen und Depots in Bäckerei-Fachgeschäften sowie dem Kaffee-Versand. Die den Verbrauchern versprochene »Frischegarantie« und die eigenständige Distribution veranlassten zum Aufbau einer neuartigen, raffinierten Logistik. Durch die Aufnahme von »Non-Food-Artikeln« in das Sortiment der Filialen wurden neue Kunden angesprochen und der Umsatz gesteigert. Jacobs wurde nicht nur durch die Qualität und Diversifikation seiner Markenprodukte, sondern darüber hinaus durch Stil prägende, kreative Werbung und durchrationalisierte Außendienstorganisation zum größten deutschen Kaffeeröster. Das ausgefeilte Distributionssystem des Unternehmens (mit den »Jacobs-Hummeln« genannten schwarz-gelben Volkswagen-Transportern) wurde ebenso beispielgebend wie die Nutzung neuer Medien, die kreative Namensgebung (»Krönung«), griffige Slogans (»Jacobs Kaffee ... wunderbar!«) und die den Zeitgeist abbildenden Prototypen der Werbespots. Produziert wurde sowohl in Bremen als auch (seit 1962) in Berlin. Bereits 1960 beschäftigte das Unternehmen 1640 Personen, um 1970 waren allein 1900 Außendienstmitarbeiter mit der Distribution des Sortiments beschäftigt.

Kaffee HAG konnte nach dem Krieg an seine Erfolge mit der Produktion entcoffeinierten Kaffees und dem kakaohaltigen Getränkepulver »Kaba« anknüpfen und sein Sortiment um den koffeinhaltigen Kaffee »Onko« erweitern. Ähnlich erfolgreich war der Kaffeeröster Ronning; das Unternehmen wurde 1966 von der Mindener Melitta-Gruppe erworben, die

später ihre Kaffee-Aktivitäten vollständig am Standort Bremen konzentrierte. Die großen Kaffeeröster expandierten in den 1960er Jahren und trugen mit Produktinnovationen und kreativer Werbung maßgeblich dazu bei, dass Bremen sich im Nahrungs- und Genussmittelsektor zur deutschen »Markenhauptstadt« entwickeln sollte.

Neben dem enormen Konzentrationsprozess in der Kaffeewirtschaft, dem im Laufe der Zeit die meisten mittelständischen

Walther J. Jacobs

* 17.3.1907, Bremen
† 4.6.1998, Bremen

Jacobs trat 1930 nach einer Kaufmannslehre in das Kaffeegeschäft seines Onkels ein. Er hatte zuvor in einer Braunschweiger Kaffeerösterei und anderthalb Jahre in den USA gearbeitet. Seine dort erworbenen Kenntnisse setzte er im eigenen Unternehmen um und baute es zügig aus. Im Zweiten Weltkrieg wurden die Werksanlagen weitgehend zerstört, erst 1948 konnte wieder Bohnenkaffee produziert werden. Jacobs hatte wesentlichen Anteil daran, dass Kaffee sich zum Symbol des Wirtschaftswunders entwickelte. 1958 wurde er Alleininhaber des Unternehmens, das er bis zur Übergabe an seinen Sohn 1970 leitete. 1966 übernahm Jacobs für zwei Jahre das Amt des Präses der Handelskammer Bremen. Er war im Vorstand des Kunstvereins und schenkte der Kunsthalle eine Reihe von Kunstwerken. Jacobs wurde auch durch die Erfolge seines Gestüts (»Fährhof«) in Sottrum und seine Begeisterung für den Galopprennsport bekannt. Für seine Verdienste darum wurde er 1986 mit dem Bundesverdienstkreuz ausgezeichnet.

Groß- und Außenhandel

Pralinienherstellung am
Fließband im Hachez-Werk
an der Westerstraße, um
1950

Unternehmen infolge fehlenden Kapitals für Entwicklungsvorhaben, Werbeoffensiven und Investitionen zum Opfer fielen, ist der Verlust an Entscheidungszentralität der verbliebenen Großunternehmen auffallend: Fast alle bremischen Firmen wurden im Laufe der Zeit von auswärtigen und ausländischen Konzernen übernommen oder verlagerten ihre Zentralen von Bremen ins Ausland. Ungeachtet dieser Entwicklung einschließlich der Verlagerung von Röstbetrieben an andere Standorte, besonders Berlin, konnte Bremen seine Position als deutsche »Kaffeehauptstadt« behaupten, weil nach wie vor der Löwenanteil des in Deutschland verarbeiteten und verbrauchten Kaffees über Bremen eingeführt, behandelt, gelagert und vermarktet wird, unter maßgeblicher Mitwirkung hier ansässiger Logistik-Unternehmen wie Berthold Vollers und J. Müller Weser.

Wenngleich nicht so bedeutsam wie die Bremer Kaffeewirtschaft, kamen auch die bremischen Teefirmen nach dem Krieg wieder ins Geschäft. Bereits 1946 erhielten bremische

Teeimporteure erste Lizenzen für die Tee-Einfuhr; zu einer spürbaren Wiederbelebung kam es allerdings erst nach der Währungsreform und der Abschaffung der Devisenzwangswirtschaft. Die traditionellen Tee-Importhäuser wie Paul Schrader & Co. oder W. B. Michaelsen & Co. nahmen ihre Handelsverbindungen zu den Teeanbauländern wieder auf und erweiterten bzw. diversifizierten im Laufe der Zeit ihr Sortiment für den Fach- und Großhandel durch neue Mischungen bis hin zu Kräuter-, Früchte- und Arzneiteesorten. Die Firma roha arzneimittel konnte mit der Herstellung hochwertiger Naturheilmittel auf pflanzlicher Basis, darunter vielfältigen Teesorten, nach Überwindung der üblichen Anlaufschwierigkeiten an ihre Vorkriegstradition anknüpfen und kräftig expandieren. Darüberhinaus starteten spezialisierte Teepacker und -versender neu.

Die überragende Bedeutung der Branche für die bremische Wirtschaft in den ersten Nachkriegsjahrzehnten zeigt sich auch in der Beschäftigtenstatistik: Von 1952 bis 1972 nahm die Zahl der in der Kaffee und Tee verarbeitenden Industrie Beschäftigten (ohne Handel) von 1318 auf 8110 Personen, und damit auf annähernd zehn Prozent aller Industriebeschäftigten in der Stadt Bremen, zu.

Kakaoeinfuhr, Kakaohandel und Kakaospedition blieben indes eine Domäne Hamburgs; nur vergleichsweise geringe Mengen liefen über die bremischen Häfen. Sie wurden bei Kaffee HAG zu Kakaopulver der Marke Kaba sowie bei dem renommierten Neustädter Schokoladenhersteller Hachez weiterverarbeitet, der sich durch Spezialisierung auf edle Sorten im Hochpreissegment des Marktes einen Ruf weit über die deutschen Grenzen hinaus verschaffen konnte. Von den Produktionsstätten von Hachez waren bei Kriegsende nur Schutt und Asche übrig geblieben. Da den Bremer Eigentümern das Geld für den Wiederaufbau fehlte, schloss sich das Unternehmen (mit einem Beteiligungsverhältnis von 50:50) mit der Zuckerraffinerie Tangermünde zusammen, die über die erforderliche Liquidität verfügte. Gemeinsam wurde das Bremer Werk neu aufgebaut und die Produktion von Edelschokolade (mit der eigenen Marke Hachez und der von Tangermünde eingebrachten Marke Feodora) wieder aufgenommen.

Tabak

Bedeutende Handelshäuser wie die Firma Gebrüder Kulenkampff hatten Bremen in der Vergangenheit zu einem Tabakhandelsplatz von globaler Bedeutung gemacht. Das Unternehmen entwickelte sich zum größten europäischen Rohtabakhändler; es belieferte über die deutschen Zigarettenhersteller hinaus große internationale Konzerne sowie die Staatshandelsländer in Mittel- und Osteuropa. In den 1950er Jahren errichtete das Unternehmen zudem eigene Verarbeitungsbetriebe bzw. Aufbereitungsanlagen in den Herkunftsländern des Tabaks. Außerdem wirkte Kulenkampff 1958 zusammen mit dem Bremer Tabak-Handelshaus Hellmering, Köhne & Co., dem Rohtabakhändler Frantz Kragh, einem Bankenkonsortium unter Leitung der Bremer Landesbank und indonesischen Partnern an der Gründung der »Deutsch-Indonesischen Tabakhandelsgesellschaft« mit, deren »Bremer Tabakbörse« sich zum wichtigsten Markt für indonesische Tabake entwickelte und in dieser Funktion Amsterdam ablöste.

1962 erfolgte die Eröffnung des neuen Börsengebäudes im Zollfreigebiet des Europa-

Die 1959 gegründete Bremer Tabakbörse. Der Neubau im Freihafen von 1962, kurz vor der Fertigstellung

Groß- und Außenhandel

Indonesische und deutsche Kaufleute bei der Umschreibung von Tabak, um 1960

hafens, in dem die Verkaufsgeschäfte an Abnehmer aus weiten Teilen Europas durch akkreditierte Maklerfirmen abgewickelt werden. Die Renaissance der Tabakwirtschaft ließ Bremen ab 1956 zum größten Tabakumschlagshafen Europas werden. In den 1960er Jahren nahmen indes der Tabakhandel über Bremen und die hafenwirtschaftliche Bedeutung des Tabaks insgesamt gesehen ab; Gründe waren die Containerisierung des Rohtabaks, der rückläufige Verbrauch von Zigarren, der Aufkauf kleinerer Importhäuser durch große Konzerne und der Rückzug der Zigarettenindustrie aus der Hansestadt.

Tabak wurde wie viele andere Rohstoffe nicht nur über Bremen eingeführt und gehandelt, sondern hier auch verarbeitet. Der größte Tabakverarbeiter in Bremen, die Martin Brinkmann AG an der Dötlinger Straße in Woltmershausen, stellte Rauchtabake und Zigaretten her. Bei dem Neubeginn nach dem Krieg (in dem die Bremer Produktionsanlagen schwere Zerstörungen erlitten und das Unternehmen zudem seine Fabriken in Mitteldeutschland ver-

loren hatte) führte der Firmenchef Wolfgang Ritter u.a. mit der »Texas« die erste deutsche Nachkriegsmarke ein. Der Rohstoff wurde von Orient- auf amerikanische Virginia- und Burley-Tabake umgestellt. Da das Unternehmen als Sponsor des »SV Werder Bremen« fungierte, erhielt das Fußball-Team nach dieser erfolgreichen Marke die Bezeichnung »Texas-Elf«. Weitere Marken folgten, darunter die »Lux Filter« (1955), »Peer Export« (1960) und die »Lord Extra« (1962). Sie trugen, ähnlich wie Kaffee oder Bier aus Bremen, dazu bei, dass sich Bremen zu einer deutschen »Markenhauptstadt« entwickelte. 1960 übernahm Brinkmann die Muratti AG in Berlin und ließ dort die »Lux Filter« produzieren; 1965 folgte die Übernahme der einst bedeutenden »Bremer Rauchtabak-Fabrik C. F. Vogelsang«. Ab 1967 kam es zu einer engen Zusammenarbeit von Brinkmann mit der englischen »Rothmans«-Gruppe, die 1972 in die Übernahme von Brinkmann mündete. 1970 beschäftigte die Tabak verarbeitende Industrie in Bremen insgesamt 2792 Personen.

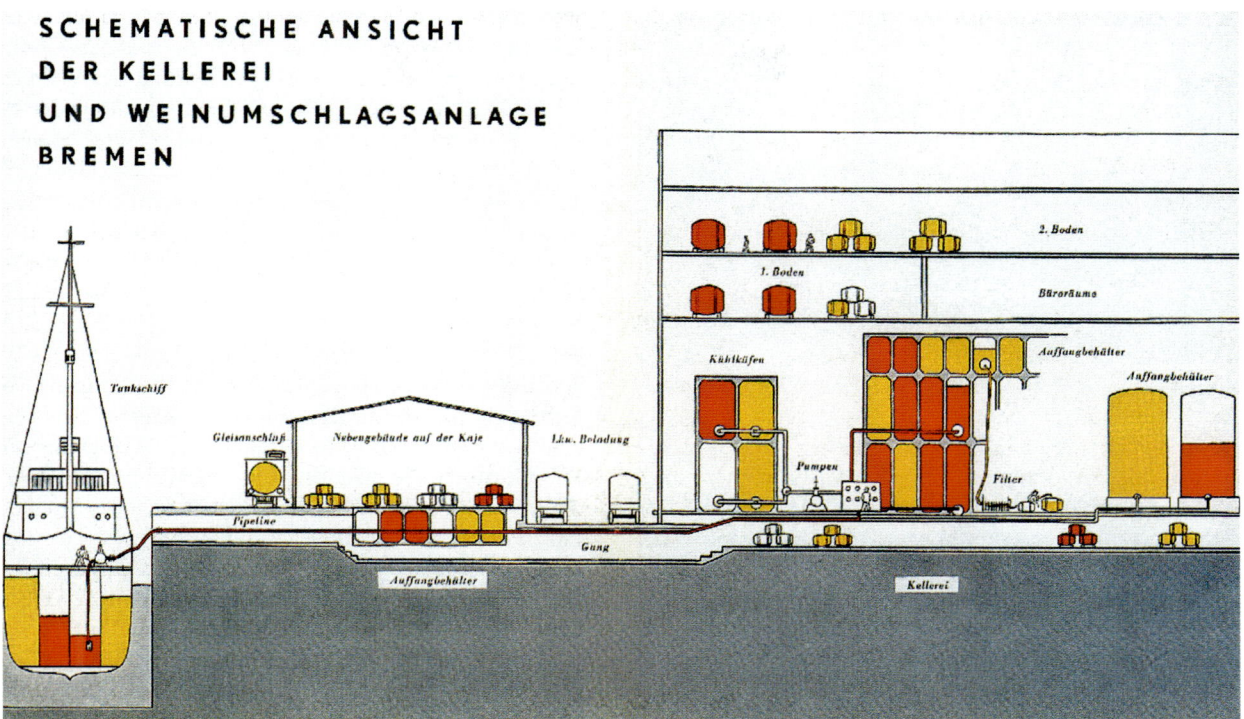

SCHEMATISCHE ANSICHT
DER KELLEREI
UND WEINUMSCHLAGSANLAGE
BREMEN

Wein

Der Weinhandel verlief in den 1950er Jahren zunächst in den gewohnten Bahnen: Weine aus aller Welt wurden in den bremischen Häfen angeliefert, gelagert, gepflegt und von den Importeuren in Flaschen abgezogen, verkorkt und etikettiert. Durch sorgfältige Qualitätskontrollen erwarb sich die »Bremer Abfüllung« einen besonderen Nimbus. Kunden waren vorzugsweise Fachhandel und Gastronomie. Einige Großimporteure unterhielten eigene Spezialtankschiffe, von denen aus der Wein durch Pipelines in die firmeneigenen Weinkeller geleitet wurde. Die größte dieser Anlagen aus dem Jahre 1969 besaß eine Kapazität von 60.000 Liter Wein stündlich und vermittelt eine Vorstellung von der Größenordnung der Umsätze. Große Händler unterhielten eigene Abfüllbetriebe nicht nur in Bremen, sondern auch an anderen, konsumnahen Standorten wie Berlin, Frankfurt und München. Als Ende der 1960er Jahre die Anbauländer dazu übergingen, ihre Weine vor Ort in Flaschen abzufüllen und auf dem Landweg nach Deutschland zu liefern, büßte Bremen seinen Standortvorteil ein. Nachteilig wirkte sich die 1970 in Kraft getretene EWG-Weinmarktordnung aus, die den europäischen Markt vor Drittlandsimporten schützte. Den dadurch ausgelösten Strukturwandel sollten nur wenige Weinhändler überleben.

Moderner Umschlag auch für Wein: Schematische Ansicht und Blick in den Speicher der Weinimportfirma H. Menke

Groß- und Außenhandel

Blick von der A.G. »Weser«
auf den Turm der Getreideanlage. Im Hintergrund die
Mühlenbetriebe am Holz-
und Fabrikenhafen, 1963

Getreide

Bremen konnte durch die US-Hilfslieferungen über die stadtbremischen Häfen und ihren Umschlag durch die Getreideverkehrsanlage (GVA) schon bald an seine Tradition als globaler Getreidehandelsplatz anknüpfen, wenn auch anfänglich unter den Bedingungen zentraler Bewirtschaftung. Die Anlage erlangte für die Sicherstellung der Versorgung der Bevölkerung in den westlichen Besatzungszonen erhebliche Bedeutung. Sie war 1914 bis 1916 im

Hafen III (Getreidehafen) an der Einfahrt zum Holz- und Fabrikenhafen als größte Anlage ihrer Art in Europa errichtet worden. Im Krieg teilweise zerstört, wurde sie nach provisorischer Nutzung 1947 bis 1950 wiederhergestellt und bis Anfang der 1980er Jahre erweitert und modernisiert. Der Betrieb erfolgte durch die Bremer Lagerhausgesellschaft (BLG), die die lukrativen Einnahmen daraus für den Wiederaufbau ihrer weitgehend zerstörten Stückgutanlagen im Europa- und Überseehafen nutzte. Allerdings ging der reine Getreideumschlag über die bremischen Häfen nach der Expansion in der frühen Nachkriegszeit drastisch zurück. Zwischen 1962 und 1970 halbierte sich der überseeische Getreideimport in Bremen.

Der mittelständische bremische Getreidehandel gelangte schon bald unter den Einfluss großer internationaler Konzerne, der manchen Eigentümer zur Geschäftsaufgabe oder zum Zusammenschluss mit den Großen zwang. Der Einsatz immer größerer Massengutfrachter und die Zunahme großvolumiger Lieferverträge überforderten den mittelständischen Handel ebenso wie die Zunahme spekulativer Geschäfte. Zudem setzten die expandierenden Hühner- und Schweinemastbetriebe in Südoldenburg anstelle von Getreide neue Futtermittel wie Soja- und Palmkernschrot ein. Darüber hinaus geriet der Getreidehandel mit der Getreidemarktordnung von 1967 in den Sog des europäischen Agrarprotektionismus, der die Europäische Wirtschaftsgemeinschaft vom Getreideimport- zum Getreideexportland werden ließ. Seither wurde wieder mehr überschüssiges europäisches Getreide von den Mastbetrieben im südoldenburgischen Hinterland verfüttert; zugleich drängte der Hafen Brake mit seinen modernen Umschlagsanlagen zulasten Bremens in den Vordergrund. Dies alles blieb nicht ohne Rückwirkungen auf die Nutzung der GVA, in der bei sinkendem Umschlag neben Futtermitteln nunmehr vor allem Getreide aus Interventionen der Bundesanstalt für Ernährung und Landwirtschaft sowie Rohstoffe ortsansässiger weiterverarbeitender Betriebe gelagert wurden.

Blick vom Turm der 1947 bis
1950 wieder hergestellten
Getreideanlage nach Südosten, Mitte der 1950er Jahre

Blick vom Hafenhochhaus in Richtung Holz- und Fabrikenhafen. Am rechten Bildrand die Rolandmühle Erling & Co., daneben die Hansa-Mühle, oben links: Kaffee HAG, 1965

Zu den letzteren gehören Rickmers Reismühle und Kellogg, die Vitakraft-Werke, das Kraftfutterwerk Reco und die Rolandmühle. Rickmers Reismühle nahm nach dem Krieg mit verbesserter Rohstoffversorgung den Betrieb wieder auf; 1962 wurde ihr der Vertrieb der Produkte des amerikanischen Cerealien-Herstellers Kellogg auf dem westdeutschen Markt übertragen. Ein Jahr später übernahm die neu gegründete Kellogg Deutschland das Bremer Unternehmen und begann auf dessen Gelände mit der Produktion ihres Markensortiments; in der Folgezeit konnte das amerikanische Unternehmen seinen Absatz auf dem deutschen Markt durch neue Produkte und kreatives Marketing wesentlich vergrößern, sodass erhebliche Kapazitätserweiterungen erforderlich wurden. Auch die Firma Vitakraft-Werke Würmann & Sohn begann nach Wiederherstellung ihrer zerstörten Gebäude wieder mit der Produktion von Futter für Vögel und Nagetiere und knüpfte mit innovativen Vermarktungsstrategien an ihre Erfolge als »Pionier der Heimtierbranche« in Deutschland an. Außerdem wurde die 1897 errichtete Bremer Rolandmühle nach dem Krieg in Regie der Gründerfamilie Erling (die 1832 die Mühle am Wall hatte errichten lassen) schnell wieder zu einem der größten europäischen Produzenten von Mehl und zum Lieferanten für das Bäckereihandwerk und die Lebensmittelindustrie. Für sämtliche Unternehmen des Getreideimports und der Getreideverarbeitung blieb die Anbindung an den Hafen ein wichtiger Standortvorteil.

Holz

Begünstigt durch ihre Lage am seeschifftiefen Wasser sowie durch die im »Wirtschaftswunder« boomende Nachfrage nach Holzfußböden, Einrichtungen und neuen Möbeln, zählten bei der Verarbeitung von nordischem Schnittholz die großen Bremer Säge- und Hobelwerke bald zu den leistungsfähigsten in Europa. Das Werk des Bremer Holzhändlers Louis Krages setzte sich sogar an die Spitze aller Betriebe auf dem europäischen Kontinent. Zum Produktionsprogramm des auch an anderen Standorten produzierenden Unternehmens gehörte neben Spanplatten u.a. der legendäre Fußbodenbelag Duroleum. Die Erzeugnisse der Krages-Gruppe wurden zentral durch die Deutsche Duroleum GmbH in Bremen vertrieben. Allgemein (und über Fachkreise hinaus) bekannt wurde der Name Krages durch den Nachfolger von Louis Krages, Hermann D. Krages (1909–1992), der nicht nur

Groß- und Außenhandel

Stamm auf dem Gelände des Furnierwerks Miltenberg & Kriete im Industriehafen. Der weiße Kreis kennzeichnet den bedeutenden Mangel eines Ringrisses, 1957

das väterliche Unternehmen erfolgreich weiter führte, sondern darüber hinaus mit Aktienspekulationen Millionengewinne erzielte und sich dabei als Außenseiter in spektakulären Auseinandersetzungen besonders mit den Ruhrkonzernen und den Großbanken zum Sachwalter von Aktionärsinteressen profilierte. In weiser Voraussicht hatte er vor der Währungsreform mit weitgehend wertloser Reichsmark vor allem Montanaktien aufgekauft und die hohen Gewinne, zusammen mit den Erträgen aus dem boomenden Holzgeschäft, in weitere Beteiligungen investiert.

Seit Ende der 1950er Jahre begann der Import und Umschlag von tropischem Rundholz (insbesondere aus Afrika und Südostasien), aus dem Furniere und andere hochwertige Holzprodukte vor allem für die Möbelindustrie gewonnen wurden. Auch in Bremen gab es zu dieser Zeit zwei bedeutende Furnierhersteller, während die Weiterverarbeitung zu Sperrholz in speziellen Werken vor allem in Westfalen erfolgte.

Luftaufnahme vom Gelände der Holzhandlung Hinrich Feldmeyer an der Ladestraße, um 1955

Zum größten Importeur von Tropenholz entwickelte sich die 1912 gegründete Bremer Firma Hinrich Feldmeyer. Sie erwarb (im Unterschied zu den Hamburger Konkurrenten) vor allem in Afrika eigene Konzessionen für den Holzeinschlag und gediegene Marktkenntnisse durch Präsenz vor Ort. In den »goldenen« 1970er Jahren des Tropenholzhandels belieferte Feldmeyer neben inländischen Kunden auch die Staatshandelsländer Osteuropas sowie Abnehmer im Iran und Argentinien. Die großen Erfolge führten dazu, dass Bremen bald Hamburg als Haupteinfuhrhafen von Tropenholz ablöste.

Mit der Röchling-Anlage, die von der Röchling-Tochter Brehola (Bremer Holzumschlag- und Lager GmbH) betrieben wurde, stand der bremischen Holzwirtschaft im Hafen ein leistungsfähiger Umschlagsbetrieb für Rundholz mit großen Holzlagerplätzen zur Verfügung. Um 1970 belief sich das über die Röchling-Anlage umgeschlagene Rundholz auf 40 bis 50 Prozent der westdeutschen Gesamteinfuhr. Das gelöschte Holz wurde größtenteils vom Seeschiff ohne Zwischenlagerung sofort und unbehandelt auf andere Transportmittel (Binnenschiff, Bahn, Lkw) verladen und zu den inländischen Kunden (Sperrholzfabriken, Türenwerke, Furnierhersteller, Möbelindustrie, Sägeindustrie, Handel usw.) befördert; der Rest verblieb auf Abruf am Lager der Händler oder wurde in bremischen Betrieben weiterverarbeitet. Neben

Schnittholz und Rundhölzern wurde auch Papier- und Grubenholz über die bremischen Häfen eingeführt, hier allerdings im Wege des Direktimports durch die weiterverarbeitenden Zechen und Papierfabriken ohne Einschaltung der bremischen Handelshäuser.

Die Beschäftigtenzahl in der holzverarbeitenden Industrie in der Stadt Bremen belief sich 1952 auf 1393. Sie stieg danach auf 1493 (1956) und 1454 (1960), um bis 1970 auf 992 zurückzufallen. Der Boom auf dem inländischen Holzmarkt begann sich bereits in den 1960er Jahren abzuschwächen. Die Unternehmen mussten sich von nun an den Herausforderungen eines sich verstärkenden Strukturwandels sowohl auf der Beschaffungs- als auch auf der Absatzseite stellen.

Früchte

Zu Beginn der 1950er Jahre normalisierte sich auch der Fruchthandel. Von seinen traditionellen Absatzmärkten in Mitteldeutschland und Mittelosteuropa blieb er indes weiterhin abgeschnitten. Erst 1955 wurden die Fruchtimporte vollständig freigegeben und im selben Jahr konnten in Bremen die neuen Anlagen und Gebäude des Fruchthofs am Breitenweg eingeweiht werden. Etwa die Hälfte aller auf dem Seeweg transportierten Südfrüchte kam nun über die bremischen Häfen in die Bundesrepublik. Die Banane wurde zum Symbol des Wirtschaftswunders; ihre Vermarktung durch den Bremer Fruchthandel trug zum hervorragenden Ruf der Hansestadt ebenso bei wie die »Borgward-Isabella« oder der Bremer Kaffee.

Gemeinsam mit anderen Unternehmen bildete die Scipio-Gruppe, das bekannteste Unternehmen des bremischen Fruchthandels, zu dem auch die Atlanta AG gehörte, den Bremer Fruchthof. Bereits in den 1950er Jahren entwickelte sich dieser zum größten europäischen Fruchtimport- und Großhandelsunternehmen. 1955 legte die Scipio-Gruppe den Grundstein für eine eigene Fruchtflotte, deren moderne Kühlschiffe sie bei Bremer Werften bauen ließ.

Zu dieser Zeit beschäftigte die Scipio-Gruppe in Handel, Spedition, Reederei, eigener Druckerei und anderen Bereichen insgesamt rund 2000 Menschen. Doch der beginnende europäische Agrarprotektionismus warf auch im Fruchthandel erste Schatten: Die bisher abgabenfreie deutsche Bananeneinfuhr drohte mit der von anderen Mitgliedsländern angestrebten Einführung eines Zolls auf Drittlandsbananen beeinträchtigt zu werden. Durch ein gesondertes »Bananenprotokoll« konnte diese Gefahr auf Betreiben der Bundesregierung vorläufig abgewendet und die Zollfreiheit von

Oben: Heiß begehrte Ware: Die Fruchtauktion am 21. November 1952 geriet zur »Apfelsinenschlacht«, berichteten die »Bremer Nachrichten«

Unten: Viel Verkehr auf dem Fruchthof, im Hintergrund Hauptbahnhof und Übersee-Museum, 1953

Groß- und Außenhandel

Fruchtauktion und Frucht-
verkostung Anfang der
1960er Jahre

Bananeneinfuhren im Rahmen eines jährlich
neu ausgehandelten Freikontingents zunächst
erhalten werden.

Zur Warenbeschaffung und -vermittlung
waren ständig Mitarbeiter der Scipio-Gruppe
in den Anbaugebieten der Welt unterwegs.
Darüber hinaus wurden Auslandsagenturen
und Vertretungen ausländischer Fruchtexpor-
teure in die Beschaffung eingeschaltet. Eine
lückenlose Transportkette ebnete der Frucht
den Weg von der Plantage bis in die Hand des
Verbrauchers. Stauereibetriebe und Fruchthof-

Vom Bananenbüschel zum
»Bananenkarton«. Eisen-
bahnverladung mit mobi-
lem Rollband, Ende der
1960er Jahre

speditionen sorgten für die organisatorische
Abwicklung, die Bremer Lagerhausgesellschaft
(BLG) stellte die Umschlagskapazitäten zur
Verfügung und die Deutsche Bundesbahn
setzte neu entwickelte Spezialwaggons für
den Transport auf der Schiene ein. Darüber
hinaus bewältigten 350 Lastkraftwagen des
firmeneigenen Fuhrparks einen großen Teil
des Warenversands.

Zunächst als reine Fruchtspedition wurde
1967 die Heuer-Gruppe als Tochterunternehmen des Bremer Fruchthofverbunds gegründet; im Zuge einer kräftigen Expansion
erweiterte sie ihre Aktivitäten vom bloßen
Umschlag um Klimalagerung, Reiferei, eine
Schifffahrtsagentur und ergänzende logistische Leistungen.

Im Januar 1967 führte die United Fruit
Company auf der Grundlage einer Neuzüch-
tung eine Banane mit dem Label »Chiquita«
auf dem deutschen Markt ein. Sie wurde nicht
mehr in Büscheln verschifft und nach einem
längeren Reifungsprozess in Holzkisten an
den Handel weitergereicht, sondern bereits im
Herkunftsland in normierte Kartons verpackt,
die sich leichter laden und löschen ließen. Die
Vermarktung der »Chiquita« in Deutschland
übernahm die Scipio-Gruppe und sie band
prominente Schauspieler und Sänger in ihre

Kampagnen ein. Für eine Stabilisierung des Absatzes sorgte eine geschickte Marken-Strategie: Das »1x1«-Warenzeichen garantierte überall gleich bleibende Qualität zu einem Einheitspreis, dazu wurden in 50 Niederlassungen Reifestationen, umfassende Lager- und Kühlkapazitäten mit Packstationen und eigenen Gleisanschlüssen eingerichtet.

Insgesamt zeichnete sich indes beim Verbrauch von Südfrüchten seit Ende der 1960er Jahre eine deutliche Abschwächung des Wachstums ab, die auch die Einfuhr über die bremischen Häfen nicht verschonte. Der Markt trat nach einer Verzehnfachung zwischen 1950 und 1965 in eine Sättigungsphase ein. Hohe Wachstumsraten ließen sich nunmehr nur noch mit bisher weniger bekannten »exotischen« Früchten erzielen.

Als Wachstumsbremse wirkte sich seit 1968 auch die Verwirklichung der EWG-Zollunion und die Einführung von europäischen Agrarmarktordnungen aus; sie führten dazu, dass Früchte aus Drittländern, zum Beispiel Apfelsinen aus Israel, zur Stabilisierung des hohen Preisniveaus in der EWG mit hohen Zöllen bzw. Ausgleichsabgaben belegt wurden. Ausgenommen blieb vorläufig noch die Zollfreiheit von Bananen durch das Bananenprotokoll. Da sich mit der zunehmenden Einfuhr von EWG-Produkten in den 1960er Jahren gleichzeitig eine Tendenz zum Transport auf dem Landweg durchsetzte und die Geschäfte häufig über Agenturen und Niederlassungen abgewickelt wurden, verloren auch die Bremer Fruchtauktionen als traditionelle Vertriebsform an Bedeutung.

Bier aus Bremen

1953 eröffnete Beck & Co. eine Dosenabfüllanlage, mit deren Produkten vor allem der amerikanische Markt versorgt wurde. Mit griffigen Slogans wie »Beck's Bier löscht Männerdurst« (seit 1955) und Fernsehspots (seit 1958) gelang es der Brauerei, ihren Marktanteil stetig zu erweitern. Die Erfolge dieser Strategie schlu-

gen sich in raschen Produktionssteigerungen nieder: Zwischen 1960 und 1964 stieg der Inlandsabsatz von 100.000 auf fast 250.000 Hektoliter, wobei die Inlandsverkäufe erstmals den Export übertrafen. Im selben Jahr wurde eine von der Gründerfamilie unabhängige Geschäftsleitung bestimmt. Verpackungsinnovationen trugen zusammen mit weiteren erfolgreichen Werbekampagnen dazu bei, dass der Ausstoß im Jahre 1973 eine Million Hektoliter überschritt, wovon jeweils rund die Hälfte auf den Inlandsabsatz und den Export entfielen. Zug um Zug mit den Markterfolgen stieg die Beschäftigtenzahl in beachtlicher Größenordnung. Eine kleineres bremisches Unternehmen, die Germania Brauerei C. Dressler an der Hohentorstraße in der Bremer Neustadt, ging 1954 in den Besitz der Hamburger Holstenbrauerei über und wurde Anfang der 1980er Jahre geschlossen.

Das Gelände von Beck & Co. am Neustädter Weserufer, darüber die Germania-Brauerei C. Dressler an der Hohentorstraße, Mitte der 1950er Jahre

Groß- und Außenhandel

WIRTSCHAFT

Einzelne Handelshäuser

Neben den auf Traditionsgüter spezialisierten Firmen konnten auch andere bedeutende Handelshäuser an ihre Vorkriegserfahrungen und -verbindungen anknüpfen und nach der Währungsreform von der Lockerung der Devisenbewirtschaftung, der Liberalisierung des Außenhandels und dem Einsetzen des »Wirtschaftswunders« profitieren.

Das weit über Bremen und Deutschland hinaus bekannte, traditionsreiche Handelshaus Melchers & Co. (gegr. 1806) hatte nach dem Krieg seine stattlichen Besitzungen in China, nicht aber Optimismus und Tatkraft seiner Inhaber und Mitarbeiter verloren. Um das bis zur Neueröffnung der Repräsentanz (1979) zwischenzeitlich geringe Handelsvolumen mit China zu kompensieren, wurden in den 1950er und 1960er Jahren das Geschäft mit Japan-Importen und weitere Aktivitäten im Asienhandel aufgenommen. Melchers entwickelte sich durch Veredelung und weltweiten Handel mit bestimmten Rohprodukten (z.B. Farbsteine für die Schmuckindustrie), Import und Vertrieb asiatischer Konsumgüter sowie den Export von Maschinen und Luxusgüter erneut zu einem führenden deutschen Asienhandelsunternehmen und sicherte Bremen, neben dem den Ostasienhandel beherrschenden Hamburg, einen entsprechenden Ruf.

Für Melchers war auch Martin Stürcken längere Zeit in China tätig gewesen. Im Jahr 1949 gründete er eine eigene Im- und Exportfirma, Martin Stürcken & Co. Sie erlebte ihren entscheidenden Durchbruch bereits 1949/50 mit einem Aufsehen erregenden Gegenseitigkeitsgeschäft mit Brasilien, bei dem Daimler-Benz-Fahrzeuge gegen Sisal getauscht wurden, und zwar erstmalig ohne Beteiligung der JEIA. 1952 gelang ihr zudem der erste Vertragsabschluss zwischen einem bundesdeutschen Untenehmen und der Volksrepublik China: Im Rahmen eines Gegenseitigkeitsgeschäfts wurden für beträchtliche 15 Millionen D-Mark Sojabohnen aus China gegen diverse deutsche Industriezeugnisse getauscht. 1954 erschloss sich Stürcken durch Übernahme des 1873 in

Die Belegschaft von Melchers & Co., Hongkong, 1960

Bremen gegründeten Handelshauses Freudenberg & Co. neue Märkte vor allem in Ceylon; außerdem vereinbarte das Unternehmen ein erstes Reisabkommen mit Birma, dem damals größtem Reisexporteur der Welt. Wenig später wurden die Unternehmensaktivitäten auf weitere Länder (insbesondere Indonesien, Ghana und Zimbabwe) und Produkte ausgedehnt. Durch ein Netzwerk von rund einem Dutzend eigener Stützpunkte und Repräsentationen in Übersee gelang es Stürcken, sich auch am Export namhafter deutscher Industriefirmen bis hin zur Lieferung ganzer Fabrikanlagen zu beteiligen.

Bereits vor der Währungsreform führte die 1923 gegründete Firma Kieling & Co. sowie die mit ihr in Personalunion verbundene Firma Wilhelm Schulz KG erfolgreich Tauschgeschäfte im Rahmen des »Interzonenhandels« zwischen den Besatzungszonen durch. Danach nahmen sie als Handelsagent den traditionellen Importhandel u. a. mit Trockenfrüchten, Getreide sowie Futtermitteln wieder auf. Firmeninhaber Wilhelm Schulz, gelernter Baumwollkaufmann, wurde später weit über Deutschland hinaus als Fachmann für den Kompensations- bzw. Tauschhandel mit den Staatshandelsländern Osteuropas und mit Entwicklungsländern sowie für diffizile Switchgeschäfte bekannt. Solche Geschäfte ermöglichen devisenschwachen Ländern ohne eigene konvertible Währung den Import von Waren im Austausch gegen eigene Produkte. Die Wilhelm Schulz KG spezialisierte sich durch weltweite Kontakte auf Beratung und die Vermarktung von Kompensationsware.

Die 1898 gegründete Firma Robert Oscar Meier & Co. wurde nach der Währungsreform wieder in ihren angestammten ostasiatischen Märkten aktiv. Ihre Erfolge verdankt sie, ähnlich wie das vor allem auf lateinamerikanischen Märkten aktive Handelshaus Louis Delius & Co., der frühen Wiederherstellung direkter Kontakte zu ausländischen Kunden und Lieferanten mit längeren Auslandsaufenthalten von Unternehmensrepräsentanten. Die enge Kommunikation mit den ausländischen

Louis Delius & Co. Mitte der 1950er Jahre. Blick in das Hauptkontor ...

Geschäftspartnern sicherte den Unternehmen Vertrauen und gründliche Marktkenntnis. Aufgrund veränderter Marktbedingungen wurden die Geschäftsfelder auf neue Lieferländer, Produkte und Abnehmerkreise umgestellt oder ausgeweitet.

Auch die alteingesessene Firma Henry Lamotte (gegr. 1925) knüpfte mit dem Handel mit Ölen und Fetten sowie Zusatzstoffen für die verarbeitende Industrie an alte Geschäftsfelder an und expandierte nach dem Krieg durch neue Aktivitäten (einschließlich der Errichtung eines Labors für Produktkontrollen) erfolgreich. Das 1848 gegründete Unterneh-

... und ins Fakturen-Schreibzimmer im Firmensitz an der Parkallee

men Gebr. Thiele hatte sich mit dem Handel zunächst vor allem auf die Belieferung des Schiffbaus an der Unterweser spezialisiert und nach 1960 über die Inlandsaktivitäten hinaus den Aufbau seines internationalen Geschäfts begonnen. Seit Ende der 1960er Jahre begann das Unternehmen mit nachhaltigem Erfolg seine Handelsaktivitäten auf verschiedene selbstständige Firmeneinheiten zu übertragen, um die unterschiedlichen Kundenbedürfnisse besser befriedigen zu können. Wie Gebr. Thiele hatte auch die 1855 gegründete Firma Jäger & Eggers ihren Handel mit technischen Produkten, darunter britischen Importwaren, begonnen, um sich im Laufe der Zeit zu einem führenden Schiffsausrüster zu entwickeln. Mit dem Schiffbauboom kamen 1951 die Geschäfte rasch wieder in Gang; die anhaltende Abhängigkeit vom Schiffbau ließ das Unternehmen andererseits aber auch in den Sog von Schiffbaukrisen geraten. Ein großes firmeneigenes Einzelhandelsgeschäft in der Bremer Innenstadt wirkte hier ausgleichend.

Der 1792 gegründeten Firma Joh. Gottfr. Schütte & Co. erleichterten gerettete Lagerbestände den Neuanfang ebenso wie das Anknüpfen an alte überseeische Freundschaften und Verbindungen. Durch Übernahme eines anderen bremischen Handelshauses konnte das Unternehmen seinen Markt erweitern und das Sortiment abrunden, zu dem Tee, Honig, tropische Pflanzen, Zimt und Kaneel gehören. Für die Firma W. Tiemann GmbH & Co. mit ihren Erfahrungen im Landmaschinenhandel boten die rasche Motorisierung der Landwirtschaft und die Verbreitung leistungsfähiger Nutzfahrzeuge eine hervorragende Ausgangsbasis für eine erfolgreiche Unternehmensentwicklung. Die Firma Cordes & Graefe begann 1921 in Bremen mit einem Röhrenhandel und entwickelte ihn zum überregional agierenden Großhandel für Haustechnik. Ab 1969 wurden erste Beteiligungen an auswärtigen Unternehmen erworben und 1975 in Kooperation mit zahlreichen leistungsfähigen Partnern in West- und Süddeutschland eine Unternehmensgruppe entwickelt, die als GC Sanitär- und Heizungscontor GmbH (mit Sitz in Bremen) durch konsequente Nutzung von Synergien zum Marktführer des Haustechnik-Handels in ganz Deutschland werden sollte.

Handelshäuser, die sich nicht rechtzeitig umstellten und neu orientierten, wurden Opfer des anhaltenden Strukturwandels zum Direktexport und -import der Inlandswirtschaft, aber auch ihres Mangels an Eigenkapital oder mangelnder Risikofreude und Innovationskraft. Einige wurden wegen fehlender Nachfolge aufgegeben oder von anderen Handelshäusern übernommen. Auf der anderen Seite kam es auch zu Neugründungen erfolgreicher Unternehmen, die sich durch Erschließung von Marktnischen, logistisches Können und Verlängerung ihrer Wertschöpfungsketten durchsetzen konnten. Insgesamt gesehen entwickelte sich jedoch die Zahl der Export- und Importfirmen nach der frühen Blüte in den 1950er Jahren rückläufig, ohne allerdings die außenwirtschaftliche und maritime Prägung der Hansestadt zu beeinträchtigen.

Auch die traditionellen Netzwerke, Organisationen und repräsentativen Ereignisse lebten wieder auf, mit denen die Hansestadt ihren maritimen Charakter hervorhebt und ihre außenwirtschaftlichen Interessen sichert. Hierzu zählen insbesondere die Beratungs- und Unterstützungsprogramme der Handelskammer Bremen, die Übernahme von Konsulaten befreundeter Länder durch bremische Kaufleute sowie die Wiederbelebung von Festmahlen, Clubs und Gesellschaften, die der Kontaktpflege und dem gesellschaftlichen Ansehen dienen, darunter der traditionsreiche »Club zu Bremen« als ältester Gesellschaftsclub in Deutschland mit seiner aus dem Jahre 1783 stammenden ersten Satzung.

Die Bedeutung des Groß- und Außenhandels offenbart sich auch in der stadtbremischen Beschäftigtenstatistik: Im Jahr 1950 waren mit 17.000 Personen 8,5 Prozent aller Beschäftigten in der Branche tätig; bis 1970 stieg die Beschäftigtenzahl auf 20.500, um in der Folgezeit relativ konjunkturresistent auf hohem Niveau zu verharren.

Strukturwandel im Einzelhandel

Folgen wachsenden Wohlstands für Bremen als Oberzentrum

Seit dem Korea-Boom ging es mit dem Lebensstandard der Bevölkerung ständig bergauf. Der Lohn- und Gehaltszuwachs war bei gleichzeitig beachtlichen Verkürzungen der Arbeitszeit stets höher als die Inflationsrate, sodass die realen (d.h. preisbereinigten) Wochenverdienste männlicher Arbeiter im Land Bremen in den 1950er Jahren um 62 Prozent und in den 1960er Jahren sogar um 70 Prozent zunahmen. Zwischen 1970 und 1975 schwächte sich dann der Reallohnzuwachs auf 15 Prozent ab. Besonders seit Erreichen der Vollbeschäftigung hatten es die Gewerkschaften verstanden, ihre gestärkte Verhandlungsposition bei Tarifverhandlungen erfolgreich zu nutzen. Es gelang ihnen, den Arbeitnehmern nicht nur die zunächst noch moderaten Inflationsraten zu ersetzen, sondern sie auch am Produktivitätszuwachs der Wirtschaft teilhaben zu lassen und darüber hinaus einen wachsenden Anteil der Löhne am Volkseinkommen zu erkämpfen. Allerdings waren die Tariflohnerhöhungen, je nach Produktivitätsentwicklung, Organisationsgrad der Arbeitnehmer und Verhandlungsstärke der Gewerkschaften, von Branche zu Branche unterschiedlich. Besonders hohe Löhne wurden im Druckereigewerbe, im Baugewerbe und in der Eisen- und Stahlbranche gezahlt, während die Textil- und die Nahrungs- und Genussmittelindustrie mit ihrem hohen Frauenanteil vergleichsweise niedrig entlohnten. Der Schiffbau zahlte zwischen 1950 und 1970 durchschnittliche Einkommen; und auch im Automobilbau fielen die anfänglich attraktiven Löhne seit dem Borgward-Konkurs (1961) auf Durchschnittsniveau.

Während sich industrielle Produkte aufgrund von Kosteneinsparungen durch technologische Fortschritte unterdurchschnittlich verteuerten (Beispiel VW-Käfer), kam es besonders bei arbeitsintensiven Dienstleistungen

Lohn- und Preisentwicklung an Beispielen aus Bremen (Wertangaben in D-Mark)					
	1950	1955	1962	1969	1975
Brutto-Monatsverdienst eines männlichen Arbeiters in Bremen	301,90	437,50	713,13	1159,38	1995
Endgehalt einer Karstadt-Verkäuferin in Bremen, monatlich	220	255	475	666	1275
1 l Milch	0,70	0,80	0,58	0,74	1,06
1 kg Brot	0,43	0,66	0,88	1,19	2,02
VW-Käfer	4400	3790	4200	4525	6620
Preisindex für die Lebenshaltung (1995 = 100)	26,4	29,0	33,5	39,6	54,8

Strukturwandel im Einzelhandel

zu starken Preissprüngen. So verteuerte sich in Bremen der Haarschnitt für Männer zwischen 1950 und 1969 um 262 Prozent, ähnlich die Leistungen von Handwerkern. Die hohen Lohnsteigerungen seit 1969/70 wurden zu einem großen Teil durch die steigende Inflation wieder entwertet.

Nachdem seit der Währungsreform 1948 zunächst vorrangig der Nahrungs- und Kleidungsbedarf gedeckt wurde, standen den Verbrauchern in den 1950er Jahren Spielräume für größere Anschaffungen zur Verfügung. Zunächst mit Mopeds, dann mit Rollern und Motorrädern sowie mit Kleinwagen begann die Massenmotorisierung; in Bremen erhöhte sich der Bestand an Kraftfahrzeugen von

Der Verkehr nimmt zu: Blick vom Tivoli-Hochaus durch den Breitenweg, Ende der 1950er Jahre

5784 (1950) auf 137.654 (1970). 1969 besaßen 47 Prozent aller Bremer Haushalte einen eigenen Pkw, 81 Prozent ein Schwarz-Weiß-Fernsehgerät, 90 Prozent einen Kühlschrank, 93 Prozent einen Staubsauger und 33 Prozent eine elektrische Waschmaschine. Außerdem leisteten sich die Bürger größere Wohnungen und investierten verstärkt in die Wohnungsausstattung.

Die infolge der Motorisierung wachsende Mobilität forderte jedoch in mehrfacher Hinsicht ihren Tribut: Mehr und mehr motorisierte Einwohner wanderten ins Umland ab, um als Pendler in Bremen zu arbeiten. Andere Umlandbewohner zogen erst gar nicht nach Bremen. Die Bremer Innenstadt litt unter wachsendem Mangel an Parkflächen, sodass sich in den 1960er Jahren größere Verbrauchermärkte am Rande der Innenstadt, mehr und mehr aber auch jenseits der Landesgrenzen ansiedelten. Diese Märkte folgten den Pendlern ins Umland; sie zogen aber gleichzeitig auch Kaufkraft von Bremer Einwohnern ab, die ihre Einkäufe mit dem Auto verstärkt im Umland tätigten. Der bremische Einzelhandel partizipierte daher nicht in vollem Umfang an der Wertschöpfung der bremischen Wirtschaft. Bremens Position als Oberzentrum war zunehmend gefährdet.

Im Einzelhandel vollzog sich ein bemerkenswerter Strukturwandel: In den 1960er Jahren begann das Sterben der »Tante-Emma-Läden« als familiengeführte, verbrauchernahe Gemischtwarengeschäfte. Bis 1970 wurden 23 Prozent aller Einzelhandelsgeschäfte in der Stadt Bremen aufgegeben, von denen es 1961 noch 6471 gegeben hatte. Die Konzentration im bremischen Einzelhandel begann Mitte der 1960er Jahre mit der Etablierung erster Einkaufszentren außerhalb der City. Einen Meilenstein setzte 1972 die Eröffnung des Roland-Centers. Als erster großflächiger Verbrauchermarkt mit weitgehender Selbstbedienung ließ sich Kafu 1963 in Bremen nieder, danach ging es Schlag auf Schlag. Mehr als die Hälfte der neuen Verbrauchermärkte entstand im niedersächsischen Umland. Dort begann zudem der seit 1961 zu einem großen Waren-haus ausgebaute ehemalige Kaufmannsladen Dodenhof (gegr. 1910) mehr und mehr Kauf-kraft aus Bremen abzuziehen. Hinzu kam eine wachsende Zahl an Supermärkten sowie SB-Warenhäusern »auf der grünen Wiese«, die dem innerstädtischen Einzelhandel mit größe-rer Auswahl, Parkflächen und günstigen Prei-sen das Wasser abgruben. Zwischen 1970 und 1975 betrug der Verkaufsflächenzuwachs der neuen Verbrauchermärkte außerhalb Bremens das 2,6-fache der bremischen Zunahme.

Die Entwicklung wurde von der Geschäfts-welt der Bremer City als reale Bedrohung angesehen. Sie reagierte darauf mit der For-derung nach vermehrten Hochgaragenplätzen und einer Verbesserung des öffentlichen Perso-nennahverkehrs. Mehr und mehr traditionelle Innenstadtgeschäfte in bremischer Hand ga-ben auf, und Filialisten begannen sich auszu-breiten. Den hiesigen Geschäftsleuten wurde die Geschäftsaufgabe dadurch erleichtert, dass sie für ihre Immobilie hohe Mieteinnahmen erzielen konnten. Was blieb, waren Kauf-bzw. Warenhäuser überwiegend auswärtiger Konzerne sowie einige Fachgeschäfte, die sich erfolgreich mit ihrem Sortiment, Preisen und Service auf die neuen Herausforderungen ein-stellten. Besondere Bedeutung kam dem tra-ditionsreichen Karstadt-Warenhaus zu, dessen Bremer Dependance 1952 (dem Jahr ihres 50. Jubiläums) durch Um- und Ausbau vorüberge-hend zum größten Haus des Konzerns in der Bundesrepublik wurde.

Mit der Konzentration und der damit einhergehenden Vergrößerung der Verkaufs-flächen im Einzelhandel nahmen die Durch-schnittsumsätze je Verkäufer zu; ein Arbeits-platz in einem neuen Betrieb löste 1,4 tradi-tionelle Arbeitsplätze ab. Aufgrund der hohen Umsatzzuwächse konnte gleichwohl die Ge-samtbeschäftigtenzahl im Einzelhandel der Stadt Bremen im Betrachtungszeitraum zu-nächst noch bei 29.000 gehalten werden. Aller-dings verlor das Land Bremen Steuereinnah-men, da nicht nur die außerhalb der Landes-grenzen ansässigen Märkte, sondern auch die

im Lande selbst vorhandenen Geschäfte einen Teil ihrer Steuern an andere Länder entrich-teten, wenn das Unternehmen seine Zentrale außerhalb Bremens hatte. Die Aufbaugemein-schaft Bremen-Weser-Jade verglich das Ober-zentrum Bremen mit einem »sinkenden Schiff«. Um die negativen Entwicklungen einer wei-teren Kaufkrafterosion aus der Bremer In-nenstadt aufzuhalten, sollte die Abstimmung mit dem niedersächsischen Umland mehr und mehr an Bedeutung gewinnen.

Dezember 1964: Eröffnung des »Deutschen Supermark-tes« im ehemaligen Kino »Palasttheater« am Oster-torsteinweg 28/29

»Selbstbedienung« auch im neuen Geschäft in der Gar-tenstraße in der Vahr, April 1964

Entwicklung in der Industrie

Entwicklung in der Industrie

Schiffbau in Bremen

Die letzten Restriktionen im Schiffbau fielen erst mit dem Zweiten Petersberger Abkommen vom 3. April 1951. Von nun an konnten wieder Schiffe jeglicher Größe und Leistung für in- und ausländische Kunden produziert werden, lediglich Kapazitätserweiterungen der Werften bedurften nach wie vor alliierter Genehmigung. Letztere entfiel erst mit der wiedererlangten Souveränität der Bundesrepublik und ihrem Beitritt zur NATO im Mai 1955. Das Zweite Petersberger Abkommen fiel zusammen mit dem Höhepunkt des am 25. Juni 1950 ausgebrochenen Koreakrieges, der zu einer enormen Verknappung von Schiffsraum geführt hatte. Die Folge war eine Nachfrageexplosion nach Schiffsneubauten, auf die der von seinen Fesseln befreite westdeutsche Schiffbau insgesamt gut vorbereitet war.

Besondere Herausforderungen im Schiffbau und die Rolle des Staates

Der deutsche Schiffbau befand sich 1950/51 insofern in einer hervorragenden Ausgangssituation, als er auf den unerwarteten Boom mit kurzen Lieferzeiten, aus dem Vorkriegsschiffbau tradiertem Know-how, solider Qualität und vergleichsweise niedrigen Arbeitskosten reagieren konnte. Woran es mangelte, waren Rohmaterialien und die Sicherstellung einer soliden Finanzierung.

Bei der Materialbeschaffung gelang es durch Fürsprache von Wilhelm Kaisen, den Schiffbau in die »Freiliste« für eine bevorzugte Bereitstellung von Devisen zum Import von Rohmaterialien aufzunehmen. Schwieriger gestaltete sich die Finanzierung: Die Werften benötigten langfristige Finanzierungsmittel für Wiederaufbau und Erweiterung ihrer Produktionsanlagen sowie eine kurzfristige Finanzierung ihrer Vorleistungen (Löhne, Materialbeschaffung usw.) während der (von der Handelskammer Bremen 1954 mit acht bis zehn Monaten veranschlagten) Bauzeit des Schiffes bis zu dessen Ablieferung (Schiffbau- bzw. Werftfinanzierung). Der Reeder wiederum hatte den Kaufpreis seines Schiffes zu finanzieren (Schiffsfinanzierung). Werften- und Schiffsfinanzierung sind üblicherweise insofern miteinander verzahnt, als der Reeder der beauftragten Werft bis zur Ablieferung des Schiffes Vorauszahlungen leistet. Dies setzt den Zugriff auf liquide Mittel voraus. Bei fehlenden Anzahlungen hat die Werft ihre Liquidität bis zur Bezahlung des Kaufpreises aus anderen Quellen sicherzustellen. Während der Wiederaufbauperiode mangelte es jedoch sowohl Reedern als auch Werften an Sicherheiten für eine geeignete Kreditfinanzierung; auch Eigenkapital war kaum vorhanden. Insofern waren sowohl Werften als auch Reeder zur Sicherstellung ihrer Finanzierung auf öffentliche (Überbrückungs-)Hilfen angewiesen. Der Staat sprang daher mit kurzfristigen Liquiditätsspritzen, der Unterstützung langfristiger Kreditfinanzierungen durch Bürgschaften, Garantien und Zinszuschüssen und schließlich auch mit der Förderung der Bildung neuen Eigenkapitals ein.

Die Initiativen des Staates setzten bereits kurz nach der Währungsreform ein, als die Liquiditätssituation der Werften besonders

Das Gelände der A.G. »Weser« am Tag vor dem Stapellauf des ersten Motorfrachtschiffes nach Wiederfreigabe des Schiffbaus, 9. Mai 1952

Die Hochhelling auf der A.G. »Weser« wenige Tage vor der Einweihung, Juli 1953

Allein zwischen 1950 und 1954 sind für den Wiederaufbau der westdeutschen Handelsflotte (und damit für die Belebung des Schiffbaus) insgesamt 2,7 Milliarden D-Mark investiert worden, und zwar 84 Prozent als Fremdkapitel und 16 Prozent als Eigenkapital. Von den bis 1958 in den Schiffbau investierten Mitteln stammte rund ein Viertel aus steuerfreien Darlehen und staatlichen Zuschüssen.

Der Schiffbauboom von 1951 bis 1958

Die durch den Koreakrieg ausgelöste Auftragsflut ließ ab 1950/51 die Produktion bei den bremischen Werften rasch ansteigen. Die von den Werften im Lande Bremen abgelieferte Tonnage stieg von 115.000 BRT (1952) auf 308.000 BRT (1959). Die Beschäftigung bei den Werften in der Stadt Bremen, namentlich bei der A.G. »Weser« und beim Bremer Vulkan, nahm innerhalb von nur sechs Jahren um 64 Prozent von 9900 (1952) auf 16.200 (1958) zu. Die Umsätze des Schiffbaus im Lande Bremen stiegen von 93 Millionen D-Mark (1950) auf 467 Millionen D-Mark (1955) und erreichten 1959 mit 680 Millionen D-Mark einen vorläufigen Höhepunkt. Bereits 1955 befand sich der Bremer Schiffbau wieder auf Vorkriegshöhe. Im Weltschiffbau nahm Westdeutschland im selben Jahr nach Großbritannien mit 19,5 Prozent Weltmarktanteil den zweiten Platz ein. Ein kurzer Einbruch als Folge von Überkapazitäten nach dem Korea-Boom zeigte keine nachhaltige negative Wirkung. Die bald wieder einsetzende Bestellflut und der hohe Auftragsbestand sicherten den Werften bis 1958 faktisch Vollbeschäftigung. Ihre starke Verhandlungsposition erlaubte es ihnen, Preisgleitklauseln durchzusetzen und so das Risiko von Kostensteigerungen während der Bauzeit auf den Reeder als Auftraggeber abzuwälzen. Die Blüte des Schiffbaus ließ in den 1950er Jahren auch die bremische Wirtschaftsleistung insgesamt weit überdurchschnittlich ansteigen und die Arbeitslosigkeit entsprechend sinken.

prekär war. So kaufte der Bremer Senat der A.G. »Weser« zur Verbesserung der Unternehmensliquidität ein Grundstück ab (um es der Werft anschließend zu verpachten). 1950 stellte er überdies 33 Millionen D-Mark für den Wiederaufbau der bremischen Handelsflotte und die Wiederankurbelung des Schiffbaus zur Verfügung, in Erwartung einer späteren Rückerstattung durch den Bund. Im September 1950 folgte das Bundesgesetz über Darlehen zum Bau von Handelsschiffen, das den Reedern die Kreditaufnahme bis zu 40 Prozent der Neubaukosten zu einem subventionierten Zinssatz von vier Prozent ermöglichte. Zinszahlungen und Tilgung wurden bis zur Erwirtschaftung von Überschüssen ausgesetzt. Die Finanzierungslücke von 60 Prozent konnte zum großen Teil durch günstige ERP-Mittel sowie durch staatlich finanzierte Arbeitsbeschaffungsmaßnahmen geschlossen werden. Darüber hinaus sorgten die Steuerfreiheit für Geldanlagen in Schiffspfandbriefe (mit denen der Erwerber Schiffsneubauten finanziert) sowie die Mobilisierung von Eigenkapital durch steuerliche Vergünstigungen für den Erwerb von Schiffsbeteiligungen für eine gezielte Lenkung knapper Kapitalmarktmittel in Schifffahrt und Schiffbau.

Entwicklung in der Industrie

Stapellauf des 21.000-Tonnen-Turbinentankers »Olympic Cloud« am 24. März 1953 in Anwesenheit von Bundes-Wirtschaftsminister Ludwig Erhard und Reeder Aristoteles Onassis

Zum wichtigsten Antriebsmotor in der Zeit des Neuanfangs wurde der Wiederaufbau der deutschen Handelsflotte. Die A.G. »Weser« nahm 1951 mit rund 2000 Beschäftigten den Hochseeschiffbau wieder auf. Erste Bestellungen von Motorfrachtern kamen aus Hamburg sowie von der Bremer Reederei DDG »Hansa«. In dieser Zeit erfolgte auch der Einstieg in den Tankerschiffbau. Bereits der erste Turbinentankerauftrag erwies sich als spektakulär: Der griechische Reeder Onassis bestellte sechs Schiffseinheiten mit der damals ungewöhnliche Größe von 22.000 tdw; als erstes Schiff lief 1953 die »Olympic Cloud« vom Stapel. Bis Mitte 1953 stieg die Beschäftigtenzahl auf rund 4500. Es folgten Anschlussaufträge für noch größere Tanker, u.a. im Auftrag der Esso. Der 1954 abgelieferte Tanker »Esso Düsseldorf« erreichte eine Größe von 27.000 tdw. In den 1960er Jahren wuchs dann die Größenordnung von Tankern auf 80.000 tdw an. Die A.G. »Weser« begann sich mehr und mehr auf den Großtankerbau zu spezialisieren, wenngleich nach wie vor auch Motorfrachter und Fracht-/Fahrgastschiffe produziert wurden. Ab 1968 erlaubte der aus einem alten Helgen umgerüstete Großhelgen »Alfried« (benannt nach dem Krupp-Inhaber Alfried von Bohlen und Halbach) mit seiner Länge von 375 Metern den Bau von Schiffen bis zu 400.000 tdw. Dabei überspannte ein Bockkran mit 780 Tonnen Hebefähigkeit (entspricht dem Gewicht von tausend VW-Käfern) den ganzen Helgen mit seiner neuen Breite von 66 Meter. Ausbau und Modernisierung der Werft waren mit einem erheblichen Kapitaleinsatz verbunden, wobei sich die Investitionen anfänglich als äußerst rentabel erwiesen und den Eigentümern neben der Bildung stattlicher Rücklagen hohe Dividenden sicherten.

Auch der Bremer Vulkan erlebte in den 1950er Jahren eine goldene Ära. Es gelang ihm ebenso wie der A.G. »Weser« sich einen großen Anteil am Wiederaufbau der westdeutschen Handelsflotte zu sichern. Zu seiner Spezialität wurden in den 1950er Jahren die kombinierten Fahrgastfrachtschiffe für den Hapag-Lloyd-Ostasiendienst. 1958 beschäftigte der Vulkan mehr als 6000 Arbeiter und Angestellte; sein Eigenkapital lag zu annähernd 90 Prozent in Händen der niederländischen Thyssen-Bornemisza-Gruppe, die sich Ende der 1950er Jahre aus den hohen Erträgen der Werft weit überdurchschnittliche Dividenden genehmigen konnte. Als besonders spektakulär erwies sich 1958/59 der gelungene Umbau des früheren französischen Passagierschiffs »Pasteur« zur fünften »Bremen« des Norddeutschen Lloyd. 1968 baute Vulkan, zeitgleich mit der Hamburger Werft Blohm + Voss, ein erstes deutsches Containerschiff, die »Weser Express«. Im Vergleich zur A.G. »Weser« blieb das Produktionsprogramm des Vulkan breiter – ein Umstand, der dieser Werft in den folgenden Jahren größere Krisen ersparte.

Auch mittlere und kleinere Bremer Werften konnten vom Boom der 1950er Jahre profitieren. Sie füllten u.a. durch die Umstellung vom Bootsbau auf die Produktion von Küstenmotorschiffen und anderen kleineren Stahlschiffen, Spezialschiffen und Marine-Schnellbooten die Marktlücken aus, die ihnen die beiden Großwerften durch die Konzentration auf Großschiffe überlassen hatten. Zu diesen Werften gehörten insbesondere die Roland-Werft in Hemelingen, die Lürssen-Werft in Vegesack, die Burmester-Werft in Bremen-

Burg sowie Pape in Rönnebeck und die zum Stinnes-Konzern gehörenden Atlas-Werke auf der Stephanikirchweide. Weitere größere und kleinere Werften gab es in Bremerhaven, wo zeitweise die Hälfte aller Industriebeschäftigten im Schiffbau arbeitete.

Mit der Lockerung der Restriktionen lebte auch der Marineschiffbau in Bremen wieder auf. Bereits Ende 1952, anlässlich der Debatte um die Ratifizierung des Vertrags über die Europäische Verteidigungsgemeinschaft, hob Bürgermeister Kaisen, unbeeindruckt von pazifistischen Strömungen, die Rolle der »kriegserprobten« bremischen Werften hervor. Die Lürssen-Werft und Burmester, dazu Abeking & Rasmussen in Lemwerder, waren faktisch schon 1950/51 wieder mit dem Bau von Flusskampf- und Schnellbooten für alliierte Rechnung auf ihren militärtechnischen Spezialgebieten aktiv geworden, was jedoch nicht öffentlich bekannt war. Mit der militärischen Integration der Bundesrepublik in die NATO 1955 war dann der Weg für die maritime Aufrüstung der Bundesmarine frei. Nunmehr zeigten auch die Großwerften wachsendes Interesse und akquirierten nach und nach entsprechende Aufträge. Insgesamt gesehen konnte der bremische Marineschiffbau fast nahtlos an die Bautradition der Vorkriegs- und Kriegszeit anknüpfen. Die Bremer Handelskammer meldete zu den anstehenden Rüstungsaufträgen 1954 insofern Bedenken an, als sich durch den wachsenden Facharbeitermangel und drohende Engpässe bei der Materialbeschaffung »Störungen für die sonstigen Fertigungsprogramme ergeben könnten. An einer Rüstungsproduktion größeren Umfangs besteht daher kein Interesse«.

Luftbild der Atlas-Werft am Weserufer

Arbeitsverhältnisse, Streiks, Lohnentwicklung und technischer Fortschritt

Stagnierende Löhne führten Anfang der 1950er Jahre bei zunehmender Teuerung und beachtlich steigenden Gewinnen zu wachsender Unzufriedenheit der Werftarbeiter, die 1953 in einen langen Streik mündete. Die Arbeitgeber reagierten auf die gewerkschaftliche Forderung nach Erhöhung des Ecklohns um acht Pfennig pro Stunde bzw. gut fünf Prozent und weiterer Verbesserungen zunächst unnachgiebig und mit rigorosen Massenaussperrungen. Erst nach sechseinhalb Wochen rückten sie von ihrer Lohnstopp-Strategie ab. Es kam, durch Einschaltung des Bremer Senats, zu einer Lohnanhebung von lediglich fünf Pfennig pro Stunde (von 1,49 auf 1,54 D-Mark) bzw. 3,4 Prozent. Damit blieb das Lohnniveau auf den Werften zunächst eher unterdurchschnittlich, ungeach-

Streikende Arbeiter der A.G. »Weser« während des Werftarbeiterstreiks 1953

tet der schweren und gefahrvollen Arbeitsbedingungen der Werftarbeiter. Der Streik wurde begleitet von Auseinandersetzungen zwischen der reformistisch orientierten IG Metall, die auf die Unterstützung durch den Senat setzen konnte, und kommunistischen Kräften, die den Streik zur Durchsetzung klassenkämpferischer Ziele und als Kampagne gegen die Adenauer-Regierung nutzten. Der Ausstand führte zwar zu vorübergehenden Engpässen und Lieferverzögerungen, konnte aber den Aufschwung des Schiffbaus nicht bremsen.

Mit weiter abnehmender Arbeitslosigkeit verbesserte sich die Verhandlungsposition der Gewerkschaft, sodass die Löhne in der zweiten Hälfte der 1950er Jahre und vor allem in den 1960er Jahren kräftig steigen konnten. Ein neuer, erbittert geführter, Arbeitskampf sollte vor dem Hintergrund zunehmender Geldentwertung und einer (noch) guten Auftragslage

des Schiffbaus erst wieder im Jahre 1974 stattfinden.

Eine der bedeutenden Modernisierungsmaßnahmen im Schiffbau der Nachkriegszeit war der beschleunigte Übergang zur Sektionsbauweise, bei der die einzelnen Schiffssektionen mit allen Einrichtungen und Rohrleitungen in Werkstätten vorfabriziert und anschließend zum Schiff zusammengesetzt werden. Bei dem traditionellen Spantenbau wird hingegen zuerst der Kiel des Schiffes gelegt, auf dem Helgen erfolgt der Zusammenbau des Schiffgerippes mit dem Aufbringen von Stahlplatten, und das Schiff wird nach dem Stapellauf am Ausrüstungskai endmontiert. Mit der Sektionsbauweise verlagerte sich die Produktion weitgehend in Hallen und die Bauzeit eines Schiffes verkürzte sich beträchtlich. Außerdem verdrängte das Schweißen allmählich das Nieten. Auch dadurch ließen sich erhebliche Kosteneinsparungen erzielen, denn während der Schweißer die ihm übertragene Arbeit allein verrichtet, erforderte das Nieten eine Kolonne von vier Personen. Darüber hinaus verbesserte die Schweißtechnik Qualität und Sicherheit des Schiffes. Beide Verfahren, Schweißen und Sektionsbauweise, führten im weiteren Verlauf zu einem wachsenden Anteil an un- und angelernter Arbeit und im Zeichen eines anhaltend angespannten Arbeitsmarkts zu sich rasch verstärkender Beschäftigung von Ausländern, die 1974 einen Anteil von 24 Prozent der Werftbelegschaften in Bremen ausmachten und die in der ein Jahr später ausbrechenden Krise als erste ihren Arbeitsplatz verlieren sollten.

Erste Rückschläge

Als 1956 im Gefolge der Suez-Krise der Suezkanal vorübergehend gesperrt wurde, war die Schifffahrt auf dem Weg zum Persischen Golf und Südostasien zu langen Umwegen um das Kap der Guten Hoffnung herum gezwungen. Da hierfür mehr Schiffsraum benötigt wurde, kam es zu einem Auftragsboom besonders bei

Segmentbauweise auf der A.G. »Weser«, April 1965

Erste Rückschläge

Tankern und Massengutfrachtern und zu einem beschleunigten Ausbau der Werftkapazitäten. Mit der Wiedereröffnung des Kanals 1957 kehrte sich die Situation um, nun gab es ein Überangebot an Schiffsraum und Frachtratenverfall. Im Frühjahr 1958 lagen fast sechs Prozent der deutschen Handelsschiffstonnage auf. Zwar gab es zunächst noch Aufträge, doch als diese abgeliefert waren, kam es bei den Werften ab 1958 zu einem starken Einbruch bei Produktion und Beschäftigung. Weltweit ging die Beschäftigung der Schiffswerften um mehr als zehn Prozent zurück. Die Schiffbaubetriebe in der Stadt Bremen verzeichneten zwischen 1958 und 1963, mit verursacht durch forcierte Rationalisierung, sogar einen Beschäftigungsrückgang von 28 Prozent. Auch ihre Umsätze sanken von 680 Millionen (1959) auf 482 Millionen D-Mark (1965).

Mit dem Rückgang der Bestellungen setzte ein verstärkter internationaler Subventionswettlauf ein, der zusammen mit den Folgen der ersten D-Mark-Aufwertung von 1961 besonders dem deutschen Exportschiffbau schwer zu schaffen machte. Die Exportabhängigkeit des deutschen Schiffbaus hatte sich vergrößert, seit die deutsche Handelsflotte wiederaufgebaut worden war, und belief sich bereits 1956 auf 66 Prozent. Als besonders aggressiv erwies sich die japanische Konkurrenz, die durch Kostenvorsprünge, Innovationen und staatlichen Rückhalt ihren Marktanteil am Weltschiffbau zwischen 1955 und 1965 von 11,3 Prozent auf 43,9 Prozent steigern konnte. Entsprechend ging der deutsche Anteil von 19,5 Prozent (1955) auf 8,4 Prozent (1965) zurück. Mit der Krise veränderte sich der Schiffbaumarkt vom Verkäufermarkt mit einem Nachfrageüberhang zum Käufermarkt mit einem Angebotsüberhang und verstärkter Verhandlungsmacht der Reeder als Nachfrager. Dies führte im Laufe der Zeit zu neuen Finanzierungs- und Subventionsansätzen. Frachtenverfall und Überkapazitäten bewirkten, dass die bis dahin verhandlungsstarken Werften statt Gleitklauseln Festpreise für die in Auftrag gegebenen Schiffe akzeptieren mussten. Damit

ging das Risiko von Kostensteigerungen zwischen Bestellung und Ablieferung des Schiffes vom Reeder auf den Schiffbau über. Gleichzeitig erhielten die Subventionen eine neue Qualität: Hatten staatliche Hilfen anfänglich noch dem Wiederaufbau von Flotte und Schiffbau gedient, so drohten sie im Zeichen der Krise als Erhaltungssubventionen zum Fass ohne Boden zu werden.

Der Aufsichtsrat der A.G. »Weser« am Modell des Werftgeländes, das bereits zwei Bockkräne zeigt. Dezember 1963

Wegen Überlastung ihres Gröpelinger Werftplatzes arbeitete die A.G. »Weser« zusätzlich mit Schwimmdocks. Europahafen, 1963

Entwicklung in der Industrie

Neuer Boom und Zeichen des Absturzes

Von 1963 an verbesserte sich die Auftragslage des Schiffbaus wieder. Die Überkapazitäten waren mittlerweile abgebaut und der deutsche Schiffbau erfuhr verstärkte Unterstützung durch staatliche Förderprogramme. Wesentlichen Auftrieb erhielt der Schiffbau im Juni 1967 durch die zweite Sperrung des Suezkanals im Zusammenhang mit dem Sechs-Tage-Krieg zwischen Israel und einer Allianz arabischer Staaten. Die Tanker waren bis zur Wiedereröffnung des Kanals (1975) erneut und für lange Zeit gezwungen, das am Persischen Golf geförderte Öl um das Kap der Guten Hoffnung herum in den Westen zu transportieren. Die Frachtraten stiegen infolge des vermehrten Bedarfs an Tankertonnage stark an und lösten einen enormen Anstieg der Nachfrage aus, der zum Bau immer größerer Tanker führte. Auch der Bau von Frachtschiffen und Massengutfrachtern profitierte von der Kanalsperrung und der allgemeinen Marktbelebung. Die positive Marktlage ließ die bremischen Werften die D-Mark-Aufwertung von 1969 sowie die faktischen Aufwertungen von 1971 und ab 1973 (durch die Freigabe des D-Mark-Wechselkurses) zunächst kaum spüren, zumal die Bundesregierung dem Schiffbau durch ein abermaliges Werfthilfeprogramm weitere Unterstützung gewährte. Während der Auftragsbestand weltweit um 45 Prozent zunahm, verzeichnete der deutsche Schiffbau in dieser Zeit sogar einen Anstieg von rund 67 Prozent. Die bremischen Werften waren daran 1973 mit 47 Prozent beteiligt. Dabei stieg der Exportanteil der bremi-

Der Tanker »St. Petri« der Reederei Hamburg Süd auf der Hochhelling der A.G. »Weser« im Mai 1966, wenige Wochen vor dem Stapellauf

schen Werften zeitweise bis auf 87 Prozent (1973). Die hohe Exportquote erklärte sich nicht nur durch verstärkte ausländische Bestellungen, sondern rein rechnerisch auch aus dem Rückgang inländischer Aufträge, weil deutsche Reeder ihre Schiffe mehr und mehr bei ausländischen Werften orderten, um neben den deutschen Subventionen auch in den Genuss ausländischer Werfthilfen zu gelangen.

Die Beschäftigungssituation bei den Werften der Stadt Bremen stabilisierte sich in den Jahren des Booms mit leichten Schwankungen auf einem Niveau von rund 11.000 Personen. Die gleichzeitig starke Zunahme der Tonnageablieferungen wurde im Wesentlichen durch Rationalisierungsinvestitionen und Produktivitätssprünge (mit einer Verdopplung des jährlichen Investitionsvolumens in den frühen 1970er Jahren) herbeigeführt. Die Umsätze des landesbremischen Schiffbaus konnten sich, mitbedingt durch Preissteigerungen, zwischen 1965 und 1976 mehr als vervierfachen. Getragen wurde der Boom insbesondere durch den Großtankerbau, in den neben der A.G. »Weser« 1970 auch der Bremer Vulkan eingestiegen war. Der Schiffbauboom wirkte sich vorübergehend auch auf die Gesamtindustrie im Lande Bremen äußerst positiv aus: Die bremische Industrie erzielte 1967 im Vergleich zum Vorjahr einen Zuwachs von 3,5 Prozent, während im Bund ein Minus von 2,4 Prozent verzeichnet wurde.

Die bremischen Werften erlebten ein »goldenes Zeitalter«, das allerdings mit der starken Ausrichtung auf den Großtankerbau bereits den Keim des späteren Niedergangs in sich tragen sollte. Bremer Vulkan und A.G. »Weser« erzielten Höchstgewinne; sie wähnten sich auf dem Gipfel des Erfolgs. Nach Ausbruch der Ölkrise als Folge des Jom-Kippur-Krieges im Oktober 1973 kam es dann zu ersten beträchtlichen Auftragsannullierungen vor allem bei Großtankern. Die Weltwirtschaft geriet in eine länger andauernde Krise, die den gesamten Welthandel und damit die hochsensiblen Bereiche Schifffahrt und Schiffbau erheblich beeinträchtigte. Bremens stark exportorientierte und schiffbauabhängige Wirtschaft war auf die Krise schlecht vorbereitet.

Autos aus Bremen

Borgward – Ein Mythos

Außer der Schließung der A.G. »Weser« 1983 hat sich bis in die Gegenwart wohl kein Ereignis der jüngeren bremischen Wirtschaftsgeschichte so tief in das Gedächtnis eingegraben wie 1961 der dramatische Untergang des Automobilherstellers Borgward. Es handelte sich in den 1950er Jahren um das mit Abstand größte Unternehmen der Stadt, dessen Erzeugnisse,

Blick über das Borgwardgelände in Sebaldsbrück und die Goliath-Werke (unten) am Hastedter Osterdeich, Ende 1950er Jahre

Autos aus Bremen

vor allem die »Isabella«, weit über die Bundesrepublik hinaus geradezu legendären Ruf genossen. So nahm es nicht wunder, wenn sich nicht nur die Belegschaft, sondern auch große Teile der Öffentlichkeit in Bremen mit dem Unternehmen identifizierten. Carl F. W. Borgward selbst galt in ganz Westdeutschland als Prototyp des erfolgreichen, selbstbewussten Unternehmers und Repräsentanten der sozialen Marktwirtschaft. Borgward und »Wirtschaftswunder« waren gleichsam Synonyme.

Borgwards Erfolgsgeschichte

Bereits unmittelbar nach Kriegsende kümmerten sich rund 400 ehemalige Werksangehörige in dem zu 80 Prozent zerstörten Werk um die Herkulesarbeit des Aufräumens. Außerdem gelang es ihnen, aus vorhandenen Teilen und halbfertigen Motoren in Baracken und überdachten Ruinen bis 1948 einige Tausend Lkw wiederherzustellen, die dringend für Trümmerbeseitigung und Wiederaufbau benötigt wurden und daher auch sofort wieder gebaut werden durften. Gleichzeitig bemühte sich der Senat in Verhandlungen mit der Militärregierung, die Borgward-Werke von der Verbotsliste frei zu bekommen. Der Demontage fiel so nur eine Spezialwerkstatt zum Bau von Torpedos

zum Opfer. Die ursprünglichen Pläne der Engländer, das gesamte Werk zu demontieren, wurden nicht weiter verfolgt. Im Zuge der Währungsreform bekam Borgward für seine nunmehr 2400 Mitarbeiter eine erste Liquiditätsspritze über 144.000 D-Mark. Um besseren Zugang zu (damals noch kontingentiertem) Zuliefermaterial zu erhalten, spaltete er den als »Borgward-Gruppe« firmierenden Verbund in drei rechtlich und wirtschaftlich selbstständige Werke auf, in Goliath (»Goliath-Werke GmbH Bremen« in Hastedt), Lloyd (»Lloyd Motoren-Werke GmbH Bremen« in der Bremer Neustadt) und Borgward (»Carl F. W. Borgward GmbH Bremen« in Sebaldsbrück). Im Laufe der Zeit wuchs die Gruppe auf insgesamt elf Betriebe an.

Bereits 1949 lief als erste eigenständige deutsche Pkw-Nachkriegskonstruktion der »Hansa 1500« in Sebaldsbrück vom Band, gefolgt von weiteren gleichnamigen Modellen. Bei Markteinführungen neuer Modelle spannte Borgward geschickt Prominente ein, wie 1952 bei der Vorstellung des für die Oberschicht gedachten (und bis 1958 produzierten) »Hansa 2400« die sehr beliebte Schauspielerin Olga Tschechowa als »Taufpatin« und erste Käuferin. Parallel festigte Borgward seinen Ruf durch die erfolgreiche Teilnahme seiner Autos an zahlreichen internationalen Rennen im In- und Ausland. 1950 ergriff Borgward als erster die Chance, den Markt mit auch für den »kleinen Mann« erschwinglichen Automobilen zu versorgen; Ergebnis war der »Lloyd 300«, dessen Karosserie wegen der damals herrschenden Materialknappheit anfänglich aus mit Kunstleder überzogenem Sperrholz bestand. Er wurde von einem 300 ccm großen und zehn PS starken Zweitakt-Motor angetrieben, hieß im Volksmund, wenig schmeichelhaft, »Leukoplastbomber« und musste sich den Spottvers »Wer den Tod nicht scheut, fährt Lloyd« gefallen lassen. Gleichwohl, mangels konkurrierender Fabrikate und dank seines niedrigen Preises verkaufte er sich einige Jahre lang höchst erfolgreich und sicherte dem Unternehmen, zusammen mit dem Lieferwa-

Bandsägen im Borgwardwerk, 1946

Carl Friedrich Wilhelm Borgward

* 10.11.1890, Altona
† 28.7.1963, Bremen

Der 1890 in Altona bei Hamburg als Sohn eines Kohlenhändlers geborene Carl F. W. Borgward kam als junger Ingenieur 1912 nach Bremen. 1921 gründete er die »Bremer Kühlerfabrik Borgward & Co« als Zulieferer der Hansa-Lloydwerke. Fünf Jahre später entwickelte er den dreirädrigen »Blitzkarren«. Ende der 1920er Jahre entstanden die Goliath-Werke am Hastedter Osterdeich. Borgwards Erfolg ermöglichten ihm während der Weltwirtschaftskrise die Übernahme der maroden Hansa-Lloydwerke und die weitere Expansion seines Unternehmens bis hin zur Gründung der Carl F. W. Borgward-Automobil- und Motorenwerke im Jahr 1938. Produktionsstandorte waren Hastedt, Neustadt und Sebaldsbrück, die wichtigsten Erzeugnisse Lieferwagen, Pkw vom Typ »Hansa« und Rüstungsgüter. 1945 von den Amerikanern als ehemaliger »Wehrwirtschaftsführer« im Gebäude des heutigen Hermann-Böse-Gymnasiums interniert und 1948 als Minderbelasteter eingestuft, machte sich Borgward nach dem Krieg mit großer Schaffenskraft an den Wiederaufbau seines Unternehmens. Er ließ sich dabei nicht in die Nachkriegs-Netzwerke aus Großbanken und Konzernen einbinden und blieb so ein Außenseiter. Charakteristisch für Borgwards Führungsstil war das Motto (aus Schillers »Wilhelm Tell«), mit dem er sich in einer Festschrift zum 65. Geburtstag ehren ließ: »Der Starke ist am mächtigsten allein.« Dies wurde ihm schließlich ebenso zum Verhängnis wie der Strukturwandel am Automobilmarkt. Sein Unternehmen musste im Sommer 1961 Konkurs anmelden, Borgward starb 1963 an Herzversagen.

gen- und Lkw-Programm sowie dem »Hansa«, auskömmliche Gewinne, die Borgward in die weitere Unternehmensentwicklung investierte.

1953 wurde der »Lloyd 400« mit einem stärkeren Motor und eleganterer Linienführung vorgestellt. Die Holzteile des Wagens wurden nach und nach durch Stahlblech ersetzt. 1955 folgte mit einem neuen Viertaktmotor und zahlreichen weiteren technischen Verbesserungen die Einführung des »Lloyd 600«, der 1957 den Modellnamen »Alexander« erhielt. Zum Verhängnis wurde dem Unternehmen schließlich der »Lloyd 900 Arabella«, der 1959 auf den Markt kam und, ungeachtet eines überzeugenden Äußeren, mit Konstruktionsmängeln und einer Fehlkalkulation zum Untergang des Unternehmens beitragen sollte. Zuvor schon hatte die aufkommende Konkurrenz des »Goggomobils« der Firma Hans Glas aus Dingolfing sowie die ebenfalls im Jahr 1955 vorgestellte BMW-»Isetta« begonnen, Borgward Marktanteile streitig zu machen. Später kamen, gefördert durch den Abbau von Handelsbarrieren im Gemeinsamen Markt, konkurrierende Modelle europäischer Anbieter wie Fiat und Citroën hinzu, sodass der Marktanteil Borgwards im Segment der Kleinwagen schließlich auf unter zehn Prozent schrumpfte. Gleichzeitig wurden die Kleinwagen im Zeichen wachsenden

Lloyd-Pkw in der Fließbandfertigung

Montage eines der von 1957 bis 1961 in Hastedt produzierten »Lloyd Alexander«

Unten: Gemeinsam mit Betriebsrat Ernst Buchholz führt Borgward den SPD-Bundestagsabgeordneten Ernst Schellenberg durch das Werk in Sebaldsbrück, Februar 1959

ritin insbesondere von Künstlern, Architekten und Freischaffenden. Wenig später folgte das legendäre »Isabella Coupé«, das Borgward ursprünglich als Einzelstück für seine Ehefrau entworfen hatte. Rund ein Drittel der Isabella-Produktion wurde exportiert. Die Markterfolge der »Isabella« trugen wesentlich dazu bei, die sich seit der zweiten Hälfte der 1950er Jahre mehrenden Verluste im Kleinwagenbereich aufzufangen und die Gesamtrentabilität des Konzerns zu sichern.

1955 war in vielfacher Hinsicht das erfolgreichste Jahr in der Firmengeschichte. Borgward verkaufte mehr Fahrzeuge als Daimler Benz und nahm nach Volkswagen, Opel und Ford den vierten Platz in der Größenskala deutscher Automobilfabriken ein. Insgesamt entfiel auf die Borgward-Gruppe gut ein Zehntel des deutschen Automobilabsatzes. Darüber hinaus produzierte Borgward Lastkraftwagen für den Inlands- und Auslandsmarkt. In Bremen war Borgward mit Abstand größter Arbeitgeber und wichtigster Steuerzahler. Auch persönlich befand sich der nunmehr 65-jährige Unternehmer auf einem Höhepunkt: Nachdem ihm bereits 1950 die Ehrendoktorwürde der Technischen Hochschule Hannover verliehen worden war, erhielt er 1955 zu seinem 65. Geburtstag das Große Verdienstkreuz (anlässlich seines 70. Geburtstags folgte fünf Jahre später noch das Große Bundesverdienstkreuz mit Stern); und die Stadt Bremen zeichnete ihn im selben Jahr als ersten Bremer Bürger mit der Wiederaufbaumedaille der Freien Hansestadt aus.

1959 betrat Borgward mit dem luftgefederten »P 100«, dem »Großen Borgward«, noch einmal technisches Neuland. Außerdem entwickelte er für vier Millionen D-Mark zusammen mit dem Bremer Konstrukteur Heinrich Focke den dreisitzigen Hubschrauber »Kolibri«, wobei er darauf spekulierte, mit Aufträgen der Bundeswehr bedacht zu werden. Zu diesem Zeitpunkt beschäftigte die Borgward-Gruppe 22.000 Mitarbeiter, die Produktion lag bei gut 97.000 Einheiten, der Umsatz war auf weit über 600 Millionen D-Mark gestiegen, und der

Wohlstands mehr und mehr durch Mittelklassewagen verdrängt.

Bei den Mittelklassewagen gelang Borgward 1954 mit der Vorstellung seiner »Isabella« als Nachfolgemodell des »Hansa 1100« ein Coup. Von diesem Modell konnten mehr als 200.000 Stück in 130 Länder verkauft werden. Die »Isabella« überzeugte nicht nur durch zahlreiche technische Neuerungen, sondern vor allem durch die zeitlose Eleganz ihrer Karosseriegestaltung und den reichen Chromschmuck nach amerikanischem Vorbild. Sie wurde als »Borgwards Meisterstück« zur Favo-

Exportanteil des Unternehmens hatte sich auf zwei Drittel des Gesamtumsatzes vergrößert. Umso mehr überraschte der jähe Absturz, der im September 1961 mit der Eröffnung des Konkursverfahrens enden sollte.

Chronologie der Borgward-Krise

Im Oktober 1960 kommt es bei Borgward u.a. infolge von Absatzstockungen bei Lloyd/ Arabella zu ersten Zahlungsschwierigkeiten. Borgward wird daraufhin persönlich bei Bürgermeister Kaisen vorstellig und fordert unter Hinweis auf die drohende Entlassung seiner Mitarbeiter 50 Millionen D-Mark. Es gelingt dem Senat, ein Bankenkonsortium unter Führung der Bremer Landesbank zusammenzubringen, das gegen eine Spitzenbürgschaft des Landes in Höhe von zehn Millionen D-Mark und zusätzlich gesichert durch Grundschulden auf Borgwards Grundbesitz dem Unternehmen einen Kredit von 50 Millionen D-Mark gewährt. Der Senat begründet die Bürgschaftsübernahme »trotz schwerwiegender finanziel-

ler Bedenken« mit den »übergeordneten Interessen der Stadtgemeinde Bremen und [...] der rund 20.000 Beschäftigten«. Gleichzeitig verlangt er, dass Borgward die mit Ford eingeleiteten Gespräche über eine Beteiligung des amerikanischen Unternehmens wieder aufnimmt.

Bereits Mitte Dezember ersucht Borgward den Senat um weitere Kredithilfen in Höhe von 20 Millionen D-Mark bis zum erwarteten Einstieg der Ford-Werke, weil er sein Unternehmen andernfalls nicht einmal mehr bis Weihnachten halten könne. Daraufhin beschließen Senat und Finanzdeputation eine weitere Bürgschaft von zehn Millionen D-Mark für ein zusätzliches, grundpfandrechtlich gesichertes Bankdarlehn über 20 Millionen D-Mark. Als die Finanzdeputation jedoch am 17. Januar 1961 davon unterrichtet wird, dass die bis dahin gewährten Bankkredite bereits verbraucht und die Sicherheiten erschöpft seien, schlägt sie, um weiteren Nachforderungen Borgwards vorzubeugen, dem Senat auf Initiative von Finanzsenator Nolting-Hauff vor, die Borgward-Gruppe faktisch zu verstaatlichen

Isabella TS vor dem Werk in Sebaldsbrück. Dieses Modell des erfolgreichen Mittelklassewagens wurde von 1955 bis 1961 produziert

und den eigensinnigen Firmenchef aus dem Unternehmen herauszumanövrieren.

Nachdem am 27. Januar die Verhandlungen zwischen Borgward und Ford gescheitert sind, macht sich der Senat den Vorschlag der Finanzdeputation zueigen und beschließt die Gründung einer Kapitalgesellschaft mit 50 Millionen D-Mark Kapital. Gleichzeitig nimmt der Senat Verhandlungen mit dem Bundeswirtschaftsministerium über eine Beteiligung des Bundes an der Sanierungsaktion auf. Doch das Bundeskabinett lehnt dies wenige Tage später wegen ordnungspolitischer Bedenken ab. Als auch noch die erhofften Bundeswehraufträge ausbleiben, verweigert der Senat Borgward eine weitere Bürgschaft, sodass die letzte Rate des zugesagten Kredits nicht mehr zur Auszahlung gelangt.

Nunmehr überschlagen sich die Ereignisse: Auf einer übereilt anberaumten Pressekonferenz informiert Wirtschaftssenator Karl Eggers am 30. Januar 1961 die anwesenden Journalisten über die erwartete Zahlungseinstellung bei Borgward und die Absicht des Senats, eine staatliche Auffanggesellschaft zur Rettung des Konzerns ohne Beteiligung des Firmeninhabers zu gründen. Borgward sei mit gut 200 Millionen D-Mark verschuldet, davon rund 120 Millionen offenen Lieferantenrechnungen und 80 Millionen Bankschulden. Die Nachricht verbreitet sich ungeachtet Eggers' naiver Bitte um Einhaltung einer Sperrfrist wie ein Lauffeuer. Carl Borgward selbst erfährt aus der Zeitung von seiner Entmachtung und fühlt sich gedemütigt. Nachdem am 1. Februar die Bürgerschaft die vorgeschlagene Gründung der AG beschlossen hat, ergeht an Borgward die Aufforderung, die Leitung des Konzerns abzugeben und auf jedwede Entschädigung zu verzichten. Am 4. Februar 1961 kommt es zwischen Borgward und dem Senat zu Verhandlungen, die mit dem Rücktritt Borgwards und dem Verzicht auf sein Werk enden. Allerdings wird ihm ein Rückkaufrecht eingeräumt.

Die Pressekonferenz vom 30. Januar hat verheerende Folgen für die weitere Unternehmensentwicklung und das Sanierungskonzept:

Der Absatz bricht weiter ein, weil Kunden um Gewährleistungsansprüche und Ersatzteilversorgung fürchten; aufgeschreckte Lieferanten beharren nunmehr auf prompter Erfüllung ihrer Forderungen, gewähren keine längeren Zahlungsziele mehr, liefern nur noch gegen Barzahlung oder stoppen Lieferungen, und einige Lieferanten belagern gar das Werk und wollen zum Teil ihre Forderungen durch Herausgabe von Autos aus Lagerbeständen ausgeglichen haben. Auch bei den Hausbanken des Unternehmens verstärkt sich ungeachtet ihrer Kreditsicherheiten die Unruhe.

Vor diesem Hintergrund wird am 10. Februar 1961 die Gründung der »Borgward-Werke AG« vollzogen. Auf sie gehen sämtliche Vermögenswerte und Verbindlichkeiten der bisher selbstständigen Borgward-Gesellschaften über; letztere werden allerdings wegen ungelöster steuer- und aktienrechtlicher Fragen als Betriebsgesellschaften weitergeführt. Nachdem die Suche nach geeigneten Vorstandsmitgliedern fehlgeschlagen ist, geht die Verantwortung für den weiteren Fortgang auf den vom Senat zum Aufsichtsratsvorsitzenden der Borgward-AG berufenen Wirtschaftsprüfer Johannes Semler über. Er hat sich bereits als Sanierer von Henschel und BMW einen Namen gemacht und leitet nach wie vor den Aufsichtsrat von BMW. Sein Stellvertreter ist der bekannte Bremer Rechtsanwalt Albrecht Schackow. Ziel der Borgward AG ist es, das Unternehmen nach erfolgreicher Sanierung zu reprivatisieren.

Von Februar bis Mai 1961 stellt die Borgward AG den drei Betriebsgesellschaften das gesamte Kapital von 50 Millionen D-Mark sukzessive als Darlehen zur Verfügung; die Mittel werden im Wesentlichen zur Begleichung der Forderungen von Lieferanten und Banken verwendet. Um die Lohnkosten zu senken, wird gleichzeitig die Belegschaft schrittweise auf rund 15.000 Mitarbeiter abgebaut. Doch schon bald türmen sich neue Verluste und Liquiditätsprobleme auf, weil der Absatz im In- und Ausland weit hinter den Erwartungen zurückbleibt. Die daraufhin von der Borgward AG beantragte Kredithilfe von fünf Millionen D-Mark wird am 30. Mai bewilligt. Als jedoch im Sommer Verhandlungen mit dem britischen Automobilkonzern BMC und anderen Interessenten (darunter der Bremer Holzhändler Krages, der amerikanische Chrysler-Konzern und die Schweizer Dettwiler-Gruppe) über eine Beteiligung scheitern und Semler auf einer Pressekonferenz für die Sanierung des Unternehmens weitere Finanzhilfen in Höhe von 50 Millionen D-Mark fordert, ohne ein überzeugendes Sanierungskonzept vorzulegen, ist die Zeit reif für eine endgültige Entscheidung. Borgward erscheint als Fass ohne Boden, sodass es auch der vom Senat befragte Vorstand der Handelskammer nunmehr nicht länger für ratsam hält, den Sanierungsversuch fortzuführen. Die zuständigen Deputationen sagen lediglich zehn Millionen D-Mark zur Begleichung offener Lohn- und Gehaltszahlungen bzw. zum Ausgleich sozialer Härten zu.

Am 18. Juli beschließt der Senat die Eröffnung eines gerichtlichen Liquidations-Vergleichsverfahrens. Dabei verweigert er jedwede Bürgschaftsübernahme für die gesetzliche Vergleichsquote, um einen Missbrauch seiner »Hilfsbereitschaft« durch überhöhte Forderungen der privaten Gläubiger zu vermeiden. Auch die von Gläubigern geforderte Durchgriffshaftung des Landes Bremen für die Borgward-Schulden wird vom Senat erfolgreich zurückgewiesen. Allerdings steht der Senat für die Ausfallbürgschaften gegenüber den Banken in vollem Umfang ein.

Am 27. Juli stellen die Borgward-Betriebsgesellschaften die Zahlungen ein. Die Borgward selbst eingeräumte Rückkaufsfrist ist mittlerweile durch die gescheiterten Übernahmeverhandlungen abgelaufen. Die von Senat und Deputationen zuletzt bewilligten zehn Millionen D-Mark werden in vollem Umfang zur Bezahlung der restlichen Löhne und Gehälter der mit sofortiger Wirkung entlassenen gut 15.000 Arbeiter und Angestellten verwendet. Am nächsten Tag erfolgt die vorläufige Eröffnung des Vergleichsverfahrens über die Carl F.W. Borgward GmbH Sebaldsbrück, die Lloyd Motoren-Werke GmbH und die Goliath-Werke GmbH.

Zeitgenössische Zeitungskollage des Bremer Pressefotografen Karl Edmund Schmidt

Autos aus Bremen

Im August 1961 richtete das Landesarbeitsamt Bremen zur Vermittlung der entlassenen Borgwardbelegschaft eine provisorische Außenstelle im Berufsbildungszentrum ein

Während die Lloyd Motoren-Werke Anfang September an Siemens verkauft werden können und damit ein Vergleich vorläufig gesichert erscheint, wird am 11. September gegen das Borgward- und das Goliath-Werk das Anschlusskonkursverfahren eröffnet, weil die Vergleichsquoten nicht ausreichen und der Bremer Senat weitere öffentliche Mittel zur Abwendung des Konkurses verweigert. Zuvor hatte der Konkursrichter ein Angebot der zur »Borgward-Interessengemeinschaft« zusammengeschlossenen und um ihre Existenz bangenden Borgward-Händler abgelehnt, Teile des Borgward-Komplexes für 90 Millionen D-Mark zu erwerben. Am 25. November wird schließlich auch über das Vermögen der Lloyd-Motoren-Werke das Konkursverfahren eröffnet, nachdem ein Vergleichsverfahren entgegen den Erwartungen an der nötigen Mehrheit gescheitert ist. Damit ist der Untergang der Borgward-Gruppe endgültig besiegelt.

Noch einmal gerät Borgward in die Schlagzeilen, als Ende der 1960er Jahre bekannt wird, das die mittlerweile eingestellten Konkursverfahren der Borgward-Gruppe mit einer Quote von 100 Prozent der nicht bevorrechtigten Forderungen beendet werden konnten. Bei Lloyd ergab sich sogar ein kleiner Überschuss. Die Zeit zwischen Eröffnung und Abschluss des Konkursverfahrens hatten die Konkursverwalter erfolgreich genutzt. Anstelle eines schnellen »Ausverkaufs« hatten sie in zähen Verhandlungen für Fertigstellung und Verkauf der noch auf den Bändern stehenden Fahrzeuge, eine geschickte Verwertung des Anlagevermögens und die Sicherung einer profitablen Ersatzteilversorgung der nach wie vor die Straßen bevölkernden Borgward-Autos gesorgt. Die Hauptlast der missglückten Sanierung trug mit gut 60 bis 80 Millionen D-Mark das Land Bremen.

Auf der Suche nach den Ursachen

Die Ursachen des Borgward-Konkurses sind komplex. Ein nicht mehr zeitgemäßer Führungsstil, überholte Produktionsstrukturen, eine riskante Finanzierung sowie ein missglücktes Krisenmanagement mischten sich mit nachteiligen Marktentwicklungen und mangelndem Rückhalt bei Banken und Staat. Der Untergang des Unternehmens fiel in eine Periode, in der die »friedliche Koexistenz« auf dem Automobilmarkt mit einvernehmlicher Marktaufteilung zwischen den inländischen Herstellern zu Ende ging und einer allmählichen Marktbereinigung wich. Die Konkurrenz wurde härter, und mehr und mehr ausländische Marken drängten in den deutschen Markt. Neben Borgward war bis zur 1960 geglückten Sanierung durch das verstärkte Engagement des Unternehmers Herbert Quandt auch BMW bedroht.

Die betriebswirtschaftlichen Hintergründe des Untergangs lassen sich indes nicht von der Person Borgwards und seinem autokratischen Führungsstil trennen. Borgward galt mehr als genialer Tüftler und Konstrukteur denn als kühl kalkulierender Kaufmann. Seine Betriebe verstand er als »Werkgemeinschaft«. Zu Gewerkschaft und Betriebsrat unterhielt er gute Beziehungen, solange sie seinen Führungsanspruch nicht in Frage stellten. Vorbildliche Sozialeinrichtungen (wie Ferienlager für Lehrlinge, ein Autoverleih für die Sonntagsausflüge von Mitarbeitern, werkseigene Urlaubsquartiere im Weserbergland, Familiennachmittage, Betriebsrenten u.a.) sowie ein relativ hohes Lohnniveau förderten das Betriebsklima und ein ausgesprochenes Wir-Gefühl der Belegschaft. Borgward erfreute sich der Wertschätzung seiner Mitarbeiter, wenn er sich in den Werkhallen blicken ließ, um sie über neue technische Entwicklungen zu informieren und sie ihnen vor Ort zu erklären. Im Umgang mit seinen Arbeitern leutselig und belehrend, konnte er jedoch auf andere, vor allem auf Politiker, arrogant wirken. Die sich häufenden Ehrungen mögen ihn in seinem Selbstbewusstsein, seiner Unbeirrbarkeit und gelegentlichen Selbstüberschätzung genauso bestärkt haben wie seine frühen Erfolge als Unternehmer. Bei alledem ließ sich Borgward jedoch nicht von kurzfristigem Gewinnstreben leiten; auch seine persönliche Bescheidenheit war unbestritten. Am Ende standen seine technische Detailversessenheit, sein Unabhängigkeitsdrang und seine Beratungsresistenz der fälligen Modernisierung des Unternehmens mehr und mehr im Wege.

Die Produktion in den drei Automobilwerken der Borgward-Gruppe nutzte zwar die Möglichkeiten der Fließbandfertigung. Dabei legte Borgward jedoch Wert darauf, möglichst viele Teile selbst zu produzieren, statt die Chancen günstigerer Fremdfertigung zu nutzen. Im Interesse der Produktqualität verzichtete die Werksleitung zudem auf Akkordlöhne. Darunter sowie unter den relativ kleinen Produktionsserien, der vergleichsweise geringen Kapitalintensität, einer teilweise noch handwerklich geprägten Produktionsweise und der hohen Produktionstiefe litt die Arbeitsproduktivität, sodass das Unternehmen bei den Produktionskosten nicht mit der Konkurrenz Schritt halten konnte. Auch blieben viele Synergien in der Unternehmensgruppe ungenutzt; statt die drei Werke Lloyd, und Borgward unter einem Dach zu vereinen, leistete sich das Unternehmen zahlreiche Abteilungen wie Ein- und Verkauf gleich dreifach.

Unter dem Druck von Liquiditätsengpässen kam es zudem zu überhasteter Modellpolitik. Neue Modelle waren zum Zeitpunkt der Markteinführung oft noch nicht ausgereift und litten unter Konstruktionsmängeln. Diese Entwicklung kulminierte bei der Lloyd/Arabella, die zwar durch ihre Formschönheit überzeugte, in deren Inneres aber Wasser ein-

Zahlungskrise bei Borgward Senat sucht Hilfe

Staatliche Auffanggesellschaft?

Von unserem smi-Redaktionsmitglied

Bremen (Eigener Bericht). Die Bremer Borgward-Gruppe befindet sich in einer akuten Krise. Das Unternehmen, das rund 19 000 Arbeiter und damit 23 Prozent der gesamten bremischen Industriearbeiterschaft beschäftigt, ist mit Ausnahme der Lohnzahlungen nicht mehr in der Lage, seinen finanziellen Verpflichtungen nachzukommen. Die Bremische Bürgerschaft wird morgen über die Gründung einer staatlichen Auffanggesellschaft entscheiden, mit der eine Schließung der Betriebsstätten des Unternehmens verhindert werden soll.

Die Borgwardkrise beherrschte für Wochen die Schlagzeilen der Bremer Tagespresse. »Weser-Kurier« vom 31. Januar 1961

drang und die deshalb sarkastisch als »Aquabella« bezeichnet wurde. Infolgedessen blieb der Verkauf hinter den Erwartungen zurück. Darüber hinaus sprengten die Produktionskosten der Arabella den am Markt erzielbaren Preis, sodass Borgward zu je verkauftem Exemplar fast 600 D-Mark zusetzen musste.

Ein wesentlicher Grund für die Liquiditätskrise war die mit sechs Prozent der Bilanzsumme extrem niedrige Eigenkapitalquote der Borgwardgruppe. Die Borgward wiederholt empfohlene Rechtsform der Aktiengesellschaft, die den Gang an die Börse ermöglicht und Beteiligungen anderer Unternehmen erleichtert hätte, scheiterte an seinem Unwillen, die Macht mit anderen zu teilen und sich einer Publizitätspflicht zu unterwerfen. Ähnliches galt für den geringen Anteil längerfristiger Bankfinanzierungen, denn Borgward war auch auf Unabhängigkeit gegenüber den Kreditinstituten erpicht, die ihrerseits seine Geschäftspolitik nicht ohne Argwohn verfolgten. Einen Ausweg sah Borgward in der Finanzierung nicht nur seines Umlaufvermögens, sondern auch langfristiger Anlagen durch kurzfristige Lieferantenkredite, weil die Lieferanten ihm nicht ins Geschäft redeten und keine Sicherheiten verlangten. Diese Finanzpolitik des »Borgens und Wartens« (so eine gängige Redensart der Lieferanten unter Anspielung auf den Namen Borgward) stellte die üblichen Liquiditätsgrundsätze auf den Kopf und bedrohte die Zahlungsfähigkeit des Unternehmens; außerdem war die Ausnutzung von Lieferantenkrediten durch den Verzicht auf Skonto vergleichsweise teuer. Solange die Zahlungsverpflichtungen aus laufenden Verkaufserlösen bedient werden konnten, schienen Borgwards Finanzierungspraktiken gleichwohl unproblematisch. Als aber zur Jahreswende 1960/61 auch die Verkäufe der bis dahin erfolgreichen Isabella zu stocken begannen und die Autohalden immer größer wurden, musste Borgwards riskante Finanzierungspraxis kollabieren. Die Verkaufserlöse deckten zwar noch die Auszahlung von Löhnen und Gehältern, aber mehr und mehr fällige Lieferantenrech-

nungen blieben offen. Anfänglich verlängerten die Lieferanten ihre Zahlungsziele noch und hielten im eigenen Interesse still. Die üblichen Fristen verdreifachten sich am Ende.

Nachdem der Senat zu der Einsicht gelangt war, dass ein Zusammenbruch wegen fehlender Investoren und mangelnder Unterstützung des Bundes nicht mehr zu verhindern war und weitere staatliche Hilfen das Land überforderten, begann die Gerüchteküche zu brodeln und der Senat wurde zum Sündenbock gestempelt. So wurde u.a. behauptet, Finanzsenator Nolting-Hauff habe als Opfer der Nazi-Diktatur Borgward als ehemaligem Wehrwirtschaftsführer bewusst die Unterstützung des Senats verweigert. Und den bürgerlichen Eliten Bremens sei Borgward ohnehin immer als Parvenü und Außenseiter erschienen. Schließlich kam auch der Verdacht auf, dass der vom Bremer Senat berufene Sanierungsbeauftragte Johannes Semler am Überleben Borgwards kein Interesse gehabt habe, da er auch dem Aufsichtsrat des zuvor sanierten Konkurrenten BMW vorsaß. Beide Unternehmen operierten mit der Isabella und dem neu entwickelten BMW 1500 im selben Marktsegment. Tatsache ist, dass sich Semler bei seinen missglückten Bemühungen um kapitalkräftige Investoren eher als Industriemakler denn als Sanierer verstand. Wilhelm Kaisen sollte die Berufung Semlers später in seinen Erinnerungen als Fehlentscheidung des Senats bezeichnen.

Unstreitig ist, dass Bremen mit der Übernahme weiterer finanzieller Lasten der Borgward-Krise überfordert war. Sie hätten nach Kaisens Auffassung die »Stabilität der bremischen Finanzen gefährdet«. Die Sanierungshilfen des Senats haben zur Schadensbegrenzung insofern beigetragen, als ausstehende Löhne sowie ungesicherte Lieferantenforderungen großenteils beglichen werden konnten. Vermutlich hat der angespannte Arbeitsmarkt mit seinen guten Perspektiven für die entlassenen Arbeitnehmer dem Senat seine Entscheidung, dem Unternehmen zusätzliche Hilfen zu verweigern, ebenso erleichtert wie die weitgehende fiskalische Neutralisierung des Bremen entstandenen Schadens durch den Länderfinanzausgleich, in den Bremen von nun an einige Jahre lang nichts mehr einzahlen musste.

Die angesichts der Konkursquote von 100 Prozent häufig geäußerte These von der Überlebensfähigkeit der Borgward-Gruppe lässt sich weniger von den harten betriebswirtschaftlichen Fakten als vielmehr von einer gewissen Nostalgie leiten, die sich am Charisma des genialen Konstrukteurs, am Wirtschaftswunder, dem Wir-Gefühl der Belegschaft und an der unbestrittenen Schönheit vieler Borgward-Modelle orientiert. Dagegen dürften die anhaltende Hochkonjunktur und der allgemeine Optimismus der Wirtschaftswunderjahre den Verzicht auf weitere Rettungsaktionen begünstigt und manches andere Unternehmen die Entlastung des äußerst angespannten Arbeitsmarktes durch die Werksschließung sogar begrüßt haben. Bezeichnend ist, dass es 1961 keinerlei Demonstrationen und Massenproteste der betroffenen Arbeitnehmer gab. Unter anderen gesamtwirtschaftlichen Voraussetzungen mit hoher Arbeitslosigkeit und schlechten Aussichten wären die Bemühungen von öffentlicher Hand, Arbeitnehmerorganisationen und Banken um das Überleben des Unternehmens vermutlich länger und intensiver fortgesetzt worden. Tatsächlich konnte das Landesarbeitsamt bereits im August 1961 den meisten entlassenen gewerblichen Arbeitnehmern Angebote machen; und im November 1961 waren bei den Arbeitsämtern des Landes Bremen nur noch 1600 zumeist ältere oder schwer behinderte ehemalige Borgward-Arbeiter arbeitslos gemeldet. Einige besonders qualifizierte Fachkräfte waren zwischenzeitlich zu den BMW-Werken nach München abgewandert. Ende 1961 lag die lokale Arbeitslosenquote wieder unter zwei Prozent. Allerdings fiel in den folgenden Jahren u.a. infolge des Borgward-Konkurses das bremische Wirtschaftswachstum hinter den Bundestrend zurück. Insgesamt gesehen blieb Borgward letztlich eine Episode auf dem Höhepunkt des »Wirtschaftswunders«.

Nach 1961: Neues Leben auf dem Borgward-Gelände

Im Zuge des Konkursverfahrens wurden Grundstücke und maschinelle Anlagen an andere Unternehmen veräußert und auch das Umlaufvermögen (Warenbestände, unfertige Teile und Ersatzteile) erfolgreich verwertet. Ein Teil der Sebaldsbrücker Anlagen ging nach Mexiko; weitere Anlagen und Grundstücke an AEG und die Atlas-Werke, deren Elektromechanische Abteilung ELMA 1962 von der Stephanikirchenweide auf das ehemalige Borgward-Gelände umzog. Siemens erwarb die Lloyd Motoren-Werke GmbH in der Bremer Neustadt, um dort Elektromotoren zu produzieren. Hier wurde später die gesamte Ersatzteilversorgung der Borgward-Gruppe konzentriert; außerdem nahm das Unternehmen zeitweise den Bau von Lloyd-Motoren wieder auf, die vor allem als Antriebsaggregate für Schneemobile in die USA und nach Kanada geliefert wurden. Die Büssing-Automobilwerke AG in Braunschweig kauften das Borgward-Zweigwerk in Osterholz-Scharmbeck und der kanadische Aluminium-Konzern Alcan erwarb das Leichtmetallwerk in Uphusen, um dort Aluminiummotorblöcke zu formen.

Als standortpolitisch wegweisend erwies sich das Engagement von Rheinstahl Hano-

Montage von Hanomag-Lkw »Markant« in der ehemaligen Halle 2 der Borgwardwerke in Sebaldsbrück, Dezember 1962

mag. Das Unternehmen kaufte 25 Hektar des Sebaldsbrücker Borgward-Geländes mit 120.000 Quadratmeter Hallenfläche. Die im Werk verbliebenen maschinellen Anlagen erwiesen sich großenteils als untauglich, sodass das Unternehmen zunächst viel Kapital in die Modernisierung investieren musste. 1962 lief die Produktion von Transportern der Marken Kurier, Markant und Garant an; außerdem wurden Radlader produziert. Die Zahl der Beschäftigten stieg von anfänglich 100 rasch auf 1700 im Oktober 1962 und mehr als 3000 Ende 1965. Finanzierungsprobleme und intensiverer Wettbewerb auf dem Lkw-Markt veranlassten den Rheinstahl-Konzern 1969 zur Fusion der Nutzfahrzeug-Sparten seiner Tochterunternehmen Henschel (Kassel) und Hanomag (Hannover, mit dem Bremer Zweigwerk) zur »Hanomag-Henschel-Fahrzeugwerke GmbH« (HHF). An dem neuen Unternehmen beteiligte sich die Daimler Benz AG (Stuttgart) zunächst mit 51 Prozent und übernahm zugleich die Führung der Gemeinschaftsgründung. 1971 stieg Rheinstahl bei HHF aus und übertrug seine Anteile an Daimler Benz. Damit war das Stuttgarter Unternehmen zum Alleineigentümer des Bremer Werks geworden und der Weg war frei für eine neue Blüte der Automobilproduktion in Bremen.

Weitere Branchen, Betriebe und Produkte

In den 1950er und 1960er Jahren verdankte Bremen seinen guten Ruf nicht allein seinen eleganten Autos, modernen Schiffen und den Markenprodukten der hier ansässigen Nahrungs- und Genussmittelbranche; auch Stahl, Luft- und Raumfahrt, Rundfunk- und Fernsehgeräte, Silberwaren und andere gewerbliche Erzeugnisse trugen zum positiven Image der Hansestadt als Industriestandort bei.

Erster Höhepunkt bremischer Industriepolitik in der Nachkriegszeit war die Ansiedlung der Klöckner-Hütte. Sie stand in der Tradition der 1908 gegründeten, dem Krupp-Konzern gehörenden Norddeutschen Hütte, der nach Kriegszerstörungen und Demontage ihrer Hochöfen 1945 lediglich eine rentable Kokerei und eine Zementfabrik geblieben waren. Beide spielten für die Nachkriegsversorgung der Stadt eine wichtige Rolle. Anfang der 1950er Jahre zeigte der Duisburger Klöckner-Konzern auf der Suche nach einem küstennahen Stahlstandort Interesse an der Hütte, um die Transportkosten von importierten Rohstoffen einerseits und den fertigen Produkten andererseits zu optimieren. Bremen bot hierfür mit seinem Seehafen und dem Anschluss an das Binnenwasserstraßennetz beste Voraussetzungen und hatte mit Werften und Automobilbau zugleich potenzielle Abnehmer vor Ort. 1953 gab es erste Kontakte zwischen Wilhelm Kaisen und dem Vorstand der Klöckner-Werke, die 1954 in die Entscheidung der Konzernleitung mündeten, ein neues Werk »auf der grünen Wiese« zu errichten, die »Hütte am Meer«. Klöckner erwarb daraufhin die Reste der Norddeutschen Hütte für 4,5 Millionen D-Mark von Krupp. Das Land half bei der Bereitstellung und Erschließung des fast zehn Quadratkilometer großen Werksgeländes, dem nach langen Auseinandersetzungen zwischen der Stadt und den Anwohnern u.a. das ganze Dorf Mittelsbüren weichen musste. Außerdem stellte das Land dem Unternehmen im Mittelsbürener Hafen 1,6 Kilometer lange Kajen zum Löschen von Kohle und Erz zur Verfügung. Der gigantische Energiebedarf der geplanten Hütte veranlasste die Stadtwerke zum Bau des neuen »Kraftwerks Hafen«, das Klöckner ab 1957 den Strom zu Vorzugskonditionen lieferte. Bremen gewährte Klöckner großzügige Steuervergünstigungen und bemühte sich um Wohnraum für die an die Weser strömenden Fachkräfte. Zusätzliche Unterstützung kam von der Europäischen Gemeinschaft für Kohle und Stahl, der Montanunion. Die enormen öffentlichen Vorleistungen zugunsten der Klöckner-Hütte erfolgten im Vertrauen darauf, dass sich das Werk für Stadt und Land durch zusätzliche Arbeitsplätze und Steuermehreinnahmen bezahlt machen werde.

Mit Baubeginn im Jahre 1955 entstand innerhalb von nur zwei Jahren für 400 Millionen D-Mark ein hochmoderner Betrieb, der 1957 die Produktion mit Walzwerk, Verzinkungsanlage und Zementfabrik aufnahm. Eine Vielzahl örtlicher Unternehmen (Handwerker, Dienstleister, andere Industriebetriebe) belieferte die gigantische Baustelle über Jahre hinweg mit Vorleistungen und trug, zusammen mit den Konsumausgaben der hier Beschäftigten, wesentlich zu dem hohen Wirtschaftswachstum der 1950er Jahre in Bremen bei. Insgesamt investierte Klöckner bis 1968 weitere 1,2 Milliarden D-Mark in den Ausbau der Hütte zu einem »integrierten Stahlwerk« und die laufende Modernisierung. Anfang der 1960er Jahre bauten die Stadtwerke auf dem Hüttengelände das »Kraftwerk Mittelsbüren«. 1959 wurde der Betrieb durch die Fertigstellung des ersten Hochofens von Roheisenlieferungen aus fremden Hütten unabhängig; 1966 folgte ein zweiter Hochofenbau. Bereits 1968 wurden die noch recht neuen Siemens-Martin-Öfen durch ein modernes LD-Stahlwerk (Linz-Donawitz) ersetzt. Die Expansion des Werks ließ die Zahl der Beschäftigten allein zwischen 1958 und 1962 von 3020 auf 5650 ansteigen.

Zu den bekanntesten bremischen Produkten der Nachkriegszeit gehörten die Rundfunk- und Fernsehgeräte von »Nordmende«, einem Unternehmen, das 1947 in Bremen als »Norddeutsche Mende-Rundfunk GmbH« von dem aus Dresden stammenden Unternehmer Martin Mende gegründet wurde. Das Unternehmen nutzte für seine Produktion zunächst angemietete Hallen der ehemaligen Flugzeugwerke Focke-Wulf in Sebaldsbrück. Der Erfolg seiner Erzeugnisse beruhte auf attraktivem Design, moderner Technologie und Produktinnovationen wie dem populären Reisegerät »Mambo« und dem Transistorkoffer »Minibox«. Außerdem wurden hochwertige Mess- und Prüfgeräte hergestellt. Mit Beginn der Produktion von Schwarzweiß-Fernsehgeräten erlebte das Unternehmen einen steilen Aufschwung, der 1957 zum Bau großer neuer Werkhallen in Hemelingen veranlasste. Ab

Kohleförderbänder vor dem Kraftwerk Hafen, erbaut 1955/56

1967 wurden auch die neuen Farbfernsehgeräte von Nordmende zum Erfolgsschlager. Die Nachfrage profitierte besonders von spektakulären Ereignissen wie Olympischen Spielen oder internationalen Fußballmeisterschaften. Die Beschäftigtenzahl stieg im Verlaufe der anhaltenden Expansion von zunächst 18 (1947) auf 700 (1950), 3800 (1960) und um 1970 schließlich auf gut 6000, und im Jahr 1968 wurden eine Absatzsteigerung von 30 Prozent und eine Umsatzverdoppelung bei Farbfernsehern verzeichnet. Doch wenig später hatte auch die Nordmende mit den Strukturveränderungen zu kämpfen.

Branchen, Betriebe und Produkte

Endmontage des Militär-
transportflugzeugs »Transall« in den Hallen der Vereinigten Flugtechnischen
Werke VFW in Lemwerder

Martin Mende

* 30.12.1898, Dresden
† 14.2.1982, Bremen

Der Sohn eines Holzbildhauers aus Sachsen leitete bis zum Zweiten Weltkrieg das Rundfunkwerk seines Onkels in Dresden. Er kam im Jahr 1947 nur mit einem Rucksack nach Bremen und entwickelte das von ihm 1948 gegründete Rundfunkwerk Nordmende in den folgenden Jahrzehnten zu einem der führenden Hersteller von Unterhaltungselektronik in Westdeutschland. Es produzierte Radios, später auch Fernseher und Mess- und Prüfgeräte. Mendes Sozialpolitik mit Fünf-Tage-Woche und Familienurlaub auf Firmenkosten war wegweisend. 1969 übertrug er die Firmenleitung seinen Söhnen. Sie gingen 1977 eine Kooperation mit dem französischen Konzern Thomson Brandt ein, der das Unternehmen 1979 vollständig übernahm, den Betrieb unter wachsendem Konkurrenzdruck aus Fernost rationalisierte und seit 1987 mit Produktionsverlagerungen aus Bremen begann. Mende wurde für seine Verdienste in Bremen (als Mitglied im Präsidium der Handelskammer) und auch auf Bundesebene (als Pionier der Unterhaltungselektronik) vielfach ausgezeichnet. Die endgültige Schließung seines Werkes erlebte Martin Mende nicht mehr.

Nachdem die Bundesrepublik 1955 ihre Souveränität erlangt hatte und damit der Flugzeugbau wieder zugelassen wurde, kam es in Bremen auch auf diesem Sektor zu einer schnellen Renaissance. Mit Focke-Wulf und Weser Flugzeugbau hatte es in Bremen in diesem Wirtschaftszweig bis 1945 zwei bedeutende, stark rüstungsorientierte Unternehmen gegeben. Mit rund 35.000 Beschäftigten im Jahr 1944, großenteils ausländischen Zwangsarbeitern, war Bremen eines der wichtigsten Zentren der Flugrüstung und Ausbeutung von Zwangsarbeit in der NS-Zeit.

Bei der Wiederzulassung des Flugzeugbaus stand der Weser-Flug, wie die A.G. »Weser« eine Krupp-Tochter, ein hoch qualifiziertes Team deutscher Entwicklungsingenieure zur Verfügung, von denen viele (darunter der bekannte Flugzeugkonstrukteur Kurt Tank) seit Kriegsende in Wartestellung für die argentinische Regierung gearbeitet hatten. Seit Beginn der deutschen Wiederbewaffnung und der Gründung der Bundeswehr im Jahr 1955 hatte die Weser-Flug mit ihren bremischen und niedersächsischen Standorten wesentlichen Anteil an den boomenden Militäraufträgen. Zunächst wurden der Bundeswehr überlassene amerikanische Jagdbomber reaktiviert; es folgten in enger Kooperation mit Frankreich die Lizenzproduktion des Militärtransporters »Noratlas« und ab 1959 die Entwicklung eines neuen Transporters, der »Transall«, bei der Weser-Flug die Federführung innehatte. 1967 wurde das erste von insgesamt 178 Serienflugzeugen aus der Endmontage des Werks Lemwerder an die Luftwaffe ausgeliefert. Zudem war die Weser-Flug an der Produktion von Hubschraubern und am Lizenzbau des »Starfighters« in den Jahren von 1961 bis 1965 beteiligt.

Bei Focke-Wulf hatte nach der vollständigen Demontage der Anlagen bereits 1951 der Wiederaufbau eingesetzt, und zwar u.a. mit der Entwicklung und Herstellung von Hochleistungssegelflugzeugen, mit denen das Unternehmen bald einen Weltrekord im Dauerflug aufstellte (»Kranich III«). Zum Produktionsprogramm gehörten außerdem Leichtmetallteile vornehmlich für den Schiffbau, Hebetische und hydraulische Arbeitsplattformen. Wie Weser-Flug konnte Focke-Wulf auf einen Stamm erfahrener Ingenieure und Facharbeiter zurückgreifen und ab 1955 von Rüstungsaufträgen der Bundeswehr profitieren, u.a. mit dem Bau des Schul- und Reiseflugzeugs Piaggio P 149 (in Lizenz eines italienischen Flugzeugherstellers) und der Beteiligung an der Starfighter-Produktion. Gemeinsam mit Borgward begann das Unternehmen zudem die Entwicklung des Leichthubschraubers »Kolibri«, die allerdings mit dem Borgward-Konkurs 1961 eingestellt wurde.

Im Jahr 1963 fusionierte Weser-Flug (mit rund 5000 Mitarbeitern) mit Focke-Wulf (mit rund 2000 Mitarbeitern) zu den Vereinigten Flugtechnischen Werken GmbH (VFW) mit Sitz in Bremen. An der neuen Gesellschaft waren zu 40 Prozent der Krupp-Konzern, zu 30 Prozent United Aircraft und zu weiteren 30 Prozent die Hanseatische Industriebeteiligungsgesellschaft (HIBEG) beteiligt. Hintergrund waren die Bemühungen der Bundesregierung, die zersplitterten Aktivitäten der deutschen Luftfahrtindustrie zu bündeln. Das neue Unternehmen beschäftigte mit mehr als 7000 Mitarbeitern an verschiedenen Standorten in Norddeutschland nunmehr rund zwei Drittel sämtlicher im deutschen Flugzeugbau tätigen Personen.

1965 folgte der Zusammenschluss von VFW mit der in Speyer und München ansässigen Heinkel Flugzeugbau GmbH; die Gesamtbeschäftigtenzahl stieg auf 9000. In den folgenden Jahren erwarb VFW maßgebliche Beteiligungen an weiteren Unternehmen der Luftfahrtindustrie. Darüber hinaus war VFW ab 1967 mit 20 Prozent an der Deutschen Airbus GmbH, München, und damit an den Vorarbeiten zur Entwicklung eines europäischen Großraumflugzeugs, beteiligt. Von großer Bedeutung war schließlich 1969 das Zusammengehen mit dem niederländischen Flugzeughersteller Fokker zur Zentralgesellschaft VFW-Fokker GmbH mit ihrer deutschen Betriebsgesellschaft VFW-Fokker GmbH Bremen und dem niederländischen Pendant Fokker-VFW NV Amsterdam.

VFW-Fokker blieb, u.a. mit der Entwicklung des vertikal startenden Aufklärungs- und Kampfflugzeugs VAK 191 B, mit dem Mehrzweckkampfflugzeug MRCA und mit Marineaufträgen, stark im Rüstungsgeschäft aktiv; zugleich strebte das Unternehmen mit der Entwicklung eines eigenen zweistrahligen Kurzstreckenjets VFW 614 den Einstieg in die zivile Luftfahrt an. Es sollte das erste deutsche Düsenverkehrsflugzeug werden. Das Unternehmen vertraute dabei auf Marktuntersuchungen, die einen Absatz von 300 bis 400 Maschinen verhießen.

In enger Verbindung mit der Luftfahrtindustrie entstand 1961 mit der Arbeitsgemeinschaft Entwicklungsring Nord (ERNO) die künftige Plattform der bremischen (und deutschen) Raumfahrtindustrie. Beteiligt waren Ingenieure der Firmen Focke Wulf, Weser-Flug

Festakt zur Übergabe der ersten »Transall C-160« an die französische Luftwaffe am 17. Mai 1967 in Lemwerder

Branchen, Betriebe und Produkte

Die »Arbeitsgemeinschaft für Raketentechnik« beschäftigte sich mit der Entwicklung von Raketen zum Postversand in die USA. Bild eines Flugversuchs in Hespenbuch/Oldenburg am 10. August 1952

Einer von zwei Modellen des Sikorski-Großhubschraubers, der bei »Weser-Flug« bis 1962 weiterentwickelt wurde

und Hamburger Flugzeugbau (HFB), die bereits während des Krieges an den Raketenprogrammen der Wehrmacht mitgearbeitet hatten. Erster Auftrag an ERNO war 1961 die Entwicklung und Fertigung der dritten Stufe einer europäischen Trägerrakete (»Europa«). Die Arbeiten wurden allerdings 1972 nach einigen (nicht von ERNO zu verantwortenden) Fehlstarts eingestellt, sodass es bei ERNO zu vorübergehenden Entlassungen kam. 1965 wurde ERNO in die rechtliche Selbstständigkeit entlassen und 1967 in die »ERNO Raumfahrttechnik GmbH« umgewandelt. Mit dem Ausstieg des Hamburger Partners HFB wurde

ERNO 1969 hundertprozentige Tochter von VFW. Von 1970 an war ERNO auch an den (1975 abgeschlossenen) Arbeiten an der Sonnensonde »Helios« beteiligt. 1971 beschäftigte das Unternehmen 1230 hoch qualifizierte Mitarbeiter.

Ursprünglich mit Entwicklungsaufgaben sowohl für die Luft- als auch für Raumfahrt befasst, spezialisierte sich ERNO im Laufe der Zeit auf den Raumfahrtsektor und machte Bremen zu einem Zentrum der europäischen Raumfahrtindustrie. Die Entwicklung von ERNO fiel zusammen mit den Bemühungen, den technologischen Rückstand Europas in der Raumfahrt gegenüber den Supermächten USA und Sowjetunion zu verringern. Dieser Zielsetzung diente 1964 auch die Gründung von ESRO (European Space Research Organisation) und ELDO (European Launch Development Organisation), die 1975 zu der (aus Beiträgen der Mitgliedsländer finanzierten) Europäischen Weltraumorganisation ESA (European Space Agency) zusammengefasst wurden. ERNO wurde zum bedeutenden Auftragnehmer dieser Organisationen, und zwar in den Bereichen Satellitentechnologie, Trägerraketen und dem Weltraumlabor Spacelab als einem Projekt transatlantischer Zusammenarbeit.

Die bremische Luft- und Raumfahrtindustrie war, ähnlich wie der Marineschiffbau und Teile der hiesigen elektrotechnischen Industrie, zum großen Teil von Staats- bzw. Rüstungsaufträgen abhängig. Diese sicherten einerseits qualifizierte, innovative Arbeitsplätze, vergleichsweise hohe Einkommen und gute Profitabilität; andererseits drohte bei auslaufenden Waffensystemen, Haushaltsengpässen oder der Bevorzugung von Konkurrenten eine Verschlechterung der Auftragslage, sodass die Unternehmen nicht zuletzt auch im eigenen Interesse um Diversifizierung ihrer Produktionsaktivitäten bemüht waren.

Das galt auch für die Atlas-Werke, das größte bremische Unternehmen im Bereich Elektrotechnik und Elektronik. Veranlasst durch die Schiffbaurestriktionen produzierte das Unternehmen nach dem Wiederaufbau seiner im Krieg schwer zerstörten Werksanlagen zunächst Steinpressen, Bergwerkspumpen, Mischer und andere Spezialmaschinen. Außerdem wurden u.a. Radios und Telefonanlagen repariert. Der Bau von Unterwasserschallanlagen blieb zunächst ebenso verboten wie andere rüstungsnahe Produktionen. Die entsprechende Fachabteilung wurde in Elektromechanische Abteilung ELMA umbenannt und spezialisierte sich anfänglich auf die Herstellung elektro-medizinischer Geräte sowie den Vertrieb von Echoloten aus Altbeständen, die zur Ortung von Fischschwärmen für die wieder zugelassene Küstenfischerei, und damit zur Linderung der Versorgungskrise, benötigt wurden.

Mit der Wiederzulassung des Schiffbaus kehrte das zum Stinnes-Konzern gehörende Unternehmen Anfang der 1950er Jahre zu seinen angestammten Produktionsfeldern Schiffbau, Schiffshilfsmaschinen und Elektronik zurück. Ab 1955 führte die Remilitarisierung der Bundesrepublik zu einer erheblichen Umsatzsteigerung mit einem entsprechenden Anstieg der Beschäftigtenzahl auf weit über 1000. Als sich das Werksgelände auf der Stephanikirchenweide als zu klein erwies, wurde die ELMA 1962 auf das ehemalige Borgwardgelände im Stadtteil Sebaldsbrück verlegt. Schiff- und Maschinenbau verblieben auf der Stephanikirchenweide. Ein Jahr später drohte das profitable Unternehmen durch den Konkurs des Stinnes-Konzerns in Turbulenzen zu geraten. Durch Vermittlung des Finanzmaklers Münemann und das Engagement eines Bankenkonsortiums (darunter der Bremer Landesbank) übernahm Krupp 1964 die Atlas-Werke. Der Maschinenbau wurde als Krupp-Atlas Maschinenbau GmbH am alten Standort weitergeführt; den Schiffbau stellte das Unternehmen 1969 zugunsten der ebenfalls zum Krupp-Konzern gehörenden A.G. »Weser« ein. Der Bereich Elektronik wurde 1966 als Fried. Krupp Atlas-Elektronik Bremen verselbstständigt und konnte sich, gestützt auf den stark boomenden Export von U-Booten

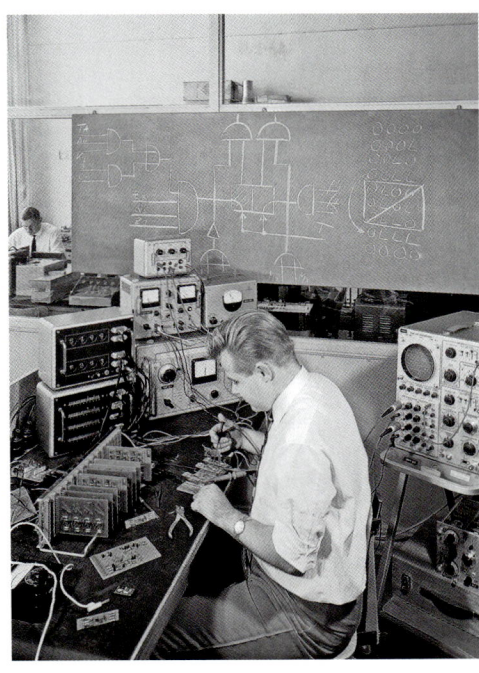

Elektroniker bei der Platinenprüfung in den Atlas-Werken, September 1964

und den Einstieg in die Heerestechnik, sehr erfolgreich entwickeln. Zur Reduktion der Rüstungsabhängigkeit wurde das Produktionsprogramm durch Rechner-, Mess- und Regeltechnik sowie die Simulationstechnik erweitert. Die Mitarbeiterzahl stieg bald auf gut 1600 (1972). Die Beschäftigtenzahl in der gesamten stadtbremischen elektrotechnischen

Bau eines Kabelbaums am Montagearbeitsplatz bei Friedrich Krupp Atlas-Elektronik, Februar 1969

Branchen, Betriebe und Produkte

Produktionsgelände der Firma Friedrich Kocks an der Carl-Franck-Straße Mitte der 1950er Jahre

beitnehmervertretungen auf die bremische Politik ausübten. Vielen Mittelständlern kam ihr für Bremen typisches außenwirtschaftliches Know-how sowie die Nachkriegsrenaissance von Schiffbau und Häfen zugute.

Davon profitierte auch die Friedrich Kocks GmbH. Das Unternehmen ging Anfang der 1950er Jahre aus den Bremer Francke-Werken hervor, die vor dem Krieg auf den Bau von Gaswerken und entsprechenden Anlagen und während des Krieges auf die Produktion von Granaten und die Reparatur von Flugzeugmotoren spezialisiert waren. Nach Kriegsende war das Unternehmen mit Reparaturarbeiten am Bremer Gaswerk und anderen Betrieben erfolgreich, geriet aber bald nach der Währungsreform mit rund 1000 Beschäftigten in Schwierigkeiten. Über eine Auffanglösung des Landes Bremen unter Beteiligung der Bremer Landesbank ging das Unternehmen an den Düsseldorfer Unternehmer Friedrich Kocks über. Das Bremer Werk wurde nunmehr in der ganzen Welt mit dem Bau von Kränen und seit 1967 mit der Produktion von Container-Verladebrücken erfolgreich. In Bremen rüstete das Unternehmen den Neustädter Hafen mit vierzig Stückgutkranen aus; der später von Kocks für die bremischen Häfen entworfene Containerbrückentyp galt jahrzehntelang weltweit als »Mutter aller Containerbrücken«. Um 1965 waren gut 900 Arbeitskräfte beschäftigt.

Die Firma Kaefer Isoliertechnik bestand seit 1918 als Zulieferbetrieb von Isoliermaterialien für den Schiffbau und expandierte nach 1945 global als Montageunternehmen für den Schall-, Wärme-, Kälte- und Brandschutz. Ebenfalls aus dem Schiffbau hervorgegangen sind die Bremer Unternehmen aqua signal AG (1868 gegründet; Spezialist für komplette Lichtsysteme an Bord von Schiffen und Schrittmacher für die technische Entwicklung auf diesem Gebiet), die 1960 vom AEG-Konzern übernommenen Lloyd Dynamo-Werke als Hersteller elektrischer Maschinen (Motoren, Generatoren) und kompletter Schiffsinstallationen, die 1824 gegründete Tauwerksfabrik Geo Gleistein so-

Industrie konnte sich nicht zuletzt dank umfangreicher Rüstungsaufträge auch anderer Unternehmen zwischen 1950 (mit 5300) und 1970 (mit 16.500) mehr als verdreifachen.

Neben der Rüstungslastigkeit war in Bremen der Anteil der Beschäftigten in Großbetrieben und den mehr oder minder fremdbestimmten Dependenzen auswärtiger Konzernzentralen (wie den bremischen Krupp-Betrieben) auffallend hoch, sodass die sich hier im Laufe der Zeit mehrenden Krisen die Bedeutung mittelständischer Unternehmen in der öffentlichen Wahrnehmung in den Hintergrund drängten. Vielen dieser Unternehmen gelang es, mit flexiblen Strategien und Innovationen kräftig zu wachsen und sich in Krisen (ohne die bei Großbetrieben übliche staatliche Hilfe) zu behaupten. Dementsprechend sollte es ihnen in der sich anbahnenden Krise der 1970er Jahre gelingen, beim Belegschaftsabbau weit hinter den Großbetrieben zu bleiben. Sie erwiesen sich insofern als stabilisierendes Element der bremischen Wirtschaftsentwicklung ohne indes den Einfluss zu erlangen, den die Großbetriebe mit ihren straff organisierten Ar-

wie die 1949 gegründete Firma H. Marahrens GmbH als Hersteller technisch aufwändiger Schiffs- und Sicherheitsbeschilderungen. Das auf hochwertige Feuerungstechnologie spezialisierte Familienunternehmen Saacke GmbH verlagerte seine Produktion 1951 von Berlin nach Bremen. Wie Martin Mende und der Unternehmensgründer Siegfried Tandler, der mit seiner Zahnrad- und Getriebefabrikation beachtlichen Erfolg hatte, gehörte auch Carl Saacke zu einer Reihe erfolgreicher Unternehmer, die aus dem Osten nach Bremen übersiedelten und hier einen Neustart wagten. Das in Bremen-Farge gegründete Unternehmen Johann A. Krause begann 1950 in einer Garage mit der Produktion von Sondermaschinen, u.a. für Borgward, und entwickelte sich zu einem international operierenden Zulieferer der Automobilindustrie, ebenso die 1961 gegründete Bremer Werkzeug- und Maschinenbau GmbH, die Stanz- und Schnittwerkzeuge herstellt. Sowohl Johann A. Krause als auch Tandler und Marahrens starteten nach dem Krieg als Einmannunternehmen. Die Firma Hansa Flex entstand ebenfalls in einer Garage und entwickelte sich bald zu einem weltweit führenden Systemanbieter in der Hydraulik. International erfolgreich wurden auch die 1890 gegründete, mit Spitzenprodukten im Dentalbereich tätige Firma BEGO (Bremer Goldschlägerei) und die 1902 von Gustav Friedrich Gerdts und Fritz Strauch gegründete GESTRA AG als Hersteller von Armaturen und Ventilen im Energiebereich.

Mit der »Einrichtungswelle« der 1950er und 1960er Jahre konnte auch die traditionsreiche Bremer Silberwarenproduktion (Wilkens, Bremer Silberwarenfabrik BSF, Koch & Bergfeld) rasch expandieren. 1968 beschäftigte sie insgesamt 1100 Mitarbeiter. Danach geriet die Branche in schwieriges Fahrwasser.

Als Schlüsselsektor und wichtiger Wachstumsmotor der Gesamtwirtschaft erwies sich die Bauwirtschaft. Die Dynamik ihrer Entwicklung wurde nicht nur durch den Wohnungsbau bestimmt, sondern auch durch die Wiederherstellung und Erneuerung der öffentlichen

Infrastruktur (Häfen, Straßen, Schienennetz, Schulen, Krankenhäuser) und durch Bauvorhaben in Industrie und Gewerbe.

Nachdem im Wohnungsbau zunächst die Reparatur beschädigter Wohngebäude Vorrang hatte, wurden in der Stadt Bremen 1950 bereits 7480 Wohnungen neu gebaut. Höhepunkt war

Die Silberwarenfabrik M. H. Wilkens & Söhne AG in Hemelingen …

… und eine Serie aus dem Besteckprogramm Mitte der 1950er Jahre

Branchen, Betriebe und Produkte

das Jahr 1957 mit 9913 neuen Wohneinheiten. Bis Mitte der 1960er Jahre verharrte der Wohnungsneubau auf beachtlichem Niveau, um danach von 1965 (mit 8600 Wohneinheiten) bis 1970 (mit 4399 Wohneinheiten) deutlich zurückzufallen. Der gesamte Wohnungsbestand der Stadt Bremen stieg von 96.000 (1950) über 174.000 (1960) auf 228.000 (1970). Dabei nahm die Durchschnittsgröße der Wohnungen deutlich zu, und die Belegungsdichte fiel von 4,26 Personen je Wohnung (1950) auf 2,63 (1968) zurück. Gleichzeitig verringerte sich der Anteil öffentlich geförderter Wohnungen von 85 Prozent (1957) auf 39 Prozent (1970). Der Wohnungsmarkt hatte sich entspannt; die nachlassende Neubautätigkeit führte in der Baubranche zu Schrumpfung und wachsender Unternehmenskonzentration, die auch größere Betriebe nicht verschonte. Zwischen 1960 und 1975 ging sowohl die Zahl der Beschäftigten

(um ein Drittel auf 16.000) als auch der Betriebe (um mehr als die Hälfte) zurück.

Einen vergleichbaren Rückgang erfuhr auch die Industrie der Steine und Erden: Hier fiel die Beschäftigtenzahl, mit bedingt durch Rationalisierung und Automation der Produktion, im Verlauf der 1960er Jahre von 2381 (1960) auf 1595 (1970) ab. Größter Betrieb in Bremen war die gegen Ende des Krieges stillgelegte Norddeutsche Steingutfabrik Grohn; das Unternehmen begann 1945 neu mit der Produktion von Tellern und Schüsseln und nahm wenig später auch die Fliesenproduktion wieder auf.

Der rückläufige Wohnungsbau wurde Ende der 1960er Jahre teilweise durch den steigenden Anteil gewerblicher und öffentlicher Bauvorhaben am Gesamtumsatz der Branche kompensiert. So fiel der Wohnungsbauanteil bis 1970 von 35 auf 25 Prozent zurück, während der Anteil staatlicher Bauaufträge von 35 auf 45 Prozent stieg. Dies zeigte sich auch bei den geleisteten Arbeitsstunden, die zwischen 1960 und 1970 im öffentlichen und gewerblichen Bereich im Wesentlichen konstant blieben, während sie im Wohnungsbau um ein Drittel zurückgingen.

Haushalte, Unternehmen und öffentliche Einrichtungen waren auf eine verlässliche Stromversorgung angewiesen. Dieser Herausforderung stellten sich die Stadtwerke Bremen und passten ihre Kraftwerkskapazitäten dem im Zuge des Wirtschaftswachstums steigenden Strombedarf von Produzenten und privaten Haushalten an. Bereits 1950 konnte das Kraftwerk Hastedt die Fernwärmeversorgung von Industrie- und Gewerbeabnehmern in seiner unmittelbaren Umgebung wieder aufnehmen. Doch weil die in Bremen installierte Kraftwerksleistung den hiesigen Bedarf nicht decken konnte, kauften die Stadtwerke im Rahmen einer 1953 getroffenen Vereinbarung Strom von anderen Gesellschaften (Preußische Elektrizitätswerke, Nordwestdeutsche Kraftwerke AG) zu. Um die Leistung langfristig zu erhöhen, wurde 1955 mit dem Bau der Klöckner-Hütte der Grundstein für

1948 produzierte das Kraftwerk Hastedt bereits 20 Prozent seiner Vorkriegsleistung und konnte 1950 wieder die Fernwärmeversorgung aufnehmen

Gesperrt
Durchgang

Ende 1964 wurde Bremen an das Netz des europäischen elektrischen Zugverkehrs angeschlossen

das neue Kraftwerk Hafen gelegt. Zwei Jahre später begann in Verbindung mit der Errichtung der als »Stadtteil ohne Schornsteine« geplanten Großsiedlung Neue Vahr der Bau des Heizkraftwerks Vahr als weltweit erstem Gasturbinenheizkraftwerk, das 1959 in Betrieb genommen wurde. Da sich die Wohnungsbaugesellschaft Gewoba an den Investitionskosten beteiligt hatte, wurde im Gegenzug den Bewohnern ein »sozialer Heiztarif« eingeräumt. 1964 ging der erste Block des neuen Kraftwerks Mittelsbüren ans Netz. Mit diesem Projekt begann die Kooperation von Stadtwerken, Klöckner-Hütte und Bundesbahn, indem fortan durch die Verwertung von bei der Stahlherstellung anfallendem Gichtgas Strom für die Bahn erzeugt wurde. Mit dem Bau weiterer Blöcke wurden die Stadtwerke bis 1971 zu einem der drei größten Stromlieferanten der Bundesbahn, die damit begonnen hatte, den Dampfbetrieb ihrer Lokomotiven auf Elektro- und Dieselbetrieb umzustellen. Ende 1964 leitete der bahnstromgetriebene Luxuszug »Rheingold« auch in Bremen die neue Epoche des Schienenverkehrs ein. Alle großen Kraftwerke wurden im Laufe der nächsten Jahre weiter ausgebaut, sodass sich von 1945 bis 1975 die in Bremen installierte Gesamtleistung von wenig mehr als Null auf gut 1200 MW erhöhte. Zur Finanzierung der umfangreichen Investitionen wurden im Interesse niedriger Kreditkosten sowohl ERP-Kredite als auch vom Senat verbürgte Darlehen aufgenommen.

Banken, Versicherungen, Wertpapierbörse

Das Privatkundengeschäft der Banken wuchs in den 1950er Jahren erst mit einiger Verzögerung. Noch längere Zeit nach der Währungsreform 1948 wurde Geld zunächst eher ausgegeben als gespart, und 1951 veranlasste zudem der Koreakrieg zu Hortungskäufen. Aus diesem Grunde konnte sich der Kapitalmarkt erst wieder entwickeln, nachdem ab 1952 der Sparwille zunahm und den Banken mit wachsenden Sparguthaben entsprechende Mittel für längerfristige Ausleihungen zur Verfügung standen. Zwischen 1951 und 1970 stiegen die Spareinlagen bei den Kreditinstituten im Lande Bremen um das 35-fache, während sich im gleichen Zeitraum die dem Zahlungsverkehr dienenden Sichteinlagen (das bei den Banken

Banken, Versicherungen, Wertpapierbörse

Der 1953 errichtete Bau der Deutschen Schiffahrtsbank am Domshof 17, Ecke Schüsselkorb/Bischofsnadel

bau, in Kommunalkredite für öffentliche Investitionen und in die Schiffsfinanzierung investiert. Hieran waren die Staatliche Kreditanstalt Oldenburg-Bremen (in Personalunion mit der Bremer Landesbank geleitet), die Deutsche Hypothekenbank, die nach dem Krieg ihren Sitz von Meiningen nach Bremen verlegt hatte, aber auch die Sparkasse in Bremen beteiligt. Die Gewährung von Schiffshypotheken war primäre Aufgabe der ebenfalls in Bremen ansässigen Deutschen Schifffahrtsbank AG und der unter gleicher Leitung stehenden Deutschen Schiffspfandbriefbank AG, die die dafür erforderlichen Mittel durch die Begebung von Schiffspfandbriefen einwarben. Aber auch andere Banken, darunter die Staatliche Kreditanstalt, waren in das Schiffskreditgeschäft eingeschaltet.

Das kurz- und mittelfristige Kreditgeschäft, das vor allem vom Bremer Groß- und Außenhandel in Anspruch genommen wurde, lag großenteils in Händen der in Bremen ansässigen Großbankenfilialen sowie der Bremer Landesbank (die als Staatsbank des Landes Bremen auch Konsortialführerin für die Anleihen des Landes war und außerdem als Girozentrale der Sparkassenorganisation im Lande Bremen und Teilen Niedersachsens fungierte), darüber hinaus aber auch hiesiger Regional- und Lokalbanken wie der Norddeutschen Kreditbank AG, des mit dieser eng kooperierenden Bankvereins Bremen AG sowie des Bankhauses Neelmeyer AG. Eine Sonderstellung nahm die Ibero-Amerika-Bank ein, die sich auf die Finanzierung von Geschäften mit den Ländern Mittel- und Südamerikas spezialisiert hatte. Mit den Privatbankhäusern Carl F. Plump & Co. sowie Martens und Weyhausen verfügte Bremen darüber hinaus über zwei traditionsreiche Institute, die sich vor allem des Privatkundengeschäfts annahmen.

Die Wiederzulassung der Großbanken führte 1957/58 zurück zur Bündelung zentraler Aktivitäten in den Vorstandsetagen der Hauptniederlassungen und zur alten Namensgebung. Die Dresdner Bank hielt bei ihrer Bremer Filiale am Namen »Bremer Bank« fest

eingezahlte aber nicht angelegte Geld) lediglich verdreifachten. In den 1960er Jahren erreichte die Pro-Kopf-Ersparnis in Bremen bundesweit einen Spitzenwert. Enormen Bedeutungsgewinn erfuhren die Kreditinstitute Anfang der 1960er Jahre mit der Einführung der bargeldlosen Lohnzahlung anstelle der bis dahin üblichen »Lohntüte«. Durch die nunmehr forcierte Einrichtung von Lohn- und Gehaltskonten rückten die Kreditinstitute näher an ihre Kunden heran. Damit nahmen zugleich standardisierte Kleinkredite, Ratenkredite, Beratungsleistungen und das Wertpapiergeschäft zu.

Die langfristigen Mittel der Kreditinstitute wurden in Bremen vor allem in den Wohnungs-

und stellte dadurch erfolgreich ihren regionalen Bezug heraus. Wegen ihrer eingeschränkten Autonomie erlitten die Filialen der Deutschen Bank, der Commerzbank sowie der Bremer Bank am Bremer Finanzplatz jedoch einen Bedeutungsverlust, weil Strategieentscheidungen von nun an wieder verstärkt außerhalb Bremens getroffen wurden.

Die meisten Haushalte der Stadt erreichte, gestützt auf ein ständig erweitertes Zweigstellennetz sowie ein anhaltendes gemeinnütziges Engagement in den Bereichen Sport, Kultur, Soziales, Wissenschaft und Bildung die als freie öffentliche Sparkasse in Form eines wirtschaftlichen Vereins betriebene »Sparkasse in Bremen«. Neue Formen des Sparens wie Prämien-, Versicherungs- und Bausparen ließen die Bilanzsummen des Instituts weit überdurchschnittlich wachsen. Auch das Firmenkundengeschäft der Sparkasse umfasste ein breites Spektrum mit dem gewerblichen Mittelstand als Schwerpunkt. 1970 gehörte die »Sparkasse in Bremen« mit mehr als 2000 Beschäftigten, einer Bilanzsumme von 2,7 Milliarden D-Mark sowie 920.000 Einlagen- und 126.000 Kreditkonten zu den größten Sparkassen der Bundesrepublik. Mit ähnlicher regionaler Orientierung sicherten sich auch die Banken des Genossenschaftssektors (Volksbanken) einen festen Platz im Bremer Kreditgewerbe und im Bewusstsein der regionalen Öffentlichkeit. Zu ihrem gewerblichen Kundenkreis gehörten, wie bei der Sparkasse, vor allem mittelständische Betriebe und das Handwerk.

Darüber hinaus hatte auch die Versicherungswirtschaft am wirtschaftlichen Aufschwung teil. Mit dem wachsenden Wohlstand nahmen spezifische Risiken zu und führten zu einem steilen Anstieg von Versicherungsabschlüssen und Prämieneinnahmen im »Massengeschäft« (etwa obligatorische Haftpflichtversicherungen infolge der explosiv zunehmenden Motorisierung, Gebäude- und Hausratversicherungen, aber auch Lebensversicherungen). Zug um Zug erhöhte sich die Zahl der Beschäftigten in Versicherungsver-

tretungen und -agenturen, Filialdirektionen und im Vermittlungsgeschäft. Auch der gewerbliche Versicherungsbedarf erlebte eine enorme Zunahme an Versicherungsleistungen und -beschäftigten. Allerdings hatte in Bremen mit der »Securitas Versicherung« nur eine namhafte, bundesweit im »Massengeschäft«

Die Halle in der Zentrale der Sparkasse in Bremen am Brill. Wilhelm Kaisen spricht am Tag der Errichtung der »Stiftung Bremer Sparerdank« im Juni 1955

Unten: Jahresabschluss der Sparkasse am 30. Dezember 1961

Banken, Versicherungen, Wertpapierbörse

Die Versicherungsbörse an der Herrlichkeit von der Schlachte aus gesehen, Foto kurz nach der Fertigstellung im Dezember 1967

Assekuradeure: Versicherungsexperten der Handelsschifffahrt

Versicherungsmakler ermöglichen ihren Kunden, den Versicherungsnehmern, die Versicherung unterschiedlichster Risiken und handeln in ihrem Auftrag die Prämien und Bedingungen eines Versicherungsvertrages aus. Die bremischen Assekuradeure werden im Bereich des Transportversicherungsgeschäfts auf der Grundlage von Vollmachten für in- und ausländische Versicherungen tätig. Sie bereiten den Abschluss eines Versicherungsvertrages vor und übernehmen darüber hinaus die weitere Bearbeitung vom Prämieninkasso bis hin zur Abwicklung von Schadensfällen. Als Havariekommissare (Dispacheure) werden sie von Versicherern aus der ganzen Welt in die Feststellung und Regulierung von Schäden an Ladungen und Schiffen sowie in die Abwicklung von Ersatzansprüchen aus Kollisionen einbezogen. Der bereits Mitte des 19. Jahrhunderts gegründete Verein Bremer Seeversicherer unterhält für die Kunden des bremischen Versicherungsmarktes mit seinem Stab von technischen und nautischen Experten ein weltweites Netz von Havarie-Kommissariaten zur Feststellung und Regulierung von Schäden.

operierende Versicherung ihren Hauptsitz. Als regionaler Anbieter konnte sich nach dem Krieg vor allem die 1920 als kommunale Brandkasse für Bremen gegründete »Staatliche Feuerversicherungsanstalt« weiterentwickeln. Aus ihr ging später die Öffentliche Versicherung Bremen (ÖVB) hervor.

Von besonderer Bedeutung waren die in Verbindung mit Handel und Schifffahrt entstandenen bremischen Versicherungsmakler, Transportversicherungen und »Assekuradeure«, die nach dem Krieg wieder zu neuer Blüte gelangten. Die bremische Versicherungswirtschaft schuf sich 1967 mit der »Versicherungsbörse« an der Herrlichkeit ein neues Gebäude und damit ein Netzwerk, das durch kurze Wege und enge Kontakte zwischen den hier ansässigen Unternehmen hohe Effizienz gewährleistet.

Der Blick auf die Beschäftigtenstatistik zeigt im Banken- und Versicherungsbereich der Stadtgemeinde Bremen einen beachtlichen Anstieg von 3404 (1950) auf 9370 (1970) Personen, d.h. von 175 Prozent. Gleichwohl blieb die Zunahme in Bremen hinter dem Bundestrend zurück, weil es dem Finanzplatz Bremen durch das Fehlen größerer Hauptniederlassungen an Zentralität mangelte und die Stadt zudem in den 1960er Jahren in ihrem Wachstum hinter den Bundestrend zurückfiel. Der Borgward-Konkurs von 1961 und die sich bereits in den 1960er Jahren im Groß- und Außenhandel abzeichnende Strukturkrise mit der Aufgabe vieler traditionsreicher Handelshäuser ließen die Finanzbranche nicht ungeschoren.

Resümee

Mit der endgültigen Freigabe des Schiffbaus und der Wiederzulassung des Flugzeugbaus 1951/55 fand Bremen Anschluss an den bundesdeutschen Wachstumstrend. Fast alle Wirtschaftszweige gelangten in den 1950er Jahren zu neuer Entfaltung. Handel und Verkehr erlebten ebenso eine Blüte wie die bremische Industrie mit Produkten, die am allgemeinen

Einkommenszuwachs mit überdurchschnittlichen Nachfrage- und Umsatzsteigerungen teilhatten. Begünstigt waren neben der Nahrungs- und Genussmittelindustrie vor allem Textil-, Silberwaren-, Rundfunk- und Autoindustrie. Außenhandel und Schifffahrt profitierten von der Handelsliberalisierung sowie der Abschaffung der Devisenbewirtschaftung mit dem Übergang zur freien Konvertibilität der D-Mark und hatten teil am Import- und Exportboom der deutschen Wirtschaft. Wesentliche Wachstumsimpulse gingen darüber hinaus von der Errichtung der Klöckner-Hütte und dem Baugewerbe aus. Die Gesamtbeschäftigtenzahl stieg zwischen 1950 und 1960 um gut 50 Prozent. Die Entwicklung wurde begleitet durch starken Bevölkerungszuzug und wachsende Pendlerströme aus dem Umland. Große Unternehmen hatten in Bremen ihren Sitz, und die Zentralität der Stadt schien ungefährdet. Die Steuereinnahmen sprudelten reichlich und die Steuerzerlegung begünstigte Bremen, während sich die Staatsausgaben dank geringen Problemdrucks und sparsamer Haushaltsführung eher verhalten entwickelten, sodass die bremische Pro-Kopf-Verschuldung unter dem Länderdurchschnitt blieb.

Die 1960er Jahre offenbarten erste Gefahren: Die Handelsschifffahrt litt zunehmend unter dem wachsenden maritimen Protektionismus; der Schiffbau musste erste Rückschläge hinnehmen; der Groß- und Außenhandel war u.a. durch wachsenden Direktimport und -export gefährdet; das Baugewerbe hatte seinen großen Boom hinter sich; in den Häfen begann durch die Containerisierung ein starker Arbeitsplatzabbau, nachdem zuvor schon die Bedeutung der bremischen Häfen gegenüber Hamburg und den Rhein-Schelde-Häfen abgenommen hatte; die Textilindustrie leitete unter dem Druck wachsender Lohnkosten und ausländischer Konkurrenz eine Rationalisierungswelle mit einem enormen Arbeitsplatzabbau ein. Das spektakulärste Ereignis war jedoch 1961 der Konkurs des Automobilherstellers Borgward, der mehr als 20.000 Beschäftigten den Arbeitsplatz kostete. Angesichts der damals noch anhaltenden Expansion anderer Wirtschaftszweige mit starker Sogkraft auf den Arbeitsmarkt gelang es indes, bis Ende 1961 fast alle Entlassenen wieder in Arbeit und Brot zu bringen. Das Ereignis hinterließ, so gesehen, am Arbeitsmarkt kaum Spuren, warf aber Stadt und Land bei Wirtschaftswachstum und Steuereinnahmen vorübergehend wieder hinter den Bund und andere Bundesländer zurück. Gleichwohl blieb es vorläufig noch bei anhaltender Arbeitskräfteknappheit, die auch in Bremen seit den 1960er Jahren zu rasch wachsender Beschäftigung ausländischer Arbeitskräfte führte.

Nachdem die bremische Wirtschaft 1967 den ersten konjunkturellen Einbruch weit besser überstanden hatte als die deutsche Wirtschaft insgesamt, wähnte sich Bremen um 1970 auf einem neuen Gipfel. Fast alle ökonomischen Indikatoren zeigten ein positives Bild: Hohes Wirtschaftswachstum, eine Arbeitslosenquote von unter einem Prozent, überdurchschnittliche Einkommenszuwächse (wenn auch bei steigenden Inflationsraten), verbunden mit dem Gefühl der Bevölkerungsmehrheit, am »Wohlstand für alle« beteiligt zu sein. Die Gesamtbeschäftigtenzahl verharrte bis 1970 auf dem Niveau von 1961. Auch schien ein Mehr an öffentlichen Leistungen, sozialen Wohltaten und Personaleinstellungen im öffentlichen Dienst angesichts reichlich sprudelnder Steuereinnahmen unbedenklich.

Doch nur wenig später sollte sich eine Krise anbahnen, bei der sich strukturelle Faktoren mit konjunkturellen Einbrüchen und für Bremen abträglichen politischen Entscheidungen verbanden. Die sich bereits in den 1960er Jahren abzeichnenden negativen Tendenzen verstärkten sich und machten die Dominanz schwerfälliger Großbetriebe und ihren starken Einfluss auf die Politik des Stadtstaates augenfällig. Bis 1970 ließen Boom und Vollbeschäftigung keinen strukturpolitischen Handlungsbedarf erkennen. Wenig später versperrte die Gefährdung vieler Tausend Arbeitsplätze den Blick für ein rechtzeitiges Umsteuern und förderte die Verfestigung bestehender Strukturen.

GESELLSCHAFT 1952 – 1969

Bremer und Bremerinnen im »Wirtschaftswunder«

Wohnen und Konsum

Es ist eines der Grundbedürfnisse des Menschen, ein schützendes Dach über dem Kopf zu haben. Das war für viele Einwohner Bremens selbst bis in die 1960er Jahre hinein noch nicht befriedigt. Trotz »Zuzugssperre« erwies sich die Stadt wegen ihres Hafens geradezu als Magnet für Flüchtlinge und Vertriebene; hinzu kamen die aus Bremen evakuierten Familien, die wieder in die Stadt zurückwollten. Das alles ließ die Wohnungsnot dramatisch anwachsen. 1950 war die Einwohnerzahl von 1939 mit 445.000 Menschen wieder erreicht, wobei aber wegen der Kriegszerstörungen nur die Hälfte des damaligen Wohnraums zur Verfügung stand. Dies knappe Gut wurde aufgrund des Wohnraumbewirtschaftungsgesetzes durch das dem Bausenator unterstehende Wohnungsamt nach Bedürftigkeitskriterien vergeben. Dazu gehörten die Länge der Zeit, in der jemand in Notunterkünften wie selbst gebauten Behelfswohnungen, Baracken, feuchten Kellerbehausungen, Bunkern oder Parzellenlauben gewohnt hatte; ferner die persönliche Situation von Antragstellern, ob Ausgebombte, Evakuierte, Vertriebene, Flüchtlinge, Heimkehrer oder an Tbc Erkrankte. Die dem Amt vorliegende Dringlichkeitsliste, nach der zu entscheiden war, verlängerte sich zwischen 1950 und 1954 von rund 11.800 Fällen auf 25.200.

Im Jahre 1955 war die Einwohnerzahl bereits auf 507.000 gestiegen, und die Bautätigkeit konnte mit dem raschen Anwachsen der Bevölkerung nicht Schritt halten. Es war unvermeidlich, dass es bei solchem Riesenbedarf zu Streitereien und zu Kritik an der Vergabepraxis des Wohnungsamtes kam, dem mangelnde Transparenz und Ungerechtigkeit vorgeworfen wurde. Zwar nahm die Zahl der Notwohnungen ab, aber 1957 gab es immer noch fast 16.000 davon, die mit 19.000 Wohnparteien belegt waren. Im Zuge der Klöckneransiedlung (s. S. 430) kam seit 1955 noch zusätzlicher

Bedarf an Wohnungen für diejenigen hinzu, die wegen der Grundstückserfordernisse für das Werk ihre Häuser und Wohnungen hatten verlassen müssen, und für auswärtige Arbeiter, die bisher täglich nach Bremen einpendelten. Ein Problem stellte auch die unerwartet hohe Zahl von Flüchtlingen aus der Sowjetisch Besetzten Zone in dem Übergangslager in der Kaserne Vahr dar, die in Bremen bleiben wollten. Mit dem Argument, es sei ungerecht gegenüber der eigenen Bevölkerung, weigerte sich Bausenator Balcke 1958, ihnen die höchste

Der Wiederaufbau des Bremer Westens beginnt: Foto am Tag der Grundsteinlegung der Gewoba am 8. Mai 1953 an der Wartburgstraße

Unten: Fertige Wohnanlage mit 125 Wohnungen der »Bremischen Bau- und Siedlungsgesellschaft«

Linke Seite: Berufsverkehr an der Duckwitzstraße, Anfang der 1950er Jahre

Bremer im »Wirtschaftswunder«

Moderne Architektur für fortschrittlichen Städtebau: Das Aalto-Hochhaus kurz vor der Fertigstellung 1962. Auf jedem der 22 Stockwerke gab es neun Wohnungen …

bestimmt sein, in erster Linie für Familien, deren Bruttoeinkommen 500 D-Mark nicht überstieg. Mit ihrer Wohnungsbaupolitik bezog die Bremer Politik eindeutig Position für die sozial Schwächeren; der Anteil der Sozialwohnungen an Neubauten sank 1958 im Bundesdurchschnitt auf 50 Prozent, während er in der Hansestadt auf 85 Prozent stieg. In die Neue Vahr zogen viele Klöckner-Arbeiter mit ihren Familien, denen laut Abmachung zwischen Gewoba und Werk die Miete gleich vom Lohn abgezogen wurde. Durch die Vergabe von Arbeitgeberdarlehen hatte die Klöckner-Hütte ein Zugriffsrecht auf ein bestimmtes Kontingent an Wohnungen erhalten. Viele, die leer ausgegangen waren, kritisierten, es würden nur Gewerkschaftsmitglieder bedacht; der Ausdruck »Sozialistenghetto« machte die Runde. Tatsächlich forderten gewerkschaftlich organisierte Arbeiter durchaus bevorzugte Bedienung bei der gewerkschaftseigenen Gewoba (s. S. 257) ein. Aber dem durfte natürlich wegen der öffentlichen Gelder, die in dem Projekt steckten, nicht stattgegeben werden, jedenfalls nicht offiziell.

Auf der anderen Seite gab es auch Wohnungssuchende, die zögerten oder es sogar ablehnten, in eine der Neubauwohnungen in der Neuen Vahr einzuziehen. Der Preis erschien ihnen zu hoch, besonders der Zuschlag für die Fernheizung, überhaupt war diese technische Neuerung ungewohnt – drei Viertel aller westdeutschen Haushalte heizten Mitte der 1950er Jahre noch mit Öfen –, da wollten manche doch lieber in der alten, zwar schäbigeren, aber billigeren Vorkriegswohnung mit Ofenheizung oder sogar in der winterfesten Baracke wohnen bleiben, an die man sich gewöhnt hatte. Der Senator für das Wohnungswesen, Johannes Degener (CDU), stellte in einer Senatssitzung einmal missbilligend fest, dass Baracken zum Teil mit Mietern belegt seien, die auch eine feste Wohnung bezahlen könnten. Von Herbert Ritze, einem der Gewoba-Geschäftsführer, ist überliefert, dass er die mancherorts bestehenden Befürchtungen so beschrieb: »Die Mieter stehen ganz

Dringlichkeitsstufe zuzuerkennen; im Übrigen seien Zwangsvertriebene gegenüber den Kriegsflüchtlingen zu bevorzugen.

In dieser Notsituation muss es eine Erlösung gewesen sein, vom Wohnungsamt eine der in der zweiten Hälfte der 1950er Jahre entstandenen Neubauwohnungen, zum Beispiel in dem damaligen Vorzeigeprojekt Neue Vahr zugewiesen zu bekommen. Dort entstanden im Rahmen des sozialen Wohnungsbaus zwischen 1957 und 1961 insgeamt 40.000 Wohnungen, die für damalige Verhältnisse mit gekacheltem Bad, Einbauküche mit Elektroherd und Fernheizung höchst komfortabel ausgestattet waren. Diese öffentlich geförderten Wohnungen sollten »für die breiten Schichten des Volkes«

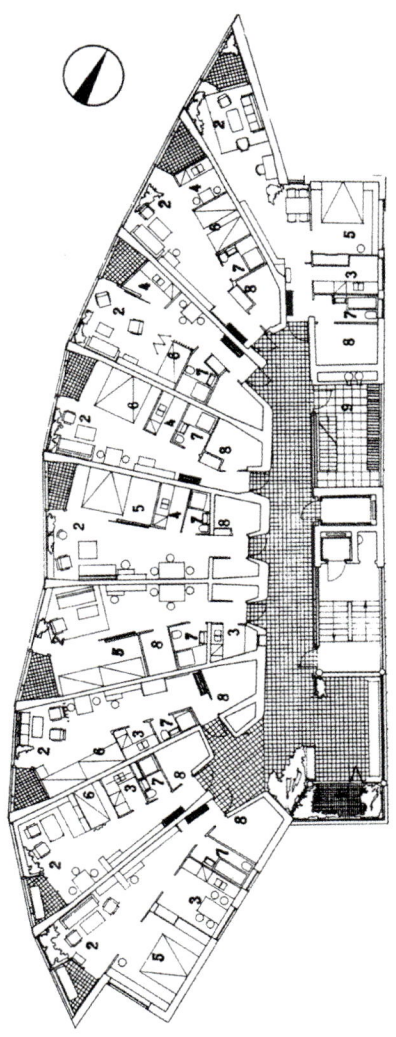

… mit je verschiedenem Grundriss. Zur technischen Ausstattung des Hauses gehörte auch ein Aufzug für die Fensterputzer, der erste in Bremen

überwiegend auf dem Standpunkt, daß für dieses Geld die Ehefrau viele Kohlen aus dem Keller heraufschleppen könne.«

Wie überall boten auch in Bremen Experten bei den Wohnungsbaugesellschaften Beratungen für die Einrichtung der neuen Wohnungen an. Gerade bei Arbeiterfamilien sollten die Kenntnisse über Raumwirkung und Farbeffekte erweitert und Geschmacksbildung betrieben werden. Die sozialdemokratische »Bremer Volkszeitung« machte beispielsweise Vorschläge, wie durch die Wahl geeigneter Tapeten ein Raum größer wirken könne. In Musterausstellungen wurden die neuen leichten Möbel propagiert, die die in Arbeiterwoh-

nungen beliebten schweren Polstergarnituren ersetzen sollten. Wahrscheinlich scheiterten diese Bemühungen ästhetischer Erziehung aber daran, dass die meisten Arbeiterhaushalte sich in den 1950er Jahren trotz allmählich steigender Löhne neue Möbel noch gar nicht leisten konnten. Auch die Ausstattung mit elektrischen Haushaltsgeräten wie Kühlschrank und Waschmaschine konnten sich die Bewohner im neu aufgebauten Bremer Westen, in Walle und Utbremen, in den neuen Wohnblöcken der Gewoba in Gröpelingen oder auch in der Neuen Vahr erst viel später anschaffen, als die gängigen Klischees vom »Wirtschaftswunderjahrzehnt« glauben machen.

Bremer im »Wirtschaftswunder«

»Elektrizität ist Fortschritt!« Der Wagen des DGB beim Maiumzug 1951 zeigt anschaulich sein Motto: Links brät eine »Primitive« ein Stück Fleisch am offenen Feuer, rechts wird die Nachkriegssituation mit Kochen über rußigem Rauchfang dargestellt und in der Mitte die moderne Hausfrau mit E-Herd

In den 1950er Jahren fand auf der Bürgerweide jährlich die Ausstellung »Landwirtschaft und Wirtschaft« statt, wo in langen Reihen die glänzenden weiß emaillierten Großgeräte um Kunden warben. Die Gewerkschaften wollten den Anspruch auch der Arbeiterfamilien auf Teilhabe am gehobenen Konsum anmelden. So fuhr im DGB-Umzug am 1. Mai 1951 ein Wagen mit, auf dem eine flott gekleidete junge Frau am modernen, sauberen Elektroherd hantierte, während ihre Vorgängerin sich mit dem schweißtreibenden Kochen auf dem heißen, schmutzigen Kohleherd abmühte. Aber die Realität sah anders aus: Noch 1958 wurden mehr Kohleherde produziert als Gas- und Elektroherde. Daran wird deutlich, welchen Fortschritt die Ausstattung der Küchen in der Neuen Vahr mit E-Herd und elektrischem Heißwassergerät darstellte. Für zukünftig von den Mietern zu erwerbende Kühlschränke war immerhin der Platz schon vorgesehen. Eine komplette Küchenzeile einschließlich Kühlschrank war von Anfang an nur im 22-geschossigen Aalto-Hochhaus geplant, das 1961 bezogen wurde. Eine vollautomatische Waschmaschine, die in der Vahr in einer Gemeinschaftswaschküche im Keller stand, besaßen noch 1962 erst 38 Prozent der Arbeitnehmerhaushalte, während es bei Selbstständigen- und Beamtenhaushalten 46 bzw. 43 Prozent waren. Erst im Laufe der nächsten zehn Jahre verschwand der Unterschied.

Auch die »gehobenen Schichten« im bürgerlichen und großbürgerlichen Ambiente im Parkviertel, in Schwachhausen oder in Oberneuland mussten massive Einschränkungen der Wohnverhältnisse hinnehmen. Zwar waren hier Wohnhäuser und Villen vielfach vom Bombenkrieg verschont geblieben, aber gerade die repräsentativeren Gebäude hatte das amerikanische Militär beschlagnahmt und teilweise erst Anfang der 1950er Jahre an die Besitzer zurückgegeben, die zum Teil jahrelang bei Verwandten oder Freunden »unterkriechen« mussten. Außerdem wurden vom Wohnungsamt Ausgebombte und Flüchtlinge in größere Wohnungen eingewiesen. Dabei hatten die Besitzer nur ein begrenztes Mitspracherecht. Den eigenen Wohnraum wieder zurückzuerhalten, etwa für den aus der Gefangenschaft heimgekehrten Sohn, war nicht immer leicht. Trotz widriger Umstände und Einquartierung versuchte man in den Villen

Luftaufnahme der Messe »Landwirtschaft und Wirtschaft« im Bremer Bürgerpark, August 1953

großbürgerlicher Haushalte, zum Beispiel am Schwachhauser Ring, so gut es ging, den gewohnten Lebensstil beizubehalten, etwa durch die Veranstaltung von Hauskonzerten. Als sich das Leben in den 1950er Jahren »normalisierte«, konnten viele Familien von leitenden Angestellten, Rechtsanwälten oder Ärzten ihren alten Lebensstandard wieder aufnehmen, sofern das Familienhaupt heil aus dem Krieg zurückgekehrt war. Sie konnten am Konsum der Wirtschaftswunderjahre teilnehmen, sie hatten als Erste ein Auto und sie kauften sich schon um 1955 einen Fernsehapparat.

Was die Wohnverhältnisse anging, so blieb es auch in Bremen bei der alten sozialen Segregation der Wohnviertel. In Schwachhausen wohnten keine Arbeiter und kleinen Angestellten, im wieder aufgebauten Bremer Westen wohnte nicht die gehobene Mittelschicht. Auch in den Neubauanlagen in der Vahr gab es keine tief greifende soziale Durchmischung, obwohl diese durch die Errichtung eines gewissen Anteils an Eigentumsreihenhäusern angestrebt sein mochte. Der Krieg hatte weder die stadträumliche noch die soziale Trennung der gesellschaftlichen Schichten verändert.

Freizeit und Geselligkeit in verschiedenen Milieus

Wie sehr auch in den 1950er Jahren die verschiedenen Milieus weitgehend voneinander getrennt fortbestanden, kann exemplarisch am Freizeitverhalten der Industriearbeiterschaft, genauer der Werftarbeiter und ihrer Familien in Gröpelingen, veranschaulicht werden. Ökonomischer und lebensweltlicher Mittelpunkt war für viele Bewohner und Bewohnerinnen dieses Stadtteils die Traditionswerft A.G. »Weser«, deren Belegschaft zeitweilig bis zu 8000 Arbeiter und Angestellte umfasste. Viele Werftarbeiter und ihre Familien verbrachten ihre zunächst noch knapp bemessene Freizeit in Vereinen, traditionell eine verbreitete Art der preiswerten Freizeitgestaltung im Arbeitermilieu. In der SGO, Sportgemeinschaft Oslebshausen, und TURA, Turn- und Rasensportverein Gröpelingen, hervorgegangen aus einem ehemaligen Arbeitersportverein, ging es nicht nur um sportliche Betätigung, sondern sehr stark auch um Geselligkeit, um Ausflüge, Kaffeenachmittage und Tanzvergnügen, wobei die ganze Familie einbezogen war.

449

Bremer im »Wirtschaftswunder«

Baden an der Weser 1947. Die Fahrrinne ist frei, aber noch nicht alle Wracks sind geborgen

Anstehen nach Erbsensuppe im Zeltlager der Bremer Gewerkschaftsjugend. Horstedter Sand, 1958

Man blieb in der Regel sein ganzes Leben im Verein, und es war selbstverständlich, dass auch die Kinder frühzeitig angemeldet wurden. Zu Aktivitäten in diesen beiden Vereinen gehörte auch das Spielen in den traditionellen Spielmannszügen des Trommler- und Pfeifercorps, die am 1. Mai, zur Eröffnung des Schützenfestes und bei anderen Festivitäten im Quartier das Straßenbild beherrschten. Die Ehefrauen putzten an Sonntagnachmittagen beim Kaffeetrinken im Vereinsheim die Blechinstrumente der Männer. Weibliche Mitglieder wurden in den Spielmannszügen erst 1962 zugelassen.

Vereinsheime stellten überhaupt einen beliebten Freizeittreffpunkt dar, wobei das Heim des Traditionsportvereins TURA im Werftarbeitermilieu dieser Zeit eine besondere Rolle spielte. Viele Werftarbeiter waren traditionell bei TURA organisiert. Das Vereinsheim lag in der Ortstraße genau gegenüber dem Haupteingang der Werft; ihm vorgelagert war ein Gelände, das die Werft dem Verein nach dem Krieg als provisorischen Sportplatz zur Verfügung gestellt hatte, sodass auch rein räumlich eine enge Verzahnung zwischen Arbeits- und Freizeitbereich deutlich war. Das Vereinsheim hatte sich aus dem vom Vorgängerverein erbauten »Gröpelinger Volksheim« entwickelt, das 1930 von Sozialdemokraten und Gewerkschaftern als Ausdruck der machtvollen Entwicklung des Arbeitersports eröffnet worden war. Das TURA-Heim wurde vielfältig genutzt: als Versammlungsort der Sportler, Ort der Vorstandssitzungen, Streiklokal während des großen Werftarbeiterstreiks 1953, Treffpunkt der SPD-Betriebsgruppe der A.G. »Weser«, als Ort von Schulentlassungsfeiern und Vereinsbällen. Darüber hinaus war es der gesellige Treffpunkt der Gröpelinger Arbeiterjugend beiderlei Geschlechts; denn hier war sonnabends und sonntags Tanz. Es ging locker zu in der »Nahkampfdiele«, was dem Vereinsvorstand gelegentlich Sorgen machte.

Auch die Kleingartenvereine spielten in diesem Milieu für die Freizeitbeschäftigung eine wichtige Rolle; viele der A.G. »Weser«-Beschäftigten und überhaupt viele Gröpelinger hatten eine Parzelle, die traditionell einen bedeutenden Platz im Leben von Arbeiterfamilien darstellte. Besonders in Notzeiten diente sie zur Sicherung des Lebensmittelbedarfs, in den 1950er Jahren darüber hinaus als Ort der Erholung mit der Familie nach Feierabend und an Wochenenden, als Ort der Geselligkeit mit Parzellennachbarn und – zum Teil bis heute – als Ersatz für Urlaubsreisen.

Ein anderer halb öffentlicher Freizeittreffpunkt – allerdings in der Regel nur für den männlichen Teil der Familie – war die Kneipe. Davon gab es in den 1950er und -60er Jahren in unmittelbarer Nähe der A.G. »Weser« eine ganze Menge. Ein typisches Lokal, offiziell mit dem Namen »Zur Werft«, allgemein bekannt aber unter dem Spitznamen des Kneipiers »Bubi Schäfer«, war morgens vor Arbeitsbeginn, in der Mittagspause und nach Feierabend Anlaufstelle für viele Werftarbeiter. Wenn Lohntag war – die bargeldlose Zahlung setzte erst in den 1960er Jahren ein –, standen immer wieder Ehefrauen vor der Tür, um zu verhindern, dass zu viel vom Lohn bei Bubi Schäfer blieb. In dieser Kneipe wurde nicht nur Bier und Korn zugesprochen und in spielerischen Wettbewerben das »angesehenste« Gewerk ausgeguckt, sondern hier wurden auch vor Betriebsratssitzungen Absprachen getroffen, und hier versuchte der benachbarte Sportverein TURA neue Mitglieder zu rekrutieren; auch der Wirt spielte in einer Fußballmannschaft dieses Vereins. Kurz, diese Kneipe war Kristallisationskern und Kommunikationszentrum im männlich dominierten Werftarbeitermilieu, in gewisser Weise vergleichbar mit dem Vereinsleben von TURA, an dem allerdings, wie gesagt, auch viele Frauen teilnahmen.

Eine Änderung trat in den 1960er Jahren im Zusammenhang mit der zunehmenden Motorisierung und dem verstärkten Bau von Eigenheimen im Grünen ein, den sich zunehmend auch Facharbeiter, teilweise mit Werftdarlehen, leisten konnten. Wer ein Auto hatte – und das traf für mehr und mehr Arbeiter zu – und außerdem ein Häuschen vor den Toren der Stadt, ging nach Feierabend in der Regel nicht mehr in die Kneipe. Man trank jetzt nicht mehr im halb öffentlichen Raum in Gemeinschaft mit Arbeitskollegen, sondern privat zu Hause mit eingeladenen Gästen. Die zunehmende Individualisierung – verstärkt noch durch den Siegeszug des Fernsehens – führte nicht nur tendenziell zu einer Verödung der Wirtshausgeselligkeit und damit eines Stücks spezifischer Arbeiterfreizeitkultur, sondern auch zu einer allmählichen Lockerung der milieuhaften Bindungen. Ein weiterer Grund für die langsame Auflösung des (Werft-)Arbeitermilieus in Gröpelingen

Bremer Freimarktsvergnügen um 1960

wurde die Veränderung der Bevölkerungsstruktur aufgrund des Zuzuges von »Gastarbeiter«-Familien.

Ein etwas anderer Gröpelinger Freizeittreffpunkt als »Bubi Schäfer« und das TURA-Vereinsheim war das im Mai 1952 eingeweihte

Branche im Aufwind: Unterricht in der Fahrschule Fischer, 1962

Bremer im »Wirtschaftswunder«

Arbeiterkultur mit langer Tradition und Nachwuchs-sorgen: Das Akkordeon-Ochester der Bremer Gewerkschaftsjugend Ende der 1950er Jahre

Nachbarschaftshaus Ohlenhof. Dort ging es gesitteter und »pädagogischer« zu. Entstanden auf Initiative der amerikanischen freireligiösen Unitariergemeinschaft, die mit einer neuen Art von Sozialarbeit einen Beitrag zur demokratischen Erziehung im Nachkriegsdeutschland leisten wollte, finanziell gefördert durch den McCloy-Fonds, entwickelte sich hier in Kooperation mit der Arbeiterwohlfahrt eine offene Begegnungsstätte für Jung und Alt mit Weiterbildungsangeboten, Spielkreisen und Hobbykursen. Anfängliche Vorbehalte in der Nachbarschaft wegen des vermuteten amerikanischen Charakters der Einrichtung – es arbeiteten zunächst drei amerikanische und zwei deutsche Fachkräfte im Haus – legten sich bald.

Freizeitbeschäftigungen der Jugendlichen im Arbeiterstadtteil Gröpelingen waren in den 1950er und -60er Jahren neben Aktivitäten im Sportverein vor allem Kinobesuch und Tanzen. Man ging ins »Roland-Theater« in der Lindenhofstraße – heute ein Drogeriemarkt – 1958 mit 943 Plätzen eines der drei größten Lichtspieltheater der Stadt. Dort waren die Kino-Eingänge ein beliebter Treffpunkt und

Aufenthaltsort von Jugendlichen; dieses »Herumgammeln« war der Elterngeneration ein Dorn im Auge. Die Kino- und Tanzbegeisterung der Jugend gab Erwachsenen Anlass zur Sorge. So beschäftigte sich 1954 ein Arbeitskreis »Jugendschutz«, der im Jugendheim Walle tagte und aus Vertretern des Jugendamts, des Bürgervereins, der Polizei sowie von Elterngruppen und Kirchengemeinden bestand, mit möglichen Quellen von Jugendgefährdung. Dazu zählten u.a. »schlechte Lokale« wie kleine Etablissements in dunklen Parzellengebieten, wo sich ein Teil der Jugendlichen gern vergnügte, »schlechte Hefte« an Kiosken wie »Billy Jenkins« und auch »schlechte Filme«. Unter die letzte Kategorie fiel auch der Film »Die Sünderin« mit der berühmten Knefschen Nacktszene, dessen Aufführung der Landesjugendring im Januar 1951 »durch geeignete Maßnahmen« hatte verhindern wollen.

Auch die für Kulturarbeit Verantwortlichen in Gewerkschaftskreisen versuchten, die Jugend auf den rechten Weg zu bringen, indem sie beispielsweise mit Filmvorführgeräten in die Bremer Jugendheime in Walle und Gröpelingen zogen, um den Jugendlichen

»gute« Filme zu zeigen. Die IG Metall wollte mit ihrer Jugendarbeit »durch ein gutes Angebot in der Freizeit den Verflachungstendenzen der Zeit entgegenwirken« und die Jugend zu kritischem Konsumverhalten erziehen, was angesichts der Verlockungen der wachsenden Freizeitindustrie mit ihren Angeboten an Schallplatten, Kofferradios, Mopeds und modischen Textilien immer schwieriger wurde. Gegen Rock 'n' Roll und Coca-Cola-Kultur setzte man Volkstanz-, Mundharmonika- und Akkordeongruppen – und ging dabei zunehmend an den Bedürfnissen der Jugendlichen vorbei. 1961 richtete die IG Metall als neuen Freizeittreffpunkt die Anlage »Zum Kuhhirten – Jugendfreizeit- und Bildungsstätte« auf dem Stadtwerder ein. Generell klagten Gewerkschaften und Parteien zu dieser Zeit darüber, wie schwer es sei, die Jugend an politische Arbeit heranzuführen.

Ein Ort von Freizeit und Geselligkeit für Jugendliche aus einem anderen Milieu war zweifellos die Tanzschule Schipfer-Hausa an der als gehobene Wohngegend geltenden Contrescarpe. Dies war eine völlig andere Welt, eine Welt, in der gelehrt wurde, dass beim Grüßen »der Hut mit jener Hand abgenommen wird, die dem zu Grüßenden abgewandt ist, damit das Gesicht beim Hutschwenken nicht bedeckt wird«. In den 1950er Jahren trugen die jungen Männer Hüte, wenn sie zur Tanzstunde gingen. Ihren Schülern und Schülerinnen die richtigen Umgangsformen beizubringen, war den Leiterinnen, der großen alten Dame Emmy Schipfer und ihrer jüngeren Freundin und Kollegin Inge Hausa, ein wichtiges Anliegen, genauso wichtig wie die Beherrschung der klassischen Gesellschaftstänze.

Das war besonders bei Einladungen zu »Tanztees« im elterlichen Haus der jungen Herren oder Damen von Bedeutung. Die Mutter hatte stets dabei zu sein. Häusliche Geselligkeiten mit Tanz waren übrigens auch unter Jugendlichen im Gröpelinger Arbeitermilieu zu dieser Zeit nichts Ungewöhnliches. Allerdings war der Besuch von Tanzschulen hier eher die von aufstiegsorientierten Eltern favorisierte

Ausnahme, in der Regel brachte man sich gegenseitig die Tanzschritte bei. Die neuesten Platten von Elvis Presley aufzulegen, war dabei in den meisten Elternhäusern, gleich welcher sozialen Schicht, nicht sehr erwünscht.

Die Eleven von Schipfer-Hausa waren überwiegend Oberschüler, Lehrlinge bildeten die Ausnahme, wenn überhaupt, kamen am ehesten kaufmännische Lehrlinge; aus dem gewerblichen Bereich trauten sich nur wenige Jungen in die Tanzschule der »besseren bremischen Gesellschaft«, als die Schipfer-Hausa allgemein galt. Schiffbaulehrlinge von der A.G. »Weser« tanzten lieber im TURA-Heim in Gröpelingen. Kandidaten aus dem Steuermannslehrgang der Seefahrtschule mussten sich 1956 einer besonderen »Begutachtung« durch Emmy Schipfer und Inge Hausa unterziehen, ehe sie angenommen wurden. Schüler des Alten Gymnasiums und des Gymnasiums an der Hermann-Böse-Straße, Schülerinnen von Kippenberg – also den Schulen, die als »fein« galten –, die eine Tanzschule besuchen

Großer Abtanzball in der Glocke. November 1955

Bremer im »Wirtschaftswunder«

wollten, wählten selbstverständlich Schipfer-Hausa; das war schon vor dem Krieg so gewesen. Auch Schülerinnen der Oberschule für Mädchen an der Karlstraße (wo heute das World Trade Center steht) kamen hierher. Besondere Ereignisse waren stets die Abtanzbälle, zu denen die Eltern eingeladen wurden und die zu Anfang der 1950er Jahre in den Weser-Terrassen oder bei »Schorf« in Horn-Lehe, ab der zweiten Hälfte des Jahrzehnts dann in dem vornehmeren Ambiente der »Glocke« stattfanden.

Ein Ort der Geselligkeit und gepflegten Unterhaltung, den Erwachsene mit ausreichendem Einkommen gern besuchten, war das »Astoria«. Im Jahre 1908 von dem aus Baden stammenden Emil Fritz, der als Seemann auf großen Passagierdampfern in der Welt herumgekommen war, gegründet, wurde es 1944 völlig zerstört, öffnete aber nach dem Wiederaufbau bereits am 6. Oktober 1950 wieder seine Pforten an der Katharinenstraße – »noch schöner als früher«, wie es auf Werbeplakaten hieß. Den Namen hatte Fritz in Erinnerung an seinen in Amerika erfolgreichen Landsmann Astor aus Waldorf gewählt.

Das »Astoria« erlangte mit seinen Cabaret-, internationalen Artisten- und Kleinkunstdarbietungen bald einen derartigen Ruf in Bremen, dass der Präsident des Senats, Bürgermeister Wilhelm Kaisen, Emil Fritz zu dessen 75. Geburtstag »den Dank des Senats« für seine Verdienste um den Fremdenverkehr der Stadt übermittelte und den Wunsch aussprach, dass der Name »Astoria« immer eng mit dem Namen der Freien Hansestadt Bremen verbunden bleiben möge. Geschäftsleute, Senatoren, deren auswärtige Gäste und andere prominente Persönlichkeiten des öffentlichen Lebens verkehrten hier. Neben dem Hauptsaal gab es noch diverse Restaurants und Bars mit unterschiedlichen Ausstattungen; eine besondere Attraktion war die Nachtbar »Arizona«, wo auf von unten erleuchteter gläserner Tanzfläche getanzt wurde und es auch schon einmal den Auftritt von »Schönheitstänzerinnen« zu bewundern gab. Ein anderes Besucherpublikum wurde mit den regelmäßig stattfindenden Hausfrauennachmittagen mit Varieté-Programm angesprochen. Nach dem Tod des Gründers im Jahre 1954 führten Ehefrau und Sohn das »Astoria« weiter, bis es von

Internationales Flair gab es im »Astoria«, in Bremen »un centre de la vie de société«, wie es im mehrsprachigen Hausprospekt hieß. Fotos Mitte der 1950er Jahre

der Haake-Beck-Brauerei erworben wurde. Am 31. Dezember 1967 fand zum Kummer vieler Bremer die letzte Vorstellung im Astoria-Theater statt. Danach verkam das Etablissement allmählich zur Bierschwemme.

Ein ganz anderer Treffpunkt, an dem Vertreter der gehobenen Gesellschaft Bremens zusammenkamen und der nicht dem bloßen Vergnügen und der Zerstreuung diente, war der altehrwürdige »Club zu Bremen«. Er war aus dem im Jahr 1931 erfolgten Zusammenschluss der »Bremer Gesellschaft von 1914« und der »Gesellschaft Museum« von 1783, einer Vereinigung von Kaufleuten, die sich in ihrer Freizeit mit Fragen der Literatur und der Naturwissenschaften beschäftigten, hervorgegangen. Auch nach dem Zweiten Weltkrieg wollte man hier die Geselligkeit von Kaufleuten, Industriellen und »Gelehrten« fördern. Der alte Vorstand galt als »politisch belastet«, einen unbelasteten neuen zu finden, erwies sich zunächst als schwierig, da sich viele Mitglieder der »besseren Bremer Gesellschaft« mit dem NS-System arrangiert oder gar aktiv eingelassen hatten. Die erste Mitgliederversammlung fand 1947 statt und Treffpunkt waren zunächst die Bürgerstuben am Markt. Ab 1952 befand sich dann das Clublokal im Souterrain des Hauses Schütting, dessen Umbau aus Mitteln der Mitglieder finanziert worden war; zur Hausherrin Handelskammer pflegte man ein enges Verhältnis. Die Räume waren ab elf Uhr vormittags geöffnet, die Herren trafen sich zum Essen, das in der von der Firma Grashoff betriebenen Küche bereitet wurde. Die Ehefrauen der Mitglieder waren erst ab 18 Uhr zum Besuch der Clubräume zugelassen. Noch im Jahr 1981 konnten laut Satzung nur männliche Personen Mitglied werden, sofern sie »unbescholten und volljährig« waren. Neben der Entspannung und dem Austausch nützlicher geschäftlicher Informationen waren die zahlreichen, zum Teil von international hochrangigen Referenten gehaltenen Vorträge aus wissenschaftlichen und aktuellen politischen Zusammenhängen wichtig für das Clubleben.

Gediegenes Ambiente für Geselligkeit und Bildung. Marktseitiger Eingangsbereich des »Club zu Bremen« im Untergeschoss des Schüttings, 1953

Zu den Firmenmitgliedern des Clubs gehörten alle bedeutenden Bremer Unternehmen und Betriebe, zu den befreundeten Vereinen aus anderen Städten auch exklusive Clubs aus Kreisen von Handel und Industrie wie der Überseeclub in Hamburg oder der Industrieclub in Düsseldorf. Bei seinem 175. Jubiläum 1958 zählte der »Club zu Bremen« mit 1150 Mitgliedern wieder fast so viele Mitglieder wie zu seinem 150. Jubiläum Ende 1933. Der »Club zu Bremen« besteht noch heute, inzwischen sind auch weibliche Mitglieder zugelassen.

Ebenfalls dem bürgerlichen Bremen und seinen kaufmännischen Traditionen ist ein anderer, wenn auch nicht ganz so exklusiver Verein wie der »Club zu Bremen« zuzuordnen: die »Union von 1801«, eine der ältesten kaufmännischen Institutionen der Hansestadt. Der Verein, der unter den Nationalsozialisten nicht verboten, dem aber wichtige Funktionen entzogen worden waren, formierte sich 1946 neu. Als erste wurden die musisch-künstlerischen Abteilungen, die Neue Liedertafel und die dramaturgische Abteilung, wieder aktiv; der Hunger nach Kultur war nach den Kriegsjahren groß. Nachdem 1947 die »Glocke« auch für Deutsche freigegeben wurde – bis 1950 benutzten Amerikaner und Deutsche

Bremer im »Wirtschaftswunder«

das unzerstörte Konzerthaus gemeinsam – veranstaltete die »Union« dort Konzerte. Bald wurden auch wieder Weiterbildungsangebote für junge Kaufleute und Fachvorträge in das Veranstaltungsprogramm aufgenommen, das durch Vermittlung der Handelskammer weitgehend in den »Bürgerstuben« am Markt durchgeführt werden konnte. Nach finanziellen Einbrüchen vor allem nach der Währungsreform ging es ab Mitte der 1950er Jahre wieder bergauf. Die Mitgliederzahl, die um 1900 einmal über 2000 betragen hatte und nach dem Zweiten Weltkrieg auf 450 gesunken war, nahm allmählich wieder zu. Ein historisches

In Norddeutschland eine eher skurril anmutende Veranstaltung: Auf dem Alpenfest durfte sich nur vergnügen, wer in urbayerischer Tracht erschien, Februar 1962

Verdienst der »Union« war die Gründung der Handelsschule als Ausbildungsstätte für den kaufmännischen Nachwuchs, die 1903 als private Anstalt eröffnet und 1942 verstaatlicht worden war und noch heute als Teil des beruflichen Schulwesens besteht. Die »Union von 1801« wurde mehr und mehr ausschließlich zu einer Einrichtung, in der mit Vorträgen zu allgemeinbildenden und fachlichen Themen, mit kultureller Betätigung und Feiern in festlichem Rahmen gehobene Geselligkeit in Bremer Wirtschaftskreisen gepflegt wurde und wird. Daneben wurde das seit jeher vorhandene soziale Engagement, besonders auf dem Gebiet der Altenpflege, bis in die 1980er Jahre fortgeführt.

Als ein Höhepunkt des gesellschaftlichen Lebens im bürgerlichen Milieu in den 1950er und 1960er Jahren galt nicht nur der »Ball der Kaufleute«, sondern auch ein dem äußeren Erscheinungsbild nach völlig anderer »Ball«, das jährliche Alpenfest der Bremer Sektion des Deutschen Alpenvereins. Die Bremer Sektion, 1886 gegründet und eine der fünf größten Sektionen in Norddeutschland, hatte wie der gesamte Alpenverein die Erschließung der Gebirgswelt zum Ziel, die Anlage und Pflege von Wanderwegen, die Unterstützung des Bergrettungsdienstes sowie – zunehmend dringlicher – den Schutz der Bergwelt. Das Bremer Alpenfest wurde ab 1950 nach völliger Freigabe der »Glocke« durch die Amerikaner wieder, wie es Tradition war, dort in sämtlichen Räumen groß gefeiert. Es war sehr beliebt, bekannt und berühmt selbst im Süden Deutschlands und galt als gesellschaftliches Ereignis, das aber mit einem Eintrittspreis zwischen 25 und 30 D-Mark (ohne Speisen und Getränke) ein exklusives Vergnügen darstellte und überdies eine recht aufwendige Garderobe erforderte. Denn sämtliche Besucher und Besucherinnen hatten in urbayerischer Tracht zu erscheinen. Wer als Dame nicht das Dirndl, als Herr nicht die kurze Lederhose nebst Wadl-Strümpfen, Trachtenanzug oder Kniebundhosen angelegt hatte, wurde nicht eingelassen. Es wurde getanzt und gesungen und den Darbietungen der Plattl-Gruppen applaudiert. Dass die bergsteigbegeisterten Mitglieder des Alpenvereins, deren Zahl mit ca. 950 Personen bereits 1948 wieder das Vorkriegsniveau erreicht hatte und Mitte der 1950er Jahre auf über 2000 geklettert war, zum besser gestellten Segment der Bremer Bevölkerung gehörten, zeigt sich schon allein daran, dass im Jahre 1952 die Bremer Sektion des Alpenvereins 90.000 D-Mark für den Erwerb einer Hütte in den bayrischen Bergen in der Nähe von Bad Tölz aus eigenen Mitteln aufbringen konnte. Mit zunehmender Zahl von Urlaubsreisen ins Ausland, die sich auch die Mittelschicht im Laufe des folgenden Jahrzehnts leisten konnte, sank jedoch die Attraktivität von Berghütten für einen Ferienaufenthalt.

Gehobene Geselligkeit besonderer Art fand im 1905 gegründeten »Club zur Vahr« statt, der von Anfang an weit mehr als ein Sportverein war. Bremer Kaufleute hatten bei ihren geschäftlichen Aktivitäten in Übersee die Institution der Country Clubs in Kolonien des britischen Empire kennen und schätzen gelernt und die dort betriebenen Sportarten Golf und Polo auch in ihrer Heimatstadt einführen wollen. Der Charakter einer relativ geschlossenen Gesellschaft, in der namhafte Bremer Familien vertreten waren, die über genügend Mittel verfügten, um gemeinsam Sportanlagen und Clubhaus anzulegen und auszubauen, blieb über die Jahrzehnte gewahrt.

Nach dem Zweiten Weltkrieg wurde die Anlage von der amerikanischen Militärregierung für golfbegeisterte Offiziere beschlagnahmt und erst 1952 wieder ganz freigegeben. Die Clubmitglieder versuchten, den alten Stil mit den Gesellschaftssportarten – neben Golf waren das hauptsächlich Hockey, Tennis und Tontaubenschießen – wieder aufzunehmen und auch die Pflege der Geselligkeit in der Atmosphäre eines gediegenen Country Clubs im Kreis gleich gesinnter und sozial gleichgestellter Menschen fortzuführen. Sie feierten zum Beispiel bereits ein Jahr nach der Wiedereröffnung ein großes Winterfest in den Räumen

Im Galopp auf der Rennbahn Vahr am 1. Mai 1964

des Café Hillmann, auf dem der Berichterstatter der »Bremer Nachrichten« die kostbaren Abendkleider der Damen bewunderte. Das von Rudolf Alexander Schröder entworfene prächtige alte Clubhaus aus den Gründungsjahren ließ sich allerdings auf Dauer nicht halten. Der Club benötigte Geld für Erweiterungsbauten, und der Teil des Grundstücks, auf dem der Prachtbau stand, wurde in den 1960er Jahren verkauft, das nicht denkmalgeschützte Gebäude musste Wohnblocks weichen. Daraufhin wurden ehemalige Stallungen, die noch auf den ursprünglichen bäuerlichen Besitzer aus dem 19. Jahrhundert zurückgehen, zum neuen Clubhaus ausgebaut.

Die Einbeziehung der ganzen Familie war von jeher ein wichtiges Element des »Clubs zur Vahr«; so war es selbstverständlich, dass die Kinder der Mitglieder in den Verein hineinwuchsen, in dem sie eine ganze Reihe von Sportarten betreiben konnten. Insofern bestand durchaus eine Ähnlichkeit zum Vereinsleben im Arbeitermilieu des Bremer Westens während der 1950er und 1960er Jahre. In sportlicher Hinsicht errang der Club viele Erfolge in nationalen und internationalen Golf-Wettkämpfen, besonders nachdem 1963 ein neuer, größerer Golfplatz in der Garlstedter Heide eröffnet wurde.

Gesundheits- und Wohlfahrtswesen

Gesundheits- und Wohlfahrtswesen

Das Gesundheitswesen

Mit der Bürgerschaftswahl im November 1951 endete die Amtszeit von Hans Meineke als Senator für Gesundheitswesen und Wohnungswesen. Die Ressorts wurden neu verteilt bzw. zusammengelegt. Johannes Degener (CDU) trat an als Senator für Wohlfahrts- und Gesundheitswesen (und für ein halbes Jahr zusätzlich als Senator für Wohnungswesen) bis zu seinem Ausscheiden im September 1958. Für die Dauer von 15 Monaten bis zur nächsten Bürgerschaftswahl im Dezember 1959 leitete Karl Krammig (CDU) das Ressort. 1959 wurde das Gesundheitsressort wieder abgetrennt, Senator für Gesundheit und gleichzeitig für Arbeit war nun Karl Weßling (SPD) bis zu seinem Tod durch Herzinfarkt im August 1968 inmitten seiner dritten Wahlperiode. Karl Heinz Jantzen (SPD) übernahm das Ressort bis 1971.

Bis Mitte der 1950er Jahre spielten Maßnahmen gegen die Tuberkulose eine größere Rolle, später trat der Kampf gegen die Kinderlähmung in den Vordergrund. Im Gesundheitsamt entstanden umfangreiche Aktenbestände, vor allem über das vielfältige Hin und Her bis zur Einführung der Schluckimpfung. Krebsbekämpfung durch Vorsorge oder Strah-lenbehandlung gewann an Bedeutung, und erste Vorboten der Drogensucht zeigten sich. Krankenhäuser wurden modernisiert, erweitert oder neu gebaut, ebenso Schwesternwohnheime. Alte Badeanstalten wurden durch neue ersetzt, weitere kamen hinzu. Und mit ersten Maßnahmen zur Bekämpfung des Großstadtlärmes gelangte seit 1953 das Thema »Umwelt« mehr und mehr ins öffentliche Bewusstsein.

Um die weitere Verbreitung von Tuberkulose zu verhindern, konzentrierten sich die Gesundheitsbehörden auf mögliche Übertragungswege, unter anderem auf Milch. Im Bremer Stadtgebiet befanden sich traditionell Milchverkaufsstellen mit eigenen kleinen Kuhställen im Hinterhof, die unbehandelte Milch verkauften. Zusätzlich war die Hygiene beim »ambulanten Milchhandel« problematisch, weil die Kannen gewöhnlich vor die Haustüren gestellt wurden. Nach Warnungen vor ungekochter Milch – auch in der Presse, insbesondere 1949 – schuf das Bundesgesetz über Verkehr mit Milch, Milcherzeugnissen und Fetten vom 28. Februar 1951 feste Regelungen; die Problematik füllte aber weiterhin die Akten des Gesundheitsamtes. Auch gezielte Untersuchungen des Trinkwassers gehörten zu den Vorbeugemaßnahmen. Im April 1951 ergingen Bestimmungen über den Chlorgehalt von Leitungswasser. Als Tuberkulose-Heilstätten wurden u.a. seit Juni 1950 Holdheim, das 1966 noch erweitert wurde, und seit Oktober 1953 das Kinderkrankenhaus Brauel bei Zeven genutzt, aber auch das Haus Schötteck in St. Magnus als Tbc-Krankenhaus. Insgesamt nahm die Zahl der Heilstätten jedoch ab, auch durch Zusammenlegungen. Die Tuberkuloseberatungsstelle im Hauptgesundheitsamt bezog 1958 den Neubau an der Horner Straße.

Die ergriffenen Maßnahmen führten in Verbindung mit den verbesserten Wohnverhältnissen und dem steigenden Lebensstandard dazu, dass die Zahl der an Lungentuberkulose Verstorbenen im Lande Bremen zwischen 1951 (185) und 1959 (90) kontinuierlich zurückging. Neben der Bekämpfung der Tuberkulose war die um sich greifende

Krankenscheinausgabe der AOK im alten Lloydgebäude: Im Herbst 1957 wird Bremen von einer Grippewelle heimgesucht, 51 Schulklassen müssen zeitweise geschlossen werden

Kinderlähmung eine wichtige medizinische und soziale Herausforderung. Solange es noch keine wirksame Therapie gegen diese Infektionskrankheit gab, setzte die Gesundheitspolitik vor allem auf Prävention. So wurde in Bremen in öffentlichen Bekanntmachungen vor den Ansteckungsgefahren gewarnt. Außerdem sollten verlängerte Sommerferien, die Schließung von Badeanstalten und andere Vorbeugungsmaßnahmen die vor allem in den Sommermonaten grassierende Epidemie eindämmen. Private Hilfsorganisationen bildeten sich, etwa die Stiftung zur Erforschung und Heilung der spinalen Kinderlähmung der Gräfin Matuschka-Greiffenklau unter Mitwirkung von Elly Heuss-Knapp, deren Bremer Landesausschuss 1950 seine Arbeit aufnahm. Auch schwangen sich die üblichen Wunderheiler auf den Wagen; so ging 1952 die Meldung über ein angebliches neues Heilmittel gegen Kinderlähmung durch die Bremer Presse, doch Gerhard Carow vom Hauptgesundheitsamt entlarvte den Urheber rasch als Kurpfuscher, gegen den die Bremer Polizei bereits 1949 wegen Rauschgifthandels ermittelt hatte. Ein 1954 auftauchender Heilkundler dagegen wurde als harmloser Kräuterkundiger eingestuft, der wirklich helfen wollte.

Die Erkrankungsfälle nahmen im Lauf der 1950er Jahre stetig zu, sodass sich bereits 1954 ein Bund der Kindergelähmten gründete. Besonders gefährdet waren Kleinkinder bis zu zwei Jahren, unter denen die meisten Todesfälle zu verzeichnen waren. Die Zusammenarbeit der Bundesländer von wöchentlichen Schnellmeldungen bis zum Austausch von technisch weiterentwickelten Atmungshilfen (Respiratoren) wurde dringliche Notwendigkeit. In der Kinderklinik unter Rudolf Hess entstand 1961 das Bremer Poliozentrum mit u.a. mehreren »Eisernen Lungen«. Seit 1953 bestand eine Gemeinschaftsforschung der Bundesländer zur Kinderlähmung, die auch die fieberhafte Suche nach einem Impfstoff kritisch begleitete. 1955 wurden in Deutschland die bahnbrechenden Forschungen von Jonas Edward Salk bekannt. Die auf der Grundlage von Salks Erkenntnissen

Haus Holdheim an der Apfelallee in Oberneuland, 1962, und der 1966 fertiggestellte Erweiterungsbau

entwickelten Impfstoffe blieben wegen ihrer Nebenwirkungen zunächst umstritten. Am 25. April 1957 begannen dann die Schutzimpfungen mit einem weiterentwickelten Impfstoff, ab 1961 (begleitet von massiven Werbekampagnen) als Schluckimpfung und ab 1962 als staatliche Massenimpfungen. Die positiven Folgen zeigten sich bald auch in Bremen: Hatte es hier 1952 noch 184 Neuerkrankungen gegeben, so wurden 1964 keine mehr verzeichnet. Neben der Kinderlähmung nahmen infolge von Präventionsmaßnahmen, wirksameren Therapien, systematischer Aufklärung und steigendem

Gesundheits- und Wohlfahrtswesen

Tbc-Beratungsstelle an der Horner Straße/Ecke Humboldtstraße, 1961

im Jahr 1950, das Diakonissenkrankenhaus 1968 und das Krankenhaus St. Joseph-Stift 1969. Entsprechend der Bevölkerung nahm auch die Zahl der Krankenhausbetten zu: Bestehende Krankenhäuser erhielten Neu-, Zusatz- oder Erweiterungsbauten, wie etwa das »Diako« und vor allem die Städtischen Krankenanstalten mit Spezialkliniken auf dem Gelände an der St.-Jürgen-Straße; es gab aber auch Krankenhausneugründungen, daruntter »Links der Weser« 1968. Im November 1963 wurde darüber hinaus als erste Belegklinik für niedergelassene Fachärzte die Kurfürstenklinik eröffnet. Eine Gemeinschaftseinrichtung der niedergelassenen Ärzteschaft war auch das im März 1957 eingeweihte Ärztehaus an der Schwachhauser Heerstraße, das alle ärztlichen Organisationen unter einem Dach zusammenfasste. Der renommierte Ärztliche Verein konnte im Januar 1957 sein 125-jähriges Bestehen feiern.

Lebensstandard mit verbesserten Wohnverhältnissen auch andere übertragbare Krankheiten rasch ab. So ging die Zahl der Diphtheriefälle in Bremen von 429 (1950) auf 9 (1960) zurück. Auch bei Scharlach und bakterieller Ruhr zeigte sich eine sinkende Tendenz. Dennoch traten weiter kleine Epidemien auf, so Scharlach (1950), Röteln (1951) und im Januar 1953 und 1955 grippale Infekte, die immerhin zur kurzfristigen Schließung mehrerer Hundert Schulklassen führten.

Aufgrund der Gründungswelle von Krankenhäusern im 19. Jahrhundert konnten mehrere Kliniken ihr 100-jähriges Bestehen feiern: die Städtischen Krankenanstalten St.-Jürgen-Straße

Die 1950 eingerichtete Landesstelle für Suchtgefahren hatte sich lange fast nur mit Alkoholmissbrauch zu befassen, bis sich im Laufe der 1960er Jahre der Drogenmissbrauch auszubreiten begann. Gefordert war das staatliche Gesundheitswesen auch durch den Contergan-Skandal 1961/62. Infolge der Einnahme des Beruhigungsmedikaments Contergan durch Schwangere wurden auch in Bremen zahlreiche Kinder mit Missbildungen geboren.

Im Trink- und Abwasserbereich wurden das Kanalnetz ausgeweitet und neue Kläranlagen eingerichtet, nicht zuletzt die große Anlage in Seehausen im September 1966. Neue, staubdichtere Müllbehälter erleichterten seit 1965 die Arbeit der Entsorger. Das war notwendig, weil sie wegen der verbreiteten Kohleöfen oder Feststoffzentralheizungen noch viel Asche enthielten. Ihre Bremer Bezeichnung lautete daher auch Ascheimer, und die Abfuhrleute, die an den noch längere Zeit nach dem Kriege von schweren Pferden gezogenen Abfuhrwagen Knochenarbeit leisteten, wurden liebevoll humorig »Aschenheinis« genannt. 1964 führte der Senat erstmalig Müll- und Kanalbenutzungsgebühren ein. Bis dahin galt die Entsorgung als Teil der Daseinsvorsorge, für

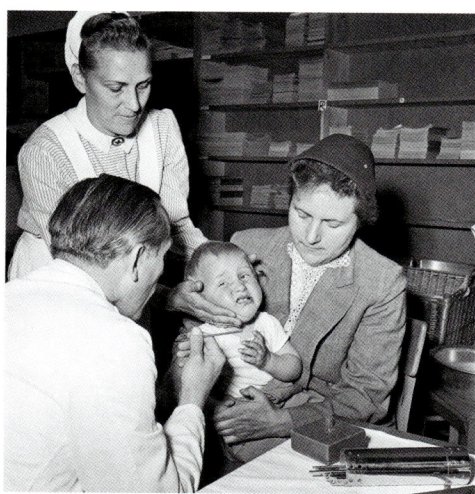

Kinderimpfung Mitte der 1950er Jahre

die der Staat durch die Erhebung von Steuern aufzukommen hatte. Die Gebührenerhebung ebnete im Laufe der Zeit der Privatisierung entsprechender Leistungen den Weg. 1964 löste sie bei der Bevölkerung erhebliche Verärgerung aus, und in der entsprechenden Bürgerschaftsdebatte wurde der Senat von den Oppositionsparteien CDU und DP heftig angegriffen. Gleichwohl stimmte die Bürgerschaft den Gebühren mehrheitlich zu. Als es 1968 zu einer Erhöhung kam, machte sich völlig unerwartet Richard Boljahn als SPD-Fraktionsvorsitzender und Gewerkschaftsfunktionär zum Widersacher. Dies hat ihm politisch ebenso geschadet wie sein Verhalten bei der zeitgleichen Erhöhung der Straßenbahntarife (s. S. 330).

Auch bei den Badeanstalten gab es neue Entwicklungen. Im Februar 1952 wurde das Zentralbad am Richtweg als Hallenbad eröffnet, dafür schloss das traditionsreiche Breitenwegbad; im November 1954 schloss die 73 Jahre alte Flussbadeanstalt Wagenbrett, und ihr Gelände wurde zur Liegewiese des Stadionbads. Neu öffneten u.a. die Freibäder Schloßparkbad im Juli 1956 und Horner Bad im Juni 1960 sowie die Hallenbäder in der Neuen Vahr im November 1961 und in der Neustadt im September 1967.

Das Ärztehaus an der Schwachhauser Heerstraße 26/28, 1957

Die Bewältigung von Kriegsfolgen bestimmte lange die Arbeit des Ressorts. Im März 1951 kamen die von den Amerikanern übernommene Verteilung der »Liebesgaben« (CRALOG) und die Ausgabe des »Schulfrühstücks«, das die »Schulspeisung« ablöste, hinzu. Auch die Versorgung der Bevölkerung mit Winterkohle fiel in den Aufgabenbereich des Ressorts. Im Frühjahr 1951 kam es noch einmal zu Brennstoffknappheit. Mit der allgemeinen Normalisierung der Lebensverhältnisse nahm dieser Aufgabenkatalog indes ab; allerdings blieb vor allem die Versorgung der

Mitarbeiter der Stadtreinigung im Einsatz in der Erlenstraße, um 1965

Das Wohlfahrtswesen

An die Stelle des 1948 zum Senator für Arbeit und Wohlfahrt gewählten Gerhard van Heukelum (SPD) trat 1951 Johannes Degener (CDU) als Senator für Wohlfahrts- und Gesundheitswesen. Der Bereich Jugend wurde herausgenommen und Annemarie Mevissen (SPD) als Senatorin für Jugendwesen gewählt. Degener schied im September 1958 während der laufenden Legislaturperiode aus, und Karl Krammig (CDU) übernahm sein Ressort. Annemarie Mevissen blieb Jugendsenatorin bis zur neuen Ressortverteilung 1959, seitdem war sie Senatorin für Wohlfahrt und Jugend und ab dem 28. November 1967 zusätzlich Bürgermeisterin und stellvertretende Präsidentin des Senats.

Gesundheits- und Wohlfahrtswesen

Kriegsversehrten noch länger eine Herausforderung.

In einem anderen Bereich trat dagegen deutliche Besserung ein. Mit dem Einsetzen der guten Wirtschaftskonjunktur sank die Arbeitslosigkeit: Wurde im Januar 1953 noch der Höchststand seit dem Krieg gemeldet, war im Juni 1955 bereits der Tiefststand erreicht, und sogar »Vollbeschäftigung« schien nicht unmöglich. Da viele Arbeitsstellen zur Verfügung standen, verbesserte sich auch die Integration von Flüchtlingen.

Der Bereich der Wohnraumbeschaffung wurde trotz des forcierten »sozialen Wohnungsbaus« noch 1954 als dringlich bezeichnet, zumal nicht nur zugezogene Flüchtlinge, sondern auch viele ausgebombte Bremer zu versorgen waren. So erhielten Bewohner von Grohner und Aumunder Baracken erst im Jahr 1962 neue Wohnungen zugewiesen. 1952 lebten noch 40.000 Personen auf ihren Parzellen, wo sie die »Buden« ohne Baugenehmigung zu kleinen Häusern ausgebaut hatten. Die anfängliche Duldung (Verordnung zu Notwohnungen vom 1. August 1945) sollte bei zunehmendem Wohnungsangebot revidiert werden, was großen Widerstand hervorrief.

Kohleknappheit 1951. Blumenthaler warten mit ihren Bollerwagen vor der Kohlenhandlung Anton Schichter & Sohn in der Mühlenstraße

Schließlich entstand der Kompromiss, dass alle, die am Stichtag 18. August 1955 auf einer Parzelle wohnten, dort lebenslanges Wohnrecht erhalten sollten. Da bereits die Verordnung aus dem Jahr 1945 auf Betreiben von Bürgermeister Kaisen zustande gekommen war, erhielten die so bewohnten Gebäude im Volksmund den Namen »Kaisenhäuser«. Das Wohnrecht sollte nicht auf Erben übertragbar sein.

Durch die Trennung der Ressorts von Wohlfahrt und Jugend waren die staatlich betreuten oder geschaffenen Einrichtungen des Ersteren hauptsächlich solche für die ältere Bevölkerung. Ab 1962 entstanden Altentagesstätten; zur ständigen Unterbringung neu eingerichtet wurden beispielsweise 1969 das Altenwohn- und Pflegeheim Marcusallee und das Altenwohnheim Dillener Straße auf dem Gelände des 1888 gestifteten traditionsreichen Kindererholungshauses Sandwichheim. Auch war das Ressort weiterhin mit der Aufsicht und der Zusammenarbeit mit privaten und konfessionellen Einrichtungen betraut. Dazu gehörten der Martinshof für Wandernde und Behinderte, der Verein Lebenshilfe für das behinderte Kind (Bremer Zweigstelle seit März 1960) mit seinen Heilpädagogischen Einrichtungen, die Ottilie-Hoffmann-Häuser und auch die Sondereinrichtung »Essen auf Rädern« des Deutschen Paritätischen Wohlfahrtsverbandes (seit Oktober 1964).

Einrichtungen für Kinder und Jugendliche betreute das Ressort Jugendwesen unter Annemarie Mevissen, der die Jugendarbeit das größte Anliegen war, wie sie schon mit ihrem Wirken in den Noteinrichtungen der frühen Nachkriegszeit bewiesen hatte. Neben den Kinderwohnheimen und ersten Ferienheimen sah man in dieser Zeit, als noch unbewältigte Kriegs- und Nachkriegserfahrungen auf die Auswirkungen des Wirtschaftswunders trafen, die Einrichtung von Jugendheimen als vordringlich an. Sie sollten die Jugendlichen im wörtlichen Sinne von der Straße holen. So entstanden von 1950 bis 1963 insbesondere in Bremen-Nord und den neu angelegten Stadtteilen neun zusätzliche Häuser, die zugleich als Aufenthalts- und Auffangorte fungieren und vor Herumtreiben bewahren sollten. Entsprechende Einrichtungen der amerikanischen German Youth Activity (GYA) schlossen, wie etwa das Max-Slevogt-Heim 1951; im neuen Stadtteil Vahr allerdings erfolgte im Dezember 1952 die Neueröffnung eines GYA-Heimes. Seit 1956 standen Jugendheime auch in räumlichem Zusammenhang mit Kindertagesstätten. Die Bedeutung der »Horte« für unbeaufsichtigte Kinder nach der Schulzeit nahm seit 1950 deutlich zu. Die »Kitas« wurden möglichst in Schulnähe eingerichtet, auch mit Kindergärten kombiniert, und diese oder beide wiederum gelegentlich mit Mütterberatung und Sozialfürsorge wie in der Neuen Vahr Nord seit November 1963.

Eine Sonderstellung nahm die Jugendfreizeit- und Bildungsstätte Beim Kuhhirten ein, und auch nichtstaatliche Einrichtungen wie der Christliche Verein Junger Männer (CVJM) mit dem Konsul-Hackfeld-Haus oder Sportvereine wie TSV Hastedt am Jakobsberg schufen Tagesstätten für die Jugend.

Die Verbindung Jugend, Freizeit und Sport wurde auch in anderen Bereichen unterstützt, etwa durch die Einrichtung von Ferienspielplätzen seit 1952 und Wettbewerbe bis hin zu den Bundesjugendspielen, die 1953 in Bremen stattfanden. Als im August 1965 die Erweiterung des Weser-Stadions abgeschlossen war, wurde der Bau bei der Einweihung Annemarie Mevissen als Senatorin für Wohlfahrt und Jugend übergeben.

Ein weiteres Aufgabenfeld sah die Behörde in der »sittlichen Bewahrung« der Jugend. So förderte sie im Rahmen einer »Schmutz- und Schundkampagne« die 1951 und 1953 vom Landesjugendring veranstalteten Tauschaktionen jugendgefährdender Schriften in erzieherisch geeignete Literatur. In diesem Zusammenhang wurden zwar Erotika indiziert, nicht aber Gewalt und Krieg verherrlichende Inhalte. Ein entsprechender Vorstoß der Bremer Jugendsenatorin bei der zuständigen Bundesstelle in der Sache blieb ergebnislos.

Freizügiger werdende Titelbilder in den Aushängen der Kioske regten den Landesjugendring 1951/53 zu »Schatzinsel«-Aktionen an

Unten: An einem eigens eingerichteten Stand konnte »schlechte« gegen »gute Literatur« getauscht werden

Bildung und Wissenschaft

Schulwesen

Charakteristisch für das schulische Bildungswesen dieser Zeit war die Verlagerung von inhaltlichen Schwerpunkten, vor allem aber die stetige Zunahme sowohl der öffentlichen Aufmerksamkeit als auch der Beteiligung der Lehrenden, der Lernenden und der Elternschaft. Gegen Ende der 1960er Jahre trat eine deutliche Polarisierung der Standpunkte ein, Schulfragen wurden ideologisiert, radikalisiert und für politische Zwecke eingesetzt. Der anfängliche Leitbegriff der Einheitsschule als gesellschaftspolitisches Ziel mündete über Schlagworte wie »Aktivierung der Bildungsreserven« oder »Heranziehung bildungsferner Schichten« in den von der SPD (im Godesberger Programm) formulierten Begriff der »Chancengleichheit«. Alle schulischen Maßnahmen dieser Zeit waren letztlich diesem Ziel unterstellt, und dafür sollten auch viele der vor 1933 und in der Nachkriegszeit erarbeiteten Reformideen nun in die Praxis umgesetzt werden: in Schul- und Unterrichtsformen, Fächern und Lerninhalten, Gebäuden und Klassenräumen.

Seit 1948 war Christian Paulmann Senator für Schulen und Erziehung, Kunst und Wissenschaft. Nach seinem Rücktritt am 22. Mai 1951 (s.S. 60) übernahm Bürgermeister Kaisen sein Ressort bis zur bevorstehenden Bürgerschaftswahl. Ab dem 29. November 1951 wurde Willy Dehnkamp (SPD) Senator für das Bildungswesen und blieb es über drei Wahlperioden hinweg bis zum 17. Juli 1965, als er die Nachfolge Bürgermeister Kaisens antrat. Moritz Thape (SPD) übernahm mitten in der Legislaturperiode seine Funktion. Zum 1. April 1950 wurde das Amt des Landesschulrats wieder eingerichtet und mit ihm Friedrich Aevermann betraut, der nach einem Intermezzo als Senator für politische Befreiung 1947 in die Schulbehörde zurückgekehrt war. Sein Nachfolger wurde 1955 Alfred Buhl; als dieser im Januar 1960 mit 59 Jahren starb, trat im Juli des Jahres Hans Warninghoff die Nachfolge

bis zu seinem Ruhestand im Jahre 1969 an. Die Zahl der Oberschul- und Schulräte wurde erhöht, 1955 waren es dreizehn.

Die Zahl der Lehrkräfte nahm zunächst infolge steigender Schülerzahlen und sinkender Klassenstärken konstant zu, besonders im Volksschulsektor. Entsprechend stieg die Zahl der Absolventen der Pädagogischen Hochschule. In arbeitsrechtlicher Beziehung wichtig war der Erlass des Gesetzes zur rechtlichen Gleichstellung von weiblichen und männlichen Lehrkräften vom 20. März 1951, der auch die Angleichung der Pflichtstundenzahl beinhaltete, die allerdings später wieder revidiert wurde. Eine Erhöhung um eine Wochenstunde sollte 1954 die eigentlich nötige Schaffung von 74 Lehrerstellen vermeiden und dem Haushalt dadurch jährlich 640.000 D-Mark ersparen. Schülerinnen der Kippenbergschule trugen daraufhin am 24. Mai 1954 Trauerkleidung im Unterricht, weil ihre Lehrkräfte die Abiturreise wegen der Stundenerhöhung hatten streichen müssen – eine frühe Form fantasievollen Schülerprotests. Von Elternseite war in diesem oder anderen Zusammenhängen noch nichts zu hören, obgleich seit Oktober 1949 die Elternvertretungen auf einer rechtlichen Grundlage standen und im Zentralelternbeirat zusammengefasst waren. Erste öffentliche Proteste von Eltern gab es erst 1960, schulpolitische Anregungen, beispielsweise für Durchführungsverordnungen zum Schulgesetz, jedoch fortlaufend.

Im allgemeinbildenden Schulwesen griff jetzt der mit dem Schulgesetz von 1949 festgelegte Systemplan einer Grundschule mit einer Oberschule aus vier Zweigen. Das neunte Pflichtschuljahr für den Zweig A (Volksschule), den noch immer zwei Drittel der Schulkinder besuchten, ließ sich zunächst nur als freiwilliges Jahr verwirklichen. 1953 wurde eine vereinfachte Übergangsregelung für die Zweige B (Mittel-/Realschule) und D (Oberschule/Gymnasium) geschaffen, indem ein »Auslese-Unterricht« nur noch für Fälle einer Abweichung zwischen Lehrerempfehlung und Elternwunsch stattfand. Die für Bremen neue Wirtschaftsoberschule (Zweig C) führte zur fachspezifischen Hochschulreife. Diese geplante Umsetzung der mit dem Schulgesetz von 1949 angestrebten Einheitsschule mit Zweigen gelang eher formal. Die Integration war nach wie vor umstritten und bröckelte schon bald zugunsten des hergebrachten dreigliedrigen Schulsystems und der herkömmlichen Bezeichnungen: Gymnasium, Grund- und Realschule sowie der in Hauptschule umbenannten Volksschuloberstufe; die letzten drei u.a. wegen der noch nicht universitären Ausbildung ihrer Lehrkräfte zum Kürzel GHR zusammengefasst. Auch die sechsklassige Grundschule wurde durch den seit 1957 möglichen Übergang zum Gymnasium nach der vierten Klasse unterlaufen. Einen Rest des ursprünglichen Konzeptes bildeten die »D-Klassen« an Gymnasien, die verspätete Übergänger von den sechsten Klassen bis zur Oberstufe im Lernstoff anglichen. Der Zweig C blieb als Wirtschaftsgymnasium erhalten.

Im Jahr 1952 trat das Nachkriegsphänomen der »Besatzungskinder« ins Bewusstsein der breiten Öffentlichkeit. Die Bremer Zeitungen berichteten, dass zu Ostern die »ersten farbigen ›Besatzungskinder‹« eingeschult würden. Der in der ganzen Bundesrepublik gezeigte Film »Toxi« widmete sich dem Thema und spiegelte die bekannten Vorurteile, die Kindern afro-amerikanischer Väter entgegengebracht wurden. Man strebte besonders in der Schule nach Integration und wollte der Diskriminierung zu einer Zeit entgegenwirken, als in den Südstaaten der USA selbst noch streng die »segregation« vorherrschte. Am 30. Oktober 1952 bildete die Gesellschaft für Brüderlichkeit Bremen ein Arbeitsgremium, »um die Härten zu mildern, denen ›Besatzungskinder‹ im allgemeinen und Mischlingskinder im besonderen ausgesetzt sind«.

Zu Beginn der 1950er Jahre waren Lehrkräfte und Schulkinder noch belastet durch das Missverhältnis von Schülerzahlen und vorhandenen Räumen, das zunächst nur mit Schichtunterricht ausgeglichen werden konnte. Nach und nach wurden beschädigte

Bildung und Wissenschaft

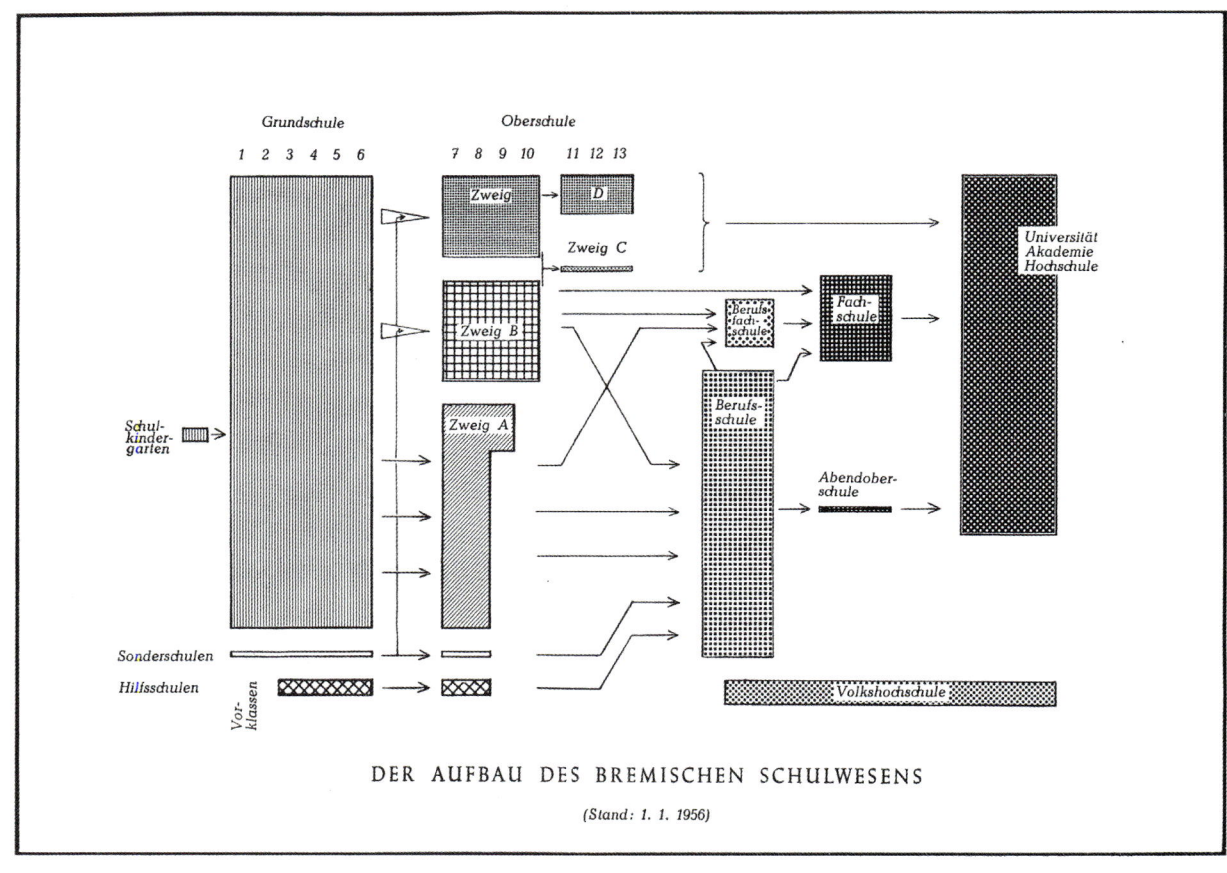

Grundschule   Oberschule

1 2 3 4 5 6   7 8 9 10 11 12 13

Zweig

D

Zweig C

Zweig B

Berufs-
fach-
schule

Fach-
schule

Universität
Akademie
Hochschule

Schul-
kinder-
garten

Zweig A

Berufs-
schule

Abendober-
schule

Sonderschulen

Hilfsschulen

Vor-
klassen

Volkshochschule

DER AUFBAU DES BREMISCHEN SCHULWESENS

(Stand: 1. 1. 1956)

Das Bremer Schulgesetz von 1949 sah mit der Umsetzung des »Systemplans« den vollständigen Neuaufbau des Schulwesens vor. Darstellung aus Wilhelm Berger: Erziehungs- und Kulturarbeit in Bremen, Bremen 1956

Schulgebäude wieder hergestellt, und neue Schulen in allen Stadtteilen ersetzten nicht nur Kriegszerstörungen, sie trugen auch der wachsenden Bevölkerungszahl Rechnung. Eine Reihe bisheriger Schulen wurde wegen der Kriegszerstörung ihrer Gebäude aufgelöst, wie an der Schwachhauser Heerstraße, andere zusammengelegt, wie »Vietor« mit »Kippenberg« und »Janson-Schomburg« mit »Hamburger Straße«, oder verlegt und durch Umzug in einen Neubau mit einem neuen Namen versehen, wie »Dechanatstraße« zu »Parsevalstraße« und »Karlstraße« zu »Kurt- Schumacher-Allee« (1958 und 1968). Nicht Kriegsfolgen, sondern Schülermangel führte 1965 zur Schließung der Schule Mittelsbüren, weil das Dorf der Klöckner-Hütte hatte weichen müssen. Neu eingerichtet wurden nur wenige höhere Schulen, beispielsweise die Gymnasien Lesum und Huckelriede (1966 und 1967), dagegen

zahlreiche Grund- und Hauptschulen. Im Januar 1965 konnte der 1000. neue Klassenraum vermeldet werden, dennoch waren zuzätzlich »Mobilklassen« vonnöten. Es waren die kinderreichen Jahre vor dem »Pillenknick« durch Verbreitung der Antibabypille.

Viele Neubauten entstanden im »Pavillonstil« (s. S. 271), zumindest aber in lichten Bauformen mit kindgerechten größeren Klassenräumen. Nach Bauten in Bockhorn und Grambke 1948 und 1949 war Habenhausen 1951 der erste Schulneubau in diesem Stil; im gleichen Jahr folgten noch sechs weitere, 1952 fünf, dann nahm die jährliche Zahl etwas ab. In der Einrichtung ersetzten Tisch und Stuhl die feste Schulbank und ermöglichten es, den reinen Frontalunterricht zugunsten von Gruppen- oder Kreisbildung aufzugeben. Es wurde als Chance gesehen, über einen neuen Bau- und Einrichtungsstil einen neuen Unterrichtsstil und damit eine kinderfreundlichere Lernsituation zu erreichen. Innerhalb der Schulen wie auch in deren Kooperation mit anderen Institutionen entstanden zahlreiche Einrichtungen, Angebote oder Verfahren neu oder wieder: Schulkindergärten für noch nicht ganz schulreife Anfänger, vereinfachter Übergang zum Gymnasium, Hausaufgabenbetreuung, räumlich nahe Kindertagesstätten, Berufsberatung, »zweiter Bildungsweg«, aber auch Englisch als Pflichtfach von der fünften Klasse an (also auch für Grund- und Hauptschulen) sowie Verkehrsunterricht und Schülerlotsendienst – als Reaktion auf die zunehmende Motorisierung. Den Lehrkräften stand seitens der Schulbehörde seit Februar 1953 in der Humboldtstraße die Pädagogische Arbeitsstelle zur Verfügung, sie übernahm die Aufgaben der bisher von den Amerikanern finanzierten gleichnamigen Einrichtung.

Größere Entwicklungen fanden sich im Felde einer Unterstützung der gewollten Reformen weg vom lern- und hin zum arbeitsorientierten Unterricht durch eine Fülle neuer Lehrmittel wie auch durch neben- oder außerschulische Angebote, etwa Schülerzeitungen, Schülerbüchereien und die Neueinrichtung mehrerer Schullandheime. Damit wurde das neu eingeführte Fach Gemeinschaftskunde zu einem umfassenden sozialpolitischen Lernfeld ausgeweitet, und hierin vor allem sollte sich der »Erziehungsauftrag« der Schulen erfüllen. Die Ausweitung des (internationalen) Schüleraustauschs ist unter dem gleichen Aspekt zu sehen.

Ein ebenfalls deutlich sozialpolitischer Auftrag lag in der Aufwertung der Elternbeiräte und der Schülermitgestaltung entsprechend § 5 des Schulgesetzes und mit 1957 und 1964 erneuerten Richtlinien. Sie gewannen – nach ersten Aktivitäten 1949 um die Einheitsschule – erst allmählich an Gewicht, aber auch an Interesse, um schließlich in die explodierenden Protestaktionen der Zeit um und nach 1968 zu münden. Mit dem innewohnenden Konfliktpotenzial oder den »Geistern, die man rief« umzugehen, fiel den politisch Verantwortlichen nicht immer leicht. So findet sich bereits

1948 an einer schriftlichen Stellungnahme von Schülern des Alten Gymnasiums zur sechsjährigen Grundschule die – für einen »vom Kinde aus« denkenden Versuchsschullehrer erstaunliche - Bleistiftnotiz des Senators Paulmann: »Man soll nicht über Dinge reden, wenn man sich nicht ausreichend informiert hat.« Und Moritz Thape verbrachte große Strecken seiner Amtszeit auf Protestversammlungen unter dem Hagel von Angriffen auf seine Funktion (und Person).

Die bestehenden Sonderschuleinrichtungen wurden weiterentwickelt und modernisiert, wie etwa die traditionsreiche Schwerhörigen- und Sprachheilschule (später umbenannt

Kurzfristige Lösung des Raumproblems: In der Schule an der Wilhelm-Leuschner-Straße werden im Dezember 1965 die ersten »Mobilklassen« montiert

Unten: Die neuen Räume in Benutzung, März 1966

Gruppenraum des Schulkindergartens am Halmerweg, Juni 1956

Unterricht schwerhöriger Kinder an der Sonderschule Marcusallee, Juni 1959

und Ärzte zusammen. 1964 nahm außerdem der Schulpsychologische Dienst, der direkt mit oder auch in den Schulen arbeitete, seine Tätigkeit auf.

Bau und Bezug des am 8. Mai 1954 eingeweihten Berufsbildungszentrums am Doventor und die dortige Zusammenfassung der Berufsschulen (mit Ausnahme der in Bremen-Nord) standen am Ende der Bestrebungen nach Vereinheitlichung im Berufsschulsektor. Bauliche und unterrichtliche Erweiterungen erfuhren auch die Musikschule Bremen, deren Abteilung Jugendmusikschule 1965 in Konservatorium umbenannt wurde, und die Fachschulen. Die Seefahrtschule, deren Leiter den eindrucksvollen Titel Oberseefahrtsschuldirektor trug, bezog nach jahrelangen Provisorien 1958 einen Neubau auf dem Stadtwerder, die Ingenieurschule erhielt 1965 einen Erweiterungsbau, die Kaufmännischen Bildungsanstalten 1960 einen Neubau an der Hauffstraße. 1960 wurde die bisherige Fachschule für Frauenberufe in Fachschule für Sozialberufe umbenannt und 1963 eine höhere Wirtschaftsfachschule neu eingerichtet. Die in der ansehnlichen Villa am Stern beheimatete Landwirtschaftsschule musste mangels Schülern 1967 schließen.

Auch die Privatschulen erfuhren mehr und mehr Zulauf. Wohl in Reaktion darauf wurde am 3. Juli 1956 ein Privatschulgesetz erlassen, das staatliche Aufsicht, Bezuschussung, aber auch Lernmittelfreiheit für die Schüler festlegte. Die Freie Waldorfschule durfte mit Genehmigung vom 2. Juli 1963 eine Abiturklasse einrichten, damit ihre Schüler nicht mehr kurz vor dem Abitur auf eine öffentliche Schule wechseln mussten. Die gut besuchte private Handelsschule Wernicke konnte 1954 ihr 50-jähriges Bestehen feiern; die von Karl Schweneke (der zuvor eine private Sprach- und Handelsschule geleitet hatte) 1956 mit Erlaubnis des Senats eingerichtete private Oberschule fing vor allem Schulkinder auf, die im öffentlichen System Probleme hatten. Die katholischen Konfessionsschulen, die nach ihrer Auflösung in der NS-Zeit im April 1950

in Schule für gehörgeschädigte Kinder) 1953 mit dem Bezug eines Domizils an der Marcus-Allee. Zunehmende Verhaltensauffälligkeiten der Schulkinder erforderten differenzierte Reaktionen, nach Möglichkeit mit Verbleiben im Klassenverband und Hilfestellung durch das seit 1911 bestehende Institut für Jugendkunde oder die Erziehungsberatungsstelle, deren Aufgaben stetig wuchsen (2000 Fälle zwischen 1950 und 1955). Sie war 1950 von den Senatoren für Bildungs-, Jugend- und Gesundheitswesen gegründet worden »zur Abwendung von Erziehungsnotständen, die sich aus psychologischen und soziologischen Zeiterscheinungen ergeben«, und in ihr arbeiteten entsprechend Psychologen, Fürsorgerinnen

erneut genehmigt worden waren, wurden zum Teil erweitert, wie St. Joseph in Oslebshausen 1961 und St. Johannis 1966, zum Teil erhielten sie einen Neubau, wie St. Marien in Findorff 1957, oder entstanden neu, wie St. Georg in Horn 1957 und St. Lukas in Grolland 1963.

Deutlich verbreitert wurde das Angebot von Lernorten außerhalb des öffentlichen Schulwesens. Die Volksbüchereien etwa wuchsen in zweierlei Hinsicht: Zum einen gegenständlich und konzeptionell, nicht zuletzt im Jugend- und Kinderbuchsektor, sowie durch Studienaufenthalte im Ausland, Reisen und Austausch mit anderen Instituten, die in den 1950er Jahren viele Anregungen brachten; zum andern räumlich durch Filialen in möglichst vielen Stadtteilen. Letzteres war allerdings eine Entwicklung, die ihr Leiter Werner Mevissen bereits 1969 kritisch beurteilte. Auch die Angliederung von Büchereien an Jugendheime war nach seiner Meinung nicht so sinnvoll und erfolgreich wie die an Schulen. Als Zentrum der Jugendbüchereien war die Bücherei der Jugend im Berufsbildungszentrum konzipiert. 1958 wurde am Schüsselkorb die Zentrale Bücherei eingerichtet, die trotz ihrer 1250 Quadratmeter Stellfläche zu diesem Zeitpunkt noch als »Zwischenlösung [...] im Hinblick auf die Entwicklung einer neuen Stadtbibliothek« angesehen wurde.

Im Rahmen der Erwachsenen(weiter)bildung – im § 35 der Landesverfassung verankert – verhalf die Abendoberschule, an der 1955 bereits 17 Lehrkräfte entsprechend dem Zweig D unter-

richteten, jährlich etwa 20 Personen zum Abitur. 1956 erfolgte eine Aufteilung in Abendgymnasium und Abendrealschule. Die Volkshochschule gehörte seit 1952 endgültig zum Bildungsressort, allerdings mit einem eigenen Referat, und sie bot (insbesondere unter der Ägide von Stefan Seifriz seit 1961) an mehreren Standorten ein weites Spektrum an beruflicher und allgemeiner Fortbildung; seit 1952 bestand zudem erneut eine eigene Jugendvolkshochschule für schulentlassene Jugendliche, die auf das Programm zurückgriff, das bereits 1946 die Gruppe um Hans Warninghoff erarbeitet hatte.

Wissenschaft, Forschung und Lehre

Von Januar 1950 an leitete Eberhard Lutze die Abteilung Kunst und Wissenschaft. Der wissenschaftliche Bereich blieb vorerst unverändert, neben den Forschungseinrichtungen Archiv, Bibliothek und Museen trugen weiterhin die wissenschaftlichen Vereine und Gesellschaften einzelne Forschungsvorhaben.

Das Staatsarchiv litt nach wie vor unter dem großen Verlust an älteren Beständen, von denen ein Teil des nach Bernburg ausgelagerten Archivguts 1952 aus Leningrad dem Zentralarchiv Potsdam überstellt wurde. Die in der Sowjetunion verbliebenen Teile gelangten 1958 ins Moskauer Zentralarchiv der alten Akten. Umso wichtiger zur Erforschung der

Bildung und Wissenschaft

jüngeren Bremer Geschichte wurden die jetzt hereingeholten modernen Behördenbestände und die neu angelegten zeitgenössischen Sammlungen (Bild-, Plakat-, Flugschriften- und Pressesammlung). Am 15. Oktober 1949 hatte Friedrich Prüser wieder die Leitung des Staatsarchivs übernommen, sein Nachfolger wurde 1957 Karl Heinz Schwebel. Bereits im Juli 1956 hatte Prüser in einer Pressekonferenz die völlig ungeeignete Unterbringung wertvollster Archivalien beklagt, doch das, wie Schwebel es später nannte, »zwanzigjährige Vegetieren« im Luftschutzbunker endete erst 1967, als der Neubau am Fedelhören bezugsfertig wurde. Der Komplex umfasst einen mit Travertin verkleideten Magazinturm mit Tiefkeller und einen Verwaltungtrakt mit Innenhof für Mitarbeiter und Benutzer. Fortan konnte das Staatsarchiv seine Aufgaben der Verwahrung archivwürdigen Schriftguts und dessen Bereitstellung für die informative oder wissenschaftliche Nutzung wieder voll erfüllen. Seit 1949 erschien auch wieder die wissenschaftliche Reihe der »Veröffentlichungen aus dem Staatsarchiv der freien Hansestadt Bremen« mit nahezu jährlichen Publikationen.

Die Staatsbibliothek leitete bis 1951 Hermann Entholt, Hans Wegener folgte ihm nach, und von 1965 bis 1977 war Rolf Kluth Direktor. Mithilfe der Deutschen Forschungsgemeinschaft war es noch während Entholts Zeit gelungen, die großen Verluste etwa der Standard- und Nachschlagewerke auszugleichen; nach Bernburg ausgelagerte Bibliotheksbestände, darunter Handschriften, wurden von der Sowjetregierung teilweise an Potsdam und Ostberlin zur dortigen Benutzung weitergegeben. Zunehmender Bestand und zunehmende Nutzung erforderten nicht nur die Wiederherstellung des teilzerstörten Gebäudes am Breitenweg, sondern dessen gründlichen Um- und Ausbau, der 1953 begann. Wichtig war die zweite Baustufe 1955/56, mit der das Dach erneuert wurde und ein zusätzliches Geschoss entstand. Parallel liefen die wichtigen Arbeiten der Katalogisierung, darunter vor allem seit 1952 die Schaffung eines Zentralkataloges für die Bremer und 14 angeschlossene wissenschaftliche Bibliotheken. 1965 wurde die Bibliothek mit der »Universitätsbibliothek im Aufbau« zusammengelegt.

Die Aktivität der Museen nahm deutlich zu. Das Focke-Museum konnte nach Umbauten in den Jahren 1951–53 das Haus Riensberg ganz der eigenen Nutzung zuführen, mit dessen Eröffnung am 27. Juni 1953 der Museumsdirektor Ernst Grohne seine Amtszeit beendete. Neuer Direktor wurde der Kunsthistoriker Werner Kloos. Schon zuvor war im Jahr 1951 Auslagerungsgut zurückgekommen, 1952 zeigte das Museum eine erste Ausstellung in der Unteren Rathaushalle, und im November 1955 konnte die beim Haus Riensberg gelegene Scheune wieder hergestellt werden. Bereits im Oktober 1954 war es gelungen, das nördlich von Park und Haus Riensberg gelegene Gelände, den Pferdekamp, zu erwerben, als Ersatz für das frühere Gelände bei St. Stephani, das städtebaulich verplant worden war. Das löste eine längere öffentlich geführte Standortdiskussion aus, die letztlich gegen eine Innenstadtlage (etwa an der Herrlichkeit zwischen den Weserbrücken) und für eine Rand- und Campuslage mit einem »Museum im Grünen« entschieden wurde. Zwischen 1959 und 1964 entstand der »Bartmannbau«, benannt nach dem Architekten Heinrich Bartmann, der den 1957 ausgeschriebenen Wettbewerb gewonnen hatte (s. S. 517). Am 14. Dezember 1962 war Richtfest für das Haus Mittelsbüren, ein Bauernhaus, das der Klöckner-Hütte hatte weichen müssen und nun auf das Museumsgelände umgesetzt wurde. Selbst ein Objekt der Abteilung Volkskunde, sollte es »bäuerliche Altertümer« in einer realen Situation präsentieren. Die Campussituation auf dem Gelände wurde durch die thematischen Trennungen Bürgerliche Wohnwelt im Haus Riensberg und Siedlungs-, Stadt- und Wirtschaftsgeschichte im neuen Haupthaus weiter betont. Der sensationelle Fund einer Hansekogge in der Weser im Oktober 1962 führte zu ersten Überlegungen, ein »Haus der Kogge« auf dem Museumsgelände zu errichten. Deutlich war

die Entwicklung von einem historischen zu einem Landesmuseum vollzogen.

In der Vorkriegszeit hatte Grohne für die Bremer Siedlungsgeschichte bedeutende Ausgrabungen in Mahndorf geleitet und die wissenschaftliche Qualität der Abteilung Vor- und Frühgeschichte begründet. Der Wiederaufbau Bremens führte zu archäologischen Entdeckungen und der Möglichkeit ihrer Ergrabung im inneren Stadtgebiet. So wurde im Dezember

Per Rückentrage werden bündelweise Amtsbücher aus dem Altbau des Staatsarchivs am Dobben abtransportiert. Foto September 1967

Der Neubau des Staatsarchivs am Präsident-Kennedy-Platz am 9. Mai 1968, dem Tag der Einweihung

Linke Seite: Freihandbereich und Außenansicht der Hauptstelle der Volksbücherei am Schüsselkorb, 1965

Die Staatsbibliothek am Breitenweg, Ecke Bürgermeister-Smidt-Straße mit stark vereinfacht wiederhergestelltem Dach, Anfang der 1950er Jahre

Die Vorgeschichtliche Abteilung des Focke-Museums im Neubau an der Riensberger Straße, 1965

Letzterer war seit April 1954 Leiter der Vorgeschichtsabteilung im Focke-Museum und leitete seitdem die bremischen Grabungen. 1960 wurden die »Bremer Archäologischen Blätter« begründet.

Am Übersee-Museum, das diesen Namen am 31. Oktober 1952 erhielt, entfalteten insbesondere die Geografen und Biologen ihre Tätigkeit auch in Kooperation mit den wissenschaftlichen Vereinen. Wichtige Meilensteine waren wieder eingerichtete Abteilungen des Museums und die erste Forschungsreise nach dem Krieg, die vom 5. Dezember 1951 bis zum 21. Dezember 1952 währte und nach Ostafrika führte. Im Bereich Naturwissenschaften entwickelte sich die Erforschung und »Kartierung« der Tier- und Pflanzenwelt des Bremer Umlandes besonders intensiv. Einziges eigenständiges Forschungsinstitut blieb das Institut für Meeresforschung in Bremerhaven.

Nach einer Planungsruhe seit 1951 begannen ab 1960 erneut direkte Vorbereitungen zur Gründung einer Universität. Man beauftragte Hans Werner Rothe, Verlagslektor aus Göttingen, unterstützt von einer Kommission, mit einer Begründung des Vorhabens und konzeptionellen Überlegungen, die im Januar 1961 in einer Denkschrift vorlagen. Rothe ging darin von einem Campustypus aus. Im November wurde ein Gründungsausschuss von 16 Wissenschaftlern berufen, während Rothe Referent für Universitätsfragen im Ressort blieb und 1965 Kurator der Universität wurde.

Unter den Vorsitzenden Otto Weber (Göttingen) und Wolfgang Bargmann (Kiel) erstellte der Ausschuss einen Struktur- und Arbeitsplan und traf Entscheidungen über das künftige Profil der »Reformuniversität«. Daneben liefen Finanzierungsverhandlungen mit dem Bund. Koordinationsstelle war die Abteilung Hochschulplanung beim Bildungssenator. Neben der Finanzproblematik, die in bremischer Tradition auch über eine Stiftung (Bremer Stiftung zur Förderung der Wissenschaften und der Universität von 1963) angegangen wurde, ging es vor allem um den Standort, den am 22. Januar 1963 ein Senatsbeschluss im Blockland festlegte.

1948 bei Ausschachtungsarbeiten das Flussbett der Balge freigelegt. Weitere Grabungen folgten, so 1952 am Fangturm, 1954 am Stavendamm, 1955 auf dem für Klöckner vorgesehenen Gelände und fortlaufend in Grambke. Im März 1956 fand in Bremen ein internationales Symposium zur Sachsenforschung statt. Entsprechend der zunehmenden Bedeutung des Fachgebietes für Bremen gründete sich 1955 die Bremer Gesellschaft für Vorgeschichte mit dem Pädagogen Friedrich Walburg als Vorsitzendem und dem Prähistoriker Karl Heinz Brandt zunächst als Stellvertreter, seit 1959 dann als Vorsitzendem.

Damit war die Entscheidung für den Campus-Typus gefallen. Im November 1966 wurde ein Ideenwettbewerb für den Bebauungsplan ausgeschrieben (s. S. 554). Ebenfalls im November 1966 war die kontrovers diskutierte erste Lesung des im August vom Senat beschlossenen Universitätsgesetzes, das Regelungen als Grundlage des Verhältnisses von Universität und Land Bremen konzipierte. Die Finanzierung klärte sich ungeachtet des Abkommens der Bundesländer über die Finanzierung neuer wissenschaftlicher Hochschulen von 1964 erst im Mai 1968, dann bat man die Universität Göttingen um Gründungshilfe, und im August des Jahres konnte ein neuer Ausschuss aus vier Ordinarien, zwei Dozenten, drei Assistenten und drei Studenten unter Vorsitz von Walter Killy berufen werden.

Im Gründungsausschuss traten schon bald die sich später verschärfenden Konflikte zutage: Während sich die Wissenschaftsbehörde in personalpolitischen Fragen entscheidenden Einfluss vorbehalten wollte, pochten insbesondere die Studierenden im Sinne ihrer »basisdemokratischen« Vorstellungen auf stärkere Beteiligung. Der Kompromiss hieß »Drittelparität«, bei der Professoren, Assistenten und Studenten mit je gleichem Gewicht in den wesentlichen Universitätsgremien mitbestimmten. In den einzelnen Studiengängen bekamen die Studierenden noch stärkere Beteiligung. Weit radikalere Positionen, die auch dem nicht wissenschaftlichen Personal der Hochschulen wesentlichen Einfluss sichern wollten, ließen sich nicht durchsetzen. Unterdessen begannen am 15. Juli 1969 im Blockland die Erdarbeiten.

Parallel zur letzten Gründungsphase der Universität verlief eine Aufwertung der höheren Fachschulen, die 1970 mit dem Fachhochschulstatus endete. Vorstufe war ihre Umbenennung: am 14. Mai 1968 die Ingenieurschule (bis 1963 Bau- und Ingenieurschule) in Ingenieurakademie, die Seefahrtschule in Seefahrt-Akademie, die Höhere Wirtschaftsfachschule in Wirtschaftsakademie und die Fachschule für Sozialberufe in Sozialakademie; am 1. November 1969 die Staatliche Kunstschule in Akademie für Gestaltung.

Jugendpolitik und Jugendkultur

Staatliche Jugendpolitik in den 1950er Jahren

Als »Ergebnis und Wirkung der Besatzungsherrschaft« in jugendpolitischer Hinsicht stellte der Berliner Historiker Wolfgang Benz fest: »In ihrer Wirkung nicht zu ermessen, ohne Zweifel aber von Bedeutung für die politische Kultur der Bundesrepublik und dafür, daß demokratisches Verhalten der Nachkriegsgeneration selbstverständlich wurde, ist die Mühe, die Amerikaner bei der politischen Erziehung der Jugend aufwendeten. Stichworte sind: Schülerzeitungen, Schülermitverwaltung,

Feierliche Übergabe des Gründungsrektorats von Otto Weber an Wolfgang Bargmann in der Oberen Rathaushalle, 1966

Unten: Der Gründungssenat der Universität stimmt den Senatsplänen für die erste Baustufe zu. Sitzung im Rathaus am 19. Februar 1969

Jugendpolitik und Jugendkultur

Die »Seven Seas« in Bremerhaven. Auf der Columbuskaje stehen Teilnehmer des Schüleraustauschprogramms AFS. Foto Mitte der 1950er Jahre

Das 1955 eingeweihte Haus der Jugend mit der Jugendherberge an der Schlachte

gendtag«, später »Landesjugendring«, wurde dabei zum wichtigen Partner der auf diesem Gebiet tätigen Behörden und Organisationen.

Ein »Jugendamt« gab es in Bremen als Abteilung des 1942 neu geschaffenen »Sozialamtes«. Letzteres war ab 1945 mit dem Namen »Wohlfahrtsamt« dem Senator für Arbeit und Wohlfahrt unterstellt. Beim Senator für Schulen und Erziehung entstand 1946 das »Amt für Leibesübung und Jugendpflege«. Durch dessen Teilung ein Jahr später bekam die »Jugendpflege« einen eigenen Haushalt und eine Geschäftsstelle, ab 1949 eine eigene Amtsleitung und den neuen Namen »Amt für Jugendförderung«, auch um damit deutlich zu machen, dass staatliche Jugendarbeit mehr und anderes sein sollte als »Wohlfahrt« oder Sozialfürsorge. Erst nach wiederholten Forderungen der im Landesjugendring organisierten Jugendverbände nach einer zentralen Jugendbehörde entstand im Februar 1952 ein spezielles Senatsressort »für das Jugendwesen« unter Annemarie Mevissen, die bis 1975 dafür verantwortlich blieb.

Bis 1950 hatte sich eine breite Palette von Jugendverbänden herausgebildet – ca. 100 waren es, darunter mehrheitlich die Jugendabteilungen der Sportvereine. In ihnen waren gut 30 Prozent der Zehn- bis 25-Jährigen organisiert und nahmen mehr oder weniger regelmäßig an Gruppenveranstaltungen teil, sei es in Vereins- und Verbandsheimen, sei es in städtischen Jugendheimen. Der nichtorganisierten Mehrheit der Bremer Jugendlichen aber galt das besondere Augenmerk staatlicher Jugendarbeit, die nach dem Prinzip der Subsidiarität eine enge Zusammenarbeit mit privaten (kirchlichen und anderen) Trägern anstrebte. Angesichts der noch lange anhaltenden Wohnungsnot und der hohen Jugendarbeitslosigkeit (im Oktober 1953 waren 18,6 Prozent der unter 25-Jährigen arbeitslos, darunter überdurchschnittlich viele junge Frauen) einschließlich Lehrstellenmangel galt es vor allem, die Jugendlichen »von der Straße« zu holen und ihnen im Sinne einer »Integration durch Arbeit« zumindest übergangsweise Beschäftigungsmöglichkeiten

Bürgerforen, Amerikahäuser, Schüler- und Studentenaustausch und andere Hilfestellungen, die gegeben wurden, um das Prinzip der parlamentarischen Demokratie einzuüben und zu festigen.« In diesen Zusammenhang gehört auch das »German Youth Activity«-Programm (GYA) der US-Armee. Die Entstehung der Bundesrepublik 1949 und die schrittweise Einschränkung des GYA-Programms bis zu dessen Auslaufen 1955 bedeutete auch für das Bundesland Bremen die volle Übernahme der jugendpolitischen Verantwortung durch den Senat. Das ebenfalls auf amerikanische Initiative hin gebildete Bremer Jugendparlament, der »Juzu eröffnen. Das Problem wurde als so ernst angesehen, dass der »Weser-Kurier« im Februar 1950 vor der Gefahr einer »Radikalisierung der Jugend« warnte, wobei vermutlich an eine Instrumentalisierung der »Berufsnot« durch die Kommunisten gedacht war. Gegeninstrumente waren unter anderem die Möglichkeit zum längeren Schulbesuch (freiwilliges 9. Schuljahr), ein hauswirtschaftliches »Pflichtjahr« für Mädchen, vom Evangelischen Frauenbund eingerichtete »Mädchenkreise« (mit Nähen, Singen, Gesprächen, Spiel und Sport), die Errichtung von Lehrwerkstätten sowie von Lehrlings-, Ledigen- und Jugendwohnheimen. Das Baracken-»Auffanglager« am Halmerweg in Gröpelingen, in dem »wandernde« Jugendliche an Ordnung, Sauberkeit, Pünktlichkeit und »ordentliches Betragen« gewöhnt werden sollten, hatte arbeitstherapeutischen Charakter. Viele dieser Maßnahmen konnten ab 1951 durch Mittel aus den Bundesjugendplänen gefördert werden, deren Gelder in Bremen durch ein eigenes »Landesjugendkuratorium« (mit staatlicher Mehrheit) verteilt wurden.

Als flankierende Maßnahme im Sinne einer »vorbeugenden Fürsorge« führte das Amt für Jugendförderung ab September 1950 ein Freizeitprogramm in den städtischen Jugendheimen »Wehrschloß« (Hastedt), Geschworenenweg (Neustadt) und Grasberger Straße (Walle) sowie in verschiedenen Schulen durch, zunächst noch weitgehend aus amerikanischen Mitteln finanziert. Wegen des großen Andrangs von Jugendlichen und wegen der schrittweisen Schließung der GYA-Heime (s. S. 141) war die Errichtung weiterer Häuser unumgänglich. Mitte der 1960er Jahre besaß Bremen 16 städtische Jugendheime: Wehrschloß, Vahr, Walle, Geschworenenweg, Thedinghauser Straße, Hemelingen, Haferkamp, Magdeburger Straße, Bromberger Straße, Rablinghausen, Lüssum, Blumenthal, Farge, St. Magnus, Aumund sowie in der Innenstadt das »Haus der Jugend« (vorwiegend als Jugendherberge genutzt). Im Gegensatz zu der Arbeit der GYA-Heime spielte »Sport« (außer Tischtennis) in ihnen keine Rolle mehr. Wie jene hatten sie für ihre

Annemarie Mevissen
* 24.10.1914, Bremen
† 3.7.2006, Bremen

Mevissens Vater, der Fürsorger Wilhelm Schmidt aus Mecklenburg, spielte als Kommunalpolitiker der SPD bis 1933 eine wichtige Rolle in Bremen. Sie selbst engagierte sich bereits im Alter von 14 Jahren in der Sozialistischen Arbeiterjugend und beteiligte sich 1933 aktiv am Wahlkampf gegen die NSDAP. Nach einer Lehre bei der Buchhandlung Storm arbeitete sie mehrere Jahre als Buchhändlerin in verschiedenen Städten. 1943 heiratete sie Werner Mevissen, der später Direktor der Bremer Stadtbibliothek wurde. Aus der Ehe gingen zwei Kinder hervor. Nach 1945 half sie in Bremen mit, die sozialdemokratische Organisation der »Kinderfreunde« wieder aufzubauen, arbeitete am SPD-Entwurf der Bremer Landesverfassung mit und wurde 1947 in die Bürgerschaft gewählt, wo sie sich vor allem für eine Reform der Schulpolitik einsetzte. Nur vier Jahre später wurde sie Senatorin für Jugendangelegenheiten, erhielt aber nur ein Miniressort ohne behördlichen Unterbau. Gegen Wilhelm Kaisen, der der jungen Frau zunächst nicht viel zutraute, erkämpfte sie sich im Laufe der Zeit ein vollgültiges Ressort, zu dem 1959 der Bereich Soziales hinzukam, nachdem sie ein Jahr zuvor bereits den Sport übernommen hatte. 1967 wurde sie als Bürgermeisterin zur Stellvertreterin des Präsidenten des Senats Koschnick gewählt – als erste Frau der Bundesrepublik in einer solchen Position. In der Jugend- und Sozialpolitik lehnte sie insbesondere einen konfessionellen Einfluss auf Kindergärten oder Altenheime ab. 1975 trat sie nach 28-jähriger ununterbrochener politischer Tätigkeit zurück.

Jugendpolitik und Jugendkultur

»Kursus für Kosmetik« im Jugendheim in der Gartenstadt, Oktober 1962

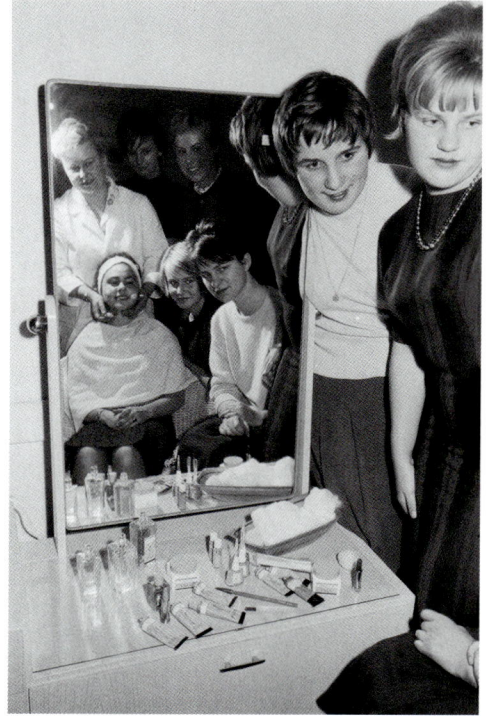

Programme der »Offenen Tür« auch Räume für Interessengruppen wie Fotolabor, Holzwerkstatt, Küche und Handarbeitsraum, darüber hinaus Gruppenräume für die Jugendverbände und teilweise auch größere Räume für Tanz-, Film- oder Theaterveranstaltungen. Die Heime unterstanden staatlicher Aufsicht in Gestalt des Heimleiters, der für die Raumverteilung, die allgemeine Ordnung und anfangs auch die Programmgestaltung verantwortlich war und oft genug Hausmeisterdienste zu versehen hatte. Die Freizeitprogramme der »Offenen Tür«, wobei jedes Heim seinen eigenen »Stil« entwickelte, sollten Kinder und Jugendliche ansprechen – nachmittags die Acht- bis 14-Jährigen, abends die 15- bis 21-Jährigen; eine spezielle »Mädchenarbeit« gab es praktisch nicht. Jeder, der mitmachen wollte, musste sich beim Heimleiter vorstellen, der ihn je nach Interesse an bestimmte Aktivitäten verwies, darunter Volkstanz, Basteln, Singen, Laienspiel, Vorträge, Foto- und Radioarbeiten oder Unterricht in Stenografie und Fremdsprachen; ein kleiner monatlicher Beitrag sollte die »Bindung« an das Haus verstärken. Täglich gab es 100 bis 150 Besucher pro Heim.

Schon ab 1951 wurden die Freizeitangebote in den Jugendheimen von einem Verein »Jugendfreizeit e.V.« (ab 1953: »Bremer Jugendfreizeit, Heime der offenen Tür e.V.«) organisiert, in dem Behörden, Lehrerverbände, Landesjugendring, kulturelle Verbände, Kirchen und Elterngruppen zusammenwirkten; Vorsitzender war bis zu dessen Auflösung 1959 der Landesjugendpfarrer Werner Brölsch, erster Geschäftsführer Arno Kosmale. Der Verein verwaltete die – überwiegend staatlichen – Geldmittel, stellte die Honorarkräfte (Kursleiter) ein und wies sie den einzelnen Heimen zu. Dort tauchten ab Mitte der 1950er Jahre die ersten Probleme mit »schwirigen und wenig gemeinschaftsfähigen« Jugendlichen auf; ein weiteres Konfliktfeld ergab sich aus der Frage, ob die »Offene Tür« Konkurrenz oder »Vorhof« zur »eigentlichen« Jugendarbeit der Verbände sein wollte. An das stark kritisierte, durch das Auftreten »wilder Cliquen« erzwungene Ende der »offenen Tanzabende« knüpfte sich schließlich die Frage nach dem Erfolg der Freizeitprogramme überhaupt. Noch für 1957 wurden die Mittel für die Heime erhöht mit der Maßgabe, dass die Arbeit in festen

Die Töpferklasse eines Bremer Jugendheims bei der Arbeit, Oktober 1962

Rock 'n' Roll und »Halbstarke«

Gruppen Vorrang haben solle. Doch im Dezember des Jahres beschloss die Deputation für Jugendwohlfahrt unter Vorsitz der Senatorin mit den Stimmen der SPD gegen die geschlossene Front von CDU, DP und FDP das Ende der staatlichen Zuwendungen an den Verein zum 1. April 1958. Damit war das Ende der konfliktträchtigen »Zweigleisigkeit« von Heimleitung und Freizeitverein durch die »Verstaatlichung« der Freizeitprogramme besiegelt; Protest kam von den kirchlichen Jugendorganisationen und dem Ring der Pfadfinderbünde. Die freien Mitarbeiter wurden in den Öffentlichen Dienst übernommen, ihre Arbeit führten sie unter Mitwirkung des Stadtjugendringes und seiner Verbände in bisheriger Form weiter.

Rock 'n' Roll und »Halbstarke«

Offenbar weitgehend unbemerkt und unbeachtet von der Aufmerksamkeit professioneller Jugendarbeit entstand um die Mitte der 1950er Jahre in der Altersgruppe der (männlichen) Jugend zwischen 14 und 20 Jahren, vor allem bei Lehrlingen und jungen Arbeitern, ein demonstrativ vorgezeigtes Imponier- und Radaupotenzial, das in lockeren Gruppen und »Cliquen« ausgelebt wurde. Die jungen Männer knatterten in Pulks mit ihren vielfach zu mehr Lärm und Leistung »frisierten« Mopeds durch die Stadtviertel, versammelten sich vor den Heimen, führten sich bei öffentlichen Tanzveranstaltungen »ungebührlich« auf oder »lungerten« in Gruppen an bestimmten Straßenecken und Kinoeingängen herum, so am Bahnhofskino »Aki« (= Aktualitätenkino), von der Polizei als eine »Stätte der Jugendgefährdung« bezeichnet. Ihr Äußeres, Frisur und Kleidung, unterschied sich zum Teil erheblich von dem, was die Erwachsenen bisher gewohnt waren. Denen erschien diese neue Entwicklung bald befremdlich, wenn nicht bedrohlich. Für diese Jugendlichen bürgerte sich schnell der Begriff »Halbstarke« ein. »Nietenhosen« und »Bürstenfrisur« waren von der Polizei festgestellte Merkmale von »fünf jungen Burschen«, »typische Halbstarke«, die verdächtigt wurden, am 1. Mai 1956 eine 18-Jährige in den Wallanlagen vergewaltigt zu haben. »Dieses Verbrechen ist das Schamloseste, was die Diktatur der Halbstarken in letzter Zeit hervorgebracht hat«, schrieben die »Bremer Nachrichten«, womit sie eine große Gruppe Jugendlicher pauschal in die Nähe von Kriminellen rückten. Der Bremer CDU-Bundestagsabgeordnete Karl Krammig gab bekannt, er wolle in einer Großen Anfrage an die Bundesregierung das »Problem der Halbstarken vor dem Bundestag aufrollen«.

Das provozierende Verhalten der »Halbstarken« musste allemal befremdlich und erklärungsbedürftig erscheinen, besonders auch deshalb, weil bereits weitgehend verwirklicht war, was Bausenator Emil Theil 1950 anlässlich der Einweihung des neuen Jugendheimes Geschworenenweg gesagt hatte, dass nämlich nichts so wichtig sei, wie der Jugend »eine Umwelt ohne Trümmer und Elend« zu schaffen. Zwar gab es noch Wohnungsnot, aber das Nachkriegselend war vorbei, die Trümmerwüste abgeräumt und der Neubau großer Wohnsiedlungen »auf grüner Wiese« in vollem Gange. Von 1954 bis 1955 halbierte sich die Zahl der Arbeitslosen unter 25 Jahren, bei den Männern deutlich früher und stärker

Bremer »Halbstarke« posieren gemeinsam mit ihren Kreidler-Mopeds und anderen »Böcken«. Foto Anfang 1950er Jahre

Jugendpolitik und Jugendkultur

»Als Elvis Presley im Herbst 1958 nach Bremerhaven kam, um in Deutschland als GI zu dienen, war es um meine Untersekunda geschehen. Fast alle schwänzten die Schule, um ihr Idol zu sehen. Da war mir mit einem Male klar: Die Götter dieser jungen Männer und Frauen waren tatsächlich Elvis Presley, James Dean und Marylin Monroe.« Zitat eines zeitgenössischen Bremer Lehrers und Foto von Johannes Fleck, 1. Oktober 1958

als bei den Frauen; bereits 1957 überstieg die Lehrlingsnachfrage das Angebot. Die Löhne stiegen, ebenfalls die Lehrlingsvergütung, und um das Jahr 1960 verfügten Jugendliche ab 16, gemessen am Durchschnittsverdienst eines Industriearbeiters, über relativ viel Geld. Was also wollten die »Halbstarken«? Eine Antwort könnte lauten: Sie wollten sich selbst zum Ausdruck bringen, ihre Jugendlichkeit und Vitalität zeigen – ohne jegliche Reflexion und programmatische Vorstellungen. Noch waren ja überall die überkommenen autoritären, patriarchalischen Strukturen übermächtig: im Elternhaus, in Schule und Berufsschule, in der Lehre und am Arbeitsplatz – sich gegen diese festen Regeln der Erwachsenenwelt zu verhalten, das erlebten sie als eine Art der Befreiung.

Was sich – noch mit vagen Konturen – in den 1950er Jahren auch in Bremen bemerkbar machte, war nichts anderes als die Herausbildung einer eigenständigen neuen Jugendkultur, die weder mit der traditionellen bürgerlichen noch der proletarischen Jugendbewegung etwas zu tun hatte. Sie orientierte sich vielmehr an Amerika und wurde dabei von einer auf die Zielgruppe »Jugend« eingestellten Freizeit- und Unterhaltungsindustrie bedient. Ein grundlegendes Element dieser neuen Jugendkultur war die Musik, und zwar zunächst der amerikanische Jazz und dann der Rock

'n' Roll. Ersterer war zwar zu der Zeit bereits nicht mehr neu, aber nach 1945 und bis in die späten 1950er Jahre nur von Radio Luxemburg und den Soldatensendern AFN und BFN zu hören. Neben der »Negermusik« des Jazz spielte ab etwa 1954 der »weiße« Rock 'n' Roll eines Bill Haley und Elvis Presley eine entscheidende Rolle und gehörte, als Schallplatte, Plattenspieler und Kofferradio ihren Siegeszug antraten, zum Gruppenstil der »Halbstarken«. Zu hören war er in der Öffentlichkeit auf dem Freimarkt und der Osterwiese, speziell bei den Auto-Scootern, und aus den Musikboxen diverser Bars und (Tanz-)Lokale. Das »Gehopse« nach dieser Musik war auch der Bremer Erwachsenenwelt ein Gräuel, vor allem weil das traditionelle Rollenbild zwischen Mann und Frau gefährdet schien.

Noch 1956 schrieb Hans Kähler, Leiter des Amtes für Jugendpflege, in einer Veröffentlichung über »Erziehungs- und Kulturarbeit in Bremen« in völliger Verkennung der Realität, die Jugendheime seien »bewußt dazu übergegangen, die jugendliche Freude am Rhythmus und an der tänzerischen Bewegung durch Tanzkurse und Wettbewerbe anzuspornen, um die rauschhaften Elemente des modernen Massentanzes durch den Wetteifer um die formale Anmut zu überwinden«. Mit Gesellschafts- oder Volkstanz, mit ihrem Angebot an »guter« Musik, »guter« Literatur und »guten« Filmen konnten die Jugendheime die Gruppe der »Halbstarken« längst nicht mehr erreichen. Für sie lieferten eine Reihe amerikanischer Filme wirkungsmächtige Leitbilder, in denen der jugendliche, rebellierende Außenseiter im Mittelpunkt stand, wie James Dean in »Rebel without a cause« (»Denn sie wissen nicht, was sie tun«) von 1954, der in Kleidung und Körpersprache eine »Lässigkeit« vorzeigte, die einem »zivilen« und »modernen« Männer-Typ zugehörte, in dem die Jugendlichen die amerikanische Lebensart verkörpert sahen und den viele nachzuahmen suchten.

Erst in den 1960er Jahren konnte die betroffene 1940er-Generation den Begriff »Halbstark« positiv umdeuten. Die Bremer Rock-

und Beat-Band »The Yankees«, gegründet 1961 im Jugendheim Walle, machte zum Beispiel mit ihrem Titel »Halbstark« Furore, der am 25. September 1965 den ersten deutschen Fernseh-»Beat-Club« von Radio Bremen eröffnete.

Etwas anders verlief der Umgang mit der amerikanischen Musik in den Kreisen der aus dem Milieu der Beamten, Angestellten oder Selbstständigen kommenden Oberschüler und Studenten. Zwar tanzten sie auf ihren Partys auch nach Rockmusik, beschäftigten sich aber primär mit Jazz, wozu auch das Heraustüfteln der englischen Songtexte beim Schallplatten-hören gehörte oder der Versuch, eine eigene Jazzband zu gründen und vielleicht in der Kneipe »Bullenkamp« im Buntentorsteinweg aufzutreten; sie gehörten zu dem Hauptkon-tingent der Besucher von Jazzkonzerten in der »Glocke«, wo amerikanische Musikergrößen wie Benny Goodman und Louis Armstrong oder europäische Gruppen wie »Mr. Acker-bilk« oder die »Dutch Swing College Band« zu hören waren.

Noch gab es in Bremen keinen eigenen Jazzkeller wie zum Beispiel in Heidelberg oder in Berlin, also keinen Ort, wo man etwa eige-ne Musik spielen oder wohin man auswärtige Bands einladen konnte. Es waren zwei Bremer Architekturstudenten, Jo Meyer und Olaf Dinné, Klassenkameraden vom Abiturjahrgang 1956 am Barkhof, die entsprechende Pläne verwirklichten. Während seines Praktikums auf einer Baustelle an der Schlachte entdeckte Meyer unter der Trümmerschicht eines abge-räumten Nachbargrundstücks einen großen Gewölbekeller, bestens geeignet für einen Jazz-keller. Der Grundstückseigentümer, der Bremer Kaufmann Carl H. Grothe, begeistert von der Initiative der jungen Leute, stellte es den beiden bis zur weiteren Verwendung des Grundstücks unentgeltlich zur Verfügung. Diese gingen unverzüglich daran, mithilfe von Freundinnen und Freunden und mit Eigenmitteln einen etwa 200 Quadratmeter großen Raum mit Zugang über eine neu geschaffene Eingangstreppe von der Langenstraße her als Gaststätte mit Musik-podium und Theke herzurichten, unbürokra-

tisch begleitet durch die zuständigen Ämter und gefördert von der Haake-Beck-Brauerei. Die »Lila Eule« wurde im Winter 1957/58 er-öffnet, musste aber trotz ihres Erfolges schon Anfang des Jahres 1961 wieder schließen. Eine neue »Lila Eule« in der Bernhardstraße machte Jahre später in anderen als musikalischen Zu-sammenhängen noch von sich reden.

Die Anfänge einer Bremer Legende. Das erste Lokal der »Lila Eule« auf einem Trümmergrundstück an der Langenstraße, Foto um 1960

»Johlen« und »Gegröle«

Eine besondere Brisanz ergab sich im Spät-herbst 1956 durch die Kombination von Film und Rockmusik, was auch in Bremen zu den berühmt-berüchtigten »Halbstarkenkrawallen« führen sollte. Schon vorher waren in verschie-denen deutschen Städten »Horden« von Ju-gendlichen unangenehm durch ihr »randalie-rendes« Verhalten, ihr »Johlen« und »Gegröle«, durch Belästigung von Fußgängern oder durch massive Behinderung des Autoverkehrs so stö-rend aufgefallen, dass die Polizei – teilweise mit Gewalt – eingeschritten war. Nach Vorführung

»Rock around the clock« – nicht nur im Kinosaal. In unverkennbarer Hochstimmung ziehen Bremer »Halbstarke« nach Ende der Abendvorstellung des Rock-'n'-Roll-Kinofilms »Außer Rand und Band« johlend über den Ostertorsteinweg in Richtung Marktplatz. Ihr späteres Zusammentreffen mit den Besuchern des Theaters am Goetheplatz endet mit einem Wasserwerfereinsatz der Polizei und 28 Festnahmen. Foto vom 4. November 1956

des Musik-Films »Außer Rand und Band« (»Rock around the Clock«), in dem die Band »Bill Haley and his comets« im Mittelpunkt steht, war es zu Tumulten gekommen, bei denen das Gestühl zu Bruch ging. Alarmiert davon, lud die Jugendbehörde drei Wochen vor dem Filmstart in Bremen zu einem Tanzabend in das Berufsbildungszentrum in der Hoffnung, die Rock 'n' Roll-Begeisterung der Jugend kanalisieren zu können; 500 wurden eingelassen, Hunderte standen vor der Tür. Am Freitag, dem 2. November 1956, lief schließlich der Film in den Kinos »Palast« im Ostertorsteinweg und »Apollo« an der Osterstraße an.

Freitag: Vor dem »Palast«-Kino stehen Massen, die keinen Platz mehr bekommen haben. Während des Films wird im Saal wild getanzt. Nach dem Kino kommt es zu Prügeleien zwischen Delmenhorster und Bremer Gruppen, Straßenbahnen und Autos werden am Weiterfahren gehindert.

Sonnabend: Aufgekratzte Jugendliche ziehen nach der Nachmittagsvorstellung in Scharen singend und lärmend durch die Innenstadt. Mit Schirmen und Stöcken schlagen sie auf die Autodächer. An Straßenbahnwagen und am

»Haus des Reichs« gehen Scheiben zu Bruch. Der Polizei gelingt es nicht, die Jugendlichen vom Betreten des Marktplatzes abzuhalten, Hunderte von ihnen stehen »johlend« in der »guten Stube« Bremens.

Sonntag: Sensationslüsterne Menschenmengen haben sich eingestellt, Autos werden quer auf die Straßenbahnschienen gestellt. Die Polizei riegelt in Höhe Goethetheater den Weg zum Marktplatz mit Wasserwerfern ab. Die aus dem Theater strömenden Zuschauer geraten mitten in den Tumult und kommen in Berührung mit Wasserstrahl und Gummiknüppel. 28 »Rädelsführer« werden festgenommen, keiner älter als 16 Jahre.

Der »Weser-Kurier« schrieb am Montag, dem 5. November 1956, aus Dummheit, »Übermut und erschütternder Gedankenlosigkeit« hätten sich Hunderte von Jugendlichen durch »einige wenige Rabauken« mitziehen lassen. Verglichen mit Pressestimmen nach ähnlichen Ereignissen andernorts, war diese Reaktion von Besonnenheit und der Absicht geprägt, die Angelegenheit nicht zu hoch zu bewerten. Alle Festgenommenen wurden noch in der Nacht entlassen; der Polizeipräsident von Bock und

Polach teilte mit, es seien »Tränen geflossen«, und empfahl den Verzicht auf die Einleitung von Strafverfahren. Die Bremer Tagespresse und eine Senatserklärung verwiesen darauf, es sei angesichts der politischen Lage in Ungarn und im Nahen Osten »unwürdig«, sich an solchen »Krawallen« zu beteiligen.

Auch die Jugendsenatorin reagierte schnell und lud für Montagabend zu einer öffentlichen Diskussion auf dem Marktplatz, in deren Verlauf sie den Jugendlichen für jeden Sonnabend Rockmusik und Tanz im Berufsbildungszentrum versprach. Damit war der Rock 'n' Roll in Bremen gleichsam staatlich anerkannt. Polizei und Kirche schlossen sich mit ähnlichen Veranstaltungen an. Aber noch Tage später ereiferte sich das SPD-Parteiblatt »Bremer Bürgerzeitung« vor dem Hintergrund des zeitgleichen Ungarn-Aufstands: »Selten haben die Übergriffe von Halbwüchsigen eine so allgemeine, tiefe Verachtung ausgelöst, wie die Bremer, weil sie sich zu einem Zeitpunkt ereigneten, als anderswo die Jugend auf den Barrikaden für die Freiheit kämpfte, blutete und starb.«

1968: Schülerbewegung und Straßenbahnunruhen

Das Jahr 1968 wurde äußerst ereignisreich, denn die bundesweite, ja, internationale Protestwelle erreichte auch Bremen. Am Montag, dem 15. Januar 1968, um kurz nach 17 Uhr passierte etwas noch nie Dagewesenes: Eine Gruppe Jugendlicher setzte sich am Straßenbahnknotenpunkt Domsheide auf die Schienen und blockierte so den Feierabendverkehr. Es waren etwa fünfzig zwölf- bis 18-jährige Schüler und Lehrlinge, die mit diesem »Sit-in« – davon hatte man aus Berlin und Frankfurt gehört – ihrem Protest gegen eine geplante Erhöhung der Straßenbahntarife Ausdruck geben wollten. Schon vor der Jahreswende hatten Schülervertreter und Studentenbund, in dem Studierende der Pädagogischen Hochschule, der Kunstschule und der Ingenieurschule organisiert waren, öffentliche Proteste nach Kölner Vorbild für den Fall angedroht, dass es tatsächlich zu den geplanten Fahrpreiserhöhungen um 15 Prozent kommen sollte. Zwar hatte die genehmigende Behörde noch eine Abordnung des ABS (Arbeitskreis Bremer Schülerringe) empfangen, aber die Entscheidung war längst gefallen. Am 6. Januar wurden die Tariferhöhungen in der Bremer Presse veröffentlicht.

Ursprünglich, so erinnern sich heute einige der damaligen Aktivisten, sei eine Straßenbahnblockade gar nicht geplant gewesen, es sollte lediglich ein Flugblatt verteilt werden, in dem »Rentner, Schüler, Lehrlinge, Hausfrauen und Arbeiter« über die Fahrpreiserhöhung informiert und zum Protest dagegen aufgerufen werden sollten. Aber, so der Zeitzeuge Detlef Michelers, »es war der Mut, die anarchistische Lust und die Frechheit eines Einzelnen, die die anderen folgen ließen«. Anders als von den jungen Leuten erwartet, reagierte das Publikum nicht ausschließlich verärgert, sondern mitunter auch verständnisvoll, manch unfreiwillig aufgehaltener Fahrgast beteiligte sich sogar an der Sitzblockade. Auch die Polizei reagierte moderat und drängte die Jugendlichen erst nach einer Phase des Abwartens mit sanfter Gewalt zur Seite und trug einzelne Besetzer von den Schienen. Diese reagierten mit lauten Rufen »Notstandsübung« und »Kurras her« und bezogen sich damit auf die übergeordnete innenpolitische Diskussion über die geplante Einführung der Notstandsgesetze und den Protest gegen das Vorgehen der Westberliner Polizei am 2. Juni 1967, bei dem der Student Benno Ohnesorg durch den Polizisten Karl-Heinz Kurras erschossen worden war. Durch das Zusammenströmen einer großen Menschenmenge und den schnellen Standortwechsel der Schienenbesetzer wurde der gesamte Straßenbahnfahrplan für etwa drei Stunden durcheinandergebracht. Der geringe Widerstand gegen ihre Aktion und die im Ganzen eher positive Stimmung der umstehenden und herbeiströmenden Menschen mochte

1968: Schülerbewegung

Der vierte Tag der Straßenbahnunruhen. Angehörige
der Bereitschaftspolizei
drängen die Demonstranten
zurück. Kurz darauf rücken
Wasserwerfer an. Foto vom
18. Januar 1968

die jugendlichen Protestierer bewogen haben, am nächsten Tag wiederzukommen. An diesem zweiten Protesttag reagierte die Polizei schon etwas massiver und setzte Wasserwerfer ein. Der Kommentator des »Weser-Kurier« mahnte: »Brutale Gewalt wäre das ungeeignetste Mittel, mit dem Phänomen des Widerspruchs fertig zu werden, das sich allenthalben zeigt.« Die junge Generation sei nicht mehr bereit, alles hinzunehmen, was ihr vorgesetzt werde, fügt er verständnisvoll hinzu. Diese Haltung der Toleranz gegenüber der protestierenden Jugend und die Sachlichkeit in der ausführlichen täglichen Berichterstattung waren typisch für die Bremer Presse während der gesamten Straßenbahnunruhen. Dadurch unterschied sie sich deutlich von den drastischen Formulierungen der »Bild-Zeitung« auf die Studentenproteste in Berlin. In der Tat ging es wohl um mehr bei diesem Protest als um eine Erhöhung von 60 auf 70 Pfennig für den Einzelfahrschein. Viet-

namkrieg, Große Koalition in Bonn, drohende Einschränkung der Grundrechte durch eine Notstandsverfassung, Rechtsextremismus, autoritäre Strukturen in Hochschule, Schule und Betrieb, mangelndes Verständnis vieler Erwachsener – das alles waren Themen, die wie im übrigen Bundesgebiet auch bei aufgeweckten Bremer Jugendlichen Widerspruch auslösten.

Es ging weiter: mehr Demonstranten am dritten Tag, auch mehr »auf Krawall gebürstete«, und mehr Einsatz der Polizei. Zum ersten Mal kamen neben Wasserwerfern auch Gummiknüppel zum Einsatz. Der Arbeitskreis Bremer Schülerringe distanzierte sich von »Krawallmachern«, sie schadeten nur dem Demonstrationsziel einer Rücknahme der Tariferhöhungen. Am vierten Tag, Donnerstag, dem 18. Januar, kam es dann unter den berühmtberüchtigten Anfeuerungsrufen des Polizeipräsidenten von Bock und Polach »Draufhauen, draufhauen, nachsetzen!« zu Prügelszenen, bei denen Polizisten auf unter 14-jährige, bereits am Boden liegende Jugendliche einschlugen. Es hagelte öffentliche Kritik am Vorgehen der Polizei und der offensichtlichen Unsicherheit der Einsatzleitung; auch die Bürgerschaft verurteilte sowohl die Ausschreitungen der Demonstranten als auch diejenigen auf Polizeiseite. Zwischen Polizeiführung und Beamten an der Basis kam es zu einer Vertrauenskrise. Die Gewerkschaft der Polizei befürchtete, dass das nach dem Krieg mühsam wiederhergestellte gute Verhältnis zwischen Bevölkerung und Polizei einen schweren Rückschlag erlitten hätte. Rufe nach Absetzung des Polizeipräsidenten wurden von verschiedenen Seiten, nicht nur vom Unabhängigen Schülerbund, erhoben. Trotz Kritik auch von »offizieller« Seite wurde von Bock und Polach, SPD-Mitglied, erst 1975 in anderem Zusammenhang vom Dienst suspendiert.

Demonstrationen gab es auch am fünften Tag. Der Straßenbahnverkehr in der Innenstadt wurde vorsorglich eingestellt, die Polizei blieb im Hintergrund. Bürgermeisterin Mevissen hielt auf Bitten der Schülervertreter auf dem Domshof vor Tausenden von Teilnehmern eine kurze Rede, die ihr den Respekt der Jugendlichen einbrachte. Sie stand dabei auf einer Streusandkiste und sprach durch ein Megafon. Unter den übrigen Rednern war auch Bonno Schütte, der stellvertretende Betriebsratsvorsitzende der Klöckner-Hütte, der die Solidarität der Stahlarbeiter überbrachte. Der Präsident des Senats, Bürgermeister Hans Koschnick, nahm einen dienstlichen Termin in Düsseldorf wahr, was man ihm als Feigheit auslegte. Am Montag, dem 22. Januar, hielt er in einer Sondersitzung der Bürgerschaft eine erstaunlich verständnisvolle Rede: »Wenn wir uns auch gegen anarchistische Bestrebungen zu wehren haben, so hat doch die junge Generation das Recht, sich über manches in unserem Staat zu beklagen.« Denn dadurch würden endlich die Diskussionen in Gang gesetzt, um »diese Dinge zu ändern«. Auch andere Politiker äußerten sich selbstkritisch über die oftmals undurchsichtige Art der politischen Meinungsbildung in Parteien und Parlament, woran die Jugend

Annemarie Mevissen verschafft sich mit einer kurzen Ansprache den Respekt der Menge. Zuvor hatte ihr ein Demonstrant beim Besteigen der Streusandkiste geholfen. Foto vom 19. Januar 1968

1968: Schülerbewegung

Der Direktor der Bremer Straßenbahn AG, Rolf Seggel, spricht während der Bürgerschaftssitzung anlässlich der Jugenddemonstrationen, 22. Januar 1968

Anstoß nehme. Man beschloss die Einsetzung eines parlamentarischen Untersuchungsausschusses, der Hintergründe und Ablauf der Ereignisse erhellen sollte. Dieser trat bereits am 1. Februar unter dem Vorsitz von Walter Franke (SPD) zu seiner ersten Sitzung zusammen. Nachmittags sicherte der Präsident des Senats in einer Rede vor einer viertausendköpfigen Menge zu, den Polizeieinsatz untersuchen und den Beschluss zur Tariferhöhung überprüfen zu lassen. Hermann Rademann, obgleich bereits kein Bremer Schüler mehr, sondern Student in Hamburg, intellektueller Kopf und wortgewaltiger Sprecher des Unabhängigen Schülerbundes (USB), bezeichnete das in seiner Antwort als bloße Hinhaltetaktik, wollte Koschnick aber dennoch »eine letzte Chance« geben. Der Bürgermeister versprach, sich in zwei Tagen wieder zu melden. Und tatsächlich verkündete er am übernächsten Tag, am Mittwoch, dem 24. Januar, wieder vor mehreren Tausend Menschen auf dem Domshof eine Korrektur der Straßenbahntarife im Sinne der Demonstranten. Das war möglich geworden, weil die Stadt auf die Wegenutzungsgebühr der Straßenbahn verzichtete. »Wir haben erreicht, was wir wollten«, jubelten die Schüler- und Studentensprecher. Während sie Koschnicks Bemühungen würdigten, übten sie heftige Kritik am Verhalten des SPD-Fraktionsvorsitzen-

den und Bremer DGB-Chefs Richard Boljahn. Man warf ihm vor, sich vor Diskussionen zu drücken, und sprach ihm jegliche Berechtigung ab, als Vertreter der Arbeitnehmerschaft aufzutreten. Diese Zusammenhänge waren wohl auch mit verantwortlich dafür, dass dieser bislang so mächtige Mann kurz darauf nicht wieder in den Vorstand der Bremer SPD gewählt wurde und daraufhin den Fraktionsvorsitz niederlegte (s. S. 340).

Die Landesregierung hatte tatsächlich »dem Druck der Straße nachgegeben«, was sie doch stets weit von sich gewiesen hatte. Die Ereignisse dieser zehn Tage, das Erfolgserlebnis und die Gratulation der Aktivisten aus Berlin und anderswo bewirkten zweifellos einen erheblichen Politisierungsschub bei Schülern und Lehrlingen. Wie die gesamte 68er-Bewegung war auch ihr Bremer Ableger männlich dominiert, die Auflehnung dagegen führte regional und überregional zur Entstehung der neuen Frauenbewegung.

Während dieses alles ablief, tagte bereits seit vier Tagen das Amtsgericht und sprach in Schnellverfahren erste Gefängnis- und Geldstrafen wegen Widerstands gegen die Staatsgewalt und »Auflaufs« aus. Schnellverfahren wurden übrigens später vom Untersuchungsausschuss als problematisch hingestellt, da sie die Assoziation »Standgericht« heraufbeschworen. Insgesamt kam es zu 166 Ermittlungen gegen Demonstranten, von denen 80 zur Anklage führten. Letztlich blieben zwei Verurteilungen zu geringen Freiheitsstrafen und 29 Geldstrafen übrig. Die Verfahren gegen Polizisten wurden sämtlich eingestellt.

Die Straßenbahnunruhen und auch die anderen Demonstrationen – gegen Vietnamkrieg und Notstandsgesetze – in diesem an Demonstrationen reichen Jahr 1968 sind nicht ohne den Unabhängigen Schülerbund (USB) zu denken, der im Laufe des Jahres 1967 von Primanern und Absolventen des Gerhard-Rohlfs-Gymnasiums zuerst in Vegesack und dann auch in Bremen-Stadt gegründet worden war. Angeregt durch vom Sozialistischen Deutschen Studentenbund (SDS) ausgehende

Initiativen zur Mobilisierung und Politisierung von Schülern und durch bundesweite Diskussionen und Initiativen zur Demokratisierung von Schule lehnten sie den Arbeitskreis Bremer Schülerringe, das etablierte Vertreterorgan der Schülerschaft gegenüber dem Senator, als zu anpasserisch ab. Der neue Bund verlangte Mitspracherecht nicht nur bei Schulveranstaltungen und Fragen der Schulordnung, sondern auch bei Benotung, Lehrplangestaltung und Auswahl des Unterrichtsmaterials, mehr Eigenverantwortlichkeit in der Oberstufe sowie die Einbeziehung aktueller politischer Fragen in den Unterricht und eine zensurfreie Schülerpresse. Ferner bewegte die Schüleraktivisten der Ruf nach freier Sexualität. Diese Themen wurden in vielen Bremer Schülerzeitungen diskutiert und führten zu erheblicher Unruhe bei allen am Schulleben Beteiligten.

Ein Ort, an dem sich all die aufmüpfigen Schüler und andere »fortschrittliche Kräfte« der Stadt zu Entspannung bei Jazz-Musik und zu mehr oder weniger revolutionärem Pläneschmieden gern versammelten, war das Kellerlokal »Lila Eule« in der Bernhardstraße in der Nähe des Sielwallecks, das von den »Berufsjugendlichen« und Anti-Autoritären Olaf Dinné und Gerd Settje, beide über dreißig, beide aktiv im SPD-Distrikt Altstadt, betrieben wurde. Das darübergelegene Büro diente ebenfalls als Treffpunkt. In der »Eule« erschien am 27. November 1967 sogar Rudi Dutschke und vertrat vor gebannt lauschendem Publikum, unter dem sich mehrere jüngere SPD-Politiker wie Thomas Franke, Waldemar Klischies und Claus Grobecker befanden – und natürlich die obligaten Verfassungsschützer –, seine Thesen von einer zu befreienden Gesellschaft. Unter anderem traten die drei berühmt-berüchtigten Berliner Kommunarden Langhans, Kunzelmann und Teufel hier auf. In der Eule trafen sich auch diejenigen, die im Januar 1968 über die Art der Proteste gegen die Erhöhung der Straßenbahntarife berieten (s. S. 311).

Das Aufbegehren der Schüler stieß bei der Lehrerschaft nicht nur auf Widerstand, sondern auch auf Verständnis, ja, sogar auf Unterstützung. Einige jüngere Gymnasiallehrer um den Studienrat Heinz Ide vom Alten Gymnasium empfanden ebenfalls den Schulalltag als repressiv, die Lehrpläne als überholt und ungeeignet zur Heranbildung kritischer junger Menschen. Ide hatte sich bereits 1956 als Lehrer am Gymnasium an der Hermann-Böse-Straße mit konservativen Kollegen wegen seiner Behandlung von Brecht-Stücken im Unterricht angelegt. Gemeinsam gründeten die Lehrer im April 1968 die »Aktionsgemeinschaft demokratischer Lehrer« (ADL), die sich als Bündnispartner des USB in seinem Kampf für

Aufruf zur Gründung des USB. Flugblatt, November 1967

USB Unabhängiger Schülerbund

gibt bekannt:

Sonnabend, den 18. November 1967

um 17⁰⁰ Uhr in der "Marktschänke"
(Violenstr. 43 - neben Domshof)

findet eine Versammlung aller USB-Interessierten statt.

Eingeladen sind alle Schüler!

Im Mittelpunkt wird die Gründung des USB-Bremen, als Parallele zum USB-Bremen/Nord, stehen.

Wichtigste Ziele des USB:
1) Änderung des Schusystems im Sinne des Buxtehuder Modells.
2) Einführung folgender Schulfächer: Philosophie, Politologie, Sexualkunde, Psychologie, Soziologie.
3) Demokratisierung der Schule: z.B. freies "Schwarzes Brett", unzensierte Schulzeitung, Abschaffung des ausschließlich autoritären und dozierenden Unterrichts u.a.

Verantwortlich: Unabhängiger Schülerbund, Xaverl Xelsbrot.

1968: Schülerbewegung

eine demokratische Schule verstand, was einige Politiker zu der besorgten Frage veranlasste, ob sich das denn mit den Beamtenpflichten der Pädagogen vertrüge.

Die ADL unterstützte auch die Urheber einer gewaltigen Provokation, die Schulen und Schulbehörde die nächsten Monate über beschäftigen sollte. Es ging um das »Faltblatt a«, die dritte Ausgabe der ursprünglich vom eher systemkonformen Arbeitskreis Bremer Schülerringe verantworteten Schülerzeitung »a«, die zwischenzeitlich vom USB übernommen worden war. Am 16. März 1968 wurden morgens vor Unterrichtsbeginn vor den meisten Gymnasien und einigen Realschulen 10.000 Exemplare dieser in Form eines Faltblattes aufgemachten Zeitung verteilt. Auf dem Titelblatt der Hinweis auf den Inhalt: »Zur Gewalt oder: Das faschistische Gesellschaftsbild des Bremer Polizeipräsidenten«, ein Beitrag von Jörg Streese, Schüler am Wirtschaftsgymnasium. Bedeutsamer als dieser aufrührerische Text war der Abdruck einer Zeichnung des englischen Künstlers Aubrey Beardsley (1877–1898), die drei männliche Figuren mit überdimensionier-

ten erigierten Penissen zeigt, einer Illustration zu der antiken Komödie »Lysistrata« von Aristophanes. Die Zeichnung war – versehen mit dem Zusatz »Demonstranten« – unter ein Zitat des CSU-Abgeordneten Jäger vom 9. Februar platziert, in dem dieser angesichts der zunehmenden Ordnungsstörungen an den Hochschulen »jedem Minister, jedem Rektor und jedem Polizeipräsidenten« zurufen wollte »Landgraf werde hart«.

Das anstößige Faltblatt wurde umgehend beschlagnahmt, die verantwortlichen drei Schüler von der Polizei aus dem Unterricht geholt; in zwei Fällen verfügte der Bildungssenator Schulentlassung, im dritten »Androhung des Schulverweises«. Der Staatsanwalt eröffnete ein Verfahren wegen Verbreitung unzüchtiger Schriften und Beleidigung. Die Gemaßregelten erhielten mannigfache Unterstützung von Kirchen-, Gewerkschafts-, Schüler- und Studentenvertretern, auch vom Intendanten des Bremer Theaters, Kurt Hübner, der ohnehin bei Konservativen manches Ärgernis erregte (s. S. 533). Heinz Ide bezeichnete das inkriminierte Faltblatt als »beachtliche redaktionelle Leistung«. Aufseiten der evangelischen Kirche waren es besonders der Domprediger Günter Abramzik und Wolfgang Schiesches, Pfarrer der Dietrich-Bonhoeffer-Gemeinde in Huchting, die eine aktive Rolle während dieser Ereignisse spielten – klug, verständnisvoll und um Vermittlung zwischen rebellischer Jugend und Verwaltung bemüht der Erste, höchst unkonventionell, ja, schrill, das brave Kirchenvolk provozierend der andere. Schiesches wurde 1972 aus dem Kirchendienst beurlaubt. Es gab Androhungen von Schulstreik und Protestzüge vor das Dienstgebäude von Bildungssenator Moritz Thape, begleitet von dem freundlich-drohenden Ruf »Moritz, wir kommen«. Der Prozess am 1. Oktober brachte Verurteilungen zu geringen Geldstrafen, aber drei Tage Haft wegen ungebührlichen Verhaltens vor Gericht. Nach dem Vorbild von Prozessabläufen in Berlin gegen die Mitglieder der legendären Kommune 1 hatten die drei Angeklagten und das sie unterstützende Publi-

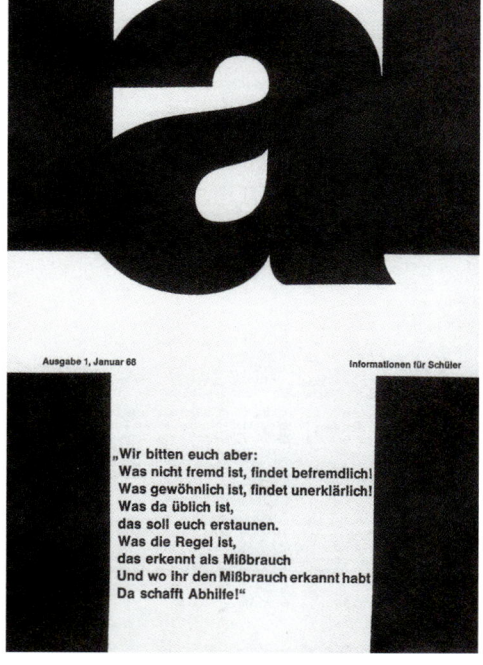

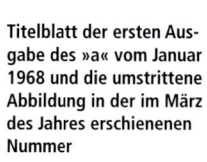

Titelblatt der ersten Ausgabe des »a« vom Januar 1968 und die umstrittene Abbildung in der im März des Jahres erschienenen Nummer

kum das Gericht nach Kräften ins Lächerliche gezogen, wobei Richter und Staatsanwalt wenig Souveränität bewiesen hatten, allein der Verteidiger, Heinrich Hannover, der in dieser Zeit generell als sehr engagierter Anwalt der Jugend galt, hatte sich als Herr der Situation erwiesen. Die beiden von der Schule verwiesenen Schüler konnten übrigens auf anderen Gymnasien ihr Abitur ablegen und anschließend ein Studium aufnehmen.

Neben diesem von den Medien stark beachteten Geschehen, das außer Kopfschütteln und Empörung vielerorts auch Schmunzeln hervorgerufen hatte, gab es im Laufe dieses unruhigen Jahres 1968 ein weiteres Ereignis, das Presse und Öffentlichkeit vielleicht noch mehr beschäftigte. Während einer Bürgerschaftsdebatte am 24. April, in der es um Maßnahmen des Senats gegen die Unruhe in den Schulen ging, zog der CDU-Fraktionsvorsitzende Sieling ein vertrauliches Papier aus der Tasche, dessen Herkunft er nicht preisgeben wollte, und las daraus einige Passagen vor. Es wurde darin nichts Geringeres behauptet, als dass Gerd Settje kurz nach den Straßenbahnunruhen, die er angeblich mit gesteuert hatte, in einem privaten Gesprächskreis honoriger Nord-Bremer Bürger – Juristen, Lehrer, Theologen nebst Ehefrauen – zum revolutionären Umsturz mit dem Ziel der Errichtung eines Rätestaates aufgerufen habe. Über Rätedemokratie wurde zu der Zeit ja viel diskutiert, außer in West-Berlin auch in der Bremer »Eule«. Dabei sollte Settje darauf hingewiesen haben, dass man wisse, wo man sich Waffen zu diesem Zweck besorgen könnte. Diese angebliche hochverräterische Rede hielt das politische Bremen in Atem, bewog den Untersuchungsausschuss, der seine Arbeit schon abgeschlossen hatte, die Zeugenbefragung wieder aufzunehmen, beschäftigte Bundeswehr und Militärischen Abschirmdienst und gelangte sogar in den Bundestag. Am Ende stellte sich heraus, dass alles auf einem Missverständnis überbesorgter und überängstlicher Bremer Bürger, auf Gerüchten und Hinzudichtungen beruhte. Die oppositionelle CDU hatte dieses

offenbar zum Anlass genommen, der SPD als stärkster Senatsfraktion »eins auszuwischen«. Gerd Settje, der gern die Rolle eines Bremer Politclowns à la Fritz Teufel spielte, hatte ganz einfach »mit Entsetzen Scherz getrieben«. Die kopflose, geradezu hysterische Reaktion macht deutlich, wie stark das Establishment in dieser Zeit verunsichert war.

Am 25. September 1968 debattierte die Bürgerschaft 16 Stunden lang kontrovers über den Abschlussbericht des Untersuchungsausschusses. Dieser hatte es in sich. Es gab deutliche Kritik an Bürgermeister Koschnick wegen mangelnder Koordination im Senat, an ungenügendem In-

Mit dem Megafon in der Hand trägt Hermann Rademann im Namen der in das Lehrerzimmer gestürmten Schüler den Protest gegen die Relegation der »a«-Redakteure Streese und Schultz vor

Unten: »Schulstreik im ›Fall‹ a«. Streikende Schüler des Wirtschaftsgymnasiums demonstrieren am Wall. Foto 18. April 1968

1968: Schülerbewegung

Schulstreik am Gymnasium Hamburger Straße aus Protest gegen die Notstandsgesetze, Fotos Juni 1968

von ihnen erbetenen »Erfahrungen und Schlussfolgerungen aus den Januar-Unruhen« vor, in die Empfehlungen des Untersuchungsausschusses eingegangen waren. Es heißt dort: Politischen Demonstrationen müsse mit politischen Mitteln begegnet werden und der Einsatz von Polizei müsse »unter Vermeidung jeglicher Reizwirkung möglichst zurückhaltend sein«. Einsatzrichtlinien würden unter Berücksichtigung neuester psychologischer Erkenntnisse überarbeitet. Eine Ausrüstung der Beamten mit einem geeigneten Kopfschutz sei erforderlich. Bei einer Änderung des geltenden Polizeirechts müsse erreicht werden, dass die darin enthaltenen Normen den veränderten gesellschaftlichen Wertmaßstäben angepasst werden. Bei der Neugestaltung der Richtlinien für die Schülermitverantwortung werde »den besonderen Interessen der Schüler Rechnung getragen werden«.

Die im darauf folgenden Januar von der Bildungsbehörde vorgelegten Richtlinien wiesen tatsächlich Entgegenkommen gegenüber der Schülerschaft auf: So waren die Diskussion von Schulfragen zwischen Schulleitung und Schülervertretern, Teilnahme der Schulsprecher an Gesamtkonferenzen, paritätische Besetzung von Schlichtungsausschüssen, gemeinsame Beratung von Planung und Gestaltung des Unterrichts und Recht der Stellungnahme zu Lehrplänen und Lehrplanentwürfen vorgesehen. Nur ein Jahr nach den Straßenbahnunruhen war es den Schülern gelungen, einen erheblichen Teil ihrer Forderungen nach Mitbestimmung in der Schule durchzusetzen, nachdem die unmittelbare Forderung nach Rücknahme der Fahrpreiserhöhungen quasi im Schnellverfahren erfüllt worden war. Das rasche Einlenken war natürlich nicht nur auf die Einsicht der Bremer Verantwortlichen allein zurückzuführen, sondern dem bundesweiten Aufbegehren der Jugend zu verdanken. Eine innere Reform der Schulstrukturen galt auch bei vielen Bildungspolitikern als längst überfällig.

Ebenfalls im Januar 1969 legte das Institut für angewandte Sozialwissenschaft (INFAS) die

formationsaustausch, an Unsicherheiten beim Polizeieinsatz und am Verhalten des Polizeipräsidenten am vierten Tag der Demonstrationen sowie an der Bremer Straßenbahn wegen fehlender sozialer Sensibilität. Die Politiker gaben Fehleinschätzungen zu, man sei von der Demonstrationsbereitschaft der Bremer überrascht gewesen. Am Ende nahm die Bürgerschaft den Abschlussbericht zur Kenntnis; ein Antrag der CDU auf »billigende Kenntnisnahme« wurde abgelehnt.

Etwa zwei Monate später, am 12. November, legte der Senat den Abgeordneten seine

Studie »Bremer Jugend 1968 – eine sozialwissenschaftliche Analyse der Hintergründe der Bremer Jugendunruhen im Zusammenhang mit der Fahrpreiserhöhung der Verkehrsbetriebe zu Beginn des Jahres 1968« vor. Sie war im Auftrag der Bremer Arbeiterkammer erarbeitet worden, deren Geschäftsführer Walter Franke war, der auch den Untersuchungsausschuss geleitet hatte. Die beruhigende Quintessenz der Umfrage lautete: »Die Jugend ist besser als ihr Ruf.« Die Bremer Jugend wurde als mehrheitlich demokratisch, liberal, tolerant und selbstbewusst bezeichnet, darüber hinaus als politisch stärker interessiert als vorangegangene Generationen.

Die 68er-Studentenbewegung, in Bremen eher in der Form der Schülerbewegung, weist bei allen Unterschieden doch Ähnlichkeiten mit der vorangegangenen jugendlichen Protestbewegung auf, die sich in Form der »Halbstarkenkrawalle« artikuliert hatte. Die Halbstarken forderten, ohne darüber zu reflektieren, das bestehende System bürgerlicher Norm- und Wertvorstellungen mit verschiedenen Ausdrücken von Körperlichkeit, Zerschlagen von Kinogestühl und »enthemmtem« Tanzen zu »rhythmischer Primitivmusik« heraus. Die Oberschüler und Studenten attackierten das Establishment zwar ebenso mit körperlichem Einsatz – so bei Schienenblockaden –, aber noch wirkungsvoller, weil verunsichernder, mit verbaler Gewalt, die sich in aggressiver Sprache und respektloser Verulkung von Autoritäten äußerte. In beiden Fällen brachen Widersprüche zwischen gesellschaftlichen Wandlungsprozessen und dem Fortbestehen herkömmlicher Vorstellungen von Moral und Anstand – auch gerade im sexuellen Bereich – in weiten Teilen der Bevölkerung auf. Da diese auch über die 1950er Jahre hinaus noch ein zähes Leben bewiesen, stellen die »unruhigen« 1960er Jahre in gewisser Weise eine Fortsetzung dar. In dieser zweiten Phase veränderte die »rebellierende Jugend« die politische Kultur, und zwar auf internationaler, nationaler und lokaler Ebene, weitaus nachhaltiger als in der ersten Phase.

Der Verband der deutsch-amerikanischen Klubs veranstaltet Anfang Mai 1968 die Deutsch-Amerikanische Freundschaftswoche in Bremen. Aus Protest gegen den Vietnamkrieg blockieren Schüler und Studenten am 5. Mai mit einem »Sit-in« den Verkehr auf dem Domshof

Gewerkschaften

Die starke IG Metall hatte ihre Hochburgen in den beiden Branchen Schiffbau- und Automobilindustrie. Die Angaben über den Organisationsgrad auf der Großwerft A.G. »Weser« schwanken für die 1950er Jahre zwischen 60 und 90 Prozent; bei Borgward waren es sogar nahezu 100 Prozent. Dabei wird ein sanfter Druck des Betriebsrats auf neu eingestellte Kollegen eine gewisse Rolle gespielt haben. Der Borgward-Zusammenbruch im Jahre 1961 musste also für die IG Metall schlimme Folgen haben: Die Mitgliederzahl sank von rund 49.000 Ende 1960 auf 34.000 Ende 1961, der Kassenbestand schrumpfte entsprechend.

Die Bremer Metaller beteiligten sich aktiv an den großen innenpolitischen Kontroversen. Sie nahmen am Widerstand gegen die Wiederaufrüstung teil ebenso wie gegen die Ausrüstung der Bundeswehr mit Atomwaffen. So rief die Ortsverwaltung der IGM im Rahmen der »Kampf dem Atomtod«-Kampagne im April 1958 zusammen mit anderen Organisationen zu einer Großdemonstration auf dem Domshof auf (s. S. 302). Gegen die Verabschiedung der Notstandsgesetze organisierte sie im Februar 1968 eine große Protestversammlung in der Stadthalle und gehörte zu den Mitveranstaltern einer entsprechenden Kundgebung in

Gewerkschaften

»Samstags gehört Vati mir«
Das Motto der DGB-Mai-
kundgebung 1957 auf dem
Domshof ist eindeutig: Der
Kampf um die Fünftagewo-
che hat begonnen

der Innenstadt im Mai des Jahres. Am Streik der Klöcknerarbeiter im September 1969, Teil einer »wilden« Streikbewegung an vielen bundesdeutschen Stahlstandorten, beteiligte sich die IG Metall dagegen weder in Bremen noch andernorts. Kommunistische und sozialdemokratische Gewerkschaftsmitglieder waren darüber tief zerstritten.

Die andere große Gewerkschaft, die ÖTV (Öffentliche Dienste, Transport und Verkehr) zählte im Land Bremen, also einschließlich Bremerhaven, im Dezember 1947 knapp 26.000 Mitglieder. Aus übergeordneten Gründen und um die gewerkschaftliche Interessenvertretung

in den ökonomisch vernetzten Gebieten zu effektivieren, wurde beschlossen, die Grenzen des kleinen Landes Bremen zu überschreiten und zusammen mit den angrenzenden ÖTV-Ortsverwaltungen in der Wesermarsch, in Delmenhorst, Oldenburg und Syke den ÖTV-Bezirk Weser-Ems zu gründen. Sitz der Bezirksleitung wurde Bremen. Die Mitgliederzahl des neuen Großbezirks betrug bei Gründung im Jahre 1948 etwa 45.000 und stieg bis Mitte 1975 auf knapp 66.000. Die anfängliche Dominanz der Kreisverwaltungen Bremen und Bremerhaven, die noch Anfang der 1960er Jahre mehr als die Hälfte der Gesamtmitglieder stellten, ging im Laufe der Jahre verloren. Denn aufgrund des Strukturwandels im Bereich Hafen und Schifffahrt, der in diesen beiden Verwaltungsbezirken eine große Rolle spielte, nahm die Beschäftigtenzahl und damit die Mitgliederzahl der ÖTV erheblich ab.

Mit einem Organisationsgrad von 90 Prozent bildeten die Hafenarbeiter eine der stärksten Gruppen innerhalb der ÖTV. Es gelang ihnen, entscheidende Verbesserungen durchzusetzen, darunter das Garantielohnabkommen aus dem Jahr 1952. Dies sicherte den Hafenarbeitern unabhängig vom tatsächlichen Arbeitsanfall eine bestimmte Zahl von Schichten und damit eine bestimmte Höhe des Lohns pro Woche, wodurch tendenziell der alte Gegensatz zwischen ständigen - also fest angestellten - Arbeitern und »Unständigen« entfiel.

Die technische Revolution im Hafen ab Mitte der 1960er Jahre mit Automatisierung und Einführung des Containerverkehrs führte zur Reduzierung der körperlichen Arbeit und zu zahlreichen Entlassungen bei gleichzeitiger Steigerung der Produktivität. Dabei stiegen bei den verbleibenden Arbeitern die Anforderungen an Qualifikation und Verantwortung. Das veranlasste die ÖTV, eine Umwandlung des Berufs des Hafenarbeiters in den eines Hafenfacharbeiters zu fordern. Diese Forderung wurde Mitte der 1970er Jahre in den stadtbremischen Häfen mit Gründung einer Hafenfachschule, die von beiden Tarifpartnern getragen wird, erfüllt. Aufgrund des Arbeitsplatzabbaus in der maritimen Wirtschaft wurden die Beschäftigten im öffentlichen Dienst zum wichtigsten Mitgliederreservoir für die ÖTV.

Anders als die Beschäftigten der großen Werften und im Hafen waren die Bauarbeiter Bremens in den 1950er/1960er Jahren wie überall zu einem wesentlich geringeren Teil gewerkschaftlich organisiert. Einer der Gründe lag darin, dass mit dem Flüchtlingszuzug viele Fachfremde in die Baubetriebe strömten und andererseits viele Baufacharbeiter lieber in saisonunabhängige Arbeitsplätze anderer Industriebereiche wechselten. Im Rahmen der 1949 durch den Zusammenschluss von sieben Landesverbänden in den Westzonen gegründeten Industriegewerkschaft Bau, Steine, Erden war Bremen Sitz einer von zehn Ortsverwaltungen im Bezirk Unterweser-Ems. Die hohe Arbeitslosigkeit, die noch zu Beginn der 1950er Jahre im Baugewerbe herrschte und nur durch Notstandsarbeiten wie zum Beispiel im Küstenschutz halbwegs aufgefangen werden konnte, nahm im Lauf des Jahrzehnts signifikant ab.

Allein in den Jahren 1952 bis 1954 verringerte sich die Zahl der Erwerbslosen im Baugewerbe von 3126 auf 1170 in Bremen, andernorts im Bezirk - in Leer, Stade und Verden - stieg sie dagegen noch. Mehr und mehr Arbeiter traten in die Gewerkschaft ein; der Mitgliederstand erhöhte sich von Ende 1953 bis Ende 1962 von 6500 auf über 8000; zwischen 1965 und 1968 nahm er jedoch infolge der ersten bundesdeutschen Wirtschaftsrezession wieder leicht ab.

Die Arbeitsplätze entstanden während der »Wirtschaftswunderjahre« im Rahmen des großen Wohnungsbauprogramms, mit dem Bremen sich als Stadt des sozialen Wohnungsbaus profilierte (s. S. 331/542). Ein glücklicher Umstand aus Sicht der Bauarbeiter war dabei die enge Verzahnung in Bremen zwischen Politik, Gewerkschaft und Wohnungswirtschaft. Sie zeigte sich auch darin, dass Albert Götze in den 1950er Jahren Vorsitzender der IG Bau, Steine, Erden und gleichzeitig Vorstandsmitglied der Gewoba war, dem im Wiederaufbau führenden gewerkschaftseigenen Wohnungsbauunternehmen, und zudem als enger Vertrauter Richard Boljahns in der Bremer SPD eine wichtige Rolle spielte. Aus den Worten, die Götze in seiner Rolle als Vertreter des Bremer DGB in seine Begrüßungsansprache an den 5. Gewerkschaftsjugendtag Bau, Steine, Erden im April 1963 einflocht, spricht denn auch eine gehörige Portion Selbstbewusstsein: »Wir Gewerkschafter in Bremen - und lassen Sie mich das deutlich sagen - haben die Schalthebel legaler Machtbeteiligung in unserer Gesellschaft fest angepackt. Wir sind gewiß, dass das Vertrauen unserer Gemeinschaft uns hierzu das Recht, aber auch die Pflicht verleiht.«

Religiöse Gemeinschaften

Grundsteinlegung der Heilig-Geist-Kirche an der August-Bebel-Allee, 10. Juni 1962

Religiöse Gemeinschaften in Bremen

Evangelische Kirche

Der Aus- und Neubau kirchlicher Gebäude wurde in den 1950er Jahren vorangetrieben. Im Krieg beschädigte Kirchen wurden instand gesetzt – so etwa St. Stephani und St. Martini – oder, wie im Falle der Ruine von St. Ansgarii Mitte der 1950er Jahre, völlig abgerissen. Die Traditionsgemeinden St. Ansgarii wie auch St. Remberti verließen ihre angestammten Plätze und konnten 1957 und 1951 ihre Kirchenneubauten einweihen. Weitere wichtige Bauvorhaben in den 1950er Jahren zum Ersatz im Krieg zerstörter Vorgängerbauten waren die Zionsgemeinde in der Neustadt und die Mar-

tin-Luther-Kirche in Findorff. Im Zuge der fortgesetzten Stadterweiterung entstanden überall Neubaugebiete und damit auch neue Kirchen. Die ersten waren St. Markus in Arsten und die Auferstehungsgemeinde in Hastedt (s. S. 574).

Auch weitere Kirchliche Dienste – zum Teil schon in Vorkriegszeiten existent – nahmen in diesen Jahren wieder ihre Arbeit auf, so etwa der Polizei- und Notfallseelsorger (ab 1955) und die innerhalb der Kirche damals sehr umstrittene Militärseelsorge (ab 1956) sowie die Telefonseelsorge (ab 1963). 1954 berief der Kirchenausschuss erstmals einen Studentenpfarrer.

Das Krankenhaus und das Wohnheim der Diakonissenanstalt waren durch Bombenangriffe schwer beschädigt worden. Ab 1956 wurde ein völlig neues Hospital samt Nebengebäuden errichtet und 1961 eröffnet.

1960 wurde am Franziuseck auf dem Stadtwerder das neue »Haus der Kirche« eingeweiht, nachdem die Räumlichkeiten für die Verwaltung der BEK an der Buchtstraße zu klein geworden waren. Im Haus der Kirche sind die Kirchenkanzlei, die Bauabteilung, das Amt für Öffentlichkeitsdienst, die Landeskirchliche Bibliothek und das Archiv untergebracht.

Die 1950er Jahre waren in Deutschland einerseits durch einen massiven wirtschaftlichen Aufschwung, andererseits durch den »Kalten Krieg« gekennzeichnet, mit der Folge der bedingungslosen Westbindung der BRD, der Remilitarisierung und eines zunehmenden Antikommunismus.

Einige Kirchengemeinden sahen sich angesichts dieser Entwicklung immer stärker in ihrer christlich verstandenen Pflicht, sich gesellschaftspolitisch zu äußern. Das bedeutete ein Engagement für eine entschiedene Friedenspolitik, gegen die Wiederbewaffnung, gegen den NATO-Beitritt, gegen Atomwaffen usw. Vor allem die Gemeinden des »linken« Flügels der früheren Bekennenden Kirche waren hier – aufgrund der Erfahrungen von 1933 bis 1945 – besonders aktiv. In der BEK waren das vor allem die St. Stephani-Gemeinde mit ihren Pastoren Gustav Greiffenhagen (seit 1931 im Amt) und Wilhelm Garlipp (seit 1946 in Bremen), später auch die Zionsgemeinde (Pastor Friedrich Gerlach) und zeitweise Unser Lieben Frauen. Inspiriert wurde diese Arbeit durch Pastor Martin Niemöller, der mehrmals Bremen besuchte, ebenso wie durch Gustav Heinemann, der damals Präses der Synode der Evangelischen Kirche Deutschlands (EKD) war. Die von ihm später gegründete »Gesamtdeutsche Volkspartei« wurde in einigen BEK-Gemeinden aktiv unterstützt, Pastor Garlipp wurde sogar Mitglied. Gemeinsames Ziel war damals vor allem eine Volksbefragung zur Wiederbewaffnung (»›Ohne uns!‹-Bewegung«).

Eine besondere Rolle spielte in diesen Jahren die St. Martini-Gemeinde. Dort war Pastor Johannes Oberhof tätig, der sich als

Die Einweihung der Heilig-Geist-Kirche am 4. Oktober 1964

Gustav Greiffenhagen

* 13.2.1902, Hannover
† 2.6.1968, Bremen

Gustav Greiffenhagen war in Bremen eine der prägenden Persönlichkeiten für die Neuorientierung der evangelischen Christen nach dem Kirchenkampf unter dem Nationalsozialismus. Der Sohn eines Pastors kam nach dem Theologiestudium in Göttingen – dort Schüler von Karl Barth – 1931 als Pastor an die Bremer St. Stephani-Gemeinde. In dieser Zeit festigte sich seine Ablehnung des Nationalsozialismus. Er nahm an der Barmer Bekenntnissynode teil und blieb trotz aller Repressalien durch Staat und NS-Kirchenleitung der Bekennenden Kirche treu. Auch nach 1945 engagierte sich Greiffenhagen gegen nationalistische und militaristische Tendenzen. In den 1950er Jahren kämpfte er leidenschaftlich gegen Wiederaufrüstung und gegen Atomwaffen – eine Haltung, die ihm und seinem Anliegen viel Aufmerksamkeit verlieh, aber auch häufig den Widerspruch der Kirchenleitung hervorrief.

Religiöse Gemeinschaften

Johannes Oberhof, Pastor an der St. Martini-Kirche, setzte sich vehement für Antimilitarismus ein. Oberhof am Rednerpult während einer Tagung des CDU-Hauptvorstands am 22. Mai 1951

»religiösen Sozialisten« bezeichnete. Oberhof scheute im Zuge seines antimilitaristischen Engagements nicht den Kontakt mit kommunistisch geprägten Organisationen, was ihm wiederholt Kritik von Gemeinde und Kirchenausschuss einbrachte. Nach seiner Teilnahme am Weltfriedenskongress in Warschau 1950 wurde er durch den Kirchenausschuss vom Dienst suspendiert, und man leitete ein Disziplinarverfahren gegen ihn ein, das 1953 mit einem Berufsverbot endete und 1954 von der EKD bestätigt wurde. Oberhof blieb weiter friedenspolitisch sehr aktiv und wurde 1960 wegen »verfassungsfeindlicher« Aktivitäten sogar zu drei Monaten auf Bewährung verurteilt – sein Verteidiger war Heinrich Hannover – und war nicht wieder als Pastor tätig. Eine Solidarisierung mit Oberhof in der BEK gab es auch in den friedenspolitisch aktiven Gemeinden nur punktuell, da man dort Oberhofs politischen Standpunkt nicht teilte. Aber auch die Arbeit von St. Stephani und der Zionsgemeinde blieb in den 1950er Jahren innerhalb der BEK ohne großen Wi-

derhall. Ein breiteres gesellschaftspolitisches Engagement der Kirchen – nicht nur in Fragen der Friedenspolitik – entwickelte sich erst ab Mitte der 1960er Jahre mit einer neuen Pastorengeneration und der 68er-Bewegung.

Gemeinde	Neubau	Neugründung
St. Ansgarii	1957	
St. Michaelis	1966	
Wilhadi	1959	
Martin Luther	1961	
St. Remberti	1951	
Auferstehungsgemeinde	1959	1958
Gemeinde des Guten Hirten	1962	1962
St. Nikolai	1965	1965
Andreas	1968	1964
Melanchthon	1968	
Versöhnungsgemeinde	1964	1948
Ellener Brok	1969	1965
Blockdiek	1971	1965
Tenever	1976	1971
Epiphanias	1960	1956
Christus	1960	1957
Dreifaltigkeitsgemeinde	1967	1962
Heilig-Geist	1964	1959
Jona	1972	1966

Gemeinde	Neubau	Neugründung
Gröpelingen-Andreas	1949	1964
Gröpelingen-Philippus	1967	1964
Christophorus	1958	1958
Söderblom	1969	1964
St. Magni	1967	1965
Paul-Gerhardt	1955	1955
Bockhorn	1960	1960
Lüssum	1966	1977
Aumund, ref.	1963	1959
St. Pauli	1967	
Zion	1955	1948
Hohentor	1966	1948
Matthias-Claudius	1966	1966
St. Markus	1955	1955
St. Thomas	1964	1962
Abraham	1983	1974
St. Lukas	1964	1954
St. Matthäus	1966	1960
St. Johannes (Sodenmatt)	1972	1964
Dietrich-Bonhoeffer	1971	1964

Katholische Kirche

Die Wiederauf- und Neubautätigkeit im Krieg beschädigter Kirchen und Gemeindehäuser stand in den 1950er Jahren ebenso im Vordergrund der katholischen Aktivitäten in Bremen, wie die Integration katholischer Flüchtlinge aus dem Osten in die bestehenden Gemeindestrukturen.

Die bereits begonnene Grundsanierung der katholischen Hauptkirche St. Johann wurde 1952 abgeschlossen. Die Finanzierung der Baumaßnahmen von rund einer Million Mark wurde zum allergrößten Teil durch die Gemeinde und das Bistum ermöglicht. 1953 erhob der Osnabrücker Bischof, Erzbischof Wilhelm Berning, St. Johann zur »Propsteikirche«, ihr Pfarrer – zu der Zeit Msgr. Heinrich Ohrmann – wurde Propst.

Auch der Neubau weiterer Kirchengebäude war vor allem durch die Spendenbereitschaft der Gemeindemitglieder möglich. Der erste eingeweihte Nachkriegsbau war 1954 die St. Marien-Kirche in Walle. Im Fall der ebenfalls durch Bomben völlig zerstörten Kirche St. Elisabeth in Hastedt musste die Gemeinde während der 1950er Jahre noch mit einer Notkirche vorliebnehmen. Neben dem

Wiederaufbau zerstörter Gebäude wuchs die katholische Bevölkerung in diesen Jahren stetig und es kam zu Gemeindeneugründungen, »Ausfarrungen« aus den bestehenden Pfarrbezirken. Die erste dieser Gründungen war St. Nikolaus (1945) in Gröpelingen, dann folgten St. Georg (1957) in Horn und St. Bonifatius (1959) in Findorff. Natürlich wuchs auch in den Neubaugebieten am Stadtrand die Zahl der Katholiken und damit das Bedürfnis nach seelsorgerlicher Betreuung und in der Folge nach Kirchenbauten.

Bauliche Ökumene am Steffensweg in Walle. St. Marien (linkes Bild, Mitte) wurde 1954 geweiht, fünf Jahre später war die Wilhadikirche fertiggestellt

Rechts: Gottesdienst der Fronleichnamsprozession vor dem zerstörten Parkhaus am Hollersee, 10. Juni 1952

Gemeinde	Ausgründungen	Jahr
St. Johann	St. Georg	1957
	Pius	1966
	St. Benedikt	1966
	St. Ursula	1968
St. Elisabeth (1969 neu geweiht)	St. Hedwig	1960
	St. Antonius	1964
	St. Thomas	1968
	St. Laurentius	1968
	Herz Jesu	1971
St. Marien (1954 neu geweiht)	St. Nikolaus	1945
	St. Bonifatius	1959

Religiöse Gemeinschaften

Grundsteinlegung für die Synagoge an der Schwachhauser Heerstraße am 29. Januar 1960

In Huchting, Grolland, Osterholz und der Vahr fanden zwar schon in den 1950er Jahren katholische Gottesdienste in Behelfsräumlichkeiten statt, so in einem Kinosaal auf dem Vahrer Kasernengelände. Kircheneinweihungen folgten hier erst später in den 1960er Jahren.

Jüdische Gemeinde

Bedingt durch die Auswanderung nach Palästina und dann in den neuen Staat Israel, sank die Zahl der Mitglieder der Israelitischen Gemeinde nochmals im Vergleich zum Kriegsende auf 96 im Jahre 1950 (Stadt Bremen). Bis dahin war die Gemeinde ein eingetragener Verein, 1952 folgte dann die Anerkennung als Körperschaft des öffentlichen Rechts.

Auf dem jüdischen Friedhof in Bremen-Hastedt wurden im Mai 1952 die wiederaufgebaute Friedhofskapelle und ein Ehrenmal für die jüdischen Opfer des Nationalsozialismus in einem großen Festakt eingeweiht. Zu diesem Anlass kam auch der in die USA emig-

rierte letzte Bremer Vorkriegsrabbiner Felix Aber. Es blieb sein einziger Besuch an seiner früheren Wirkungsstätte. Außer ihm sprachen noch Bürgermeister Wilhelm Kaisen und ein Vertreter der ehemaligen US-Besatzer, Admiral Charles R. Jeffs.

Die finanzielle Situation der Israelitischen Gemeinde war auch in den 1950er Jahren weiterhin angespannt, sodass an einen Synagogenneubau aus eigenen Mitteln nicht gedacht werden konnte. Im Juni 1954 verkaufte die Israelitische Gemeinde Haus und Grundstück ihrer früheren Synagoge im Schnoor an die Katholische Kirche. Nach der Verabschiedung des Bundesentschädigungsgesetzes (1953) und des Bundesrückerstattungsgesetzes (1957) stellte die Gemeinde beim Landesamt für Wiedergutmachung einen Antrag auf Entschädigung für die zerstörten Synagogen in Bremen, Bremen-Nord und Bremerhaven. Nach einigen Verhandlungen und dem persönlichen Einsatz von Bürgermeister Kaisen kam es 1959 zu einer Einigung zwischen Stadt und Gemeinde. Und am 3. August 1961 erhielt die Israelitische

Die Synagoge an der Schwachhauser Heerstraße 1967

Gemeinde mit der Einweihung der neuen Synagoge an der Schwachhauser Heerstraße ein dauerhaftes Gemeindezentrum. Die Kosten von 1,3 Millionen D-Mark stellte der Senat aus dem Fonds für Wiedergutmachung zur Verfügung, das Grundstück wurde der Gemeinde übereignet, zum Teil im Austausch gegen früher der Gemeinde gehörende Grundstücke.

Weitere religiöse Gemeinschaften

Natürlich gab es in Bremen einzelne Anhänger nichtchristlicher Glaubensgemeinschaften vor (und auch während) der NS-Herrschaft. Allerdings traten diese wegen ihrer geringen Zahl oder des vorübergehenden Charakters nicht als nachweisbare Organisationen in Erscheinung. Daran änderte sich auch nach Kriegsende zunächst nichts. Erst der Zuzug nichtchristlicher Arbeitsmigranten (und später Flüchtlinge) und eine zunehmende Abwendung von den christlichen Kirchen seit Mitte der 1960er Jahre führten dann zu einem stärkeren Auftreten organisierter nichtchristlicher Gemeinschaften.

Der in Bremen lebende Kaufmann Ali Hussein Thinius gründete 1953 den vorläufigen Sitz der Deutschen Moslem-Bruderschaft in Bremen. Sie war ein Ableger der ägyptischen

Kirchensenator Graf (dritter von links) empfängt Politiker und Religionswissenschaftler aus zehn islamischen Staaten, die Bremen besuchen, 10. Juni 1964

Religiöse Gemeinschaften

Moslembruderschaft und der Leitung in Kairo unterstellt. Der Versuch, diese Vereinigung als Repräsentanz aller Muslime in Deutschland aufzubauen, misslang.

Ebenfalls Anfang der 1950er Jahre rief der Bremer Leonard Severloh-Mohr eine buddhistische Gemeinschaft ins Leben (Theravada Buddhismus). Die Gruppe traf sich in Privaträumen und löste sich nach dem Tode von Severloh-Mohr 1976 wieder auf.

Die eher esoterisch orientierte Theosophie fand ihre Klientel in der ersten Hälfte des 20. Jahrhunderts im intellektuellen, städtischen Bürgertum (Überschneidungen mit der Anthroposophie). Vor dem Krieg und dann wieder ab 1947 war eine theosophische Gruppe auch in Bremen aktiv.

Sportereignisse

Heinz Schumann, der schnellste Weiße

Die ersten großen Erfolge der späten 1940er und frühen 1950er Jahre mit den Stars Kurt Bonah, Marga Peterson, Karl Kluge oder Lena Stumpf waren noch nicht das Ende erfolgreicher Bremer Leichtathletik. Der Verbandsvorsitzende Carl Huhn organisierte im Weser-Stadion große Sportfeste, an denen Weltklasse-Athleten wie Armin Hary und Manfred Germar teilnahmen. Und Anfang der 1960er Jahre hatte auch Bremen mit Heinz Schumann wieder ein sportliches Aushängeschild: Heinz Schumann war sportlich im kleinen Neustädter Verein Bremer Turngemeinde groß geworden und dann für Bremen 1860 gelaufen. Er wechselte zu Werder und verbesserte dort sein außergewöhnliches Sprinttalent stetig weiter. 1962 holte er für Werder über 100 Meter seine erste deutsche Meisterschaft und schrieb zwei Jahre später Sportgeschichte. Als souveräner Gewinner der damals noch üblichen gesamtdeutschen Ausscheidungen über 100 und 200 Meter fuhr er zu den Olympischen Spielen nach Tokio und erreichte dort sensationell den Endlauf über 100 Meter. Zwar belegte er dann nur Platz fünf, war damit jedoch schnellster Weißer und bester Europäer in diesem ansonsten von schwarzen Sprintern dominierten Wettbewerb.

Im Verlauf der 1960er Jahre erloschen jedoch die Sterne der Bremer Leichtathletik allmählich. Das lag weniger an fehlenden Talenten als vielmehr daran, dass sich die strukturellen Bedingungen in Deutschland geändert hatten. Spitzenleistungen gab es nicht mehr zum Nulltarif, vor allem von Wirtschaftsunternehmen finanziell gestützte Vereine wie Bayer Leverkusen und Salamander Kornwestheim holten die besten Athleten in ihre Clubs. Sie lockten mit Studienbeihilfen, großzügigen Spesen und gut bezahlten Jobs. In Bremen hätte Werder vielleicht mithalten können beim Wettbieten um Leichtathletikstars, aber seit 1963 gab es die Fußball-Bundesliga und damit das Berufsspielertum – und der Verein konzentrierte sich auch wirtschaftlich ganz auf den Fußball. Alle anderen Abteilungen mussten sich nahezu aus eigener Kraft finanzieren. So blieb es gegen Ende des Jahrzehnts bei einigen guten Ergebnissen sportlich talentierter Jugendlicher (Werner Dressel, Holger Knie), deutsche Meister jedoch wurden nicht mehr an der Weser trainiert.

Werder Meister wie Phönix aus der Asche

1961 hatten die Freunde des Bremer Fußballs erstmals Grund zum Feiern. Werder gewann in der Schalker Glückaufkampfbahn das Pokal-Finale gegen den 1. FC Kaiserslautern mit 2:1. Überragender Werderaner war Nationalspieler Willi Schröder, der auch eines der Tore erzielte. Der Erfolg war ebenso das Verdienst von Werders Trainer Georg Knöpfle. Der war 1958 nach Bremen gekommen und sorgte dafür, dass der Schlendrian der Jahre zuvor allmählich verschwand. »Knopf« kommandierte im Feldwebel-Ton, und allmählich änderte sich die Einstellung der Mannschaft. Knöpfle brachte der Mannschaft Disziplin bei und ebnete so Werder den Weg in die Elite des deutschen Fuß-

balls. Als zwei Jahre nach dem Pokalsieg die Fußball-Bundesliga eingeführt wurde, bestand kein Zweifel: Die Bremer gehörten zu den 16 Klubs der ersten Stunde. Georg Knöpfle allerdings hatte beim 1. FC Köln größere Perspektiven gesehen als bei Werder und war vor Saisonstart an den Rhein gewechselt, womit er wohl die persönlich richtige Entscheidung gefällt hatte: Die Kölner wurden 1964 der erste Meister der Fußballneuzeit.

Der zweite Meister allerdings hieß schon Werder Bremen, was lokale Öffentlichkeit und überregionale Fachwelt gleichermaßen sehr verwunderte. Denn Werder war als völliger Außenseiter in die Saison 1964/65 gestartet und hatte zudem mit Willi »Fischken« Multhaup einen über 60-jährigen Trainer von nur mäßigem Ruf. Doch »Fischken« war ein Fuchs. Während einer USA-Reise der Bremer vor Saisonbeginn verpasste Multhaup den Bremern ein taktisches Korsett, an dem sich bald nahezu jeder Gegner die Zähne ausbeißen sollte. Denn jenseits des großen Teiches erfand Multhaup für seine Mannschaft den

»Libero« – jenen Spielertyp, der einige Jahre zuvor in Italien für Furore gesorgt hatte. Libero, das bedeutet »freier Mann«, und der hieß bei Werder Helmut Jagielski. Von allen Bewachungsaufgaben in der Abwehr entbunden, spielte »Jackl« hinter dem Bremer Mittelfeld als Auffangstation und konnte schnell den Gegenangriff einleiten. Vorne hatte Werder mit Matischak, Zebrowski und Klöckner drei wieselflinke Angreifer, die für die erforderlichen Tore sorgten. Doch noch wichtiger war die Bremer Abwehr mit der Neuverpflichtung Horst-Dieter Höttges. Sie ließ in 30 Punktspielen nur 29 Gegentreffer zu: »Wenn wir 1:0 führten, hatten wir meistens auch schon gewonnen«, erinnert sich Nationalspieler Max Lorenz an jenes unvergessliche Jahr. Als die Mannschaft erst zwei Tage nach dem letzten Spiel in Nürnberg, das schon bedeutungslos gewesen war, in die Hansestadt zurückkehrte, war ganz Bremen trotz strömenden Regens auf den Beinen. Und auf dem Marktplatz ließen sich Klaus Matischak und Max Lorenz unter dem Jubel der Menge den Schädel kahl

Sportereignisse

15. Mai 1965 nach dem Abpfiff des letzten Saisonspiels der Werderprofis in Nürnberg. »Wer glaubt an Spuk und Geister? Werder Meister!«, lautete der Spruch der Stunde, als die Mannschaft zwei Tage später als neuer Deutscher Meister am Bremer Hauptbahnhof ankam

rasieren. Das hatten sie im Fall der Meisterschaft versprochen.

Anschließend ging es nicht so großartig weiter. Multhaup verließ Werder in Richtung Borussia Dortmund, und in den nächsten Jahren hatten die Bremer bei den Verpflichtungen ihrer Trainer weniger Glück. Günter Brocker musste nach 20 Monaten gehen, ihm folgte Fritz Langer. Der führte Werder in einer begeisternden Aufholjagd zwar noch auf Platz zwei, im Jahr darauf jedoch musste er wegen seiner angegriffenen Gesundheit den Trainerjob aufgeben. Fritz Rebell führte Werder in die Abstiegsränge und verlor seinen Posten. Hans Tilkowski war der Nächste, überwarf sich jedoch im Jahr darauf mit der Mannschaft und ging von selbst. Bis mit Otto Rehhagel 1980 wieder Ruhe und Erfolg einkehren sollten, hatte Werder in 19 Jahren 15 Trainer verschlissen – kein Ruhmesblatt für den bekanntesten und erfolgreichsten Bremer Sportverein.

Aufstieg und Absturz der »Frösche«

Sie nannten sich »Frösche« und überall in Deutschland wussten in den 1950er Jahren

Schwimmsportinteressierte, wer gemeint war: Die Schwimmer des Bremer Schwimm-Clubs von 1885, kurz »BSC 85« genannt. Rund ein Jahrzehnt lang stellten die »Frösche« einen Rekord nach dem anderen auf und bestimmten so das Geschehen im deutschen Schwimmsport. Schauplatz war meist das Bremer Zentralbad. Denn dessen 25-Meter-Bahn galt – aus welchen Gründen auch immer – als sehr schnell. Die 54,5 Sekunden, die Wolfgang Baumann in jener Zeit über 100 Meter schwamm, waren Europarekord für Kurzbahnen und galten als Fabelzeit.

Der Vater der »Frösche« hieß Karl-Walter Fricke, der wie sein Vater Karl Fricke Architekt und an mehreren Umbauten des Weser-Stadions beteiligt war. Fricke begann seine Laufbahn im BSC 85 als Trainer. Er ließ seine Schützlinge härter und länger üben als damals üblich, und mit den ungewöhnlich vielen Trainingskilometern stellten sich bald Erfolge ein. Wolfgang Baumann, Horst Bleeker, Hans Hirsch, Uli Rademacher – das waren die ersten Fricke-Schützlinge, die deutsche Meistertitel an die Weser holten. Doch Fricke wollte, dass sich seine Schwimmer auch international bewähren. Dieser Gedanke gab auch den An-

Die fünf 25-Meter-Bahnen im Bremer Zentralbad am Richtweg galten als besonders schnell. Die Schwimmer der »Frösche« siegten hier regelmäßig und brachen dabei zahlreiche Rekorde

stoss dafür, das »Internationale Schwimmfest des BSC« ins Leben zu rufen. Es war vor allem in den 1960er Jahren das herausragende Schwimmereignis des Winters in Deutschland und stets namhaft besetzt. Der Etat der Veranstaltung stieg von Jahr zu Jahr, und selbst die Stars aus den USA starteten im Zentralbad am Richtweg. Fricke, inzwischen auch Vorsitzender des BSC 85, nutzte die Fördermittel des Deutschen Schwimm-Verbandes, konnte sich über tagelange Fernsehübertragungen freuen und fand weitere Sponsoren.

Am 28. Januar 1966 allerdings wurde das »Internationale« von einem schweren Unglück erschüttert: Neun Mitglieder der italienischen Schwimm-Nationalmannschaft kamen auf dem Bremer Flughafen zusammen mit allen anderen Insassen ums Leben, als ihre Maschine bei der Landung verunglückte (s. S. 590). Dennoch stiegen am nächsten Tag die Teilnehmer wieder auf die Startblöcke.

Hansa-Vierer Europameister

Kaum war die große Zeit der Vegesacker Ruderer Manchen/Heinhold, die neben ihrer Silber-medaille 1952 in Helsinki auch drei deutsche Meistertitel holten, vorbei, da setzte ein anderes Bremer Boot zum internationalen Höhenflug an. Beim BRC Hansa hatten Georg Niermann, Friedrich Arfmann, Heinz-Werner Kollmann und Albrecht Wehselau mit Steuermann Gerd Jürgenhering zu einem schlagkräftigen Vierer zusammengefunden, der 1958 die deutsche und anschließend in Posen auch die Europameisterschaft gewann.

Die Bremer galten als die technisch beste deutsche Rudermannschaft. Dass sie schließlich zerbrach, lag an einem hausgemachten Problem. Ihr Trainer Wilhelm Penner setzte auf Technik und hielt wenig von speziellem Kraft- und Konditionstraining. Zur gleichen Zeit allerdings sorgten die revolutionären Trainingsmethoden des Ratzeburgers Karl Adam, in deren Mittelpunkt eben Kraft und Kondition standen, schon für Aufsehen. Die Bremer Ruderer machten Intervalltraining und Langstreckenarbeit ausschließlich in Eigenregie, verbunden mit Hantel-Übungen. Das ging auf die Dauer nicht gut, 1959 löste sich die Mannschaft in der ursprünglichen Besetzung auf. Niermann und Wehselau stiegen für die olympischen Spiele 1960 in einen anderen Vierer,

Sportereignisse

Der erfolgreiche »Hansa-Vierer« mit Steuermann in Aktion

lässigen. Denn in Bremen und Bremerhaven gab es in den ersten zwei Jahrzehnten nach Kriegsende keine wettkampfgeeigneten Eisstadien, jedoch vorzügliche Rollkunstbahnen, auf denen die Talente trainieren und sich entwickeln konnten. Und wie sie sich entwickelten: In Bremerhaven, wo 1954 hinter dem Bürgerpark ein modernes Rollsportstadion eingeweiht wurde, machte bereits zwei Jahre später ein Zwölfjähriger von sich reden: Volker Thies entthronte zur Überraschung aller den damaligen Landesmeister Hans-Jürgen Schamberger, der in jenen Jahren zur deutschen Spitzenklasse zählte und einige Jahre später als Paarläufer auf Eis und Rollen mit der Bremerin Martha Volk nochmals Deutscher Meister wurde. Doch 1956 hatte ihm Volker Thies als Einzelläufer bereits den Rang abgelaufen. Thies durfte sich drei Jahre später zwar zur Weltklasse zählen, Weltmeister wurde er allerdings nie, hingegen fünfmal Vizeweltmeister. Denn es gehörte zur sportlichen Tragik dieses großartigen Rollkunstläufers, dass er stets Läufern aus den süddeutschen Hochburgen Mannheim und Heilbronn den Vortritt lassen musste: Mal hieß der Weltmeister Karl-Heinz Losch, mal Hans-Günter Dahmen, für den Bremerhavener blieb stets nur Platz zwei.

Das sollte sich aus Bremer Sicht ändern, als Astrid Bader, eine frühere Rollschnellläuferin, von Berlin nach Bremerhaven umsiedelte. Sie gewann neben diversen nationalen Titeln viermal, von 1965 bis 1968, die Weltmeisterschaft in der Einzeldisziplin, wechselte anschließend ins Trainerfach und hatte dort ähnlichen Erfolg: Ihr Schützling Michael Butzke holte später vier Weltmeisterschaften.

In Bremen wurde einige Jahre später als in Bremerhaven ein Rollsportstadion in der Pauliner Marsch gebaut, sodass auch weseraufwärts die äußeren Voraussetzungen für den Sport gegeben waren. Der Hauptgrund für den bald einsetzenden Erfolg war, dass die Weltmeister auf Kufen und Rollen, das Ehepaar Sigrid und Günter Koch, ihren Wohnsitz von Hannover nach Bremen verlegten und dort ins Trainerfach einstiegen. Sie wollten die

hatten dabei aber wenig Erfolg. Erst sieben Jahre später machten Bremer Ruderer wieder international von sich reden: Jochen Heck und Volkhardt Buchter vom BRC Hansa taten sich mit zwei Emdern zusammen und erreichten mit ihnen bei Olympia 1968 in Mexiko den Endlauf im Vierer ohne Steuermann und hatten zuvor zweimal die deutsche Meisterschaft gewonnen.

Weltmeister auf Rollen

Der Verband nennt sich »Eis- und Rollsportverband«, doch das Eis lässt sich – was die sportlichen Erfolge angeht – getrost vernach-

Aufschwung im Tanzen

Möglichkeit nutzen, am Neuanfang mitzuwirken, und taten dies mit großem Erfolg: In der Pauliner Marsch entwickelte sich eine starke Rollsportszene, getragen von den beiden Vereinen Bremen 1860 und BERG (Bremer Eis- und Rollsportgemeinschaft). Zu den Talenten gehörte damals übrigens auch ein junges Mädchen namens Brigitte Seebacher, dessen Bruder Wendelin die Rollkunstlauf-Abteilung von 1860 leitete. Irgendwann war das Rollkunstlaufen jedoch Nebensache für Brigitte Seebacher – als dritte Ehefrau des Bundeskanzlers Willy Brandt erlangte sie später Popularität. Erfolgreichste Bremer Rollkunstläuferin jener Jahre war Barbara Christmann, die 1966 Vizeweltmeisterin wurde – hinter der Bremerhavenerin Astrid Bader.

Kurzer Handball-Höhenflug

Mit dem TV Grambke, dem TV Mahndorf, dem ATSV Habenhausen und auch der SG Oslebshausen spielten in den 1950er und 1960er Jahren viele gute Bremer Handballmannschaften, selten aber eine überragende. Eine wirklich überregionale Rolle glückte nur dem TV Grambke, der ab Ende der 1960er Jahre vor allem dank seines rührigen Managers Dettmar von Salzen kurzfristig den Sprung in die erste Bundesliga schaffte. Grambke sorgte für überschäumende Handball-Begeisterung an der Weser.

Die Bremer Stadthalle war häufig ausverkauft, wenn Harjes und Lankenau gegen Spitzenklubs wie Gummersbach oder THW Kiel auf Torjagd gingen. Doch Handball war auch schon in jenen Jahren kein Amateursport mehr. Gute Spieler kosteten Geld – mehr Geld, als durch Zuschauereinnahmen aufzubringen war. Und so war Bremen im Handball schnell wieder Provinz, obwohl mit Hinrich »Hinni« Schwenker einer der erfolgreichsten deutschen Handballer beim ATSV Habenhausen spielte. 1952 trat er erstmals für die Nationalmannschaft an, für die er in 76 Länderspielen 212 Tore warf. Er nahm viermal an Hallenwelt-

meisterschaften teil und wurde 1959 Weltmeister im Feldhandball.

Aufschwung im Tanzen

Das Ehepaar Ursula und Detlev Hegemann hatte den Anfang gemacht und damit die Initialzündung für den weiteren Aufschwung des Tanzsports an der Weser gegeben. Die beiden

Mit dem Bau des Rollsportstadions 1955/56 in der Pauliner Marsch etablierte sich auch in Bremen Stadt die in Bremerhaven bereits erfolgreich betriebene Sportart

Dauersieger bei den Amateuren im Standardtanz: das Ehepaar Hegemann. Foto 1957

Sportereignisse

In der Stadthalle auf der Bürgerweide wurde am 7. Januar 1965 das erste »Bremer Sechstagerennen« gestartet

Hegemanns waren von 1952 bis 1957 Deutsche Meister und 1954/55 Europameister der Amateure im Standardtanz. Ihnen folgte das Ehepaar Anneliese und Günter Meinen, später auch noch Renate und Günter Renz sowie die Ehepaare Willems und Forstmann. Alle gehörten zur deutschen Spitzenklasse und holten zahlreiche Meistertitel nach Bremen. Detlev Hegemann wurde 1962 Gründungspräsident des Deutschen Tanzsportverbandes (DTV) und 1965 Präsident des Internationalen Tanzsportverbandes (IDSF). Nach Ende der aktiven Laufbahn begann er, wie auch Günter Meinen, sich intensiv in der Bremer Verbandsorganisation zu engagieren.

Blick auf die moderne Anzeigetafel über der Kurve

Sechstagerennen und Kunstradfahren

1965 wurde in der Bremer »Stadthalle« das erste Bremer Sechstagerennen angeschossen. Jährlich wiederholt, etablierte sich die Veranstaltung bald unter den großen ihrer Art, auch international. Die Besucherzahlen übertrafen noch in den 1960er Jahren die 100.000-Marke, und alle auf den internationalen Winterbahnen angesehenen Fahrer starteten auch in Bremen. Der Hallendirektor Hans Claussen und sein sportlicher Leiter Otto Weckerling erkannten, dass es mit den besten Radrennfahrern der Welt alleine nicht getan war und erweiterten von Jahr zu Jahr das begleitende Schauprogramm, und es kam das Wort auf vom »Freimarkt im Januar«.

Doch es gab in der Hansestadt auch eine Form des Radsports, in der es nicht um Geschwindigkeit ging: In Hemelingen und vor den Toren der Hansestadt, in Schwanewede, erlebte das Kunstradfahren einen Boom. Edith Manthey holte von 1961 bis 1965 dreimal Silber und einmal Bronze bei den Deutschen Meisterschaften im Einer-Kunstradfahren, die Schweweder waren im Sechser-Reigen stark.

Peter Gerber, der Box-Stilist

In den 1960er Jahren war die Hansestadt Bremen eine Hochburg des Amateurboxsports. TURA, die SV Hemelingen, Heros und vor

Peter Gerber, der Box-Stilist

allem der Polizei SV hatten erstklassige Kämpfer und Trainer und schickten starke Staffeln in die Turniere. Der bekannteste und auch erfolgreichste Coach war wohl Otto Lindner, ein besessener Vertreter des Boxsports. Er hatte das Glück, beim Polizei SV mit Peter Gerber ein großes Talent in die Hände zu bekommen. Gerber passte nicht so recht in das Klischee des Boxsports, der seine großen Talente meist aus den mittleren und unteren Schichten der Bevölkerung bezog. Er besuchte das Gymnasium, machte ein ordentliches Abitur und wusste frühzeitig, was er werden wollte: Polizei-Offizier. Das Boxen, vor allem die Kunst der Selbstverteidigung mit technischen Mitteln, faszinierte ihn, und er begann beim Polizei SV zu trainieren. Otto Lindner erkannte bald, welch einen ungeschliffenen Edelstein er da erhalten hatte, und baute Gerber langsam und sorgfältig auf. Mit großem Erfolg: Vor allem dank seiner brillanten Technik wurde Gerber von 1964 bis 1967 viermal hintereinander Deutscher Meister im Halbschwergewicht. Der Bremer schlug die Gegner nur selten k.o. – er boxte sie vielmehr schulmäßig aus. Und das funktionierte auch bei zwei Europameisterschaften, zumindest bis zum Finale. Dort traf er zweimal hintereinander auf den Russen Dan Posnjak, einen ähnlich guten Techniker, der dem Bremer jedoch in puncto Kampf- und Schlagkraft überlegen war. So blieb es bei zwei Vize-Europameisterschaften, danach beendete Gerber seine sportliche Laufbahn abrupt. Und auch allen, die meinten, eine Persönlichkeit wie er sei geeignet für Funktionärs-Aufgaben, gab er einen Korb: Gerber wurde Polizeibeamter und blieb es bis zu seiner Pensionierung im Rang eines Polizeidirektors.

Peter Gerber war der überragende, doch nicht der einzige Bremer Boxer mit überregionalen Meriten. Die Liste beginnt mit dem früheren Oldenburger Hein ten Hoff, der später für den BFC Heros in Bremen boxte und nach dem Krieg als Profi Karriere machte: Hein ten Hoff, ein Zwei-Meter-Hüne, schaffte es bis zur Schwergewichts-Europameisterschaft. Als Deutscher Meister sorgte der deutlich kleiner gewachsene Albert Schweigert für Schlagzeilen.

1964, als die deutschen Amateur-Meisterschaften in der Bremer Stadthalle stattfanden, holte sich der bereits 35 Jahre alte Schweigert seinen ersten Titel im Leichtgewicht, ein Jahr später verteidigte er ihn erfolgreich. Zwei weitere Namen gehören zur Bremer Nachkriegsgeschichte des Boxsports: Franz Szüzina, ein starker Halbschwergewichtler, der vor allem als Berufsboxer in den USA noch Karriere machte. Und Jack Wagenknecht, der zweifellos deutsche Spitzenklasse war, jedoch nie einen Titel gewann. Und dies Pech blieb ihm auch später treu, als er die Sportart gewechselt hatte und einer der besten deutschen Kanusegler geworden war.

Boxtrainer Otto Lindner mit seinem erfolgreichsten Schützling: Peter Gerber wurde 1965 und 1967 Vize-Europameister der Amateure im Halbschwergewicht

KULTUR 1952 – 1969

Lutz Liffers

Der Weg in die Nachkriegs-moderne

Der legendäre Ausspruch Bürgermeister Kaisens »Die Häfen zuerst« pointiert auch die Haltung der Bremer Politik zur Kultur. Aufbau der Wirtschaft, Demokratie und Westintegration waren für diejenigen, die den Nationalsozialismus erlebt hatten, die vordringlichen Ziele ihrer Politik. Kultur und Künste galten dagegen entweder als Mittel zum Zweck oder aber waren zweckfrei dem Schönen, Guten und Wahren zugeordnet.

Die sozialdemokratische Ära Kaisen unterschied sich in dieser Hinsicht nur wenig von der Kulturpolitik des Adenauerstaates. Die Zeit war geprägt von einem geradezu atemberaubenden Strukturwandel von der industriellen zur sich anbahnenden postindustriellen Moderne. Kultur spielte in den 1950er Jahren die Rolle einer fröhlichen oder feierlichen, meist affirmativen Begleiterin in eine von Wachstum und Wohlstand geprägte Zukunft. Thomas Manns 1939 verfasster Essay »Bruder Hitler«, die radikale und schmerzhafte Abrechnung mit den Folgen der Machtanmaßung von Kunst, wurde nach 1945 heftig angefeindet, skeptische Töne wurden vor dem heiteren Optimismus des »Wirtschaftswunders« marginalisiert.

Als der Sozialpsychologe Alexander Mitscherlich in seinem bahnbrechenden Essay von der »Unfähigkeit zu trauern« sprach, charakterisierte er damit präzise den auf eine »bessere Zukunft« verengten Blick der Deutschen und die damit verbundene fortschreitende Tabuisierung des Nationalsozialismus. Der rasche Neubau der zerstörten Städte im Gelassenheit und Eleganz ausstrahlenden Geist der Zweiten Moderne, die historisch noch nie da gewesene Ausweitung des Wohlstands auf fast alle Bevölkerungsschichten, die Entstehung von Massenkonsum und Massentourismus krempelten auch Kunst und Kultur gründlich um. Der Koreakrieg 1950–53 beschleunigte und verfestigte die unterschiedlichen künstlerischen Entwicklungen in Ost und West und führte in Westeuropa zur Durchsetzung der abstrakten Kunst und der nachholenden Moderne als »westliche, freiheitliche Kunst« im Gegensatz zum politisch motivierten Realismus in der DDR und den anderen Staaten des Ostblocks.

Nach der »Inkubationszeit« (Jürgen Habermas) der 1950er Jahre erlebten die Zeitgenossen in Westdeutschland ab Anfang der 1960er Jahre eine radikale Politisierung des Theaters, der Literatur und der bildenden Kunst. Unter dem Eindruck von Massenkonsum und Warengesellschaft verwischten die Grenzen zwischen Pop, Kult, Design, Unterhaltung, Konsum und Kunst immer mehr und verzahnten sich bildende Kunst, Literatur, Theater und Film in nie gekannter Intensität. Viele Künstler wurden zu Vorreitern einer radikalen Aufarbeitung der nationalsozialistischen Vergangenheit und zum kritischen Gegensprecher einer saturierten Wohlstandsgesellschaft. Rolf Hochhuth, Peter Weiss, Heinar Kipphardt, Heinrich Böll, Günter Grass und Max Frisch wurden in Bremen ebenso diskutiert, wie man erstaunt die neueren Entwicklungen in der bildenden Kunst wahrnahm, die sich mit den Namen Joseph Beuys, Georg Baselitz, Eugen Schönebeck, Markus Lüpertz, Gerhard Richter, Wolf Vostell verbanden und über die noch Ende der 1960er Jahre der »Vater des Wirtschaftswunders« Bundeskanzler Ludwig Erhard bemerkte, es handele sich um »unappetitliche Entartungserscheinungen der modernen Kunst« und Künstler seien »ganz kleine Pinscher«.

Zu Erhards Zeiten waren es vor allem das Bremer Theater und die Schüler- und Studentenbewegung ab Mitte der 1960er Jahre, die in Bremen eine kulturelle Revolte entfachten, an deren Ende von der Kultur der 1950er Jahre wenig übrig geblieben war.

Bremer Stil – kulturpolitisch

Im Dezember 1949 wurde Eberhard Lutze gegen das Votum der bürgerlichen Parteien als Oberregierungsrat Kulturreferent beim für

Linke Seite: Shakespeare's »Hamlet« in der Regie Kurt Hübners mit stark reduziertem Bühnenbild hatte am 21. September 1965 Premiere im Theater am Goetheplatz

Der Weg in die Nachkriegsmoderne

Eberhard Lutze, 1952 bis 1973 verantwortlich für die staatliche Kulturarbeit Bremens, Foto Juni 1968

Die 1953 eröffnete Schule an der Brokstraße von Bernhard Wessel zeigt »Kunst am Bau«: eine stilisierte Landkarte Nordwestdeutschlands

Kultur zuständigen Senator für Schule und Erziehung und prägte über zwei Jahrzehnte die Kulturverwaltung Bremens. Der Kunsthistoriker Lutze hatte im Nationalsozialismus als Kurator im Germanischen Nationalmuseum Nürnberg seine Karriere mit dem Raub von Kulturgütern begründet: Er war 1941 maßgeblich an der Entführung des Veit-Stoß-Altars aus der Krakauer Marienkirche nach Nürnberg

beteiligt, wo die kostbare Arbeit die St.-Lorenz-Kirche zum »Staatsdom« adeln sollte. Schon vorher hatte der seit 1939 der NSDAP angehörende Lutze u.a. in wissenschaftlichen Abhandlungen die »Verpolung« und »Verjudung« Krakaus beklagt, unbequeme Künstler behindert und im besetzten Frankreich »belastende Käufe« (gemeint sind illegal beschaffte Kulturgüter) getätigt.

Mit den Stimmen der Bremer SPD und der KPD wurde Lutze nur wenige Jahre später verantwortlich für die Kultur der Freien und Hansestadt Bremen und begann eine zweite Karriere, die erst 1973 mit dem Ruhestand endete. Die Sozialdemokraten wussten um seine Vergangenheit, wollten sich aber nicht nachsagen lassen, besonders eifrig »Mitläufer« zu verfolgen, und setzten auf den Fachmann für Hochkultur. Lutze selbst verstand sich als »ehrlicher Makler zwischen Traditionstreue und Weltoffenheit« und pflegte gute Kontakte zu Kulturinstitutionen und vielen freien Künstlern.

Allerdings hatte Lutzes »Weltoffenheit« deutliche Grenzen: Die 1952 wiederaufgenommene Künstlerförderung und die Ankäufe für öffentliche Gebäude kamen nur denjenigen bildenden Künstlern zugute, die sich mit unverfänglichen Sujets beschäftigten, »die man in seiner privaten Häuslichkeit nicht so groß reflektieren und dechiffrieren musste, sondern die wenigstens dort in alter Unbefangenheit Herz und Hirn erfreuten«, so der damalige Mitarbeiter der Kulturverwaltung Hermann Faltus.

Auch im Museumswesen war Lutze kein Mann (selbst)kritischer Aufarbeitung und konzeptioneller Neuorientierung. Der Erhalt oder Wiederaufbau der Sammlungen in den Museen und die Etablierung eines funktionierenden Kulturbetriebes genossen für ihn Priorität.

Eberhard Lutze setzte 1952 das Bundesprogramm Kunst am Bau auf Länderebene um, mit dem sich die öffentliche Hand verpflichtete, ein Prozent (später zwei Prozent) der Bausumme öffentlicher Gebäude für den

Ankauf von Kunstobjekten auszugeben. Kritiker bemängelten die Hinwendung zu einer zweckfreien ornamentalen Kunst, die mehr affirmative Dekoration des Wiederaufbaus war als kritische Reflexion und Gestaltung der im Aufbauboom neu entstandenen urbanen Räume.

Kulturpolitisch hatte Lutze freie Hand, sahen die Sozialdemokraten doch die politische und wirtschaftliche Gestaltung Bremens als ihre vornehmliche Aufgabe an und überließen die Kultur den »Bürgerlichen«. Der in den Jahren 1951 bis 1965 für den Bereich Kultur zuständige Bildungssenator Willy Dehnkamp, ein von den Erfahrungen im Nationalsozialismus geprägter überzeugter Antifaschist und Sozialdemokrat, sah seine Schwerpunkte deshalb eher auf den klassischen sozialdemokratischen Feldern des Schul-, Volkshochschul- und Bibliothekswesens.

Auch als Dehnkamp 1965 Bürgermeister wurde und sein Ressort an Moritz Thape abgab, blieb Lutze im Amt.

Dem Bildhauer Gerhard Marcks war Lutze aufgrund dessen NS-Vergangenheit derart verhasst, dass Marcks sich weigerte, den Kulturdezernenten als Präsidenten der neu gegründeten Gerhard-Marcks-Stiftung zu akzeptieren. Schließlich betrieb Lutze die Demontage des Theaterintendanten Kurt Hübner, der dem Bremer Theater internationalen Respekt verschafft hatte und mit Bremer Produktionen zu den wichtigsten internationalen Theatertreffen eingeladen wurde.

Jedem Bremer sein Buch

Im Herbst 1945 hatte der 34-jährige Werner Mevissen die Leitung der Volksbücherei mit einer klaren Vision begonnen: Anknüpfend an die Tradition der Arbeiterbewegung der 1920er Jahre wollte er eine nie da gewesene Versorgung aller sozialen Gruppen mit Literatur und Sachbüchern erreichen. Mit 730.000 ausgeliehenen Bänden und 80 Mitarbeitern Mitte der 1950er Jahre war die Bibliothek zu einer der

größten Kulturinstitutionen der Stadt geworden, von einer flächendeckenden Versorgung der Stadt konnte allerdings noch keine Rede sein.

Konsequent wurde das Netz der Stadtbibliotheken ausgebaut, die meisten davon als Freihandausleihe, mit der Mevissens Vorgänger Kurd Schulz schon im Jahr 1939 in der Neustädter Bibliothek experimentiert hatte. Die zeitgenössische Presse bejubelte den neuen Stil in den Bibliotheken. 1951 schrieb

Die Außenstellen der Volksbücherei Vor dem Steintor und Gröpelingen (unten) in den 1950er Jahren

Der Weg in die Nachkriegsmoderne

Hellmut Schnackenburg beim Dirigieren. 1951 endete seine Tätigkeit als Generalmusikdirektor, bis 1969 blieb er Leiter der Musikhochschule (seit 1965 »Konservatorium der Freien Hansestadt Bremen«)

Rechts: Sängertreffen auf dem Domshof am 25. Mai 1965

die »Norddeutsche Volkszeitung«: »Wer die neu eröffnete Freihandbücherei betritt, wird kaum vermuten, daß das der gleiche Raum ist, in dem bisher die Grohner Volksbücherei untergebracht war. [...] Anstelle der mit Kreide bestrichenen Schaufenster findet man jetzt helle Scheiben mit halb hohen Vorhängen, und das Innere ist ein Schmuckkasten geworden, der nichts mehr gemein hat mit den Leihbüchereien der alten Art. In den Regalen stehen die Bücher nicht mehr uniformiert in schwarzem, grauem oder grünem Kaliko eingebunden. Sie sind nicht mehr nur noch Nummer, sondern an den bunten Buchrücken stehen Verfasser und Titel. Alle Bücher leuchten so hell und freundlich, daß sie direkt zum Lesen einladen.«

1957 beschloss die Deputation für Kultur und Wissenschaft einen Zwanzigjahresplan für die städtische Bibliothek, mit dem in jedem Stadtteil eine Bibliothek, in jeder Schule eine Schulbibliothek und für jeden Bremer ein Buch zur Verfügung stehen sollte. Im gleichen Jahr wurde die neue Zentralbibliothek am Schüsselkorb eröffnet, die das Provisorium an der Parkstraße ablöste (s. S. 469). Am Ende der Aufbau- und Boom-Ära 1967 hatte Mevissen 33 Filialen der Volksbücherei aufgebaut.

Musikleben

Nach der Währungsreform wurde das Philharmonische Staatsorchester neu organisiert, unter dem neuen Geschäftsführer Rudolf Rothensteiner verbesserten sich die wirtschaftlichen und künstlerischen Verhältnisse. Eine neue Satzung regelte das Verhältnis zwischen Stadt und Philharmonischer Gesellschaft: Die Stadt finanzierte fortan das Orchester, dafür unterstellte sich die Gesellschaft der Prüfung durch den Rechnungshof. Der Dirigent des Staatsorchesters war gleichzeitig Dirigent der Oper.

Außerdem wurde erneut die Frage nach einem neuen künstlerischen Leiter aufgeworfen: Eine Findungskommission u.a. mit dem Intendanten des Theaters Willi Hanke und dem Kulturdezernenten Eberhard Lutze beschloss ein neues Intendantenmodell, wonach der künstlerische Leiter nicht auf Lebenszeit berufen werden, sondern alle fünf Jahre wechseln sollte. Am 1. September 1953 übernahm der 1893 geborene Paul von Kempen den neu gestalteten Posten als Generalmusikdirektor, verließ aber nach einem Konflikt mit dem Vorstand der Gesellschaft Bremen bereits wieder 1955.

Mit Hans Schmidt-Isserstedt übernahm daraufhin erstmals ein Musiker und Musikwissenschaftler von bundesweitem Rang die

»künstlerische Gesamtgestaltung« der Philharmonischen Konzerte in Bremen und entwickelte das Orchester zu einem überregional bedeutenden Ensemble. Erstaufführungen von Béla Bartók, William Fortner, Paul Hindemith, Alban Berg, Igor Stravinsky, Benjamin Britten, Sergej Prokofjew, Richard Strauss fallen in seine Zeit. 1957 gab er aus gesundheitlichen Gründen den Posten ab. Auch seine Nachfolger blieben nicht lange in Bremen.

1957 war überdies das Verhältnis zwischen Stadt und Philharmonischer Gesellschaft erneut Thema langwieriger Auseinandersetzungen: Die Stadt bezahlte zwar weiterhin das Orchester, das finanzielle Risiko musste die Philharmonische Gesellschaft zukünftig aber selbst übernehmen. Anstelle eines Generalmusikdirektors gab es fortan nur noch einen Chefdirigenten, der auch Chef des Orchesters war.

Die Dommusik lag nach dem Tod Richard Liesches 1957 und nach dem Interimschorleiter Wilhelm Evers in den Händen des 1911 in Bremen geborenen Hans Heintze, der die Kantorei bis 1975 leitete. Neben dem klassischen Repertoire mit Werken von Bach, Brahms und Händel suchte Heintze auch die Auseinandersetzung mit zeitgenössischer Musik wie Leoš Janáček, Paul Hindemith, Luigi Dallapiccola oder Nils Otto Raasted. Insbesondere als Organist genoss Heintze einen hervorragenden Ruf. Als Landeskirchenmusikdirektor suchte Heintze auch die Nähe zum Theater, wo er Glucks »Orpheus« musikalisch betreute. Mehrmals begleitete er Staatsorchester und Domchor nach Frankreich, wo beide Ensembles internationalen Erfolg hatten.

Auch Radio Bremen spielte nach der Währungsreform eine wichtige Rolle für das Bremer Musikleben. Zunächst hatte der Senat die Übergabe des Staatsorchesters an Radio Bremen geplant, musste dies aber aufgrund finanzieller Engpässe im Sender aufgeben. Stattdessen wurde das kleinere Radio-Bremen-Orchester mit 40 Musikern unter der Leitung von Theo Hollinger aufgebaut. Als 1949 Siegfried Goslich die Hauptabteilung Musik bei Radio Bremen übernahm, baute er das Unterhaltungsorchester zu einem professionellen

Das Philharmonische Staatsorchester beim Fototermin in der Glocke, 1957

Musikleben

Rundfunk-Symphonieorchester aus und startete 1952 die Reihe »Wege zur Neuen Musik«. 1958 löste Radio Bremen aus finanziellen Gründen sein Rundfunkorchester auf.

Radio Bremen: Zwischen Hafenkonzert und musica nova

Radio Bremen genoss bei seinen Hörern große Popularität. Dies verdankte der kleine Sender nicht nur dem für eine regionale Radioanstalt typischen Kolorit mit Reportagen zwischen Dom und Werft, Hafenkonzerten und Lokalnachrichten, sondern auch der ständigen Suche nach neuen Radioformaten, die unter notorischem Geldmangel und häufig unzureichenden Umständen produziert wurden. Anfang der 1950er Jahre wurden Hörspiele mitunter nachts aufgenommen, weil als Sprecher Schauspieler des Bremer Theaters fungierten, die nach dem letzten Vorhang ans Mikrofon eilten. Leiter der Hörspielabteilung war Gert Westphal, der später als Sprecher in unzähligen Hörspielen und Literaturlesungen deutschland-

weit berühmt wurde. Beliebt war auch Reporter Paul-Dieter Kümper, der durch die populären Hafenkonzerte bekannt wurde und 35 Jahre der Redaktion angehörte. Mit Hans Günther Oesterreich wurde ein Journalist und begeisterter Radiomann der erste Programmdirektor des Senders. Oesterreich strandete nach dem Kriegsende in Bremen und begründete mit dem Rundfunkbeauftragten der amerikanischen Militärregierung Edward E. Harriman den Sender an der Weser. Er arbeitete über 40 Jahre als Autor, Regisseur, Moderator und Sänger für Radio Bremen. Da Musik in den ersten Jahren live gespielt wurde, baute er ein kleines Orchester auf, für das er u.a. den Bassisten Hans Last gewinnen konnte, der später als James Last Karriere machte.

Von 1952 bis 1954 lief jeden Samstag die von ihm geschriebene Radio-Soap »Familie Meierdierks«, die sich zum Straßenfeger entwickelte: Zwei Drittel aller Bremer Radiohörer schalteten ein, wenn Mudder und Vadder Meierdierks mit vier Kindern, Tante und Onkel auf Sendung waren und das Alltagsleben im Bremen der 1950er Jahre zu Gehör brachten.

Der Sendesaal auf dem Radio-Bremen-Gelände kurz vor der Fertigstellung im Sommer 1952

Zwischen Hafenkonzert und musica nova

Das Hafenkonzert zu Gast in einer Halle der A.G. »Weser« im Juni 1963

Ende 1952 wurde der neue Sendesaal feierlich eröffnet. Über 50 Jahre diente das akustisch legendäre Studio zahllosen Liveübertragungen, Aufzeichnungen und Platteneinspielungen. Erster Höhepunkt war die 1953 produzierte Auftragskomposition »Anna Kraus« von Franz Reizenstein, im Sendesaal konzertierten aber auch Paul Hindemith, Oskar Sala, Olivier Messiaen, Mauricio Kagel und Hans Otte.

Mit Heinz Kerneck trat im Juli 1957 ein bundesweit anerkannter Journalist die Intendanz in Bremen an. Nicht zuletzt war es wohl seiner Persönlichkeit zu verdanken, dass es nun relativ zügig zu einer auskömmlichen Einigung mit dem NDR kam, die 1957 in dem intern geregelten Finanzausgleich aller ARD-Anstalten mündete und damit die zuvor gefährdete Existenz von Radio Bremen sicherte.

Kerneck profilierte den kleinen Sender auch kulturell mit mutigen Entscheidungen.

1959 engagierte der Intendant den 1926 geborenen Komponisten Hans Otte als Musikchef für Radio Bremen. Otte gründete die beiden epochemachenden Festivalbiennalen »pro musica nova« und »pro musica antiqua«. Gegen oft heftigen Widerstand der Rundfunkgremien gab Otte bei den damals weitgehend unbekannten Musikern John Cage, Karl Heinz Stockhausen, Mauricio Kagel, Lamonte Young, Terry Riley oder Hans-Joachim Hespos Arbeiten in Auftrag – mehr als 100 Kompositionen zeitgenössischer Musik wurden auf diese Weise von Radio Bremen ermöglicht. Otte engagierte auch Theodor W. Adorno und Ernst Bloch zu philosophischen Radiovorträgen und initiierte multimediale Arbeiten mit Künstlern wie Wolf Vostell oder Nam June Paik. So verschaffte Otte Radio Bremen international den Ruf eines Avantgarde-Senders der zeitgenössischen Musik.

Radio Bremen

Hans Günther Franz Otte

* 3.12.1926, Plauen
† 25.12.2007, Bremen

Der Komponist und Pianist wuchs bei Breslau auf und begann in den 1930er Jahren seine musikalische Ausbildung bei Bronislaw von Pozniak. Nach seinem Militärdienst in der Nähe von Kiel studierte Otte Komposition bei Kurt Rasch, Dirigieren bei Hermann Abendroth und bildende Kunst am Bauhaus in Dessau. 1950 studierte er Komposition bei Paul Hindemith in New Haven und später Orgel bei Fernando Germani in Siena. 1954–56 nahm er an Walter Giesekings Meisterkursen in Saarbrücken teil und arbeitete weiterhin mit Paul Hindemith zusammen. 1959 engagierte ihn Radio Bremen mit 32 Jahren als Musikchef der ARD-Anstalt, wo er die Festivals »pro musica antiqua« und »pro musica nova« konzipierte und begründete. Als Komponist war er von der Zweiten Wiener Schule und serieller Musik beeinflusst. Sein »Buch der Klänge« (1979–82) fand internationale Beachtung und gilt heute als ein »Klassiker« zeitgenössischer Musik. Seine jahrzehntelange Freundschaft mit John Cage führte ihn zu multimedialen Kompositionen: Mehr als 50 Klanginstallationen,- skulpturen, Licht- und Klangenvironments, Videos und 17 Musiktheaterstücke zeugen von der anhaltenden Kreativität des Künstlers. Otte lebte bis zu seinem Tod als Musiker und Intermediakünstler in Bremen.

Auch »pro musica antiqua« war ein Musikforum, das seinesgleichen suchte: Hier wurde – in Deutschland einmalig – mit historischer Aufführungspraxis experimentiert und so bedeutende Interpreten wie Safford Cape engagiert.

Die politische Geschichte Radio Bremens bis 1969 war geprägt von den Auseinandersetzungen zwischen den Bundesländern und der Adenauer-Regierung – die mit dem Deutschlandfunk ihren Anspruch unterstrich, direkten Zugriff auf die neuen Massenmedien zu haben. Mit der fast putschartigen Gründung eines zweiten Fernsehprogramms gegen den erbitterten Widerstand der Länder hatte sich Adenauer auch im Bereich des Fernsehens einen Staatskanal geschaffen. Radio Bremen spielte in diesen Auseinandersetzungen insofern eine besondere Rolle, als seit seiner Gründung die großen Anstalten NWDR (später NDR und WDR) und Bayerischer Rundfunk den Bremer Sender auflösen und damit ihren finanziellen Spielraum erweitern wollten.

Kurz vor seinem Tod im April 1968 zog Intendant Kerneck in einem Bericht an Bürgermeister Hans Koschnick noch ein bitteres Resümee seiner Erfahrungen mit den großen ARD-Anstalten, die es auf die Abschaffung Radio Bremens abgesehen hatten: »Meine persönliche Meinung ist, dass hier nachweislich verdiente Kulturinstitute geopfert werden sollen, damit Gelder an die dann noch übrig bleibenden Länder fließen können, mit anderen Worten: damit der Landtagsabgeordnete von Grevenbroich seiner Gemeinde aus dem genannten Kulturfonds eine Turnhalle schenken kann, um als wichtiger Mann wiedergewählt zu werden.«

Noch unter dem Intendanten Walter Geerdes ließ sich Radio Bremen 1952 einen Etat zur Entwicklung eines Fernsehsenders genehmigen, gegen den Widerstand zweier Rundfunkräte, die »auf Grund ihrer in Amerika auf diesem Gebiet gesammelten Erfahrungen der Auffassung sind, dass das Fernsehen keine Bereicherung unseres kulturellen Lebens darstellt, sondern im Gegenteil eine große Gefahr bedeutet, vor allem für unsere Jugend«. Unbeirrt ließ Geerdes ein kleines Fernsehstudio und ein Filmteam aufbauen. Als jedoch am 1. November 1954 die ARD ihr eigenes Fernsehprogramm startete, trug Radio Bremen zunächst nichts zum Programm bei.

Erst Ende 1957 beteiligte sich RB am täglichen 30-minütigen Regionalprogramm des
NDR. 1958 strahlte der Bremer Sender seine
erste Abendsendung aus. Vier Jahre später war
der Bremer Anteil am ARD-Programm auf
bescheidene drei Prozent gestiegen. Gemeinsam mit dem NDR und SFB startete Radio
Bremen im November 1964 das eigenständige
dritte Fernsehprogramm Nord 3. 1967 bezog
das RB-Fernsehen das neue Studiogelände an
der Hans-Bredow-Straße in Bremen-Osterholz.

Obwohl Radio Bremen als kleinste ARD-
Anstalt nur über geringe Kapazitäten verfügte,
verbinden sich mit Radio Bremen Fernsehen
viele große Namen wie James Last, Hans-
Joachim Kulenkampff, Peter Frankenfeld und
Rudi Carell, dessen »Rudi Carell Show« am
25. Oktober 1965 erstmals in Bremen produziert wurde.

»Besitz und Aufgabe« – die Bremer Museen

1960 beschäftigte sich Eberhard Lutze in einer
von Alfred Faust herausgegebenen Aufsatz-
sammlung unter dem Titel »Besitz und Aufgabe« mit der Entwicklung der Bremer Museen.
Insbesondere das ehemalige Reichskolonial-
museum, 1952 vom Senat in Übersee-Museum
umbenannt, lobte Lutze als eines der modernsten Deutschlands. Er schrieb von dem Bremer
»Kolonialpionier« Adolf Lüderitz, lobte die
Arbeit Hugo Schauinslands, ohne freilich dessen stille Entfernung aus dem Amt durch die
Nationalsozialisten mit nur einem Wort zu
erwähnen, und hob besonders die Ausstel-
lungskonzeption hervor: »Im Aufbau, der Art
der Darbietung und der temperamentvollen
Gruppierung der ausgedehnten Sammelgebiete
ist es [...] eines der modernsten und ›interessan-
testen‹ Museen Europas.«

Tatsächlich jedoch nahm das Museum
nach 1945 keine konsequente konzeptionelle
Neuausrichtung vor. Zwar war die »rassekund-
liche« Abteilung zerstört und wurde nicht wieder aufgebaut, die Sammlung länderspezifisch
neu sortiert, doch bekam die von Schauins-
land in den 1920er Jahren richtungsweisend
konzipierte Ausstellung mit Dioramen und
nachgebauten Szenen in den 1950er Jahren
den faden Beigeschmack einer rein exotischen
Zurschaustellung der Völker der Welt. Bis Anfang der 1960er Jahre kamen jährlich 200.000
Besucher, um hier u.a. »Neger«, »Eskimos«
und »Indianer« zu bestaunen oder sich durch
eine stolze Bremer Handels- und Heimatge-
schichte führen zu lassen.

Das Übersee-Museum in
den 1960er Jahren: Der
berühmte Bremer Grönland-
wal und eines der Groß-
dioramen im Lichthof

Die Museen

Gleichzeitig profilierte sich die Institution immer wieder auch mit spezifischen Bremer Themen, wie mit den Wechselausstellungen »Bremische Forscher in Übersee« (1953), »Bremen und die Völkerkunde« (1954) und »Was das Museum dem Norddeutschen Lloyd verdankt« (1957) oder der 1951 neu eingerichteten tabakkundlichen Sammlung und den Ausstellungen zur »Rettung Schiffbrüchiger«, zur Bremer Hafengeschichte und zum Bremer Walfang.

1951 wurde Helmut O. Wagner neuer Direktor des Museums. In seine Amtszeit fällt die Wiederaufnahme geographisch-ethnologischer Forschungsreisen. Eine erste einjährige Forschungsreise 1952 führte den Leiter der zoologischen Sammlung Helmut Knipper nach Ostafrika. Anfang 1952 reiste der stellvertretende Direktor Herbert Abel in die ehemalige deutsche Kolonie Südwestafrika (Namibia), die zu diesem Zeitpunkt vom Apartheidsregime in Südafrika völkerrechtswidrig besetzt war. Neben voreuropäischen Artefakten wandte man sich verstärkt zeitgenössischer Volkskunst zu, wie 1961 einer Ausstellung von Kunst aus Zentralafrika. Mit der 1964 gezeigten Sonderausstellung »Indien – Gesicht eines Entwicklungslandes« rückten erstmals moderne Probleme in den Beziehungen Europas zur »Dritten Welt« in den Blickpunkt.

Modell für den Neubau des Focke-Museums, 1959

Mit dem Dienstantritt des neuen Direktors Hermann Friedrich im Juli 1962 veränderte sich das Übersee-Museum weiter. Friedrich, der als Direktor das Institut für Meeresforschung in Bremerhaven zu einer anerkannten Forschungsstätte entwickelt hatte, widmete sich im Übersee-Museum vornehmlich dem Ausbau der naturwissenschaftlichen Schausammlungen und verlagerte damit weiter den Schwerpunkt von der Forschungseinrichtung zum Museum. Doch die weltpolitischen Entwicklungen wurden im Übersee-Museum weiterhin eher am Rande thematisiert. Während in den Lichthöfen des Museums Zehntausende von Besuchern Einblick in verschiedene Kulturen erhielten, hatten in Simbabwe und Sambia (Rhodesien) schon die antikolonialen Befreiungskriege begonnen, ANC und SWAPO im südlichen Afrika ihren bewaffneten Kampf gegen die Apartheid aufgenommen und die Revolution in Kuba 1959 eine ganze Reihe antikolonialer Kämpfe in Lateinamerika entfacht.

Die Zeit für eine gründliche Neuorientierung des Übersee-Museums war Mitte der 1960er Jahre gekommen. Im November 1965 reiste deshalb die Deputation für Kunst und Wissenschaft unter Führung des neuen Senators für das Bildungswesen, Moritz Thape, in die Niederlande, um bei Besuchen vorbildlicher Museen Anregungen für den geplanten gründlichen Aus- und Umbau des Übersee-Museums zu sammeln. Damit wurde eine Entwicklung eingeleitet, die die traditionsreiche Sammlung kritisch gegen den Strich bürstete und Themen wie Kolonialismus, Rassismus, Menschenrechte und internationale Zusammenarbeit in den Vordergrund rückte.

Im Focke-Museum trat 1953 der Kunsthistoriker Werner Kloos die Nachfolge Ernst Grohnes an. Kloos entwickelte ein neues Konzept, mit dem er an die Konzeption des Gewerbemuseums Anfang des 19. Jahrhunderts anknüpfte, das sich schon damals wesentlich der Kulturgeschichte der Stadt und aktuellen Diskussionen von Kunst, Kunsthandwerk und Design gewidmet hatte. In zahlreichen Sonderausstellungen wandte sich das Haus nun

auch zeitgenössischer angewandter Kunst zu, die Dauerausstellung sollte eindrucksvoll, aber nüchtern präsentiert werden. »Im Focke-Museum«, beschrieb Kloos seine Position, »soll die Vergangenheit nicht von romantischem Schimmer verdunkelt werden. Es gibt keine erzwungenen Inszenierungen.«

Kloos gelang es, den Senat von der Notwendigkeit eines Neubaus für das Museum zu überzeugen. Der Darmstädter Architekt Heinrich Bartmann gewann den ersten Preis für seinen von 1959 bis 1964 realisierten Entwurf. Bei dem der nachholenden Moderne verpflichteten Bau überzeugte die behutsame Einfügung in die Landschaft die Jury des Bundes Deutscher Architekten (s. S. 573). Kloos selbst war ebenfalls begeistert von der Sinnlichkeit des neuen Hauses: »So spiegelt die schimmernde Fläche eines langgestreckten Wasserbeckens Wellenreflexe an die Decke der Schiffahrtsabteilung. Ein Rosenparterre bietet die Palette seiner hundertfältigen Blüten als Hintergrund für klassizistischen Marmor und Silber des 19. Jahrhunderts. Vor dem Museumseingang wacht eine bremische Pallas

Athene des Rokoko als Signet des erneuerten Museions.«

Im eleganten, lichtdurchfluteten Neubau fanden die Dauerausstellung zur Kulturgeschichte Bremens, eine Abteilung zur Ur- und Frühgeschichte, die Schiffsabteilung und eine Gläsersammlung Aufnahme, während das Haus Riensberg der bürgerlichen Kultur vorbehalten blieb. Ein weiteres Gebäude kam ebenfalls Ende der 1950er Jahre in den Besitz des Museums: Für den Bau der Klöckner-Hütte wurde das gesamte Dorf Mittelsbüren abgerissen. Ein Bauernhaus wurde in seine Einzelteile zerlegt und auf dem Gelände des zum »Bremer Landesmuseum für Kunst und Kulturgeschichte« umbenannten Focke-Museums wieder aufgebaut, um darin das bäuerliche Leben und Arbeiten zu zeigen.

Der umjubelte Neubau Bartmanns erwies sich bald als reparaturanfällig und für den Museumsbetrieb als konservatorisch nachteilig. So erhielt mit jeder weiteren notwendig gewordenen Renovierung die Diskussion um eine mögliche Standortverlagerung des Museums neuen Auftrieb.

Alte Meister, neue Inspirationen

Zwei Besucherinnen der Ausstellung »Berliner Biedermeier« in der Kunsthalle im Mai 1967

Rechte Seite: Etablierte Kunst im »Franzosensaal« der Bremer Kunsthalle und zeitgenössische Arbeiten von Rolf Nesch, Alfred Manessier und Pablo Picasso, Ende 1950er Jahre

»Italienische Kunst der Gegenwart« in der Ausstellung der Kunsthalle im Frühjahr 1951

Alte Meister, neue Inspirationen

Im April 1950 übernahm mit Günter Busch ein Wissenschaftler die Leitung der Kunsthalle, der mit dem Haus und der Sammlung bestens vertraut war. Schon seit Kriegsende arbeitete Busch als Kustos und wissenschaftlicher Leiter im Haus.

Die Bedingungen für den neuen Direktor waren allerdings denkbar ungünstig. Nach der Währungsreform stellte die Stadt dem Kunstverein keine Ankaufmittel mehr zur Verfügung, Kriegsschäden am Gebäude konnten nur teilweise behoben werden, und ein Teil der ausgelagerten Sammlung blieb vorläufig verschollen.

Im Dezember 1951 wurde der komplette Altbau wieder eröffnet, um in Zukunft »einen ausreichenden Begriff von den lebendigen Strömungen und erregenden Problemen der zeitgenössischen Kunst zu vermitteln«, wie Busch zur Eröffnung bemerkte. Doch von zeitgenössischer Kunst war vorerst nicht viel zu sehen. Stattdessen versuchte Busch vor dem Hintergrund einer schlechten finanziellen Ausstattung unter dem leicht ironischen Motto »Konzentration und Verzicht« zumindest Lücken in der klassischen Moderne durch Ankäufe zu schließen. Druckgrafiken von Pablo Picasso, sieben wichtige Arbeiten von Max Beckmann und die »Papageienallee« von Max Liebermann brachten nach fast zwei Jahrzehnten die als »entartet« verfemte Vorkriegsmoderne wieder in die Hansestadt.

Mit dem Ankauf von mehr als einem Dutzend Gemälden Paula Modersohn-Beckers legte Busch den Grundstein für eine wissenschaftlich fundierte Rezeption der Malerin, der er schon 1947 eine erste Ausstellung widmete. Busch arbeitete nicht nur den Rang der Künstlerin als Wegbereiterin der Moderne heraus, sondern erkannte auch den Wert der bis dahin meist als »Studienmaterial« vernachlässigten Zeichnungen und setzte die vom ersten wissenschaftlichen Leiter der Kunsthalle Gustav Pauli begonnene umfangreiche Katalogisierung ihres Gesamtwerkes fort.

Überhaupt verschränkte Busch, ganz in der Tradition Gustav Paulis, wissenschaftliche Arbeit eng mit seinen Ausstellungskonzepten und der Ankaufspolitik. Die umfangreiche Retrospektive Max Liebermanns 1954 wurde vorbereitet durch intensive wissenschaftliche Arbeit Buschs. Eine Eugène-Delacroix-Retrospektive 1963 zeugte ebenfalls von seiner intensiven Auseinandersetzung mit dem französischen Maler, der damit erstmals seit über 50 Jahren wieder in Deutschland gezeigt wurde und von dem die Kunsthalle in Buschs Amtszeit sieben Gemälde und über 200 Zeichnungen erwarb.

Alte Meister, neue Inspirationen

Schließlich begeisterte sich der Direktor intensiv für die Bildhauerei und widmete Gerhard Marcks, Gustav Seitz und Hans Wimmer zahlreiche Ausstellungen. Anlässlich der ersten Gerhard-Marcks-Ausstellung 1951 in der Kunsthalle beauftragte der Geschäftsführer des Verkehrsvereins, Hanns Meyer, den anwesenden Bildhauer mit der Gestaltung einer Skulptur der »Bremer Stadtmusikanten«, die 1953 neben dem Rathaus aufgestellt wurde. Auch Radio Bremen bestellte eine Skulptur: 1967 wurde »Der Rufer« vor dem Fernsehgebäude aufgestellt. »Dieses Werk steht [...] stellvertretend für unseren demokratisch freiheitlichen Rundfunk, und es ruft nicht, wie Witzbolde in diesem Haus gesagt haben, nach Geld«, ließ RB-Intendant Heinz Kerneck verlauten. Unterdessen fand »Der Rufer« 2007 vor dem neuen Radio Bremen-Gebäude an der Schlachte eine neue Bleibe. 1968 schließlich schuf Marcks mit der »Großen Liegenden« in den Wallanlagen eine weitere Arbeit für Bremen.

Die langjährige Freundschaft des Kunsthallendirektors mit Gerhard Marcks mündete schließlich in die gemeinsam initiierte Gerhard-Marcks-Stiftung, die ab 1971 im ehemaligen Akzisehaus am Ostertor ein Bildhauermuseum einrichtete.

Der zeitgenössischen Malerei stand Busch allerdings skeptisch gegenüber, zu sehr fühlte er sich der »malerischen Malerei« und dem Profil der Sammlung verpflichtet. Dennoch suchte Busch den Kontakt zu zeitgenössischen Tendenzen, vornehmlich wenn sie im Kontext bremischer Kulturentwicklung standen. So ermöglichte er in Zusammenarbeit mit Radio Bremen Vertretern der zeitgenössischen Musik wie John Cage, La Monte Young, Wolf Vostell und vielen anderen, Einzug in Bremens Kunsttempel zu halten und dort aufzutreten. Auch widmete er 1968 gemeinsam mit dem damaligen Vorsitzenden des Kunstvereins, Hermann Helms, dem Bremer Bühnenbildner Wilfried Minks die Ausstellung: »Die Bühne von Wilfried Minks – Bild X Szene«.

So positionierte Busch die Kunsthalle, die auch nach dem Krieg von einem unabhängigen Kunstverein getragen wurde, als verlässliche Sammlung und als Ort fundierter Reflexion.

Die Auseinandersetzungen mit zeitgenössischen Tendenzen und Positionen in der internationalen Kunst und Kultur suchten die Bremer Architekten Max Säume und Günther Hafemann und der Journalist Erich Traumann mit dem 1953 gegründeten Neuen Forum zu initiieren. Unterstützt von der Böttcherstraßen GmbH veranstaltete das Neue Forum Vorträge, Diskussionen und Ausstellungen.

Die Böttcherstraße selbst etablierte sich nach dem Krieg ebenfalls als Ort bildender Kunst, wenn auch die einzigartige und eigentümliche Verbindung von Kunst, Werbung und Design, für die die »Kaffee HAG Propagandastraße« in den 1930er Jahren stand, in den Hintergrund rückte. Kaffee HAG und die Familie Roselius hatten das Paula-Becker-Modersohn-Haus und das Roselius-Haus vollständig rekonstruieren lassen, die Sammlungen waren fast komplett gerettet worden

Der Bremer Maler Jürgen Heese im Atelier. Mit einer Ausstellung seiner Arbeiten eröffnete im Mai 1962 die Galerie »N« im Schnoor 8

(1967 tauchte auch das lange vermisste kleine Tafelbild aus der Werkstatt Conrad von Soests wieder auf).

»1954, zehn Jahre nach der Kriegszerstörung, war der Zeitpunkt gekommen, ein Zeichen zu setzen, daß die Böttcherstraße wieder da war, daß sie lebte« schrieb Ludwig Roselius jun.: »Die geistigen Begegnungen in der Böttcherstraße, eine Vortragsreihe, in der namhafte

Linke Seite: Die »Bremer Stadtmusikanten«. Gerhard Marcks' Bronzeskulptur steht seit 1953 auf einem Sandsteinsockel an der Westseite des Alten Rathauses

Ein Treffpunkt für Kenner und Liebhaber moderner Kunst: Peter Hagenahs »Kunst-Krypta« am Theaterberg bestand von 1949/51 bis zum Abriss 1962

Alte Meister, neue Inspirationen

Gelehrte zu Wort kamen, belebten die Straße in geistig-wissenschaftlicher Beziehung.«

Kern der Straße blieben die beiden Kunstsammlungen. Das Paula-Modersohn-Becker-Museum dokumentiert mit seinem Bestand die herausragende Stellung der Künstlerin am Beginn der Moderne. Darüber hinaus beherbergt die Sammlung auch zahlreiche Skulpturen, Gemälde und Zeichnungen des Bildhauers Bernhard Hoetger, der auch das expressionistische Gebäude selbst schuf. Im Roselius-Haus wurde eine eigentümliche Sammlung teils sehr wertvoller Arbeiten des 12. bis 19. Jahrhunderts präsentiert, die das »Idealbild einer historisch-norddeutschen Wohnstätte« repräsentieren soll. Von der Öffentlichkeit kaum beachtet und wenig angemessen präsentiert finden sich darin Werke von Tilman

Riemenschneider, Lucas Cranach, Ludger tom Ring und der Silberschatz der Compagnie der Schwarzen Häupter aus Riga.

1954 stiftete die Kaffee HAG AG den mit 5000 D-Mark dotierten Kunstpreis der Böttcherstraße, der alljährlich an einen bildenden Künstler ging und der Vorläufer des renommierten heutigen Bremer Kunstpreises war.

An der staatlichen Kunstschule wurde ganz im Stil des die klassische Moderne prägenden Bauhauses gelehrt. »Aufbauend auf der guten Tradition handwerklich-künstlerischen Schaffens lehrt die Schule die Dinge der Umwelt, Wohnung und Haus, Plastik, Wandbild, Plakat, Kleidung und Gerät im Sinne der Zeit zu gestalten. [...] Werkgerecht und ehrlich muß dieses Schaffen sein«, hieß es 1955 in einer Selbstdarstellung. Frischer Wind kam 1958 mit

Von 1954 an fanden im »Goldenen Saal« in Haus St. Petrus in der Böttcherstraße die Vortragsveranstaltungen »Geistige Begegnungen« statt. Foto der Saaleinweihung am 6. Oktober 1954

der Einführung des Lehrfachs »Fotografik«, das von dem jungen Lothar Klimek engagiert betrieben wurde. Klimek überzeugte Bremer Traditionsunternehmen wie Beck & Co., Martin Brinkmann oder Ronning davon, Fotografiewettbewerbe für die Studenten auszuschreiben. Die gewonnenen Preise dienten zur Hälfte dem Aufbau eines modernen Fotolabors. »Ich behaupte ganz frech«, bemerkte der ehemalige Student und spätere Professor für bildende Künste Klaus Warwas rückblickend, »dass es vor 1960 in Bremen keine künstlerische Photographie gab. Die 50er Jahre waren geprägt von einer nicht zu ertragenden Spießigkeit. [...] Unser Semester widersetzte sich als erstes den Anwesenheitslisten [...] und verzichtete auf den obligatorischen weißen Kittel, den noch etwa die Hälfte der Studenten trug.« Klimek war vom Abteilungsleiter Gebrauchsgrafik und späteren Rektor Felix Müller nach Bremen geholt worden. Müller war es, der Gebrauchsgrafik und Fotografie zum Motor der Befreiung aus der rigiden und schulisch orientierten Bauhaus-Mentalität machte, den Studenten erstmals eigenständige Gestaltungsmöglichkeiten eröffnete und die Schule internationalen Strömungen öffnete.

Heide, Heimat, Schwarzwaldmädel

In den 1950er Jahren erlebte Bremen einen wahren Kinoboom: 1950 wurde das »Europa« (Bahnhofstraße) wieder aufgebaut, 1952 entstand das »Modernes« (Neustadtswall) mit seiner spektakulären kreisrunden Kuppeldecke, die sich öffnen ließ, 1957 folgte das »City« am Ende der Birkenstraße nahe des Herdentorsteinwegs.

Das traditionsreiche Bremer Filmtheaterunternehmen Luedtke & Heiligers hatte schon in den 1920er Jahren der UFA-Macht getrotzt und erst 1937 unter massivem Druck das »Europa« an die UFA verpachtet. Nach dem Kriegsende führten Paula und Ferdinand Heiligers die Geschäfte der Firma weiter und erhielten 1946 die erste Lizenz für den Betrieb

des »Decla« in Walle. Ende der 1950er Jahre unterhielt Luedke & Heiligers als einer der größten unabhängigen Kinobetreiber bereits wieder 13 Kinos in Bremen und konnte eine gezielte Programmpolitik betreiben: »Im Europa liefen die guten, seriösen Sachen. Die gingen zeitweise aber auch zum Modernen und Decla rüber«, erinnert sich Paula Heiligers. »Das Roland spielte Action, vorwiegend. Dass wir unterschiedliche Filme in den unterschiedlichen Häuser spielten, das lag auch an den unterschiedlichen Stadtteilen. Neustadt zum Beispiel war ein Beamtenviertel. Die

Das Roland-Theater in Gröpelingen an der Lindenhofstraße und Blick in den Saal. Fotos um 1950

Alte Meister, neue Inspirationen

interessierten sich nicht so sehr für Action, sondern mehr für Seriöses. Und dann das Decla in Walle, die wollten auch lieber seriöse Sachen haben, keine Western und Action. Nur im Roland, da lief das, und im Gloria in der Vahr natürlich.«

Das »Roland« im Arbeiterstadtteil Gröpelingen lag Paula Heiligers besonders am Herzen: »Wenn ich ins ›Roland‹ zur Spätvorstellung kam, da sagten die Arbeiter zu mir: ›O mien Deern, bist du wedder dor?‹ [...] Und dann haben sie mich richtig umarmt. Das war ein tolles Haus in Bezug auf das Publikum. Wie die Leute ihre Stammkneipe haben, so war das ein richtiges ›Stamm-Kino‹.«

Hans Domnick (oben) während der Dreharbeiten zu »Meine 16 Söhne«. Die Aufnahmen zu dem Kinofilm entstanden 1955 in Bremen

Auf dem Höhepunkt des Kinobooms 1958 gab es in Bremen 52 Kinos mit knapp 28.000 Sitzplätzen (1938: 32 Kinos mit ca. 20.000 Plätzen).

Während in der »Trümmerzeit« auch noch Produktionen auf die Leinwand gekommen waren, die sich mit dem aktuellen Alltag auseinandersetzten (»Berliner Ballade«, »In jenen Tagen«, »Lang ist der Weg«, »Liebe 47«), dominierten nun in unzähligen Heide-, Heimat- und Schwarzwaldfilmen schillernde Traumwelten oder wurden – nur notdürftig als Antikriegsfilm kaschiert – verherrlichende Kriegsepen inszeniert.

Als 26 Filmemacher, Kameraleute und Schauspieler 1962 in Oberhausen mit einem aufsehenerregenden Manifest die internationalen Kurzfilmtage ins Leben riefen, war dies auch eine Kampfansage an die Ästhetik der UFA-Kultur und der Beginn eines neuen Kapitels deutscher Filmgeschichte. Es dauerte einige Zeit, bis auch in Bremen innovative Produktionen deutscher Filmemacher zu sehen waren.

Die Kinos der Stadt boten neben leichter Unterhaltung aber auch wichtige ausländische Produktionen wie Ingmar Bergmanns »Das Schweigen« (1964) oder »Die Gleichgültigen« (1965). Heftig diskutiert wurden die ersten »erotischen« Filme wie »Eva und der Frauenarzt« (1963), »Galante Liebesgeschichten« (1963) mit Brigitte Bardot oder »Erotik am Abgrund« (1967). Überaus erfolgreich flimmerten in Bremen natürlich auch »James Bond – Liebesgrüße aus Moskau« (1964), »Charleys Tante« mit Heinz Rühmann (1967), »Doktor Schiwago« (1968) und »Klassenkeile« mit Uschi Glas (1969) über die Leinwand.

Doch die goldenen Zeiten des Kinos schienen vorbei. Anfang der 1960er Jahre eroberte das Fernsehen die Wohnzimmer der Deutschen und ein langsames Kinosterben setzte ein. 30 Jahre später gab es in Bremen nur noch zwölf Kinos mit knapp 5500 Plätzen.

Die Krise des Kinos als Massenvergnügen war gleichzeitig die Geburt des Kinos als Ort künstlerischer und politischer Auseinandersetzung: Mitte der 1960er Jahre war es das alterna-

tive, 1961 gegründete Kulturzentrum Lila Eule (s. S. 485), das mit seinem immer dienstags veranstalteten Filmprogramm die Grundlage für ein neues, ambitioniertes Kino legte. Anfang 1969 ging aus diesen Anfängen das Programmkino »Cinema Ostertor« hervor.

Das Theater am Goetheplatz

Schon 1947 waren Pläne für den Bau eines Stadttheaters gefasst worden. Die Ruine des Opernhauses am Wall sollte aufgegeben und stattdessen das Schauspielhaus am Goetheplatz vergrößert wiederaufgebaut werden. Am 24. Juni 1948 beschloss die Bürgerschaft die Mittel zum Neubau eines Drei-Sparten-Theaters. Damit einher ging die Zusammenführung der verschiedenen eigenständigen Bühnen zu einem Bremer Theater. Am 27. August 1950 wurde das neue Haus mit 1108 Plätzen (vor 1945 waren es 830) eröffnet. Die Zeitgenossen hoben vor allem die neueste Technik wie beispielsweise eine Beleuchtungsbrücke, Lichtfahrstühle und versenkbare Rampen hervor.

Nach der Neuordnung des Theaterwesens wurde 1949 Willi Hanke Generalintendant in Bremen. Schon 1929 hatte er als Schauspieler sein erstes festes Engagement in Bremen gehabt. Neben Auftritten als »Charakterdarsteller« fand man das SPD-Mitglied und den Weggefährten des später von den Nazis inhaftierten Journalisten Alfred Faust auch bei Mai- und Revolutionsfeiern als Rezitator oder er experimentierte in Matinéen mit modernen Stoffen.

Fast 400.000 Besucher kamen zur ersten Spielzeit ins Theater, mit 250 Vorstellungen jährlich bestritt das Musiktheater zwei Drittel des Spielplans. Hanke selbst inszenierte für die erste Spielzeit »Die Meistersinger von Nürnberg« und setzte damit kulturpolitisch ein Zeichen, hielt er sich doch nicht an das unausgesprochene Wagner-Aufführungsverbot. Hanke galt nicht als Vertreter des experimentellen Theaters, aber er versuchte ständig, junge Talente in sein Haus zu holen, mit denen er trotz enger finanzieller Spielräume ein professionelles Ensemble aufbaute.

Nach dem plötzlichen Tod Hankes 1954 übernahm sein Chefdramaturg Conrad Heit-

Theater am Goetheplatz

Mit Georg Friedrich Händels
»Ariodante« begann die
Bremer Opernspielzeit
1959/60

mann kommissarisch das Amt, bis im Herbst 1955 Albert Lippert neuer Generalintendant in Bremen wurde. Lippert war 1946 Intendant in Oldenburg und 1948 Leiter des Deutschen Schauspielhauses in Hamburg gewesen. Als er 1955 nach Bremen kam, wurde er in der westdeutschen Presse von Anfang an als einer der führenden deutschen Intendanten neben Gustaf Gründgens (Hamburg) und Heinz Hilpert (Göttingen) gehandelt und verschaffte sich und dem Bremer Haus mit seinen insgesamt 150 Inszenierungen überregional Ansehen.

Schon zu Beginn seiner Amtszeit ging es auch um die Verwirklichung des geplanten zweiten Bauabschnitts. Mit der damit verbundenen Schaffung besserer Bedingungen für das bis dahin vernachlässigte Ballett ermöglichte Lippert eine mutige Neuorientierung: Er engagierte den 29-jährigen Choreografen Renzo Raiss, der viele Jahre in den USA gearbeitet hatte und das Ballett in Bremen aus seinem Schattendasein befreite. Bisher waren vor den Musikkomödien kleinere Balletteinlagen geboten worden. Raiss dagegen inszenierte erstmals Tanztheater für einen ganzen Abend. Die üblichen teuren Solistenstellen löste er auf und schuf stattdessen mehrere Stellen für Gruppentänzer, sein Tanzensemble

ähnelte so schon modernen Dance Companies. Presse und Publikum allerdings taten sich schwer mit dem Stil Renzo Raiss', der von internationalen Erfahrungen geprägt war und mit deutschen Nussknacker-Traditionen radikal brach.

Auch politisch bewies Lippert Risikofreude: Während das Bundesverfassungsgericht die Kommunistische Partei verbot, holte er den sozialistischen Dramatiker Günther Weisenborn zur Inszenierung seines Stücks »Lofter oder Das verlorene Gesicht« nach Bremen. Die »Bremer Nachrichten« verrissen das Stück als »Patent-Sozialismus« und »überholte Ideologie«.

In Lipperts Amtszeit begann auch die kulturpolitisch bemerkenswerte langjährige Kooperation mit dem Rostocker Volkstheater. Im Februar 1956 besuchte das Ensemble aus Mecklenburg erstmals das Bremer Theater mit einem Gastspiel. Man war sichtlich bemüht, der hochpolitischen Angelegenheit die politische Brisanz zu nehmen: Man wolle eine »menschliche Brücke« schlagen, betonte Chefdramaturg Conrad Heitmann und Hanns Anselm Perten, Intendant des Volkstheaters, verstand das Gastspiel als einen »Besuch von Künstlern bei Künstlern«.

Zwischen 1956 und 1961 kam es insgesamt zu neun Gastspielen der Rostocker in Bremen und elf Auftritten der Bremer Bühne in Rostock. Mitten im Kalten Krieg etablierten Lippert und Perten hinter der deutsch-deutschen Kulisse von gegenseitigen Drohungen und (auch kulturpolitischen) Verteufelungen eine jahrelange Arbeitsbeziehung – durchaus mit künstlerischen Risiken: Perten kritisierte vor allem die populären amerikanischen, britischen und französischen Stücke in den westdeutschen Spielplänen als »frivol, fatalistisch oder dekadent« und lehnte formale und ästhetische Experimente im westdeutschen Theater eher ab. Umgekehrt war für das westdeutsche Publikum die vor allem an Bertolt Brecht geschulte Aufführungspraxis in der DDR hartes Brot. Lutze, der 1956 zur Sondierung der Zusammenarbeit gemeinsam mit Lippert nach Rostock gereist war und dort die

Premiere des »Guten Menschen von Sezuan« erlebt hatte, notierte: »Dem Publikum, etwa nach der Art unseres Volksbühnenpublikums, war Erhebliches zugemutet«. Lippert forderte nach der Besichtigung der Inszenierung eine Kürzung um eine Stunde, um das Bremer Publikum nicht zu verschrecken.

In Bremen selbst war das erste Gastspiel nicht unumstritten. Insbesondere die CDU polemisierte gegen Brecht als »besonderen Günstling der brutalen Ostzonenmachthaber« und forderte die Absage des Rostocker Auftritts. Die Inszenierung, politisch von Dehnkamp, Kaisen und Lutze trotz öffentlicher Anfeindungen unterstützt, wurde ein großer Erfolg. Besonders das junge Publikum erlebte ein neues Theater und nahm verwundert zur Kenntnis, dass sich nicht nur Schauspieler, sondern auch alle Bühnenarbeiter zum Applaus auf der Bühne versammelten.

Im Juli 1962 verließ Lippert Bremen nach einer bundesweit beachteten Gesamtaufführung des »Ring der Nibelungen«.

Takt- und Tongeber einer ganzen Epoche: Die Popkultur – also die zunächst als »populär« diskreditierte Kultur einer jungen Generation – gewann ihre Kraft aus der heftigen Kritik an der Allgegenwart von den traditionellen bürgerlich geprägten Moral- und Tugendvorstellungen, an den rigiden und undemokratischen Verhältnissen in Schule, Lehre und Hochschule und an Kaltem Krieg und Kapitalismus, die die Welt in den 1960er Jahren mehrfach an den Rand eines globalen Krieges gebracht hatten.

Nicht zufällig kamen viele Impulse aus den alternativen Bewegungen in den USA – nicht zuletzt auch ihr Anti-Amerikanismus, der in den späten 1960er Jahren auch Bremer Einrichtungen der USA zur Zielscheibe der Proteste gegen den Vietnamkrieg werden ließ. Das Paradigma dieser Bewegung war »Jugend«, womit nicht unbedingt ein biologisches Alter gemeint war, sondern eher eine gefühlte oder proklamierte Ablehnung des Establishments (s. S. 489).

Die Bremer »Rascals« beim Konzert in einem Jugendheim am 20. Februar 1963

Aufbruch ab 1962

Der Beginn der Kulturrevolte

Wie ein Seismograf reagierte die Kultur Anfang der 1960er Jahre auf die bevorstehenden Umbrüche in der westdeutschen Gesellschaft und beförderte sie gleichzeitig. In Bremen kündigte sich die Kulturrevolte auch in den etablierten Einrichtungen der »Hochkultur« an. Die teils stürmischen Entwicklungen – wie sie im Folgenden beispielhaft für die Kunstschule, den Bremer Literaturpreis und das Bremer Theater skizziert werden, weisen weit hinein in eine neue Ära der Bundesrepublik.

Aber die Entwicklungen zeigten schon die wichtigen Tendenzen der anstehenden Revolte: Während die Hochburgen bürgerlicher Kultur zu Orten intensiver gesellschaftlicher und kulturpolitischer Auseinandersetzung wurden, betrat ein neuer Akteur die kulturpolitische Bühne und wurde schnell zum

Aufbruch ab 1962

Als am 1. Oktober 1958 Elvis Presley an der Columbuskaje in Bremerhaven einem Truppentransporter entstieg, um seinen Wehrdienst in Europa abzuleisten, ahnten nur Wenige, dass die kaum zu bändigenden deutschen Fans nur die Vorhut einer Massenbewegung waren (s. S. 478). Neun Jahre später, 1967 beim Konzert der Rolling Stones in der Bremer Stadthalle, ging schon ein kollektives Zittern durch das bürgerliche Bremen: Fans »führten wilde Tänze auf und warfen Jacken und Mützen in die Luft«, berichtete der »Weser-Kurier« und konnte gleichzeitig erleichtert melden, dass es »dennoch« nicht zu Zerstörungen und Verletzungen kam – auch dank des Einsatzes von 150 (!) Polizisten, die ihren Einsatz 20 Minuten nach Ende des Konzertes beenden konnten. Die Rolling Stones hatten das wohlbehütete Bremen zum Erbeben gebracht, aber »Steine rollten nicht«.

In Wirklichkeit waren die Steine schon lange ins Rollen gebracht worden, nur nahm die etablierte Öffentlichkeit die »Jugendbewegung« erst ernst, als sich der Protest gegen verknöcherte Strukturen in den sogenannten Bremer Straßenbahnunruhen 1968 entlud. Die Kultur, die ein Motor dieser Revolte war, war schon Jahre vorher entstanden. Musikclubs (legendär die 1964 von Gerd Augustin für den »Twen Club« durchgeführte erste Diskothek Deutschlands im Keller des Bremer Astoria), alternative Treffs und Debattierclubs wie die Lila Eule im Ostertorviertel (hier hatte Rudi Dutschke 1967 einen Bremer Auftritt), Schülerzeitungen, Happenings und neue Medien wurden Felder dieser neuen Kultur, in denen alternative Lebensstile und Entwürfe erprobt wurden. Vor allem das neue Medium Fernsehen griff begierig diese Impulse auf. Ab 1965 sendete Radio Bremen erstmals in Deutschland eine Musiksendung für »junge Leute«, den Beat-Club, in dem Gerd Augustin Bremer Bands auftreten ließ, begleitet von tanzenden Teenies, die er in seiner Diskothek angeheuert hatte.

In den etablierten Orten der Hochkultur war diese Kulturrevolte unterdessen Gegen-

stand heftiger Auseinandersetzungen, sahen doch viele den Fortbestand des christlichen Abendlandes gefährdet.

Der Bremer Literaturpreis

Die Geschichte des Bremer Literaturpreises zeigt beispielhaft die ganze Ambivalenz bremischer Kultur der 1950er Jahre bis zum kulturellen Umbruch ab Beginn der 1960er Jahre: Auf der einen Seite stand zunächst der allseits respektierte »Grandseigneur« der Bremer Literatur Rudolf Alexander Schröder – nach dem Kriege schon fast ein Denkmal des kunstinteressierten Bürgertums –, auf der anderen Seite fand sich eine junge Generation von Künstlern und Kulturproduzenten, die eine neue Relevanz der Künste für die Entwicklung der Gesellschaft sah und zeigen wollte. Dazwischen oder daneben eine fortschrittsoptimistische Sozialdemokratie, der die skeptischen und entmystifizierenden Fragen zeitgenössischer Künstler unbehaglich waren und die nach einer optimistischen, demokratisch erziehenden Kunst suchte.

1952 wurden erstmals Überlegungen angestellt, einen Bremer Literaturpreis auszuloben. Am 26. Januar 1953, dem 75. Geburtstag Schröders, gründete der Bremer Senat die nach ihm benannte Rudolf-Alexander-Schröder-Stiftung, aus deren Vermögen jährlich ein bedeutender Literat einen Preis erhalten solle. Zwar wurden Vorschläge, den Preis für niederdeutsche Heimatliteratur zu vergeben, nicht realisiert, der erste Preisträger war davon aber nicht weit entfernt: Mit Heinrich Schmidt-Barrien wurde ein regional bekannter niederdeutscher Schriftsteller ausgezeichnet, dessen prämierte Geschichtensammlung »Tanzgeschichten« in einer romantisierenden Heimatidylle angesiedelt war.

Mit der Auszeichnung Schmidt-Barriens hatte Rudolf Alexander Schröder, der nicht nur Namenspatron der Stiftung, sondern auch mächtiger erster Mann der Jury war, die Richtung vorgegeben. So verhinderte Schrö-

Der Bremer Literaturpreis

der 1956 die Auszeichnung Paul Celans und setzte stattdessen die Ehrung Ernst Jüngers durch, der in seiner Dankesrede im Bremer Rathaus mit dem Orden »Pour le Mérite« auf der Brust bekannte: »Im Kriege mit meiner Mannschaft, im Frieden mit meiner Leserschaft. Eine Hand, die in Ehren die Waffe hält, eine Hand, die die Feder in Ehren hält – sie ist stärker als alle Atombomben, als jede Rotationspresse.«

1957 zeigte sich in der Aufteilung des Preises auf zwei Preisträger ein tiefer Riss in der Jury, die unterdessen mit Erhart Kästner (Herzog-August-Bibliothek Wolfenbüttel), Rudolf Hirsch (S. Fischer Verlag Frankfurt) und dem Literaturwissenschaftler Benno von Wiese über sachkundige Fachleute verfügte, die die Förderung politisch kritischer und literarisch innovativer Arbeiten forcierten. Die Auszeichnung der jungen Lyrikerin Ingeborg Bachmann konnte Schröder nur noch halb verhindern. Indem die zweite Hälfte des Preises dem Bühnenautor

Gerd Oelschlegel für ein konventionelles Ost-West-Stück über das geteilte Berlin zugesprochen wurde, wendete die Jury ein drohendes Veto Schröders gegen Bachmann ab. Mit der Preisverleihung an Paul Celan 1958 hatte sich scheinbar endgültig die sprachinnovative Linie innerhalb der Jury durchgesetzt, die Schröder verärgert verließ.

Doch auch nach dem Ausscheiden des betagten Schröder wurden die zunehmend mutigeren Entscheidungen nicht kritiklos hingenommen. Im Dezember 1959 tagte die Jury routinemäßig, um den Preisträger des kommenden Jahres zu diskutieren. Die Wahl fiel auf Günter Grass, der mit der »Blechtrommel« nicht nur die deutsch-polnische Geschichte in den Fokus literarischer Auseinandersetzung holte, sondern auch durch eine unverblümte Darstellung von Sexualität Aufsehen erregte. Am 22. Dezember 1959 tagte der Bremer Senat und legte nach einer skurrilen Debatte insbesondere über den Vorwurf, das Werk sei

Rudolf Alexander Schröder

* 26.1.1878, Bremen
† 22.8.1962, Bad Wiessee

Aus alter Bremer Familie stammend, beschäftigte sich Schröder nach Aufenthalten in Paris und Berlin als Architekt, Maler, Autor und Gestalter in Bremen. Im Jahr 1913 gründete er den bibliophilen Verlag »Bremer Presse«, lernte während seiner Tätigkeit als Zensor im Ersten Weltkrieg die flämische Sprache und übersetzte später flämische Lyrik. Für den 1929 gebauten Luxusliner »Bremen« des Norddeutschen Lloyds gestaltete er die Innenausstattung. 1935 siedelte er nach Bayern um, was Schröder als Schritt in die »innere Emigration« verstand, traf mit nationalkonservativen Schriftstellern zusammen und betätigte sich in kirchlichen Kreisen. 1946 bis 1950 leitete er von Bergen aus die Bremer Kunsthalle und wurde danach zum Ehrenvorsitzenden des Kunstvereins gewählt. Er ist Ehrenbürger der Stadt Bremen.

Rudolf Alexander Schröder am 26. Januar 1953, seinem Geburtstag und Stiftungstag des Bremer Literaturpreises

Aufbruch ab 1962

Wolfgang Hildesheimer (am Pult) erhält am 26. Januar 1966 den Bremer Literaturpreis

pornografisch, völlig überraschend sein Veto gegen die Nominierung ein. »Jugendsenatorin Mevissen«, berichtete der »Weser-Kurier«, »habe unter anderem darauf hingewiesen, dass nach ihrer Meinung zumindest einige Kapitel des Werkes in den Index jugendgefährdender Schriften aufgenommen werden müssten.«

Hinter der nun bundesweit geführten heftigen Debatte gerieten die politische und literarische Brisanz und die literarische Qualität der »Blechtrommel« fast vollkommen aus dem Blick. Der Schaden für Bremen hätte größer nicht sein können. Hirsch, Kästner und von Wiese traten noch vor Jahresende aus der Jury aus, und nachdem der Senat keinerlei Selbstkritik verlauten ließ, trat die Restjury ebenfalls zurück. Nur Manfred Hausmann, der wenige Jahre zuvor die Darmstädter Akademie für Sprache und Dichtung verlassen hatte, weil er nicht in einem Atemzug mit Thomas Mann genannt werden wollte, schlug sich öffentlich auf die Seite des Senats und nannte die »Blechtrommel« einen Roman, der der »Zerstörung der menschlichen Seele und des menschlichen Geistes diene«.

Die Kontroverse führte schließlich zu einer grundlegenden Revision der Haltung des Senats: Im April 1961 beschloss er, der Rudolf-Alexander-Schröder-Stiftung die alleinige Verantwortung für die Preisvergabe

zu übergeben und auf das Vetorecht zu verzichten. Die neue Jury, bestehend aus Gustav Harmssen (FDP), Günter Schulz (Direktor der Volkshochschule), Karl Bachler (Chefredakteur des »Weser-Kurier«), Manfred Hausmann (der 1967 zurücktrat), Gerd Kadelbach (Rundfunkjournalist) und dem Schriftsteller Heinrich Ringleb, blieb zehn Jahre fast unverändert beisammen und entwickelte den Preis zu einem der renommiertesten Literaturpreise der Bundesrepublik – wenn auch nicht alle Jurymitglieder die mutigen Entscheidungen mittrugen. Namentlich Hausmann und Harmssen hielten wenig von den Preisträgern der 1960er Jahre. In der Tat war mit der Belobigung von Wolfgang Hildesheimers und Thomas Bernhards Romanen eine Literatur ausgezeichnet worden, die mit tiefem Pessimismus und ätzender Kritik den Wohlfahrtsstaat attackierte. Mit der Auszeichnung von Hans Günter Michelsen (1966) und Siegfried Lenz (1962) kamen Autoren zu Wort, die offen und neu den Nationalsozialismus und sein Fortwirken in der Bundesrepublik thematisierten. Schließlich wurde mit der Auszeichnung von Christa Reinig (1964) erstmals die Literatur der DDR gewürdigt. Die Berlinerin nutzte die Preisverleihung im Bremer Rathaus, um der DDR endgültig den Rücken zu kehren.

Brutstätte für ein neues Theater

Als im Sommer 1962 Kurt Hübner als Generalintendant aus Ulm nach Bremen kam, begann er konsequent mit der Umgestaltung des Ensembles. Er brachte einen Teil seines bewährten Ensembles aus Ulm mit und holte gezielt junge Talente nach Bremen.

Peter Zadek, Wilfried Minks, Peter Stein, Rainer Werner Fassbinder, Johann Kresnik, Bruno Ganz und viele andere begannen bei Hübner in Bremen ihre Karrieren. Nach kurzer Zeit war ein Ensemble entstanden, das es zu dieser Zeit an keinem deutschen Stadttheater gab. »Zur Erfüllung des üblichen Allround-Spielplans war es ungeeignet«, schrieb

Wilfried Minks später, und die Schauspielerin Hannelore Hoger erinnerte sich: »Besessenheit, Spielfreude, Chaos, Geschrei, Auseinandersetzung, Lebensfreude eben. Kraft, Mut, Intelligenz. Es war ein Aufbruch und diese Begeisterung hat sich übertragen. Vor allem auch auf das Publikum.«

Für die Bremer Öffentlichkeit wurde das Theater mehr als jemals zuvor zu einem Ort heftiger öffentlicher Kontroversen. Insbesondere der von Hübner verpflichtete Oberspielleiter Peter Zadek sorgte schon im November 1962 mit der Neuinszenierung von Brendan Behans »Die Geisel« für Aufruhr. Der Bühne warf man »Verhöhnung des christlichen Glaubens« vor, was Hübner für eine ausgiebige Debatte über das zeitgenössische Theater nutzte. »Es war ein unglaublicher Krawall, mit Buh-Rufen und Bravo-Rufen, Begeisterung und Ablehnung. Wie so oft bei Zadeks Aufführungen«, beschrieb Hoger die Publikumsreaktionen.

Entscheidend für Hübners Regietheater war die ständige Befragung klassischer und zeitgenössischer Stoffe auf ihre Relevanz für die Gegenwart, die radikale Entmythologisierung der Klassiker und überhaupt der »deutschen Kulturnation« und die kompromisslose Suche nach der »menschlichen Substanz« der Figuren. Hübner, Zadek, Stein und Minks konnten dabei auf Erfahrungen des Regisseurs Fritz Kortner zurückgreifen, der schon 1950 in Berlin umstrittene Neuinterpretationen deutscher Klassiker versucht hatte.

In Hübners Regietheater waren es aber nicht nur mutige Regisseure, sondern ein bis dahin unbekannter Ensemblegeist, die Lust zum Diskurs und die interdisziplinären Ansätze, die sich beispielsweise auch im Bühnenbild zeigten, die ein international beachtetes neues Bremer Theater schufen. Bald war die Rede vom »Bremer Stil«, von dem Hübner später sagte: »Das Bemerkenswerte am Bremer Stil war, dass es ihn überhaupt nicht gab.« Eher ging es im Team um eine »Haltung« zum Theater, um die kompromisslose und schmerzhafte Hinwendung zur zeitgenössischen Gesellschaft.

Das Markenzeichen des »Bremer Stils« wurde zum Sinnbild für die radikale Neuausrichtung des Bremer Theaters in den 1960er Jahren

Mit Peter Zadeks Inszenierung »Heinrich V.« feierte das Ensemble international Erfolge und wurde im Shakespeare-Jubiläumsjahr 1964 zum »Theater der Nationen« nach Paris eingeladen; zuvor waren 1963 und 1964 schon zwei Inszenierungen von Hübner Gast bei den Berliner Festwochen gewesen. Das Regietheater im Schauspielhaus blieb aber keine Insel. Hübner begann, zunächst vorsichtig, auch im Musiktheater mit einer gründlichen Revision der herkömmlichen ästhetischen Praxis.

Hans Wallat als Generalmusikdirektor und Götz Friedrich als Regisseur durchbrachen die eingefahrenen Konventionen des Musiktheaters, das als letztes Refugium der »Hochkultur« galt. Die Inszenierungen von Verdis »Macht des Schicksals«, Bizets »Carmen« oder Mozarts »Don Giovanni« erweckten die dramatischen Stoffe und die Charaktere aus der Erstarrung einer über 100-jährigen Opernkonvention. Mit Klaus Michael Grübers Inszenierung von Alban Bergs »Wozzeck« und Händels »Julius Cäsar« hatte das Regietheater im Opernhaus Einzug gehalten und damit die aktuellen gesellschaftlichen Auseinandersetzungen. Das Opernpublikum reagierte erwartungsgemäß mit lautstarkem Protest.

Die Operette verschwand fast vollständig aus Hübners Spielplan, stattdessen inszenierte Peter Zadek mit unermüdlicher Spiel- und Experimentierfreude immer häufiger Musicals.

Aufbruch ab 1962

Als herausragend gilt bis heute die Inszenierung von Schillers »Die Räuber« von Peter Zadek 1966, der die Urfassung und nicht die abgeschliffene Mannheimer Fassung zugrunde lag. Dies war eine radikale Absage an eine bürgerliche Rezeption, die die Brisanz Schillers unter 200 Jahren pathetisch-idealistischer Interpretation begraben hatte. Die Räuber-Inszenierung war von Wilfried Minks mit einem überdimensionalen Comicstrip von Roy Lichtenstein ausgestattet worden, auf dem mit Schnellfeuergewehren geschossen wurde. Die »Bremer Volksbühne« war empört: »Protest! Wir protestieren! Die Zadek-Inszenierung der Räuber ist ein Nichts an Form und Gestalt. [...] Hier wird billige Sensation um der Sensation willen gemacht. Eigentlich ist jedes Wort, jede Silbe, die man darüber schreibt, zu viel: man sollte die Sache totschweigen.«

Doch die Sache war nicht mehr totzuschweigen. Die überdimensionierten Buchstaben der Lichtensteinschen Gewehrsalve »CRAK« wurden zum Symbol eines neuen

Theaters, das ein neues, junges Publikum gewann. Ein Publikum, das in der Kunst einen Verbündeten bei dem anstehenden kulturellen und sozialen Bruch mit Adenauer-Deutschland suchte.

Eberhard Lutze betrieb nach dem Auslaufen des ersten Vertrages die Entlassung Hübners und ließ öffentlich verlauten, er vermisse bei Hübner die »richtig angesiedelte Klassikerinszenierung« und es sei »sicher ein Kern von Wahrheit« in der Vermutung, Hübner nehme »Drogen«. Vornehmlich das neu gewonnene jugendliche Publikum formierte sich zum Widerstand dagegen und organisierte Sitzstreiks und Fackelumzüge. Die SPD-Mehrheit im Aufsichtsrat des Theaters unterstützte Lutzes Bemühungen, Hübner zu entlassen, aber der steigende öffentliche Druck ließ Senator Thape im November 1968 einknicken.

Ende 1968 wurde der Vertrag zähneknirschend verlängert, mit dem Antritt von Johann Kresnik, der »Theater-APO«, der »Frauenvolksversammlung«, Peter Steins »Tasso«-Inszenie-

Edith Clever und Bruno Ganz in Schillers »Die Räuber« in der viel diskutierten Inszenierung Peter Zadeks (Bühnenbild von Wilfried Minks), Premiere 5. März 1966

Die Köpfe des »Bremer Stils«

Kurt Hübner
* 30.10.1916, Hamburg
† 21.8.2007, München

Am Deutschen Theater in Berlin bildete sich Hübner als Schauspieler aus, arbeitete nach dem Krieg als Nachrichtensprecher und Reporter für den NWDR und kam als Regie- und Dramaturgieassistent 1947 zum Deutschen Schauspielhaus nach Hamburg. Als Regisseur arbeitete er in Göttingen, Ingolstadt, Freiburg (Breisgau) und Hannover, bis er schließlich 1959 die Intendanz am Ulmer Theater angeboten bekam.

Dort begann die langjährige Zusammenarbeit mit dem Regisseur Peter Zadek, dem Bühnenbildner Wilfried Minks und der Schauspielerin Hannelore Hoger. 1962 übernahm er die Intendanz in Bremen. Die elfjährige Ära Hübner in Bremen gilt als eine der fruchtbarsten in der bundesdeutschen Theatergeschichte mit Einflüssen auf die Entwicklung des Theaters weit über Deutschland hinaus.

Wilfried Minks
* 21.2.1930, Binai (heute Tschechien)

Der in Sachsen lebende gelernte Maler Wilfried Minks nahm 1959 am Stadttheater Ulm ein Engagement bei Kurt Hübner an, wo er Peter Zadek kennenlernte. Beide folgten Hübner nach Bremen. Minks suchte in Bremen die radikale Abwendung vom »Realismus« der 1950er Jahre, knüpfte mit der Verwendung von Comicstrips, Fotos, visuellen Zitaten an die vom modernen Film beeinflussten Bühnenexperimente der 1920er Jahre an und öffnete den Theaterraum zu einem damals aufregend neuen ästhetischen Abenteuer.

Anfang der 1970er Jahre begann Minks auch als Regisseur zu arbeiten. 1972 inszenierte er noch in Bremen »Maria Stuart« von Friedrich Schiller und seit 1973 an allen großen Bühnen im deutschsprachigen Raum. 1980 war er kurzzeitig Direktoriumsmitglied am Schauspiel Frankfurt und ist seitdem als freier Regisseur tätig.

Peter Zadek
* 26.5.1926, Berlin

Als Sohn einer gutbürgerlichen jüdischen Familie in Berlin emigrierte er mit seiner Familie 1933 nach London, wo er eine Regieausbildung begann. Nach dem Studium arbeitete Zadek an zahlreichen Theatern in der britischen Provinz und lernte intensiv zeitgenössisches europäisches und nordamerikanisches Theater kennen. 1958 wurde er ans Kölner Theater eingeladen und reiste erstmals nach 1933 wieder nach Deutschland. Kurt Hübner engagierte ihn nach Ulm. Zadeks Inszenierung des »Kaufmann von Venedig« wurde Antisemitismus vorgeworfen, worauf Zadek konterte: »Solange die Deutschen nicht die schlechten Seiten von Juden aussprechen, haben sie nicht begonnen, sich mit ihrem Antisemitismus auseinanderzusetzen.« Gemeinsam mit Hübner ging er ans Bremer Theater, wo vor allem seine Inszenierungen von Frank Wedekinds »Frühlingserwachen« und Schillers »Die Räuber« bundesweit Furore machten. Von 1972 an übernahm er die Intendanz im Schauspielhaus Bochum, von 1985 bis 1989 am Deutschen Schauspielhaus in Hamburg. Seit 1990 ist Zadek als freier Regisseur tätig.

Peter Zadek (Mitte) bei den Proben zu »Die Unberatenen«, 1965

Aufbruch ab 1962

rung und dem Engagement von Rainer Werner Fassbinder und Klaus Michael Grüber startete Hübner in eine zweite legendäre Ära des Bremer Theaters, bevor sich Lutze und Thape 1973 endgültig durchsetzten und Hübner begleitet von bundesweitem Protest das Bremer Theater verlassen musste.

Zwischen Existentialismus und Woodstock

Nicht nur im Theater und in der Literatur, auch in der Bildenden Kunst waren die Anfänge einer neuen Epoche zu besichtigen. Stellvertretend seien Karl Fred Dahmen, Winfred Gaul und Karl Heinrich Greune genannt, die – insbesondere Dahmen – als international anerkannte Vertreter des »Informel« galten, als Lehrer an der Staatlichen Kunstschule Bremen ab 1963 wirkten und die Schule intensiv in Kontakt mit internationalen Entwicklungen brachten.

Für die Studierenden in Bremen öffnete sich ab 1963 der Blick auf eine geradezu chaotische Vielfalt der Methoden, Strömungen, Tendenzen, Verfahren und Themen – sie alle aber brachen mehr oder weniger mit dem vorherrschenden Diskurs der abstrakten Kunst der Nachkriegszeit, die sich bis Ende der 1950er Jahre in der westlichen Welt durchgesetzt hatte und die ihren Triumph auf der documenta II feierte. So nahmen Lehrende und Schüler der Kunstschule in Bremen gleich zwei Hürden: die Überwindung der vornehmlich an Worpswede orientierten Bremer Maltradition und den Anschluss an die geradezu explosive Expansion der bildenden Künste am Ende der im Formalismus erstarrten art informel.

Grafik und Fotografie spielten eine besondere Rolle bei den teils stürmischen Entwicklungen an der Kunstschule. Fritz Haase übernahm 1965 einen Lehrauftrag im Bereich Fotografie und musste auf den Fluren unterrichten, derart groß war der Ansturm auf das Fach. Fotografie und Grafik schienen den Studierenden am ehesten eine zeitgemäße Sprache zu bieten, um Lebensgefühl und Umbruchstimmung der Zeit zum Ausdruck

zu bringen. Michaelangelo Antonionis Film »Blow-Up« machte Fotografie zum Kult und schien wie eine Verheißung der ausgehenden 1960er auf unbegrenzte Freiheit und ungebremste Kreativität.

Diese Aufbruchstimmung war genährt von dem Wunsch, etwas Neues zu machen, die Studierenden und angehenden Künstler waren angetrieben von Visionen oder Anti-Visionen, von Utopien und dem Wunsch, nach vorne zu schreiten – wohin immer dies führen möge. Man wollte eine bessere Kunst. Um unmittelbare gesellschaftliche Wirkungen ging es dabei noch nicht, aber um Einzigartigkeit, um Erneuerung, um Individualität.

»Ich bin ein Elefant, Madame«

Das Bremer Theater unter Hübner steht beispielhaft für die rasante Politisierung der Künste Mitte der 1960er Jahren. Aber im Theater zeigten sich auch die Grenzen dieser Entwicklung. Der streitbare Hübner selbst war es, der »sein« Theater gegen politische Instrumentalisierung schützen wollte, als im Mai 1968 eine Abordnung des Ensembles die Operette »Der Bettelstudent« unterbrach, um eine Resolution gegen die Notstandsgesetze zu verlesen. Bruno Ganz, als Sprecher der Delegation, forderte unter Pfiffen und »Geht doch in den Osten«-Rufen das Publikum auf, nach der Vorstellung zu verweilen, um über »neue Formen des Widerstands« zu diskutieren.

Hübner missbilligte die Aktion: »Die Geschäftsführung der Theater GmbH ändert ihre Meinung – auch im Falle der Notstandsgesetzgebung – nicht, dass die Bühne zum Ort der künstlerischen Auseinandersetzung mit den Problemen des Menschen und der Gesellschaft bestimmt ist. Sie bejaht die Diskussion mit dem Publikum des Theaters, sofern diese sich mit dem Vergleich künstlerischer Gestaltung zur Realität des Lebens befasst, nicht aber die Bühne als willkürlichen Ort der Proklamation ihrer Mitglieder. Der Ort hierfür liegt außerhalb des Theaters.«

Dreharbeiten zu dem Film »Ich bin ein Elephant, Madame«. 1969, Regie Peter Zadek

Damit war eine neue Diskussion angestoßen. Gesellschaftspolitisches Engagement und Kunst waren sich damals nicht zuletzt durch das Theater Hübners so nahe wie nie zuvor gekommen. Die Frage nach Funktion und Struktur ästhetischer Prozesse, politischer Verantwortung von Kunst und Künstlern, struktureller Gewalt auch in den Kulturinstitutionen war auf die Tagesordnung gesetzt und ein neues Kapitel im Verhältnis von Kunstproduzenten, Publikum und Politik eröffnet worden.

1964 wurde mit der Inszenierung des Romans »Die Unberatenen« von Thomas Valentin das Aufbegehren einer neuen Schülergeneration gegen die Schule der Adenauerzeit thematisiert. »In der Schule«, lässt Valentin einen Lehrer während einer Konferenz sagen, »muss ein Wall gezogen werden gegen die fürchterliche Aufweichung jeder Moral und Pädagogik. Das liegt im Interesse der Schule, das liegt im Interesse unseres Volkes. [...] Verstehen sie mich nicht falsch, meine Herren, was ich fordere ist eine liebevolle, aber gesunde Härte.«

Die Inszenierung wurde in Bremen mit Spannung erwartet – aber nicht beim bürgerlichen Theaterpublikum, sondern bei den Schülern und Lehrern der Stadt. In Scharen zogen die Jugendlichen ins Theater und diskutierten junge Lehrer mit ihren Schülern.

Als Peter Zadek 1967 das Bremer Theater verließ, schenkte er der Stadt zum Abschied die Verfilmung seiner Inszenierung »Die Unberatenen«. Unter dem Titel »Ich bin ein Elephant, Madame« erzählt Zadek vom Versuch des Schülers Rull, durch verschiedene Provokationen die etablierten Gewaltstrukturen in der Schule zu durchbrechen. Rull schmiert schließlich ein Hakenkreuz an die Wand des Schulgebäudes – verzweifelter Protest gegen eine Lehrerschaft, die ihre Schüler immer noch den »Sekundärtugenden« Pflicht, Gehorsam, Anstand und Ordnung unterordnen will. Mit diesem seinem ersten Spielfilm setzte Zadek auch der Bremer Kultur ein Denkmal, die am Vorabend der westdeutschen Kulturrevolte ein neues und vielschichtiges Bild von Gesellschaft entwarf.

Stadtentwicklung und Architektur
1955–1969

Detlef Kniemeyer,
Eberhard Syring

Das neue Bremen

Wohnungsbau

Arbeitsstätten

Verkehr

Grünplanung

Bildung, Kultur und Freizeit

Innenstadt

Das neue Bremen

Umsetzung der Stadtlandschaft und erste Kritik

Obwohl es zwischen den frühen und späten 1950er Jahren viel Verbindendes gibt, bietet es sich doch an, das Jahr 1955 unter dem Aspekt eines Übergangs zu betrachten. Bremens erster Senatsbaudirektor, Franz Rosenberg, hat diese Tatsache treffend 1969 in einem Rückblick formuliert:

»Etwa um das Jahr 1955, also rund zehn Jahre nach Beendigung des Krieges, waren in den meisten kriegszerstörten Städten die Zerstörungen beseitigt und die Anzahl der Wohnungen, Schulklassen und anderer baulicher Einheiten wiederaufgebaut, die vor der Zerstörung vorhanden gewesen waren. Trotzdem konnte jedoch damals nicht davon gesprochen werden, daß eine Deckung des Bedarfs erreicht worden wäre. Die Phase des Wiederaufbaues ging im Gegenteil ohne weiteres und ohne eigentlich ins Bewußtsein zu dringen, in die Phase der Stadterweiterung über.«

Die Städte wuchsen. Die gute wirtschaftliche Konjunktur machte das Stadtleben mit den in den Großstädten ansässigen Betrieben wieder attraktiv für Neubürger. Durch den massiven Ausbau ihrer sozialen und kulturellen Infrastruktur trugen die Städte selbst zu ihrer neuen Anziehungskraft bei. Nachdem der Vorkriegseinwohnerstand längst erreicht war, ging man in Bremen 1957 von einer zukünftigen Einwohnerzahl von 750.000 aus. In den 1960er Jahren wurde diese Prognose noch weiter nach oben korrigiert. Doch es kam anders. Zwar war Bremen eine der am schnellsten wachsenden Großstädte der Bundesrepublik, sie erreichte die neu geschätzten Zahlen jedoch bei Weitem nicht.

Gleichwohl prägte zunächst eine allgemeine Wachstumseuphorie das mentale Klima der zweiten Aufbauphase. Es war die Zeit der »Macher«. Das auch außerhalb der Stadtgrenzen mit Hochachtung verfolgte Projekt »Neue Vahr«, das seinerzeit europaweit größte Stadterweiterungsvorhaben, kann als ein eindrucksvolles Symbol für das »Neue Bremen« gesehen werden. Es brachte der Hansestadt den (durchaus positiv gemeinten) Ruf einer »Stadt des sozialen Wohnungsbaus« ein.

Mit dem fortschreitenden Wohlstand und dem damit begründeten Wandel von einer Mangelgesellschaft in eine Überflussgesellschaft änderten sich schnell die individuellen Ansprüche an das Wohnen. Die durchschnittliche Wohnungsgröße wuchs kontinuierlich von 1952 ca. 55 auf 82 Quadratmeter im Jahr 1967. Der verbreitete Wunsch nach einem Eigenheim am Stadtrand wurde selbst für Bezieher mittlerer Einkommen immer leichter realisierbar. Ähnliches galt in gravierender Weise für den Traum vom Automobil. Die Massenmotorisierung, die Automobilisierung der Städte setzte Mitte der 1950er Jahre ein – mit deutlich spürbaren Folgen für die Stadtentwicklung.

Die Verkehrsprobleme glaubte man mit verkehrstechnischen Maßnahmen (vor allem die Trennung der Verkehrsarten auf verschiedene Ebenen und Räume) in den Griff zu bekommen. Mit der konsequenten Umsetzung der »gegliederten und aufgelockerten Stadt« entstanden an der Peripherie weitläufige Wohngebiete, die nicht immer wirtschaftlich mit öffentlichem Nahverkehr zu versorgen waren. Das hatte vermehrt den Kauf und die Benutzung des Pkws zur Folge. Dass das Idealbild eines landschaftlich fließenden Grünraums in den neuen Stadtteilen durch parkende Autos negativ beeinträchtigt wurde, war nicht der einzige Widerspruch, den es in den umgewandelten Städten zu entdecken gab.

Die großen Wohnungsbaumaßnahmen - vor allem Prestigeprojekte wie die Neue Vahr - konnten als Erfolge verbucht werden. Doch die spürbaren Veränderungen, die die »funktionelle Stadt« bei ihrer Umsetzung in die Wirklichkeit hinterließ, verursachten bereits um 1960 erste Anzeichen eines sich artikulierenden Unbehagens an der »Unwirtlichkeit unserer Städte«, so der Titel der berühmten Streitschrift des Psychoanalytikers und Publizisten Alexander

Linke Seite: Befüllung der Teermaschine beim Ausbau der Stresemannstraße nach Planung des Amtes für Straßen- und Brückenbau, Ende der 1950er Jahre

Das neue Bremen

Noch ein »Arme-Leute-Viertel« – der Schnoor in den 1950er Jahren

Mitscherlich. Die Kritik setzte an verschiedenen Punkten an und kam in der Regel von außen. Die Architekten und Stadtplaner selbst glaubten zunächst, allenfalls Anfangsschwierigkeiten bei ihrem Weg zur Neuen Stadt zu begegnen, für deren Lösungen sich technische Mittel finden ließen. Das rasche Wachstum hatte bei vielen Planern einen Aktionismus entstehen lassen, der sie immer weiter von den Subjekten ihrer Planungen, den Menschen, die hier lebten, entfernte.

Die kritischen Stimmen zielten zum einen auf die verbreitete Tabula-rasa-Haltung gegenüber dem historischen Erbe, vor allem den gemeinhin als minderwertig eingeschätzten Bauten des Historismus. Zum anderen wurde besonders von Vertretern einer zu neuer Bedeutung gelangenden Disziplin, der Stadtsoziologie, die unzureichende Kommunikation in den zu dünn besiedelten »Nachbarschaften« der neuen Stadtteile bemängelt, ihre fehlende »Urbanität«. Als Reaktion auf diese wissenschaftliche Fachkritik setzte sich bei Architekten und Stadtplanern im Laufe der 1960er Jahre schnell die Tendenz durch, wieder eine stärker geschlossene Bauweise und eine größere Verdichtung anzustreben. »Urbanität durch Verdichtung« lautete das neue Schlagwort, auf das sich Architekten und Planer nun beriefen. In Bremen lässt sich das gut an einem Strukturvergleich der Neuen Vahr und des benachbarten, einige Jahre später entstandenen Stadtteils Blockdiek darstellen.

Die pragmatische Selbstkritik der Macher (die größere Verdichtung war zum Teil auch den steigenden Bodenpreisen geschuldet, die Selbstkritik mitunter nur ein programmatisches Alibi) hat allerdings das prinzipielle und wachsende Unbehagen an der Ästhetik des Nachkriegsstädtebaus wenig beeinflusst. Eine solche Fundamentalkritik blieb noch viele Jahre lang eher latent und schuf sich kleine

»Heterotopien«. In Bremen war das Ende der 1950er Jahre »entdeckte« Schnoorviertel mit seiner Wandlung vom potenziellen Objekt einer »Flächensanierung« zum nostalgischen touristischen Highlight ein solcher Ort ge- und erlebter Sehnsüchte.

Gesamtplanung

Obwohl bereits im Jahr 1948 gute Vorsätze zu einer gemeinsamen Landesplanung formuliert worden waren, fand sie in der ersten Aufbauphase im Prinzip nicht statt. Erst im April 1963 befassten sich die Kabinette von Niedersachsen und Bremen mit einer Institutionalisierung Landesgrenzen übergreifender Planungen mit dem Ziel einer Koordination in Fragen der Raumordnung und Landesplanung. Zu den Aufgaben der gemeinsamen Landesplanung zählte in erster Linie, gemeinsame räumliche Entwicklungsvorstellungen zu erarbeiten und sie den Grundlagen der Raumordnungsprogramme beider Länder anzupassen. Dies erfolgte in den »Grundsatzempfehlungen« der Jahre 1963, 1965, 1972 und 1983.

Daneben nahm der Aufbaufonds in der gemeinsamen Landesplanung eine zentrale Bedeutung ein. Dieser Fonds, den die beiden Länder je zur Hälfte trugen, wurde 1965 eingerichtet, und bis 1986 konnten daraus erhebliche Mittel bereitgestellt werden. Gefördert wurden Schulen, Sportstätten, Kläranlagen, Wanderwege, Parkplätze, Erholungsstätten usw. in Niedersachsen. Im Vordergrund stand dabei der Gedanke der Schaffung gleicher Lebensbedingungen. Aus der Sicht des Oberzentrums war für Bremen die Entwicklung der Naherholung von besonderem Interesse. In wirtschaftspolitischen Fragen blieb es allerdings bei allgemeinen Empfehlungen.

Der 1958 der Bürgerschaft vorgelegte »Flächennutzungsplan 1957« ging bei einer Einwohnerzahl von 530.000 im Jahr 1957 von einer zu erwartenden Einwohnerzahl von 750.000 aus. Eine Prognose, die nicht nur positiv gesehen wurde, sondern auch als »War-

Der Verkehr wird dichter: Die gerade fertiggestellte Neuenlander Straße um 1954 ...

... Mitte der 1960er Jahre ...

... und zu Beginn der 1970er Jahre

nung«. So formulierte Oberbaudirektor Franz Rosenberg auf einer Informationssitzung der Bürgerschaft zum Flächennutzungsplan: »Die Warnung, dass die Stadt eine Kapazität bis zu 750.000 Einwohnern haben könne, muss deshalb mit Nachdruck ausgesprochen werden, weil Stadtgrößen zwischen 600.000 und 1.000.000 Einwohnern als besonders ungünstige, weil unwirtschaftliche Größen gelten.«

Das Konzept der Stadterweiterung schlug sich in größeren zusammenhängenden Flächen nieder, die gegenüber den Vorstellungen des Flächennutzungsplans aus den frühen 1950er Jahren neu für den Wohnungsbau ausgewiesen wurden. Dazu gehörten die Neue Vahr, Huchting und das Marßeler Feld in Bremen-Nord.

Das neue Bremen

Der Flächennutzungsplan 1957 sah große zusammenhängende Wohnbauflächen (In der Vahr, Huchting, Marßeler Feld) vor

Die Gliederung der Wohngebiete in »Nachbarschaften« mit 5000 bis 10.000 Einwohnern war nach wie vor Leitlinie der Planung. Mit städtebaulichen Einheiten dieser Größenordnung hoffte man, die »Anonymität der Großstadt« zu überwinden und ein gemeinschaftliches Denken und Handeln zu befördern. Im Gegensatz zum vorherigen Flächennutzungsplan wurden Flächen für die Entwicklung der Häfen auf der linken Weserseite und die Gewerbeflächen im Niedervieland nicht mehr dargestellt.

Im Juni 1960 fasste die Bremische Stadtbürgerschaft den Beschluss, für das Gebiet des linken Weserufers einen Gesamtplan aufzustellen, der den neuen, aus dem Hafenausbau sich ergebenden Bedürfnissen Rechnung tragen sollte. Die wichtigste Änderung gegenüber den bisherigen Planungen bestand in der Festlegung der Neustädter Häfen. Un-

mittelbar damit verknüpft war die Ausweisung der hafennahen Industriegebiete Niedervieland I und II sowie in der Festlegung der Siedlungsentwicklung für den Wohnungsbau in Obervieland.

Bereits 1922 hatten Senat und Bürgerschaft die Planung von Hafenanlagen auf der linken Weserseite in Betracht gezogen. Im Gesamtplan wurde davon ausgegangen, dass auf den neuen gewerblichen Flächen 35.000 Arbeitsplätze geschaffen werden könnten und dass in Obervieland die Einwohnerzahl um 37.000 ansteige. Die vorhandenen Siedlungsräume in Obervieland sollten erweitert bzw. arrondiert werden. Planungsidee war auch hier, eine Trennung der Siedlungseinheiten durch die Anlage von Grünflächen zu erreichen.

1967 wurde der »Flächennutzungsplan 1967« beschlossen, dem bei einer Einwoh-

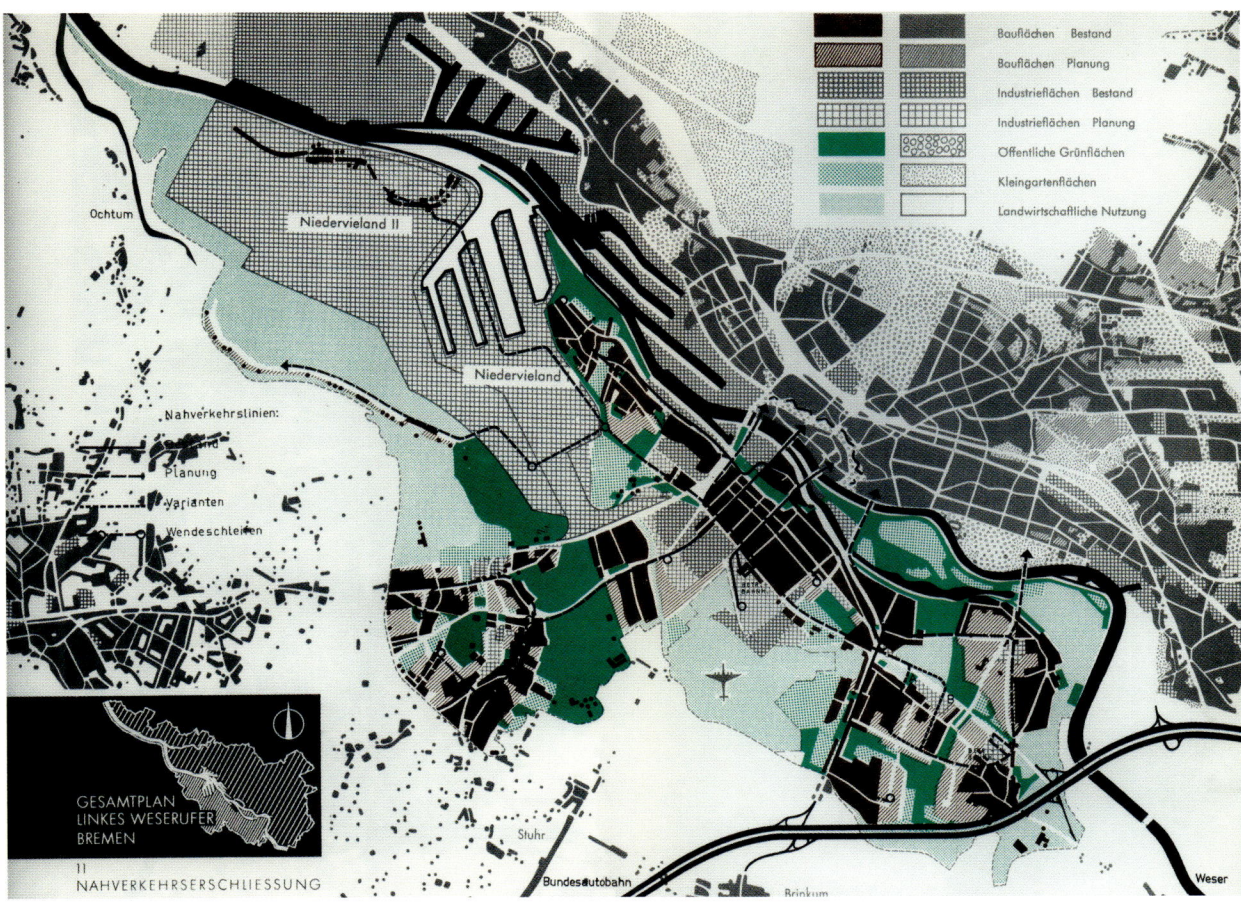

nerzahl von inzwischen 596.000 weiterhin eine Flächenkapazität für 750.000 Einwohner zugrunde lag. Ein Bedarf an zusätzlichen Wohnbauflächen ergab sich insbesondere aus der Entwicklung der durchschnittlichen Wohnungsbelegung. War 1950 eine Wohnung im Mittel mit 4,2 Personen belegt, so sank dieser Wert bis 1967 auf 2,7. Für große neue Wohngebiete wurden Flächen in Habenhausen und in Arsten neu ausgewiesen.

Im gewerblichen Bereich bestanden gegenüber dem Flächennutzungsplan 1957 die bedeutenden Veränderungen in der Darstellung der Neustädter Häfen mit den ihnen zugeordneten Industrie- und Gewerbegebieten sowie der Ausweisung umfangreicher Gewerbe- und Industriegebiete in Osterholz-Mahndorf. Die Gründe für diese neuen Ausweisungen lagen in der Annahme,

dass die stadtbremischen Häfen weiterhin die Basis der Entwicklung von Dienstleistungsbetrieben in der Stadt darstellten und das wirtschaftliche Wachstum auch in Zukunft von dem verarbeitenden Gewerbe ausgehe. Zudem lag dem Plan die Erwartung zugrunde, dass Bremen als Hafenstadt und Mittelpunkt eines Verdichtungsraumes mit einer besonders starken Konzentration der Arbeitsplätze im Dienstleistungssektor in der Innenstadt zu rechnen habe. Schließlich sah der Plan ein Gelände im Osten der Stadt als Fläche für die Universität vor, entsprechend der Entscheidung des Senats aus dem Jahr 1964, die Universität Bremen zu gründen.

In der Mitte der 1950er Jahre umfasste die Siedlungsfläche 33,1 Prozent der Gesamtfläche der Stadt Bremen. Bis 1967 erweiterte sich diese Fläche um 1127 Hektar und erreichte

Gesamtplan »Linkes Weserufer«. Die Planung aus der ersten Nachkriegszeit für Hafenanlagen in Niedervieland und für Wohnungsbau in Obervieland wurden wieder aufgenommen

damit einen Anteil an der Gesamtfläche von 36,7 Prozent. Der Landschaftsverbrauch betrug im Zeitraum von 1957 bis 1967 jährlich 113 Hektar.

Wohnungsbau

Die Bremische Bürgerschaft beschloss am 22. Februar 1956 das »Gesetz zur Behebung der Wohnungsnot im Lande Bremen«. In diesem Gesetz verpflichtete sich das Land Bremen, den »Wohnungsbau durch staatliche Maßnahmen so zu fördern, daß innerhalb von vier Jahren jährlich 10.000 Wohnungen (8.000 in Bremen und 2.000 in Bremerhaven) errichtet werden«. Das Gesetz definierte genau, welche Eigentumsformen zu fördern und für wen die neuen Wohnungen zu bauen seien. Pro Jahr sollten 7000 Mietwohnungen zu Richtsatzmieten (1956 belief sich der Satz auf 1,10 D-Mark pro Quadratmeter Wohnfläche) für Familien »mit einem Familienbruttoeinkommen von bis zu 500 D-Mark monatlich« errichtet werden.

In diesen vier Jahren wurde gleichzeitig der Bau von 3000 Eigentumswohnungen und Eigenheimen pro Jahr gefördert. Hier sollte die Förderung so bemessen sein, dass die finanzielle Belastung auch bei niedrigem Einkommen zu leisten sei. Mit dem Gesetz sollte primär die Wohnungsnot in Bremen gelindert werden. Deutlich wird aber auch, dass insbesondere die Bezieher niedriger Einkommen unterstützt wurden, was der SPD unter anderem zu einem grandiosen Wahlerfolg mit 54,9 Prozent der Stimmen bei den Bürgerschaftswahlen 1959 verhalf, womit die bis dahin regierende Ganz Große Koalition (das von Wilhelm Kaisen so bezeichnete »Bündnis von Kaufleuten und Arbeiterschaft«) beendet war.

Die Bilanz des Wohnungsbauprogramms war imposant. 1956 standen auf der »Dringlichkeitsliste« 25.000 Wohnungssuchende, und die Bevölkerung wuchs monatlich um 1500 Einwohner. Im Zeitraum 1955 bis 1969 wurden in Bremen rund 100.000 Wohnungen gebaut, davon 35.000 in Großsiedlungen. Ein Bevöl-

kerungsentwicklungsgutachten riet dem Senat, bis zum Jahr 1980 von einem Ansteigen der Einwohnerzahl auf 800.000 auszugehen.

In der Zeit der Beschlussfassung über das »Gesetz zur Behebung der Wohnungsnot im Lande Bremen« durch die Bremische Bürgerschaft bemühte sich das Wohnungsbauunternehmen Gewoba um den Erwerb großer

Max Säume
* 5.6.1901, Berlin
† 15.4.1965, Bremen

Günther Hafemann
* 13.4.1902, Berlin
† 27.1.1960, Bremen

Das Bremer Architekturbüro Säume und Hafemann hat den Aufbau der Stadt in den 1950er und frühen 1960er Jahren entscheidend mitgestaltet. Max Säume und Günther Hafemann hatten sich als Studenten bei Hans Poelzig an der Technischen Hochschule Berlin-Charlottenburg kennengelernt. Seit 1932 betrieben sie in Berlin ein gemeinsames Büro. Nach dem Krieg fanden sie in Bremen ein neues Tätigkeitsfeld. Zu ihren bekannten Bauten zählen der Speicher I und der Schuppen 1 am Europahafen und die Bremer Stadthalle auf der Bürgerweide (in Arbeitsgemeinschaft mit Roland Rainer, Wien). Vor allem haben Säume und Hafemann aber als Hausarchitekten der Gewoba den modernen Siedlungsbau Bremens geprägt, von der westlichen Vorstadt bis zur Neuen Vahr. Nach Hafemanns Tod 1960 konnte Max Säume noch das Siemens-Hochhaus realisieren.

Flächen beiderseits der Franz-Schütte-Allee. Im Mai 1956 standen bereits vier Fünftel der Flächen für die Realisierung der »Neuen Vahr«, der »Stadt der Zukunft«, zur Verfügung, der Rest folgte.

Erste Überlegungen der Gewoba, für das zukunftsweisende Projekt einen Ideenwettbewerb auszuloben, wurden von der Bauverwaltung abgelehnt. Diese empfahl, auf bewährtes Personal zu setzen. So waren bald die Planer der Gartenstadt Vahr wieder im Boot: Ernst May, der bereits siebzigjährige Altmeister des modernen Siedlungsbaus, sowie die »Hausarchitekten« der Gewoba, Max Säume und Günther Hafemann. Ergänzt wurde die Arbeitsgemeinschaft durch Hans Bernhard Reichow, der sich 1948 mit dem Buch »Organische Stadtbaukunst« einen Namen gemacht hatte und der 1954 den Wettbewerb für die Sennestadt bei Bielefeld gewann, der einzigen »New Town« der Bundesrepublik. Die drei beteiligten Büros erstellten den städtebaulichen Rahmenplan unter der Zielsetzung einer Netto-Wohndichte von 280 Einwohnern pro Hektar für 10.000 Wohnungen. Die Neue Vahr wurde als erste Großsiedlung dieser Art in Deutschland und seinerzeit größtes Siedlungsprojekt Europas innerhalb von fünf Jahren zwischen 1957 und 1962 auf 218 Hektar für ca. 30.000 Bewohner errichtet.

Blick vom Holzgerüst auf die anderen Baustellen in der Neuen Vahr, Juli 1957

Das Ziel der Planung lag in der funktionsgerechten Organisation der Siedlung nach dem Vorbild der »Charta von Athen«. Ein Grundgedanke war dabei, das Gebiet in »Nachbarschaften« zu gliedern mit jeweils 2000 Wohnungen. In der Neuen Vahr waren fünf solcher Einheiten vorgesehen, zwei nördlich und drei südlich der Franz-Schütte-Allee. Ihre Größe entsprach der eines Grundschulbezirkes. Solche städtebaulichen Gliederungsvorstellungen decken sich im Übrigen partiell mit Stadtplanungen im Nationalsozialismus wie ja auch Wilhelm Wortmanns Begriff »Stadtlandschaft« bedenkenlos weiter benutzt wurde. Das städtebauliche Standardwerk der 1950er Jahre,

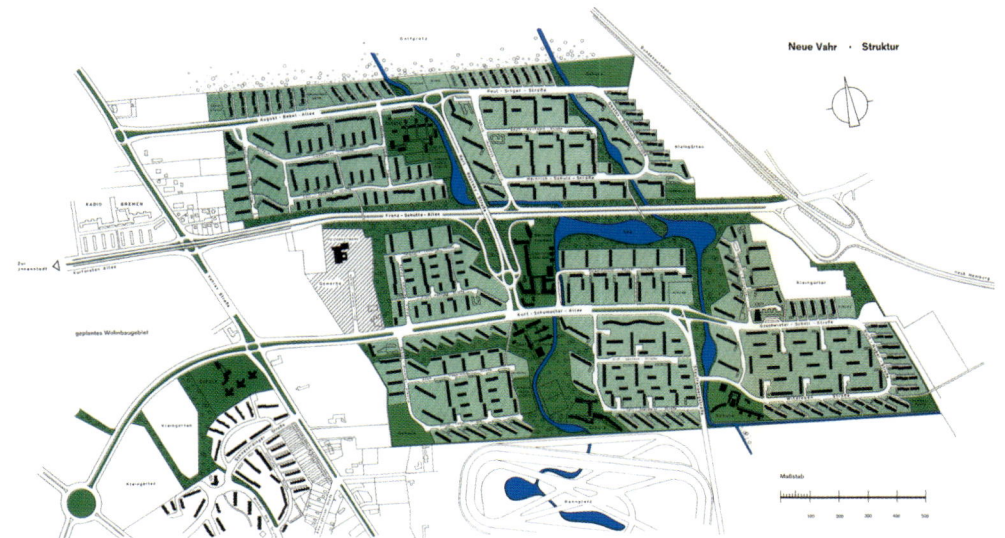

Strukturplan der Neuen Vahr. Gut zu erkennen sind die je einem Grundschulbezirk entsprechenden fünf »Nachbarschaften«

Wohnungsbau

Der neue Stadtteil wurde gern Gästen vorgestellt. Im Bild u.a. Senatsbaudirektor Franz Rosenberg (abgewandt in der Mitte) mit den Architekten Ernst May (mit Fliege) und Hans Bernhard Reichow (rechts neben May)

Das Luftbild von Osten zeigt die Umsetzung der Idee der »Nachbarschaften«

»Die gegliederte und aufgelockerte Stadt« von Johannes Göderitz, Hubert Hoffmann und Roland Rainer, wurde bereits vor 1945 verfasst. Die skizzierte personelle und fachliche Kontinuität verkörperte beim Projekt der Neuen Vahr vor allem Reichow, der vor 1945 u.a. als Baudirektor der Stadt Stettin in verantwortlicher Position erfolgreich tätig war.

Wie bei der Gartenstadt Vahr sorgten auch in der Neuen Vahr Grünräume für eine Abschirmung der Nachbarschaften untereinander. Die Planung der Grünanlagen stammte von dem Hamburger Gartenarchitekten Karlaugust Orf. Ein abgestuftes Straßennetz sollte die Gebäude auf kürzestem Weg erschließen. Jede Siedlungseinheit war auf einen optischen Mittelpunkt hin konzipiert: Von einer zweigeschossigen Reihenhaus-Bebauung am Rande stieg die Geschosszahl über vier- und achtgeschossige Häuser zu einem 14-geschossigen Hochhaus an, in dessen Umgebung sich Ladenzentren für die Versorgung mit den Gütern des täglichen Bedarfs befanden. Als gesellschaftlicher und kommerzieller Mittelpunkt der Gesamtsiedlung wurde ein Zentrum mit Geschäften für den allgemeinen Bedarf, Marktplatz, Gemeinschaftszentrum, Kino und Gymnasium geschaffen, das nach dem Bau der Berliner Mauer im Jahr 1961 den mahnenden Namen »Berliner Freiheit« erhielt. Als Wahrzeichen der »Neuen Stadt« sollte an der Nahtstelle zwischen dem Vahrer See und dem Zentrum ein 22-geschossiges Wohnhochhaus errichtet werden. Dem namhaften finnischen Architekten Alvar Aalto wurde 1958 der Auftrag erteilt, diese städtebauliche »Dominante« zu entwerfen.

Wohnungen im mehrgeschossigen Wohnungsbau zentral zu beheizen, gehörte zum Standard modernen Siedlungsbaus. Neu war, dass sämtliche Wohnungen und Häuser einer Siedlung durch ein Kraftwerk, das sowohl Strom und Wärme erzeugt, fernbeheizt wurden. Das Prinzip der Kraft-Wärme-Koppelung, das das Kühlwasser zum Heizen nutzt, wurde zum ersten Mal in Bremen angewandt. Richard Boljahn, Aufsichtsratsmitglied der Gewoba und Fraktionsvorsitzender der SPD, war der Initiator dieses modernen Versorgungssystems. Sein Credo: »Auch für eine Arbeiterwohnung sind technische Fortschritte gerade gut genug, [...] die Zeit des Ofens soll vorbei sein.«

Als weiteres Merkmal der Siedlung ist die differenzierte Farbgestaltung der Architektur zu erwähnen, die von Albrecht Schilling stammt. Die Neue Vahr wurde zum großen Prestigeprojekt der Gewoba wie auch der sozialdemokratischen Wohnungsbaupolitik insgesamt. SPD-Kanzlerkandidat Willy Brandt versäumte es nicht, in seinem Bundeswahlkampf 1961 die fast fertiggestellte Siedlung zu besuchen. Die Fachpresse äußerte sich positiv, auch wenn die »Bauwelt« anmerkte, »dass es im Interesse der Vielfalt des zu erwartenden Siedlungsbildes ratsam gewesen wäre, noch ein paar Architekten mehr heranzuziehen«.

In der Tat stammten – abgesehen von den Reihenhäusern am Rande, die Wolfgang Bilau entworfen hatte, und dem Aalto-Hochhaus – sämtliche Wohngebäude ausschließlich von den genannten Architekten. Als besondere Bauformen stachen der Typus eines aufgeständerten Laubenganghauses von Ernst May mit Parkplätzen im Erdgeschoss und die geschwungene lange Zeile des »Schlangenhauses« von Säume und Hafemann ins Auge. Trotz der Bemühung um typologische und gestalterische Vielfalt war eine gewisse Monotonie bald nicht zu leugnen.

Verglichen mit anderen Siedlungen und Wohnanlagen, die im Rahmen des Gesetzes »zur Behebung der Wohnungsnot im Lande Bremen« entstanden, stellte die Neue Vahr jedoch das gestalterisch ambitionierteste Wohnungsbauprojekt der Aufbauphase dar. Das änderte sich auch nicht durch weitere Siedlungsbauvorhaben, die im Rahmen des 1961

Wochenmarkt an der Berliner Freiheit. Im Hintergrund das Aalto-Hochhaus

verabschiedeten »Zweiten Gesetzes zur Behebung der Wohnungsnot im Lande Bremen« entstanden.

Annähernd vergleichbar mit dem Prestigeprojekt Vahr war vielleicht noch die Gartenstadt Süd, ebenfalls von der Gewoba entwickelt und von den Architekten Säume und Hafemann in einer sachlich modernen Formensprache umgesetzt. Die Siedlung mit 2700 Wohnungen entstand 1957 bis 1960 auf ehemals kleingärtnerisch genutzten Flächen zwischen Gastfeldstraße und Neuenlander Straße. Sie grenzte damit unmittelbar an die einheitlich durch das Bremer Haus geprägte Bauweise der Neustadt und des Buntentorviertels an.

Das Laubenganghaus von Ernst May bot im offenen Erdgeschoss Platz zum Parken

Wohnungsbau

Wie bei der Gartenstadt Vahr ist auch hier der Begriff »Gartenstadt« irreführend. Trotz großer Grünflächen dominierten in der klassischen Gartenstadt der Jahrhundertwende geschlossene Straßenräume und Einfamilienhäuser das Bild, während ein Prinzip des Nachkriegssiedlungsbaus die optische Trennung von Verkehrserschließung und Bebauung darstellte, einer Bebauung zudem, die im Vergleich zu historischen Gartenstädten ganz anders dimensioniert war. Im Verhältnis zu den Siedlungen in der Vahr erreichte die Gartenstadt Süd eine höhere Dichte und nahm hiermit eine Tendenz vorweg, die im Laufe der 1960er Jahre deutlich zunehmen sollte.

Diese Verdichtung spiegelte sich auch in der räumlichen Komposition der Siedlung wider. Im Gegensatz zu den meisten nach dem Ideal der Stadtlandschaft gestalteten Siedlungen, die in ihrer Höhenentwicklung zur Mitte hin ansteigend gestaffelt waren, fehlte in der Gartenstadt Süd ein eindeutiger Hochpunkt als städtebauliche Dominante in Form eines zentralen Wohnhochhauses. Stattdessen ergab sich die räumliche Komposition aus einer Folge achtgeschossiger Scheibenhäuser, die quer und parallel zu den beiden zentralen Hauptstraßen angeordnet waren. An der Kreuzung dieser beiden Straßen markierte eine weitere Hochhausscheibe das Zentrum des neuen Stadtteils. Die anderen Wohngebäude waren meist viergeschossig, wenige Reihenhäuser arrondierten die Siedlung.

Mahlzeit am Bau

Im Jahr 1957 begann auch der Wohnungsbau in Huchting, genauer in den Ortsteilen Kirchhuchting, Mittelshuchting und Brookhuchting, wo ein neuer Stadtteil für 45.000 Bewohner entstehen sollte. Die Zahl wurde später auf 35.000 reduziert. Die städtebauliche Begründung der Wahl Huchtings als großer Stadterweiterungsstandort hing nicht zuletzt mit verkehrstechnischen Erwägungen zusammen. Die neue Siedlung sollte mit der Vahr am entgegengesetzten Stadtrand durch eine neue und überwiegend auf separatem Gleiskörper verlaufende Stadtbahnlinie verbunden werden.

Obwohl in ähnlicher Dimension wie die Vahr geplant, unterschied sich Huchting stark von dieser, weil der neue Stadtteil mit den dörflichen Kernen Kirchhuchting, Mittelhuchting und Brookhuchting über eine historische Bebauung verfügte, die es zu integrieren galt. Zu dem historischen Erbe gehörten des Weiteren zwei alte Landstraßen, die Huchtinger Heerstraße und die Kirchhuchtinger Landstraße, die die hufeisenförmige Grundstruktur für das weiträumige Baugelände vorzeichneten. Zusammen mit einer parallel zur Landesgrenze verlaufenden Querverbindung, der späteren Heinrich-Plett-Allee, entwickelte sich das neue Huchting mit sechs Nachbarschaften entlang dieser drei Verkehrslinien. Der Städtebau für die Nachbarschaften nahm bewusst nicht die Strukturen der alten Dörfer auf, sondern orientierte sich an den Kriterien Verkehr, Abstand, Belichtung und Raumkomposition. Achtgeschossige, viergeschossige und zweigeschossige Wohngebäude wurden sowohl unter formalen Gesichtspunkten als auch unter dem Gesichtspunkt der Mischung von Bevölkerungsgruppen geplant.

Wie in der Vahr durchschnitt eine Hauptverkehrsachse – die zur Stadtautobahn ausgebaute B 75 – den Stadtteil. Zu den Besonderheiten gehört, dass Huchting um eine grüne Mitte mit einem künstlich geschaffenen Gewässer, dem Sodenmattsee, herum angelegt wurde. Die grüne Mitte war als Ort vielfältiger Freizeitaktivitäten und verbindender Kultureinrichtungen

»Unbehagen am Wiederaufbaustil«

STADTENTWICKLUNG UND ARCHITEKTUR

Luftbild von der Garten-
stadt Süd. Im Hintergrund
der Flughafen

gedacht. Auch hier wurde auf eine architektonische »Stadtkrone«, vergleichbar dem Aalto-
Hochhaus, verzichtet. Insgesamt hatten die
vor allem von drei Baugesellschaften (Gewoba,
Treuhand und Bremer Bauunion) geschaffenen
Siedlungseinheiten architektonisch wenig Herausragendes zu bieten.

Die durch das »Gesetz zur Behebung der
Wohnungsnot im Lande Bremen« ausgelösten
Wohnungsbauaktivitäten betrafen fast alle
Stadtteile mit mehr oder weniger großen Projekten. Sie veränderten das Bild der Stadt in
einer tief greifenden Weise, die allenfalls mit
den Gründerjahren nach dem Ausbau der Häfen oder mit den Zerstörungen des Weltkrieges
vergleichbar war. Beschleunigt durch das Gesetz von 1956, entstand innerhalb von nur 15
Jahren das moderne Bremen.

Die Dynamik, mit der sich der Aufbau
in der Hansestadt, wie in den meisten Städten der alten Bundesrepublik, vollzog, hatte
architektonisch wie städtebaulich manche
fragwürdigen Resultate zur Folge. Der soziale
Druck durch die sich nur langsam lösende
Wohnungsnot, fast parallel dazu die mit der
wachsenden wirtschaftlichen Prosperität gestiegenen quantitativen Wohnansprüche und

schließlich eine gewisse Verselbstständigung
der großen Wohnungsbaugesellschaften führten dazu, dass sich schon bald auch kritische
Stimmen mehrten, die, wie der Philosoph Theodor W. Adorno 1965 in einem Vortrag über
»Funktionalismus heute«, vom »Unbehagen
am deutschen Wiederaufbaustil« sprachen.

Die Geschwindigkeit, mit der ganze Viertel
neu entstanden, ließ keine Zeit zur Überprüfung der von den Architekten und Stadtplanern bereits längst zu materiellen Fakten

Der Sodenmattsee markiert
die Mitte des neuen Stadtteils Huchting

Wohnungsbau

Auch in Huchting wurden Grünanlagen zu integralen städtebaulichen Bestandteilen

gewordenen Thesen. Dort, wo die Neubauviertel im unmittelbaren Kontext der alten Stadt entstanden, waren die Neuplanungen in erster Linie Antithesen zum Städtebau der Gründerzeit. Das betraf zum einen die Positionierung der Wohngebäude im Stadtgrundriss, die zum Zwecke einer optimalen Belichtung der Woh-

nungen in typischer Ost-West oder Nord-Süd ausgerichteter Zeilenbauweise erfolgte. Das betraf zum anderen eine stärkere Abstufung und funktionale Trennung der Verkehrswege – vor allem im Zeichen der »Automobilisierung« der Städte.

Auf der letzten größeren Brachfläche, die der Bombenkrieg in Bremen zurückgelassen hatte, entstand zwischen 1956 und 1961 die westliche Bahnhofsvorstadt zwischen Bürgermeister-Smidt-Straße, Wallanlagen und Bahnkörper neu. Während im südlichen Teil, wo einige Häuser erhalten geblieben waren, die alten Blocks durch Neubauten arrondiert wurden, entstand in der nördlichen Hälfte eine gänzlich neue Bebauungsstruktur, die durch zwei neue Straßenanlagen bestimmt wurde. Als interne Hauptstraße des Viertels diente der vierspurig ausgebaute Winkel von Falkenstraße und Daniel-von-Büren-Straße mit mittig eigenständig verlaufendem Gleiskörper für die Straßenbahn. Entlang dieser Straßen waren die Geschäfte für die Versorgung des Quartiers angeordnet. Am Nordrand des Viertels wurde der Breitenweg zu einer leistungsfähigen Hauptverkehrsstraße ausgebaut, die Nord-Tangente im Bremer Tangentenviereck.

Badefreuden mitten im neuen Stadtteil

Die Wohnanlage an der Falkenstraße mit ihren markanten Hochhäusern. Architekt: Friedrich Heuer

Architektonisch am bemerkenswertesten ist wohl die Wohnanlage zwischen Falkenstraße und Breitenweg. Der Entwurf des Architekten Friedrich Heuer, der in den 1930er Jahren die Siedlung in Grolland geschaffen hatte, zeichnete sich durch ein eigenartiges Zusammenspiel traditionalistischer und moderner Momente aus. Fünf achtgeschossige Hochhäuser mit Walmdächern und fünf viergeschossige Zeilen wurden mit einem dreigeschossigen Zwischenbau zu Winkeln verbunden. So entstand eine Folge von vier Höfen mit flachen Garagenbauten zur Falkenstraße hin.

Auch die Erweiterung des bürgerlichen Stadtteils Schwachhausen in Richtung Nordosten, bis heute »Neu-Schwachhausen« genannt, war durch eine zwischen modern, traditional und banal schwankende Architekturhaltung gekennzeichnet. Schon 1870 war das vor allem für Kleingärten genutzte Gelände nördlich des Schwachhauser Rings in einem Plan als Stadterweiterungsgebiet deklariert worden. Dieser zeigte ein Netzwerk schnurgerader Straßen, die sich teils rechtwinklig, teils sternförmig über das weite Areal zwischen Bürgerpark und Riensberger Friedhof ausbreiteten.

Bis 1945 wuchs die Stadt nach dieser Vorgabe allerdings nur punktuell, etwa an der Busestraße. Eine solche bauliche Vorprägung vereinfachte nicht gerade die Entwicklung des neuen Stadtteils nach den Regeln des modernen Städtebaus. Hinzu kam die Befürchtung manch alteingesessener Schwachhauser, eine moderne Siedlung mit dem Ruch des sozialen Wohnungsbaus könne den Ruf des Stadtteils als bürgerliches Wohnviertel beschädigen. Im Gegensatz zur aus einem Guss geplanten Neuen Vahr waren zahlreiche Architekten für gleich sieben Baugesellschaften über einen relativ langen Zeitraum bis 1966 tätig.

Die an der Kulenkampffallee von Friedrich Heuer und Gerhard Müller-Menckens geschaffene Reihenhausanlage stellt den Versuch einer Neubelebung des Typus »Bremer Haus« dar. Die Wohnanlage für bedürftige ältere Menschen, die die gleichen Architekten etwas weiter östlich erstellten, knüpft wie die Reihenhäuser mit ihrem Sichtmauerwerk an ein typisch nordwestdeutsches Erscheinungsbild an. Dezidiert moderne Bauwerke gab es dagegen in Neu-Schwachhausen kaum. Zu den gelungenen Ausnahmen gehören die drei Wohnzeilen mit turmartigen Kopfbauten von Hubert

549

Wohnungsbau

Behérycz am Klattenweg/Ecke Wätjenstraße. Das obligatorische Hochhaus als »erkennbarer Mittelpunkt« des neuen Stadtteils – 1964 nach den Plänen der Architekten Morschel, Henke und Hodde an der H. H.-Meier-Allee errichtet – war im Vorfeld seiner Entstehung von der Bevölkerung heftig bekämpft worden.

Der sich um 1960 langsam abzeichnende Wandel des städtebaulichen Leitbildes von der gegliederten und aufgelockerten Stadt zu einer stärker konzentrierten Bebauung schlug sich vor allem im Siedlungsbau nieder. Die wissenschaftliche Grundlage des Paradigmenwechsels lieferte die Stadtsoziologie, eine Disziplin, die für die Definition eines Begriffes zuständig schien, der ab den späten 1950er Jahren im öffentlichen Diskurs an Bedeutung gewann: Urbanität. Das sich dahinter verbergende Empfinden eines idealen komplexen und lebendigen städtischen Milieus deckte sich weniger mit den Erfahrungen in den neuen durchgrünten und aufgelockerten Stadtteilen, sondern eher mit Reiseerlebnissen in südlichen Städten in der ersten Reisewelle der »Wirtschaftswunderzeit«.

In der 1961 erschienenen Studie »Die moderne Großstadt« des Stadtsoziologen Hans Paul Bahrdt wurde der städtischen Öffentlichkeit wieder eine entscheidende Rolle zugedacht. Den »Nachbarschaftsgedanken«, der für die Neue Vahr kennzeichnend war, kritisierte Bahrdt dagegen aufgrund seiner eher kleinstädtischen Orientierung. Die städtebaulichen Konsequenzen für den Siedlungsbau ließen nicht lange auf sich warten. Schon Bahrdt schlug eine Kombination von kompakten, hoch verdichteten Wohnanlagen mit Flachbauten (für Familien mit Kindern) vor. Unter Planern setzte sich die Formel »Urbanität durch Verdichtung« durch. Anlagen, die

Wohnanlage Wätjenstraße/ Klattenweg, im Volksmund nach ihrem Architekten »Behéryczhausen« genannt

Gegliederte Wohnzeilen mit Satteldächern bestimmen das Erscheinungsbild von Neu-Schwachhausen. Blick von der Emmastraße in die Senator-Caesar-Straße

Ende der Nachbarschaften?

STADTENTWICKLUNG UND ARCHITEKTUR

Blick auf Neu-Schwachhausen und auf mehr als 100 Jahre Bremer Städtebaugeschichte. Unten rechts eine zur Schwachhauser Heerstraße gehörende Villa, in der Mitte Grünland einer der früher hier weitläufig gelegenen Gärtnereien. Das Hochhaus an der H. H.-Meier-Allee entstand 1964 kurz vor Ende des Stadtteilausbaus

diesem Konzept am deutlichsten entsprachen, wurden in Bremen ab den späten 1960er Jahren geplant. Im Jahr 1969 erfuhr die Öffentlichkeit auf einen Schlag von Projekten an der Grohner Düne in Vegesack, bei Wohlers Eichen in Oslebshausen, vom Projekt Tenever als Endpunkt des Siedlungsbandes im Bremer Osten und vom Projekt »Großer Kurfürst« des Architekten-Ehepaars Ingeborg und Friedrich Spengelin als letztem Abschnitt der Bebauung in der Vahr.

Der zwischen 1965 und 1969 entstandene neue Stadtteil Blockdiek verkörpert bereits zu Teilen die neue Einstellung zum Wohnungsbau. Insgesamt entstanden 3000 Wohnungen, davon 2700 im sozialen Wohnungsbau und 300 als Reihenhäuser für rund 10.000 Einwohner. Blockdiek schloss östlich an die Neue Vahr an und wurde Teil eines durch die verlängerte Stadtbahn erschlossenen Siedlungsbandes, das später in Tenever seinen Abschluss finden sollte. Ab 1962 war weiter östlich bereits das »Schweizer Viertel« gebaut worden. Der Lageplan Blockdieks lässt eine Untergliederung in drei Quartiere erkennen, die aber weniger autonom als die »Nachbarschaften« in der Vahr gedacht waren. Vielmehr wurde der ganze Stadtteil als eine Einheit verstanden, die in der Planungsidee einer »aufsteigenden Stadtlandschaft« ihren bildhaften Ausdruck finden sollte. Damit war gemeint, dass die Bebauungshöhen von den Rändern zur Mitte stetig ansteigen. Die »Grüne Mitte« mit den

Zwei Wohnhochhäuser markieren das Zentrum von Blockdiek

Wohnungsbau

Die Bebauungsstruktur in Blockdiek wirkt geschlossener als in der neuen Vahr

zentralen Einrichtungen (Bezirkssportanlage, Jugendfreizeitheim, Kindertagesheim, Kirche, Schule und Einkaufszentrum) erhielt zwei 14- bzw. 18-geschossige Hochhäuser als Dominanten.

Nach außen treppte sich die Bebauung über acht- und viergeschossige aus Winkelzeilen gebildete blockartige Strukturen bis zu flachen Reihen- und Atriumhäusern ab. Der Anteil Letzterer hatte gegenüber der Vahr deutlich zugenommen. Mit den blockhaften Strukturen verabschiedete sich Blockdiek von dem Leitbild der Gartenstadt mit fließenden Räumen. Die eher geschlossene Bebauung mit Wohnhöfen sollte eine deutliche Differenzierung zwischen öffentlichen, halböffentlichen und privaten Zonen ermöglichen. Wenige Jahre später wurde als letzte Großsiedlung der 1960er Jahre Kattenturm gebaut.

1965 hatte die Wohnungsproduktion eines Jahres in Bremen mit 8600 Einheiten ihren Höchststand erreicht. Gleichwohl wurde wei-

ter von einem beträchtlichen Wachstum der Stadt ausgegangen. Das belegt nicht zuletzt die Planung für einen neuen Stadtteil im Hollerland.

Die ersten Überlegungen, Flächen nördlich der geplanten Universität in die Siedlungsentwicklung einzubeziehen, wurden bereits Mitte der 1960er Jahre angestellt. Die »Gewoba« und die »Bremer Treuhand« hatten 1964 in spekulativer Erwartung den größten Teil der Grundstücke erworben. Zwischen der Lilienthaler Heerstraße, Am Lehesterdeich, Kuhgrabenweg und Autobahn sollte eine neue Satellitenstadt für 50.000 Einwohner entstehen. Am Projekt mit dem Arbeitstitel »Wohngebiet Butenkamp« wurde jahrelang hinter verschlossenen Türen gearbeitet, erst im Jahr 1967 erfuhr die Öffentlichkeit davon.

Parallel zur Wohnbebauung war im Westen des neuen Siedlungsgebietes, zwischen Kuhgrabenweg und Autobahnzubringer, ein Industrie- und Gewerbegebiet vorgesehen, um in unmit-

»Butendiek« und »Hollerstadt«

STADTENTWICKLUNG UND ARCHITEKTUR

Ein BSAG-»Stadtbahn-
wagen« der Linie 1 hält in
Blockdiek. Die Trasse ver-
läuft auf separatem
Gleiskörper

telbarer Nähe der Trabantenstadt Arbeitsplätze entstehen zu lassen. Im August 1967 beschloss der Aufsichtsrat der Gewoba/Neue Heimat, 1968 einen internationalen Architektenwett-bewerb auszuschreiben. Nach Auffassung ihres Aufsichtsratsvorsitzenden Richard Boljahn sollte der neue Stadtteil nicht nur »Aufgaben der Wohn- und Freizeitstadt erfüllen, sondern auch mit einem Einkaufszentrum die City in ihrer Funktion als Versorgungszentrum entlas-ten«. Verbunden damit war der Gedanke »der endgültigen Abkehr von der Campus-Idee, den Vorstellungen einer isoliert dastehenden Universität«. Neben den Planungen für eine Wohnstadt und ein Einkaufszentrum von über-örtlicher Ausstrahlung wurden der Bau eines 60.000-Zuschauer-Stadions und einer Regat-tastrecke erwogen. Die damalige U-Bahn-Pla-nung sah vor, dass die Linie 1 von Huchting in den neuen Stadtteil führen sollte.

Nachdem Boljahn diese Ideen öffentlich gemacht hatte, beschloss 1968 der Senator für das Bauwesen, zusammen mit der Neuen Hei-mat einen städtebaulichen Ideenwettbewerb für die Wohnsiedlung unter dem Titel »Holler-

Illustration zum Artikel des »Weser-Kuriers« über das »Projekt Butendiek« vom 24.8.1967. Im Jahr darauf liefen die Planungen unter dem Namen »Hollerstadt«

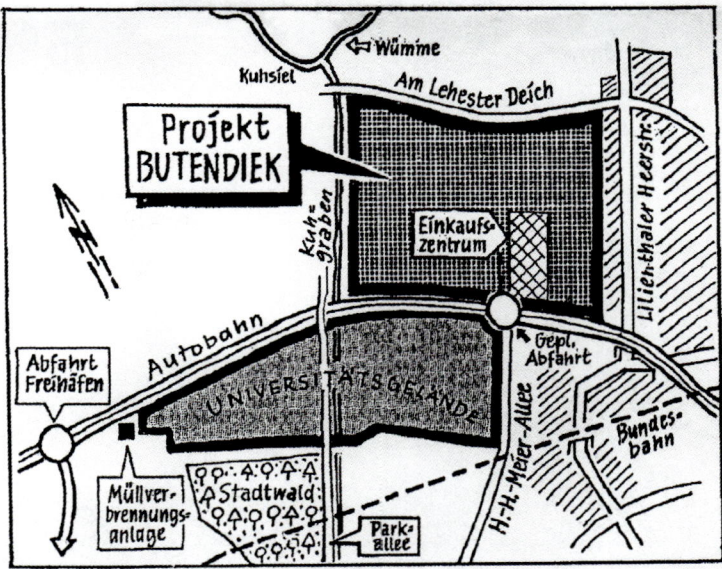

Wohnungsbau

STADTENTWICKLUNG UND ARCHITEKTUR

In der Kritik: Bausenator Wilhelm Blase

stadt« auszuschreiben. Eines der inhaltlichen Ziele bestand darin, Vorschläge zu den Forderungen nach Verdichtung und Funktionsmischung entsprechend dem neuen städtebaulichen Leitbild zu erhalten. Nach Auffassung der Bauverwaltung, wie sie besonders Baudirektor Franz Rosenberg vertrat, sollte deshalb das Universitätsgelände in das Wettbewerbsgebiet einbezogen werden. Insbesondere war daran gedacht, die Erweiterungsflächen der Universität auch für Wohnungsbau, im Tausch mit Flächen nördlich der Autobahn, vorzusehen. Diese Frage veranlasste die Bauverwaltung, die Preisträger des städtebaulichen Ideenwettbewerbs zur Universität um gutachterliche Stellungnahme zu bitten und die Prognos AG mit einer Untersuchung zur Funktionsmischung zu beauftragen. Das Pikante an der Angelegenheit war, dass der Universitätswettbewerb 1967 stattfand, ohne dass Öffentlichkeit und Teilnehmer von dem Großsiedlungsprojekt in der unmittelbaren Nähe wussten. Die Campus-Universität am Stadtrand schien sich nun nachträglich in eine städtebaulich »eingebundene« Universität zu verwandeln – jedenfalls in den Köpfen der Planer.

1968 wurden die Gutachten der Preisträger des Wettbewerbs Universität durch Obergutachter bewertet. Diese kamen zu dem Ergebnis, 3000 Wohnungen im bisherigen Universitätsbereich vorzusehen, um die soziale Wechselwirkung zwischen der Universität und der Hollerstadt zu erleichtern und die Integration der Universität in die Gesamtstadt zu begünstigen. Dieser Auffassung widersprach allerdings der Gründungssenat der Universität. Durch eine Wohnnutzung würde die Dispositionsfreiheit in der Universitätsplanung eingeschränkt werden, hieß es. Die Universität solle nach dem Vorbild eines modernen Großbetriebes organisiert werden, wobei entscheidend sei, die innerbetrieblichen Wege so kurz wie möglich zu halten. Den Studierenden und den übrigen Universitätsangehörigen könne durchaus zugemutet werden, für die Wege zur Universität und von dort zu den Geschäften ein privates oder öffentliches Verkehrsmittel zu benutzen.

Eine Entscheidung über diese entgegenstehenden Auffassungen kam nicht mehr zustande. Der »Baulandskandal« setzte dem Großprojekt Hollerstadt 1969 ein Ende. Die Bremische Bürgerschaft beschloss im Juli, einen Parlamentarischen Untersuchungsausschuss einzusetzen mit dem Auftrag, alle Vorgänge die mit Grundstücksgeschäften im Hollerland zusammenhingen, zu untersuchen. Die Ergebnisse des Untersuchungsausschusses führten zum Rücktritt des Senators für das Bauwesen, Wilhelm Blase, von seinem Amt. Außerdem wurden Strafverfahren gegen Rechtsanwälte und Notare wegen des Verdachts auf Betrug und Untreue eingeleitet. Die Staatsanwaltschaft ermittelte gegen Beamte wegen des Verdachts auf Untreue und gegen Makler wegen des Verdachts auf Betrug. Richard Boljahn schließlich, der als Gewoba-Aufsichtsratsvorsitzender, Vorsitzender des DGB-Ortsvereins und SPD-Fraktionsvorsitzender eine ebenso bedeutende wie ambivalente Rolle bei dem Aufbau der Stadt spielte, wurde durch den Skandal dauerhaft beschädigt. Neue Überlegungen zur Bebauung im Hollerland westlich der Lilienthaler Heerstraße sollten erst rund zehn Jahre später mit der Wohnungsbaukonzeption »Wohnen in Bremen/Stand 1977« entstehen.

Arbeitsstätten

Als das wohl wichtigste Neubauvorhaben im Bereich der bremischen Wirtschaft ist der Bau der Neustädter Häfen anzusehen. Die Kapazität der Freihäfen auf dem rechten Weserufer war 1959 erschöpft. Die seit 1922 bestehenden Planungen, auf der linken Weserseite ein neues Hafengebiet zu entwickeln, wurden deshalb 1960 wieder aufgegriffen. Auf einer Fläche von 810 Hektar sollte das neue Hafenrevier – Niedervieland I – für den Stückgutumschlag und die Ansiedlung von wassergebundenen Industrien entstehen. Geplant waren insgesamt fünf Hafenbecken. Der Ausbau des ersten Beckens erfolgte ab 1961, das erste Schiff lief im Herbst 1964 ein. 1966 begann bei der Güterbeförderung mit Containerschiffen für Europa ein neues Kapitel. Der seit Längerem bereits im Gebrauch befindliche Container wurde nun auf Schiffen transportiert, die ausschließlich Container beförderten, und im Mai 1966 legten die ersten Containerschiffe aus Amerika im Neustädter Hafen an. Die ursprünglich für den Stückgutverkehr vorgesehenen Umschlagsanlagen mussten auf Containerverkehr umgestellt werden. Da für den Containerumschlag aber insgesamt Bremerhaven mit dem Ausbau der Stromkaje bessere Voraussetzungen bot, blieb es in Bremen auf der linken Weserseite beim Bau nur eines Hafenbeckens.

Mit dem Aufbau des neuen Hafens verbanden sich zwei bemerkenswerte Begebenheiten. Zum einen wurde 1962 bei Baggerarbeiten das Wrack einer Hansekogge freigelegt, ein außergewöhnlicher archäologischer Fund, an dessen Bergung maßgeblich das Focke-Museum beteiligt war. Zum anderen stellte der Stauereiunternehmer Dirk Heinrichs 1961 der Öffentlichkeit eine aufsehenerregende Idee vor. Zusammen mit den Bremer Architekten Carsten Schröck und Hans Budde sowie dem Berliner Tragwerksplaner Frei Otto hatte er ein Projekt entwickelt, das die Überdachung des gesamten Hafenbeckens und der Kajen mit einem leichten Flächentragwerk, einer von Pylonen abgehängten Seilnetzkonstruktion, vor-

Betrieb am Europahafen. Im Hintergrund der Schuppen 1 mit seinem prägnanten Kopfbau, rechts Speicher I

sah. Das Bauwerk wäre 1,5 Kilometer lang und 390 Meter breit geworden. Die Halle sollte das Löschen empfindlicher Waren im Trockenen ermöglichen, wodurch die durchschnittlichen Schiffsliegezeiten erheblich reduziert worden wären. Dem Hafensenator erschien das Projekt utopisch und unwirtschaftlich. Wäre es realisiert worden, hätte es spätestens die Umstellung auf den Containerumschlag obsolet gemacht.

Unter architektonischen Gesichtspunkten überzeugten in den späten 1950er und 1960er Jahren vor allem Neubauten im Bereich der Häfen wie der Schuppen 1 und das Hafenhochhaus von Max Säume und Günther

In der Verteilerstelle des Hafenbetriebsvereins am Korffsdeich wurden bis zu 750 Hafenarbeiter täglich vermittelt. Architekt: Carsten Schröck

Arbeitsstätten

Eine Halle von 1,5 Kilometern Länge. Der Vorschlag »Hafendach« für den Neustädter Hafen blieb Utopie

Hafemann, die Tabakbörse von Erik Schott, die Zollstation am Hansator von Oberbaurat W. Bornemann sowie die Verteilerstelle des Hafenbetriebsvereins von Carsten Schröck. Darüber hinaus verdient das markante Brückenkopfgebäude an der Ecke Langemarckstraße/Am Deich, der 36 Meter hohe »Röst-Turm« der Kaffee-Firma Jacobs von Theodor Rosenbusch aus dem Jahr 1962 Beachtung. Weitere wichtige Neubauten für die städtische Infrastruktur waren die 1969 fertiggestellte Müllverbrennungsanlage von Hans Budde sowie die beiden Klärwerke in Seehausen und Farge von Gerhard Müller-Menckens.

Das 1962 errichtete Kühne & Nagel-Gebäude in der Flucht der Wachtstraße wurde später um drei Stockwerke erhöht

Der wirtschaftliche Aufschwung der Zeit spiegelt sich vor allem in repräsentativen Firmensitzen und Verwaltungsgebäuden wider. In besonderer Weise trifft das auf das 1965 fertiggestellte, von Max Säume entworfene Siemens-Hochhaus zu, das als »Flaggschiff« des neuen Herdentorviertels galt. Als Kopfbauten der neuen großen Weserbrücke fungierten auf der Altstadtseite das Bürohaus der Spedition Kühne & Nagel, auf der Teerhofseite die Versicherungsbörse. Über die Höhe des 1962 nach einem Entwurf des Hamburger Architekten Cäsar Pinnau fertiggestellten Speditionssitzes gab es eine Auseinandersetzung mit der Baubehörde, die sich zunächst mit ihrer Forderung nach maximal sieben Stockwerken durchsetzte. In den 1970er Jahren wurde das Bauwerk um drei Stockwerke erhöht. Bei der 1967 gebauten Versicherungsbörse setzte sich die Baubehörde mit ihrem Vorschlag für eine gegliederte Baugruppe gegen den Architekten Martin Zill durch, der ursprünglich eine Hochhausscheibe geplant hatte.

Verkehr

Der wachsende Autoverkehr führte zunehmend zur Störung der räumlichen Zusammenhänge und des Wohlbefindens in der Stadtmitte. Das bis 1960 verfolgte Konzept eines inne-

Verkehrszellenplan

STADTENTWICKLUNG UND ARCHITEKTUR

ren Verkehrsringes, die Ost- und Westumgehung des Marktes über Balgebrückstraße, Violenstraße, Knochenhauerstraße, Papenstraße und Pieperstraße, hatte sich als nicht tragfähig erwiesen. Nur die Südumgehung, der 1966 fertiggestellte »Martinidurchbruch«, war als Teil einer leistungsfähigen Ost-West-Querung der Innenstadt unverzichtbar. Der Altstadtring wurde aufgegeben, weil er den Durchgangsverkehr anzog und die Straßen trotz vergrößerter Querschnitte dem rasch wachsenden Verkehrsaufkommen nicht gewachsen waren, und schließlich litt die Aufenthaltsqualität im Zentrum durch die zu nah herangeführten Verkehrsströme. Die Bedeutung von Straße und Platz als öffentlichem Raum für Besucher wie für Bewohner der Stadt wurde – auch im Zusammenhang mit dem Urbanitätsdiskurs – um 1960 neu entdeckt.

Ein Gutachten zur Verkehrsentwicklung der Innenstadt aus dem Jahr 1964 empfahl drei Zielsetzungen:
1. Vorrang des öffentlichen Verkehrsmittels zur Gewährleistung eines reibungslosen Personenverkehrs,
2. Beschränkung des Kraftfahrzeugverkehrs auf das für die Erhaltung der Wirtschaft notwendige Maß und
3. Verdrängung der Dauerparker aus der Innenstadt durch Einführung einer (gestaffelten) Gebührenpflicht.

Der Anfang der 1960er Jahre entwickelte »Verkehrszellenplan« nahm eine Aufteilung der Innenstadt zwischen Wallanlagen und Weser in vier Einheiten vor, zwischen denen es keine befahrbare Verbindung geben sollte. Der Autoverkehr wurde so auf das für die Erreichbarkeit von Parkhäusern notwendige Maß beschränkt, deren Bau in den 1960er Jahren zügig einsetzte. Die ersten beiden waren die »Hochgarage Mitte« in der Pelzerstraße und die »Hochgarage Brill« in der Ansgaritorstraße. 1967 kam in der Langenstraße eine weitere Garage hinzu. Die Zufahrt und Ausfahrt in die Verkehrszellen erfolgte über »Tore« von den umgebenden Straßenzügen (Martinistraße-Altenwall-Wall). Das neue Konzept diente als Grundlage für

Vorweihnachtliche Rushhour am Herdentor. Im Hintergrund das Siemens-Hochhaus

die Entwicklung der Fußgängerzonen in der Altstadt. Als »Bremer System« wurde die Idee von anderen Städten übernommen.

Eine entscheidende Idee des 1949 von der Bürgerschaft verabschiedeten Verkehrslinienplanes war der Ausbau von vier leistungsstarken Tangentialstraßen (»Tangentenring« oder »Tangentenviereck« genannt), die den Autoverkehr an die Innenstadt heranführen sollten, ohne sie zu durchschneiden. Der Ausbau der Neuenlander Straße als Südtangente war bereits Anfang der 1950er Jahre abgeschlossen. Der Ausbau der Hafenrandstraße und der Hansestraße als Teile der Westtangente erfolgte Mitte des Jahrzehnts.

Fahrstuhltechnik in der neuen Hochgarage der Bremer Landesbank, 1965

Blick über den Bahnhofs-
vorplatz und das Herdentorviertel im Jahr 1959. Neubauten und Provisorien be-
herrschen gemeinsam das
Bild. In der Mitte der markante, wegen einer zeitwei-
ligen Werbeaufschrift so genannte »Opelturm«.
Darüber, an der Ecke
Bahnhofstraße/Breitenweg
das neue Verwaltungsge-
bäude von Eduscho, später
um einen zusätzlichen Block
erweitert

Verkehr

Die Mitglieder der Bau-deputation beim Anschau-ungsunterricht an der Hemelinger Heerstraße im April 1960. Nach der Erklärung des Verlaufs der in Mahndorf entstehenden Autobahnsüdumgehung folgten drei Stunden Bus-rundfahrt über Bremens teuerste Baustelle

1966 bis 1968 wurde die neue Stephanibrücke gebaut. Im Anschluss daran entstand mit dem Ausbau der Bundesstraße 6 (Oldenburger Stra-ße) als Hochstraße (Fly-Over) die Westtangente. Etwa zur gleichen Zeit erfolgte der Ausbau des Breitenwegs zu der 40 Meter breiten Nordtan-gente. Durch eine Finanzierung über Bundes-mittel konnte zwischen Daniel-von-Büren- und Rembertistraße die Straßenanlage durch eine Hochstraße ergänzt werden, die 1969 dem Ver-kehr übergeben wurde. Die Nordtangente (Brei-tenweg und Rembertiring) endete am »Rember-tikreisel«. Von hier aus sollte zum einen über eine leistungsstarke Straße (überwiegend die ausgebaute Schwachhauser Heerstraße) die Ver-bindung zur bereits modernisierten Kurfürsten-allee und Franz-Schütte-Allee in Richtung Auto-bahnzubringer Vahr erfolgen. Zum anderen war am Kreisel der Anschluss an die geplante Ost-tangente, die »Mozarttrasse«, vorgesehen.

Letztere sollte das Ostertorviertel durch-schneiden, um mit einer neuen Brücke in Höhe der Mozartstraße weiter über den Stadtwerder und in der Linie des Kirchwegs mit der Neuenlander Straße (der Südtangente) zusammenzutreffen. Damit wäre das Tangen-tenviereck geschlossen worden. Dazu kam es aber nicht. Zwar erfolgte ein Kurzschluss zwischen Stephanibrücke und Breitenweg noch in den 1980er Jahren durch das impo-sante Verkehrsbauwerk »Nordwestknoten«. Die Mozarttrasse und ihre Anschlussbauten wurden aber nicht realisiert. Es half nicht, dass Gutachter unterschiedlichster Couleur wie der in architektonischen Fragen eher konservativ eingestellte Wilhelm Wortmann (1964 im Auftrag der Bremer Treuhandgesell-schaft) oder das Städtebauinstitut Nürnberg (SIN – 1971 im Auftrag des Senats) für einen Trassenbau mit großzügiger Flächensanierung

STADTENTWICKLUNG UND ARCHITEKTUR

Marktpl.

Haus d. Reichs

Kunsthalle

Weser

Wasser- kunst

Kleine Weser

Neue Mozart- Brücke

Osterdeich

Hauptbhf.

Schwachh.

Auf den Häfen

Ostertor steinweg

Sielwallfähre

des Viertels plädierten – Wortmann schlug noch eine zweite Trasse als Entlastungsstraße des Ostertorsteinwegs vor (»St. Pauli-Durchbruch«), das SIN wollte aus dem Ostertor ein Hochhausviertel für 25.000 Einwohner machen. Doch mit den Diskussionen um eine neue Urbanität hatte sich in den 1960er Jahren eine neue Sensibilität für historisch gewachsene Stadtteile herausgebildet. Sie war gekoppelt mit dem wachsenden Misstrauen gegenüber mehr und mehr als technokratisch statt demokratisch empfundenen Stadtplanungsmaßnahmen, die zudem einseitig an Fragen des automobilen Verkehrs geknüpft schienen. In den frühen 1970er Jahren scheiterte das Projekt Mozarttrasse schließlich am Widerstand der Bevölkerung.

Die im Dezember 1960 fertiggestellte Große Weserbrücke (die heutige Wilhelm-Kaisen-Brücke) stand indirekt in Zusammen-

hang mit der beschriebenen Osttangente. Die Vorgängerbrücke, die nach dem Krieg eher notdürftig instand gesetzte Lüderitz-brücke in Verlängerung der Wachtstraße, war stark überlastet. Gleichwohl plädierten Stadtplaner wie auch Baudirektor Rosenberg dafür, zunächst die neue Ostbrücke zu bauen – mit dem Hintergedanken, dass damit in der Sache Osttangente vollendete Tatsachen geschaffen würden. Rosenberg befürchtete nicht zu Unrecht, dass durch den Bau einer neuen breit ausgebauten Brücke an der Tiefer der Bau einer weiteren Brücke wenige hundert Meter weiter östlich an Plausibilität einbüßen könne. Allerdings zwang der marode Zustand der alten Brücke zu einer anderen Reihenfolge.

Die neue Brücke, eine moderne Spannbetonkonstruktion, entstand etwa 30 Meter weiter östlich. Sie zielte nicht mehr in die

Fotomontage zum Tangentenviereck. Über den Stadtwerder und mitten durchs Ostertorviertel sollte die Osttangente verlaufen

561

Arbeiten am ersten Brückenpfeiler der neuen Großen Weserbrücke von der alten Brücke aus gesehen Richtung Neustadt

Einweihung der neuen Großen Weserbrücke im Dezember 1960. Im Hintergrund die alte Brücke

Im Zusammenhang mit der Untersuchung zu der Verkehrsentwicklung in Bremen plädierte der Gutachter Prof. Lambert für die Beibehaltung der Straßenbahn als öffentliches Nahverkehrsmittel. Er schlug vor, im Altstadtbereich die Bahnen unter Straßenniveau und im Außenbereich als Stadtbahnen auf eigenen Trassen zu führen. Drei Tunnelstrecken waren im Zentrum vorgesehen: Tunnel I in Nord-Süd-Richtung von An der Weide bzw. Gustav-Deetjen-Tunnel über Hauptbahnhof–Herdentor–Markt bis zur Balgebrückstraße; Tunnel II in Nord-Süd-Richtung vom Hauptbahnhof über Bürgermeister-Smidt-Straße bis zum Brill und Tunnel III in Ost-West-Richtung vom Ostertor über Markt–Brill–Faulenstraße–Doventor bis zum Berufsbildungszentrum. Zu politischen Entscheidungen, diese Pläne umzusetzen, kam es aber nicht, stattdessen wurden immer neue Varianten für den ÖPNV ins Spiel gebracht. So favorisierte Richard Boljahn eine modernistische Hochbahn-Variante in Einschienen-Bauart (Alweg-Bahn), die allerdings 1962 vom Senat verworfen wurde.

Das Büro Prof. Dr. Agatz Nachfolger legte 1963 im Auftrag der Bauverwaltung modifizierte Entwürfe für eine U-Straßenbahn vor. Die Realisierung schien bevorzustehen, sogar Bodenuntersuchungen der wichtigsten Trasse zwischen Bahnhof und Domsheide lagen vor. Doch dann kam der Gedanke ins Spiel, die Hansestadt brauche eine richtige U-Bahn. Der Gutachter Walter Grabe erhielt 1965 den Auftrag, ein Schnellbahnsystem zu entwickeln. Grabe schlug vier U-Bahnlinien vor: Die U-Bahnlinie U1 sollte von Huchting zur Universität geführt werden, die U2 Obervieland mit Osterholz verbinden und die Linien U3 und U4 die Straßenbahnlinien zwischen dem Bremer Westen und Osten ersetzen. Das vorgeschlagene U-Bahnsystem sah fast 40 Kilometer Tunnelstrecken vor. Da noch Fragen zu der Verknüpfung mit dem S-Bahnsystem offen geblieben waren, wurde 1968 ein weiterer Gutachter, Prof. Kracke, für das S-Bahnnetz eingeschaltet. Er schlug

Wachtstraße, sondern lag in der Achse der neu geschaffenen Balgebrückstraße, die den südlichen Abschluss der geplanten Westumfahrung darstellte. Obwohl nach dem Ende der Altstadtringplanung eine direkte Zufahrt von der Brücke ins Stadtzentrum nicht mehr vorgesehen war, erhielt die quer zu dieser Achse verlaufende neue Ost-West-Verbindung Tiefer–Martinistraße eine Unterführung.

1958 wurden die Anfang der 1950er Jahre begonnenen Überlegungen für eine »Unterpflasterbahn« wieder aufgenommen.

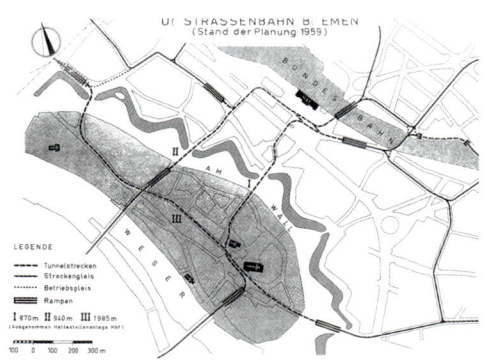

ebenfalls unterirdisch geführte Strecken für die S-Bahn vor. Da die Projekte finanziell utopische Maßstäbe annahmen und die Bevölkerungsentwicklung schwächer verlief als vorausgesagt, wurde in den 1970er Jahren die groß angelegte Umstrukturierung des öffentlichen Personennahverkehrs aufgegeben. Lediglich Stadtbahntrassen in Obervieland, Grolland und im Bremer Osten konnten realisiert werden.

Grünplanung

Die parkgestalterische Landschaftsplanung der das Wasser begleitenden Flächen am Werdersee mit großzügig gestalteten Wiesen und Baumgruppen entsprach den Vorstellungen der »neuen« Grünplanung nach 1945. Diesen Prinzipien folgte die Gestaltung der in den 1960er und 1970er Jahren in Verbindung mit dem Autobahnbau entstandenen Erholungsseen. Mit der Notwendigkeit, Sand für den Autobahnbau, für Siedlungsvorhaben und für andere Baumaßnahmen zu gewinnen, eröffnete sich für die Grünplanung die Chance, Seen als neues Element in das öffentliche Grün einzubeziehen. Anfang der 1960er Jahre entstanden auf diese Weise der Mahndorfer See und der Sodenmattsee. Letzterer bildete mit den angrenzenden Grünanlagen die »Grüne Mitte« des neuen Stadtteils Huchting.

Nachdem beim Theaterberg in den Wallanlagen die Ideen für hochbauliche Neunutzungen als Schauspielhaus, Parlamentsgebäude

oder Volkshochschule verworfen worden waren, konnte Gartenbaudirektor Erich Ahlers 1967 hier einen Terrassengarten anlegen. Das Ergebnis war ein ähnlich beeindruckendes Beispiel moderner Gartengestaltung wie Anfang der 1950er Jahre der Focke-Garten zwischen Stephani- und Eisenbahnbrücke an der Weser. Auf eine andere Weise hat das 1963 nach einem Entwurf von Carsten Schröck und Hans Budde gebaute Kaffeehaus am Emmasee bewiesen, wie gut eine moderne Ausdrucksform, in diesem Fall eine kubische Architektur, die auf dem Wasser gleichsam zu schweben scheint, mit einer historischen Parkanlage harmonieren kann.

Eine weitere gelungene architektonische Einfügung in eine Grünraumgestaltung sind die Ende der 1960er Jahre fertig gestellten Hochbauten des Huckelrieder Friedhofs von Gerhard Müller-Menckens.

Sodenmattsee – Badefreu-
den in Huchtings grüner
Mitte

Bildung, Kultur und Freizeit

Das rasche Bevölkerungswachstum, der wirtschaftliche Aufschwung und das sich mit den
Stadterweiterungen des Wiederaufbaus rasant
verändernde Stadtbild stellen Faktoren dar, die
sich insgesamt um 1960 in Bremen zu dem
Selbstbild einer dynamischen modernen Großstadt verfestigten. Das zeigte sich nicht zuletzt
in baulichen Anstrengungen im Bereich Bildung und Kultur und beförderte eine besondere Qualität der Baukultur. Rückblickend lässt
sich sagen, dass architektonisch die erste Hälfte der 1960er Jahre die fruchtbarste Phase der
jüngeren Baugeschichte der Hansestadt war.
Nicht nur mit der 1961 fertiggestellten Neuen
Vahr und ihrem architektonischen Flaggschiff,
dem Aalto-Hochhaus – auch mit Bauwerken
wie der Stadthalle (1964), dem Focke-Museum
(1964) und dem Haus der Bürgerschaft (1966)
machte sich Bremen in der Fachöffentlichkeit
einen Namen.

Weniger durch herausragende Einzelbei-
spiele als in seiner qualitätvollen Breite stellt
der Schulbau der 1950er und frühen 1960er
Jahre ein besonderes Kapitel in der Baugeschichte Bremens dar. Das ist nicht zuletzt
in Zusammenhang mit dem Engagement von
Oberschulrat Wilhelm Berger zu sehen, einem

Fachmann mit internationalem Ansehen. Berger, der durch die Reformschulbewegung der
1920er Jahre geprägt war (in Bremen gab es
die drei »Versuchsschulen« Schleswiger Straße,
Helgolander Straße und Stader Straße), hatte
von 1951 bis zu seiner Pensionierung 1966 in
der bremischen Schulverwaltung wesentlichen
Anteil an fortschrittlichen pädagogischen
Konzepten, die sich auch in der baulichen
Gestalt der Schulen niederschlugen.

Mit dem Wiederaufbau der zerstörten
Stadtteile und durch die Erweiterungsgebiete
der rasch wachsenden Stadt wurde die Herstellung neuer Schulgebäude zu einer dringenden
Aufgabe, die vor allem zwischen 1955 und
1965 ihren ersten Höhepunkt hatte. 1960 fasste Berger seine Ideen in dem Buch »Schulbau
von heute für morgen« zusammen. An ein
allgemeines, überregionales Fachpublikum
(Architekten wie Pädagogen) gerichtet, sind
hier die angeführten Beispiele vor allem anhand von Bremer Projekten dargestellt. Zu den
wichtigen Vorschlägen Bergers zählt die Schaffung großzügiger, annähernd quadratischer
Klassenräume mit zweiseitiger Belichtung und
angefügtem Gruppenraum.

Aus wirtschaftlichen und funktionalen
Gründen bot sich für die Erschließung der
Klassen und für ihre Zusammenbindung zu

STADTENTWICKLUNG UND ARCHITEKTUR

mehr-, meist zweigeschossigen Einheiten der »Schuster-« oder »Pavillontyp« an; es gab auch Kombinationen aus beiden Typen. Im ersten Fall wurden in zeilenartigen Klassentrakten über Treppenhäuser je zwei Klassen pro Stockwerk erschlossen. Der von Berger favorisierte Pavillontyp band in meist zweigeschossigen Gebäudeeinheiten sechs bis acht Klassen zusammen. Der Vorteil gegenüber dem Schustertyp lag in der geräumigen Halle, die nicht nur die Treppe aufnahm, sondern auch als Pausenraum und gelegentlich als erweiterter Unterrichtsraum diente. Das Prinzip der eingeschossigen, kammartig organisierten Schulbauten der frühen 1950er Jahre wurde aufgegeben, aber die Erschließung innerhalb der gesamten Schulanlage über gedeckte Gänge beibehalten. Diese Gänge verbanden die Klassenzeilen oder -pavillons mit einer zentralen Gebäudeeinheit, in der die Spezialunterrichtsräume, die Verwaltung, Lehrerzimmer und gegebenenfalls die Schulbibliothek untergebracht waren. Eine Turnhalle konnte an diesen Komplex angegliedert sein oder separat liegen. Das wichtigste Element des zentralen Bauwerks war aber der »Marktplatz«, der eine Kombination aus Pausenhalle und Aula darstellte.

Das Prinzip der in Bremen propagierten »neuen Schule« basierte demnach auf einer einfachen räumlichen Grunddisposition: der

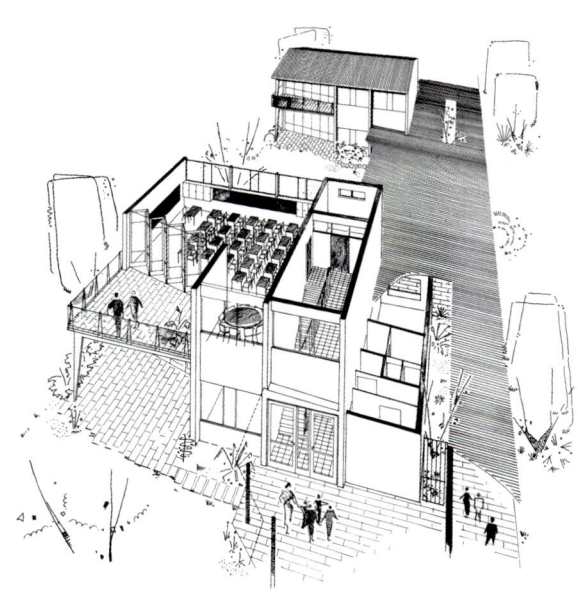

grundschule in bremen – ellener feld
klassenpavillon

Der Architekt Hubert Behérycz gewann den Wettbewerb für den Schulneubau am Ellener Feld mit der Idee einer Freiluft-Schule. Die Pavillons mit Klassenloggia im ersten Stock wurden nur im ersten Bauabschnitt realisiert

Trennung von Klassentrakt und Gemeinschaftsräumen. Die einzelnen Elemente und Aspekte dieser neuen Schule hatte Berger in allen Einzelheiten, von der Einbindung in den Grünraum bis zu Möblierung, Farbgebung und Kunst am Bau, mit pädagogisch stimmigen Empfehlungen durchdekliniert. Bemerkenswert ist, dass sich aus der beschriebenen Konzeption eine erstaunliche Vielfalt architektonischer Lösungen gewinnen ließ, die sowohl durch die städtebauliche Situation als auch durch die architektonische Handschrift jeweils eine individuelle Note zeigten, ohne dem Gesamtkonzept zu schaden.

Die Einbeziehung von Privatarchitekten in das Schulbauprogramm wurde ab Mitte der 1950er Jahre üblich – ein sinnvoller Beitrag zur gestalterischen Vielfalt des umfangreichen Bauprogramms. Aber auch die Architekten des Hochbauamtes leisteten Bemerkenswertes. Trotz der hohen gestalterischen Gesamtqualität lassen sich einige innovative Arbeiten besonders herausstreichen. Mit der Schule am Halmer Weg in Gröpelingen stellte Gerhard Müller-Menckens 1956 eine eigenwillige Variation des Achterpavillons vor. Prägnant waren die

Schule an der Gottfried-Menken-Straße. Die Schulbibliothek im ersten Geschoss bildet das Tor zum Schulgelände

Bildung, Kultur und Freizeit

STADTENTWICKLUNG UND ARCHITEKTUR

»Marktplatz« der Schule am Halmer Weg. Zeichnung des Architekten Gerhard Müller-Menckens

Schule am Halmer Weg. Ein gedeckter Gang verbindet die drei Klassenpavillons mit dem Hauptgebäude

achteckigen Klassenräume, die sich von außen als Eckrisalite abzeichneten. Im Gegensatz zu dieser kompakten Anordnung griffen die Klassenräume bei den Achterpavillons der Schule In der Vahr (1957) von Max Säume und Günther Hafemann, basierend auf einer V-förmigen Grundfigur, demonstrativ in die Umgebung aus. Aufgrund der gestalthaften Assoziation, die der Pavillon-Grundriss weckte, erhielt die Anlage den Beinamen »Schmetterlingsschule«. Für die Schule am Ellener Feld schuf Hubert Behérycz im selben Jahr große Loggien, die den Unterricht im Freien auch im Obergeschoss ermöglichten. Eine weitere Variante stellte eine Verkoppelung der Pavillons dar, wie sie bei den Schulen von Prof. Carl Rotermund am Willakedamm in Huchting (1959) und an der Karl-Lerbs-Straße in der Gartenstadt Süd (1962) zu finden war. Die Schule an der Butjadinger Straße in Woltmershausen (ab 1960) von Rolf Störmer zeigte eine interessante Kombination zwischen Schustertyp und Achterpavillon. Der Marktplatz wurde im Zentrum zwischen die beiden zwei- und dreigeschossigen Klassenzeilen eingespannt. Durch die Verknüpfung von Klassenzeilen mit einklassigen Flügelbauten variierte auf andere Weise Ernst May 1961 mit der Schule an der Otto-Braun-Straße den Schustertyp.

Die von Rudi Richter und Willi Kläner an der Gottfried-Menken-Straße in der Gartenstadt Süd geschaffene Anlage integrierte die Schulbibliothek in ein Torgebäude, und auch mit den Blumenerkern in den Ecken der windmühlenflügelartig ausgreifenden Achterpavillons schufen die Architekten ein unverwechselbares Merkmal. Allerdings wurde dieser Bautyp in den 1960er Jahren noch vier Mal (leicht variierend) wiederholt, zuletzt 1967 an der Düsseldorfer Straße in Blockdiek. Neben dem sich hier abzeichnenden Trend zur Wiederholung ist ab Ende der 1950er Jahre ebenso ein Trend zu größerer Kompaktheit der Anlagen festzustellen.

Griffen die Pavillonflügel zunächst bevorzugt weitflächig in ihre Umgebung aus, so kam nun stärker eine Gruppierung der Klassen um Innenhöfe in Mode. Ludwig Almstadts Gymnasium an der Parsevalstraße (1958) kann hier als Vorreiter gesehen werden. Auch seine Fachschule für Sozialberufe am Weidedamm in Findorff (1964) zeigte eine ähnlich stark nach innen gerichtete Haltung, während nach außen jeweils der höhere Gebäudetrakt mit den Spezialräumen den besonderen architektonischen Akzent setzte. Ähnliches lässt sich auch über den Entwurf des Lesumer Gymnasiums (ab 1964) von Hermann Brede sagen, der auch formal von der Leichtigkeit und Beschwingtheit des Fünfziger-Jahre-Stils abwich und sich am »new brutalism« orientierte.

Gegen Ende der 1960er Jahre änderte sich die Bremer Schulbaupolitik grundlegend. Dass Wilhelm Berger 1966 in den Ruhestand ging, mag nur ein Grund dafür sein. Erste wirtschaftliche Krisensymptome nach den Jahren des »Wirtschaftswunders« sowie eine stark wachsende Schülerzahl infolge des »Babybooms« rückten den schnellen und kostengünstigen Schulbau in den Fokus der Planer. Gegenüber den als überholt und zu teuer geltenden handwerklichen Produktionsmethoden im Bauen wurde zudem auf eine Verwissenschaftlichung der Planung und eine Industrialisierung der Produktion gesetzt. Schul- wie Hochschulbau boten sich damals dafür als ideale Versuchsfelder an. Es wurde nach dem Schulbau »von der Stange« gesucht.

In Bremen stellte 1968 Ludwig Almstadt vom Hochbauamt mit einem Doppelpavillon in Hantelform eine entsprechende Variante vor, die in Fertigbetonbauweise erstellt werden konnte. Vier Grundschulen dieses Typus wurden umgehend am Ellernerbrokweg in Osterholz, an der Stichnathstraße in Kattenturm, an der Robinsbalje in Huchting und am Lüssumer Ring in Blumenthal realisiert. Da trotz der rationalisierten Bauweise der Bedarf vor allem in den neuen Stadtteilen nicht gedeckt

Bremens erster Gymnasiumsneubau nach dem Zweiten Weltkrieg an der Parsevalstraße in Sebaldsbrück. Die Skulptur von Paul Halbhuber wurde von den Schülern »Bodo« genannt

werden konnte, ergänzte man Schulanlagen schon seit 1966 durch Mobilklassen. Die als Übergangslösungen vorgesehenen Fertigbaueinheiten wurden in zahlreichen Fällen zu Dauerlösungen.

Ende der 1960er Jahre entstanden die Konzepte für die beiden Gesamtschulen im

Das Gymnasium in Lesum. Blick auf den dreigeschossigen Flügel mit den Fachräumen

Bildung, Kultur und Freizeit

STADTENTWICKLUNG UND ARCHITEKTUR

Moderne Technik mit Fertig-
bauteilen, 1958 im Einsatz
bei der Errichtung der Schule
Beim Sattelhof

Der erste Bauabschnitt der
Gesamtschule Ost

Bremer Osten und Westen. Was hier schulpo-
litisch als eine Reduzierung der Klassenunter-
schiede im Schulwesen gedacht war, hatte sich
architektonisch weit von den kleinteiligen und
differenzierten Anlagen der 1950er und frühen
1960er Jahre entfernt. Auch wenn sich die
neuen Schulzentren als kulturelle Treffpunkte

in den Quartieren verstanden – allein durch
die architektonische Anmutung ihrer Mega-
strukturen sonderten sich diese Großanlagen
von ihrer Umgebung ab.

Am 27. Februar 1964 beschlossen der Senat
und die Bremische Bürgerschaft die Gründung
der Universität Bremen. Die Grundlage dafür
bildeten die Empfehlungen des Wissenschafts-
rates zum Ausbau der Wissenschaftlichen
Hochschulen im Jahre 1960. Ursprünglich war
an eine Campus-Universität in Anlehnung an
amerikanische Vorbilder gedacht. Zu den wichtigsten Merkmalen der Campus-Universität
gehörte das Ziel, dass etwa ein Drittel der Studenten, aber auch ein Teil der Professoren auf
dem Campus wohnten, um den Grundsatz der
Gemeinschaft von Lernenden und Lehrenden
zu unterstreichen. Während um das Auditori-
um Maximum und die Universitätsbibliothek
herum das repräsentative Zentrum des Campus gedacht war, sollte sich das studentische
Leben im Umfeld der Studentenheime und des
Studentenhauses entfalten. Diesen Vorstellungen entsprechend, erwarb die Stadt 1964 ein
285 Hektar großes Gelände hinter dem Stadtwald. Neben dem Bau der Universität bot es
auch einem zukünftigen Klinikum genügend
Platz. Aufgrund des vorgesehenen Bauvolu-
mens des Projektes hätte das Hochbauamt personell erheblich aufgestockt werden müssen.
Stattdessen entstand 1965 ein eigenständiges
Universitätsbauamt, dessen erster Leiter Otto
Freese wurde. Im gleichen Jahr fand das neue
Amt sein erstes Domizil in den ehemaligen
Wohnungen für Beschäftigte des amerikanischen Konsulats an der Marcusallee. Auch die
Abteilung Hochbauplanung beim Senator für
das Bildungswesen und der Gründungsrektor
zogen hier ein.

Das Campus-Konzept war nicht unumstritten. Die Diskussion über das Für und Wider von Campus-Universität und klassischer
Stadtuniversität führte 1967 als Synthese zum
Leitbild einer »stadtbezogenen Universität
in Stadtrandlage«. Mit diesem modifizierten
Konzept wurde 1967 ein »Ideenwettbewerb
zur Erlangung von Vorschlägen für einen

Generalbebauungsplan« ausgeschrieben. Aufgrund der bildungspolitischen Notwendigkeiten war die Universität Bremen, wie andere Neugründungen dieser Zeit auch, als eine in einem Zug zu errichtende große bauliche Anlage für eine hohe Anzahl von Studierenden – etwas verächtlich auch »Massenuniversität« genannt – geplant. Deshalb zeichnete sich das Wettbewerbsprogramm durch hohe Anforderungen an die technische und betriebliche Optimierung des Bauwerks aus.

Entsprechend diesen Vorgaben sahen die Wettbewerbsarbeiten überwiegend einheitliche technische Systeme und Großstrukturen vor, die der Möglichkeit der baulichen Weiterentwicklung in jede Richtung Rechnung trugen. Von 128 Einreichungen wurden neun Arbeiten ausgezeichnet. Einen direkten Niederschlag im Gesamtkonzept der später realisierten Bauanlage fand keiner der Vorschläge, wohl aber wurden allgemeine Tendenzen übernommen. So schlugen fast alle Wettbewerbsteilnehmer eine Trennung der Fußgängerebene vom Fahrverkehr vor. Betonskelettrastersysteme waren das verbreitete Strukturierungsprinzip. Im Anfang der 1970er Jahre begonnenen zentralen Bereich der Universität wurden u.a. Mensa, Studentenheim und der 430 Meter lange »Boulevard« als erhöhte Fußgängerebene im Rastersystem realisiert.

Schon mit dem Bekanntwerden der Planungen für die »Hollerstadt« parallel zum Wettbewerb kamen Zweifel auf bezüglich einer sinnvollen gesamtstädtischen Integration der »stadtbezogenen Universität in Stadtrandlage«.

Diese Zweifel wuchsen Anfang der 1970er Jahre, nachdem erste Erfahrungen mit Universitätsneubauten andernorts vorlagen. So sollen die Planer des Bremer Universitätsbauamtes nach einem Besuch der 1967 fertiggestellten Ruhr-Universität in Bochum, einer kompromisslos als »Bildungsmaschine« konzipierten Großanlage, von einer ähnlichen Konzeption »wie aus einem Guss« Abschied genommen haben. Mit dem Stichwort »Verflechtung« als neuem Leitbild verband sich die Vorstellung, durch kleinräumige Durchmischung mit ande-

ren Nutzungen, insbesondere dem Wohnungsbau, die Universität in das soziale Gefüge der Stadt einzubinden. Die Verflechtungsbefürworter konnten sich aber bei der Planung der Universität nicht entscheidend durchsetzen.

Im Gegensatz zum Schulbau blieb der Bau von Kindertagesstätten und Jugendfreizeitheimen fast ausschließlich in der Hand des Hochbauamtes. Die Anfang der 1950er Jahre entwickelten Grundtypen für diese Bauaufgabe – zwei Gebäude in der Nähe des Waller Parks von Hans Krajewski stehen dafür exemplarisch – mussten wegen veränderter Kapazitätsanforderungen und neuer pädagogischer Erkenntnisse modifiziert werden. Dabei war die Abteilung VII des Hochbauamtes unter Ludwig Almstadt besonders aktiv und vergab nicht nur Aufträge, sondern entwickelte auch selbst viele innovative Ideen, für die sonst freie Architekten beauftragt wurden.

Bei den Kitas setzte sich ein zweiflügliger Aufbau mit einer »Spielhalle« im Zentrum durch. Die Bereiche für Klein- und Schulkinder konnten so eindeutiger getrennt werden. Das 1957 fertiggestellte Gebäude Am Nonnenberg in Oslebshausen zeigte aufgrund seiner besonderen topografischen Lage eine sehr individuelle Form. Zum ökonomisch effizienteren Standardtypus verfestigte sich der zweiflügelige Aufbau mit Spielhalle und

Der Leiter des Universitätsbauamtes Otto Freese erläutert einen Wettbewerbsbeitrag

Bildung, Kultur und Freizeit

STADTENTWICKLUNG UND ARCHITEKTUR

Die 1962 eröffnete Kinder-tagesstätte am Heinrich-Imbusch-Weg wurde zum Prototyp für weitere Kita-Bauten

Innenhof Anfang der 1960er Jahre mit den Kitas am Heinrich-Imbusch-Weg in der Neuen Vahr und an der Thedinghauser Straße in der Gartenstadt Süd. Ähnlich wie beim Schulbau war ein Wandel von individuellen und experimentellen Formen zu typologischen Standardlösungen festzustellen.

Das gilt auch im Bereich der Jugendfreizeitheime. Hier wurde das Jugendheim an der Bromberger Straße in Gröpelingen (1960) beispielgebend. Das galt etwa für die Dimensi-onierung des Festsaals, der unterschiedlichsten Anforderungen genügen sollte. Kleinere Nutzungseinheiten wie Werkräume und Jugendcafé wurden um einen Innenhof herum angeordnet. Die Architekten verbanden mit dem hier geschaffenen Typus die Hoffnung, dass die »klare und dem Heute gemäße Architektursprache mit dazu beitragen [werde], die Entwicklung unserer Jugendlichen positiv zu beeinflußen«.

Wie andere soziale Infrastruktureinrichtungen konnte auch der Krankenhausbau

Tag der offenen Tür im Neu-bau der Chirurgie des Kran-kenhauses an der St.-Jür-gen-Straße. Blick auf das Hauptgebäude

mit dem Wohnungsbau nicht mithalten – die Beseitigung der Wohnungsnot hatte Vorrang. Zunächst ging es vor allem um kleinere Erweiterungen bestehender Anlagen. Ab 1960 entstanden vermehrt Neubauten und größere Erweiterungen. Zu Letzteren zählt die Innere Klinik in Bremen-Nord und die Chirurgie im Krankenhaus an der St.-Jürgen-Straße. Beide wurden von den Krankenhausspezialisten Kopp und Gielen entworfen, die auch 1961 das neue Diakonissenkrankenhaus in Gröpelingen schufen.

Als erster Bauabschnitt einer geplanten dreiflügligen Anlage entstanden 1961 zunächst die chirurgische und gynäkologische Abteilung des neuen Krankenhauses Sebaldsbrück nach einem Entwurf des Hochbauamtes. Als Gesamtanlage blieb das Bauwerk unvollendet. Die Entwicklung im Krankenhausbau durchlief in den 1960er Jahren einen raschen Wandel. Beim 1967 eingeweihten Krankenhaus Links der Weser ist die klar ablesbare funktionale Trennung von OP-Bereich und Bettenhaus kennzeichnend. Es ist außerdem ein Beispiel dafür, dass sich die großen Wohnungsbaukonzerne mit der sich abzeichnenden Sättigung des Wohnungsmarktes neue Aufgabenfelder suchten. Der Bau in Kattenturm wurde unter der Regie der »Neuen Heimat Kommunal« durchgeführt.

Im Gegensatz zu anderen Infrastruktureinrichtungen verlief der Bau von Altenwohnheimen eher parallel zu den Siedlungsbaumaßnahmen. Das lag sicher auch daran, dass die in Bremen nun dominierende Form der Miet- oder Eigentumswohnung den Drei-Generationen-Haushalt, wie er im traditionellen »Bremer Haus« gang und gäbe war, ausschloss. Unter den Altenwohnheimen der späten 1950er und 1960er Jahre stachen insbesondere die von dem Architektenbüro Richter und Kläner hervor. Mit einem 1957 am Haferkamp im neuen Bremer Westen gebauten Haus versuchten sie, durch einen großzügig gestalteten internen »öffentlichen« Bereich den typischen »Heimcharakter« zu vermeiden. Das Haus war zudem mit einer Begegnungsstätte für

Das im September 1967 eröffnete Krankenhaus Links der Weser wurde von der »Neuen Heimat Kommunal« geplant

ältere Menschen kombiniert. Ein ähnlicher Ansatz zeichnete auch das 1959 fertiggestellte Appartementhaus für ältere Menschen hinter dem Landhaus Horn aus. 1964 vollendeten die Architekten für die Bremer Heimstiftung das erste reine Pflegeheim in Bremen Am Blumenkamp in St. Magnus, nach damaligem Sprachgebrauch noch »Siechenheim« genannt. Die Anlage wurde sehr gelungen in den alten Baumbestand eines ehemaligen Privatparks integriert. Da der Anteil älterer Menschen an der Gesamtbevölkerung aber relativ gering war, hatte das Thema in der Architektur noch nicht den Stellenwert späterer Jahrzehnte.

Neben den Anstrengungen im Wohnungs- und im Schulbau nahmen sich die Bauaktivitäten im Bereich der Kultur eher bescheiden aus. Das mag auch daran gelegen haben, dass der sozialdemokratisch dominierten Politik eine gewisse Distanz zur klassischen Hochkultur eigen war. Als beispielgebend für die eher breitenkulturelle Orientierung können die zahlreichen dezentralen Volksbüchereien in den Stadtteilen und Jugendbibliotheken in den Schulen angesehen werden, während der zentrale Standort am Schüsselkorb über keine besondere repräsentative Ausstrahlung verfügte. Trotzdem sind die wenigen realisierten repräsentativen Kulturbauten, wie die Stadt-

Großzügig gestalteter Erdgeschossbereich beim Altenheim Haferkamp. »Heimcharakter« sollte vermieden werden

hatte durch seinen neuen Standort fernab des Zentrums im bürgerlichen Viertel Schwachhausen ein Zeichen gesetzt, das als distinktive Geste eines kulturellen Machtanspruchs interpretiert werden kann. Der Schritt, das stadthistorische Museum aus dem Herzen der Stadt zu verlegen, hat in der Folgezeit gelegentlich zu Planspielen über eine Rückkehr des Hauses ins Zentrum geführt. Die Architekturwettbewerbe für beide Gebäude waren 1957 ausgelobt entschieden worden.

Den Wettbewerb zur Stadthalle gewann der Wiener Architekt Roland Rainer, einer der beiden Preisträger beim zwei Jahre zuvor durchgeführten städtebaulichen Ideenwettbewerb. Für das Stadthallen-Projekt kooperierte Rainer, der auch die Wiener Stadthalle realisiert hatte, mit dem Bremer Architektenduo Säume und Hafemann. Unter den beiden zweitplatzierten Entwürfen stach der der Arbeitsgemeinschaft der Bremer Architekten Hans Budde und Carsten Schröck mit dem Berliner Architekten und Konstrukteur Frei Otto besonders hervor: Er sah eine innovative Tragkonstruktion nach dem Prinzip eines vorgespannten Hängedachs vor, das an drei stählernen Bögen befestigt werden sollte.

Auch der Entwurf von Rainer und seinen beiden Bremer Partnern zeichnete sich durch

halle, das Focke-Museum und (mit einigen Abstrichen) das 1968 eingeweihte Staatsarchiv, von großer architektonischer Prägnanz.

Die Stadthalle entsprach als Multihalle besonders einem Kulturverständnis, das sich nicht um eine strikte Grenzziehung zwischen Hoch- und Breitenkultur mühte. Die Finanzierungsschwierigkeiten beim Bau dieses Prestigeobjektes wurden von der bürgerlichen Opposition dementsprechend mit besonderer Vehemenz angeprangert. Das Focke-Museum

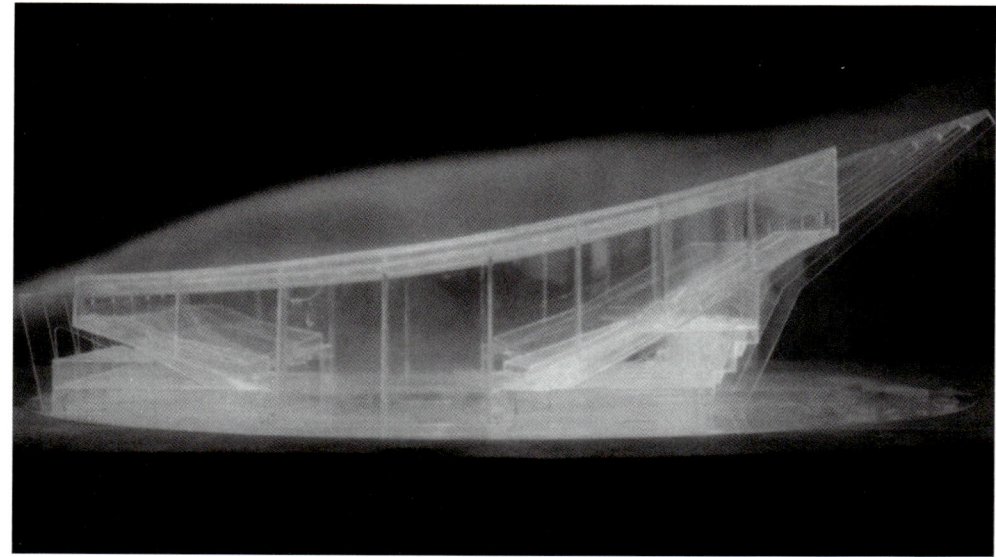

Der umstrittene Entwurf für die Bremer Stadthalle. Um die Standfestigkeit des Baus unter norddeutschen Bedingungen zu überprüfen, wurde an der TU München ein Windkanalversuch durchgeführt

Die Stadthalle und das Focke-Museum

STADTENTWICKLUNG UND ARCHITEKTUR

ein spektakuläres Tragwerk aus. Rainers Idee basierte darauf, der Halle auf dem Ausstellungs- und Volksfest-Gelände Bürgerweide den Ausdruck eines »Zeltes unter Zelten« zu geben. Dabei sollten Tribüne und Dach eine statische Einheit bilden. An den Längsseiten der die Hallengröße bestimmenden Sportfläche von 23 x 46 Meter befanden sich zwei unterschiedlich hohe Tribünen, die auf jeweils sechs Stahlbetonbindern auflagen. Diese Binder wurden nach oben verlängert und mit der Hängedachkonstruktion – mit Beton ummantelte Stahlglieder – verbunden. Durch die unterschiedlichen Höhen der beiden Seiten konnte die expressive Wirkung der Konstruktion gesteigert und zugleich eine maßstäbliche Korrespondenz mit dem Baumbestand des Bürgerparks auf der Rückseite erzielt werden.

Zwischen dem ersten Wettbewerb und der Eröffnung verging fast ein Jahrzehnt. Nach etlichen politischen Auseinandersetzungen (s. S. 333) – viele hielten das Projekt für überdimensioniert und für Bremen nicht bezahlbar – wurde der Bau von 1961 bis 1964 realisiert. Weil die Kosten überhand nahmen, musste die Baustelle zwischenzeitlich geschlossen und das

Programm stark gekürzt werden. Mit seiner 35 Meter hoch aufsteigenden Front an der Bürgerweide hatte sich das Bild der Stadthalle – vor allem in der Schrägansicht – schon bald als unverwechselbares Signet eingeprägt. Kein zweites Bauwerk der Moderne erreichte in Bremen einen vergleichbaren, einem Wahrzeichen gleichkommenden Status.

Den Wettbewerb für das Focke-Museum entschied der Darmstädter Architekturprofessor Heinrich Bartmann für sich. Er hatte am treffendsten das von Museumsdirektor Werner Kloos vorgegebene Motto eines »Museums im

Großzügig im Grünen platziert. Lageplan des neuen Focke-Museums

Bildung, Kultur und Freizeit

STADTENTWICKLUNG UND ARCHITEKTUR

Wie der »Sessel des Lieben Gottes« sähe der kurvenreiche Bau der Hastedter Auferstehungskirche aus, befand der Volksmund nach ihrer Fertigstellung

Park« umgesetzt. Bartmann verknüpfte in seinem Entwurf moderne mit regionalistischen Elementen und hatte sich dabei wohl auch durch den in der Fachwelt lebhaft diskutierten Entwurf für das Museum Louisiana bei Kopenhagen (von Jorgen Bo und Vilhelm Wohlert) inspirieren lassen.

Bartmanns 1964 eröffneter Bau zeichnet sich nicht nur durch die Öffnung zum umgebenden Grünraum aus, er überzeugte auch durch seine abwechslungsreiche Raumfolge und durch eine raffinierte Grundrissanordnung. Museums- und Verwaltungstrakt wurden um ca. 30 Grad gegeneinander verschwenkt. Die sich in die Tiefe verjüngende Eingangszone, aber auch der Vortragssaal nutzten geschickt diesen Versprung in der Übergangszone zwischen den beiden Hauptbereichen.

Die Jahre zwischen 1956 und 1969 waren eine außergewöhnliche Hochphase im bremischen Sakralbau. Ungefähr 35 Gotteshäuser entstanden in den Ortsgemeinden der Bremischen Evangelischen Kirche. Hinzu kamen die Neubauten freikirchlicher Gemeinschaften und der Katholischen Kirche. Durch die Flüchtlinge und die Gastarbeiter hatte sich der Anteil der Katholiken in Bremen erhöht. In

den neuen Stadtteilen wurden neue Gemeinden beider christlicher Konfessionen gegründet. Auch die jüdische Gemeinde Bremens bekam 1961 an der Schwachhauser Heerstraße wieder ein Haus, die neue Synagoge von Karl Gerle.

Waren die Kirchenbauten der frühen 1950er Jahre durch eine traditionalistische Architekturhaltung geprägt, so wurden sie nun vermehrt zum Experimentierfeld moderner Architektur. Vor allem ist in diesem Zusammenhang das Schaffen von Carsten Schröck zu erwähnen, einem Architekten der jüngeren, nach dem Krieg ausgebildeten Generation. Er konnte allein in Bremen acht Kirchen und Gemeindezentren realisieren, davon vier vor 1969.

Schröcks spektakulärstes Bauwerk ist zweifellos die Kirche mit Gemeindezentrum St. Lukas in Grolland (1963). Im Prinzip stellte der Entwurf (der wieder in Zusammenarbeit mit Frei Otto entstand) den Versuch dar,

Carsten Schröck

* 24.4.1923, Leipzig
† 3.2.1973, Bremen

Nach seinem Architekturstudium in Braunschweig arbeitete Schröck seit 1952 als freier Architekt in Bremen. Er gilt als der kreativste Kopf der jüngeren Architektengeneration in der Aufbauphase in Bremen. Er konnte zahlreiche öffentliche Bauten verwirklichen und zeichnete sich besonders im Kirchenbau aus. In den 1960er und frühen 1970er Jahren baute er auch in Westafrika. Seine experimentelle Haltung zeigt sich u.a. in innovativen Tragwerkslösungen, die zum Teil in Zusammenarbeit mit dem Berliner Pionier für die Konstruktion leichter Flächentragwerke, Frei Otto, entstanden.

Eine ausdrucksstarke moderne Gestaltung zeigt der Neubau der Gemeinde Ellener Brok

den zweitplatzierten Stadthallenentwurf in einem kleineren Maßstab zu übertragen. Statt der drei stählernen Druckbögen hielten nun zwei Bögen aus verleimten Brettern das vorgespannte Seilnetz im Gleichgewicht. Das beeindruckende Bauwerk bestach vor allem durch seine Innenraumwirkung. Der Gedanke, demokratische Strukturen durch bauliche Strukturen zu begünstigen, der bereits im Schulbau der 1950er Jahre anklang, fand auch im Kirchenbau Eingang. Schröck sprach von einer »Architektur der offenen Türen«. In St. Lukas zeigt sich das unter anderem in dem Detail, dass der Betonplattenbelag des Vorplatzes bis in den Kirchenraum hineingezogen wurde.

Auch ein zweites Bauwerk von Schröck hinterließ einen nachhaltigen Eindruck: das von der Bevölkerung liebevoll »Sessel des lieben Gottes« genannte Haus der Auferstehungsgemeinde in Hastedt von 1959. Die ungewöhnliche Form basierte auf einer Komposition aus zwei ausbauchenden Gebäudeteilen, dem mit einer Sichtbetonschale gefassten Altarraum und dem unter einem geschwungenen Dach gelegenen Raum für die Gemeinde. Der 1969 eingeweihte Neubau der Gemeinde Ellener Brok in Osterholz von Hermann Brede, einem

Generationsgenossen von Schröck, ist ein Beispiel für ein besonders gelungenes Ensemble in einer konsequent modernen Formensprache. Die Gruppe von Sichtbetonbauten orientierte sich am Stil des »new brutalism«.

Auch einige eher der Tradition zugewandte oder zwischen Moderne und Traditionalismus changierende Architekten gelangten mit Kirchenentwürfen zu interessanten Ergebnissen. Dazu zählt die auf einem dreieckigen Grundriss

Die »Seilnetzkirche« St. Lukas in Grolland verbindet eine experimentelle Bauart mit einer einzigartigen Atmosphäre im Inneren

575

Blick von der Rückseite der Südtribüne des Weserstadions über das Stadionbad. Links der Turm mit vier Sprunghöhen: drei, fünf, siebeneinhalb und zehn Meter

Das kombinierte Roll- und Eislaufstadion am Jakobsberg wurde 1963 eröffnet

basierende Versöhnungskirche in Sebaldsbrück von Gerhard Müller-Menckens aus dem Jahr 1966. Auf ähnliche Weise wie Müller-Menckens bezog auch Eberhard Gildemeister 1967 mit dem Neubau von St. Magni in St. Magnus den frei gestellten Glockenturm in die Eingangssituation mit ein. Mit diesem Spätwerk variiert der eigenwillige Architekt ein weiteres Mal – wie in der nahe gelegenen Lehnhof-Wohngruppe – seine mit regionalistischen und fantastischen Momenten spielende Formensprache.

Die gestalterische Freiheit und die Ausdrucksmöglichkeiten, die der Kirchenbau wie kaum eine andere Bauaufgabe bot, führten aber nicht immer zu befriedigenden Ergebnissen. Oft überwogen bei den neuen Kirchen, wie bei St. Michaelis im Doventorsviertel (1966) oder bei der Dreifaltigkeitskirche in der Neuen Vahr (1967), das reine Formenspiel oder die übertrieben wirkende expressive Geste.

Weniger architektonische Neuerungen gab es bei dem Bau von Sportstätten. Schon 1965 träumte man in Bremen von einem ausgebauten Weserstadion, das 50.000 Zuschauern Platz bieten sollte. Der Ausbau im gleichen Jahr brachte ein Fassungsvermögen von 48.000 Plätzen mit einer großen Anzahl an Stehplätzen. Etwa zur gleichen Zeit wurden die Pläne für ein neues Großstadion mit einer Kapazität von 60.000 Zuschauern im Zusammenhang mit dem neuen Stadtteil Hollerstadt bekannt. Auch eine Regattastrecke für internationale Ruderveranstaltungen sollte hier entstehen. Doch die Pläne verschwanden wie das Hollerstadtprojekt selbst und andere Großprojekte dieser Zeit in den Schubladen, als sich die Wachstumsprognosen, denen sich die Planer und Politiker lange hingegeben hatten, als überzogen erwiesen.

So blieb mit der Stadthalle immerhin eine Sporthalle von überregionaler Ausstrahlung – vor allem das Sechstagerennen und Reitturniere machten Furore – als sichtbares Resultat der optimistischen 1960er Jahre übrig. In einem kleineren Maßstab schritt der Ausbau des Sportzentrums in der Pauliner Marsch mit der Einweihung des kombinierten Roll- und Eis-

sportstadions (1963) am Jakobsberg voran. Die späten 1950er Jahre waren zudem durch den Neubau von Freibädern geprägt. Fast zeitgleich entstanden das Schlossparkbad in Sebaldsbrück und das Heidbergbad in Lesum, beide von dem Architekten des Zentralbads am Richtweg, Kurt Haering, entworfen. Etliche Schulneubauten erhielten Sporthallen, die außerhalb des Schulbetriebs auch der Allgemeinheit zur Verfügung standen.

Innenstadt

Der Ausbau der Innenstadt in eine moderne City, die als Einkaufs- und Verwaltungsstandort, aber auch mit ihrem baulich gepflegten

Die Sögestraße – schon Fußgängerzone, aber noch ungestaltet

Innenstadt

Für viele führte der Weg zum Einkaufen in der Innenstadt durch den »Brilltunnel«

Der erste Entwurf für das Parlamentsgebäude von Gerhard Müller-Menckens

historischen Kern zahlreiche Besucher anzog, hatte mit der Umsetzung des Verkehrszellenplans und der Schaffung von Parkhäusern das Problem des steigenden Autoverkehrs in den engen Straßen der Altstadt zumindest abgemildert. Die Kunden und Touristen sollten unbehelligt das Stadtzentrum erleben können. Dafür war als nächster Schritt die Schaffung von Bereichen erforderlich, die ganz den Fußgängern vorbehalten sein sollten, wie es in der Böttcherstraße schon seit den 1920er Jahren der Fall war.

Ganz besonders bot sich für eine solche Umwidmungsmaßnahme die Sögestraße an. 1967 bildeten die Anlieger erneut, wie zu Zeiten des Wiederaufbaus, eine Arbeitsgemeinschaft, diesmal mit dem Ziel, die Straße zur Fußgängerzone umzugestalten. Mit Unterstützung der Stadtgemeinde wurde ein entsprechender Wettbewerb ausgeschrieben, den der Bremer Architekt Rolf Störmer gewann. Mit von der Partie war ein alter Bekannter: Der als Pionier der Entwicklung leichter Flächentragwerke in Bremen seit dem Stadthallenwettbewerb, dem Hafendachprojekt und dem Bau der St. Lukas-Kirche bestens bekannte Frei Otto erarbeitete für Störmer den Vorschlag für eine filigrane, segelartige Überdachung der Einkaufsstraße. 1969 wurde die Sögestraße formell zur Fußgängerzone erklärt, doch erst 1973 war die Umgestaltung vollzogen, allerdings ohne die Überdachung.

Um den Verkehrsengpass am Herdentor, wo Autos und Fußgänger ein »Nadelöhr« passieren mussten, zu »entzerren«, hatten die Architekten Friedrich Schumacher und Klaus Hübener eine aufwendig gestaltete Unterführung zwischen Wall und Sögestraße entworfen. Das entsprach ganz der zeitgenössischen Forderung nach Trennung der Verkehrsarten. Im Gegensatz zum 1968 fertiggestellten Brilltunnel und zur 1969 eingeweihten Unterführung an der Bischofsnadel wurde der Entwurf aber nicht realisiert.

Bremens »Guter Stube«, dem Marktplatz, galt die besondere Aufmerksamkeit der Bevölkerung beim Wiederaufbau. Die Süd- und die Westseite wurden im Laufe der 1950er und frühen 1960er Jahre fertiggestellt, Letztere unter anderem mit einem stilistisch angepassten Neubau von Bernhard Wessel und dem Eckgebäude zur Langenstraße von Eberhard Gildemeister, das zur Marktseite die hier wieder eingesetzte Rokoko-Giebelfassade des Pflügerschen Hauses zeigte, das an der Schlachte aus verkehrsplanerischen Gründen abgerissen worden war. Als großes Fragezeichen blieb lediglich die Ostseite, das Börsengrundstück übrig. Infolge des dazu ausgeschriebenen Wettbe-

Der erste Entwurf von
Wassili Luckhardt

werbs von 1952 wurde die südliche Ecke dieses Grundstückes 1956 mit einem von Bernhard Wessel entworfenen Bürohaus bebaut.

Erst danach fiel die Entscheidung über die Nutzung des Restgrundstücks. Im November 1957 stimmte der Vergabeausschuss der Baudeputation sowohl der Errichtung eines »Hauses der Bürgerschaft« auf dem ehemaligen Börsengrundstück als auch dem Erwerb des Grundstücks zu (s. S. 334). Hiermit ging eine

1948 begonnene Diskussion über den Bau eines eigenen Parlamentsgebäudes zu Ende. Lange Zeit war als Standort die Theaterruine in den Wallanlagen favorisiert worden. Der Teerhof und das Eckgrundstück Domshof/Violenstraße standen ebenfalls zur Diskussion. Doch war stets auch das Börsengrundstück im Gespräch – allein schon wegen der symbolischen Dimension dieses Ortes als Gestalt gewordener Ausdruck eines politischen Kräf-

Rathaus, Dom und Haus der Bürgerschaft, die neue Trias am Markt, wo noch parkende Autos und nicht Außengastronomie das Bild prägen

tegleichgewichts zwischen Bürgertum, Kaufmannschaft und Klerus.

Im September 1958 wurde ein allgemeiner bundesoffener Bauwettbewerb zur Erlangung von Vorentwürfen für das Haus der Bürgerschaft ausgeschrieben. Drei Entwürfe fasste das Preisgericht in einer ersten Preisgruppe zusammen. Nach Überarbeitung verblieben der Entwurf des Berliner Architekten Wassili Luckhardt und der Entwurf des Bremer Architekten Gerhard Müller-Menckens in der Konkurrenz. Die sich in ihrer Auffassung zeit-

gemäßer Architektur konträr gegenüberstehenden Arbeiten führten zu heftigen Diskussionen und letztlich zu der Entscheidung, bei etwas verändertem Bauprogramm einen weiteren Wettbewerb mit vier Architekten, unter Beteiligung von Luckhardt und Müller-Menckens, durchzuführen.

Das Preisgericht entschied sich im April 1961 einstimmig für den Entwurf von Luckhardt, dieser wurde mit der Realisierung des Hauses der Bremischen Bürgerschaft beauftragt. Damit war die Diskussion aber noch

Das moderne Bremen: Werbebroschüre mit dem Blick aufs neue Herdentorviertel, 1971

nicht beendet. Obwohl Luckhardt seinen zunächst entschieden modernen Entwurf mit Giebelandeutungen an der Marktseite modifiziert und sich damit dem eher konservativen Architekturgeschmack vieler Bremer angenähert hatte, wurde sein Vorschlag weiterhin vehement bekämpft, bis zum Einsatz von Bürgerbefragungen. Den Kern der Opposition bildeten Angehörige verschiedener Kulturträger, allen voran die »Gesellschaft Lüder von Bentheim«. Sie schlug zuletzt vor, ganz auf den Parlamentsbau am Markt zu verzichten und die Ostseite mit translozierten Fassaden und Rekonstruktionen von alten Bürgerhäusern kulissenhaft zu schließen. Dessen ungeachtet wurde Luckhardts Entwurf realisiert und 1966 eingeweiht. In der Fachwelt fand das Haus der Bürgerschaft wegen seiner hervorragenden funktionalen Lösung und wegen der gelungenen Einbindung eines modernen Bauwerks in einen historischen Kontext viel Beifall.

Durch die mit dem Verkehrslinienplan aus dem Jahr 1949 vorgesehene Nordtangente (die Hochstraße Breitenweg wurde im April 1969 eingeweiht) und infolge des Ausbaus des Herdentorsteinwegs auf eine Breite von 35 Metern im April 1951 bestand seit den 1960er Jahren die Notwendigkeit, den Bereich östlich des Herdentorsteinwegs neu zu ordnen. Das neue Herdentorviertel bot sich als Cityerweiterungsgebiet an. Unter der Vorstellung »Großstadtarchitektur« sollte hier eine Verdichtung durch Hochhäuser verwirklicht werden. Dazu erarbeitete die Bauverwaltung im Zusammenwirken mit dem Architekten Max Säume und Investoren einen Quartiersplan mit dem Siemens-Hochhaus, zeilenartigen mehrgeschossigen Gebäuden, zweigeschossigen Passagengebäuden und einer Hochgarage.

Auch das Tivoli-Hochhaus am Bahnhofsplatz entstand 1963 in diesem Zuge und wurde überwiegend von Behörden genutzt. Ähnliches war mit dem östlichen Abschlussbauwerk des neuen Herdentorviertels geplant. Der Bauhof am Rembertikreisel, der die Bauverwaltung aufnehmen sollte, wäre mit 80 Metern Höhe

Späte 1950er Jahre: parkende Autos vor der Ruine der Ansgariikirche

Bremens höchster Geschossbau geworden. Nicht realisierte Hochhauspläne gab es auch auf dem Grundstück des ehemaligen Hillmann-Hotels am Herdentor.

Die Innenstadtentwicklung war in den späten 1950er und den 1960er Jahren durch Ansiedlungsbestrebungen großer Kaufhäuser bestimmt, was sowohl den Einzelhandel als auch das alteingesessene Großkaufhaus Karstadt irritierte. Ein Beispiel dafür waren die komplexen Vorgänge um den Bau des 1960

Frühe 1960er Jahre: Das neue Kaufhaus Hertie

Innenstadt

Das Schnoorviertel in den 1950er Jahren – ein letztes Stück Alt-Bremen

de vom Senat abgelehnt. Der Senat befürchtete, dass der Erwerb den Wiederaufbau der Kirche mit hohen Belastungen für die Stadtgemeinde nach sich ziehen könnte.

Der Vorschlag der Aufbaugemeinschaft, innerhalb der Kirchenmauern ein Denkmal zu errichten, fand weder von der Kirchengemeinde noch von der Stadtgemeinde Zustimmung, sowohl aus wirtschaftlichen und finanziellen Gründen als auch aus gestalterischen Überlegungen. Als die Verkaufsabsichten der Kirchengemeinde bekannt wurden und das Grundstück für den Bau eines Warenhauses in der Diskussion stand, leisteten Unternehmen der Innenstadt eine Zahlung von 1,5 Millionen D-Mark an die Ansgarii-Gemeinde gegen das Versprechen, das Kirchengrundstück nicht für ein Kaufhaus zur Verfügung zu stellen.

Doch dann beabsichtigte der Kaufhauskonzern Hertie 1958, ein Warenhaus auf dem »Hillmann«-Grundstück am Herdentor zu errichten. Die innerstädtische Handelskonkurrenz vollzog nun eine Wende. Auf einmal sprach sich der Einzelhandel, vertreten durch die Aufbaugemeinschaft, gegen die Errichtung eines Kaufhauses an so prominenter Stelle aus. Der Standort eines Kaufhauses auf dem Grundstück der Ansgariikirche schien nun das kleinere Übel gegenüber einem Warenhaus im Herdentor darzustellen. Allerdings wurde eine Bedingung gestellt: Die neue Konkurrenz musste eine Spende in gleicher Höhe an eine dritte Stelle zahlen. Sie ging an die katholische Kirche in Bremen.

Auf ähnliche Weise begleiteten Interessenkonflikte auch die Ansiedlung des dritten Kaufhauses in der Bremer Innenstadt. Das »Lloydgebäude« an der Papenstraße war im ersten Jahrzehnt des 20. Jahrhunderts nach den Plänen des Architekten Poppe als Kontorhaus für den Norddeutschen Lloyd errichtet worden. Im Krieg schwer beschädigt, setzte der Eigentümer das Gebäude 1948/49 wieder instand und vermietete es an die Bauverwaltung. Ende der 1960er Jahre hätte die Stadtgemeinde das Gebäude erwerben können, doch der Senat lehnte das Angebot ab, weil bereits

eröffneten Hertie-Kaufhauses auf dem Gelände der ehemaligen Ansgariikirche.

Durch einen Bombenangriff war 1944 die Ansgariikirche, mit ihrem 118 Meter hohen Turm das höchste Bauwerk der Stadt, zerstört worden. Drei der Umfassungswände des Kirchenraums, das Sockelmauerwerk des Turms, Vierungspfeiler und die Zütphen-Kapelle blieben erhalten. An der Kirchenmauer zur Obernstraße siedelten sich Verkaufsbuden an. Die Kirchengemeinde Ansgarii beschloss 1955, ihre Kirche nicht wieder an diesem historischen Ort zu bauen, sondern einen Neubau auf einem Grundstück Hollerallee/Schwachhauser Heerstraße zu errichten. Ein Erwerb des Innenstadtgrundstücks durch die Stadtgemeinde wurder »Bauhof« am Rembertikreisel als neuer Baubehördensitz im Gespräch war.

Der Kaufhauskonzern Horten erwarb das Gebäude, um ein Kaufhaus zu errichten. In Zusammenarbeit mit dem Kaufhaus Karstadt wurde 1960 von der städtischen Gesellschaft »Parkplatz GmbH« die Hochgarage Mitte errichtet. Horten plante nun eine in den Kaufhausneubau integrierte Garage. Diese Forderung wurde von der Stadt und insbesondere vom Einzelhandel, vertreten durch die Aufbaugemeinschaft, abgelehnt, mit der Begründung, die Parkhäuser der Innenstadt sollten für alle Kunden des Einzelhandels offen stehen. Mit der daraufhin erfolgenden Erweiterung des Parkhauses Mitte ging wiederum die Forderung des Einzelhandels und der Aufbaugemeinschaft einher, auch östlich der Sögestraße ein Parkhaus zu errichten. So entstand Anfang der 1970er Jahre nicht nur das dritte Bremer Kaufhaus, sondern auch auf einer als Stadtplatz vorgesehenen Fläche die Katharinenhochgarage.

Das Schnoorviertel war der einzige im Wesentlichen zusammenhängend über den Krieg und die erste Wiederaufbauphase hinaus erhalten gebliebene Stadtteil der Altstadt. Obwohl die Gebäude aus unterschiedlichen Epochen stammten, wirkte das Viertel in seiner Struktur, Bebauung und Bauart sowie in der Zusammensetzung seiner Bürger homogen. Im Schatten der City gelegen, blieb das Gebiet, dessen baulicher Gesamtzustand angegriffen war, von Straßenplanungen und Flächensanierungen unangetastet. Doch Ende der 1950er Jahre wurde die Bedeutung dieses Kleinods für die Stadtgeschichte entdeckt.

Im Februar 1959 beschloss die Bremische Bürgerschaft das »Gesetz betreffend die Konservierung des Schnoorviertels und der Umgebung der St. Johanniskirche«. Nach diesem Gesetz hatten sich alle baulichen Veränderungen und Neubauten im Maßstab und in den Baustoffen in ihre Umgebung so einzufügen, dass sie das Orts- und Straßenbild nicht grundlegend beeinträchtigten. Damit konnte zum ersten Mal so etwas wie

Das Schnoorviertel um 1970 – die Touristen kommen

ein »Ensembleschutz« in der Denkmalpflege verwirklicht werden.

Der Erhaltung der Substanz tat das Gesetz gut, dem gewachsenen sozialen Milieu weniger. Die Zusammensetzung der Bewohner änderte sich sehr schnell. Zunächst wurde der Schnoor für Künstler, Kunsthandwerker und Künstlerkneipen interessant. In der Folge avancierte das Quartier zum touristischen Geheimtipp. Doch mit dem zunehmenden Städtetourismus machten sich weitere Veränderungen bemerkbar. Gastronomie und Andenkenläden bestimmten mehr und mehr das Bild des Schnoors. Der sich später allgemein vollziehende Wandel der Innenstädte in »Erlebnisräume« fand hier ein frühes Vorbild.

583

SCHLAGZEILEN 1952 – 1969

Sylvelin Wissmann

Badeunglück in der Weser bei Lankenau

Letzte Fahrt von »Jan Reiners«

Orkannacht und Hochwasserkatastrophe

Straßenbahn rammt das Rathaus

Eisenbahnunglück in Hastedt

Flugzeugabsturz auf dem Bremer Flughafen

Königin Sirikit und König Bhumibol besuchen Bremen

19. Mai 1953: Badeunglück in der Weser bei Lankenau

Am 19. Mai 1953 erschien unter dem Titel »DLRG wacht auf allen Badestränden« ein kurzer Bericht im »Weser-Kurier«. Aber auch die Männer im Dienst der Deutschen Lebens-Rettungs-Gesellschaft in Lankenau waren machtlos gegen das Unglück, das sich noch am selben Tag am linken Weserufer ereignete und die Schlagzeile für den 20. Mai lieferte: »Vom Sog eines Frachters in den Strom gerissen«.

Ort des Geschehens war der Lankenauer Deich gegenüber der A.G. »Weser«, eine beliebte und auch an diesem warmen Tag wieder gut besuchte Badestelle. Es war »halbe Tide«, also auflaufendes Wasser. Die gerade veröffentlichten Regeln der Bremer DLRG (»Gehe als Nichtschwimmer nicht in über brusttiefes Wasser. [...] Vermeide das Heranschwimmen an fahrende oder verankerte Schiffe«) wurden nicht übertreten: Die Verunglückten standen nahe am Ufer.

»16.30 Uhr: [...] Der 8028 BRT große englische Frachter ›Greystoke Castle‹ passiert den Molenkopf des Überseehafens. Die Leinen der Schlepper werden losgeworfen, das Schiff manövriert sich in die Mitte der Fahrtrinne, und schon haben es die Kinder am Badestrand entdeckt. ›Die Wellen kommen‹, rufen sie sich zu [...]. Und dann geschieht es auch schon. Die Bugwelle des großen Schiffes beginnt zu wirken. An den Ufern weicht das Wasser zurück, der Strand wird sechs, acht Meter ins Flußbett hinein bloßgelegt. Aber nun setzt die Fahrtwelle des Frachters ein. Sie schiebt sich an den Strand heran, es ist für die Kinder zu spät zum Zurückspringen. Eineinhalb Meter hoch etwa reißt die Woge alles empor, was am Strand steht. Den Kindern und Jugendlichen werden die Beine unter dem Leib fortgerissen, [...] ihre Körper wie Kreisel herumgewirbelt, überschlagen sich und trudeln am Ufer entlang – machtlos gegen die Gewalt des Sogs.« Beherzte Helfer liefen neben einigen schnell Treibenden her, bis diese einen Kilometer stromabwärts gegen eine Mauer geworfen wurden, und »mutige

Schwimmer retteten etwa ›zwölf Kinder‹. Der 17-jährige Kesselschmied Heinz Osmers harrte bis zum Ende der dreistündigen Rettungs- und Sucharbeiten aus, weil noch ein zehnjähriges Mädchen vermisst wurde. Osmers hatte dessen Zwillingsschwester gerettet, die immer wieder »Meine Schwester ist noch drin!« gerufen hatte. Dies Mädchen ist als einziges der Kinder ertrunken, ihre Leiche wurde am 24. Mai geborgen.

Zur damaligen Zeit gab es noch die Flussbadeanstalten an der Weser, die letzten innerstädtischen schlossen allerdings alsbald (Flussbad Wagenbrett 1954). In den stadtbremischen Häfen herrschte noch lebhafter Betrieb mit »großen Pötten«, und der Badebetrieb an der Weser hatte sich mit der Schifffahrt zu arrangieren. Die Schiffe waren »zur Rücksicht auf Badende nicht verpflichtet«, wer zum Schwimmen ins Wasser ging, tat es auf eigene Verantwortung. Die Besatzung des Frachters hatte von dem Unglück nichts bemerkt. Beim Überprüfen des Logbuchs in Bremerhaven kam kein fehlerhaftes Verhalten zutage. Man nahm daraufhin an, dass die besonders hohen Hub- und starken Sogwirkungen durch die Kombination von Bugwelle, Fahrtwelle und den Turbulenzen des gerade ausgeführten Wendemanövers entstanden.

Linke Seite: Glück im Unglück. Bei dem Straßenbahnunfall 1964 wurde niemand verletzt, und auch der Rathausbalkon hielt ohne die von der »2« umgefahrene Säule

Die letzte Flussbadeanstalt (»Flussbad Wagenbrett«) schloss 1954. Anschließend begann der Ausbau der Freibäder

»Jan Reiners« vor der letzten Abfahrt aus dem Parkbahnhof in Richtung Findorff am 23. Mai 1954

23. Mai 1954: Letzte Fahrt von »Jan Reiners«

Johann Reiners aus Lilienthal, Präsident der Landwirtschaftlichen Vereinigung, war Hauptinitiator der zwischen dem Bremer Parkbahnhof und Tarmstedt verkehrenden Kleinbahn, die nach ihm »Jan Reiners« hieß. Die 1900 eingeweihte Bahnlinie war zunächst für den Transport landwirtschaftlicher Erzeugnisse geplant und erst in zweiter Line für den Personenverkehr bestimmt. Rasch wurde sie auch für den Ausflugsverkehr entdeckt. Im Zweiten Weltkrieg wichen vielfach Frauen und Kinder mit »Jan Reiners« der unsicheren Situation in Bremen aus, wenn auch die Strecke gegen Kriegsende immer wieder durch Tiefflieger in Gefahr geriet. Und in der Nachkriegszeit wurde »Jan Reiners« unentbehrlich für »Hamsterfahrten«.

Ab 1950 nahm – parallel zur Zunahme der privaten Motorisierung – die Bedeutung dieser Kleinbahn langsam ab. Am 23. Mai 1954 war die letzte Fahrt von »Jan Reiners« ab Bremen, und kurz darauf begann der Ausbau der Bahnschienen aus der Eickedorfer Straße. Die Beförderung der Fahrgäste übernahm die Omnibuslinie ab Bremen-Horn; 1956 endete auch der Betrieb auf dem letzten Teilstück der Linie von Falkenberg nach Tarmstedt. Bereits 1955 wurde auf der Bahntrasse der »Jan-Reiners-Weg« für Fußgänger und Radfahrer geplant.

Die älteste der Lokomotiven diente in der Hemmstraße zunächst der Firma Gustav F. Gerdts als Dampfgeber einer Versuchsanlage zur Prüfung von Niederdruckgeräten. Seit 1967 steht sie, die auch den Namen »Jan Reiners« trägt, als Denkmal am Ort des ehemaligen Bahnhofs Findorff. Der Abriss des Parkbahnhofs am Ende der Gustav-Deetjen-Allee erfolgte 1960.

16./17. Februar 1962: Orkannacht und Hochwasserkatastrophe

Seit der Brückenkatastrophe von 1947 (s. S. 287) war Bremen von größeren Überflutungen verschont geblieben. Dann kam der Februar 1962. Am 12. tobte ein starker Orkan »24 Stunden über Bremen« und verursachte »Millionenschaden«. Da er aus nordwestlicher Richtung kam, drückte er das in die Mündung ablaufende Weserwasser zurück in den Fluss, mit der Folge starker Überflutungen in Bremen.

Am 16. und 17. Februar kam ein weiterer Orkan aus derselben Richtung und verursachte die »größte Flutkatastrophe seit 137 Jahren«. Das gesamte Nordseeküstengebiet einschließlich der flussaufwärts liegenden Städte war betroffen. Das Wasser stieg in Bremen auf 5,41 Meter über NN, an vielen Stellen brachen die Deiche.

Bremen konnte von der weseraufwärts schiebenden Flut in die Zange genommen werden, weil nördlich ein großer Teil des Wassers in die Lesum (und weiter in die Wümme) und südlich in die Ochtum gedrückt wurde. Dort waren die Deiche nicht so hoch wie entlang der Weser und viele brachen. Fast das gesamte Bremer Umland wurde überschwemmt, außerdem die Pauliner Marsch und Teile des Stadtwerders. Insgesamt waren 60 Quadratkilometer Bremer Gebiet überspült; auf dem Stadtwerder und im Kleingartengebiet am Wardamm in Huchting fanden sieben Menschen den Tod. In Hamburg verloren in derselben Nacht mehr als 300 ihr Leben.

SCHLAGZEILE UND STADTGESPRÄCH

Am Morgen des 17. Februar 1962 wird das Ausmaß der Hochwasserkatastrophe deutlich. Blick vom Rablinghauser Deich über das überflutete Parzellengebiet

Eine Senatskommission untersuchte notwendige Folgemaßnahmen und erstattete ihren abschließenden Bericht im Juli 1963. Diesmal blieb es nicht beim üblichen Erhöhen der Deiche, es galt, grundlegend Abhilfe gegen den gefährlichen Einschluss Bremens durch die Nebenflüsse der Weser zu schaffen. Die Folge war im September 1968 der Vertrag zwischen Bremen und Niedersachsen über den Bau von Sperrwerken an Lesum, Ochtum und Hunte. Die erste Baustufe des besonders wichtigen Lesum-Sperrwerks war im Dezember 1972 fertiggestellt; im November 1979 konnten alle drei Sperrwerke eingeweiht werden.

28. September 1964: Straßenbahn rammt das Rathaus

Unter den Schlagzeilen »Straßenbahn rammt Rathaus« und »Rathaus von Straßenbahnzug gerammt« berichteten die Bremer Tageszeitungen am 29. September 1964: »Was die Bomben des letzten Krieges nicht vermochten, hätte gestern früh um 5.18 Uhr beinahe die Bremer Straßenbahn geschafft: das alte Rathaus zum Einsturz zu bringen! Mit Donnergetöse bohrte sich der Triebwagen 408 der Linie 2 in die Rathausarkaden und stürzte eine der tragenden Sandsteinsäulen um. Ursache des Unglücks: eine falsch gestellte Weiche. Für Sekundenbruchteile hing das Schicksal des unersetzlichen Baudenkmals in der Schwebe. Dann bewährte sich die stabile Konstruktion Bremer Straßenbahnwagen: bevor noch das Mauerwerk zerbarst, nahm es der Triebwagen auf die Schulter. Erst sieben Stunden später, als eine provisorische Stützvorrichtung gebaut worden war, konnte der Straßenbahnwagen entfernt werden.«

Am Marktplatz konnten die Bahnen mittels einer Weiche noch von der Ost-West-Richtung nach Norden zum Domshof abbiegen, und diese Weiche war nach dem Abbiegen eines Einsatzzuges nicht wieder zurückgestellt worden. Das Zurückstellen musste der Straßenbahnfahrer nach Passieren der Weiche damals noch selbst ausführen. Der Fahrer der nachfolgenden Bahn bemerkte die falsche Stellung nicht. Sein Triebwagen bog dadurch versehentlich ab, fuhr einer entgegenkommenden Bahn in die Flanke und schob sie gegen das Rathaus.

Menschen erlitten keinen Schaden, und auch das gerade wegen Restaurierungsarbeiten eingerüstete Rathaus kam »mit dem Schrecken davon«. So fiel die Bilanz der Schäden eher gelinde aus. Mit deren Behebung wurde die ohnehin am Gebäude beschäftigte Restaurierungsfirma beauftragt.

Trotz vieler auf dem Bauhof lagernder alter Bauteile fand sich darunter kein geeignetes Stück zur Umarbeitung als Ersatz für die zertrümmerte Säule. Dies wurde nun »in einem der Obernkirchener Sandsteinbrüche, die schon vor 350 Jahren das Rohmaterial für die Steinmetze Lüder von Bentheims lieferten«, bestellt.

Die Kulturbehörde nahm dies Ereignis zum Anlass, einmal mehr auf die Gefahren für das Rathaus durch ständige Erschütterungen hinzuweisen und zu fordern, »daß die Straßenbahn vom Markplatz verschwinden müsse. In diesem Zusammenhang sollte [...] als erste Notmaßnahme [...] die Haltestelle vor dem Rathaus in Richtung Domsheide verlegt werden.« Letzteres geschah, doch Straßenbahnen fahren bis heute dicht am Rathaus entlang.

Der entgleiste Triebwagen an der Unfallstelle, 28. September 1964

Die Unglücksstelle an der Eisenbahnbrücke in Hastedt am späten Nachmittag des 25. Oktober 1964

24. Oktober 1964: Eisenbahnunglück in Hasedt

»Sieben Tote und elf Verletzte bei schwerem Zugzusammenstoß«, berichteten die Zeitungen am Montag, den 26. Oktober 1964, und gleichzeitig mit dieser Nachricht erschienen die ersten Traueranzeigen für das bekannteste Opfer, den 52-jährigen Leiter der Schule Schaumburger Straße und ersten Vorsitzenden des Vereins Bremer Lehrer und Lehrerinnen, Georg Ficke. Dieser hatte mit dem ebenfalls zu Tode gekommenen Leiter der Sonderschule Vegesacker Straße, Willi Hildebrand, zu einer Hauptvorstandssitzung der Gewerkschaft Erziehung und Wissenschaft nach Dortmund reisen wollen. Die übrigen namentlich genannten Todesopfer stammten aus Hude, Syke, Espelkamp und Bremen.

Das Unglück ereignete sich um 6.05 Uhr am Sonnabendmorgen kurz vor der Eisenbahnbrücke über die Hastedter Heerstraße, wo das Güterzuggleis Hauptbahnhof-Hastedt in die Strecke Bremen-Osnabrück mündet.

Vom Güterzuggleis kam eine Rangierlok, die nach Kirchweyhe wollte, und stieß in den ersten Reisewagen des auf der Hauptstrecke fahrenden Eilzuges Bremen-Dortmund. Rangierlok und Wagen rutschten die Böschung hinunter, weitere Wagen sprangen aus den Schienen, einige stellten sich quer. Die Todesopfer, ein Schaffner und sechs Passagiere, befanden sich sämtlich im ersten Wagen, einige der Verletzten mussten aus den Trümmern herausgesägt werden. Die Brücke hatte keinen ernsthaften Schaden genommen, und nach nur 20 Stunden war die Strecke wieder freigegeben.

Der Führer der Rangierlok hatte offensichtlich das Haltesignal übersehen. Hinzu kam eine »tragische Verkettung unglücklicher Umstände im Zugsicherungssystem«, wie die »Bremer Nachrichten« berichteten, weil die induktive, automatische Zugsicherung durch Magneten am Güterzuggleis zwar bereits installiert, aber noch nicht in Betrieb genommen war. Wenige Tage später wären die Bremsen automatisch ausgelöst worden.

28. Januar 1966: Flugzeugabsturz auf dem Bremer Flughafen

Nach der Wiedereröffnung des Flughafens für den zivilen Luftverkehr fand Bremen allmählich erneuten Anschluss an den internationalen Flugverkehr, verstärkt seit Wiedererlangung der Lufthoheit durch die Bundesrepublik 1955 und der Neugründung der Lufthansa. 1959 landete erstmals eine Maschine, die von Japan über den Nordpol geflogen war, auf dem Neuenlander Feld. 1965 erhielt Bremen mit der Düsenfluglinie nach London Anschluss an das internationale Düsenflugnetz. Dann erschien am 29. Januar 1966 eine Schreckensmeldung in der Zeitung:

Der Gedenkstein für die beim Absturz ums Leben gekommenen italienischen Schwimmer, nahe der Unglücksstelle

»Bei der Landung auf dem Bremer Flughafen ist am Freitagabend um 18.50 eine Passagiermaschine der Lufthansa abgestürzt und in Flammen aufgegangen. Bei dem Unglück kamen alle 46 Insassen ums Leben.«

Am Abend des 28. Januar war sehr schlechtes Wetter, und der Pilot brach den Anflug ab, als er die Landebahn in Sicht bekam. Er hätte nicht mehr am Anfang, sondern erst in der Mitte der Bahn aufsetzen können, sodass die Länge der Ausrollstrecke zu kurz gewesen wäre. Deshalb startete der Flugzeugführer durch, und die zweimotorige Maschine vom Typ Convair-Metropolitan verschwand in den tiefhängenden Wolken. Keine Minute später stürzte sie etwa 200 Meter westlich vom Ende der Startbahn nahe der Kladdinger Straße am damaligen Verlauf der Ochtum ab.

Die Convair 440 Metropolitan galt als zuverlässig, wurde aber wegen ihrer überholten Technik und Ausstattung von der Lufthansa nur noch im innerdeutschen Verkehr eingesetzt. Die Lufthansa hatte bereits einige Düsenmaschinen vom Typ Boeing 737 bestellt und plante, die Convair fortlaufend auszumustern.

Als der Pilot etwa 15 Meter über der Landebahn den Anflug abgebrochen hatte und durchstartete, fragte der Fluglotse im Kontrollturm: »Wollen Sie den Anflug von Osten machen?« Er erhielt keine Antwort mehr; Ohrenzeugen wollen vor dem Absturz ein Aussetzen der Motoren gehört haben. Die genaue Ursache des Unfalls konnte nicht ermittelt werden.

Die Rettungskräfte des Flughafens mussten zunächst tatenlos zuschauen, das Flugzeug stand sofort in Flammen. Es blieb nur noch zu löschen und zu räumen. Bereits um 22 Uhr war die Rollbahn wieder benutzbar.

Die 42 Passagiere und vier Besatzungsmitglieder fanden den Tod, darunter die Schauspielerin Ada Tschechowa und die Mitglieder der italienischen Schwimmmannschaft, die am folgenden Tag an einem Wettkampf in Bremen hatten teilnehmen wollen. Am 4. April 1967 wurde für diese Sportler an der Unglücksstelle ein Gedenkstein enthüllt.

SCHLAGZEILE UND STADTGESPRÄCH

22.–24. August 1966: Königin Sirikit und König Bhumibol besuchen Bremen

Bremen erhielt im Laufe seiner Geschichte nur selten königliche Besuche. Manche, wie der von Zar Peters I. 1716, waren nur Durchreisende. Auch Königin Juliana der Niederlande ließ im Juli 1954 den Holland-Skandinavien-Express nur in Bremen halten, damit ihre Tante, Großherzogin Elisabeth von Oldenburg, zusteigen konnte.

Daher fand im Sommer 1966 königlicher Besuch aus Thailand große Beachtung: Ein Traumpaar aus einem Traumland, vor allem aber eine Traumkönigin: Sirikit war bildschön, zart, exotisch, charmant – ihr galt die Begeisterung des Publikums während der gesamten Deutschlandreise. Mühsam versuchte die seriöse Bremer Presse, den politisch-wirtschaftlichen Aspekt des Besuchs hervorzuheben, den der König als eigentliche Hauptperson vertrat. Dieser besichtigte die Vereinigten Flugtechnischen Werke in Lemwerder und die Fr. Lürssen Werft, während die Königin die Bremer Silberwarenfabrik und das Focke-Museum besuchte. Tatsächlich stand Sirikit im Mittelpunkt des Interesses. Sie verband königlichen Glanz mit natürlicher Liebenswürdigkeit, und die Bremer säumten vor allem ihretwegen winkend die Straßen.

Thailand als »Entwicklungsland« erhoffte sich Hilfe beim Aufbau von Industrie und Infrastruktur. Die Bundesrepublik, die bereits zu dessen bedeutendsten Handelspartnern zählte, war im Gegenzug an den reichen Bodenschätzen Thailands interessiert.

Bürgermeister Dehnkamp mit König Bhumibol und Königin Sirikit im Kaminsaal des Bremer Rathauses am 23. August 1966

REGISTER

REGISTER

REGISTER

REGISTER

ABKÜRZUNGEN

Verzeichnis der Abkürzungen von Parteien, Verbänden, Vereinen, Organisationen, staatlichen Institutionen und Unternehmen sowie einiger technischer Begriffe und Einheiten und von Worten und Redewendungen, mit denen sie bei Folge- und Mehrfachnennungen im Text genannt werden.

ABS	Arbeitskreis Bremer Schülerringe	DFU	Deutsche Friedensunion
Abs.	Absatz (in Gesetzen)	DGB	Deutscher Gewerkschaftsbund
ADL	Aktionsgemeinschaft Demokratischer Lehrer	DKP	Deutsche Kommunistische Partei
AFN	American Forces Network	DMV	Deutscher Metallarbeiterverband
AFS	American Field Service		
APO	Außerparlamentarische Opposition	DPs	Displaced Persons
		DRP	Deutsche Reichspartei
Art.	Artikel (in Gesetzen)	ECA	Economic Cooperation Administration
AWO	Arbeiterwohlfahrt		
BBC	Bremen Boys Club	EKD	Evangelische Kirche Deutschlands
BDV	Bremer Demokratische Volkspartei		
BEGO	Bremer Goldschlägerei	ELDO	European Launch Development Organisation
BEK	Bremische Evanglische Kirche		
BFA	Bremer Frauenausschuß	ERNO	Arbeitgemeinschaft Entwicklungsring Nord
BFN	British Forces Network		
BHE	Bund der Heimatvertriebenen und Entrechteten	ERP	European Recovery Programme
		ESA	European Space Agency
BHV	Bremische Hafenvertretung	ESRO	European Space Research Organisation
BIP	Bruttoinlandsprodukt		
BKB	Bremer Künstlerbund	EVG	Europäische Verteidigungsgemeinschaft
BLG	Bremer Lagerhaus Gesellschaft		
Brehola	Bremer Holzumschlag- und Lager GmbH	EWG	Europäische Wirtschaftsgemeinschaften
		EZU	Europäische Zahlungsunion
BRT	Bruttoregistertonnen (Größenangabe für das gesamte Schiff)	EZU	Europäische Zahlungsunion
		FDP	Freie Demokratische Partei Deutschlands
BWK	Bremer Wollkämmerei		
CARE	Cooperative for American Remittances to Europe	FVP	Freie Volkspartei
		GARIOA	Gouvernement and Relief in Occupied Areas
ccm	Kubikzentimeter		
CDU	Christlich Demokratische Union	GATT	General Agreement on Tariffs and Trade
CIAM	Congrés Internationaux d'Architecture Moderne	GDP	Gesamtdeutsche Partei
		GEW	Gewerkschaft Erziehung und Wissenschaft
CIF	Cost Insurance Freight		
CRALOG	Council of Relief Agencies Licensed for Operation in Germany	GHR	Grund-, Haupt- und Realschule
		GI	Gouvernement Issue

GVA	Getreideverkehrsanlage		**OMGBRE**	Office of Military Gouvernement Bremen
GYA	German Youth Activity		**ÖTV**	Öffentliche Dienste, Transport und Verkehr
HaFa	Hauswirtschaft und Familie			
HHF	Hanomag Henschel Fahrzeugwerke		**SAS**	Scandinavian Airlines System
i.e.	das heißt		**SBZ**	Sowjetisch Besetzte Zone
IG	Interessengemeinschaft der Flüchtlinge und Ausgewiesenen im Lande Bremen		**SDS**	Sozialistischer Deutscher Studentenbund
			SED	Sozialistische Einheitspartei Deutschlands
IRO	International Refugee Organisation		**SGO**	Sportgemeinschaft Oslebshausen
JEIA	Joint Export-Import Agency		**SPD**	Sozialdemokratische Partei Deutschlands
JSRO	Jewish Restitution Organisation			
KGF	Kampfgemeinschaft gegen den Faschismus		**SRP**	Sozialistische Reichspartei
			tdw	tons dead weight (Größenangabe für Handelsschiffe)
KPD	Kommunistische Partei Deutschlands			
			TEU	Twenty feet Equivalent Unit
LFA	Länderfinanzausgleich		**TURA**	Turn- und Rasensportverein Gröpelingen
LZB	Landeszentralbank			
NATO	North Atlantic Treaty Organization		**UNRRA**	United Nations Relief and Rehabilitation Administration
NDL	Norddeutscher Lloyd			
NPD	Nationaldemokratische Partei Deutschlands		**USB**	Unabhängiger Schülerbund
			USPD	Unabhängige Sozialistische Partei Deutschlands
NS	Nationalsozialismus			
NSDAP	Nationalsozialistische Deutsche Arbeiterpartei		**VBLL**	Verein Bremer Lehrer und Lehrerinnen
NSV	NS-Volkswohlfahrt		**VFW**	Vereinigte Flugtechnische Werke GmbH
OEEC	Organisation for European Economic Cooperation			
			VKA	Vorläufiger Kirchenausschuss
OEEC	Organization for European Economic Cooperation		**WdF**	Wählergemeinschaft der Fliegergeschädigten

ABBILDUNGEN

Die Herausgeber und der Verlag danken allen Fotografen und Leihgebern von historischem Bildmaterial. Trotz umfangreicher Recherche konnte in einigen wenigen Fällen die Urheberschaft nicht ermittelt werden. Es wird gegebenfalls um Mitteilung gebeten.

Heinz Meinking: 450 u.
H. Menke: 399
Sylvia Otte: 514
Willi Pilzecker: 311, 329
Peter Reinhold: 477
Klaus Rohmeyer: 556 o., 563 u.
Klaus Sander: 497, 499
Sammlung Franz Gauker: 506, 532, 533 u.li.
Sammlung Herbert Schwarzwälder: 250 o., 250 u., 280, 320 o., 493 u.
Senator für Justiz und Verfassung: 344 u., 354 li., 354 r.
Staatsarchiv Bremen: 17, 19, 20, 21, 23, 24, 25, 26, 27, 28, 29, 30, 31, 34, 35, 37, 38, 40 o., 40 u., 41, 42 o., 42 u., 43, 44, 45, 46, 47, 48, 49, 50, 51 o., 51 u., 52, 54 o., 54 u., 55, 56r., 57, 61, 62, 63, 64, 65, 66, 67, 68, 71, 73, 74, 75 o., 75 u., 76, 77, 79 o., 79 u., 80, 82, 84, 85 o., 85 u., 86, 88, 89, 90, 91, 92, 93, 94, 95 o., 95 u., 96 r., 100, 101, 102, 103 o., 103 u., 104, 106, 107, 108 o., 108 u., 109 o., 111, 112, 113 o., 113 u., 116, 117, 118, 121, 123, 125, 126, 128, 129 u., 132 (gespiegelt), 133 u., 134, 135, 136, 137 o., 137 u., 138, 140, 141, 142 o., 142 u., 143, 144 u., 145o., 145 u., 146 o., 146 u., 147, 148, 149, 150, 151, 152 o.li., 152 o.re., 152 u., 153, 154, 155, 157, 158, 159, 160, 161 o., 161 u., 164 o., 164 u., 165, 168, 169 o., 169 u., 170, 171 o., 171 u., 173, 175 o., 175 u., 176, 177, 178, 179 u., 180, 181 o., 181 u., 182, 183 o., 183 u., 184 o., 184 u., 186, 187, 188 o., 188 u., 189, 190, 195, 196 li., 196 r., 198, 205 o., 205 u., 206 o., 206 u., 213, 214 o., 217, 220, 221, 222, 222 o.r., 223 o., 223 u., 226 o.li., 227, 228, 229, 231, 232 o.r., 232 u.li., 233, 234, 238, 240, 247 o., 247 u., 248, 249, 251, 264, 266, 278, 284, 286, 287 o., 287 u., 289, 290, 293, 294, 295 o., 296, 297, 298, 299 l., 299 r., 300, 301, 302, 303 o., 303 u., 304 o., 304 u., 305 o., 305 u., 306 u.li., 308, 309, 310 li., 315, 316, 317, 318, 319, 320 u., 321, 322 o., 322 u., 323 o., 323 u., 324 o., 324 m., 324 u., 325, 326, 327, 328 o., 334 o.li., 337, 342 o., 342 u., 343, 344o, 345 o., 348, 352, 355, 356, 358, 359 o., 359 u., 360, 362, 364, 366, 369, 372, 373, 379, 383, 386, 391, 392, 393, 396, 397, 398, 399, 400, 402 o., 402 u., 405, 409, 410, 411, 412, 413, 414, 415 o., 415 u., 419 o., 419 u., 420, 421, 422 o., 422 u., 423, 425, 426, 429, 431, 434, 436, 437 o., 437 u., 438, 439, 440, 444, 445 o., 445 u., 446, 450 o., 451 o., 452 u., 454r., 455, 461 o., 461 u., 463 o., 463 u., 469 u., 471 o., 471 u., 472 o., 474 o., 474 u., 475, 480, 488 o., 488 u., 489, 490, 496, 497 u., 502, 503 u., 504 o., 504 u., 505, 509 o., 509 u., 511, 512, 513, 515 u., 518 u., 521 u., 523 o., 523 u., 525, 526, 529, 533 u.li., 535, 558/559, 560, 573 o., 586, 587, 589
Stadtgrün Bremen: 351
Statistisches Landesamt Bremen: 53, 56 li.
K. Stockhaus: 211, 215 o.
swb: 448
Universitätsarchiv Hannover: 245
Unternehmensverbände im Lande Bremen: 421
Verlagsarchiv: 78, 99, 105, 133 o., 263, 378, 384, 442, 503 o.
Wilhelm und Helene Kaisen-Stiftung: 32, 58, 59, 162, 197 o., 338, 524
Sylvelin Wissmann: 219 u., 226 o.r.

AUTORINNEN UND AUTOREN

Klaus Auf dem Garten wurde 1937 in Bremen geboren und studierte nach dem Abitur in Hamburg und Göttingen Germanistik und Geschichte. Realschullehrer bis 1998. Forscht und schreibt zu maritimen und regionalen Themen, unter anderem zur Geschichte der bürgerlichen Jugendbewegung in Bremen.

Karl Marten Barfuß, geboren 1938 in Leer. Nach dem Abitur kaufmännische Ausbildung; anschließend Studium der Wirtschaftswissenschaften, Sozial- und Wirtschaftsgeschichte und Wirtschaftspädagogik an der Universität Hamburg. 1985 Promotion über ein Thema der historischen Migrationsforschung. Seit 1968 Professor am Fachbereich Wirtschaft der Hochschule Bremen. Veröffentlichungen zur regionalen Wirtschafts- und Sozialgeschichte sowie zu volkswirtschaftlichen Fragestellungen.

Heinz Fricke, geboren 1939 in Hannover, Gymnasium Tellkampfschule bis zur mittleren Reife, danach kaufmännische Ausbildung. 1959 Redaktions-Volontariat bei der hannoverschen Presse, anschließend dort Redakteur bis März 1963. Ab April 1963 Sportredakteur beim »Weser-Kurier« in Bremen, von 1978 bis zum Ausscheiden in den Ruhestand 2004 Leiter des Sport-Ressorts. Mehrere Buchveröffentlichungen zum Thema Fußball und Werder Bremen. Seit 1988 Vorsitzender des Vereins Bremer Sportjournalisten.

Detlef Kniemeyer, Senatsrat a.D., geboren 1938 in Bremen. Nach dem Abitur Studium der Architektur an der Technischen Universität Karlsruhe. 1966 Mitarbeiter im Architekturbüro van Dorp in Bonn. 1967 bis 1982 Mitarbeiter im Stadtplanungsamt Bremen. 1982 bis 1991 Leiter der Abteilung Stadt- und Landesplanung beim Senator für das Bauwesen und Leiter des Planungsamtes Bremen. 1991 bis 2002 Leiter des Planungsamtes Bremen. 2001 bis 2004 Geschäftsführer der Überseestadt GmbH. Seit 1992 Mitglied der Akademie für Stadt- und Landesplanung.

Lutz Liffers, geboren 1961 in Uerdingen am Rhein. Nach dem Studium der Theaterwissenschaften, Literaturgeschichte und Soziologie Lektor in der Edition Temmen, Forschungsprojekte und Lehrtätigkeit im Bereich Stadt- und Kultursoziologie an der Universität Bremen und Hochschule Bremen. Mitarbeit im Team zur Bewerbung Bremens als Kulturhauptstadt Europas. 2002 Gründung der Agentur neue passagen. stadt. kultur. entwicklung. Promotion Universität Bremen 2007.

Peter Meier-Hüsing, geboren 1958 in Bremen, Religionswissenschaftler (Universität Bremen), nach kurzer Tätigkeit an der Universität Volontariat in einem theologischen Fachverlag und dann freie journalistische Tätigkeit für kirchliche/religiöse Fachmedien (Text und Bild). Seit 1992 als freier Journalist für Radio Bremen im Hörfunk und als Buchautor tätig.

Renate Meyer-Braun, 1938 in Celle geboren. Nach dem Abitur Studium der Geschichte und Anglistik in Heidelberg, Würzburg und Göttingen. Von 1967 bis 1974 Gymnasiallehrerin. 1974 bis 2003 Professorin an der Hochschule Bremen im Fachbereich Allgemeinwissenschaftliche Grundlagenfächer mit dem Schwerpunkt historische Sozialwissenschaft. Promotion 1982 über ein lokal- und parteigeschichtliches Thema. Veröffentlichungen zur Zeitgeschichte und Frauengeschichte im Kontext der Regionalgeschichte Bremens nach 1945.

Hartmut Müller, geboren 1938 in Bremen. Nach dem Abitur Studium der Geschichte und der Germanistik an den Universitäten Mainz und Saarbrücken. 1964 Promotion zur mittelalterlichen Kirchen- und Siedlungsgeschichte im deutsch-französischen Moselraum. 1965 bis 1967 Ausbildung am Institut für Archivwissenschaft in Marburg. 1975–2000 Leiter des Staatsarchivs Bremen. Veröffentlichungen zur regionalen Geschichte des 17. bis 20. Jahrhunderts. 2003 Verleihung der Medaille für Wissenschaft und Kunst der Freien Hansestadt Bremen.

AUTORINNEN UND AUTOREN

Karl-Ludwig Sommer, geboren 1950 in Celle; Studium der Fächer Anglistik, Politikwissenschaft und Geschichte in Freiburg; 1979 Promotion; 1991 Habilitation; apl. Prof. für Neuere Geschichte an der Carl v. Ossietzky-Universität Oldenburg; selbstständig als Historiker berufstätig. Diverse Veröffentlichungen, besonders zur Regionalgeschichte Nordwestdeutschlands in der NS-Zeit und zur bremischen Geschichte nach Ende des Zweiten Weltkriegs. Mitherausgeber der Zeitschrift »Arbeiterbewegung und Sozialgeschichte«.

Eberhard Syring, geboren 1951 in Bielefeld. Zimmermannslehre. Architekturstudium an der Hochschule für Künste in Bremen. Berufspraxis. Seit 1990 baugeschichtlicher Arbeitsschwerpunkt. 1999 Promotion an der Universität Bremen zum Thema der sich wandelnden Architekturauffassungen im 20. Jahrhundert. Seit 2004 Professor für Architekturtheorie und Baugeschichte an der School of Architecture (Hochschule Bremen) und wissenschaftlicher Leiter des Bremer Zentrums für Baukultur (b.zb).

Daniel Tilgner, geboren 1965 in Bremen, Ausbildung zum Werkzeugmechaniker, Studium der Geschichte, Sozial- und Wirtschaftsgeschichte und des Öffentlichen Rechts an der Universität Hamburg, Mitarbeiter an der Arbeitsstelle für Hamburgische Geschichte, Promotion Universität Hamburg 1999, Wissenschaftlicher Mitarbeiter an der Universität Bremen, Lektor in Hamburger Verlagen und heute bei der Edition Temmen. Autor und Herausgeber diverser Veröffentlichungen zur norddeutschen Landesgeschichte.

Sylvelin Wissmann, Studienbeginn als Kollegiatin des Leibniz Kollegs für Studium generale in Tübingen. Studium der Germanistik, Romanistik und Kunstgeschichte an der Universität Hamburg. Langjährige Unterbrechung wegen Familiengründung in Bremen. Fortsetzung des Studiums mit Deutsch und Geschichte an der Universität Bremen; Erstes und Zweites Staatsexamen für das Lehramt; 1991 Promotion mit einem regionalgeschichtlichen Thema. Seit 1994 als Lehrbeauftragte und befristet als Wissenschaftliche Mitarbeiterin an der Universität Bremen; Schwerpunkte: Regional-, Sozial- und Bildungsgeschichte. Laufendes Forschungsvorhaben: Bremer Sozialpolitik und Privatwohltätigkeit seit der Reformation. Veröffentlichungen und Vorträge zur Regional-, Sozial- und Bildungsgeschichte.

Hans Wrobel, geboren 1946 in Kirchheim unter Teck (Baden-Württemberg). Studium der Rechtswissenschaft in Tübingen und Gießen. 1973 nach Bremen gekommen. Referendarsausbildung. Rechtshistorische Promotion an der Universität Bremen. 1977 bis 1987 Tätigkeit im Bundesministerium der Justiz in Bonn. Seit 1987 beim Senator für Justiz und Verfassung in Bremen. Senatsdirektor. Veröffentlichungen zur jüngeren Rechtsgeschichte besonders unter dem Nationalsozialismus und zur Geschichte der Justiz nach 1945.

IMPRESSUM

Die Deutsche Nationalbibliothek verzeichnet diese Publikation in der Deutschen Nationalbibliografie; detaillierte bibliografische Daten sind im Internet über http://dnb.d-nb.de abrufbar.

1. Auflage 2008

© EDITION TEMMEN
Hohenlohestraße 21
28209 Bremen
Tel. 0421-34843-0
Fax 0421-348094
info@edition-temmen.de
www.edition-temmen.de

Alle Rechte vorbehalten
Gesamtherstellung: EDITION TEMMEN
ISBN 978-3-86108-575-1